समाज-विज्ञान

विश्वकोश

खण्ड 2

ज्ञान शांति मैत्री

महात्मा गांधी अंतरराष्ट्रीय हिंदी विश्वविद्यालय, वर्धा (महाराष्ट्र)

समाज-विज्ञान

विश्वकोश

खण्ड 2

सम्पादक

अभय कुमार दुबे

फ़ेलो और निदेशक, भारतीय भाषा कार्यक्रम,
विकासशील समाज अध्ययन पीठ, नयी दिल्ली

सहायक-सम्पादक

बीर पाल सिंह यादव

असिस्टेंट प्रोफ़ेसर एवं प्रकाशन प्रभारी
महात्मा गांधी अंतरराष्ट्रीय हिंदी विश्वविद्यालय, वर्धा (महाराष्ट्र)

राजकमल प्रकाशन

ISBN : 978-81-267-2587-8

मूल्य : ₹ 8000 (छह जिल्दों में)

पहला संस्करण : 2013
दूसरा संस्करण : 2015

प्रकाशक : राजकमल प्रकाशन प्रा. लि.
1-बी, नेताजी सुभाष मार्ग, दरियागंज
नयी दिल्ली-110 002

शाखाएँ : अशोक राजपथ, साइंस कॉलेज के सामने, पटना-800 006
पहली मंजिल, दरबारी बिल्डिंग, महात्मा गांधी मार्ग, इलाहाबाद-211 001
36 ए, शेक्सपियर सरणी, कोलकाता-700 017

वेबसाइट : www.rajkamalprakashan.com
ई-मेल : info@.rajkamalprakashan.com

सम्पादकीय सहयोग
नरेश गोस्वामी, कमल नयन चौबे, सुमेल सिंह सिद्धू, मनोहर नायक, मनोज मोहन

डिज़ाइन : मृत्युंजय चटर्जी
अनुक्रमणिका : मंजू खन्ना
टंकण एवं अन्य सहयोग : चंदन शर्मा, संजय कुमार

मुद्रक : बी.के. ऑफसेट
नवीन शाहदरा, दिल्ली-110 032

SAMAJ-VIGYAN VISHWAKOSH-2
Edited by Abhay Kumar Dubey

खण्ड 2

सलाहकार-मण्डल

रविकांत
एसोसिएट फ़ेलो, विकासशील समाज अध्ययन पीठ, दिल्ली

राकेश पाण्डेय
एसोसिएट फ़ेलो, विकासशील समाज अध्ययन पीठ, दिल्ली

राजकुमार
प्रोफ़ेसर, हिंदी विभाग, बनारस हिंदू विश्वविद्यालय, वाराणसी (उप्र)

राजीव भार्गव
निदेशक और वरिष्ठ फ़ेलो, विकासशील समाज अध्ययन पीठ, दिल्ली

राधावल्लभ त्रिपाठी
प्रोफ़ेसर, डॉ. हरीसिंह गौर विश्वविद्यालय, सागर (मप्र)

विजय बहादुर सिंह
पूर्व निदेशक, विकासशील समाज अध्ययन पीठ, दिल्ली

शैल मायाराम
वरिष्ठ फ़ेलो, विकासशील समाज अध्ययन पीठ, दिल्ली

सौम्यव्रत चौधरी
वरिष्ठ फ़ेलो, सेंटर फॉर स्टडीज़ ऑफ़ सोशल साइंसेज़, कोलकाता (पश्चिम बंग)

सतीश देशपांडे
प्रोफ़ेसर, दिल्ली स्कूल ऑफ़ इकॉनॉमिक्स, नयी दिल्ली

स्मिता तिवारी जस्सल
विज़िटिंग फ़ेलो, विकासशील समाज अध्ययन पीठ, दिल्ली

सुधीश पचौरी
प्रोफ़ेसर और डीन, दिल्ली विश्वविद्यालय, दिल्ली

हिलाल अहमद
एसोसिएट फ़ेलो, विकासशील समाज अध्ययन पीठ, दिल्ली

लेखक-मण्डल

अभय कुमार दुबे
फ़ेलो और निदेशक, भारतीय भाषा कार्यक्रम,
विकासशील समाज अध्ययन पीठ, दिल्ली

अजय कुमार पांडेय
स्वतंत्र अध्येता, बलिया (उप्र)

अनामिका
फ़ेलो, नेहरू मेमोरियल म्यूज़ियम ऐंड लाइब्रेरी, नयी दिल्ली

अनुराग पांडेय
अनुसंधानकर्ता, राजनीतिशास्त्र विभाग, दिल्ली विश्वविद्यालय, दिल्ली

अनुष्का सिंह
अनुसंधानकर्ता, राजनीतिशास्त्र विभाग, दिल्ली विश्वविद्यालय, दिल्ली

अमितेश कुमार
अनुसंधानकर्ता, हिंदी विभाग, दिल्ली विश्वविद्यालय, दिल्ली

अम्बिका दत्त शर्मा
विभागाध्यक्ष, दर्शनशास्त्र विभाग, डॉ. हरीसिंह गौर विश्वविद्यालय,
सागर (मप्र)

अम्बरीष सक्सेना
मीडिया विशेषज्ञ, नयी दिल्ली

अविनाश कुमार
ऑक्सफ़ेम, नयी दिल्ली

अविनाश झा
पुस्तकालयाध्यक्ष,
विकासशील समाज अध्ययन पीठ, दिल्ली

आकांक्षा कुमारी
शोधार्थी, स्त्री-अध्ययन विभाग, महात्मा गांधी अंतरराष्ट्रीय
हिंदी विश्वविद्यालय, वर्धा (महाराष्ट्र)

आदित्य निगम
वरिष्ठ फ़ेलो, विकासशील समाज अध्ययन पीठ, दिल्ली

आलोक टंडन
स्वतंत्र अध्येता, समाज-दर्शन, हरदोई (उप्र)

इंद्रजीत कुमार झा
अनुसंधानकर्ता, राजनीतिशास्त्र विभाग,
दिल्ली विश्वविद्यालय, दिल्ली

उपासना पाण्डेय
असिस्टेंट प्रोफ़ेसर, राजनीतिशास्त्र विभाग,
वसंत महिला महाविद्यालय, वाराणसी (उप्र)

अंकिता पाण्डेय
असिस्टेंट प्रोफ़ेसर, इंद्रप्रस्थ कॉलेज,
दिल्ली विश्वविद्यालय, दिल्ली

कनक तिवारी
अध्यक्ष, छत्तीसगढ़ संस्कृति प्रतिष्ठान, रायपुर (छत्तीसगढ़)

कमल नयन चौबे
जूनियर फ़ेलो, नेहरू मेमोरियल म्यूज़ियम ऐंड लाइब्रेरी,
नयी दिल्ली

कविता रतूड़ी
अनुसंधानकर्ता, जवाहरलाल नेहरू विश्वविद्यालय, नयी दिल्ली

कृष्णदत्त पालीवाल
पूर्व विभागाध्यक्ष, हिंदी विभाग, दिल्ली विश्वविद्यालय, दिल्ली

गोपाल प्रधान
एसोसिएट प्रोफ़ेसर, भारतरत्न डॉ. भीमराव
आम्बेडकर विश्वविद्यालय, दिल्ली

धीरूभाई शेठ
पूर्व निदेशक, विकासशील समाज अध्ययन पीठ, दिल्ली

नरेश गोस्वामी
अनुसंधानकर्ता, भारतीय भाषा कार्यक्रम, विकासशील
समाज अध्ययन पीठ, दिल्ली

नवीन चंद्र
अनुसंधानकर्ता, दिल्ली विश्वविद्यालय, दिल्ली

निर्मल कुमार पाण्डेय
अनुसंधानकर्ता, भारतीय इतिहास अनुसंधान परिषद, नयी दिल्ली

पंकज कुमार झा
अनुसंधानकर्ता, राजनीतिशास्त्र विभाग,
दिल्ली विश्वविद्यालय, दिल्ली

पुनीत कुमार
विभागाध्यक्ष, राजनीतिशास्त्र विभाग, गवर्नमेंट एस.एम.एस. पी.जी.
कॉलेज, शिवपुरी (मप्र)

प्रियव्रत शुक्ल
प्रोफ़ेसर, रानी दुर्गावती विश्वविद्यालय, जबलपुर (मप्र)

प्रीति सागर
एसोसिएट प्रोफ़ेसर, साहित्य विभाग, महात्मा गांधी अंतरराष्ट्रीय हिंदी
विश्वविद्यालय, वर्धा (महाराष्ट्र)

बालगोविंद सिंह
विभागाध्यक्ष, शिक्षा विभाग, रमेश झा महिला कॉलेज,
सहरसा (बिहार)

बीर पाल सिंह यादव
असिस्टेंट प्रोफ़ेसर, साहित्य विभाग, महात्मा गांधी अंतरराष्ट्रीय हिंदी
विश्वविद्यालय, वर्धा (महाराष्ट्र)

मनहर चरण
पूर्व शोधार्थी, अहिंसा एवं शांति विभाग, महात्मा गांधी अंतरराष्ट्रीय
हिंदी विश्वविद्यालय, वर्धा (महाराष्ट्र)

मनीष मिश्र
पोस्ट-डॉक्टॅरल रिसर्च एसोसिएट, राजीव गाँधी समकालीन अध्ययन
पीठ, बरकुतल्लाह विश्वविद्यालय, भोपाल (मप्र)

मीना मनरल
असिस्टेंट प्रोफ़ेसर, कुमायूँ विश्वविद्यालय, अल्मोड़ा (उत्तराखण्ड)

मोहन दास नैमिशराय
पूर्व फ़ेलो, उच्च अध्ययन संस्थान, शिमला (हिमाचल प्रदेश)

योगेश अटल
पूर्व निदेशक (समाज-विज्ञान), यूनेस्को

रवि दत्त वाजपेयी
स्वतंत्र लेखक, ऑस्ट्रेलिया

राकेश श्रीवास्तव
स्वतंत्र लेखक और अनुवादक, नयी दिल्ली

राजकुमार
प्रोफ़ेसर, हिंदी विभाग, बनारस हिंदू विश्वविद्यालय, वाराणसी (उप्र)

राधावल्लभ त्रिपाठी
प्रोफ़ेसर, डॉ. हरीसिंह गौर विश्वविद्यालय, सागर (मप्र)

रोहित मिश्र
समाज-कार्य विभाग, लखनऊ विश्वविद्यालय, लखनऊ (उप्र)

विकास कुमार
असिस्टेंट प्रोफ़ेसर, ज़ाकिर हुसैन कॉलेज, नयी दिल्ली

विजय कुमार झा
अनुसंधानकर्ता, सेंटर फ़ॉर वुमंस डिवेलपमेंट स्टडीज़, नयी दिल्ली

विवेक रत्न
असिस्टेंट प्रोफ़ेसर, राजनीतिशास्त्र विभाग, दिल्ली विश्वविद्यालय, दिल्ली

विश्वनाथ मिश्र
असिस्टेंट प्रोफ़ेसर, राजनीतिशास्त्र विभाग, आर्य महिला पीजी कालेज, वाराणसी (उप्र)

वीरभारत तलवार
प्रोफ़ेसर, जवाहरलाल नेहरू विश्वविद्यालय, नयी दिल्ली

वैभव सिंह
असिस्टेंट प्रोफ़ेसर, हिंदी विभाग, दयाल सिंह कॉलेज, नयी दिल्ली

शम्भू जोशी
असिस्टेंट प्रोफ़ेसर, महात्मा गांधी अंतरराष्ट्रीय हिंदी विश्वविद्यालय, वर्धा (महाराष्ट्र)

श्यामा सिंह
रिसर्च एसोसिएट, सम्पूर्णानंद संस्कृत विश्वविद्यालय, वाराणसी (उप्र)

शिवानी चोपड़ा
फ़ेलो, उच्च अध्ययन संस्थान, शिमला (हिमाचल प्रदेश)

श्रुति
एसोसिएट प्रोफ़ेसर, हिंदी विभाग, लखनऊ विश्वविद्यालय, लखनऊ (उप्र)

हिलाल अहमद
फ़ेलो, विकासशील समाज अध्ययन पीठ, दिल्ली

सुकेश लोहार
अनुसंधाकर्ता, हिंदी विभाग, बनारस हिंदू विश्वविद्यालय, वाराणसी (उप्र)

सुप्रिया पाठक
असिस्टेंट प्रोफ़ेसर, स्त्री-अध्ययन विभाग, महात्मा गांधी अंतरराष्ट्रीय हिंदी विश्वविद्यालय, वर्धा (महाराष्ट्र)

सुमेल सिंह सिद्धू
स्वतंत्र अध्येता और इतिहासकार, दिल्ली

सुनील कुमार,
अनुसंधानकर्ता, राजनीतिशास्त्र विभाग, दिल्ली विश्वविद्यालय, दिल्ली

संजय सिंह बघेल
एसोसिएट प्रोफ़ेसर, हिंदी पत्रकारिता, आत्माराम सनातन धर्म कॉलेज, साउथ कैम्पस, नयी दिल्ली

संजय कुमार
फ़ेलो, विकासशील समाज अध्ययन पीठ, दिल्ली

संदीप जोशी
निदेशक, मध्य प्रदेश समाज-विज्ञान अनुसंधान संस्थान, उज्जैन (मप्र)

प्रविष्टि-क्रम

List of Entrees

विषयानुसार प्रविष्टि-क्रम

अर्थशास्त्र

इतिहास

अंतर्राष्ट्रीय संबंध

गाँधी-विचार

दर्शन

भारत संबंधी प्रविष्टियाँ

मनोविज्ञान

मार्क्सवादी विमर्श

मीडिया-अध्ययन, फ़िल्म-अध्ययन, टीवी-अध्ययन

राजनीतिशास्त्र

व्यक्तित्व-कृतित्व

समाजशास्त्र, मानवशास्त्र

स्त्री-अध्ययन, सेक्शुअलिटी-अध्ययन

साहित्य-अध्ययन, भाषाशास्त्र

प्रविष्टियाँ

क

कमला देवी चट्टोपाध्याय

(Kamla Devi Chattopadhyay)

कमला देवी चट्टोपाध्याय (1903–1988)

नारीवादी स्वाधीनता सेनानी कमला देवी चट्टोपाध्याय (1903–1988) ने आज़ादी के बाद बड़े संवैधानिक पदों पर काम करने के बजाय भारत में परम्परागत शिल्पकला के पुनरुद्धार का अत्यंत महत्त्वपूर्ण कार्यभार उठाया। उन्होंने विलुप्ति के कगार पर पहुँच चुकी भारतीय हस्तकला और शिल्पकारी को अपने दम पर पुनर्जीवित किया और सेंट्रल कॉटेज इंडस्ट्रीज़ इम्पोरियम की स्थापना की ताकि देश के विभिन्न भागों से हस्तशिल्प की कृतियाँ एकत्रित करके सामान्य उपभोक्ताओं तक पहुँचायी जा सकें। इस संस्थान में प्रशिक्षण और पाठ्यक्रम द्वारा कारीगरों, बुनकरों और शिल्पकारों को स्थानीय परम्पराओं के साथ नये कौशल भी सिखाये जाते हैं। स्वदेशी वस्तुओं और भारतीय दस्तकारों के लिए स्वतंत्र भारत में गाँधी के बाद कमला देवी ही सबसे बड़ी संरक्षक बनकर खड़ी हुईं। कमला देवी की स्वदेशी के लिए यह प्रतिबद्धता उनके नारीवादी सोच से भी जुड़ी हुई थी। वे जानती थीं कि परम्परागत भारतीय शिल्पकला एक असंगठित क्षेत्र है और इसमें काम करने वाली ज़्यादातर महिलाएँ ही हैं। स्वतंत्र भारत में बड़े पैमाने पर लागू की गयी उत्पादन की पश्चिमी प्रणाली का सबसे ज़्यादा दुष्प्रभाव इन्हीं महिलाओं पर पड़ेगा। कमला देवी एक कला-मर्मज्ञ भी थीं। उन्होंने 1964 में बंगलौर में कत्थक और कोरियोग्राफ़ी नाट्य संस्थान की स्थापना की ताकि भारत की पारम्परिक नृत्य शैली को आधुनिक शिक्षण तकनीक के साथ सिखाया जा सके। कमला देवी ने भारतीय राष्ट्रीय रंगमंच स्थापित किया जिसका उद्देश्य आम लोगों को नाट्य कला के बारे में शिक्षित करना, उन्हें अच्छे संस्कार देना और देश की सांस्कृतिक विरासत को पुनर्जीवित करना था।

कमला देवी उस समय नारीवाद की प्रवक्ता थीं जब भारत में इसके बारे में कहीं चर्चा भी नहीं होती थी। एक नारीवादी स्वतंत्रता सेनानी के रूप में उन्होंने अदम्य साहस दिखाया और स्त्री-अधिकारों के सवाल पर मोतीलाल नेहरू, चक्रवर्ती राजगोपालाचारी और गाँधी से भी टक्कर ली। 1930 के नमक सत्याग्रह में पहले गाँधी महिलाओं को शामिल करने के पक्ष में नहीं थे, लेकिन बाद में बम्बई समुद्र तट पर नमक बनाने के लिए चुनी गयी दो महिलाओं में से एक कमला देवी थीं। छोटे-छोटे पैकेटों में एकत्रित नमक के कुछ पैकेट लेकर कमला देवी बम्बई शेयर बाज़ार पहुँचीं और सत्याग्रह के लिए धन इकट्ठा करने के लिए इन पैकेटों को सबसे ऊँची बोली पर नीलाम कर दिया। इसके बाद कमला देवी उच्च न्यायालय परिसर पहुँचीं और एक भौंचक्के न्यायाधीश से पूछा कि क्या

वे इस आज़ाद नमक को खरीदना चाहेंगे? दुस्साहसी कमला देवी नमक सत्याग्रह में जेल जाने वाली पहली भारतीय महिला थीं।

1924 के बेलगाम कांग्रेस अधिवेशन में कमला देवी एक स्वयंसेवक की भूमिका में शामिल हुई जहाँ इनका काम अधिवेशन स्थल की व्यवस्था में सहयोग देना था। महिलाओं के मताधिकार की सबसे बड़ी पैरोकार मार्गरेट कजिंस के सहयोग से 1926 में मद्रास राज्य विधान सभा निर्वाचन के लिए परचा दाख़िल करने के साथ ही कमला देवी चुनावी राजनीति में उतरने वाली पहली भारतीय महिला बनीं, हालाँकि वे बेहद मामूली अंतर से यह चुनाव हार गयीं। 1927 में पुणे में आयोजित शैक्षिक सुधार पर अखिल भारतीय महिला सम्मेलन के महासचिव की ज़िम्मेदारी कमला देवी को सौंपी गयी यही सम्मलेन बाद में अखिल भारतीय महिला सम्मेलन के रूप में स्थापित हुआ। सम्मेलन में कमला देवी और उनके सहयोगियों ने बाल विवाह की रोकथाम के लिए शारदा अधिनियम की ख़ामियों को ख़त्म करने के प्रयास किये। अपने सचिव पद के उत्तरदायित्व को निभाने के लिए कमला देवी ने लेखन और टाइपिंग में दक्षता हासिल की और स्त्री कामगारों की मुश्किलों, स्त्री शिक्षा की अड़चनों को देखने-समझने के लिए भारत के अनेक दुर्गम स्थानों की यात्राएँ कीं। कमला देवी ने महिलाओं के अधिकारों के लिए वैधानिक परिवर्तनों की माँग रखी। आज भले ही इन अधिकारों पर काफ़ी चर्चा हो चुकी हो, पर कमला देवी द्वारा की गयी स्त्री-अधिकारों की दावेदारी उस ज़माने के लिहाज़ से ख़ासी रैडिकल थी, जैसे मातृत्व-अवकाश का अधिकार, कामकाजी महिलाओं के लिए बच्चों की देखभाल की व्यवस्था और महिलाओं के अवैतनिक घरेलू श्रम को एक आर्थिक गतिविधि के रूप में देखना। महिलाओं की शिक्षा को व्यावहारिक स्वरूप देने के लिए उन्होंने एक संस्था स्थापित की जो आज नयी दिल्ली का प्रतिष्ठित लेडी इरविन कॉलेज है। 1936 में कमला देवी चट्टोपाध्याय कांग्रेस सोशलिस्ट पार्टी की अध्यक्ष बनी और डॉ. राम मनोहर लोहिया, जयप्रकाश नारायण और मीनू मसानी जैसे दिग्गजों के साथ कंधा से कंधा मिला कर काम किया।

स्वतंत्रता के बाद कमला देवी ने बँटवारे के बाद दिल्ली के कुतुब मीनार इलाक़े में पाकिस्तान से आये शरणार्थियों के लिए भारतीय सहकारी संघ स्थापित किया जिसके माध्यम से इन शरणार्थियों ने कुतुब मीनार के आसपास छतरपुर-जैतपुर इलाक़े में अपने रहने के लिए घर बनाये। इसी तरह दिल्ली के आसपास पचास हज़ार शरणार्थियों को बसाने के लिए कमला देवी और भारतीय सहकारी संघ ने मिल कर फ़रीदाबाद औद्योगिक शहर बसाया। कमला देवी ने इस शहर के निर्माण में योगदान देने वाले अधिकतर कामगार-मिस्त्री इन्हीं शरणार्थियों में से ढूँढे थे ताकि इन लोगों को लाभदायक काम मिल सके और रहने के लिए मकान भी बन जाएँ। इस शहर के उद्घाटन के अवसर पर प्रधानमंत्री जवाहरलाल नेहरू ने कहा था कि क्या ही अच्छा हो यदि सारा भारत ही इस तरह के सहकारी संघों का एक गणराज्य बन जाए।

भारत की पारम्परिक हस्तकला व शिल्प के पुनरुत्थान में कमला देवी का सबसे बड़ा योगदान है देश में हाथ से काम करने वाले हर मामूली कारीगर को एक विशेषज्ञ शिल्पकार बनने का अवसर देना। स्वतंत्र भारत के हैंडलूम बोर्ड की अध्यक्ष के रूप में उन्होंने लुप्तप्राय हस्तशिल्प की कला और अस्तित्व का संकट झेल रहे कलाकारों को बचाने के लिए एक राष्ट्रीय अभियान चलाया। अपनी इस मुहिम के अंतर्गत कमला देवी ने सुदूर क्षेत्रों के निवासियों और दूरस्थ आदिवासियों को ढूँढ़ने, उनकी जानकारी एकत्रित करने, उनके शिल्प से संबंधित परेशानियों को समझने और उनकी पूरी जीवन-शैली को देखने के लिए दुर्गम स्थानों की यात्राएँ कीं। कमला देवी ने पारम्परिक कला के शिल्पकारों से साझेदारी की, उन्हें प्रशिक्षण योजनाओं में शामिल किया, उनमें समूहों के गठन द्वारा समुदाय की भावना पैदा की और प्रदर्शनी, मेला, सांस्कृतिक सम्मेलनों द्वारा इस शिल्पकला को निर्यात के नये बाज़ार उपलब्ध कराये। सहकारी समितियों की व्यवस्था की एक समर्थक के रूप में कमला देवी ने भारतीय शिल्पकला में भी सहकारिता आंदोलन का समावेश किया। भारतीय हस्तशिल्प की मूल महिमा को पुनर्जीवित करने और उसके उत्पादों की गुणवत्ता में सुधार लाने पर उन्होंने सबसे ज़्यादा ध्यान केंद्रित किया ताकि इस शिल्प की प्राचीन शुद्धता के साथ छेड़छाड़ के बिना ही उसे एक आधुनिक-समकालीन रूप दिया जा सके।

1903 में एक समृद्ध परिवार में जन्मी कमला को अपने बचपन में ही लिंगभेद के कड़वे सबक सीखने को मिले। अपने पिता की मृत्यु के बाद उन्हें व उनकी माँ को उनकी पैतृक-वैवाहिक सम्पत्ति से बेदख़ल कर दिया गया। उनके पिता के पहले विवाह से हुए पुत्र सारी सम्पत्ति के एकमात्र स्वामी सिर्फ़ इसलिए बने क्योंकि वे पुरुष थे और औरतों को पैतृक-वैवाहिक सम्पत्ति में कोई अधिकार नहीं था। कमला देवी की माँ अपने समय की एक बड़ी नारीवादी थीं। विधवा होने के कारण लगी सामाजिक बंदिशों के बावजूद वे एक श्रोता के रूप में संगीत, गायन, भजन के कार्यक्रमों में देर शाम तक सम्मिलित होती थीं, अपने आप से हाट-बाज़ार का काम करती थीं। अपने इलाक़े में उन्होंने एक महिला सभा नामक संस्था बनायी थी जिसमें महिलाओं को उनके अधिकारों के प्रति जागरूक किया जाता था। सम्भ्रांत परिवारों में संगीत शिक्षा के पूर्ण निषेध के बावजूद उन्होंने कमला देवी को कर्नाटक, हिंदुस्तानी और पाश्चात्य संगीत शैली की शिक्षा

दिलायी थी। कमला देवी को उनकी माँ ने एनी बेसेंट और पण्डिता रमाबाई जैसा बनने की प्रेरणा दी।

कमला देवी एक प्रतिभाशाली छात्रा थीं। अपनी स्कूली शिक्षा के दौरान ही उन्होंने केरल की संस्कृत नाटक परम्परा की शिक्षा गुरु माणि माधव चाक्यार से अर्जित की। मात्र 14 साल की उम्र में उनका बाल विवाह हुआ और केवल दो साल बाद वे बाल विधवा हो गयीं। लेकिन रूढ़िवादी नियमों को धता बताते हुए कमला देवी ने चेन्नई में अपनी शिक्षा जारी रखी। बाद में उन्होंने एक प्रसिद्ध कवि, लेखक, अभिनेता और सरोजिनी नायडू के भाई हरींद्रनाथ चट्टोपाध्याय से पुनर्विवाह किया। इस विवाह के बाद कमला देवी ने लंदन के बेडफ़र्ड कॉलेज से समाजशास्त्र में डिप्लोमा हासिल किया। कुछ वर्षों बाद कमला देवी और हरिन के दाम्पत्य जीवन में बिखराव आ गया तो कमला देवी ने उस समय के सामाजिक परिवेश में असाधारण साहस दिखाते हुए अपनी ओर से तलाक़ के लिए कार्रवाई शुरू की। उनके हर काम में सबसे ज़्यादा ज़ोर सौंदर्यमूलक पहलुओं पर था, फिर चाहे वह अलंकृत स्तम्भ की नक़्क़ाशियों का वर्णन हो या चक्करदार दक्षिण भारतीय नमकीन मुरुक्कू का।

देखें : अरुणा आसफ़ अली, आनंदीबाई जोशी, उपनिवेशवाद विरोधी आंदोलन में स्त्री-नेतृत्व-1 और 2, जय प्रकाश नारायण, जवाहरलाल नेहरू, दलित-नारीवाद, पण्डिता रमाबाई सरस्वती, महादेवी वर्मा, मोहनदास कर्मचंद गाँधी-1 से 3 तक, दुर्गाबाई देशमुख, राम मनोहर लोहिया, संतोष कुमारी देवी।

संदर्भ

1. जसलीन धमीजा (2007), *कमला देवी चट्टोपाध्याय*, नैशनल बुक ट्रस्ट, नयी दिल्ली
2. शकुंतला नरसिम्हन (1999), *कमला देवी चट्टोपाध्याय : द रोमांटिक रिबेल*, स्टर्लिंग पब्लिशर्स प्राइवेट लिमिटेड, नयी दिल्ली.
3. जमीला बृजभूषण (1976), *कमला देवी चट्टोपाध्याय : अ बायोग्राफ़ी*, अभिनव पब्लिकेशंस, नयी दिल्ली.
4. कमला देवी चट्टोपाध्याय (1986), *इनर रिसैसिस, आउटर स्पेसस : मेमोइर्स* , नवरंग, नयी दिल्ली.

— रवि दत्त वाजपेयी

कला सिनेमा/अवाँगार्द/ प्रति-सिनेमा

(Art Cinema/Avant-garde/ Counter-cinema)

बीसवीं सदी के दूसरे दशक में युरोप की प्रयोगधर्मी फ़िल्मों को कला सिनेमा की संज्ञा दी गयी थी। तकनीक और कथानक के संदर्भ में स्थापित मान्यताओं और फ़िल्म-रचना की विधियों को चुनौती देने वाली ये फ़िल्में मुख्यत: छोटे और मँझोले बजट की हुआ करती थीं। इन्हें बनाने में फ़िल्म माध्यम के गम्भीर अध्येताओं, समीक्षकों और लेखकों की प्रमुख भूमिका थी। फ्रांस और जर्मनी में आयी सिनेमा की इस नयी लहर के पीछे सरकार द्वारा दी गयी आर्थिक मदद थी। अमेरिका में अंडरग्राउंड सिनेमा के नाम से चिह्नित की गयी ऐसी ही फ़िल्मों में ख़ुद उनके फ़िल्मकारों का पैसा लगा था। आगे चल कर नारीवादी फ़िल्मकारों ने भी अपने निजी प्रयासों से फ़िल्में बना कर कला सिनेमा आंदोलन में उल्लेखनीय हस्तक्षेप किया।

सिनेमा का यह रूप फ्रांसीसी अवाँगार्द आंदोलन के व्यवस्था-विरोधी तेवर से काफ़ी प्रभावित हुआ। फ्रेंच शब्द अवाँगार्द का मतलब था वेंगार्ड या हरावल दस्ता। ये फ़िल्मकार परम्परा से द्रोह को मूल्य के रूप में ग्रहण करते थे। उनकी कोशिश अपने प्रयासों के सुचिंतित राजनीतीकरण की थी। तीस के दशक में उभरे फ्रांसीसी और इतालवी यथार्थवादी सिनेमा के प्रभाव में कला सिनेमा ने सामाजिक और मनोवैज्ञानिक यथार्थ के निरूपण को भी अपने दायरे में ले लिया। पचास के दशक में 'ऑतर' (ऑथर) की अवधारणा उभरी। इसके तहत दावा किया गया कि कला सिनेमा के फ़िल्मकारों का अपनी फ़िल्मों से संबंध महज़ निर्माता का न हो कर रचनाकार या लेखक का है। कला सिनेमा की इस लहर ने सारी दुनिया में फ़िल्मकारों की एक नयी पीढ़ी को जन्म दिया। जापानी, भारतीय, ऑस्ट्रेलियायी, कनाडियन और लातीनी अमेरिकी फ़िल्मकारों ने अपने योगदान से इसे समृद्ध किया।

प्रति-सिनेमा आंदोलन का मक़सद भी कला सिनेमा या अवाँगार्द आंदोलन की तरह फ़िल्म निर्माण की संहिताओं को प्रश्नांकित करते हुए उनके उल्लंघन का था। सत्तर के दशक में प्रचलित हुए फ़िल्म-रचना के इस मुहावरे ने कथानक, संरचना और पद्धति के मामले में हॉलीवुड के वर्चस्व को चुनौती दी। इस आंदोलन में भाग लेते हुए स्त्री-फ़िल्मकारों ने शिश्न-सत्ता स्थापित करने वाले स्त्री-देह के

वस्तुपूजक निरूपण की दर्शनीयता और ग्राहकता को ख़ारिज किया। इन फ़िल्मकारों ने स्त्री की आत्मपरकता और इयत्ता पर रोशनी डालते हुए उसकी भिन्नता की पैरोकारी की।

कला सिनेमा का पहला रूप 1908 में रंगमंच के फ़िल्मांकन के साथ सामने आया। इन रंग-प्रदर्शनों के साथ विख्यात संगीतकारों की रचनाएँ भी जुड़ी हुई थीं। यह प्रयास व्यावसायिक सिनेमा से अलग तो था, लेकिन इसके ज़रिये सिनेमा की स्वायत्त भाषा की रचना सम्भव नहीं लग रही थी। पर बीस के दशक में यही प्रवृत्ति विकसित हो कर हॉलीवुड और युरोपीय सिनेमा के मिले-जुले प्रभावों की कृति के रूप में सामने आयी। इसने सिनेमा की जाँची-परखी विधियों को अपनाने से इनकार करते हुए कार्य-कारण तर्ज़ पर चलने वाले प्रवाहपूर्ण कथानक से अपना संबंध तोड़ लिया। व्यावसायिक सिनेमा के किरदार जहाँ अपने लक्ष्यों, महत्त्वाकांक्षाओं और व्यवहार-शैली को लेकर आत्मविश्वस्त नज़र आते थे, वहाँ कला सिनेमा के पात्र अपनी कामनाओं के प्रति हिचक और संकोच से भरे हुए थे। ये फ़िल्में नायकों से वंचित थीं और यह उनका एक उल्लेखनीय लक्षण था। मनोवैज्ञानिक यथार्थवाद और सामाजिक यथार्थवाद की मदद से इनके पात्रों का दृष्टिकोण निरूपित होता था। इस प्रक्रिया में दर्शकों को लगता था कि स्क्रीन पर मौजूद चरित्र आंतरिक एकालाप में संलग्न है। कला सिनेमा के रचनाकारों का दावा था कि ऐसा करके वे दर्शक को एक चिंतनपरक दायरे में जाने का मौक़ा देते हैं। अपने निरूपणों से दर्शकों को पूरी तरह बाँधने में यक़ीन करने वाले व्यावसायिक सिनेमा के विपरीत कला सिनेमा के हाथों एक ऐसी स्क्रीन तैयार हुई जिसके और दर्शक के बीच में एक फ़ासला था। परिणामस्वरूप फ़िल्म के संदर्भ में रची गयी उसकी इयत्ता को एक आलोचनात्मक स्पेस मिलने की सम्भावना पैदा हुई।

कला सिनेमा की एक विशिष्ट पहचान उसकी श्रृंगारिकता भी थी। बीस के दशक से ही वह यौनिक कामनाओं और नग्नता के निरूपण में दिलचस्पी दिखा रहा था। 1934 से 1968 के बीच अमेरिकी सेंसरशिप के दौर में तो कला सिनेमा दर्शकों के बीच सेक्स-फ़िल्मों के रूप में ही ग्रहण किया गया। अमेरिका को अपनी कला फ़िल्में निर्यात करने के लोभ ने भी इन फ़िल्मों में सेक्स की मात्रा बढ़ाने की प्रवृत्ति पैदा की। ऐसा ही एक चर्चित प्रकरण वह है जब 1963 में बनी ज्याँ लुक गोदार की कृति *ल मेप्रिस* पूरी हो जाने के बाद उसके दो निर्माताओं ने निर्देशक से आग्रह किया कि वे अपनी 'सेक्सी' नायिका ब्रीजी बारदो के कुछ अतिरिक्त नग्न दृश्य फ़िल्म में डाल दें। गोदार ने ऐसा ही किया, पर नग्न दृश्यों को फ़िल्माने की उनकी तकनीक कुछ ऐसी थी कि उनका प्रभाव दर्शकों की कामोत्तेजना को स्पर्श करने वाला नहीं था। गोदार की कला ने बारदो की सुंदर देह को इस तरह दिखाया कि वे दृश्य कारुणिक और त्रासद बन गये।

फ्रांस में अवाँगार्द आंदोलन की शुरुआत प्रथम विश्व-युद्ध के रक्तपात और अमानवीयता की प्रतिक्रियास्वरूप मानी जाती है। इसके ऊपर चित्रकला के संसार में पनपे आधुनिकतावादी आंदोलनों (घनवाद, भविष्यवाद, दादावाद, संरचनावाद और अतियथार्थवाद) का भारी प्रभाव था। बीस के दशक में लुई दलक, जरमेन दुलक और ज्याँ एपस्तीन जैसे फ़िल्म समीक्षकों ने फ़िल्म-निर्देशन में हाथ आज़माने का फ़ैसला किया। प्रयोगधर्मिता से लबालब इन लोगों की सैद्धांतिक दृष्टि अलग-अलग थी, लेकिन उन्होंने अपनी रचनाशीलता से उच्च और लोकप्रिय कला से संबंधित मुद्दों को सम्बोधित किया। इन फ़िल्मकारों ने यथार्थवादी बनाम प्रकृतिवादी फ़िल्मों की बहस चलायी और दर्शक-स्क्रीन के रिश्ते को नये सिरे से परिभाषित करने की कोशिश की। अवाँगार्द फ़िल्मकार सोवियत संघ के फ़िल्मकारों द्वारा अपनायी गयी मोंटाज शैली के सम्पादन और विशिष्ट प्रकाश-संयोजन से भी प्रभावित थे। इसके अलावा उन्होंने समक्षणिकता, आत्मपरकता और अवचेतन जैसे आयामों को छूते हुए फ़िल्म-माध्यम की मनोवैश्लेषिक सम्भावनाओं को उजागर किया। उन्होंने फ़िल्म-शैलियों को नये रूपों में ढाला, फ़िल्म-भाषा की सम्भवनाओं का संधान किया और आत्मपरकता के निरूपण को नयी परिभाषा दी। अवाँगार्द सिनेमा ने मुख्यधारा के व्यावसायिक सिनेमा और प्रति-सिनेमा के मुहावरे से जोड़ने के प्रयोग किये। उसने सामाजिक यथार्थवाद और अतिनाटकीयता का समीकरण तैयार किया।

प्रति-सिनेमा चूँकि हॉलीवुड द्वारा स्थापित फ़िल्म-निर्माण की मान्यताओं की आलोचना करते हुए विकसित हुआ था, इसलिए उसने घोर रूपवादी और भौतिकवादी रवैया अपनाने में भी संकोच नहीं किया। इस आंदोलन के फलस्वरूप सामने आयी कृतियों में दर्ज कथानक अपनी निरंतरता के अभाव के लिए जाना गया। इन फ़िल्मों की कथा-योजना में न तो कोई शुरुआत थी, न बीच का हिस्सा और न ही उनका कोई क्लाइमैक्स था। हालाँकि इस सिनेमा की बुनियादी प्रवृत्तियाँ कला सिनेमा और अवाँगार्द सिनेमा के पहले से चले आ रहे बुनियादी रवैये का ही अंग थीं, लेकिन इसे अपना निजी स्वर सत्तर के दशक में गोदार और वाज़्दा जैसे फ़िल्मकारों की कृतियों के ज़रिये मिला। इसके बाद नारीवादी फ़िल्मकारों ने स्त्री को पुरुष की निगाह के लक्ष्य के रूप में निरूपित करने का विरोध करके इस सिनेमा में विशिष्ट योगदान किया।

देखें : अतिनाटकीयता, अनुपस्थिति-उपस्थिति, टीवी और समाचार, टीवी और सेक्शुअलिटी, टीवी और टीवी-अध्ययन, तीसरा सिनेमा, तीसरी दुनिया का सिनेमा, दक्षिण भारतीय सिनेमा और राजनीति,

नारीवादी फ़िल्म-सिद्धांत, फ़िल्म और सेक्शुअलिटी, फ़िल्मांतरण, फ़िल्म-सिद्धांत, फ़्लैश-बैक, भारतीय सिनेमा-1, 2 और 3, भारतीय फ़िल्म-अध्ययन, भारतीय स्टार सिस्टम, रियलिटी टीवी, विचारधारा और हिंदी सिनेमा, वृत्त-चित्र, सेलेब्रिटी, सोप ओपेरा, सिनेमाई यथार्थवाद, नव-यथार्थवाद, सोवियत सिनेमा, स्टार, हिंदी सिनेमा का समाजशास्त्र।

संदर्भ

1. पी. गिडाल (1981), *मैटरियलिस्ट फ़िल्म,* रॉटलेज, लंदन और न्यूयॉर्क.
2. डी. ऐंड्रू (1984), *कंसेप्ट्स इन फ़िल्म थियरी,* ऑक्सफ़र्ड युनिवर्सिटी प्रेस, न्यूयॉर्क और ऑक्सफ़र्ड.
3. ई.ए. काप्लान (1983), *वूमॅन ऐंड फ़िल्म : बोथ साइड्स ऑफ़ द कैमरा,* मेथ्युन, न्यूयॉर्क और लंदन.
4. सी. जोंस्टन (1976), 'वूमॅन सिनेमा एज़ काउंटरसिनेमा', संकलित : बी. निकोल्स (सम्पा.), *मूवीज़ ऐंड मेथड्स,* युनिवर्सिटी ऑफ़ कैलिफ़ोर्निया प्रेस, बर्कले.

— अभय कुमार दुबे

कन्हैयालाल माणिकलाल मुंशी

(Kanhaiyalal Maniklal Munshi)

कन्हैयालाल माणिकलाल मुंशी (1887-1971)

बहुमुखी प्रतिभा से सम्पन्न कन्हैयालाल माणिकलाल मुंशी (1887-1971) क़ानूनविद, स्वाधीनता-सेनानी, भाषाविद, साहित्यकार, सम्पादक, कुशल प्रशासक, शिक्षाविद और संविधान निर्माता होने के साथ ही भारतीय ज्ञान, दर्शन और परम्परा के मर्मज्ञ भी थे। मुंशी ने अपने जीवन काल में विभिन्न क्षेत्रों मे कई उत्कृष्ट संस्थानों की स्थापना करके राष्ट्र-निर्माण की प्रक्रिया में उल्लेखनीय योगदान किया। स्वाधीनता से लगभग दस साल पहले नवम्बर, 1938 में उन्होंने भारतीय विद्या भवन की स्थापना की ताकि भारत के वर्तमान तथा भविष्य को भारत के सांस्कृतिक और वैचारिक पुनर्जागरण से संजोया जा सके। 1938 में मुंशी और उनके तीन मित्रों द्वारा दिये गये 250 रुपये प्रति वर्ष के योगदान से स्थापित भारतीय विद्या भवन के आज सारे विश्व में लगभग 120 केंद्र और इनसे जुड़े हुए 350 से अधिक शैक्षणिक संस्थान हैं। भवन से संबंधित कई संस्थानों में इंजीनियरिंग, सूचना प्रौद्योगिकी, मैनेजमेंट, संचार व पत्रकारिता, विज्ञान, कला व वाणिज्य की पढ़ाई की व्यवस्था है। लेकिन इन सबसे ऊपर भवन ने भारतीय विद्या के अध्ययन-अध्यापन पर सर्वाधिक ध्यान दिया है।

गुजरात राज्य के भरूच में जन्मे कन्हैयालाल की प्रारम्भिक शिक्षा अपनी माँ के धार्मिक गीतों और कथाओं से हुई। बड़ौदा में अपनी महाविद्यालीय शिक्षा के दौरान कन्हैयालाल मुंशी को अध्यापक के रूप में अरविंद घोष (महर्षि अरविंद) का सान्निध्य मिला। इस सम्पर्क से मुंशी के मन में औपनिवेशिक शासन के विरुद्ध हथियारबंद विद्रोह का संकल्प जगा। साथ ही इसी सम्पर्क ने मुंशी के हृदय में भारत की गौरवशाली सांस्कृतिक, बौद्धिक तथा आध्यात्मिक धरोहर के प्रति अगाध श्रद्धा भी भर दी। 1910 में मुंशी ने बम्बई विश्वविद्यालय से एलएलबी की उपाधि प्राप्त की और वकालत शुरू करने के बाद बहुत कम समय में ही बम्बई उच्च न्यायालय के प्रमुख वकीलों में से एक बन गये। हिंदू क़ानून पर मुंशी को असाधारण महारत थी क्योंकि उन्होंने यह ज्ञान केवल क़ानूनी किताबों से नहीं बल्कि मिताक्षर व धर्मशास्त्रों के गम्भीर व तर्कसंगत अध्ययन से प्राप्त किया था।

भारत की स्वाधीनता के लिए आतुर कन्हैयालाल मुंशी पहले विश्व-युद्ध के दौरान एनी बेसेंट के होम रूल आंदोलन से जुड़ गये लेकिन बाद में गाँधी के सम्पर्क में आने पर उन्होंने कांग्रेस का साथ देने का फ़ैसला किया। सरदार वल्लभभाई पटेल के नेतृत्व में 1928 के बारदोली सत्याग्रह में मुंशी जी ने बढ़-चढ़ कर हिस्सा लिया। इसी प्रकार 1930 के नमक सत्याग्रह में मुंशी ने सपत्नीक भागीदारी की। नमक सत्याग्रह में भागीदारी के चलते उन्हें छह महीने का कारावास

भी भुगतना पड़ा। 1931 में सविनय अवज्ञा आन्दोलन में भाग लेने के दण्डस्वरूप मुंशी को दो साल की सज़ा सुनायी गयी। 1937 में कन्हैयालाल मुंशी को तत्कालीन बॉम्बे प्रेसीडेंसी की पहली निर्वाचित सरकार में मंत्री पद पर नियुक्त किया गया। हालाँकि उनकी व्यक्तिगत पसंद क़ानून व शिक्षा मंत्रालय थी, लेकिन उन्हें गृह मंत्रालय जैसे महत्त्वपूर्ण विभाग का उत्तरदायित्व सौंपा गया। यह उस दौर की बात है जब अंग्रेज़ी हुकूमत भारतीयों को स्वशासन के लिए पूर्णत: अक्षम मानती थी। विशेषकर साम्प्रदायिक मसलों पर वह भारतीयों को विफल देखना चाहती थी। लेकिन मुंशी ने अपने गृहमंत्री के कार्यकाल में कार्यकुशलता, निष्पक्षता व न्यायप्रियता का नमूना पेश किया।

स्वतंत्र भारत के लिए नये संविधान-निर्माण के रचयिताओं में आदर्शवाद व यथार्थवाद के मिश्रण की आवश्यकता थी। राजनीतिक अंतर्दृष्टि और कुशाग्र क़ानूनी बुद्धि से परिपूर्ण कन्हैयालाल मुंशी इस कार्य में सबसे दक्ष माने गये। संविधान-निर्माण के लिए बनायी गयी समितियों में से मुंशी सबसे ज़्यादा ग्यारह समितियों के सदस्य बनाये गये। डा. भीमराव आम्बेडकर की अध्यक्षता में बनायी गयी संविधान निर्माण की प्रारूप समिति में क़ानून में 'हर व्यक्ति को समान संरक्षण' के सिद्धांत का मसविदा मुंशी और आम्बेडकर ने संयुक्त रूप से लिखा था। इसी प्रकार कई अड़चनों और व्यवधानों के बावजूद हिंदी तथा देवनागरी लिपि को नये भारतीय संघ की राजभाषा का स्थान दिलाने में मुंशी ने सबसे प्रमुख भूमिका निभायी। 14 सितम्बर, 1949 को संविधान सभा के इस निर्णय को प्रति वर्ष हिंदी दिवस के रूप में मनाया जाता है। संविधान-निर्माण में मुंशी का सबसे ज़्यादा ध्यान एक मज़बूत केंद्र के अंतर्गत संघीय प्रणाली विकसित करना था, देसी रियासतों के भारत में विलय की मुश्किलों के संदर्भ में और असंख्य विविधताओं वाले इस नव-स्वतंत्र राष्ट्र में मुंशी सहित अन्य संविधान-निर्माताओं ने एक मज़बूत केंद्रीय सरकार को अपरिहार्य माना। कन्हैयालाल मुंशी के लिए भारतीय संविधान की पहली पंक्ति 'इण्डिया दैट इज़ भारत' वाक्यांश का अर्थ केवल एक भूभाग नहीं बल्कि एक अंतहीन सभ्यता है, ऐसी सभ्यता जो अपने आत्म-नवीनीकरण के ज़रिये सदैव जीवित रहती है।

1947 में हैदराबाद के निज़ाम ने अपनी रियासत को स्वतंत्र राष्ट्र की मान्यता देने की माँग की तो इस समस्या को सुलझाने के लिए भारत सरकार ने मुंशी को हैदराबाद में भारत सरकार का प्रतिनिधि (एजेंट जनरल) नियुक्त किया। हैदराबाद राज्य के भारत में विलय के बाद तत्कालीन गृह मंत्री सरदार पटेल ने इस अभियान में मुंशी की अहम भूमिका की बहुत प्रशंसा की। अपने इस दुरूह कार्य को सम्पन्न करने के बाद मुंशी ने इस पर अपने संस्मरण *द ऐंड ऑफ़ ऐन इरा* (हैदराबाद मेमोइर्स) नामक एक पुस्तक भी लिखी। डॉ. राजेंद्र प्रसाद के राष्ट्रपति चुने जाने के बाद मुंशी केंद्रीय मंत्रिमण्डल में उनके स्थान पर कृषि व खाद्य मंत्री बने। इसी दौरान उन्होंने पर्यावरण तथा वानिकी के संरक्षण के लिए कई कारगर प्रयास आरम्भ किये। हर वर्ष जुलाई में आयोजित वन महोत्सव मुंशी के उन्हीं प्रयासों की ही देन है। स्वतंत्र भारत में सोमनाथ मंदिर का पुनर्निर्माण भी मुंशी के एजेंडे पर था। उनकी इस सक्रियता के कारण प्रधान मंत्री नेहरू ने एक कैबिनेट बैठक के बाद मुंशी से कहा कि आप सोमनाथ मंदिर की पुन:स्थापना के लिए जो प्रयास कर रहे हैं, वे मुझे पसंद नहीं हैं। 1952 से 1957 तक मुंशी उत्तर प्रदेश राज्य के राज्यपाल रहे। 1959 में मुंशी कांग्रेस पार्टी की सदस्यता से त्यागपत्र देकर चक्रवर्ती राजगोपालाचारी की स्वतंत्र पार्टी में शामिल हो गये। इसके कुछ समय बाद उन्होंने भारतीय जनसंघ की सदस्यता ग्रहण कर ली।

एक रचनाकार और सम्पादक के रूप में मुंशी की उपलब्धियाँ अनूठी हैं, जैसे *यंग इण्डिया* अख़बार का सम्पादन और मुशी प्रेमचंद के साथ हंस पत्रिका का सम्पादन। मुंशी एक असाधारण साहित्यकार थे। उन्होंने गुजराती, हिंदी व अंग्रेज़ी में सौ से ज़्यादा उत्कृष्ट ग्रंथों की रचना की। एक साहित्य सेवक के रूप में उन्होंने गुजराती साहित्य परिषद्, संस्कृत विश्वपरिषद् तथा हिंदी साहित्य सम्मलेन की अगुआई भी की। एक शिक्षाविद् के रूप में भी मुंशी ने अनेक शैक्षणिक संस्थानों की स्थापना की। इनमे सबसे उल्लेखनीय है सरदार पटेल के साथ मिल कर आणंद में भारतीय कृषि संस्थान की स्थापना, जो आज एक पूर्ण विश्वविद्यालय है। मुंशी का देहांत 8 फ़रवरी, 1971 को हुआ।

देखें : *अब्दुल हमीद, आर.के. तलवार, इला भट्ट, एलाट्टुवलापिल श्रीधरन, कमला देवी चट्टोपाध्याय, गिजुभाई बधेका, पी.एस. वारियर, देवकी जैन, धोंडो केशव कर्वे, नीरा देसाई, भारतीय लोकतंत्र का संस्थानीकरण-1, 2 और 3, राज कुमार तलवार, विक्रम साराभाई, वी.के.आर.वी. राव, विद्याबेन शाह, संस्था, संस्थान और संस्थानीकरण।*

संदर्भ

1. के.एम. मुंशी (1990), *द ऐंड ऑफ़ एन ऐरा (हैदराबाद मेमोइर्स)*, भारतीय विद्या भवन, मुम्बई.
2. के. एम. मुंशी (2012), *पिलग्रिमेज़ टू फ्रीडम / इण्डियन कांस्टीट्यूशनल डाक्यूमेंट्स*, भारतीय विद्या भवन, मुम्बई.
3. शेषराव चव्हाण (2002), *द कांस्टीट्यूशन ऑफ़ इण्डिया : रोल ऑफ़ डॉ. के.एम. मुंशी*, भारतीय विद्या भवन, मुम्बई.

—रवि दत्त वाजपेयी

कपिल

(Kapil)

कपिल सांख्य दर्शन के प्रवर्तक आचार्य हैं। उनकी ख्याति 'आदि विद्वान' के रूप में भी है। व्युत्पत्ति के आधार पर सांख्य का अर्थ है संख्या से संबंधित दर्शन। अब सवाल उठता है कि संख्या का क्या अर्थ है ? संख्या का लोक-प्रचलित अर्थ है— गणना, गिनती। कुछ लोगों का विश्वास है कि इस दर्शन में तत्त्वों की गणना सबसे पहले की गयी। कहा गया कि तत्त्व केवल पच्चीस या छब्बीस हैं, इससे अधिक नहीं। इसीलिए इसका नाम सांख्य पड़ा। परंतु अपने प्राचीन आध्यात्मिक अर्थ में सांख्य से तात्पर्य विवेकसम्मत ज्ञान से है। सांख्य दर्शन निरीश्वरवादी है। उसे ईश्वर का अस्तित्व प्रमाणित करने में कोई रुचि नहीं है। वह कहता है कि संसार की रचना के लिए ईश्वर का अस्तित्व आवश्यक नहीं क्योंकि पूरे संसार की सृष्टि का कारण प्रकृति है। शाश्वत और अपरिवर्तनशील बताया जाने वाला ईश्वर संसार की सृष्टि कर ही नहीं सकता, क्योंकि कारण और परिणाम अभिन्न होते हैं। कारण ही परिणाम में परिणत होता है। चूँकि ईश्वर अपरिवर्तनशील है इसलिए वह संसार में परिणत नहीं हो सकता। कपिल के इस दार्शनिक सिद्धांत की विशिष्टता इस बात में है कि उन्होंने भाग्य, अलौकिकता और ईश्वर की अवधारणा से दूर रहते हुए अपने दर्शन को तार्किक आधार पर भौतिकवादी नज़रिये विकसित करने का प्रयास किया। इसी कारण से दार्शनिक परम्परा में कपिल की भूमिका अत्यंत महत्त्वपूर्ण और क्रांतिकारी मानी जाती है।

समझा जाता है कि आचार्य कपिल का जीवन काल ईसापूर्व सातवीं और छठी शताब्दी के मध्य रहा होगा। कपिल प्रणीत समझी जाने वाली रचना *सांख्यप्रवचन सूत्र* को कुछ विद्वानों ने उनकी रचना मानने से इनकार भी किया है। वे इसे चौदहवीं शती की रचना मानते हैं। शंकराचार्य और अन्य प्राचीन दार्शनिकों ने *सांख्य प्रवचनसूत्र* का कहीं उल्लेख नहीं किया है और न ही उससे कोई उद्धरण लिया है। इसके स्थान पर ईश्वर कृष्ण रचित *सांख्य कारिका* से ही उद्धरण दिये गये हैं जिसका रचनाकाल तीसरी से पाँचवीं शती माना जाता है। वाचस्पति मिश्र ने भी *सांख्य कारिका* पर अपनी प्रसिद्ध *सांख्यतत्त्व कौमुदी* नामक टीका लिखी है। स्वयं ईश्वर कृष्ण ने कपिल, आसुरी तथा पञ्चशिख का सांख्य दर्शन के प्राचीन आचार्यों के रूप में उल्लेख किया है। इस आधार पर दार्शनिक कपिल का जीवनकाल बुद्ध के पूर्व अनुमानित होता है, और यह भी कि उन्होंने *सांख्यप्रवचन सूत्र* की रचना की होगी जो बहुत पहले समाप्त हो गया होगा। *सांख्यप्रवचन सूत्र* पर लिखी गयी टीकाएँ और अन्य ग्रंथों में बिखरी सामग्रियाँ ही इसके अध्ययन का आधार हैं।

भारतीय दार्शनिक परम्परा में सांख्य दर्शन प्राचीनतम दार्शनिक प्रणालियों में माना जाता है। वैचारिक जगत पर इसका लम्बे समय तक प्रभाव रहा है। इसकी चर्चा छांदोग्य, प्रश्न, कठ, श्वेताश्वर उपनिषदों सहित महाभारत, गीता, स्मृतियों तथा पुराणों में भी मिलती है। बादरायण और शंकराचार्य ने इस दर्शन का खण्डन करते हुए सांख्य के श्रुतिमूलक होने से भी इनकार किया है। शंकराचार्य ने सांख्य को वेदांत का 'प्रधान मल्ल' (प्रमुख विरोधी) क़रार देते हुए कहा है कि सांख्य दर्शन कपिल द्वारा प्रणीत, सांख्य एवं योग के मनीषियों और शिष्ट व्यक्तियों द्वारा स्वीकृत होने के बावजूद द्वैतवादी होने के कारण श्रुतिमूलक या उपनिषद्सम्मत नहीं माना जा सकता है। यहाँ श्रुति एवं स्मृति तथा सांख्य और योग शब्द क्रमशः ज्ञान और कर्म के अर्थ में प्रयुक्त हुए हैं। बादरायण और शंकराचार्य द्वारा सांख्य के श्रुतिमूलक होने से इनकार करना इस बात का संकेत है कि सांख्य दर्शन के शुरुआती दौर के आचार्य इसे श्रुतिमूलक मानते रहे होंगे और सम्भवत: यह दर्शन श्रुतिमूलक एवं ईश्वरवादी रहा होगा। बाद में बौद्धों एवं जैनों के प्रभाव में आकर अनीश्वरवादी बन गया होगा। बादरायण और शंकराचार्य दार्शनिक जिस सांख्य का खण्डन करते हैं वह यही श्रुतिमूलक समझा जाने वाला सांख्य होगा। इसी परम्परा में आगे चलकर विज्ञान-भिक्षु ने सांख्य में ईश्वरवाद को पुनर्स्थापित किया।

सांख्य दर्शन द्वैतवादी है। उसके अनुसार यह संसार प्रकृति (भूत) तथा पुरुष (जीव) के संयोग से बना है। ये दोनों स्वभावत: स्वतंत्र तथा मौलिक तत्त्व हैं, परंतु इस संसार में इनका अविवेक या अज्ञान बना रहता है। दोनों आपस में इतने घुले-मिले होते हैं कि अलग नहीं किये जा सकते। पार्थक्य होने पर ही मोक्ष दशा का उदय होता है। प्रकृति और पुरुष का अलग-अलग ज्ञान हो जाने पर जीव सांसारिक क्लेशों से मुक्त हो जाता है। सांख्य दर्शन में विवेक-ज्ञान पर काफ़ी बल दिया गया है। न्याय-वैशेषिक द्वारा परमाणु, आत्मा, मन, काल, दिक् आदि अनेक मौलिक तत्त्वों को मान्यता दी जाती है, इसलिए उन्हें बहुतत्त्ववादी दर्शन माना जाता है। किंतु सांख्य ने बहुतत्त्वों का विश्लेषण तथा अन्त:परीक्षण कर पुरुष और प्रकृति को ही दो मूल तत्त्व माना और अन्य तत्त्वों का इनके भीतर उनका अंतर्भाव क़रार दिया। न्याय दर्शन मानता है कि चाक, डोरी, आदि की सहायता से कुम्हार मिट्टी के भीतर से 'घड़ा' नामक एक अपूर्व द्रव्य पैदा करता है, इसलिए घड़े की 'उत्पत्ति' होती है। सांख्य मत का मानना है कि मिट्टी में पूर्व-स्थित घड़े की अभिव्यक्ति कुम्हार के प्रयत्न से होती है। उसके प्रयत्न से पहले भी घड़ा उस मिट्टी के लोंदे में मौजूद था और प्रयत्न ने उसे केवल प्रकट कर दिया। सांख्य के इस विचार को सत्कार्यवाद के रूप में जाना जाता है।

सत्कार्यवाद कार्य-कारण सिद्धांत पर प्रमुखता से विचार करता है। वह प्रश्न उठाता है कि क्या विभिन्न सामग्रियों के इस्तेमाल और प्रयत्न करने से पहले कार्य कारण में विद्यमान रहता है ? अर्थात् कुम्हार द्वारा दण्ड की सहायता से मिट्टी का घड़ा बनाने या घड़ा उत्पन्न होने से पहले वह मिट्टी में विद्यमान था या नहीं ? न्याय-वैशेषिक का उत्तर नकारात्मक है अर्थात् घड़ा मिट्टी में विद्यमान नहीं था बल्कि सामग्री की सहायता से घड़े की उत्पत्ति होती है और घड़ा नवीन वस्तु होता है। यदि वह पहले से ही विद्यमान होता तो कुम्हार को मेहनत करने और चाक घुमाने की क्या ज़रूरत होती तथा घड़े की उत्पत्ति के क्या मायने रह जाते। यदि कार्य पहले से ही कारण में मौजूद रहता तो कार्य और कारण में भेद नहीं रहता। मिट्टी और घड़े दोनों का एक ही नाम होता। मिट्टी का लोंदा घड़े का काम करता। घड़े में तो हम जल रख सकते हैं, तो क्या यही काम हम मिट्टी के लोंदे से कर सकते हैं ? इसलिए मिट्टी का घड़ा आकार तथा तात्पर्य दोनों में ही भिन्न है। घड़ा एक नयी चीज़ है, जो मिट्टी में कभी भी विद्यमान नहीं था। घड़ा दण्ड, चाक आदि कारणों यानी सामग्री की सहायता से उत्पन्न एक नयी वस्तु है। नैयायिकों का यह मत असत् कार्यवाद के नाम से जाना जाता है। यह सिद्धांत प्रतिपादित करता है कि कारण में कार्य पहले से ही विद्यमान नहीं होता। कुम्हार के प्रयत्न द्वारा घड़ा नाम की एक नयी वस्तु की उत्पत्ति हुई। वह पहले मौजूद नहीं था। किंतु सांख्य दर्शन का इससे भिन्न मत है। अपने मत के समर्थन में सांख्यकारिका में कई युक्तियाँ मिलती हैं :

1.असदकारणात् : यदि कार्य उत्पत्ति के पूर्व कारण में विद्यमान न हो तो, वह असत् होगा। असत् होने से वह शशश्रृंग तथा आकाश कुसुम के समान होगा यानी असत् की उत्पत्ति किसी प्रकार कभी नहीं हो सकती। मिट्टी में पहले से मौजूद था, नहीं तो लाख कोशिश करने पर भी वह उत्पन्न नहीं हो पाता। वह उत्पन्न होता है, यही प्रमाण है कि वह मिट्टी में मौजूद है।

2. उपादानग्रहणात् : प्रत्येक कार्य अपने उपादानकारण या समवायीकरण से सम्बंद्ध रहता है और इसलिए उससे उसकी उत्पत्ति होती है। उपादानकारण के बिना कोई कार्य नहीं हो सकता। उपादान से तात्पर्य है द्रव्य की निष्पादक वस्तु, जैसे घड़े के लिए मिट्टी तथा वस्त्र के लिए तंतु उपादान है। घड़े बनाने के लिए मिट्टी का प्रयोग होता है, तेल के लिए सरसों या तिल का प्रयोग तथा वस्तु की बुनायी तंतु से की जाती है। किसी कार्य के वास्ते किसी विशेष उपादान या सामग्री को ग्रहण करना पड़ता है।

3. सर्वसम्भवाभावात् : कार्य की उत्पत्ति-पूर्व को भी उपादानकारण में मौजूद मानना पड़ेगा। अगर ऐसा नहीं किया जाएगा तो किसी भी कारण या सामग्री से किसी भी कार्य की उत्पत्ति सम्भव माननी पड़ेगी जो कि असम्भव है। अगर हम मिट्टी में घड़े या तंतु में वस्त्र की पूर्व-स्थिति नहीं मानते, तो सबसे सब चीज़ें पैदा होने लगेंगी। मिट्टी से कपड़ा और कम्बल भी तैयार होने लगेगा। सब कारणों से सब कार्यों की उत्पत्ति दिखाई नहीं पड़ती। अत: कार्य कारण में पहले से ही विद्यमान रहता है।

4. शक्तस्य शक्य कारणात् : शक्त कारण से ही शक्य कार्य की उत्पत्ति होती है। जिस कारण में जिस कार्य को उत्पन्न करने की शक्ति होती है, उस कारण से उस कार्य की उत्पत्ति होती है। इसका तात्पर्य यह है कि जो कार्य बीजरूप से जिस कारण में मौजूद होता, वही कारण उसी कार्य को उत्पन्न करने की शक्ति रखता है। तिलों को पेरने से तेल ही निकलता है, घी नहीं। इसका कारण यह है कि कार्य तथा कारण के बीच एक प्रकार की शक्ति का निवास है। कार्य कारण में पहले से ही विद्यमान होता है। यही कारण है कि शक्त पदार्थ शक्य वस्तु को ही उत्पन्न करता है। जुलाहा कपड़ा बुनने के लिए तंतु को ही ग्रहण करता है। क्योंकि वह जानता है कि कारण में किसी विशेष कार्य को ही पैदा करने की शक्ति होती है, दूसरे को नहीं। तिलहन से तेल ही निकलता है। लाख कोशिश के बाद भी उससे घी नहीं निकलता। मिट्टी से घड़ा ही बनेगा, लौहपात्र नहीं। ये उदाहरण इस बात के पुख़्ता प्रमाण हैं कि कार्य तथा कारण परस्पर सम्बद्ध पदार्थ हैं तथा उत्पन्न होने पूर्व भी कार्य कारण में अवश्य ही विद्यमान रहता है।

5. कारणभवात् : कार्य और कार्य एक ही वस्तु के दो रूप हैं। कारण कार्य अव्यक्तावस्था है तथा कार्य कारण का व्यक्त रूप है। कारण का जो स्वभाव होता है वही कार्य का भी स्वभाव होता है। स्निग्ध स्वभाव वाले तिलों से स्निग्ध तेल उत्पन्न होता है। मिट्टी से उत्पन्न घड़ा मिट्टी के स्वभाव वाला होता है। इस तरह से कार्य और कारण में स्वभाव की एकता बनी रहती है। यदि असत् स्वभाव वाला कार्य है तो वह असत् स्वभाव वाले कारण से उत्पन्न होता है। परंतु कार्य तो सत्स्वभाव वाला ही होता है, क्योंकि वह तो विद्यमान ही है। फलत: वह सत्स्वभाव वाले कारण से उत्पन्न होता है। इस प्रकार सत्यकार्यवाद युक्तियुक्त सिद्धांत साबित होता है।

देखें : आर्यभट्ट और *आर्यभटीय,* उपनिषद्, *अर्थशास्त्र* और कौटिल्य, गोपीनाथ कविराज, गोविंद चंद्र पाण्डे, चैतन्य महाप्रभु, जैन दर्शन, न्याय दर्शन, दया कृष्ण, नागार्जुन, पतंजलि और *योगसूत्र,* पाणिनि और *अष्टाध्यायी,* पुराण, पूर्व-मीमांसा दर्शन, बदरी नाथ शुक्ल, बादरायण, बौद्ध दर्शन, *भगवद्गीता,* भरत और *नाट्यशास्त्र,* मुकुंद लाठ, *भागवत पुराण, महाभारत,* यशदेव शल्य, योग दर्शन, रामानुजाचार्य, राम अवतार शर्मा, लोकायत, वात्स्यायन और *कामसूत्र,* वेदांत दर्शन, वैशेषिक दर्शन, शंकराचार्य, षड्-दर्शन-1 और 2, संस्कृत काव्यशास्त्र, स्मृति-साहित्य, सांख्य दर्शन-1 और 2, सिद्ध-नाथ परम्परा।

संदर्भ

1. चंद्रधर शर्मा (1991), *भारतीय दर्शन : आलोचन और अनुशीलन,* मोतीलाल बनारसीदास, नयी दिल्ली.

2. सर्वपल्ली राधाकृष्णन (2012), *भारतीय दर्शन,* खण्ड 2, अध्याय 7, राजपाल ऐंड संज़, नयी दिल्ली.
3. के. दामोदरन (1982), *भारतीय चिंतन परम्परा,* पीपुल्स पब्लिशिंग हाउस, नयी दिल्ली.
4. सतीशचंद्र चट्टोपाध्याय और धीरेंद्र मोहन दत्त, *भारतीय दर्शन,* पुस्तक भंडार, पटना.
5. आचार्य बलदेव उपाध्याय (2000), *भारतीय दर्शन की रूपरेखा,* चौखम्भा प्रकाशन, वाराणसी.

— अजय कुमार पाण्डेय

कर्मकाण्ड

(Ritual)

कर्मकाण्ड एक सांस्कृतिक व्यवहार है जिसमें परम्पराबद्ध और सामान्य से इतर क्रिया का भाव निहित है। इसके मूल में संदेशपरक सांस्कृतिक कूटार्थ होते हैं जो कर्मकाण्ड में भाग लेने वाले व्यक्ति या समूह के भावजगत पर प्रबल प्रभाव छोड़ते हैं। एक समय कर्मकाण्ड के अध्ययन को मुख्यत: मानवशास्त्रियों का विषय समझा जाता था लेकिन पिछली सदी के आठवें दशक में सामाजिक सैद्धांतिकी के क्षेत्र ने एक नयी करवट ली जिसके परिणामस्वरूप समाज-विज्ञानों में सांस्कृतिक परिप्रेक्ष्य को महत्त्व दिया जाने लगा। समाजशास्त्रियों के लिए यह विषय इसी के बाद अधिकाधिक महत्त्वपूर्ण होता चला गया। कर्मकाण्ड का शोध-विमर्श मुख्यत: तीन प्रश्नों के इर्द-गिर्द संगठित रहा है। एक, कर्मकाण्ड के विश्लेषण में संस्कारों की अंतस्थ क्रिया और उनके आयोजन को प्राथमिकता मिलनी चाहिए या ब्रह्माण्ड विज्ञान और प्रतीक, चिंतन संबंधी विश्वासों को? दो, व्यावहारिकता पर आधारित मॉडल में सत्ता और वर्चस्व की समझ को कैसे समाहित किया जाए? तीसरे, संस्कारों को सामूहिकता में समझा जाना चाहिए या कि उनके प्रति सूक्ष्म-समाजशास्त्रीय दृष्टि अपनायी जाए?

समाज-विज्ञानों में धार्मिक कर्मकाण्ड को लेकर जो भी अध्ययन किया गया है उसका मूल आधार दुर्खाइम की क्लासिक रचना *एलीमेंटरी फ़ॉर्म्स ऑफ़ रिलीजस लाइफ़* रही है। दुर्खाइम का यह अध्ययन ऑस्ट्रेलिया के आदिवासी समुदाय पर केंद्रित था। इसकी बुनियादी प्रस्थापना यह थी कि समाज को अपने आपसी संबंधों तथा आंतरिक एकता के सूत्रों को मज़बूत करने या नवीकृत करने की ज़रूरत पड़ती है। दुर्खाइम के अनुसार आदिवासी समुदाय जब धार्मिक संस्कारों के लिए एकत्रित होते हैं तो उसका उद्देश्य यही होता है। दुर्खाइम ने प्रतिपादित किया कि ऐसे अवसरों पर प्रतीकों और परा-भौतिक शक्तियों का आह्वान और प्रयोग, देह की भावनापूर्ण भंगिमाएँ, भोज और यौन गतिविधि, मिथकों और पुरा-कथाओं का नाटकीय प्रदर्शन समुदाय में एक विशेष भावुकता और संवेदना का संचार करते हैं। दुर्खाइम इसे सामूहिक उन्मेष की संज्ञा देते हैं। वे इस बात पर ज़ोर देते थे कि समाज के ये संयोजनकारी संस्कार विश्वास और वर्गीकरण की अंतर्निहित व्यवस्था के साथ अंतर्क्रिया करते हैं। उनके अनुसार यह एक ऐसी प्रक्रिया होती है जिससे पवित्र और लौकिक या सांसारिक का अंतर उद्घाटित होता है। वे धर्म को सांस्कृतिक कूटार्थ और कर्मकाण्ड का जटिल संगम मानते थे। दुर्खाइम की दृष्टि में यही धर्म समाज की संरचना के लिए आधार-भूमि का काम करता है। एक तरह से देखें तो समाजशास्त्र में कर्मकाण्ड को लेकर जो सिद्धांत प्रतिपादन हुआ है उसे दुर्खाइम की इस रचना का विस्तार और रचनात्मक पाठ भी कहा जा सकता है।

हालाँकि दुर्खाइम ने अपने अध्ययन के लिए जो सामग्री जुटायी थी वह आदिम समाज से ताल्लुक़ रखती थी लेकिन उनके रुझान से यह साफ़ झलकता है कि दुर्खाइम आदिम जनजाति के कर्मकाण्डों के लक्षणों और सामाजिक आशयों को सार्वभौमिक रूप से भी प्रासंगिक मान रहे थे। परंतु बाद के समाजशास्त्रियों ने दुर्खाइम के योगदान पर तत्परता से विचार नहीं किया। 1920 के दशक में मार्सेल मौज़ ने *द गिफ़्ट* नामक पुस्तक की रचना की। लेकिन इसमें उन्होंने उपहार के कर्मकाण्डीय पक्षों पर ध्यान देने के बजाय विनिमय के संबंधों और आर्थिक जीवन को ज़्यादा महत्त्व दिया। तीसरे दशक में फ्रांस बताई आदि की दिलचस्पी पवित्रता की विशेषता बताने में ज़्यादा रही और उन्होंने इस पहलू पर पर्याप्त विचार नहीं किया कि पवित्रता का अनुभव समाज की सामूहिक मध्यस्थता के बिना कैसे सम्भव हो सकता है। यही वजह है कि जब लॉयड वार्नर ने कर्मकाण्ड के इस मॉडल को अमेरिका जैसे विकसित समाज के देहाती और कस्बाई जीवन पर लागू करके देखा तो उसे एक महत्त्वपूर्ण योगदान माना गया। आज वार्नर का चिंतन साधारण लग सकता है लेकिन अमेरिका के मेमोरिअल डे उत्सव के विश्लेषण में वार्नर जब उसे मृतकों का पंथ बताते हैं तो वे असल में दुर्खाइम के वृहत्तर दृष्टिकोण का ही विस्तार करते हैं। इसी तरह छठे दशक में राबर्ट बेलाह की नागरिक धर्म की अवधारणा, एडवर्ड शिल का केंद्र और परिधि संबंधी चिंतन तथा मैरी डगलस का पवित्रता और प्रदूषण पर किये जाने वाले कार्य कर्मकाण्ड की गतिविधियों पर फ़ोकस करने के बजाय वर्गीकरण और ब्रह्माण्ड विज्ञान के सूत्रों में उलझ जाते हैं।

यह मानते हुए भी कि समाज की बुनियाद किसी न किसी तरह की धार्मिकता पर टिकी होती है, ये विद्वान

कर्मकाण्ड के बजाय विश्वासों के अध्ययन में ज़्यादा संलग्न थे। इस संबंध में विक्टर टर्नर के शोध को सबसे महत्त्वपूर्ण अपवाद कहा जा सकता है। टर्नर समाज के समता भाव, बराबरी की भावना तथा सर्जनात्मक संबंधों का प्रतिपादन करते हुए कभी दुर्ख़ाइम का सीधा हवाला नहीं देते लेकिन उन पर दुर्ख़ाइम के कर्मकाण्डीय व्यवहार से संबंधित चिंतन की छाप साफ़ देखी जा सकती है।

सातवें और आठवें दशकों में दुर्ख़ाइम के प्रकार्यवादी दृष्टिकोण को कड़ी चुनौती मिलने लगी। इस दौर में कर्मकाण्ड को लेकर यह दृष्टिकोण उभरा कि कर्मकाण्ड को एक राजनीतिक व्यवहार की तरह क्यों न देखा जाए। स्टीवंस ल्यूक्स ने एक बेहद मौलिक लेख में यह प्रस्थापना रखी कि कर्मकाण्ड को ऐसी घटनाओं के रूप में देखा जाना चाहिए जिनके पीछे कुछ निश्चित प्रायोजक होते हैं और जिनका उद्देश्य वर्चस्व स्थापित करना होता है। एक अन्य विद्वान डेविड कर्त्जर का भी यही मानना था कि कर्मकाण्ड प्रतिस्पर्द्धा और सामाजिक लामबंदी के माध्यम भी हो सकते हैं तथा सहमति और साझे विश्वासों के बिना भी कर्मकाण्ड का सिक्का चल सकता है। पियरे बोर्दियो ने उपहार-विनिमय का विश्लेषण करते हुए कहा कि कर्मकाण्ड में रणनीति और हितों का एक सहज हिसाब-किताब भी शामिल रहता है। इसी तरह सांस्कृतिक अध्येता स्टुअर्ट हाल ने युवाओं की उप-संस्कृतियों के अध्ययन में यह प्रतिपादित किया कि ऐसी संस्कृतियाँ एक तरह से समाज की वर्चस्वादी व्यवस्था की प्रत्यालोचना होती हैं। हॉल ने इन उप-संस्कृतियों को प्रतिरोध का कर्मकाण्ड कहा है।

दुर्ख़ाइम के दृष्टिकोण को दूसरी चुनौती इरविंग गॉफ़मैन के अध्ययन से मिली। गॉफ़मैन का चिंतन प्रत्यक्ष अंतर्क्रिया से संबंधित था। यह सूक्ष्म-समाजशास्त्रीय दृष्टिकोण आर्नोल्ड वान गैनेप तथा दुर्ख़ाइम के अध्ययनों पर आधारित था। गैनेप की प्रस्थापना यह थी कि कर्मकाण्ड के ज़रिये समाज अपने सदस्यों को एक वैध और सुस्पष्ट पहचान प्रदान करता है। और ऐसा ख़ास तौर पर तब घटता है जब व्यक्ति का पदानुक्रम संक्रमण की प्रक्रिया में होता है। गॉफ़मेन ने रोज़मर्रा के जीवन की स्थितियों के अवलोकन को सैद्धांतिक विन्यास देते हुए यह प्रतिपादित किया कि लोगबाग जब आपस में मिलते हैं तो एक दूसरे से व्यवहार और सम्मान की उम्मीद करते हैं। यह एक रोज़मर्रा का कर्मकाण्ड होता है जिसमें व्यक्ति के आत्म और उसकी सामाजिक हैसियत को सम्मान की आश्वस्ति मिलती है। इससे व्यक्ति में यह भाव भी जाग्रत होता है कि उससे बाक़ी लोग क्या अपेक्षा करते हैं।

रैंडल तथा कॉलिन्स के कर्मकाण्ड संबंधी शोध-लेखन-चिंतन में दैनिक कर्मकाण्ड के विचार को द्वंद्व के समाजशास्त्र के साथ गूँथने का प्रयास किया गया है। उनका मानना है कि सामूहिक पहचान तथा एकता का भाव दैनिक मेलजोल के कर्मकाण्ड की इसी शृंखला के ज़रिये अस्तित्व में आता है और समाज में नीचे से ऊपर की ओर आकार ग्रहण करता है। यह शृंखला समाज में केवल उत्साह और आपसी मेलमिलाप जैसे भावों को ही प्रोत्साहन नहीं देती बल्कि स्तरीकरण, पदानुक्रम तथा विशेष अधिकारों से सम्पन्न गुटों का भी निर्माण करती है।

कर्मकाण्ड के समकालीन समाजशास्त्र में इन सूत्रों पर आज भी संवाद जारी है, जिसका बड़ा हिस्सा दुख़ाईम के अध्ययन की पुनर्व्याख्या से जुड़ा है। कुछ विद्वान दुर्ख़ाइम के पवित्र और सांसारिक के विभाजन को आज भी महत्त्वपूर्ण मानते हैं और कर्मकाण्ड को समाज के गहरे विश्वासों का प्रदर्शन मानते हैं। जबकि अन्य विद्वान इसे एक तरह का आदर्शवाद मानते हैं और इस तथ्य पर ज़ोर देते हैं कि विश्वास की संरचना ऐसी कमज़ोर कड़ियों पर आधारित है जिनके सूत्र आंतरिक स्तर पर एक दूसरे से असम्बद्ध हैं। ये विद्वान विश्वास को एक अपरिपक्व संरचना मानते हैं। उनका मत है कि कर्मकाण्ड का वास्तविक संबंध अंतस्थ और व्यावहारिक कार्यों से है। कुछ विद्वान कर्मकाण्ड के सार्वभौमिक, एकता परक और समतावादी परिणामों पर ज़्यादा ध्यान देते हैं तो कुछ उसे वर्चस्व स्थापित करने का औज़ार मानते हैं। एक ओर से अध्येता हैं जो कर्मकाण्ड या कर्मकाण्डीकरण को क्रिया (एक्शन) का गुण मानते हैं तो दूसरी ओर अनेक विद्वान उसे एक ऐसा सामाजिक तथ्य मानते हैं जो क्रिया के लिए प्रेरणा का काम भी करता है और साथ ही उसकी सीमाओं को भी उजागर करता है।

उपरोक्त विवेचन से यह बात स्पष्ट हो जाती है कि आठवें दशक के बाद कर्मकाण्ड का अध्ययन केवल मानवशास्त्रीय उद्यम नहीं रह गया है। समाज-विज्ञानों में सांस्कृतिक परिप्रेक्ष्य के बढ़ते प्रभाव के कारण कर्मकाण्ड की अवधारणा अब केवल धर्म के अध्ययन तक सीमित न रहकर राजनीतिक घोटालों, विवादों और प्रतिस्पर्द्धाओं, नाटक की अंतर्वस्तु, खेल, पर्यटन और धर्मयात्राओं, सामूहिक स्मृति और घटनाओं के उत्सवों, देह के अध्ययन, भावनाओं, रोज़मर्रा के मेलजोल; तथा क्रांति, प्रतिरोध, सामूहिक लामबंदी, दण्ड व्यवस्था की चर्चा, नियमन और नियंत्रण जैसे विषयों के शोध में भी पैठ बना चुकी है।

देखें : अर्थव्यवस्था का समाजशास्त्र, अभिजन, अभिरुचि, आत्महत्या, उन्मूलनवाद, एजेंसी, कारागार, गोपनीयता, गृहविहीनता, जाति और जाति-व्यवस्था-1 से 4 तक, जादू, जीवन-शैली, टेलरवाद, फ़ुरसत, बचपन, बुज़ुर्गियत का समाजशास्त्र, बेगानगी, भीड़, भ्रष्टाचार का समाजशास्त्र-1 और 2, विचलन, ज्ञान का समाजशास्त्र।

संदर्भ

1. जे. एलेक्जेंडर और पी. स्मिथ (सम्पा) (2004), द *केम्ब्रिज कम्पेनिअन टू दुर्ख़ाइम,* केम्ब्रिज युनिवर्सिटी प्रेस, केम्ब्रिज.
2. एमील दुर्ख़ाईम (1968/1912), द *ऐलिमेंटरी फ़ॉर्म्स ऑफ़ रिलीजस लाइफ़,* एलेन ऐंड अनविन, लंदन.
3. ई. गॉफ़मैन (1967), *इंटरएक्शन रिचुअल,* एल्डाइन, शिकागो.
4. एस. ल्यूक्स (1975), 'पॉलिटिकल रिचुअल ऐंड सोशल इंटीग्रेशन', *ब्रिटिश जर्नल ऑफ़ सोसिओलॅजी,* खण्ड 9. अंक 2.

— नरेश गोस्वामी

करारोपण

(Taxation)

करारोपण या कराधान या टैक्स लगाना किसी भी राष्ट्रीय अर्थव्यवस्था का एक अप्रिय यथार्थ है। यह हक़ीक़त इसलिए है कि इसके बिना सरकारों का काम नहीं चल सकता। सार्वजनिक वित्त या सरकारी ख़ज़ाने की गतिविधियाँ इसके बिना ठप पड़ जाएँगी। यह अप्रिय इसलिए है कि इसके कारण व्यक्तियों और संस्थाओं की आमदनी पर विपरीत प्रभाव पड़ता है। करारोपण का प्रश्न विचारधारात्मक संघर्ष का अखाड़ा भी है। समाज के आर्थिक जीवन में राज्य के कम से कम हस्तक्षेप के समर्थकों की निगाह में टैक्स एक तरह का 'जबरिया श्रम' है जो सरकार नाजायज़ रूप से लेती है। राज्य के लोकोपकारी रूप के पक्षधर मानते हैं कि टैक्स के ज़रिये समाज में आमदनी के समतामूलक पुनर्वितरण की पहलक़दमी की जा सकती है।

आर्थिक वृद्धि और करारोपण का संबंध हमेशा से अर्थशास्त्रियों के सरोकार के केंद्र में रहा है। टैक्स की क़िस्म और करारोपण की संरचना आर्थिक प्रोत्साहन देने वाली नीतियों को लाज़मी तौर से प्रभावित करती है जिसका असर उत्पादकता और सकल घरलू उत्पाद पर पड़ता है। व्यक्तियों पर लगाया जाने वाला टैक्स पूरी अर्थव्यवस्था को प्रभावित नहीं करता। लेकिन उपभोक्ता पर लगाया जाने वाला टैक्स या उत्पादक पर लगाया जाने वाला टैक्स बाज़ार में माँग को दबा देता है। स्कैंडिनेवियायी देशों की अर्थव्यवस्थाएँ इस मामले में अनूठी हैं कि वे टैक्स भी लगाती हैं और आर्थिक वृद्धि को जारी रखने में समर्थ हुई हैं। सिंगापुर और हांगकांग जैसी अर्थव्यवस्थाओं की प्रगति का रहस्य कम से कम कराधान में निहित माना जाता है। भारतीय अर्थव्यवस्था के संदर्भ में तो यह बहस आज तक किसी मक़ाम पर नहीं पहुँच पायी है। भारतीय राज्य की आत्म-छवि जब लोकोपकारी राज्य की थी, उस समय तो टैक्स जम कर लगाये ही जाते थे। पर बाज़ार आधारित अर्थव्यवस्था के ज़माने में भी सरकार ने करारोपण के तमाम तर्क खोज निकाले हैं।

टैक्स मुख्यत: दो प्रकार के होते हैं : व्यक्तिगत स्तर पर लोगों की आमदनी पर लगाया जाने वाला टैक्स प्रत्यक्ष करों की श्रेणी में आता है। बिक्री कर, आयात या निर्यात पर लगाया जाने वाला कर, पूँजीगत कर, उत्पाद कर, कॉरपोरेट टैक्स, सेवा कर या मूल्यवर्धित कर अप्रत्यक्ष करों की श्रेणी में आता है। निजी स्तर पर लगाया जाने वाले आयकर लगाने की कई विधियाँ हो सकती हैं। मसलन, एक स्तर पर आमदनी को टैक्स फ्री रखने के बाद उस सीमा से अधिक आमदनी पर करारोपण किया जा सकता है। विभिन्न स्तर की आमदनी पर विभिन्न दरों पर टैक्स लगाया जा सकता है। आयकर की दरें सपाट भी हो सकती हैं जिन्हें हर तरह की आमदनी के ऊपर लागू किया जा सकता है। अगर वसूले गये टैक्स की मात्रा और दर करदाता की आमदनी के बढ़ने के साथ ही बढ़ रही है तो उस कराधान को वर्धमान या प्रोग्रेसिव की संज्ञा दी जाती है। कर चुकाने में ख़र्च की गयी रक़म और आमदनी के अनुपात को कर की औसत दर माना जाता है। आमदनी की अंतिम इकाई पर लगाया गया टैक्स सीमांत दर के मुताबिक़ होता है। अगर सीमांत दर ऊँची है तो समझा जाता है कि इसके कारण बाज़ार में श्रम की आपूर्ति पर विपरीत असर पड़ सकता है। लेकिन अगर करदाता कर-उपरांत आमदनी करना चाहता है तो ऊँची सीमांत दर उसके लिए फ़ायदेमंद भी साबित हो सकती है। अप्रत्यक्ष कर एड वेलोरम यानी करारोपित किये जा रहे उत्पाद या सेवा के कुल मूल्य के आधार पर एकमुश्त भी लगाये जा सकते हैं। निचली आमदनी वाले तबक़ों को इस तरह के टैक्सों से बड़ी तकलीफ़ होती है, क्योंकि उनकी वजह से इन तबक़ों की कर-पूर्व आमदनी घट जाती है। जहाँ तक टैक्स वसूली के तंत्र का सवाल है, सरकारें अपने कर्मचारियों द्वारा स्वयं भी टैक्स वसूलती हैं और टैक्स जमा करने का अधिकार 'टैक्स फ़ार्मर' को बेच भी देती हैं।

समाज में श्रम और बचत को प्रोत्साहित करने में टैक्स की भूमिका पर राजनीतिक शास्त्र, दर्शन और अर्थशास्त्र के साहित्य में काफ़ी चर्चा मिलती है। थॉमस हॉब्स ने अपने ग्रंथ *लेवायथन* में प्रत्यक्ष और अप्रत्यक्ष कर के बजाय व्यय पर कर लगाने का सुझाव दिया था। कम से कम टैक्स लगाने की तरफ़दारी करते हुए ऐडम स्मिथ ने करारोपण के मामले में सुचिंतित हिदायतें दी हैं : हर राज्य की प्रजा को सरकार की मदद करने के लिए जितना सम्भव हो सके अपनी-अपनी क्षमताओं के हिसाब से करना चाहिए। आख़िर व्यक्ति सरकार के संरक्षण के तहत ही आर्थिक आमदनी करता है। व्यक्तियों पर लगाये जाने वाले टैक्स एक निश्चित प्रणाली के मुताबिक़ होने चाहिए न कि मनमाने। टैक्स देने वाले के सामने उसके

भुगतान का समय, तरीक़ा और मात्रा पूरी तरह से स्पष्ट होनी चाहिए। टैक्स इस तरह से और इस प्रकार लगाया जाना चाहिए कि करदाता को उसका भुगतान सुविधाजनक लगे। साथ ही सरकार को अपनी ज़रूरत से ज़्यादा एक पैसा भी नहीं वसूलना चाहिए।

स्मिथ की ये हिदायतें दो तरह से देखी जा सकती हैं। एक तरफ़ तो ये करारोपण से जुड़े विवादों को कम करने के बजाय बढ़ाती हैं, दूसरी तरफ़ कुछ समाधान भी पेश करती हैं। मसलन, इन निर्देशों के अनुसार करारोपण व्यक्ति की कर देने की क्षमता पर आधारित होना चाहिए जिसे तय करने के मानक बनाना बहुत कठिन है। दूसरा प्रश्न यह है कि व्यक्ति सरकार की मदद कितनी करना चाहेगा। वह सरकार के लिए पूरा त्याग करने के लिए तैयार हो जाएगा, सापेक्षिक त्याग करेगा या फिर सीमांत त्याग ही करेगा। तीसरी बात यह है कि यहाँ स्मिथ एक तरह के लाभ कर की सिफ़ारिश करते हुए दिखते हैं जिसके मुताबिक़ व्यक्ति को सरकार से प्राप्त लाभ के मुताबिक़ उसे कर अदा करना चाहिए। स्मिथ की इन हिदायतों के कुछ दूसरे पहलू करारोपण की समस्या को हल भी करते हैं। एक निश्चित कर प्रणाली का सुझाव भ्रष्टाचार की समस्या से बचने की तरफ़ ले जाता है। सही समय पर यानी आमदनी हो जाने पर टैक्स लगाने का सुझाव करदाता को टैक्स देने के लिए कर्ज़ लेने की स्थिति में नहीं धकेलता।

डेविड रिकार्डो ने अपनी रचना *प्रिंसिपल्स ऑफ़ पॉलिटिकल इकॉनॉमी ऐंड टैक्सेशन* में कई तरह के टैक्सों के अर्थव्यवस्था पर पड़ने वाले असर का विस्तृत विश्लेषण पेश किया है। उन्होंने यह पता लगाने की कोशिश भी की थी कि फ्रांसीसी क्रांति और नेपोलियन द्वारा छेड़े गये युद्धों के दौरान किये गये भारी करारोपण का राष्ट्रीय आमदनी पर क्या असर पड़ा।

देखें : अर्थ-विज्ञान का समाजशास्त्र, आर्थिक जनसांख्यिकी, अल्फ्रेड मार्शल, अमर्त्य कुमार सेन, अंतर्राष्ट्रीय मुद्रा कोष, आधार और अधिरचना, ऑस्कर लांगे, ऐडम स्मिथ, कल्याणकारी अर्थशास्त्र, क्लासिकल अर्थशास्त्र, कार्ल हाइनरिख़ मार्क्स-3, कार्ल मेंगर, कींसियन अर्थशास्त्र, गुन्नार मिर्डाल, जोआन रोबिंसन, जॉन कैनेथ गालब्रेथ, जॉन मेनार्ड कींस, जॉन स्टुअर्ट मिल, जोसेफ़ शुमपीटर, जैव विविधता, ट्रस्टीशिप, डेविड रिकार्डो, ढाँचागत समायोजन कार्यक्रम, थॉमस मन और वणिकवाद, थॉमस रॉबर्ट माल्थस, दक्षता, धन, नियोक्लासिकल अर्थशास्त्र, नीतिशास्त्र और अर्थशास्त्र, निकोलस काल्दोर, नियोजन, नियोजन : मार्क्सवादी विमर्श, पण्य, पण्य-पूजा, पेटेंट, पॉल सेमुअलसन, पियरो स्राफ़ा, पूँजी, प्रतियोगिता, फ्रांस्वा केस्ने और प्रकृतिवाद, फ्रेड्रिख़ वॉन हायक, बहुराष्ट्रीय निगम, बाज़ार, बाज़ार की विफलताएँ, बाज़ार-समाजवाद, बौद्धिक सम्पदा अधिकार, ब्रेटन वुड्स प्रणाली, भारत में बहुराष्ट्रीय निगम, भारत में नियोजन, भारत में पेटेंट क़ानून, भारत में शेयर संस्कृति, भूमण्डलीकरण और पूँजी बाज़ार, भूमण्डलीकरण और वित्तीय पूँजी, भूमण्डलीकरण और वित्तीय उपकरण, मार्क्सवादी अर्थशास्त्र, मिल्टन फ्रीडमेन, मूल्य, राजकोषीय नीति और मौद्रिक नीति, रॉबर्ट ओवेन, विलफ्रेडो परेटो, विश्व व्यापार संगठन, विश्व बैंक, विलियम पेटी, विलियम स्टेनली जेवंस, वैकासिक अर्थशास्त्र, शोषण, साइमन कुज़्नेत्स।

संदर्भ

1. ऐडम स्मिथ (1776/1976), *एन इनक्वारी इनटु द नेचर ऐंड कॉज़ेज़ ऑफ़ द वेल्थ ऑफ़ नेशंस,* ओयूपी, ऑक्सफ़र्ड.
2. ई.आर.ए. सेलिगमेन (1885), *एसेज़ इन टैक्सेशन,* मैकमिलन, न्यूयॉर्क और लंदन.
3. बी. सेलेनी (2003), *द इकॉनॉमिक्स ऑफ़ टैक्सेशन,* एमआईटी प्रेस, केम्ब्रिज एमए और लंदन.
4. डेविड रिकार्डो (1821), *ऑन द प्रिंसिपल्स ऑफ़ पॉलिटिकल इकॉनॉमी, ऐंड टैक्सेशन,* जॉन मरे, लंदन, तीसरा संस्करण.

— अभय कुमार दुबे

करिश्मा

(charisma)

यूनानी भाषा के शब्द करिश्मा का प्रयोग न्यू टेस्टामेंट में किया गया है। इसका मतलब है ईश्वर का वह अवदान जो उसके अनुयायियों को 'मुफ़्त तोहफ़े' के रूप में मिलता है। समाज-विज्ञान में करिश्मे की अवधारणा प्रचलित करने का श्रेय जर्मन विद्वान मैक्स वेबर को जाता है। समाजशास्त्रियों, मनोवैज्ञानिकों और धर्मशास्त्रियों ने करिश्मे का विशेष रूप से अध्ययन किया है। राजनेताओं, मशहूर वक्ताओं, धर्मगुरुओं, पैग़म्बरों, क्रांतिकारी नेताओं, फ़िल्म अभिनेताओं, पॉप स्टारों और कभी-कभी अकादमीशियनों में करिश्माई गुणों की अभिव्यक्तियाँ पायी जाती हैं। राजनीतिक शासन के विधेयक आधार की खोज करते हुए वेबर ने अपनी रचना *इकॉनॉमी ऐंड सोसाइटी* में प्राधिकार की तीन क़िस्मों में से एक को करिश्माई की संज्ञा दी थी। इसी के बाद राजनीतिक प्राधिकार के करिश्माई पहलुओं पर विशेष ध्यान दिया जाने लगा। लेकिन, राजनीति के साथ करिश्मे का विचार धर्म के समाजशास्त्र के लिए भी महत्त्वपूर्ण है। बीसवीं सदी के आख़िरी दशकों में उभरे कई विवादास्पद धार्मिक आंदोलनों के शीर्ष पर भी करिश्माई नेतृत्व देखा गया है। रेवरेंड मून, भगवान 'ओशो' रजनीश या मोज़ेज़ डेविड बर्ग को इसकी मिसाल के रूप में देखा जा समझा जा सकता है। मनोवैज्ञानिक अध्ययनों से पता चला है कि अपने ही ऊपर मोहित रहने की प्रवृत्ति से ग्रस्त करिश्माई नेताओं के मानस में एक ख़ास तरह का एकतरफ़ापन होता है जिसके कारण वे सामान्य लोगों को सताने वाली दुश्चिंताओं और दुविधाओं से परेशान नहीं होते।

नेता और उसके अनुयायियों के बीच सूत्र के लिहाज़ से करिश्मा एक ऐसा संबंध है जिसके प्रभाव में अनुयायियों को अपना नेता कुछ असाधारण गुणों से सम्पन्न लगता है। अपने अनुयायियों की इसी मान्यता के कारण करिश्माई नेता अपने व्यक्तित्व को संस्थागत नियंत्रण के दायरे से बाहर रख पाने में कामयाब होते हैं। धर्म के संदर्भ में करिश्मा किसी पद में निहित भी हो सकता है। धर्मावलम्बियों को लगता है कि कुछ ख़ास तरह के ऊँचे धार्मिक पदों पर आरूढ़ होने के कारण करिश्मा दिखाई देने लगता है। चाहे धार्मिक हो या राजनीतिक, आम तौर पर करिश्माई नेतृत्व ऐसे समय में उभरता है जब सामाजिक-आर्थिक परिवर्तनों के प्रभाव में समाज में अस्थिरता व्याप्त हो जाती है। भविष्य के अंदेशों से डरे हुए लोगों को लगता है कि करिश्माई नेतृत्व में आस्था रखने या उसके सामने समर्पण कर देने से वे अनदेखे और अनजाने ख़तरों से बच जाएँगे।

करिश्माई प्राधिकार पूरी तरह से एक व्यक्ति की शख़्सियत के चमत्कारी प्रभाव पर निर्भर होता है। इसके माध्यम से कोई नेता या अधिकारी लोगों से सीधा संवाद करके उसके ज़रिये उनसे अपनी बात मनवा लेता है। इसके लिए ज़रूरी नहीं कि उसके पास कोई पद या किसी संस्था की ताक़त हो। उदारतावादी लोकतंत्रों में इस तरह के प्राधिकार के पनपने की गुंजाइश कम रहती है, क्योंकि वहाँ संविधान सत्ता की सीमाएँ तय कर देता है। इसके बावजूद मार्गरेट थैचर और उनसे पहले फ्रेंकलिन डी. रूज़वेल्ट के कार्यकाल में भी करिश्माई पहलुओं की झलक मिली थी। इन उदाहरणों से स्पष्ट है कि करिश्माई नेतृत्व लोकतांत्रिक व्यवस्थाओं में भी पैदा हो सकता है, और अलोकतांत्रिक व्यवस्थाओं में भी। हिटलर और मुसोलिनी जैसे नेता अलोकतांत्रिक करिश्मे के उदाहरण हैं।

भारत में लोकतांत्रिक प्रक्रिया से सत्ता में आयी इंदिरा गाँधी को करिश्माई नेता माना जाता है। जिस तरह करिश्माई व्यक्तित्व स्थापित नियमों, क़ानूनों और संस्थाओं से परे जा कर लोगों से निष्ठा प्राप्त कर लेता है, उसी तरह इंदिरा गाँधी ने कांग्रेस पार्टी के जमे हुए क्षेत्रीय नेतृत्व द्वारा आरोपित सीमाओं को धता बताते हुए सरकार और दल पर अपना नेतृत्व क़ायम करने में सफलता प्राप्त की। करिश्माई ख़ूबियाँ ज़रूरी नहीं कि प्रकृति-प्रदत्त ही हों। राजनीतिक नेता अक्सर मीडिया के चतुराईपूर्ण इस्तेमाल और भाषण-कला विकसित करके अपना करिश्मा गढ़ने की कोशिश करते हैं। मुसोलिनी, हिटलर, माओ त्से-तुंग, स्तालिन और किम इल सुंग के करिश्मे के पीछे प्रोपेगंडा तंत्र का इस्तेमाल करके 'पर्सनैलिटी कल्ट' विकसित करने की योजनाबद्ध कोशिशें देखी गयी हैं।

वेबर ने 'रूटीनाइज़्ड करिश्मा' या करिश्मा के संस्थानीकरण का ज़िक्र किया था जिसकी अभिव्यक्तियाँ पदों में निहित करिश्मे के रूप में देखी जा सकती हैं। पर अधिकांशत: करिश्मा संस्थागत नियंत्रण और जवाबदेही की अवहेलना करता है। करिश्माई प्राधिकार में संस्थागत शासन के परे जा कर लोगों से बिना शर्त निष्ठा और समर्पण की माँग करने की प्रवृत्ति होती है जिससे अधिनायकवादी और निरंकुश सत्ता की तरफ़ जाने का ख़तरा होता है। वह ख़ुद को मसीहा के रूप में पेश करते हुए जनता को मुक्ति की मंज़िल की तरफ़ ले जाने का दावा करता है। जिस मुक्ति का आश्वासन दिया जाता है, वह आम तौर पर अपरिभाषित रहती है। धार्मिक आंदोलनों के संदर्भ में संस्थागत संयम का अभाव उनके नेताओं को चौंका देने वाले असंयमित व्यवहार, सेक्शुअल हिंसा और अतिवादी रवैये की तरफ़ ले जाता है। अनुयायियों को इससे दिक़्क़त नहीं होती, बल्कि वे इसे अपने नेता या 'भगवान' की लीला की तरह देखते हैं। व्यावहारिक रूप से कई बार इस तरह के लीला-पुरुषों के चमत्कारी व्यक्तित्व की आड़ में भ्रष्टाचार पनपते देखा गया है। करिश्माई धर्म-गुरुओं द्वारा चलाये जाने वाले धार्मिक आंदोलन समाज के दूसरे हिस्सों में बेचैनियाँ पैदा करते हैं जिसके कारण इन आंदोलनों को व्यवस्था के उत्पीड़न का सामना करना पड़ता है। ऐसी ही बेचैनियों के कारण ओशो के कम्यून को अमेरिका से भारत वापिस चले आना पड़ा था। इसका दूसरा पहलू इस तरह के आंदोलनों के भीतर आत्म-हिंसा की प्रवृत्ति का होना है। करिश्माई धर्म-गुरुओं के आदेश पर उनके अनुयायियों द्वारा सामूहिक आत्महत्याएँ करने के प्रकरण भी सामने आ चुके हैं।

संस्थागत संयम की सीमाओं के परे रहने से करिश्माई नेतृत्व को मनमानी करने की छूट तो मिलती है, पर दूसरी ओर वह अपने प्राधिकार को टिकाने के लिए आवश्यक संस्थाओं की सहकारी भूमिका से भी वंचित हो जाता है। इसी कारण करिश्माई नेतृत्व का बुनियादी चरित्र अस्थिरता और असुरक्षा का शिकार रहता है। चूँकि असाधारण और दैवी समझे जाने वाले गुणों का कोई वस्तुगत आधार नहीं हो सकता, इसलिए उनमें अनुयायियों की आस्था भी किसी सुचिंतित तर्क के अधीन न हो कर भंगुर क़िस्म की होती है। ऐसे नेता को हमेशा अंदेशा सताता रहता है कि कहीं उसके अनुयायी उसके करिश्मे के सम्मोहन से बाहर न निकल जाएँ। इसी कारण से एक अनदेखी प्रक्रिया भी चलती रहती है जिसके तहत करिश्माई प्राधिकार अनुयायियों को अपनी ओर आकर्षित रखने के लिए नये-नये रक्षात्मक पैंतरे अपनाता है। लेकिन इस रणनीतिक योजना के परिणाम उसके हाथ से बाहर होते हैं। इस चक्कर में कई बार करिश्माई नेतृत्व अपने ही हाथों से अपना ख़ात्मा भी कर बैठता है। कई धार्मिक संगठनों के समाप्त हो जाने के पीछे उनके करिश्माई नेतृत्व की भूमिका स्पष्ट रूप से देखी जा सकती है।

देखें : अभिजन, अभिरुचि, उन्मूलनवाद, एजेंसी, कर्मकाण्ड, कारागार, गोपनीयता, जादू, जातीयता, जाति और जाति-व्यवस्था-1 से 4 तक, टेलरवाद, फ़ुरसत, बचपन, बेगानगी, भीड़, मैक्स वेबर, विचलन।

संदर्भ

1. मैक्स वेबर (1922/1985), *इक्ॉनॉमी ऐंड सोसाइटी,* युनिवर्सिटी ऑफ़ कैलिफ़ोर्निया प्रेस, न्यूयॉर्क.
2. एफ़.ई. बर्ड (1993), 'कैरिज़्मा ऐंड लीडरशिप इन न्यू रिलीजियस मूवमेंट्स', डी.जी. ब्रोमली और के. हैडिन (सम्पा.), *हैंडबुक ऑफ़ कल्ट्स ऐंड सेक्ट्स इन अमेरिका,* ग्रीनविच, कनेक्टीकट.
3. आर. वालिस (1993), 'कैरिस्मा ऐंड एक्सप्लेनेशन', ई. बार्कर वग़ैरह (सम्पा.), *सेकुलरिज़्म, रैशनलिज़म ऐंड सेक्टेरियनिज़म,* ऑक्सफ़र्ड, क्लैरंडन प्रेस.

— अभय कुमार दुबे

कर्नाटक

(Karnataka)

भारत के दक्षिण-पश्चिम में स्थित कर्नाटक का गठन 1956 में राज्य पुनर्गठन अधिनियम पारित होने के बाद एक नवम्बर, 1956 को हुआ था। यह दिन राज्य में कर्नाटक राज्योत्सव (या निर्माण दिवस) के रूप में बनाया जाता है। भाषाई आधार पर गठित होने के कारण इसमें मुख्यत: दक्षिण भारत के कन्नड़भाषी क्षेत्रों को शामिल किया गया। शुरुआत में इसका नाम मैसूर राज्य था जिसे 1973 में बदल कर कर्नाटक किया गया। कर्नाटक की स्वातंत्र्योत्तर राजनीति को तीन भागों में बाँट कर समझा जा सकता है : पहला, 1947 से 1983 तक का दौर जो कांग्रेस के वर्चस्व का दौर था। दूसरा, 1983-1989 का दौर जब कांग्रेस के वर्चस्व को पहली बार चुनौती मिली और राजनीतिक प्रतियोगिता त्रिकोणीय हो गयी। 2013 के चुनावों में भारतीय जनता पार्टी और क्षेत्रीय ताक़तों को परास्त करके करके कांग्रेस ने दिखाया है कि वह इस राज्य की सर्वप्रमुख शक्ति बनी हुई है। कांग्रेस के बाद दूसरी बड़ी ताकत भारतीय जनता पार्टी है। स्वतंत्रता प्राप्ति के बाद कर्नाटक की राजनीति में लिंगायत और वोक्कलिगा समुदायों के बीच में मुख्य राजनीतिक होड़ रही है। लिंगायत एक पृथक शैव सम्प्रदाय है जो मुख्यधारा के हिंदू धर्म से कई मामलों में अलग है। इस समुदाय के लोग एकेश्वरवाद में विश्वास करते हैं और शिव की पूजा करते हैं। वेदों और जाति-व्यवस्था को ख़ारिज करने वाले लिंगायत पूरे कर्नाटक में फ़ैले हुए हैं। लेकिन उत्तरी और मध्य कर्नाटक में वे ज़्यादा संख्या में हैं। यह राज्य का सबसे बड़ा समुदाय है और राज्य की कुल जनसंख्या में इनकी हिस्सेदारी 21 प्रतिशत है। वोक्कलिगा एक व्यापक शब्द है जिसका प्रयोग मुख्य रूप से खेतिहर जातियों के लिए किया जाता है। इन जातियों का फ़ौजी इतिहास रहा है। ये मुख्य रूप से पुराने मैसूर राज्य या वर्तमान दक्षिणी कर्नाटक में केंद्रित हैं। इसमें गंगादिकारा, मोरासू, नामधारी, गौड़ा, कुनचितिगा, कोडागू आदि उपसमूह शामिल हैं। कर्नाटक की राजनीति में लिंगायत और वोक्कलिगा समुदायों का ही वर्चस्व रहा है।

कर्नाटक की राजधानी बंगलुरु है। कर्नाटक के पश्चिम में अरब सागर, उत्तर-पश्चिम में गोवा, उत्तर में महाराष्ट्र, पूर्व में आंध्र प्रदेश, उत्तर-पूर्व में तमिलनाडु और उत्तर-पश्चिम में केरल स्थित है। कर्नाटक का भौगोलिक क्षेत्रफल 1,91,791 वर्ग किमी है। 2011 की जनगणना के अनुसार यहाँ की कुल जनसंख्या 61,130,704 है। क्षेत्रफल के लिहाज़ से यह भारत का आठवाँ और जनसंख्या के लिहाज़ से नौवाँ सबसे बड़ा राज्य है। यहाँ का जनसंख्या घनत्व 3,81,736 व्यक्ति प्रति वर्ग किमी है। 2011 की जनगणना के अनुसार कर्नाटक की साक्षरता दर 69.3 प्रतिशत है और साक्षरता के मामले में भारत में इसका स्थान अठारहवाँ है। कर्नाटक की विधायिका दो सदनीय है। विधानसभा में कुल 224 और विधान परिषद् में 75 सदस्य चुने जाते हैं। कर्नाटक से लोकसभा के 28 और राज्यसभा के 12 सदस्य चुने जाते हैं। कर्नाटक की राजकीय भाषा कन्नड़ है और यहाँ का उच्च न्यायालय बंगलुरु में है।

ऐतिहासिक रूप से आधुनिक कर्नाटक के विविध भाग विभिन्न शासकों के अंतर्गत रहे हैं। अंग्रेज़ों के भारत आने के बाद कर्नाटक के उत्तरी भाग में हैदराबाद के निज़ाम, अंग्रेज़ों और कुछ दूसरी शक्तियों का शासन था। दक्षिण कर्नाटक मैसूर राज्य के रूप में था। यहाँ विजयनगर साम्राज्य के एक पुराने जागीरदार के वंशजों का शासन था। बाद में, कृष्णराजा वाडेयार की मृत्यु के बाद यहाँ उनकी सेना के प्रमुख हैदर अली का नियंत्रण हो गया। हैदर अली की मृत्यु के बाद टीपू सुल्तान ने यहाँ शासन किया। यूरोपीय शक्तियों के प्रसार को रोकने के लिए हैदर अली और टीपू सुल्तान ने चार आंग्ल-मैसूर युद्ध लड़े। आख़िरी युद्ध के बाद 1799 में टीपू सुल्तान की शहादत हुई और मैसूर को ब्रिटिश राज में मिला लिया गया। मैसूर में वॉडेयार वंश को फिर से स्थापित किया गया और मैसूर ब्रिटिश शासन का एक रजवाड़ा बन गया। स्वतंत्रता प्राप्ति के तुरंत बाद मैसूर राज्य ने भारत में विलय कर लिया। भाषाई आधार पर राज्यों के पुनर्गठन होने के बाद बम्बई प्रेसीडेंसी के कन्नड़भाषी क्षेत्रों को भी 1956 में इसमें शामिल कर दिया गया। दरअसल 1938 में ही बम्बई प्रेसीडेंसी की विधायिका यह प्रस्ताव पारित कर चुकी थी कि भविष्य में

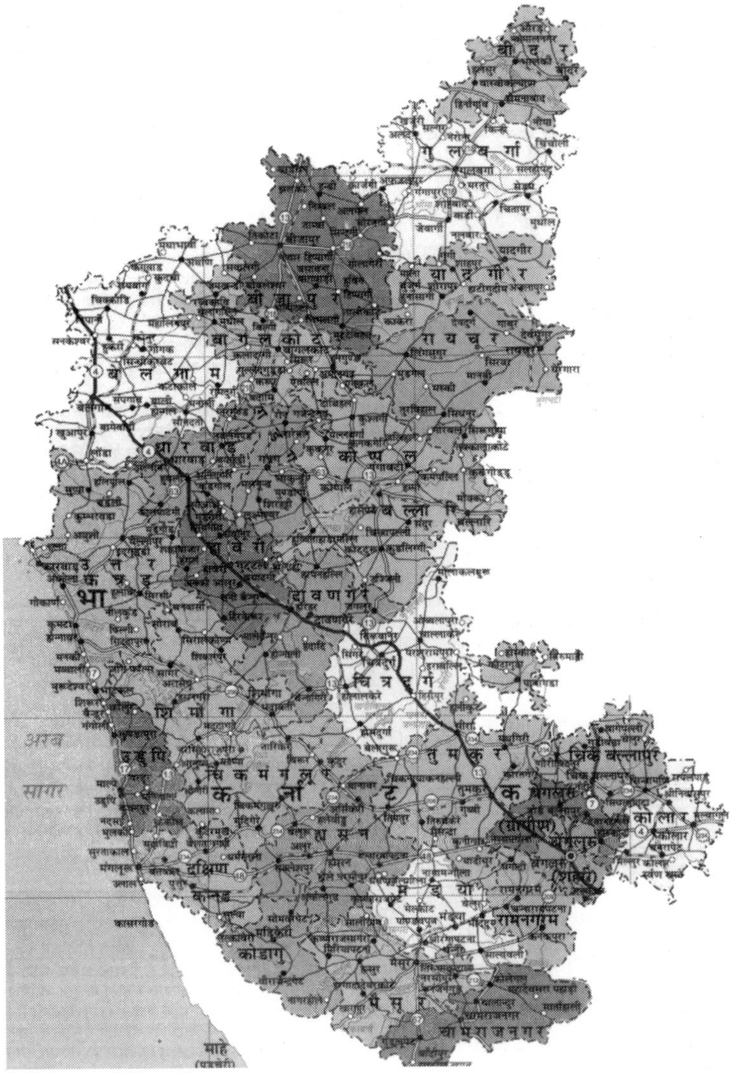

कर्नाटक / स्थापना : एक नवम्बर, 1956

भाषाई राज्य के गठन होने पर इस प्रेसीडेंसी के कन्नड़भाषी क्षेत्रों को उस राज्य में मिला दिया जाएगा।

स्वतंत्रता-प्राप्ति के बाद से लेकर 1983 तक राज्य में कांग्रेस का एक-छत्र राज्य रहा। इस दौरान के.सी. रेड्डी (25 अक्टूबर, 1947-30 मार्च ,1952), के. हनुमंतैया (30 मार्च, 1952-19 अगस्त, 1956), कादिदल मंजप्पा (19 अगस्त, 1956-31 अक्टूबर, 1956), एस. निजलिंगप्पा (1 नवम्बर, 1956-16 मई, 1958; 21 जून, 1962-29 मई, 1968), बी.डी. जत्ती (16 मई, 1958-9 मार्च, 1962), एस.आर. कांथी (14 मार्च, 1962-20 जून, 1962), वीरेंद्र पाटिल (29 मई, 1968-18 मार्च, 1971) और देवराज अर्स (20 मार्च, 1972-31 दिसम्बर, 1977; 28 फ़रवरी, 1978-7 जनवरी, 1980) और आर. गुंडू राव (12 जनवरी, 1980-6 जनवरी, 1983) राज्य के मुख्यमंत्री रहे। इन नेताओं में से सिर्फ़ एस. निजिलिंगप्पा और देवराज उर्स ही अपनी पाँच साल की अवधि पूरी कर पाये या उससे ज़्यादा समय तक मुख्यमंत्री रह सके। इससे पता चलता है कि इस दौर की राजनीति में कांग्रेस के केंद्रीय नेतृत्व की पकड़ कितनी ज़ोरदार थी। इन वर्षों में कर्नाटक के कई नेताओं ने केंद्र की राजनीति में भी महत्त्वपूर्ण भूमिका निभायी। बी.डी. जत्ती भारत के उपराष्ट्रपति बने, निजिलिंगप्पा ने कांग्रेस (संगठन) के गठन में महत्त्वपूर्ण भूमिका निभायी और देवराज उर्स भारतीय राष्ट्रीय कांग्रेस के अध्यक्ष बने। इन वर्षों में कांग्रेस के वर्चस्व का अंदाज़ा इसी बात से लगाया जा सकता है कि 1977 में आपातकाल के बाद हुए चुनावों में जहाँ उत्तर भारत में कांग्रेस का सूपड़ा साफ़ हो गया था, वही कर्नाटक में कांग्रेस ने पहले की तरह ही जीत हासिल की। 1978 में इंदिरा गाँधी ने कर्नाटक के चिकमगलूर से लोकसभा का उपचुनाव जीता और एक तरह से इस जीत ने केंद्र की राजनीति में उनकी वापसी का रास्ता भी साफ़ किया।

कांग्रेस के वर्चस्व को 1983 के चुनावों में ज़बरदस्त चुनौती मिली। इससे पहले भी कांग्रेस (संगठन) के गठन और राज्य की राजनीति में लोहियावादी समाजवादियों की सक्रियता ने विपक्षी दलों को एक मज़बूत आधार दिया था। लेकिन यह आधार इतना व्यापक नहीं था कि कांग्रेस को सत्ता से बेदख़ल कर दे। लेकिन 1980-83 के दौरान राज्य के मुख्यमंत्री रहे आर. गुंडू राव के शासन की अलोकप्रियता ने विपक्षी दलों को उभर कर सामने आने का मौक़ा दिया। 1983 के विधान सभा चुनावों के बाद जनता पार्टी सबसे बड़े दल के रूप में सामने आयी और इसके नेता रामकृष्ण हेगड़े ने भाजपा और मार्क्सवादी कम्युनिस्ट पार्टी के समर्थन से सकार बनायी। 1984 के लोकसभा चुनावों में अपनी पार्टी की हार की नैतिक ज़िम्मेदारी लेते हुए हेगड़े ने इस्तीफ़ा दे दिया। लेकिन इसके बाद 1985 में हुए विधानसभा चुनावों में इनकी पार्टी को पूर्ण बहुमत मिला और वे फिर से मुख्यमंत्री बने। 1988 में भ्रष्टाचार के आरोपों से घिरे होने के कारण उन्हें इस्तीफ़ा देना पड़ा और उनकी जगह उन्हीं की पार्टी के एस.आर. बोम्मई मुख्यमंत्री बने। 1989 में केंद्र सरकारों द्वारा संविधान के अनुच्छेद 356 के मनमाने प्रयोग पर रोक लगी और भारत ज़्यादा संघीकरण की ओर बढ़ा। इस दूसरे दौर की विशेषता यह थी कि पहली बार कर्नाटक में ग़ैर-कांग्रेसी सरकार गठित हुई और 1984 में एक ग़ैर-कांग्रेसी दल को पूर्ण बहुमत मिला। नवम्बर 1989 के बाद हुए चुनावों में फिर से कांग्रेस की वापसी हुई, लेकिन यह पूरी तरह से स्पष्ट हो गया कि राज्य की राजनीति से कांग्रेस के इकतरफ़ा वर्चस्व की विदाई

हो चुकी है।

1989 के बाद के दौर में कर्नाटक की राजनीति की मुख्य विशेषताओं को इस प्रकार स्पष्ट किया जा सकता है : पहला, यद्यपि राज्य में कांग्रेस का पहले की तरह वर्चस्व नहीं रहा, लेकिन इसे 1989 के बाद उसे वहाँ चार बार (1989-1994; 1999-2004; 2004-2006, 2013) अपनी सरकार बनाने का मौक़ा मिला। दरअसल, वर्चस्व ख़त्म हो जाने के बावजूद कांग्रेस इस राज्य की सबसे बड़ी पार्टी है। इस दौर में कांग्रेस ने कई मुख्यमंत्रियों को बदला। मुख्यमंत्रियों में इस बदलाव का कारण यह भी था कि कांग्रेस का केंद्रीय नेतृत्व मज़बूत नहीं था। इसका कारण यह था कि क्षेत्रीय नेता गुटबाज़ी द्वारा अपने हितों को पूरा करने की कोशिश करते थे। दूसरी बार कांग्रेस ने एस.एम. कृष्णा को मुख्यमंत्री बनाया और उन्होंने मुख्यमंत्री के रूप में अपना कार्यकाल पूरा किया। लेकिन 2004 के विधानसभा चुनावों में कांग्रेस का प्रदर्शन अच्छा नहीं रहा और इसे सिर्फ़ 65 सीटों पर जीत मिली। एच.डी. देवेगौड़ा के नेतृत्व वाले जनता दल (सेकुलर) से मिलकर सरकार बनायी। इसमें कुछ समय तक कांग्रेस नेता धरम सिंह (28 मई, 2004-28 जनवरी, 2006) भी मुख्यमंत्री रहे। लेकिन बाद में जनता दल (सेकुलर) और भाजपा में गठबंधन हो जाने के बाद यह सरकार गिर गयी। 2008 के विधानसभा चुनावों में भी कांग्रेस को अस्सी सीटों पर ही जीत मिली। लेकिन 2013 में उसे पूर्ण बहुतम मिला। इस जीत में भाजपा की विफल सरकार और उसमें हुए विभाजन ने प्रमुख भूमिका निभायी।

दूसरा, 1980 के दशक में स्थापित ग़ैर-कांग्रेसी जनता पार्टी राजनीति की धारा नब्बे के दशक में भी राज्य में मौजूद रही। 1994 के चुनावों के बाद जनता दल को जीत मिली और एच.डी. देवेगौड़ा को संयुक्त मोर्चे की सरकार का नेतृत्व करने का मौक़ा मिला। इस तरह देवेगौड़ा कर्नाटक के ऐसे पहले व्यक्ति बन गये जिन्होंने प्रधानमंत्री का पद संभाला। देवेगौड़ा के बाद जे.एच. पटेल राज्य के मुख्यमंत्री बने। लेकिन 1999 के चुनावों में पार्टी को हार का सामना करना पड़ा और इसके बाद यह पार्टी विभाजित भी हो गयी। पहले रामकृष्ण हेगड़े को जनता दल से निष्कासित कर दिया गया था और उन्होंने लोकशक्ति पार्टी बनायी थी। इसके बाद, जुलाई, 1999 में एच.डी. देवेगौड़ा ने जनता दल (सेकुलर) का गठन किया। इसके बाद राज्य में जनता दल की विरासत को क़ायम रखने वाली प्रमुख पार्टी यही रही है। 2006 में इसने भाजपा से गठबंधन क़ायम किया। देवेगौड़ा के बेटे एच.डी. कुमारस्वामी (3 फ़रवरी, 2006-8 अक्टूबर, 2007) राज्य के मुख्यमंत्री बने। लेकिन 2008 के चुनावों में इस पार्टी को सिर्फ़ 28 सीटों पर ही जीत मिली।

तीसरा, कर्नाटक में भारतीय जनता पार्टी का उभार भी एक प्रमुख राजनीतिक घटना है। यदि हम 1989 के बाद होने वाले विधानसभा चुनावों पर नज़र डालें तो भाजपा के आधार में विस्तार को देख सकते हैं। 1989 में चार, 1994 में 40, 1999 में 44, 2004 में भाजपा को 79, 2008 में 110 सीटों पर जीत मिली। सबसे पहले भाजपा ने 2006 में जनता दल (सेकुलर) के साथ मिलकर सरकार बनायी। इसमें बी.एस. येदुरप्पा राज्य के उप-मुख्यमंत्री बने। असल में, भाजपा और जद (सेकुलर) के बीच डेढ़-डेढ़ साल तक मुख्यमंत्री रखने का समझौता हुआ था। लेकिन जद (सेकुलर) के एच.डी. कुमारस्वामी ने अपना कार्यकाल पूरा होने के बाद भाजपा को समर्थन देने से इनकार कर दिया। इसलिए येदुरप्पा के नेतृत्व वाली सरकार कुछ समय तक ही चल पायी (12 नवम्बर, 2007-19 नवम्बर, 2007)। इसके कारण राज्य में कुछ समय (नवम्बर, 2007-मई, 2008) तक राष्ट्रपति शासन रहा। इसके बाद 2008 के चुनावों में भाजपा को जीत मिली। हालाँकि भाजपा को पूर्ण बहुमत नहीं मिला, पर येदुरप्पा को मुख्यमंत्री बनने का मौक़ा मिला। समझा गया कि मुख्य रूप से उत्तर और मध्य भारत की पार्टी भाजपा की दक्षिण भारत पर यह पहली दस्तक है। लेकिन अवैध खनन के मामले में कर्नाटक के लोकायुक्त द्वारा दोषी बताये जाने के कारण येदुरप्पा को 31 जुलाई, 2011 को इस्तीफ़ा देना पड़ा। इसके बाद सदानंद गौड़ा राज्य के मुख्यमंत्री बने। दरअसल, कर्नाटक में भाजपा का उभार पार्टी की लगातार सक्रियता और जुझारू राजनीति का नतीजा था। तटवर्ती इलाक़ों में राष्ट्रीय स्वयंसेवक संघ के प्रभाव में हुए प्रसार का भी भाजपा को लाभ मिला। कुल मिला कर यह नहीं कहा जा सकता है कि राज्य की राजनीति पर मंदिर मुद्दे या साम्प्रदायिक राजनीति का बहुत ज़्यादा ज़ोर रहा है। लेकिन यह भी सच है कि सत्ता में आने के बाद भाजपा एक वैकल्पिक और बेहतरीन प्रशासन देने में सफल नहीं हो पायी। इसके नेताओं पर भी भ्रष्टाचार के गहरे आरोप लगे हैं। इसी के परिणामस्वरूप 2013 में हुए चुनावों में भाजपा का सूपड़ा साफ़ हो गया, और राष्ट्रीय राजनीति में धक्के का सामना करने के बावजूद कांग्रेस को पूर्ण बहुमत मिला। राज्य की बागडोर जनता दल की राजनीति से निकले पिछड़े वर्ग के लोकप्रिय नेता सिद्धरमैया को मिली।

1989 की तुलना में अब राज्य की राजनीति ज़्यादा स्पष्ट रूप से त्रिकोणीय हो गयी है। राज्य में कई छोटे दल भी मौजूद हैं लेकिन वे राज्य की राजनीति को गहराई से प्रभावित नहीं करते। कर्नाटक की राजनीति में भी कई मायनों में राष्ट्रीय राजनीति की प्रवृत्तियाँ मौजूद हैं। यहाँ भी बहुत ज़्यादा भाई-भतीजावाद और भ्रष्टाचार मौजूद है। इस राज्य ने खुले रूप से उदारीकरण की नीतियों को अपनाया, लेकिन इक्का-दुक्का शहरों के अलावा इसका कोई सकारात्मक प्रभाव नहीं दिखता है। अवैध खनन और संसाधनों की लूट बढ़ी है। कांग्रेस का वर्चस्व ख़त्म होने के बाद कर्नाटक में लोगों के पास राजनीति

विकल्प बढ़े हैं। लेकिन यह नहीं कहा जा सकता है कि कांग्रेस समेत कोई भी दल वैकल्पिक विकास या राजनीति का कोई श्रेयस्कर मॉडल पेश कर पाया है।

देखें : असम, अरुणाचल प्रदेश, आंध्र प्रदेश, उत्तर प्रदेश, उत्तराखण्ड, ओडीशा, केरल, छत्तीसगढ़, जम्मू और कश्मीर, झाड़खण्ड, तमिलनाडु, त्रिपुरा, दिल्ली, नगालैण्ड, पश्चिम बंग, पंजाब, महाराष्ट्र, मध्य प्रदेश, मिज़ोरम, मेघालय, भारतीय संघवाद, बिहार, राजस्थान, राज्यों का पुनर्गठन-1, 2 और 3, राज्यों की राजनीति, संघवाद, हरियाणा।

संदर्भ

1. संदीप शास्त्री और हरीश रामास्वामी (2009), 'कर्नाटक : साइमल्टेनियस पोल्स, डिफ़रेंट रिज़ल्ट्स' संदीप शास्त्री, के.सी. सूरी और योगेंद्र यादव (सम्पादक), *इलेक्टोरल पॉलिटिक्स इन इण्डियन स्टेटस : लोकसभा इलेक्शंस 2004 ऐंड बियांड,* ऑक्सफ़र्ड युनिवर्सिटी प्रेस, नयी दिल्ली.
2. पी.आर. देसाई (1970), *हिस्ट्री ऑफ़ कर्नाटक,* कन्नड़ रिसर्च इंस्टीट्यूट, धारवाड़.
3. के.एच. चेलुवराजू, आर.एल.एम. पाटील, संदीप शास्त्री, और एम.जे. विनोद (1989), *कर्नाटक एसेम्बली इलेक्शंस 1983 : अ पोस्ट-इलेक्शन सर्वे,* डिपार्टमेंट आफ़ पॉलिटिकल साइंस, बंगलुरु.

— कमल नयन चौबे

कर्पूरी ठाकुर

(Karpoori Thakur)

बिहार की राजनीति में गाँधीवादी समाजवाद, पिछड़े वर्ग की राजनीति और सामाजिक न्याय के वैचारिक मिश्रण को व्यावहारिक सफलता के शिखर तक पहुँचाने का श्रेय स्वतंत्रता सेनानी और समाजवादी नेता कर्पूरी ठाकुर (1924-1988) को जाता है। अपने लम्बे राजनीतिक जीवन में कर्पूरी ठाकुर को पारदर्शिता, कर्मठता, ईमानदारी और सामाजिक एकता के प्रति गहरी संवेदनशीलता के लिए हमेशा याद किया जाएगा। इस लिहाज़ से वे केवल बिहार के ही नहीं, बल्कि समाजवादी धारा के सभी नेताओं और कार्यकर्ताओं के लिए प्रेरणास्रोत थे। मण्डल कमीशन की सिफ़ारिशों के बहुत पहले कर्पूरी ठाकुर ने अपने मुख्यमंत्रित्व में बिहार के पिछड़े वर्गों को आरक्षण के लाभ दिलवाने का ऐतिहासिक क़दम उठाया। साथ ही उन्होंने बिहार में पंचायत चुनाव करवा कर राजनीति पर द्विज जातियों की जकड़ को कमज़ोर किया। मैट्रिक तक की शिक्षा नि:शुल्क करके कर्पूरी ठाकुर ने ग़रीब और कमज़ोर जातियों में शिक्षा के प्रसार को उल्लेखनीय प्रोत्साहन दिया। दूरगामी प्रभाव वाली अपनी इन उपलब्धियों के बावजूद कर्पूरी ठाकुर ने बिहार के द्विज समाज का आदर कभी नहीं खोया।

कर्पूरी ठाकुर का जन्म 24 जनवरी, 1924 में बिहार के समस्तीपुर जिले के पितौंझिया गाँव के एक ग़रीब नाई परिवार में हुआ था। उनके पिता गोकुल ठाकुर बाल-दाढ़ी बनाने का जातिगत पेशा ही करते थे। कर्पूरी का बचपन गाय चराने से शुरू हुआ। साथ ही नाई का पेशा भी सीखने लगे। उन दिनों नाई-कहार आदि दलित परिवारों में पढ़ाई-लिखाई की कोई परम्परा नहीं थी। इसलिए कर्पूरी की शिक्षा के लिए उनके पिता ने सोचा भी नहीं। लेकिन कर्पूरी के गाँव में शिक्षा देने के लिए उत्सुक अध्यापकों के आदेश पर गाँव के स्कूल न जाने वाले बच्चों को पकड़ कर कक्षा में ले जाने का चलन भी था। इसी के तहत एक अध्यापक के कहने पर कर्पूरी को भी जबरन स्कूल ले जाया गया। उस समय वे गाय चरा रहे थे। लेकिन एक बार कक्षा में पहुँच जाने के बाद कर्पूरी स्कूल में मन लगा कर पढ़े। हाईस्कूल के दौरान शहरी छात्रावास में रहते हुए उन्हें जीवन के नये अनुभव हुए। यहीं उनकी राजनीति की नींव पड़ी। यह बिहार में तीस का दशक था जब कांग्रेस के भीतर और बाहर विविध सामाजिक-राजनीतिक धाराओं का प्रादुर्भाव हो रहा था। स्वतंत्रता आंदोलन जितना परिपक्व होता जा रहा था, ये धाराएँ भी उतनी ही ठोस शक्ल ले रही थीं। 1931 में सोशलिस्ट पार्टी बनी, जिसने 1934 में अखिल भारतीय रूप लिया। 1932 में ज़मींदारों की यूनाइटेड पार्टी गठित हुई। 1933 में त्रिवेणी संघ और जगजीवन राम के नेतृत्व में डिप्रेस्ड क्लासेज़ लीग बनी। 1934 में किसान सभा का प्रांतीय स्तर पर गठन हुआ जिसके शीर्ष पर सहजानंद सरस्वती की शख़्सियत थी। कर्पूरी ठाकुर सामाजिक-राजनीतिक बदलाव के इन आंदोलनों से अलग न रह सके। उन्होंने कम्युनिस्ट विचारधारा से प्रभावित छात्र संगठन स्टुडेंट फ़ेडरेशन में काम करना शुरू किया। 1938 में समस्तीपुर में उस समय के प्रसिद्ध नेता रामानंद मिश्र ने छात्रों की एक विशाल सभा की। छात्र प्रतिनिधि के रूप में जब कर्पूरी ने भाषण दिया तो उनकी धाक जम गयी। कर्पूरी का एक जुमला बहुत मशहूर हुआ, 'हमारे देश की आबादी इतनी अधिक है कि केवल थूक फेंक देने से ही अंग्रेज़ी राज बह जाएगा।' इस भाषण के लिए उन्हें एक दिन की जेल और पचास रुपये के जुर्माने की सज़ा सुनायी गयी। बाद में उनका कम्युनिस्ट पार्टी से मोहभंग हो गया और वे कांग्रेस के चवन्निया सदस्य बन गये। 1942 में जब गाँधी और कांग्रेस का भारत छोड़ो आंदोलन शुरू हुआ तब वे बीए के छात्र थे। कर्पूरी ने छात्र आंदोलन की बागडोर सँभाली और दरभंगा में छात्रों का एक विशाल जुलूस निकाला जो बिहार में अगस्त

कर्पूरी ठाकुर (1924-1988)

क्रांति का सबसे बड़ा और ऐतिहासिक जुलूस था।

'भारत छोड़ो' आंदोलन के दौरान जब जय प्रकाश नारायण भूमिगत हो नेपाल के जंगलों में छुपे थे, तब कर्पूरी ठाकुर उन्हें तलाश करते-करते उन तक पहुँच गये थे। इस बीच उन्होंने गाँव में ही मिडिल स्कूल में प्रधानाध्यापक की नौकरी भी की और साथ में आज़ादी की लड़ाई में भी भाग लेते रहे। आज़ादी मिलने तक कई बार उनकी गिरफ़्तारी हुई। 1947 के बाद वे बिहार में कांग्रेस सोशलिस्ट पार्टी से निकले समाजवादी दल की प्रमुख हस्ती बन कर उभरे। उन्होंने जय प्रकाश नारायण, नरेंद्र देव और राम मनोहर लोहिया के साथ क़दम से क़दम मिला कर कांग्रेस के विपक्ष की भूमिका निभायी।

1952 में आज़ाद भारत में प्रथम आम चुनाव हुए। समाजवादी दल के चुनिंदा लोग ही जीत सके और उनमें ताजपुर विधान सभा क्षेत्र से कर्पूरी ठाकुर भी थे। कांग्रेस नेता श्रीकृष्ण सिंह बिहार के मुख्य मंत्री बने। बिहार में उस समय में सबसे कम उम्र के विधायक कर्पूरी ठाकुर थे। 1957 का चुनाव कर्पूरी ने प्रजा सोशलिस्ट पार्टी के टिकट पर जीता। 1957 से 1962 तक उन्होंने राज्य में पार्टी संगठन को मज़बूत करने में अपनी पूरी ताक़त लगा दी।1967 के चुनाव में कई राज्यों में कांग्रेस पार्टी पराजित हुई और इन प्रदेशों में पहली बार ग़ैर-कांग्रेसी सरकारें बनीं। यह ग़ैर-कांग्रेसवाद की राजनीति थी जिसके शिखर पर लोहिया के साथ कर्पूरी ठाकुर भी थे। लोहिया कर्पूरी ठाकुर को बिहार का मुख्यमंत्री बनाने के पक्ष में थे, लेकिन तत्कालीन परिस्थितियों में ऐसा न हो सका। महामाया प्रसाद सिन्हा के नेतृत्व में पहली ग़ैर-कांग्रेसी सरकार बनी। कर्पूरी शिक्षा मंत्री के साथ उपमुख्यमंत्री भी बने। इसके बाद दिसम्बर,1970 में जनसंघ के सहयोग से बिहार में मिली-जुली सरकार बनी। इसमें संगठन कांग्रेस, लोकतांत्रिक कांग्रेस, शोषित दल, भारतीय क्रांति दल, जनता तथा अन्य छोटी पार्टियाँ शामिल थीं। कर्पूरी ठाकुर मुख्यमंत्री बने। मुख्यमंत्री के रूप में उन्होंने बस्तियों-झोंपड़ियों में जाना शुरू किया।

1973 से बिहार में इंदिरा गाँधी के शासन के ख़िलाफ़ जनांदोलन पनपने लगा। कांग्रेस सरकार की ज़्यादतियों के ख़िलाफ़ सबसे पहले कर्पूरी ने 7 मई, 1974 को विधायक पद से इस्तीफ़ा दिया। 25 जून, 1975 की रात पूरे देश में आपातकाल की घोषणा कर दी गयी। विरोधी नेता जेल में डाल दिये गये। पर कर्पूरी भूमिगत हो गये और प्रतिरोध आंदोलन का संचालन करते रहे। आपातकाल उठने के बाद 1977 में आम चुनाव हुए। राजनीतिक मंच पर ग़ैर-कांग्रेसी राजनीतिक विकल्प उभरा। कर्पूरी समस्तीपुर संसदीय निर्वाचन क्षेत्र से पहली बार संसद में पहुँचे। फिर 22 जून, 1977 के विधान सभा चुनाव में कर्पूरी जी के नेतृत्व में बिहार विधान सभा में जनता पार्टी को बहुमत मिला। वे दूसरी बार बिहार के मुख्यमंत्री बने। 9 मार्च, 1978 को कर्पूरी मंत्रिमण्डल ने राज्य में पिछड़ी जातियों के लिए सरकारी नौकरियों में आरक्षण लागू करने का फ़ैसला किया। द्विजों ने इसका बड़ा विरोध किया। उनका दूसरा महत्त्वपूर्ण क़दम था प्रदेश में पंचायत चुनाव सम्पन्न कराना। यह क़दम ग्रामीण सत्ता पर द्विजों के पारम्परिक वर्चस्व को तोड़ने में सहायक सिद्ध हुआ। उन्होंने मैट्रिक तक की शिक्षा निःशुल्क कर दी थी। बिहार जैसे राज्य में यह एक क्रांतिकारी क़दम था। छोटे किसानों और अलाभकर जोतों पद से मालगुज़ारी हटा ली थी।

सामाजिक न्याय के विचार को धरती पर उतारने की रैडिकल कोशिशों में लगे रहने के बावजूद कर्पूरी ठाकुर को इस बात की चिंता थी कि इसके कारण सामाजिक एकता को ठेस नहीं लगनी चाहिए। हालाँकि वे मुख्यमंत्री बन गये थे, पर उनके पिता गाँव में नाईगीरी में ही लगे थे। एक बार बीमार होने पर जब उनके पिता ने हजामत बनाने से मना कर दिया तो उन्हें जमींदार के लठैतों द्वारा मारपीट का सामना करना पड़ा। पता लगते ही पुलिस ने ज़मींदार को गिरफ़्तार कर लिया और उसकी पिटाई भी की। पता लगने पर कर्पूरी ने ज़मींदार को छुड़वाया और उस पर मुक़दमा भी नहीं चलने दिया गया। इस घटना से आहत होकर तत्कालीन जिलाधिकारी ने मुख्यमंत्री से कहा कि यह आपका नहीं बल्कि पूरे सूबे का अपमान है। कर्पूरी का जवाब मार्मिक लेकिन यथार्थपरक था,

'क्या कीजिएगा? एक मुख्यमंत्री के बाप को तो बचा लीजिएगा, किंतु देश के हज़ारों बापों के साथ जो हो रहा है, उसे कौन बचाएगा? गाली देना और मारना उनकी पुरानी पुश्तैनी आदत है और गाली सुनना तथा मार ख़ाना हमारी आदतें। ये धीरे-धीरे जाएँगी।'

देखें : अबुल कलाम आज़ाद, उपनिवेशवाद विरोधी आंदोलन-1 से 3 तक, एलमकुलम मनक्कर शंकरन नम्बूदिरीपाद, कांशी राम, गोपाल कृष्ण गोखले, चरण सिंह, जवाहरलाल नेहरू, जय प्रकाश नारायण, दादाभाई नौरोजी, नरेंद्र देव, बाल गंगाधर तिलक, मोहनदास कर्मचंद गाँधी-1 से 3 तक, राम मनोहर लोहिया, वल्लभभाई पटेल, विनायक दामोदर सावरकर, सहजानंद सरस्वती।

संदर्भ

1. हरिनारायण ठाकुर (2010), *दलित साहित्य का समाज शास्त्र,* भारतीय ज्ञानपीठ, नयी दिल्ली.
2. महेंद्र मधुव (2013), 'त्याग और बलिदान की प्रतिमूर्ति : जन-नायक कर्पूरी ठाकुर', महात्मा फुले सत्य शोधक (हिंदी पाक्षिक), जोधपुर.
3. प्रसन्न कुमार चौधरी और श्रीकांत (2001), *बिहार में सामाजिक परिवर्तन के कुछ आयाम,* वाणी प्रकाशन, नयी दिल्ली.
4. सुरेंद्र किशोर (1989), 'कर्पूरी ठाकुर स्मृति अंक', *अवकाश,* अप्रैल (प्रथम).

— मोहन दास नैमिशराय

कल्पित समुदाय

(Imagined Community)

राष्ट्र को एक कल्पित समुदाय के रूप में समझने का सिद्धांत बेनेडिक्ट ऐंडरसन (1936-) की देन है। 1983 में प्रकाशित उनकी विख्यात पुस्तक *इमेजिंड कम्युनिटीज़ : रिफ्लेक्शंस ऑन द ओरिजिंस ऐंड स्प्रेड ऑफ़ नैशनलिज़म* में इसका विस्तार से प्रतिपादन किया गया है। अपनी इस रचना में ऐंडरसन राष्ट्र की अवधारणा पर विचार करते हुए सामूहिक कल्पनाशीलता की उस ऐतिहासिक प्रक्रिया पर रोशनी डालते हैं जिसके ज़रिये कल्पना के रंगों से राष्ट्रत्व की रचना की जाती है। उनका आग्रह है कि राष्ट्र को सचेत रूप से ग्रहण की जाने वाली राजनीतिक विचारधाराओं के संदर्भ में समझने के बजाय पहले से मौजूद बृहत्तर सांस्कृतिक व्यवस्थाओं के संदर्भ में समझा जाना चाहिए। ऐंडरसन का मौलिक योगदान राष्ट्रवाद को उसके तीन विरोधाभासों के आईने में देखने से जुड़ा है। पहला विरोधाभास यह है कि इतिहासकार भले ही राष्ट्र को आधुनिकता की देन मानते रहें, पर राष्ट्रवादी दृष्टि उसके अस्तित्व को हमेशा प्राचीनता से जोड़ती है। दूसरा विरोधाभास यह है कि एक सामाजिक-सांस्कृतिक विचार के तौर पर राष्ट्रीयता ख़ुद को सार्वभौम मानती है, पर उसकी अभिव्यक्तियाँ पारिवेशिक होती हैं। तीसरा विरोधाभास राष्ट्रवाद की राजनीतिक शक्तिमत्ता और उसकी दार्शनिक दरिद्रता के बीच है।

ऐंडरसन का दृष्टिकोण मार्क्सवादी है। उनके सिद्धांत की चर्चा से पहले ज़रूरी है कि राष्ट्र और राष्ट्रवाद से संबंधित मार्क्सवादी मान्यता पर कुछ ग़ौर कर लिया जाए। दुनिया भर के मज़दूरों को एक होने का नारा देने वाले मार्क्स और एंगेल्स मानते थे कि मज़दूरों का कोई देश नहीं होता। अपने लेखन में उन्होंने वर्ग-विभाजन के परे जा कर राजनीतिक-सामाजिक और सांस्कृतिक एकता करने वाली किसी परिघटना को तरजीह नहीं दी। अपने युग के कुछ राष्ट्रीय संघर्षों के बारे में उनकी धारणा यह थी कि वे नष्ट हो जाने के लिए अभिशप्त हैं। उनकी रचनाएँ राष्ट्रवाद का कोई मुक़म्मल सिद्धांत देने के बजाय अपने युग की व्यावहारिक राजनीति के तहत राष्ट्रीय प्रश्न पर विचार करती हैं। दूसरे और तीसरे इंटरनेशनल में राष्ट्रवाद पर काफ़ी बहस हुई। लेनिन ने एक विशाल बहुजातीय साम्राज्य में क्रांति करने की समस्याओं से जूझते हुए राजनीतिक लोकतंत्र की आवश्यकता को अपने राष्ट्रवाद संबंधी विश्लेषण के केंद्र में रखा। उनका निष्कर्ष था कि राष्ट्रों को आत्म-निर्णय का अधिकार मिलना चाहिए। इसके बाद स्तालिन की विख्यात रचना *मार्क्सिज़म ऐंड नैशनल क्वेश्चन* सामने आयी जिसमें उन्होंने राष्ट्रवाद की थियरी प्रतिपादित करने की कोशिश की। स्तालिन ने राष्ट्र के पाँच मुख्य तत्त्व बताये : एक स्थिर और नैरंतर्य से युक्त समुदाय, एक अलग भू-क्षेत्र, समान भाषा, आर्थिक सुसंगति और सामूहिक चरित्र। चूँकि स्तालिन राष्ट्रों के उभार को महज़ उद्योगीकरण की ज़रूरतों से जोड़ कर देख रहे थे इसलिए उनका सिद्धांत राष्ट्रवाद की ऐतिहासिक पृष्ठभूमि और उससे उभरने वाले बहुत से प्रश्नों की उपेक्षा कर देता था। कुल मिला कर मार्क्सवादी मानते रहे कि राष्ट्रवाद पूँजीवाद के विकास में उसका सहयोगी बन कर उभरा है। इस लिहाज़ से उसे एक बूर्ज्वा विचारधारा की श्रेणी में रखा जाना चाहिए। राष्ट्रवाद प्रभुत्वशाली वर्गों को एकजुट करके राजनीतिक समुदाय की एक भ्रांत अनुभूति पैदा करता है ताकि पूँजीपतियों द्वारा किये जाने वाले अहर्निश शोषण और दरिद्रीकरण के बावजूद आम लोग धनी वर्ग के साथ एकता का एहसास करते रहें।

साठ के दशक के आख़िरी वर्षों में होरेस बी. डेविस ने मार्क्सवादी तर्कों का सार-संकलन करते हुए राष्ट्रवाद के एक रूप को ज्ञानोदय से जोड़ कर बुद्धिसंगत क़रार दिया,

बेनेडिक्ट ऐंडरसन (1936-)

और दूसरे रूप को संस्कृति और परम्परा से जोड़ कर भावनात्मक बताया। डेविस ने भी राष्ट्रवाद को एक औज़ार से ज़्यादा अहमियत नहीं दी और कहा कि हथौड़े से हत्या भी की जा सकती है और निर्माण भी। राष्ट्रवाद के ज़रिये जब उत्पीड़ित समुदाय अपनी आज़ादी के लिए संघर्ष करते हैं तो वह एक सकारात्मक नैतिक शक्ति बन जाता है, और जब राष्ट्र के नाम पर आक्रमण की कार्रवाई की जाती है तो उसका नैतिक बचाव नहीं किया जा सकता।

ज़ाहिर है कि राष्ट्र और राष्ट्रवाद की ये मार्क्सवादी व्याख्याएँ सीमित क़िस्म की थीं। इनके ज़रिये यह पता लगाना मुमकिन नहीं था कि जिस प्रवृत्ति को मार्क्स और एंगेल्स ह्रासमान मानते थे, वह बीसवीं सदी में मानवीय विकास को परिभाषित करने वाली शक्ति कैसे बन गयी। मार्क्सवादी विमर्श की इस ख़ामी की भरपाई उस समय हुई जब बेनेडिक्ट ऐंडरसन ने इस बात पर मनन किया कि एक-दूसरे से कभी न मिलने वाले और एक-दूसरे से पूरी तरह अपरिचित लोग राष्ट्रीय एकता में किस तरह बँधे रहते हैं। उनसे पहले ग़ैर-मार्क्सवादी ख़ेमे के विद्वान अर्नेस्ट गेलनर कह चुके थे कि राष्ट्रवाद कोई ऐसी शै नहीं है जो राष्ट्रों को अपने होने के प्रति सचेत करती हो, बल्कि वह तो जहाँ राष्ट्र नहीं होते वहाँ उनका आविष्कार कर डालती है। गेलनर एक तरह से राष्ट्र के गढ़े जाने की तरफ़ संकेत कर रहे थे।

ऐंडरसन ने 'आविष्कार' और 'गढ़ंत' के इस सूत्रीकरण के परे जा कर यह देखने में कामयाबी हासिल की कि राष्ट्रवाद का उदय उस ज़माने में हुआ जब अस्मिता के तीन स्थापित सांस्कृतिक आधारों की अहमियत गिर रही थी। अस्मिता का पहला आधार था धर्म। मध्य युग के बाद धर्म के महत्त्व में कमी आयी। प्रोटेस्टेंट सुधारों के तहत मानवता प्रलय के दिन का इंतज़ार करने के बजाय अपनी निरंतरता में विश्वास की तरफ़ बढ़ी। जादुई और पारलौकिक यथार्थ की जगह लौकिक यथार्थ ने लेनी शुरू की। जिन भाषाओं में धर्म-ग्रंथ लिखे गये थे, और जो पहले से स्थापित चली आ रही थीं, उनकी धार्मिक पवित्रता में लोगों का यक़ीन टूटा। उनकी निगाह में कोई ख़ास लिपि पवित्र सत्तामूलक सत्य की वाहक नहीं रह गयी। दूसरा परिवर्तन सामंती कल्पनाशीलता के क्षय से जुड़ा था। सत्रहवीं सदी में दैवी मान्यता प्राप्त राजशाहियों की वैधता पहले जैसी नहीं रह गयी। लोग इस धारणा पर सवाल उठाने लगे कि समाज बड़े-बड़े केंद्रों (जैसे, रोम) के इर्द-गिर्द स्वाभाविक रूप से संयोजित हैं।

ऐंडरसन ने तीसरे परिवर्तन के तौर पर काल की अवधारणा में हुए बदलाव की शिनाख़्त की। इस तीसरे परिवर्तन में ही ऐंडरसन के विमर्श की मौलिकता निहित है। काल की सामंती परिकल्पना में कॉस्मोलॅजी और इतिहास आपस में इस प्रकार गुँथे हुए थे कि दोनों को अलग-अलग देखना नामुमकिन था। इस काल-बोध में हुए परिवर्तन के कारण ही राष्ट्र के बारे में सोचना सम्भव हो पाया। आधुनिकता के पहले के ज़मानों में माना जाता था कि समक्षणिकता काल-प्रवाह के साथ-साथ चलती है, पर आधुनिकता के बाद समक्षणिकता का काल-प्रवाह के साथ संबंध क्रमशः बदला और घड़ियों और कैलेंडरों के मुताबिक़ काल की पैमाइश होने लगी। समाज और सामाजिक अस्तित्व को कैलेंडर के मुताबिक़ गति करते हुए समझने की शुरुआत हुई। दिक्‌और काल के इस नवीन निरूपण के बिना यह सोच पाना मुश्किल था कि कोई समुदाय इतिहास के फलक पर प्रगति करते हुए राष्ट्र कैसे बनता है।

ऐंडरसन के अनुसार इन तीनों परिवर्तनों ने मिल कर सामूहिक सांस्कृतिक चेतना के नये रूप के लिए रास्ता खोल दिया। उन्होंने यह भी बताया कि इस रूप ने राष्ट्रवाद की शक्ल-सूरत कैसे ग्रहण की। इसमें भूमिका रही पूँजीवाद के साथ उसकी अन्योन्यक्रिया की, मुद्रण प्रौद्योगिकी के प्रसार की और भाषाई विविधता की। पूँजीवाद ने पुस्तकों के बाज़ार का विस्तार किया जिससे भाषाओं का क्रांतिकारी देशीकरण हुआ। बाइबल विभिन्न भाषाओं में छपने और लोगों तक पहुँचने लगी। प्रशासनिक सुसंगतीकरण के लिए भी देशी भाषाओं का इस्तेमाल किया जाने लगा। मुद्रित भाषाओं ने विनिमय और संचार के एकीकृत दायरों की रचना की और नतीजतन राष्ट्रीय चेतना की नींव पड़ी।

यहीं सवाल उठता है कि क्या इक्कीसवीं सदी में दूर-संचार की नयी प्रौद्योगिकी के विकास में राष्ट्र संबंधी

कल्पनाशीलता के वैकल्पिक रूपों की सम्भावनाएँ निहित हैं? क्या नयी संचार क्रांति दिक् और काल के समीकरण को फिर से नहीं बदल रही है? ऐंडरसन मानते हैं कि इन प्रौद्योगिकियों ने दूरस्थ राष्ट्रवाद की परिघटना को जन्म दिया है। पश्चिम में रहने वाले जातीय अल्पसंख्यक अपने काल्पनिक गृह-देश के साथ आज पहले के मुक़ाबले कहीं अधिक शिद्दत के साथ जुड़ने में सक्षम हो गये हैं।

दिलचस्प बात यह है कि बेनेडिक्ट ऐंडरसन अपनी इस विख्यात थियरी के समाज-विज्ञानियों द्वारा किये जाने वाले इस्तेमाल से आजकल असहज हैं। भारत में हुए अंतर्राष्ट्रीय समाजशास्त्र सम्मेलन में विशिष्ट अतिथि के तौर पर भाषण देते हुए उन्होंने अपनी इस विख्यात कृति से ख़ुद को दूर करने की कोशिश की। उनका कहना था कि उनके लिए यह पुस्तक एक ऐसी प्यारी बेटी की तरह है जो बस कंडेक्टर के साथ भाग गयी हो। इसका एक मतलब यह भी था कि ऐंडरसन ने इस पुस्तक का लेखन राष्ट्रवाद की ताक़त दिखाने के लिए किया था, लेकिन मार्क्सवादी हल्कों में इसका इस्तेमाल बड़े पैमाने पर राष्ट्रवाद की आलोचना के लिए होने लगा है जो कि ऐंडरसन का मक़सद नहीं था।

देखें : आत्म-निर्णय, कार्ल हाइनरिख़ मार्क्स-1 से 4 तक, फ्रेड्रिख़ एंगेल्स, पार्थ चटर्जी, पृथकतावाद, व्लादिमिर इलीच लेनिन, वि-उपनिवेशीकरण, राष्ट्रवाद, राष्ट्र-राज्य, रामविलास शर्मा, साम्राज्यवाद, स्तालिन और स्तालिनवाद, संयुक्त राष्ट्र, हिंदी जाति-1 से 3 तक।

संदर्भ

1. बेनेडिक्ट ऐंडरसन (1983), *इमेजिंड कम्युनिटीज़ : रिफ्लेक्शंस ऑन द ओरिजिन ऐंड स्प्रैड ऑफ़ नैशनलिज़्म,* वरसो, लंदन.
2. होरेस बी. डेविस (1978), *टुवर्ड्स अ मार्क्सिस्ट थियरी ऑफ़ नैशनलिज़्म,* मंथली रिव्यू प्रेस, न्यूयॉर्क.
3. पार्थ चटर्जी (1986), *नैशनलिस्ट थॉट ऐंड द कोलोनियल वर्ल्ड : ए डेरिवेटिव डिस्कोर्स?,* ऑक्सफ़र्ड युनिवर्सिटी प्रेस, नयी दिल्ली.
4. जे.वी. स्तालिन (1983), *मार्क्सिज़्म ऐंड नैशनल क्वेश्चन,* फ़ॉरेन लेंग्वेज पब्लिशिंग हाउस, मास्को.
5. रोनाल्डो मंक (1986), *द डिफ़िकल्ट डायलॉग : मार्क्सिज़्म ऐंड नैशनलिज़्म,* ऑक्सफ़र्ड युनिवर्सिटी प्रेस, नयी दिल्ली.

— अभय कुमार दुबे

क्लासिकल अर्थशास्त्र

(Classical Economics)

क्लासिकल अर्थशास्त्र दार्शनिक रूप से स्कॉटिश ज्ञानोदय की देन है। इसके केंद्र में आर्थिक वृद्धि, बचत, श्रम का विभाजन और मूल्य जैसी आर्थिक धारणाएँ हैं। ऐडम स्मिथ स्कॉटिश ज्ञानोदय के प्रमुख चिंतक थे। उन्हीं की रचना *ऐन इनक्वारी इन टू द नेचर ऐंड कॉज़ेज़ ऑफ़ द वेल्थ ऑफ़ नेशंस* (1776) इस अर्थशास्त्र का आधार बनी। स्कॉटिश ज्ञानोदय के दौरान विकसित मानव प्रकृति की व्याख्याओं का सहारा लेकर स्मिथ ने निष्कर्ष निकाला कि मनुष्य की बुनियादी प्रकृति अपनी ख़ुशहाली के लिए प्रयास करना है, इसलिए वह लाज़मी तौर पर आर्थिक बचत की कोशिश करेगा। बचायी गयी राशि का निवेश करने पर श्रम के विभाजन की सम्भावना पैदा होगी। ये दोनों प्रक्रियाएँ मिल कर उत्पादकता बढ़ाएँगी। ब्रिटिश आर्थिक विज्ञान में इन सिद्धांतों का बोलबाला 1750 से 1870 तक रहा। डेविड रिकार्डो, रॉबर्ट माल्थस, नसाउ जूनियर, जॉन स्टुअर्ट मिल और कार्ल मार्क्स को क्लासिकल अर्थशास्त्रियों की श्रेणी में माना जाता है।

स्मिथ द्वारा विकसित इस बुनियादी विचार को अपनाने के बावजूद अधिकतर क्लासिकल अर्थशास्त्रियों को यह अंदेशा सताता रहा कि एक न एक दिन आर्थिक वृद्धि का सिलसिला ख़त्म हो जाएगा। इस सवाल को लेकर उनके बीच बहस भी रही। ख़ासकर मार्क्स ने स्मिथ और रिकार्डो द्वारा दी गयी कई सीखों के प्रति प्रशंसा और आलोचना का मिला-जुला दृष्टिकोण अपनाया। दूसरी तरफ़ जॉन स्टुअर्ट मिल की मान्यता थी कि अर्थव्यवस्था में हमेशा उछाल का मौसम नहीं भी रह सकता है। अपनी जगह स्थिर अर्थव्यवस्था की धीमी गति को भी सकारात्मक निगाह से देखा जाना चाहिए, बशर्ते उसमें आमदनी का बँटवारा ठीक से किया गया हो।

स्मिथ के बाद क्लासिकल अर्थशास्त्र के दूसरे महत्त्वपूर्ण हस्ताक्षर डेविड रिकार्डो ने 1817 में *प्रिंसिपल ऑफ़ पॉलिटिकल इकॉनॉमी ऐंड टैक्सेशन* के ज़रिये वेतन के साथ मूल्य को संबंधित करके अर्थव्यवस्था के एक अमूर्त मॉडल की रचना की। माल्थस ने *एसे ऑन द प्रिंसिपल ऑफ़ पाप्युलेशन* (1798) और *प्रिंसिपल्स ऑफ़ पॉलिटिकल इकॉनॉमी* (1820) में ज़ोर दे कर कहा कि अगर आबादी बेरोकटोक बढ़ती चली गयी तो उसके लिए पेट भरने का संकट पैदा हो जाएगा। माल्थस की दूसरी उपलब्धि थी कम रोज़गार मुहैया कराने वाली अर्थव्यवस्थाओं को दिया गया यह सुझाव कि सरकार को ऐसी सार्वजनिक निर्माण परियोजनाएँ चलानी चाहिए जिनसे

लोगों को ज़्यादा से ज़्यादा रोज़गार मिल सके। माल्थस के इस विचार ने आगे चल कर जॉन मेनार्ड कींस के लिए लोकोपकारी अर्थव्यवस्था की धारणा सूत्रबद्ध करने का रास्ता खोला। माल्थस ने अपनी रचनाओं में माँग और आपूर्ति की तत्कालीन स्थिति का स्पष्ट विवेचन किया। नसाउ सीनियर के मूल्य-सिद्धांत के अनुसार उपयोगिता के अनुपात में ही वस्तुओं का विनिमय होता है।

क्लासिकल अर्थशास्त्र मूल्य सिद्धांत के संबंध में तीन तरह के प्रश्न पूछता है : मूल्य की प्रकृति क्या है, मूल्य को कैसे नापा जाए और मूल्य के निर्धारक तत्त्व क्या हैं? क्लासिकल अर्थशास्त्र प्रयोग के संदर्भ में मूल्य और विनिमय के संदर्भ में मूल्य के बीच फ़र्क़ करता है। ऐडम स्मिथ ने उत्पादन की लागत के आधार पर गणना करके निकाले गये स्वाभाविक दामों और माँग-आपूर्ति के आधार पर बाज़ार द्वारा तय किये गये दामों में भी फ़र्क़ किया। इस सिद्धांत के मुताबिक़ स्वाभाविक दाम एक तरह के केंद्रीय संतुलन की भूमिका निभाते हैं जिसके इर्द-गिर्द बाज़ार के दामों में उतार-चढ़ाव होता रहता है। बाद में रिकार्डो ने स्मिथ द्वारा श्रम और मूल्य के संबंध की इस चर्चा को और परिष्कृत करते हुए श्रम और मूल्य के रिश्ते को सापेक्षिक दामों के सिद्धांत में विकसित किया। इन दामों का निर्धारण करने के लिए उन्होंने सापेक्षिक श्रम की मात्रा को आधार बनाया। मार्क्स ने रिकार्डो द्वारा प्रतिपादित मूल्य सिद्धांत का विस्तार करते हुए श्रम को मूल्य का आधार बताया। क्लासिकल अर्थशास्त्र ने राष्ट्रीय आमदनी, वेतन, मुनाफ़े और लगान पर भी पर्याप्त रूप से ध्यान दिया। रिकॉर्डो द्वारा रचे गये अर्थव्यवस्था के अमूर्त मॉडल में खेतिहर मामलों पर लिखने वाले स्कॉटिश विद्वान जेम्स ऐंडरसन का भी योगदान था। ऐंडरसन ने अलग-अलग लगान तय करने का सुझाव दिया था जिसे रिकॉर्डो ने आधार स्तम्भ के रूप में अपनाया। इसका मतलब था सबसे घटिया क़िस्म के भू-खण्ड पर खेती से होने वाली फ़सल किसी भी तरह का लगान वसूलने का आधार नहीं हो सकती। इस परिस्थिति में लगान का आधार खेती में लगने वाला श्रम होना चाहिए। सबसे अच्छी और मध्यम स्तर की ज़मीन पर खेती से सबसे ज़्यादा मुनाफ़ा कमाया जा सकता है। लगान की विभेदित दरों के ज़रिये रिकार्डो इस निष्कर्ष पर पहुँचे कि मज़दूरी और मुनाफ़े में विपरीत संबंध होता है। यानी श्रम की वास्तविक दर बढ़ने का मतलब है मुनाफ़े में उसी के मुताबिक़ गिरावट। रिकार्डो का यह विचार मज़दूरी करने और करवाने वाले के बीच अंतर्विरोध की जानकारी देता है।

आर्थिक संख्याओं में होने वाली छोटी-छोटी बढ़ोतरियों के आधार पर रिकार्डो ने आर्थिक प्रक्रियाओं का जो विश्लेषण किया, उसने आगे चल कर सीमांतीय सिद्धांत (मार्जिनल थियरी) की नींव डाली। इस सिद्धांत ने क्लासिकल अर्थशास्त्र की आधारभूत अवधारणाओं के नियोक्लासिकल दायरे में सूत्रीकरण का रास्ता खोला।

क्लासिकल अर्थशास्त्रियों ने मज़दूरी या वेतन के प्रश्न पर भी समष्टिगत और व्यष्टिगत चर्चा की। स्मिथ ने वेतन देने के लिए एक सम्पूर्ण कोष की सिफ़ारिश की ताकि उसका इस्तेमाल उत्पादन की पूरी अवधि में मज़दूरों को वेतन देने के लिए किया जा सके। क्लासिकल अर्थशास्त्र ने प्रत्येक श्रमिक में अंतर्निहित अमूर्त मानवीय पूँजी की मात्रा को मिलाते हुए वेतन की ऊँच-नीच को भी न्यायसंगत ठहराने की कोशिश की। क्लासिकल अर्थशास्त्रियों ने मुक्त बाज़ार की वकालत उस ज़माने में की जब वणिकवादी अर्थव्यवस्था की मज़बूती के लिए संरक्षणवाद पर ज़ोर दे रहे थे। इस मामले में वे प्रकृतिवाद दार्शनिकों के साथ थे। लेकिन फ़र्क़ यह था कि प्रकृतिवादी खेती से जुड़ी गतिविधियों को ही सारी समृद्धि का स्रोत मानते थे, जबकि क्लासिकल अर्थशास्त्र के संस्थापक समृद्धि को औद्योगिक श्रम के दायरे में कल्पित करने में लगे हुए थे। उनकी निगाह और भी आगे जा कर श्रम विभाजन के लाभों को अधिकाधिक करने पर टिकी थी, इसलिए उन्होंने एक अंतर्राष्ट्रीय बाज़ार की भी कल्पना की। स्मिथ ने तर्क दिया कि एक देश उत्पादन के मुक़ाबले में अगर लाभ की स्थिति में है तो व्यापार अनिवार्य तौर पर होगा। इसी के आधार पर रिकार्डो और रॉबर्ट टोरेंस ने वाणिज्य के सापेक्षिक लाभ का सिद्धांत प्रतिपादित किया। मिल ने इसी को और सुधारते हुए वाणिज्य की शर्तों का निर्धारण करने के लिए परस्पर माँग की धारणा का इस्तेमाल किया।

ध्यान रहे कि स्मिथ के अनुयायी उस युग में अपनी धारणाएँ सूत्रबद्ध कर रहे थे जब फ़्रांस के साथ लम्बे युद्ध के कारण ब्रिटेन की अर्थव्यवस्था 1815 के बाद ज़बरदस्त मंदी का सामना कर रही थी। युद्ध के ख़र्चे की पूर्ति के लिए टैक्स पूरा नहीं लगाया गया था इसलिए राष्ट्रीय ऋण में बेहद बढ़ोतरी हो गयी थी। स्वर्ण कोष में कमी आने के कारण बैंक ऑफ़ इंग्लैण्ड स्वर्ण मानक छोड़ चुका था। इस परिस्थिति में क़ाग़जी मुद्रा की प्रकृति और मुख्य सरकारी बैंक के रूप में बैंक और इंग्लैण्ड की भूमिका पर बहस चलती रही। इस दौरान स्मिथ के संबंधित विचारों का हवाला दिया गया और रिकार्डो के इस सिद्धांत का भी ज़िक्र हुआ कि मुद्रा को अर्थव्यवस्था में मौजूद कीमती धातुओं की मात्रा के मुताबिक़ ऊपर-नीचे होते रहना होगा। स्मिथ द्वारा बताये गये रास्ते पर चलते हुए क्लासिकल अर्थशास्त्रियों ने राष्ट्रीय सरकारों की भूमिका प्रतिरक्षा, क़ानून और व्यवस्था तक ही सीमित रखने की पैरोकारी की। उनकी मान्यता थी जन-हित के लिए किसी विशेष नियोजित प्रयास की आवश्यकता नहीं है। स्व-हित साधने के लिए अदृश्य हाथ के रूप में बाज़ार की ताक़तें आर्थिक एजेंटों का मार्ग-

निर्देशन करेंगी और कुल मिला कर समाज को लाभ पहुँचेगा। स्मिथ ने आर्थिक कल्याण को भौतिक संदर्भ में देखा और अपेक्षा की कि श्रम के विभाजन से प्रत्येक व्यक्ति किसी न किसी क़िस्म के विशेषज्ञ में बदल जाएगा और नतीजे के तौर पर पूरे समाज की आमदनी बढ़ जाएगी।

क्लासिकल अर्थशास्त्र द्वारा दी गयी मुक्त बाज़ार की इस थीसिस में कुछ अपवादों का प्रावधान भी है। वे सरकार द्वारा ऐसे क़ानून बनाने के पक्ष में थे जिनसे राष्ट्र की प्रतिरक्षा मज़बूत हो और बैंकिंग प्रणाली के लिए नकदी की स्थिति में सुधार हो सके। मिल के विचारों में समाजवादी रुझान भी देखे जा सकते हैं। वे सार्वजनिक स्वामित्व को भी हमदर्दी की निगाह से देखते थे। लेकिन क्लासिकल अर्थशास्त्री ऐसे तमाम क़ानूनों के ख़िलाफ़ थे जिनके कारण मज़दूरों द्वारा किये जाने वाले श्रम के घंटे धीरे-धीरे कम हो रहे थे और स्त्रियों व बच्चों से श्रम करवाने की प्रवृत्ति घट रही थी।

1870 तक आते-आते क्लासिकल अर्थशास्त्र का प्रभाव कम हो गया। उसकी जगह नियोक्लासिकल अर्थशास्त्र ने ले ली। डब्ल्यू.एस. जेवंस और ख़ासकर अल्फ्रेड मार्शल के सिद्धांतों का बोलबाला हो गया। यह अलग बात है कि क्लासिकल अर्थशास्त्र के कई सिद्धांतों और आग्रहों की अहमियत उसका प्रभुत्व घटने के बाद भी बनी रही।

देखें : अर्थ-विज्ञान का समाजशास्त्र, आर्थिक जनसांख्यिकी, अल्फ्रेड मार्शल, अमर्त्य कुमार सेन, अंतर्राष्ट्रीय मुद्रा कोष, आधार और अधिरचना, ऑस्कर लांगे, ऐडम स्मिथ, करारोपण, कल्याणकारी अर्थशास्त्र, कार्ल हाइनरिख़ मार्क्स-3, कार्ल मेंगर, कींसियन अर्थशास्त्र, गुन्नार मिर्डाल, जोआन रोबिंसन, जॉन कैनेथ गालब्रेथ, जॉन मेनार्ड कींस, जॉन स्टुअर्ट मिल, जोसेफ़ शुमपीटर, जैव विविधता, ट्रस्टीशिप, डेविड रिकार्डो, ढाँचागत समायोजन कार्यक्रम, थॉमस मन और वणिकवाद, थॉमस रॉबर्ट माल्थस, दक्षता, धन, नियोक्लासिकल अर्थशास्त्र, नीतिशास्त्र और अर्थशास्त्र, निकोलस काल्दोर, नियोजन, नियोजन : मार्क्सवादी विमर्श, पण्य, पण्य-पूजा, पेटेंट, पॉल सेमुअलसन, पियरो स्राफ़ा, पूँजी, प्रतियोगिता, फ्रांस्वा केस्ने और प्रकृतिवाद, फ्रेड्रिख़ वॉन हायक, बहुराष्ट्रीय निगम, बाज़ार, बाज़ार की विफलताएँ, बाज़ार-समाजवाद, बौद्धिक सम्पदा अधिकार, ब्रेटन वुड्स प्रणाली, भारत में बहुराष्ट्रीय निगम, भारत में नियोजन, भारत में पेटेंट क़ानून, भारत में शेयर संस्कृति, भूमण्डलीकरण और पूँजी बाज़ार, भूमण्डलीकरण और वित्तीय पूँजी, भूमण्डलीकरण और वित्तीय उपकरण, मार्क्सवादी अर्थशास्त्र, मिल्टन फ्रीडमेन, मूल्य, राजकोषीय नीति और मौद्रिक नीति, रॉबर्ट ओवेन, विलफ्रेडो परेटो, विश्व व्यापार संगठन, विश्व बैंक, विलियम पेटी, विलियम स्टेनली जेवंस, वैकासिक अर्थशास्त्र, शोषण, साइमन कुज़्नेत्स।

संदर्भ

1. ए.वी. एनीकिन (1983), *आर्थिक विज्ञान का युवा काल : मार्क्स-पूर्व का राजनीतिक अर्थशास्त्र*, अनु. गिरीश मिश्र, पीपुल्स पब्लिशिंग हाउस, नयी दिल्ली.
2. डब्ल्यू. एल्टिस (1984), *द क्लासिकल थियरी ऑफ़ इकॉनॉमिक ग्रोथ*, मैकमिलन, लंदन.
3. एल. होलेंडर (1987), *क्लासिकल इकॉनॉमिक्स*, ऑक्सफ़र्ड, ब्लैकवेल, लंदन.
4. डी.पी. ओब्राइन (2004), *द क्लासिकल इकॉनॉमिस्ट रिविज़िटेड*, प्रिंसटन युनिवर्सिटी प्रेस, प्रिंसटन. एनजे.

— **अभय कुमार दुबे**

कल्याणकारी अर्थशास्त्र

(Welfare Economics)

व्यक्तियों और समाज के हित साधने के लिए किये जाने वाले आर्थिक अध्ययन कल्याणकारी अर्थशास्त्र की श्रेणी में आते हैं। क्लासिकल अर्थशास्त्र के ज़माने में आर्थिक गतिविधियों का मतलब था वस्तुओं का उत्पादन, न कि सेवाओं का। इसलिए कल्याण का स्तर भौतिक अर्थों में नापा जाता था। लेकिन धीरे-धीरे आर्थिक गतिविधियों का मतलब सुविधाओं के उत्पादन से लगाया जाने लगा। इसी के साथ व्यक्तिगत स्तर पर लोगों को आम्बटित सुविधाओं के आधार पर उनके संतोष और उपयोगिता की मात्रा का पता लगाया जाने लगा। व्यक्तियों को दी जाने वाली सुविधाओं का असर आमदनी के सामाजिक वितरण पर पड़ना लाज़मी था। इस तरह से व्यक्ति के कल्याण को समाज के कल्याण के माध्यम से देखने का चलन हुआ। कल्याणकारी अर्थशास्त्र का सरोकार समाज के अधिकतम या न्यूनतम कल्याण से है। वह देखता है कि समाज के कल्याण के लिए अनुकूलतम परिस्थितियों का सृजन कैसे किया जा सकता है। यह अर्थशास्त्र इस सवाल का सामना भी करता है कि क्या ये परिस्थितियाँ पूर्ण प्रतियोगिता की देन हैं, और विभिन्न आर्थिक प्रणालियों व नीतियों के तहत समाज का कल्याण कैसे उपलब्ध किया जा सकता है।

ऐडम स्मिथ ने आर्थिक कल्याण की मात्रा नापने के लिए अपनी रचना *वेल्थ ऑफ़ नेशंस* में प्रति व्यक्ति सकल घरेलू उत्पाद की अवधारणा पेश की थी। इसके आधार पर राष्ट्रीय आमदनी के आँकड़े धीरे-धीरे परिष्कृत किये जाने लगे ताकि उत्पादन, उसकी संरचना और उसकी आधारभूत परिस्थितियों की जानकारी प्राप्त की जा सके।

इसके बाद नियोक्लासिकल अर्थशास्त्र ने भी कल्याणकारी अर्थशास्त्र पर ग़ौर किया। 1920 में आर्थर सेसिल पिगू (1877-1959) की रचना *द इकॉनॉमिक्स ऑफ़ वेलफ़ेयर* का प्रकाशन हुआ जिसमें मौद्रिक रूप से नापे जा सकने वाले आर्थिक कल्याण को सम्पूर्ण कल्याण के एक

आर्थर सेसिल पिगू (1877-1959)

घटक के रूप में देखा गया। पिगू ने सकल उत्पादन की प्रकृति पर विचार करते हुए उसे राष्ट्रीय लाभांश की संज्ञा दी। उन्होंने सीमांत (यानी छोटे-छोटे) क़िस्म के निजी और सामाजिक उत्पादों के लिए संसाधनों के इस्तेमाल पर एक-दूसरे के बरक्स विचार किया और पता लगाने की कोशिश की कि इन दोनों को बराबर कैसे किया जा सकता है। उन्होंने देखा कि जो लाभ मज़दूरों को मिलना चाहिए वह भूमि और पूँजी के मालिकों को मिलने के कारण निजी और सामाजिक उत्पादों के वितरण में असामनता पैदा हो जाती है। नतीजतन उन्होंने अमीर की कुछ आमदनी ग़रीब को देने की सिफ़ारिश की और सुझाव दिया कि आबादी के सभी सदस्यों के लिए एक न्यूनतम स्तर की आमदनी सुनिश्चित की जानी चाहिए। पिगू ने कल्याण से संबंधित अधिकतर समस्याओं की शिनाख़्त श्रम बाज़ार के तौर-तरीक़ों में की। वे मान कर चले कि सीमांत सुविधाओं में ह्रास के नियम के मुताबिक़ गिरावट हो रही है और इसके कारण हो रहे पुनर्वितरण के कारण जो लोग घाटे में हैं उनकी भरपाई की जानी चाहिए। पिगू की योजना में ऐसी सीमांत विधियों के इस्तेमाल की सिफ़ारिश भी थी जिनसे अनुकूलतम परिस्थितियाँ बन सकें। इन परिस्थितियों को प्राप्त करने के लिए राष्ट्रीय अर्थव्यवस्था के समस्त संसाधनों का इस तरह पुनः आबंटन करना चाहिए कि सीमांत उत्पाद के संदर्भ में बराबरी हासिल हो सके।

कल्याणकारी अर्थशास्त्र के लिए विलफ्रेडो परेटो द्वारा प्रतिपादित अनुकूलतम परिस्थिति का सिद्धांत महत्त्वपूर्ण है। इसके मुताबिक़ बिना किसी का नुक़सान किये अगर हर व्यक्ति की बेहतरी हो सके तो आर्थिक कल्याण में सुधार हो सकता है। यह अनुकूलतम परिस्थिति पैदा हो सके इसलिए लाज़मी समझा गया कि उपभोक्ताओं के स्तर पर जिस सीमांत दर से उपभोग में प्रतिस्थापन हो, उसी सीमांत दर से उत्पादक अपने उत्पादन में तब्दीली करें। परेटो के अनुसार केवल ऐसा होने पर ही सभी उत्पादन प्रक्रियाओं की सीमांत लागत सीमांत आमदनी के बराबर हो सकती है।

आमदनी के पुनर्वितरण के दौरान घाटे में रह जाने वाले लोगों की भरपाई के सुझाव पर कल्याणकारी अर्थशास्त्र के मैदान में जम कर बहस हुई। काल्डोर और हिक्स ने भरपाई के सिद्धांत की तकनीकी परीक्षा करते हुए निष्कर्ष निकाला कि अगर व्यवस्था ख़ुशहाल लोगों को बदहाल लोगों की भरपाई करने की इजाज़त दे तो सामाजिक कल्याण में बढ़ोतरी हो सकती है। हिक्स ने यह सुझाव भी दिया कि उन फ़र्मों के नुक़सान की भरपाई की जानी चाहिए जो प्रतियोगिता की असमतल स्थितियों के कारण नुक़सान की स्थिति में चली जाती हैं। जो उत्पादक अतिरिक्त मूल्य कमा रहा है, उसे घाटे में रहने वाले उत्पादक की भरपाई करनी चाहिए।

कल्याणकारी अर्थशास्त्र का दार्शनिक ताल्लुक़ जेरेमी बेंथम द्वारा प्रतिपादित उपयोगितावाद से भी है। यह दर्शन कल्याण की समता पर विचार करता है। बेंथम कल्याण को सुख के रूप में देखते हैं जो किसी के जीवन में पीड़ा के ऊपर आनंद के अधिशेष के रूप में परिभाषित होता है। आजकल सुख की परिभाषा नये तरीक़े से दी जाने लगी है। इसके मुताबिक़ हर किसी के जीवन पर कल्याण का कम या ज़्यादा प्रभाव होता है, और उसी के मुताबिक़ उसकी कामनाएँ और प्राथमिकताएँ संतुष्ट हो पाती हैं। उसी हिसाब से वह अपने जीवन को बेहतर और कमतर मानता है। इस लिहाज़ से जो समाज कल्याण के समान वितरण में यक़ीन करेगा, वह इस बात की चिंता नहीं करेगा कि व्यक्तिगत रूप से लोगों को कितने संसाधन मिल रहे हैं और उनके आधार पर लोग अपनी प्राथमिकताओं की कितनी पूर्ति कर पा रहे हैं। लेकिन, अगर कल्याण को प्राथमिकताओं का पर्याय मान लिया जाएगा तो उस लिहाज़ से किया गया वितरण संसाधनों की विषमता को जन्म देगा। ऐसा समाज मानेगा कि महँगी कार चलाने वाले और साइकिल पर चलने वाले का कल्याण समान रूप से हो रहा है। परिणामस्वरूप विवाद पैदा होगा कि महँगी कार का शौक रखने वाले का ख़र्च समाज को क्यों उठाना चाहिए? इसी तरह समाज के संसाधनों को एक जुआरी के जोखिम की भरपाई करने का आश्वासन क्यों देना चाहिए, और कार मैकेनिक बनने की इच्छा रखने वाले प्रशिक्षण पर होने वाला अपेक्षाकृत कम ख़र्च उठाने पर ज़ोर क्यों नहीं देना चाहिए? ज़ाहिर है कि इस प्रकार के कल्याण की परिभाषा समता

न्याय, आत्म-सम्मान और भाईचारे की नैतिक कसौटियों पर खरी नहीं उतर सकती। कई उदारतावादियों ने इस पर आपत्ति की है। वे इसके आधार पर सामाजिक-आर्थिक नीतियाँ बनाने के पक्ष में नहीं हैं।

कल्याणकारी अर्थशास्त्र ने लोकोपकारी राज्य से संबंधित विचारधाराओं को भी बल प्रदान किया है। कल्याणकारी राज्य का मतलब आम तौर पर ऐसी सरकार से समझा जाता है जो पेंशन, सामाजिक सुरक्षा, मुफ़्त स्वास्थ्य सुविधाओं आदि के ज़रिये आम लोगों के कल्याण की ज़िम्मेदारी उठाने के लिए तैयार हो। कल्याणकारी राज्य की हस्तक्षेपकारी नीतियों ने अपने शुरुआती दौर में काफ़ी प्रतिष्ठा प्राप्त की थी, पर सत्तर के दशक के बाद से बदली हुई राजनीतिक-सामाजिक-आर्थिक परिस्थितियों में दक्षिणपंथियों ने ही नहीं बल्कि वामपंथियों ने भी इसकी आलोचना शुरू कर दी। दक्षिणपंथियों का कहना था कि आमदनी के पुनर्वितरण के लिए बनायी जाने वाली नीतियों ने व्यक्ति की पहलक़दमी को नुक़सान पहुँचाया है जिससे व्यक्ति में राज्य पर आश्रित होने की प्रवृत्ति पैदा हुई है। वामपंथियों का कहना है कि कल्याणकारी अर्थशास्त्र पर आधारित लोकोपकारी राज्य वर्ग, जेंडर और नस्लगत असमानताओं को ख़त्म करने में नाकाम रहा है।

देखें : अर्थव्यवस्था का समाजशास्त्र, आर्थिक जनसांख्यिकी, अल्फ्रेड मार्शल, अमर्त्य कुमार सेन, अंतर्राष्ट्रीय मुद्रा कोष, आधार और अधिरचना, ऑस्कर लांगे, उपयोगितावाद, ऐडम स्मिथ, करारोपण, क्लासिकल अर्थशास्त्र, कार्ल हाइनरिख़ मार्क्स-3, कार्ल मेंगर, कींसियन अर्थशास्त्र, गुन्नार मिर्डाल, जोआन रोबिंसन, जान कैनेथ गालब्रेथ, जान मेनार्ड कींस, जान स्टुअर्ट मिल, जोसेफ़ शुमपीटर, जेरेमी बेंथम, जैव विविधता, ट्रस्टीशिप, डेविड रिकार्डो, ढाँचागत समायोजन कार्यक्रम, थॉमस मन और वणिकवाद, थॉमस रॉबर्ट माल्थस, दक्षता, धन, नियोक्लासिकल अर्थशास्त्र, नीतिशास्त्र और अर्थशास्त्र, निकोलस काल्दोर, नियोजन, नियोजन : मार्क्सवादी विमर्श, पण्य, पण्य-पूजा, पेटेंट, पॉल सेमुअलसन, पियरो स्राफ़ा, पूँजी, प्रतियोगिता, फ्रांस्वा केस्ने और प्रकृतिवाद, फ्रेड्रिख़ वॉन हायक, बहुराष्ट्रीय निगम, बाज़ार, बाज़ार की विफलताएँ, बाज़ार-समाजवाद, बौद्धिक सम्पदा अधिकार, ब्रेटन वुड्स प्रणाली, भारत में बहुराष्ट्रीय निगम, भारत में नियोजन, भारत में पेटेंट क़ानून, भारत में शेयर संस्कृति, भूमण्डलीकरण और पूँजी बाज़ार, भूमण्डलीकरण और वित्तीय पूँजी, भूमण्डलीकरण और वित्तीय उपकरण, मार्क्सवादी अर्थशास्त्र, मिल्टन फ्रीडमेन, मूल्य, राजकोषीय नीति और मौद्रिक नीति, रॉबर्ट ओवेन, विलफ्रेडो परेटो, विश्व व्यापार संगठन, विश्व बैंक, विलियम पेटी, विलियम स्टेनली जेवंस, वैकासिक अर्थशास्त्र, शोषण, साइमन कुज़्नेत्स।

संदर्भ

1. जे. डि वि. ग्राफ़ (1957), *थियरिटिकल वेलफ़ेयर इकॉनॉमिक्स,* केम्ब्रिज युनिवर्सिटी प्रेस, केम्ब्रिज.
2. आई.एम.डी. लिटिल (1957), *अ क्रिटीक ऑफ़ वेलफ़ेयर इकॉनॉमिक्स,* क्लैरेंडन प्रेस, ऑक्सफ़र्ड, दूसरा संस्करण.
3. एस.के. नाथ (1969), *अ रिअप्रेज़ल ऑफ़ वेलफ़ेयर इकॉनॉमिक्स,* रॉटलेज ऐंड कीगन पॉल, लंदन.

— अभय कुमार दुबे

काज़ी नज़रुल इस्लाम

(Kazi Nazrul Islam)

भारतीय साहित्य में काज़ी नज़रुल इस्लाम (1899-1977) विद्रोही स्वर का नाम है। बीसवीं सदी की बांग्ला कविता में रवींद्रनाथ ठाकुर के बाद के युग का प्रतिनिधि स्वर महाकवि नज़रुल को ही माना जाता है। उनका समय भारतीय नवजागरण और स्वतंत्रता-संग्राम के यौवन का था। पूरे परिवेश में फ़िरंगियों को भारत से बाहर निकालने की पुकार थी जिसे असाधारण मेधा, रचनात्मकता और देशभक्ति के संयोग से नज़रुल ने वाणी दी। स्वाधीनता-संग्राम के दौर में भोगी गयीं नाना प्रकार की यातनाओं ने एक ऐसी कविता को जन्म दिया जो सामान्य जन की विजय के विश्वास से धड़क रही थी। उनकी सर्जनात्मकता में देशभक्ति और साम्राज्यवाद विरोध का अखण्ड स्वर है। उनका विद्रोह बेहद रचनात्मक है। नज़रुल का साहित्य भारत के सांस्कृतिक नवजागरण और स्वाधीनता आंदोलन का एक समृद्ध दस्तावेज़ है। बांग्ला साहित्य में संस्कृत का अरबी-फ़ारसी के मुक़ाबले ज़्यादा ज़ोर रहा है। मुसलमान लेखक भी वहाँ कम ही रहे हैं। लेकिन नज़रुल ने अरबी-फ़ारसी की विषयवस्तु को इतने आकर्षक रूप में प्रस्तुत किया कि सभी तरह के पाठक उनकी प्रतिभा से बेहद प्रभावित हुए। भारतीय गीत परम्परा में नज़रुल का अविस्मरणीय योगदान है। उनका विद्रोही रूप गीतों को एक अलग तरह का सौंदर्य देता है। नज़रुल के साहित्य में सोवियत समाजवाद की प्रशंसा मिलती है, पर उनके मानस की मूल-भूमि समाजवाद से ज़्यादा क्रांतिकारी देशभक्ति की है। वे भारत में राष्ट्रीय-सांस्कृतिक कविता के उन्नायकों में से हैं। गीत और कविता के सृजन कर्म में तत्परता, एकाग्रता और स्वाधीनता आंदोलन की साम्राज्यवादी लय ने नज़रुल को मार्क्सवाद पर ठहर कर विचार करने का मौक़ा नहीं दिया। इसीलिए उन्होंने मार्क्सवादी विचारधारा की बजाय राष्ट्रवाद और जनक्रांति को आगे बढ़ाया। वे मुसलिम अलगाववाद और हिंदू साम्प्रदायिकता के विरोध में लगातार डटे रहे।

नज़रुल इस्लाम का जन्म 25 मई, 1899 को अविभाजित बंगाल के बर्दमान जिले के आसनसोल तहसील स्थित चुरुलिया गाँव में हुआ था। उनके पूर्वज पटना से काज़ी

काज़ी नज़रुल इस्लाम (1899-1977)

के रूप में बंगाल आये थे। पिता काज़ी फ़क़ीर अहमद बहुत ग़रीब थे। तीन लड़कियाँ थीं और एक लड़का जिसे पिता 'दुखू' कहते थे। कहते हैं उसका एक नाम तांत्रिक भाव का 'ताराख्यापा' भी था। दरअसल, नज़रुल का पूरा परिवार तांत्रिक साधनाओं में विश्वास रखता था, विशेषकर माँ। पिता जल्दी संसार छोड़ गये तो माँ ने चुरुलिया में ही लड़के को अरबी-फ़ारसी पढ़ाने का प्रबंध किया। होनहार नज़रुल ने फ़ारसी पर सिक्का जमाया और वहीं एक वर्ष तक शिक्षक भी रहे। वे उस समय तक सच्चे मुसलमान थे और अवसर पाकर *बांग्ला रामायण, महाभारत* और अन्य हिंदू-कृतियों का पाठ भी करते थे और साथ-साथ साधुओं-फ़क़ीरों, बाउल गायकों, सूफ़ियों-दरवेशों की संगति भी होती रहती। धार्मिक झुकाव था, लेकिन लापरवाह और प्रश्नाकुलताओं से घिरे हुए थे। मन लोक-गीत, लोक-धुनों, लोक-संगीत में रमता था। नज़रुल के चाचा घुमंतू नाट्यदल लेतो में थे और वे ही उन्हें इस दल में ले गये। संगीत में गहरी दिलचस्पी के कारण थोड़े समय में ही नज़रुल लेतोदल के नेता बन गये। लोक-साहित्य, लोक धुनें और लोक-जीवन का रंग उन पर ऐसा चढ़ा कि उनके गीतों का विकास उसी दिशा में हुआ।

ग़रीबी से परेशान नज़रुल आसनसोल चले आये, रेलवे गार्ड के क्वार्टरों में घरेलू काम किया और जल्दी ही ख़ाना पकाने का काम करने लगे। यहाँ वे छुट्टी के समय बाँसुरी बजाते। ऐसा संयोग बना कि नज़रुल के फ़न से प्रभावित हो कर एक सब-इंस्पेक्टर उन्हें मैमन सिंह जिले के एक गाँव में ले गया और वहीं उनकी शिक्षा-व्यवस्था करायी। खेतों में रमते-गाते नज़रुल की कविता फूट पड़ी। वहाँ इम्तहान न दे पाने के कारण उन्हें आसनसोल आना पड़ा और शिक्षा शुरू हुई। वे हाई स्कूल में प्रथम आये और वहीं क्रांतिकारी दल युगांतर के सम्पर्क में आये। स्वाधीनता की लड़ाई जारी थी और प्रथम विश्वयुद्ध का महौल था। 1917 में नज़रुल ने पढ़ाई छोड़कर उबल कम्पनी में नाम लिखाया और शीघ्र ही कराची भेज दिये गये। कराची में उनके गीतों ने सैनिकों को बड़ा रिझाया। इसी हालात में उन्होंने हाफ़िज की रुबाइयों का अनुवाद शुरू किया जो 1930 में समाप्त हुआ। इसी समय नज़रुल ने पहली कहानी की रचना की 'घुमक्कड़ की आत्मकथा' जो 1919 में प्रतिष्ठित पत्र *सौगात* में छपी। उनकी एक कविता *बंगीय मुसलमान साहित्य पत्रिका* में छपी इसमें एक फ़क़ीर का चमत्कार वर्णित है। कविता की असाधारण लय ने साम्यवादी नेता मुजफ़्फ़र अहमद उर्फ़ काका बाबू से नज़रुल का परिचय कराया। नज़रुल साम्यवादी मंच पा गये। उनका साहित्यिक दायरा बढ़ा और अन्य रचनाकारों से मित्रता भी। 1920 में वे फिर बंगाल वापस आये। भारत में गाँधी के सत्याग्रह की लहर चल रही थी। जलियाँवालाबाग काण्ड हुआ और नज़रुल के देशभक्त में विद्रोह का अरमान जगा।

नज़रुल की रचनाएँ पत्र-पत्रिकाओं में धारावाहिक रूप में छपीं। ये थीं *बंधन द्वारा* (उपन्यास), *बादल बारिशान* (वर्षा और मूसलाधार वर्षा की एक प्रतीक कथा), *बादल प्रातेर सोहराब, बोधन, मुहर्रम, गीत, ग़ज़ल* (हाफ़िज़ का अनुवाद), *फ़तवा-ए-दोज़दम* (पैग़म्बर का जन्मदिन-कविता), *विरहविधुर* , *मरामीगीत* , *स्नेह गीत* (सभी कविताएँ)। इन रचनाओं का पाठकों ने हृदय से स्वागत किया। यह भी कहा गया कि उपन्यासकार से ज़्यादा उनमें कवि की प्रतिभा है। नज़रुल की *शातिल अरब* कविता में इराक़ के सैनिक की कल्पना थी जो अपनी मातृभूमि और 'महान शहीदों की भूमि' को दासता से मुक्त कराना चाहता था। इस कविता से नज़रुल की काव्य-प्रतिभा की धाक जम गयी। *मुहर्रम* कविता भी देश-भक्ति का प्रवाह बनकर आयी, संगीत-लय की अरबी-फ़ारसी उठान के साथ।

कलकत्ता में शैलजानंद से मिलने के बाद *मुसलिम भारत* और *मुसलमान साहित्य समिति* के कार्यालय में रहने लगे। उन्हें बोल्शेविक क्रांति की ख़बरों ने भी उत्साहित किया। नज़रुल की मानसिकता न मुसलमान थी, न हिंदू। वह देशभक्ति के भावों की उठान पर थी। इस फक्कड़पन ने उनके सोच की दिशा ही बदल दी।

इसी समय ख़िलाफ़त आंदोलन के साम्राज्यवाद विरोधी रुख ने हिंदू-मुसलमानों को एक मंच पर ला दिया। 1920 में नज़रुल इस समय क्रांतिकारी वारींद्र कुमार घोष और अविनाश भट्टाचार्य आदि के सम्पर्क में थे। नलिनीकांत सरकार से उनकी मित्रता थी। वे *मुसलिम भारत, सौगात* जैसे

पत्रों के अलावा *उपासना* और *भारती* जैसे पत्रों में भी लिखने लगे। वारींद्र कुमार घोष द्वारा सम्पादित *बिजली* के सम्पादकीय क्रांति-भावना सींच रहे थे। इसमें समाजवादी देशों के साहित्य का लेखा-जोखा रहता था। नज़रुल ने जीविका के लिए पत्रकारिता का मार्ग चुना। *नवयुग* पत्र निकला तो मुज़फ़्फ़र अहमद और नज़रुल उसके संयुक्त सम्पादक बने। यह साम्राज्यवाद-विरोधी पत्र था। पुलिस ने इन दोनों के लेखन पर कड़ी आपत्तियाँ कीं।

बंगाल में चितरंजन दास के नेतृत्त्व में असहयोग का माहौल था। नज़रुल के गीतों में, राजनीति का चित्रण *मरण-वरण* जैसी कविता लेकर आया। आज ये कविताएँ (गीत) *पूर्वेर हवा* काव्य-संग्रह में संगृहीत हैं। यह काल नज़रुल के सृजन का अपूर्व रूप सामने लाता है। नज़रुल ने *बांगलार कथा* पत्र में *भंगार गान* (विनाश का गीत) लिखा जिसकी मूल संवेदना में जेल के लौह दरवाज़ों को तोड़ने की अपील थी। उन बेड़ियों को तोड़ने का आह्वान था जो देवता की पूजा में विघ्न डालने के लिए खड़ी की गयी हों। एक ख़ास अर्थ में यह राष्ट्रीय-आंदोलन का पहला महान गीत कहा जा सकता है। जनता ने स्वाधीनता-आंदोलन में 1947 तक इसी गीत को गया। असंख्य मंचों पर इसका गायन एक इतिहास ही बन गया। स्वाधीनता-आंदोलन की लय ने ही लम्बी कविता *विद्रोही* का सृजन कराया जो *बिजली* में प्रकाशित हुई। यह कविता इतनी प्रसिद्ध हुई कि नज़रुल को 'विद्रोही' उपनाम ही मिल गया। असल में नज़रुल शुरू से ही जुझारू कवि रहे हैं। नज़रुल सत्याग्रह और अहिंसा के प्रशंसक थे। 1921 से उन्होंने गाँधी पर कई कविताएँ लिखीं। स्वाधीनता-आंदोलन में गाँधी जी का आगमन उन्हें स्वयं 'मोहन' का आना लगता रहा। गाँधी का चरखा कर्ममय जीवन की धुन का प्रतीक था।

प्रेमगीतों के संग्रह *दोलोनचम्पा* (1923), *छायानट* (1924), लेखों के संग्रह *युगवाणी* (1922) और कहानी संग्रह *व्यथारदान* (1922) के साथ-साथ इसी अवधि में उनका काव्य-संग्रह *अग्निवीणा,* जिसे अनगिनत पाठकों का प्यार मिला। यह संग्रह उन्होंने महान क्रांतिकारी वारींद्र कुमार घोष को समर्पित किया और इसका मुखपृष्ठ अवनींद्र नाथ ठाकुर ने बनाया। रवींद्रनाथ ने इस काव्य-संग्रह की मुक्तकंठ से प्रशंसा की। 1922 में नज़रुल ने *धूमकेतु* पत्र का प्रकाशन किया। इसके साथ रवींद्र नाथ ठाकुर और शरतचंद्र चटर्जी, का आशीर्वाद था। इस पत्र में काज़ी नज़रुल इस्लाम की राजनीतिक चेतना की प्रखरता, कॉमरेडी रुतबा और रंग भी था। पाठकों ने नज़रुल के विचार में फ्रांसीसी क्रांति के तीनों नारों स्वाधीनता, बंधुता और समता के दर्शन किये। जातिरहित, वर्गरहित, धर्मरहित, धर्मनिरपेक्षतावाद की आहट भी सुनी। नये भारत की रचना का संकल्प लेकर चलने वाले *धूमकेतु* का लक्ष्य था हिंदू-मुसलिम एकता स्थापित करना, किसी भी तरह के सम्प्रदायवाद-साम्प्रदायिकता से दूर रहना और सभी क्षेत्रों में स्वतंत्रता का समर्थन करना। *धूमकेतु* के कार्यालय में कवि-कलाकार, पत्रकार-संगीतकार, चित्रकार एकत्रित होकर गाते थे। इस माहौल में विद्रोह की स्थिति का निवास रहता। *धूमकेतु* के दीपावली अंक में एक सम्पादकीय 'मैं भूखा हूँ' शीर्षक से छपा है। इस पर हुकूमत ने नज़रुल को पकड़ कर एक वर्ष की कड़ी सज़ा दी। सज़ा से पहले उन्होंने 'राजबंदीर जबान बंदी' शीर्षक से वक्तव्य दिया जिसकी निभर्यता पर गर्व किया जा सकता है। कवि ने जेल के भीतर भूख हड़ताल की और क़ैदियों पर किये जा रहे अत्याचारों पर फ़िरंगी सरकार को भला-बुरा कहा। नज़रुल की जेल में लिखा गयी कविताएँ पत्र-पत्रिकाओं में छपती रहीं। जेल-यात्रा के बाद नज़रुल ने गिरिबाला देवी की इकलौती बेटी विराज सुंदरी से विवाह किया। यह हिंदू-मुसलमान विवाह काफ़ी विवाद का कारण बना, किंतु इस समय भी वे राजनीतिक कविताओं का सृजन करते रहे। इसी बीच आयी लम्बी कविता *भड़* (तूफ़ान) जो *विषेरवंशी* में संग्रहीत की गयी।

नज़रुल के 'चल चल चल' जैसे प्रयाण गीत जयशंकर प्रसाद के प्रयाण-गीत 'हिमाद्रि तुंग शृंग से प्रबुद्ध शुद्ध भारती' जैसे गीत की याद दिलाते हैं। नज़रुल के 'तरुण प्रातेर, तरुणदल, चलरे, चलरे, चल' ने उन्हें जनकंठ में अमर कर दिया। उनकी कविता 'हिंदू-मुसलिम युद्ध' और 'मंदिर ओ मसज़िद' तीखे व्यंग्य का भाव-स्फोट है। नज़रुल को कम्युनिस्ट इंटरनेशनल का बांग्ला में प्रथम अनुवाद का श्रेय भी जाता है।

1930 के बाद के वर्षों में नज़रुल संगीत की दुनिया में चले गये। वैसे भी उन्होंने अपना साहित्यिक जीवन लोक-साहित्य, लोक-संगीत और लोक के दल लेतो से ही शुरू किया था। गायक और निर्देशक के रूप में उन्होंने ग़ैर-पारम्परिक धुनों के प्रयोग किये। *प्रेम-गीत* और 'प्रकृति-गीत' में उन्होंने ग़ज़ल को जोड़ दिया। ग़ज़ल को बांग्ला संगीत में स्थान देने वाले नज़रुल प्रथम कलाकार हैं। उनका संग्रह 'वनगीति' 1930 में आया तो शास्त्रीय संगीत के उस्ताद चौंक गये। एचएमवी ने नज़रुल को प्रशिक्षक के रूप में स्थान दिया और फ़िल्म निर्माताओं और ग्रामाफ़ोन कम्पनियों ने उनकी प्रतिभा का लाभ उठाया। नज़रुल ने अपने 3500 गीतों को स्वरबद्ध किया जिनमें स्वदेशी गान बहुत लोकप्रिय हुए।

पुत्र बुलबुल के निधन के बाद उनके गीतों में माँ काली और पूजा तत्त्व का राग प्रबल होता गया। जीवन के अपने अंतिम दौर में वे विक्षिप्त रहे और निधन से पहले चिरस्थायी यातना के दौर से गुज़रे।

देखें : क़ाज़ी नज़रुल इस्लाम, कुमारन् आशान्, गजनान माधव मुक्तिबोध-1 और 2, गोवर्धन राम त्रिपाठी और गुजराती अस्मिता, प्रेमचंद, फ़क़ीर मोहन सेनापति और ओडिया अस्मिता, बंकिम चंद्र चट्टोपाध्याय, भारतेंदु हरिश्चंद्र, महादेव गोविंद रानाडे, महावीर प्रसाद द्विवेदी, रवींद्रनाथ ठाकुर, रामविलास शर्मा, रामचंद्र शुक्ल, राहुल सांकृत्यायन, सच्चिदानंद हीरानंद वात्स्यायन अज्ञेय, हजारी प्रसाद द्विवेदी।

संदर्भ

1. वसुधा चक्रवर्ती (1960), *क़ाज़ी नज़रुल इस्लाम,* सूर्य प्रकाशन, नयी दिल्ली.
2. गोपाल हाल्दार (1977), *क़ाज़ी नज़रुल इस्लाम,* साहित्य अकादमी, नयी दिल्ली.
3. डॉ. नगेंद्र (सम्पा.) (1992), *भारतीय साहित्य का समेकित इतिहास,* हिंदी माध्यम कार्यान्वयन निदेशालय, दिल्ली विश्वविद्यालय, दिल्ली.

— कृष्णदत्त पालीवाल

क़ानून

(Law)

क़ानून या विधि का मतलब है मनुष्य के व्यवहार को नियंत्रित और संचालित करने वाले नियमों, हिदायतों, पाबंदियों और हक़ों की संहिता। लेकिन यह भूमिका तो नैतिक, धार्मिक और अन्य सामाजिक संहिताओं की भी होती है। दरअसल, क़ानून इन संहिताओं से कई मायनों में अलग है। पहली बात तो यह है कि क़ानून सरकार द्वारा बनाया जाता है लेकिन समाज में उसे सभी के ऊपर समान रूप से लागू किया जाता है। दूसरे, 'राज्य की इच्छा' का रूप ले कर वह अन्य सभी सामाजिक नियमों और मानकों पर प्राथमिकता प्राप्त कर लेता है। तीसरे, क़ानून अनिवार्य होता है अर्थात् नागरिकों को उसके पालन करने के चुनाव की स्वतंत्रता नहीं होती। पालन न करने वाले के लिए क़ानून में दण्ड की व्यवस्था होती है। लेकिन, क़ानून केवल दण्ड ही नहीं देता। वह व्यक्तियों या पक्षों के बीच अनुबंध करने, विवाह, उत्तराधिकार, लाभों के वितरण और संस्थाओं को संचालित करने के नियम भी मुहैया कराता है। क़ानून स्थापित सामाजिक नैतिकताओं की पुष्टि की भूमिका भी निभाता है। चौथे, क़ानून की प्रकृति 'सार्वजनिक' होती है क्योंकि प्रकाशित और मान्यता प्राप्त नियमों की संहिता के रूप में उसकी रचना औपचारिक विधायी प्रक्रियाओं के ज़रिये की जाती है। अंत में क़ानून में अपने अनुपालन की एक नैतिक बाध्यता निहित है जिसके तहत वे लोग भी क़ानून का पालन करने के लिए मजबूर होते हैं जिन्हें वह अन्यायपूर्ण लगता है। राजनीतिक व्यवस्था चाहे लोकतांत्रिक हो या अधिनायकवादी, उसे क़ानून की किसी न किसी संहिता के आधार पर चलना पड़ता है। लेकिन, लोकतांत्रिक व्यवस्थाओं में बदलते समय के साथ अप्रासंगिक हो गये या न्यायपूर्ण न समझे जाने वाले क़ानून को रद्द करने और उसकी जगह नया बेहतर क़ानून बनाने की माँग करने का अधिकार होता है।

क़ानून की एक उल्लेखनीय भूमिका समाज को संगठित शैली में चलाने के लिए नागरिकों को शिक्षित करने की भी मानी जाती है। शुरुआत में राजनीतिशास्त्र के केंद्र में क़ानून का अध्ययन ही था। राजनीतिक दार्शनिक विधि के सार और संरचना के सवाल पर ज़बरदस्त बहसों में उलझे रहे हैं। क़ानून के विद्वानों को मानवशास्त्र, राजनीतिक अर्थशास्त्र, नैतिकशास्त्र और विधायी मूल्य-प्रणाली का अध्ययन भी करना पड़ता है।

संविधानसम्मत आधार पर संचालित होने वाले उदारतावादी लोकतंत्रों में 'क़ानून के शासन' की धारणा प्रचलित होती है। इन व्यवस्थाओं में क़ानून के दायरे के बाहर कोई काम नहीं करता, न व्यक्ति और न ही सरकार। इसके पीछे क़ानून का उदारतावादी सिद्धांत है जिसके मुताबिक़ क़ानून का मक़सद व्यक्ति पर पाबंदियाँ लगाना न हो कर उसकी स्वतंत्रता की गारंटी करना है। उदारतावादी सिद्धांत मानता है कि क़ानून के बिना व्यक्तिगत आचरण को संयमित करना नामुमकिन हो जाएगा और एक के अधिकारों को दूसरे के हाथों हनन से बचाया नहीं जा सकेगा। इस प्रकार जॉन लॉक की भाषा में क़ानून का मतलब है जीवन, स्वतंत्रता और सम्पत्ति की रक्षा के लिए क़ानून। उदारतावादी सिद्धांत स्पष्ट करता है कि क़ानून के बनाने और लागू करने के तरीक़े कौन-कौन से होने चाहिए। मसलन, क़ानून निर्वाचित विधिकर्त्ताओं द्वारा आपसी विचार-विमर्श के ज़रिये किया जाना चाहिए। दूसरे, कोई क़ानून पिछली तारीख़ से लागू नहीं किया जा सकता, क्योंकि उस सूरत में वह नागरिकों को उन कामों के लिए दण्डित करेगा जो तत्कालीन क़ानून के मुताबिक़ किये गये थे। इसी तरह उदारतावादी क़ानून क्रूर और अमानवीय क़िस्म की सज़ाएँ देने के ख़िलाफ़ होता है। राजनीतिक प्रभावों से निरपेक्ष रहने वाली एक निष्पक्ष न्यायपालिका की स्थापना की जाती है ताकि क़ानून की व्यवस्थित व्याख्या करते हुए पक्षकारों के बीच उसके आधार पर फ़ैसला हो सके।

मार्क्सवादियों की मान्यता है कि क़ानून के शासन की अवधारणा व्यक्तिगत स्वतंत्रता की गारंटी करने के नाम पर सम्पत्ति संबंधी अधिकारों की रक्षा करते हुए पूँजीवादी व्यवस्था की हिफ़ाज़त के काम आती है। इसका नतीजा

सामाजिक विषमता और वर्गीय प्रभुत्व को बनाये रखने में निकलता है। मार्क्स क़ानून को राजनीति और विचारधारा की भाँति उस सुपरस्ट्रक्चर या अधिरचना का हिस्सा मानते हैं जिसका बेस या आधार पूँजीवादी उत्पादन की विधि पर रखा जाता है। नारीवादियों ने भी क़ानून के शासन की अवधारणा की आलोचना की है कि वह लैंगिक निष्पक्षता पर आधारित नहीं है। इसीलिए न्यायपालिका और क़ानून के पेशे पर पुरुषों का क़ब्ज़ा रहता है। बहुसंस्कृतिवाद के पैरोकारों का तर्क है कि क़ानून असल में प्रभुत्वशाली सांस्कृतिक समूहों के मूल्यों और रवैयों की नुमाइंदगी ही करता है। परिणामस्वरूप अल्पसंख्यक और हाशियाग्रस्त समूहों के मूल्य और सरोकार नज़रअंदाज़ किये जाते रहते हैं।

क़ानून और नैतिकता के बीच अंतर के सवाल पर दार्शनिक शुरू से ही सिर खपाते रहे हैं। क़ानून का आधार नैतिक प्रणाली में मानने वालों का यक़ीन 'प्राकृतिक क़ानून' के सिद्धांत में है। प्लेटो और उनके बाद अरस्तू की मान्यता थी कि क़ानून और नैतिकता में नज़दीकी रिश्ता होता है। एक न्यायपूर्ण समाज वही हो सकता है जिसमें क़ानून नैतिक नियमों पर आधारित प्रज्ञा की पुष्टि करते हों। मध्ययुगीन ईसाई विचारक थॉमस एक्विना भी मानते थे कि इस धरती पर उत्तम जीवन व्यतीत करने के लिए नेचुरल लॉ यानी ईश्वर प्रदत्त नैतिकताओं के मुताबिक़ क़ानून होने चाहिए।

उन्नीसवीं सदी में बुद्धिवाद और वैज्ञानिक दृष्टिकोण की प्रतिष्ठा बढ़ने के कारण प्राकृतिक क़ानून का सिद्धांत निष्प्रभावी होता चला गया। क़ानून को नैतिक, धार्मिक और रहस्यवादी मान्यताओं से मुक्त करने की कोशिशें हुईं। जॉन आस्टिन ने 'विधिक प्रत्यक्षतावाद' की स्थापना की जिसका दावा था कि क़ानून का सरोकार किसी उच्चतर नैतिक या धार्मिक उसूल से न हो कर किसी सम्प्रभु व्यक्ति या संस्था से होता है। क़ानून इसलिए क़ानून है कि उसका पालन करवाया जाता है और करना पड़ता है। विधिक प्रत्यक्षतावाद की कहीं अधिक व्यावहारिक और नफ़ीस व्याख्या एच.एल.ए. हार्ट की रचना द *कंसेप्ट ऑफ़ लॉ* (1961) में मिलती है। हार्ट क़ानून को नैतिक नियमों के दायरे से निकाल कर मानव समाज के संदर्भ में परिभाषित करते हैं। उनके मुताबिक़ क़ानून प्रथम और द्वितीयक नियमों का संयोग है। प्रथम श्रेणी के नियमों को क़ानून के सार की संज्ञा देते हुए हार्ट कहते हैं कि उनका ताल्लुक़ सामाजिक व्यवहार के विनियमन से है। जैसे, फ़ौजदारी क़ानून। द्वितीय श्रेणी के नियम सरकारी संस्थाओं को हिदायत देते हैं कि क़ानून किस तरह बनाया जाए, उनका किस तरह कार्यान्वयन किया जाए, किस तरह उसके आधार पर फ़ैसले किये जाएँ और इन आधारों पर किस तरह उसकी वैधता स्थापित की जाए।

हार्ट द्वारा प्रतिपादित विधिक प्रत्यक्षतावाद के सिद्धांत की आलोचना राजनीतिक दार्शनिक रोनॉल्ड ड्वॉर्किन ने की है। उनके अनुसार क़ानून केवल नियमों की संहिता ही नहीं होता और न ही आधुनिक विधि प्रणालियाँ क़ानून की वैधता स्थापित करने के लिए किसी एक समान तरीक़े का प्रावधान करती हैं।

क़ानून और नैतिकता के बीच संबंध की बहस नाज़ियों के अत्याचारों को दण्डित करने वाले न्यूरेम्बर्ग मुक़दमे में भी उठी थी। प्रश्न यह था कि क्या उन कामों को अपराध ठहराया जा सकता है जो राष्ट्रीय क़ानून के मुताबिक़ किये गये हों? इसके जवाब के लिए प्राकृतिक क़ानून की अवधारणा का सहारा लिया गया, लेकिन उसकी अभिव्यक्ति मानवाधिकारों की भाषा में हुई। दरअसल क़ानून और नैतिकता के रिश्ते का प्रश्न बेहद जटिल है और गर्भपात, वेश्यावृत्ति, पोर्नोग्राफ़ी, टीवी और फ़िल्मों में दिखाई जाने वाली हिंसा, अपनी कोख किराए पर देने वाली माताओं और जेनेटिक इंजीनियरिंग जैसे मसलों के सदंर्भ में बार-बार उठती रहती है।

देखें : अर्थव्यवस्था का समाजशास्त्र, अभिजन, अभिरुचि, आत्महत्या, उन्मूलनवाद, एजेंसी, कर्मकाण्ड, कारागार, गोपनीयता, गृहविहीनता, जाति और जाति-व्यवस्था-1 से 4 तक, जादू, जीवन-शैली, टेलरवाद, फ़ुरसत, बचपन, बुज़ुर्गियत का समाजशास्त्र, बेगानगी, भीड़, भ्रष्टाचार का समाजशास्त्र-1 और 2, विचलन, ज्ञान का समाजशास्त्र।

संदर्भ

1. एच.एल.ए. हार्ट ( )1961, *द कंसेप्ट ऑफ़ लॉ,* क्लैरेंडन प्रेस, ऑक्सफ़र्ड.
2. रोनॉल्ड ड्वॉर्किन (1986), *लाज़ एम्पायर,* कोलिंस, लंदन, 1986
3. जे. रैज़, *द अथॉरिटी ऑल लॉ,* क्लैरेंडन प्रेस, ऑक्सफ़र्ड
4. ओ. डब्ल्यू. होम्स (1932), *द प्योर थियरी ऑफ़ लॉ,* युनिवर्सिटी ऑफ़ कैलिफ़ोर्निया प्रेस, बरकल.
5. एच. कोलिंस (1982), *मार्क्सिज़म ऐंड लॉ,* ऑक्सफ़र्ड युनिवर्सिटी प्रेस, ऑक्सफ़र्ड.

— अभय कुमार दुबे

क़ानून और स्त्री

(Law and Women)

लैंगिक बराबरी के लिए होने वाले राजनीतिक संघर्ष में क़ानून को स्त्री के पक्ष में झुकाने का केंद्रीय महत्त्व है। पितृसत्तात्मक पूर्वग्रहों के कारण सार्वजनिक जीवन में स्त्रियों की गतिशीलता क़ानूनन सीमित की जाती रही है। कमज़ोर मान

कर सुरक्षा देने के नाम पर क़ानून के ज़रिये उन्हें कई तरह के रोज़गारों और सामाजिक अवसरों से वंचित किया जाता रहा है। इस प्रवृत्ति का विरोध करते हुए स्त्री-विरोधी हिंसा के विभिन्न रूपों का उन्मूलन करने, परिवार-समुदाय-कार्यस्थल के दायरे में स्त्रियों को समान हैसियत दिलाने, सार्वजनिक जीवन और ख़ासकर मीडिया में स्त्री छवि के आपत्तिजनक निरूपण के ख़िलाफ़ रोक लगवाने और सम्पत्ति में उत्तराधिकार का वाजिब अधिकार हासिल करने के लिए सारी दुनिया में नारीवादियों ने क़ानून के मक़ाम पर कई तरह के मोर्चे लिए हैं। उन्होंने मौजूदा क़ानूनों का लाभ उठाने के लिए अदालतों में याचिकाएँ दायर की हैं, क़ानूनों में सुधार के लिए अभियान चलाये हैं और स्त्री-समाज में क़ानून के प्रति जागरूकता पैदा की है। नारीवादी विद्वानों ने विधि संबंधी अवधारणाओं और पद्धतियों को आलोचनात्मक विश्लेषण का विषय बनाते हुए क़ानूनी मुद्दों पर होने वाली बहस के आधारों पर जेंडर के नज़रिये से सवालिया निशान लगाया है।

भारत की नारीवादी राजनीति में सत्तर और अस्सी का दशक इस दृष्टि से काफ़ी अहमियत रखता है। इसी अवधि में स्त्री-समूहों की माँगों के दबाव में क़ानून के कई पहलुओं में तब्दीलियाँ की गयीं। दूसरी तरफ़ क़ानून से इंसाफ़ माँगने की प्रक्रिया ने भारतीय नारीवादियों के बीच इस प्रश्न पर बौद्धिक बहसों को भी जन्म दिया कि आख़िर क़ानून के प्रति सही लैंगिक दृष्टिकोण क्या होना चाहिए। क्या सिर्फ़ क़ानून अपने-आप में इतनी ताक़तवर शै है कि उसे बदल देने से स्त्री को इंसाफ़ मिलना शुरू हो जाएगा ? या फिर क़ानून की ताक़त में अंधा भरोसा करने के बजाय उसके साथ नारीवादियों को आलोचनात्मक रिश्ता बनाना चाहिए ? इन सवालों का जवाब खोजने की प्रक्रिया में स्त्री-अध्ययन के दायरे में पिछले दिनों कई पुस्तकाकार अध्ययन सामने आये हैं।

सत्तर के दशक में स्त्री-अधिकारों के दावेदारों ने बलात्कार के ख़िलाफ़ क़ानून के बुनियादी चरित्र पर सवाल उठाते हुए कहा कि अंग्रेज़ों द्वारा बनाये गये इस क़ानून में औपनिवेशिक और राष्ट्रवादी पितृसत्ताओं की निरंतरता स्पष्ट रूप से देखी जा सकती है। स्त्री-संगठनों ने दिखाया कि बलात्कार की शिकार स्त्री क़ानून की इबारत में, अदालत के कमरे में, पुलिस के थाने में, लोकप्रिय संस्कृति और मीडिया के दायरे में किस तरह असहाय और अकेली पड़ जाती हैं। उसका निरूपण नारीत्व की प्रचलित संरचनाओं के बाहर जाते हुए कुछ इस तरह से किया जाता है कि जैसे अपने बलात्कार की वह ख़ुद ही ज़िम्मेदार हो। 1972 में मथुरा नामक स्त्री-मज़दूर के साथ पुलिस थाने में हुए बलात्कार और फिर उस पर विभिन्न अदालतों में चले मुक़दमे के इर्द-गिर्द राष्ट्रीय गोलबंदी हुई। 1979 में भारत के मुख्य न्यायाधीश को उपेंद्र बख़्शी, वसुधा धगमवार, रघुनाथ केलकर और लतिका सरकार द्वारा लिखे गये खुले पत्र ने इसमें प्रेरक भूमिका का निर्वाह किया। पत्र में बलात्कार की शिकार स्त्री की 'सहमति' और उसके 'सेक्शुअल अतीत' का बेजा इस्तेमाल करने के ख़िलाफ़ मज़बूत तर्क दिये गये थे। परिणामस्वरूप 1983 में बलात्कार क़ानून बदला गया। इस सफलता में क़ानून और सुप्रीम कोर्ट के कामकाज की आलोचना करने वाले क़ानून के प्रोफ़ेसरों की भूमिका को नज़रअंदाज़ नहीं किया जा सकता।

बलात्कार और दहेज-हिंसा से संबंधित क़ानून बदलवाने के लिए चले आंदोलनों के साथ-साथ अस्सी के दशक की शुरुआत में स्त्री-समूहों को 1984 में फ़ेमिली कोर्ट एक्ट पारित करवाने के रूप में एक बड़ी सफलता मिली। चूँकि भारत में सभी के लिए एक ही नागरिक संहिता नहीं है, इसलिए मौजूदा अधिकारों के तहत विवाह, तलाक़, उत्तराधिकार और बच्चों के लालन-पालन संबंधी विवादों को निबटाने के लिए अलग फ़ेमिली कोर्ट का प्रावधान आवश्यक था। लेकिन, इन अदालतों के कामकाज का अध्ययन करने के बाद नारीवादी प्रेक्षक इस नतीजे पर पहुँचे हैं कि इन्हें स्त्री के पक्ष में और प्रभावी बनाने के लिए क़ानून में अभी और भी सुधार की ज़रूरत है। देखा गया है कि ये अदालतें स्त्री को इंसाफ़ दिलाने के बजाय परिवार की संस्था को मज़बूत करने में अधिक दिलचस्पी दिखाती हैं।

नारीवादियों के बीच बहस : स्त्री-मुक्ति के लिए क़ानून का इस्तेमाल करने के तौर-तरीक़ों और दृष्टिकोण के प्रश्न पर भारतीय नारीवादियों के बीच काफ़ी बहस होती रही है। शाहबानो-मुक़दमे से जुड़े विवाद के दौरान समान नागरिक संहिता की माँग पर पड़ी साम्प्रदायिक छाया ने भी नारीवादी आंदोलन को बेचैन किया है। इसके अलावा एक महत्त्वपूर्ण बहस यह भी है कि क्या स्त्री-अधिकारों के प्रश्न को हमेशा उदारतावादी विचारों की रोशनी में ही देखा जाना चाहिए। उदारतावाद व्यक्ति को समुदाय के ऊपर प्राथमिकता देता है। परिणामस्वरूप विविध भारतीय संदर्भों में कई जगह व्यक्ति के रूप में स्त्री के अधिकार सामुदायिक अधिकारों के मुक़ाबले खड़े हो जाते हैं—चाहे वह मुसलमान समुदाय हो या उत्तर-पूर्व के आदिवासी समुदाय हों। इस सिलसिले में एक नतीजा यह निकला है कि हर सामाजिक परिस्थिति में अधिकारों की उदारतावादी भाषा बोलने के बजाय स्थानीय परम्परा के राजनीतिक आयामों को ध्यान में रख कर संघर्ष की रणनीति बनायी जानी चाहिए।

सार्वजनिक स्थलों पर स्त्रियों के साथ छेड़छाड़, दफ़्तरों और विश्वविद्यालय जैसी जगहों पर उनके साथ सेक्शुअल बदसलूकी और यौन-शोषण के क़ानूनी निवारण के सवाल पर भी नारीवादियों के बीच बहस है। इस संबंध

में एक अंदेशा यह जताया गया है कि क्या सार्वजनिक स्थानों पर सेक्स संबंधी किसी भी क़िस्म की चर्चा को प्रतिबंधित करने का नतीजा सेक्शुअल स्वायत्तता, अभिव्यक्ति की स्वतंत्रता और सेक्शुअल अधिकारों के हनन में तो नहीं निकलेगा? क्या इस तरह के अभियानों के कारण ख़ुद सेक्स ही अपने आप में प्रतिबंधित स्थिति में नहीं पहुँच जाएगा? इसी के साथ जुड़ा हुआ सवाल यह है कि सेक्शुअल अधिकारों की दावेदारी केवल सेक्शुअल अल्पसंख्यकों (समलैंगिकों, हिजड़ों आदि) की तरफ़ से ही क्यों की जाती है? क्या अन्य स्त्रियों को अपने सेक्शुअल अधिकारों की दावेदारी नहीं करनी चाहिए?

यह बहस उठाने वाले नारीवादी विद्वान सेक्शुअल बदसलूकी के ख़िलाफ़ स्त्रियों को क़ानूनी संरक्षण देने के ख़िलाफ़ नहीं है, पर वे इस मामले में क़ानून की सीमाओं को भी रेखांकित करना चाहते हैं। इस सिलसिले में एक सुझाव यह सामने आया है कि क़ानूनी के साथ-साथ क़ानून से इतर रणनीतियों के जोड़ पर अमल किया जाना चाहिए। मसलन, हिंदू स्त्री की यौनिक निष्ठा से जुड़े आग्रहों को पुष्ट करने वाले क़ानूनों को ख़ारिज किया जाना चाहिए, पति द्वारा पत्नी के साथ ज़बरदस्ती सहवास करने को ग़ैरक़ानूनी बनाया जाना चाहिए और सहमति के आधार पर की गयी यौन-क्रिया (पुरुषों के बीच होने वाली यौन-क्रिया समेत) को अपराध मानने का आग्रह ख़त्म होना चाहिए। इसी के साथ इस बहस से यह सुझाव भी निकला है कि छेड़छाड़ विरोधी क़ानून के पुराने पड़ गये विक्टोरियन चरित्र पर फिर से ग़ौर किया जाना चाहिए।

प्रेक्षकों ने देखा है कि जनसंख्या-विस्फोट को नियंत्रित करने के मक़सद से परिवार में बच्चों की संख्या दो तक सीमित करने के राज्य आधारित क़ानूनों का असर उत्तर-पश्चिमी राज्यों की जन्म-दर गिरने में निकला है। चूँकि समाज पुत्रों को प्राथमिकता देता है इसलिए इन राज्यों में ऐसे क़ानूनों के कारण बालिका-भ्रूणों की हत्या का चलन बढ़ गया है। इस उदाहरण से ज़ाहिर होता है कि विकास के लक्ष्यों को ध्यान में रख कर बनाये जाने वाले क़ानूनों का असर स्त्री-समाज के ख़िलाफ़ भी जा सकता है।

देखें : अश्वेत नारीवाद, आनंदीबाई जोशी, इस्लामिक नारीवाद, क़ानून और स्त्री, गायत्री चक्रवर्ती स्पिवाक, चिपको आंदोलन, जूडिथ बटलर, जेंडर, दलित नारीवाद, देवदासी, देवकी जैन, नारीवाद, नारीवाद की पहली लहर, नारीवाद की दूसरी लहर, नारीवाद की तीसरी लहर, नारीवादी दर्शन, नारीवाद और अर्थशास्त्र, नारीवादी फ़िल्म-सिद्धांत, नारीवादी इतिहास-लेखन, नारीवाद और अर्थशास्त्र, नारीवाद और साम्प्रदायिकता, नैंसी शोदॅरौ, पर्यावरणीय नारीवाद, पब्लिक-प्रायवेट, पश्चिम में नारीवाद-1 और 2, पण्डिता रमाबाई सरस्वती, पितृसत्ता, प्रेम, प्रेम-अध्ययन और नारीवादी दर्शन, भारत में स्त्री-आरक्षण-1 और 2, महादेवी वर्मा, मैरी वोल्सनक्राफ़्ट, राजनीतिक दर्शन के नारीवादी आयाम, रमाबाई रानाडे, ल्यूस इरिगेरे, स्त्री और साम्प्रदायिकता, स्त्री-श्रम, सम्पत्ति : नारीवादी परिप्रेक्ष्य, सिमोन द बोउवार, स्त्री-आरक्षण, हेलन सिचू।

संदर्भ

1. उपेंद्र बख़्शी (1979), वसुधा धगमवार, रघुनाथ केलकर और लतिका सरकार, 'ऐन ओपिन लेटर टू द चीफ़ जस्टिस ऑफ़ इण्डिया', *सुप्रीम कोर्ट केसिस (जर्नल)* खण्ड 1, अंक 17, नयी दिल्ली.
2. फ्लैविया एग्नस (1990), 'फ़ेमिली कोर्ट्स : फ्रॉम फ्राइंग पैन इनटु द फ़ायर', द *लॉइयर्स*, सितम्बर.
3. नंदिता हक्सर (1999), 'ह्यूमन राइट्स लॉइयरिंग : अ फ़ेमिनिस्ट पर्सपेक्टिव', अमिता ढाँढा और अर्चना पाराशर (सम्पा.), *इनजेंडरिंग लॉ इन इण्डिया : एसेज़ इन द ऑनर ऑफ़ लतिका सरकार*, ईस्टर्न बुक्स, लखनऊ.
4. रत्ना कपूर (2001), 'सेक्सपेड्स ऐंड द लॉ', *सेमिनार* 505, सितम्बर.

— अभय कुमार दुबे

कारागार

(Prison)

कारागार एक ऐसी संस्था और भौतिक संरचना है जहाँ किशोर तथा वयस्क अपराधियों को दण्ड की अवधि के अनुसार क़ानूनी हिरासत में रखा जाता है। इसके पीछे यह धारणा सक्रिय है कि कारागार में रहने की अवधि में अपराधी असामाजिक कृत्यों और अपराध को बढ़ावा देने वाली स्थितियों से दूर रहेंगे। इस अर्थ में कारागार राज्य की एक एजेंसी भी है जो न्यायालय द्वारा निर्धारित किये गये दण्ड का पालन करते हुए यह सुनिश्चित करती है कि अपराधी कारागार की सुरक्षा में रहे ताकि शेष समाज असुरक्षित महसूस न करे। कारागार की व्यवस्था में कारावास की अवधि के दौरान बंदियों की ज़रूरतें पूरी करने और उनके परिष्कार के लिए आवश्यक कार्यक्रम संचालित करने का उत्तरदायित्व भी निहित है। कारागार को किसी राज्य की दण्ड-व्यवस्था की संस्था के तौर पर भी देखा जा सकता है। उसका स्वरूप और कार्यकारी ढाँचा अपराध के वैधानिक दर्शन से निर्धारित होता है। कारागार की संस्था दण्ड के औचित्य निर्धारण और उससे संबंधित विभिन्न दृष्टियों के अनुरूप विकसित हुई है। उदाहरण के लिए प्राचीन और मध्यकाल में जब दण्ड का विमर्श इस धारणा पर आधारित था कि अपराधी के साथ दण्ड

के रूप में वैसा ही व्यवहार किया जाना चाहिए जैसा उसने पीड़ित के साथ किया है तो क़ानून की व्यवस्था में कारागार की जगह प्रतिशोध को तवज्जो दी जाती थी। इसी तरह जब दण्ड के दर्शन में यह माना जाता था कि अपराधी को कठोर दण्ड इसलिए दिया जाना चाहिए ताकि ख़ुद अपराधी और अपराध करने के बारे में सोचने वाले लोग भयभीत हो जाएँ तो कारागार एक अव्यावहारिक कल्पना लगती थी।

क़ारागार की अवधारणा ने मूर्त रूप तब लेना शुरू किया जब दण्ड को प्रतिशोध या प्रताड़ना के बजाय इस दृष्टि से देखने का आग्रह मज़बूत हुआ कि उसका लक्ष्य अपराधी के चरित्र और व्यवहार में सुधार और बदलाव लाना होना चाहिए ताकि वह क़ानून का सम्मान करना सीखे और एक समर्थ नागरिक के रूप में जीवन यापन कर सके। इस मान्यता में यह अंतर्निहित था कि कारागार को अपराधी के संदर्भ में एक पुनर्वास केंद्र की तरह देखा जाए। बीसवीं सदी के बड़े हिस्से में कारागार को सुधार गृह मानने का नज़रिया प्रबल रहा है। लेकिन कई विचारकों ने इस बात पर ज़ोर दिया है कि अपराधियों के सुधार या परिष्कार के लिए उन्हें हिरासत और एकांत में रखना ज़रूरी नहीं है। लिहाज़ा अपराधियों के सुधार पर केंद्रित कार्यक्रम मुख्यत: दो श्रेणियों में बँटते गये हैं। एक श्रेणी के कार्यक्रम हिरासत में रखे जाने वाले बंदियों के लिए चलाये जाते हैं तो दूसरी श्रेणी के कार्यक्रम ग़ैर-हिरासती कारावास के लिए नियत किये गये हैं।

कारावास का दण्ड निर्धारित हो जाने पर जब व्यक्ति को कारागार में भेजा जाता है तो उसके बारे में सबसे पहला आकलन यह किया जाता है कि उसे अन्य बंदियों के साथ रखा जाए या उसके लिए अलग व्यवस्था करनी होगी। आकलन में इस बात का ध्यान रखा जाता है कि कारागार के अंदर उसकी निगरानी करने के लिए तैयारी का स्तर क्या होना चाहिए ताकि वह भाग न जाए और कारागार में सुधार की सुविधाओं को अस्तव्यस्त न कर दे। आकलन की इस प्रक्रिया में यह तथ्य विशेष महत्त्व रखता है कि बंदी कितना ख़तरनाक है और वह अन्य बंदियों की सुरक्षा के लिए क्या ख़तरा पैदा कर सकता है।

इस तरह कारागार का सुरक्षा के स्तर की दृष्टि से एक स्थूल वर्गीकरण किया जाता है। कारागार में बंदी को किस वर्ग में रखा जाएगा यह बात बंदी के मौजूदा अपराध की गम्भीरता, उसके द्वारा कारागार से भागने या हिंसा में लिप्त होने के रिकार्ड, सज़ा की अवधि तथा अतीत में किये गये अपराधों की पुष्टि आदि पर निर्भर करती है। सुरक्षा व्यवस्था के आधार पर कारागार को मौटे तौर पर तीन श्रेणियों में बाँटा जाता है- न्यूनतम, मध्यम और उच्च सुरक्षा कारागार।

न्यूनतम सुरक्षा कारागार में ऐसे बंदी रखे जाते हैं जिन्होंने पहली बार अपराध किया है और जिन्हें हिंसक नहीं माना जाता। कारागार के इस प्रकार को ऐसी संस्था के तौर पर देखा जाता है जहाँ बंदियों को सुधरने का अवसर दिया जाता है। इस तरह के कारागार में ऐसे अपराधियों को भी रखा जा सकता है जिन्होंने लम्बी सज़ा पाने और हिंसक गतिविधियों में लिप्त होने के बावजूद अच्छे और अनुशासन बद्ध व्यवहार का परिचय दिया है। ऐसे अपराधियों के लिए कारागार की यह श्रेणी कड़े नियमों वाले कारागार से अपेक्षाकृत उदार माहौल में स्थानांतरण का प्रतीक होती है। इस श्रेणी में बाहरी नियंत्रण न्यूनतम रखा जाता है। इसमें सिर्फ़ एक बाड़ लगी होती है और परिसर का बड़ा हिस्सा खुला रखा जाता है। बंदियों की संख्या के अनुपात में प्रशासनिक कर्मचारियों की संख्या कम रखी जाती है। और समस्त बंदियों को एक साथ रखा जाता है। कारागार के इस रूप का प्राथमिक उद्देश्य यह होता है बंदी वृहत्तर समाज से न कटे। लिहाज़ा यहाँ उनके शैक्षिक और व्यावसायिक प्रशिक्षण के लिए विभिन्न कार्यक्रम चलाये जाते हैं।

मध्यम स्तर के सुरक्षा कारागार में अलग-अलग पृष्ठभूमि के ऐसे अपराधियों को रखा जाता है जिन्हें कम खतरनाक माना जाता है और जिनके कारागार से भागने की आशंका कम होती है। लेकिन जिन्हें इतना भी विश्वसनीय नहीं माना जाता कि उन्हें न्यूनतम सुरक्षा वाले कारागार में स्थानांतरित करने का जोखिम उठाया जाए। ऐसे कारागार में सुरक्षा का इंतज़ाम अपेक्षाकृत कड़ा होता है। बाहरी दीवारों पर कंटीले तारों के अलावा सुरक्षा के इलेक्ट्रानिक उपकरण लगाये जाते हैं। बंदियों के लिए आवास की व्यवस्था सामूहिक होती है जिसमें साझे टॉयलेट और स्नानघर की व्यवस्था होती है। यहाँ बंदियों की संख्या के अनुपात में प्रशासनिक अमला थोड़ा बड़ा रहता है। बंदियों को छोटे गोल कमरों में रखा जाता है और उनके शैक्षिक विकास व कामकाजी प्रशिक्षण के लिए प्रबंध किया जाता है।

उच्च सुरक्षा कारागार में लम्बी सज़ा पाये ऐसे अपराधियों को रखा जाता है जिन्हें समाज के लिए ज़्यादा ख़तरनाक समझा जाता है। ऐसे कारागार के चारों ओर मोटी, उंची और कंटीली दीवार बनाकर उसके कोनों पर सुरक्षा चौकी स्थापित की जाती है। ऐसे कारागारों के रखरखाव पर होने वाले ख़र्च को देखते हुए कई जगह ऊँची और मोटी दीवारों के बजाय कारागार की सीमा को बिजली के तारों से घेरने के प्रयोग भी किये गये हैं। यहाँ बंदियों को अलग थलग रखा जाता है। उनकी निगरानी के लिए प्रशासनिक कर्मचारियों की संख्या ज़्यादा होती है और मध्यम सुरक्षा कारागार की तरह शैक्षिक व अन्य सुविधाओं का स्तर नीचा होता है।

इन तीन श्रेणियों के अलावा कारागार की एक अन्य विशिष्ट श्रेणी भी होती है जहाँ न्यूनतम, मध्यम और उच्च

सुरक्षा कारागार में रह रहे असामान्य व्यवहार वाले बंदियों को स्थानांतरित किया जाता है। इस श्रेणी में मुख्यत: हिंसक प्रवृत्ति वाले बंदियों को रखा जाता है जिन्हें सामान्य बंदियों के साथ नहीं रखा जा सकता। कारागार के इस उच्चतम सुरक्षा श्रेणी वाले प्रारूप में ऐसे बंदियों को ही रखा जाता है जो अतीत में सह बंदियों पर हमला करने तथा दंगा भड़काने जैसे मामलों में दोषी पाये गये हैं। इन बंदियों को एकांत कारावास में रखा जाता है और उन्हें बाहरी लोगों से मिलने की अनुमति नहीं दी जाती।

अस्सी के दशक में कारागार की सुविधाओं का प्रबंधन निजी क्षेत्र को दिये जाने का प्रयोग शुरू किया गया। सुविधाओं का प्रबंध करने वाले ये निजी निगम लाभ कमाने के लिए काम करते हैं। हालाँकि निजी कारागार की अवधारणा अस्सी के दशक में ही अस्तित्व में आ चुकी थी पर बंदियों के व्यवहार को सुधारने के लिए सक्रिय एजेंसियों द्वारा चिकित्सा, स्कूल, सलाह, नर्सिंग होम, अनौपचारिक घर तथा शराब और नशीली दवाओं की लत के इलाज से जुड़ी सुविधाओं की आपूर्ति के लिए निजी निगमों को ठेके देने का चलन इससे पहले ही शुरू हो गया था।

पिछले दशकों में कारागार में लम्बित बंदियों की संख्या में कई गुणा इज़ाफ़ा हुआ है। इसके पीछे एक अहम कारण यह रहा है कि विभिन्न देशों की सरकारों ने नशीली दवाओं के प्रसार और व्यापार, आदि को लेकर कड़े क़ानून पारित किये हैं। इन क़ानूनों में इस बात पर विशेष ज़ोर रहा है कि अपराधियों को ज़्यादा लम्बी अवधि के लिए कारागार में रखा जाए । बंदियों की बढ़ती संख्या के कारण सुधार और परिष्कार कार्यक्रमों के सामने कड़ी चुनौती खड़ी हो गयी है। मसलन कारागार के प्रबंधन और प्रशासन के लिए सुविधाओं के स्तर को बरक़रार रखना एक समस्या बनता जा रहा है। उन्हें अब सीमित सुविधाओं के साथ ही व्यवस्था क़ायम करनी पड़ती है। बंदियों की यह बढ़ती भीड़ हिंसक घटनाओं, कारागार के कर्मचारियों पर होने वाले हमलों और नतीजतन सुधार कार्यक्रमों और सुविधाओं की बदहाली का सबब बनती जा रही है।

बंदियों की संख्या के साथ उनकी सामाजिक और जातीय पृष्ठभूमि में भी बदलाव आया है। अमेरिकी स्रोतों के अनुसार वहाँ पिछले समय में अफ़्रीकी मूल, महिलाओं, किशोर तथा बेघर बार अपराधियों की संख्या में इज़ाफ़ा हुआ है। इसी तरह संक्रामक रोगों तथा मानसिक बीमारियों से ग्रस्त बंदियों की संख्या में भी उल्लेखनीय वृद्धि हुई है। इससे एक संकट यह पैदा हुआ है कि कारागार के प्रशासन को एक ही साथ अलग-अलग पृष्ठभूमि के बंदियों की समस्याओं का ध्यान रखना पड़ता है। फिलहाल स्थिति यह है कि वित्तीय सहायता के मौजूदा स्तर से बंदियों के स्वास्थ्य पर ख़र्च होने वाले व्यय की ही भरपाई नहीं हो पाती। इसलिए सुविधाओं की बजट राशि में बढ़ोतरी किये जाने के बाद भी बंदियों के लिए चलाये जाने वाले कार्यक्रमों में कोई गुणात्मक वृद्धि इसलिए नहीं हो पा रही क्योंकि वह राशि नये कारागार के निर्माण पर ख़र्च हो रही है। इस तरह कारागार का प्रशासन बंदियों को स्वास्थ्य, शिक्षा और व्यावसायिक क्षेत्र में प्रशिक्षण देने के मामले में ख़ुद को बँधा हुआ पाता है।

देखें : अर्थव्यवस्था का समाजशास्त्र, अभिजन, अभिरुचि, आत्महत्या, उन्मूलनवाद, एजेंसी, कर्मकाण्ड, क़ानून, गोपनीयता, गृहविहीनता, जाति और जाति-व्यवस्था-1 से 4 तक, जादू, जीवन-शैली, टेलरवाद, फ़ुरसत, बचपन, बुज़ुर्गियत का समाजशास्त्र, बेगानगी, भीड़, भ्रष्टाचार का समाजशास्त्र-1 और 2, विचलन, ज्ञान का समाजशास्त्र।

संदर्भ

1. जी.एल. मेज़ और एल.टी. विनफ्राई (2002), *कंटम्परेरी करेक्शंस,* वैड्सवर्थ, बेलमोंट.
2. जे.ए. इनसियार्डी (1987), *क्रिमिनल जस्टिस,* दूसरा संस्करण, हारकोर्ट ब्रेस जोवानोविच, सैन डियागो.
3. जी. न्यूमैन (1985), *द पनिशमेंट रिस्पॉन्स,* हैरो ऐंड हेस्टन, न्यूयॉर्क.

—नरेश गोस्वामी

क्रांति

(Revolution)

क्रांति यानी रेवोल्यूशन की शाब्दिक व्युत्पत्ति क्रिया 'टु रिवोल्व' से हुई है। एक चक्र पूरा घूमने पर पहिये का ऊपरी हिस्सा नीचे और निचला हिस्सा ऊपर चला जाता है। किसी राजनीतिक व्यवस्था का पूरा बंदोबस्त उलट-पुलट देने वाले नाटकीय, दूरगामी और आमूल परिवर्तन को क्रांति की संज्ञा दी जाती है। क्रांति शब्द का प्रयोग काफ़ी ढीले-ढाले ढंग से किसी भी बड़े परिवर्तन के लिए रूपक के तौर पर भी होता है (जैसे, हरित क्रांति या श्वेत क्रांति)। लेकिन इसका मूल भाव ऐसी महत्त्वपूर्ण और विरल ऐतिहासिक घटनाओं से जुड़ा है जिनके कारण समाज और राजनीति वैसी नहीं रह जाती है जैसी पहले थी। ऐसी क्रांतियाँ अपने घटनाक्रम और भौगोलिक सीमाओं से परे जाते हुए मनुष्य के बौद्धिक मानस पर अपनी अपेक्षाकृत स्थायी छाप छोड़ जाती हैं। उनसे निकले हुए सिद्धांत, नारे और कार्यक्रम एक बुनियादी संदर्भ बिंदु बन जाते हैं (जैसे, अमेरिकी क्रांति और फ्रांसीसी क्रांति)। क्रांतियाँ वामपंथी भी हो सकती हैं (जैसे, रूस की बोल्शेविक क्रांति), और दक्षिणपंथी भी (जैसे. ईरान की

इस्लामिक क्रांति)। वे हिंसक और जनता की सीधी कार्रवाइयों पर आधारित भी हो सकती हैं (जैसे, फ्रांसीसी क्रांति), और शांतिपूर्ण व अहिंसक भी (जैसे, इंग्लैण्ड की ग्लोरियस रेवोल्यूशन)। वे अचानक घटित हो सकती हैं और उनकी प्रक्रिया लम्बी भी हो सकती है। दरअसल, कोई दो क्रांतियाँ एक सी नहीं होतीं, भले ही उनका घोषित विचारधारात्मक आधार एक सा हो (जैसे, मार्क्सवादी होते हुए भी रूसी और चीनी क्रांति के बीच भारी अंतर है)।

समाज-विज्ञान क्रांति की परिघटना को सत्ता हथियाने के लिए किये गये तख़्ता-पलट, गृह युद्ध, और महज़ किसी विद्रोह से अलग करके देखता है। टॉकवील क्रांतियों को तीन क़िस्मों में बाँटते हैं : राजनीतिक क्रांति, अचानक घटित होने वाली हिंसक क्रांतियाँ जो न केवल नये राजनीतिक निज़ाम की स्थापना करती हैं बल्कि समाज को भी बदल डालती हैं, और धीरे-धीरे पर सतत होने वाली क्रांतियाँ जो समाज को बुनियादी तौर पर परिवर्तित कर देती हैं। मार्क्सवादी क्रांतियों की पाँच श्रेणियाँ बताते हैं : प्राक् -पूँजीवादी, प्रारम्भिक पूँजीवादी, पूँजीवादी, पूँजीवादी-लोकतांत्रिक, प्रारम्भिक सर्वहारा और समाजवादी।

समाजशास्त्र, राजनीति विज्ञान और इतिहास के अनुशासनों के तहत क्रांतियों और उनके कारणों का गहन अध्ययन किया गया है। जैक गोल्डस्टोन ने क्रांति संबंधी साहित्य का अवलोकन करके उसे चार श्रेणियों में बाँट कर देखने का प्रयास किया है। पहली पीढ़ी के विद्वानों ने क्रांति का अध्ययन करते हुए मुख्यत: वर्णनात्मक रवैया अपनाया। इन्हीं में से कुछ विद्वानों ने समाज के मनोविज्ञान में क्रांति के कारणों की खोज की। उन्होंने भीड़ के मनोविज्ञान का सिद्धांत प्रतिपादित किया।

दूसरी पीढ़ी के विद्वानों ने क्रांतियों से साथ जुड़े 'क्या और क्यों' के प्रश्नों की विवेचना की। इस पीढ़ी के विद्वान मुख्यतः इस बात पर सहमत थे कि क्रांतियाँ सामाजिक-राजनीतिक परिस्थितियों से उपजी निराशा और आक्रोश का परिणाम होती हैं। लेकिन यह मानते हुए भी उन्होंने तीन अलग-अलग रवैये अपनाये। पहला रवैया संज्ञानात्मक मनोविज्ञान और कुंठा-आक्रमण से जुड़े सिद्धांतों का सहारा लेते हुए क्रांतियों को जनता के मानस में होने वाली उथल-पुथल का नतीजा बताने पर आधारित था। दूसरा रवैया टैलकॉट पार्संस द्वारा प्रतिपादित समाजशास्त्र की स्ट्रक्चरल-फ़ंक्शनल थियरी का सहारा लेने वालों का है। यह थियरी समाज को विभिन्न संसाधनों, माँगों और उपप्रणालियों के संतुलन के रूप में देखती है। जब यह संतुलन बुरी तरह बिगड़ जाता है तो क्रांतिकारी परिस्थिति पैदा होती है। तीसरा रवैया हित-समूहों के बीच होने वाली प्रतियोगिता के आईने में क्रांतियों के कारणों की खोज करते हैं। इनकी मान्यता है कि जब एक या दो हित-समूह किसी राजनीतिक प्रणाली की स्थापित निर्णय प्रक्रिया से सहमत नहीं रह जाते और उनके पास अपने लक्ष्यों को वेधने के लिए ज़रूरी ताक़त भी होती है तो क्रांति की नौबत आ जाती है।

तीसरी पीढ़ी के अध्येता मार्क्सवाद प्रणीत वर्ग संघर्ष की थीसिस पर निर्भर हैं। इस तरह के अध्ययनों में थेडा स्कोवपोल की रचना *स्टेट्स ऐंड सोशल रेवोल्यूशन* मशहूर है। उन्होंने क्रांतियों को समाज की राजकीय और वर्गीय संरचनाओं में होने वाले बुनियादी रूपांतरण और उसके साथ-साथ धरातल से उठने वाले वर्ग आधारित विद्रोहों की मौजूदगी के रूप में परिभाषित किया है। अगर तीसरी पीढ़ी के विद्वानों ने दूसरी पीढ़ी के दावों का खण्डन करते हुए अपनी बातें कही थीं, तो चौथी पीढ़ी के विद्वानों ने मार्क्सवादी स्कूल को आड़े हाथों लिया। इन लोगों की मदद 1979 की ईरानी और निकारागुअन क्रांतियों ने की। 1986 में फिलीपींस में हुई क्रांति और 1989 के युरोप में घटी घटनाओं ने क्रांतियों के बहु-वर्गीय चरित्र को रेखांकित किया।

शुरुआत में क्रांति के विचार का सरोकार महज़ एक समुचित राजनीतिक व्यवस्था की स्थापना से था। सत्रहवीं सदी में जॉन लॉक के राजनीतिक सिद्धांत ने प्रतिरोध और क्रांति की गुंजाइशों की तरफ़ पहली बार स्पष्ट रूप से इशारा किया। उन्होंने कहा कि सरकार तो मनुष्य के प्राकृतिक अधिकारों की रक्षा के लिए होती है। हम उसमें अपना विश्वास आरोपित करते हैं, पर उसके पक्ष में अपने अधिकार नहीं छोड़ते। अगर सरकार उन प्राकृतिक अधिकारों का हनन करती है तो उसे विश्वासघात का दोषी समझा जाना चाहिए। ऐसी सरकार का विरोध करना जायज़ है, भले ही उसके लिए हिंसा का सहारा लेना पड़े। क्रांति के ज़रिए लोग सरकार से वह अधिकार ले सकते हैं जो उन्होंने उसे दिया है। साथ में लॉक ने यह भी कहा कि उनकी इस सिफ़ारिश का मतलब यह नहीं है कि मामूली सी बातों पर सरकारों को पलटा जाने लग। लोग तब तक राज्य के प्राधिकार का उल्लंघन करने के लिए तैयार नहीं होंगे जब तक सरकारी कार्रवाइयों के कारण उन्हें बड़े पैमाने पर नुक़सान नहीं होगा।

अपने इन्हीं विचारों के आधार पर लॉक ने 1688 में हुई इंग्लैण्ड की ग्लोरियस रेवोल्यूशन का समर्थन किया जिसमें संवैधानिक राजशाही की स्थापना हुई जिसके आधार पर आगे चल कर संसदीय प्रणाली एक मानक बनती चली गयी। लॉक के इन विचारों का अट्ठारहवीं सदी में हुई अमेरिकी क्रांति में उपयोग किया गया। लेकिन, ब्रिटिश प्रभुत्व से अपनी आज़ादी के लिए लड़ रहे अमेरिकी क्रांतिकारियों को यक़ीन था कि वे किसी बुनियादी परिवर्तन के लिए नहीं बल्कि एक बेहतर नैतिक व्यवस्था की स्थापना के लिए संघर्ष कर रहे हैं। पुरानी व्यवस्था को नष्ट करना उनका उद्देश्य नहीं था। अमेरिकी

क्रांति उपनिवेशवाद के ख़िलाफ़ गणतांत्रिक मूल्यों की जीत होते हुए भी केवल शासकों और व्यवस्था के कुछ पहलुओं को ही बदल सकी। इसलिए उसे एक अधूरी क्रांति की संज्ञा भी दी जाती है। क्रांति को अनिवार्य तौर पर बुनियादी परिवर्तन का ही वाहक होना चाहिए : यह आग्रह 1789 की फ्रांसीसी क्रांति के बाद स्थापित हुआ जिसमें पुरानी व्यवस्था को खुले तौर पर जानबूझ कर नष्ट करने के कार्यक्रम पर अमल किया गया। इसके बाद हुई युरोपीय क्रांतियों के लिए फ्रांसीसी क्रांति एक मॉडल के रूप में ग्रहण की गयी। फ्रांसीसी क्रांति आधुनिक विश्व की ऐसी पहली घटना थी जिसके बाद क्रांति का मतलब नये समाज की रचना का पर्याय समझा जाने लगा। फ्रांसीसी क्रांति ने न केवल सामंतवाद के बंधन में जकड़े फ्रांस को आमूल-चूल बदल डाला, बल्कि सारी दुनिया को प्रभावित करने वाली ऐसी नयी विचारधाराओं को जन्म दिया जिनका दावा था कि नया समाज बनाने के लिए अतीत से कुछ लेना ज़रूरी नहीं होता।

उन्नीसवीं सदी से समाज वैज्ञानिकों ने क्रांति की परिघटना और उससे जुड़ी प्रक्रियाओं पर गहराई से सोचना शुरू किया। क्रांति का सर्वाधिक प्रभावशाली और लोकप्रिय सिद्धांत देने का श्रेय कार्ल मार्क्स को जाता है। उन्होंने इंग्लैण्ड, अमेरिका और फ्रांस की क्रांतियों का अध्ययन करने के बाद अपनी रचना *जर्मन आइडियॉलॅजी* में क्रांति को इतिहास की एक योजना के रूप में पेश किया जिसके तहत मानवता एक युग से दूसरे युग में छलाँग मार कर प्रवेश करती है। इस नाटकीय परिवर्तन के घटित होने के लिए मार्क्स की शर्त है कि कई तरह के टकराव एक साथ घटित हों : जैसे, पुरानी संस्थाओं और आज़ादी के लिए छटपटा रही नयी उत्पादक शक्तियों के बीच, उच्च और निम्न वर्गों के बीच, पुरानी और नयी विचारधाराओं के बीच टकराव। मार्क्स के मित्र और प्रमुख सहयोगी फ्रेड्रिख़ एंगेल्स की मान्यता थी कि क्रांतियाँ मनमाने ढंग से आयोजित नहीं हो सकतीं। वे हमेशा और हर कहीं किन्हीं वर्गों-पार्टियों के नेतृत्व और इच्छा से स्वतंत्र परिस्थितियों का अनिवार्य परिणाम होती हैं। जब वर्ग-शक्तियों का संतुलन गड़बड़ा जाता है तो क्रांतिकारी परिस्थिति पैदा हो सकती है। मार्क्स और एंगेल्स द्वारा दिये गये क्रांति के सिद्धांत के इर्द-गिर्द लेनिन के नेतृत्व में हुई रूस की बोल्शेविक क्रांति की सफलता ने पूरी बीसवीं सदी में होने वाली क्रांतियों की संरचना और उनसे जुड़ी हुई समझ पर गहरा प्रभाव डाला। लेकिन, इसके बावजूद यह नहीं कहा जा सकता कि क्रांति के सिद्धांत के मामले में मार्क्सवादियों के बीच कोई व्यापक सहमति है। दरअसल, क्रांति संबंधी मार्क्सवादी विमर्श बहुत व्यापक और विविध है।

चूँकि क्रांति और परिवर्तन का चोली-दामन का साथ है, इसलिए क्रांति का विमर्श परिवर्तन के एक दूसरे माध्यम 'सुधार' को किसी क़िस्म की वैधता देने से इनकार करता है। समाजवाद में विश्वास करने वाले क्रांतिकारियों की पीढ़ियाँ संसदीय राजनीति को सुधारवाद का पर्याय मान कर उसके विरोध की खुराक पर पली-बढ़ी हैं। क्रांतिकारी विचारकों की मान्यता है कि सुधार कभी बुनियादी स्थितियों को नहीं बदलते। वे केवल सतही परिवर्तन ही अंजाम दे पाते हैं। सुधार कभी भी निजी सम्पत्ति के संस्थागत रूपों को नहीं बदलते और इस तरह पूँजीवादी व्यवस्था को टिकाये रखने के माध्यम बन जाते हैं। रोज़ा लक्ज़ेमबर्ग 1899 में प्रकाशित अपनी रचना *रिफ़ॉर्म ऑर रेवोल्यूशन* में जर्मन समाजवादियों के सुधारवादी रुझानों पर आक्रमण करते हुए उसे पूँजीवादी लोकतंत्र का ही एक रूप क़रार देती हैं। रोज़ा की स्पष्ट मान्यता थी कि संसदीय राजनीति के तहत होने वाला क्रमिक परिवर्तन सर्वहारा वर्ग के हितों की सेवा नहीं कर सकता। सुधारवाद के सबसे बड़े आलोचक तो लेनिन थे। उन्होंने अपनी विख्यात रचना *द स्टेट ऐंड रेवोल्यूशन* में लिखा है कि संसदीय चुनावों के ज़रिये एक निश्चित अवधि के बाद यह तय होता है कि शासक वर्ग का कौन सा हिस्सा और कौन सा नेता जनता का दमन और उत्पीड़न करेगा।

अधिकतर क्रांति संबंधी सिद्धांत किसी एक या दो क्रांतियों के अध्ययन पर आधारित हैं। उदाहरण के लिए उदारतावादी चिंतक हान्ना एरेंत 1963 में प्रकाशित अपनी रचना *ऑन रेवोल्यूशन* में अपना अधिकतर विश्लेषण इंग्लैण्ड और अमेरिका की क्रांति पर आधारित करते हुए निष्कर्ष निकालती हैं कि क्रांतियाँ आज़ादी की ललक और तत्कालीन राजनीतिक व्यवस्थाओं की नाकामियों का फलितार्थ थीं। दरअसल, क्रांति का कोई सार्वभौम सिद्धांत प्रतिपादित करना तक़रीबन असम्भव है, क्योंकि विभिन्न क्रांतियाँ अलग-अलग तरह के राजनीतिक, सामाजिक और सांस्कृतिक लक्षणों के संयोग का परिणाम होती है। 1979 में हुई ईरान की इस्लामिक क्रांति तो पश्चिम में विकसित उन सिद्धांतों का पूरी तौर पर उल्लंघन करती है जो क्रांति और प्रगतिशील विचारों को अनिवार्य तौर पर जोड़ कर देखते हैं। ऐसी ही बहस 1989 से 1991 के बीच पूर्वी युरोप में हुए राजनीतिक परिवर्तनों के बारे में है। इस दौरान इस क्षेत्र के कई देशों में तत्कालीन कम्युनिस्ट हुकूमतों को क्रांतिकारी प्रतीत होने वाली जन-कार्रवाइयों के ज़रिये उखाड़ फेंका गया, और वहाँ ऐसी शासन-व्यवस्थाएँ स्थापति की गयीं जो किसी भी तरह से समाजवादी नहीं कही जा सकतीं।

देखें : अमेरिकी क्रांति, अलेक्सिस द टॉकवील, क्यूबाई क्रांति, क्रांति, चीन की कम्युनिस्ट क्रांति, फ्रांसीसी क्रांति, फ्रेड्रिख़ एंगेल्स, बोल्शेविक क्रांति : मार्क्सवादी विमर्श, रोज़ा लक्ज़ेमबर्ग, हान्ना एरेंत।

संदर्भ

1. जे.ए. गोल्डस्टोन (सम्पा.) (1993), *रेवोल्यूशंस : थियरीटकल, कम्परेटिव ऐंड हिस्टोरिकल स्टडीज़*, हारकोर्ट ब्रेस जोवानोविच, न्यूयॉर्क.
2. एच. ड्रैपर (1978), *कार्ल मार्क्सिज़ थियरी ऑफ़ रेवोल्यूशन*, मंथली रिव्यू प्रेस, न्यूयॉर्क.
3. हान्ना अरेंत (1963/1991), *ऑन रेवोल्यूशन*, पेंगुइन क्लासिक्स, नया संस्करण, लंदन.
4. इमैनुएल नेस और एम.ए. माल्डेन (सम्पा.) (2009), *द इंटरनेशनल इनसाइक्लोपीडिया ऑफ़ रेवोल्यूशन ऐंड प्रोटेस्ट : 1500 टू प्रज़ेंट*, विली ऐंड संस, न्यूयॉर्क.

— अभय कुमार दुबे

क्रांति : मार्क्सवादी विमर्श

(Revolution: Marxist Discourse)

जिस तरह 1789 की फ्रांसीसी क्रांति ने उन्नीसवीं सदी की क्रांतियों के लिए मॉडल और सैद्धांतिक आधार का काम किया, उसी तरह मार्क्सवाद के संस्थापकों (कार्ल मार्क्स-फ्रेड्रिख़ एंगेल्स) द्वारा विकसित क्रांति के विमर्श ने पूरी बीसवीं सदी में कई महत्त्वपूर्ण क्रांतियों में प्रधान भूमिका निभायी। रूस की बोल्शेविक क्रांति तो मानवीय इतिहास की एक युगप्रवर्तक घटना है। चीन की नव-जनवादी क्रांति, क्यूबाई क्रांति और वियतनामी क्रांति के महत्त्व को भी कम करके नहीं आँका जा सकता। मार्क्स के क्रांति संबंधी सिद्धांत की व्याख्याएँ उनके बाद भी लगातार जारी रहीं। लेनिन, रोज़ा लक्ज़ेमबर्ग, ट्रॉट्स्की, माओ और अंतोनियो ग्राम्शी ने उसकी रोशनी में अपने देश-काल को नये सिरे से समझा और उसके बुनियादी पहलुओं को छोड़े बिना नये सूत्रीकरण किये।

क्रांति का मार्क्सवादी विमर्श अपनी पेचीदगी, अपनी विकासमान प्रवृत्तियों और कई बारीक अंतर्विरोधों के कारण आसानी से पकड़ में नहीं आता। इसलिए इस पर सिलसिलेवार नज़र डालना ठीक होगा। मार्क्स और एंगेल्स के चिंतन पर फ्रांसीसी क्रांति का काफ़ी असर था। ख़ास कर वे 1815 के बाद की पीढ़ी के फ्रांसीसी उदारतावादी विचारकों की इस व्याख्या से प्रभावित थे कि क्रांति ने कुलीन व सामंती वर्ग के हाथों से सत्ता छीन कर पूँजीवादी वर्ग के हाथों में थमा दी। 1848 के *कम्युनिस्ट मैनिफ़ेस्टो* का लेखन करते हुए उन्हें लगा कि उनके इतिहास के सिद्धांत में फ्रांसीसी क्रांति का यह वर्ग आधारित विश्लेषण पूरी तरह से फ़िट बैठता है। मार्क्स इससे पहले 1843 में इंग्लैण्ड, अमेरिका और फ्रांस की क्रांतियों का एक अध्ययन कर चुके थे जिसके संकेत उनकी नोट बुकों में दर्ज हैं। उनकी मान्यता बनी थी कि ये तीनों क्रांतियाँ मुख्यत: 'बूर्ज्वा क्रांतियाँ' थीं जिनके हरावल में मध्यवर्ग था और बुनियाद में उदीयमान पूँजीपति वर्ग द्वारा उत्पादन का विस्तार करने की आकांक्षा थी। मैनिफ़ेस्टो में मार्क्स ने भविष्यवाणी भी की थी कि जर्मनी की विशेष परिस्थितियों के कारण पहले वहाँ पूँजीवादी क्रांति होगी, और फिर उसके फ़ौरन बाद सर्वहारा क्रांति हो जाएगी। जून, 1848 में पेरिस के मज़दूरों के विद्रोह की पराजय से मार्क्स ने सबक सीखा कि मेहनतकश अपनी सत्ता कुछ जोशीले और पराक्रमी साथियों की अचानक हमला करने की रणनीति से नहीं जीत सकते। ऐसी जीत के लिए उन्हें एक सम्पूर्ण वर्ग की ऊर्जा की दरकार होगी। इसी अनुभव की रोशनी में मार्क्स ने क्रांति के बाद 'सर्वहारा की तानाशाही' स्थापित करने की आवश्यकता पर बल दिया।

पिछली प्रविष्टि में हम देख चुके हैं कि किस तरह अपनी रचना *जर्मन आइडियॉलॅजी* में मार्क्स और एंगेल्स ने क्रांति को इतिहास की एक योजना के रूप में पेश किया जिसके तहत मानवता एक युग से दूसरे युग में छलाँग मार कर प्रवेश करती है। इस नाटकीय परिवर्तन के घटित होने की उन्होंने यह शर्त रखी थी कि पुरानी संस्थाओं और नयी उत्पादक शक्तियों के बीच, उच्च और निम्न वर्गों के बीच, पुरानी और नयी विचारधाराओं के बीच टकराव की स्थितियाँ एक साथ घटित होना ज़रूरी हैं। मार्क्स सीधे-सीधे कम्युनिस्ट क्रांति सम्पन्न करने के तत्कालीन दौर में प्रचलित विचारों से भी सहमत नहीं थे। उनकी मान्यता थी कि साम्यवाद पूँजीवाद के बाद घटित नहीं हो सकता। पूँजीवाद ने जो नया मज़दूर वर्ग पैदा किया है, पहले वह अपनी क्रांति के ज़रिये ऐसा सामाजिक रूपांतरण करेगा जिसके हाथों मानवता की स्लेट पूरी तरह से साफ़ हो जाएगी। ऐसे समाजवाद की स्थापना के बाद ही साम्यवाद के लिए भौतिक परिस्थितियाँ तैयार हो सकेंगी।

लेकिन 1848-49 के दौरान जर्मनी के वामपंथी रैडिकल आंदोलन के भीतर काम करते हुए इन दोनों दार्शनिकों ने स्वयं देखा कि पूँजीपति वर्ग के ढुलमुल और समझौतापरस्त रवैये के कारण किस तरह क्रांतिकारी प्रयास पराजित हो गये। इस अनुभव के परिणामस्वरूप उन्होंने पहले तो मैनिफ़ेस्टो में उल्लिखित कई विचारों का विस्तार 'स्थायी क्रांति' के सिद्धांत में किया। इसके बाद मार्च, 1850 में कम्युनिस्ट लीग के घोषणापत्र में उन्होंने सुझाव दिया कि अगली बार क्रांति की चिंगारी फूटने पर जुझारू मज़दूरों को अलग से संगठित होना चाहिए, ताकि वे मध्यवर्ग पर पूँजीवादी-लोकतांत्रिक सुधार पूरे करने के लिए दबाव डाल सकें। फिर उसके तुरंत बाद मज़दूरों के संगठन को

पहलक़दमी मध्यवर्ग के हाथ से छीन कर अपनी सत्ता की स्थापना करनी चाहिए।

अपने इस रैडिकल प्रतिपादन के बाद युरोप के आर्थिक इतिहास पर ग़ौर करते हुए मार्क्स-एंगेल्स को लगा कि 1847 की व्यापारिक मंदी के कारण पैदा हुई बेचैनियों के कारण पूँजीपति वर्ग का एक हिस्सा और मज़दूर वर्ग क्रांति के मूड में आया था। जब तक ऐसी ही आर्थिक गिरावट फिर से नहीं आती, क्रांतिकारी परिस्थितियाँ आसानी से पैदा नहीं होंगी। लेकिन, बाक़ी जगहों पर ताक़त की ज़बरदस्त टक्कर के बिना क्रांति सम्पन्न नहीं हो पायेगी। मार्क्स का ख़याल था कि इंग्लैण्ड जैसे लम्बी राजनीतिक परम्पराओं वाले देश शायद क्रांति की अनिवार्यता से बच निकलें। उन्हें फ्रांस का मज़दूर वर्ग भी क्रांति करने लायक ताक़त से सम्पन्न नहीं लग रहा था। केवल जर्मनी के तेज़ उद्योगीकरण को देख कर उन्हें लग रहा था कि वहाँ का मज़दूर वर्ग क्रांतिकारी पहलकदमी ले सकता है।

युरोप में क्रांतिकारी उभार की कमज़ोर सम्भावनाओं के बारे में मार्क्स का संदेह सही साबित हुआ। 1905 तक रूस में आधे मन से हुई क्रांति के अलावा युरोप में कोई दूसरे अनुकूल हालात पैदा नहीं हुए। इस क्रांति में बूर्ज्वा वर्ग सत्ता पर तो क़ब्ज़ा नहीं कर पाया, पर उसने पुरानी व्यवस्था के भीतर ही औद्योगिक वृद्धि बेरोकटोक जारी रखने की हैसियत ज़रूर प्राप्त कर ली। एंगेल्स 1875 से ही रूस में क्रांति की सम्भावनाएँ देख रहे थे। उन्हें लग रहा था कि ज़ारशाही का ढाँचा इस क़दर दरक गया है कि एक ज़रा से धक्के से वह ढह जाएगा। लेकिन, यह ज़रा सा धक्का भी आसान नहीं था।

1914 में मुख्यत: युरोप की धरती पर प्रथम विश्व-युद्ध शुरू हुआ। लेनिन रूस में पहले से क्रांति के हरावल दस्ते के रूप में कम्युनिस्ट पार्टी के गठन में लगे हुए थे। 1905 के स्वत:स्फूर्त घटनाक्रम के समय उनकी यह दलबंदी छोटी और अपेक्षाकृत प्रभावी नहीं थी। लेकिन, प्रथम विश्व-युद्ध के समय उन्होंने अपनी क्रांति की थीसिस प्रतिपादित करने में देर नहीं की। उन्होंने कहा कि हर क्रांतिकारी परिस्थिति क्रांति को अपने-आप जन्म नहीं देती, जब तक जनता विद्रोह के लिए तैयार न हो और साथ में उच्च वर्ग पुरानी व्यवस्था को जारी रखने के लिहाज़ से पूरी तरह बेकार न हो गया हो। लेनिन का दावा था कि ये परिस्थितियाँ पार्टियों और वर्गों की इच्छा से स्वतंत्र होती हैं। लेनिन के अनुसार समाजवादी क्रांति मज़दूरों के एक हमले से पूरी नहीं होगी, बल्कि उसके लिए सभी मोर्चों पर चौतरफ़ा चलाये गये संघर्षों के मिले-जुले प्रभाव की ज़रूरत होगी। 1917 में ज़ार द्वारा थोपे गये निष्कासन से वापस आकर लेनिन ने महसूस किया कि विश्व-युद्ध ने स्थिति को पूरी तरह से बदल दिया है, और पूँजीपति वर्ग की अस्थायी सरकार को एक झटके में ख़त्म करने का क्षण आ चुका है।

अक्टूबर की सफल क्रांति के बात लेनिन और अन्य बोल्शेविक नेताओं को लगा कि इससे प्रेरित हो कर पूरे युरोप में क्रांति की चिंगारियाँ फूट पड़ेंगी। पर उनकी उम्मीदें पूरी तरह से ग़लत साबित हुईं। बोल्शेविक अकेले पड़ गये और जल्दी ही लेनिन, रोज़ा और काउत्स्की जैसे दूसरे मार्क्सवादियों के बीच अक्टूबर क्रांति के 'सच्चे समाजवादी चरित्र' को लेकर अलग-अलग क़िस्म का विवाद छिड़ गया। रोज़ा ने बोल्शेविकों के हरावलवाद पर चोट की और उनके रवैये में लोकतंत्र की कमी रेखांकित की। काउत्की ने बोल्शेविकों पर सर्वहारा तानाशाही की आड़ में आतंक की मदद से सत्ता में बने रहने का आरोप लगाया। बदले में लेनिन ने उन पर सुधारवादी होने का लांछन मढ़ा।

युरोप में हुए क्रांति के कुछ अन्य प्रयास जब बुरी तरह नाकाम हो गये, तो अपने देशनिकाले के दौरान ट्रॉट्स्की ने प्रस्थापना दी कि समाजवादी क्रांति किसी एक देश में पूरी नहीं हो सकती। उसे सतत जारी रहना होगा, जब तक कि सारी दुनिया समाजवादी नहीं हो जाती। ज़ाहिर है कि ट्रॉट्स्की इतिहास की सभी विच्छिन्नताओं को नज़रअंदाज़ करके ही यह थीसिस दे सकते थे। उधर इटली में अंतोनियो ग्राम्शी अपने कारवास के दौरान चिंतन करते हुए विपरीत निष्कर्षों पर पहुँचे। उन्होंने सतत क्रांति की थीसिस को 1848 के बाद हुए राजनीतिक विकास की तरफ़ से आँखें बंद कर लेने की देन बताया। उनका कहना था कि ख़ास तौर से 1870-71 के बाद संसदीय राजनीति, ट्रेड यूनियन राजनीति, दलीय प्रणाली और नौकरशाही चालित राज्य की ताक़त में काफ़ी बढ़ोतरी हुई है। उन्होंने इटली की परिस्थितियों में मेज़िनी के नेतृत्व में हुए सक्रिय विद्रोह और धैर्यपूर्वक तैयारी के साथ की साथ की जाने वाली 'पैसिव रेवोल्यूशन' की उस स्थिति से तुलना पेश की जिसके प्रभाव में मनुष्य के मानस में 'आणुविक परिवर्तन' आ जाता है और सामाजिक शक्तियों का विन्यास पूरी तरह से बदल जाता है। ग्राम्शी की स्थापना यह थी कि इन राजनीतिक परिवर्तनों के प्रभाव में पूरा का पूरा युरोप ही पैसिव रेवोल्यूशन की तरफ़ बढ़ रहा है। 1945 के बाद युरोपीय समाजवाद भी कुछ-कुछ इसी तरह के रास्ते पर चलता दिखाई दिया।

पचास के दशक में क्रांति के मार्क्सवादी विमर्श पर माओ त्से-तुंग की चीनी सफलता की छाया भी पड़ी। माओ ने ऐलान किया कि क्रांति कोई कशीदाकारी या चाय-पार्टी नहीं है। वह तो एक हिंसक कार्रवाई है जिसके तहत एक वर्ग दूसरे का तख़्ता पलट देता है।

लेकिन, साठ के दशक के बाद सोवियत संघ ने भी मान लिया कि समाजवाद शांतिपूर्ण तौर-तरीक़ों से भी स्थापित किया जा सकता है। उसके लिए हिंसक क्रांति करने की कोई ज़रूरत नहीं है। हालाँकि इसी दशक में क्यूबा में

फ़िडेल कास्त्रो के नेतृत्व में छापामार युद्ध के ज़रिये सत्ता दख़ल किया गया। उधर चीन में माओ ने कम्युनिस्ट पार्टी के भीतर सत्ता संघर्ष में जीत हासिल करने के लिए 'सतत क्रांति' को फिर से पकड़ा और अति-क्रांतिकारी रवैया अख़्तियार करते हुए समाजवादी ख़ेमे के नेतृत्व के लिए सोवियत संघ से होड़ की। इसका नतीजा समाजवादी ख़ेमे में फूट के रूप में निकला।

क्रांति का मार्क्सवादी विमर्श इस समय ग्लोबल पैमाने पर बौद्धिक वैधता के संकट का सामना कर रहा है। हथियारों के दम पर कम्युनिस्ट पार्टी के नेतृत्व में सत्ता पर कब्ज़ा करने की सम्भावनाओं (नेपाल जैसे राजशाही से पीड़ित छोटे से और विश्व राजनीति के हाशिए पर पड़े देश को छोड़ कर) को देखने जैसा क्रांतिकारी उत्साह कोई मार्क्सवादी बुद्धिजीवी फिलहाल दिखाने के लिए तैयार नहीं है।

देखें : अर्नेस्टो चे गुएवारा, आधार और अधिरचना, ऑस्कर रायज़ार्ड लांगे, आंगिक और पारम्परिक बुद्धिजीवी, एंतोनियो ग्राम्शी, कार्ल हाइनरिख़ मार्क्स-1, 2. 3 और 4, क्रांति, ग्योर्गी लूकाच, नयी सदी में मार्क्सवादी विमर्श-1, 2. 3,4 5, 6, 7, 8 और 9, निष्क्रिय क्रांति, फ्रेड्रिख़ एंगेल्स, भारत में किसान संघर्ष-2 और 4, भारतीय इतिहास लेखन-4 और 5, भाषा के मार्क्सवादी सिद्धांत, भ्रांत चेतना, बोल्शेविक क्रांति, फ्रांस्वा-चार्ल्स मारी फ़ूरिये, क्यूबा की क्रांति, फ्रेंज़ फ़ानो, हिंसा-1 और 2, मानवेंद्र नाथ राय, माओ त्से-तुंग, माओवाद और माओ विचार, मार्क्सवाद-1, 2, 3, 4 और 5, मार्क्सवादी इतिहास-लेखन, मार्क्सवादी समाजशास्त्र, मार्क्सवाद और पारिस्थितिकी, मार्क्सवादी अर्थशास्त्र, समाजवादी वसंत-1, 2, 3, और 4, लेनिनवाद, लियोन ट्रॉट्स्की, लिबरेशन थियोलॉजी, सांस्कृतिक क्रांति, स्तालिन और स्तालिनवाद, सोवियत समाजवाद-1, 2 और 3, सोवियत सिनेमा, वर्चस्व, व्लादिमिर इलीच लेनिन।

संदर्भ

1. रोबिन ब्लैकबर्न (सम्पा.), *रेवोल्यूशन ऐंड क्लास स्ट्रगल : अ रीडर इन मार्क्सिस्ट पॉलिटिक्स,* ब्राइटन, 1978
2. एरिक जे. हॉब्सबॉम, *रेवोल्यूशनरीज़,* वाइडनफ़ील्ड ऐंड निकल्सन, लंदन, 1973
3. लियोन ट्रॉट्स्की, *द परमानेंट रेवोल्यूशन ऐंड रिज़ल्ट्स ऐंड प्रोस्पेक्ट्स,* पायनियर, न्यूयॉर्क, 1962
4. अंतोनियो ग्राम्शी, *सिलेक्शंस फ़्रॉम द प्रिज़न नोटबुक्स,* लारेंस ऐंड विशार्ट, लंदन, 1929-35 (1971)
5. फ्रांज़ मिशेल, *माओ ऐंड द परपीचुअल रेवोल्यूशन,* बेरंस/वुडबरी, न्यूयॉर्क, 1981

— अभय कुमार दुबे

काल्पनिक समाजवाद

(Utopian Socialism)

समाजवादी विचार के इतिहास में आम तौर पर मार्क्स से पहले की अवधि को काल्पनिक समाजवाद के दौर की संज्ञा दी जाती है। उन्नीसवीं सदी की शुरुआत से लेकर फ्रांस में हुई 1848 की क्रांति तक (जिसके तीन दिन पहले ही *कम्युनिस्ट मैनिफ़ेस्टो* का प्रकाशन हुआ था) समाजवादी आंदोलन की प्रारम्भिक भित्ति तीन विचारकों और समाज-द्रष्टाओं की कृतियों और गतिविधियों के आधार पर तैयार हुई। ये थे फ्रांस के सैं-सिमों और चार्ल्स फ़ूरिए, और इंग्लैण्ड के रॉबर्ट ओवेन। मार्क्स और एंगेल्स ने इन तीनों के विचारों से प्रभाव भी ग्रहण किया, लेकिन साथ में अपने 'वैज्ञानिक समाजवाद' को इनके 'काल्पनिक समाजवाद' के बरक्स रख कर पेश किया। *मैनिफ़ेस्टो* में 'क्रिटिकल-यूटोपियन सोशलिज़्म' शीर्षक के तहत इन चिंतकों को कुछ इस तरह परिभाषित किया गया है : 'वर्ग संघर्ष की अविकसित स्थिति और उनके अपने माहौल के कारण इस क़िस्म के समाजवादी ख़ुद को सभी तरह की वर्ग-शत्रुताओं से परे मान बैठे थे। वे समाज के सभी सदस्यों, यहाँ तक कि सर्वाधिक सुविधाभोगियों तक की स्थिति में सुधार करना चाहते थे। यही वजह है कि वे बिना वर्ग-भेद किये हुए आदतन पूरे समाज से अपील करते रहते थे, और कुल मिला कर प्राथमिकता शासक वर्ग को ही मिल जाती थी।' मार्क्स ने कहा कि ये समाजवादी चिंतक सभी तरह की राजनीतिक और क्रांतिकारी कार्रवाई को ख़ारिज करके छोटे-छोटे प्रयोगों, शांतिपूर्ण प्रयासों, शिक्षा और सुधार के ज़रिये एक नये सामाजिक धर्म-सिद्धांत की स्थापना करना चाहते थे जो विफल होने के लिए अभिशप्त था। इस मार्क्सवादी विमर्श की प्रधानता के कारण मार्क्स-पूर्व समाजवादी चिंतकों के कृतित्व पर समाज वैज्ञानिकों ने आज तक अपर्याप्त ध्यान ही दिया है। यहाँ तक कि उस दौर के अन्य चिंतकों (जैसे प्रूधों, क्रोपाटकिन, ब्लांकी) के बारे में मार्क्स और एंगेल्स की टिप्पणियों को ही काफ़ी मान लिया गया है।

आगे चल कर एंगेल्स की रचना *सोशलिज़्म : यूटोपियन ऐंड साइंटिफ़िक* ने इस सिलसिले में मार्क्सवादी विमर्श को एक निश्चित दिशा दे दी। सैं-सिमों, फ़ूरिए और ओवेन का विमर्श धीरे-धीरे बौद्धिक फ़ैशन से बाहर होता चला गया। यह मान लिया गया कि समाजवाद को मज़दूर वर्ग के विशिष्ट हितों से न जोड़ पाने, वर्ग-संघर्ष के महत्त्व को न समझ पाने और सर्वहारा की क्रांतिकारी भूमिका को न पहचान पाने के कारण समाज-परिवर्तन के इन प्रयासों को समय के साथ तिरोहित हो ही जाना था। लेकिन सैं-सिमों की

रचना लेटर्स *फ़्रॉम एन इनहेबिटेंट ऑफ़ जिनेवा* (1802), फ़ूरिए की कृति *थियरी ऑफ़ द फ़ोर मूवमेंट्स* (1808) और ओवेन की पुस्तक *अ न्यू व्यू ऑफ़ सोसाइटी* (1812-16) का जायज़ा लेने से पता चलता है कि मनुष्य और उसकी दुनिया को बदलने के लिहाज़ से इन तीनों के पास कई अंतर्दृष्टियाँ थीं। तीनों विचारकों को एक पलड़े में रख कर तौलना भी उचित नहीं लगता। अगर तीनों में समानताएँ थीं, तो कई मुद्दों पर वे अलग-अलग दृष्टिकोण भी अपनाते थे। इनके बीच एक उल्लेखनीय अंतर इंग्लैण्ड और फ्रांस की भिन्न स्थितियों का भी था।

फ्रांस में सैं-सिमों और फ़ूरिए ने 1789 की फ्रांसीसी क्रांति की विफलताओं का संबंध ज्ञानोदय की अवधि में विकसित कुछ विचारों से जोड़ा। उन्हें लग रहा था कि ज्ञानोदय ने मानवीय प्रकृति को जिस तरह समझा, उसी के कारण क्रांति विनाशकारी रास्ते की तरफ़ भटक गयी। इसी आधार पर दोनों ने मनुष्य की सहजात प्रकृति के बारे में अपनी अलग-अलग धारणाएँ बनायीं और सुधार के ज़रिये नयी समाज-व्यवस्था गढ़ने की मुहिम चलायी। सैं-सिमों और फ़ूरिये के मुताबिक़ चूँकि मनुष्य का मानस बदला जा सकता है इसलिए उनकी रची गयी व्यवस्था में रहने वाले लोग परस्पर अन्योन्यक्रिया करते हुए समरसता उपलब्ध कर सकेंगे। ज़ाहिर था कि इस सामाजिक परियोजना में ज्ञानोदय के विचारों की आलोचना निहित थी। दूसरी ओर ओवेन के सरोकार काफ़ी-कुछ ज्ञानोदय की बौद्धिक विरासत के अनुकूल थे। उनकी मान्यता थी कि मनुष्य का चरित्र उसके बाहरी हालात बनाते हैं। इसलिए समाज में सुधार के माध्यम से ऐसे हालात बनाये जाने चाहिए जिनमें स्पर्धा और टकराव के बजाय मैत्री और सहयोग के माध्यम से आनंद और सुख की उपलब्धि की जा सके।

अंतर केवल फ्रांस और इंग्लैण्ड की परिस्थितियों में ही नहीं था, सैं-सिमों और फ़ूरिए के अनुयायी भी एक-दूसरे से स्पर्धा कर रहे थे। सैं-सिमों ने फ्रांसीसी क्रांति के 'विनाशकारी उदारतावाद' के मुक़ाबले समाज के नये और सकारात्मक पुनर्संगठन पर ज़ोर दिया। उनकी मान्यता थी कि हर मनुष्य समाज में अपने मौजूदा स्थान से ऊँची हैसियत प्राप्त करना चाहता है, भले ही वह कितनी ही मामूली क़िस्म की क्यों न हो। इस प्रवृत्ति के कारण उसके भीतर आत्मकेंद्रीयता आ जाती है जिसे लगातार शिक्षा और आचरण के ज़रिये दूर करना होगा। सैं-सिमों ने सामंती और फ़ौजी नियंत्रण के बजाय औद्योगिक सरबराहों के नियंत्रण को उचित माना। कैथोलिक और प्रोटेस्टेंट धर्मों को जड़सूत्रवादी क़रार दे कर ख़ारिज करने के बाद उन्होंने समाज को आध्यात्मिक दिशा देने की ज़िम्मेदारी चर्च के बजाय वैज्ञानिक मानस के धनी लोगों को देने की पैरोकारी की। पहले सैं-सिमों मानते थे कि उत्पादक श्रम का नियंत्रण करने वाले लोगों के हाथों में समाज का शासन रहना चाहिए। लेकिन अपनी अंतिम रचना *नोवू क्रिश्चयनिज़म* में उन्होंने ग़रीबों पर ज़ोर दिया और ईसाइयत को उसके बुनियादी पहलुओं तक सीमित करके एक नये बिरादराना धर्म की स्थापना की वकालत की। उन्होंने सिद्धांत दिया कि पूरे समाज का पुनर्गठन सर्वाधिक दरिद्र वर्ग की नैतिक और भौतिक समस्याओं के उन्मूलन के नज़रिये से करना ज़रूरी है।

फ़ूरिए को यक़ीन था कि मनुष्य मुख्यतः 12 क़िस्म की कामनाओं से संचालित होता है जिसके मुताबिक़ समाज 810 क़िस्म के चरित्रों में बँटा रहता है। इस लिहाज़ से गणना करके फ़ूरिए ने फ़ार्मूला दिया कि एक सामाजिक इकाई (फ़ालांक्स) में 1620 लोग होने चाहिए, क्योंकि छोटी सामाजिक इकाई में ही परस्पर सहयोग और सरोकार सम्भव है। समाज को इस तरह की छोटी-छोटी इकाइयों में बाँट कर नये समाज की परियोजना लागू करने के इच्छुक फ़ूरिए का ख़याल था कि दुनिया में एक दिन इस तरह की साठ लाख इकाइयाँ होंगी जिन पर वर्ल्ड कांग्रेस ऑफ़ फ़ालांक्स का शासन होगा। फ़ूरिए ने कल्पना की थी कि ये छोटी इकाइयाँ चार मंज़िले ग्रांड होटलों में रहेंगी जिनमें सबसे ऊपर के तल्ले में सबसे अमीर और सबसे नीचे के तल्ले में सबसे ग़रीब लोग रहेंगे। जो जैसा काम करेगा उसके पास वैसी सम्पत्ति होगी, और व्यक्ति को उसकी दिलचस्पी और इच्छाओं के हिसाब से काम दिया जाएगा। फ़ूरिए तिजारत को सभी बुराइयों की जड़ मानते थे। चूँकि तिजारत यहूदियों से जोड़ कर देखी जाती थी इसलिए उनका आग्रह था कि छोटी इकाइयों के समुदाय में यहूदियों से खेती का काम करवाया जाना चाहिए। मानवजाति की मुक्ति में शिक्षा की भूमिका पर फ़ूरिए ने विशेष बल दिया। 'फ़ेमिनिज़म' या नारीवाद शब्द का पहली बार प्रयोग करने का श्रेय भी फ़ूरिए को ही जाता है। हालाँकि वे 'समान अधिकार' के विमर्श को पसंद नहीं करते थे, फिर भी 1808 में प्रकाशित अपनी पुस्तक *थियरी ऑफ़ द फ़ोर मूवमेंट्स* में उन्होंने दावा किया था कि स्त्रियों को आज़ादी मुहैया कराना सभी तरह की सामाजिक प्रगति का आधारभूत सामान्य सिद्धांत होना चाहिए।

नया समाज बनाने से संबंधित ओवेन के प्रस्ताव सैं-सिमों और फ़ूरिए के मुक़ाबले कहीं अधिक व्यावहारिक थे। जनता की बदहाली ख़त्म करने के लिए उन्होंने इंग्लैण्ड की तत्कालीन सरकार को सुझाव दिया कि उसे बारह-बारह सौ लोगों के छोटे-छोटे गाँव क़ायम करने में अपने संसाधन ख़र्च करने चाहिए। ये समुदाय 'सहयोग आधारित गाँव' होंगे और अपना जीवन-यापन करने के लिए बाज़ार से न्यूनतम ख़रीदारी करते हुए स्वयं उत्पादन करेंगे। अगर उनके पास कुछ अधिशेष बचता है तो उसका व्यापार करके गाँव वाले उन चीज़ों को ख़रीदेंगे जिनका उत्पादन उनके लिए मुमकिन

नहीं है। ओवेन ने तर्क दिया कि इंग्लैण्ड के श्रमिकों को अगर बेहतर माहौल में काम करने का मौक़ा दिया जाए तो वे न केवल अपनी ग़रीबी दूर सकते हैं, बल्कि राष्ट्र की समृद्धि में भी योगदान कर सकते हैं। न्यू लैनार्क स्थित मिलों के मालिक और प्रबंधक की हैसियत से ओवेन ने अपने नज़रिये को व्यावहारिक रूप देने का निश्चय किया। उन्होंने इस कारख़ाने को शैक्षिक और औद्योगिक सुधार की प्रयोगशाला में बदल दिया। जल्दी ही ओवेन और उनका कारख़ाना अपनी इन गतिविधियों के कारण चर्चित होने लगा। ओवेन ने प्रत्येक खोली के ऊपर एक-एक कमरा और बनवाने से शुरुआत की ताकि हर मज़दूर के पास कम से कम दो कमरे हो जाएँ। उन्होंने कस्बे में सड़कें बनवानी शुरू कीं, कचरा उठवाने का इंतज़ाम किया और घरों के बाहर सफ़ाई रखने के लिए मज़दूरों की कमेटियाँ गठित कीं। इसके बाद ओवेन ने कस्बे की सारी दुकानें ख़रीद लीं। उन्होंने खाद्य और ईंधन थोक में ख़रीदा और मुनाफ़े की कोई चिंता नहीं की। इससे मज़दूरों को कम दर पर ज़रूरत की चीज़ें मिलने लगीं। केवल इतनी कार्रवाइयों से ही मज़दूरों की जीवन-स्थितियों में 25 फ़ीसदी का सुधार हो गया। ओवेन ने एक सामुदायिक कोष भी स्थापित किया जिसमें प्रत्येक मज़दूर अपनी आमदनी के छठें हिस्से का योगदान करता था ताकि सभी को मुफ़्त स्वास्थ्य सेवाएँ हासिल हो सकें।

देखें : अराजकतावाद, कार्ल हाइनरिख़ मार्क्स-1 से 4 तक, फ्रेड्रिख़ एंगेल्स, फ्रांस्वाँ-चार्ल्स मारी फ़ूरिये, रॉबर्ट ओवेन, सैं-सिमों।

संदर्भ

1. जॉर्ज लिचहीम (1969), द *ऑरिजिंस ऑफ़ सोशलिज़्म,* वीडनफ़ेल्ड ऐंड निकल्सन, लंदन.
2. ज़ाक रांसिएर (2009), *सर्वहारा रातें : उन्नीसवीं सदी के फ्रांस में मज़दूर-स्वप्न,* अनुवाद : अभय कुमार दुबे, सीएसडीएस-सराय-वाणी, नयी दिल्ली.
3. रॉबर्ट ओवेन (1991), *अ न्यू व्यू ऑफ़ सोसाइटी (1813-14),* कैसेल, न्यूयॉर्क.
4. जी.सी. इग्गर्स (सम्पा.) (1958), *डॉक्ट्रिन ऑफ़ सैं-सिमों : एन एक्सपोज़ीशन,* बीकन, बोस्टन.

— अभय कुमार दुबे

काला राष्ट्रवाद

(Black Nationalism)

एक सामान्य विचार के रूप में काला राष्ट्रवाद या तो अफ़्रीका की परिघटना है या किसी भी दूसरे महाद्वीप की जहाँ अफ़्रीकी मूल के लोग रहते हैं। इसका उभार संयुक्त राज्य अमेरिका में तक़रीबन दो शताब्दी पहले एक सामाजिक आंदोलन के रूप में उभर कर सामने आया था। यह मुख्य रूप से अफ़्रो-अमेरिकी प्रतिरोध परम्परा और संयुक्त राज्य अमेरिका में नस्लवाद और दमन के प्रतिरोध से जुड़ा रहा है। काला राष्ट्रवाद संयुक्त राज्य अमेरिका में नस्ली दासता की प्रतिक्रिया के तौर पर 'मुक्ति के राष्ट्रवाद' के रूप में सामने आया। अमेरिका में अंग्रेज़ी उपनिवेशवाद के दौरान नस्ली दासता का संस्थानीकरण करके अमेरिकी रंगभेद की स्थापना कर दी गयी थी। अमेरिकी गृह-युद्ध के समय दासता के क़ानूनी रूप से ख़त्म हो जाने पर भी इसका प्रभाव क़ायम रहा। श्वेत अमेरिकी राष्ट्रवाद द्वारा काले लोगों का शोषण और बहिर्वेशन किया जाता रहा। इस श्वेत राष्ट्रवाद का उभार भी अमेरिकी क्रांति के बाद ही हुआ था। इसकी संरचना समतावादी लोकतंत्र और जैविक नस्लवाद के विचारधारात्मक मिलन से बनी थी। सैद्धांतिक रूप से इसे नस्ली अल्पसंख्यकों की मुक्ति के राष्ट्रवाद के रूप में भी समझा जा सकता है। राजनीतिक रूप से यह प्रगतिशील भी है और कुछ अर्थों में प्रतिक्रियावादी भी। इसे एक ऐसे विचार और आंदोलन के रूप में देखा जाता रहा है जिसने संयुक्त राज्य अमेरिका और दूसरे अफ़्रीकी देशों में राजनीतिक जागरूकता लाने में ज़बरदस्त भूमिका अदा की है।

काले राष्ट्रवाद की शुरुआत करने वाले नेताओं में से एक मार्टिन रॉबिंसन डिलेनी (1812-1885) ने अमेरिका में कालों की स्थिति को आंतरिक उपनिवेशवाद की संज्ञा दी। यहाँ काले लोगों को अपना अस्तित्व क़ायम रखने के लिए समानान्तर संस्थाएँ बनानी पड़ीं। यहाँ तक कि उन्हें 'ब्लैक चर्च' का भी निर्माण करना पड़ा। इस तरह के पहले चर्च की स्थापना रिचर्ड ऐलेन द्वारा 1786 में की गयी। इस तरह की संस्थाओं ने एक ऐसा सामाजिक 'स्पेस' बनाया, जिसमें अर्ध-स्वतंत्र काले नागर समाज की निर्मिति हुई। धीरे-धीरे इस आधार पर काले अल्पसंख्यक राष्ट्रवाद की सामाजिक भित्ति खड़ी हुई। एक तरफ़ तो श्वेत नेतृत्व वाले अमेरिका से अलगाव की भावना के कारण इसका विकास हुआ, और दूसरी तरफ़ कालों के बीच अमेरिकी मुख्यधारा से एकीकरण की चर्चा भी होती रही। यह चर्चा काले अमेरिकनों की गोलबंदी में वृद्धि के दौर में ज़्यादा होती थी— मसलन, गृहयुद्ध के बाद के दौर में या नागरिक अधिकार आंदोलन के जोर पकड़ने के दौरान। इसके

मार्टिन रॉबिंसन डिलेनी (1812-1885)

विपरीत काले राष्ट्रवाद में उस समय बढ़ोतरी हुई, जब काले लोगों के बीच असंतोष और निराशा फैली। मसलन, 1920 और 1930 के दशक में ऐसा हुआ। इसी तरह, 1960 के दशक के आख़िरी वर्षों और 1970 के दशक शुरुआती वर्षों में 'ब्लैक पावर' के दौर में ऐसा हुआ।

काले राष्ट्रवाद में दो पहलू शामिल हैं : नस्लवाद विरोधी एकजुटता और राष्ट्रवाद के पारम्परिक पहलू। जहाँ यह नस्ली प्रभुत्व और बहिर्वेशन के ख़िलाफ़ काले लोगों के सामूहिक प्रतिरोध का प्रतिनिधित्व करता है, वहाँ यह अमेरिकी या यूरोपीय राष्ट्रवाद से अलग है। लेकिन एक भिन्न धरातल पर यह प्रचलित राष्ट्रवाद का ही एक रूप है। इसमें अमेरिका के राष्ट्रीय समुदाय से काले लोगों के बहिर्वेशन का विरोध राष्ट्रवादी शब्दावली और प्रतीकों का इस्तेमाल करके ही किया गया है। इस तरह देखा जाए तो श्वेत नस्लवाद की प्रतिक्रिया के रूप में काले राष्ट्रवाद को नस्ली रूप से बहिर्वेशित लोगों के राष्ट्रवाद के रूप में परिभाषित किया जा सकता है।

दूसरी तरफ़ यह भी सच है कि अफ्रो-अमेरिकियों ने संयुक्त-राज्य अमेरिका में अपनी स्थिति की अलग-अलग तरह से व्याख्या की है। काले राष्ट्रवाद के अलग-अलग विचारों की मुख्य विशेषताओं को इस तरीक़े से रेखांकित किया जा सकता है : पहला, ऐतिहासिक अनुभव के आधार पर गोरे लोगों, उनके कामों और संस्थाओं पर अविश्वास। दूसरा, गोरे लोगों का प्रभुत्व झेल रहे काले लोगों के नज़रिये से राजनीति का मूल्यांकन। तीसरा, 'राष्ट्र के भीतर राष्ट्र' के रूप में काले समुदाय की कल्पना। चौथा, एक सामान्य अफ्रीकी बुनियाद और दासता का संदर्भ। पाँचवाँ, काले लोगों की संस्कृति पर सकारात्मक रूप से जोर देना और नस्ली पृथकता के संदर्भ में इसका विकास करना। छठा, नस्लवाद विरोधी और राष्ट्रवादी एकजुटता बनाने का प्रयास करना। सात, आर्थिक, सामाजिक, राजनीतिक और सांस्कृतिक स्वंतत्रता पर ज़ोर देना, लेकिन यह ज़रूरी नहीं है कि इसमें भू-क्षेत्रीय आज़ादी भी शामिल हो।

कालों के संगठनों के बीच काफ़ी मतभेद हैं। संयुक्त राज्य में कालों की स्थिति के बारे में वे किसी सामान्य व्याख्या पर एकमत नहीं हैं और न ही राजनीतिक कार्रवायी के तरीक़े के बारे में कोई सहमति है। इसके समर्थक कभी वामपंथी तो कभी दक्षिणपंथी राजनीतिक कार्यक्रम अपनाते रहे हैं। उन्होंने क्रांतिकारी या सांस्कृतिक राष्ट्रवाद और भू-क्षेत्रीय पृथकता पर या हल्के सामुदायिक नियंत्रण के परस्पर विरोधी विकल्पों पर ज़ोर दिया है। बीसवीं सदी में राष्ट्रवाद के धार्मिक, राष्ट्रवाद और क्रांतिकारी (वामपंथी) रूप प्रचालित रहे हैं। लेकिन काले राष्ट्रवाद के तहत इनके बीच अंतर्वस्तु और रणनीति के आधार पर अंतर किया जाता रहा है।

जहाँ तक अंतर्वस्तु का सवाल है— इस राष्ट्रवाद के आर्थिक, राजनीतिक, सांस्कृतिक, शैक्षिक और धार्मिक पहलू अलग-अलग हैं। काले राष्ट्रवाद के आर्थिक रूप में काले लोगों के आर्थिक विकास पर ज़ोर है। राजनीतिक रूप में सभी अफ्रो-अमेरिकनों एक सशक्त राजनीतिक संगठन बनाने पर ज़ोर दिया जाता है। इसका सबसे अच्छा उदाहरण है कि साठ के दशक में 'ब्लैक पावर' का उभार। सबसे पहले यह बात स्टुडेंट नॉन वायलेंट कोआर्डिनेटिंग कमेटी (एसएनसीसी) ने की थी। इस तरह का राजनीतिक राष्ट्रवाद सिर्फ़ कालों की पार्टियों के गठन के रूप में भी सामने आ सकता है। क्रांतिकारी राष्ट्रवादी ब्लैक पैंथर पार्टी इसी तरह का एक राजनीतिक दल है। कई बार यह प्रवृत्ति चुनावों में विभिन्न पार्टियों के काले उम्मीदवारों को जिताने की रणनीति के रूप में भी सामने आती है। सांस्कृतिक काला राष्ट्रवाद काले लोगों की संस्कृति की दीर्घकालिकता, स्वायत्तता और मूल्यों पर ज़ोर देता है। ख़ास तौर पर इसका बल काले अमेरिकनों के अफ्रीकी मूल और विरासत पर है। सांस्कृतिक राष्ट्रवाद की एक अभिव्यक्ति शिक्षात्मक राष्ट्रवाद के तौर पर भी है। इसमें काले बच्चों को बेहतर शिक्षा दिलाने और उनसे जुड़ी शैक्षिक संस्थाओं में सुधार के कार्यक्रम लिए जाते हैं। इसी तरह, काले राष्ट्रवाद का एक पहलू धार्मिक राष्ट्रवाद से भी जुड़ा हुआ है। यह धार्मिक संस्थाओं द्वारा अफ्रो-अमेरिकनों के दमन की आलोचना करता है। इसमें यह माना

जाता है कि गोरों ने काले लोगों के साथ भेदभाव करके ईश्वर के नियमों का उल्लंघन किया है। इसमें राजनीतिक कार्रवाई के बजाय ईश्वर के हस्तक्षेप को मुक्ति का रास्ता माना जाता है।

रणनीति के संदर्भ में काले राष्ट्रवाद के मुख्य लक्ष्य इस प्रकार हैं : अफ़्रीका में वापसी, उत्तरी अमेरिका में भू-क्षेत्रीय अलगाववाद, अमेरिका के भीतर ही आत्म-निर्णय, क्रांतिकारी राष्ट्रवाद और अफ़्रीकावाद। लेकिन दरअसल अलग-अलग समूहों ने इन रणनीतियों के अलग-अलग संयोजन को अपनाया है। 'अफ़्रीका वापस लौटो' की रणनीति उन्नीसवीं और बीसवीं सदी की शुरुआत में काफ़ी लोकप्रिय थी। पर इसे व्यावहारिक रूप से बहुत ज़्यादा लागू नहीं किया गया, बल्कि काले लोगों के समूहों ने इसका उपयोग अपनी अलग स्थिति को बताने के लिए किया। इसी तरह, कई दफ़ा एक स्वतंत्र काले राज्य की स्थापना का लक्ष्य भी रखा गया। बहुत से काले समूहों ने अलग राज्य के बजाय अमेरिका के भीतर ही काले लोगों के लिए स्वायत्तशासी व्यवस्था स्थापित करने पर ज़ोर दिया, जिसमें उन्हें सामुदायिक संसाधनों पर ज़्यादा अधिकार मिल सके। कई लेखकों ने इसे 'जातीय बहुलवाद के काले संस्करण' की संज्ञा दी। इसी तरह, काले लोगों के एक समूह ने क्रांतिकारी राष्ट्रवाद की तरफ़दारी की। इन्होंने ज़ोर दिया कि काले लोगों की बुरी स्थिति का कारण वर्तमान पूँजीवादी व्यवस्था है और इसे पूरी तरह ख़त्म करके ही इनके लिए बेहतर समाज की स्थापना की जा सकती है। अपने पूँजीवाद विरोधी नज़रिये के कारण इन्होंने रैडिकल वामपंथियों और दूसरे जातीय/राष्ट्रीय समूहों से भी सहयोग किया। इस तरह के क्रांतिकारी राष्ट्रवादी संगठनों में सबसे महत्त्वपूर्ण ब्लैक पैंथर पार्टी थी। इसकी स्थापना ऑकलैण्ड में पी. न्यूअन और बॉबी सील ने की थी। इसने पुलिस की क्रूरता और श्वेत नस्लवाद से बचने के लिए काले लोगों से हथियार उठाने का आह्वान किया था। आख़िर में एक रणनीति के रूप में कुछ समूहों द्वारा अखिल-अफ़्रीकावाद की भी स्थापना की गयी। मूल रूप से इसका विकास कैरिबियाई इलाक़े में हुआ। इसके तहत दलील दी गयी कि अफ़्रीका या पश्चिम में रहने वाले काले लोगों की स्थिति में केवल तभी सुधार हो सकता है, जब वे परस्पर सहयोग करें। इसे एक तरह से 'काले अंतर्राष्ट्रीयतावाद' के रूप में भी देखा गया।

बहरहाल, बहुत से विचारकों और एक्टिविस्टों ने काले राष्ट्रवाद की तीखी आलोचना भी की है। इनमें से अधिकांश आलोचनाएँ हर तरह के राष्ट्रवाद पर लागू होती हैं। पहला, काले राष्ट्रवाद की आलोचना करते हुए कहा गया है कि इतिहास और संस्कृति के बारे में इसका विचार दकियानूसी है और अपना मतलब निकालने के लिए यह परम्पराओं की मनमाफ़िक व्याख्या करता है। काले लोगों से जुड़े हर पहलू की 'महानता' का बखान किया जाता है और गोरे लोगों को नस्ली और अत्याचारी के रूप में पेश किया जाता है। आलोचकों ने राजनीतिक संदर्भ में भी काले राष्ट्रवाद के दृष्टिकोण में कई समस्याएँ देखी हैं। दूसरा, आलोचकों ने ध्यान दिलाया है कि कई अफ़्रीकी मुक्ति आंदोलनों का उत्तर-औपनिवेशिक अनुभव ख़राब रहा है। इन देशों में आंदोलन के जिन नेताओं का सत्ता मिली, उन्होंने जल्द ही पारम्परिक सत्ता संबंधों को ही स्थापित कर दिया। कई देशों में तो तानाशाही क़ायम हो गयी। आलोचक पूछते हैं कि क्या यह राष्ट्रवादी विचारधारा के गहरे विरोधाभास का ही प्रमाण नहीं है? तीसरा, काले राष्ट्रवाद की कमी यह भी रही है कि यह समाज की जटिलताओं और सत्ता-संबंधों को सिर्फ़ राष्ट्रवाद के मूल्य तक सीमित कर देता है। इसमें राष्ट्र से अलग व्यक्ति की कोई पहचान नहीं होती है। असल में, कई काले राष्ट्रवादियों ने 'काले पुरुषत्व' और पारम्परिक परिवार के विचार को ही बढ़ावा दिया है। चौथा, अमूमन यह राष्ट्रवाद काले लोगों के भीतर मौजूद वर्ग विभेद की उपेक्षा करता है। पाँचवाँ, काले राष्ट्रवाद में यहूदी-विरोध के पहलू भी हैं।

काले राष्ट्रवाद की राजनीतिक सफलताएँ एक तरह से सीमित ही रही हैं। उसने अमेरिका की राजनीति पर छाये हुए दो दलों, रिपब्लिकन पार्टी और डेमॉक्रैटिक पार्टी के वर्चस्व को कमज़ोर नहीं कर पाया है। यहाँ तक कि काले राष्ट्रवाद की वकालत करने वाले समूह दूर-दूर तक इन पार्टियों को चुनौती देने की स्थिति में नहीं हैं। लेकिन उसने काले लोगों को अपने अधिकारों के बारे में जागरूक बनाने में महत्त्वपूर्ण भूमिका ज़रूर निभायी है। यह कहना ग़लत नहीं होगा कि 2009 में बराक ओबामा के अमेरिका के राष्ट्रपति बनने में काले राष्ट्रवाद के कारण आयी राजनीतिक जागरूकता की भी भूमिका रही है। काले राष्ट्रवाद के समर्थक समूहों और इनके आंदोलनों के कारण मुख्यधारा के अमेरिकी समाज में भी नस्ली भेदभाव के मुद्दे पर काफ़ी गहराई से विचार किया जाने लगा। साथ में यह भी मानना पड़ेगा कि काले राष्ट्रवाद ने किसी व्यापक काले अंतर्राष्ट्रीयतावाद की स्थापना नहीं की है। हाँ, उसने कुछ हद तक दुनिया के काले लोगों में भावनात्मक एकता लाने में सफलता ज़रूर हासिल की है।

देखें : नस्लवाद, अमेरिकी क्रांति, राष्ट्रवाद, राष्ट्रवाद : सांस्कृतिक या राजनीतिक।

संदर्भ

1. जे. एच. ब्रेसी और अन्य (सम्पा.) (1970), *ब्लैक नैशनलिज़्म इन अमेरिका*. बॉब्स-मेरिल, न्यूयॉर्क.
2. डी. ई. रॉबिंसन (2001), *ब्लैक नैशनलिज़्म इन अमेरिकन पॉलिटिक्स ऐंड थॉट*, केम्ब्रिज युनिवर्सिटी प्रेस, केम्ब्रिज.
3. एस. स्टूके, (सम्पा.) (1972), द *आइडियोलॉजिकल ऑरिजिन्स ऑफ़ ब्लैक नैशनलिज़्म*. बिकॉन प्रेस, बोस्टन.

— कमल नयन चौबे

कार्ल गुस्ताव युंग

(Karl Gustav Jung)

स्विस मनोशास्त्री और चिकित्सक कार्ल गुस्ताव युंग (1875-1961) परिपक्व व्यक्ति के मन में झाँक कर उसके जीवन के संकटों और जद्दोजहद के रहस्योद्घाटन में माहिर थे। मनोवैज्ञानिकों की दुनिया में युंग और फ्रॉयड की मित्रता और मतभेदों की कहानी भी दर्ज है। मनोचिकित्सा करते समय फ्रॉयड का ज़ोर मरीज़ के जीवन का बिल्कुल शुरुआती इतिहास जानने पर था, पर युंग का कहना था मनोरोग का पता लगाने के लिए रोगी के तत्कालीन वर्तमान का विश्लेषण किया जाना चाहिए। वे मानते थे कि मनोरोग मनुष्य के मानस की गहराइयों में घटित होने वाली अलग-थलग क़िस्म की प्रक्रिया नहीं है, बल्कि वह दूसरे लोगों के साथ अन्योन्यक्रिया के दौरान पनपता है। ज़्यादा सम्भावना यही होती है कि परिवार के सदस्यों, ख़ास तौर से माता-पिता, के अचेत प्रभाव के कारण मनोरोग का जन्म हो। इसीलिए युंग ने मातृ-मनोग्रंथि की फ्रॉयड द्वारा की गयी व्याख्या में संशोधन पेश किया। वे फ्रॉयड की भाँति इस मनोग्रंथि को बच्चे द्वारा माँ के साथ सम्भोग करने की इच्छा की तरह व्याख्यायित करने के लिए तैयार नहीं हुए। उनकी मान्यता थी कि चूँकि माँ बच्चे के लिए सुरक्षा और राहत का सबसे बड़ा स्रोत होती है, इसलिए मातृ-मनोग्रंथि के प्रभाव में बच्चा उस पर अपना एकांत अधिकार चाहता है। युंग ने व्यक्तित्व की दो क़िस्मों का उद्घाटन किया जिन्हें आज हम अंतर्मुखी और बहिर्मुखी के नाम से जानते हैं। मानस के लैंगिक विश्लेषण के ज़रिये यह भी दिखाया कि मनुष्य प्रेम क्यों करता है। दरअसल, युंग द्वारा दिये गये प्रेम के मनोवैश्लेषिक सिद्धांत ने मानव जीवन के इस आधारभूत मनोभाव से जुड़ी प्रक्रियाओं को आलोकित करने में महत्त्वपूर्ण भूमिका निभायी।

कार्ल युंग का जन्म 26 जुलाई, 1875 को केसविल, स्विट्ज़रलैण्ड में हुआ था। युनिवर्सिटी ऑफ़ बासिल में पढ़ते हुए 1902 में उन्होंने चिकित्साशास्त्री की डिग्री हासिल की। कुछ वर्ष तक एक मनश्चिकित्सालय के निदेशक और वरिष्ठ चिकित्सक रहने के बाद उन्होंने कई वर्ष तक मनोविज्ञान के प्रवक्ता और फिर दुनिया के विभिन्न विश्वविद्यालयों में प्रोफ़ेसर की भूमिका निभायी। युंग का ज़िक्र उनके भारतीय संदर्भ के बिना पूरा नहीं हो सकता। 1936 से 38 के बीच में उन्होंने इलाहाबाद विश्वविद्यालय, बनारस हिंदू विश्वविद्यालय और कलकत्ता विश्वविद्यालय में भी अध्यापन किया। कुछ दिनों के लिए वे तिब्बती बौद्ध दर्शन की तरफ़ भी आकर्षित हुए। जीवन के अंतिम वर्ष उन्होंने ज़ूरिख़ के पास झील के किनारे बने अपने घर में क्लिनिकल प्रैक्टिस

कार्ल गुस्ताव युंग (1875-1961)

करते हुए गुज़ारे। इस घर का नियोजन उन्होंने अपने मनोवैज्ञानिक विकास की प्रतीकात्मक अभिव्यक्ति के तौर पर किया था।

1906 में युंग ने अपनी रचना द *साइकोलॅजी ऑफ़ डिमेंशिया प्रीकोक्स* प्रकाशित की और उसे फ्रॉयड को भी भेजा। इस रचना में उन्होंने जिस मनोरोग का संधान किया था उसे आगे चल कर खण्डित मनस्कता या स्किज़ोफ्रेनिया के नाम से जाना गया। अपने इस अध्ययन में उन्होंने निष्कर्ष निकाला कि खण्डित मनस्कता के तहत होने वाले मतिभ्रमों की प्रकृति निजी धार्मिक आस्थाओं के कारण होने वाले मतिभ्रमों जैसी होती है। फ्रॉयड उनकी दावेदारियों से प्रभावित हुए और दोनों विद्वानों के बीच मित्रता व परस्पर सहयोग का एक लम्बा दौर चला। लेकिन 1913 में यह संबंध भंग हो गया और 1917 में *द साइकोलॅजी ऑफ़ द अनकांशस* के प्रकाशन के साथ ही यह विच्छिन्नता सम्पूर्ण हो गयी। इसी दौर में युंग मनोविश्लेषकों की अंतर्राष्ट्रीय एसोसिएशन के अध्यक्ष रहे और इसी दौरान उन्होंने मिथकों, परी-कथाओं और धर्मों के बारे में गहरा अनुसंधान किया। आदिवासियों की मानसिक प्रक्रियाओं का अध्ययन करने के लिए उन्होंने उत्तर-अमेरिका और केन्या में जम कर फ़ील्ड-वर्क किया। युंग ने कीमियागीरी को भी खँगाला और उसके दायरे में आने वाले

प्रतीकों और मिथकों की जाँच की। वे मानते थे कि इस सब के ज़रिये प्रकृति को समझने की कोशिश की जाती है।

1912 में युंग ने न्यूयॉर्क की फ़र्डहैम युनिवर्सिटी में कई व्याख्यान दिये जिनसे पता चला कि वे फ्रॉयड से किन-किन बातों में असहमत हैं। पहली बात तो उन्होंने यह कही कि वे सेक्शुअल क़िस्म के मानसिक आघात की फ्रॉयड द्वारा प्रवर्तित थियरी को नहीं मानते। केवल अतीत की एक घटना के ज़रिये इस परिघटना को नहीं समझा जा सकता। इसकी पूरी समझ तभी बन सकती है जब रोगी की आनुवंशिक स्थिति और पर्यावरणीय पहलुओं को उनकी पूरी जटिलता में जाना जाए। दूसरे, युंग ने फ्रॉयड द्वारा लिबिडो या कामतत्त्व को केवल यौन कामना के संदर्भ में देखने की भी आलोचना की। उनका कहना था कि फ्रॉयड के बहुत पहले से लिबिडो को सभी क़िस्म की तीव्र कामनाओं की अभिव्यक्ति के तौर पर लिया जाता था। युंग चाहते थे कि लिबिडो को मानस की सभी ऊर्जस्वित प्रक्रियाओं के लिए इस्तेमाल किया जाना चाहिए। उनका तीसरा मतभेद बच्चों की सेक्शुअलिटी को लेकर था। फ्रॉयड ने बच्चे के विकास में सेक्शुअल प्रक्रिया को तरजीह दी थी, जबकि युंग का कहना था कि बच्चे के लिए उसका पौष्टिक आहार और उसकी दैहिक वृद्धि अधिक महत्त्वपूर्ण है। फ्रॉयड कहते थे कि वय:संधि से पहले व्यक्ति की सेक्शुअलिटी दमित पड़ी रहती है, जबकि युंग का कहना था कि जिसे फ्रॉयड लेटेंसी की अवधि कहते हैं उसी में सेक्शुअलिटी की शुरुआत होती है।

युंग ने फ्रॉयड द्वारा व्याख्यायित बाल-सेक्शुअलिटी को ही ख़ारिज नहीं किया, बल्कि उन्होंने बचपन में होने वाले स्मृति-लोप की थियरी भी अस्वीकार कर दी। फ्रॉयड का ख़याल था कि रोगी बचपन में अपनी सेक्शुअलिटी का दमन करता है इसलिए उसे स्मृति-लोप का शिकार होना पड़ता है। जबकि युंग का दावा था कि बच्चे का स्मृति-लोप महज़ उसकी अपरिपक्वता की निशानी है। उसका रिश्ता स्नायु-रोग के कारण याददाश्त चले जाने से नहीं जोड़ना चाहिए। व्यक्ति बचपन की घटनाओं को याद करने में इसलिए असमर्थ होता है कि उस समय उसके पास घटनाओं का वैसा सूत्रीकरण करने की क्षमता नहीं होती जो बाद में स्मृति के ज़रिये याद करने के लिए ज़रूरी होता है। युंग का कहना था कि हम केवल उन्हीं घटनाओं को याद कर पाते हैं जिन्हें हम घटते समय ख़ास तरह से सूत्रबद्ध कर लेते हैं। अगर हम किसी अनुभव का विन्यास अपने मस्तिष्क में नहीं कर पाते, तो बाद में हमें उसकी याद भी नहीं रहती। वह घटना दिमाग़ के भीतर एक अलग-थलग क़िस्म के संवेग या बिम्ब के रूप में रह जाती है।

फ्रॉयड और युंग की बहस यहीं ख़त्म नहीं हुई। फ्रॉयड का कहना था कि स्नायु-रोग अहं और सेक्शुलिटी से जुड़ी वृत्तियों के टकराव का नतीजा होते हैं। युंग ने दावा किया कि जब व्यक्ति अपने भावनाप्रधान विकास का दैहिक और अन्य क्रमगत विकास के साथ सामंजस्य नहीं बैठा पाता तो परिणाम स्नायु-रोग में निकलता है। अगर किसी का भावनाप्रधान विकास उम्र के किसी चरण में रुक गया है और वह अपने शारीरिक और अन्य विकास की ज़रूरतें पूरी नहीं कर पा रहा है तो उसके व्यक्तित्व की समरसता भंग हो जाएगी और उसे स्नायु-रोग का सामना करना पड़ेगा। ऐसे में व्यक्ति की मनो-ऊर्जा पर बचकानी स्वैर-कल्पनाएँ हावी हो जाती हैं जिनका वयस्क जीवन की आवश्यकताओं से कोई नाता नहीं होता। युंग ने कहा कि ऐसे रोगी अपने उस अतीत में रहते हैं जिसमें उनके माता-पिता ने सर्वाधिक निर्णायक भूमिका निभायी होती है। युंग ने इस अवस्थिति को 'इंट्रोवर्ज़न' क़रार दिया।

युंग की व्याख्या के अनुसार इंट्रोवर्टिड व्यक्ति यानी अंतर्मुखी शख़्सियत वह होती है जो अपने आंतरिक मनोभावों के आधार पर संचालित होती है। बहिर्मुखी शख़्सियत वह होती है जो अपने बाह्य जगत के प्रभावों से संचालित होती है। आगे चलकर युंग ने व्यक्तित्व के प्रकारों का अपना सिद्धांत और विकसित किया। उन्होंने कहा कि इनसान की शख़्सियत चिंतन करने, अनुभूति करने, संवेदित होने और अंतर्बोध (जिसे छठी इंद्रिय भी कहा जाता है) से बनती-चलती है। इन गतिविधियों को युग्मों के तौर पर भी जाना जाता है : सोचना-महसूसना और संवेदना-अंतर्ज्ञान। इन जोड़ों में से एक घटक जब व्यक्ति पर हावी हो कर उसके अहं की चालक-शक्ति बन जाता है, तो उससे अपने आपको पूरी तरह हासिल करने की प्रक्रिया बाधित होती है। अपने शिक्षक पिएर जेने की तरह युंग भी मानते थे कि स्नायु रोग एक तरह का आत्म-विभाजन है। व्यक्ति का नैतिक और अनैतिक पक्ष उसके अवचेतन में मौजूद रहता है जिसके कारण अपने आप मनोग्रंथियों की रचना होती रहती है।

कार्ल युंग द्वारा किये गये मानस के लैंगिक विश्लेषण से प्रेम की परिघटना पर काफ़ी रोशनी पड़ी। उन्होंने रोमानी प्रेम को अपने अनुसंधान का विषय बनाया। उनका कहना था कि रोमानी प्रेम तर्कातीत होता है और किसी व्यक्ति के प्रति अचानक पैदा हुए अचेत आकर्षण से उपजता है। युंग के मुताबिक़ इनसान की शख़्सियत में एक अचेत हिस्सा होता है और एक जागरूक। आम तौर पर पुरुष के भीतर अचेत हिस्सा स्त्री-लिंग की और स्त्री के भीतर पुरुष-लिंग की नुमाइंदगी करता है। युंग की इस थियरी के मुताबिक़ व्यक्ति जब किसी के प्रति अचानक आकर्षण महसूस करता है तो वह अपनी ही चेतना के उस हिस्से से प्रेम कर रहा होता है जिसके बारे में उसे पता नहीं है और जो उसके भीतर मौजूद

भिन्न जेंडर का प्रतिनिधित्व कर रहा है। युंग का यह भी कहना था कि व्यक्ति के इस अवचेतन की चालक-शक्ति अक्सर उसे जन्म देने वालों में से विपरीत लिंग से मिलती है। यानी पुरुष का यह अवचेतन उसकी माँ से प्रभावित होगा, और स्त्री का अवचेतन उसके पिता से। इसीलिए व्यक्ति अक्सर अपनी स्वैरकल्पना में अपने प्रेमी/प्रेमिका की वही छवि पालता है जो उसके अवचेतन में मौजूद होती है। हालाँकि युंग की यह थियरी सीधे-सीधे प्रमाणित नहीं की जा सकती, पर कई अनौपचारिक प्रेक्षणों में देखा गया है कि लोग ऐसे व्यक्तियों के प्रति आकर्षित होते हैं जो उनके माँ-बाप से मिलते-जुलते हों।

देखें : एरिक फ्रॉम, ज़ाक लकाँ, मनोविज्ञान-1 और 2, मनोविश्लेषण, मनोविश्लेषण और नारीवाद, ज़िंग्मण्ड फ्रॉयड-1 और 2.

संदर्भ

1. जोलांदे जैकोबी (1962), *द साइकोलॅजी ऑफ़ सी.जी. युंग : एन इंट्रोडक्शन,* येल युनिवर्सिटी प्रेस, न्यू हैविन, कनेक्टीकट.
2. ई.ए. बैनेट (1967), *व्हाट युंग रियली सेड,* शोकेन, न्यूयॉर्क.
3. एंथनी स्टोर (1973), *सी.जी. युंग,* कोलिंस, लंदन और वाइकिंग प्रेस, न्यूयॉर्क.
4. पीटर होमंस (1979), *युंग इन कांटेक्स्ट्स : मॉडर्निटी ऐंड मेकिंग ऑफ़ साइकोलॅजी,* युनिवर्सिटी ऑफ़ शिकागो प्रेस, शिकागो.

— अभय कुमार दुबे

कार्ल मेंगर

(Carl Menger)

अर्थशास्त्र के ऑस्ट्रियायी स्कूल के संस्थापक कार्ल मेंगर (1840-1921) *ह्रासमान सीमांत उपयोगिता* के जनक माने जाते हैं। उन्होंने उपयोगिता को वस्तुओं के मूल्य के आकलन के प्रमुख स्रोत की तरह स्थापित किया। मेंगर एक अनूठे अर्थशास्त्री थे जिन्होंने आर्थिक विज्ञान की मुख्य धारा में तो उल्लेखनीय योगदान किया ही, धारा के उलट सोचते हुए स्थापित सैद्धांतिक और पद्धतिमूलक मान्यताओं को चुनौती भी दी। इस प्रक्रिया में वे छात्रों, शोधकर्ताओं और विद्वानों के एक अच्छे ख़ासे तबक़े को अपना अनुयायी बनाने में कामयाब रहे। अर्थशास्त्र को उसके क्लासिकल मक़ाम से आगे बढ़ा कर नयी मंज़िलों तक ले जाने में मेंगर की भूमिका को नज़रअंदाज़ नहीं किया जा सकता। पूरे अनुशासन को प्रभावित करने वाले ऑस्ट्रियायी अर्थशास्त्र के दो विशिष्ट स्तम्भ उन्हीं के खड़े किये हुए हैं : मूल्य के आत्मपरक सिद्धांत की स्थापना, और यह दलील कि आर्थिक ज्ञान व्यक्ति आधारित विश्लेषण पद्धति के ज़रिये वास्तविक अर्थव्यवस्था के कामकाज की जानकारी प्राप्त होने से पहले ही हासिल किया जा सकता है। अपनी असाधारण विद्वत्तापूर्ण उपलब्धियों के लिए मेंगर ने राजनीतिक कॅरियर तक को प्राथमिकता नहीं दी। 1900 में उन्हें ऑस्ट्रियायी संसद के उच्च सदन का सदस्य बनाया गया, लेकिन संसदीय बहसों में समय लगाने के बजाय उन्होंने अर्थशास्त्र को दी जाने वाली प्राथमिकता कभी नहीं बदली।

कार्ल मेंगर का जन्म गैलीसिया यानी ऑस्ट्रिया के उस हिस्से में हुआ था जो आजकल पोलैण्ड में है। उनके पिता वकील थे और मेंगर ने भी वियना विश्वविद्यालय में क़ानून और राजनीतिशास्त्र की शिक्षा ग्रहण की। कारकोव विश्वविद्यालय से उन्होंने क़ानून में डॉक्टरेट की उपाधि प्राप्त की। अपनी रचना *प्रिंसिपल्स ऑफ़ इकॉनॉमिक्स* (1871) लिखते समय मेंगर को आर्थिक विज्ञान के महारथी के रूप में काफ़ी ख्याति मिली। उन्होंने ऑस्ट्रिया के युवराज प्रिंस रुडोल्फ़ को भी पढ़ाया और उनके साथ पूरे युरोप का भ्रमण किया। वियना में अध्यापन करने के बाद वे अपना पूरा समय अकादमिक काम को देने लगे। 1900 में उन्हें संसद के ऊपरी सदन का सदस्य नियुक्त किया गया। पर उनकी तबीयत संसदीय बहस-मुबाहिसे में नहीं लगी और उन्होंने अपना ज़्यादातर समय अर्थशास्त्रीय प्रश्नों पर विमर्श करने, अध्यापन करने, लेखन करने और अपने बौद्धिक विरोधियों से टकराने में बिताया।

उन्नीसवीं सदी के आख़िरी सालों के दौरान कांटिनेंटल युरोप में क्लासिकल अर्थशास्त्र को नीची निगाहों से देखा जाता था। अमूर्त सिद्धांतीकरण की तरफ़ रुझान रखने वाले ब्रिटिश अर्थशास्त्रियों का तबक़ा तो क्लासिकल अर्थशास्त्र से ख़ास तौर पर असंतुष्ट था। ऐसे समय में कार्ल मेंगर ने अर्थशास्त्र को अमूर्तन से निकाल कर असलियत की ज़मीन से जोड़ने की भूमिका निभायी। उनका प्रस्थान बिंदु यह मान्यता थी कि वस्तुओं में एक मूल्य निहित होता है क्योंकि वे हमारी ज़रूरतों को पूरा करती हैं। इसलिए उनका मूल्य वस्तुगत पहलुओं (जैसे, उत्पादन की लागत या सप्लाई) के आधार पर नहीं, बल्कि आत्मगत पहलुओं (जैसे, उपयोगिता या माँग) के आधार पर तय किया जाना चाहिए। चूँकि मेंगर की निगाह में मूल्य का स्रोत मानवीय आवश्यकताओं की पूर्ति से होने वाला संतोष था, इसलिए वे इस निष्कर्ष पर पहुँचे कि वस्तुओं की माँग भी इसी से निकलती है और यही आर्थिक विनिमय की चालक शक्ति है। मेंगर यह भी मानते थे कि वस्तुएँ इतनी नहीं हैं कि मानवीय आवश्यकताओं को संतुष्ट कर सकें, इसलिए लोग मिल सकने वाली सभी वैकल्पिक वस्तुओं के बीच से बुद्धिसंगत चुनाव करते हैं।

अपना यह तर्क मेंगर ने एक तालिका के ज़रिये प्रदर्शित किया। तालिका का प्रत्येक कॉलम एक अलग वस्तु की नुमाइंदगी करने वाला था। हर कॉलम के शीर्ष पर रोमन

कार्ल मेंगर (1840–1921)

संख्याएँ थीं जिनके नीचे लिखी गयी साधारण संख्याएँ बता रही थीं कि उन वस्तुओं के उपभोग का व्यक्तियों के लिए संतोष के लिहाज़ से क्या महत्त्व है। मेंगर ने यह भी देखा कि व्यक्ति जैसे-जैसे किसी वस्तु की ज़्यादा से ज़्यादा मात्रा ख़रीदता जाता है, उससे प्राप्त होने वाले संतोष की मात्रा घटती जाती है। इसे उन्होंने *ह्रासमान सीमांत उपयोगिता* का नाम दिया। इसी लिहाज़ से मेंगर की तालिका दिखा रही थी कि किसी वस्तु के उपभोग के शुरुआती दौर में संतोष की मात्रा बहुत अधिक होती है जो इसके बाद होने वाली ख़रीदों में गिरती चली जाती है। तालिका के पहले कॉलम में जीवन संरक्षण के लिए ज़रूरी वस्तुएँ थीं, दूसरे में स्वास्थ्य संरक्षण, तीसरे में व्यक्तिगत कल्याण, चौथे में मनोरंजन आदि से संबंधित वस्तुएँ रखी गयी थीं।

मेंगर के मूल्य सिद्धांत का नतीजा यह निकला कि आत्मगत संतोष देने वाली सभी गतिविधियाँ उत्पादक गतिविधियाँ समझी जाने लगीं। ब्रिटिश क्लासिकल अर्थशास्त्रियों के विपरीत मेंगर के आग्रह के कारण व्यापार भी एक उत्पादक गतिविधि समझा जाने लगा। तर्क दिया गया कि उसके ज़रिये लोग जो वस्तुएँ हासिल करते हैं वे उनके द्वारा त्यागी गयी वस्तुओं के मुक़ाबिले उन्हें अधिक उपयोगिता प्रदान करने वाली होती हैं। इसी तरह फ्रांस्वाँ केस्ने के प्रतिपादन के विपरीत मेंगर के सूत्रीकरण के कारण कृषि और कारख़ाना उत्पादन के दोनों क्षेत्र उत्पादक समझे जाने लगे। मेंगर ने क्लासिकल अर्थशास्त्रियों द्वारा विकसित श्रम के मूल्य सिद्धांत को भी ग़लत साबित किया। उन्होंने कहा कि किसी वस्तु का मूल्य न तो उसके उत्पादन में लगे श्रम का पर्याय हो सकता है, न ही उसमें लगी अन्य वस्तुओं या उसके पुनरुत्पादन में ख़र्च होने वाली उनकी मात्रा के आधार पर उसके मूल्य का आकलन हो सकता है। उसके मूल्य का आकलन तो उस उपयोगिता के महत्त्व का आकलन करके ही हो सकता है जो उस वस्तु का उपभोग करके कोई व्यक्ति सचेत रूप से प्राप्त करता है। चूँकि यह सिद्धांत मूल्य का स्रोत व्यक्ति में देख रहा था इसलिए मेंगर ने दावा किया कि आर्थिक विश्लेषण की शुरुआत व्यक्ति का अध्ययन करके की जानी चाहिए। उनके इस आग्रह को *पद्धतिमूलक व्यक्तिवाद* (मेथडॅलॅजीकल इनडिविजुअलिज़्म) का नाम दिया जाता है। मेंगर ने कहा कि भूमि, श्रम और पूँजी का मूल्य इस बात में निहित है कि उनसे व्यक्ति की आवश्यकताओं की अप्रत्यक्ष पूर्ति होती है। इनके माध्यम से वे वस्तुएँ पैदा होती हैं जिनकी लोग प्रत्यक्ष रूप से कामना करते हैं क्योंकि उनसे व्यक्तिगत उपयोगिता प्राप्त होती है।

1875 से 1884 के बीच मेंगर और जर्मन हिस्टोरिकल स्कूल के विद्वानों के बीच अर्थशास्त्र के पद्धतिमूलक प्रश्नों को लेकर बड़ी तल्ख़ बहस हुई। इस स्कूल के नेता गुस्ताव श्मोलर पर मेंगर ने ख़ास तौर से निशाना साधा। विद्वानों के इस समुदाय की मान्यता थी कि आर्थिक नियमों को लम्बी अवधि में जमा किये गये ऐतिहासिक तथ्यों के माध्यम से ही जाना जा सकता है। किसी अर्थव्यवस्था के बारे में जानना हो तो उसके ऐतिहासिक प्रदर्शन की जाँच करके पैटर्न पता लगाने चाहिए। हिस्टोरिकल स्कूल लोगों और बाज़ारों के लक्षणों के बारे में पूर्वधारणाएँ बना कर सिद्धांतों का सूत्रीकरण करने के ख़िलाफ़ था। वह चाहता था कि ऐतिहासिक तथ्यों और समय व युग के अंतरों का भी सिद्धांतीकरण की प्रक्रिया में ध्यान रखा जाए। इसके विपरीत मेंगर तथ्यों और आँकड़ों को जमा करने के बजाय आर्थिक परिघटना के अनिवार्य लक्षणों या आर्थिक चरों के बीच अनिवार्य संबंधों की खोज करने के ज़रिये सिद्धांत रचने के पक्ष में थे। उनकी मान्यता थी कि ऐतिहासिक या आनुभविक अर्थशास्त्र उपभोक्ता व्यवहार के बारे में पूर्वानुमान नहीं लगा सकता। इस बहस में मेंगर ने दावा किया कि आर्थिक ज्ञान व्यक्ति आधारित विश्लेषण पद्धति के ज़रिये वास्तविक अर्थव्यवस्था के कामकाज की जानकारी प्राप्त होने से पहले ही हासिल किया जा सकता है। यह बहस बहुत लम्बी खिंची और दोनों पक्षों की थकान के कारण अंततः समाप्त हो गयी। पर, अर्थशास्त्र की दुनिया ने मेंगर की पद्धति को ही अपनाया।

देखें : अर्थ-विज्ञान का समाजशास्त्र, आर्थिक जनसांख्यिकी, अल्फ्रेड मार्शल, अमर्त्य कुमार सेन, अंतर्राष्ट्रीय मुद्रा कोष, आधार और अधिरचना, ऑस्कर रायज़ार्ड लांगे, ऐडम स्मिथ, करारोपण, कल्याणकारी अर्थशास्त्र, क्लासिकल अर्थशास्त्र, कार्ल हाइनरिख़ मार्क्स-3, कींसियन अर्थशास्त्र, गुन्नार मिर्डाल, जोआन रोबिंसन, जॉन कैनेथ गालब्रेथ, जॉन मेनार्ड कींस, जॉन स्टुअर्ट मिल, जोसेफ़ शुमपीटर,

जैव विविधता, ट्रस्टीशिप, डेविड रिकार्डो, ढाँचागत समायोजन कार्यक्रम, थॉमस मन और वणिकवाद, थॉमस रॉबर्ट माल्थस, दक्षता, धन, नियोक्लासिकल अर्थशास्त्र, नीतिशास्त्र और अर्थशास्त्र, निकोलस काल्दोर, नियोजन, नियोजन : मार्क्सवादी विमर्श, पण्य, पण्य-पूजा, पेटेंट, पॉल सेमुअलसन, पियरो स्राफ़ा, पूँजी, प्रतियोगिता, फ्रांस्वा केस्ने और प्रकृतिवाद, फ्रेड्रिख़ वॉन हायक, बहुराष्ट्रीय निगम, बाज़ार, बाज़ार की विफलताएँ, बाज़ार-समाजवाद, बौद्धिक सम्पदा अधिकार, ब्रेटन वुड्स प्रणाली, भारत में बहुराष्ट्रीय निगम, भारत में नियोजन, भारत में पेटेंट क़ानून, भारत में शेयर संस्कृति, भूमण्डलीकरण और पूँजी बाज़ार, भूमण्डलीकरण और वित्तीय पूँजी, भूमण्डलीकरण और वित्तीय उपकरण, मार्क्सवादी अर्थशास्त्र, मिल्टन फ्रीडमेन, मूल्य, राजकोषीय नीति और मौद्रिक नीति, रॉबर्ट ओवेन, विलफ्रेडो परेटो।

संदर्भ

1. मैक्स आल्टर (1990), *कार्ल मेंगर ऐंड द ओरिजिंस ऑफ़ ऑस्ट्रियन इकॉनॉमिक्स,* वेस्टव्यू प्रेस, बोल्डर, कोलोराडो.
2. हेनरी-साइमन ब्लॉक (1940), 'कार्ल मेंगर : द फ़ाउंडर ऑफ़ द ऑस्ट्रियन स्कूल', *जर्नल ऑफ़ पॉलिटिकल इकॉनॉमी,* खण्ड 48, अंक 3.
3. ब्रूस जे. क्लैडवेल (सम्पा.) (1990), *कार्ल मेंगर ऐंड हिज लीगेसी इन इकॉनॉमिक्स,* ड्यूक युनिवर्सिटी प्रेस, डरहम ऐंड लंदन.
4. फ्रेड्रिख़ वॉन हायक (1934), 'कार्ल मेंगर', *इकॉनॉमिका,* 1.

— अभय कुमार दुबे

कार्ल रायमुंड पॉपर

(Karl Raimund Popper)

बीसवीं सदी के प्रमुख विचारकों में से एक दार्शनिक कार्ल रायमुंड पॉपर (1902-1994) विज्ञान के संदर्भ में 'फ़ाल्सीफ़िकेशनिज़म' और राजनीति के संदर्भ में सुधारवादी उदारतावाद के सूत्रीकरण के लिए जाने जाते हैं। पॉपर से पहले विज्ञान के दार्शनिक आम तौर पर यह दिखाने की कोशिश करते थे कि वैज्ञानिक सिद्धांतों की सत्यता किस प्रकार प्रमाणित की जा सकती है। लेकिन पॉपर ने 1934 में प्रकाशित अपनी रचना द *लॉजिक ऑफ़ साइंटिफ़िक डिस्क्वरी* में वैज्ञानिक सिद्धांतों के मिथ्याकरण का सूत्र पेश करते हुए दावा किया कि विज्ञान अपनी परिकल्पनाओं और व्याख्याओं की सच्चाई प्रमाणित करने के ज़रिये नहीं बल्कि उनके ग़लत साबित होने के आधार पर आगे बढ़ता है। पॉपर ने 1945 में प्रकाशित अपनी दूसरी विख्यात रचना द *ओपन सोसाइटी ऐंड इट्स एनिमीज़* में प्लेटो से लेकर हीगेल और मार्क्स तक पश्चिमी चिंतन परम्परा के ख़िलाफ़ विद्रोह का झंडा बुलंद किया। उन्होंने इन सभी विचारकों को बंद समाज का प्रवक्ता घोषित करते हुए उनके सिद्धांतों को जड़सूत्रों की श्रेणी में रखा। पॉपर ने मार्क्सवाद और फ्रॉयडियन मनोविश्लेषण को छद्म-विज्ञान क़रार दिया। वे किसी भी तरह की सामाजिक या आर्थिक इंजीनियरिंग के ख़िलाफ़ थे। उन्होंने 1957 में प्रकाशित अपनी रचना *पॉवर्टी ऑफ़ हिस्टोरिसिज़म* में इतिहास के नियम खोज लेने का दावा करने वाली विचार-प्रणालियों के खोखलेपन का पर्दाफ़ाश किया।

कार्ल पॉपर का जन्म वियना के एक यहूदी परिवार में हुआ था। उनके पिता एक ख़ुशहाल वकील थे। लेकिन पहले विश्व-युद्ध और उसके फलितार्थों के कारण उनके परिवार को आर्थिक संकट का सामना करना पड़ा। सोलह साल की उम्र में पढ़ाई छोड़ कर उन्हें मज़दूरी करनी पड़ी। उन्होंने बढ़ईगीरी भी सीखी। युवावस्था में वे मार्क्सवाद से प्रभावित रहे, लेकिन कम्युनिस्ट आंदोलनकारियों द्वारा की जाने वाली हिंसा को देख कर इस विचारधारा से उनका मोह भंग हो गया। 1928 में उन्होंने वियना विश्वविद्यालय से पीएचडी की और फिर अध्यापन करने लगे। 1938 में हिटलर द्वारा ऑस्ट्रिया को ज़बरन जर्मनी में मिलाने के ठीक पहले यहूदी विरोधी राजनीति को भाँप कर वे अपनी पत्नी के साथ न्यूज़ीलैण्ड चले गये और केंटरबरी विश्वविद्यालय में दर्शनशास्त्र पढ़ाने लगे। 1945 में वे ब्रिटिश नागरिक बने और लंदन स्कूल ऑफ़ इकॉनॉमिक्स में 1948 से 69 कर प्रोफ़ेसर रहे। 1965 में उन्हें 'सर' की उपाधि से विभूषित किया गया। उन्होंने अपनी पहली रचना द *लॉजिक ऑफ़ साइंटिफ़िक डिस्क्वरी* जर्मन भाषा में ही लिखी थी, जिसका अंग्रेज़ी अनुवाद उसके प्रकाशन के कई साल बाद छपा।

एक तरह से पॉपर अट्ठारहवीं सदी में डेविड ह्यूम द्वारा डाली गयी परम्परा को आगे बढ़ाने वाले चिंतक थे। ह्यूम ने आगमनात्मकता (इंडक्शन) की समस्या को रेखांकित किया था। कुछ विशिष्ट प्रेक्षणों को एक आम सिद्धांत की शक्ल देने की प्रक्रिया को आगमनात्मकता कहा जाता है। ह्यूम को इस प्रक्रिया की सत्यता पर संदेह था। इसी तर्ज़ पर पॉपर ने वस्तुनिष्ठता का दावा करने वाले विज्ञानों द्वारा अपने सिद्धांतों को प्रमाणित करने की क्षमता को मानने से इनकार कर दिया। उनका कहना था कि वैज्ञानिक सिद्धांत प्रयोगशालाओं में परीक्षणों के ज़रिये और बाह्य-विश्व में प्रेक्षणों के ज़रिये प्रमाणित ज़रूर किये जा सकते हैं, पर उन्हें हर तरह के देश-काल पर लागू होने वाले नियमों की तरह सही साबित नहीं किया जा सकता। पॉपर के अनुसार विज्ञान का काम किसी परिघटना की इस तरह व्याख्या करना है कि उससे आने वाले समय में होने वाली कुछ घटनाओं के बारे में न केवल भविष्यवाणी की जा सके, बल्कि उन घटनाओं का प्रेक्षण भी किया जा सके। इसके बाद यह देखा जाना

कार्ल रायमुंड पॉपर (1902–1994)

चाहिए कि वे घटनाएँ उसी तरीक़े से घटती हैं या नहीं। मसलन, गैलीलियो की परिकल्पना थी कि किसी वस्तु का भार उसके गिरने के वेग पर प्रभाव नहीं डालता। यह साबित करने के लिए गैलीलियो ने पीसा की मीनार से तोप के दो अलग-अलग वज़न वाले गोले नीचे फेंके और दोनों एक साथ ही धरती पर गिरे। अगर इसी तरह के परीक्षण पर कोई सिद्धांत खरा उतरता है तो थोड़ी देर के लिए उसे सच्चा मान कर स्वीकार किया जा सकता है। अगर ऐसा नहीं होता तो सिद्धांत अपने आप ख़ारिज हो जाता है, और उसकी जगह किसी बेहतर नये सिद्धांत को लाने की कोशिश की जाती है जिसे प्रमाणित किया जा सके। इस तरह सिद्धांत लगातार परीक्षा के दौर से गुज़रते रहते हैं। प्रेक्षणों की संख्या जितनी बढ़ती जाएगी और उन्हें जितनी ज़्यादा नफ़ासत और बारीकी से किया जाएगा, उतने ही ज़्यादा सिद्धांत ग़लत साबित होते जाएँगे। यहाँ तक कि अत्यंत प्रमाणित समझे जाने वाले सिद्धांतों पर प्रश्नचिह्न लग जाएगा।

अपने इस तर्क का इस्तेमाल पॉपर ने विज्ञान और छद्म-विज्ञान के बीच फ़र्क़ करने में किया। जो वैज्ञानिक सिद्धांत मिथ्या साबित नहीं किये जा सकते, उन्हें पॉपर ने छद्म क़रार दिया। उनका कहना था कि तथ्यगत रूप से परीक्षणीय कसौटियों पर खरा उतरने से इनकार करने वाला विज्ञान फ़र्ज़ी होता है। ऐसा विज्ञान अपने ग़लत प्रमाणित हो जाने के बावजूद लगातार अपनी विफलता से इनकार करता रहता है। पॉपर के अनुसार मार्क्सवाद और मनोविश्लेषण ऐसे ही विज्ञान हैं। सच्चा वैज्ञानिक तो वह होता है जो अपने सिद्धांत के ग़लत साबित हो जाने पर उसे कूड़ेदान में फेंक दे। अपनी दो खण्डों की रचना *द ओपिन सोसाइटी* में पॉपर ने प्लेटो को एक प्रतिक्रियावादी और सर्वसत्तावादी चिंतक क़रार दिया, एक ऐसा चिंतक जिसने दार्शनिक अभिजन के हाथ में सम्पूर्ण सत्ता दे कर समाज-परिवर्तन का रास्ता बंद कर दिया। हीगेल उनकी निगाह में एक 'ख़तरनाक' विचारक और सम्पूर्ण ज्ञान का दावा करने वाले हवाबाज़ के अलावा कुछ नहीं थे। मार्क्स की उन्होंने कुछ प्रशंसा भी की है। पॉपर का ख़याल था कि मानवीय प्रकृति और किसी निश्चित सामाजिक परिस्थिति में सक्रिय लोगों की प्रेरक-शक्तियों के बीच फ़र्क़ करना मार्क्स की विशेष उपलब्धि थी। लेकिन इसी के साथ मार्क्स में भी सम्पूर्णतावादी और निर्धारणवादी प्रवृत्तियाँ थीं। उन्होंने व्याख्या और विश्लेषण को भविष्यवाणी के मातहत करते हुए पूँजीवाद के अपरिहार्य अंत की घोषणा कर दी थी।

द पॉवर्टी ऑफ़ हिस्टोरिसिज़्म में पॉपर ने मार्क्स और अन्य ऐसे ही कई अन्य चिंतकों का विश्लेषण किया है। उनका कहना कि जिन बातों को इतिहास का नियम बता कर पेश किया जाता है, वे दरअसल महज़ एक ख़ास युग की प्रवृत्तियाँ होती हैं। मसलन, 'पूँजी के उत्तरोत्तर संकेंद्रण का नियम' ज़्यादा से ज़्यादा एक रुझान को व्यक्त करने वाला वक्तव्य है। किसी रुझान को भविष्य के पूर्वानुमान में बदलने की कोशिशें पॉपर के अनुसार दुर्बलताओं की शिकार होती हैं। इतिहास के नियमों में यक़ीन रखने वाला अपने ही सिद्धांतों की नाकामी के अंदेशों से जूझने के लिए अभिशप्त रहता है।

पॉपर को राजनीति और विज्ञान में इस तरह के सवाल उठाने पर गहरी आपत्तियाँ थीं : 'हम निर्भूल कैसे हो सकते हैं?' या 'हमें सर्वश्रेष्ठ शासक कैसे मिल सकते हैं?' पॉपर के अनुसार इन सवालों के बजाय हमें पूछना यह चाहिए : 'हम अपनी त्रुटियों का जल्दी से जल्दी पता लगा कर निवारण कैसे कर सकते हैं?' या 'हम बुरे शासकों के कामों से होने वाले नुक़सानों को कम से कम कैसे कर सकते हैं?'

पॉपर मुख्यत: एक उदारतावादी चिंतक थे : व्यक्ति की स्वायत्तता को बचाने के लिए प्रतिबद्ध और क़ानून के समक्ष सबकी बराबरी के तरफ़दार। उनकी सिफ़ारिश थी कि सरकार को ज़्यादा से ज़्यादा लोगों का कल्याण करने के दूरगामी नज़रिये से आर्थिक-सामाजिक परियोजनाएँ चलाने के बजाय उनके कष्टों को न्यूनतम करने की कोशिश करनी चाहिए। चूँकि वे मानते थे कि मानव-प्रकृति के बारे में पहले से कुछ भी पक्का नहीं कहा जा सकता, इसलिए वे सफल नियोजन की धारणा के प्रति संशयग्रस्त रहते थे।

देखें : अफ़लातून, अरस्तू, आग्युस्त कॉम्त, इमैनुएल कांट, ईसैया बर्लिन, कार्ल हाइनरिख़ मार्क्स-1, 2, 3 और 4, ज्याँ-ज़ाक रूसो, चार्ल्स-लुई द सेकोंद मोंतेस्क्यू, जॉर्ज विल्हेल्म फ्रेड्रिख़ हीगेल, निकोलो मैकियावेली, मार्सिलियस पाडुआ के, सुकरात, संत थॉमस एक्विना।

संदर्भ

1. बी. मैगी (1973), *पॉपर,* फ़ोंटाना, लंदन.
2. जी. करी और ए. मुसग्रेव (सम्पा.) (1985), *पॉपर ऐंड द ह्यूमन साइंसेज़,* निजहॉफ़, द हेग.
3. पी.ए. शिल्प (सम्पा.) (1974), *द फिलॉसफ़ी ऑफ़ कार्ल पॉपर,* ओपिन कोर्ट, ल सेल, आईएल.
4. के.आर. पॉपर (1945), *द ओपिन सोसाइटी ऐंड इट्स एनेमीज़,* रॉटलेज ऐंड कीगन पॉल, लंदन.

— अभय कुमार दुबे

कार्ल हाइनरिख़ मार्क्स-1

(बेगानगी और दुनिया बदलने का सवाल)

(Karl Heinrich Marx-1)

उन्नीसवीं और बीसवीं सदी में राजनीतिक और सामाजिक परिवर्तन की प्रक्रिया को सर्वाधिक और निर्णायक रूप से प्रभावित करने वाले कार्ल हाइनरिख़ मार्क्स (1818-1883) एक सम्पूर्ण बुद्धिजीवी थे। युरोपीय दार्शनिक परम्परा के विद्वान, अर्थशास्त्र की क्लासिकल परम्परा के अर्थशास्त्री, अथक राजनीतिक संगठक, समझौताहीन क्रांतिकारी और आधुनिक समाजवाद के शीर्ष सिद्धांतकार के तौर पर मार्क्स ने पूँजीवाद का आलोचनात्मक विश्लेषण करते हुए साम्यवादी समाज का यूटोपियायी स्वप्न रचा। अपना मक़सद हासिल करने के लिए उन्होंने कम्युनिस्ट आंदोलन की नींव रखी और घोषित किया कि दार्शनिकों ने तरह-तरह से दुनिया की व्याख्या तो बहुत कर ली, असली सवाल तो यह है कि उसे बदला कैसे जाए। मार्क्स के विचारों ने ही युरोप, एशिया, अफ्रीका और लातीनी अमेरिका के कई देशों में मज़दूरों और किसानों के नेतृत्व में राज्य-क्रांतियों का रास्ता साफ़ किया।

मार्क्स केवल 65 वर्ष तक जीवित रहे। उनके जीवन में उनके विचारों पर ज़्यादा ध्यान नहीं दिया गया। उनकी कई महत्त्वपूर्ण रचनाएँ उनके देहांत के बाद प्रकाशित हुईं। जैसे पेरिस की विख्यात पांडुलिपियाँ तो 1930 में यानी बोल्शेविक क्रांति के बाद जाकर प्रकाशित हो पायीं। ऐतिहासिक भौतिकवाद का प्रवर्तन करने वाली रचना जर्मन आइडियॉलॅजी भी उनके निधन के बाद ही प्रकाशित हो पायी थी। लेकिन इसके बावजूद उनकी सक्रियताओं, विश्लेषणों और सूत्रीकरणों के इर्द-गिर्द एक बहुमुखी बौद्धिक संरचना तैयार हुई जिसे मार्क्सवाद के नाम से जाना गया। इसी मार्क्सवाद के कारण दुनिया पिछले डेढ़ सौ साल से दो हिस्सों में बँटी हुई है। लोग या तो मार्क्स के समर्थक हैं या विरोधी। आज ख़ुद को मार्क्सवादी बताने वाले राज्यों का शीराज़ा अपने अंतर्विरोधों के कारण ध्वस्त हो चुका है, लेकिन मार्क्स द्वारा रखे गये पूँजीवाद विरोधी प्रस्ताव आज भी दुनिया भर में समतामूलक राजनीति के प्रेरणास्रोत बने हुए हैं। बीसवीं सदी में मानवीय ज्ञान के सभी सोपानों पर मार्क्स के विचारों का निर्णायक असर पड़ा है। चाहे समाजशास्त्र हो, राजनीतिशास्त्र हो, साहित्य-सिद्धांत अर्थशास्त्र हो, दर्शन हो या इतिहास, मार्क्स के व्यापक और निरंतर संदर्भ के बिना ज्ञान की कोई भी रचना पूर्ण नहीं है।

मार्क्स ने एक घटनापूर्ण जीवन जिया और विशद वांगमय रचा। उन्होंने जीवन के हर क्षेत्र को स्पर्श करने वाले विचार व्यक्त किये। मुख्यत: उनके कृतित्व के केंद्र में पूँजीवाद का विस्तृत विश्लेषण और उसके मर्म में मौजूद वर्ग-संबंधों की गतिशीलता है। इसमें कोई शक नहीं कि मार्क्स का चिंतन पश्चिम के कई विचारकों और समाज-वैज्ञानिकों के कृतित्व की बुनियाद पर खड़ा हुआ है। शायद इसीलिए कई बार मार्क्स को समझने के लिए उनके विमर्श को विभिन्न दार्शनिकों और अर्थशास्त्रियों के सूत्रीकरणों को जोड़ कर बनाये गये ढाँचे के रूप में पेश किया जाता है। इस सरलीकृत रवैये के तहत कहा जाता है कि मार्क्स ने जर्मन भाववादी दार्शनिक हीगेल से द्वंद्ववाद सीखा और उन्हीं से यह सूत्र भी ग्रहण किया कि सभी दार्शनिक समस्याओं का समाधान इतिहास में मौजूद है। द्वंद्ववाद और इतिहास संबंधी हिगेलियन समझ में उन्होंने लुडविग फ़ायरबाख़ के भौतिकवाद को मिला कर अपने दार्शनिक विचारों की इमारत खड़ी की। यह भी कहा जाता है कि उन्होंने ब्रिटिश दार्शनिक जॉन लॉक की इस दलील को अपनाया कि श्रमिकों को अपने श्रम के लाभों पर मिल्कियत हासिल होनी चाहिए। साथ ही उन्होंने डेविड रिकार्डो के इस सूत्रीकरण को भी अंगीकार किया कि किसी भी उत्पाद का मूल्य उसे उत्पादित करने वाले श्रम पर आधारित होता है। मार्क्स के चिंतन को इधर-उधर से लिए गये टुकड़ों का जोड़ बताने वाला यह रवैया यहीं नहीं रुकता। वह और आगे जा कर कहता है कि जर्मन दर्शन और ब्रिटिश क्लासिकल अर्थशास्त्र के अलावा उन्होंने फ्रांसीसी समाजवाद के प्रतिपादक सैं-सिमों और चार्ल्स फ़ूरिये से उनकी समाजवादी संकल्पना और विज्ञानसम्मत होने का आग्रह प्राप्त किया।

समझने के इस प्रचलित तरीक़े से मार्क्स के योगदान

कार्ल हाइनरिख़ मार्क्स (1818-1883) : युवा मार्क्स

पर न केवल एक कमतर रोशनी पड़ती है, बल्कि उनकी मौलिकता भी खारिज हो जाती है। दरअसल, उनके दर्शन के मर्म में प्रमुख समस्या यह थी कि मनुष्य होने का तात्पर्य क्या है अर्थात् अपने परिवेश के आत्म-सचेत निर्माता के रूप में मनुष्य इस प्रकृति में अन्य जीवों से किस तरह अलग है। मार्क्स ने सवाल उठाया कि मनुष्य अपने पसंदीदा समाज की रचना करना तो चाहता है, लेकिन उसमें कामयाब क्यों नहीं होता? वे इस नतीजे पर पहुँचे कि मनुष्य इतिहास की रचना अवश्य करता है, पर अपनी इच्छित परिस्थितियों के तहत नहीं। इसी क्रम में उन्होंने पता लगाने की कोशिश की कि मौजूदा ऐतिहासिक परिस्थितियाँ कैसे बनी, उन्होंने मानवीय सम्भवानाओं को पूर्णरूपेण पुष्पित-पल्लवित होने से कैसे रोका और मनुष्य अपनी रचनात्मक क्षमताओं के शिखर पर कैसे पहुँच सकता है।

मार्क्स के इस केंद्रीय सरोकार में कई रैडिकल सम्भावनाएँ थीं जिन्हें साकार करने के लिए उन्होंने अपनी पूर्ववर्ती ज्ञान-परम्परा से सीखा भी और उसकी रचनात्मक आलोचना भी की। यह एक संश्लिष्ट प्रक्रिया थी जिसके दौरान उनका शास्त्र विकसित हुआ। 1841 में दर्शनशास्त्र में डॉक्टरेट करने के दौरान और बाद में चले राजनीतिक घटनाक्रम ने मार्क्स के सामने स्पष्ट कर दिया कि वे विश्वविद्यालयीय प्रणाली में अपना कॅरियर नहीं बना सकते। फ्रीड्रिख़ विल्हेल्म-चतुर्थ की अनुदार सरकार वामपंथी रुझान रखने वाली यंग हिगेलियन विद्वत्मण्डली से सख़्त नाराज़ थी, जिसके प्रमुख सदस्य मार्क्स भी थे। अगले साल से मार्क्स ने राइनलैण्ड, फ्रांस और बेल्जियम के रैडिकल पत्रों का सम्पादन शुरू कर दिया। अख़बारनवीसी के इस दौर ने उनके जीवन पर दो तरह के असर डाले। पहले तो उन्हें एहसास हुआ कि सामाजिक-आर्थिक स्थितियों पर उनकी पकड़ कितनी कम है। यह प्रतीति उन्हें विशद और गहन अध्ययन की लम्बी परियोजना की तरफ़ ले गयी। इसका दूसरा असर यह हुआ कि मार्क्स के तीखे और गहन विश्लेषण के परिणामस्वरूप उस अख़बार को सरकार का कोपभाजन बनना पड़ा। परिणामस्वरूप मार्क्स ने फ्रांस चले जाने का फ़ैसला किया। 1943 में वे फ्रांस पहुँचे और वहाँ रहने वाले जर्मन मज़दूरों और क़िस्म-क़िस्म के फ्रांसीसी समाजवादियों के सम्पर्क में आये। पेरिस में कुछ ही महीने गुज़ारने के बाद उन्होंने ख़ुद को कम्युनिस्ट घोषित कर दिया। उनके इसी दौर का नतीजा 1844 की विख्यात पेरिस पांडुलिपियों में निकला।

यह बात अक्सर बतायी जाती है कि मार्क्स यंग हिगेलियन आंदोलन के प्रभाव में थे। यंग हिगेलियनों की कोशिश रहती थी कि वे हीगेल के दर्शन और फ्रांसीसी ज्ञानोदय से निकले वैज्ञानिक भौतिकवाद का कोई जोड़ निकालें। लेकिन ऐसा करते हुए भी इस विद्वत्मण्डली के सदस्य अलग-अलग दिशाओं में गये। डेविड स्त्रॉस ने ईसा मसीह के जीवन का सेकुलरीकरण करने वाले ब्योरे तैयार किये। ब्रूनो बॉउर ने रैडिकल नास्तिकवाद का विचार विकसित किया। लुडविग फ़ायरबाख़ ने मानवतावाद का भौतिकतावादी संस्करण गढ़ा। अर्नोल्ड रुज ने उदारतावादी लोकतंत्र की राह पकड़ी। मोज़ेज़ हेस ने साम्यवाद में निहित सामाजिक समानता की पैरोकारी की। लेकिन मार्क्स ने अपनी मित्रता क़ायम की फ्रेड्रिख़ एंगेल्स के साथ जो बार्मेन शहर के थे और कैल्विनवादी धार्मिक विचारों से जद्दोजहद करते हुए दर्शनशास्त्र की तरफ़ आये थे। एंगेल्स ने ही पेरिस में मार्क्स का परिचय मज़दूर वर्ग के आंदोलन से कराया। एंगेल्स की सोहबत में मार्क्स राजनीतिक अर्थशास्त्र के अध्ययन की तरफ़ आकर्षित हुए। इन दोनों की जोड़ी का महत्त्व ऐतिहासिक साबित हुआ।

ये दोनों युवा दार्शनिक हीगेलियन द्वंद्ववाद से बहुत प्रभावित थे। उन्होंने निरंतर विकासमान समग्र यथार्थ की द्वंद्वात्मक गतिशीलता के इस सिद्धांत को 'क्रांति का अल्ज़बरा' क़रार दिया। लेकिन इस बीजगणित के फ़ार्मूलों की दार्शनिक भित्ति अभी स्पष्ट न थी। इसे हासिल करने की

प्रक्रिया में मार्क्स न केवल *इकॉनॉमिक ऐंड फिलॉसफ़िकल मैन्युस्क्रिप्ट्स ऑफ़ 1844* में बल्कि इसी समय की एक अन्य रचना द *होली फ़ैमिली* में जर्मन भाववाद से हटते हुए नज़र आये। हीगेल की मान्यता यह थी कि एक परितृप्त और सम्पूर्ण मनुष्यत्व की रचना का कार्यभार धार्मिक आत्मनिष्ठता की प्राप्ति के ज़रिये सम्भव है। यंग हीगेलियनों को दिखाई दे रहा था कि आधुनिक सभ्यता और संस्कृति मनुष्य को अपने ही परिवेश में बेगानेपन का शिकार बना देती है। वे यह ज़रूर मानते थे कि इस बेगानेपन से पार पाने की सम्भावनाएँ भी उसी संस्कृति में निहित हैं। लेकिन यंग हीगेलियनों को इस द्वंद्व में से निकलने का तरीक़ा पता नहीं था। पेरिस की पांडुलिपियों में मार्क्स ऐसे पहले दार्शनिक बन कर उभरे जिन्होंने मनुष्य की जीवन-स्थितियों में सामाजिक-आर्थिक स्थितियों के बुनियादी महत्त्व को रेखांकित किया। उन्होंने दिखाया कि अपनी श्रम संबंधी गतिविधियों के दौरान किस प्रकार एक मनुष्य दूसरे मनुष्यों के साथ व्यावहारिक संबंधों की रचना करता है। चूँकि श्रम करता हुआ मनुष्य उनके विचार के केंद्र में था, इसलिए उन्होंने उसके बेगानेपन, शोषण और तकलीफ़ पर गहराई से चिंतन किया। मार्क्स ने जो विमर्श विकसित किया उसका मक़सद मेहनत करते हुए इनसान के रोज़मर्रा के भौतिक हालात सुधारने तक सीमित नहीं था, बल्कि वे ऐसी परिस्थितियों का सृजन करना चाहते थे जिनके तहत वह पूरी तरह आज़ाद हो कर एक सम्पूर्ण और संतुष्ट जीवन जीते हुए सामाजिक धरातल पर आत्माभिव्यक्ति कर सके। मार्क्स की निगाह में मनुष्य अपने बेगानेपन से तभी मुक्त हो सकता था जब उसकी दशा-दिशा को महज़ राजनीतिक अर्थशास्त्र के भौतिकवादी विमर्श के ज़रिये समझने की कोशिश की जाये।

इनसान के बेगानेपन के इलाज के सवाल पर हीगेल और फ़ायरबाख़ की दार्शनिक मुठभेड़ दरअसल भाववाद और भौतिकवाद की टक्कर थी। हीगेल की कोशिश यह समझाने की थी कि प्रकृति सीमित ज़रूर है पर मानवीय चेतना के असीम से वंचित होने के बजाय उसकी अभिव्यक्ति है। अगर यह समझ लिया जाए तो बेगानेपन से मुक्ति मिल सकती है। फ़ायरबाख़ का तर्क यह था कि मनुष्य को मुक्ति किसी असीम से तादात्म्य स्थापित करने से नहीं मिलेगी, बल्कि उसकी मुक्ति तो प्रकृति की भौतिकता और ऐंद्रिकता का आनंद उठाते हुए अन्य मनुष्यों के साथ प्रेमिल समरसता से उपलब्ध होगी। इस मुठभेड़ में एक सहमति भी शामिल थी। हीगेल और फ़ायरबाख़ मानते थे कि बेगानेपन का बोध मूलत: है एक भ्रांत चेतना का परिणाम ही, इसलिए अगर इस जगत की सही व्याख्या, सही समझ हासिल कर ली जाए तो बेगानेपन का यह एहसास ख़त्म हो सकता है। दोनों दार्शनिक चेतना के बेगाने पहलुओं की दुहरी प्रकृति पर भी उँगली रख रहे थे। उनका कहना था कि यह बेगानगी एक व्यर्थ जीवन के अफ़सोस और जगत से परे कहीं जा कर धर्म और अध्यात्म में उसके परिहार की उम्मीद से मिल कर बनी है। अफ़सोस तड़पाता है और उम्मीद दिलासा देती है।

मार्क्स ने भाववाद और भौतिकवाद की इस मुठभेड़ में तीसरा मक़ाम पकड़ा। उनका कहना था कि बेगानी चेतना द्वारा व्यक्त व्यर्थ-जीवन के विलाप से उसकी सच्चाई का पता चलता है और बेगानेपन की संरचना स्पष्ट होती है। इसी बेगानेपन की एक अभिव्यक्ति धर्म है, जो जीवन की रिक्तता, गरिमाहीनता और पतनशीलता का लक्षण भी है और इसको बर्दाश्त करने की, उसकी निरंतर पीड़ा, दु:ख और अमानवीयता टीस से बचने की अफ़ीम जैसी दवा भी है। मार्क्स द्वारा इस्तेमाल किया गया अफ़ीम का रूपक लगातार चर्चा में रहा है।

इसका मतलब है एक ऐसा उपचार जो वास्तविक मर्ज़ का तो इलाज़ नहीं कर सकता पर दर्द-निवारक की तरह राहत ज़रूर देता है। अपने लेखन में आगे चल कर मार्क्स धर्म के ज़रिये वास्तविक द्वंद्वों के प्रति जागरूक हो सकने की सम्भावना भी व्यक्त करते हैं। भाववाद और भौतिकवाद की इस बहस का समापन मार्क्स ने हीगेल और फ़ायरबाख़ की इस दावेदारी के खण्डन के साथ किया कि जगत की सही व्याख्या या समझ बेगानेपन की भ्रांत अनुभूति से छुटकारा दिला देगी। मार्क्स का सूत्रीकरण यह था कि सवाल जीवन और जगत की सही-सही दार्शनिक व्याख्या का नहीं है, बल्कि ऐसी भौतिक स्थितियों की उपलब्धि का है जिनके तहत इनसानी ज़िंदगी किन्हीं भी अर्थों में अपूर्णता के लिए अभिशप्त न रह सके। मार्क्स जब दुनिया बदलने की बात करते हैं तो उसके पीछे उनका यही तात्पर्य होता है। पेरिस की पांडुलिपियों के अतिरिक्त इस संबंध में मार्क्स की एक और महत्त्वपूर्ण रचना है *थीसिस ऑन फ़ायरबाख़* जिसमें उनकी फ़ायरबाख़ संबंधी टिप्पणियाँ दर्ज हैं।

देखें : अर्नेस्टो चे गुएवारा, आधार और अधिरचना, ऑस्कर रायज़ार्ड लांगे, आंगिक और पारम्परिक बुद्धिजीवी, एंतोनियो ग्राम्शी, नयी सदी में मार्क्सवादी विमर्श-1, 2. 3,4 5, 6, 7, 8 और 9, निष्क्रिय क्रांति, फ्रेड्रिख़ एंगेल्स, भारत में किसान संघर्ष-2 और 4, भारतीय कम्युनिस्ट पार्टी, भारतीय कम्युनिस्ट पार्टी (मार्क्सवादी), भारतीय इतिहास लेखन-4 और 5, भाषा के मार्क्सवादी सिद्धांत, भ्रांत चेतना, बोल्शेविक क्रांति, फ्रांस्वा-चार्ल्स मारी फ़ूरिये, क्यूबा की क्रांति, फ्रेंज़ फ़ानो, हिंसा-1 और 2, मानवेंद्र नाथ राय, माओ त्से-तुंग, माओवाद और माओ विचार, मार्क्सवाद-1, 2, 3, 4 और 5, मार्क्सवादी इतिहास-लेखन, मार्क्सवादी समाजशास्त्र, मार्क्सवाद और पारिस्थितिकी, मार्क्सवादी अर्थशास्त्र, समाजवादी वसंत-1, 2, 3, और 4, लेनिनवाद, लियोन ट्रॉट्स्की, लिबरेशन थियोलॉजी, सांस्कृतिक क्रांति, स्तालिन और स्तालिनवाद, सोवियत समाजवाद-1, 2 और 3, सोवियत सिनेमा, वर्चस्व, व्लादिमिर इलीच लेनिन।

संदर्भ

1. कार्ल मार्क्स और फ्रेड्रिख़ एंगेल्स (1976-2005), *कलेक्टिड वर्क्स,* 50 खण्ड, इंटरनैशनल पब्लिशर्स, न्यूयॉर्क.
2. ईसैया बर्लिन (1978), *कार्ल मार्क्स : हिज़ लाइफ़ ऐंड एनवायरनमेंट,* चौथा संस्करण, ऑक्सफ़र्ड युनिवर्सिटी प्रेस, ऑक्सफ़र्ड.
3. हाल ड्रैपर (1977-2008), *कार्ल मार्क्सिज़ थियरी ऑफ़ रेवोल्यूशन,* छह खण्ड, मंथली रिव्यू प्रेस, न्यूयॉर्क.
4. अंर्स्ट फ़िशर (1970), *इसेंशियल मार्क्स,* हर्डर ऐंड हर्डर, न्यूयॉर्क.

— अभय कुमार दुबे

कार्ल हाइनरिख़ मार्क्स-2

(ऐतिहासिक भौतिकवाद)

(Karl Heinrich Marx-2)

पेरिस पांडुलिपियों में कम्युनिज़म की मानवतावादी अवधारणा का प्रतिपादन करने के बाद मार्क्स ने मानव-समाज के विकास में इतिहास की भूमिका पर ध्यान दिया। हुआ यह कि 1844 के अंत में उन्हें और एंगेल्स को उनकी रैडिकल गतिविधियों के कारण फ्रांस से निष्कासित कर दिया गया। वे ब्रुसेल्स (बेल्जियम) पहुँचे और तीन साल का वक़्त वहीं गुज़ारा। यहीं उन्होंने इतिहास का गहन अध्ययन किया जिसका परिणाम ऐतिहासिक अनुसंधान के एक सामान्य कार्यक्रम की प्रस्तावना में निकला जिसकी पहली अभिव्यक्ति *जर्मन आइडियॉलॅजी* नाम की कृति में हुई। इस प्रस्तावना के केंद्र में था ऐतिहासिक भौतिकवाद का प्रतिपादन जो स्वयं मार्क्स और उनके जोड़ीदार एंगेल्स के शब्दों में अमूर्त परिकल्पनाओं पर आधारित कोई दार्शनिक प्रपत्ति न हो कर यथार्थपरक तथ्यों पर आधारित था। मार्क्स ने यह भी स्वीकार किया है कि एक बार जब ऐतिहासिक भौतिकवाद का सूत्र उनके हाथ लग गया तो फिर उन्होंने और एंगेल्स ने अपने सभी अध्ययनों में उसे मार्गदर्शक अंतर्धारा की तरह इस्तेमाल किया।

ऐतिहासिक भौतिकवाद कुछ मान्यताओं पर आधारित है। पहली मान्यता यह है कि अपनी उत्पादक शक्तियों का लगातार विकास करने की इच्छा मनुष्य के स्वभाव में निहित है। पूँजीवाद के आगमन ने इतिहास में पहली बार कुछ ख़ास तरह की परिस्थितियाँ पैदा कर दी हैं। पूँजीपति वर्ग और पूँजीवाद के आगमन से पहले मानवीय इतिहास आदिम साम्यवाद, उसके बाद दास प्रथा, फिर सामंतवाद को लम्बी अवधियों से गुज़र चुका है। पूँजीवाद के तहत मनुष्य ने आपसी सहयोग के जटिल नेटवर्कों के माध्यम से इन शक्तियों को इतना बढ़ा लिया है कि अपने उत्पादन के सामाजिक रूपों के नियंत्रण की बागडोर उसके हाथ में आ गयी है। उत्पादन और उस पर नियंत्रण की यह प्रक्रिया मनुष्य को आत्म-सचेत और आत्म-निर्णय से सम्पन्न बनाती है। लेकिन दूसरी तरफ़ पूँजीवाद एक गड़बड़ भी करता है। उसके सामाजिक उत्पादन को उत्पादकों के हाथ में देने के बजाय बाज़ार के हवाले कर देता है जिससे मनुष्य का सामूहिक आत्म-निर्णय कुंठित हो जाता है। इसी सामूहिक आत्म-निर्णय की पुन: प्राप्ति की सम्भावनाएँ मार्क्स ने सर्वहारा वर्ग की ऐतिहासिक स्थिति में देखीं। आधुनिक समाज का विश्लेषण करते समय मार्क्स कई वर्गों की मौजूदगी रेखांकित करते हैं। इसमें कुलीन-सामंत वर्ग, किसान वर्ग और निम्न-पूँजीवादी वर्ग भी है। लेकिन वे बताते हैं कि मुख्य अंतर्विरोध पूँजीपति वर्ग और सर्वहारा के बीच ही है। दूसरी मान्यता यह है कि समाज का आर्थिक ढाँचा (जो उसके उत्पादन-संबंधों से बनता है) ही उसकी बुनियाद है। इस आधार पर ही विधिक और राजनीतिक अधिरचना टिकी होती है। किसी युग में प्रचलित समाज के विविध रूप इसी आधार-अधिरचना संबंध की देन होते हैं। तीसरी मान्यता यह है कि जब किसी समाज में उत्पादक शक्तियाँ विकसित होती हैं तो उनका मौजूदा उत्पादन-संबंधों से टकराव होता है क्योंकि वे उन शक्तियों का विकास रोकते हैं। इसी टकराव के गर्भ से सामाजिक क्रांति जन्म लेती है। यह अंतर्विरोध समाज को बाँट देता है। एक-दूसरे के ख़िलाफ़ खड़े वर्गों में संघर्ष होता है जिसका फ़ैसला उत्पादक शक्तियों के पक्ष में होता है और नये उच्चतर उत्पादन-संबंध वजूद में आते हैं। मार्क्स यह भी बताते हैं कि ये संबंध कहीं ऊपर से टपक नहीं पड़ते, बल्कि पुराने समाज के गर्भ में कहीं पनप रहे होते हैं। उत्पादक शक्तियों से मार्क्स का तात्पर्य केवल औज़ारों, मशीनों और कारख़ानों से नहीं था। वे मानवीय कौशल, ज्ञान, अनुभव और मनुष्य की अन्य ख़ूबियों को भी उत्पादक-शक्ति का दर्जा देते हैं। ये शक्तियाँ ही मिल कर किसी समाज में भौतिक उत्पादन करने की ताक़त की रचना करती हैं।

ऐतिहासिक भौतिकवाद दावा करता है कि वर्गों के बीच संघर्ष और मानवीय इतिहास का बुनियादी रुझान उत्पादक शक्तियों के विकास से ही तय होता है। लेकिन इस विकास को समझने के लिए हर परिस्थिति में एक सैद्धांतिक मॉडल की ज़रूरत होती है ताकि उसके ज़रिये उत्पादन की किसी विशिष्ट विधि को समझा जा सके। यह सैद्धांतिक मॉडल समाजों और देशों के हिसाब से अलग-अलग हो सकता है। इसमें कोई शक नहीं कि ऐतिहासिक भौतिकवाद मानवीय इतिहास की गति का एक पूर्व-निर्धारित क़िस्म का ख़ाका पेश करता है। नवम्बर, 1877 में मार्क्स ने अपने एक पत्र में इस सिद्धांत से निकलने वाली इस छवि का निराकरण

करने की कोशिश यह कह कर की थी कि उन्होंने ऐसे किसी ऐतिहासिक-दार्शनिक सिद्धांत का प्रतिपादन नहीं किया है जो हर तरह के समाज पर इतिहास की एक निर्धारित गति थोपता हो। मार्क्स ने युरोपीय सामंतवाद और फिर पूँजीवाद के आगमन का ही गहरा और विस्तृत ऐतिहासिक अध्ययन किया था। बाक़ी उत्पादन-प्रणालियाँ उनके यहाँ विश्लेषण की कोटियाँ भर हैं।

मार्क्सवादियों ने इतिहास की भौतिकवादी समझ को एक ऐसी व्याख्यात्मक रूपरेखा की तरह ग्रहण किया है जिसे न केवल अतीत में हुए परिवर्तनों पर लागू किया जा सकता है, बल्कि उसके आईने में भविष्य की शक्ल-सूरत देखने की चेष्टा भी की जा सकती है। इसके मुताबिक़ पूँजीवाद को संकटग्रस्त होना ही है क्योंकि पूँजीपति वर्ग उत्पादक शक्तियों के निरंतर विकास की शर्त पूरा नहीं कर सकता। इसलिए वह ऐसे अंतर्विरोधों का शिकार होने के लिए अभिशप्त है जिनका लाभ उठा कर सर्वहारा वर्ग उसका तख़्ता पलट देगा।

एक बार जब मार्क्स के विचारों का दार्शनिक और तथ्यगत आधार तैयार हो गया, तो उसके बाद दर्शन और राजनीति के प्रश्नों पर रैडिकल कृतियाँ सामने आने लगीं। साथ ही कम्युनिस्ट आंदोलन की सांगठनिक आधारशिला भी रखी जाने लगी। 1847 में मार्क्स ने प्रूधों की अनावश्यक रूप से आदर्शवादी दावेदारियों का सिलसिलेवार खण्डन करते हुए *द पॉवर्टी ऑफ़ फिलॉसफ़ी* की रचना की। उनका कहना था कि मनुष्य अपनी मन-मर्ज़ी से समाज के इस या उस रूप को रचने का चयन नहीं कर सकता। यथार्थ के कई तत्त्व और पहलू ऐसे होते हैं जो कुछ सम्भावनाओं को रोक देते हैं और कुछ को आगे बढ़ाते हैं। इसी क्रम में मार्क्स ने दिखाया कि पूँजीवादी समाज के बुनियादी ढाँचे में एक क्रांतिकारी वर्ग के जन्म की परिस्थितियाँ मौजूद हैं। वह क्रांतिकारी वर्ग सर्वहारा या मज़दूर वर्ग होगा।

इसी वर्ष मार्क्स ने जर्मन आप्रवासी मज़दूरों के संगठन कम्युनिस्ट लीग की सदस्यता ग्रहण की जिसका केंद्र लंदन में था। साल के अंत में लीग ने मार्क्स और एंगेल्स को *कम्युनिस्ट मैनिफ़ेस्टो* लिखने की ज़िम्मेदारी दी जिसका प्रकाशन 1848 में हुआ। यह रचना वर्ग-संघर्ष, ऐतिहासिक भौतिकवाद और क्रांति की अवश्यम्भाविता के बारे में उनके विचारों का संक्षिप्त, सुस्पष्ट और प्रेरक वक्तव्य थी। इसी वर्ष मार्क्स फ्रांस लौटे और देखा कि वहाँ क्रांति की विफलता के बाद ख़ुद को नेपोलियन-तृतीय कहने वाले एक शख़्स ने निरंकुश शासन की स्थापना कर दी है। जल्दी ही रैडिकल लोकतंत्र की वकालत करने वाले मार्क्स के अख़बार को इस निरंकुश हुकूमत ने बंद करवा दिया। मजबूरी में मार्क्स को निष्कासित हो कर लंदन में शरण लेनी पड़ी। उन्होंने आकलन किया कि युरोप में एक बार फिर क्रांतियों की लहर आयेगी। इसलिए उनकी कलम से 1848 की फ्रांसीसी क्रांति के कारणों और हश्र पर प्रकाश डालने वाली दो कृतियाँ *द क्लास स्ट्रगल इन फ्रांस* और *द एटींथ ब्रुमेर ऑफ़ लुई बोनापार्ट* निकलीं। पचास के दशक की इन कृतियों का मुख्य स्वर यह समझाने का था कि व्यक्ति इतिहास का निर्माण अवश्य करता है पर अपनी स्वतंत्र इच्छा के मुताबिक़ नहीं। उसे थमायी गयी विरासत में मिले हालात के तहत काम करना पड़ता है। दरअसल, मार्क्स न केवल अपने पाठकों से यह कह रहे थे, बल्कि अपने-आप को भी सम्बोधित कर रहे थे कि मज़दूर वर्गों के जिस सामाजिक गणतंत्र के सपने और सर्वहारा क्रांति के सपने को हम धरती पर उतारना चाहते हैं, वह कभी पीछे हट कर और कभी धक्का खा कर ही हासिल किया जा सकता है। उसके लिए हमें लगातार आत्मालोचना के दौर से गुज़रते रहना होगा, जब तक क़दम पीछे हटाना नामुमकिन बना देने वाली परिस्थितियाँ न आ जायें। क्रांतियों की लहर की प्रतीक्षा करते-करते मार्क्स को धीरे-धीरे यक़ीन होता जा रहा था कि नयी क्रांति केवल एक नये संकट के फलितार्थ के रूप में ही सम्भव हो सकती है।

पचास का दशक ही वह समय था जब लंदन में मार्क्स ने राजनीतिक अर्थशास्त्र का सघन अध्ययन किया। एक ओर वे पूँजीवाद की संरचनाओं की परतें उघाड़ने में लगे हुए थे, दूसरी ओर लंदन के सोहो क्वार्टर्स के एक तीन कमरों के फ़्लैट में रह रहा उनका परिवार भीषण ग़रीबी से जूझ रहा था। लंदन में क़दम रखते समय उनके चार बच्चे थे, जल्दी ही दो और पैदा हो गये। ग़रीबी और अभाव के कारण इन छह संतानों में से तीन काल के गाल में समा गयीं। स्वयं मार्क्स का स्वास्थ्य इस क़दर ख़राब हुआ कि वे उस झटके से पूरी तरह कभी नहीं उबर पाये। उन दिनों मार्क्स की आमदनी का साधन *न्यूयॉर्क डेली ट्रिब्यून* के विदेशी संवाददाता के रूप में लिखे जाने वाले साप्ताहिक लेख थे। एक लेख लिखने के बदले उन्हें एक पाउंड मिलता था। इसके अलावा एंगेल्स भी उनकी कुछ आर्थिक मदद करते थे। एंगेल्स के पिता मैनचेस्टर में सूत मिल के मालिक थे। जैसे ही बीच-बीच में उनकी तबीयत कुछ ठीक होती, वे ब्रिटिश म्यूज़ियम की लाइब्रेरी में अहर्निश अध्ययन में जुट जाते। पचास के दशक के आख़िरी दौर में और साठ के दशक की शुरुआत में मार्क्स की आर्थिक हालत कुछ ठीक हुई। 1857-58 तक मार्क्स आठ सौ पृष्ठ की एक पांडुलिपि तैयार कर चुके थे। यह एक कच्चा मसविदा था जिसमें पूँजी, ज़मीन, मज़दूरी, राज्य की संस्था, विदेशी व्यापार और विश्व बाज़ार जैसे विषयों पर उनकी सामग्री और विश्लेषण दर्ज था। यह पांडुलिपि *ग्रंडरिसे* या *आउटलाइन* के नाम से जानी जाती है। साठ के दशक की शुरुआत में मार्क्स ने इसी पांडुलिपि को तीन बड़े ग्रंथों में विभाजित करके *थियरीज़ ऑफ़ सरप्लस वेल्यू* की रचना की

जिनमें राजनीतिक अर्थशास्त्र के ऐडम स्मिथ और रिकार्डो जैसे पूर्ववर्त्तियों के काम पर उनके विचार थे। अध्ययन का यही सिलसिला 1867 में जा कर *कैपिटल* नामक महाग्रंथ में शीर्ष पर पहुँचा। *ग्रंडरिसे* 1971 में प्रकाशित हुई और उसे 'युवा मार्क्स' और 'प्रौढ़ मार्क्स' के दरमियान एक कड़ी माना जाता है।

देखें : अर्नेस्टो चे गुएवारा, आधार और अधिरचना, ऑस्कर रायज़ार्ड लांगे, आंगिक और पारम्परिक बुद्धिजीवी, एंतोनियो ग्राम्शी, नयी सदी में मार्क्सवादी विमर्श-1, 2. 3,4 5, 6, 7, 8 और 9, निष्क्रिय क्रांति, फ्रेड्रिख़ एंगेल्स, भारत में किसान संघर्ष-2 और 4, भारतीय इतिहास लेखन-4 और 5, भाषा के मार्क्सवादी सिद्धांत, भ्रांत चेतना, बोल्शेविक क्रांति, फ्रांस्वा-चार्ल्स मारी फ़ूरिये, क्यूबा की क्रांति, फ्रेंज़ फ़ानो, हिंसा-1 और 2, मानवेंद्र नाथ राय, माओ त्से-तुंग, माओवाद और माओ विचार, मार्क्सवाद-1, 2, 3, 4 और 5, मार्क्सवादी इतिहास-लेखन, मार्क्सवादी समाजशास्त्र, मार्क्सवाद और पारिस्थितिकी, मार्क्सवादी अर्थशास्त्र, समाजवादी वसंत-1, 2, 3, और 4, लेनिनवाद, लियोन ट्रॉट्स्की, लिबरेशन थियोलॅजी, सांस्कृतिक क्रांति, स्तालिन और स्तालिनवाद, सोवियत समाजवाद-1, 2 और 3, सोवियत सिनेमा, वर्चस्व, व्लादिमिर इलीच लेनिन।

संदर्भ

1. जे. रीस (1998), *द अल्ज़बरा ऑफ़ रेवोल्यूशन : द डायलेक्टिक ऐंड द क्लासिकल मार्क्सिस्ट ट्रेडिशन,* रॉटलेज, लंदन.
2. अर्नेस्ट मेंडल (1968), *द प्लेस ऑफ़ मार्क्सिज़म इन हिस्ट्री,* ह्यूमैनिटीज़ प्रेस, अटलांटिक हाइलाइट्स, एनजे.
3. ए.एच. निम्ज़ जूनियर (2000), *मार्क्स ऐंड एंगेल्स : देयर कंट्रीब्यूशन टू द डेमॉक्रैटिक ब्रेकथ्रू,* स्टेट युनिवर्सिटी ऑफ़ न्यूयॉर्क प्रेस, एल्बैनी.
4. डेविड मैक्लेन (1971), *द थॉट्स ऑफ़ कार्ल मार्क्स : एन इंट्रोडक्शन,* हार्पर ऐंड रो, न्यूयॉर्क.

— अभय कुमार दुबे

कार्ल हाइनरिख़ मार्क्स-3

(पूँजीवाद का विश्लेषण)

(Karl Heinrich Marx-3)

कार्ल मार्क्स की मृत्यु के बाद एंगेल्स ने कहा था कि उनके मित्र ने हर क्षेत्र में महान खोजें कीं, लेकिन उनकी दो खोजें सबसे ज़्यादा महत्त्वपूर्ण हैं। पहली है ऐतिहासिक भौतिकवाद जिसके ज़रिये उन्होंने मानवीय इतिहास के विकास के नियम खोज निकाले, और दूसरी है अधिशेष मूल्य का सिद्धांत जिसके माध्यम से उन्होंने पूँजीवादी उत्पादन पद्धति की गतिशीलता और उसके कारण बनने वाले पूँजीवादी समाज की रचना पर रोशनी डाली। एंगेल्स की यह बात बिल्कुल सही थी। दार्शनिक, समाज-द्रष्टा और क्रांतिकारी होने के साथ-साथ कार्ल मार्क्स आर्थिक विज्ञान के एक युगप्रवर्तक शिखर पुरुष भी थे। हालाँकि आर्थिक विचारों के इतिहास में उन्हें क्लासिकल अर्थशास्त्री की श्रेणी में गिना जाता है, पर उनका प्रभाव केवल यहीं तक सीमित नहीं माना जा सकता। समाज-विज्ञान के इस अनुशासन को एक अर्थशास्त्री के रूप में उन्होंने जितना प्रभावित किया, उसकी तुलना केवल ऐडम स्मिथ और जॉन मेनार्ड कींस से ही की जा सकती है। स्मिथ मुख्य तौर पर मुक्त बाज़ार पर आधारित पूँजीवादी आर्थिक तंत्र से होने वाले लाभों के पैरोकार थे। कींस ने पूँजीवाद की सीमाओं और बुराइयों से वाकिफ़ होते हुए भी सुसंगत राजकीय नीतियों का इस्तेमाल करके उसे बचाने की तरकीबें खोजने में अपनी प्रतिभा का इस्तेमाल किया। लेकिन, मार्क्स ने मानवता के विकास में पूँजीवाद की सकारात्मक भूमिका स्वीकारने के बावजूद उसके हानिकारक पक्षों को रेखांकित किया और रैडिकल रवैया अख़्तियार करते हुए अंततः उसके विनाश की भविष्यवाणी की। मार्क्स का नाम समाजवादी अर्थशास्त्र से जोड़ा जाता है, लेकिन उनका आर्थिक लेखन इसका मामूली सुराग ही देता है। उन्होंने मुख्य रूप से पूँजीवादी अर्थतंत्र के कामकाज का अध्ययन किया और उन समस्याओं का विश्लेषण पेश किया जो पूँजीवाद के कारण पैदा होती हैं। अन्य क्लासिकल अर्थशास्त्रियों की तरह मार्क्स के आर्थिक विचार भी उनके दार्शनिक और ऐतिहासिक दृष्टिकोण से प्रभावित हैं। मार्क्स ने हीगेल द्वारा प्रतिपादित निरंतर चलने वाली परिवर्तन की द्वंद्वात्मक प्रक्रिया को स्वीकार किया और इस निष्कर्ष पर पहुँचे कि हर आर्थिक प्रणाली अपनी विपरीत शक्तियों को पैदा करती है और इसी प्रक्रिया में उसके भीतर लाज़मी तौर पर परिवर्तन होता है। यह सिद्धांत यथास्थिति को नकारने और किसी भी व्यवस्था में अंतर्विरोध पैदा करने के लिए काफ़ी था। मार्क्स ने अपनी यह रैडिकल विचार-दृष्टि पूँजीवाद के अध्ययन पर भी लागू की। उनकी व्याख्याएँ और दलीलें *द कम्युनिस्ट मैनिफ़ेस्टो, दास कैपिटल* (तीन खण्ड), *थियरीज़ ऑफ़ सरप्लस वैल्यू* (तीन खण्ड), *वैल्यू, प्राइस ऐंड प्रॉफ़िट* और *वेज लेबर ऐंड कैपिटल* जैसे विख्यात और बहुचर्चित ग्रंथों में वर्णित हैं।

ऐतिहासिक भौतिकवाद की अपनी योजना के मुताबिक़ मार्क्स पूँजीवाद को मानव समाज के ऐतिहासिक विकास की प्रक्रिया के एक ऐसे चरण की तरह देखते हैं जिसका आगमन सामंती आर्थिक निज़ाम के बाद हुआ। मनुष्य शुरू में आखेट और संग्रह के ज़रिये आर्थिक गतिविधियाँ करता था। इसके बाद उसने खेतिहर समुदायों के रूप में जीवनयापन करना शुरू किया, जो जल्दी ही सामंती आर्थिक संबंधों में विकसित हो गया। सामंतवाद के तहत भू-

कार्ल हाइनरिख़ मार्क्स (1818-1883) : परिवक्व मार्क्स

स्वामियों द्वारा मुहैया करायी गयी सुरक्षा के बदले किसान उन्हें अपनी उपज का एक हिस्सा देने लगे। यही सामंतवाद उस समय पूँजीवाद में बदला जब छोटे पैमाने की मैन्यूफ़ैक्चरिंग करने वाले और राष्ट्रीय-अंतर्राष्ट्रीय स्तर पर माल की तिजारत करने वाले व्यापारियों का उद्‌भव हुआ।

मार्क्स अपनी रचनाओं में हर आर्थिक चरण के सकारात्मक और नकारात्मक पहलुओं की चर्चा करते हैं। पूँजीवाद के भी कई पहलू उनकी निगाह में श्रेयस्कर हैं; जैसे, पूँजीवाद बेहतर प्रौद्योगिकी और मशीनों का उपयोग करके औसत जीवन-स्तर बढ़ाने में कामयाब होता है। दूसरे, वह 'ग्रामीण जीवन की अबोधता' से मज़दूरों को निकाल कर शहरों और महानगरों की तरफ़ ले जाता है। पूँजीवाद के नकारात्मक पहलुओं की शिनाख़्त उन्होंने इस व्यवस्था की अनिवार्य चरित्रगत बुराइयों के रूप में की। दिलचस्प बात यह है कि द *कम्युनिस्ट मैनिफ़ेस्टो* के दूसरे अध्याय में मार्क्स पूँजीवादी व्यवस्था में कई तरह के सुधारों की नीतिगत तजवीज़ें करते हैं: सार्वजनिक पुस्तकालयों की स्थापना, मुफ़्त शिक्षा का प्रावधान, कारख़ानों में बाल श्रम का उन्मूलन, प्रगामी आयकर, सभी तरह की निजी विरासत का अंत, संचार और परिवहन पर सरकारी नियंत्रण और एक राष्ट्रीय बैंक की स्थापना। लेकिन मार्क्स ने यह भी दावा किया कि ये उपाय पूँजीवाद को ज़्यादा से ज़्यादा सहन करने योग्य ही बना सकते हैं। उसके नकारात्मक पहलुओं का बुनियादी समाधान किसी तरह की आर्थिक नीतियों के ज़रिये नहीं हो सकता। उनका तर्क था कि व्यवस्था कैसे भी उपाय करे, पूँजीवाद इन्हीं समस्याओं के कारण उत्तरोत्तर संकटग्रस्त होता चला जाएगा और एक दिन अपने ही अंतर्विरोधों से उसे नष्ट हो जाना पड़ेगा।

मार्क्स के अनुसार मज़दूरों का शोषण पूँजीवाद का मुख्य लक्षण है। शोषण के विचार के पीछे मार्क्स की मूल्य संबंधी धारणा थी जिसके आधार में रिकार्डो द्वारा प्रतिपादित मूल्य का श्रम सिद्धांत था। रिकार्डो की ही भाँति मार्क्स मानते हैं कि किसी भी वस्तु का मूल्य उसे उत्पादित करने वाले प्रत्यक्ष या अप्रत्यक्ष श्रम के आधार पर आँका जाना चाहिए। लेकिन, अपने मूल्य सिद्धांत में मार्क्स यहीं नहीं रुके। रिकार्डो के परे जाते हुए उन्होंने *कैपिटल* के पहले खण्ड में कहा कि किसी जिंस या वस्तु का उपयोग-मूल्य उसके भौतिक गुणों पर निर्भर होता है जिसकी प्राप्ति उस वस्तु के उपभोग की प्रक्रिया में होती है। मार्क्स के अनुसार मूल्य एक तकनीकी संबंध न हो कर मनुष्यों के बीच का एक सामाजिक संबंध है जो पूँजीवाद के तहत एक ख़ास तरह का भौतिक रूप अख़्तियार करके जिंस के रूप में प्रकट होता है; अर्थात् मूल्य सिर्फ़ एक दिमाग़ी अवधारणा नहीं है, बल्कि पूँजीवादी सामाजिक संबंध उसे भौतिक रूप दे देते हैं।

मार्क्स ने मूल्य को तीन हिस्सों में बाँटा : स्थिर पूँजी (मशीनरी, प्लांट वग़ैरह, जिसकी कीमत में लगातार क्षय होता रहता है), परिवर्ती पूँजी (मज़दूरी, जो बदलती रहती है) और अधिशेष मूल्य (सरप्लस वैल्यू जो स्थिर पूँजी और परिवर्ती पूँजी के ऊपर हासिल किया जाता है)। मार्क्स ने पूँजीवाद के सारतत्त्व की इस तरह व्याख्या की : धन के ज़रिये मशीन और श्रम ख़रीदना ताकि वस्तु का उत्पादन किया जाए, और फिर उसे ज़्यादा दामों पर बेच कर अधिशेष मूल्य प्राप्त किया जा सके। चूँकि मज़दूर के पास पूँजी नहीं होती इसलिए वह अपना श्रम बेचने के लिए मजबूर होता है। अपने नित्य प्रयासों के ज़रिये मज़दूर जिंसें ही नहीं बनाता, वे मशीनें भी बनाता है जिनसे भविष्य में और माल बन सकता है। लेकिन मज़दूर को अपनी कोशिशों से बने माल का पूरा मूल्य मज़दूरी के रूप में नहीं मिलता। अपने एक कार्यदिवस के शुरुआत के हिस्से में ही अपनी मज़दूरी लायक माल बना देता है, और बाक़ी हिस्से में वह पूँजीपति के मुनाफ़े के लिए काम करता है। पूँजीपति कार्यदिवस की अवधि बढ़ा कर, श्रम की सघनता बढ़ा कर और काम के बीच में उसे सुस्ताने का कोई मौक़ा न दे कर अधिक से अधिक अधिशेष मूल्य पैदा करने की कोशिश करता है।

अधिशेष मूल्य के सिद्धांत को अधिक परिष्कृत करते हुए मार्क्स ने श्रम और श्रम-शक्ति के बीच अंतर करके यह दिखाया कि अधिशेष मूल्य केवल मज़दूरी ख़रीदने और बेचने के क्रम में हुई नाइंसाफ़ी का नतीजा नहीं है। अगर श्रम-शक्ति

उसके सही मूल्य पर बेची जाए तो भी अधिशेष मूल्य उस श्रम द्वारा किये जाने वाले उत्पादन के भीतर पैदा हो जाता है; अर्थात् मज़दूर का शोषण व्यक्तिगत धरातल पर मज़दूर और मालिक के बीच हुए आदान-प्रदान पर निर्भर नहीं होता, बल्कि वह उत्पादन की प्रक्रिया में ही निहित है। शोषक और शोषित की हैसियत न्यायसंगत विनिमय स्थापित करने से ख़त्म नहीं हो सकती। वह तो एक वर्गीय हैसियत है जो इस बात से तय होती है कि उत्पादन के साधनों पर किसका क़ब्ज़ा है। इस क़ब्ज़े का फ़ैसला केवल वर्गों के बीच संघर्ष से ही हो सकता है।

मार्क्स ने अधिशेष मूल्य के परम और सापेक्ष पहलुओं की व्याख्या करने से पहले पण्यों और मुद्रा के संचार की रूपरेखा पेश की। इस प्रकार उन्होंने पूँजीवादी संचय की प्रकृति रेखांकित की और पता लगाया कि मज़दूरी और मज़दूर वर्ग के लिए उसके क्या फलितार्थ हो सकते हैं। उन्होंने कहा कि पूँजी के दो घटक होते हैं : अतीत में उत्पादित की जा चुकी वस्तुओं में निहित 'मृत' श्रम उसका स्थिर घटक होता है, और वर्तमान में किया जाने वाले से श्रम उसका परिवर्ती घटक बनता है। पूँजी जैसे-जैसे संचित होगी, परिवर्ती घटक में बढ़ोतरी होती चली जाएगी। नतीजतन मुनाफ़े की दर गिरेगी जिसे रोकने या बढ़ाने के लिए पूँजीपति को श्रम का और अधिक सघन दोहन करना पड़ेगा। चूँकि मज़दूर अपने श्रम के परिणामस्वरूप पैदा होने वाले उत्पाद, उत्पादन के साधनों और उत्पादन की प्रक्रिया पर किसी भी क़िस्म के नियंत्रण से वंचित होंगे, इसलिए उनके भीतर बेगानगी पनपने लगेगी। उसे अपनी ज़िंदगी चलाने के लिए जितना श्रम करना चाहिए, उससे कहीं अधिक श्रम करवाया जाएगा। काम के घंटे बढ़ते चले जाएँगे और अधिक से अधिक अधिशेष मूल्य खींचा जाएगा।

मार्क्स ने यह मानने से इनकार किया कि मज़दूर आलसी और कम कुशल होता है इसलिए अधिक उत्पादन करने के लिए उसे लम्बे समय तक काम करना चाहिए। उन्होंने 'सामाजिक रूप से आवश्यक श्रम-अवधि' की धारणा का सूत्रीकरण किया और इसके लिए सामान्य उत्पादन, कार्यकुशलता के औसत स्तर और श्रम की गहनता को आधार बनाया। मानवीय क्षमता के बीच फ़र्क़ पर ज़ोर देने के बजाय उन्होंने तर्क दिया कि कौशल की प्राप्ति प्रशिक्षण से हो सकती है। प्रशिक्षण के माध्यम से जटिल क़िस्म का श्रम साधारण क़िस्म के श्रम में बदल जाता है।

आर्थिक विज्ञान में मार्क्स का एक और मौलिक योगदान संकट-सिद्धांत है जिसने ट्रेड साइकिल थियरी या चक्रीय उतार-चढ़ाव के सिद्धांत को विकसित किया है। इसके मुताबिक़ हर दस साल में एक आर्थिक संकट आ सकता है। पूँजीवादी उत्पादन की प्रकृति ख़रीदने और बेचने की प्रक्रिया को अलग-अलग कर देती है जिसके कारण बिक्री से होने वाली आमदनी नयी ख़रीद में ख़र्च करने के बजाय जमा किये जाने की सम्भावना पैदा हो जाती है। अपने ज़माने के आर्थिक अनुभव पर ग़ौर करते हुए मार्क्स ने कई उद्योगों की अलग-अलग वृद्धि दरों की जाँच करके ट्रेड साइकिल्स के कारणों का विश्लेषण किया।

पूँजीवाद के आंतरिक अंतर्विरोधों के बारे में मार्क्स का विचार था कि पूँजी के मालिक आपसी होड़ के कारण उत्तरोत्तर धन-सम्पत्ति बढ़ाते जाने के लिए अभिशप्त हैं। वे एक-दूसरे को दबाव में रखते हैं। उनकी हैसियत या तो बढ़ती है, या घटती है। यथास्थिति कभी क़ायम करने की कोशिश उनकी प्रतिष्ठा और सत्ता का अंत कर देती है। दूसरे पूँजीवाद लगातार इजारेदारी और आर्थिक संकेंद्रण की तरफ़ जाता है। तीसरे, मार्क्स ने पूँजीवादी प्रणाली के तहत मुनाफ़े में आने वाली गिरावट को एक सामान्य नियम की तरह देखा, और साथ में कई तरह की प्रति-प्रक्रियाओं की भी शिनाख़्त की। मार्क्स का ख़याल था कि पूँजीवादी प्रणाली के संकट को प्रमुख संकट और उसके अधीन या उससे निर्देशित होने वाले गौण संकटों के बीच बाँट कर देखना चाहिए। पूँजीपति मुनाफ़े की दर गिरने से रोकने के लिए श्रम की जगह मशीनों के इस्तेमाल से बेरोज़गारों की 'रिज़र्व फ़ौज' तैयार कर देता है जिससे सामाजिक असंतोष पनपता है। चूँकि सरकारी कोशिशें (कोई ढाँचागत सुधार या वर्ग संघर्ष की प्रक्रिया) प्रणाली के बुनियादी चरित्र को नहीं बदलती, इसलिए संकट वास्तव में हल नहीं होता।

देखें : अर्नेस्टो चे गुएवारा, आधार और अधिरचना, ऑस्कर रायज़ार्ड लांगे, आंगिक और पारम्परिक बुद्धिजीवी, एंतोनियो ग्राम्शी, नयी सदी में मार्क्सवादी विमर्श-1, 2. 3,4 5, 6, 7, 8 और 9, निष्क्रिय क्रांति, फ्रेड्रिख़ एंगेल्स, भारत में किसान संघर्ष-2 और 4, भारतीय इतिहास लेखन-4 और 5, भाषा के मार्क्सवादी सिद्धांत, भ्रांत चेतना, बोल्शेविक क्रांति, फ्रांस्वा-चार्ल्स मारी फ़ूरिये, क्यूबा की क्रांति, फ्रेंज़ फ़ानो, हिंसा-1 और 2, मानवेंद्र नाथ राय, माओ त्से-तुंग, माओवाद और माओ विचार, मार्क्सवाद-1, 2, 3, 4 और 5, मार्क्सवादी इतिहास-लेखन, मार्क्सवादी समाजशास्त्र, मार्क्सवाद और पारिस्थितिकी, मार्क्सवादी अर्थशास्त्र, समाजवादी वसंत-1, 2, 3, और 4, लेनिनवाद, लियोन ट्रॉट्स्की, लिबरेशन थियोलॅजी, सांस्कृतिक क्रांति, स्तालिन और स्तालिनवाद, सोवियत समाजवाद-1, 2 और 3, सोवियत सिनेमा, वर्चस्व, व्लादिमिर इलीच लेनिन।

संदर्भ

1. जोआन रॉबिंसन (1960), *एन एसे ऑन मार्क्सियन इकॉनॉमिक्स*, लंदन, मैकमिलन.
2. रॉबर्ट पॉल वोल्फ़ (1984), *अंडरस्टेंडिंग मार्क्स : अ रिकंस्ट्रक्शन ऐंड क्रिटीक ऑफ़ 'कैपिटल'*, प्रिंसटन युनिवर्सिटी प्रेस, प्रिंसटन, न्यू जर्सी.
3. एम.सी. हॉवर्ड (1992), *अ हिस्ट्री ऑफ़ मार्क्सियन इकॉनॉमिक्स*, मैकमिलन एजुकेशन, बेसिंगस्टोक.

4. पी.एन. जुनानकर (1982), *मार्क्सिज़ इकॉनॉमिक्स*, फ़िलिप एन, डेडिंगटन.

— **अभय कुमार दुबे**

कार्ल हाइनरिख़ मार्क्स-4

(मज़दूर आंदोलन का सांगठनिक ढाँचा)

(Karl Heinrich Marx-4)

यह देख कर कुछ ताज्जुब हो सकता है कि मार्क्स को *पूँजी* के पहले खण्ड का उपसंहार करने में इतना समय लगा। इस रचना का आधार तो *ग्रंडरिसे* और *थियरीज़ ऑफ़ सरप्लस वेल्यू* में बन चुका था। आर्थिक अभाव और बीमारी की समस्याएँ तो थी हीं, *पूँजी* का पहला खण्ड पूरा करने में मार्क्स को इतना समय इसलिए भी लगा कि उन्होंने अपनी काफ़ी ऊर्जा कम्युनिस्ट आंदोलन का ढाँचा खड़ा करने में ख़र्च की। निष्कासन में रहते हुए मार्क्स और उनके साथियों ने कम्युनिस्ट लीग का पुनर्गठन किया। मार्च, 1850 में लीग की केंद्रीय समिति के सामने दिये गये भाषण में उन्होंने और एंगेल्स ने चालीस के दशक के आख़िरी सालों में अपनी गतिविधियों की समीक्षा की। इस वक्तव्य में लोकतंत्र के मध्यवर्गीय पैरोकारों के साथ मज़दूर वर्ग के राजनीतिक प्रतिनिधियों द्वारा क़ायम किये जाने वाले एकता और संघर्ष के रिश्ते की व्याख्या शामिल थी। मार्क्स ने चेतावनी दी कि अगर मज़ूदर वर्ग पेटी-बूर्ज्वा के साथ पूरी तरह से जुड़ जाएगा तो बड़ी मुश्किलों से हासिल हुई अपनी स्वायत्तता खो बैठेगा, क्योंकि पेटी-बूर्ज्वा पूरे समाज के रूपांतरण की कोशिशों को कभी परवान नहीं चढ़ने दे सकता।

1864 से 1872 के बीच मार्क्स ने इंटरनैशनल वर्किंगमेंस एसोसिएशन की स्थापना में मदद की। इसी संस्था को आगे चल कर पहले कम्युनिस्ट इंटरनैशनल के नाम से जाना गया। इसमें युरोप, अमेरिका और दक्षिणी अमेरिका के महत्त्वपूर्ण मज़दूर संगठनों की हिस्सेदारी थी। इंटरनैशनल की गतिविधियों में मार्क्स गले तक डूब गये। 1864 में मार्क्स उसकी जनरल कौंसिल में चुने गये। संगठन ने पोलैण्ड की स्वतंत्रता और आयरिश होम रूल के आंदोलन का समर्थन किया। अमेरिकी गृह युद्ध के दौरान इंटरनैशनल ने दास प्रथा के ख़िलाफ़ आवाज़ उठायी। फ्रांस और जर्मनी के बीच हुए युद्ध का विरोध किया। इस संगठन की सालाना कांग्रेस की तैयारी में उन्होंने जम कर भागीदारी की और साथ में मिख़ाइल बाकूनिन के नेतृत्व में की जा रही अराजकतावादी दावेदारियों के ख़िलाफ़ बौद्धिक संघर्ष भी चलाया। इस मुठभेड़ में मार्क्स की ही जीत हुई। मार्क्स इस पक्ष में भी थे कि इंटरनैशनल की जनरल कौंसिल का मुख्यालय लंदन के बजाय न्यूयॉर्क में बनाया जाये। 1872 में उनकी यह बात भी मान ली गयी, लेकिन इसका उल्टा असर पड़ा और इंटरनैशनल की गतिविधियों में गिरावट आने लगी।

इसी दौरान 1871 फ्रांस में एक ऐसी घटना हुई जिसने मार्क्स का ध्यान विशेष रूप से आकर्षित किया। फ्रांस और जर्मन के बीच युद्ध में पराजय के बाद जब अस्थायी सरकार मैदान छोड़ कर भाग गयी तो पेरिस के नागरिकों ने बग़ावत करके अपनी क्रांतिकारी सरकार स्थापित की। इस घटना को इतिहास में पेरिस कम्यून के नाम से जाना जाता है। तीन महीने के भीतर-भीतर फ्रांसीसी सैनिकों ने बिस्मार्क की फ़ौजों के साथ साठगाँठ करके पेरिस कम्यून के ख़िलाफ़ रक्तपात आयोजित किया। मार्क्स के नेतृत्व में इंटरनैशनल कम्यून के पक्ष में खड़ा हुआ। इस विषय में लिखी गयी मार्क्स की मशहूर रचना *सिविल वार इन फ्रांस* के नाम से जानी जाती है। अपनी इसी कृति में मार्क्स ने पहली बार दिखाया कि शासक वर्गों द्वारा तैयार किये गये पहले से चले आ रहे राज्य-तंत्र पर क़ब्ज़ा मात्र कर लेने से मज़दूर वर्ग का काम नहीं चलने वाला। उसे तो मज़दूरों के क्रांतिकारी जनवादी राज्य की स्थापना करनी होगी जिसके तहत राज्य के दमनकारी औज़ारों का धीरे-धीरे ख़ात्मा करना होगा। इस राज्य को ज़्यादा से ज़्यादा लोकतांत्रिक कामकाज के प्रत्यक्ष तौर-तरीक़े अपनाने होंगे। मार्क्स का विचार था कि ऐसा करने से ही राज्य की संस्था तिरोहित हो सकेगी।

जीवन के अंतिम दौर में मार्क्स ने जो लिखा उसमें *द क्रिटीक ऑफ़ गोथा कार्यक्रम* (1875) विशेष रूप से उल्लेखनीय है। इस रचना में नवगठित जर्मन सोशलिस्ट डेमॉक्रैटिक पार्टी के कार्यक्रम की कड़ी आलोचना की गयी थी। यह पार्टी फ़र्दिनैंद लासाल के दल और ऑग्यूस्त बेबेल व विल्हेल्म लीबनेख़्त की पार्टी के विलय का नतीजा थी। लासाल उस समय तक गुज़र चुके थे। मार्क्स का मानना था कि मज़दूरों के इस नये जन-संगठन के ऊपर लासाल का सुधारवादी और राज्यवादी रवैया हावी है। इस रचना में मार्क्स ने स्पष्ट किया कि भविष्य की मज़दूर क्रांतियों से निकलने वाले समाज पहले से कहीं ज़्यादा समतामूलक, अधिक मुक्त और अधिक राज्य-विहीन तो होंगे, पर उनमें पूँजीवादी और वर्गीय समाज के तत्त्वों का प्रभाव भी काफ़ी समय तक रहेगा।

जीवन के अंतिम दौर में मार्क्स ने रूस में क्रांति के प्रश्न पर गहराई से विचार किया, रूसी भाषा सीखने की कोशिश की, रूसी कार्यकर्ताओं और बुद्धिजीवियों से ख़तो-किताबत की। *कम्युनिस्ट मैनिफ़ेस्टो* के रूसी संस्करण की भूमिका लिखते हुए उन्होंने इस सम्भावना पर भी ग़ौर किया कि क्या रूस के किसान कम्यूनों में बिना पूँजीवाद की मंज़िल से गुज़रे

हुए उसमें साम्यवादी साझा स्वामित्व के मक़ाम तक पहुँचने की सम्भावना है ? इस प्रश्न का उत्तर मार्क्स ने इस तरह दिया कि अगर रूस की क्रांति पश्चिम में सर्वहारा क्रांतियों की शुरुआत करवा सके और ये सभी क्रांतियाँ एक-दूसरे की मदद करें, तो यह हो सकता है कि ज़मीन की साझा मिल्कियत वाले किसानों के कम्यून कम्युनिस्ट समाज के आधार बन जायें।

मार्क्स का विचार था कि पूँजीपति अपने स्वार्थ में ऐसी किसी नीति को बनने ही नहीं देंगे जो मज़दूरों के जीवन-स्तर को बेहतरी की तरफ़ ले जा सकती हो। इसलिए उन्हें पूरा यक़ीन था कि वर्ग संघर्ष लाज़मी तौर पर हिंसक और क्रांतिकारी होगा। इसी तरह मार्क्स ने इस सम्भावना को भी तरजीह नहीं दी कि सरकारी नीति के ज़रिये बेरोज़गारी को कम भी किया जा सकता है, श्रमिकों को सौदेबाज़ी की ताक़त देने वाले क़ानून भी बनाये जा सकते हैं और श्रम व पूँजी के टकराव को प्रबंधित किया जा सकता है। मार्क्स के आलोचकों का कहना है कि वे पूँजीवादी प्रणाली के लचीलेपन को समझने में नाकाम रहे। समय के साथ बदलने की उसकी प्रवृत्ति की शिनाख़्त भी वे नहीं कर पाये। वे लोकतांत्रिक सरकारों की उस क्षमता को भी नहीं देख पाये जिनके तहत पूँजीवाद की निर्ममता को कम करने वाली नीतियाँ बनती हैं। यह अलग बात है कि अपनी दृष्टि की इन सीमाओं के बावजूद पूँजीवादी व्यवस्था की गतिशीलता और उससे निकलने वाले तनावों का मार्क्स से बेहतर विश्लेषण आज तक कोई और नहीं कर पाया है।

कार्ल मार्क्स का जन्म जर्मनी के त्रिएर में एक मध्यवर्गीय और ख़ुशहाल यहूदी परिवार में हुआ था। उनके वकील पिता युरोपीय ज्ञानोदय और उदारतावादी विचारों से प्रभावित थे। उन्होंने वकालत में सफलता पाने के लिए प्रोटेस्टेंट ईसाइयत भी ग्रहण कर ली थी। मार्क्स शुरू से ही एक बेहद प्रतिभाशाली विद्यार्थी थे। दर्शनशास्त्र में बुनियादी दिलचस्पी होने के साथ-साथ उनकी निगाह राजनीतिक घटनाक्रम पर भी रहती थी। मार्क्स के सोच-विचार पर उनके पड़ोसी और पारिवारिक दोस्त बैरन वॉन वेस्टफ़ालिन का असर भी पड़ा। वेस्टफ़ालिन फ्रांस के काल्पनिक समाजवादी सिद्धांतकार और नेता सैं-सिमो के विचारों से काफ़ी प्रभावित थे। मार्क्स ने आगे चल कर बैरन की पुत्री और अपने बचपन की दोस्त जेनी से ही विवाह किया।

जेना विश्वविद्यालय (उन दिनों यह संस्था वामपंथी हेगेलवादियों की धुरी बनी हुई थी) से दर्शनशास्त्र की पढ़ाई और वहीं से डॉक्टरेट करने के बाद अध्यापक की नौकरी न मिलने पर मार्क्स ने एक उदार-वामपंथी अख़बार का सम्पादन किया, पर साल भर के भीतर प्रशियन सेंसर ने उसे प्रतिबंधित कर दिया। मार्क्स को पेरिस जाना पड़ा जहाँ वे कई समाजवादियों और कम्युनिस्टों के सम्पर्क में आये। वहीं उनकी फ्रेड्रिख़ एंगेल्स से दोस्ती हुई। एंगेल्स एक धनी कारख़ानेदार के बेटे और प्रतिष्ठित अर्थशास्त्री थे। उनकी रचना द *कंडीशन ऑफ़ वर्किंग क्लास इन इंग्लैण्ड* क्लासिक का दर्जा प्राप्त कर चुकी थी। एंगेल्स न केवल मार्क्स के आजीवन बौद्धिक सहयोगी साबित हुए, बल्कि उन्होंने हमेशा अपने दोस्त की आर्थिक मदद भी की।

अपने रैडिकल विचारों के कारण मार्क्स को जल्दी ही पेरिस से भी निष्कासित कर दिया गया। उन्होंने कुछ दिन ब्रुसेल्स में रहने की कोशिश की और वहाँ से भी निष्कासित होने के बाद लंदन चले गये। वहाँ अधिकारियों ने कुछ हिचक के साथ उन्हें शरण देना स्वीकार कर लिया। उनके जीवन के बाक़ी 33 साल लंदन में ही ब्रिटिश म्यूज़ियम लाइब्रेरी में अध्ययन और मनन करते हुए बीते। इस समय का ज़्यादातर हिस्सा उन्होंने अपनी महान रचना *कैपिटल* लिखते हुए बिताया, जिसका पहला खण्ड ही उनके जीवन में प्रकाशित हो सका। बाक़ी दोनों खण्ड मार्क्स के नोट्स के आधार पर उनके मित्र एंगेल्स के सम्पादन में निधनोपरांत प्रकाशित हुए।

देखें : अर्नेस्टो चे गुएवारा, आधार और अधिरचना, ऑस्कर रायज़ार्ड लांगे, आंगिक और पारम्परिक बुद्धिजीवी, एंतोनियो ग्राम्शी, नयी सदी में मार्क्सवादी विमर्श-1, 2. 3,4 5, 6, 7, 8 और 9, निष्क्रिय क्रांति, फ्रेड्रिख़ एंगेल्स, भारत में किसान संघर्ष-2 और 4, भारतीय इतिहास लेखन-4 और 5, भाषा के मार्क्सवादी सिद्धांत, भ्रांत चेतना, बोल्शेविक क्रांति, फ्रांस्वा-चार्ल्स मारी फ़ूरिये, क्यूबा की क्रांति, फ्रेंज़ फ़ानो, हिंसा-1 और 2, मानवेंद्र नाथ राय, माओ त्से-तुंग, माओवाद और माओ विचार, मार्क्सवाद-1, 2, 3, 4 और 5, मार्क्सवादी इतिहास-लेखन, मार्क्सवादी समाजशास्त्र, मार्क्सवाद और पारिस्थितिकी, मार्क्सवादी अर्थशास्त्र, समाजवादी वसंत-1, 2, 3, और 4, लेनिनवाद, लियोन ट्रॉट्स्की, लिबरेशन थियोलॉजी, सांस्कृतिक क्रांति, स्तालिन और स्तालिनवाद, सोवियत समाजवाद-1, 2 और 3, सोवियत सिनेमा, वर्चस्व, व्लादिमिर इलीच लेनिन।

संदर्भ

1. तियोदोर शैनिन (सम्पा.) (1983), *लेट मार्क्स ऐंड द रशियन रोड : मार्क्स ऐंड द 'दि प्रिंसिपल्स ऑफ़ कैपिटलिज़म'*, मंथली रिव्यू प्रेस, न्यूयॉर्क.
2. एम. रुबेल और एम. मैनाले (1976), *मार्क्स विदआउट मिथ : अ क्रोनोलॉजीकल स्टडी ऑफ़ हिज़ लाइफ़ ऐंड वर्क्स*, हार्पर ऐंड रो, न्यूयॉर्क.
3. एफ़. मेहरिंग (1962), *कार्ल मार्क्स : द स्टोरी ऑफ़ हिज़ लाइफ़*, युनिवर्सिटी ऑफ़ मिशिगन प्रेस, एन आरबॅर.
4. आर.एन. हंट (1974, 1984), *द पॉलिटिकल आइडियाज़ ऑफ़ मार्क्स ऐंड एंगेल्स*, दो खण्ड, युनिवर्सिटी पिट्सबर्ग प्रेस, पिट्सबर्ग.
5. बोरिस निकोलॉयवस्की और ऑटो मैंचेन-हैल्फ़ैन (1970), *कार्ल मार्क्स : मैन ऐंड फ़ाइटर*, पेंगुइन, नयी दिल्ली.

— अभय कुमार दुबे

काशी प्रसाद जायसवाल-1

(हिंदू राज्य-व्यवस्था)

(Kashi Prasad Jaiswal-1)

भारत के राष्ट्रवादी इतिहासकार काशी प्रसाद जायसवाल (1881-1937) ने अपनी रचनाओं में भारत के अतीत, उसके इतिहास, उसकी विधि-संहिताओं और राज्य-व्यवस्था का सराहनापूर्ण चित्र उपस्थित किया है। प्राचीन भारत की हिंदू राज्य-व्यवस्था पर लिखा गया उनका इतिहास इस स्थापना का खण्डन है कि भारतीय समाज प्राच्य-निरंकुशता के शिकंजे में जकड़ा हुआ था। *द केम्ब्रिज हिस्ट्री ऑफ़ इण्डिया* और *हिस्टोरी दु मोंद* जैसी स्थापित और मानक कृतियों में उद्धृत और संदर्भित होने वाली जायसवाल की कृतियों की दुनिया भर की प्राच्यवादी पत्रिकाओं ने प्रशंसा की है। प्राचीन भारत के अ-राजतांत्रिक राज्य होने की अवधारणा पर *मॉडर्न रिव्यू* (1912-13) में प्रकाशित लेखों में जायसवाल ने साबित किया कि उस समय का भारत न केवल राजनीतिक रूप से विकसित था बल्कि उसमें ऐसे गणराज्यों का अस्तित्व भी था, जो अपना शासन स्वयं चलाते थे। उनके ये विचार 1924 में *हिंदू पॉलिटी* के रूप में प्रकाशित हुए। प्राच्य-निरंकुशता की अभिधारणा को ग़लत साबित करते हुए उन्होंने दर्शाया कि भारतीय अतीत में न केवल सरकार का एक संवैधानिक स्वरूप था बल्कि सम्पूर्ण संसदीय प्रणाली का अस्तित्व था। बुद्ध के काल में गणराज्यों के होने के प्रमाण विद्वानों को मिल चुके थे, लेकिन जायसवाल ने इन गणराज्यों को अतीत में और पीछे खोजा। बौद्ध संघों में अपनायी जाने वाली लोकतांत्रिक प्रक्रिया से जायसवाल ने निष्कर्ष निकाला कि प्राचीन हिंदू गणराज्यों में प्रस्ताव रखे जाते होंगे, उन पर बहस होती होगी और फिर बहुमत के ज़रिये उन पर फ़ैसला होता होगा। ऐसे गणतांत्रिक राज्यों की शासन प्रणालियों पर प्रकाश डालते हुए जायसवाल ने दिखाया कि उनमें वोटिंग ऑफ़ ग्रांट्स जैसी रीतियाँ भी शामिल थीं।

काशी प्रसाद जायसवाल का जन्म उत्तर प्रदेश के मिर्ज़ापुर में 27 नवम्बर, 1881 को हुआ था। वे इलाहाबाद विश्वविद्यालय से स्नातक करने के उपरांत आगे की शिक्षा के लिए ऑक्सफ़र्ड युनिवर्सिटी के जीसस कॉलेज गये जहाँ 1909 में उन्होंने प्राचीन भारतीय इतिहास में परास्नातक की उपाधि अर्जित की। परास्नातक के दौरान उन्हें डेविस स्कालरशिप इन चाइनीज़ भी मिली। 1910 में वे बैरिस्टर-एट-लॉ रहते हुए लंदन के बार ऑफ़ लिंकंस इन द्वारा बुलाये गये। भारत वापसी के बाद कलकत्ता में उन्होंने वकालत शुरू कर दी। यहीं उनकी भेंट सर आशुतोष मुखर्जी से हुई जिनकी प्रेरणा से प्राचीन भारतीय इतिहास का अध्ययन शुरू किया। उन्हें कलकत्ता में ही युनिवर्सिटी में प्राचीन इतिहास के व्याख्याता के तौर पर भी नौकरी मिली। *मॉडर्न रिव्यू* में प्रकाशित अपने कुछ लेखों द्वारा जायसवाल ने जल्द ही मौलिक शोध के क्षेत्र में स्वयं को ख्यातिलब्ध कर लिया। 1916 में जायसवाल पटना आ गये और जीवनपर्यंत वहीं रहे।

काशी प्रसाद जायसवाल का विख्यात ग्रंथ *हिंदू पॉलिटी* मुख्यत: प्राचीन राज्य-व्यवस्था को दो भागों में बाँट कर देखता है : एक भाग वैदिक सभाओं और हिंदू गणराज्यों पर है, और दूसरा भाग राजतंत्र और साम्राज्यवादी व्यवस्था पर है। पहले भाग में जायसवाल अपने विचारों को मूर्त रूप देते हुए उनकी रूपरेखा प्रस्तुत करते हैं। वैदिक शब्दावली, जैसे समिति, सभा आदि का संक्षिप्त विवरण प्रस्तुत करने के बाद वे गण और संघ के रूप में विद्यमान हिंदू गणराज्य की विस्तार से चर्चा करते हुए कई नयी प्रस्थापनाएँ पेश करते हैं। जायसवाल के अनुसार, 'वैदिक काल में हिंदू समाज क़बीलों या गणों में बँटा हुआ था, और गणों के सदस्य *इटैलिसाइज़* कहलाते थे जिससे वैश्य (यानी जनसाधारण) शब्द निकला है। *विस* की सम्पूर्ण संख्या एक जगह मिल कर बैठक करती थी (समिति में) ताकि उस जन-सभा या समिति के ज़रिये सार्वजनिक मसलों पर चर्चा की जा सके। उस बैठक में सभी विस: उपस्थित माने जाते थे, क्योंकि उस समय प्रतिनिधित्व का नियम लागू नहीं था।' जायसवाल आगे बताते हैं कि समिति से छोटी और अलग तरह की परिषद्, भी थी। इसे सभा कहा जाता था। *अथर्ववेद* के एक गीत में समिति और सभा को दो बहिनों के रूप में दिखाया गया है। जायसवाल ने अनुमान लगाया है कि लोग (अभिजन) सभा में बैठ कर कुछ सार्वजनिक प्रश्नों पर फ़ैसले करते थे।

इस प्रक्रिया में जायसवाल मूलपाठों की सतर्क जाँच करते हुए कई नये राज्यों का नामोल्लेख और काल-निर्धारण के नये पैमाने प्रस्तुत करते हैं। पाणिनि और उनके टीकाकारों की जाँच-पड़ताल द्वारा जायसवाल ने पहचान के नये मानदण्ड खड़े किये, और पूर्वस्थापित शब्दावलियों के अर्थों को पुनर्परिभाषित किया, जैसे काशिका के ग्लौसुकायनाज का ग्लौगनिकायी या एरियन के ग्लौसाई से, मसुकर्निका का मौसिकनोस से, वासिति का ओसाडियोई से और अशोक के पितिनिकास का पाली के पेत्तिनिकास से। इस कृति में जायसवाल बताते हैं कि कैसे गण और संघ के आंतरिक तत्त्व और प्रक्रिया दोहरे राजत्व को दर्शाती हैं।

हिंदू पॉलिटी के दूसरे भाग में तुलनात्मक रूप से नवीन अध्याय की रचना करते हुए जायसवाल उनमें जनपदीय प्रणाली अथवा क्षेत्रीय सभाओं और पुर अथवा राजधानी क्षेत्र की सभा का वर्णन करते हैं। पुर (अथवा नगर) और जनपद जैसी दो महत्त्वपूर्ण शब्दावलियों के बहुतेरे उद्धरणों द्वारा

जायसवाल दिखाते हैं कि कैसे दोनों स्थानों के लोग एक दूसरे के साथ व्यवहार करते थे। इस भाग में बताया गया है कि भारतीय राजाओं पर सांविधानिक दबाव उनके तानाशाही रवैये पर एक औपचारिक बंधन था जिसे बाद के एक ग्रंथ *शुक्रनीति-सार* द्वारा मोटा-मोटी अपना लिया गया। इस ग्रंथ में यह दावा भी किया गया है कि बंधन के बजाय भारतीय राज-व्यवस्था में व्याप्त सांस्कृतिक प्रवृत्ति और लोकप्रिय मान्यताओं ने ही शासकों पर अंकुश लगाया। जायसवाल ने संधिविग्रहिक, प्रतिज्ञा और गणतांत्रिक मंत्रिमण्डलों के स्वरूप संबंधी विवरणों के साथ विधिक साक्ष्यों के आधार पर भू-स्वामित्व संबंधी राज्य के अधिकारों का बयान करने वाले परिच्छेदों का उल्लेख किया है। साथ ही यह भी बताया कि राजत्व का दैवी सिद्धांत और सामाजिक समझौते संबंधी स्थापनाएँ बहुत पहले से भारतीय समाज में व्याप्त रही हैं।

काशी प्रसाद जायसवाल की कुछ संकल्पनाओं की आलोचना करते हुए ए.एल. बाशम ने कहा है कि उन्होंने *हिंदू पॉलिटी* में अपने निष्कर्षों पर पहुंचने के लिए और अपनी अभिधारणा की सिद्धि के लिए विशाल परिमाण में स्रोतों का प्रयोग किसी बैरिस्टर की भाँति करते हुए एक अनुकूल न्यायिक फ़ैसला पाने का प्रयत्न किया है। अपने विरुद्ध सभी साक्ष्यों को दरकिनार करते हुए उन्होंने हर ऐसे अनुच्छेद पर बल दिया जो उनके मामले को मज़बूत बनाता हो और सर्वाधिक सकारात्मक आलोक में उसकी व्याख्या करता हो।

जायसवाल पर एक आरोप यह भी लगाया जाता है कि उन्होंने मध्य-एशियाई तथा कुछ अन्य क़बीलों का भारतीय जीवन का अविभाज्य अंग हो जाने और भारत से सम्पत्ति लूटकर अपने मूल देश न ले जाने की हक़ीक़त को नज़रअंदाज़ किया। इसी तरह उन पर शकों और कुषाणों के शासन से मुक्त कराने में भारतीय राजवंशों की भूमिका बढ़ा-चढ़ा कर दिखाने का आरोप भी लगाया जाता है। जायसवाल पर यह आरोप भी लगाया जाता है कि उन्होंने प्राचीन संस्थाओं पर आधुनिक राष्ट्रीय भावना की कलई चढ़ा दी है। दूसरी ओर प्राचीन भारत में उत्तरदायी सरकार का अस्तित्व सिद्ध करने के लिए जायसवाल ने अभिलेखों और साहित्यिक पाठों में उल्लिखित शब्दों और अनुच्छेदों को नयी व्याख्याओं के साँचे में ढाला। इस प्रकार उन्होंने गणतंत्रीय प्रशासन का जो स्वरूप प्रस्तुत किया है उस पर यू.एन. घोषाल सहित बहुत से लेखकों ने आपत्ति की है। दिलचस्प बात यह है कि इन आलोचनाओं के बावजूद प्राचीन भारत में गणतांत्रिक प्रयोग की प्रथा के बारे जायसवाल की मूल धारणा व्यापक रूप से मान ली गयी। इस तरह उनकी अग्रणी कृति *हिंदू पॉलिटी* को क्लासिक का दर्जा मिल गया।

देखें : आनंद केंटिश कुमारस्वामी, आर्थर लेवेलिन बाशम, बिपन चंद्र-1 और 2; भारतीय इतिहास-लेखन-1 से 4 तक, दामोदर धर्मानंद कोसम्बी-1 और 2, रमेश चंद्र दत्त, रमेश चंद्र मजूमदार, रणजीत गुहा, रामकृष्ण गोपाल भण्डारकर, रामशरण शर्मा, रोमिला थापर, वासुदेव शरण अग्रवाल, पांडुरंग वामन काणे, विश्वनाथ काशीनाथ राजवाड़े।

संदर्भ

1. काशी प्रसाद जायसवाल (1955), *हिंदू राज्य-व्यवस्था,* अनु. रामचंद्र वर्मा, काशी नागरी प्रचारिणी सभा, वाराणसी.
2. के.पी. जायसवाल (1930), *मनु ऐंड याज्ञवल्क्य, अ कम्पेरिज़न ऐंड अ कंट्रास्ट : अ ट्रीटाइज़ ऑन द बेसिक हिंदू लॉ,* बटरवर्थ ऐंड कम्पनी लिमिटेड. कलकत्ता
3. राम शरण शर्मा (2005), *इण्डियाज़ एंशियंट पास्ट,* ऑक्सफ़र्ड युनिवर्सिटी प्रेस, नयी दिल्ली.
4. एल.डी. बर्नेट (1926), 'द राजनीति-रत्नाकर बाई चण्डेश्वर बाई काशी प्रसाद जायसवाल', *जर्नल ऑफ़ रॉयल एशियाटिक सासाइटी ऑफ़ ग्रेट ब्रिटेन ऐंड आयरलैंड,* अंक 4 (अक्टूबर).
5. ए. बेरिडेल कीथ (1925), 'हिंदू कांस्टीट्युशनल लॉ', *जर्नल ऑफ़ कम्पेरिटिव लेजिसलेशन ऐंड इंटरनैशनल लॉ,* थर्ड सीरीज़, खण्ड 7, अंक 4.

—निर्मल कुमार पाण्डेय

काशी प्रसाद जायसवाल-2

(मनु और याज्ञवल्क्य की विधि-संहिताएँ)

(Kashi Prasad Jaiswal-2)

अपनी रचना *मनु ऐंड याज्ञवल्क्य, अ कम्पेरिज़न ऐंड अ कंट्रास्ट : अ ट्रीटाइज़ ऑन द बेसिक हिंदू लॉ* (1930) में काशी प्रसाद जायसवाल ने विश्लेषण करके बताया कि मनु आधारित सिद्धांत रिवाज़मूलक थे जो ब्राह्मणवाद के प्रभाव से व्यवस्थागत पवित्र नियमों में बदल गये। कौटिल्य के *अर्थशास्त्र* का काल-निर्धारण करते हुए जायसवाल ने इसे मनु के काल से भी पहले का अर्थात् ईसापूर्व 300 का माना। जायसवाल ने मनु और याज्ञवल्क्य के विधि-संग्रह को कौटिल्य की संहिता का ही परिष्कृत और ब्राह्मणवादी रूप क़रार दिया। वे मौर्य साम्राज्य के पतन के बाद आये ब्राह्मणवादी विजय के काल में मनु और याज्ञवल्क्य की कृतियों की रचना को इसका आधार मानते हैं। *अर्थशास्त्र* को चंद्रगुप्त के महामंत्री कौटिल्य की रचना मानते हुए जायसवाल इसका काल ईसापूर्व 300 से बाद का नहीं मानते।

जायसवाल ने नंद, मौर्य और शुंग काल-क्रम पर अभिलेखीय उद्धरणों की पठनीयता और स्थान-नामों की

प्राप्ति में दुरूहता के बावजूद कई पर्चों का प्रकाशन कराया साथ ही अकादमिक स्तर पर कम विवादित अभिलेखों का सराहनीय सम्पादन करते हुए उन्हें बिहार ऐंड ओडीशा रिसर्च सोसाइटी के जर्नल और *एपिग्रफ़िका इण्डिका* में प्रकाशित कराया। सामान्य धारा की रचनाओं में उन्होंने *स्मृति* (1924) और चण्डेश्वर के *राजनीति-रत्नाकर* का सम्पादन किया। उन्होंने अनंत प्रसाद शास्त्री के साथ मिल कर दो महत्त्वपूर्ण भागों में विभाजित *अ डिस्क्रिप्टिव कैटलॉग ऑफ़ (संस्कृत) मैनुस्क्रिप्ट इन मिथिला* का संकलन किया। साथ ही जायसवाल ने *गंगा-संहिता* पर अपनी प्रसिद्ध ऐतिहासिक टीका *युग-पुराण* का सम्पादन भी किया।

1300-25 के दौरान मूलतः संस्कृत में लिखी गयी चण्डेश्वर की कृति *राजनीति-रत्नाकर* का विषय राजनीति था। चण्डेश्वर ठाकुर ने नागरिक और धार्मिक विधि की कई शाखाओं में रचना की। अपेक्षाकृत काफ़ी बाद में अर्थात् चौदहवीं शताब्दी में लिखे गये इस ग्रंथ के काल तक इस संबंध में मौलिकता की बहुत गुंजाइश नहीं रह गयी थी, फिर भी जायसवाल ने इस कृति में उद्धृत पूर्ववर्ती लेखकों के उद्धरणों की ओर इंगित करते हुए इसे हिंदू और मुसलिम युग की संक्रमण कालावधि दर्शाने वाली एक महत्त्वपूर्ण कृति माना है। सोलह तरंगों अर्थात् अध्यायों में बँटी यह कृति क्रमशः राजा, मंत्री, राज प्रासाद, प्रद्विवेक या मुख्य-न्यायाधीश, न्यायाधीश, दुर्ग, मंत्रणा-परिषद्, कोष, सैन्य शक्ति, सेना, दूत-गुप्तचर-मित्र, राजा के कर्त्तव्य, दण्ड, राजा द्वारा राज्य का हस्तांतरण, मृत्यु उपरांत प्रतिनिधि शासन और राज्याभिषेक का विवेचन प्रस्तुत करती है।

काशी प्रसाद जायसवाल (1881-1937)

बौद्ध तांत्रिक ग्रंथ मंजुश्री-मूलकल्प में प्रायः आद्यक्षरित रूप से अंकित राजाओं और राजवंशों के अस्पष्ट नामों की पहचान करके काल-क्रमानुक्रम अनुसार व्यवस्थित करते हुए जायसवाल ने 1934 में *ऐन इम्पीरियल हिस्ट्री ऑफ़ इण्डिया इन अ संस्कृत टेक्स्ट (सी. 700 बीसी सी. एडी 770)* की रचना की। इस में उनकी मदद करने वाले थे राहुल सांकृत्यायन जिन्होंने संस्कृत पाठों को शुद्ध करने के लिए तिब्बती पाठ मुहैया कराये। तिब्बत की यात्रा करते हुए जायसवाल ने अपने मित्र सांकृत्यायन और उनके उत्साही प्रयास से संस्कृत पांडुलिपियाँ प्राप्त कीं। जीवन के अंतिम वर्षों में स्वयं जायसवाल ने नेपाल की यात्रा की और 1936 में एक लम्बे लेख द्वारा (जो बाद में अलग से विस्तृत रूप से प्रकाशित हुआ) भारत का कालक्रम दर्शाते हुए उन्होंने *फ़्रॉम 600 बीसी टू एडी 880* की रचना की।

हिंदू पॉलिटी के अतिरिक्त जायसवाल के सुपरिष्कृत और विशिष्ट अवदानों में प्रमुख हैं 'डिवेलपमेंट ऑफ़ लॉ इन मनु ऐंड याज्ञवल्क्य' विषय पर आधारित टैगोर लॉ लेक्चर्स के तहत दिये गये व्याख्यानों का संकलित संस्करण और *द हिस्ट्री ऑफ़ इण्डिया, एडी 150 टू एडी 350* (1933)। एक ओर जहाँ *हिंदू पॉलिटी* और टैगोर लेक्चर्स के संकलन विद्वानों की आलोचना का केंद्र बने वहीं दूसरी ओर *द हिस्ट्री ऑफ़ इण्डिया* मुद्राशास्त्रियों के आरोपों का शिकार बना। परंतु जायसवाल ने अस्पष्ट कालावधि और अन्य समस्याओं के बावजूद प्राप्त तथ्यों को चिह्नित किया। *हिंदू पॉलिटी* में जहाँ उन्होंने मनु के नियमों की प्रस्थापना, सर्जना और रचना-काल दर्ज किया है वहीं *द हिस्ट्री ऑफ़ इण्डिया* में ख़ुद प्राप्त किये गये पुरातात्त्विक साक्ष्यों की मदद से नाग और वाकाटक राजवंशों के इतिहास पर प्रकाश डाला है। इस प्रक्रिया में उन्होंने दोनों राजवंशों के इतिहास को नवीन आँकड़ों से संशोधित किया।

ऐतिहासिक शोध, पुरातात्त्विक उत्खनन, अन्वेषण तथा विद्वत्तापूर्ण कार्यों के प्रकाशन की आवश्यकता ध्यान में रख कर बिहार सरकार ने 1950 में पटना में के.पी. जायसवाल रिसर्च इंस्टीट्यूट की स्थापना की। इसके संस्थापक निदेशक थे ए.एस. अल्तेकर और उप-निदेशक थे डॉ. लक्ष्मण झा जो बाद में मिथिला विश्वविद्यालय के कुलपति भी रहे। संस्थान से प्रसिद्ध तिब्बती-संस्कृत मूलपाठों का सम्पादन और प्रकाशन भी हुआ। 1999 से 2010 तक इस संस्थान ने समस्तीपुर जिले में दलसिंहसराय के समीप पारा-डीह (पांडव स्थान अथवा पांडा) स्थान की खुदाई की, जहाँ से ईसापूर्व 500 से 600 ईस्वी सन् तक की कालावधि के पक्की ईटों से बनी बस्तियों की लगातार शृंखला मिली। लखनऊ स्थित बीरबल साहनी इंस्टीट्यूट ऑफ़ पैलियोबॉटनी द्वारा की गयी रेडियो कार्बन डेटिंग से इसके काल-क्रम की पुष्टि हुयी है। यहाँ से टेराकोटा आकृतियाँ, कार्नेलियन और गोमेद जैसे रत्न-पत्थर, और पूर्ववर्ती ब्राह्मी लिपि में लिखा हुआ एक अभिलेख भी प्राप्त हुआ है। विभिन्न क्षेत्रों में ऐतिहासिक शोध को बढ़ावा देने हेतु इस संस्थान में विद्वानों की नियुक्ति होती रही है। 1952 में बिहार सरकार की तरफ़ से नियुक्त मैथिल लेखक पण्डित बलदेव मिश्र ज्योतिषाचार्य ने बिहार में पाये गये पाली और प्राकृत भाषा में लिखित अभिलेखों को पढ़ कर उसके गूढ़ अर्थों को स्पष्ट किया।

तत्कालीन गवर्नर एडवर्ड गेट द्वारा संस्थापित बिहार ऐंड ओडीशा रिसर्च सोसाइटी में जायसवाल ने शिरकत करते हुए उसकी प्रथम परिषद् की सदस्यता ग्रहण की। 1921 में शुरू हुई इस सोसाइटी की पत्रिका का जायसवाल ने आजीवन सम्पादन किया। सोसाइटी की गतिविधियों और अपनी व्यावसायिक ज़िम्मेदारियों के बावजूद जायसवाल मौलिक लेखन में लगातार जुटे रहे। पुरातात्त्विक उत्खनन में अपनी रुचि के कारण उन्होंने पटना का पुरातात्त्विक उत्खनन स्वयं संचालित किया और उल्लेखनीय पुरातात्त्विक सामग्रियाँ प्राप्त कीं जो आज भी पटना संग्रहालय में संरक्षित हैं। पटना संग्रहालय के लिए राखालदास बनर्जी के साथ संयुक्त रूप से कार्य करते हुए जायसवाल को ओडीशा में खण्डगिरी के हाथीगुम्फ़ा अभिलेख का एक साँचा प्राप्त हुआ। इस अभिलेख का अनुवाद और टीका सहित एक संयुक्त संस्करण सबसे पहले बिहार ऐंड ओडीशा रिसर्च सोसाइटी के जर्नल में और बाद में कुछ उल्लेखनीय संशोधनों और व्याख्या के साथ *एपिग्राफ़िका इण्डिका* में प्रकाशित हुआ। 1917 में जायसवाल का कलकत्ता में टैगोर लॉ लेक्चर्स के लिए चयन हुआ। 1930 में जब आल-इण्डिया ओरिएंटल कांफ्रेंस का पटना में आयोजन हुआ, तो वे स्वागत समिति के सभापति बनाये गये। वहाँ उद्घाटन भाषण के दौरान उन्होंने सूचनाओं और तथ्यों से भरपूर अपनी प्रगल्भ उपस्थिति दर्ज की। 1933 में बड़ौदा में हुए आल-इण्डिया ओरिएंटल कांफ्रेंस के वे अध्यक्ष चुने गये। एक विद्वान की हैसियत से जायसवाल ने 11 किताबें, 120 से ज़्यादा रिसर्च पेपर्स और बहुतेरे अनुवाद और टीकाएँ लिखीं। आधुनिक बिहार में हुए प्राचीन स्थानों यथा नालंदा विश्वविद्यालय की खुदाई और उसकी पुनर्स्थापना संबंधी कार्रवाइयों में अगुआ रहे जायसवाल मुद्राशास्त्र के भी विशेषज्ञ थे। पटना उत्खनन के दौरान प्राप्त मौर्य और गुप्तकालीन सिक्कों की खोज ने उन्हें ऐसे पहले भारतीय होने का गौरव दिलाया जिसे 1935 में रॉयल एशियाटिक सोसाइटी, लंदन की तरफ़ से भाषण देने के लिए आमंत्रित किया गया। जायसवाल दो बार न्युमिसमेटिक सोसाइटी ऑफ़ इण्डिया के अध्यक्ष रहे। 1935 में ही बनारस हिंदू विश्वविद्यालय और पटना विश्वविद्यालय ने काशी प्रसाद जायसवाल को ऑनरेरी डॉक्टरेट से सम्मानित किया गया। 4 अगस्त, 1937 को पटना में उनका निधन हुआ।

देखें : आनंद केंटिश कुमारस्वामी, आर्थर लेवेलिन बाशम, बिपन चंद्र-1 और 2, भारतीय इतिहास-लेखन-1 से 4 तक, दामोदर धर्मानंद कोसम्बी-1 और 2, रमेश चंद्र दत्त, रमेश चंद्र मजूमदार, रणजीत गुहा, रामकृष्ण गोपाल भण्डाकर, रामशरण शर्मा, रोमिला थापर, वासुदेव शरण अग्रवाल, पांडुरंग वामन काणे, विश्वनाथ काशीनाथ राजवाड़े-1 और 2.

संदर्भ

1. काशी प्रसाद जायसवाल (1955), *हिंदू राज्य-व्यवस्था,* अनु. रामचंद्र वर्मा, काशी नागरी प्रचारिणी सभा, वाराणसी.
2. के.पी. जायसवाल (1930), *मनु ऐंड याज्ञवल्क्य, अ कम्पेरिज़न ऐंड अ कंट्रास्ट : अ ट्रीटाइज़ ऑन द बेसिक हिंदू लॉ,* बटरवर्थ ऐंड कम्पनी लिमिटेड. कलकत्ता
3. राम शरण शर्मा (2005), *इण्डियाज़ एंशिएंट पास्ट,* ऑक्सफ़र्ड युनिवर्सिटी प्रेस, नयी दिल्ली.
4. एल.डी. बर्नेट (1926), 'दि राजनीति-रत्नाकर बाई चण्डेश्वर बाई काशी प्रसाद जायसवाल', *जर्नल ऑफ़ रॉयल एशियाटिक सोसाइटी ऑफ़ ग्रेट ब्रिटेन ऐंड आयरलैण्ड,* अंक 4 (अक्टूबर).
5. ए. बेरिडेल कीथ (1925), 'हिंदू कांस्टीट्यूशनल लॉ', *जर्नल ऑफ़ कम्पेरिटिव लेजिसलेशन ऐंड इंटर नैशनल लॉ,* थर्ड सीरीज़, खण्ड 7, अंक 4.

—निर्मल कुमार पाण्डेय

क्लॉद लेवी-स्त्रॉस

(Claud Levi-Strauss)

विख्यात सांस्कृतिक मानवशास्त्री क्लॉद लेवी-स्त्रॉस (1908-2010) ने संरचनावाद के सैद्धांतिक विकास को गहराई से प्रभावित किया है। इसके लिए उन्होंने फ़र्दिनैंद द सॅस्यूर के भाषा संबंधी चिंतन तथा रोमन याकोबसन द्वारा प्रतिपादित संस्कृति के विविध पक्षों से संबंधित विचारों का उपयोग किया है। इस सिलसिले में लेवी-स्त्रॉस का मुख्य ज़ोर नातेदारी, मिथ व कला के प्रभावों पर है। उनके लेखन में निरंतर सिद्ध किया गया है कि मानव जाति के बारे में देशज समुदायों का अध्ययन हमें गहन अंतर्दृष्टियों से सम्पन्न कर सकता है। उन्होंने नातेदारी की संरचना पर व्यापक अनुसंधान किया और अपने निष्कर्षों के माध्यम से समाज की बनावट के मूल तत्त्वों और नियमों का सूत्रीकरण करने की चेष्टा की। 1949 में प्रकाशित उनकी पुस्तक द *एलीमेंटरी स्ट्रक्चर ऑफ़ किनशिप* मानवशास्त्र की एक क्लासिकल कृति गिनी जाती है।

लेवी-स्त्रॉस एमील दुर्खाइम और मार्सेल मौज़ के समाजशास्त्र से भी प्रभावित थे। मौज़ की मशहूर रचना *गिफ़्ट* (1925) से उन्होंने तर्क लिया कि उपहारों का आदान-प्रदान प्रायः सभी आदिम समाजों व संस्कृतियों में पाया जाता था। इससे समाज में व्यवहार व अंतःसंबंधों का रूप निर्धारित होता था। यह प्रक्रिया बाज़ार-व्यवस्था से मुक्त थी। उपहारों के आदान-प्रदान का संबंधों के क़ानूनी, आर्थिक, राजनीतिक व धार्मिक पक्षों पर असर पड़ता था। इसी कड़ी में लेवी-स्त्रॉस ने स्वयं भी दक्षिणी फ्रांस में शराब की छोटी बोतलों के पास-

पड़ोस में लेन-देन की परम्परा को उदाहरण के रूप में प्रयुक्त किया। इस तरह का विनिमय सामाजिक सम्पर्क पुष्ट करने की प्रथा के रूप में इस्तेमाल किया जाता था। यानी इस प्रतिपादन के अनुसार समाज सर्वप्रथम विनिमय का एक तंत्र है। अपनी किताब *स्ट्रक्चरल एंथ्रोपोलॅजी* में उन्होंने कहा कि व्यक्ति सम्पत्ति, वस्तु, भाषा और स्त्री आदि का परस्पर विनिमय करते हैं। समाज की नातेदारी-प्रणाली मुख्यत: स्त्रियों के विनिमय पर ही टिकी होती है और इसी संदर्भ में उन्होंने क्रास कज़िन मैरिज (ममेरे और फुफेरे भाइयों के बीच विवाह) का भी अध्ययन किया।

लेवी-स्त्रॉस के निष्कर्षों पर रूसो द्वारा प्रतिपादित सामाजिक समझौते के सिद्धांत की भी स्पष्ट छाप दिखती है। आदिम समाज को वे मानव जाति के सबसे शुद्ध व आदर्श रूप की तरह देखते हैं। उन्होंने रूसो को मानवशास्त्र के सबसे बड़े प्रेरणा स्रोत के रूप में देख कर उन्हें मनुष्य के विज्ञानों का अन्वेषक बताया है। पर लेवी-स्त्रॉस का एक मूल अंतर्विरोध यह है कि एक ओर वे आदिम मनुष्य को वर्तमान मानव समाज के समान बताते हैं तो दूसरी ओर उसे भिन्न भी क़रार देते हैं। सॅस्यूर के भाषा चिंतन से प्रेरित होने के कारण वे मानते हैं कि व्यवस्था में जारी परिवर्तन व उसमें सक्रिय लोगों का ख़ास महत्त्व नहीं होता है। वे सामाजिक जीवन को ऐसी व्यवस्था के रूप में देखते हैं जो संबंधों के समुच्चय से बनती है और उसमें व्यक्ति की भूमिका गौण रहती है। ग़ौरतलब है कि सॅस्यूर का भाषा-चिंतन भी यही कहता था कि भाषा के दो घटक होते हैं। लांगे (भाषा लिखित रूप) और परोल (बोली गयी भाषा)। इसमें लांगे का रूप सामाजिक होता है, जबकि परोल वैयक्तिक है। भाषाशास्त्र को वैज्ञानिक बनाने के दावा करते हुए सॅस्यूर ने अध्ययन के भाषा के सामाजिक पक्ष यानी लांगे पर ज़ोर देने के लिए कहा था।

सॅस्यूर की तरह ही लेवी-स्त्रॉस भी समाज के वैयक्तिक पक्षों से पूरी तरह अलग हो कर नातेदारी व सामाजिक नियमों से बने उसके संरचनात्मक पक्ष के अध्ययन पर बल देने लगे। समाज के इस संरचनात्मक विश्लेषण में सामाजिक रूपांतरण, परिवर्तन या सामाजिक द्वंद्व को अध्ययन का विषय नहीं माना जाता है। इसीलिए प्राचीन आदिम समाज, जिसे लेवी-स्त्रॉस ने कोल्ड सोसाइटीज़ के रूप में सम्बोधित किया है, में भी किसी प्रकार के द्वंद्व या अव्यवस्था की गुंजाइश नहीं दखी जा सकती थी। लेवी-स्त्रॉस के लिए वह सामाजिक नियमों व विनिमय पर आधारित व्यवस्था के आदर्श रूप को व्यक्त करती थी। उनकी ख़ास दिलचस्पी पुरानी चीज़ों के संग्रह जैसे पुराने मास्क, प्रतिलिपियों, अजायबघरों आदि में भी थी। इन चीज़ों के माध्यम से लेवी-स्त्रॉस को जीवित विश्वासों, भावनाओं तथा द्वंद्वों के स्थान पर संरचना के विश्लेषण में ख़ास सुविधा होती थी।

क्लॉद लेवी-स्त्रॉस (1908-2010)

ज़ाहिर है कि ठोस चीज़ों में लेवी-स्त्रॉस की दिलचस्पी मूलत: अमूर्त विश्वासों व धारणाओं का पता लगाने तथा उनकी रचना करने के लिए थी। यानी लेवी-स्त्रॉस अगर ठोस व मूर्त को पसंद करते हैं तो केवल इस वजह से कि वह उसमें छिपे अमूर्त का पता लगाने का माध्यम है। यहाँ तक कि मार्क्सवाद, जिसकी प्रेरणा उनके लेखन में देखी जाती है, भी उनके लिए केवल एक विचार-पद्धति के रूप में अहमियत रखता है। अपने इसी रवैये के तहत अमेरिका प्रवास के बाद फ्रांस वापस आने पर उन्होंने किसी भी तरह के उग्र प्रतिरोध या आंदोलन का समर्थन करने की अनिच्छा जतायी और 1968 के विख्यात छात्र-युवा आंदोलन का भी विरोध किया।

उन्होंने अपने मानवशास्त्र को मैलिनॉस्की द्वारा लोकप्रिय बनाये गये भागीदारीमूलक प्रेक्षण से मुक्त रखा और कहा कि इस प्रकार के अनुभववाद से केवल ऊपरी तथ्यों व आचार-विचार को ही जाना जा सकता है। उनका दावा था कि वास्तविक सत्य संरचनाओं के भीतर निहित होता है। उन्होंने इस बात का भी खण्डन किया कि देशज लोगों से बात कर उनकी संस्कृति की मूल प्रेरणा का पता लगाना मुश्किल होता है और वास्तविकता संरचनाओं में अंतर्निहित होती है।

लेवी-स्त्रॉस के लेखन में आधुनिकता का एक क़िस्म का रोमांटिक खण्डन भी उपस्थित है। अफ्रीका और एशिया के तीसरी दुनिया के देशों में फैलते सांस्कृतिक प्रदूषण से वे चिंतित दिखते हैं। अपनी पुस्तक *ट्रिसटस ट्रॉपिक़स* में वे लिखते हैं, 'दुनिया घूमने पर हमें प्रतीत होता है कि हमारा सारा

कूड़ा-करकट मानव सभ्यता के चेहरे पर फेंक दिया गया है।' रियो द जनेरो, साओ पाओ और कलकत्ता जैसे शहरों की अराजकता व गंदगी ने उन्हें विचलित कर दिया था। भयावह इतिहास और अराजक वर्तमान की मौजूदगी में सांस्कृतिक नृजातिवाद ही उनके लिए विलुप्त होने के कगार पर खड़ी संस्कृतियों को जानने-समझने का आख़िरी उपाय था।

प्राचीन आदिम समाजों के प्रति लेवी-स्त्रॉस का सराहना भाव इसी से प्रेरित है। पर लेवी-स्त्रॉस के आलोचकों ने आधुनिकता से संबंधित उनकी प्रदूषण की चिंता को एकतरफ़ा बताया है। वे पश्चिमी सभ्यताओं की प्रगति व आधुनिकता की आलोचना न करके प्राचीन समाजों के विनाश पर अफ़सोस प्रकट करते हैं। वे अपनी संस्कृति के भीतर मौजूद प्रगति के विचार या जीवनशैली को प्रश्नांकित नहीं करते और उसे केवल दूसरे समाजों पर आरोपित करने पर आपत्ति करते हैं। लेवी-स्त्रॉस ने प्राचीन आदिम समाजों के अध्ययन के आधार पर मिथकों का भी अध्ययन किया है जो कि उनकी चार खण्डों में प्रकाशित रचना *इंट्रोडक्शन टू अ साइंस ऑफ़ माइथोलॅजी* के रूप में प्रकाशित हुआ। उन्होंने अमेरिकन इण्डियन क़बीलों के मिथक संबंधी विश्वासों का विस्तार से परिचय दिया है। उन्होंने मिथक की अध्ययन प्रक्रिया में उन्हें मनुष्यों तथा अपने जन्म की स्थितियों से स्वतंत्र मानते हुए एक वस्तु के रूप में देखा है जिसका स्वतंत्र अस्तित्व होता है। लेवी-स्त्रॉस की निगाह में मिथक उन लोगों से नहीं बँधे होते जो उनसे अपना संबंध महसूस करते हैं।

लेवी-स्त्रॉस ने अपने निष्कर्षों में यह भी बताया है कि मिथक की कई व्याख्याएँ होती हैं पर वे एक ही प्रणाली से जुड़ी होती हैं। इस अर्थ में मिथक अपनी प्रकृति में कविताओं से भिन्न होते हैं। कविताएँ मामूली परिवर्तन को भी नहीं सहन करतीं जबकि मिथक एक से दूसरे आख्यान तक और एक से दूसरी पीढ़ी तक आते-आते बदल जाते हैं। पर उन मिथकों का विश्लेषण सिद्ध करता है कि उनकी मूल संरचना अपने अनगिनत रूपों के बावजूद समान बनी रहती है।

संरचनावाद के अनुसार मानव मस्तिष्क परस्पर विलोमार्थक युग्मों में सोचता है। जैसे ऊँचा-नीचा, खाद्य-अखाद्य, काला-गोरा, कच्चा-पक्का, संस्कृति-प्रकृति आदि। लेवी-स्त्रॉस के मुताबिक़ किसी विश्लेषक का काम यही दिखाना है कि किस प्रकार परस्पर विरोधी चीज़ें किसी व्यवस्था का निर्माण करती हैं और व्यवस्था के भीतर से ही अर्थवान बनती हैं। लेवी-स्त्रॉस के बारे में माना जाता है कि वे एक सांस्कृतिक मानवशास्त्री से अधिक दार्शनिक तथा कलाकार थे जिन्होंने केवल अपने पाठकों को सोचने के लिए ही नहीं बल्कि स्वप्न देखने के लिए भी प्रेरित किया। ख़ुद उनके अपने विवरण के अनुसार उनका अपना लेखन भी एक कलात्मक ढाँचा है। उनका कहना था कि मानवशास्त्र केवल तथ्यों और सूचनाओं का संकलन भर नहीं है। उन्होंने अनुमानपरक सामान्यीकरण पर उन्होंने अपने सिद्धांतों की इमारत खड़ी की।

देखें : अल्फ्रेड लुइस क्रोबर, ऑग्युस्त कॉम्त, क्लिफ़र्ड गीर्ट्ज़, जॉर्ज ज़िमेल, टैलकॉट पार्संस, पिएर बोर्दियो, फ्रंज़ उरी बोआस, मारग्रेट मीड, मारसेल मौज़, मार्गरेट मीड, मिल्टन सिंगर, मैक्स वेबर, रुथ बेनेडिक्ट, संरचनावाद और उत्तर-संरचनावाद।

संदर्भ

1. राबर्ट डिलेज़ (2004), *लेवी-स्त्रॉस टुडे, एन इंट्रोडक्शन टू स्ट्रक्चरल एंथ्रोपोलॅजी,* बर्ग, ऑक्सफ़र्ड और न्यूयॉर्क.
2. सी. बेडकाक (1975), *लेवी-स्त्रॉस, स्ट्रक्चरलिज़्म ऐंड सोसियोलॅजिकल थियरी,* हचिंसन, लंदन.
3. ई. लीच (1970), *लेवी-स्त्रॉस,* फ़ोंटाना, लंदन.
4. ई. लीच (1967), *द स्ट्रक्चरल स्टडी ऑफ़ मिथ ऐंड टोटमिज़्म,* टेवीस्टाक, लंदन.
5. एफ़ लेप्वांटे ऐंड सी लेप्वांटे (1991), *क्लॉद लेवी-स्त्रॉस ऐंड हिज़ क्रिटीक : ऐन इंटरनैशनल बायोग्राफ़ी (1950-1976),* गारलैण्ड, न्यूयॉर्क.

— वैभव सिंह

कांग्रेस 'प्रणाली'

(Congress System)

भारत की दलीय प्रणाली को कांग्रेस 'प्रणाली' के रूप में व्याख्यायित करने का श्रेय रजनी कोठारी को जाता है। साठ के दशक में किये गये अपने एक क्लासिक अध्ययन में कोठारी ने दिखाया है कि भारत की दलीय प्रणाली पश्चिमी अर्थों के अनुसार एक-दलीय, द्वि-दलीय या बहु-दलीय न हो कर एक पार्टी के वर्चस्व की प्रणाली रही है। आज़ादी के बाद दलीय व्यवस्था पर वर्चस्व क़ायम करने की भूमिका चूँकि भारतीय राष्ट्रीय कांग्रेस ने निभायी, इसलिए कोठारी ने इसे कांग्रेस 'प्रणाली' का नाम दिया। आज कांग्रेस का वर्चस्व गठजोड़ राजनीति के कारण टूट चुका है। लेकिन आज भी मॉडल के रूप में वही प्रणाली काम कर रही है। कोठारी के अनुसार भारतीय संस्कृति की मूल प्रवृत्तियों के साथ एकाकार होते हुए कमज़ोर विपक्ष के बावजूद आम सहमति और पंच फ़ैसलों के ज़रिये लोकतांत्रिक चरित्र ग्रहण करना ही कांग्रेस 'प्रणाली' की सबसे बड़ी विशेषता है।

यह सूत्रीकरण करने से पहले कोठारी इस निष्कर्ष पर पहुँच गये थे कि मैक्स वेबर द्वारा बताये गये वे तीन चरण भारत पर लागू नहीं होते जिनके मुताबिक़ पहले दौर में

सामंती गुटों के ज़रिये पार्टी का विकास होता है, फिर संगठन गणमान्य और कुलीन लोगों के हाथ में जाता है और अंत में वह व्यापक जनता की पार्टी बनती है। भारत में पार्टी का शुरू से ही सचेत रूप से गठन किया गया और फिर दूसरे चरण में उसे जन-आधारित बनाया गया। स्वाधीनता मिलने से पहले कांग्रेस एक सुगठित पार्टी बन चुकी थी और उसके नेताओं ने सभी स्तरों पर नेतृत्व सँभाल लिया था। कांग्रेस की ख़ास बात यह भी थी कि उसकी अधिकारिक दिशा से मतभेद रखने वाले लोग पार्टी के भीतर ही अपने विचारों के लिए समर्थन जुटाने की कोशिश करते थे। पार्टी से बाहर जाने पर उनका राजनीतिक महत्त्व ख़त्म हो जाता था। ये हालात आज़ादी के बाद भी क़ायम रहे। कांग्रेस को कई बार तोड़ने की कोशिश हुई। कुछ बड़े नेता भी पार्टी छोड़ कर गये, पर ज़्यादा समर्थन न मिलने के कारण प्रभावी भूमिका नहीं निभा पाये।

कांग्रेस 'प्रणाली' अपने-आप में एक जटिल अवधारणा है। एक पार्टी के वर्चस्व का मतलब एकल-पार्टी प्रणाली नहीं है। इसका अर्थ है कि एक स्पर्धात्मक दलीय प्रणाली जिसमें आपस में होड़ कर रही पार्टियाँ असमान भूमिका निभाती हैं। इसका एक हिस्सा 'आमसहमति की पार्टी' से मिल कर बनता है और दूसरा 'दबाव की पार्टियों' से मिल कर। इस तरह इस बंदोबस्त में एक दबाव का हाशिया काम करता रहता है जिसके दायरे के भीतर और बाहर की गतिविधियों की समझ महत्त्वपूर्ण है। दायरे के भीतर आमसहमति वाली पार्टी के असंतुष्ट गुट और धड़े कार्यरत रहते हैं। उसके बाहर विपक्षी जमावड़े, पार्टियाँ, सत्तारूढ़ पार्टी के नाराज़ तत्त्व, दूसरे हित-समूह और अहम शख़्सियतों की मौजूदगी रहती है। ख़ास बात यह है कि हाशिए के बाहर के ये तत्त्व सत्तारूढ़ पार्टी पर दबाव डालते हैं, उसकी निंदा-आलोचना करते हैं पर उसका विकल्प तैयार नहीं कर पाते। सत्तारूढ़ दल आशंकित बना रहता है कि अगर जनता की प्रचलित राय या पसंद और उसके बीच फ़ासला बढ़ गया तो विपक्ष उसे सत्ता से हटा देगा। इसलिए आमसहमति की पार्टी के तौर पर उसे जनता की माँगों और दबावों के प्रति संवेदनशील रहना पड़ता है। दरअसल, इस पूरी प्रणाली की संवेदनशीलता दबाव के हाशिए की संवेदनशीलता और उसके लचीलेपन पर निर्भर करती है। यह इस बात पर भी निर्भर करती है कि विभिन्न धड़ों, असंतुष्ट गुटों और विपक्षी दलों को सक्रियता के लिए सत्तारूढ़ पार्टी कितनी गुंजाइश देती है। इस बंदोबस्त में आमसहमति की व्यवस्था का केंद्रीय महत्त्व है। उपनिवेशवादी आंदोलन के दौरान समाज के सभी तबक़ों और हितों को अपने दायरे में लेकर कांग्रेस इस 'ऐतिहासिक आमसहमति' से लैस हुई थी। इसलिए आज़ादी के बाद ज़्यादातर समय तक आमसहमति की पार्टी की भूमिका अधिकतर कांग्रेस के हाथ में ही रही है। नब्बे के दशक के मध्य में गठजोड़ राजनीति के ज़रिये कुछ आगे निकल कर भारतीय जनता पार्टी (भाजपा) ने उससे यह भूमिका छीनने की विफल कोशिश ज़रूर की थी।

कांग्रेस अपने वर्चस्व के ज़माने में दो स्तरों पर काम करती रही है। अपने भीतर वह ज़्यादा प्रतिनिधित्वमूलक, लचीली और आंतरिक होड़ के अनुकूल रहती थी। दूसरी तरफ़ वह अपने से बाहर मौजूद गुटों और आंदोलनों को अपने आगोश में लेने के लिए तैयार रहती थी ताकि दूसरी पार्टियों की ताक़त न बढ़ पाये। इससे होता यह था कि पहले पार्टी के भीतर शक्ति केंद्रित होती चली जाती थी और फिर उस शक्ति के प्रयोग को सीमित करने के लिए आंतरिक उपायों की रचना होती थी। विपक्ष की अपनी ताक़त तभी बढ़ती थी जब कांग्रेस के भीतर की गुटबाज़ी के संतुलन पर उसकी पकड़ कमज़ोर हो जाए।

कोठारी मानते हैं कि इस परिस्थिति के कुछ संरचनागत परिणाम होते थे। चुनाव के लिहाज़ से विपक्ष केवल स्थानीय या क्षेत्रीय स्तर पर ही अच्छा प्रदर्शन कर पाता था। राष्ट्रीय आंदोलन के नेता विपक्ष को उसकी औकात से ज़्यादा महत्त्व देना नहीं भूलते थे ताकि सत्ता में आने के नाममात्र के मौक़ों के बावजूद उसका मनोबल और उत्साह बना रहे। विपक्षी नेताओं को कांग्रेस का सत्तारूढ़ गुट निजी स्तर पर काफ़ी महत्त्व देता था जिनसे उनकी कुंठा और कड़वाहट एक तरफ़ तो अवांछित रूप ग्रहण नहीं कर पाती थी, दूसरी ओर उनके और उनके कार्यकर्ताओं के बीच अंतराल पैदा हो जाता था। भारतीय दलीय प्रणाली में विपक्ष अभी तक आमसहमति के कांग्रेस जैसे दूसरे दल की रचना नहीं कर पाया है। राष्ट्रीय स्तर पर कांग्रेस का विकल्प देखने की इच्छा रखने वाले प्रेक्षकों के एक बड़े हिस्से को भारतीय जनता पार्टी से उम्मीद है कि वह ऐसी ही पार्टी के रूप में उभरेगी। लेकिन यह देख कर उन्हें निराशा होती है कि भाजपा राष्ट्रीय स्वयंसेवक संघ प्रदत्त वैचारिक निष्ठाओं और संसदीय राजनीति की व्यावहारिकताओं के बीच अंतर्विरोधों को सुलझाने में नाकाम रही है।

निश्चित रूप से कांग्रेस ने आज़ादी की लड़ाई का जो आंदोलन चलाया वह अपने चरित्र और गहराई में बेमिसाल था। पर कांग्रेस 'प्रणाली' की निरंतरता तभी क़ायम रखी जा सकती थी, जब कांग्रेस आज़ादी के बाद भी अपने सुदृढ़ीकरण का सिलसिला क़ायम रखती। कोठारी इस मान्यता से सहमत नहीं हैं कि कांग्रेस आज़ादी मिलने से पहले एक आंदोलन थी, पर बाद में पार्टी में बदल गयी। वे कहते हैं कि कांग्रेस आज़ादी के बाद भी आंदोलन ही बनी रही। उसने राष्ट्र-निर्माण के माध्यम से आधुनिकीकरण करने की जो शैली अपनायी उसने भी दलीय प्रणाली के कुछ तत्त्वों की रचना की। इस लिहाज़ से कई विकासशील कम्युनिस्ट और

ग़ैर-कम्युनिस्ट देशों की सरकारी और आंदोलनात्मक पार्टियों से मिलती-जुलती होने के बावजूद इस प्रणाली ने ख़ुद को अधिनायकवादी रुझानों से दूर रखा। सरकार और सत्तारूढ़ दल के प्रतीकात्मक महत्त्व को काफ़ी बढ़ा कर प्रतीक और यथार्थ के बीच पर्यायवाची संबंध बना दिया। कांग्रेस ने टकराव और असंतोष के कुछ अत्यंत सम्भावित स्रोतों को बेअसर करने की नीतियाँ और हथकण्डे अख़्त्यार किये : जैसे, भूमि सुधारों के ज़रिये सामंतवाद का उन्मूलन, राज्यों का भाषाई आधार पर पुनर्गठन, मज़दूर संघों में घुसपैठ और श्रमिक वर्ग के लिए सुरक्षात्मक क़ानूनों की रचना, उत्पीड़ित तबक़ों को विशेष सुविधाएँ दे कर जघन्य क़िस्म की विषमताओं का उन्मूलन, हिंसा-राजद्रोह-अलगाववाद की सभी हरकतों को कड़ाई से दबाना।

कांग्रेस की केंद्रीयता को कांग्रेस 'प्रणाली' में बदलने के पीछे जवाहरलाल नेहरू की भूमिका को नज़रअंदाज़ नहीं किया जा सकता। हालाँकि उन्हें राष्ट्रीय आंदोलन की महान विरासत और कांग्रेस के तैयारशुदा संगठन का लाभ मिला, पर अगर नेहरू का कार्यकाल इतना लम्बा न चलता तो आज़ादी के लाभों को इस शैली में मज़बूत न किया जा पाता। नेहरू ने दो धरातलों पर काम किया : अपनी प्रभावशाली शख़्सियत के दम पर देश को एक रखा और विघटनकारी तत्त्वों को किनारे धकेल दिया। वे लम्बे अरसे तक राष्ट्रीय एकता के प्रतीक बने रहे। दूसरे, उन्होंने देश को संस्थाएँ प्रदान कीं और उन्हें वैधता और आधुनिक उद्देश्यों से आवेशित किया। कोठारी नेहरू के काल को भारतीय इतिहास की एक असाधारण अवधि मानते हुए भी कहते हैं यह दौर कोई बहुत सहज नहीं था। इसकी दिक़्क़तों की सीमा नहीं थी।

कांग्रेस 'प्रणाली' बदलाव का एक विस्तृत तंत्र भी मुहैया कराती थी। नेहरू के जीवन में कामराज योजना और उनकी मृत्यु के बाद उत्तराधिकारी खोजने की सफल क़वायद इसका प्रमाण है। यह प्रणाली टकराव की अभिव्यक्ति और उसके हल का तंत्र भी प्रदान करती थी। हम देख चुके हैं कि यह काम किस तरह भीतरी और बाहरी दबाव के हाशियों के ज़रिये किया जाता था। यह प्रणाली धड़ेबंदी की संरचनाओं के माध्यम से समाज और राजनीति के बीच सम्पर्क सूत्र क़ायम करती थी।

कोठारी ने इस प्रणाली के भविष्य का भी अंदाज़ा लगाया था। उनका ख़याल था कि कुछ ऐसे दायरे बनने वाले हैं जिनमें विपक्ष कांग्रेस को पीछे छोड़ देगा। वह उन राज्यों में सरकार बनायेगा जहाँ कांग्रेस की पकड़ कमज़ोर होती जायेगी। यह भी हो सकता है कि कांग्रेस 'प्रणाली' की वैधता और ताक़त जिस नाज़ुक संतुलन पर निर्भर करती है, वही गड़बड़ा जाए। समय के साथ राजनीतिक प्रणालियाँ बदलती रहती हैं और एक ख़ास प्रणाली के बने रहने की कोई गारंटी नहीं होती। इतना ज़रूर कहा जा सकता है कि विभिन्न दलीय प्रणालियों की क़िस्मों में एक पार्टी के वर्चस्व की यह प्रणाली एक विचारणीय योगदान है। यह भारतीय तर्जुबे से निकली राजनीति संगठन के एक टिकाऊ मॉडल का नमूना है।

देखें : ग़ैर-कांग्रेसवाद, गठजोड़ राजनीति, जनता दल और उसकी विरासत-1 और 2, तेलुगु देशम पार्टी, पार्टी-गठजोड़ की राजनीति, भारतीय जनता पार्टी-1 और 2, भारत में मतदान-व्यवहार-1, 2, 3, 4, 5 और 6, भारतीय राष्ट्रीय कांग्रेस-1 और 2, भारत की कम्युनिस्ट पार्टी, भारत की कम्युनिस्ट पार्टी (मार्क्सवादी), राष्ट्रीय जनतांत्रिक गठजोड़, वाम और जनवादी मोर्चा, शिव सेना, समाजवादी पार्टी, बहुजन समाज पार्टी-1 और 2, शिरोमणि अकाली दल, संयुक्त प्रगतिशील गठजोड़।

संदर्भ

1. रजनी कोठारी (2003), 'कांग्रेस 'प्रणाली'', संकलित : अभय कुमार दुबे (सम्पा.), *राजनीति की किताब : रजनी कोठारी का कृतित्व*, सीएसडीएस-वाणी, नयी दिल्ली.
2. रजनी कोठारी (1962), 'इण्डियाज़ पॉलिटिकल टेकऑफ़', *द इकॉनॉमिक वीकली*, बम्बई, विशेषांक.
3. डब्ल्यू.एच. मॉरिस जोंस (1964), 'पार्लियामेंट ऐंड डॉमिनेंट पार्टी : इण्डियन एक्सपीरियेंस', *पार्लियामेंटरी एफ़ेयर्स*, खण्ड 17, अंक 3.
4. ज़िग्मण्ड न्यूमान (सम्पा.) (1956), *मॉडर्न पॉलिटिकल पार्टीज़*, शिकागो युनिवर्सिटी प्रेस, शिकागो.
5. सेमुअल जे. एल्डर्सवेल (1964), *पार्टी सिस्टम : ए बिहेवियर एनालिसिस*, रैंड मेकनेली.

— अभय कुमार दुबे

कांशी राम

(Kanshi Ram)

बीसवीं सदी के आख़िरी दो दशकों में भारतीय राजनीति को कांशी राम (1934-2006) से ज़्यादा किसी और नेता ने प्रभावित नहीं किया। वे उत्तर-आम्बेडकर दलित-राजनीति के सर्वाधिक महत्त्वपूर्ण सिद्धांतकार और सफलतम संगठक थे। राजनीतिक चिंतन और आचरण के अपने अनूठे तरीक़े से उन्होंने आरक्षण के गर्भ से निकली दलित नौकरशाही के आधार पर पहले एक सामाजिक आंदोलन का तानाबाना बुना, और फिर योजनाबद्ध तरीक़े से बहुत कम संसाधनों में उसे चुनाव लड़ कर सत्ता में आने वाली एक कामयाब राजनीतिक पार्टी में बदल दिया। उनकी मुहावरेदार अभिव्यक्ति से कई नये राजनीतिक फ़िकरे निकले। कांशी राम ने आम्बेडकर को अपना गुरु माना, लेकिन नये हालात के मद्देनज़र बड़ी सावधानी से बाबा साहेब की कई शिक्षाओं को पकड़ने या

छोड़ने का कौशल दिखाया। आज़ादी के बाद से देश में चल रही आम्बेडकरवादी राजनीति के नक़्शे-क़दम पर चलने से तो उन्होंने पूरी तरह इनकार ही कर दिया। कांशी राम ने फुले द्वारा प्रतिपादित आर्य बनाम अनार्य थीसिस को उत्तर भारत में पुनर्जीवित करके बहुजनवादी विचारधारा गढ़ी, हालाँकि आम्बेडकर ने इसे नस्ली थीसिस कह कर ख़ारिज कर दिया था। कांशी राम ने दलित राजनीति में ब्राह्मणवाद के ऊपर मनुवाद नाम की एक नयी धारणा को प्राथमिकता दी, यद्यपि आम्बेडकर ने मनु को जातिवाद का संस्थापक मानने से इनकार कर दिया था। उन्होंने समतामूलक नागर समाज बनाने के आम्बेडकरवादी कार्यभार को भी नज़रअंदाज़ किया। उन्होंने मुख्य रूप से बाबा साहेब की दो हिदायतों को रेखांकित किया। पहली, राजसत्ता चाबियों की चाबी है और राजनीति का शक्ति-संतुलन अपने हाथ में रखना ही दलितों की रणनीति होनी चाहिए। दूसरी, चुनाव में जीत के लिए उत्पीड़ित वर्गों का मोर्चा बनाना होगा। कांशी राम की सफलता के कारण दलित होना नुक़सान के बजाय फ़ायदे की चीज़ बन गया।

कांशी राम न तो फुले की तरह साहित्यिक प्रतिभा के धनी थे, और न ही वे आम्बेडकर की तरह पश्चिमी समाज-विज्ञान में पारंगत थे। उन्होंने अपने पीछे कोई उल्लेखनीय लिखित शास्त्र नहीं छोड़ा। दरअसल, उनका सैद्धांतिक योगदान राजनीतिक व्यवहार की देन है। कांशी राम के राजनीतिक जीवन को तीन हिस्सों में बाँट कर देखा जा सकता है। पहली अवधि वह थी जब उन्होंने किर्की (पुणे) की एक्सप्लोसिव रिसर्च ऐंड डिवेलपमेंट लेबोरेटरी में अनुसंधान सहायक की नौकरी करते हुए रिपब्लिकन धड़ों की राजनीति में भागीदारी की। इसी दौरान वे आम्बेडकर और फुले के लेखन से परिचित हुए। कांशी राम के इन अनुभवों का निचोड़ उनकी छोटी सी पुस्तिका *द चमचा एज : द ऐरा ऑफ़ स्टूजिज़* में देखा जा सकता है, जो इस अवधि के उनके तल्ख़ तर्जुबों का नतीजा है। दूसरे चरण में कांशी राम ने उत्पीड़ित वर्गों का मोर्चा बनाने के मक़सद से बहुजन थीसिस का प्रतिपादन किया और एक-एक करके बामसेफ़, डीएस-फ़ोर और बहुजन समाज पार्टी जैसे संगठनों की रचना की। तीसरे चरण में कांशी राम ने राजनीतिक समझौते करने और तोड़ने की प्रक्रिया के ज़रिये बसपा जैसे नये राजनीतिक दल को राष्ट्रीय पार्टी की हैसियत दिलाई। उन्हें उत्तर प्रदेश में राजनीतिक सत्ता मिली और इस सफलता के आधार पर इस प्रदेश में दलित जातियाँ एक ताक़तवर राजनीतिक समुदाय का रूप लेती चली गयीं। यही वह दौर था जब मनुवाद की थीसिस के सूत्रीकरण के ज़रिये कांशी राम ने 'बहुजन' से 'सर्वजन' की तरफ़ यात्रा की जिसके अद्भुत राजनीतिक परिणाम उनके निधन के बाद सामने आये। उनके सर्वजन का मतलब था दलित वर्चस्व के तहत समाज के सभी वर्गों को सत्ता में भागीदारी का निमंत्रण।

पुणे में अपने राजनीतिक जीवन की शुरुआत करके कांशी राम ने रिपब्लिकन पार्टी से लेकर दलित पेंथरों तक से संबंध रखे और ख़ुद अपने दलित संगठन भी बनाये। लेकिन जल्दी ही उन्हें दलित राजनीति के इस रूप से निराशा होने लगी। उन्हें लगा कि आपस में हरदम लड़ते रहने और व्यर्थ की बहसों में उलझे रहने वाले दलित नेता ब्राह्मण वर्ग के चमचे हैं। कांशी राम ने अपनी पुस्तक *द चमचा एज* में गाँधी और आम्बेडकर के बीच हुए पुणे पैक्ट को इस स्थिति का ज़िम्मेदार ठहराया। उनका कहना था कि पुणे पैक्ट के कारण दलितों को पृथक मतदातामण्डल की हैसियत नहीं मिल सकी जिसके कारण उन्हें विधायिकाओं में अपने वास्तविक प्रतिनिधित्व से वंचित होना पड़ा और ग्रामों में अल्पसंख्यक सवर्णों की हैसियत क़ायम रही। संयुक्त निर्वाचन के तहत दलित सदा के लिए सवर्ण हिंदुओं के सहारे हो गये। राजनीति में हैसियत प्राप्त करने के लिए उन्हें मजबूरन ऊँची जातियों की चाटुकारिता करनी पड़ी। कांशी राम ने जगजीवन राम जैसे कांग्रेसी दलितों और इंदिरा गाँधी की तारीफ़ में कविता लिखने वाले नामदेव ढसाल जैसे दलित पेंथर को एक ही पलड़े में रखा। उन्होंने 1978 के मराठवाड़ा दंगों में पेंथरों को नाकाम होते हुए भी देखा। इसके बाद कांशी राम ने रिपब्लिकन राजनीति से अपना नाता तोड़ लिया।

अपने राजनीतिक जीवन के दूसरे दौर में कांशी राम ने मुख्य तौर से दो काम किये। पहला, फुले की बहुजन थीसिस को पुनर्जीवित किया और दलित नौकरशाही में राजनीतिक-सामाजिक आधार बनाते हुए राजनीतिक संगठन खड़ा किया। उन्नीसवीं सदी में फुले ने आर्य-आक्रमण के दृष्टांत का सहारा लेते हुए दावा किया था कि एक ज़माने में भारतीय समाज राजा बली के शासन तले जाति-भेद विहीन संरचनाओं से सम्पन्न था। आर्यों ने आक्रमण किया और धोखे से वामन अवतार के ज़रिये राजा बली से उनका राज्य छीन लिया गया। अपने ख़िलाफ़ किसी भी तरह की संग्रामी एकता की सम्भावना नष्ट करने के लिए आर्यों ने समाज को जातियों में बाँट दिया। उनके सबसे मज़बूत विरोधियों को अछूत घोषित कर दिया गया। ब्राह्मण इन्हीं आर्यों के वंशज थे। इसी तर्ज़ पर कांशी राम ने कहा कि देश में पचासी फ़ीसदी लोग अनार्य और इस धरती के मूल निवासी हैं। फुले की थीसिस से ही कांशी राम ने बहुजन एकता का फ़ार्मूला निकाला। उन्होंने कहा कि अछूत जातियाँ, अति-पिछड़ी जातियाँ और धर्मांतरण करके मुसलमान-ईसाई-सिक्ख बनी निचली जातियाँ बहुजन समाज का निर्माण करती हैं।

उनकी यह थीसिस किसी ठोस जनाधार की अगुआई में ही परवान चढ़ सकती थी। 6 दिसम्बर, 1978 को उन्होंने

कांशी राम (1934-2006)

अपना पहला संगठन बनाया : बामसेफ़ (ऑल इण्डिया बेकवर्ड ऐंड माइनारिटीज़ कम्युनिटीज़ एम्प्लाइज़ फ़ेडरेशन)। यह पूरी तरह अनौपचारिक, अपंजीकृत, ग़ैर-धार्मिक, ग़ैर-आंदोलनकारी और ग़ैर-राजनीतिक संगठन था। इसकी यह प्रकृति दलित नौकरशाही के सदस्यों के अनुकूल बैठती थी, क्योंकि वे क़ानूनन राजनीति में भाग नहीं ले सकते थे। सवर्ण अफ़सरों की जातिवादी ज़्यादतियों के ख़िलाफ़ संघर्ष चलाते ही बामसेफ़ के क़दम जमने लगे। कांशी राम ने बामसेफ़ के सदस्यों को बहुजन आंदोलन के 'ब्रेन बैंक, टेलेंट बैंक और फ़ाइनेंशियल बैंक' के रूप में देखा। बामसेफ़ का पूरी नियंत्रण निजी तौर पर कांशी राम के हाथ में ही रहता था।

ठीक तीन साल बाद 6 दिसम्बर, 1981 को कांशी राम ने डीएस-फ़ोर (दलित शोषित समाज संघर्ष समिति) का गठन किया। यह बाक़ायदा एक राजनीतिक दल नहीं था, पर उसकी गतिविधियाँ एक पार्टी जैसी ही थीं। डीएस-फ़ोर ने उत्तर प्रदेश, हरियाणा और बिहार में चरण सिंह, देवीलाल और कर्पूरी ठाकुर का ध्यान अपनी ओर आकर्षित किया। इसी संगठन के महिला विंग के संयोजक के तौर पर मायावती के राजनीतिक जीव़न की शुरुआत हुई। इस संगठन ने सारे देश में लम्बे-लम्बे साइकिल मार्च किये, शराब विरोधी मुहिमें चलायीं, जम कर प्रचार किया और बिना चुनाव लड़े एक तरह की चुनाव मशीनरी खड़ी कर ली।

14 अप्रैल, 1984 को आम्बेडकर के जन्म-दिवस पर कांशी राम ने दिल्ली में बहुजन समाज पार्टी (बसपा) के गठन की घोषणा की। इस नयी पार्टी की ख़ास बात यह थी कि उसके पीछे दो बेहद ताक़तवर और सक्रिय संगठन थे। बामसेफ़ एक छाया की तरह बसपा का पूरा कार्यभार अपने कंधों पर उठाता था। डीएस-फ़ोर उसके लिए कार्यकर्त्ताओं की सप्लाई का स्रोत था। बसपा को बाक़ायदा चुनाव आयोग से पंजीकृत कराया गया। उसका उद्देश्य चुनाव लड़ना था। पंजाब के विधान सभा चुनाव में बसपा ने कांग्रेस की झोली से 2.2 प्रतिशत दलित वोट छीन कर दिखाया कि अगर ये वोट उसे मिलते तो वह अकालियों को हरा सकती थी। इसके बाद बिजनौर और हरिद्वार के उपचुनावों में कांशी राम ने बसपा की दलित वोटों पर दावेदारी साबित की, और 1988 में इलाहाबाद के उपचुनाव में विश्वनाथ प्रताप सिंह और अनिल शास्त्री जैसे दिग्गज उम्मीदवारों के मुक़ाबले केवल साइकिल और माइक के दम पर 71 हज़ार से ज़्यादा वोट ले कर दिखाये।

इन शुरुआती करामातों के बाद कांशी राम के राजनीतिक जीवन का तीसरा दौर शुरू हुआ। इसमें उन्होंने समाज परिवर्तन की रैडिकल भाषा बोलनी कम कर दी। राजनीतिक अस्थिरता की स्थिति में वे जोड़-तोड़ में माहिर सबसे बड़े खिलाड़ी के रूप में उभरे। उन्होंने 'हमें मज़बूत नहीं, मजबूर सरकार चाहिए' और 'हम अवसरवादी हैं क्योंकि हमें अवसर मिले ही कहाँ हैं' जैसे फ़िकरों का इस्तेमाल करके अपने विरोधियों और आलोचकों को चौंकाया। मुलायम सिंह यादव से समझौता करके उन्होंने इटावा निर्वाचन क्षेत्र से 1992 में लोक सभा सदस्य बनने में कामयाबी हासिल की। 1992 में ही आतंकवाद पीड़ित पंजाब में कांशी राम की बसपा ने जिस निर्भयता और हिम्मत के साथ चुनाव लड़ा, उसकी चारों ओर तारीफ़ हुई। इसी सिलसिले को आगे बढ़ाते हुए 1993 में समाजवादी पार्टी से गठजोड़ करके कांशी राम ने बाबरी मसजिद ध्वंस के समय मने हिंदू-विजय दिवस की हवा निकाल दी। पहले उन्होंने सपा से मिल कर भाजपा को पराजित किया। फिर भाजपा के साथ मिल सपा की सरकार गिरायी और भाजपा के समर्थन से ही अपनी सरकार बना ली।

बसपा की सरकार ज़्यादा नहीं चली, लेकिन मुलायम सिंह को सत्ता में आने से रोकने के लिए भाजपा ने मजबूरन बसपा की दो बार और सरकार बनवायी। कांशी राम की राजनीति इस सफलता से जम कर परवान चढ़ी। इसी प्रक्रिया में कांशी राम ने मायावती को आगे रख कर उत्तर प्रदेश में जो चुनावी राजनीति की, उसकी प्रमुख ख़ूबियाँ थीं : ब्राह्मणवाद के बजाय मनुवाद की नयी धारणा और बहुजन के बजाय सर्वजन की ओर रुझान। यह एक वैचारिक और रणनीतिक नवाचार था जिसके कारण कांशी राम को किसी भी जाति या समुदाय के सदस्यों को बसपा में शामिल करने या उसके राजनीतिक प्रतिनिधियों के साथ समझौता करने की छूट मिल गयी। दलित वोट उनकी झोली में थे क्योंकि पूर्व-अछूतों को यक़ीन हो चुका था कि उन्हें सत्ता के नज़दीक केवल बसपा पहुँचा सकती है। इसी यक़ीन ने उत्तर प्रदेश की दलित जातियों को एक प्रबल राजनीतिक समुदाय में बदल दिया। अन्य समुदायों में ऐसे तत्त्व थे जो दलित वोटों की गारंटी के बदले बसपा के साथ जुड़ने के लिए तैयार हो सकते थे। इस

हक़ीक़त को पहचानना ही कांशी राम की सबसे बड़ी ख़ूबी थी। 2001 में मायावती को उत्तराधिकारी घोषित करने के उनके क़दम को भी राजनीतिक प्रेक्षक इसी रणनीति का एक हिस्सा मानते हैं। इसी रणनीति ने उनके देहांत के बाद बहुजन समाज पार्टी को ऊँची जातियों के कुल इतने वोट तो ज़रूर ही दिला दिये जिससे उसे 2007 के विधान सभा चुनाव में ऐतिहासिक बहुमत मिल सका।

कांशी राम का जन्म पंजाब के रोपड़ ज़िले के खवासपुर गाँव के एक दलित रामदसिया सिक्ख परिवार में 15 मार्च, 1934 को हुआ था। उनके दादा और चाचा सेना में थे और उनकी शुरुआती शिक्षा-दीक्षा गाँव में ही हुई। 1956 में उन्होंने रोपड़ के एक कॉलेज से बीएससी की परीक्षा पास की। शुरू में वे वैज्ञानिक बनना चाहते थे, पुणे में अनुसंधान सहायक की नौकरी करते हुए उन्होंने आम्बेडकर जयंती और बुद्ध जयंती पर छुट्टी रखने के सवाल पर दीना भान नामक राजस्थानी दलित कर्मचारी के संघर्ष का साथ दिया। वे दीना भान के उत्पीड़न के ख़िलाफ़ अदालत तक गये। फ़ैसला कांशी राम के हक़ में हुआ। इस शुरुआती अनुभव ने कांशी राम के सामने क़ानूनी तौर-तरीक़ों की उपयोगिता और महत्त्व को स्थापित किया। इसके बाद उन्होंने किसी भी कथित क्रांतिकारी तरीक़े की अहमियत कभी नहीं मानी। आम्बेडकर द्वारा स्थापित पीपुल्स एजुकेशन सोसाइटी की गतिविधियों में भाग लेने से उन्हें सामाजिक, सांस्कृतिक और राजनीतिक कार्रवाई का मिश्रित अनुभव मिला। 1964 में उन्होंने नौकरी छोड़ी और अपनी माँ को एक लम्बा पत्र लिख कर विवाह न करने के फ़ैसले की जानकारी दी। उन्होंने सारे नाते-रिश्ते अपनी तरफ़ से तोड़ कर रोपड़ (पंजाब) स्थित अपने घर जाना बंद कर दिया और व्यक्तिगत जीवन के सारे दायित्वों से स्वतंत्र हो गये।

कांशी राम एक बेहद परिश्रमी और लगातार कार्यरत रहने वाले नेता थे। वे चाहते तो उत्तर प्रदेश के मुख्यमंत्री बन सकते थे, पर उन्होंने हर बार मायावती को गद्दी पर बैठाया और ख़ुद को राष्ट्रीय राजनीति करने के लिए खाली रखा। उनका देहांत 9 अक्टूबर, 2006 को लम्बी बीमारी के बाद हुआ। उनकी अंत्येष्टि बौद्ध परम्परा के मुताबिक़ की गयी। उनकी शवयात्रा में उनके लाखों समर्थकों और प्रशंसकों ने भागीदारी की।

देखें : अनुसूचित जातियाँ, अस्मिता की भारतीय राजनीति, अन्य पिछड़े वर्ग, आयोतीदास पांडीतर, आयंकाली, आम्बेडकर-गाँधी विवाद, इरोड वेंकट रामस्वामी नायकर पेरियार, किशन फ़ागूजी बनसोड़े, गाड़गे बाबा, गोपाल बाबा वलंगकर, ज्योतिराव गोविंदराव फुले, जाति और जाति-व्यवस्था-1, 2, 3 और 4, बहुजन समाज पार्टी-1 और 2, बाबू मंगूराम, भदंत आनंद कौसल्यायन, भीमराव रामजी आम्बेडकर, भारतीय संविधान-1 से 8 तक, स्वामी अछूतानंद हरिहर।

संदर्भ

1. अभय कुमार दुबे (1997), *कांशी राम : एक आलोचनात्मक अध्ययन,* राजकमल प्रकाशन, नयी दिल्ली.
2. अभय कुमार दुबे (1998), 'एनाटॉमी ऑफ़ अ दलित पॉवर प्लेयर', घनश्याम शाह (सम्पा.), *दलित पॉलिटिक्स ऐंड कल्चर,* सेज, दिल्ली.
3. आर.के. सिंह (1996), *कांशी राम और बीएसपी,* कुशवाहा बुक डिस्ट्रीब्यूटर्स, इलाहाबाद.
4. कांशी राम (1998), *द चमचा एज : द ऐरा ऑफ़ स्टूजिज़,* अनुवाद : रामगोपाल आज़ाद, समता प्रकाशन, नागपुर.

— अभय कुमार दुबे

किसन फ़ागूजी बनसोड़े

(Kisan Faaguji Bansode)

आम्बेडकर और उनके संघर्ष के लिए पूर्व-पीठिका तैयार करने करने वाली हस्तियों में स्वतंत्रता सेनानी, लेखक, नाटककार और सामाजिक कार्यकर्ताओ में किसन फ़ागूजी बनसोड़े (1879-1946) का नाम अग्रिम पंक्ति में है। उन्होंने दलित साहित्य की परम्परा में विपुल लेखन करते हुए वह रास्ता दिखाया जिस पर दलित साहित्यकारों तथा पत्रकारों की नयी पीढ़ियाँ चलीं। 1910 में बनसोड़े ने *निराश्रित हिंद नागरिक* पत्रिका की शुरुआत की, 1913 में *विशाल विध्वंसक,* 1918 में मजूर तथा 1913 में *चोखामेला* पत्रिकाओं की शुरुआत की। बनसोड़े पत्रकारिता के महत्त्व को अच्छी तरह से समझ गये थे, उन्होंने पत्र-पत्रिकाओं की शृंखला को आगे बढ़ाने पर लगातार ध्यान दिया। यही नहीं वे *देश सेवक, दीनबंधु, सुबोध* जैसी पत्रिकाओं में भी नियमित लेखन करते रहते थे। साहित्य तथा पत्रकारिता से जुड़ने के साथ-साथ 1920 के बाद बनसोड़े गाँधी के सम्पर्क में आये। अस्पृश्यता निवारण हेतु उन्होंने गाँधी से विचार-विमर्श किया। संवाद की इस प्रक्रिया में उन्हें नये अनुभव हुए। असहयोग आंदोलन में भागीदारी के दौरान बनसोड़े ने सेंट्रल और बेरार प्रांत के कांग्रेसी नेताओं के साथ कंधे से कंधा मिलाकर काम किया।

किसन फ़ागूजी बनसोड़े का जन्म 18 फ़रवरी, 1879 में नागपुर के समीप मोहपा गाँव के एक महार परिवार में हुआ था। महाराष्ट्र में वे नार्मल स्कूल के पहले प्रशिक्षित अध्यापक थे। लेकिन जल्दी ही वे अध्यापन से समाज-सुधार की ओर मुड़ गये और उनकी गतिविधियों और बौद्धिकता ने उन्हें जल्दी ही विदर्भ क्षेत्र में प्रसिद्ध कर दिया। 1901 में उन्होंने

सन्मार्ग बोधक अस्पृश्य समाज नामक संस्था की स्थापना कर नागपुर से सामाजिक कार्यों की शुरुआत की और हाशिए के लोगों को मुख्य धारा में लाने का प्रयास किया। 1907 में नागपुर के ही पचपावली में उन्होंने चोखामेला गर्ल्स स्कूल की स्थापना की। वे दलित समाज में शिक्षा की ज्योति जलाना चाहते थे। पहले समाज सेवा, फिर शिक्षा और बाद में पत्रकारिता— उनकी इन तीन गतिविधियों ने दलित समाज को चेतना के स्तर पर काफ़ी लाभ पहुँचाया। उनकी छवि एक ऐसे व्यक्ति की बन गयी जो पग-पग पर दलितों का हाथ पकड़ कर चलना सिखाते हुए उनमें स्वाभिमान जगा रहा था।

डॉ. आम्बेडकर के राजनीतिक आकाश पर उदय के समय बनसोड़े एक समाज-सुधारक के रूप में क़दम जमा चुके थे। आम्बेडकर ने जब शिक्षा को अपने घोषणा पत्र का एक महत्त्वपूर्ण हिस्सा बनाया तब बनसोड़े ने रात्रिकालीन विद्यालयों और हॉस्टल की स्थापना की। दलितों के प्रेरक संत महापुरुषों के जीवन संघर्ष को सामने लाने के लिए उन्होंने 1924 में उन्होंने *संत चोखामेला* नाटक की रचना की। यह नाटक दलित बस्तियों में अनगिनत बार मंचित हुआ। उनके द्वारा लिखे गये अन्य नाटकों में *एका साधू जी .फ़जीती, सत्यशोधकी जलसा और चोखामेला दर्शन* विशेष रूप से लोकप्रिय हुए। उनके एक नाटक *सनातन धर्माया पंचरंगी तमाशा* को समाज-सुधार की दृष्टि से महत्त्वपूर्ण माना जाता है। इस नाटक में एक महार और भट-ब्राह्मण के बीच संवाद होता है जिसके ज़रिये हिंदू समाज में फैली विषमता रेखांकित होती है। इस तरह लोक-नाट्य की डोर पकड़ कर बनसोड़े ने दलितों को साहित्य, संस्कृति तथा इतिहास से जोड़ने की मुहिम चलायी। उन्होंने कभी चातुर्वण्य व्यवस्था पर व्यंग्य भी किया, तो कभी अपनी कविताओं से दलितों को जागरूक बनाया।

जून, 1920 को नागपुर में हुई पहली ऑल इण्डिया डिप्रेस्ड क्लास कांफ्रेंस की स्वागत समिति के सचिव की हैसियत से हिंदू धर्म में निहित सामाजिक विषमता पर आक्रोश प्रकट करते हुए बनसोड़े ने एक ऐसा प्रस्ताव रखा जिसकी वजह से उन्हें द्विजों के गुस्से का सामना करना पड़ा। उन्होंने कांफ्रेंस के मंच से कहा कि वे अपनी बेटी का विवाह भंगी जाति के किसी किसी युवक से करना चाहते हैं, और अपने बेटे की वधू के रूप में किसी भी ब्राह्मण लड़की को स्वीकार करने के लिए तैयार हैं। इस वक्तव्य का नतीजा यह निकला कि जातिवादियों ने बनसोड़े का प्रेस जला दिया।

1945 में जब वे कैंसर से बीमार हुए तब उन्हें इलाज के लिए बम्बई लाया गया। डॉ. आम्बेडकर ने उनका भरसक इलाज करवाया, लेकिन 10 अक्टूबर, 1946 को इस साहित्यकार और समाजसेवी का निधन हो गया।

देखें : अनुसूचित जातियाँ, अस्मिता की भारतीय राजनीति, अन्य पिछड़े वर्ग, आयोतीदास पांडीतर, आयंकाली, आम्बेडकर-गाँधी विवाद, इरोड वेंकट रामस्वामी नायकर पेरियार, कांशी राम, गाड़गे बाबा, गोपाल बाबा वलंगकर, ज्योतिराव गोविंदराव फुले, जाति और जाति-व्यवस्था-1, 2, 3 और 4, बहुजन समाज पार्टी-1 और 2, बाबू मंगूराम, भदंत आनंद कौसल्यायन, भीमराव रामजी आम्बेडकर, भारतीय संविधान-1 से 8 तक, स्वामी अछूतानंद हरिहर।

संदर्भ

1. चंद्र कुमार वरठे (1997), *दलित साहित्य आंदोलन,* रचना प्रकाशन, जयपुर, 1997.
2. आर.के. क्षीरसागर (1994), *दलित मूवमेंट इन इण्डिया,* एम.डी. पब्लिकेशन, नयी दिल्ली.
3. माता प्रसाद (2010), *भारत में दलित जागरण और उनके आग्रदूत,* सम्यक प्रकाशन, नयी दिल्ली.

— मोहन दास नैमिशराय

क्लिफ़र्ड गीट्ज़्र्

(Clifford Geertz)

प्रसिद्ध अमेरिकी मानवशास्त्री क्लिफ़र्ड गीट्ज़्र् (1926-2006) को मुख्यत: संस्कृति-अध्ययन के क्षेत्र में व्याख्यात्मक दृष्टिकोण के लिए जाना जाता है। इसे सिम्बॉलिक एंथ्रोपोलॅजी के विकास और विशेषज्ञता के रूप में भी देखा गया है। मानवशास्त्रीय अध्ययन के क्षेत्र में निरंतर सक्रिय रहते हुए गीट्ज़्र् ने यह निष्कर्ष भी निकाला कि अध्ययन का यह क्षेत्र बहुत छोटे सामाजिक समूह की गतिविधियों तक ही स्वयं को सीमित कर लेता है। उनके अनुसार किसी भी मानवशास्त्री का काम साहित्यिक समालोचक की तरह होता है। समालोचक किसी कृति को पाठ (टेक्स्ट) की तरह देखता है और उसी प्रकार मानवशास्त्री भी समाज में प्रचलित विभिन्न सांस्कृतिक व्यवहारों को पाठ की तरह देख कर उसकी व्याख्या करने का प्रयास करता है। गीट्ज़्र् ने द्वितीय विश्व-युद्ध में अमेरिकी नौसेना में काम किया और आगे चल कर हार्वर्ड विश्वविद्यालय से पीएचडी की डिग्री प्राप्त की। उन्होंने अमेरिका की ही शिकागो युनिवर्सिटी और प्रिंसटन के इंस्टिट्यूट ऑफ़ एडवांस्ड स्टडीज़ में एंथ्रोपलाजी के प्रोफ़ेसर के तौर पर अध्यापन भी किया। उनकी प्रमुख पुस्तकें हैं, *द इंटरप्रिटेशंस ऑफ़ कल्चर, एग्रीकल्चरल इनवोल्यूशन, पैडलर ऐंड प्रिंसेज : सोशल डिवलपमेंट ऐंड इकॉनॉमिक चेंज इन टू इंडोनेशिएन टाउंस, एवेलबिल लाइट्स : एंथ्रोपोलॅजिकल*

क्लिफ़र्ड गीट्ज़र्ज़ (1926-2006)

रिफलेक्शंस ऑन फिलॉसॉफ़िकल टॉपिक्स।

मानवशास्त्री होने के नाते अपने दायित्व के बारे में गीट्ज़र्ज़ ने स्वयं लिखा है : 'मैं कुछ ज़्यादा करना चाहता हूँ। मैं साहित्यिक समालोचकों के कुछ तरीक़ों का इस्तेमाल करना चाहता हूँ। इतिहासकारों व दार्शनिकों के तरीक़ों का भी संस्कृति-विषयक सच्चाइयाँ जानने में प्रयोग करना चाहता हूँ।' पर किसी भी समुदाय-जाति, क़बीले या प्रजाति के जो व्यापक ब्योरे एकत्र किये जाते हैं उनकी वस्तुनिष्ठता पर संदेह भी बना रहता है। इसीलिए गीट्ज़र्ज़ ने मानवशास्त्रीय अध्ययनों की गल्प से भी तुलना की है। यहाँ फ़िक्शन शब्द का प्रयोग इस अर्थ में नहीं किया गया है कि अध्ययन संबंधी सामग्री या निष्कर्ष पूर्णतया कल्पित हैं। बल्कि इस अर्थ में कि जो व्याख्याएँ की जाती हैं, वे मूल निवासी के साथ सम्पर्क पर तो आधारित होती हैं लेकिन प्रायः दूसरे या तीसरे स्रोतों पर निर्भर रहती हैं। यानी वे हमेशा निश्चित सत्य का प्रतिपादित नहीं करती और उन पर संदेह तथा बहस की सम्भावना रहती है। गीट्ज़र्ज़ के अनुसार मानवशास्त्र का विकास इसी रूप में हो सकता है कि पहले के विद्वानों ने जो सामग्री उपलब्ध करायी है, उसकी ज़्यादा गहराई से जाँच-परख की जाए और पाठकों को अजनबियों के संसार के यथार्थ को समझने में सहायक हो।

गीट्ज़र्ज़ ने मानवशास्त्र का एक उद्देश्य यह भी बताया है कि वह सूक्ष्म विवरणों (थिन डिस्क्रिप्शन) के स्थान पर व्यापक व्याख्याओं (थिक डिस्क्रिप्शन) से अधिक जुड़ा होना चाहिए। इसका तात्पर्य यह है कि वह किसी समुदाय की सांस्कृतिक गतिविधियाँ उसके गहन अर्थ को स्थापित करती है। उदाहरण के लिए सामाजिक जीवन में ज़ोर से आँखें झपकाने और शरीर हिलाना दैहिक रूप से एक जैसी क्रियाएँ हैं। लेकिन आँख झपकाने से एक ख़ास तरह का सामाजिक सम्प्रेषण जुड़ा हुआ है। यह एक अर्थगर्भित प्रतीक है।

गीट्ज़र्ज़ ने संस्कृति की परिभाषा इस प्रकार दी है : 'संस्कृति प्रतीकात्मक रूपों में प्राप्त विरासत में मिली धारणाओं की व्यवस्था है जिनके ज़रिये मनुष्य सम्प्रेषण करता है तथा जीवन के बारे में ज्ञान एवं दृष्टिकोण का विकास करता है।' गीट्ज़र्ज़ के ऊपर मैक्स वेबर के संस्कृति संबंधी चिंतन का भी काफ़ी प्रभाव पड़ा। अपने संस्कृति संबंधी दृष्टिकोण पर उन्होंने लिखा : 'मैक्स वेबर की तरह मैं भी मानता हूं कि मनुष्य स्वयं के लिए प्रतीकार्थों का जाल तैयार करता है और उसी के बीच निवास करता है। संस्कृति को भी मैं वैसा ही जाल मानता हूँ। उसका विश्लेषण नियमों की खोज में लगे प्रयोगमूलक विज्ञान जैसा न हो कर अर्थों की खोज करने वाली व्याख्यात्मक पद्धति का हिस्सा है।'

इस प्रकार गीट्ज़र्ज़ ने संस्कृति को ऐसे प्रसंग की तरह परिभाषित किया जिसके माध्यम से सामाजिक घटनाएँ, गतिविधियाँ, व्यवहार, संस्थाएँ तथा प्रक्रियाएँ तार्किक रूप से व्याख्यायित हो सकती हैं। यानी संस्कृति बहुत सारे शारीरिक संकेतों जैसे पलकों के हिलने आदि को सम्प्रेषण संबंधी गतिविधि में बदलने को सम्भव बनाती है। यहाँ संस्कृति को किसी प्रतीक संबंधी अवधारणा की तरह देखा जा रहा है, हालाँकि गीट्ज़र्ज़ ने सॅस्यूर या याकोबसन जैसे भाषाशास्त्रियों की तरह संस्कृति के बारे में प्रतीक के किसी व्यवस्थित सिद्धांत की प्रस्तुति नहीं की। उन्होंने संस्कृति और सामाजिक संरचना के बीच भेद को सावधानी से बनाये रखा। गीट्ज़र्ज़ ने अपने अनुसंधान और चिंतन को लेवी-स्त्रॉस जैसे प्रकार्यवादियों से भी अलग स्थापित किया। लेवी-स्त्रॉस मानते थे कि संस्कार, संस्थाएँ और संस्कृति के दूसरे पक्ष समाज के लिए अपनी उपयोगिता के माध्यम से सर्वश्रेष्ठ ढंग से समझे जा सकते हैं।

गीट्ज़र्ज़ का स्पष्ट तौर पर मानना था कि हमारा काम यह पता लगाना नहीं है कि संस्कृति मानव समाज के लिए करती क्या है, बल्कि यह जानना है कि विभिन्न सांस्कृतिक व्यवहारों तथा रूपों का अर्थ क्या है। उन्होंने इस विचार का भी विरोध किया कि समस्त संस्कृतियों में कोई व्यक्ति मूल मानवीय सार की एकरूपता को निर्धारित कर सकता है। उन्होंने लिखा कि मानव-सार के विचार को केवल सार्वभौम संस्कृतियों में ढूँढ़ने की बात करना और अपेक्षाकृत पृथक एवं विशिष्ट संस्कृतियों में उन्हें अनुपस्थित मानने का विचार पूर्वग्रह से भरा हुआ है। प्रेक्षकों का विचार है कि गीट्ज़र्ज़ के चिंतन पर गिलबर्ट रायी और विट्गेंस्टाइन का भी काफ़ी प्रभाव है।

गीट्ज़र्ज़ के मुताबिक़ मानवशास्त्रियों को एकदम नये व भिन्न परिवेश की संस्कृति में प्रायः अराजकता दिखती है और सिर चकरा देने वाली घटनाओं का सामना करना पड़ता है। ऐसी स्थिति में उन्हें व्याख्याओं के लिए अपने पैर

अवधारणाओं में जमाने होते हैं। गीट्र्ज़ ने अपनी अध्ययन सामग्री जुटाने के लिए विशेष तौर पर इंडोनेशिया के जावा, बाली और सुमात्रा तथा मोरक्को की यात्राएँ की। गीट्र्ज़ के लेखन में सांस्कृतिक अवधारणाओं को लेकर थोड़ी दुविधापूर्ण स्थिति भी देखने को मिलती है, क्योंकि वे उन मानवशास्त्रीय दृष्टिकोणों का खण्डन करते हैं जो संस्कृतियों को लोककथा में बदलते हैं, उनके तथ्य तथा विवरण एकत्र करते हैं, उन्हें संस्थाओं में तब्दील करते हैं और उनकी श्रेणियाँ तैयार करते हैं। गीट्र्ज़ के मुताबिक़ सांस्कृतिक अवधारणा का उद्देश्य यह पता लगाना नहीं कि संस्कृतियाँ कैसे कार्य करती हैं। सिद्धांतों को नृजातिविवरणों पर आरोपित नहीं किया जा सकता। बल्कि सिद्धांतों में शब्दकोश, प्रतीक, विचारधारा, द्वंद्व, विश्व-दृष्टि, करिश्मा आदि चीज़ें सम्मिलित होती हैं। किसी मानवशास्त्री द्वारा जिन अर्थगर्भित प्रतीकों का सामना किया जाता है, ये समस्त चीज़ें उनकी अभिव्यक्ति में सहायक होती हैं।

गीट्र्ज़ ने बृहद समाजशास्त्रीय सैद्धांतिकियों का विरोध किया और रोज़ाना के जीवन के उत्कृष्ट पहलुओं को लेकर व्याख्यात्मक अन्वेषणों को विशेष महत्त्व प्रदान किया। इसीलिए उनके कुछ समकालीन विद्वानों ने इस बात पर निराशा भी जतायी कि गीट्र्ज़ ने अपने लेखन में विस्तृत सिद्धांत नहीं पेश किये हैं। गीट्र्ज़ इस पर विशेष ध्यान देते हैं कि कोई मूल निवासी अपने कार्यों को किस प्रकार अर्थपूर्ण मानता है और उसकी इस समझदारी के आधार पर किस प्रकार संबंधित समाज और सम्भवतः सम्पूर्ण सामाजिक जीवन का संचालन होता है। उनका यह भी मानना है कि मानवशास्त्री की असल शक्ति अपने पाठकों को यह समझाने में निहित है कि उसके नृजाति विवरण की सच्चाई केवल उसकी श्रमपूर्ण खोजों पर नहीं आधारित होती, बल्कि उस आलंकरिक शैली पर आधारित होती है और साथ ही पाठ के भीतर निर्मित होने वाले लेखकीय व्यक्तित्व से भी इसका संबंध होता है। गीट्र्ज़ के सामाजिक और सांस्कृतिक सैद्धांतिकी के क्षेत्र में योगदान का असर भौगोलिकी, राजनीति विज्ञान, पर्यावरण, मानव-अध्ययन और शांति के क्षेत्र में सक्रिय विद्वानों पर भी पड़ा है।

देखें : अल्फ्रेड लुइस क्रोबर, ऑग्युस्त कॉम्त, क्लॉद लेवी-स्त्रॉस, क्लिफ़र्ड गीर्ट्ज़, जॉर्ज ज़िमेल, टैलकॉट पार्संस, पिएर बोर्दियो, फ्रेंज़ उरी बोआस, मारग्रेट मीड, मारसेल मौज़, मार्गरेट मीड, मिल्टन सिंगर, मैक्स वेबर, रुथ बेनेडिक्ट।

संदर्भ

1. क्लिफ़र्ड गीट्र्ज़ (1968), *पेडलर ऐंड प्रिंसेज : सोशल डिवेलपमेंट ऐंड इकॉनॉमिक चेंज इन टू इंडोनेशियन टाउंस,* शिकागो युनिवर्सिटी प्रेस, शिकागो.
2. क्लिफ़र्ड गीट्र्ज़ (1964), *एग्रीकल्चरल इनवोल्यूशन : द प्रॉसेज़ ऑफ़ इकोलॅजिकल चेंज इन इंडोनेशिया,* शिकागो युनिवर्सिटी प्रेस, शिकागो.
3. क्लिफ़र्ड गीट्र्ज़ (1973), *द इंटरप्रिटेशन ऑफ़ कल्चर,* बेसिक बुक्स, न्यूयॉर्क.
4. नैंसी के. फ्रैंकेनबरी और हैंस एच.पैनर (1999), *क्लिफ़र्ड गीट्र्ज़ लांग लास्टिंग मूड्स, मोटिवेशन ऐंड मेटाफ़िज़िकल कनसेप्शंस,* शिकागो युनिवर्सिटी प्रेस, न्यू जर्सी.

— **वैभव सिंह**

कींसियन अर्थशास्त्र

(Keynesian Economics)

इक्कीसवीं सदी के पहले दशक के आख़िरी वर्षों में विश्व अर्थव्यवस्था पर हुए मंदी के हमले के कारण आर्थिक विज्ञान के बौद्धिक हल्कों में एक बार फिर जॉन मेनार्ड कींस द्वारा प्रचलित आर्थिक सिद्धांतों की चर्चा होने लगी है। इन्हीं आर्थिक सिद्धांतों के ज़रिये विश्व पूँजीवाद बीसवीं सदी के तीसरे दशक की महामंदी से निकल पाया था। कींसवाद को मुख्यतः सरकार की राजकोषीय नीतियों के ज़रिये घाटे की अर्थव्यवस्था चला कर रोज़गार के अवसरों का सृजन करने की नीति के लिए जाना जाता है। इस लिहाज़ से कींसवाद की तुलना हमेशा उन आर्थिक सिद्धांतों से की जाती है जो अर्थव्यवस्था में मुद्रा नीति को प्रमुखता देने के ज़रिये अर्थव्यवस्था का प्रबंधन करने के लिए जाने जाते हैं। कींस के प्रमुख सिद्धांत उनकी विख्यात कृति जनरल *थियरी ऑफ़ एम्प्लॉयमेंट, इंटरेस्ट ऐंड मनी* (1936) में दर्ज हैं। लोकोपकारी राज्य, पूर्ण रोज़गारोन्मुख राज्य और कम उथल-पुथल या सापेक्षिक स्थायित्व वाली अर्थव्यवस्थाओं को सैद्धांतिक और नीतिगत ज़मीन देने में कींसियन अर्थशास्त्र की अहम भूमिका रही है। 2008 की महामंदी के पीछे अस्सी के दशक के बाद से कींस के सोच और नीतिगत सुझावों से हटना भी एक कारण माना जा सकता है। तीसरी दुनिया में राष्ट्रीय योजनाओं द्वारा आर्थिक संवृद्धि के प्रयासों में कींस के सकलीय या समग्र आर्थिक सिद्धांत का बहुत योगदान है।

कींस का मुख्य योगदान यह था कि उन्होंने समष्टिगत अर्थशास्त्र (मैक्रोइकॉनॉमिक्स) के क्लासिकल संस्करण के बरक्स एक नये समष्टिगत आर्थिक मॉडल की रचना की और प्रभावी माँग को उसका आधार बनाया। कींस के पहले फ्रांसीसी अर्थशास्त्री ज्याँ बापतीस्त से द्वारा प्रवर्तित नियम का बोलबाला था जिसे 'से का नियम' कहा जाता है। से का कहना था कि अर्थव्यवस्था में उत्पादन की अधिकता कभी हो

ही नहीं सकती, क्योंकि ख़रीदारी बिके हुए माल से होने वाली आमदनी से होती है। इस तरह से इस निष्कर्ष पर पहुँचे थे कि आपूर्ति अपनी माँग ख़ुद पैदा करती है। से का दावा यह भी था कि अर्थव्यवस्था अपना संतुलन ख़ुद प्राप्त करती है और इस प्रक्रिया में पूर्ण रोज़गार की स्थिति सम्भव है। से के इस सिद्धांत का खण्डन करने वाले कींस के विचार माँग की कमी, उत्पादन की अधिकता और बेरोज़गारी के प्रकोप से पैदा हुए महामंदी के दौर में काफ़ी उपयोगी साबित हुए। इन विचारों की सफलता ने कींसवाद को जन्म दिया। आगे चल कर कींस के कई अनुयायी विद्वानों ने उनके सिद्धांतों की ज़मीन पर खड़े हो कर एक पूरे अर्थशास्त्र की ही रचना कर डाली जिसे कींसियन अर्थशास्त्र के नाम से जाना जाता है। इस प्रक्रिया में कई कींसियन अर्थशास्त्री अपने गुरु के विचारों के परे भी चले गये हैं। नतीजे के तौर पर आज कींसियन विरासत कई भागों में विभक्त हो चुकी है।

क्लासिकल इकॉनॉमिक्स के समष्टिगत मॉडल की आलोचना करने के लिए कींस ने अल्फ्रेड मार्शल द्वारा प्रतिपादित सिद्धांतों की भी मदद ली। समष्टिगत मॉडल से व्यष्टिगत मॉडल तक पहुँचने के लिए मार्शल द्वारा किया गया माँग और आपूर्ति का विश्लेषण उनके काम आया। दरअसल, कींस ने अपने विश्लेषण में कई अवधारणाओं का सृजनात्मक उपयोग किया है। जैसे, रोज़गार और आमदनी के विस्तार का अनुपात (मल्टीप्लायर), उपभोग के प्रकार्य, अर्थव्यवस्था में तरलता (नकदी) की स्थिति और पूँजी की सीमांत दक्षता।

कींस का एक महत्त्वपूर्ण योगदान अल्पावधि के अर्थशास्त्र का प्रवर्तन भी है। अपनी एक रचना *अ ट्रैक्ट ऑन मोनेटरी रिफ़ॉर्म्स* (1923) में उन्होंने उन अर्थशास्त्रियों की आलोचना की थी जो तूफ़ान के गुज़र जाने का इसलिए इंतज़ार करने की सलाह देते हैं कि बाद में तो समुद्र समतल हो ही जाएगा। कींस का कहना था कि तत्कालीन समस्याओं के हलों की तजवीज़ करना भी तो अर्थशास्त्र का ही काम है, न कि उन्हें दीर्घकालीन रुझानों के नाम पर नजरंदाज कर देना। कींस ने व्यंग्य करते हुए कहा था कि 'दीर्घावधि के चक्कर में रहे तो हम सभी का अंत हो जाएगा।' कींस ने आर्थिक विज्ञान में समय के महत्त्व पर विशेष ज़ोर देते हुए व्यक्ति के उपभोग की प्रवृत्तियों का विश्लेषण किया और पता लगाने की कोशिश की कि वह किन आधारों पर भविष्य में उपभोग करने का निर्णय लेता है : व्यक्ति आगे चल कर अपनी चालू आमदनी में से ख़र्च करना चाहेगा या अपनी बचत में से।

कींसियन अर्थशास्त्र के एक शुरुआती व्याख्याता लारेंस क्लीन कींस द्वारा प्रतिपादित प्रभावी माँग के सिद्धांत को आर्थिक विज्ञान में क्रांति का वाहक मानते हैं, क्योंकि इसके ज़रिये उत्पाद के सकल स्तर का निर्धारण किया जा सकता है। दरअसल, कींस के पहले अर्थव्यवस्था व्यक्तियों, परिवारों और फ़र्मों के अध्ययन पर केंद्रित रहती थी, जबकि कींस के बाद समग्र राष्ट्रीय अर्थव्यवस्था के सकल आकलन पर ज़ोर दिया जाने लगा। निपट व्यक्तिवादी एकल-इकाई केंद्रित (माइक्रो) अर्थशास्त्र को सकल अर्थव्यवस्था-केंद्रित अर्थशास्त्र से जोड़ कर कींस ने नव-क्लासिकी अर्थशास्त्र को एक अति-काल्पनिक नज़रिये से मुक्त करके वस्तु-जगत से जोड़ा। कींस के बाद से यह भी माना जाना लगा कि रोज़गार के क्षेत्र में अर्थव्यवस्थाएँ लाज़मी तौर पर एक अस्थायी बेरोज़गारी का शिकार रहेंगी।

लोकोपकारी राज्य के उत्थान में भी कींसवाद की भूमिका रही है। चूँकि कींसवाद राजकोषीय उपायों द्वारा सरकार द्वारा ऐसे कार्यक्रम चलाने पर ज़ोर देता है जिनसे माँग बढ़े और रोज़गार के अवसर पैदा हों, इसलिए वह आर्थिक जीवन में राज्य के सकारात्मक हस्तक्षेप को सकारात्मक दृष्टि से देखता है। चूँकि सरकार को अपने निर्माण कार्यक्रम चलाने के लिए धन की ज़रूरत पड़ती है इसलिए उसे ज़्यादा टैक्स लगाने पड़ते हैं। लोकोपकारी राज्य के इस कींसवादी फ़ार्मूले की प्रतिक्रिया में कराधान की निचली दर और माँग के बजाय निश्चित मौद्रिक नीति को केंद्र बना कर अर्थव्यवस्था के प्रबंधन की थीसिस उभरती है।

कींसवाद अर्थशास्त्र के क्षेत्र में कई नये विचारों का जनक माना जाता है। इनमें एक विचार परम्परा को नवकींसवाद और दूसरे को उत्तर-कींसवाद की संज्ञा दी जाती है। नवकींसवाद स्थिर दामों और वेतन के साथ-साथ पूर्ण रोज़गार उपलब्ध करने में विफलता के अंदेशे को तो कींसियन विरासत से ग्रहण करता है, पर इसके बात वह नियोक्लासिकल पद्धति की इस मान्यता की तरफ़ झुक जाता है कि आर्थिक कर्त्ता मुख्यत: सुसंगत व्यवहार करते हैं। अर्थव्यवस्था में सामान्य संतुलन के सिद्धांत का इस्तेमाल करते हुए नवकींसवादी समष्टिगत अर्थशास्त्र की व्यष्टिगत (माइक्रो) बुनियादों पर ज़ोर देते हैं। बाज़ार को मुख्यत: प्रतियोगितामूलक मानने के बजाय वे उसे इजारेदारी की ताक़त से प्रभावित मानने के निष्कर्ष पर पहुँचते हैं। कींसवाद को नियोक्लासिकल सिद्धांतों के मुताबिक़ दोबारा रचने की इन कोशिशों को काफ़ी आलोचना का शिकार भी होना पड़ा है। आरोप लगाया जाता है कि कींस के ही कुछ अनुयायियों ने नियोक्लासिकल सिद्धांतों का प्रयोग करके उनके अर्थशास्त्र के क्रांतिकारी पहलुओं की धार कुंठित कर दी है।

देखें : अर्थ-विज्ञान का समाजशास्त्र, आर्थिक जनसांख्यिकी, अल्फ्रेड मार्शल, अमर्त्य कुमार सेन, अंतर्राष्ट्रीय मुद्रा कोष, आधार और अधिरचना, ऑस्कर रायज़ार्ड लांगे, एडम स्मिथ, करारोपण, कल्याणकारी अर्थशास्त्र, क्लासिकल अर्थशास्त्र, कार्ल हाइनरिख़

मार्क्स-3, कार्ल मेंगर, गुन्नार मिर्डाल, जोआन रोबिंसन, जॉन कैनेथ गालब्रेथ, जॉन मेनार्ड कींस, जॉन स्टुअर्ट मिल, जोसेफ़ शुमपीटर, जैव विविधता, ट्रस्टीशिप, डेविड रिकार्डो, ढाँचागत समायोजन कार्यक्रम।

संदर्भ

1. एल.आर. क्लींस (1952), द *कींसियन रेवोल्यूशन,* मैकमिलन, लंदन.
2. डी. लेडलर (1999), *फ़ेब्रीकेटिंग द कींसियन रेवोल्यूशन : स्टडीज़ ऑफ़ द इंटर-वार लिटरेचर, मनी, द साइक्लिं ऐंड अनएम्प्लॉयमेंट,* केम्ब्रिज युनिवर्सिटी प्रेस, केम्ब्रिज.
4. ए. लीजनहुफ़वुड (1968), *ऑन कींसियन इकॉनॉमिक्स ऐंड द इकॉनॉमिक्स ऑफ़ कींस,* ऑक्सफ़र्ड युनिवर्सिटी प्रेस, न्यूयॉर्क.

कुमारन् आशान्

(Kumaran Aashan)

भारतीय सामाजिक-सांस्कृतिक जागरण के अग्रदूत के रूप में मलयालम के महाकवि नारायण कुमारन् आशान् (1873-1924) अग्रगण्य हैं। स्वामी विवेकानंद और श्री नारायण गुरु के विचार-दर्शन का अनुपालन करने वाले आशान् के तार्किक गद्य ने मलयालीभाषियों को जाग्रत किया, पिछड़ी जातियों का मनोबल बढ़ाया और उनकी हीनता-ग्रंथि ख़त्म करने का प्रयास किया। आशान् ने तीन प्रसिद्ध महाकाव्यों की समीक्षाएँ लिखीं : वल्लत्तोल के *चित्र-योगम्,* उल्लूर-परमेश्वर नायर के *उमा केरलम्* और पंतलम केरल वर्मा के *रुक्मांड चरितम्* की। इन समीक्षाओं ने केरल में समीक्षा का स्तर ऊँचा करते हुए संस्कृत-काव्यशास्त्र के अंधानुकरण का विरोध किया। अपनी ऐसी विशेषताओं के कारण ही वल्लत्तोल के बाद कुमार आशान् को महान कवियों की परम्परा में स्थान दिया गया है। आशान् ने अपनी सतत रचनाशीलता से परम्परा को नया रूप दिया और समाज-दर्शन को चिंतन के नये पंख प्रदान किये। निम्न समझी जाने वाली जातियों को जाति-बंधनों से मुक्ति दिलाने के लिए ही वे जन्मे थे। नारायण गुरु की प्रेरणा से बने संगठन श्री नारायण धर्म परिपालम योगम् (एस.एन.डी.पी. योगम्) के महासचिव के रूप में आशान् ने सामाजिक न्याय की मुहिम में अगुआ भूमिका निभायी। आशान् तथा उनकी टोली ने योगम् का दफ़्तर तिरुवनंतपुरम् में स्थापित किया और केरल के कोने-कोने में यात्राएँ कीं। जन-जागरण के लिए उन्होंने *विवेकोदयम्* नामक पत्र का सम्पादन किया जिसने बाद में *एझवा गज़ट* के रूप में पहचान बनायी। साहित्यिक-राजनीतिक सामग्री से सम्पन्न और स्वामी विवेकानंद के नाम से प्रेरित प्रभावित *विवेकोदयम्* ने केरल के समाज के लिए अपने नाम की सार्थकता सिद्ध की।

उन्नीसवीं शताब्दी का केरल जातिवाद, अस्पृश्यता और अन्य कुटिल संकीर्णताओं से जूझ रहा था। ब्राह्मण-शूद्र के बीच की खाई इतनी चौड़ी थी कि उसे पाटना मुश्किल था। अछूत जातियों के भीतर अनेक उपजातियाँ थीं। इन्हीं में से एक एझवा जाति में कुमारन् आशान् का जन्म हुआ। तिरुवनंतपुरम् से तीस मील दूर प्रकृति की गोद में बसे कमिकूरा नामक गाँव के अधिकतर एझवा निवासी अज्ञान और दरिद्रता से बेहाल थे। आशान् के पिता नारायण छोटा-मोटा व्यापार करके जीवन यापन-करते थे और माँ कालियम्मा पौराणिक कथाओं में पारम्गत थीं। छह पुत्र और दो पुत्रियों के बीच कुमारन् दूसरी संतान थे।

बचपन में कुमारन् गाँव की घास-फूस की पाठशाला में भेजे गये जहाँ बच्चे अपनी चटाई बैठने के लिए लाते थे। मास्टर वर्णमाला के अक्षरों को ताड़पत्र पर लिखता था और बच्चे बालू पर तर्जनी से। कुमारन् सात वर्ष की अवस्था में स्कूल गये तो वहाँ औषधि, मंत्र-विद्या और ज्योतिष के पण्डित को पाया। इस अध्यापक का उनके बालपन पर अमिट प्रभाव पड़ा और इस प्रभाव के रंग कभी फीके नहीं पड़े। कुछ समय बाद कुमारन् एक प्रसिद्ध संस्कृतज्ञ कोम्यरामन् वैघर के शिष्य बन गये। उनकी प्रेरणा से उन्होंने *अमरकोष, सिद्धरूप, श्री समोदांत, कृष्णविलास,* और *रघुवंश* का निकट से पाठ किया। उन्होंने माघ कवि की रचना *शिशुपालवध* के कुछ भाग का भी अध्ययन किया। इस तरह उनके संस्कारों को निर्मित करने में संस्कृत साहित्य का बड़ा हाथ रहा। गाँव की पाठशाला से ही उन्होंने चौदह वर्ष की उम्र में विशेष योग्यता के साथ परीक्षा उत्तीर्ण की और वहीं पर अध्यापक हो गये। मलयालम में अध्यापक को 'आशान्' कहते हैं। इसलिए उनका नाम पड़ा कुमारन् आशान्। आगे पढ़ने की इच्छा से आशान् ने संस्कृत पाठशाला विज्ञान संदापनी में नाम लिखवाया। सोलह वर्ष की अवस्था में आशान् पदों की रचना करने लगे। विद्या के प्रति गहन अनुराग का ही नतीजा था कि उन्होंने *कवि भारतम्* का उद्देश्य समझा और *महाभारत* के प्रमुख पात्रों पर ध्यान दिया। *कवि रामायण* की रचना की और सर्जन-शक्ति का विस्तार किया। आशान् ने भास के *मालती माधव,* श्री हर्ष के *नैषधचरितम्,* कालिदास के *अभिज्ञान शाकुंतलम्* के साथ प्रसिद्ध *कुवलयानंद* का भी अध्ययन किया। प्रतिदिन पद्यों की रचना का अभ्यास करते हुए उन्होंने लय और छंदशास्त्र के संगीत पर ध्यान केंद्रित किया। उन्होंने छंदों को सिद्ध किया और जीवन में मानव तथा प्रकृति सौंदर्य के दर्शन को समझने में कोई कसर नहीं छोड़ी। कुमारन् ने पद्यों के साथ *उषा-कल्याणम्* (नाटक) तथा *वल्ली विवाहम्*

नारायण कुमारन् आशान् (1873-1924)

(आंचलिक कथा) लिखी।

केरल की पिछड़ी एझवा जाति बड़े अपमान में जी रही थी। पाठशालाओं में उसका प्रवेश वर्जित था। एझवा लोग मंदिर के पास तक फटकने नहीं दिये जाते थे। सरकारी नौकिरियों पर ऊँची जाति के लोगों का ही क़ब्ज़ा था। एझवाओं का काम खेती करना, ताड़ी बनाना और कपड़ा बुनना रह गया था। इस स्थिति से उबरने के लिए 1896 में ट्रावणकोर के राजा को तेरह सौ एझवाओं ने हस्ताक्षरित प्रार्थना-पत्र दिया जिसे लौटा दिया गया और कोई सुनवाई नहीं हुई। सामाजिक आर्थिक रूप से संघर्ष करते इस समुदाय के भीतर उसी समय सांस्कृतिक-सामाजिक नवजागरण और स्वाधीनता आंदोलन की लौ में तपे हुए श्रीनारायण गुरु (1856-1928) का उदय हुआ। नारायण गुरु ने सभी जातियों के लिए सर्वोदय की ज्योति जलायी। उनकी विचारधारा आध्यात्मिक न होकर सामाजिक थी। उन्होंने हिंदू-शास्त्रों के कई पक्षों को अस्वीकार किया और प्रश्न किया कि शूद्र को संन्यासी बनने तथा मंदिर में प्रवेश पूजा का अधिकार क्यों नहीं होना चाहिए? नारायण गुरु के नेतृत्व में सामाजिक अन्याय के ख़िलाफ़ केरल में एक बड़ा सामाजिक आंदोलन खड़ा हुआ। पूजा के लिए एझवाओं की मूर्तियाँ बनवा कर मंदिरों में स्थापना की गयी जिसकी ज़बरदस्त प्रतिक्रिया हुई। द्विजों ने शिव मंदिरों में मूर्ति रखने को लेकर जम कर उपद्रव किया। इस पर नारायण गुरु का उत्तर था कि वे तो मंदिरों में एझवा-शिव की स्थापना कर रहे हैं ब्राह्मण-शिव की नहीं। उनका कहना था कि किसी भी जाति-धर्म-सम्प्रदाय के सभी मानवों के लिए एकमात्र आश्रय ईश्वर है। इन महान नारे ने एक बड़ी सामाजिक-क्रांति का सूत्रपात किया। नारायण गुरु को जनता ने स्वामी कहना शुरू कर दिया। 15 मई, 1903 को नारायण गुरु की प्रेरणा से श्री नारायण धर्म परिपालन योगम् नामक संगठन की स्थापना की गयी। एस.एन.डी.पी योगम् नाम से प्रचलित इस संगठन द्वारा जन जागरण-चेतना का गौरवशाली इतिहास है।

स्वामी नारायण गुरु के विचारों का कुमारन् आशान् पर गहरा प्रभाव पड़ा। उस समय कुमारन् केवल अठारह वर्ष के थे। स्वामीजी भी आशान् की ओर आकृष्ट हुए। दोनों का यह मिलन स्वामी रामकृष्ण परमहंस का विवेकानंद से मिलन जैसा था। कुमारन् आशान् के लिए तो यह मिलन परिवर्तनकामी-क्रांतिकारी साबित हुआ। कुमारन् की तमिल-संस्कृत में गहरी रुचि थी, लेकिन अब वे मलयालम में भक्तिपूर्ण कविताओं की रचना करने लगे। इसी काल में उन्होंने *सुब्रह्मण्यम शतकम्* और *भक्त-विलायम्* काव्यों का सृजन किया। आशान् की इन कविताओं को सुन कर स्वामी अति-प्रसन्न हो जाते थे! धीरे-धीरे कुमारन् वेदांत की ओर झुकते गये। एक समय ऐसा भी आया जब नारायण गुरु ने आशान् को अपने आश्रम अरविपुरम में बुलाया। आशान् गये और स्वामीजी के शिष्य बन कर वहाँ तीन वर्ष व्यतीत किये। नेय्यार नदी के किनारे धूनी लगाकर अभंग समाधि का सुयोग पाया। आशान् ने अपने सम्पादन में निकलने वाले *विवेकोदयम्* पाक्षिक पत्र के एक अंक में इस स्थान का बड़ा ही काव्यात्मक वर्णन किया है। अनेक लोग उन्हें 'छोटे योगी' कहने लगे। आशान् ने वेदांत की अनेक पुस्तकें एकाग्रभाव से पढ़ीं और इसी काल में *शिवस्त्रोतमाला* की रचना की। अपने गुरु की तरह वे भी शिवभक्त हो गये।

प्रसिद्ध चिंतक डॉ. पल्पू के परिवार ने भी कुमारन् को स्वीकार कर लिया। यह उनके जीवन की प्रमुख घटना थी। कुमारन् श्रीधाम राजेंद्र संस्कृत कॉलज में दाख़िल हो गये। बंगलौर का यह कॉलेज द्विजों के लिए ही था, यहाँ तक कि राज्य के लिंगायत तक वहाँ प्रवेश नहीं पाते थे। कॉलेज में केवल आशान् ही अ-द्विज विद्यार्थी थे। यह नये तरह का जीवनानुभव था। आशान् ने इस कॉलेज में तीन वर्ष तक अध्ययन किया। वहाँ भी एक शूद्र द्वारा वेद और शास्त्र पढ़ने का भारी विरोध हुआ। अंततः विवश आशान् को कॉलेज छोड़ना पड़ा। आशान् के कवि मानस पर इस घटना से बड़ा आघात लगा और वे वर्णवादी क्रूर जाति व्यवस्था के दाँत उखाड़ने का संकल्प करने लगे। अपमान की चोट सह कर आशान् छह महीने मद्रास रहे और बाद में कलकत्ता चले गये। उन्होंने कलकत्ता के संस्कृत कॉलेज में न्यायशास्त्र का अध्ययन किया। काव्य और व्याकरण को समझने का कौशल

बढ़ाया तथा तर्क-तीर्थ की परीक्षा दी। कलकत्ता में ही उन्होंने अंग्रेज़ी और बांग्ला साहित्य का ज्ञान प्राप्त किया और रवींद्रनाथ ठाकुर से प्रभावित हुए। रवींद्रनाथ पर वे इतने मुग्ध थे कि उन्होंने 'दिव्य कोकिलम्' शीर्षक से कविता की रचना की जिसे उन्होंने कविगुरु की केरल यात्रा (1922) के समय पढ़ कर सुनाया और 'स्वागत-पंचमम्' के पाँच संस्कृत पद्य रवींद्रनाथ को आलुवा के अद्वैताश्रम की यात्रा के समय भेंट किये। कुछ समय बाद बंगाली, कन्नड़ और मलयाली रचनाकारों के सम्पर्क में आकर उन्होंने अंग्रेज़ी साहित्य का मर्म समझा और शेली, कीट्स और ब्राउनिंग के सृजन का आस्वादन किया। अंग्रेज़ी का रूढ़ि विरोधी स्वच्छंदतावादी आंदोलन उनकी मानसिकता के अनुकूल पड़ा। अंग्रेज़ी-साहित्य का ऐसा प्रभाव पड़ा कि उन्होंने डायरी और कविताओं की रूपरेखा आदि चीज़ें अंग्रेज़ी में ही लिखीं। कहते हैं कि उनमें अंग्रेज़ी प्रेम ऐसा उमड़ा कि ट्रावणकोर की सभाओं में अंग्रेज़ी में ही भाषण देते नज़र आये।

आशान् की 1908 की कविता 'ओरु वीण पूवु' (एक झरा हुआ फूल) भले ही नया काव्य-सृजन-प्रयास हो, किंतु इसमें सामाजिक-सुधार और प्रेम-विस्तार का रूप निखरकर सामने आया। यह कविता मलयालम के नवीन-सृजन-प्रस्फुटन को व्यंजित करती है। कविता में नवीन विदग्धताएँ पाठक के लिए मोहक हैं। एक झरे हुए फूल पर कविता लिखना एक दार्शनिक चेतना है। 'वीण पूवु' एक विलाप-काव्य है, एक व्यक्ति का नहीं, सभी का विलाप-काव्य है। पूरी कविता प्रतीकात्मक है। इसमें आशान् के जीवन का बिम्ब है और कथन-शैली पर पाश्चात्य प्रभाव है। मलयालम कविता आशान् से पहले ही पश्चिमी कविता-कला के प्रभाव में आ चुकी थी। आशान् ने उसी को एक नया रूप दिया। समकालीन कवि उल्लूर और परमेश्वर नारायण स्वयं इस प्रभाव से दूर न थे, लेकिन आशान् की इस कविता ने मलयालम-साहित्य में एक नये युग का सूत्रपात किया।

आशान् ने 1901 में *सौंदर्य लहरी* का अनुवाद किया, और अगले साल *शिवस्तोत्रमाला* का भी। *मेघदूतम्* का एक अधूरा अनुवाद करके कालिदास की सौंदर्य-लय को गहने उन्होंने रुचि दिखाई। आशान् ने *विचित्र विजयम्* और *प्रबोधचंद्रोदय* जैसे नाटकों का अनुवाद किया। इस तरह उनके जीवन में 1902 का वर्ष अनुवाद-कर्म के लिए अपूर्व रहा। *विचित्र विजयम्* भक्ति-स्त्रोतों पर आधारित नाटक है जिससे दक्षिण में भक्ति प्रवाह का संकेत मिलता है। संस्कृत भाषा, संस्कृत छंद और संस्कृत काव्यशास्त्र में आशान् की विशेष रुचि थी। उनकी संस्कृत-मलयालम मिश्रित भाषा का ख़मीर सर्जना में नया सौंदर्य पैदा करता है। *शिवस्तोत्रमाला* के पद्यानुवाद के साथ कवि आशान् ने एक ज्ञान-संवेदना जाग्रत करने वाली भूमिका लिखी है। आशान् ने अपने अनुवादों से मलयालम साहित्य को बहुत कुछ दिया। उन्होंने सर एडविन आरनॉल्ड की कृति *लाइट ऑफ़ द एशिया* का *बुद्ध चरित्र* नाम से अनुवाद किया। हिंदी में इस कृति का अनुवाद रामचंद्र शुक्ल ने किया है। वाल्मीकि रामायण पर आधारित कवि की कृति *बाल रामायण* छायानुवाद है, सर्जनात्मकता से परिपूर्ण। विवेकानंद के *राजयोग* का भी उन्होंने अनुवाद किया है।

आशान् 1902 से ही सामाजिक जागरण के लिए समर्पित हो गये थे। उनके मन में ब्रह्मचारी और संन्यासी के जीवन-पथ को लेकर भी तनाव रहा। आख़िरकार एक दिन पैंतालीस वर्ष के कवि ने सत्रह वर्ष की युवती से विवाह किया जो उनकी शिष्य थी। भानुमती ने कुमारन् से प्रेम किया और कवि के जीवन को बदल दिया। आशान् तो नारायण गुरु के उत्तराधिकारी थे अत: यह विवाह काफ़ी चर्चा में रहा। एक ख़ास अर्थ में विवाह उनके जीवन का परिवर्तन-बिंदु था। आशान् ने 'कुपिल' या 'कोकिल' कविता का 1918 में सृजन किया जो उनके ऊपर किये गये दोषारोपणों का उत्तर था। 1919 में उन्होंने अपनी सर्जनात्मकता का विस्तार 'प्ररोदनम' और 'सीता' काव्यों की रचना में किया। 'प्ररोदनम्' विलाप-काव्य है जो ए.आर. राजराज वर्मा (1863-1918) पर केंद्रित है। एक समय था राजराज वर्मा ने आशान् की लम्बी कविता 'नलिनी' की भूमिका लिखी थी। वे दोनों 'सखा' थे। आशान् ने राजराजवर्मा की आत्मा को स्वर्ग पुहँचा कर उनकी मुलाक़ात कालिदास-भारु से करवायी है। केरल भाषा (कैरली) को सांत्वना देने के लिए वहाँ सरस्वती भी प्रकट होती हैं। यह बात भी हमारा ध्यान खींचती है कि आशान् ने अंग्रेज़ी-कविता में एलेजी के रूप को विलाप-काव्य में ढालने का काम किया।

'सीता' आशान् का बहुचर्चित काव्य है। इसका पूरा नाम है 'चिंता विष्टथाय सीता' अर्थात् चिंतामग्न सीता। इसमें *रामायण* की कथा के शक्तिशाली अंशों को सीता के माध्यम से अभिव्यक्ति दी गयी है। 1919 से पाँच साल तक आशान् इस कविता के अस्सी पद ही रच सके। शेष 112 पद बाद में रचे गये। कहा जाता है कि आशान् को रविवर्मा द्वारा चित्रित सीता से सृजन-प्रेरणा मिली। आशान् की सीता असाधारण है और उनकी सर्जनात्मक प्रतिभा का चरम शिखर है। सीता का विचार में डूबा व्यक्तित्व नारी छवि का अलग ऐकांतिक संसार चित्रित करता है। विचारों में डूबी हुई सीता आश्रम के निकट एक उद्यान में बैठी जीवन-प्रसंगों का स्मरण कर रही है। वहाँ स्मृति ही इतिहास है, स्मृति ही परम्परा है। आशान् की सीता ने राम से अनेक असुविधाजनक प्रश्न किये हैं। इन प्रश्नों को लेकर भी आलोचकों का एक वर्ग आशान् की कठोर आलोचना करता है। यह भूलकर कि आशान् ने चेतन और अवचेतन मन की परतों को खोला है। ऐसा विस्मय, विमुग्धकारी चिंतन मलयालम साहित्य में दुर्लभ है। यह

एकालापी काव्य है, जिसमें गीत-काव्य की गरिमा का महाकाव्योचित औदात्य पैदा हुआ।

आशान् महाकाव्य की रचना करने को कभी लालायित नहीं रहे। उन्हें ज्ञान था कि आधुनिक काल का परिवेश और संवेदना महाकाव्य की रचना के अनुकूल नहीं है। जीवन की यातनाओं ने आशान् को इतना रौंदा कि जीवन के अंतिम दिनों में 'दुखस्था' और 'चाण्डाल भिक्षुकी' रचने को विवश हुए। 'दुखस्था' एक मुसलिम विद्रोह की कथा पर केंद्रित कविता है। हिंदू-मुसलमान दंगों से पीड़ित एक नम्बूदिरी स्त्री घर से भाग जाती है और पुलया नवयुवक की झोपड़ी में शरण पाती है। उच्चजाति की स्त्री, निम्नजाति के नवयुवक से विवाह करती है। कवि हिंदू शास्त्रों को अगूँठा दिखाता है और शास्त्र-नियम बदलने का संदेश देता है। इस कविता में आशान् सामाजिक-क्रांति के बीज बोते हैं। उसके बाद 'चाण्डाल भिक्षुकी' भी जाति-भेद को समाप्त करने का संदेश है। कविता का ढाँचा बौद्ध कथा में से लिया गया है। तथागत के शिष्य आनंद दोपहर में एक बरगद की छाया में विश्राम पाते हैं। उसी समय मातंगी नाम की चाण्डाल स्त्री कुएँ से पीने का पानी लेने आती है। वहाँ भिक्षुक उससे पानी माँग रहा है, अब वह चाण्डाल स्त्री करे क्या! वह पानी पी लेता है। उस स्त्री को भगवान बुद्ध शिष्या के रूप में स्वीकार कर लेते हैं। इस घटना से उच्चवर्ग के लोग नाराज़ हो जाते हैं और धर्म-विरुद्ध कह कर राजा के पास जाते हैं। कुमारन् आशान् ने कविता की इस वस्तु को प्रबंध वक्रता के प्रयोग से नया रूप दिया है। 'दुखस्था' और 'चण्डालभिक्षुकी' पिछड़ी जातियों की दुःख भरी गाथाएँ हैं।

भारतीय दलित-साहित्य में इस सांस्कृतिक नवजागरण के कवि को उतना सम्मानित स्थान नहीं मिला जितना मिलना चाहिए। उन्होंने हिंदू और मुसलमान दोनों के भयंकर क्रोध का सामना करते हुए भी कभी निराशा का अनुभव नहीं किया। भारतीय समाज में सामाजिक परिवर्तन के लिए आशान् का अविस्मरणीय योगदान है। आशान् की अंतिम महत्त्वपूर्ण कृति 'करुणा' में वासवदत्ता-उपगुप्त की कथा को लिया गया है। इसका मूल स्त्रोत 'बौधिसत्वयतन कल्पलता' है। नृत्यगायन और अन्य कलाओं में प्रवीण वासवदत्ता मथुरा की एक प्रसिद्ध वेश्या है। इस रूपसी के चरण में धनवान न्यौछावर हो रहे हैं, किंतु वह बुद्ध के शिष्य उपगुप्त की ओर आकृष्ट होती है जो धन और अन्य सुखों को तिलांजलि दे चुके हैं। रूपजीवा वासवदत्ता उन्हें अनेक प्रकार से लुभाती है और विफल रहती है। निराश वासवदत्ता एक सेठ से प्रेम करके कुमार्ग का वरण करती है। उसका पूर्व प्रेमी-शिल्पकार नायक है। दोनों में कलह होती है और फिर एक ही हत्या। वासवदत्ता को दण्ड मिलना और उपगुप्त का प्रकट होना घटता है। 'करुणा' एक सुविख्यात कृति है और मलयालम भाषी जनता का कंठहार। समय-समय पर इस कलाकृति का मंचन किया जाता है। यह एक ऐसी कलाकृति है जो उच्च और सामान्य, दोनों तरह के पाठकों को मोह लेती है।

देखें : काज़ी नज़रुल इस्लाम, कुमारन् आशान्, गजनान माधव मुक्तिबोध-1 और 2, गोवर्धन राम त्रिपाठी और गुजराती अस्मिता, प्रेमचंद, फ़क़ीर मोहन सेनापति और ओडिया अस्मिता, बंकिम चंद्र चट्टोपाध्याय, भारतेंदु हरिश्चंद्र, महादेव गोविंद रानाडे, महावीर प्रसाद द्विवेदी, रवींद्रनाथ ठाकुर, रामविलास शर्मा, रामचंद्र शुक्ल, राहुल सांकृत्यायन, वल्लत्तोल नारायण मेनन, सच्चिदानंद हीरानंद वात्स्यायन अज्ञेय, हजारी प्रसाद द्विवेदी।

संदर्भ

1. शिशिर कुमार दास (सम्पा.), *इंटीग्रेटिड हिस्ट्री ऑफ़ इण्डियन लिट्रेचर*, साहित्य अकादेमी, नयी दिल्ली.
2. के.एम. जॉर्ज (1976), कुमारन् आशान् (भारतीय साहित्य के निर्माता सीरीज़), साहित्य अकादेमी, नयी दिल्ली.
3. कुमारन् आशान् की सम्पूर्ण कृतियाँ (1960) (तीन भाग), कविता समिति का प्रकाशन.
4. *आशान् कविता* (1980), आशान् अकादेमी, तिरुवनन्तपुरम.

—कृष्णदत्त पालीवाल

क्यूबा की क्रांति

(Cuban Revolution)

पचास के दशक के आख़िरी वर्ष में घटित हुई क्यूबा की सशस्त्र क्रांति अमेरिकी साम्राज्यवाद पर राष्ट्रवाद और मार्क्सवाद के गठजोड़ की विजय के तौर पर जानी जाती है। इस क्रांति का नेतृत्व फ़िदेल कास्त्रो के संगठन '26 जुलाई मूवमेंट' के हाथों में था। सारे विश्व के वामपंथी युवाओं को अनुप्राणित करने वाली चे गुएवारा जैसी हस्ती इसी क्रांति की देन थी। 1 जनवरी, 1959 को क्रांति की सफलता के कारण क्यूबा के तानाशाह फुलगेनसियों बतिस्ता को देश छोड़ कर भाग जाना पड़ा, और युवा छापामार योद्धाओं ने सत्ता पर क़ब्ज़ा कर लिया। क्रांति की यह प्रक्रिया अपने अनूठेपन के कारण हथियारबंद तरीक़ों से सत्ता पर क़ब्ज़ा करने की एक विशिष्ट विधि के रूप में चर्चित हुई। इसके पैरोकारों ने दावा किया कि प्रतिबद्ध छापामारों का दल क्रांति सम्पन्न कर सकता है और उसके लिए व्यापक जनता को गोलबंद करने या उनकी राजनीतिक चेतना उन्नत करने के लिए दीर्घकालीन

फ़िदेल कास्त्रो के नेतृत्व में छापामार क्रांतिकारियों का दल

प्रयास करना एक पूर्व-शर्त नहीं है। संयुक्त राज्य अमेरिका ने क्यूबा में फ़िदेल कास्त्रो के शासन को अपदस्थ करने की कई कोशिशें कीं, लेकिन वह नाकाम रहा। धीरे-धीरे क्यूबा न केवल उत्तरी अमेरिका में बल्कि सारी दुनिया में अमेरिका विरोध का ध्रुव बनता चला गया। नब्बे के दशक में सारी दुनिया में समाजवादी ख़ेमा ढह जाने के बावजूद क्यूबा में कम्युनिस्ट शासन आज तक जारी है।

क्यूबा की क्रांति का मूल उसके औपनिवेशिक अतीत में निहित है। लातीनी अमेरिका के अधिकतर देशों ने 1810-25 के बीच स्पेनी (और पुर्तगाली) उपनिवेशवाद से आज़ादी हासिल कर ली थी। लेकिन क्यूबा 1898 तक स्पेनी उपनिवेश बना रहा। इस तरह यह अमेरिकी महाद्वीप में सबसे अंत में आज़ाद होने वाला देश था। अंततः इसे जोसे मार्ती के नेतृत्व में हुए दूसरे स्वतंत्रता संग्राम (1895-98) में आज़ादी तो हासिल हुई, लेकिन स्वतंत्रता सेनानियों का सत्ता पर क़ब्ज़ा नहीं हुआ। क्यूबा रणनीतिक नज़रिये से संयुक्त राज्य अमेरिका के लिए बहुत ही महत्त्वपूर्ण था। इसके अलावा यहाँ होने वाली गन्ने की खेती पर भी अमेरिका की नज़र थी। इसलिए अमेरिका ने यहाँ की राजनीति में खुल कर दिलचस्पी ली और अपने हित साधने के लिए तैयार शासकों को समर्थन दिया। इस प्रक्रिया में क्यूबा की स्थिति ऐसी हो गयी जैसे एक औपनिवेशिक शासक की जगह दूसरा औपनिवेशिक शासक आ गया हो। इस घटनाक्रम का परिणाम यह निकला कि क्यूबा का राष्ट्रीय मुक्ति आंदोलन अमेरिका के प्रभाव और नियंत्रण के ख़िलाफ़ संघर्ष बन गया।

1933 के आंदोलन को क्यूबा की क्रांति के विकास के अगले अध्याय के रूप में देखा जाना चाहिए। इसने स्वतंत्रता के संघर्ष में एक नये चरण की ओर संकेत किया। सबसे महत्त्वपूर्ण बात यह है कि इस आंदोलन ने ख़ुद को श्रमिक वर्ग के संगठन और समाजवादी परम्परा के संदर्भ में परिभाषित किया। इस आंदोलन के कारण ही कुछ समय के लिए क्यूबा में प्रगतिशील सरकार बनी। लेकिन इसके थोड़े ही समय बाद सत्ता बतिस्ता के हाथ में आ गयी जिसने फिर से क्यूबा को अमेरिकी आर्थिक और राजनीतिक हितों से जोड़ दिया। दरअसल, बतिस्ता और उसके आंदोलन ने क्यूबा में जेराडो मकाडो की तानाशाही ख़त्म करने में महत्त्वपूर्ण भूमिका निभायी थी। 1933 में वह सेना का प्रमुख था। उस समय क्यूबा का शासन चलाने वाली पाँच सदस्यीय प्रेसीडेंसी पर उसका प्रभावकारी नियंत्रण था। 1940 तक दिखावटी राष्ट्रपतियों पर नियंत्रण रखने वाला बतिस्ता इसी वर्ष ख़ुद राष्ट्रपति बन गया। उसने क्यूबा में नया संविधान लागू किया। वह अपने समय के हिसाब से प्रगतिशील था। 1944 में राष्ट्रपति के रूप में अपना कार्यकाल पूरा करने के बाद वह अमेरिका गया और 1952 में वापस आ कर राष्ट्रपति का चुनाव लड़ा। चुनावों में हारने के बाद बतिस्ता ने सेना की मदद से तख़्तापलट करके 1952 में अपनी तानाशाही क़ायम कर ली।

बहरहाल, 1933 के घटनाक्रम के बाद राष्ट्रवादी राजनीति की धाराएँ उभरने लगी थीं। एक ओर आर्टोडॉक्स थे जो मार्ती की परम्परा पर जोर देते थे। दूसरी ओर, डायरेक्टोरियो रेवोल्यूशनेरियो थे जो 1933 में हुए आंदोलन के नेता आंटोनियो गुटेरस से प्रभावित थे। ये दमनकारी राज्य के ख़िलाफ़ हिंसक कार्रवाई पर जोर देते थे। फ़िदेल कास्त्रो भी इसी विचार से प्रभावित थे, लेकिन उन पर मार्ती के जुझारू व्यक्तित्व का भी काफ़ी प्रभाव था। 1933 के बाद के दौर में क्यूबा की कम्युनिस्ट पार्टी, जिसकी स्थापना 1925 में हुई थी, सोवियत यूनियन के प्रभाव में अपनी कार्यदिशा बदलती रही। 1935 के बाद वह बतिस्ता के साथ सहयोग करने लगी। इसलिए क्रांतिकारी राष्ट्रवाद पर विश्वास करने वाले फ़िदेल कास्त्रो जैसे युवक कम्युनिस्टों को संदेह की निगाह से देखने लगे। दूसरी ओर कम्युनिस्टों ने भी रैडिकल राष्ट्रवादियों की इस आधार पर आलोचना की कि वे वर्ग आधारित विश्लेषण के बजाय राष्ट्रवाद के नाम पर लोगों को संगठित करने की कोशिश कर रहे हैं।

1952 के बाद क्रांति की अगुआयी के लिए डायरेक्टोरियो और कास्त्रो के बीच नेतृत्व के लिए होड़ शुरू हो गयी जो आगे भी चलती रही। लेकिन इन दोनों में समानता यह थी कि ये दोनों ही 1933 के संघर्षों को अपनी बुनियाद मानते थे। 26 जुलाई, 1953 में आर्टोडॉक्सो समूह के युवकों ने सेना पर हमला किया। इस समूह में फ़िदेल कास्त्रो भी शामिल थे। यह हमला बेहद प्रभावशाली था और इसमें बतिस्ता की सेना के बहुत से जवान मारे गये। लेकिन इसके परिणामस्वरूप कास्त्रो और बाक़ी विद्रोहियों को गिरफ़्तार भी होना पड़ा। बतिस्ता ने पकड़े गये विद्रोहियों में से कई को बहुत प्रताड़ित किया और बहुतों को मौत की सज़ा भी सुनायी

गयी। ख़ुद कास्त्रो पर भी मुक़दमा चलाया गया और उन्हें 15 साल की सज़ा दी गयी।

मुक़दमे के दौरान कास्त्रो द्वारा अपने बचाव में दी गयी दलीलों का ऐतिहासिक महत्त्व है। उन्होंने देश में फैले भ्रष्टाचार पर हमला किया और 1940 के उदारतावादी संविधान को फिर से लागू करने पर ज़ोर दिया। कास्त्रो ने छोटे किसानों को ज़मीन का पट्टा देने, विदेशी स्वामित्व वाली बड़ी सम्पत्तियों के राष्ट्रीयकरण और दूसरे देशों के लोगों के स्वामित्व वाले कारख़ानों में मज़दूरों को फ़ायदा देने जैसे कार्यक्रमों की माँग की। इसके अलावा कास्त्रो ने सार्वजनिक सेवाओं के राष्ट्रीयकरण, लगान में कटौती और शिक्षा में सुधार पर भी ज़ोर दिया। इस तरह कास्त्रो ने क्रांति के बाद के क्यूबा की तस्वीर पेश की। फ़िदेल कास्त्रो और दूसरे बागी नेताओं के साथ हुए बरताव ने जन-आक्रोश को भी बढ़ाया। इसके विरोध में हुए विरोध प्रदर्शनों के कारण जुलाई, 1955 में एमनेस्टी लॉ का इस्तेमाल करके कास्त्रो को जेल से रिहा कर दिया गया। कास्त्रो इसके छह हफ़्ते बाद देश छोड़ कर मैक्सिको चले गये। लेकिन उन्होंने वायदा किया वे अपने संघर्ष को आगे बढ़ाने के लिए वापस आयेंगे। कास्त्रो के विदेश जाने के बाद भी उनके द्वारा बनाया गया संगठन सक्रिय रहा जिसे 26 जुलाई मूवमेंट (जे-26-एम) के नाम से जाना गया।

कास्त्रो का मक़सद बिल्कुल स्पष्ट था। वे नये सशस्त्र विद्रोहियों की फ़ौज तैयार करना चाहते थे। उन्हें भरोसा था कि क्रांतिकारियों की कार्रवाई से जन-विद्रोह पैदा होगा। इसी नज़रिये के तहत मैक्सिको में फ़िदेल कास्त्रो ने अपने हथियारबंद गुरिल्ला दस्ते तैयार करने की कोशिश की। इसके अलावा वे राजनीतिक गठजोड़ बनाने की कोशिश भी करते रहे। यहीं उनकी मुलाक़ात एक युवा दंत-चिकित्सक अर्नेस्टो चे गुएवारा से हुई। दोनों ही गुरिल्ला युद्ध द्वारा क्रांति करने की संकल्पना पर सहमत थे। दोनों को ही स्पेनिश युद्ध के वरिष्ठ योद्धा अलबर्टो बायो ने मैक्सिको में चाल्को के एक फ़ॉर्म में प्रशिक्षित किया। कास्त्रो और चे ने दिसम्बर, 1956 में मोटर विसेज ग्रेनमा से 82 गुरिल्ला लड़ाकों के साथ क्यूबा वापस आने की योजना बनायी।

लेकिन जब 3 दिसम्बर, 1956 को वे क्यूबा के तट पर पहुँचे तो इन्हें बतिस्ता के सैनिकों का सामना करना पड़ा। उनकी मदद के लिए जे-26-एम के शहरी इलाकों के सदस्य आये थे, लेकिन वे इंतज़ार करके चले गये क्योंकि कास्त्रो के छापामार निश्चित तारीख (30 नवंबर) के बजाय काफ़ी देर से पहुँचे थे। बतिस्ता के सैनिकों के हमले में अधिकांश गुरिल्ला लड़ाके मारे गये। लेकिन फ़िदेल, चे और फ़िदेल के छोटे भाई राउल कास्त्रो इस हमले में बच गये। तक़रीबन 15 दिनों के बाद घायल अवस्था में ये लोग सियेरा मेस्त्रा के जंगलों में एक-दूसरे से मिले। उन्होंने शहर में जे-26-एम से सम्पर्क क़ायम किया और जंगलों में ही गुरिल्ला लड़ाकों को इकट्ठा करना शुरू कर दिया। लेकिन यहाँ के ग़रीब किसानों को प्रशिक्षित क्रांतिकारी बनाना बहुत मुश्किल था। किसान कभी भी क्रांति का काम छोड़ कर खेती करने के लिए वापस जाने को तैयार रहते थे। या विरोधी ख़ेमा उन्हें पैसे आदि का लालच देकर अपने पक्ष में खींच सकता थे। चे गुएवारा के लिए यह ज़्यादा चिंता की बात थी। इसलिए उन्होंने सख़्त अनुशासन तथा अनुशासन तोड़ने वाले को सख़्त सज़ा देने पर ज़ोर दिया। दूसरी तरफ़ एक समस्या यह भी थी कि क्यूबा में काम करने वाले दूसरे क्रांतिकारी संगठन, मसलन डायरेक्टोरियो और 26 जुलाई मूवमेंट, का शहरी नेतृत्व कास्त्रो और चे की गुरिल्ला योजनाओं से पूरी तरह सहमत नहीं था। क्यूबा कम्युनिस्ट पार्टी भी इनकी आलोचक थी। ख़ुद चे और फ़िदेल के बीच भी कम्युनिस्ट लक्ष्यों को लेकर मतभेद था। चे का ज्यादा ज़ोर मार्क्सवाद की ओर था, जबकि कास्त्रो पर क्यूबाई राष्ट्रवाद का गहरा प्रभाव था।

बहरहाल, धीरे-धीरे जे-26-एम पर कास्त्रो ख़ेमे का प्रभाव हो गया और इस दल के शहरी ख़ेमे के नेता फ्रैंक पायस की 30 जुलाई, 1957 को हत्या कर दी गयी। अप्रैल 1958 में कास्त्रो ने अपने दल की ओर से पूर्ण युद्ध घोषणा-पत्र जारी किया। इसमें उन्होंने लोगों से अप्रैल, 1958 में आम हड़ताल करने का आह्वान किया। यद्यपि यह हड़ताल बहुत सफल नहीं रही, लेकिन इसने बतिस्ता के ख़िलाफ़ विरोध को और ज़्यादा बढ़ाया। इसके कारण कास्त्रो अन्य समूहों से ज़्यादा नज़दीकी सहयोग क़ायम करने के लिए प्रेरित हुए। 20 जुलाई को उन्होंने एकता घोषणा-पत्र जारी किया। इस पर डयरेक्टेरियो और जे-एम-26 सहित आठ संगठनों ने अपने हस्ताक्षर किये। लेकिन क्यूबा की कम्युनिस्ट पार्टी ने इसमें शामिल नहीं हुई। बहरहाल, यह घोषणा-पत्र बतिस्ता के विरोधियों के एकजुट होने का भी प्रमाण था। इसमें लोकतांत्रिक और संवैधानिक अधिकारों को क़ायम करने की पूरी योजना पेश की गयी। यह घोषणा-पत्र एक तरह से इस बात का भी प्रमाण था कि बाक़ी विद्रोही समूह भी फ़िदेल कास्त्रो के नेतृत्व को स्वीकार करने लगे थे। धीरे-धीरे बतिस्ता की सत्ता पर पकड़ भी कमज़ोर होती गयी। नवम्बर में वैधता हासिल करने के लिए बतिस्ता शासन ने दिखावे के लिए चुनाव कराये। इन चुनावों में बड़े पैमाने पर धाँधली हुई, इसलिए इसके नतीजों को कोई वैधता नहीं मिली। बतिस्ता और विद्रोही समूहों के बीच बढ़ता टकराव दिसम्बर में चरम पर पहुँच गया। दिसम्बर, 1958 में कास्त्रो के सहयोगी चे ने सेंटा कालरा शहर में 350 छापामारों के साथ बतिस्ता के चार हज़ार गार्डों को तीन दिन की लड़ाई के बाद हरा दिया। इसमें चे ने रणनीतिक कुशलता का परिचय देते हुए उस ट्रेन को शहर में आने से रोक दिया जिसमें रक्षक दल के लिए हथियार आ रहे थे। सरकारी सेना हार गयी। इसके तीन दिन बाद 31

दिसम्बर, 1958 को बतिस्ता देश छोड़कर भाग गया।

बीसवीं सदी के इतिहास में क्यूबा की क्रांति का महत्त्वपूर्ण स्थान है। इसने यह दिखाया कि किस तरह युवा लड़ाके गुरिल्ला छापामार युद्ध के द्वारा सत्ता में बदलाव कर सकते हैं। अमेरिका के विरोध के बावजूद क्रांतिकारी सफल हुए। अमेरिका ने क्रांति के बाद काफ़ी कोशिशें कीं लेकिन वह क्यूबा में फ़िदेल के शासन और प्रभाव को ख़त्म नहीं कर पाया। अमूमन क्यूबा की क्रांति में फ़िदेल, चे और उनके दल 26-एम जुलाई के योगदान पर ही ज़ोर दिया जाता है। लेकिन क्यूबा के भीतर के दूसरे समूहों, मसलन डायरेक्टोरियो ने भी इसमें महत्त्वपूर्ण भूमिका निभायी थी। फ़िदेल कास्त्रो और उनका दल क्रांतिकारी राष्ट्रवाद द्वारा प्रगतिशील समाजवादी लक्ष्यों को हासिल करना चाहता था। लेकिन इस क्रांति और इसके बाद सामने आयी व्यवस्था में लोकतांत्रिक स्वतंत्रताओं और मूल्यों को कोई तरजीह नहीं दी गयी। चे ग्वेवारा ने बाद में क्यूबाई क्रांति के मॉडल को दूसरी जगहों पर भी लागू करने की कोशिश की लेकिन उन्हें नाकामी हाथ लगी।

देखें : अर्नेस्टो चे गुएवारा, आधार और अधिरचना, ऑस्कर रायज़ार्ड लांगे, आंगिक और पारम्परिक बुद्धिजीवी, एंतोनियो ग्राम्शी, कार्ल हाइनरिख़ मार्क्स-1, 2. 3 और 4, क्रांति, क्रांति : मार्क्सवादी विमर्श, चीन की कम्युनिस्ट क्रांति, नयी सदी में मार्क्सवादी विमर्श-1, 2. 3,4 5, 6, 7, 8 और 9, निष्क्रिय क्रांति, फ्रेड्रिख़ एंगेल्स, भारत में किसान संघर्ष-2 और 4, भारतीय इतिहास लेखन-4 और 5, भाषा के मार्क्सवादी सिद्धांत, भ्रांत चेतना, बोल्शेविक क्रांति, फ्रांस्वा-चार्ल्स मारी फ़ूरिये, फ्रेंज़ फ़ानो, हिंसा-1 और 2, मानवेंद्र नाथ राय, माओ त्से-तुंग, माओवाद और माओ विचार, मार्क्सवाद-1, 2, 3, 4 और 5, मार्क्सवादी इतिहास-लेखन, मार्क्सवादी समाजशास्त्र, मार्क्सवाद और पारिस्थितिकी, मार्क्सवादी अर्थशास्त्र, समाजवादी वसंत-1, 2, 3, और 4, लेनिनवाद, लियोन ट्रॉट्स्की, लिबरेशन थियोलॉजी, सांस्कृतिक क्रांति, स्तालिन और स्तालिनवाद, सोवियत समाजवाद-1, 2 और 3, सोवियत सिनेमा, वर्चस्व, व्लादिमिर इलीच लेनिन।

संदर्भ

1. फ़ेरबर, एम. फ़ेरबर (2006), *द ऑरिजिन्स ऑफ़ द क्यूबन रिवोल्यूशन रिकंसीडर्ड,* युनिवर्सिटी ऑफ़ नॉर्थ कैरोलिना प्रेस, चेपल हिल.
2. वी. सिकेरका (2004), *फ़िदेल कास्त्रो,* पॉलिटी प्रेस, केम्ब्रिज.
3. जे.स्विग (2002), *इंसाइड द क्यूबन रेवोल्यूशन : फ़िदेल कास्त्रो ऐंड द अंडरग्राउंड,* हार्वर्ड युनिवर्सिटी प्रेस, केम्ब्रिज, एमए.

—कमल नयन चौबे

केरल

(Kerala)

केरल भारत का एकमात्र ऐसा राज्य है जहाँ की दलीय प्रणाली पिछले तीस साल से दो दलों की नहीं बल्कि दो टिकाऊ गठजोड़ों की होड़ पर टिकी है। सौ फ़ीसदी शिक्षा की दर वाले इस राज्य में राजनीतिक प्रतियोगिता की संरचना पश्चिमी लोकतंत्रों जैसी है। दलों के साथ मतदाताओं के जुड़ाव की भावना स्थायी और टिकाऊ है। दलीय निष्ठा समुदाय आधारित और पिछले कई दशकों से लगातार क़ायम है। अस्सी के दशक में विचारधारात्मक आधार पर केरल में यह द्वि-ध्रुवीय मॉडल कांग्रेस के नेतृत्व में यूनाइटेड डेमोक्रेटिक फ्रंट (यूडीएफ़) और मार्क्सवादी कम्युनिस्ट पार्टी के नेतृत्व में लेफ़्ट डेमोक्रेटिक फ्रंट (एलडीएफ़) के रूप में शुरू हुआ था। केरल के राजनीतिकृत मतदाता हर विधान सभा चुनाव में वैचारिक आधार पर गठित इन दो गठबंधनों के बीच सत्ता की अदल-बदल करते रहते हैं। एक गठजोड़ लगातार दो बार चुनाव नहीं जीतता। 1956 में अपने गठन के बाद से लेकर 2011 तक इस राज्य में कुल 18 गठबंधन सरकारें बन चुकी हैं। गठजोड़ों की कामयाबी का यह केरलीय अनुभव देश के अन्य भागों के लिए मॉडल के रूप में पेश किया जाने लगा है। ख़ास बात यह है कि दोनों गठबंधनों के घटक दलों को एक तरह का अलिखित 'आनुपातिक प्रतिनिधित्व' भी मिलता रहा है। चुनावी राजनीति कुछ इस तरह चलती है कि उन्हें आपस में सीटें बाँट लेने और अपने-अपने प्रभाव क्षेत्रों को चुन लेने का मौक़ा मिलता है। पिछले दस-पंद्रह साल ज़्यादातर भारतीय राज्यों के लिए राजनीतिक अस्त-व्यस्तता से भरे रहे हैं, लेकिन केरल की राजनीति में स्थिरता रही है।

दो गठजोड़ों की इस राजनीति के कारण केरल में साम्प्रदायिक और जातिगत पहलू मज़बूत हुए हैं। इसमें स्वार्थ साधने के लिए एक गठजोड़ से दूसरे गठजोड़ में पाला बदलने का चलन भी शामिल है। शिक्षित मतदाताओं के राजनीतिक व्यवहार के बारे में प्रचलित है कि वे जाति या समुदाय के आधार पर वोट नहीं डालते, लेकिन केरल के वोटर शिक्षित होने के बावजूद जाति और समुदाय के आधार पर मतदान करते हैं। ऐतिहासिक रूप से इस राज्य में दो धार्मिक समूहों यानी मुसलमानों और ईसाइयों ने अपने-अपने धर्म-आधारित दलों का ही समर्थन किया है। मुसलिम लीग मुसलमानों के लिए और केरल कांग्रेस के विभिन्न धड़े ईसाइयों के लिए राजनीतिक दलों की भूमिका निभाते हैं। ये दल यूडीएफ़ से ज़्यादा जुड़े रहते हैं। लेकिन एलडीएफ़ से भी इनका ताल्लुक़ है। कांग्रेस के मुक़ाबले वामपंथियों को अल्पसंख्यकों के बीच नुक़सान उठाना पड़ा है, लेकिन समाज सुधार और अन्य

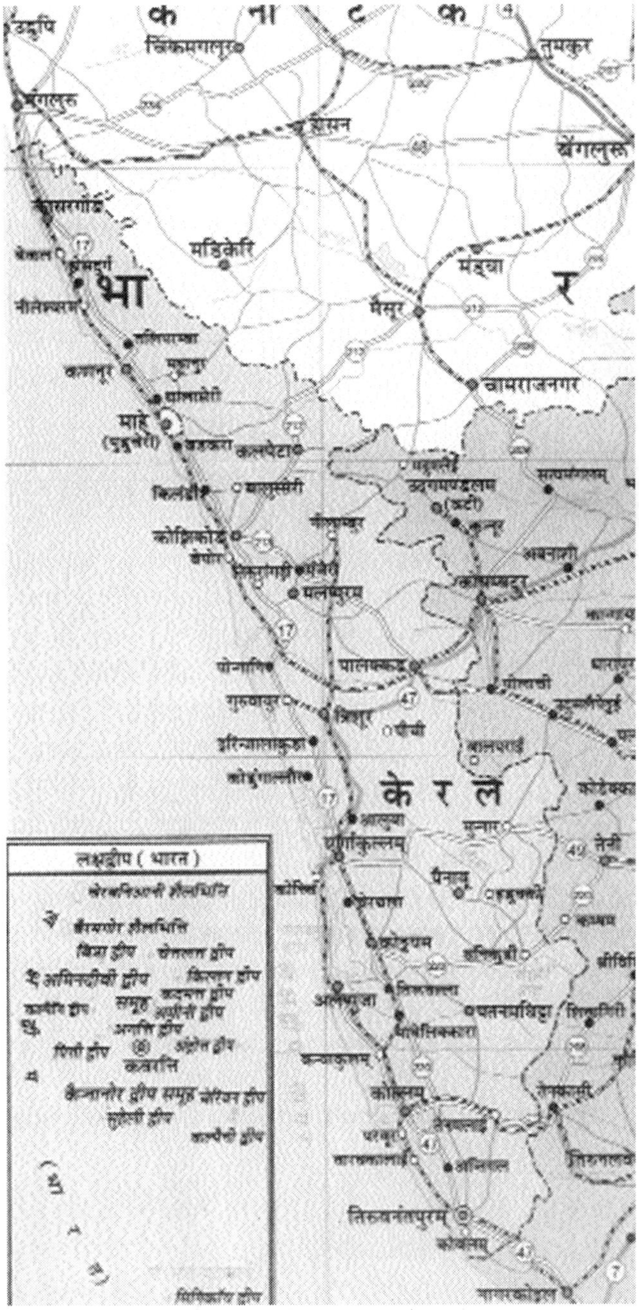

केरल : दो गठजोड़ों की प्रतियोगिता

आंदोलनों में भागीदारी की बदौलत वामपंथियों का पिछड़ी हिंदू और दलित जातियों में मज़बूत आधार बन गया है। ख़ासतौर पर अधिसंख्यक एझवाओं पर वामपंथी पार्टियों का गहरा प्रभाव है।

दरअसल, दोनों गठबंधनों का एकदम भिन्न संरचना वाला अपना-अपना सामाजिक आधार है जो तक़रीबन बराबर क़िस्म का है। लेकिन केरल की राजनीति में वर्ग की भूमिका कम करके नहीं आँकी जा सकती। यहाँ आधुनिकता और परम्परा के बीच एक प्रतियोगी क़िस्म की अन्योन्यक्रिया हुई है जिसने राजनीतिक व्यवस्था पर व्यापक प्रभाव डाला है। वामपंथी आंदोलनों की उपस्थिति ने भूमि सुधारों को ही दिशा नहीं दी है, बल्कि इसने खेतों एवं कारख़ानों में मज़दूरों को ऊँचा वेतन दिलवाने में भी सफलता पायी है। वाम-आंदोलन ने विद्यार्थियों, युवाओं और सेवा क्षेत्र में अपना प्रभाव बढ़ाने के अतिरिक्त महिलाओं और मध्य वर्ग को संगठित करने में भी सफलता हासिल की है। कुल मिलाकर यह कहा जा सकता है कि केरल में ऊँची जातियों के पारम्परिक प्रभुत्व का अंत हो गया है। सामाजिक परिवर्तनों ने कांग्रेस जैसी मध्यवर्ती पार्टी को भी रैडिकल बना दिया है। 1969 से यह पार्टी मज़दूर वर्ग, अल्पसंख्यकों और युवाओं की ओर अधिकाधिक मुड़ी है।

भारत के दक्षिणी-पश्चिमी भाग में स्थित केरल का राज्य के रूप में राज्य का गठन नवम्बर ,1956 में हुआ। इस राज्य का निर्माण उन क्षेत्रों को मिलाकर किया गया जहाँ मुख्य रूप से मलयालम बोली जाती थी। केरल शब्द दो मलायली शब्द 'केरा' और 'अलम' से मिलकर बना है। 'केरा' का अर्थ होता है नारियल का पेड़ तथा 'अलम' मतलब स्थान। इस तरह केरल का अर्थ हुआ नारियल का स्थान। राज्य का कुल क्षेत्रफल 38,863 वर्ग किलोमीटर है। इसके उत्तर में कर्नाटक, दक्षिण और पूर्व में तमिलनाडु है। इसके पश्चिम में अरब सागर है। तिरुवनंतपुरम् (राजधानी), कोच्ची और कोझीकोड इसके प्रमुख शहर हैं। केरल की एक प्रमुख विशेषता यह है कि यहाँ बहुत से छोटे-छोटे शहर हैं जिनका जनसंख्या घनत्व बहुत ज़्यादा है। 2001 की जनगणना के अनुसार यहाँ की कुल जनसंख्या 31,841,374 है और इस आधार पर यह भारत का बारहवाँ राज्य है जहाँ भारत की कुल जनसंख्या के 3.44 प्रतिशत लोग रहते हैं। यहाँ का जनसंख्या घनत्व 819 व्यक्ति प्रति वर्ग किमी है। इसमें महिलाएँ 51.42 प्रतिशत और पुरुष 48.58 प्रतिशत हैं। 2001 के आंकड़ों के अनुसार यहाँ की साक्षरता दर 94.59 प्रतिशत है। आधिकारिक भाषा मलयालम है। राज्य में 590 किलोमीटर लम्बा समुद्री तटीय क्षेत्र है। केरल से लोकसभा के कुल 20 और राज्यसभा के 9 सदस्य चुने जाते हैं। यहाँ की विधायिका एक सदनीय है। इसमें कुल 141 सदस्य हैं जिनमें एक सदस्य मनोनीत किया जाता है और बाक़ी सदस्य चुनकर आते हैं। केरल की जनसंख्या में 57 प्रतिशत हिन्दू, 27 प्रतिशत मुसलमान एवं 19 प्रतिशत ईसाई हैं। मालाबार क्षेत्र में मुसलमानों की ताक़तवर उपस्थिति है, विशेष रूप से मालापुरम, कालीकट, कन्नूर और कासरगोड जिलों में। इसी प्रकार मध्य ट्रावनकोर पट्टी मालाबार के पहाड़ी क्षेत्रों (जहाँ आदिवासी काफ़ी रहते हैं) में ईसाइयों का सीमित संकेंद्रण है। हिन्दू जातियों में एझवा 22 प्रतिशत, नायर 15 प्रतिशत, ब्राह्मण दो प्रतिशत, अनुसूचित जातियाँ और अनुसूचित जनजातियाँ नौ प्रतिशत के आस-पास हैं।

केरल देश का पहला राज्य था जिसकी राजनीति ने शुरू से ही कांग्रेस को ठुकरा दिया था। 1952 में जब केरल ट्रावनकोर-कोचीन राज्य के रूप में था, वहाँ कांग्रेस हार गयी थी। 1952, 1954 एवं 1957 के विधानसभा चुनावों और 1952 एवं 1957 के लोकसभा चुनावों में कांग्रेस पार्टी हाशिये पर रही। 1960 में विधानसभा में मध्यावधि चुनाव के समय प्रजा सोशलिस्ट पार्टी और मुसलिम लीग से 'तितरफ़ा गठबंधन' बनाकर कांग्रेस इस प्रवृत्ति को अस्थायी रूप से रोकने में सफल रही। लेकिन यह गठजोड़ जल्दी ही टूट गया और साठ के दशक में ग़ैर-कांग्रेसवाद का उभार हुआ, जिसने कांग्रेस पार्टी की हार का रास्ता खोल दिया। 1965 और 1967 के चुनावी अनुभवों ने कांग्रेस नेतृत्व की आँखें खोलने का काम किया। मार्क्सवादी कम्युनिस्ट पार्टी (माकपा) की ग़ैर-कांग्रेसी गठजोड़ क़ायम करने की क्षमता का जवाब कांग्रेस ने सत्तर के दशक में दिया। इसने माकपा विरोधी ताक़तों को एकजुट किया। इस कारण 1970 और 1977 (विधानसभा) एवं 1971 और 1977 (लोकसभा) के चुनावों में कांग्रेस की नेतृत्व वाले गठबंधन को शानदार जीत मिली।

केरल में दोनों गठबंधनों के बीच सत्ता की अदला-बदली होती रही है। 1990 के बाद हुए विधानसभा चुनावों पर नज़र डालें तो यह बात पूरी तरह स्पष्ट हो जाती है। 1991 में यूडीएफ़ की सरकार बनी। 1996 में एलडीएफ़ ने वापसी की। 2001 के विधानसभा चुनावों में यूडीएफ़ ने जीत दर्ज की और फिर 2007 के चुनावों एलडीएफ़ ने को जीत मिली। 2012 में यूडीएफ़ ने बाजी मारी। 2004 के चुनावों को छोड़ दें तो अमूमन लोकसभा के चुनावों में कांग्रेस के नेतृत्व वाले गठजोड़ की स्थिति मज़बूत रहती है। मसलन, 2009 के लोकसभा चुनावों में भी कांग्रेस के नेतृत्व वाले यूडीएफ़ को शानदार जीत मिली।

केरल में केवल दो एक दलीय सरकारें बनीं— पहली बार पहले आम चुनावों के बाद अविभाजित भारतीय कम्युनिस्ट पार्टी की सरकार (1957-59) और दूसरी कांग्रेस पार्टी की सरकार (1962-64)। अलग-अलग कारणों से इनमें से कोई भी सरकार अपना कार्यकाल पूरा न कर सकी। कुल 18 गठबंधन सरकारों में से 13 सरकारों का भी यही हाल रहा। इस प्रकार केरल अपनी राजनीतिक अस्थिरता के लिए जाना जाने लगा। जब तक राज्य को द्वि-ध्रुवीय राजनीति नहीं मिली, तब तक उसे राजनीतिक स्थिरता नसीब नहीं हो सकी। दिलचस्प बात यह है कि अल्पसंख्यकों की धार्मिक आधार पर राजनीतिक गोलबंदी के बावजूद हिंदुत्व की विचारधारा ने केरल पर कोई असर नहीं डाला। नब्बे के दशक में भारतीय जनता पार्टी (भाजपा) ने अपनी स्थिति मज़बूत करने की कोशिश की। बाबरी मसजिद के विध्वंस के बाद इण्डियन मुसलिम लीग में हुए विभाजन और पीपुल्स डेमोक्रेटिक पार्टी (पीडीएफ़) के निर्माण ने मुसलमान-वोट गोलबंद करने की कोशिशों को आगे बढ़ाया। लेकिन, ये दोनों ही प्रयास विफल रहे। 'पहले मारे सो मीर' वाली चुनाव-प्रणाली पर छायी हुई द्वि-ध्रुवीय प्रतियोगिता पर कोई असर नहीं पड़ा। भाजपा को अच्छे मत मिले, पर वह एक भी सीट नहीं जीत पायी। उसे केरल की दलीय प्रणाली पर हाशिये पर ही रहना पड़ा।

केरल के बारे में एक अन्य महत्त्वपूर्ण बात यह है कि यहाँ का सामाजिक और शैक्षिक विकास बेहद शानदार रहा है। यहाँ उद्योगीकरण या आर्थिक विकास का रेकार्ड उतना ख़ास नहीं है, लेकिन शिक्षा, स्वास्थ्य और भूमि वितरण के संबंध में इसका प्रदर्शन इस बात का पुख़्ता सबूत है कि सच्चा विकास आर्थिक पहलुओं से ज्यादा सामाजिक और मानवीय पहलुओं से जुड़ा रहता है। केरल के सभी शहरों और गाँवों में विद्युतीकरण पूरा हो चुका है। नैशनल सैम्पल सर्वे के अनुसार यहाँ की सिर्फ़ 12.5 प्रतिशत जनसंख्या ही ग़रीबी की रेखा के नीचे है। राज्य के इस विकास में राज्य की दो गठबंधनों वाले मॉडल की भी महत्त्वपूर्ण भूमिका रही हैं।

देखें : असम, अरुणाचल प्रदेश, आंध्र प्रदेश, उत्तर प्रदेश, उत्तराखण्ड, एलमकुलम मनक्कल शंकरन नम्बूदिरीपाद, ओडीशा, कर्नाटक, छत्तीसगढ़, जम्मू और कश्मीर, झाड़खण्ड, तमिलनाडु, त्रिपुरा, दिल्ली, नगालैण्ड, पश्चिम बंग, पंजाब, महाराष्ट्र, मध्य प्रदेश, मिज़ोरम, मेघालय, भारतीय संघवाद, बिहार, राजस्थान, राज्यों का पुनर्गठन-1, 2 और 3, राज्यों की राजनीति, वाम मोर्चा, संघवाद, हरियाणा।

संदर्भ

1. जी. गोपाकुमार (2009), 'केरल : दो गठजोड़ों की स्थिर चुनावी होड़' (अनुवाद : कमल नयन चौबे), संकलित, अरविंद मोहन (सम्पा.), *लोकतंत्र का नया लोक : चुनावी राजनीति में राज्यों का उभार*, वाणी प्रकाशन, लोकनीति-सीएसडीएस.
2. आर. रामकृष्णन नायर 91973), *सोशल स्ट्रक्चर ऐंड पॉलिटिकल डिवलपमेंट इन केरला*, केरला ऐकेडमी ऑफ़ पॉलिटिकल साइंस, तिरुवनंतपुरम.
3. ए. बालकृष्णन नायर (1992), *गवर्नमेंट ऐंड पॉलिटिक्स इन केरला*, इंदिरा पब्लिकेशन, तिरुवनंतपुरम.

— कमल नयन चौबे

केशवराव बलिराम हेडगेवार

(Keshavrav Baliram Hedgewar)

केशवराव बलिराम हेडगेवार (1889–1940) बीसवीं सदी के उत्तरार्ध में हिंदुत्ववादी राजनीति की प्रमुख हस्ती थे। हिंदू राष्ट्रवाद को अखिल भारतीय स्तर पर सांगठनिक रूप देने के लिए उन्होंने 1925 में राष्ट्रीय स्वयंसेवक संघ की स्थापना की। मुख्यत: सावरकर और एक हद तक विवेकानंद और अरविंद के विचारों से प्रभावित डॉ. हेडगेवार की वैचारिक और सांगठनिक कल्पनाशीलता के आधार पर ही भारतीय राजनीति की सबसे मज़बूत दक्षिणपंथी हिस्से की रचना हुई है। हेडगेवार की शख़्सियत बुद्धिजीवी राजनेताओं की नहीं थी। उन्होंने अपने पीछे कोई विद्वत्तापूर्ण कृति नहीं छोड़ी। पर उनमें अपने लक्ष्यों को स्पष्ट रूप से समझाने, उन्हें ज़मीन पर उतारने, संगठन करने और निष्ठापूर्वक अपने अभियान में लगे रहने की अनूठी क्षमता थी। हेडगेवार को पक्का यक़ीन था कि हिंदू-समाज के चरित्र में एक ऐसी अंतर्निहित ख़ामी है जिसके कारण वह अतीत और वर्तमान में 'विदेशियों' द्वारा थोपी गयी अधीनता और उत्पीड़न और आपसी फूट का मुक़ाबला कर पाने में हमेशा नाकाम रहता है। वे यह भी मानते थे कि हिंदू-चरित्र की यह कमी एक सांस्कृतिक संगठन के झंडे तले सभी हिंदुओं को एकजुट करके उनके भीतर राष्ट्रीयता और अनुशासन की भावना पैदा करने से दूर होगी। अपने मुट्ठी-भर साथियों के सहयोग से नागपुर में स्थापित किये गये संगठन को हिंदू-एकता के स्वप्न का वाहक बना देने की योजना उनकी इन्हीं ख़ूबियों का परिणाम था।

हेडगेवार के जीवनीकारों के अनुसार उनका जन्म एक अप्रैल, 1889 को एक वेदपाठी तेलुगु ब्राह्मण परिवार में हुआ था। उन्नीसवीं सदी की शुरुआत में ही 'मुसलमानों के अत्याचारों' से बचने के लिए नागपुर में रहने लगे इस परिवार को उस समय बुरे दिन देखने पड़े जब वहाँ के भोंसले राजपरिवार की सत्ता 1853 में अंग्रेज़ों ने हड़प ली। अंग्रेज़ों के राज में बहुत से ब्राह्मणों ने सरकारी नौकरियों का लाभ उठाया, पर हेडगेवार परिवार पौरोहित्य के पेशे से ही जुड़ा रहा। लेकिन, बालक केशवराव ने जब वेद पढ़ने में दिलचस्पी नहीं दिखाई तो उन्हें आधुनिक शिक्षा दिलाने के लिए स्कूल में भर्ती कराया गया। उन दिनों नागपुर में सक्रिय राष्ट्रवादी हल्कों ने जल्दी ही युवा केशव को अपनी ओर खींच लिया। वहीं उनकी भेंट हिंदू राष्ट्रवादी नेता और संगठक डॉ. बालकृष्ण शिवराम मुंजे से हुई जो हाल ही में दक्षिण अफ्रीका के बोअर युद्ध से लौटे थे। मुंजे ने ही केशवराव को डॉक्टरी पढ़ने के लिए कोलकाता के मेडिकल कॉलेज भेजा जहाँ वे क्रांतिकारी अनुशीलन समिति से जुड़े और रामकृष्ण मिशन के सम्पर्क में आये। इन्हीं सम्पर्कों के आधार पर हेडगेवार के राजनीतिक सोच-विचार की भित्ति खड़ी हुई। उनके राजनीतिक जीवन की शुरुआत उपनिवेशवाद विरोधी आंदोलन में सक्रिय उन तत्त्वों के प्रभाव में हुई जो कांग्रेस की राजनीति में ख़ुद को बालगंगाधर तिलक का अनुयायी मानते थे और जिन पर बंगाल की अनुशीलन समिति के क्रांतिकारी कार्यक्रम का प्रभाव था।

संघ के संस्थापक का प्रोजेक्ट उनकी मृत्यु के पचास साल बाद नब्बे के दशक में उस समय शिखर पर पहुँचा जब संघ परिवार की राजनीतिक शाखा भारतीय जनता पार्टी कांग्रेस को अपदस्थ करके केंद्र में सत्तारूढ़ हुई। हेडगेवार द्वारा स्थापित राष्ट्रीय स्वयंसेवक संघ की शाखाएँ इस समय पूरे देश में फैली हुई हैं। सामाजिक जीवन के प्रत्येक क्षेत्र में (शिक्षा और आदिवासियों के बीच विशेष रूप से) उससे जुड़े हुए संगठन सक्रिय हैं। आज़ाद भारत में हुई सबसे बड़ी राजनीतिक गोलबंदियों में से एक रामजन्मभूमि आंदोलन के शिखर पर भी संघ परिवार का संगठन विश्व हिंदू परिषद् ही था। हेडगेवार के आलोचक उनकी विरासत को अल्पसंख्यक विरोधी और साम्प्रदायिक क़रार देते हैं, जबकि हेडगेवार के अनुयायियों ने उनकी शिक्षाओं के आधार पर हिंदू बहुसंख्यकवाद की राजनीति का विकास किया है। यह राजनीति संसदीय लोकतंत्र के दायरे में काम करते हुए अल्पसंख्यक समुदायों को अलगाव में डालते हुए उन्हें बहुसंख्यक समाज के मातहत की स्थिति में लाना चाहती है।

1916 में कोलकाता से डॉक्टरी पढ़ कर लौटने पर युवा हेडगेवार नागपुर के उन अखाड़ों से जुड़ गये जिनके ज़रिये युवा क्रांतिकारियों को कड़ी परीक्षा लेने के बाद अंग्रेज़ विरोधी कार्रवाइयों के लिए तैयार किया जाता था। हेडगेवार का ख़याल था कि वे छत्रपति शिवाजी और समर्थ गुरु रामदास की तस्वीरों के सामने खड़े हो कर त्याग-बलिदान की शपथ लेने वाले नौजवानों की मदद से ब्रिटिश हुकूमत के ख़िलाफ़ सशस्त्र विद्रोह आयोजित कर सकते हैं। इसी मक़सद से उन्होंने कुछ हथियार जमा करने की कोशिश भी की। सरकारी पेशबंदी के कारण नाकाम हो जाने और विद्रोह की कोशिशों के प्रति आम लोगों के ठंडे रवैये से निराश हो कर उन्होंने कांग्रेस की राजनीति में तिलकपंथियों का साथ देने का फ़ैसला किया। कांग्रेस के साप्ताहिक अख़बार *संकल्प* के प्रसार-प्रचार के लिए हेडगेवार ने कई महीनों तक मध्य भारत के विभिन्न इलाक़ों की यात्राएँ कीं। इस दौरान उन्हें व्यापक राजनीतिक सम्पर्क बनाने का मौक़ा मिला। कांग्रेस के नागपुर अधिवेशन के लिए बारह सौ स्वयंसेवक जुटाने में हेडगेवार ने भारत स्वयंसेवक मण्डल के मुखिया डॉ. लक्ष्मण वी. परांजपे की मदद की। उन्हें मध्य प्रांत में असहयोग आंदोलन के दौरान जनसभाएँ आयोजित करने की ज़िम्मेदारी भी दी गयी।

केशवराव बलिराम हेडगेवार (1889–1940)

अन्य तिलकपंथियों की भाँति हेडगेवार को भी लगता था कि गाँधी ख़िलाफ़त आंदोलन को कुछ ज़्यादा ही तरजीह दे रहे हैं। नागपुर अधिवेशन में गोरक्षा को कांग्रेस की कार्यसूची में शामिल न करने से भी वे आहत हुए। पिछले अगस्त में तिलक का देहांत हो चुका था और तिलकपंथी गाँधी का विरोध करने की स्थिति में नहीं थे। हेडगेवार ने पूरे महाराष्ट्र में कई भाषण दिये और क़ानून तोड़ कर गिरफ़्तारी दी। 14 अगस्त, 1921 को उन्हें एक वर्ष के कठोर कारावास की सज़ा सुनायी गयी। जुलाई, 1922 में रिहा होने के बाद हेडगेवार ने कांग्रेस के स्वयंसेवक संगठन की तितर-बितर हालत देखी और इस नतीजे पर पहुँचे कि अनुशासन के बिना देशभक्त युवक विदेशियों को खदेड़ने के लक्ष्य में सफल नहीं हो सकते। साथ ही उन्हें अहिंसक राजनीतिक कार्यक्रम का औचित्य भी समझ में नहीं आया क्योंकि उनकी समझ से ऐसा कोई प्रोग्राम उनकी समझ से युवकों का प्रेरणा-स्रोत नहीं बन सकता था।

इसी दौरान मध्य प्रांत की कांग्रेस कमेटी के संयुक्त मंत्री के तौर पर काम करते हुए हेडगेवार को कांग्रेस नेताओं में निष्ठा की कमी से भी काफ़ी क्षोभ हुआ। कांग्रेस के भीतर उन्होंने विधान परिषदों में भागीदारी करने वालों का साथ दिया, हालाँकि उनके कई साथी मोतीलाल नेहरू के नेतृत्व वाली स्वराज पार्टी में चले गये। हेडगेवार को धीरे-धीरे यक़ीन होता जा रहा था कि जब तक राष्ट्र के इतिहास और परम्पराओं पर आधारित समर्पित कार्यकर्त्ताओं का संगठन नहीं बनाया जाएगा, तब तक राष्ट्रीय जीर्णोद्धार की बुनियादी शर्त पूरी नहीं होगी। 1922–24 के दौरान उन्होंने नागपुर में ऐसा संगठन बनाने के लिए कई नेताओं के साथ बैठकें कीं। 1924 में वे वर्धा स्थित आश्रम भी गये और कांग्रेस की नीतियों पर चर्चा करते हुए गाँधी से कहा कि ख़िलाफ़त आंदोलन का समर्थन करके उन्होंने मुसलमान समुदाय में अलगाववाद की प्रवृत्तियों को बढ़ावा दिया है। वर्धा से लौट कर हेडगेवार ने परस्पर शत्रुतापूर्ण अंतर्विरोधों में उलझे रहने वाले हिंदू संगठनों को एक मंच पर लाने के बारे में सोचना शुरू किया।

20 अगस्त, 1923 को बनारस में हिंदू महासभा का सम्मेलन हुआ जिसमें कई हिंदू संगठनों और कांग्रेस के अहम नेताओं ने शिरकत की। इसमें मदन मोहन मालवीय ने प्रस्ताव रखा कि सभी हिंदू लड़के-लड़कियों को शिक्षित करने, अखाड़े स्थापित करने और महासभा के फ़ैसलों को मनवाने के लिए हिंदुओं को समझाने-बुझाने हेतु स्वयंसेवकों का संगठन बनाने का कार्यक्रम शुरू किया जाए। मालवीय ने इसमें अछूतों को मंदिरों में प्रवेश करने देना, कुओं से पानी लेने देना और शिक्षित करना भी जोड़ा। हेडगेवार को ये सभी प्रस्ताव ठीक लगे। अक्टूबर, 1923 में मसजिदों के सामने गाजे-बाजे के साथ जुलूस निकालने के मसले पर नागपुर में हिंदुओं और मुसलमानों के बीच तनाव हो गया। प्रशासन ने हिंदुओं के जुलूस पर प्रतिबंध लगा दिया। हेडगेवार ने हिंदू नेता के रूप में उस पाबंदी का उल्लंघन किया। शहर में दंगे फूट पड़े। उसी दौरान हेडगेवार ने सावरकर की कृति *हिंदुत्वः हू इज़ अ हिंदू?* पढ़ी जिसका उनके ऊपर गहरा असर पड़ा। मार्च, 1925 में वे सावरकर से सलाह लेने गये और दो दिन तक उनके साथ रहे। इसी के बाद दशहरे के दिन उन्होंने नागपुर के एक छोटे से मैदान में अपने कुछ साथियों के साथ राष्ट्रीय स्वयंसेवक संघ का गठन किया जिसका झंडा शिवाजी का भगवा ध्वज था और जिसके सदस्यों की वर्दी नागपुर कांग्रेस अधिवेशन के स्वयंसेवकों जैसी ही थी : खाकी कमीज़, ख़ाकी निक्कर, काली टोपी, लम्बे मोज़े और बूट। इस दौरान मुंजे और उनके साथी स्वराज पार्टी की राजनीति में उलझे हुए थे।

शुरू में संघ की गतिविधियाँ काफ़ी सीमित क़िस्म की थीं। हेडगेवार ने ख़ूब सोच-समझ कर अनुशासन का महत्त्व प्रदर्शित करने के लिए पहला बड़ा कार्यक्रम चुना। अप्रैल,

1926 में वे रामटेक गाँव में लगने वाले रामनवमी के मेले में अपने वर्दीधारी स्वयंसेवकों के साथ गये और गुरु रामदास के भजन गाते हुए तीर्थयात्रियों की सेवा में जुट गये। उन्होंने दर्शनार्थियों की लाइनें लगवायीं, उन्हें पानी पिलाया और संदिग्ध मुसमलान फ़क़ीरों और ब्राह्मण साधुओं को रोका ताकि वे गाँववालों से पैसे न वसूल सकें।

संघ में भर्ती के इच्छुक लोगों को उन दिनों दो अच्छे स्वयंसेवकों से संस्तुति करवानी पड़ती थी। फिर हेडगेवार स्वयं उनकी तर्कशक्ति की गहरी परीक्षा लेते थे। इस तरह स्वयंसेवकों की पहली खेप तैयार हुई जो निजी तौर पर हेडगेवार के साथ निकट से जुड़ी हुई थी। 1927 से इस संगठन का विकास अपने नागपुर–वर्धा आधार के बाहर होना शुरू हुआ। हेडगेवार ने संघ को एक कुटुम्ब के तौर पर कल्पित किया जिसमें ख़ुद उनकी भूमिका पारम्परिक गुरु सरीखी या पितृतुल्य नेता जैसी रही। वे हमेशा स्वयंसेवकों को पढ़ाई–लिखाई में मन लगाने और समाज में अच्छी हैसियत हासिल करने का सुझाव देते ताकि संघ और हिंदू समाज दोनों को लाभ हो सके। हेडगेवार ने शाखाओं में नियमित होने वाली व्यायाम की गतिविधियों के साथ–साथ मंगल और गुरुवार को स्वयंसेवकों की विचारधारात्मक शिक्षा के लिए राजनीतिक कक्षा का प्रावधान किया जिसे बाद में 'बौद्धिक' कहा जाने लगा। 1929 में संघ के नेताओं की बैठक में हेडगेवार ने तय किया कि संगठन का एक सर्वोच्च नेता होना चाहिए जिसे सरसंघचालक कहा जाएगा जिसकी आज्ञा बिना किसी हीले–हवाले के सभी को माननी होगी। उन्होंने सरकार्यवाह (महामंत्री) और सेनापति के दो मुख्य पद और बनाये।

यह एक दिलचस्प तथ्य है कि संघ का संचालन करते हुए भी हेडगेवार कांग्रेस की राजनीति से दूर नहीं हुए। 1928 में भी उनके पास मध्य प्रांत की कांग्रेस कार्यकारिणी की सदस्यता थी। संघ में उनके सहयोगी अप्पाजी जोशी उसके मंत्री थे। हेडगेवार ने 1928 में कांग्रेस के कलकत्ता अधिवेशन में भी हिस्सा लिया। 1930 के सत्याग्रह के दौरान वन क़ानून तोड़ कर गिरफ़्तारी देने के कारण उन्हें नौ महीने की जेल हुई। कारागार में उनकी महाराष्ट्र के कई हिस्सों से आये सत्याग्रहियों से मुलाकात हुई जिन्हें अपनी विचारधारा में दीक्षित करने में उन्हें कामयाबी मिली। जून, 1934 तक कांग्रेस ने अपने कार्यकर्त्ताओं को संघ की गतिविधियों में भाग लेने पर पाबंदी नहीं लगायी थी।

तीस के दशक में हेडगेवार ने छात्र प्रचारकों के ज़रिये हिंदी भाषी इलाक़ों में संघ के काम का प्रसार करने की रणनीति अपनायी। छात्र प्रचारक विश्वविद्यालयों में जाते, नये छात्रों को स्वयंसेवक बनाते, शाखाएँ खोलते और इसी प्रक्रिया में विश्वविद्यालय के अध्यापक भी संगठन की ओर आकर्षित होते। बनारस हिंदू विश्वविद्यालय में जीवविज्ञान का अध्यापन करने वाले माधवराव सदाशिवराव गोलवलकर से उनकी भेंट इसी प्रक्रिया में हुई। हेडगेवार अपने नये शिष्य को धीरे–धीरे संघ की गुरुतर ज़िम्मेदारियाँ देते गये। 21 जून, 1940 को लम्बी बीमारी से उनका देहांत हो गया, लेकिन मृत्यु से ठीक पहले उन्होंने गोलवलकर को अपना उत्तराधिकारी बना दिया।

देखें : अरविंद घोष, बंकिम चंद्र चट्टोपाध्याय, बाल गंगाधर तिलक, फ़ासीवाद, भारतीय राष्ट्रवाद, भारतीय जनता पार्टी–1 और 2, माधवराव सदाशिवराव गोलवलकर, नव–दक्षिणपंथ, राष्ट्रवाद, राष्ट्रीय स्वयंसेवक संघ, विवेकानंद, विनायक दामोदर सावरकर, हिंदुत्व।

संदर्भ

1. नारायण हरी पालकर (1964), *डॉ. के.बी. हेडगेवार,* अनु. मृणालिनी धावले, पुणे.
2. राकेश सिन्हा (2003), *केशव बलिराम हेडगेवार,* पब्लिकेशन डिवीज़न, सूचना और प्रसारण मंत्रालय, भारत सरकार, नयी दिल्ली.
3. वाल्टर ऐंडरसन (1972), 'द राष्ट्रीय स्वयंसेवक संघ : अर्ली कंसर्न्स', इकॉनॉमिक ऐंड पॉलिटिकल वीकली, खण्ड 7, अंक 11.
4. वाल्टर के. ऐंडरसन और श्रीधर डी. दामले (1987), *द ब्रदरहुड इन सैफ़्रन : राष्ट्रीय स्वयंसेवक संघ ऐंड हिंदू रिवाइवलिज़म,* विस्तार पब्लिकेशन, नयी दिल्ली.
5. जे.ए. कुरन जू. (1951), *मिलीटेंट हिंदूइज़म इन इण्डियन पॉलिटिक्स : अ स्टडी ऑफ़ आरएसएस,* इंस्टीट्यूट ऑफ़ पेसिफ़िक रिलेशंस, न्यूयॉर्क.

— अभय कुमार दुबे

कोंस्तांतिन सेर्गेइविच स्तानिस्लाव्स्की

(Konstantin Sergeyevich Stanislavski)

एक अभिनेता अपना काम कैसे करे? वह स्वयं को कैसे अनुप्रेरित करे? अपनी उच्चतर रचनात्मक अवस्था को अपनी मर्ज़ी से कैसे हासिल करे? अगर एक जीनियस सहज रूप से अपनी रचनात्मकता को उसकी सम्पूर्णता में हासिल करता सकता है, तो निश्चित रूप से कहीं कठोर अध्यवसाय का ऐसा रास्ता भी होगा जो एक आम आदमी को भी उस अवस्था तक पहुँचा सकता हो। महान रंगकर्मी और अभिनय के आचार्य कोंस्तांतिन सेर्गेइविच स्तानिस्लाव्स्की (1863–1938) की मूल चिंता का केंद्र यही था। वे अभिनेता के लिए सबसे प्राकृतिक, विकसित और वैज्ञानिक अभिनय–सिद्धांत

की तलाश कर रहे थे जो बदले हुए परिवेश, परिस्थिति में दर्शकों की उपस्थिति से प्रभावित हुए बिना सत्य का निर्बाध निरूपण कर सके। उन्होंने मनोविज्ञान को केंद्र में रखकर रंगमंच को वैज्ञानिक रूप, सुनिश्चित आकार और तर्कसंगत पद्धति देने का प्रयास किया। स्तानिस्लाव्स्की ने अभिनय की जटिल कला को व्यवस्थित सैद्धांतिक रूप दिया। अभिनय को वैज्ञानिक कला मानते हुए वे अभिनेता को अनुशासित रहने को कहते हैं जो शारीरिक और मानसिक तैयारी से ही सम्भव है। इस तैयारी में अवचेतन महत्त्वपूर्ण है जिसकी सक्रियता अभिनय को जीवंत करती है। स्तानिस्लाव्स्की के मेथड ने वैश्विक पैमाने पर अभिनेताओं को प्रेरित करके यथार्थवाद को मंच पर प्रतिष्ठित किया। उन्होंने अभिनेता को चरित्र की त्वचा के भीतर उतर कर अपने स्व को चरित्र के स्व में एकमेक करने के लिए कहा। नाट्यशास्त्र के सिद्धांतों का प्रभाव उनके मेथड पर देखा जा सकता है। कालांतर में बर्तोल्त ब्रेख़्त ने उनके सिद्धांतों से अलग सिद्धांत विकसित किये जिसमें अभिनेता के चरित्र हो जाने का प्रतिवाद करते हुए प्रदर्शक रूप पर बल दिया गया। लेकिन स्तानिस्लाव्स्की के मेथड का प्रभाव आज भी है। स्तानिस्लाव्स्की के परवर्ती सिद्धांतकार ग्रोतोवस्की ने उन्हें एक ऐसे संत की संज्ञा दी है जो जीवन भर एक कठिन कर्म को सहज बनाने में लगा रहा।

स्तानिस्लाव्स्की के समय में नयी दुनिया मनुष्य और समाज को समझने के लिए नवीन विवेक की माँग कर रही थी। मानव मन की गुत्थियों को समझने के लिए नये विज्ञान रचे जा रहे थे। उन्नीसवीं शताब्दी का यथार्थ जटिलतर होता जा रहा था। साहित्य के नये पुरोधा इस जटिलता की अभिव्यक्ति के लिए नवीन शैली और शिल्प को लेकर आ रहे थे। स्वयं रूस में गोगोल, ओस्त्रोवस्की, शेपकिन और तॉल्स्तॉय इस नवीन यथार्थवाद को शास्त्रीय स्तर पर ले जा चुके थे। नाटक के क्षेत्र में भी यह यथार्थवाद अपनी अभिव्यक्ति कर रहा था। स्ट्रिंडबर्ग, इब्सन और शॉ अपने नाटकों के ज़रिये ऐसी धारा सामने ला चुके थे। रूस में एंटन चेखव जैसे कहानीकार का आविर्भाव हो चुका था जो अपनी नवीन प्रकृतवादी शैली में नाटक भी रच रहे थे। समय की माँग थी कि अभिनेता भी मंच पर पहले से बने-बनाये ढाँचे में हँसना-रोना छोड़ कर और समाज को उसके सच्चे, सूक्ष्म और अतरंग विवरण के साथ पेश करे।

चालीस साल से अधिक लम्बे निरंतन चिंतन एवं प्रयोगों से स्तानिस्लाव्स्की ने वह सिद्धांत विकसित किया जिसके केंद्र में अभिनेता था। इसे 'मेथड' या 'सिस्टम' कहा जाता है। अपने विचारों को उन्होंने अपने किताबों में संकलित किया। मास्को आर्ट थियेटर इन सिद्धांतों की प्रयोगशाला था।

स्तानिस्लाव्स्की द्वारा विकसित सिद्धांतों में शारीरिक क्रियाओं का सिद्धांत भी है जिसका संबंध मंच पर स्वत:स्फूर्त व्यवहार की समस्या का समाधान प्रस्तुत करने की मनोवैज्ञानिक कोशिश से है। मनोवैज्ञानिक अनुभव और उनकी शारीरिक अभिव्यक्ति के बीच अटूट रिश्ता है। मनुष्य की आत्मा और शरीर के तत्त्व अविभाज्य हैं। बिना बाह्य शारीरिक प्रदर्शन के आंतरिक अनुभव सम्भव नहीं और अनुभवों के आदान-प्रदान में हमारा शरीर ही माध्यम बनता है। केवल शरीर से ही चरित्र का निर्माण करना सम्भव नहीं। अगर कोई अभिनेता मनोविज्ञान की अवहेलना करके शारीरिक हाव-भाव के सहारे अभिनय करता है, तो वह यांत्रिकता का शिकार होता है। यहाँ विचार और अनुभव का सम्प्रेषण नहीं हो पाता और किसी भी व्यक्ति को इनके बिना समझना सम्भव नहीं। मंच पर स्वाभाविक आचरण के लिए अभिनेता को मंच पर हो रही प्रत्येक क्रिया-प्रतिक्रिया को मनोवैज्ञानिक-शारीरिक रूप से समझने में समर्थ होना चाहिए।

स्तानिस्लाव्स्की के मुताबिक़ मंच पर वास्तविक कुछ भी घटित नहीं होता, किंतु भावनाओं को उत्तेजित करने के लिए वास्तविक कारण चाहिए। वास्तविक जीवन में व्यक्ति किसी न किसी वजह से अक्सर वास्तविक अनुभव की अनुभूति से बचता रहता है, लेकिन मंच पर वास्तविक अनुभव को अभिव्यक्त करना महत्त्वपूर्ण है। वास्तविक शारीरिक क्रिया की तलाश से ही अभिनेता मनोवैज्ञानिक-शारीरिक सहभागिता को हासिल कर सकता है। चरित्र की यह क्रिया ही तर्क का निर्माण करती है। यह प्रक्रिया मानवीय प्रक्रिया से अलग है। वास्तविक जीवन में हम भावना को पहले महसूस करते हैं फिर व्यक्त करते हैं। स्तानिस्लाव्स्की के अनुसार एक अभिनेता भावना के अनुभव को शारीरिक क्रिया द्वारा प्राप्त करता है। शब्दों की एक सीमा होती है इसलिए अभिनेता को मंच पर शरीर से भी अभिव्यक्ति करना चाहिए, आंतरिक मोनोलॉग व अन्य मानसिक प्रक्रिया का निर्बाध प्रवाह अभिनय की ज़रूरी शर्त हैं। मंच पर अभिनेता को सचमुच देखना, सुनना, समझना, अनुभव करना, बात करना चाहिए। एक अभिनेता का दिमाग़, उसकी इच्छाशक्ति और उसकी भावना, जो कि मानवीय जीवन के मनोवैज्ञानिक पहलुओं को नियंत्रित करती है, को मंच पर जीवंत मानवीय चित्रण के लिए अवश्य शामिल होना चाहिए।

स्तानिस्लाव्स्की के अनुसार अभिनय के अवयव इस प्रकार हैं : 'यदि' का जादू : यदि चरित्र की जगह मैं होता। 'यदि' अभिनेता की कल्पना, सोच और तार्किक अभिनय के लिए एक सम्भावना और शक्तिशाली उत्प्रेरक है। यह अभिनेता को काल्पनिक परिस्थिति में ले जाने में मदद करता है। यह चरित्र के लक्ष्य को अभिनेता के लक्ष्य में बदल देता है। प्रदत्त परिस्थितियाँ : चरित्र क्या, कब, क्यों, कैसे करता है इसके लिए परिस्थितियाँ भी ज़िम्मेदार होती हैं। नाटक में

प्रदत्त परिस्थितियों में होने वाली क्रिया के द्वारा ही चरित्र का निर्माण होता है। नाटक का विषय, काल, समय, स्थान, अवस्था, निर्देशक-अभिनेता की व्याख्या, मंच-सज्जा, प्रकाश-व्यवस्था, ध्वनि-प्रभाव भी चरित्र के निर्माण में सहायक होते हैं। कल्पना : नाटक कल्पना के सहारे ही फलीभूत होता है। कल्पना स्पष्ट, ठोस, क्रमिक, सत्यपरक और तार्किक होना चाहिए। किसी भी नाटककार की पंक्तियाँ तब तक जीवंत नहीं हो सकती जब तक अभिनेता अपनी कल्पना से उसकी व्याख्या कर उसका सही अर्थ यानी उसके पीछे की सोच को अभिव्यक्त नहीं करता। इससे सब-टेक्स्ट का निर्माण होता है। स्तानिस्लाव्स्की के अनुसार दर्शक सबटेक्स्ट को अनुभव करने के लिए ही रंगमच में आते हैं। नाटक तो वे घर पर भी पढ़ सकते हैं। ध्यान का केंद्रीकरण : यह सृजनशीलता के लिए एक ज़रूरी तत्व है। यह भय-मुक्त, सहज आदि से इतर उस क्षण को प्राप्त करने में सहायक सिद्ध होता है जिसे निजी क्षण कहते हैं। एक अभिनेता को अपना ध्यान मंच पर केंद्रित करना चाहिए और ऐसा करते हुए उसे दर्शकों का भी ध्यान रखना ज़रूरी है। एक ठोस विचार, उसे व्यक्त करनेवाला शरीर और एक साकार शारीरिक क्रिया ही द्वारा अभिनेता अपना ध्यान मंच पर केंद्रित करता है। इसके लिए उसे नये ढंग से देखना, सुनना, सोचना, सीखना चाहिए। सत्य और विश्वास : नाटक में सब कुछ गढ़ा जाता है, जीवन और मंच का सत्य एक नहीं है। इसलिए विश्वास एक ज़रूरी तत्व है। अभिनेता अपने विश्वास और सच्चे व्यवहार के सहारे दर्शकों को विश्वास दिलवाता और दृश्यात्मक सत्यता को स्थापित करता है। सामूहिक सहभागिता : अभिनेता मंच पर घटित होनेवाली घटनाओं पर निर्भर करता है, जो अन्य चरित्रों के व्यवहार पर भी आश्रित होता है। इसे सामूहिक प्रयास और आपसी प्रभाव से ही सम्भव बनाया जा सकता हैं। इसके लिए उसे सहभागिता के सिद्धांतों को अपनाना एक अनिवार्य तत्व हो जाता है। रंगमंच एक सामूहिक कला है इसलिए बिना सामूहिक सहभागिता के किसी अच्छे लक्ष्य तक पहुँचना सम्भव नहीं। अनुकूलन : लक्ष्य प्राप्ति में आनेवाली भौतिक अड़चनों को पार करना अनुकूलन कहलाता है। कोई भी चीज़ कैसे किया जाएगा इसका जवाब इस विधि से सम्भव है। यह सहयोगी के व्यवहार एवं अन्य अड़चनों पर भी निर्भर करता है। गति-ताल: हर क्षण, तथ्य, परिस्थिति, संवाद, घटना और चरित्र की अपनी एक आंतरिक और बाह्य गति-ताल होता है। अभिनय में विश्वसनीयता के लिए अभिनेता के अंदर इसकी समझ अत्यंत ही आवश्यक है। ताल को आंतरिक अनुभव और इसकी शारीरिक अभिव्यक्ति के बीच की कड़ी भी माना गया है। भावनात्मक स्मृति : अभिनय जीवन के अनुभव का काव्यात्मक प्रतिरूप है। अभिनेता अपनी भावनात्मक स्मृतियों के सहारे परिस्थिति को मंचीय स्वरूप प्रदान करता है लेकिन

कोंस्तांतिन सेर्गेइविच स्तानिस्लाव्स्की (1863-1938)

मंचीय भावनाएँ और जीवन के भावनाओं में फ़र्क़ इसलिए है क्योंकि मंच पर इसकी उत्पत्ति का कारण वास्तविक नहीं होता है। इसे वास्तविक बनाने के लिए अभिनेता को अपनी भावनात्मक स्मृतियों का सहारा लेना पड़ता है। ये स्मृतियाँ अनुभवों को संजोकर संश्लेषित भी करती हैं। अभिनेता के पास अपनी भावनात्मक स्मृतियों को पुनर्जीवित एवं उसे मंचीय परिस्थिति में ढालने की क्षमता होनी चाहिए। इसके लिए एक अभिनेता अपनी आंतरिक ज़िंदगी और बाहरी दुनिया के निरीक्षण से सामग्री इकट्ठा करता है। इसलिए उसे हर वक़्त सजग रहना ज़रूरी है। विश्लेषण : नाटक को ठीक से विश्लेषित कर उसके सार को समझना और उसे तर्कपूर्ण रूप से व्यक्त करना अभिनेता के लिए एक ज़रूरी प्रक्रिया है। क्रिया : इसके लिए अभिनेता को नाटक, चरित्र, काल, नाटककार का उद्देश्य तथा दी गयी परिस्थियों का तार्किक और सटीक विश्लेषण करना ज़रुरी है। सही चीज़ों का चयन ही भूमिका के लिए सही क्रिया का निर्धारण करता है। नाटक में हर चरित्र का अपना उद्देश्य होता है। मुख्य अभिप्राय और क्रियाएँ : महान नाटककारों के बिना रंगमंच सम्भव नहीं। रंगमंच का पहला कर्तव्य नाटककार के विचारों को दर्शकों तक कलात्मक तरीक़े से पहुँचाना है। यही अभिनय का अंतिम लक्ष्य है। एक लिखित नाटक अभिनेता-निर्देशक की

मदद से जीवंतता प्राप्त करता है। यह कार्य सुपर ऑब्जेक्टिव द्वारा ही सम्भव है, जो सृजनात्मक प्रक्रिया का आधारभूत उत्प्रेरक भी माना जाता है। प्रत्येक विवरण, सोच क्रिया इससे जुड़ी हुई है। इसके माध्यम से चरित्र की क्रियायों के तर्क नियंत्रित होते हैं। इसलिए एक अभिनेता के मन में इसके पूरी तरह स्पष्ट होना चाहिए। ऐसा न होने पर मंच पर चरित्र के जीवन की निरंतरता बनाये रखना सम्भव नहीं। थ्रू लाइन ऑफ़ एक्शन : एक्शन का एक तार्किक ताना बना है जिसके तहत अभिनय को तर्क और संदर्भपूर्ण बनाने के लिए अभिनेता को दिमागी तौर पर अपनी भूमिका के अनुकूल दिशा की तलाश करनी होती है। थ्रू लाइन ऑफ़ एक्शन और सुपर ऑब्जेक्टिव वे लक्ष्य हैं जिनके मार्फ़त भूमिका का निर्माण होता है। इसका उद्देश्य भी नाटक के मुख्य उद्देश्य को व्यक्त करना होता है। नाटक में द्वंद्व का विकास में इसकी एक महत्त्वपूर्ण भूमिका होती है। प्रत्येक पात्र का अपना एक मुख्य लक्ष्य होता है अपनी भूमिका के माध्यम से उसे प्राप्त करना ही उस चरित्र का सुपर ऑब्जेक्टिव और उसका थ्रू लाइन ऑफ़ एक्शन होता है। स्तानिस्लाव्स्की इसे मस्तिष्क के पुनर्जागरण की संज्ञा देते हैं। अभिनेता का शारीरिक तंत्र : चरित्र को जीवन्तता प्रदान करने के लिए अभिनेता का शरीर उसका माध्यम है। जिसे आंतरिक और शारीरिक रूप से साकार करने के लिए एक अभिनेता के पास संवेदनशील, प्रशिक्षित, अनुशासित, नियंत्रित एवं उत्तरदायी शारीरिक तंत्र होना चाहिए। इसके लिए निरंतर अभ्यासरत रहना एक अनिवार्य शर्त बन जाता है। भूमिका पर कार्य : अभिनेता अपनी अभिव्यक्ति मानवीय क्रिया और प्राकृतिक नियमों के माध्यम से करता है। यह एक मनोवैज्ञानिक प्रक्रिया है जो शारीरिक पहलुओं, गतियों के माध्यम से अभिव्यक्त होता है। जो क्रिया चरित्र को व्यक्त करने में प्रभावी है उसे कलात्मक रूप से सही माना गया है। उद्देश्य का अर्थ होता है जीवन की अभिव्यक्ति। भूमिका के निर्माण के लिए क्रिया का चयन के लिए दक्षता की ज़रूरत पड़ती है। इसका चयन ही चरित्र के निर्माण का आधार है। इसके लिए चरित्र के संदर्भ में इन सवालों का जवाब तलाशना ज़रूरी है कि मैं कौन हूँ, यह क्रिया कहाँ, किसके साथ और किसलिए हो रही है। मंच पर चरित्र क्या और क्यों कर रहा है इसकी जानकारी के बिना चरित्र निर्माण सम्भव नहीं। ऐसा करने के लिए साझा मक़सद के इतर व्यक्तिगत और अनोखे तर्क का होना ज़रूरी है। क्योंकि सामूहिक सच के बीच व्यक्ति का अपना भी सच होता है।

स्तानिस्लाव्स्की कहते हैं : अभिनेता की कला नाटक के क्रिया के तर्क को जानने और उन सबको क्रमवद्ध रूप से पिरोने की योग्यता है। इससे भूमिका का स्वरूप बनता है। अभिनेता को अपने वास्तविक जीवन और चरित्र के जीवन के स्वरूप के बीच अंतर करना भी आना चाहिए। चरित्र का व्यवहार क्रमिक, सरल, सत्य, सूक्ष्म, तार्किक व ठोस क्रियाओं से निर्मित होना चाहिए। मंच पर किसी क्रिया को सत्यतापूर्वक जीना जीवन जीने जैसा है। चरित्र के निर्माण में अभिनेता को नाटककार, निर्देशक तथा अन्य सहयोगी अभिनेताओं और चरित्रों द्वारा वर्णित संकेतों को भी आत्मसात करते हुए सोच, क्रिया, स्वरूप, अनुभव, आदत, आचार-विचार आदि को निरूपित करना चाहिए। इसमें अभिनेता की व्यक्तिगत विचार भी समाहित होना चाहिए। स्तानिस्लाव्स्की इसे अपने आप से शुरू करके चरित्र तक पहुँचाने की प्रकिया के रूप में देखते हैं। इस प्रक्रिया में यह सावधानी बरतने की आवश्यक है कि चरित्र पर अभिनेता के विचार थोपे न जा रहे हों। अभिनेता को चरित्र के हिसाब से अपने को ढालना चाहिए, अपने अनुसार चरित्र को नहीं। अभिनेता का स्वयं पर नियंत्रण एक अनिवार्य शर्त है।

देखें : आधुनिक रंगमंच, आधुनिक भारतीय रंगमंच-1 और 2, बर्तोल्त ब्रेख़्त।

संदर्भ

1. कोंस्तांतिन सर्गेइविच स्तानिस्लाव्स्की (2002), *अभिनेता की तैयारी* (अनु. विश्वनाथ मिश्र), राष्ट्रीय नाट्य विद्यालय, नयी दिल्ली.
2. कोंस्तांतिन सेर्गेइविच स्तानिस्लाव्स्की (2002), *चरित्र की रचना-प्रक्रिया* (अनु. विश्वनाथ मिश्र), राष्ट्रीय नाट्य विद्यालय, नयी दिल्ली.
3. कोंस्तांतिन सेर्गेइविच स्तानिस्लाव्स्की (2001), *भूमिका की संरचना* (अनु. विश्वनाथ मिश्र), राष्ट्रीय नाट्य विद्यालय, नयी दिल्ली.
4. श्रीकांत किशोर (2008), 'अवचेतन के मुहाने पर', देवेंद्र राज अंकुर और महेश आनंद (सम्पा.), *रंगमंच के सिद्धांत,* राजकमल प्रकाशन, नयी दिल्ली.

— अमितेश कुमार

ख

खालसा पंथ

(Khalsa Panth)

खालसा के दो अर्थ लिए जाते हैं जो परस्परव्यापी भी हैं। पहला, यह शब्द अरबी मूल के ख़ालिस से उपजा है यानी इसका मतलब है ख़ालिस या शुद्ध/खरा पंथ। साथ ही यह सम्प्रभु/आज़ाद पंथ भी है। यह अर्थ मुग़ल वित्तीय तंत्र के तहत चलने वाली भूमि मालिकाने की व्यवस्था से भी जुड़ा है जिसमें 'खालिसाह' भूमि सीधे बादशाह के अधीन होती थी ज़मींदारों के नहीं। इस लिहाज़ से खालसा का सीधा संबंध रब से है और वह उसी के प्रति वफ़ादार है। इसी आधार पर खालसा की राजनीतिक अवधारणा खड़ी है, जिसमें राजसत्ता के प्रति दृष्टिकोण निहित है। इस मुद्दे पर आम लोगों और विद्वानों में काफ़ी बहस चलती रही है और आज भी जारी है। कुल मिला कर गुरु-ग्रंथ-पंथ की एकता ही सिक्ख धर्म की परिभाषा है जिसके तहत आदि ग्रंथ को गुरु, आध्यात्मिक सम्प्रभुता का जीवंत प्रतीक और उपादान माना जाता है। इसी के इहलोक में प्रवहमान होने का मूर्त रूप खालसा पंथ है जो राजनीतिक सम्प्रभुता का संधान करता है। खालसा पंथ की वैचारिकी का निर्माण विषमता को पुष्ट करने वाली सत्ता के विमर्श और सिक्ख गुरुओं द्वारा प्रतिपादित धार्मिक बराबरी और बहुलता के सिद्धांत के आपसी टकराव के आख़िरी जवाब के तौर पर हुआ है। धर्म युद्ध का विचार सेवा के सिक्ख सिद्धांत का रूपांतरण है, लिहाज़ा खालसा का मतलब है परमात्मा की सेना जो राजसत्ता के दुरुपयोग के ख़िलाफ़ संघर्ष करती है। सत्ता के दुरुपयोग का विरोध इस लिहाज़ से खालसा की नैतिक ज़िम्मेदारी है। इस नैतिक ज़िम्मेदारी का मक़सद राजसत्ता हासिल करना न होकर जनता की तरफ़ से राजसत्ता पर जनता के नियंत्रण को पुख़्ता करने में निहित है खालसा की जायज़क़रारी इसी प्रक्रिया से निकलती है। इसी संदर्भ में निहाररंजन राय कहते हैं कि भारतीय चिंतन परम्परा में गुरु गोबिंद सिंह पहले दार्शनिक हैं जो जनता को अपनी हस्ती का स्रोत मानते हैं। प्रोफ़ेसर भूपिंदर सिंह खालसा के अंतिम लक्ष्य को नैतिक स्व:शासन हासिल करने के साथ जोड़ते हैं जिससे समाज और राजसत्ता का आपसी द्वंद्व न रहे।

खालसा की स्थापना का एक महत्त्वपूर्ण सांगठनिक पहलू भी है जो सिक्ख धर्म में महंतों की मध्यस्थता ख़त्म करने से जुड़ा हुआ है। तीसरे गुरु अमरदास ने सिक्ख संगत को संगठित करने के लिए बाईस मंजीओं की स्थापना की जो स्थापित संगत को गुरु-घर से जोड़ने और रसद-चढ़ावा इत्यादि का ख़याल रखते थे। सत्रहवीं सदी के आरम्भिक दौर से इन मंजियों के प्रभारी महंतों में भी भ्रष्टाचार और विकृतियाँ दिखने लगीं और उनका मुक़ामी संगत से संबंध भी पदानुक्रमिक हो गया। संगत की आस्था को अपनी सम्पत्ति समझते हुए वे गुरु तेग़ बहादुर की छिपी अवहेलना भी कर गये। प्रमाण मिलते हैं कि नौवें गुरु तेग़ बहादुर ने गाँवों में जाकर महंतों को छोड़कर संगत से सीधे साक्षात्कार किया। इस लिहाज़ से 1699 की बैसाखी को आनंदपुर में एकत्रित संगत को 'खण्डे का पहुल' दे कर खालसा नाम देना इस प्रक्रिया का भी तार्किक फलितार्थ था।

1666 में पटना में माता गुजरी की कोख से जन्मे बालक गोबिंद राय की उम्र अपने पिता गुरु तेग़ बहादुर की दिल्ली के चाँदनी चौक में हुई शहादत के समय नौ साल की थी। उनकी शिक्षा-सिखलाई अपने मामा कृपाल चंद की देख-रेख में हुई। उन्होंने पीर मुहम्मद से फ़ारसी, साहिब चंद से गुरमुखी और संस्कृत और एक राजपूत से घुड़सवारी और शस्त्र-विद्या सीखी। बीस साल की उम्र तक आते-आते

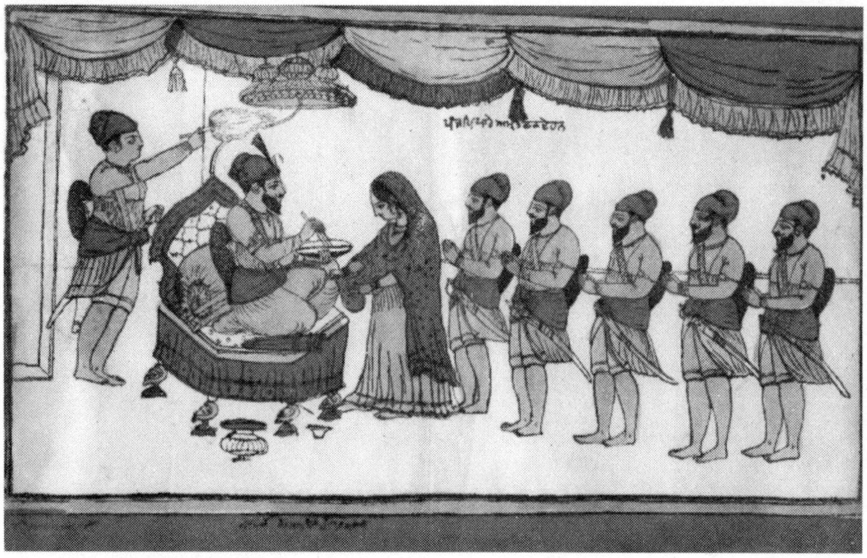

पंज प्यारों को दीक्षा देते हुए गुरु गोविंद सिंह ब्रिटिश म्यूज़ियम

और रहीम इत्यादि संकल्प प्रचुरता में उपलब्ध हैं। यह भी एक तथ्य है कि यमुना के किनारे पाँवटा में अपने क़याम के दौरान उन्होंने विविध ज़ुबानों के कवियों को एकत्र किया और भारतीय परम्परा का नया पाठ गढ़ने की कवायद शुरू की जो बाद में आनंदपुर में उनके दरबार में भी क़ायम रही। इस लिहाज़ से खालसा इन सब प्रक्रियाओं का मंचन भी है, इनका वाहक भी और सिक्ख पंथ की वैचारिकी का नये संदर्भ में सूत्रधार भी है।

खालसा सजने का प्रतीकात्मक महत्त्व सभी पुरुषों के नाम के पीछे सिंह और स्त्रियों के नाम में कौर लगाने से भी है। खालसा संत और सिपाही के संयोग का संधान भी है जो इस के पाँच ककारों : केस, कंघा, कड़ा, कृपाण और कछहिरा में निहित है। जे.पी.एस. ओबरॉय ने इन्हें धारण करने के अनुष्ठान को बाक़ी सभी पंथों और सम्प्रदायों में दी जाने वाली दीक्षा प्रक्रिया का प्रतीकात्मक उत्क्रमण क़रार दिया है। उनके अनुसार इन पाँच ककारों को दो-दो की कोटि में डाल कर देखना चाहिए ताकि इन के अर्थ उजागर हो सकें। जैसे केस/कंघा। बालों को प्राकृतिक ढंग से रखना और न काटना कई पंथों में प्रचलित है। जोगियों और नाथपंथियों में केश जटाओं का रूप ले लेते हैं जो उनकी संन्यास साधना का परिचायक है। लेकिन खालसा पंथ में केस के साथ कंघा लगा हुआ है यानी केशों को कंघे से सँवार कर धारण करना है। लिहाज़ा संन्यास के किरदार को समाज के साथ सम्बद्ध रहना है। दूसरी कोटि से कड़ा/कृपाण की है। दायें हाथ की कलाई में लोहे का कड़ा कमर के बायीं ओर पहनी कृपाण को म्यान से बाहर निकालता है। यह कृपाण अन्याय के ही ख़िलाफ़ उठे, द्वेष के कारण नहीं— इस का ध्यान कड़ा दिलाता है जो विवेक नैतिकता और संयम का प्रतीक है। इस तरह से सिक्ख धर्म की धुरी गहन सामाजिकता है और गृहस्थ इसका प्रतीक है। राजसी सत्ता, संन्यास और धर्म-युद्ध की परिकल्पना भी इसी सामाजिकता को बढ़ावा देने के लिए की गयी है, न कि उसके स्थानापन्न के रूप में।

1699 की बैसाखी पर खण्डे की पहुल 'अमृत छक' कर पहले पाँच 'सिंह' 'पंज प्यारे' कहलाये जो भारत के विभिन्न क्षेत्रों से आये थे। फिर ख़ुद गोबिंद राय ने उन से पहुल ली और ख़ुद को उन पाँच का चेला घोषित किया। अब संगत ही गुरु भी थी। वैयक्तिक गुरु से संगत में और 1708 में उनकी मृत्यु के बाद आदि गंथ को गुरु का दर्जा दिया गया।

उन्होंने अपनी सुविख्यात *चण्डी दी वार* का सृजन किया जो कि पंजाबी साहित्य में परवर्ती वारकारों के लिए प्रतिमान बन गयी। *शाहनामा फ़िरदौसी, पुराण परम्परा* और *आदि ग्रंथ* इत्यादि में उनकी इस दक्षता के अनेक प्रमाण विषय-वस्तु और वैचारिक एकाग्रता के संदर्भ में दिखाई देते हैं। अप्रत्याशित परिस्थितियों के कारण कुछ को छोड़ कर उनकी रचनाओं के असल स्वरूप को सँभालने में दिक़्क़तें आयीं और इसी कारण दशम ग्रंथ के कृतित्व को लेकर आज तक विवाद बना हुआ है।

मामा कृपाल चंद की अगुआई में सिक्खों ने गुरु गोबिंद को सच्चा पादशाह कहना शुरू किया। उनके दरबार का रख-रखाव शाहाना तर्ज़ का रखा गया। संगत की बढ़ती संख्या, सैन्य प्रशिक्षण और शाहाना रख-रखाव नज़दीक के पहाड़ी राजाओं को खटकने लगा। कई बार सैनिक झड़पें भी हुईं। साथ ही उनकी पहली रचना *जाप साहिब* सिक्ख वैचरिक परम्परा पर उनकी पकड़ और इस की निरंतरता बनाये रखने के संकल्प को दर्शाता है। उनकी अगली रचना *अकाल उस्तत* और बृजभाषा में रचित *चण्डी चरित्र, कृष्णा अवतार* इत्यादि में हिंदू पुराण परम्परा के चर्चित प्रसंगों की नयी व्याख्या करके दसवें गुरु ने दुष्ट-दमन के लिए धर्म-युद्ध की अनिवार्यता को सिक्ख दर्शन के खालसाई संस्करण से जोड़ा। अट्ठारहवीं सदी के पहले दशक में फ़ारसी में रचे *ज़फ़रनामा* में उन्होंने औरंगजेब को इस्लाम के विपरीत आचरण करने पर लताड़ा। गुरु गोबिंद सिंह को इस्लाम विरोधी मानने वालों के पास इस सच्चाई का कोई जवाब नहीं है कि उनकी सेना में सूफ़ी पीर बुद्धू शाह और भीखन शाह के मुरीद भी शामिल थे। ख़ुद गुरु गोबिंद सिंह को चमकौर की कच्ची गढ़ी में से सुरक्षित निकालने वाले दो अफ़ग़ान ग़नी ख़ाँ और नबी ख़ाँ थे। ख़ुद उन की रचना में करता-करीम

जे.एस. गरेवाल इस प्रक्रिया को उत्तर-गुरु काल में गुरु ग्रंथ और गुरु पंथ के आपसी रिश्ते से दर्शाते हैं।

एक दिलचस्प मुद्दा खालसा 'रहित' का बना हुआ है और अट्ठारहवीं सदी से आज तक 'रहतनामा' पोथियों पर अनुसंधान जारी है। डब्ल्यू.एच. मॅकल्योड इन्हीं पोथियों को खालसा पंथ की धुरी मानते हुए इस्लाम-विरोध को खालसा से जोड़ कर देखने का मत प्रस्तुत करते हैं। साथ ही हिंदू पौराणिक हवालों को गुरु गोविंद सिंह के वैचारिक दृष्टिकोण से जोड़ कर देखने की बजाय वे उसे एक क़िस्म का विचलन या गड्डु-मड्डु वैचारिकी का नतीजा मानते हैं। इस बहस का सफ़र भी सिख-स्ट्डीज़ के उप-अनुशासन जितना ही पुराना है।

देखें : सिक्ख धर्म और गुरु नानक।

संदर्भ

1. एन.आर. राय (1975), *द सिक्ख गुरूज़ ऐंड द सिक्ख सोसाइटी, अ स्टडी इन सोशल ऐनालिसिस,* मुंशीराम, नयी दिल्ली.
2. जे.एस. गरेवाल और एस.एस. बल (1967), *गुरु गोविंद सिंह, ए बायोग्राफ़िकल स्टडी,* पंजाब युनिवर्सिटी, चडीगढ़.
3. जे.पी.एस. ओबेरॉय (1999), *रिलीजन, सिविल सोसाइटी ऐंड द स्टेट : ए स्टडी ऑफ़ सिक्खिज़म,* ऑक्सफ़र्ड युनिवर्सिटी प्रेस, नयी दिल्ली.
4. भूपिंदर सिंह (1999), 'राज करेगा खालसा', अंडरस्टेंडिंग द सिक्ख थियरी ऑफ़ रिलीजन ऐंड पॉलिटिक्स, प्रीतम सिंह और एस.एस. थांदी (सम्पा.), *पंजाबी आइडेंटिटी इन ग्लोबल कांटेक्स्ट,* ऑक्सफ़र्ड युनिवर्सिटी प्रेस, नयी दिल्ली.

— सुमेल सिंह सिद्धू

ख़िलाफ़त आंदोलन

(Movement for Khilaphat)

ख़िलाफ़त आंदोलन भारत के उपनिवेशवाद विरोधी आंदोलन की सबसे महत्त्वपूर्ण और विवादास्पद घटनाओं में से एक है। इस आंदोलन का केंद्रीय मुद्दा सीधे-सीधे भारतीय भू-क्षेत्र से संबंधित नहीं था, लेकिन उसके साथ भारतीय मुसलमानों के धार्मिक जुड़ाव ने उन्हें असहयोग आंदोलन की ओर आकर्षित करने की भूमिका निभायी। इसे मुसलमान तुष्टीकरण की नीति के रूप में देखने और बढ़ावा देने को एक भूल क़रार देने वाले विद्वानों की भी कमी नहीं है। दूसरी तरफ़ यह तर्क भी पेश किया जाता है कि इसके कारण हिंदू-मुस्लिम एकता को बढ़ावा मिला और राष्ट्रीय आंदोलन को मज़बूती मिली।

ख़िलाफ़त का अर्थ है ख़लीफ़ा का राज्य। ख़लीफ़ा की हैसियत धार्मिक मुखिया की भी होती है, और राजनीतिक मुखिया की भी। इस्लामिक जगत में एक राज्य प्रणाली के रूप में ख़िलाफ़त का उदय पैग़म्बर की मृत्यु के तत्काल बाद हुआ था। एक लम्बे ऐतिहासिक घटनाक्रम के बाद 1517 में तुर्की के सुल्तान ख़िलाफ़त के पर्याय बन गये। उन्हें दुनिया भर के मुसलमानों ने अपना ख़लीफ़ा मान लिया। ख़िलाफ़त को क़ुरान और पैग़म्बर की परम्पराओं पर आधारित मानने वाले मुसलमान समुदायों में यह विश्वास भी गहराई से जमा हुआ था कि इस्लाम और शरीयत की रक्षा के लिए ख़लीफ़ा की भूमिका बेहद महत्त्वपूर्ण है।

भारतीय मुसलमानों की तुर्की के प्रति हमदर्दी का मुख्य कारण धार्मिक था, क्योंकि वे तुर्क साम्राज्य के सुल्तान को अपना धर्म गुरु या ख़लीफ़ा मानते थे। उल्लेखनीय है कि मुग़ल सम्राटों ने भारत से बाहर किसी ख़लीफ़ा या आध्यात्मिक नेता को मान्यता नहीं दी थी। लेकिन मुग़ल साम्राज्य के पतन के बाद ही उन्नीसवीं सदी में भारतीय मसज़िदों में तुर्की के सुल्तान का नाम लिया जाने लगा। प्रथम विश्व-युद्ध के समय तुर्क साम्राज्य के शासक सुल्तान अब्दुल हमीद द्वितीय मुसलमानों के ख़लीफ़ा थे। युद्ध में तुर्की ने अंग्रेज़ों के ख़िलाफ़ जा कर जर्मनी से सहयोग किया। प्रथम विश्व-युद्ध के दौरान मुसलमानों का समर्थन हासिल करने के लिए अंग्रेज़ी सरकार ने आश्वासन दिया था कि तुर्की की अखण्डता और अरब तथा मेसोपोटामिया के पवित्र स्थानों की सुरक्षा की जाएगी। इन्हीं आश्वासनों के आधार पर भारतीय मुसलमान तुर्की की सेनाओं के ख़िलाफ़ युद्ध करने के लिए राज़ी हुए थे। जैसे ही युद्ध में जर्मनी-तुर्की की हार का अंदेशा पैदा हुआ, यह चर्चा होने लगी कि अंग्रेज़ तुर्की के सुल्तान के साथ बहुत बुरा सलूक करेंगे। ख़बरें आने लगीं कि तुर्की को अपमानजनक शर्तें मानने के लिए मजबूर किया जाएगा।

इसकी प्रतिक्रिया में भारतीय मुसलमानों की तरफ़ से यह माँग की गयी कि मेसोपोटामिया, अरब, सीरिया, फ़िलिस्तीन एवं अरब से संबंधित सभी द्वीप और सभी धार्मिक स्थान ख़लीफ़ा के अधिकार में ही रहें। उस समय के अधिकांश प्रमुख मुसलमान नेता इस माँग के समर्थक थे। मसलन, मौलाना अल असन, अब्दुल वारी, हक़ीम अजमल ख़ान, डॉ. मुख़्तार अहमद अंसारी, मौलाना अबुल क़लाम आज़ाद तथा मुहम्मद अली और शौकत अली (इन्हें अली बंधु के नाम से भी जाना गया) ने तुर्की के शासक के अधिकारों का समर्थन किया। दरअसल, इन्हीं नेताओं के प्रयासों से भारतीय मुसलमानों में यह चिंता फैली कि अंग्रेज़ उनके धार्मिक स्थानों और ख़लीफ़ा के साथ बदसलूकी कर रहे हैं। मुसलिम लीग के तत्कालीन नेताओं ने भी यह मुद्दा

काफ़ी ज़ोर-शोर से उठाया। इसी माहौल में सितम्बर, 1919 में अखिल भारतीय ख़िलाफ़त कमेटी का गठन हुआ जिसने ख़िलाफ़त आंदोलन को जन्म दिया।

गाँधी इसके पहले ही दमनकारी रौलट एक्ट के ख़िलाफ़ सत्याग्रह की घोषणा कर चुके थे। नवम्बर, 1919 में हुई ख़िलाफ़त कांग्रेस में उन्होंने अध्यक्षीय भाषण दिया। उन्होंने मुसलमानों की समस्याओं को हल करने के लिए असहयोग आंदोलन का कार्यक्रम प्रस्तुत किया। उन्होंने ज़ोर दे कर कहा कि कि यदि सरकार मुसलमानों की माँगों के हिसाब से शांति समझौता नहीं करती है, तो उन्हें सरकार को सहयोग करना बंद कर देना चाहिए। 19 जनवरी को डॉ. मुख्तार अहमद अंसारी के नेतृत्व में ख़िलाफ़त कमेटी का एक शिष्टमण्डल वायसराय से मिला। उसने माँग रखी कि तुर्की के सुल्तान और ख़लीफ़ा की सम्प्रभुता के साथ छेड़छाड़ न की जाए। इसके बाद गाँधी ने ख़िलाफ़त कमिटी की बैठक में असहयोग आंदोलन का प्रस्ताव रखा। अबुल क़लाम आज़ाद की अध्यक्षता में हुई ख़िलाफ़त कमिटी की बैठक में इसे स्वीकार कर लिया गया। गाँधी ने कांग्रेस पर ख़िलाफ़त आंदोलन को स्वीकार करने के लिए दबाव डाला। उन्होंने दलील दी कि अगर समाज में रहने वाले एक-दूसरे के सुख-दु:ख के भागीदार न बनें तो समाज का कोई अर्थ नहीं रह जाता है।

अंतर्राष्ट्रीय घटनाक्रम जारी रहा। 14 मई, 1920 को सेवेरेज की संधि हुई। इसमें तुर्की के प्राचीन साम्राज्य के टुकड़े कर दिये गये। ईरान, मेसोपोटामिया, स्मिर्ना, सीरिया और फ़िलिस्तीन पर सुल्तान की सत्ता समाप्त कर दी गयी। इस संधि ने मुसलमानों की भावनाओं को बहुत गहरी चोट पहुँचायी और उन्हें ब्रिटेन का विरोधी बना दिया। गाँधी ने अगस्त, 1920 से असहयोग आंदोलन शुरू कर दिया था। वे ब्रिटिश सरकार द्वारा दिये गये सभी सम्मानों को लौटा चुके थे। कांग्रेस ने दिसम्बर, 1920 में हुए नागपुर के वार्षिक अधिवेशन में असहयोग आंदोलन का प्रस्ताव स्वीकार किया। इसमें ख़िलाफ़त आंदोलन के लक्ष्य को भी आंदोलन का हिस्सा माना गया। असहयोग के साथ ख़िलाफ़त की माँगें जोड़े जाने से इस आंदोलन को बहुत बल मिला। उलेमाओं द्वारा गठित जमायत-उल-उलेमा के लगभग नौ सौ मुसलमान विद्वानों ने फ़तवा जारी करके असहयोग आंदोलन को अपना समर्थन प्रदान किया। गाँधी और अली बंधुओं ने देश भर में दौरा किया और लोगों से सम्पर्क कर उन्हें असयोग आंदोलन में सक्रिय भागीदारी करने का आह्वान किया।

असहयोग आंदोलन ने ज़बरदस्त प्रभाव डाला। बहुत से लोगों ने सरकारी नौकरियाँ, वकालत आदि छोड़ दीं। मुसलमानों और हिंदुओं ने ख़िलाफ़त और स्वराज्य की स्थापना के लिए मिल-जुलकर काम किया। जुलाई, 1921 में हुई ख़िलाफ़त कांफ्रेंस में मुसलमानों से अंग्रेज़ी सेना छोड़ने का आह्वान किया गया। इसमें यह भी कहा गया कि यदि ब्रिटिश सरकार तुर्की पर हमला करती है तो भारत के मुसलमान भारत की स्वतंत्रता की घोषणा कर देंगे। सम्मेलन के बाद इसके सभापति मौलाना मुहम्मद अली को राजद्रोह के आरोप में गिरफ़्तार कर लिया गया। उनके भाई शौकत अली भी गिरफ़्तार हो गये। अक्टूबर, 1921 में कांग्रेस ने ख़िलाफ़त कांफ्रेंस के प्रस्तावों का समर्थन किया और अपने कार्यकत्ताओं से असहयोग आंदोलन में तेज़ी लाने के लिए कहा। बहरहाल, 5 फ़रवरी, 1922 को चौरी-चौरा काण्ड होने के कारण गाँधी ने असहयोग आंदोलन स्थगित कर दिया।

इस संदर्भ में उल्लेखनीय है कि 1922-23 के दौरान तुर्की में भी बहुत से क्रांतिकारी बदलावों के लिए संघर्ष चल रहे थे। इन संघर्षों को वहाँ की जनता का भी अच्छा-ख़ासा समर्थन प्राप्त था। इसी क्रम में मुस्तफ़ा कमाल पाशा के नेतृत्व में युवा तुर्कों के आंदोलन ने सुल्तान अब्दुल हमीद को सत्तात्युत कर दिया। मुस्तफ़ा कमाल पाशा 1923 में तुर्की के शासक बने। उन्होंने सल्तनत ख़त्म करके तुर्की में गणतंत्र की स्थापना की। कमाल पाशा ने ख़लीफ़ा के पद को नाम मात्र के लिए आध्यात्मिक पद के रूप में ही क़ायम रखा। सुल्तान अब्दुल हमीद के भतीजे अब्दुल मज़ीद एफेंडी को ख़लीफ़ा बनाया गया। लेकिन कमाल पाशा को यह अहसास हो गया था कि जब तक ख़लीफ़ा का पद रहेगा तब तक तुर्की में दूसरे देशों के लोग धार्मिक मुद्दों के आधार पर हस्तक्षेप करते रहेंगे। इस कारण उन्होंने 3 मार्च ,1924 को ख़लीफ़ा का पद पूरी तरह से ख़त्म कर दिया।

बहुत से लोगों ने अलग-अलग आधारों पर ख़िलाफ़त आंदोलन का समर्थन करने और उसे बढ़ावा देने के लिए गाँधी की आलोचना की है। विनायक दामोदर सावरकर जैसे धुर-हिंदू दक्षिणपंथियों ने इसे मुसलमानों को ख़ुश करने वाला क़दम बताया। उनके अनुसार यह भारतीय राष्ट्रवाद के लिए घातक था। आर.सी. मजूमदार ने ख़िलाफ़त को अखिल इस्लामी आंदोलन की संज्ञा देते हुए इसे भारतीय राष्ट्रवाद पर प्रहार की संज्ञा दी है। यह तर्क भी पेश किया गया है कि ख़िलाफ़त बचाने के लिए किया गया आंदोलन एक प्रतिगामी क़दम था। इस तर्क के अनुसार ख़िलाफ़त आंदोलन में इस बात पर ध्यान नहीं दिया गया कि ख़ुद तुर्की में ख़लीफ़ा के सामंती शासन का विरोध चल रहा था। इस हिसाब से ख़लीफ़ा का समर्थन एक दोहरा मानदण्ड था जिसमें अपनी स्वतंत्रता के लिए संघर्ष कर रहे एक समाज ने दूसरे समाज में एक स्वतंत्रता विरोधी शासक को क़ायम रखने के पक्ष में आंदोलन चलाया। ख़िलाफ़त आंदोलन के विविध फलितार्थों में एक यह भी था कि इसके कारण साम्प्रदायिकता में बढ़ोतरी

हुई। एक ओर हिंदू दक्षिणपंथियों ने इसे मुसलमानों को तुष्ट करने की रणनीति की संज्ञा दे कर अपनी गोलबंदी की, वहीं मुसलमानों की साम्प्रदायिक गोलबंदी ने भी ज़ोर पकड़ा। जुलाई, 1921 में मोपला में हुआ हिंसक विद्रोह एक ऐसा ही एक उदाहरण है। इसमें हिंदुओं को मुसलमान बनाने की घटनाओं के साथ-साथ काफ़ी हत्याएँ भी हुईं। मोपला विद्रोह ने हिंदू सम्प्रदायवादियों की राजनीति को मज़बूत आधार प्रदान किया।

ख़िलाफ़त आंदोलन की इन आलोचनाओं को ख़ारिज नहीं किया जा सकता है। लेकिन साथ में इस बात से इनकार भी नहीं किया जा सकता कि ख़िलाफ़त आंदोलन वह पहला मौक़ा था जब भारतीय राष्ट्रीय आंदोलन में मुसलिमों की भावनाओं, चिंताओं और मुद्दों को स्थान देने की गम्भीर कोशिश की गयी। इससे पहले भारतीय राष्ट्रीय कांग्रेस में जाने-अनजाने हिंदू प्रतीकों को ही ज़्यादा स्थान दिया जाता था। इस लिहाज़ से गाँधी ने ख़िलाफ़त आंदोलन द्वारा मुसलमानों को राष्ट्रीय आंदोलन से जोड़ने के अलावा हिंदू-मुसलमान एकता क़ायम करने का लक्ष्य रखा। हालाँकि वे अपने लक्ष्य में बहुत सफल नहीं हुए, फिर भी ख़िलाफ़त आंदोलन के कारण असहयोग आंदोलन को बल मिला। हिंदू-मुसलमानों ने कंधे से कंधा मिलाकर अंग्रेज़ी साम्राज्य का विरोध किया। यह ख़िलाफ़त आंदोलन की एक महत्त्वपूर्ण उपलब्धि मानी जा सकती है।

देखें : अबू अला-मौदूदी, उपनिवेशवाद विरोधी आंदोलन-1, 2 और 3, भारत में सशस्त्र संघर्ष-1, 2 और 3, प्रथम विश्व-युद्ध, मुहम्मद अली जिन्ना, मुहम्मद इक़बाल, मोहनदास कर्मचंद गाँधी-1 से 3 तक, उपनिवेशवाद, सविनय अवज्ञा, अबुल क़लाम आज़ाद, मुसलिम राजनीतिक विचार, विनायक दामोदर सावरकर, रमेश चंद्र मजूमदार, सैयद अहमद ख़ाँ।

संदर्भ

1. जी. मिनॉल्ट (1982), द *ख़िलाफ़त मूवमेंट : रिलीजस सिम्बॉलिज़म ऐंड पॉलिटिकल मोबिलाइज़ेशन इन इण्डिया,* ऑक्सफ़र्ड युनिवर्सिटी प्रेस, नयी दिल्ली.
2. एम.आर.ए. बेग (1974), *मुसलिम डायलेमा इन इण्डिया,* विकास पब्लिशिंग हाउस, नयी दिल्ली.
3. सुमित सरकार (1983), *मॉडर्न इण्डिया, 1885-1947,* मैकमिलन, नयी दिल्ली.
4. जूडिथ एम. ब्राउन (1972), *गाँधीज राइज़ टू पावर, 1915-1922,* केम्ब्रिज युनिवर्सिटी प्रेस, केम्ब्रिज.

— कमल नयन चौबे

ग

गजानन माधव मुक्तिबोध-1

(*नयी कविता का आत्मसंघर्ष*)

(Gajanan Madhav Muktibodh-1)

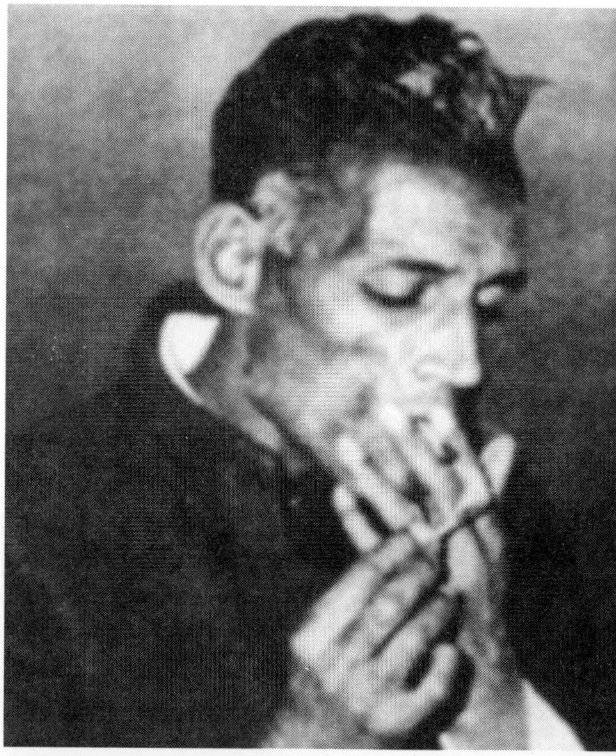

गजानन माधव मुक्तिबोध (1917–1964)

हिंदी साहित्य में छायावादोत्तर साहित्य-सृजन और चिंतन की प्रमुख हस्ती के रूप में गजानन माधव मुक्तिबोध (1917-1964) ने 'आत्मा के कारख़ाने में बैठ कर' नये सृजन का समाजशास्त्र और सौंदर्यशास्त्र रचा। अज्ञेय द्वारा सम्पादित *तार सप्तक* (1943) के कवि होने के नाते ख्याति प्राप्त करने के बाद मुक्तिबोध ने आलोचना की सभ्यता-समीक्षा का एक नया इतिहास शुरू किया। एक रचनाकार और आलोचक के रूप में उन्होंने अपनी सम्पूर्ण शक्ति मार्क्सवादी सौंदर्यशास्त्र और साहित्यशास्त्र गढ़ने में अर्पित कर दी। इसके लिए उन्होंने प्रगतिवादी ख़ेमे के साथियों के रवैये को भी आड़े हाथों लेने से संकोच नहीं किया। हिंदी के प्राय: सभी आलोचक उनकी कविता को 'भयानक-ख़बर की कविता' कहते हैं। राजनीतिक आतंक और सामाजिक-शोषण को सघनता से रेखांकित करने के कारण मुक्तिबोध को जनता का जनवादी कवि कहा गया है।

मुक्तिबोध का गद्य-पद्य प्राय: विचारधारा का अतिक्रमण करता है। सृजन-चिंतन के शिखर-क्षणों में वे न तो मार्क्सवादी होते हैं न अस्तित्ववादी। वे एक ऐसे भारतीय कवि के रूप में उभरते हैं जो लकीर का फ़क़ीर न होकर संस्कारित भारतीयता का प्रखर रूप ग्रहण करता है। मुक्तिबोध की विख्यात लम्बी कविता 'अँधेरे में' का काव्य-नायक तिलक-गाँधी के दर्शन से नया जीवन-अर्थ पाता है। भारतीय जीवन की विवेकानंदी-गाँधीवादी लय मुक्तिबोध का संसार रही है। आधुनिक भारतीय इतिहास पर लिखी उनकी पुस्तक इसका साक्ष्य है। मार्क्सवादियों में प्रचलित रवैये के विपरीत मुक्तिबोध ने गाँधी को लोक नायक-जननायक कहा है। उनकी प्रश्नाकुलता ने साहित्य-समीक्षा में न जाने कितने नये प्रश्न उठाए। उनके 'पाठ' में न जाने कितने अर्थों की अनुगूँज है। अपनी सर्जनात्मक बेचैनी के कारण मुक्तिबोध निरंतर एक नयी काव्य-भाषा की खोज करते रहे और इस प्रक्रिया में उनकी भाषा 'काव्यात्मक' न रह कर वैचारिक गद्य के विन्यास में सामने आयी।

मुक्तिबोध का जीवन उनकी कविताओं में भिन्न-भिन्न रूपों में आया। उनके अनुभव सुने हुए नहीं, भोगे हुए हैं। वे नवम्बर, 1917 में श्योपुर (ग्वालियर) में जन्मे थे। नागपुर विश्वविद्यालय से हिंदी साहित्य में एमए करने के बाद बड़नगर मिडिल स्कूल में अध्यापकी से आजीविका अर्जन आरम्भ किया। थोड़े-थोड़े समय उज्जैन, शुजालपुर, इंदौर, कलकत्ता, बम्बई, बंगलुरु, बनारस, जबलपुर और नागपुर में रहे। 1958 में दिग्विजय महाविद्यालय, राजनाँदगाँव में नियुक्त हो गये। 11 सितम्बर, 1964 में बीमारी के कारण निधन हो गया। इस रचनाकार ने धनाभाव के कारण न जाने कितनी परेशानियाँ झेलीं, लेकिन पराजित नहीं हुआ। वह जीवन की आस्था का अटूट रचनाकार बना रहा। उसका व्यक्तित्व खण्डित नहीं है। उनका रचना-कर्म हमारी बातों को हमें ही सुनाता रचना-कर्म है। मुक्तिबोध की प्रकाशित पुस्तकों में *चाँद का मुँह टेढ़ा है, भूरी भूरी खाक धूल* (कविता संग्रह), *काठ का सपना, विपात्र, सतह से उठता आदमी* (कथा साहित्य), *कामायनी : एक पुनर्विचार, नये साहित्य का सौंदर्यशास्त्र* (इसी का नया संस्करण आख़िर *रचना क्यों?* शीर्षक से प्रकाशित), *एक साहित्यिक की डायरी* और *भारत : इतिहास तथा संस्कृति*। मध्य प्रदेश सरकार ने *भारत : इतिहास तथा संस्कृति* को ज़ब्त किया, लेकिन मुक्तिबोध टूट कर भी झुके नहीं। नेमिचंद्र जैन के सम्पादन में छह खण्डों में उनकी रचनावली का प्रकाशन भी हुआ है।

मुक्तिबोध की प्रथम आलोचनात्मक कृति *कामायनी : एक पुनर्विचार* का प्रकाशन 1961 में हुआ। इस विषय के दो लेख *कामायनी : कुछ नये विचार* शीर्षक से क्रमश: *हंस* के नवम्बर, 1945 और फ़रवरी, 1946 के अंकों में निकलते ही धूम मचा चुके थे। प्रसाद की कालजयी समझी जाने वाली रचना *कामायनी* पर विचार करने के कारणों पर ख़ुद उनका कहना था : 'कामायनी साहित्य के रसवादी-छायावादी पुराणपंथियों के हाथ में, नवीन प्रगति-शक्तियों के विरुद्ध एक शस्त्र बन गयी।' इतना ही नहीं 'भाववादी आलोचकों ने प्रसादजी से आगे बढ़कर *कामायनी* का रहस्यवादी मनोवैज्ञानिक अर्थ लगाया और उसके उपयोगी तत्त्वों को प्रच्छन्न कर दिया।' *कामायनी* को लेकर अनेक आलोचकों ने जो भ्रांतियाँ फैलायी थीं। उनके निवारण का मुक्तिबोध ने गम्भीर प्रयास किया। दिलचस्प बात यह है कि मार्क्सवादी मुक्तिबोध का मतभेद मार्क्सवादी रामविलास शर्मा से भी कम नहीं रहा। चिंतन में दोनों दो अलग-अलग ध्रुवों पर रहे। दिलचस्प बात यह है कि राम विलास शर्मा ने उनकी कविता को रहस्यवादी-अस्तित्ववादी क़रार दिया है।

इस आलोचना के बावजूद प्रगतिवाद के प्रखर और मौलिक चिंतक-आलोचकों में मुक्तिबोध का नाम सर्वाधिक प्रमुख है। मुक्तिबोध ने इस विचार को लेकर गहरा दु:ख व्यक्त किया है कि छायावादी और प्रगतिवादी आलोचकों ने प्रयोगवाद और नयी कविता को सही परिप्रेक्ष्य में समझने-समझाने का प्रयास नहीं किया। वे यही कहते रहे कि प्रयोगवाद-नयी कविता का जन्म तो प्रगतिवाद का गलाघोंट कर हुआ है। नयी कविता का और नयी प्रवृत्तियों का सही मूल्यांकन न हो पाने के कारण मुक्तिबोध प्रगतिवादी आलोचकों से ज़्यादा नाराज़ दिखते हैं। वे मानते थे कि सच्चा मार्क्सवादी ही सही सामाजिक-सांस्कृतिक संदर्भों की गहराई में जाकर इन नयी प्रवृत्तियों का वैज्ञानिक विवेचन-विश्लेषण कर सकता है। उनका आरोप था कि सिद्धांतों की थानेदारी के कारण प्रगतिवादियों ने नयी कविता का पूरा क्षेत्र अपने प्रतिपक्षियों को सौंप दिया।

मार्क्सवादी मुक्तिबोध साहित्य में भाववादी-कलावादी-व्यक्तिवादी-लघुमानववादी और व्यक्तित्व-स्वातंत्र्यवादियों के सिद्धांतों के ख़िलाफ़ थे। नयी कविता में लघुमानव वाला सिद्धांत उनका चैन हराम किये था। उन्हें लगता था कि किसी ज़माने में प्रयोगवाद प्रगतिवाद के नज़दीक था, लेकिन आपसी कलह के कारण दोनों अलग हो गये। उनका कहना था कि इसमें ज़्यादा ग़लती प्रगतिवादियों की थी : 'प्रगतिवादी प्रवक्ताओं ने अपनी वही पुरानी छर्रेवाली बंदूक और वही पुराने तमंचे निकाले जिनकी आज कोई क़ीमत नहीं।' उनके पास मध्यवर्गीय अंधसिद्धांतवादी अहंकार था और कला संबंधी समस्याओं में उनकी गति नहीं थी। साथ ही नये लेखकों से वे तन कर चलते थे। इस स्थिति के कारण मुक्तिबोध को अपने ही प्रगतिवादी मित्रों से वैचारिक युद्ध करते हुए उनकी कला संबंधी समस्याओं से जूझना पड़ा। मुक्तबोध को अपना पूरा सैद्धांतिक चिंतन *नयी कविता का आत्मसंघर्ष तथा अन्य निबंध, नये साहित्य का सौंदर्य-शास्त्र, एक साहित्यिक की डायरी* और *तार सप्तक* के कवि व्यक्तित्व में करना पड़ा। मुक्तिबोध की दृष्टि के संघर्ष का एक बड़ा हिस्सा नयी कविता के व्यक्तिवादी-रूपवादी अंतर्मुखी सिद्धांतों से टकराने वाला रहा। फलत: उन्होंने ज़ड़ीभूत सौंदर्याभिरुचियों पर जम कर प्रहार किये। उन्होंने पाया कि 'ग़रीब जनता और खादीधारी नेता के बीच, क्लर्क और अफ़सर के बीच की तो दूरियों का तो क्या कहना, मानव संबंध टूट-फूट गये हैं, उलझ गये हैं। समाज में शोषितों-उत्पीड़कों और उनके साथियों का ज़ोर बढ़ गया है।' नयी कविता में दो दल हो गये हैं एक दल के नेता हैं-अज्ञेय, दूसरे ग़रीबदल के नेता हैं मुक्तिबोध। उनकी वर्गीय प्रवृत्तियाँ उनके साहित्य संबंधी सिद्धांतों में लक्षित होती हैं।

मुक्तिबोध की नयी दृष्टि के मूल में जीवन-जगत के आंतरिक द्वंद्वों का बड़ा हाथ रहा। उन्होंने स्वीकार किया कि 'क्रमश: मेरा झुकाव मार्क्सवाद की ओर हुआ। अधिक वैज्ञानिक, अधिक मूर्त और अधिक तेजस्वी दृष्टिकोण प्राप्त

हुआ।' वे कलाकार के स्थानांतरगामी (माइग्रेशन इंस्टिक्ट) पर बहुत ज़ोर देते हैं। सम्पूर्ण जीवन को भीतर-बाहर से देखने की बलवती स्पृहा ने ही उन्हें कवि और आलोचक बनाया। उन्होंने कविता की व्याख्या को विकासमान सामाजिक वस्तु बनाया। मुक्तिबोध ने कहा है कि काव्य एक सांस्कृतिक प्रक्रिया है—काव्य में संस्कृति एवं परम्परा का समाहार होता है। अत: नयी कविता के आत्मसंघर्ष में मुक्तिबोध का अपना आत्मसंघर्ष भी जुड़ा रहा।

चूँकि नयी कविता की प्रवृत्ति आचार्यों, पण्डितों, आलोचकों को समझ में नहीं आ रही थी इसलिए मुक्तिबोध को बहस में उतर कर समझाना पड़ा कि नयी कविता नये भावबोध की कविता है, जिसमें संघर्ष, तनाव, पीड़ा का द्वंद्व विद्यमान रहता है। यही कारण है कि मुक्तिबोध को नयी कविता के सिद्धांतकार की भूमिका में जूझना पड़ा। वे मानते हैं कि कविता वैयक्तिक प्रयास कम और सांस्कृतिक प्रयास ज़्यादा है। इसी कारण से मुक्तिबोध कहते थे कि 'कविता संवेदनात्मक ज्ञान और ज्ञानात्मक संवेदना के तीव्र मानसिक प्रतिक्रिया-घातों को प्रकट करना चाहती है'। उनका विचार था कि ज्ञानपक्ष संवेदना के पक्ष से हटते ही काव्योपयोगी नहीं रहता। आज की कविता को परिभाषित करना कठिन है क्योंकि वह अपने परिवेश के साथ द्वंद्व की स्थिति में रहती है। इसीलिए उसके भीतर तनाव का वातावरण है। नयी कविता वास्तविकता को प्रस्तुत करने के लिए ही भावपक्ष के साथ विभाव-पक्ष का चित्रण करती है। इससे नया कवि तीन क्षेत्रों में संघर्ष करता है : तत्त्व के लिए संघर्ष, अभिव्यक्ति को सक्षम बनाने के लिए संघर्ष और दृष्टि-विकास के लिए संघर्ष। इनमें पहले का संबंध वास्तविकता से, दूसरे का संबंध चित्रण-सामर्थ्य से और तीसरे का संबंध थियरी से यानी विश्व दृष्टि के विकास से है। जीवन-जगत के उद्वेलन से वस्तु-तत्त्व तरंगायित होकर मानसिक दृष्टि के सम्मुख उद्घाटित होता है। वह जीवन-मूल्यों और पूर्व अनुभवों से आलोकित होकर अभिव्यक्ति के लिए आतुर हो उठता है। इस तरह काव्य समस्याओं, अनुभवों जीवन-मूल्यों के संश्लिष्ट चित्रण, जीवन चित्रों में व्यापकता से, गहराई से उपस्थित करता है। इस प्रकार कला के तीन लक्षण होते हैं। प्रथम क्षण जब तरंगायित होकर अंतर्तत्त्व मानसिक दृष्टि के सम्मुख उपस्थित हो उठते हैं। दूसरा क्षण जब मानसिक-दृष्टि इस तत्त्व रूप में उसके रस में निमग्न होने लगती है। कला का तीसरा क्षण मानसिक अभिव्यक्ति के लिए छटपटाहट का प्रश्न है। हमारे लिए भाषा सामाजिक है— उसे नवीन वक्रोक्तियों-भंगिमाओं का सहारा लेना पड़ता है।

मुक्तिबोध की व्याख्याओं पर क्रिस्टोफ़र कॉडवेल और ग्योर्गी लूकाच के विचारों की छाप है। इसी विचार के कारण मुक्तिबोध कविता को सामाजिक-सांस्कृतिक-प्रक्रिया मानते हैं। मुक्तिबोध के अनुसार कविता आत्मोद्घाटन मात्र न होकर आत्मप्रकटीकरण है और जीवन-जगत को समेटने वाली सांस्कृतिक-प्रक्रिया है। कवि भीतर के विशिष्ट को बाहर के सामान्य से मिला देता है —यह सामान्य ही जीवन-मूल्य है, जीवन-दृष्टि है जो कवि ने बाह्य जीवन-जगत से पायी है। कवि विशिष्ट को सामान्य बताने के लिए भाव-सम्पादन, भाव-संशोधन करता है—इससे भावपक्ष का समाजीकरण हो जाता है। कविता की यही दृष्टि हमें समाजशास्त्रीय दृष्टिकोण की ओर ले जाती है। हमारी भाव-सम्पदा, ज्ञान-सम्पदा और अनुभव सब इस व्यवस्था के अंग बन जाते हैं। इसी अर्थ में कला आभ्यंतरीकरण की प्रक्रिया है। इस तरह काव्य सामंजस्य और द्वंद्व को लेकर चलता है। नयी कविता में सामंजस्य से ज़्यादा द्वंद्व का कारण है बौद्धिकता। यहाँ कविता रसाश्रित न होकर विचाराश्रित है। वह सामाजिक शोषण से मुक्ति का साधन है। उसमें लयात्मक छंदों के लिए स्थान नहीं है। नयी कविता जड़ीभूत सौंदर्याभिरुचि का ढेर नहीं, वह उसका विकास और परिष्कार है। अत: इस कविता की 'विद्रूपता' पर न ठहर कर इसके सौंदर्यबोध के रहस्य का उद्घाटन भी होना चाहिए।

देखें : अष्टछाप, 'अंग्रेज़ी हटाओ' आंदोलन, छायावाद, डायग्लॉसिया, नंद दुलारे वाजपेयी, नगेंद्र और सैद्धांतिक समीक्षा, नयी कविता, प्रेमचंद, प्रयोगवाद, प्रगतिवाद, भक्ति आंदोलन-1 और 2, भक्ति-काव्य-1 और 2, भारतेंदु हरिश्चंद्र, भारतेंदु युग-1 और 2, भाषा नियोजन-1 से 4 तक, भाषा के मार्क्सवादी सिद्धांत, महावीर प्रसाद द्विवेदी, महादेवी वर्मा, मीरांबाई और प्रेमाभक्ति, रामानुजाचार्य, रामानंद, रामचंद्र शुक्ल-1 और 2, रामविलास शर्मा, रीतिकाल-1 और 2, वैष्णव धर्म, श्याम सुंदर दास, सम्पर्क भाषा-1 से 4 तक, संविधान सभा में भाषा-विवाद-1, 2 और 3, संत-काव्य, सिद्ध-नाथ परम्परा, सूफ़ीयत और प्रेमाख्यान, हजारी प्रसाद द्विवेदी, हिंदी विरोधी आंदोलन, हिंदी जाति-1, 2 और 3, हिंदी साहित्य का आदिकाल, हिंदी साहित्य का इतिहास, हिंदी-जगत और 'लोकप्रिय'-1 और 2, हिंदी नवजागरण।

संदर्भ

1. नेमिचंद्र जैन (सम्पा.) (1985), *मुक्तिबोध रचनावली,* राजकमल प्रकाशन, भाग-1 से 6, नयी दिल्ली.
2. नामवर सिंह (1968), *कविता के नये प्रतिमान,* राजकमल प्रकाशन, नयी दिल्ली.
4. गजानन माधव मुक्तिबोध (1964), *नयी कविता का आत्मसंघर्ष तथा अन्य निबंध,* विश्व भारती प्रकाशन, नागपुर.

—कृष्णदत्त पालीवाल

गजानन माधव मुक्तिबोध-2

(*चाँद का मुँह टेढ़ा है*)

(Gajanan Madhav Muktibodh-2)

गजानन माधव मुक्तिबोध अर्जित जीवन-मूल्यों की चट्टान पर खड़े होकर सौंदर्यानुभव (एस्थेटिक एकस्पीरियेंस) को समझाना चाहते हैं। वे कहते हैं किसी भाव, वस्तु या दृश्य से जब मनुष्य एकाकार हो जाता है, तब सौंदर्यबोध होता है। कला का पहला क्षण है जीवन का तीव्र-उत्कट क्षण, दूसरा क्षण है इस अनुभव का अपने कसकते, दु:खते हुए जीवन मूल्यों से अलग हो जाना— एक ऐसी फैंटेसी का रूप धारण कर लेना मानो वह फ़ैंटेसी आँखों के सामने ही खड़ी हो। कला का तीसरा क्षण है फ़ैंटेसी के शब्दबद्ध होने की प्रक्रिया। एक प्रवाह में फ़ैंटेसी बहती है, उसमें संवेदनात्मक ज्ञान और ज्ञानात्मक संवेदना का जीवन-पुंज निहित रहता है। यहाँ वस्तुतत्त्व, कल्पनातत्त्व के साथ शैली-तत्त्व का महत्त्व भी कम नहीं है। कलाकार को शब्द-साधना से नये-नये अर्थ-स्वप्न मिलते हैं। कवि की फ़ैंटेसी भाषा को समृद्ध करती है, उसमें अर्थ-अनुषंगों का नयापन भर देती है। उनकी दृष्टि में *कामायनी* फ़ैंटेसी है। स्वयं मुक्तिबोध की ज़्यादातर कविताएँ फ़ैंटेसी हैं; चाहे वे *भूरी-भूरी खाक धूल* काव्य-संग्रह में हों या *चाँद का मुँह टेढ़ा है* जैसे काव्य-संग्रह में।

मुक्तिबोध पर गद्य का दबाव इतना ज़्यादा है कि उनकी यथार्थ को लेकर समझ बदली हुई है। *चाँद का मुँह टेढ़ा है* में हम हिंदी कविता की समूची परम्परा में चंद्रमा का विद्रूप पहली बार पाते हैं। इस काव्य-संग्रह के शीर्षक का एक सम्भावित अर्थ है कि पूँजीवादी व्यवस्था को फ़ालिज़ मार गया है, उसका मुँह टेढ़ा हो गया है और जल्दी ही वह मर जाएगी। मुक्तिबोध ने 'चाँद का मुँह टेढ़ा है' शीर्षक कविता में कहा है, 'चाँद का है टेढ़ा मुँह / भयानक स्याह सन् तिरपन का चाँद वह'। नेहरू युग के स्वप्नों से सम्पूर्ण मोहभंग का यही समय है। 'चाँद का मुँह टेढ़ा है' की भूमिका नयी कविता के 'कवियों के कवि' शमशेर बहादुर सिंह ने लिखी है। उनका कथन है : 'कहीं-कहीं ऊपर से लगने वाली गद्यात्मकता, जो बिलकुल निजी है— पाठक की स्वयं अपनी फली ठेठ है, ऐसी है कि परोक्ष वायवीयता से जिसे चिढ़।'

मुक्तिबोध में कविता-प्रकृति-प्रणय से नहीं बनती। वह बनती है भयानक और विद्रूप से। इस तरह वे 'भयानक बात' के कवि हैं- अपने समकालीनों में एकदम विशिष्ट-अलग। शमशेर ने मुक्तिबोध के काव्य का विवेचन व्यक्तिगत संदर्भों से शुरू किया और कहा कि 'गजानन माधव मुक्तिबोध मुझे ख़ास तौर से शायद इसलिए ज़्यादा अपील करते हैं कि वे मुझसे इतने भिन्न हैं— एब्स्ट्रेक्ट नहीं ठोस।' मुक्तिबोध ने 'अँधेरे में' अंधकार को लेकर 'ठोस बिम्बों' का प्रयोग किया। इस कविता का मूल शीर्षक 'आशंका के द्वीप अँधेरे में' था जिसे कवि ने अपने फ़ैंटेसी-सिद्धांत में प्रस्तुत किया और कहा कि 'कलाकृति स्वानुभूत जीवन की कल्पना द्वारा पुनर्रचना है।' फ़ैंटेसी में भाव-पक्ष प्रधान, विभाव पक्ष गौण होता है। 'अँधेरे में' में व्यंजनाप्रधान वक्तृत्व कला का कमाल है। कविता का काव्य-नायक (स्वयं मुक्तिबोध) हर जगह घूमता है। यह कविता अंधकार को लेकर निराला की लम्बी कविता 'राम की शक्तिपूजा' का ध्यान दिलाती है। लेकिन दोनों की ज्ञानपरक मिथिकल चेतना अलग है। 'अँधेरे में' कविता में 'एक अतिभव्य देह/ प्रचंड-पुरुष स्थान/ मुझे दीख पड़ता है।' अँधेरे-उजाले के द्वंद्व से एक भयानक बात मुँह से निकलती है। और 'हृदय में घोर-दुर्घटना, अचानक एक काला स्याह चेहरा प्रकट होता है, विकट हँसता हुआ। अध्यक्ष वह मेरी अँधेरी खाइयों में, घुसती है लाल-लाल मशाल अजीब सी, अंतरर्विवर के तम में, लाल-लाल कुहरा, कुहरे के सामने रक्तलोक-स्नातपुरुष एक रहस्य साक्षात।' यहाँ अँधेरा लगातार रूप बदलता है।

मुक्तिबोध का संकलन *चाँद का मुँह टेड़ा है* (1964) अपने महाकाव्यात्मक विस्तार में 'स्केल बुक' लगता है। बोलचाल की भाषा कवि के लोक-भाषा संस्कार का प्रमाण है— तद्भव शब्दों की बारात। कविता में मुक्तिबोध बोलना शुरू करते हैं तो बोलते ही चले जाते है। इससे कविता को फ़ायदा तथा नुक़सान दोनों होते हैं। नुक़सान यह कि उनकी कविताएँ अधूरी रह जाती हैं। केवल बड़ी बात यह कि संवेदना का ताप काव्यनुभूति में कम नहीं होने पाता— अद्भुत संयम! कविता की अंतर्योजना खण्डित नहीं होती। मुक्तिबोध अपनी कविता में कमियों के प्रति सजग हैं- लेकिन सम्प्रेषणीयता और रूप-विधान पर उनका ध्यान रहता है। उनके सारे प्रयोग विषयवस्तु को लेकर हुए हैं।

'अँधेर में' कविता की अंतर्यात्रा एक अद्वितीय अनुभव है। कविता को पढ़ते हुए टी.एस. एलियट के 'वेस्ट लैण्ड' की स्मृति आती है। दोनों के मिथक-प्रतीक तुलनीय हैं। यहाँ जगत में 'परम अभिव्यक्ति' घूम रही है। कवि 'इसीलिए मैं हर गली में / और सड़क पर / झाँक-झाँक कर देखता हूँ हर एक चेहरा / प्रत्येक-गतिविधि / प्रत्येक मानवीय स्वानुभूत आदर्श / विवेक प्रक्रिया, क्रियागत परिणति खोजता हूँ- पहाड़-पठार-समुंदर / जहाँ मिल सके मुझे / मेरी वह खोयी हुई / परम अभिव्यक्ति अनिवार / आत्मसम्भवा'। 'अँधेरे में' कविता की ये अंतिम पंक्तियाँ मानव-अस्मिता की खोज का संकेत हैं। इस कविता में न कोई रहस्यवाद है, न अध्ययन, बल्कि अस्मिता की तलाश है। कविता का 'मैं' दो व्यक्ति-चरित्रों में विभक्त है। एक है काव्य-नायक और दूसरा 'वह'

उस का प्रतिरूप पिट्ठू। इस विभाजन का आधार है 'आत्मनिर्वासन', जो आज की ज्वलंत समस्या है। 'वह' तिलस्मी गुफ़ा गेह में निवास करता है— यह उसके 'आत्म-निर्वासन' का प्रतीक है। कविता का नाटकीय आरम्भ ध्यान खींचता है, 'ज़िंदगी के / कमरों में अँधेरे / लगाता है चक्कर/ कोई एक लगातार / किंतु वह व्यक्ति दिखाई नहीं देता / उसके चलने की आहट पर सुनाई देती है / अचानक दीवाल से पीव भरे पलस्तर गिरते हैं'। एक मनु की आकृति का चेहरा उभरता है। उसी समय काव्य-नायक प्रकट होकर उस रहस्यमय व्यक्ति का स्मरण करता है। यह वही व्यक्ति है जो तम-श्याम शीशे में कुहरीली श्वेत आकृति के रूप में प्रकट हुआ था। वह ही रक्तालोक-स्नात पुरुष है। वह 'हृदय में रिस रहे ज्ञान का तनाव आत्मा की प्रतिमा'। वही 'हृदय को देता है बिजली के झटके।' यहाँ प्रेम और भय का द्वंद्व है। दरवाज़ा खोलने का संकल्प पर बाहर कोई नहीं। यह आत्म-निर्वासित-नायक को फिर दर्शन देता है। इस समय शहर में मार्शल-लॉ लगा हुआ है। रात के अँधेरे में वह 'आत्मोद्‌बोधमय गान' गाता है— जिसे सुनते ही काव्य-नायक अपना खोया हुआ व्यक्तित्व पाता है। वह रहस्यमय व्यक्ति जन-क्रांति के समय में भी एक बार मिलता है। माहौल में आग है : 'कहीं आग लग गयी / कहीं गोली चल गयी।'

पूरी कविता अस्मिता की खोज का अर्थ-संदर्भ लिए हुए है। कविता में तनाव है और त्रासदी की पीड़ा। स्वप्न-कथा चल पड़ी है तीन घटनाओं के साथ। किसी मृतदल की शोभायात्रा, सैनिक शासन और जन-क्रांति का बिगुल। यही इस कविता के विभावन-व्यापार का संदर्भ है। कविता के पूरे परिवेश में भय व्याप्त है। यह भय रात के सन्नाटे में अवचेतन से उभरता है। पूरी कविता स्वप्न-कथा या फ़ैंटेसी है- 'कामायनी' की तरह फ़ैंटेसी। 'अँधेरे में' कविता में तॉल्स्तॉय, तिलक, गाँधी बुला लिये गये हैं। गाँधी काव्यनायक के कंधे पर हाथ रखकर ग़ायब हो जाते हैं— एक शिशु को सौंप कर। वह शिशु देखते-देखते सूरजमुखी गुच्छ में बदल जाता है। कविता के यथार्थवादी-शिल्प में काव्यानुभूतियों की क्षमता है— जगह-जगह विरोधों के सामंजस्य की कला है। शमशेर के शब्दों में यह कविता हमारे समय-समाज-राजनीति के नाटक का दस्तावेज़ है। इस लम्बी कविता के कथ्य में नेहरू-युग का संकट जीवंत हो उठा है। मुक्तिबोध स्वयं कहते हैं, 'कविता में कहने की आदत नहीं / वर्तमान समाज चल नहीं सकता / पूँजी में रंगा हृदय बदल नहीं सकता।'

मुक्तिबोध की इस कविता के विराट-बिम्ब इसके काव्य की शक्ति बनकर आये हैं। यह रचना उनके कवि कर्म की चरम-परिणति है और नयी कविता की चरम उपलब्धि। इस कविता को राजनीति और समाजशास्त्र के औज़ारों से समझने की ज़रूरत है, क्योंकि इसमें हमारे समय की धड़कन का इतिहास है।

नयी कवियों के सबसे अधिक महत्त्वपूर्ण रचनाकार हैं मुक्तिबोध। उनका अध्ययन उन कवियों के साथ किया जा सकता है जो कविता को ज्ञानात्मक-संवेदना को संवेदनात्मक ज्ञान मानते हैं। स्वयं मुक्तिबोध रचना-कर्म को 'संवेदनात्मक ज्ञान' मानते थे। कवि अपनी जटिल यथार्थ-संवेदना को कटु सच्चाइयों और तनावों में से गुज़ारकर रचता है। उनके गद्य-पद्य में पिसते हुए सामान्य आदमी की पीड़ा का संसार है। 'पिस गया वह भीतरी/ और, बाहरी दो कठिन पाटों बीच/ ऐसी ट्रेजडी है नीच।' अज्ञेय इस तरह के तमाम तथ्यों पर ध्यान देने के कारण मुक्तिबोध को 'आत्मान्वेषण का कवि' मानते थे।

निश्चय ही मुक्तिबोध ऐसे रचनाकार हैं जिनकी प्रतिष्ठा नये प्रयोगों के कारण दिनों-दिन बढ़ेगी। शमशेर बहादुर सिंह ने कहा है, 'मुक्तिबोध ने छायावाद की सीमाएँ लाँघ कर, प्रगतिवाद से मार्क्सीय दर्शन ले, प्रयोगवाद के अधिकांश हथियार सँभाल और उसकी स्वतंत्रता महसूस कर, स्वतंत्र कवि रूप से सब वादों और पार्टियों से ऊपर उठकर निराला की सुधरी और खुली मानवतावादी परम्परा को बहुत आगे बढ़ाया।' मुक्तिबोध की गद्य-कथा पर निर्मल वर्मा ने कहा है कि मुक्तिबोध के प्रश्न-उत्तर खिड़की की दूसरी तरफ़ से दूसरा प्रश्न बन कर अँधेरे में गूँजते हैं। मुक्तिबोध के समूचे गद्य में यह प्रश्न तीर की तरह बिंधा हुआ है कि घावों को दबा कर ज़िंदगी की सड़क पर जीवन बिताना कितना कठिन है। तार-तार दरिद्रताओं, यातनाओं, आत्मग्लानियों के बीच जीवन-बिताना और भी कठिन है। जीवन में एक दम तोड़ती बेचैनी है— निम्नमध्यवर्ग के अंतहीन घाव। वे किसी बाहरी यथार्थ पर कथा-साहित्य नहीं रचते, बल्कि वह यथार्थ उनकी आत्मा का निजी दस्तावेज़ होता है। आज हम उनकी डायरी, निबंध, कहानियों के बीच कोई विभाजन रेखा नहीं खींचना चाहते। उनका गद्य सब परम्परागत विधाओं को भेदता हुआ एक पैना, पीड़ित सोच बन जाता है। वे अनुभव को व्यापक बनाकर मौन चिंतन करते हैं और भीतरी दुनिया के यथार्थ को रचते हैं। इसीलिए उनका सोच पाठक से संवाद करता हुआ सोच है— यह सोच ही उनके सृजन में घटना बनकर सामने आता है। छोटे-मामूली आदमी का जीवन बोझ कितना भयानक हो सकता है— इसे उन्होंने स्वयं जाना था, भोगा था। इसलिए उनका साहित्य कमाये हुए जीवन सत्यों का साक्ष्य कहा जा सकता है। अपनी विश्व-दृष्टि में वे अनुभवाभासों का गला घोंट देते हैं। मुक्तिबोध ने *एक साहित्यिक की डायरी* में कहा है कि 'हम केवल साहित्यिक दुनिया में ही नहीं, वास्तविक जीवन में रहते हैं। इस जगत में रहते हैं। साहित्य पर आवश्यकता से अधिक भरोसा रखना मूर्खता है।'

निर्मल वर्मा के शब्दों में, 'मुक्तिबोध न केवल अपने आलोचक थे बल्कि अपने वर्ग के, भारतीय मध्यवर्ग के भी सबसे बड़े, निर्भीक और निर्मम आलोचक थे। उनकी दृष्टि में 'मध्यवर्ग का व्यक्ति सबसे कृत्रिम, पीड़ित, खोखली सर्वहारा ज़िंदगी जीता है।'

देखें : अष्टछाप, 'अंग्रेज़ी हटाओ' आंदोलन, छायावाद, डायग्लॉसिया, नंद दुलारे वाजपेयी, नगेंद्र और सैद्धांतिक समीक्षा, नयी कविता, प्रेमचंद, प्रयोगवाद, प्रगतिवाद, भक्ति आंदोलन-1 और 2, भक्ति-काव्य-1 और 2, भारतेंदु हरिश्चंद्र, भारतेंदु युग-1 और 2, भाषा नियोजन-1 से 4 तक, भाषा के मार्क्सवादी सिद्धांत, महावीर प्रसाद द्विवेदी, महादेवी वर्मा, मीरांबाई और प्रेमाभक्ति, रामानुजाचार्य, रामानंद, रामचंद्र शुक्ल-1 और 2, रामविलास शर्मा, रीतिकाल-1 और 2, वैष्णव धर्म, श्याम सुंदर दास, सम्पर्क भाषा-1 से 4 तक, संविधान सभा में भाषा-विवाद-1, 2 और 3, संत-काव्य, सिद्ध-नाथ परम्परा, सूफ़ीयत और प्रेमाख्यान, हजारी प्रसाद द्विवेदी, हिंदी विरोधी आंदोलन, हिंदी जाति-1, 2 और 3, हिंदी साहित्य का आदिकाल, हिंदी साहित्य का इतिहास, हिंदी-जगत और 'लोकप्रिय'-1 और 2, हिंदी नवजागरण।

संदर्भ

1. कृष्णदत्त पालीवाल (2002), *हिंदी आलोचना के नये वैचारिक सरोकार,* वाणी प्रकाशन, नयी दिल्ली.
2. निर्मल वर्मा (2006), *सर्जना पथ के सहयात्री,* राजकमल प्रकाशन, नयी दिल्ली.
3. रामस्वरूप चतुर्वेदी (1998), *आधुनिक कविता-यात्रा,* लोकभारती प्रकाशन, इलाहाबाद.

—कृष्णदत्त पालीवाल

गठजोड़ राजनीति

(Politics of Alliance)

गठजोड़ राजनीति की उक्ति का इस्तेमाल सबसे पहले थॉमस पाइन ने 1782 में अमेरिकी राज्यों के आपसी संबंधों को अभिव्यक्त करने के लिए किया था। लेकिन इसका मौजूदा संदर्भ द्वितीय विश्व-युद्ध के बाद के हालात से जुड़ा हुआ है। इसी दौरान अंतर्राष्ट्रीय स्तर पर वामपंथी दायरों में गठजोड़ राजनीति का इस्तेमाल धीरे-धीरे बढ़ा और सदी के आख़िरी वर्षों तक इस रणनीति ने प्रमुख हैसियत प्राप्त कर ली। पार्टियों और विभिन्न हित-समूहों के बीच होने वाले गठजोड़ों ने दो तरह की भूमिकाएँ निभाई। एक तरफ़ तो उन्होंने अस्मिता की राजनीति के कारण राजनीतिक शक्तियों के बीच हो रहे बिखराव को रोका, और दूसरी तरफ़ वामपंथी संकीर्णतावाद को हाशिये पर धकेल दिया। आज की दुनिया का स्वरूप उत्तरोत्तर बहुसांस्कृतिक होता जा रहा है जहाँ आदर्शों और लक्ष्यों की भिन्नता है। किसी एक महा-सिद्धांत के विशाल दायरे में सभी तरह की शक्तियाँ अपनी-अपनी मंज़िलों का समाहार करने के लिए तैयार नहीं हैं। सिद्धांतों और आदर्शों की विविधता के कारण गठजोड़ों की परिघटना वामपंथी दायरों से परे जाकर सार्वजनिक जीवन की प्रमुख प्रवृत्ति बन गयी है। पिछले पचास साल में गठजोड़ राजनीति मुख्यत: दो रूपों में सामने आयी है : पहला, आंदोलनों के तहत होने वाली गठजोड़ राजनीति, जिसका सबसे ताज़ा और विश्वव्यापी उदाहरण विश्व सामाजिक मंच है। दूसरा, दलीय प्रणालियों के संदर्भ में होने वाली गठजोड़ राजनीति, जिसका सबसे दिलचस्प उदाहरण भारत की लोकतांत्रिक व्यवस्था है। इसे पार्टी-गठजोड़ मॉडल की संज्ञा भी दी जा सकती है।

कुछ सिद्धांतवेत्ताओं की मान्यता है कि किसी सामाजिक या राजनीतिक आंदोलन के विकास के लिए गठजोड़ राजनीति एक महत्त्वपूर्ण चरण है, क्योंकि इसके ज़रिये विभिन्न विचारों और सिद्धांतों से जुड़ी शक्तियाँ सामूहिक कार्रवाई के दौर से गुज़रती हैं। इसी प्रक्रिया में उस ठोस आधार का विकास होता है जिसके इर्द-गिर्द बने उसूल से सभी सहभागी सहमत हो जाते हैं। हर किसी को यक़ीन हो जाता है कि शक्तियों के इस विन्यास में दूसरे सहभागी उनके दृष्टिकोण का सम्मान करेंगे और कोई किसी के ऊपर हावी होने की कोशिश नहीं करेगा।

द्वितीय विश्व-युद्ध के बाद की राजनीति में बड़े-बड़े सामाजिक आंदोलनों के परिदृश्य पर एक सरसरी निगाह डालते ही साफ़ हो जाता है कि हर सामाजिक आंदोलन में एक से अधिक राजनीतिक दल और हित-समूह कार्यरत थे। उनके बीच आंदोलन के कार्यक्रम और नेतृत्व पर अपना-अपना प्रभुत्व स्थापित करने के लिए होड़ थी। होता यह था कि अपना-अपना सामाजिक आधार बढ़ाने और अपने पक्ष में प्रभावी गोलबंदी करने के लिए विभिन्न राजनीतिक शक्तियाँ सामाजिक आंदोलनों की तरफ़ आकर्षित होती थीं। लेकिन जैसे-जैसे अस्मिता की राजनीति का उभार हुआ, यह परिस्थिति बदलने लगी। सामाजिक परिवर्तन के मक़सद से वर्ग और समुदाय से इतर प्रभाव डालने वाले व्यापक कार्यक्रमों की जगह किसी एक अस्मिता की दावेदारी करने वाले कार्यक्रमों का चलन होता चला गया। इस रुझान के कारण बड़ी-बड़ी पार्टियों के सामाजिक आधार में कटौती होने लगी। नतीजा यह हुआ कि विभिन्न हित-समूहों की नुमाइंदगी करने वाली राजनीतिक ताक़तों के बीच गठजोड़ बनने लगे। अपनी-अपनी कम या ज़्यादा ताक़त के मुताबिक़ विभिन्न ताक़तें गठजोड़ों में भागीदारी करतीं, और एक न्यूनतम साझा कार्यक्रम के इर्द-गिर्द गठजोड़ों की गतिविधियाँ नियोजित होने लगीं।

सत्तर के दशक में पर्यावरण आंदोलन ने गठजोड़ राजनीति का मुहावरा सफलतापूर्वक विकसित किया था। उसका नारा था 'भूमण्डलीय पैमाने पर सोचो, स्थानीय स्तर पर कार्रवाई करो'। इसका परिणाम ग्रीन मूवमेंट में निकला। इसी तर्ज़ पर पश्चिम में नेबरहुड और 'सेव अवर सबअर्ब' जैसे आंदोलन सामने आये। स्थानीय स्तर पर सक्रियता को रेखांकित करने वाले इन आंदोलनों ने अस्मिताओं के बजाय सामुदायिकता के विकास पर ज़ोर दिया। इस रुझान का असर नब्बे के दशक में चली प्रतिरोध आधारित सामुदायिक कार्रवाई की मुहिमों पर देखा जा सकता है।

भूमण्डलीकरण की परिघटना के उभार ने स्थानीयता के साथ जुड़ी राजनीति के लिए नयी चुनौती पेश की। भूमण्डलीकरण का विरोध करने वालों की कमी नहीं थी, पर उनके विरोध के कारण अलग-अलग थे। किसान, टेक्सटाइल मज़दूर और झुग्गी-वासी आंदोलित होने के लिए तैयार थे, पर अलग-अलग नज़रियों से। इस नयी माँग को पूरा करने के लिए संगठनात्मक नवाचार की आवश्यकता थी जिसे विश्व सामाजिक मंच (वर्ल्ड सोशल फ़ोरम) ने पूरा किया। आंदोलनकारी गठजोड़ राजनीति के अनूठे उदाहरण के रूप में इस मंच का दावा है कि वह नयी विश्व-व्यवस्था को चुनौती देने वाली सामाजिक परिवर्तन की प्रक्रिया सुगम करने का काम कर रहा है। वह अपने-आप में कोई विचारधारा, आंदोलन, पार्टी, मोर्चा या संघ न हो कर दुनिया के पैमाने पर काम कर रही चौपाल की तरह का एक क्षैतिज स्पेस है जिसका मक़सद नागर समाज के संघर्षशील और जनोन्मुख संगठनों की नेटवर्किंग को बढ़ावा देना है।

विश्व सामाजिक मंच का पहला आयोजन सन् 2001 में पोर्टो अलेगरो (ब्राज़ील) में हुआ था। इसकी विशेषता यह है कि जिस तारीख़ को दावोस में नव-उदारतावादी आर्थिक निज़ाम की नुमाइंदगी करने वाला वर्ल्ड इकॉनॉमिक फ़ोरम आयोजित होता है, उसी दिन 'प्रति-सम्प्रेषण' की कार्रवाई के तौर पर वर्ल्ड सोशल फ़ोरम किया जाता है। विश्व सामाजिक मंच का नारा है : 'दूसरी दुनिया मुमकिन है'। इस यूटोपियायी ख़याल को धरती पर उतारने के लिए इस फ़ोरम ने ख़ुद को एक मध्यवर्ती भूमिका में रखा है; अर्थात्-जिसे दूसरी दुनिया को बनाने की चर्चा की जा रही है, उसकी रचना फ़ोरम के नेतृत्व में नहीं होगी, बल्कि उसकी बागडोर नागर समाज के हाथों में होगी। दरअसल यह फ़ोरम नागर समाज को एक नये राजनीतिक अभिनेता के तौर पर देखता है जिसके ज़रिये समाज ख़ुद को बदल सकता है। इसीलिए फ़ोरम सारी दुनिया में फ़ैले नागर समाज के उन संगठनों के आपस में मिलने, नेटवर्किंग करने और एक-दूसरे से सीखने का मुक्त स्पेस मुहैया कराता है जो तरह-तरह की राजनीतिक कार्रवाइयों में संलग्न हैं। फ़ोरम चाहता है कि उसके आयोजनों के ज़रिये सिविल सोसाइटी की संस्थाएँ दुनिया के प्रत्येक देश में उभरें और मज़बूत हों।

बहुदलीय प्रणालियों वाले लोकतांत्रिक देशों में तो देर-सबेर गठजोड़ राजनीति उभरना स्वाभाविक ही था। लेकिन जिन देशों में राजनीति मुख्यत: दो दलों की आपसी होड़ के ज़रिये हो रही थी, वहाँ भी बड़ी-बड़ी पार्टियों के भीतर विभिन्न समुदायों, हितों, राजनीतिक प्रवृत्तियों और विचारधाराओं के गठजोड़ की शिनाख़्त की जाने लगी। धारणा यह बनी कि लोकतंत्र में राजनीति गठजोड़-रचना के आधार पर ही चलती है। दलीय प्रणाली को उसी के मुताबिक़ बनना-बिगड़ना पड़ता है।

भारतीय लोकतंत्र में पार्टी-गठबंधन के रूप में उभरी गठजोड़ राजनीति की शुरुआत साठ के दशक से मानी जाती है। गठजोड़ की प्रवृत्तियाँ इससे पहले भी मौजूद थीं, पर उनकी अभिव्यक्ति आज़ादी के पहले से ही देश की सबसे बड़ी पार्टी कांग्रेस के भीतर होती थी। कम्युनिस्ट, सोशलिस्ट, हिंदू धड़े की नुमाइंदगी करने वाले और दूसरे अनुदार या उदारपंथी कांग्रेस में आते-जाते रहते थे। आज़ादी के ठीक पहले शुरू हुई राजनीतिक प्रक्रिया में ये तत्त्व क्रमश: बाहर निकले और अलग संगठन बना कर काम करने लगे। 1967 के चुनाव में विभिन्न कारणों से आठ राज्यों में कांग्रेस का पराभव हुआ जहाँ विपक्षी दलों और कांग्रेस से निकले हुए तत्त्वों के आपसी सहयोग से गठजोड़ सरकारें बनीं। केरल एक ऐसा प्रदेश था जहाँ गठजोड़ राजनीति का यह मॉडल स्थायी रूप ग्रहण करता चला गया। लेकिन राष्ट्रीय स्तर पर उसे नब्बे के दशक का इंतज़ार करना पड़ा। आज भारतीय राजनीति में राष्ट्रीय और क्षेत्रीय स्तर पर कई पार्टी-गठजोड़ सक्रिय हैं। संसदीय राजनीति उन्हीं की गतिविधियों के माध्यम से परिभाषित होती है।

देखें : कांग्रेस 'प्रणाली', पार्टी गठजोड़ की राजनीति, राष्ट्रीय जनतांत्रिक गठजोड़, विश्व सामाजिक मंच, वाम मोर्चा, संयुक्त प्रगतिशील गठबंधन।

संदर्भ

1. ऐंडी ब्लंडेन (2003), 'एथिकल पॉलिटिक्स ऐंड एलायंस पॉलिटिक्स', *एरीना मैग़जीन,* अंक 68.3
2. फ्रांसिस्को 'चीको' व्हिटेकर फ़रेरा (2009), *वर्ल्ड सोशल फ़ोरम : दुनिया की चौपाल (हस्तक्षेप की नयी पगडंडियाँ),* अनु. अभय कुमार दुबे, *साउथ एशियन डॉयलॉग ऑन इकॉलॉजिकल डेमौक्रेसी, नयी* दिल्ली.
3. बलवीर अरोड़ा (2002), 'द पॉलिटिकल पार्टीज़ ऐंड द पार्टी सिस्टम : द इमरजेंस ऑफ़ न्यू कोआलिशन', ज़ोया हसन (सम्पा.), *पार्टीज़ ऐंड पार्टी पॉलिटिक्स इन इण्डिया,* ओयूपी, नयी दिल्ली.

— अभय कुमार दुबे

गवर्नेंस
(Governance)

बीसवीं सदी की आख़िरी दहाई में अकादमिक इदारों में गवर्नेंस की अवधारणा का चलन तेज़ी से बढ़ा है। यूँ तो इसे शासन या सुशासन भी कहा जा सकता है, पर इन पदों से सरकार और सरकारियत या शासन और शासकीयता का भी मतलब निकलता है इसलिए यहाँ गवर्नेंस शब्द का ही इस्तेमाल किया जाएगा। राजनीति और नीति-नियामक तंत्रों पर छा जाने वाली गवर्नेंस की अवधारणा आज दुनिया के हर राज्य के लिए अहम बन गयी है। इस शब्द का इतिहास भी दिलचस्प है। हम जानते हैं कि शासन तथा सरकार को समानार्थी माना जाता था। पचास के दशक तक शब्दकोशों ने शासन शब्द को लुप्तप्राय अथवा अप्रचलित घोषित कर दिया था। लेकिन नब्बे की दहाई के अंत में विश्व बैंक ने अपनी एक रिपोर्ट में इस शब्द का प्रयोग करते हुए कहा कि अफ़्रीकी देश गवर्नेंस की समस्या से जूझ रहे हैं। इसके बाद से विश्व बैंक, अंतर्राष्ट्रीय मुद्रा कोष तथा ऑर्गनाइज़ेशन फ़ॉर इकॉनॉमिक कोऑपरेशन ऐंड डिवेलपमेंट (ओईसीडी) ने इस शब्द का धुआँधार इस्तेमाल किया है। इन संगठनों के स्वर में स्वर मिलाते हुए अकादमिक हल्कों ने इसे एक नयी विचारधारात्मक अवधारणा में तब्दील कर दिया है।

इस अवधारणा के हिमायतियों का मानना है कि भूमण्डलीकरण की वजह से नब्बे की दहाई के बाद से एक नये तरह की (नवउदारतावादी) विश्व-व्यवस्था उभरी है जिसका तकाज़ा है कि परम्परागत राज्य एवं सरकार-प्रणाली की जगह एक नये तरह की शासन-व्यवस्था की स्थापना की जाए क्योंकि पहले से चले आ रहे राज्य तथा सरकारों की नवउदारतावादी आर्थिक विश्व-व्यवस्था के साथ संगति नहीं बैठती। नयी वैश्विक आर्थिक संरचना के लिए नये तरह की राजनीतिक संरचना की दरकार है जहाँ आर्थिक गतिविधियों में राज्य का हस्तक्षेप कम हो, सरकार बाज़ार के खिलाड़ियों की आपसी प्रतिस्पर्धा और आर्थिक गतिविधियों का संचालन करे, राज्य की लोकोपकारी ज़िम्मेदारियों को समाप्त कर दिया जाए, नौकरशाही को निपुण बनाया जाए तथा सरकार कम ख़र्च में अधिक काम करे। इस अवधारणा के हिमायतियों का मानना है कि यह सरकार की अवधारणा को विस्थापित कर देगी तथा राज्य को कमज़ोर अथवा खोखला कर देगी। लेकिन, इस अवधारणा से नाइत्तेफ़ाकी रखने वालों का कहना है कि गवर्नेंस कोई नयी अवधारणा नहीं है तथा यह राज्य को कमज़ोर अथवा खोखला नहीं कर सकती। राज्य नवोदित आर्थिक-संरचना के अनुसार अपनी पुनर्संरचना कर रहा है। राज्य की अहमियत घटी नहीं है बल्कि मुसलसल बनी हुई है।

गवर्नेंस भले ही कोई नवीन अवधारणा न हो, लेकिन वर्तमान संदर्भों में जो मानी इसे अता कर दिये गये हैं उसने ज़रूर इसे एक नयी विचारात्मक अवधारणा बना दिया है। दरअसल गवर्नेंस तथा नवउदारतावादी भूमण्डलीकरण एक-दूसरे से अभिन्न रूप से जुड़े हुए हैं। सोवियत संघ के ढह जाने के बाद पूँजी तथा इसकी मनपसंद राजनीतिक व्यवस्था उदारतावादी लोकतंत्र के रास्ते की सबसे बड़ी अड़चन ख़त्म हो चुकी है तथा उसके लिए पूरी दुनिया में अपना प्रसार करने का रास्ता खुल गया है। भूमण्डलीकरण के अभियान ने बाज़ार को पहले से अधिक व्यापक (सर्वव्यापी) तथा जटिल बना दिया। एक वैश्विक अर्थव्यवस्था का सृजन शुरू हुआ। इस व्यवस्था की अपनी जटिलताएँ हैं जिनका तकाज़ा है कि पूँजी, बाज़ार, श्रम अधिग्रहण तथा पूँजी-संचयन के रास्ते में आने वाली समस्याओं से निपटने के लिए एक नये तरह की राजनीतिक व्यवस्था का निर्माण किया जाए। गवर्नेंस की अवधारणा इसी नवउदारतावादी वैश्विक अर्थ व्यवस्था को न्यायसंगत ठहराने तथा इसके प्रसार को सुनिश्चित करने के मक़सद से गढ़ा गया विचारधारात्मक औज़ार है।

बढ़ती हुई आर्थिक जटिलता तथा परिवर्तन वे तर्क हैं जिनका हवाला देकर गवर्नेंस की अवधारणा अपना औचित्य सिद्ध करने की कोशिश करती है। इस अवधारणा का कहना है कि भूमण्डलीकरण ने पूरी दुनिया को एक तरह के जटिल आर्थिक संजाल में गुम्फित कर दिया है। तकनीक तथा सूचना के द्रुत प्रसार की वजह से तकनीकशाह पहले से अधिक मज़बूत हो गये हैं। सरकारें इन तकनीकों के इस्तेमाल में पिछड़ गयी हैं। इन जटिलताओं से निपटने के लिए गवर्नेंस की छोटी तथा कुशल इकाइयों की ज़रूरत है। ये इकाइयाँ तकनीकी रूप से भी कुशल होनी चाहिए। सिर्फ़ आर्थिक संरचना ही क्लिष्ट नहीं हुई है बल्कि राजनीतिक संरचना भी पहले जितनी सरल नहीं रही है। अब राज्य को अनेक स्तरों पर अन्य राज्यों तथा बहुराष्ट्रीय संगठनों के साथ सामंजस्य बिठा कर अपनी वरीयताएँ निर्धारित करनी होती हैं, नीतियाँ बनानी होती हैं तथा उनका कार्यान्वयन करवाना होता है। इस तरह राज्य की गतिविधियों में पर-राष्ट्रीय हितों की राय की अहमियत बढ़ जाती है, और यह राज्य के कमज़ोर होने का प्रत्यक्ष प्रमाण है।

गवर्नेंस की अवधारणा कहती है कि राज्य की भूमिका को सीमित तथा उसके आकार को छोटा कर दिया जाना चाहिए ताकि इसकी कार्यक्षमता बढ़ सके तथा इसकी संरचना सरल एवं पारदर्शी बनायी जा सके। आर्थिक-संरचना के नियमन तथा नीति-निर्धारण के क्षेत्र में परस्पर प्रतिस्पर्धी निजी खिलाड़ियों की भूमिका बढ़नी चाहिए। यह अवधारणा परम्परागत राज्य तथा सरकार की कार्यप्रणाली की आलोचक है। इसका तकाज़ा है कि नीति-निर्धारण की प्रक्रिया को सरल

एवं सुगम बनाया जाए, पूँजी संचयन को बढ़ावा देने वाली तथा पूँजी की सुरक्षा की गारंटी तय करने वाली नीतियाँ तथा संरचनाएँ बनायी जाएँ ताकि निवेशक बिना किसी डर के निवेश कर सकें तथा विकास में योगदान कर सकें। इसका सबसे बड़ा लक्ष्य है वैश्विक स्तर पर मुक्त-बाज़ार अर्थव्यवस्था का निर्माण करना। इसका कहना है कि इस तरह की अर्थव्यवस्था में बहुमत जिन उत्पादों तथा सेवाओं को पसंद करेगा वही उत्पाद तथा सेवाएँ बाज़ार में टिक पाने में सफल रहेंगी, इस तरह उत्पादों तथा सेवाओं की गुणवत्ता सुधरेगी तथा उपभोक्ता अपने चयन के अधिकार का सही तरह से इस्तेमाल कर पायेंगे।

विश्व बैंक, मुद्रा कोष तथा ओईसीडी ने गवर्नेंस की अवधारणा को पूरी दुनिया में लागू करवाने को अपना मुख्य मिशन बना लिया है। विश्व बैंक का इसरार है कि जो मुल्क़ गवर्नेंस की अवधारणा को लागू नहीं करेंगे उन्हें यह इमदाद नहीं देगा, और अगर दी जा रही है तो रोक ली जाएगी। कोष ने एक क़दम आगे जाते हुए गवर्नेंस संबंधी नीतियों तथा संरचनाओं का ख़ाका भी तैयार कर दिया है। आर्थिक सहायता के आकांक्षी मुल्क़ों के लिए इस ख़ाके को लागू करना लाज़मी है। इससे राज्य के ऊपर गवर्नेंस की अवधारणा का दबाव बढ़ा है। अमेरिका में क्लिंटन प्रशासन तथा ब्रिटेन में न्यू लेबर सरकार ने गवर्नेंस की अवधारणा का मतलब सरकार की लागत घटाकर कुशलता बढ़ाना तय करके उसे सख़्ती से लागू किया।

गवर्नेंस की अवधारणा राज्य का ख़ात्मा नहीं चाहती है। यह चाहती है कि राज्य एक निश्चित सीमा में रहते हुए बाज़ार की गतिविधियों को नियमित-नियंत्रित करने वाले नियम तथा संरचनाएँ बनाये ताकि निहित स्वार्थ अपनी कमनज़री की वजह से बाज़ार को नुक़सान न पहुँचा सकें। साथ ही, राज्य बाज़ार की ग़लतियों को दुरुस्त करने का भी काम करे, इसमें प्रतिकूल परिस्थितियों में फँसे पूँजीधारकों को माली तथा अन्य तरह की मदद मुहैया करवाना भी शामिल है। गवर्नेंस की अवधारणा चाहती है कि अर्थव्यवस्था तथा शासन-तंत्र का बिलगाव कर दिया जाए और अर्थव्यवस्था का क्षेत्र निजी क्षेत्र के हाथ में छोड़ दिया जाए। यहाँ से इस अवधारणा के अंतर्द्वंद्व सामने आने शुरू होते हैं।

पूँजी एक जगह केंद्रित नहीं है, इसमें भी अलग-अलग धड़े हैं जो एक दूसरे के साथ प्रतिस्पर्धारत रहते हैं। इस प्रतिस्पर्धा के बुरे परिणाम भी सामने आते हैं जो बाज़ार, अर्थव्यवस्था तथा स्वयं पूँजी के लिए नुक़सानदायक होते हैं। ऐसी हालत में राज्य को हस्तक्षेप करना होता है, क्योंकि राज्य के पास ही नियमन, नियंत्रण तथा शोषण (दमन) की वैधानिक शक्ति है। और फिर, पूँजीवाद के अंतर्गत राज्य का काम ही है दीर्घकालीन पूँजी-संचयन सुनिश्चित करना तथा पूँजी को बाधाओं तथा ख़तरों से बचाना।

गवर्नेंस की अवधारणा के पक्ष तथा विपक्ष में दो तरह की राय बन जाती है। एक पक्ष है समाजकेंद्री अवधारणा। इस पक्ष का मानना है कि गवर्नेंस ने राज्य को कमज़ोर तथा खोखला कर दिया है। दूसरा पक्ष है राज्यकेंद्री अवधारणा। इस पक्ष का मानना है कि गवर्नेंस की अवधारणा नव-उदारतावादी दौर के वित्तीय पूँजीवाद की ईज़ाद है। और चूँकि पूँजीवाद की अंतर्निहित प्रकृति ऐसी है कि इसके अंतर्विरोध बार-बार सतह पर आते रहते हैं, साथ ही इसे पूँजीहीनों से ख़तरा भी बना रहता है, ऐसे में इसे राज्य जैसी विधान-सम्मत, सर्व-स्वीकृत तथा कल्याण के साथ-साथ दमन की क्षमता (एवं अधिकार) रखने वाली संस्था की लगातार ज़रूरत बनी रहती है। इसलिए ख़ुद गवर्नेंस की अवधारणा राज्य पर निर्भर है, यह इसे कमज़ोर अथवा खोखला नहीं कर रही है।

राज्यकेंद्री पक्ष का मानना है कि सुस्थिर राज्य अथवा शासन-पद्धति नाम की कोई शै नहीं होती है। आर्थिक-सामाजिक परिवर्तनों के साथ-साथ राज्य की संरचना में भी निरंतर परिवर्तन चलता रहता है। आजकल राज्य की कार्य-पद्धति में जो परिवर्तन दृष्टिगोचर हो रहे हैं वे राज्य की कमज़ोरी अथवा खोखलेपन का प्रमाण नहीं हैं बल्कि राज्य वैश्वीकृत आर्थिक-व्यवस्था के अनुसार ख़ुद को पुनर्व्यवस्थित कर रहा है। आज भी राज्य के पास सबसे अधिक आर्थिक, सूचनात्मक तथा दमनात्मक संसाधन मौजूद हैं। यह सच है कि राज्य की सत्ता का प्रसरण केंद्र से क्षेत्रों तथा बहुराष्ट्रीय निगमों की ओर हो रहा है। लेकिन इसका यह अर्थ नहीं है कि राज्य अपनी सम्प्रभुता खो चुका है। राज्य जैसी वैधता निजी क्षेत्र के पास नहीं है, राज्य ही निजी क्षेत्र को वैधता प्रदान करता है।

लेकिन सभी राज्यों को एक समान नहीं माना जा सकता। विकसित पाश्चात्य राज्य गवर्नेंस की अवधारणा को अपनाने के बाद और अधिक मज़बूत तथा परिणामतः और अधिक दमनात्मक हो गये हैं। लेकिन तीसरी दुनिया के राज्य विश्व बैंक, कोष तथा बहुराष्ट्रीय निगमों के बरक्स पहले से अधिक कमज़ोर हो गये हैं, गोकि इनकी भी दमनात्मक क्षमता बढ़ी है। पूँजी बिना किसी गवर्नेंस-तंत्र के नहीं रह सकती। अपने अंतर्निहित अंतर्विरोधों से निपटने के लिए तथा पूँजीहीन तबक़ों के दमन के लिए इसे एक तरह के राजनीतिक तंत्र की ज़रूरत बनी रहेगी। वर्तमान दौर में उत्पादक क्षेत्र से राज्य ने हाथ पीछे खींच लिए हैं तथा इसे निजी क्षेत्र के सुपुर्द कर दिया है, साथ ही निजी क्षेत्र के दबाव में इसने कल्याणकारी गतिविधियों को भी कम कर दिया है। राज्य इस अर्थ में कमज़ोर हुआ है कि आर्थिक गतिविधियों में इसकी हिस्सेदारी सिकुड़ गयी है। पर, राज्य इस अर्थ में मज़बूत हुआ है कि इसकी दमनकारी क्षमता बढ़ गयी है।

देखें : भूमण्डलीकरण, भूमण्डलीकरण के आलोचक, भूमण्डलीकरण के ख़िलाफ़ प्रतिरोध, भूमण्डलीकरण और लोकतंत्र, भूमण्डलीकरण और राष्ट्रीय सम्प्रभुता. भूमण्डलीकरण और राज्य, सम्प्रभुता, मिशेल पॉल फ़ूको-1 और 2, लोकतंत्र, लोकतंत्र की आलोचनाएँ।

संदर्भ

1. जे. कुईमान (सम्पा.) (1993), *मॉडर्न गवर्नेंस : न्यू गवर्नमेंट-सोसाइटी इंटरएक्शंस,* सेज, लंदन.
2. जे. पीयर और बी.जी. पीटर्स (2000), *गवर्नेंस, पॉलिटिक्स ऐंड द स्टेट,* मैकमिलन, लंदन.
3. ए.जे. टेलर, (2000), 'होलोइंग आउट ऑर फ़िलिंग इन? टास्क फ़ोर्सेज़ ऐंड द मैनेजमेंट ऑफ़ क्रॉस-कटिंग इशूज़ इन ब्रिटिश गवर्नमेंट', *ब्रिटिश जर्नल ऑफ़ पॉलिटिक्स ऐंड इंटरनैशनल रिलेशंस,* खण्ड 2, अंक 1.
4. बी. जेसप (1997), 'द गवर्नेंस ऑफ़ कॉम्प्लेक्सिटी ऐंड द कॉम्प्लेक्सिटी ऑफ़ गवर्नेंस : सम प्रिलिमिनरी रिमार्क्स ऑन सम पॉबलम्स ऐंड लिमिट्स ऑफ़ इकॉनॉमिक गाइडेंस', ए. अमीन तथा जे. हौस्नेर (सम्पा.), *बियॉन्ड मार्केट ऐंड हायरार्की : इंटरैक्टिव गवर्नेंस ऐंड सोशल कोम्प्लेक्सिटी,* एडवर्ड एल्गर, आल्डरशॉट.

— सुनील कुमार

गाड़गे बाबा
(Gaadge Baba)

सामाजिक क्रांति में विश्वास करने वाले गाड़गे बाबा (1876-1956) का नाम महाराष्ट्र के उन समाज-सुधारकों में लिया जाता है जिन्होंने पुस्तकीय ज्ञान से नहीं बल्कि व्यावहारिक रूप में हाशिये के लोगों के बीच चेतना जगाने का कार्य किया। इसीलिए उन्हें समाज ने लोक-शिक्षक की उपाधि दी। डॉ. आम्बेडकर के साथ सक्रिय रहे संत गाड़गे पूर्णतः अहिंसावादी और वे पशु-बलि के ख़िलाफ़ थे। पशु-बलि के पीछे अनेक अंधविश्वासी धारणाएँ समाज में प्रचलित थीं। गाड़गे गाँव-गाँव जाते और लोगों के मन से इस तरह की भ्रांति निकालने का प्रयास करते। एक दिन एक गाँव में पहुँच कर उन्होंने लोगों को समझाया कि पशु-बलि से अगर भगवान मिलते हैं तो सबसे पहले आप मेरी हत्या करो। मुझे काट कर रख दो। ऐसा कहते हुए उन्होंने अपनी गर्दन लोगों के सामने झुका दी। इस घटना ने उक्त गाँव में तत्काल अपना प्रभाव दिखाया और परिवर्तन की धारा वहीं से आरम्भ हुई। गाड़गे वेशभूषा के नाम पर फटे-पुराने कपड़े पहनते थे। सिर पर टोपी होती और एक हाथ में झाड़ू तथा दूसरे हाथ में मिट्टी का गडुआ रहता था। वे जब चलते तो रास्ता साफ़ करते हुए जाते थे। चूँकि उनके पास हमेशा मिट्टी का गडुआ रहता था इसलिए उनका नाम गाड़गे महाराज पड़ गया। गाड़गे स्वयं बहुत कम पढ़े-लिखे थे, लेकिन दलित समाज में शिक्षा की चेतना जगाने और शिक्षा संस्थाओं को खड़ा करने में उन्होंने उल्लेखनीय योगदान किया। समाज के दबे-कुचले वर्ग में बिना राजनीति का सहारा लिए सुधार की अलख जगाने वाली उन हस्तियों की परम्परा में गाड़गे बाबा का नाम शीर्ष पर है जो सामाजिक इतिहास की मुख्य धारा से उपेक्षित पड़ी हुई हैं।

लोक शिक्षक गाडगे बाबा का जन्म 23 जनवरी, 1876 को महाराष्ट्र के अमरावती जिले में शेण गाँव में हुआ था। उनके पिता का नाम झिंगराजी तथा माता का नाम सखुबाई था जिस परिवार में उनका जन्म हुआ वह ग़रीब होने के साथ-साथ अत्यंत ही दीन-हीन स्थिति में था। उनके पिता कपड़े धोने का कार्य करते थे। बचपन में ही उनका जीवन संघर्षमय परिस्थितियों से घिर गया। छुटपन में ही पिता का देहांत हो गया। परिणामस्वरूप माँ के साथ वे मामा के यहाँ चले गये। मामा के परिवार के साथ रहते हुए वे जानवरों की देखभाल करते थे। उसी समय सूखा पड़ा। खेती नहीं हो सकी। मामा को साहूकार से क़र्ज़ लेना पड़ा। साहूकार ने कपटनीति से मामा की ज़मीन अपने नाम करा ली। इस पीड़ा में मामा की मृत्यु हो गयी। सारी ज़िम्मेदारी उन पर ही आ गयी। इस तरह की जीवन-स्थितियों के का कारण अकेलेपन का अहसास होने शुरू में ही होने लगा था। सोलह वर्ष की आयु में उनका विवाह कुन्नाबाई नाम की लड़की से हो गया। बाद में वे एक पुत्री के पिता भी बने। पर सांसारिक जीवन में उनका मन लग नहीं सका। उनका मन विरक्ति और मुक्ति के भावों से भरा हुआ था।

उन्नीसवीं और बीसवीं सदी के संधिकाल पर समाज-सुधार में प्रवृत्त हुए गाड़गे बाबा ने 29 साल की उम्र में घर छोड़ दिया था। समाज को और भी क़रीब से देखने की उनकी इच्छा थी। गृह त्याग के बाद दिल को झकझोर देने वाले अनेक दृश्य उनकी आँखों के सामने से गुज़रे। तत्कालीन कर्मकाण्डी समाज में दलितों और शोषितों का जीवन बहुत ही कष्टमय था। वे कर्त्तव्यों के बोझ से तो दबे थे, पर उनके पास अधिकार नाममात्र को भी न थे। उनका जन्म दूसरों की सेवा करने के लिए ही हुआ था। महिलाओं की स्थिति तो और भी ख़राब थी। लोगों के साथ जाति परछाईं की तरह चिपकी थी। जहाँ भी आदमी जाता, जाति उसके साथ अवश्य चलती।

एक बार एक गाँव में सामूहिक भोज का आयोजन हुआ। भोजन के लिए सवर्णों के साथ-साथ महार जाति के कुछ लोग भी बैठ गये। यह देखकर सवर्णों ने चिल्लाना आरम्भ कर दिया। उस पंगत में गाड़गे भी बैठे थे। यह देख कर उन्हें बहुत बुरा लगा। उन्होंने साहस कर कहा कि यदि सवर्ण जाति के लोग दलितों के साथ खाना नहीं खाते हैं तो

गाड़गे बाबा (1876-1956)

वे भी बिना भोजन किये वहाँ से उठ जाएँगे। सवर्ण किसी भी तरह से एक पंगत में बैठकर खाना खाने को तैयार नहीं हुए। परिणामस्वरूप गाड़गे वहाँ से बिना भोजन किये ही नाराज होकर चले गये।

गाड़गे का कहना था कि जातियाँ केवल दो हैं— एक स्त्री और दूसरी पुरुष। दलितों से वर्ण बिल्कुल भी अलग नहीं हैं। जो अपने को श्रेष्ठ बतलाते हैं, वे मानवीय पक्ष को झुठला कर मानव जाति का अपमान करते हैं। उनका संदेश था— सभी मानव एक समान हैं। इस तरह मानवीय संदेश को लेकर उन्होंने अपनी जीवन यात्रा शुरू की ।

गाड़गे का संदेश सरल-सहज था। वे कहा करते थे, 'भगवान न तो तीर्थ में है और न ही मूर्ति में। वह तो दरिद्र नारायण के रूप में स्वयं तुम्हारे सामने खड़ा है। उसकी प्रेम से सेवा करो। यही आज का सच्चा धर्म है, यही सच्ची भक्ति और भगवान की पूजा है।' उन्होंने लोगों को समझाया कि जो कुछ भी मानव करता है उसका कारण वह स्वयं है। इसमें ईश्वर की कोई भूमिका नहीं होती। संत गाड़गे ऐसे समाज की स्थापना के पक्षधर थे, जिसमें सभी वर्गों के लोग सम्मान-पूर्वक जीवन जी सकें। अंधविश्वासों के उन्मूलन के लिए वे लोगों से कहते थे कि, 'संतान प्राप्ति और बीमारी से ठीक होने के लिए मंत्र माँगने मंदिरों और देवघरों का चक्कर लगाने, झाड़-फूंक लगाने से कोई लाभ नहीं होने वाला है। बल्कि संतानोत्पति के लिए आवश्यक है कि वर-वधू की जोड़ी अच्छी (बीमारी रहित) ढूँढ़िये तथा बीमारी से छुटकारा पाने के लिए दवा द्वारा इलाज कराइए। तभी इन समस्याओं से निदान पाया जा सकता है।' उन्होंने तीर्थ यात्रा का खण्डन व मूर्ति पूजा का घोर विरोध किया। वे कहते कि जो मूर्ति स्वयं स्नान नहीं कर पाती, कपड़ा नहीं पहन सकती, भोजन नहीं कर पाती, अँधेरे में जिसका दर्शन कराने के लिए दीपक की ज़रूरत पड़ती है, उसे भगवान नहीं माना जा सकता है।

समाज सुधार में सबसे ज़्यादा महत्त्व उन्होंने छुआछूत मिटाने के अभियान को दिया। वे जिस भी गाँव में जाते, वहाँ गाँव के सभी लोगों को अपने-अपने घरों से रोटियाँ लाने के लिए कहते और फिर सभी को एक साथ बैठाकर खाना खिलाते थे। उनके इस नायाब तरीक़े से लोग प्रभावित हुए बिना न रह सके।

गाड़गे बाबा ने शिक्षा के क्षेत्र में सफलतापूर्वक कार्य किया। दलित समाज में जो संस्थाएँ पहले से कार्यरत थीं, उन्हें आर्थिक मदद दिलाने में उन्होंने पहल की। डॉ. आम्बेडकर द्वारा स्थापित पीपुल्स एजुकेशन सोसाइटी को भी गाड़गे बाबा ने आर्थिक सहयोग दिया था। उनका कहना था कि शिक्षा के प्रचार-प्रसार से मानव जीवन में सभी तरह के अंधकार को दूर किया जा सकता है। स्वयं ज़्यादा पढ़े-लिखे न थे, लेकिन शिक्षा के प्रति उनकी रूचि शिक्षित लोगों से भी कहीं अधिक थी। वे शिक्षा के मर्म को अच्छी तरह समझते थे। वे कहते थे कि 'अभी से ही बच्चों को पढ़ाओ। कहते हो, पैसा नहीं है तो हाथ की थाली बेच दो, हाथ पर रोटी रख कर खाओ। पत्नी के लिए कम क़ीमत की साड़ी ख़रीदो। रिश्तेदारों की ख़ातिर करने में पैसा मत बहाओ।' शिक्षा के प्रसार के लिए उन्होंने कई संस्थाओं की स्थापना की जिसमें दस आश्रम स्कूल आदिवासियों के लिए और आठ स्कूल घुमंतू जातियों के लिए थे। गाड़गे ने 15 छात्रावास (11 लड़के और चार लड़कियों के लिए), एक कन्या पाठशाला, एक महिला आश्रम, दो संस्कार केंद्र, एक उच्चतर विद्यालय और एक महाविद्यालय खोले। उनके इन प्रयासों के फलस्वरूप दलित समाज शिक्षा के प्रति कुछ हद तक जागरूक हुआ। उनका कहना था कि क़र्ज़ लेकर कोई धार्मिक कार्य न करें। उन्होंने यहाँ तक कहा कि यदि घर के किसी व्यक्ति की मृत्यु हो जाती है तो कर्ज़ लेकर लाश को गंगा में प्रवाहित करने का कोई औचित्य नहीं हैं। उनका कहना था कि गंगा में प्रवाहित करने से पुण्य व नाले में लाश फेंकने से पाप नहीं लगता।

डॉ. आम्बेडकर और गाड़गे बाबा में काफ़ी कुछ आपसी सहमति थी। वे एक दूसरे का सम्मान करते थे। गाड़गे बाबा अपने प्रवचनों में डॉ. आम्बेडकर का ज़िक्र अवश्य करते थे। वे गाँव-गाँव जाकर डॉ. आम्बेडकर के प्रभावपूर्ण व्यक्तित्व के बारे में लोगों को बताते थे। बाबा साहब भी गाड़गे का अक्सर ज़िक्र करते थे। एक बार जब गाड़गे बीमार

हुए तो बाबा साहेब उन्हें स्वयं देखने आये। उस समय आम्बेडकर भारत सरकार में क़ानून मंत्री पद पर थे। बाबा साहब को आवश्यकता होती तो गाड़गे से किसी भी मामले पर सलाह अवश्य किया करते थे। 1956 में धर्म-परिवर्तन करने से पूर्व दोनों का परस्पर वार्तालाप हुआ था। छः दिसम्बर, 1956 को जब बाबा साहेब का निधन हुआ तो गाड़गे जी को बहुत धक्का लगा। काफ़ी दिनों तक उनका मन व्यथित रहा। वे जहाँ भी जाते उन्हें डॉ. आम्बेडकर की याद सताती। बड़ी मुश्किल से वे इस अनुपस्थिति से उत्पन्न बेचैनी को दूर कर सके। इसके लिए उन्होंने समाज सेवा में अधिक समय देना शुरू किया।

देखें : अनुसूचित जातियाँ, अस्मिता की भारतीय राजनीति, अन्य पिछड़े वर्ग, आयोतीदास पांडीतर, आयंकाली, आम्बेडकर-गाँधी विवाद, इरोड वेंकट रामस्वामी नायकर पेरियार, कांशी राम, गोपाल बाबा वलंगकर, ज्योतिराव गोविंदराव फुले, जाति और जाति-व्यवस्था-1, 2, 3 और 4, बहुजन समाज पार्टी-1 और 2, बाबू मंगूराम, भदंत आनंद कौसल्यायन, भीमराव रामजी आम्बेडकर, स्वामी अछूतानंद हरिहर।

संदर्भ

1. जुगल किशोर, प्रकाशचंद्र राय, रणजीत कुमार मण्डल (सम्पा.) (2002), *भारत के अग्रणी समाज सुधारक,* सैंचुरी पब्लिकेशंस, नयी दिल्ली.
2. माता प्रसाद (2003), *भारत में सामाजिक परिवर्तन के प्रेरणा स्रोत,* सामयिक प्रकाशन, नयी दिल्ली.
3. रामविलास भारती (2011), *बीसवीं सदी में दलित समाज,* अनामिका पब्लिशर्स, नयी दिल्ली.

— मोहनदास नैमिशराय

गायत्री चक्रवर्ती स्पिवाक

(Gayatri Chakravarty Spivak)

उत्तर-औपनिवेशिकता की प्रमुख सिद्धांतकार, अंतरानुशासनिक विद्वान और नीतिशास्त्रीय दार्शनिक गायत्री चक्रवर्ती स्पिवाक (1942-) ने अपनी बहुचर्चित रचनाओं में उपनिवेश-उपनिवेशित के संबंधों को परिभाषित करने के लिए विसंरचनावादी पद्धति का प्रयोग किया है। स्वयं को एक 'व्यावहारिक मार्क्सवादी-नारीवादी-विसंरचनावादी' कहने वाली स्पिवाक को पहली ख्याति ज़ाक देरिदा की रचना द *ला ग्रैमेटोलॉजी* के अनुवाद और उसकी भूमिका लिखने के कारण मिली। इसके बाद उन्होंने सबाल्टर्न इतिहासकार-समूह के सदस्य के रूप में कई अध्ययन किये और साहित्यालोचना के क्षेत्र में साम्राज्यवाद और अंतर्राष्ट्रीय नारीवाद पर आलोचनात्मक निगाह डाली। 1988 में प्रकाशित अपने लेख 'कैन सबाल्टर्न स्पीक?' से विशेष ख्याति अर्जित करने वाली स्पिवाक ने सती प्रथा के इर्द-गिर्द चलने वाले विमर्श को नये परिप्रेक्ष्य में प्रस्तुत किया। स्पिवाक ने पूछा कि सती के बारे में या तो ब्रिटिश उपनिवेशवादी लिखते हैं या फिर हिंदू समाज-सुधारक, लेकिन अपने पति की चिता पर ख़ुद को जला देने वाली स्त्रियों की आवाज़ कभी नहीं सुनायी देती। स्पिवाक ने इस प्रश्न पर विचार किया कि क्या सती की अपनी आवाज़ की ग़ैर-मौजूदगी इस सवाल को मंच पर पेश नहीं करती कि क्या सबाल्टर्न कभी बोल पायेगा, या उसके लिए और उसके नाम पर दूसरे ही बोलते रहेंगे।

साहित्यिक आलोचना में स्पिवाक की पहचान आर्थिक रूप से ग़ुलाम राष्ट्रों की सामाजिक-राजनीतिक स्थिति के क्रूर यथार्थ को सामने रखने वाले लेखन के समीक्षक के तौर पर है। बांग्ला कहानीकार और उपन्यासकार महाश्वेता देवी के साहित्य का स्पिवाक ने लम्बी भूमिका के साथ अनुवाद करके भारतीय साहित्यिक आलोचना में अपनी ख़ास जगह बनायी है। नक्सलवाद से प्रभावित बंगाल के क्षेत्रों पर आधारित महाश्वेता की कई कहानियों ने लोकतांत्रिक व्यवस्था के मिथक को उजागर किया है। महाश्वेता की तीन महत्त्वपूर्ण कहानियों 'द्रौपदी', 'जशोदा' और 'डायन' का स्पिवाक ने अंग्रेज़ी में *ब्रेस्ट स्टोरीज़* नाम से अनुवाद किया। ये कहानियाँ बहुअर्थी हैं और इनमें नारीवादी विमर्श को सबाल्टर्न नज़रिये से देखा गया है। स्पिवाक ने इस साहित्य के माध्यम से राष्ट्रीयता, देशभक्ति, सैन्य-बल, सुरक्षा और लोकतांत्रिक राजनीतिक व्यवस्था को सबाल्टर्न की स्थिति और नज़रिये से प्रश्नांकित किया है। उत्तर-औपनिवेशिक साहित्य की समीक्षा के माध्यम से स्पिवाक वर्गीय, लैंगिक, जनजातीय व क्षेत्रीय असमानता की असलियत का मुजाहिरा करती हैं। इस तरह की विषमताएँ समाज के ऐसे कई हिस्सों को अपनी बर्बर और क्रूर भींच में जकड़े हुए हैं जिनकी गिनती वर्तमान विश्व की चिंतनीय समस्याओं के तहत की ही नहीं जाती। स्पिवाक मिशेल फ़ूको द्वारा प्रतिपादित सत्ता की अवधारणा और ज़ाक देरिदा के विसंरचनावादी सिद्धांत के माध्यम से उत्तर-औपनिवेशिक साहित्यिक आलोचना का विकास करती हैं।

स्पिवाक ने साहित्यिक आलोचना के नये सिद्धांतों का प्रयोग नारीवादी तरीक़े से करने के साथ-साथ भूमण्डलीकरण और पूँजीवाद के परिप्रेक्ष्य में भी मार्क्सवाद और विसंरचनावाद के औज़ारों का इस्तेमाल करके उन्हें उत्तर-औपनिवेशिक स्थितियों से जोड़ा है। उनकी मान्यता है कि विशेष संदर्भों के आधार पर साहित्यिक पाठ का पुनर्पाठ और पुनर्व्याख्या आवश्यक है। उन्होंने पुनर्पाठ के लिए मानवशास्त्र, समाजशास्त्र, इतिहास, दर्शन, साहित्य आदि की

गायत्री चक्रवर्ती स्पिवाक (1942-)

सीमाओं को लाँघा है। व्यापक मुद्दों को साहित्यिक समीक्षा के क्षेत्र में ला कर उन्होंने स्थानीय या क्षेत्रीय स्तर पर माइक्रो स्तर की राजनीति को साम्राज्यवादी आख्यान की व्याख्या करने वाली मैक्रो स्तर की राजनीति से जोड़ा है। विसंरचनावाद के बारे में उनका कहना है कि यह न तो किसी प्रकार की संकीर्ण सौंदर्यशास्त्रीय धारणा है और न ही अति-क्रांतिकारी राजनीतिक विचारधारा, बल्कि यह एक वैचारिक तरीक़ा है जो लगातार इस तरफ़ ध्यान दिलाता है कि प्रत्येक निर्धारित पाठ अर्थ की बहुलता से सम्पन्न होता है। देरिदा ने विसंरचनावाद की सीमाओं की ओर संकेत करते हुए माना है कि किसी न किसी स्तर पर यह सिद्धांत अपनी स्थिति को विस्थापित और अपनी पूर्व धारणाओं का ही खण्डन करता है। स्पिवाक देरिदा से ख़ुद को अलगाते हुए मानती हैं कि एक सीमा के बाद विसंरचना के बावजूद स्थिति विशेष का मूल्य कम नहीं होता। वे इसे विकसित देशों के बौद्धिक उत्पादन और तीसरी दुनिया के पिछड़े देशों के शोषण के द्विभाजन से जोड़ती हैं। इस द्विभाजन को और जटिल बनाते हुए उन्होंने इसमें लैंगिकता, जनजातीयता और क्षेत्रीयता के मुद्दों को शामिल किया है।

मार्क्सवाद का इस्तेमाल करके स्पिवाक ने स्त्री की सामाजिक स्थिति की व्याख्या की है। मार्क्स उपयोगिता-मूल्य, विनिमय-मूल्य और अधिशेष-मूल्य के ज़रिये श्रमिक के शोषण और श्रम के मूल्य निर्धारण की व्याख्या करते हैं। स्पिवाक ने इसके माध्यम से परिवार में स्त्री के श्रम का मूल्यांकन और विश्लेषण किया है। मार्क्स के सिद्धांत को रूपक के तौर इस्तेमाल करते हुए अपने लेख 'फ़ेमिनिज़म ऐंड क्रिटिकल थियरी' में स्पिवाक ने लिखा है कि परम्परागत सामाजिक स्थितियों में स्त्री अतिरिक्त श्रम व उत्पादन करती है जिसका विनिमय-मूल्य बहुत कम दिया जाता है। जीवन-निर्वाह के लिए बदले में वह बहुत कम प्राप्त करती है क्योंकि वह आर्थिक रूप से स्वाधीन नहीं होती। परिवार में घरेलू स्त्रियाँ निरंतर अतिरिक्त श्रम व उत्पादन का स्रोत बन जाती हैं और पुरुष स्त्री को अपनी सम्पत्ति समझते हुए उस पर मालिकाना हक़ रखता है। स्पिवाक बहस करती हैं कि स्त्री को शारीरिक, भावनात्मक और क़ानूनी अधिकार के स्तर पर केवल उत्पादन/प्रजनन करने वाली व उसके द्वारा उत्पादित श्रम व संतान उत्पादित करने वाली वस्तु समझना अपर्याप्त होगा। द्वंद्वात्मक भौतिकवाद के सिद्धांत और बेगानगी के सूत्रीकरण के माध्यम से स्त्री की सामाजिक स्थिति की व्याख्या करना भी अपर्याप्त होगा क्योंकि इसमें श्रम और उत्पादित वस्तु के बीच मानवीय संबंध की व्याख्या नहीं की गयी है। इसलिए लैंगिकता की समस्या जैसे कठिन विषय पर संवेदनशील बहस आवश्यक है। इस संदर्भ में स्पिवाक ने फ्रॉयड, लकाँ, इरिगरे आदि के सिद्धांतों व अवधारणाओं का विश्लेषण किया है। उन्होंने वर्तमान समीक्षा पद्धति में इन विचारकों की सीमाओं को देखते हुए इन सिद्धांतों के पुनर्लेखन की आवश्यकता रेखांकित की है।

स्पिवाक ने निम्न वर्ग के दृष्टिकोण से इतिहास-लेखन व इतिहास-दृष्टि की विसंरचना पर निगाह डाली है। वे पार्थ चटर्जी, दीपेश चक्रवर्ती व रणजीत गुहा आदि सबाल्टर्न इतिहासकारों की तुलना पश्चिमी ज्ञान व अकादमिक पद्धतियों से करती हैं। स्पिवाक ने मार्क्सवाद के परम्परागत रूप की भी समीक्षा की है और पश्चिमी मार्क्सवादी नज़रिये से भारतीय निम्न वर्ग की समस्याओं की अभिव्यक्ति व विश्लेषण को अनुपयुक्त और अपर्याप्त माना है। उन्होंने मिशेल फ़ूको और ज़ील डलज़ की अवधारणाओं व तर्कों की समीक्षा भी की है।

देखें : उत्तर-औपनिवेशिकता, एडवर्ड विलियम सईद, ज़िग्मण्ड फ्रॉयड-1 और 2, ज़ाक मारी लकाँ, ज़ाक देरिदा, फ्रेंज़ फ़ानो, मिशेल पॉल फ़ूको-1 और 2.

संदर्भ

1. स्टीफ़न मॉर्टन (2007), *इथिक्स, सबाल्टर्निटी ऐंड द क्रिटीक ऑफ़ पोस्टकोलोनियल रीज़न*, पॉलिटी प्रेस, केम्ब्रिज.
2. गायत्री चक्रवर्ती स्पिवाक (1988), 'कैन द सबाल्टर्न स्पीक? स्पेकुलेशंस ऑन विडो सेक्रीफ़ाइस', सी. नेल्सन और एस. ग्रॉसबर्ग (सम्पा.), *मार्क्सिज़म ऐंड द इंटरप्रिटेशन ऑफ़ कल्चर*, मैकमिलन एजुकेशन, बेसिंग्स्टोक.
3. गायत्री चक्रवर्ती स्पिवाक (1999), *अ क्रिटीक ऑफ़ पोस्टकोलोनियल रीज़न : टुवर्ड्स अ हिस्ट्री ऑफ़ द वेनिशिंग*, हार्वर्ड युनिवर्सिटी प्रेस, केम्ब्रिज.

4. साराह हैरैसिम (सम्पा.) (1990), गायत्री चक्रवर्ती स्पिवाक, *द पोस्ट-कोलोनियल क्रिटिक : इंटरव्यूज़, स्ट्रैट्जीज़, डायलाग्ज़*, रॉटलेज, न्यूयॉर्क

— शिवानी चोपड़ा

गिजुभाई बधेका

(Gijubhai Badheka)

बाल-शिक्षा की अवधारणा में रैडिकल परिवर्तन करने वाले गिरिजाशंकर भगमान बधेका उर्फ गिजुभाई बधेका को बच्चों का गाँधी के नाम से भी पुकारा जाता है। बच्चे उन्हें मूँछों वाली माँ कह कर पुकारते थे, और स्वयं गिजुभाई को भी यही सम्बोधन प्रिय था। गिजुभाई ने बाल-शिक्षा के अपने अभियान के वैचारिक पक्ष के लिए मारिया मोंटेसरी, फ्रेड्रिख फ्रोबेल और डाल्टन स्कूल की शिक्षण पद्धति को अपना कर उसमें भारतीय परिवेश के अनुरूप कई परिवर्तन किये। गिजुभाई ने मोंटेसरी शिक्षण पद्धति को ग्रामीण भारत में और सीमित आर्थिक साधनों के साथ चलाने की अनूठी पहल की। उनके विद्यालय में बच्चों को पढ़ाने के लिए पाठ्यपुस्तकों के बजाय कहानियाँ, लोक कथाएँ, नाटकों, गायन, नृत्य, चित्रकारी जैसे वैकल्पिक तरीक़े अपनाये जाते थे। कई नाटकों में गिजुभाई स्वयं भी बच्चों के साथ अभिनय करते थे। इन नाटकों के मंचन में बच्चों को संवाद रटने के स्थान पर अपनी रचनात्मकता-कल्पना शक्ति के प्रयोग की पूरी छूट थी। गिजुभाई की शिक्षण पद्धति का उद्देश्य रटंत और पुस्तकीय विद्या बाँटने के लिए नहीं बल्कि बच्चों को विचारशील, कल्पनाशील और संस्कारवान बनाना था। गिजुभाई बधेका ने बाल-शिक्षा के लिए किसी नये सिद्धांत का प्रतिपादन नहीं किया, न ही उन्होंने बच्चों के मनोविज्ञान का अध्ययन किया। उन्होंने तो बच्चों के मनोविज्ञान से दुनिया को देखना-सोचना-समझना शुरू किया। इस प्रक्रिया में गिजुभाई ने बाल-शिक्षा की मूल अवधारणा को ही उलट दिया। बच्चों के सिखाने के स्थान पर बच्चों से सीखने की व्यवस्था आरम्भ की। स्वतंत्रता आंदोलन के दौरान गिजुभाई बधेका ने बच्चों की स्वायत्तता की अवधारणा प्रस्तुत की और पूरे समर्पण से इस स्वायत्तता की रक्षा के लिए आंदोलन किया।

ब्रिटिश औपनिवेशिक शासन के दौरान एक तरफ़ तो भारतीय शिक्षा की स्वदेशी-पारम्परिक व्यवस्था ठप्प हो गयी थी, और दूसरी तरफ़ ब्रिटिश स्कूली शिक्षा प्रणाली की नक़ल में आधुनिक रोज़गारोन्मुखी शिक्षा देने के लिए जगह-जगह पाठशालाएँ बन गयी थीं। ये पाठशालाएँ प्राथमिक कक्षा से ही एक पूर्व-निर्धारित पाठ्यक्रम, कठोर अनुशासन एवं सख्त नियमबद्धता के साँचे में ढाली गयी थीं। यहाँ शिक्षक केवल एक वेतनभोगी कर्मचारी था और उसका दायित्व बालकों को इतना साक्षर बना देना था ताकि वे भविष्य में आज्ञाकारी आदेशपालक बन सकें। स्कूलों में बच्चों के आनंद और किलकारी के स्थान पर शिक्षकों की प्रताड़ना और फटकार की गरज थी। बच्चों में उत्साह और उत्सुकता के स्थान पर उदासीनता और उदासी छायी रहती थी।

अपने पहले बेटे, नरेंद्रभाई की समुचित शिक्षा की खोज में गिजुभाई को मोंटेसरी शिक्षा की पद्धति के बारे में एक गुजराती किताब पढ़ने को मिली जिसने उन्हें बाल-शिक्षा के बारे में एकदम नये दृष्टिकोण से परिचित कराया। 1916 में गिजुभाई ने अपनी वकालत छोड़ कर भावनगर में दक्षिणमूर्ति नामक एक छात्रावास के उपअधीक्षक का पद ग्रहण किया। यहाँ पर गिजुभाई ने देखा कि इस छात्रावास के अधिकतर बच्चे मशीनी शिक्षण पद्धतिवाले स्कूलों में पढ़ने जाते हैं तो उन्होंने इस विसंगति को दूर करने के लिए दक्षिणमूर्ति छात्रावास में ही एक शिक्षण संस्थान स्थापित किया और स्वयं उसके प्राचार्य बने। इसके साथ ही गिजुभाई ने अपने तीन वर्षीय पुत्र को मोंटेसरी प्रणाली के अनुसार प्रशिक्षित करना शुरू किया। इसी प्रक्रिया में गिजुभाई को प्राथमिक शाला से पहले की बाल-शिक्षा की अहमियत समझ में आयी। 1920 में गिजुभाई बधेका ने भावनगर में दक्षिणमूर्ति बाल मंदिर की स्थापना की। बाल मंदिर अर्थात - बच्चों का मंदिर और इसका मूल मंत्र था 'बाल देवोभव'। बच्चे ही इस मंदिर के देवता थे। बच्चों के आने पर गिजुभाई पूरे सत्कार से उनका स्वागत करते और लौटते समय उनसे पुन: आने का आग्रह भी करते। यह एक पूर्व-प्राथमिक शिक्षा (नर्सरी) विद्यालय था। गिजुभाई ने लोगों से अपने दो-ढाई साल के बच्चों को विद्यालय भेजने का अनुरोध किया जबकि उस समय छह या सात साल की आयु के बच्चों को पाठशाला भेजा जाता था। बाल-शिक्षा में यह एक अभिनव प्रयोग माना गया। बच्चों के प्रति स्नेह और बच्चों की पूर्ण स्वतंत्रता ही इस बाल मंदिर का सैद्धांतिक आधार था।

1925 में गिजुभाई बधेका ने अपनी बाल शिक्षण पद्धति के प्रसार हेतु दक्षिणमूर्ति अध्यापक मंदिर की स्थापना की और इस संस्था ने लगभग 600 अध्यापकों को प्रशिक्षित किया। बाल साहित्य सृजन में गिजुभाई बधेका का योगदान बहुत विशाल है। उन्होंने बाल-कहानियों, बाल-गीतों, एकांकी, यात्रा व साहसिक अभियानों पर क़रीब सौ पुस्तकें लिखी हैं। गिजुभाई की एक लम्बी कहानी 'दिवास्वप्न' बाल शिक्षा के नये स्वरूप का घोषणापत्र जैसी ही है। इसमें गिजुभाई ने बाल शिक्षा के लिए बाल-श्रम शोषण शिविर

गिजुभाई बधेका (1885–1939)

(लेबर कैंप) व शारीरिक प्रताड़ना से मुक्त करने वाली वैकल्पिक व्यवस्था की कल्पना की थी। 'दिवास्वप्न' आज भी बाल शिक्षा संबंधित साहित्य में सिरमौर मानी जाती है। एक व्यावहारिक व्यक्ति की तरह गिजुभाई बधेका ने केवल दिवास्वप्न देखा और लिखा ही नहीं बल्कि उसे धरती पर साकार भी किया।

गिजुभाई ने ईंट-गारे के कैम्पस बनाने के साथ-साथ बाल शिक्षा में कई क्रांतिकारी परिवर्तनों का समावेश किया। उन्होंने विद्यालय के प्रति बच्चों में भय का भाव हटाने का प्रयास करके विद्यालय में ऐसा वातावरण बनाने पर जोर दिया जिससे बच्चे वहाँ स्वेच्छा और उत्साह से पढ़ने आएँ। पढ़ाई की निश्चित समय सारिणी, पाठ्यक्रम, होम वर्क और शिक्षकों के रौब जमाने वाले अनुशासन को गिजुभाई ने अपनी पाठशाला में कोई स्थान नहीं दिया। उन्होंने दकियानूसी रटंत विद्या के स्थान पर बच्चों में सीखने-समझने की क्षमता बढ़ाने पर ध्यान दिया। एक सी उबाऊ नीरस पाठ्यपुस्तकों के स्थान पर कहानियों, गीतों और रोचक घटनाओं की विभिन्न किताबों का प्रयोग किया ताकि बच्चों में नयी बातें जानने-सीखने की ललक बढ़े। गिजुभाई ने पढ़ाई और परीक्षा के गठजोड़ को तोड़ने का भी काम किया और शिक्षा द्वारा बच्चों में क्रमिक विकास लाने की प्रक्रिया शुरू की। परीक्षाओं के मौसम में केवल रटं-रटाये सवाल-जवाब की परम्परा को हटा कर उसके स्थान पर लगातार सीखने की व्यवस्था स्थापित की। उन्होंने अपने प्रत्येक विद्यालय में किसी भी तरह की नैतिक उपदेशात्मक शिक्षा को पूरी तरह से हटा दिया। यहाँ तक कि गिजुभाई ने महात्मा गाँधी द्वारा बच्चों को नैतिक शिक्षा देने वाली पुस्तक *बाल पोथी* को भी बच्चों के लिए अनुपयुक्त माना। महात्मा गाँधी ने गिजुभाई की इस आलोचना को सही मान कर *बाल पोथी* के आगे प्रकाशन और वितरण को रोक दिया। गिजुभाई ने भाषा और व्याकरण को अलग-अलग नहीं बल्कि एक साथ पढ़ाने का काम किया, शिक्षा देने में लिखित शब्दों के स्थान पर श्रव्य-दृश्य साधनों का ज़्यादा प्रयोग किया।

1925 में गिजुभाई ने ताराबाई मोदक के साथ मिल कर गुजराती भाषा में *शिक्षण पत्रिका* का प्रकाशन किया जिसमें उन्होंने तत्कालीन शिक्षा-व्यवस्था में आमूलचूल परिवर्तन की आवश्यकता समझायी। आम लोगों को अपनी शिक्षण प्रणाली के बारे में बताने के उद्देश्य से उन्होंने भावनगर और अहमदाबाद में दो सम्मलेन आयोजित किये। सन 1926 में गिजुभाई और ताराबाई मोदक ने मिलकर नूतन बाल शिक्षण संघ की स्थापना की। इस संस्था ने कई जगहों पर बाल मंदिर तथा शिशु विहार स्थापित करते हुए इस पूरे अभियान को एक संस्थागत स्वरूप दिया। शहरी इलाक़ों में बाल मंदिर काफ़ी लोकप्रिय भी हुए, क्योंकि वहाँ बच्चों के रहने-खेलने के लिए समुचित स्थान था, देखभाल के लिए सही संख्या में लोग और बाल शिक्षा के लिए प्रशिक्षित शिक्षक भी उपलब्ध थे। शहरी इलाक़ों में स्थित बाल मंदिरों में लोग प्रसन्नतापूर्वक अपने बच्चों को लेकर आते थे। उन्हें निर्धारित शुल्क देने में भी कोई परेशानी नहीं थी। लेकिन यही लोग बाल मंदिर में एक औपचारिक पाठ्यक्रम की व्यवस्था भी चाहते थे जिससे उनके बच्चे अपनी स्कूली शिक्षा समय से पहले ही पूरी कर सकें। ताराबाई मोदक ने बम्बई में एक दलित बहुल इलाक़े में बाल मंदिर स्थापित किया तो उन्हें यक़ीन हो गया कि ग़रीब तथा वंचित बच्चों में मध्यम और उच्च वर्ग के बच्चों की तुलना में बाल शिक्षा की आवश्यकता कहीं ज़्यादा है और इन बच्चों के सीखने की प्रक्रिया भी अलग है। ग्रामीण क्षेत्रों में बाल शिक्षा के प्रसार के लिए सन् 1936 में ताराबाई ने बम्बई से 160 किलोमीटर दूर ग्राम बाल शिक्षा केंद्र की स्थापना की। गिजुभाई ने अपने लेखन द्वारा बच्चों से अधिक उनके माता-पिता और शिक्षकों को पढ़ाने का प्रयास किया। कई जगहों पर उन्होंने अपनी किताबों में निर्देश दिये कि बच्चों को आनंद के लिए पढ़ाया जाए न कि मुखाग्र या कंठस्थ कराने के उद्देश्य से। गिजुभाई ने शिक्षक को शाला का आधार-स्तम्भ माना और बच्चों की शारीरिक स्वच्छता, पाठशाला की स्वच्छता और स्वस्थ वातावरण को बेहद महत्त्वपर्ण व आवश्यक दर्जा दिया।

1936 में अपने सहयोगियों से मतभेद क कारण गिजुभाई ने दक्षिणमूर्ति की संस्था छोड़ दी और राजकोट में एक अध्यापक मंदिर की स्थापना की। दुर्भाग्यवश 23 जुलाई, 1939 को गिजुभाई का निधन हो गया।

देखें : औपनिवेशिक शिक्षा, गिजुभाई बधेका, धोंडो केशव कर्वे, वर्धा शिक्षा योजना।

संदर्भ

1. जी पंकजम (2005), *प्री प्राइमरी एजुकेशन : फलसफ़ा ऐंड प्रैक्टिस,* कांसेप्ट पब्लिशिंग कम्पनी, नयी दिल्ली.
2. गिजुभाई बधेका (1932), *दिवास्वप्न,* नैशनल बुक ट्रस्ट, नयी दिल्ली.
3. गिजुभाई बधेका (अनु. रामनरेश सोनी), *गिजुभाई रत्नावली, बाल शिक्षण : जैसा मैं समझ पाया,* सर्जना, बीकानेर.

— रवि दत्त बाजपेयी

गुन्नार मिर्डाल

(Gunnar Myrdal)

स्वीडिश विद्वान कार्ल गुन्नार मिर्डाल (1898–1987) को अर्थशास्त्र में परम्परागत रूप से प्रचलित संतुलनावस्था विश्लेषण का सैद्धांतिक विकल्प पेश करने का श्रेय जाता है। अपने नये सूत्रीकरणों के ज़रिये उन्होंने नस्ली भेदभाव, ग़रीबी और बेरोज़गारी घटाने के प्रस्ताव पेश किये और मुक्त बाज़ार नीतियों के परे जा कर अर्थव्यवस्थाओं में होने वाले परिवर्तनों को समझने की चेष्टा की। एक समाज वैज्ञानिक के रूप में मिर्डाल की रुचियों का दायरा व्यापक था। मिर्डाल ने विश्व स्तर पर वास्तविक आर्थिक मुद्दों की शिनाख्त की और मनोवैज्ञानिक, ऐतिहासिक, समाजशास्त्रीय और सांस्कृतिक कारकों का सहारा ले कर एक नया अर्थशास्त्र रचने का प्रयास किया। वे एक अनूठे अर्थशास्त्री थे जिन्होंने आर्थिक सिद्धांत के साथ-साथ आर्थिक नीतियों के क्षेत्र में भी उल्लेखनीय योगदान किया।

स्वीडन के स्वोलवार्बो गाँव में एक धनी भू-स्वामी परिवार में पैदा होने के बाद गुन्नार मिर्डाल को बेहतरीन शिक्षा प्राप्त करने का मौक़ा मिला। पहले उन्होंने क़ानून की डिग्री हासिल की, पर बाद में अपनी पत्नी के आग्रह पर अर्थशास्त्र का अध्ययन किया और उसी विषय में पीएचडी की उपाधि प्राप्त की। 1932 में स्वीडन की सामाजिक-जनवादी सरकार ने आवासन और जनसंख्या आयोग में उन्हें नियुक्त किया। वे दो बार स्वीडिश संसद के सदस्य भी रहे। चालीस के दशक के मध्य में मिर्डाल स्वीडन के युद्धोपरांत नियोजन आयोग के सभापति बनाये गये। वे वाणिज्य और व्यापार मंत्री भी रहे।

ऐडम स्मिथ ने अगर राष्ट्रों की समृद्धि के कारण का विश्लेषण किया, तो मिर्डाल ने राष्ट्रों की ग़रीबी के कारण पता लगाये। उन्होंने यह मानने से इनकार किया कि समानता और आर्थिक वृद्धि साथ-साथ सम्भव नहीं हैं। समाज वैज्ञानिकों, ख़ासकर अर्थशास्त्रियों, को आड़े हाथों लेते हुए उन्होंने कहा कि वे एक ऐसी भाषा में अपनी बात कहते और बोलते हैं जो आम लोगों की समझ से बाहर होती है। एक विद्वान जो लिखता है, उसे केवल दूसरा विद्वान ही समझ पाता है। मिर्डाल की मान्यता थी कि इस रवैये के कारण समाज-विज्ञान का सामाजिक महत्त्व कम हो जाता है। वे वैज्ञानिक वस्तुनिष्ठता की आड़ में अर्थशास्त्रियों द्वारा अपने मानकीय आग्रह छिपाने के भी ख़िलाफ़ थे। उन्होंने ज़ोर दे कर कहा कि अर्थशास्त्रियों को अपने पूर्वग्रह स्पष्ट रूप से स्वीकार करना चाहिए। 1974 में फ्रेड्रिख़ हायक के साथ नोबेल पुरस्कार मिलने पर उनका कहना था कि अर्थशास्त्र जैसे अवैज्ञानिक अनुशासन के लिए यह एक अनुपयुक्त पुरस्कार है। वे अक्सर कहते थे कि जब पुरस्कार कमेटी ने उन्हें नोबेल जीतने की सूचना दी तो बहुत सवेरे का वक़्त था और वे ठीक से जागे भी नहीं थे, वरना वे उसे स्वीकार नहीं करते।

गुन्नार मिर्डाल को स्वीडन के कल्याणकारी राज्य की अवधारणा के मुख्य शिल्पियों में से एक माना जाता है। राजकोषीय नीतियों के कींसियन इस्तेमाल के ज़बरदस्त पैरोकार के रूप में उन्होंने स्वीडन के वित्त मंत्री से ऐसी नीतियाँ बनवायीं जिनके तहत सार्वजनिक निर्माण पर धन ख़र्च करके सरकार बेरोज़गारी कम करने में कामयाब रही। बीस के दशक में अर्थव्यवस्था से की जाने वाली उम्मीदों और उनके वास्तविक परिणामों के बीच फ़र्क़ होने से काफ़ी भ्रम की स्थिति थी। व्यापारी मुनाफ़े की उम्मीद में निवेश करते थे, पर उन्हें घाटा उठाना पड़ता था। अतिरिक्त बचत की स्थिति न होने पर भी व्यापार-जगत निवेश करता रहता था। सिद्धांत यह था कि बचत और निवेश बराबर-बराबर होने चाहिए। मिर्डाल ने अपेक्षित और वास्तविक परिणामों के बीच फ़र्क़ की पहेली सुलझायी। उन्होंने एक आर्थिक प्रक्रिया के शुरूआती कारकों अथवा चरों की और अंत के चरों की अलग-अलग गणना की। उन्होंने दिखाया कि आर्थिक प्रक्रिया के प्रारम्भ में अगर निवेश बचत के स्तर से ज़्यादा हो तो मुनाफ़े और आमदनी में वृद्धि के कारण बचत की मात्रा और बढ़ेगी। इस तरह प्रक्रिया के अंत में बचत निवेश के बराबर हो जाएगी। लेकिन अगर प्रक्रिया के आरम्भ में बचत निवेश से अधिक हुई तो परिणाम मंदी में निकलेगा, नौकरियाँ जाएँगी और मुनाफ़ा गिर जाएगा। अपने उत्पादों को बेचने में नाकाम रहने पर व्यापारी निवेश और घटा देंगे। इसके कारण प्रक्रिया के आख़िर में एक बार फिर बचत और निवेश का स्तर बराबर हो जाएगा।

संतुलनावस्था विश्लेषण (इक्विलीबिरियम एनालैसिस) की नयी व्याख्या करने के बावजूद मिर्डाल इस सिद्धांत से संतुष्ट नहीं थे। उन्होंने इसकी जगह *संचयी कार्य-कारण संबंध* (क्यूमिलेटिव कॉज़ेशन) सिद्धांत प्रस्तावित किया। इस सिद्धांत

कार्ल गुन्नार मिर्डाल (1898-1987)

का पहला प्रयोग मिर्डाल के गुरु कुंट विकसेल ने किया था, पर मिर्डाल ने उसका सुविचारित वर्णन करके उसके महत्त्व की स्थापना की। संतुलनावस्था का सिद्धांत एकदिशीय गति के हिसाब से चलता था जिसके तहत माना जाता था कि एक चर दूसरे को प्रभावित करके बढ़ाता या घटाता है पर दूसरा पहले पर कोई प्रभाव नहीं डालता और इस प्रक्रिया में एक नयी संतुलनावस्था प्राप्त हो जाती है। संचयी कार्य-कारण संबंध के तहत मिर्डाल की मान्यता यह थी कि दोनों चर एक-दूसरे को प्रभावित करते हैं। एक चर में हुआ परिवर्तन दूसरे पर असर डालेगा जिसके कारण पहला चर फिर से प्रभावित होगा। यह क्रम चलता रहेगा, कोई संतुलनावस्था पैदा नहीं होगी और आर्थिक तंत्र स्थायित्व की उस स्थिति में नहीं आयेगा जिसकी उम्मीद इक्विलीबिरियम एनालैसिस द्वारा की जाती है। अगर दोनों चरों में वृद्धि होती है तो एक सकारात्मक लूप बनेगा और लाभ चक्र पैदा होगा। अगर दोनों में गिरावट होती है तो नकारात्मक लूप तैयार होगा जिसका नतीजा हानि चक्र में निकलेगा। संचयी कार्य-कारण संबंध का इस्तेमाल करके मिर्डाल ने ग़रीबी और नस्ली भेदभाव की समस्याओं की आर्थिक व्याख्या करने का प्रयास किया।

1938 में हार्वर्ड विश्वविद्यालय में भाषण देते समय कारनेगी फ़ाउंडेशन ने उनसे अमेरिकी में नस्ली भेदभाव की समस्या के अध्ययन का अनुरोध किया। अगले पाँच साल तक मिर्डाल इस काम में लगे रहे जिसका नतीजा *एन अमेरिकन डिलेमा* जैसी विख्यात कृति में निकला। मिर्डाल ने दस्तावेज़ी प्रमाणों के ज़रिये दिखाया कि न्याय और समान अवसर के उसूलों में आस्था के बावजूद अमेरिका में अश्वेतों के साथ किस-किस तरह से भेदभाव होता रहा है जिसके कारण दोनों प्रजातियों की आर्थिक-सामाजिक स्थितियों में बहुत अंतर आ गया है। इस परिस्थिति को उन्होंने अमेरिका के नैतिक द्वंद्व की संज्ञा दी। उन्होंने दावा कि कालों के साथ किया जाने वाला भेदभाव प्रौद्योगिकीय दृष्टि से विकसित समाज की ज़रूरतों के विपरीत है। अश्वेतों को शिक्षित-प्रशिक्षित न करने, उन्हें आगे बढ़ने के अवसर उपलब्ध न कराने और उन्हें रोज़गार न देने के कारण ही अमेरिकी अर्थव्यवस्था का प्रदर्शन ख़राब है। भेदभाव के कारण अश्वेत समाज जिस दुर्गति को प्राप्त हुआ है, उसके कारण श्वेत समाज के भीतर उसकी नकारात्मक छवियाँ रूढ़ हो गयी हैं कि ये लोग तो ऐसे ही हैं। इसकी वजह से भेदभाव के गर्भ से और भेदभाव पैदा होने के हालात बन गये हैं। पूरा अश्वेत समाज संचित भेदभाव का शिकार हो चुका है।

संचयी कार्य-कारण संबंध के सिद्धांत का इस्तेमाल करते हुए मिर्डाल ने नतीजा निकाला कि अश्वेत समाज के संदर्भ में दोनों चर परस्पर अन्योन्यक्रिया करते हुए नकारात्मक लूप बना रहे हैं। इसे सकारात्मक लूप में बदलने के लिए संस्थागत प्रयास करने होंगे। उन्होंने सिफ़ारिश की कि अश्वेतों को अमेरिका के ग्रामीण दक्षिणी हिस्से से औद्योगिक उत्तर और पश्चिमी इलाक़ों में जाने के लिए प्रोत्साहित करना चाहिए जहाँ भेदभाव इतना ज़्यादा नहीं है और रोज़गार के अवसर भी अधिक हैं। केवल इसी तरीक़े से अश्वेत समाज युद्धोपरांत विकसित हुई अमेरिकी अर्थव्यवस्था के साथ एकीकृत हो सकता है।

अपने इसी सैद्धांतिक मॉडल के सहारे मिर्डाल ने दक्षिण एशियाई ग़रीबी की जाँच-पड़ताल की और *एशियन ड्रामा* जैसी विख्यात पुस्तक लिखी। यहाँ उन्होंने 'स्प्रेड इफ़ेक्ट' और 'बैकवाश इफ़ेक्ट' की थीसिस दी। अगर एक इलाक़े का विकास होता है तो उसके प्रभावों का विस्तार होता है और दूसरे इलाक़े भी प्रभावित होते हैं। जबकि ग़रीबी अपने गर्भ से ग़रीबी को जन्म देती रहती है। दरिद्र इलाक़ों में जन्म दर अधिक होती है, पोषण का स्तर गिरा हुआ होता है और श्रम की उत्पादकता कम रहती है। उन्होंने नकारात्मक लूप की जगह सकारात्मक लूप क़ायम करने के लिए विकासशील देशों की सरकारों को सलाह दी कि वे शिक्षा पर जम कर ख़र्च करें। स्वच्छता, साफ़ पानी और जन-सुविधाएँ उपलब्ध करायी जाएँ। नागरिकों की आमदनी में ऊँच-नीच कम करने के लिए मिर्डाल ने सरकारों से कहा कि उन्हें इसके लिए भी अलग से कार्यक्रम डिज़ाइन करने चाहिए।

मिर्डाल की मुख्य थीसिस थी विकास से विकास पैदा

होता है और ग़रीबी से ग़रीबी। निश्चित रूप से समानता और विकास की समस्वरता में यक़ीन न करने वालों के मुक़ाबले यह एक रैडिकल थीसिस थी। पर, यह थीसिस विकास से पैदा होने वाली ग़रीबी, लोगों के विस्थापन और बदली हुई जीवन-शैली के कारण आने वाले सांस्कृतिक संकटों पर पर्याप्त ध्यान देने में नाकाम रही।

देखें : अर्थ-विज्ञान का समाजशास्त्र, आर्थिक जनसांख्यिकी, अल्फ्रेड मार्शल, अमर्त्य कुमार सेन, अंतर्राष्ट्रीय मुद्रा कोष, आधार और अधिरचना, ऑस्कर रायज़ार्ड लांगे, ऐडम स्मिथ, करारोपण, कल्याणकारी अर्थशास्त्र, क्लासिकल अर्थशास्त्र, कार्ल हाइनरिख़ मार्क्स-3, कार्ल मेंगर, कींसियन अर्थशास्त्र, जोआन रोबिंसन, जॉन कैनेथ गालब्रेथ, जॉन मेनार्ड कींस, जॉन स्टुअर्ट मिल, जोसेफ़ शुमपीटर, जैव विविधता, ट्रस्टीशिप, डेविड रिकार्डो, ढाँचागत समायोजन कार्यक्रम, थॉमस मन और वणिकवाद, थॉमस रॉबर्ट माल्थस, दक्षता, धन, नियोक्लासिकल अर्थशास्त्र, नीतिशास्त्र और अर्थशास्त्र, निकोलस काल्दोर, नियोजन, नियोजन : मार्क्सवादी विमर्श, पण्य, पण्य-पूजा, पेटेंट, पॉल सेमुअलसन, पियरो स्राफ़ा, पूँजी, प्रतियोगिता, फ्रांस्वा केस्ने और प्रकृतिवाद, फ्रेड्रिख़ वॉन हायक, बहुराष्ट्रीय निगम, बाज़ार, बाज़ार की विफलताएँ, बाज़ार-समाजवाद, बौद्धिक सम्पदा अधिकार, ब्रेटन वुड्स प्रणाली, भारत में बहुराष्ट्रीय निगम, भारत में नियोजन, भारत में पेटेंट क़ानून, भारत में शेयर संस्कृति, भूमण्डलीकरण और पूँजी बाज़ार, भूमण्डलीकरण और वित्तीय पूँजी, भूमण्डलीकरण और वित्तीय उपकरण, मार्क्सवादी अर्थशास्त्र, मिल्टन फ्रीडमेन, मूल्य, राजकोषीय नीति और मौद्रिक नीति, रॉबर्ट ओवेन, विलफ्रेडो परेटो, विश्व व्यापार संगठन, विश्व बैंक, विलियम पेटी, विलियम स्टेनली जेवंस, वैकासिक अर्थशास्त्र, शोषण, साइमन कुज़्नेत्स।

संदर्भ

1. जेम्स अग्रेसानो (1997), *द पॉलिटिकल इकॉनॉमी ऑफ़ गुन्नार मिर्डाल*, एडवर्ड एल्गर, चेल्टनहेम, यूके.
2. जी. लॉयड रेनॉल्ड्स (1976), 'गुन्नार मिर्डाल्स कंट्रीब्यूशन टू इकॉनॉमिक थियरी, 1940-1970', *स्वीडिश जर्नल ऑफ़ इकॉनॉमिक्स*, 76.
3. ए. वाल्टर जेक्सन (1990), *गुन्नार मिर्डाल ऐंड अमेरिकाज़ कांशेंस : सोशल इंजीनियरिंग ऐंड रैडिकल लिबरलिज़्म*, युनिवर्सिटी ऑफ़ नॉर्थ कैरोलिना प्रेस, नॉर्थ कैरोलिना, चापेल हिल.
4. जाइल्स दोस्तलर वग़ैरह (सम्पा.) (1992), *गुन्नार मिर्डाल ऐंड हिज़ वर्क*, हारवेस्ट हाउस, मांट्रियल.

— अभय कुमार दुबे

गुरु घासीदास

(Guru Ghasidas)

अट्ठारहवीं सदी में सतनामी आंदोलन के माध्यम से अछूत समझी जाने वाली जातियों में सामाजिक-सांस्कृतिक चेतना का प्रसार करने वाले गुरु घासीदास (1756-1836) निचली जातियों से आये संतों की परम्परा के महापुरुष थे। अपने जीवन में ग़रीबी और छुआछूत से संघर्ष करते हुए उन्होंने मध्य भारत के छत्तीसगढ़ इलाक़े में चर्मकार जातियों को एक नये सम्प्रदाय में संगठित किया। हिंदू धर्म के अनगनित देवी-देवताओं को ख़ारिज करते हुए घासीदास ने एकेश्वरवाद का संदेश दिया। उन्होंने जिस ईश्वर की पैरोकारी की वह निराकार और अनंत के रूप में परिभाषित किया गया। घासीदास ने जातिगत विभेदों की निंदा की और सामाजिक समता का उपदेश दिया। उन्होंने कहा सभी मनुष्य बराबर हैं, ईश्वर एक है और उसका नाम सतनाम (सत्यनाम) है। घासीदास से पहले उत्तर भारत में जगजीवन दास ने इसी प्रकार का मत चलाया था। लेकिन छत्तीसगढ़ के इलाक़े में गुरु घासीदास के विचारों का प्रचार-प्रसार अधिक प्रभावी साबित हुआ। कन्हैया लाल चंचरीक के अनुसार सतनामी आंदोलन जातिगत संगठन और समाज-सुधार की दिशा में एक अनूठा प्रयोग माना जा सकता है। इस क्षेत्र में कबीरपंथ का भी असर था, पर कबीरपंथी इस प्रकार संगठित नहीं हो पाये। सतनामी सम्प्रदाय का शुरुआती रूप धार्मिक था जो बाद में सामाजिक-राजनीतिक आंदोलन बन गया। सतनामी सम्प्रदाय के प्रभाव वाले इलाक़ों में दुर्ग, रायपुर, बिलासपुर आदि जिले हैं। मूल रूप से ज़्यादातर चमार जाति के लोग ही सतनामी सम्प्रदाय में दीक्षित हुए।

घासीदास का जन्म रायपुर जिले के गिरोदा गाँव में हुआ था। इनके पिता का नाम महंगूदास तथा माँ का नाम अमरोतिन था। बचपन से ही उनमें अपनी ही बिरादरी में प्रचलित ऊँच-नीच के रीति-रिवाज़ों के प्रति गहरी अरुचि उन्हें सही रास्ते की तलाश में दूर-दूर तक ले गयी। एक दिन घासीदास तालाब के किनारे बैठे थे। उन्होंने देखा कि एक बड़ी मछली ने छोटी मछली को निगल लिया है। छोटे को बड़े का आहार बनता देख उन्होंने सोचा कि क्या सदैव ऐसा होता आया है। उनके मन में इस विचार आया कि यदि ऐसा ही मनुष्यों के बीच होता है तो यह अन्याय है। उनके विरक्त भाव को देख कर माँ-बाप ने उन्हें विवाह के बंधन में भी बाँधा, लेकिन वे घासीदास को नहीं रोक पाये। 1820 के दशक में घासीदास अपने भाई के साथ पुरी की यात्रा पर निकल गये। कहा जाता है कि सारंगगढ़ के रास्ते में उन्हें ज्ञान-प्राप्ति हुई जिसके बाद उन्होंने सतनाम की घोषणा करके

गुरु घासीदास (1756-1836)

अपने गाँव वापसी की। उन्होंने सामान्य जीवन त्याग कर संन्यासी की दिनचर्या ग्रहण की और जंगल में तपस्या करने चले गये। छह महीने बाद लौट कर घासीदास ने मूर्तिपूजा त्यागने और सतनाम अपनाने का उपदेश देना शुरू किया। गिरोदपुरी की पहाड़ियों पर ज्ञान प्राप्ति के पश्चात उन्होंने भण्डारपुरी को अपनी कर्मस्थली बनाया। यहीं से तीन किलोमीटर की दूरी पर ऐतिहासिक तैलासी ग्राम में सतनाम धर्म की दीक्षा का प्रथम सूत्रपात किया। उन्होंने दांतेवाड़ा, बस्तर, अमरकंटक, जबलपुर, बालाघाट, मण्डला, सिवनी, छिंदवाड़ा, उमरिया आदि इलाक़ों की यात्राएँ कीं और अपना संदेश फैलाया। जल्दी ही उनके इर्द-गिर्द अनुयायी जमा होने लगे। घासीदास द्वारा सतनामी समाज की स्थापना होने पर एक तरफ़ दलितों तथा पिछड़े समाज के भीतर आशा जगी, और दूसरी तरफ़ ब्राह्मणों और पुरोहितों ने दलित समाज का जीना मुश्किल कर दिया। इसके जवाब में घासीदास को एक अलग धार्मिक सेना का गठन करना पड़ा। उन्होंने दलितों-शोषितों में जाकर एलान किया कि अगर आप सभी सतनामी समाज की सभा के सूत्र में बध जाएँगे तो बड़ा छोटे को नहीं सता पायेगा। गुरु घासीदास ने जिस सतनामी विचार को छत्तीसगढ़ में लोकप्रिय किया, उसका इतिहास सत्रहवीं सदी से शुरू होता है। इतिहास में मुग़लों की हुकूमत के ख़िलाफ़ 1672 का सतनामी विद्रोह दर्ज है।

गुरु घासीदास के उपदेशों में बुद्ध के संदेश झलकते हैं। उनका कहना था कि सत्य के रास्ते पर चलो, झूठ मत बोलो, चोरी मत करो, अंधविश्वास से दूर रहो, मूर्ति-पूजा से छुटकारा पाओ। उन्होंने अपने अनुयायियों को समझाया कि कि मंदिरों तथा प्रार्थना-स्थलों पर माथा पटकने से कुछ हासिल नहीं होगा। कोई मंदिर तुम्हें भुखमरी से नहीं बचा सकता, कड़ी मेहनत से ही तुम अपना और अपने परिवार का भरण-पोषण कर सकोगे। सत्य के मार्ग का अनुसरण करने से ही कल्याण होगा। दलित समाज को शोषण अन्याय से बचाने के लिए हमें एकजुट होकर संघर्ष करना होगा। घासीदास ने अपने समाज कड़ी मेहनत करने की अपील की ताकि सभी की सामूहिक प्रगति हो सके। घासीदास ने सतनामियों के बीच पंथी गीत और नृत्य का प्रचलन किया। उनकी जीवनी, उपदेश, वाणी को पंथी गीत में गाया जाता है। यह समूह नृत्य है जिसमें मादल, झांझ, मृदंग, मंजीरे, घुंघरु आदि का इस्तेमाल होता है। घासीदास के बाद उनके बेटे बालकदास ने उनकी गद्दी सँभाली।

आगे चल कर सतनामी सम्प्रदाय में संत रामानंद के विचारों का भी प्रभाव पड़ा और इस प्रक्रिया में यह हिंदू समाज का ही उपांग बन गया। मानवशास्त्री सौरभ दुबे ने छत्तीसगढ़ इलाक़े के सतनामियों का अध्ययन करते हुए उनका इतिहास दो भागों में बाँट कर पेश किया है। पहला हिस्सा 1780 से 1900 तक का है, और दूसरा हिस्सा अगले पचास साल यानी 1900 से 1950 तक जाता है। 1950 में ही सतनामी गुरु अगमदास ने कांग्रेस के टिकट पर छत्तीसगढ़ से लोकसभा का चुनाव जीता। उस समय डॉ. आम्बेडकर के नेतृत्व वाली आल इण्डिया शेड्यूल कास्ट फ़ेडरेशन सतनामियों का समर्थन पाने में नाकाम रही। अनुयायियों के बीच अगमदास की जीत को 'राजधानी दिल्ली में गुरु-गद्दी' के रूप में देखा गया।

दिलचस्प बात यह है कि आगे चल कर जिन ब्राह्मणी मूल्यों को घासीदास ने ख़ारिज किया था, वे ही विभिन्न रास्तों से इस सम्प्रदाय के अनुयायियों को प्रभावित करते देखे गये। गुरु घासीदास की शख़्सियत के इर्द-गिर्द गढ़े गये मिथकों का बाबा रामचंद्र जैसे महाराष्ट्रि ब्राह्मण राष्ट्रवादियों से लेकर ईसाई मिशनिरियों तक ने अपने-अपने पक्ष में तात्पर्य-निरूपण किया।

देखें : अनुसूचित जातियाँ, अस्मिता की भारतीय राजनीति, अन्य पिछड़े वर्ग, आयोतीदास पांडीतर, आयंकाली, आम्बेडकर-गाँधी विवाद, इरोड वेंकट रामस्वामी नायकर पेरियार, कांशी राम, गाड्गे बाबा, गोपाल बाबा वलंगकर, जगजीवन राम, ज्योतिराव गोविंदराव फुले, जाति और जाति-व्यवस्था-1 से 4 तक, बहुजन समाज पार्टी-1 और 2, बाबू मंगूराम,

भदंत आनंद कौसल्यायन, भीमराव रामजी आम्बेडकर, स्वामी अछूतानंद हरिहर।

संदर्भ

1. सौरभ दुबे (2001), *अनटचेबिल पास्ट्स : रिलाजन, आइडेंटिटी, ऐंड पॉवर एमंग अ सेंट्रल इण्डियन क्म्युनिटी*, 1780-1950, विस्तार पब्लिकेशंस, नयी दिल्ली.
2. स्वामीराम बंजारे सरल (2010), *छत्तीसगढ़ के लोक जीवन में पंथी गीतों का महत्त्व*, बयान, दिसम्बर, नयी दिल्ली.

— मोहनदास नैमिशराय

गेटकीपिंग

(Gatekeeping)

गेटकीपिंग सूचना के निर्धारण और चयन की एक ऐसी प्रक्रिया है जिसमें समाचार की प्रकृति और उसकी विषय-वस्तु का निर्धारण किया जाता है। साथ में यह भी ध्यान में रखा जाता है कि इसका स्वरूप क्या होना चहिए। गेटकीपिंग के सिद्धांत का उद्गम दिलचस्प है। इसका शाब्दिक अर्थ है चौकीदारी करना। यानी ऐसा व्यक्ति जो हर जाने-अनजाने व्यक्ति की प्रामाणिकता परख कर ही गेट के भीतर जाने देता है। इस प्रकार के दृश्य किसी भी कार्यालय, रिहायशी सोसाइटी अथवा अपार्टमेंट में दिखाई देते हैं। दरअसल यह शब्द सामाजिक मनोविज्ञान के अनुशासन की देन है जिसे सबसे पहले सोशल साइकोलॉजिस्ट कर्ट लेविन ने 1943 में गढ़ा था। कर्ट लेविन ने अपने लेख 'फ़ोर्सेज़ बिहाइंड फ़ूड हैबिट ऐंड मैथेड आफ़ चेंज' में लिखा था कि कैसे खाने की एक वस्तु खेत से लेकर स्टोर तक, फिर स्टोर से लेकर खाने की टेबल तक एक लम्बी प्रक्रिया में पहुँचती है। उसे कई चैनलों से गुजरना पड़ता है और इस चैनल का जो सबसे बड़ा नियंत्रक है वह है पत्नी। उसकी मर्ज़ी के बिना कोई भी चीज़ खाने की मेज़ तक नहीं पहुँच सकती। लेविन ने अपने अध्ययन में बताया था कि कैसे एक ही परिवार के सभी सदस्यों का वज़न एक जैसा नहीं होता और इसके लिए घर की मालकिन अथवा पत्नी व्यक्ति विशेष की इच्छाओं और ज़रूरतों के हिसाब से खाना देती है। यह इस बात का प्रतीक है कि कोई न कोई आपके घर में है जो आपके खाने की भी चौकीदारी करता है। लेकिन इस पूरी प्रक्रिया में हमेशा इस बात को सर्वोपरि रखा जाता है कैसे खाने के माध्यम से न केवल परिवार के सदस्यों की तंदरुस्ती ठीक रखी जाए बल्कि उनकी निर्णय-क्षमता को भी निखारा जाए। खाने की मेज़ से पैदा हुए इस सिद्धांत को 1950 में मीडिया-विमर्श का हिस्सा बना लिया गया।

गेटकीपिंग को मीडिया-विमर्श का हिस्सा बनाने से पहले डी.एम. व्हाइट नाम के विद्वान ने इस पर एक शोध किया। उन्होंने इस बात का ध्यान रखा कि किसी भी समाचार का चयन करते समय सम्पादक की ज़िम्मेदारी होगी कि वह इस बात पर ग़ौर करे कि कौन-सा समाचार अख़बार का हिस्सा बनने लायक है और कौन सा नहीं। इसके लिए व्हाइट ने एक ऐसे सम्पादक से सम्पर्क किया जिसकी आयु लगभग 45 के आसपास रही होगी और जिसे पत्रकारिता का लगभग 25 वर्ष का अनुभव था। उसका नाम गेट्स था। गेट्स के अख़बार की प्रसार-संख्या 30,000 से अधिक थी। जब व्हाइट ने गेट्स से अपने अध्ययन के दौरान पूछा कि ऐसे कौन से कारण हैं जिनकी वजह से आप कई समाचारों को प्रकाशित न करने का निर्णय लेते हैं तो उन्हें जवाब मिला कि इसके मूलतः दो कारण हैं : पहला, समाचार में कोई मूल्य न होना; और दूसरा, एक ही विषय पर एक जैसे दो समाचारों का प्रकाशन न करना। इसका मतलब यह हुआ समाचार-जगत में गेटकीपिंग का सिद्धांत दो बातों पर निर्भर करता है। एक समाचार के मूल्य पर और दूसरा उसकी नवीनता पर।

कर्ट लेविन द्वारा प्रतिपादित यह सिद्धांत धीरे-धीरे मीडिया जगत में गेटकीपिंग के नाम से जाना जाने लगा। भारतीय संदर्भ में समाचार-पत्रों, पत्रिकाओं और न्यूज़ चैनलों में यह काम सम्पादक द्वारा किया जाता है। किसी भी मीडिया संस्थान में सम्पादक ही वह व्यक्ति होता है जिसके ऊपर समाचार के चयन से लेकर उसकी विषय-वस्तु के निर्धारण की ज़िम्मेदारी होती है। सम्पादक किसी भी समाचार पत्र और पत्रिका का ऐसा नियंत्रक माना जाता है जो समाचार के चयन के साथ-साथ इस बात का भी निर्णय करता है कि समाचार-पत्र का ले-आउट और डिज़ाइन क्या होगी। यह उत्तरदायित्व एक सुरक्षाकर्मी जैसा ही है जिसे हर समय ख़याल रखना पड़ता है कि कोई ऐसी सामग्री समाचार-पत्र अथवा पत्रिका में न चली जाए जिसका नकारात्मक प्रभाव समाज पर पड़े। साथ ही एक कुशल सम्पादक के लिए इससे जुड़े क़ानून के सभी पक्षों से भी अवगत होना आवश्यक है।

गेटकीपिंग की प्रक्रिया कई बातों पर निर्भर करती है। सम्पादक किसी समाचार को चुनने से पहले देखता है कि उस समाचार की मूल्यवत्ता कितनी है। फिर वह सुनिश्चित करने की कोशिश करता है कि उस समाचार का स्रोत क्या है। एक बार स्रोत का पता चल जाने पर यह देखा जाता है कि जनता इसके बारे में कितनी जागरूक है। जनता के विचारों का आकलन करने के बाद उस समाचार के प्रकाशन के सम्भावित नतीजों की समीक्षा की जाती है।

कुछ वर्ष पहले की बात है जब ओडीशा में हिंदुत्ववादी शक्तियों द्वारा किये गये एक जघन्य काण्ड में

क्रिश्चियन मिशनरी ग्राहम स्टेन और उनके दो बेटों को आग में जिंदा जला दिया गया था। उस समय भारतीय मीडिया के साथ-साथ अंतर्राष्ट्रीय मीडिया ने इस तरह की ख़बरें प्रकाशित की थीं जिनसे लगता था कि भारत में ईसाइयों को उत्पीड़ित किया जा रहा है। इसका परिणाम यह हुआ कि अंतराष्ट्रीय ईसाई समूहों ने इसकी जाँच की माँग कर डाली। इस तरह की रिपोर्टिंग की सईद नकवी जैसे पत्रकारों ने निंदा की। उन्होंने *न्यूयॉर्क टाइम्स* के शीर्षक का हवाला दिया। इस अख़बार में शीर्षक छपा था कि मिशनरी को मारने वाला संदिग्ध हिंदू गिरफ़्तार। आलोचकों का कहना था कि यदि भारत में कोई घटना घट जाएगी तो क्या आप यह लिखेंगे कि हिंदू की हत्या में शामिल संदिग्ध मुसलमान गिरफ़्तार अथवा मुसलमान की हत्या में शामिल संदिग्ध ईसाई गिरफ़्तार। आलोचकों ने *न्यूयॉर्क टाइम्स* के जाने-माने पत्रकार डेविड हल्बर्टस्टाम को इसके लिए पत्र भी लिखा। ज़ाहिर है जिसका जबाब उन्हें नहीं मिला। एक पाठक ने प्रतिक्रिया लिखते हुए कहा कि कैसे एक शीर्षक पत्रकारिता के सारे सिद्धांतों की हवा निकालते हुए जनमत बनाने की भूमिका निभा सकता है।

गेटकीपिंग से संबंधित अनुसंधान पर पिछले कुछ दिनों से सवालिया निशान भी लगाये जाने लगे हैं। आलोचकों का कहना है कि यह पूरी अवधारणा काफ़ी कुछ सरलीकृत है। इसके दो कारण बताये गये हैं। पहला, गेटकीपर के लिए आज तक ऐसे कोई मानक (न सुनिश्चित, न लचीले) तैयार नहीं किये जा सके हैं जिनके आधार पर वह किसी समाचार को प्रकाशन के लिए हरी झंडी दे सके या उसे रोक सके। दूसरे, गेटकीपिंग का विचार समाचार के अस्तित्व में आने की प्रक्रिया की सही तस्वीर पेश नहीं करता। मसलन, गेटकीपिंग से लगता है कि समाचार कहीं मौजूद जिसे गेटकीपर (चाहे वह सम्पादक हो या कोई और) फ़िल्टर कर रहा है। वस्तु-स्थिति यह होती है कि समाचार संवाददाता, स्रोत, उप-सम्पादक, सम्पादक, अख़बार के मालिक और उसके पाठकों के साथ एक तरह की जटिल अन्योन्यक्रिया के माध्यम से रचा जाता है। उसके रचे जाने के संदर्भ सामाजिक-आर्थिक होते हैं। समाचार अपने लिखे जाने और छपने के लिए महज़ संवाददाता और गेटकीपर के द्विभाजन पर निर्भर नहीं करता।

देखें : अभिलेखागार, आख्यान, इंटरएक्टिविटी-प्रौद्योगिकीय विमर्श, इंटरएक्टिविटी-सामाजिक विमर्श, इंटरफ़ेस, एक्टर-नेटवर्क थियरी, डिजिटल डिवायड, दिन-प्रति दिन के अभिलेखागार, नया मीडिया, नेटवर्क, नेटवर्क सोसाइटी, बाज़ारू संस्कृति, भारत में संचार-क्रांति, भारतीय मीडिया-1, 2 और 3, भारतीय मीडिया स्फ़ेयर, मास मीडिया, मीडिया और सरकार, मीडिया-पक्षधरता, मीडिया-स्टडीज़, संचार, संचार-क्रांति, स्मृति और अभिलेखागार, सोशल नेटवर्क विश्लेषण, सूचना, सूचना-समाज, वैकल्पिक मीडिया।

संदर्भ

1. डेविड मानिंग व्हाइट (1950), 'द 'गेट कीपर' : अ केस स्टडी इन द सलेक्शन ऑफ़ न्यूज़', डी. बर्कोविट्ज़ (सम्पा.), *सोशल मीनिंग्ज़ ऑफ़ द न्यूज़ : अ रीडर*, सेज, थाउज़ेंड ओक्स, सीए.
2. डब्ल्यू. गीबर (1964), 'न्यूज़ इज़ व्हाट न्यूज़पेपरमेन मेक इट', एल.ए. डेक्स्टर और डी मैनिंग (सम्पा.), *पीपुल, सोसाइटी ऐंड मास कम्युनिकेशंस*, फ्री प्रेस, न्यूयॉर्क.
3. पामेला जे.शूमाकर और टिम पी. वोस (2009), *गेटकीपिंग थियरी*, रॉटलेज, न्यूयॉर्क.

— संजय सिंह बघेल

ग़ैर-कांग्रेसवाद

(Non-Congressism)

कांग्रेस का राजनीतिक वर्चस्व तोड़ने के लिए विचारधारात्मक मतभेदों को नज़रअंदाज़ करके विपक्षी दलों का मोर्चा बनाने की रणनीति को ग़ैर-कांग्रेसवाद के नाम से जाना जाता है। हालाँकि साठ के दशक में इसका विकास और सूत्रीकरण समाजवादी नेता और चिंतक डॉ. राममनोहर लोहिया ने महज़ तीन साल के लिए किये जाने वाले प्रयोग के तौर पर किया था, लेकिन भारतीय दलीय प्रणाली को एक पार्टी के दबदबे से छुटकारा दिला कर कहीं बेहतर राजनीतिक होड़ के दायरे में ले जाने वाली इस रणनीति का असर नब्बे के दशक तक रहा। ग़ैर-कांग्रेसवाद से ही आगे चल कर पार्टी-गठजोड़ की राजनीति का प्रतिमान विकसित हुआ। एक रणनीति के तौर पर ग़ैर-कांग्रेसवाद मुख्यतः चार चरणों से गुज़रा। पहला दौर 1962 के आम चुनाव से शुरू हो कर 1968 में डॉ. लोहिया के देहांत तक चला। इस अवधि में विभिन्न कारणों से कांग्रेस का चुनावी दबदबा पहली बार टूटा। दूसरे दौर में ग़ैर-कांग्रेसवाद के ज़रिये उत्तर भारत में चरण सिंह का नेतृत्व उभरा और क्षेत्रीय राजनीतिक शक्तियाँ मज़बूत हुईं। तीसरा दौर 1974 से 1980 तक चला जिसके केंद्र में जय प्रकाश नारायण की शख़्सियत और विपक्षी दलों का आपस में विलय करके कांग्रेस के विकल्प की तरह एक राष्ट्रीय पार्टी गठित करने की कोशिशें थीं। चौथा दौर 1989 के चुनाव में कांग्रेस के पराभव से शुरू हो कर नब्बे के दशक के मध्य तक जारी रहा। हालाँकि शुरू में ग़ैर-कांग्रेसवाद पर समाजवादी राजनीति की छाप थी, पर उसकी अंतिम राजनीतिक अभिव्यक्ति का लाभ भारतीय जनता पार्टी को हुआ जब क्षेत्रीय शक्तियों के सहयोग से उसे केंद्र में अपनी सरकार बनाने में कामयाबी मिली।

ग़ैर-कांग्रेसवाद की पृष्ठभूमि समझने के लिए साठ के

मधु लिमये (1922–1995)

दशक के राष्ट्रीय हालात पर एक नज़र डालना ज़रूरी है। इस दौरान 1962 और 1967 में दो आम चुनाव हुए जिनके बीच के पाँच सालों में अर्थव्यवस्था की हुलिया बहुत ख़राब रही। 1962 में चीन और 1965 में पाकिस्तान से हुए युद्धों के कारण जान-माल की काफ़ी क्षति हुई। खाद्यान्न की कमी और बढ़ती कीमतों के कारण कई राज्यों में तक़रीबन अकाल के हालात पैदा हो गये। क़ानून और व्यवस्था की बुरी हालत में लगातार राजनीतिक आंदोलनों, बंद, हड़तालों, घेराव के कारण और इज़ाफ़ा हुआ। यही वह दौर था जब जवाहरलाल नेहरू का देहांत हुआ और उत्तर-नेहरू कांग्रेस अपने भीतरी मतभेदों के कारण पहले जैसी पार्टी नहीं रह गयी। न ही कांग्रेस के राष्ट्रीय नेतृत्व की साख पहले जैसी रह पायी। जे.बी. कृपलानी, सी.डी. देशमुख, सी. राजगोपालाचारी और कृष्ण मेनन जैसे नेताओं ने स्थायी रूप से कांग्रेस छोड़ दी। मुसलमानों, सिक्खों और ईसाइयों जैसे अल्पसंख्यक समुदायों का पार्टी से मोहभंग होने लगा। गुजरात के क्षत्रिय, राजस्थान के जाट, हरियाणा-उप्र-बिहार के यादव कांग्रेस से निराश होने लगे। दलीय प्रणाली के अध्येता के तौर पर रजनी कोठारी ने इस दौर को कांग्रेस 'प्रणाली' के कमज़ोर होने की अवधि क़रार दिया है। कोठारी ने दिखाया है कि 1957 के आम चुनाव तक विपक्षी दलों को लगता था कि उनमें कांग्रेस को सत्ता से उखाड़ देने की शक्ति है, लेकिन जब कांग्रेस ने अपने शासन की तमाम कमियों के बावूजद 1962 के चुनाव में भी भारी कामयाबी हासिल की तो 'एकला चलो रे' की नीति पर यक़ीन करने वाली ग़ैर-कांग्रेस पार्टियाँ विपक्षी एकता के बारे में सोचने के लिए मजबूर हुईं।

समाजवादी नेता डॉ. लोहिया इससे पहले ख़ुद भी पार्टियों का मोर्चा बनाने के ख़िलाफ़ थे। लेकिन 1962 के बाद उन्होंने कांग्रेस विरोधी वोट बँटने से रोकने की रणनीति तैयार की। कांग्रेस का वर्चस्व ज़रूर था, पर उसके पास देश के सभी राज्यों में सत्ता की इजारेदारी नहीं थी। 1952 में भी कांग्रेस को मद्रास, पेप्सू, ओडीशा और ट्रावणकोर-कोचीन में बहुमत नहीं मिल पाया था। डॉ. लोहिया के सामने स्पष्ट था कि विपक्ष की संयुक्त ताक़त से कांग्रेस को हराया जा सकता है, लेकिन इसके लिए बहुदलीय होड़ का विन्यास बदलना होगा। 1963 के चार लोकसभा उपचुनावों में यह रणनीति आज़मायी गयी। उत्तर प्रदेश की तीन (फ़रुखाबाद, जौनपुर, अमरोहा) और गुजरात (राजकोट) की एक सीट पर हुए इन चुनावों में लोहिया के साथ जनसंघ के दीनदयाल उपाध्याय, स्वतंत्र पार्टी के मीनू मसानी और वरिष्ठ नेता आचार्य कृपलानी लड़े। इन चुनावों में विचारधारात्मक मतभेदों को ठंडे बस्ते में डाल कर विपक्ष ने सिर्फ़ कांग्रेस को निशाना बनाया। कांग्रेस विरोधी वोट न बँटने के कारण तीन सीटों पर जीत हासिल हुई। दूसरी तरफ़ संसद और विधान सभाओं के भीतर भी विपक्ष एकजुट हो कर कांग्रेस सरकारों का सामना करने लगा। नेहरू की सरकार के ख़िलाफ़ पहला अविश्वास प्रस्ताव संयुक्त विपक्ष ही लाया।

इस कामयाबी को एक सुचिंतित राजनीतिक लाइन का रूप देने के लिए लोहिया को अपनी ही पार्टी और समाजवादी आंदोलन के भीतर और बाहर काफ़ी संघर्ष करना पड़ा। पार्टी के भीतर मधु लिमये और जॉर्ज फ़र्नांडीज़ जैसे नेता विचारधाराओं को पीछे करके पार्टियों की ग़ैर-कांग्रेसी एकता को सत्तालोलुपता और अवसरवाद के ख़तरे से ग्रस्त बता रहे थे। लोहिया के पास इन तर्कों का कोई उत्तर नहीं था। लेकिन काफ़ी जद्दोजहद के बाद उन्होंने तीन साल तक प्रयोग के तौर पर आज़माने के लिए ग़ैर-कांग्रेसवाद को नीतिगत आयाम देने का अपना आग्रह मनवा लिया। हालाँकि कम्युनिस्ट पार्टियाँ ग़ैर-काग्रेसवाद की लाइन के नज़दीक आ रही थीं, पर विभिन्न मुद्दों पर लोहिया के जनसंघ के साथ मतभेद जारी थे जिसके कारण फूलपुर, सहरसा और मुंगेर के उपचुनावों में विपक्षी एकता नहीं हो पायी। कांग्रेस दो जगहों पर जीत गयी। 1965 के संघर्षों और आपसी विचार-विमर्शों में जनसंघ ने भागीदारी नहीं की। 1967 के चौथे आम चुनाव की पूर्व संध्या पर लोहिया ने कांग्रेस के समर्थन में भारी गिरावट की भविष्यवाणी की। उन्हें यक़ीन था कि हिंदी प्रदेशों में कांग्रेस को मुँह की खानी पड़ेगी। वही हुआ जो उन्होंने कहा था। केंद्र में कांग्रेस को मामूली बहुमत मिला और आठ राज्यों (देश की कुल आबादी का दो-तिहाई) में वह जीत हासिल

नहीं कर पायी। केरल, तमिलनाडु और ओडीशा में चुनाव-पूर्व गठजोड़ों ने उसे करारी शिकस्त दी। राजस्थान, पंजाब, उप्र और बिहार में वह सबसे बड़े दल के रूप में उभरी लेकिन निर्दलीय सदस्यों की बहुतायत ने इन राज्यों की स्थिति अस्थिर कर दी। पहले छह राज्यों में ग़ैर-कांग्रेस सरकारें बनीं और फिर हरियाणा, उप्र और मप्र में हुए भारी दल-बदल के कारण कांग्रेस सरकारें गिर गयीं।

कुल मिला कर दस राज्यों में कांग्रेस अपदस्थ हुई और संयुक्त विधायक दलों की सरकारें बनीं। पॉल ब्रास ने ग़ैर-कांग्रेसवाद के पीछे चार प्रमुख कारण गिनाये हैं : वोटरों के बीच कांग्रेस की साख गिरने के कारण ऐसे गठजोड़ों की लोकप्रिय माँग, पार्टियों द्वारा न्यूनतम साझा कार्यक्रम बनाने की क्षमता का प्रदर्शन, पार्टियों का विचारधारात्मक के बजाय परिणामवादी और समायोजनकारी रवैया और क्षेत्रीय परिस्थितियों को पहचान कर उनकी ज़रूरतों के मुताबिक राजनीति करने की कोशिश। डॉ. लोहिया ने अपनी रणनीति के ज़रिये कांग्रेस का वर्चस्व ज़रूर तोड़ दिया, पर जनोन्मुख शासन की उनकी अपनी कसौटियों पर संविद सरकारें खरी नहीं उतर पायी।

1969 में हुए मिनी आम चुनावों में कांग्रेस ने अपनी हालत कुछ सुधारी और ग़ैर-कांग्रेसवाद के पैरोकार समाजवादियों को धक्का लगा। इससे साल भर पहले लोहिया के देहांत के बाद लाल झंडे के तले विकसित पिछड़े वर्ग का जनाधार धीरे-धीरे चरण सिंह द्वारा खड़े किये गये भारतीय क्रांति दल में चला गया। मधु लिमये, रामसेवक यादव और कर्पूरी ठाकुर जैसे नेताओं ने भी उनका नेतृत्व स्वीकार कर लिया। परिणामस्वरूप चरण सिंह उत्तर भारत के सबसे बड़े ग़ैर-कांग्रेसी नेता के रूप में उभरे। तमिलनाडु में द्रविड़ मुनेत्र कषगम, पंजाब में अकाली दल, केरल में मुसलिम लीग, महाराष्ट्र में शिव सेना, पश्चिम बंगाल में बांग्ला कांग्रेस, आंध्र में तेलंगाना प्रजा समिति, ओडीशा में उत्कल कांग्रेस और उप्र-बिहार में भाक्रांद का क्षेत्रीय ताक़तों के रूप में उभार हुआ। पश्चिम बंगाल में कम्युनिस्टों की अगुआयी में, तमिलनाडु में द्रमुक के रूप, पंजाब में अकाली-जनसंघ गठजोड़ के रूप में, केरल में कम्युनिस्ट अगुआयी वाले मोर्चे की शक्ल में और उप्र-बिहार में भाक्रांद के नेतृत्व वाली मिली-जुली ताक़तें कांग्रेस को चुनौती देती नज़र आयीं।

ग़ैर-कांग्रेसवाद का तीसरा दौर उस समय शुरू हुआ जब 1971 के मध्यावधि आम चुनाव में 'ग़रीबी हटाओ' के नारे पर ज़बरदस्त जीत हासिल करने के बाद इंदिरा गाँधी के नेतृत्व में कांग्रेस आर्थिक पुनर्निर्माण के अपने वायदे को पूरा नहीं कर पायी। लोकलुभावन वायदों ने जनता की कामनाओं को बढ़ा दिया, पर उनकी भरपाई नहीं हुई। जनता का मूड बिगड़ा जिसका नतीजा आंदोलनकारी गतिविधियों के बढ़ने में निकला। सरकार ने दमन किया, अर्धसैनिक बलों का इस्तेमाल बढ़ गया, सामान्य दफ़ाओं की जगह डीआईआर और मीसा जैसे क़ानून लगाये जाने लगे। गुजरात और बिहार में तो अर्धसैनिक बलों की बर्बर भूमिका ने माहौल को एकदम सरकार के ख़िलाफ़ कर दिया। इस परिस्थिति के गर्भ से 1974 का सम्पूर्ण क्रांति आंदोलन निकला जो दलीय प्रणाली की रोशनी में देखने पर एक ग़ैर-कांग्रेसी आंदोलन था। इसके शीर्ष पर जय प्रकाश नारायण थे। इसका नतीजा आपातकाल और फिर 1977 के ऐतिहासिक चुनाव में ग़ैर-कम्युनिस्ट विपक्षी ताक़तों को मिला कर बनायी गयी जनता पार्टी के हाथों कांग्रेस की भीषण पराजय में निकला।

1980 में कांग्रेस की फिर से वापिसी हुई। लेकिन उस समय तक क्षेत्रीय ताक़तें बहुत ताक़तवर हो चुकी थीं। उन्होंने जगह-जगह विपक्षी गोष्ठियाँ करके ग़ैर-कांग्रेसवाद की अलख जगाये रखी। देश का ऐसा कोई राज्य नहीं था जहाँ कांग्रेस को कड़ी चुनौती न मिल रही हो। 1989 तक आंतकवाद को रोकने में नाकाम होने के साथ-साथ रक्षा सौदों में भ्रष्टाचार के सवाल पर बदनाम हो कर कांग्रेस वोट के मोर्चे पर एक बार फिर पराजित हुई। नतीजा कांग्रेस के असंतुष्टों और विपक्षी दलों की मिली-जुली सरकार में निकला। यहाँ ग़ैर-कांग्रेसवाद में कांग्रेस से निकले हुए असंतुष्टों की भूमिका को रेखांकित करना आवश्यक है। 1967 में यही भूमिका चरण सिंह वग़ैरह ने निभायी थी। 1977 में जगजीवन राम और हेमवती नंदन बहुगुणा ने कांग्रेस छोड़ कर विपक्ष का साथ दिया था। और 1989 में विश्वनाथ प्रताप सिंह और अरुण नेहरू वग़ैरह का किरदार ऐसा ही था। इसके बाद केंद्र में अल्पमतीय सरकारों का लम्बा दौर चला जिसकी परिणति आख़िर में भाजपा के नेतृत्व में राष्ट्रीय जनतांत्रिक गठजोड़ की सरकार बनने में हुई।

देखें : कांग्रेस 'प्रणाली', ग़ैर-कांग्रेसवाद, गठजोड़ राजनीति, जनता दल और उसकी विरासत-1 और 2, तेलुगु देशम पार्टी, पार्टी-गठजोड़ की राजनीति, भारतीय जनता पार्टी-1 और 2, भारतीय कम्युनिस्ट पार्टी, भारतीय कम्युनिस्ट पार्टी (मार्क्सवादी), भारत में मतदान-व्यवहार-1, 2, 3, 4, 5 और 6, भारतीय राष्ट्रीय कांग्रेस-1 और 2, भारत की कम्युनिस्ट पार्टी, भारत की कम्युनिस्ट पार्टी (मार्क्सवादी), राष्ट्रीय जनतांत्रिक गठजोड़, वाम मोर्चा, शिव सेना, समाजवादी पार्टी, बहुजन समाज पार्टी-1 और 2, शिरोमणि अकाली दल, संयुक्त प्रगतिशील गठबंधन।

संदर्भ

1. मधु लिमये (1988), *बर्थ ऑफ़ नॉनकांग्रेसिज़म,* वीआर पब्लिशिंग कॉरपोरेशन, नयी दिल्ली.
2. रजनी कोठारी (2005), *भारत में राजनीति : कल और आज,* अभय कुमार दुबे (हिंदी प्रस्तुति और सम्पादन), सीएसडीएस-वाणी, नयी दिल्ली.
3. बी.एल. माहेश्वरी (1970), 'पॉलिटिक्स ऑफ़ कोआलिशन : ट्रेंड्स फ़ॉर द सेविंटीज़', *इकॉनॉमिक ऐंड पॉलिटिकल वीकली.* वार्षिकांक : द सेविंटीज़, जनवरी.

4. नॉर्मन डी. पामर (1967), 'इंडियाज़ फ़ोर्थ जनरल इलेक्शन', *एशियन सर्वे*, खण्ड 7, अंक 5.

— अभय कुमार दुबे

ग़ैर-दलीय राजनीति

(Non-party Politics)

ग़ैर-दलीय राजनीति की संज्ञा का प्रयोग आम तौर पर उन सामाजिक आंदोलनों, मानवाधिकार संगठनों तथा स्वैच्छिक संगठनों के संदर्भ में किया जाता है जो ज़मीनी स्तर पर मानव अधिकार एवं पर्यावरणीय मुद्दों के साथ-साथ शोषितों-वंचितों की समस्याओं की राजनीतिक अभिव्यक्ति बने हुए हैं। ग़ैर-दलीय राजनीति की संकल्पना अस्सी के दशक में सामने आई। इसी दौरान कई तरह के जनांदोलन उभरे जिन्होंने आम जनता के हितों की रोशनी में स्थापित राजनीतिक प्रक्रिया की ख़ामियों को उजागर किया। साथ ही कई संगठनों ने औपचारिक राजनीतिक संरचनाओं के बाहर न केवल सार्वजनिक नीतियों के ऊपर आम लोगों के बीच बहस का माहौल बनाया, बल्कि कई तरह के संरचनात्मक काम भी अपने हाथ में लिए। इस प्रकार ग़ैर-दलीय संकल्पना औपचारिक राजनीति की कमज़ोरियाँ उजागर करने वाले आंदोलनों और संरचनात्मक कामों में जुटे संगठनों के संदर्भ में प्रयुक्त हुई। एक बड़ी सैद्धांतिक परियोजना के तहत रजनी कोठारी, धीरूभाई शेठ एवं हर्ष सेठी ने ग़ैर-दलीय राजनीति की संकल्पना को संस्थानिक राजनीति के विकल्प के रूप में देखा।

ग़ैर-दलीय दृष्टिकोण के अनुसार संसद, न्यायपालिका, नौकरशाही जैसी महत्त्वपूर्ण राजनीतिक संस्थाओं की भूमिका में हाल के कुछ वर्षों में काफ़ी गिरावट आयी है। राज्य की संस्था लोककल्याणकारी भूमिका के निष्पादन की क्षमता तेज़ी से खोती जा रही है। राजनीतिक गतिविधि को अंजाम देने वाले महत्त्वपूर्ण नेटवर्क कमज़ोर पड़ते जा रहे हैं तथा संस्थानिक अवनति के इस सिलसिले को थामने में भारत के राजनीतिक दल भी पूरी तरह से विफल हो चुके हैं। ग़ैर-दलीय नज़रिया अपने विश्लेषण के लिए चालीस साल पीछे जाता है। उसके मुताबिक़ सत्तर और अस्सी के दशक के आते-आते भारत में अपनायी गयी स्वातंत्र्योत्तर विकास- नीति में कई प्रकार के दोष दिखाई देने लगे थे। आज़ादी के बीस साल से ज़्यादा गुज़र जाने के बावजूद देश की ग़रीब एवं शोषित जनता विकास के लाभों से लगभग वंचित ही थी। एक ओर ग़रीबों एवं शोषितों को विकास का कोई लाभ नहीं मिल रहा था और दूसरी तरफ़ चुनाव एवं राजनीतिक दल जैसी मुख्य धारा की राजनीति में भी विसंगतियाँ दिखाई दे रही थी।

संसदीय लोकतंत्र में किसी भी समस्या के समाधान के लिए यह आवश्यक होता है कि उसे राजनीतिक अभिव्यक्ति प्रदान की जाए। यह काम राजनीतिक दलों का माना जाता है। लेकिन संस्थानिक अवनति के इस दौर में राजनीतिक दल भी पूरी तरह से विफल प्रतीत हो रहे थे। जनता की समस्याओं का समाधान करने की बजाय वे चुनाव के समय वोट प्राप्त करने के लिए लोकलुभावनवादी घोषणाओं का सहारा ले रहे थे। पर्यावरण, प्रदूषण, मानवाधिकार, बँधुआ मज़दूरी, महिलाओं एवं बच्चों के अधिकार, विकास-परियोजनाओं द्वारा विस्थापित हुए लोगों की समस्याओं, रिक्शा चालकों, सड़क के किनारे रेहड़ी लगाने वाले लोगों आदि की समस्याओं से संबंधित मुद्दों में इन संगठनों की दिलचस्पी नहीं थी, क्योंकि चुनाव में वोट प्राप्त करने के दृष्टिकोण से इनकी अधिक अहमियत नहीं थी। इस प्रकार संस्थागत राजनीति के क्षेत्र में विकल्पहीनता की स्थिति दिखाई देने लगी थी। ऐसी परिस्थिति में ग़रीबों एवं शोषितों की समस्याओं तथा मानव-अधिकार, बाल-अधिकार, महिला-अधिकार, पर्यावरण-सुरक्षा के लिए कई आंदोलन एवं संगठन उभरकर सामने आये। इनमें से कुछ संगठनों ने जहाँ सरकार के साथ मिलकर विकास के लाभ आम जनता तक पहुँचाने का कार्य किया, वहीं कई संगठनों ने इन मुद्दों पर आंदोलन चलाये और उन्हें राजनीतिक अभिव्यक्ति प्रदान की।

संस्थागत राजनीति से अलग हटकर कार्य करने वाले इन्हीं संगठनों एवं आंदोलनों के संदर्भ में ग़ैर-दलीय राजनीति की संकल्पना विकसित करने में दिल्ली स्थित विकासशील समाज अध्ययन पीठ (सीएसडीएस) की महती भूमिका रही। रजनी कोठारी बताते हैं कि आपातकाल के पश्चात राजनीतिक दलों के ख़ाके पर आधारित व्यवस्था के विकल्प की तलाश के लिए अनेक प्रयोग किये गये। इन्हीं में से एक प्रयोग के रूप में 'एजेंडा फ़ॉर इण्डिया इनिशिएटिव' भी था जिसके अंतर्गत दलीय एवं संसदीय व्यवस्था में कार्य कर चुके बुद्धिजीवी, पत्रकार एवं दूसरे अन्य नेतृत्वकर्त्ता किसी विषय पर परिचर्चा करते थे और उन विचारों को 'सेमिनार' नामक पत्रिका में प्रकाशित किया जाता था। लेकिन, यह प्रयास विफल हो गया। इसके बाद 1980 में रजनी कोठारी, धीरूभाई शेठ एवं कुछ अन्य लोगों ने मिलकर सीएसडीएस में 'लोकायन' की स्थापना की एवं एक परामर्शकारी समूह संगठित किया। इसका मक़सद शिक्षाविदों, विभिन्न संघर्षों से जुड़े ज़मीनी कार्यकर्त्ताओं एवं नीति-निर्माताओं के बीच संवाद स्थापित करना था। इस संकल्पनात्मक विचार-विमर्श ने भारत में चलने वाली राजनीतिक बहस में एक नवीन

आयाम जोड़ा। यहीं से रजनी कोठारी और धीरूभाई शेठ के चिंतन में ग़ैर-दलीय राजनीति के विचार ने एक व्यवस्थित स्वरूप ग्रहण किया।

ग़ैर-दलीय राजनीति की अवधारणा मुख्य रूप से गाँधी, मानवेंद्र नाथ रॉय एवं जयप्रकाश नारायण के विचारों से प्रेरित है। गाँधी ने लोकतंत्र के सहभागी स्वरूप पर बल देते हुए सामुद्रिक-वृत एवं ग्राम-स्वराज का ख़ाका प्रस्तुत किया था। गाँधी की भाँति ही मानवेंद्र नाथ राय ने भी एक भिन्न वैचारिक संदर्भ के तहत लोकतंत्र के प्रातिनिधिक स्वरूप की आलोचना प्रस्तुत की थी। लेकिन आज़ादी के बाद मुख्यधारा के राजनीतिक विमर्श ने इन आदर्शों को अव्यावहारिक मानते हुए ठुकरा दिया। आज़ाद भारत में सहभागी लोकतंत्र का सर्वाधिक विस्तृत एवं राजनीतिक रूप से प्रभावी प्रस्ताव जयप्रकाश नारायण ने प्रस्तुत किया था और ग़ैर-पार्टी लोकतंत्र की संकल्पना विकसित की। सत्तर के दशक में उभरे जेपी आंदोलन से निकली राजनीतिक शक्तियों का नेतृत्व पार्टी-पॉलिटिक्स के हाथ में चले जाने तथा 1977 में जनता पार्टी की जीत ने स्थिति बदल दी। आमूलचूल बदलाव हेतु जेपी का नव-गाँधीवादी रास्ता अपनी धार खो बैठा। हालाँकि जेपी आंदोलन काफ़ी कमज़ोर एवं धुँधला हो चुका है फिर भी इसने देश के विभिन्न हिस्सों में अनेक ज़मीनी आंदोलनों एवं संगठनों को जन्म दिया है जो राज्य की औपचारिक संरचना के बाहर रह कर ग़रीब एवं शोषित जनता की समस्याएँ उठा रहे हैं।

इन आंदोलनों की ख़ास बात यह है कि ये परम्परागत आंदोलनों की तरह किसी सत्ता के लिए संघर्ष नहीं कर रहे हैं, बल्कि इन्होंने कुछ नवीन क़िस्म के मुद्दों जैसे पर्यावरण, मानवाधिकार, महिला अधिकार, समलैंगिकों के अधिकार, आदिवासियों के अधिकार, दलितों पर अत्याचार के ख़िलाफ़ आवाज़, विकास परियोजनाओं से विस्थापन के प्रतिरोध, जन-स्वास्थ्य, कुपोषण, वन एवं सामुदायिक संसाधनों पर अधिकार आदि से संबंधित मुद्दों को उठाया है। दूसरी महत्त्वपूर्ण बात यह है कि ये संगठन उन्हीं मुद्दों को उठा रहे हैं जिन्हें पूरा करना राज्य का कर्त्तव्य है। मसलन इनके अधिकांश मुद्दे संविधान में वर्णित नीति-निर्देशक तत्त्वों से ही संबंधित होते हैं। रजनी कोठारी के अनुसार वामपंथ की मुख्यधारा से अलग काम कर रहे वाम संगठनों द्वारा चलाये जा रहे आंदोलन, पर्यावरण के संरक्षण से संबंधित चिपको आंदोलन, छत्तीसगढ़ के खनिकों का संघर्ष, आंध्र के रैयत कुली संघों का आंदोलन, ग्रेनाइट के खनन और निर्यात के ख़िलाफ़ कर्नाटक के कनकपुरा में किसानों का सत्याग्रह और आदिवासियों के संघर्ष जैसे अनेक संगठन एवं आंदोलन हैं जिन्हें ग़ैर-दलीय राजनीति के ख़ाके में रखा जा सकता है। ये तमाम लड़ाइयाँ आर्थिक एवं राजनीतिक माँगों तक ही सीमित नहीं हैं, बल्कि पारिस्थितिकीय, सांस्कृतिक एवं शैक्षणिक प्रश्नों को भी अपने दायरे में समेट लेती हैं।

विवाद और आलोचना : इन आंदोलनों के साथ कुछ ऐसी समस्याएँ भी देखी गयी हैं जिसकी वजह से ग़ैर-दलीय राजनीति की संकल्पना अपने आविर्भाव के समय से ही विवादों का सामना कर रही है। सबसे पहले तो वामपंथियों की आलोचनाएँ हैं जिनकी मुख्य आपत्ति इस राजनीति को मिलने वाले धन को लेकर है। मार्क्सवादी नेता प्रकाश करात ने कई संगठनों को मिलने वाले धन को लेकर आक्षेप लगाये हैं। उनके अनुसार ग़ैर-दलीय राजनीति समाज के शोषित एवं वंचित लोगों को क्षणिक सुविधाएँ दिला कर उनके असंतोष को कम कर देती है जिसके कारण ग़रीब जनता क्रांति के मार्ग से विमुख हो जाती है। करात के मुताबिक़ यह साम्राज्यवादी देशों द्वारा ग़रीबों को गुमराह करने का ही प्रयास है। इसके साथ दूसरी समस्या राजनीतिक दलों के साथ इसके संबंधों को लेकर उत्पन्न होती है।

किशन पटनायक और योगेंद्र यादव के अनुसार एक लोकतांत्रिक शासन में किसी भी समस्या का समाधान करने के लिए उसका राजनीतीकरण आवश्यक होता है। यह कार्य चुनावी राजनीति एवं राजनीतिक दलों के द्वारा ही किया जा सकता है। अत: यह भी एक गम्भीर सवाल है कि ग़ैर-दलीय राजनीतिक संरचनाएँ राजनीतिक दलों के साथ किस प्रकार संबंध स्थापित करे। तीसरी समस्या यह है कि ये आंदोलन छोटे-छोटे स्थानीय क़िस्म के मुद्दों पर आधारित होते हैं। इस वजह से जैसे ही संबंधित माँगें पूरी हो जाती हैं या मुद्दे अप्रासंगिक हो जाते हैं, आंदोलन भी समाप्त हो जाते हैं। इसलिए, इसे और अधिक स्थायी बनाने के लिए एक आंदोलन को दूसरे आंदोलनों से जोड़ने की ज़रूरत है।

जहाँ तक ग़ैर-सरकारी संगठनों को होने वाली फ़ंडिंग की बात है तो इस समस्या की ओर रजनी कोठारी ने भी ध्यान आकर्षित किया है। इसी वजह से उन्होंने पैसा उगाही करने वाले ऐसे संगठनों को ग़ैर-दलीय राजनीति की परिधि से अलग रखकर देखा है।

देखें : ग़ैर-सरकारी संस्थाएँ, ग़ैर-सरकारी संस्थाएँ : भारत में, धीरूभाई शेठ, भूमण्डलीकरण का प्रतिरोध, रजनी कोठारी, विश्व सामाजिक मंच।

संदर्भ

1. रजनी कोठारी (2003), 'ग़ैर-पार्टी राजनीतिक प्रक्रिया', संकलित : अभय कुमार दुबे (सं.), *राजनीति की किताब : रजनी कोठारी का कृतित्व*, सीएसडीएस-वाणी, नयी दिल्ली.
2. धीरूभाई शेठ (2009), 'वैकल्पिक राजनीति के आयाम / ज़मीनी आंदोलनों की परिघटना : नागर समाज में आलोड़न', संकलित : अभय कुमार दुबे (सं.), *सत्ता और समाज : धीरूभाई शेठ*, सीएसडीएस-वाणी, नयी दिल्ली.

3. हर्ष सेठी (1984), 'ग्रुप्स इन अ न्यू पॉलिटिक्स ऑफ़ ट्रांसफ़ॉरमेशन', इकॉनॉमिक ऐंड पॉलिटिकल वीकली, खण्ड 19, अंक 6.

5. इन्द्रजीत कुमार झा (2007), *भारत में ग़ैर-दलीय राजनीतिक प्रक्रिया का परीक्षण,* अप्रकाशित एम.फिल शोध-प्रबंध, राजनीति विज्ञान विभाग, दिल्ली विश्वविद्यालय.

—इंद्रजीत कुमार झा

ग़ैर-सरकारी संस्थाएँ

(Non-govermental Organisations)

ग़ैर-सरकारी संस्थाएँ या स्वयंसेवी संगठन या एनजीओ कहे जाने वाले संगठन राजसत्ता का प्रत्यक्ष इस्तेमाल किये बिना नागर समाज के दायरे में सक्रिय रह कर राष्ट्रीय और अंतर्राष्ट्रीय स्तर पर उल्लेखनीय आर्थिक, राजनीतिक और सामाजिक प्रभाव डालने की भूमिका निभाते हैं। अनिवार्य तौर से सरकारी क्षेत्र के बाहर और हित-आधारित पक्षपोषण के लिए कार्यरत रहने वाली इन संस्थाओं का मक़सद मुनाफ़ा कमाना न हो कर स्वयंसेवी भाव से उन क्षेत्रों में वैकासिक पहलक़दमियाँ लेना होता है जहाँ राज्य या तो जाना नहीं चाहता या फिर उसकी पहुँच कमज़ोर होती है। इस लिहाज़ से एनजीओज़ ख़ुद को सरकारी और कॉरपोरेट सेक्टरों से अलग थर्ड सेक्टर के रूप में पेश करते हैं। विश्व-बैंक द्वारा दी गयी एक परिभाषा के अनुसार एनजीओज़ उन निजी संगठनों को कहते हैं जो समाज के कमज़ोर तबक़ों की तकलीफ़ें कम करने के लिए उन्हें राहत पहुँचाते हैं, ग़रीबों के हितों की वकालत करते हैं, पर्यावरण की रक्षा के लिए आवाज़ बुलंद करते हैं, बुनियादी सामाजिक सेवाएँ मुहैया कराते हैं या सामुदायिक विकास की ज़िम्मेदारी उठाते हैं। राज्य और राजनीति के संस्थागत दायरों से बाहर राष्ट्रेतर पैमाने पर होने वाली गतिविधियों में भी इन संगठनों का हाथ रहता है। इस लिहाज़ से इन्हें अंतर्राष्ट्रीय/वैश्विक सक्रियता का वाहक भी माना जाता है और दूसरी तरफ़ इन्हें ग्लोबल गवर्नेंस की उदीयमान अवधारणा की प्रमुख अभिव्यक्ति होने की हैसियत भी मिली हुई है।

हालाँकि एनजीओ परिघटना पुरानी है, पर नब्बे के दशक में सोवियत ख़ेमे के ध्वस्त हो जाने के बाद उसे सिविल सोसाइटी एक्टिविज़म के पर्याय के तौर पर देखा जाने लगा है। कई बार एनजीओ गतिविधियाँ सामाजिक आंदोलनों के साथ घुल-मिल जाती हैं, लेकिन सामाजिक आंदोलनों के सिद्धांतकार मानते हैं कि धीरे-धीरे एनजीओ परिघटना और सामाजिक आंदोलन की धारा में फ़र्क़ बढ़ता जा रहा है। आंदोलन बनाम एनजीओ के द्विभाजन पर आधारित विमर्श के तहत मार्क्सवादी हल्कों में इस परिघटना की कड़ी आलोचनाएँ भी की गयी हैं। यहाँ तक कि इसे साम्राज्यवाद का एजेंट भी बताया गया है। मार्क्सवादी सिद्धांतकारों ने अपनी क़तारों को चेतावनी दी कि वे स्वयंसेवी कार्य के नाम पर विदेशी पूँजी की मदद और साम्राज्यवादी एजेंडे के लिए काम कर रहे एनजीओज़ / एक्शन ग्रुप्स से सतर्क रहें। विरोधाभास यह है कि पिछले दस-बारह साल से नवउदारतावादी भूमण्डलीकरण के ख़िलाफ़ संघर्ष करने वाले ग्लोबल मंच वर्ल्ड सोशल फ़ोरम में एनजीओज़ जम कर भागीदारी कर रहे हैं।

संयुक्त राष्ट्र ऐसे संगठन को एनजीओ नहीं मानता जो किसी भी क़िस्म की व्यावसायिक गतिविधियों में संलग्न हो, हिंसा करता हो या उसने हिंसा की वकालत की हो, सरकार में भागीदारी कर रहा हो या किसी सरकार की जगह लेने की कोशिश में लगा हो। चूँकि ये मानक आम तौर पर सर्वस्वीकार्य हैं, इसलिए एनजीओ परिघटना के पैरोकार ख़ुद को अराजनीतिक ख़ाने में रखना पसंद करते हैं। लेकिन राज्य से एनजीओज़ की इस स्वतंत्रता के बावजूद यह नहीं कहा जा सकता कि वे राष्ट्रीय-अंतर्राष्ट्रीय राजनीति से एकदम अछूते हैं। दरअसल, कई मक़ामों पर ग़ैर-सरकारी संगठनों और राजनीति के बीच सीधे रिश्ते से भी इनकार नहीं किया जा सकता। कई देशों में लोकतांत्रिक विकेंद्रीकरण की प्रक्रिया में लगी सरकारों ने एनजीओज़ की सीधी मदद ली है। दूसरी ओर सरकारों ने एनजीओज़ की गतिविधियों को विनियमित करने के लिए क़ानून बनाये हैं जिनका उल्लंघन करने पर उन्हें मिलने वाली आर्थिक मदद रोकी जा सकती है। सरकारें ही यह तय करती हैं कि किसी एनजीओ को केवल देशी धन पर ही निर्भर रहना होगा, या वे विदेशी धन ले सकते हैं।

भारत में सत्तारूढ़ संयुक्त प्रगतिशील गठबंधन (यूपीए) ने एक राष्ट्रीय सलाहकार परिषद् (एनएसी) का गठन किया है जो देश के प्रमुख ग़ैर-सरकारी संस्थाओं और उनके साथ जुड़ी रही हस्तियों से मिल कर बनी है। एनएसी के सुझावों के आधार पर भारत सरकार ने सूचना का अधिकार जैसा दूरगामी प्रभाव वाला क़ानून बनाया है। कुछ देशों में एनजीओज़ चुनावी राजनीति में भी भाग लेते देखे गये हैं। मसलन, चिली में 1992 के स्थानीय चुनावों में पापुलर इकॉनॉमिक ऑर्गनाइज़ेशंस (ओईपी) और स्वयंसेवी संगठनों (ओडीए) की मदद करने के लिए एनजीओज़ मैदान में उतर चुके हैं। बाद में उन्होंने स्थानीय स्वशासी संस्थाओं में भागीदारी भी की। फिलीपीन में 1991 के लोकल गवर्नमेंट कोड के तहत उन्होंने न केवल स्थानीय संस्थाओं के चुनावों में बल्कि राष्ट्रपति के चुनाव तक में सक्रिय भागीदारी की। एनजीओ और राजनीति के संबंधों का अध्ययन करने वाले

जेराल्ड क्लार्क का मानना है कि एशिया और लातीनी अमेरिका देशों में एनजीओ सेक्टर राजनीतिक गतिविधियों की एक ग़ैर-संस्थागत और छोटी सी दुनिया की तरह काम करती है। समाज के धरातल पर होने वाले बहुत से संघर्ष इस छोटे से संसार में अंतरव्याप्त रहते हैं।

राजनीतिक शब्दावली में एनजीओ शब्द की मौजूदगी 1945 में पहली बार उस समय दर्ज की गयी जब संयुक्त राष्ट्र का चार्टर बना। इस चार्टर के अनुच्छेद 71 में उन संगठनों को एनजीओ हैसियत प्रदान की गयी जो संयुक्त राष्ट्र की आर्थिक-सामाजिक परिषद् के लिए सलाहकार की भूमिका निभाते थे। 2007 में ऐसे कुल संगठनों की संख्या 3,052 थी। लेकिन, पिछले बीस वर्षों में यह संदर्भ इतना सीमित नहीं रह गया है। एनजीओ परिघटना कहीं विविध और व्यापक हो गयी है। उनकी शिनाख़्त विकास के ऐसे एजेंट के रूप में की जाने लगी है जो राज्य और कॉरपोरेट जगत के बीच के स्पेस में सक्रिय रहते हैं। सारी दुनिया में असंख्य एनजीओ सक्रिय हैं। संरचना और गतिविधियों के लिहाज़ से उन्हें किसी एक श्रेणी में नहीं रखा जा सकता। अंतर्राष्ट्रीय एनजीओ इंगो कहलाते हैं। इसी तरह व्यावसायिक एनजीओ को बिंगो कहा जाता है। धार्मिक गतिविधियों में लिप्त एनजीओ रिंगो की श्रेणी में आते हैं, और पर्यावरण का मुद्दा उठाने वालों को एंगो कहा जाता है। जो एनजीओ सरकार से पूरी तरह स्वतंत्र नहीं हैं उन्हें क्वैज़ी ऑटोनॉमस यानी क्वेंगो का नाम दिया गया है। ऐसे भी एनजीओ हैं जो केवल नाम के हैं और पूँजी उगाहने के अलावा कोई काम नहीं करते, इसलिए उन्हें ब्रीफ़केस एनजीओ या ब्रिंगो के नाम से बुलाया जाता है। अपराध जगत और ग़ैरक़ानूनी गतिविधियों को अपनी आड़ में छुपा लेने वाले एनजीओ क्रिंगो कहे जाते हैं।

इस समय पूरी दुनिया एनजीओ नेटवर्कों से आच्छादित है। उनके शीर्ष पर इंगो हैं जिनमें ऑक्सफ़ैम या एक्शन एड जैसे ताक़तवर और विशाल संगठन हैं। ये एनजीओ छोटे-छोटे बहुत से एनजीओ को गतिविधियाँ करने के लिए पूँजी मुहैया कराते हैं ताकि उन्हें स्थानीय स्तर पर काम करने वाले पार्टनर मिल सकें। कुल मिला कर प्रत्येक एनजीओ को अपनी फ़ंडिंग देने वाली दानदाता संस्थाओं से अपना एजेंडा स्वीकृत कराना पड़ता है। कई मामलों में फ़ंडिंग एजेंसी ही उन्हें एजेंडा थमाती है।

ट्रांसनैशनल एक्टिविज़्म के एजेंट के रूप में एनजीओज़ को देखने की शुरुआत शीत युद्ध ख़त्म होने के बाद हुई। इस प्रक्रिया से निकले विमर्श के दो अंतर्विरोधी पहलू थे। पहला, उदारतावादी लोकतंत्र और बाज़ारोन्मुख विकास के समर्थकों को लगा कि नागर समाज के अंग के रूप में एनजीओ परिघटना का इस्तेमाल वित्तीय पूँजी के भूमण्डलीकरण के पक्ष में किया जाना चाहिए। दूसरा, इसके विपरीत लोकतांत्रिक आदर्शवाद में यक़ीन रखने वालों ने एनजीओज़ को राष्ट्रेतर क़िस्म के ग्लोबल लोकतांत्रिक एक्टरों के तौर पर परिभाषित करने की कोशिश की। इस दूसरी धारा में सामाजिक आंदोलन के विमर्शकार प्रमुख थे। इस लिहाज़ से राष्ट्रेतर आंदोलनों की परिघटना को दो दौर में बाँट कर समझने की चेष्टा की गयी है। इसके अनुसार दुनिया के पैमाने पर चलने वाले नारीवादी आंदोलन, युद्ध विरोधी आंदोलन और मानवाधिकार आंदोलन जैसी गतिविधियों के भीतर राष्ट्रेतर प्रवृत्तियाँ मौजूद थीं। इस दौर में स्थानीय स्तर पर किये जाने वाले संघर्षों में श्रम क़ानूनों के पालन या उन्हें बेहतर बनाये जाने, पर्यावरण की सुरक्षा के प्रयास किये जाने और मानवाधिकारों को बचाने की कोशिशें करने के प्रयास शामिल थे जिनमें कुछ निश्चित लक्ष्यों और कार्यक्रमों के लिए राष्ट्रीय-अंतर्राष्ट्रीय स्तर पर एनजीओज़ ने अगुआ दस्ते की भूमिका निभायी।

इन विमर्शकारों का तर्क है कि दूसरे दौर में इन संघर्षों और उनके साथ जुड़े हुए ट्रांसनैशनल एक्टिविज़्म का पैमाना बहुत विशाल हो गया। इन नयी परिस्थिति में इस एक्टिविज़्म को स्थानीय स्तर पर होने वाले संघर्षों को चालू रखते हुए ग्लोबल पैमाने पर की जाने वाली नेटवर्किंग के दौर में जाना पड़ा। इस प्रक्रिया में एनजीओज़ के स्थापित नेटवर्कों की गतिविधियाँ निहित होनी ही थीं, लेकिन ट्रांसनैशनल एक्टिविज़्म में उनकी अगुआ भूमिका पहले की तरह नहीं रह गयी। नयी ज़रूरतों के मुताबिक़ सामाजिक न्याय का झण्डा बुलंद करते हुए प्रत्यक्ष कार्रवाई करने में यक़ीन रखने वाले ग्लोबल नेटवर्क उभर आये। एनजीओज़ इस ट्रांसनैशनल नेटवर्क के अहम हिस्से बने रहे, पर प्रतिरोध की मुहिमों और नीति संबंधी प्रभाव डालने वाली पहलक़दमियों की लगाम पहले की तरह उनके हाथ में नहीं रह गयी।

देखें : ग़ैर-सरकारी संस्थाएँ : भारत में, ग़ैर-दलीय राजनीति, भूमण्डलीकरण का प्रतिरोध, विश्व सामाजिक मंच।

संदर्भ

1. डेविड कोर्टेन (1990), *गैटिंग टू द ट्वेंटी फ़र्स्ट सेंचुरी : वालंटरी एक्शन ऐंड द ग्लोबल एजेंडा,* कुमारियन प्रेस, वेस्ट हार्टफ़ोर्ड, सीटी.
2. जेराल्ड क्लार्क (1996), 'नॉन-गवर्नमेंटल ऑर्गनाइज़ेशंस ऐंड पॉलिटिक्स', युनिवर्सिटी ऑफ़ स्वानसी, *पेपर्स इन इंटरनैशनल डिवेलपमेंट,* अंक 20, स्वानसी.
3. जेम्स पेत्रास और हेनरी वेल्टमेयर (2001), *ग्लोबलाइज़ेशन अनमास्क्ड : इम्पीरियलिज़्म इन द ट्वेंटी फ़र्स्ट सेंचुरी,* ज़ेड बुक्स, लंदन.
4. विश्व बैंक (1995), *वर्किंग विद एनजीओज़ : अ प्रैक्टिकल गाइड टू ऑपरेशनल कॉलेबोरेशन बिटवीन द वर्ल्ड बैंक ऐंड नॉन-*

गवर्नमेंटल ऑर्गनाइज़ेशंस, ऑपरेशन पॉलिसी डिपार्टमेंट, वाशिंगटन डीसी.

5. एस. टैरो (2005), *द न्यू ट्रांसनैशनल एक्टिविज़्म,* केम्ब्रिज युनिवर्सिटी प्रेस, केम्ब्रिज.

— अभय कुमार दुबे

ग़ैर-सरकारी संस्थाएँ, भारत में

(NGOs in India)

भारत में जो दायरा कभी सिर्फ़ समाज और समुदाय की मदद से समाजोत्थान के लिए काम करता था, वही आज देशी-विदेशी आर्थिक मदद से सक्रिय विशाल एनजीओ सेक्टर में बदल गया है। सरकारी और व्यावसायिक क्षेत्रों के बाहर समाज-सेवा करने वाले स्वयंसेवी संगठनों की आधुनिक परम्परा हमारे यहाँ उन्नीसवीं सदी में ही शुरू हो गयी थी। चाहे चर्च की पहलक़दमी से आदिवासियों के बीच कल्याण और सुधार के लिए काम करने वाले संगठन हों, या आधुनिक विचारों से प्रेरित सामाजिक और धार्मिक सुधार के लिए कार्यरत संस्थाएँ हों, यह धारा उपनिवेशवाद के ख़िलाफ़ राजनीतिक प्रतिरोध के निरंतर विकसित होते हुए सिलसिले के साथ-साथ और समांतर पनपीं। यद्यपि इनमें से अधिकतर संगठन ब्रिटिश शासन को समाज-सुधार के एजेंडे के अनुकूल मानते थे, लेकिन अंग्रेज़ों को इनके भीतर छिपे फ़ितनाग़र अंदेशों का एहसास था। इसलिए उन्होंने इस तरह के संगठनों की गतिविधियों को नियमित करने और उन पर निगरानी करने के लिए 1860 में सोसाइटी पंजीकरण क़ानून भी बनाया था जिसका कार्यक्षेत्र प्रारम्भ में केवल बम्बई प्रेसीडेंसी तक सीमित था।

बीसवीं सदी के दूसरे दशक में उपनिवेशवाद विरोधी राजनीति में गाँधी के क़दम पड़ते ही स्वयंसेवी कार्य के प्रतिमान में तब्दीली आने लगी। गाँधी ने रचनात्मक कार्य को व्यापक राजनीति की अभिव्यक्ति के तौर पर पेश करते हुए जनता को सुधार के लिए महज़ कच्चा माल समझने से इनकार कर दिया। धीरे-धीरे राष्ट्रीय आंदोलन के एक हिस्से के रूप में संगठनों का एक नेटवर्क तैयार हो गया। इन्होंने खादी, ग्रामोद्योग, शिक्षा, स्वास्थ्य, कृषि, दुग्ध-उत्पादन, पशुपालन जैसे क्षेत्रों में सरकारी नीतियों का विरोध करते हुए काम किया। स्त्रियों, निचली जातियों, आदिवासियों और देहाती ग़रीबों के पक्ष में काम करते-करते इन संगठनों ने सामाजिक कार्यों के भीतर राजनीतिक दृष्टि का समावेश किया जिससे राजनीति को एक दृढ़ सामाजिक आधार मिला। स्वतंत्रता आंदोलन में हुए एक विचारधारात्मक विभाजन से इस प्रक्रिया को एक बार फिर नया आयाम मिला। कम्युनिस्ट और सोशलिस्ट रुझान वाले संगठनों ने उन मुद्दों को उठाना शुरू किया जिनकी समाज-सुधारक या गाँधीवादी संगठनों ने उपेक्षा की थी। इन लोगों के लिए मुख्य मुद्दा हितों का टकराव और उसके कारण होने वाला ग़रीबों का शोषण था। आज़ादी के बाद सामाजिक और आर्थिक न्याय का प्रश्न, जन-अधिकार, भूमि सुधार, काश्तकारों के अधिकार, न्यूनतम मज़दूरी का सवाल, बंधुआ और दास प्रथाओं के लिए संघर्ष, वनोपज पर आदिवासियों का अधिकार और झुग्गीवासियों और निराश्रितों के हक़ इन संगठनों के दायरे में आते चले गये। चुनावी राजनीति में व्यस्त राजनीतिक दलों ने इन मुद्दों की जितनी उपेक्षा की, उतना ही स्वयंसेवी संगठनों ने उन्हें अपनाया। स्वयंसेवी सेक्टर की राजनीतिक और सामाजिक भूमिका के सूत्रीकरण में सहभागी लोकतंत्र के विचार ने प्रमुख भूमिका निभायी। लोकतंत्र के प्रचलित प्रातिनिधिक रूप की आलोचना करते हुए विकसित होने वाले इस विचार के पीछे गाँधी और मानवेंद्रनाथ राय थे। आज़ादी के बाद जय प्रकाश नारायण ने न केवल इस विचार-परम्परा को जीवित रखा, बल्कि ख़ुद गाँधी के रास्ते पर चलते हुए जीवन-समर्पित करने का निश्चय किया।

इस वैचारिक बहस और उसके प्रभाव के बावूजद इस हक़ीक़त से इनकार नहीं किया जा सकता कि स्वतंत्रता के बाद साठ के दशक के अंत तक की अवधि गाँधीवादी संगठनों और उस शैली के स्वयंसेवी कार्य के क्षय की मानी जाती है। इस दौरान धर्म आधारित गतिविधियाँ करने वाले ईसाई और ग़ैर-ईसाई संगठनों ने शैक्षिक, स्वास्थ्य संबंधी और आफ़त-मुसीबत के समय राहत कार्य करके अपनी धाक जमायी। इसी प्रक्रिया में अंतर्राष्ट्रीय असर के तहत स्वयंसेवी क्षेत्र का एनजीओकरण हुआ। पिछले चालीस साल में स्वयंसेवी संस्थाएँ और एनजीओ एक-दूसरे का पर्याय बन गये हैं। पीआरआईए के एक सर्वेक्षण के अनुसार 2001 में कोई पंद्रह लाख एनजीओज़ भारत में सक्रिय थे। कुछ जानकारों का ख़याल है कि यह संख्या बढ़ी-चढ़ी है, और एनजीओज़ की संख्या दो लाख से ज़्यादा नहीं है। गृह मंत्रालय की रपट के अनुसार 2000-1 में क़रीब 20,000 एनजीओज़ ने फ़ॉरेन कंट्रीब्यूशन रेगुलेशन एक्ट (एफ़सीआरए) के तहत ख़ुद को रजिस्टर्ड करा रखा था। भूमण्डलीकरण के दौर में भारतीय एनजीओज़ को मिलने वाली विदेशी मदद बढ़ी है। एक आँकड़े के अनुसार 1998-99 से 2000-1 के बीच में यह मदद 34 अरब रुपये से बढ़ कर 45 अरब रुपये हो गयी।

भारत में एनजीओ नज़ारे के अध्येताओं की एक प्रमुख धारा मानती है कि सत्तर के दशक में इंदिरा गाँधी की हुकूमत

में अंतर्निहित व्यक्तिवादी और निरंकुश पहलुओं के मुक़ाबले स्वयंसेवी संगठनों में लोकतंत्र को सघन और विस्तारित करने की सम्भावनाएँ थीं। औपचारिक राजनीतिक दायरे में सक्रिय पार्टियाँ उत्तरोत्तर अभिजनोन्मुख होती जा रही थीं, इसलिए रजनी कोठारी, धीरूभाई शेठ और हर्ष सेठी जैसे विद्वानों ने स्वयंसेवी भावना और सक्रियता को वैकल्पिक राजनीति के रूप में परिभाषित किया। इन विश्लेषकों को लगा कि पार्टियों से जुड़े स्त्री, छात्र, मज़दूर और किसान जैसे संगठन राजनीतिक स्वायत्तता के अभाव में कुम्हला जाते हैं, और दूसरी तरफ़ पार्टीगत निष्ठाओं के कारण नागर समाज में विभाजन हो जाता है। इन विद्वानों को लगा कि पर्यावरण, स्त्री-अधिकार, मानवाधिकार और ग़रीबों के हितों के लिए सक्रिय स्वयंसेवी संगठन नागर समाज के स्वायत्त और जीवंत अंग बन कर इस परिस्थिति को बदल सकते हैं। इंदिरा सरकार एनजीओ गतिविधियों के राजनीतिक पहलुओं से परेशान थी क्योंकि वे उसके ख़िलाफ़ 1974 से शुरू हुए राष्ट्रव्यापी संघर्ष में भागीदार थे। इसीलिए इस सरकार ने 1976 में एफ़सीआरए जैसा नियंत्रणकारी क़ानून बनाया। वह एनजीओ परिघटना को उस 'विदेशी हाथ' का हिस्सा मानती थी जो उसकी निगाह में चुनी हुई सरकार को अस्थिर करने पर तुला था। 1977 में जब आपातकाल लगाने वाली सरकार बुरी तरह पराजित हो गयी, तो उसका श्रेय एक हद तक एनजीओ गतिविधियों को भी दिया गया।

जनता पार्टी शासन के दौरान राजकीय नीति में ग्रामीण विकास कार्यक्रम के ऐसे कई पहलू और सहभागिता के आयाम जोड़े गये जो एनजीओ गतिविधियों पर आधारित थे। 1980 में सत्ता में वापिसी करने पर इंदिरा गाँधी ने कुदाल आयोग बनाया जिसका उद्देश्य एनजीओ गतिविधियों की जाँच-पड़ताल करना था, क्योंकि वे मानती थीं कि इन संगठनों ने भी उनकी सरकार को तंग किया था। लेकिन, इंदिरा गाँधी के उत्तराधिकारी राजीव गाँधी ने एनजीओ दायरे को अपने एक सम्भावित मित्र की तरह देखा। उन्होंने इसे सरकारी एजेंसियों और निजी क्षेत्र के अलावा तीसरे क्षेत्र के तौर पर राज्य की वैकासिक रणनीति का अंग बनाने की पहल की। अस्सी के दशक में इसी मक़ाम पर भारत के स्वयंसेवी क्षेत्र को एक बहुत बड़े विभाजन का सामना करना पड़ा। यह विभाजन गाँधीवादी-अगाँधीवादी और राजनीतिक-अराजनीतिक लाइन पर था।

इसी दौरान मार्क्सवादी हल्कों की तरफ़ से एनजीओ क़िस्म की सामाजिक-राजनीतिक कार्रवाई की कड़ी आलोचना की गयी। 1984 में मार्क्सवादी कम्युनिस्ट पार्टी के नेता प्रकाश करात ने एक लम्बा लेख लिख कर दावा किया कि एक्शन ग्रुप और वालंटरी ऑर्गनाइज़ेशन भारतीय समाज में घुसपैठ करने की साम्राज्यवादी साज़िश का अंग हैं। करात ने चेतावनी दी कि ये संगठन आदर्शवाद से प्रेरित मध्यवर्गीय युवकों को गुमराह कर देने में सक्षम हैं। हालाँकि उन्होंने ख़ास तौर से विदेशी धन लेने वाले संगठनों को निशाना बनाया, लेकिन उन्होंने एनजीओ दायरे को बौद्धिक समर्थन देने वालों को भी नहीं बख़्शा। विदेशी बुद्धिजीवियों के साथ-साथ भारतीय बुद्धिजीवी भी उनके आक्रमण का निशाना बने। उन्होंने माँग की कि अगर कोई एनजीओ लोगों को किसी राजनीतिक कार्रवाई के लिए गोलबंद करता है तो उसे राजनीतिक दलों के समकक्ष समझा जाना चाहिए, जिन्हें विदेशी फ़ंडिंग लेने की इजाज़त नहीं है।

करात की इस लाइन को बड़े पैमाने पर एनजीओ दायरे में नापसंद किया गया, लेकिन इसका असर गहरा हुआ। पूरा क्षेत्र विदेशी धन लेने और न लेने वाले संगठनों में बँट गया। इस विवाद का दूसरा असर यह हुआ कि एनजीओ बनाम सामाजिक आंदोलन की बहस पहले से कहीं तीखी हो गयी। एनजीओ दायरे को नागर समाज के अराजनीतिक चेहरे की संज्ञा भी दी गयी। यह भी कहा गया कि सार्वजनिक दायरे के एनजीओकरण ने रैडिकल सम्भावनाओं वाले युवजनों को जुझारू संघर्षों में कूदने से रोक दिया, और सरकार की वैकासिक नीति का औज़ार बन कर जनता के बीच अलोकप्रिय होती जा रही राज्य की संस्था को टिके रहने की गुंजाइश प्रदान की। दिलचस्प बात यह है कि करात ने जिन भारतीय बुद्धिजीवियों को साम्राज्यवादी साज़िश का अंग क़रार दिया था, वे भी नब्बे के दशक में आलोचना लेकर आये कि स्वयंसेवी भावना को आधुनिक राज्य और उसे सहारा देने वाले ग्लोबल सरअंजाम ने जैसे ही वैकासिक हस्तक्षेप के नियोजित औज़ार में सीमित किया, वैसे ही इस क्षेत्र की स्वायत्तता संकटग्रस्त हो गयी। वह अपनी धार खो बैठा जिसके कारण उसे कभी समाज-परिवर्तन का एजेंट माना जाता था। कुल मिला कर इस विवाद के कारण एनजीओ की एक रूढ़ छवि बनी जिसके आईने में उसे विदेशी धन लेने वाले और अराजनीतीकरण के एजेंट की तरह काम करने वाले संगठन के तौर पर देखा जाने लगा।

अस्सी और नब्बे के दशक में होने वाली इन बहसों के बीच एनजीओ सेक्टर का विस्तार होता रहा। वे सामाजिक आंदोलनों और राजनीति के अन्य रूपों के साथ अन्योन्यक्रिया करते रहे। केरल में केरल शास्त्र साहित्य परिषद द्वारा अपनी स्वायत्तता क़ायम रखते हुए वहाँ की माकपा सरकार के साथ मिल कर काम करना और मध्य प्रदेश में दिग्विजय सिंह के नेतृत्व वाली कांग्रेस सरकार के साथ एकता परिषद् जैसे गाँधीवादी संगठन का जुड़ाव इसकी प्रमुख मिसाल है। मज़दूर किसान शक्ति संगठन पंचायत स्तर पर चुनाव में भागीदारी कर चुका है। जनांदोलनों के राष्ट्रीय गठजोड़ में सक्रिय कई एनजीओ इस बहस में उलझे रहते हैं कि चुनावी राजनीति के

साथ कैसे संवाद स्थापित किया जाए। एनजीओ सेक्टर से निकली शक्तियाँ कांग्रेस के नेतृत्व वाली संयुक्त प्रगतिशील गठबंधन सरकार को मदद देने वाली राष्ट्रीय सलाहकार परिषद् (एनएसी) में प्रमुख हैसियत रखती हैं। अन्ना हज़ारे के नेतृत्व में चली बहुचर्चित भ्रष्टाचार विरोधी मुहिम की अगाऊ पंक्तियों में जो शक्तियाँ हैं, वे भी एनजीओ सेक्टर की ही देन हैं।

देखें : ग़ैर-सरकारी संस्थाएँ, ग़ैर-दलीय राजनीति, भूमण्डलीकरण का प्रतिरोध, विश्व सामाजिक मंच।

संदर्भ

1. प्रकाश करात (1988), *फ़ॉरेन फ़ंडिंग ऐंड द फ़िलॉसफ़ी ऑफ़ वालंटरी ऑर्गनाइज़ेशंस : अ फ़ैक्टर इन इम्पीरियलिस्ट स्ट्रैटजी,* नैशनल बुक सेंटर, नयी दिल्ली.
2. संगीता कामत (2002), *डिवेलपमेंट हेजेमनी : एनजीओज़ ऐंड द स्टेट इन इण्डिया,* ऑक्सफ़र्ड युनिवर्सिटी प्रेस, नयी दिल्ली.
3. राजेश टंडन (1987), *स्टेट ऐंड द वालंटरी एजेंसीज़ इन इण्डिया,* पीआरआईए, नयी दिल्ली.
4. डी.एल. शेठ और हर्ष सेठी (1991), 'द एनजीओ सेक्टर इन इण्डिया : हिस्टोरिकल कांटेक्स्ट ऐंड करेंट डिस्कोर्स', *वाल्युंटाज़,* खण्ड 2, अंक 2.
5. बंकर रॉय (1988), 'वालंटरी एजेंसीज़ : ट्वेंटी इयर्स फ़्रॉम नाव', *मेनस्ट्रीम,* 26.

— अभय कुमार दुबे

गोपनीयता

(Secracy)

सामान्य व्यवहार में गोपनीयता का अर्थ किसी महत्त्वपूर्ण और उपयोगी सूचना को दूसरों से छिपाना होता है। गोपनीयता के विचार में यह भी अंतर्निहित है कि कुछ तथ्य या सूचनाएँ ऐसी भी होती हैं जिन्हें सार्वजनिक रूप से उद्घटित नहीं किया जाना चाहिए। एक अर्थ में गोपनीयता व्यक्ति की निजता और स्वायत्तता की भी पूर्व-शर्त कही जा सकती है। लेकिन समाजशास्त्रीय अर्थों में गोपनीयता को संगठन, राजनीतिक दल, व्यावसायिक समूह आदि की रणनीति के अध्ययन के तौर पर देखा जाता है।

गोपनीयता के अध्ययन और विश्लेषण को समाजशास्त्र में एक विषय के तौर पर प्रतिष्ठित करने का श्रेय जर्मन समाजशास्त्री जॉर्ज ज़िमेल को जाता है। ज़िमेल ने अपने विश्लेषण में गोपनीयता और गोपनीय संगठनों के समाजशास्त्र की विशद पड़ताल की है। उनके अनुसार गोपनीयता की परिघटना का मर्म इस बात में निहित है कि उसमें किसी सूचना को उसके यथातथ्य रूप में पेश न करके पूर्व निर्धारित लक्ष्य की दृष्टि से प्रस्तुत किया जाता है। इसमें एक व्यक्ति भी शामिल हो सकता है और व्यक्तियों का समूह भी। ज़िमेल का मानना है कि गोपनीय संगठन हमेशा निरंकुशतावाद और पुलिस की सत्ता के सहचर बनकर अस्तित्व में आते हैं। और यह बात केवल राजनीतिक संबंधों पर ही नहीं बल्कि धार्मिक संस्थाओं, स्कूल तथा परिवार पर भी लागू होती है। ज़िमेल का यह भी कहना है कि आधुनिक समाज के दबावों और ज़रूरतों से सामंजस्य बिठाने के लिए व्यक्ति को झूठ-प्रपंच और फ़रेब का सहारा लेना पड़ता है। इस तरह गोपनीयता को आधुनिक समाज में जीने की एक रणनीति के रूप में भी देखा जा सकता है।

ज़िमेल ने गोपनीयता के अध्ययन में विश्लेषण के जिन नये सूत्रों का प्रतिपादन किया था उनका प्रभाव आज तक बरक़रार है। उदाहरण के लिए उनका यह सूत्र आज भी उतना ही प्रासंगिक है कि जब कोई व्यक्ति दूसरे से झूठ बोलता है तो दूसरे व्यक्ति को सिर्फ़ धोखा ही नहीं दिया जाता बल्कि वह झूठ बोलने वाले की वास्तविक मंशा के बारे में भी भ्रांति का शिकार होता है। ऐसे भ्रम और मिथ्या धारणाएँ सरल समाजों में तो उतनी ख़तरनाक नहीं होती लेकिन आधुनिक अर्थव्यवस्था के लेन-देन में, जहाँ सभ्यता की पूरी संरचना ही व्यक्ति और उसकी मंशाओं की पूर्वधारणाओं पर निर्भर करने लगी हैं, वहाँ मिथ्या धारणाएँ एक अनियंत्रित खेल रच सकती हैं। मसलन, आधुनिक अर्थव्यवस्था में पैसे का लेन-देन और उसके हस्तांतरण के अनेकानेक इलेक्ट्रॉनिक रूप सीधे शासकीय ढाँचे की नाक के नीचे सम्पन्न होते हैं, लेकिन उसे इस बारे में कुछ पता नहीं चलता। यह आधुनिक सामाजिक जीवन का एक अहम, मगर ऐसा पहलू है जिससे ज़्यादातर लोग अनभिज्ञ रहते हैं। इक्कीसवीं सदी में आतंकवादी एक देश से दूसरे देश में धन भेजने के लिए इलेक्ट्रॉनिक हस्तांतरण का सहारा लेते हैं। इससे ज़ाहिर है कि आतंकवाद विरोधी कार्रवाई इस दौर में सिर्फ़ ज़मीन पर ही नहीं लड़ी जा रही बल्कि उसका एक मोर्चा वित्तीय गतिविधियों के अमूर्त संसार में भी मौजूद है।

आधुनिक व्यवसाय में जानबूझकर झूठी सूचनाएँ गढ़ना और फैलाना भी एक काम बन गया है। सफ़ेदपोश अपराध के केंद्र में भी गोपनीयता की यह धारणा ही काम करती है। एक तरह से ज़िमेल हमें आधुनिक समाज के जटिल वित्तीय तंत्र और नेटवर्क समाजों की कारगुज़ारियों के बारे में आगाह करते हैं। अल्प -विकसित और आदिम समाजों में भ्रांत धारणाओं का ऐसा व्यवस्थित संजाल कम देखने को मिलता है।

सत्रहवीं शताब्दी में व्यक्तियों के छोटे समूहों की कार्यकुशलता तथा सांगठनिक लामबंदी के चरित्र का विश्लेषण करते हुए थॉमस हॉब्स ने कहा था कि संकट के समय तो लोग बड़ी संख्या में एकजुट हो जाते हैं लेकिन चुनौती ख़त्म होते ही लोगबाग फिर फूट, आपसी षड्यंत्र और चुगलखोरी में लिप्त होने लगते हैं। हॉब्स का मानना था कि कोई भी सामूहिक गतिविधि एक मज़बूत केंद्रीय सत्ता के बिना सफल नहीं हो सकती क्योंकि उसके अभाव में लोगों के व्यक्तिगत अहम को नियंत्रण में रखना मुश्किल बना रहता है। यह देखना दिलचस्प है कि हॉब्स के इस विचार की आहट कोई ढाई सौ साल बाद ज़िमेल के विश्लेषण में भी सुनायी पड़ती है। हॉब्स की तरह ज़िमेल ने भी इस तरफ़ ध्यान आकर्षित किया था कि किसी कार्य या गतिविधि की गुणवत्ता पर उसमें शामिल लोगों की संख्या का गहरा असर पड़ता है। ज़िमेल के मुताबिक़ दो लोगों के साथ समूह जैसी कोई संरचना नहीं होती लेकिन जैसे ही उनके साथ तीसरा व्यक्ति आता है तो उनके आपसी व्यवहार का पूरा चरित्र बदल जाता है। असल में तीसरे व्यक्ति के शामिल होते ही एक वास्तविक सामाजिक संरचना अस्तित्व में आने लगती है। ज़िमेल का मानना है कि छोटे समूहों में गोपनीयता को बरक़रार रखना मुश्किल होता है क्योंकि उसमें शामिल सभी व्यक्ति एक दूसरे के इतने क़रीब होते हैं कि वे समूह के गुप्त कार्यक्रम या एजेंडे को बताने का लोभ संवरण नहीं कर पाते, जबकि बड़े समूहों में गोपनीयता को बनाये रखना ज़्यादा आसान होता है। परंतु बड़े गोपनीय संगठनों में सूचनाओं के साझीदार सदस्य हमेशा इस तनाव के शिकार रहते हैं कि गोपनीय सूचना या तथ्य उजागर न हो जाए। ऐसा होने पर गोपनीय संगठन का समूचा आधार ही ख़त्म हो सकता है। गोपनीयता को बरक़रार रखने के लिए छोटे और बड़े समूह अलग अलग तरह की रणनीति आज़माते हैं। इस मामले में गोपनीयता को सफल बनाने के लिए एक सामाजिक संरचना ख़ुद ब ख़ुद अस्तित्व में आ जाती है। ग़ौर से देखें तो असल में समाजशास्त्री इसी क्षेत्र का अध्ययन करते हैं। ज़िमेल ने अपने अध्ययन में इस बात पर भी विचार किया है कि गोपनीय संगठन अपने आकार और नेतृत्व को छिपाने के लिए सूचनाओं और नियंत्रण की व्यवस्था का किस तरह इस्तेमाल करते हैं।

सामाजिक विज्ञानों, ख़ास तौर पर अर्थशास्त्र में यह एक जमा जमाया सिद्धांत माना जाता है कि गोपनीयता के कुछ ऐसे निश्चित प्रकार हैं जिन्हें बनाये रखने का ख़र्च और मुश्किलें सदस्यों की संख्या में होने वाली वृद्धि के साथ बढ़ती जाती है। ज़िमेल इसे बड़े समूहों की प्रारूपिक समस्या मानते थे। व्यवसाय के क्षेत्र में क़ीमतों को मनमाने ढंग से तय करने या उत्पादन घटाकर कर बाज़ार पर एकाधिकार स्थापित करने की गोपनीय चालें कई बार एक आपसी समझौते के तहत ही ध्वस्त की जाती हैं। ऐसे रहस्यों का उद्‌घाटन तब ज़्यादा रफ़्तार से होता है जब उसमें कई सारे व्यवसाय एक साथ मिलकर व्यावसायिक रणनीतियाँ तय करते हैं। औद्योगिक संगठनों के अध्ययन से पता चलता है कि पहले से ही कीमतें तय करने, षड्यंत्र खड़ा करने या ठेके लेने की होड़ में अन्य प्रतिद्वंदियों को मात देने के मामले में हमेशा संगठन के अंदरूनी सदस्य ही शामिल पाये जाते हैं। वे अपने संगठन की साख ऐसे रहस्योद्‌घाटनों से उजागर करते हैं कि उनकी कम्पनी के उत्पादन सूचकांक सही नहीं हैं। इसी तरह पूर्व षड्यंत्रकर्ता निजी लाभ उठाने के लिए ख़ुद के बारे में केवल यह घोषणा करते हैं कि वे तो व्यावसायिक समूह विशेष के सदस्य मात्र हैं।

अगर किसी स्थिति में एक व्यक्ति को यह पता चले कि दूसरे सिरे पर मौजूद एक या दो व्यक्तियों को किसी महत्त्वपूर्ण मसले के बारे में जानकारी है लेकिन वे पहले व्यक्ति से इस बारे में झूठ बोलते रहें तो ऐसे में एक अलग तरह की समस्या पैदा हो जाती है। कुछ विशेषज्ञ इसे ही गोपनीयता की मूलभूत स्थिति कहते हैं। एक विद्वान के मुताबिक़ गोपनीयता को एक ऐसी स्थिति के रूप में परिभाषित किया जा सकता है जिसमें एक व्यक्ति किसी बात को छिपाना चाहता है जबकि दूसरा व्यक्ति छिपाने की इस हरकत को उजागर करना चाहता है। यह सच है कि ग़ैर-सार्वजनिक सूचनाओं की जानकारी रखने वाले लोगों को इस बात का पता रहता है कि वे जिन लोगों के साथ काम कर रहे हैं उन्हें भी इस बात का अहसास रहता है कि पहला व्यक्ति उनसे कुछ छिपा रहा है। ऐसे में एक दूसरे को पछाड़ने की चालें चली जाती हैं। अर्थशास्त्र में गेम थिअरी नामक एक उप विषय में सामाजिक व्यवहार के इन रूपों और उसके वास्तविक कोणों का अध्ययन किया जाता है।

जब कोई गोपनीय सूचना कई लोगों की जानकारी में होती है और वे उस पर मौन साधे रहते हैं तो इसे विशेषीकृत हितों की एक सामाजिक परिघटना कहा जा सकता है। एवियातार जेरूबावेल ने इस परिघटना के अध्ययन का सार संक्षेप करते हुए कहा है कि एक समय के बाद ऐसे गोपनीय तथ्यों को छिपाये रखना मुश्किल होता जाता है जिनमें अनेक लोग शामिल हों। मौन के ऐसे किसी षड्यंत्र का जब भी रहस्योद्धघाटन होता है तो वह उसमें लिप्त लोगों के व्यक्तित्व और उनकी अंतश्चेतना को क्षत-विक्षत कर देता है।

नाज़ी शासन के उदाहरणों से पता चलता है कि यहूदियों के यातना-शिविरों के आसपास रहने वाले जर्मन नागरिकों को इस तथ्य के बारे में पता होता था कि वहाँ क्या चल रहा है लेकिन वे इस बारे में मौन रहते थे। समाजशास्त्री इसे एक ऐसी सामाजिक रीति के उभार की तरह देखते हैं जो

लोगों की संवेदना को यहाँ तक नियंत्रित करने लगी थी कि किस बात पर ध्यान दिया जाए और किस बात को ख़ारिज कर दिया जाए। यह बात बच्चों के यौन शोषण संबंधी मामलों पर भी लागू होती हैं जहाँ परिवार के सदस्य सब कुछ जानने के बावजूद पीड़ित की यंत्रणा को लेकर आपस में गोपनीयता बनाये रखते हैं।

सामान्य क़ानूनों में किसी व्यवसाय के भेद या राज़ को एक ऐसे फ़ार्मूले या प्रक्रिया के तौर परिभाषित किया जाता है जो प्रतिस्पर्द्धा के क्षेत्र में एक व्यवसायी द्वारा दूसरे व्यवसायी को मात देने के लिए इस्तेमाल किया जाता है। अर्थशास्त्रियों की भाषा में व्यवसाय का यह गोपनीय गुर किसी उद्यमी को अपने प्रतिद्वंदियों के मुक़ाबले ज़्यादा लाभ अर्जित करने में सक्षम बनाता है। उद्यमिता के नव-चिंतन में अक्सर गतिशील दक्षता की धारणा का ज़िक्र किया जाता है। बहुत से उद्यमी और उनके मददगार अपने व्यवसाय से संबंधित सूचनाओं को इस तरह गोपनीय बनाये रखते हैं कि अन्य प्रतिद्वंद्वियों को उनके उत्पादों की भनक न मिल सके और वे अपने उत्पाद को बाज़ार में सबसे पहले उतार सकें। उन्हें ऐसा करना इसलिए ज़रूरी लगता है क्योंकि अगर प्रतिद्वंदियों को उनके नवाचार के बारे में पता चल जाए तो वे उस उत्पाद की नक़ल तैयार करके उत्पाद के मूल निर्माता का खेल बिगाड़ सकते हैं।

कुछ ख़ास तरह के मामलों में व्यवसाय के गोपनीय गुर का पेटेंट कराया जाता है। इससे उत्पाद के निर्माता को एक निश्चित अवधि के लिए अपने उत्पाद के संबंध में एक तरह का विशेषाधिकार मिल जाता है। लेकिन बाज़ार में मौजूद हर तरह की सूचनाओं को पेटेंट की सुरक्षा नहीं दी जा सकती या दूसरी तरह कहें तो बाज़ार की हर सूचना इस लायक नहीं होती कि उसे पेटेंट की सुरक्षा दी जाए। मसलन, मार्केटिंग के तौर-तरीक़ों, उत्पाद की कीमतें तय करने की रणनीति, ग्राहकों की सूची तथा आपूर्ति की ऐसी शृंखलाएँ जिनके बारे में प्रतिद्वंद्वियों को पता नहीं होता, ऐसे ही पहलू हैं जिन्हें पेटेंट के दायरे से बाहर माना जाता है। ऐसे मामलों में पेटेंट कराने का विकल्प मौजूद नहीं होता। ज़ाहिर है कि ऐसे में गोपनीयता बनाये रखना ही व्यवसायिक सफलता का आधार होता है।

यह एक मिथक ही है कि जादूगर अपनी तरकीब को सार्वजनिक नहीं होने देते या कि वे इन तकनीकों को पर्दे में छिपाये रखते हैं। जादूगर वास्तव में रंगमंच के मनोरंजनकर्ता होते है जिनके अपने सभा-संगठन और जर्नल होते हैं। धीरे धीरे उनके अकादमिक योगदान और प्रभाव में वृद्धि भी होती गयी है। ज़िमेल की धारणा थी कि बड़े संगठनों में दाख़िल होने और उसमें शामिल होने के कुछ निश्चित अनुष्ठान होते हैं लेकिन अब यह स्थिति बदल चुकी है। आजकल जादूगर अक्सर विद्वान होते हैं और अपने इस नये तरह के गुण को अक्सर किताबों, फ़िल्मों और सेमिनारों के माध्यम से ज़ाहिर करते रहते हैं। पेटेंट के विचार में ही यह बात निहित है कि वह एक ऐसी उपयोगी चीज़ है जिसे उजागर करना लाभकारी होता है। ऐसे में यह कल्पना करना मुश्किल है कि कोई जादूगर अपने जादू के रहस्य को पेटेंट कराना चाहेगा। एक विद्वान के मुताबिक़ जादूगर अपने जादू का पेटेंट इसलिए नहीं कराते थे क्योंकि वे अपने रहस्य को खोलना नहीं चाहते थे। इसके उलट बात यह है कि जादूगर जादू के ज़रिये अपने भ्रम की प्रस्तुति पर एकाधिकार करना चाहते थे और उसे क़ानूनी तौर पर सुरक्षित करना चाहते थे ताकि अन्य जादूगरों को उस भ्रम की हू ब हू कृति तैयार करने से रोका जा सके।

उपरोक्त समस्त सूत्रों को एक साथ रखकर विचार किया जाए तो कहना होगा कि ज्यॉर्ज ज़िमेल के सूत्रीकरण के बाद गोपनीयता की अवधारणा का राजनीति के अलावा अर्थशास्त्र के दायरों में भी विस्तार हुआ है। उसमें सार्वजनिक जीवन के ऐसे पहलू भी शामिल है जिनके बारे में आमतौर पर सोचा नहीं जाता लेकिन आधुनिक जीवन की पूरी संरचना में गोपनीयता एक बड़ी रणनीति की तरह पैबस्त है।

देखें : अर्थव्यवस्था का समाजशास्त्र, अभिजन, अभिरुचि, आत्महत्या, उन्मूलनवाद, एजेंसी, कर्मकाण्ड, कारागार, गोपनीयता, गृहविहीनता, जादू, जीवन-शैली, टेलरवाद, फ़ुरसत, बचपन, बुज़ुर्गियत का समाजशास्त्र, बेगानगी, भीड़, भ्रष्टाचार का समाजशास्त्र-1 और 2, विचलन, ज्ञान का समाजशास्त्र।

संदर्भ

1. एस. बोक (1982), *सीक्रेट्स : ऑन द इथिक्स ऑफ़ कंसीलमेंट ऐंड रेवलेशन,* पैंथियन बुक्स, न्यूयॉर्क.
2. डब्ल्यू. आई. मिलर (2003), *फ़ेकिंग इट,* केम्ब्रिज युनिवर्सिटी प्रेस, केम्ब्रिज.
3. जी. रिट्ज़र (2000), *क्लासिकल सोसियोलॉजिकल थिअरी,* तीसरा संस्करण, मैक्ग्रा-हिल, न्यूयॉर्क.
4. जॉर्ज ज़िमेल (1906), 'द सोसियोलॅजी आफ़ सीक्रेसी ऐंड ऑफ़ द सीक्रेट सोसाइटीज़', *अमेरिकन जर्नल ऑफ़ सोसियोलॅजी,* खण्ड 11: 441.

— नरेश गोस्वामी

गोपाल कृष्ण गोखले

(Gopal Krishna Gokhale)

भारतीय उदारतावाद के पितामह, समाज-सुधारक, शिक्षाविद् और राजनेता गोपाल कृष्ण गोखले (1866-1915) राष्ट्रीय स्वतंत्रता के आंदोलन की नींव डालने वाली चंद हस्तियों में से एक थे। गोखले ने स्वयं जनांदोलन की राजनीति कभी नहीं की, पर उनके कृतित्व से ही काग्रेस में वह ज़मीन बनी जिस पर खड़े कर बीस के दशक में गाँधी इस पार्टी को अंग्रेज़ों के ख़िलाफ़ जनांदोलन में बदल सके। अपनी आत्मकथा में गाँधी ने उन्हें अपने गुरु की संज्ञा दी है। उन्नीसवीं सदी के आख़िरी और बीसवीं सदी के शुरुआती वर्षों में सक्रिय रहे गोखले को भारतीय राजनीतिक पुनर्जागरण के संदर्भ में जस्टिस रानाडे और गाँधी के बीच की कड़ी माना जाता है। उनके वैचारिक प्रभाव का अंदाज़ा इस बात से लगाया जा सकता है कि उनके उदारतावाद और सांविधिक राजनीति की पैरोकारी से प्रभावित हो कर मुहम्मद अली जिन्ना तक शुरू में 'मुसलमान गोखले' बनना चाहते थे। गोखले के लिए राजनीतिक स्वतंत्रता का अर्थ था ब्रिटिश हुकूमत के तहत स्व-शासन का अधिकार, पर इसके लिए भी उनकी शर्त थी कि भारतीय समाज को पहले सुधार की प्रक्रिया के ज़रिये ख़ुद को उसके क़ाबिल बनाना होगा। इसी मक़सद से गोखले ने सर्वेंट ऑफ़ इण्डिया सोसाइटी *भारत सेवक समाज* की स्थापना की।

कांग्रेस के भीतर गोखले ने तिलक द्वारा दिये गये तुरंत स्वराज प्राप्त करने के रैडिकल कार्यक्रम का विरोध करते हुए नरम दली धड़े का नेतृत्व किया जिसका उद्देश्य किसी भी तरह की आंदोलनकारी कार्रवाई से बचते हुए ब्रिटिश सरकार से सहयोग के ज़रिये क्रमशः राजनीतिक सुधारों की तरफ़ बढ़ना था ताकि भारतीयों को ज़्यादा से ज़्यादा नागरिक अधिकार मिल सकें। अंग्रेज़ों के साथ सहयोग के पैरोकार गोखले को कांग्रेस के भीतर राष्ट्रवादियों की कड़ी आलोचना का सामना करना पड़ा, पर उनकी नरमदली राजनीति और उदारतावाद की सफलता का अंदाज़ा इस बात से लगाया जा सकता है कि उनके प्रतिद्वंद्वी तिलक 1916 में कांग्रेस की सदस्यता दोबारा ग्रहण करते समय बहुत कुछ सांविधिक राजनीति का रास्ता अपनाने की स्थिति में आ चुके थे। 1920 में उन्होंने कांग्रेस डेमोक्रेटिक पार्टी का जो घोषणापत्र लिखा वह संवैधानिक सुधारों के संदर्भ में गोखले द्वारा अपने पीछे छोड़े गये अंतिम प्रतिज्ञा-पत्र पर बहुत कुछ निर्भर था।

अपने ज़माने के अंग्रेज़ी शिक्षित आधुनिक भारतीय अभिजनों की तरह गोखले का वैचारिक परिप्रेक्ष्य पश्चिमी आधुनिकता से रँगा हुआ था। उनके मानस पर फ्रांसिस बेकन के निबंधों, एडमण्ड बर्क द्वारा की गयी फ्रांसीसी क्रांति की आलोचना और जॉन स्टुअर्ट मिल के उदारतावाद की गहरी छाप थी। गोखले को कभी नहीं लगा कि राष्ट्र-निर्माण के लिए उन्हें भारत के इतिहास से कुछ मिल सकता है। उनका कहना था कि भारत ने ऐतिहासिक रूप से पश्चिम की भाँति राष्ट्रीय स्वतंत्रता का विचार विकसित ही नहीं किया है। गोखले को आइरिश होम रूल आंदोलन का मॉडल पसंद था। युरोपीय इतिहास के सुसंगत, गतिशील और लोकतांत्रिक क्रम-विकास को देख कर उन्हें लगता था कि पश्चिम के पास भारत को सिखाने के लिए काफ़ी-कुछ है।

ब्रिटिश शासन को भारतीय आधुनिकीकरण की गारंटी मानने वाले गोखले को इस बात का क्षोभ था कि अंग्रेज़ इस देश में प्रतिनिधित्वमूलक संस्थाएँ स्थापित करने में हीला-हवाला कर रहे हैं। इसके लिए उन्होंने अंग्रेज़ों की आलोचना भी की और कहा कि उनके राज्य में शासन अधिक है और ब्रिटिशपन कम। लेकिन इस आलोचना के बावजूद गोखले को यक़ीन था कि ब्रिटिश राज के तहत भारत एक न एक दिन युरोप के ही किसी स्वतंत्र राष्ट्र की तरह अंतर्राष्ट्रीय समुदाय का सदस्य बन जाएगा। उन्हें मालूम था कि अंग्रेज़ों के शासन संबंधी तौर-तरीक़े आपत्तिजनक भी हैं, लेकिन बावजूद इसके वे ब्रिटिश हुक्मरानों को थॉमस मुनरो, मैकाले, हेनरी लॉरेंस और रानी विक्टोरिया की उद्घोषणाओं और 'इंग्लैण्ड की भारत संबंधी शपथों' की याद दिलाते रहते थे। भारतीय राष्ट्रीय कांग्रेस के वरिष्ठ नेताओं दादाभाई नौरोज़ी और जस्टिस महादेव रानाडे की विरासत के वाहक के तौर पर गोखले ब्रिटिश शासकों से अपील करते थे कि वे भारत में शैक्षिक, धार्मिक, आर्थिक, प्रशासनिक और राजनीतिक सुधारों की रफ़्तार बढ़ाएँ। अंग्रेज़ों की इंसाफ़पसंदी, ईमानदारी और नेक इरादों में विश्वास रखने वाले गोखले ने कई बार इंग्लैण्ड की यात्रा की ताकि ब्रिटिश नागरिकों और सांसदों के सामने भारत का पक्ष पेश किया जा सके। भारत में अपनी राजनीति के लिए उन्होंने बम्बई विधान परिषद, इम्पीरियल कौंसिल और कांग्रेस के मंच का इस्तेमाल किया।

एक उदारतावादी के रूप में गोखले ने व्यक्तिगत स्वतंत्रता की पैरोकारी करते हुए 1904 के सरकारी गोपनीयता क़ानून का विरोध किया। इसी आधार पर उन्होंने निजी सम्पत्ति के स्वामित्व, अनुबंध करने की स्वतंत्रता और नागरिक अधिकारों की वकालत करते हुए अंग्रेज़ों से कहा कि कि वे जब तक भारत में प्रतिनिधित्वमूलक संस्थाओं का विकास नहीं करते तब तक भारत और इंग्लैण्ड के संबंध अच्छे नहीं हो सकते। दूसरी तरफ़ गोखले का उदारतावाद क्लासिकल लिबरलिज़्म से कुछ अलग भी था। व्यक्तिगत स्वतंत्रता की तरफ़दारी करते हुए उनका आग्रह आज़ादी का उपभोग ज़िम्मेदारी और आत्म-संयम के साथ करने पर था। उन्होंने सार्विक मताधिकार का समर्थन करने के बजाय

गोपाल कृष्ण गोखले (1866-1915)

सम्पत्ति के स्वामित्व को मताधिकार की शर्त बनाने की माँग की। गोखले धार्मिक अल्पसंख्यकों को विशेष प्रतिनिधित्व देने की माँग के साथ थे। दिलचस्प बात यह है कि निजी सम्पत्ति का समर्थन करने वाले गोखले बाज़ारवाद के बजाय जस्टिस रानाडे के तर्ज़ पर अर्थव्यवस्था में राज्य का हस्तक्षेप चाहते थे ताकि औद्योगिक विकास और खेतिहर ख़ुशहाली की गारंटी की जा सके।

समाज-सुधार के संदर्भ में तौर पर गोखले की प्रमुख माँगें थीं : बेटी-बेटे के विवाहों पर साल भर से ज़्यादा की आमदनी न ख़र्च की जाए, बहुविवाह पर रोक लगायी जाए, साठ साल की उम्र के बाद किसी को शादी न करने दी जाए और स्त्रियों की शिक्षा का सरकार की तरफ़ से बंदोबस्त हो। गोखले ने आम लोगों के लिए मुफ्त और अनिवार्य शिक्षा का झण्डा भी बुलंद किया।

महाराष्ट्र के रत्नागिरि ज़िले के एक गाँव में 9 मई, 1866 को एक साधारण मध्यवर्गीय चितपावन ब्राह्मण परिवार में जन्मे गोपालराव गोखले ने बम्बई के एलफिंस्टन कॉलेज से स्नातक की उपाधि प्राप्त की। गणित, विज्ञान और अंग्रेज़ी साहित्य में निष्णात गोखले पहले इंजीनियर बनना चाहते थे, पर बाद में उन्होंने ख़ुद को शिक्षा के प्रसार के लिए समर्पित करने का फ़ैसला किया। उन्होंने पुणे में विष्णु शास्त्री चिपलुंकर द्वारा शुरू किये गये न्यू इंग्लिश स्कूल में अध्यापन शुरू किया। उनकी निष्ठा से प्रभावित हो कर दक्खन एजुकेशन सोसाइटी ने उन्हें अपना आजीवन सदस्य बना लिया। इसके बाद उन्हें सोसाइटी द्वारा चलाये जाने वाले फ़र्ग्युसन कॉलेज में गणित के प्रवक्ता के रूप में नियुक्ति मिली जहाँ उन्होंने 18 वर्ष तक पढ़ाया। यहीं वे महान समाजसुधारक जस्टिस रानाडे के सम्पर्क में आये और उनके आर्थिक -सामाजिक विचारों को मुरीद हो गये। रानाडे के निर्देशन में चलने वाली सार्वजनिक सभा के ज़रिये उन्होंने लोक-जीवन में प्रवेश किया। इसी दौरान उन्होंने उन्नीसवीं सदी के वरिष्ठ समाज सुधार गोपाल गणेश आगरकर द्वारा प्रकाशित *सुधारक* के अंग्रेज़ी संस्करण का सम्पादन भी शुरू किया। 1889 में उन्होंने भारतीय राष्ट्रीय कांग्रेस के अधिवेशन में भाग लिया और उसके बाद पार्टी की सभाओं में उन्हें नियमित रूप से वक्ता के रूप में निमंत्रित किया जाने लगा। 1896 में जब तिलक और उनके सहयोगियों ने *सार्वजनिक सभा* के नेतृत्व पर क़ब्ज़ा कर लिया तो रानाडे और गोखले ने अलग हो कर दक्खन सभा नामक संगठन बना लिया। सभा की तरफ़ से गोखले इंग्लैण्ड भेजे गये जहाँ उन्होंने ब्रिटिश और भारत सरकार के बीच ख़र्चों के अधिक समतामूलक वितरण के तरीक़े सुझाने के लिए गठित वेबली आयोग के सामने गवाही दी। 1899 में वे बम्बई विधान परिषद् के लिए चुने गये। इसके बाद वे इम्पीरियल लेजिस्लेटिव कौंसिल के लिए लगातार चुने जाते रहे और एक बेहतरीन सांसद के रूप में उनकी धाक जमती चली गयी।

एक राजनीतिक और समाज-चिंतक के रूप में गोखले ने अपने पीछे कोई कृति नहीं छोड़ी, पर संसदीय मंच से दिये गये उनके पाण्डित्यपूर्ण भाषणों और लेखों में उनके उदारतावादी विचारों का पूरा ख़ाका मिलता है। उनके बजट-भाषणों को क्लासिक का दर्जा मिल चुका है, क्योंकि एक तरफ़ तो राजनीतिक अर्थशास्त्र के विश्लेषण के रूप में उनका रुझान मुख्यत: रचनात्मक होता था, पर दूसरी ओर वे सरकार की राजकोषीय नीतियों की जम कर आलोचना भी करते थे। 1912 में गाँधी के निमंत्रण पर वे दक्षिण अफ्रीका गये और वहाँ होने वाले सत्याग्रह के लिए उन्होंने न केवल कोष जमा किया, बल्कि इम्पीरियल कौंसिल में नटाल के भारतीय मज़दूरों को राहत दिलाने के लिए दो बार प्रस्ताव भी रखा। गाँधी के भारत आगमन पर गोखले ही उनके पथ-प्रदर्शक साबित हुए, और गोखले की विरासत गाँधी ने ही सँभाली।

कांग्रेस की राजनीति में भाग लेते हुए गोखले ने भारतीय आज़ादी के लिए तिलक और उनके सहयोगियों के त्याग-बलिदान की हमेशा सराहना की, पर वे उनकी रणनीति से सहमत नहीं थे। सांगठनिक मामलों और पद्धति के मामले में तिलक के बजाय गोखले डी.ई. वाचा और फ़ीरोज़शाह मेहता की तरफ़ झुके। 1905 में उन्हें कांग्रेस के बनारस अधिवेशन में अध्यक्ष चुना गया। यह उनके राजनीतिक

करियर का चरमोत्कर्ष था। अध्यक्ष के रूप में तिलक और उनके अनुयायियों को कांग्रेस के हाशिये पर धकेल दिया जिससे पार्टी उनके नेतृत्व वाले उदारतावादी नरम दल और तिलक, विपिन चंद्र पाल और लाला लाजपत राय के नेतृत्व वाले राष्ट्रवादी गरम दल में बँट गयी। कांग्रेस का यह विभाजन 1915 में गोखले की मृत्यु के साथ ही ख़त्म हो पाया।

देखें : अबुल क़लाम आज़ाद, उपनिवेशवाद विरोधी आंदोलन-1 से 3 तक, एलमकुलम मनक्कर शंकरन नम्बूदिरीपाद, चरण सिंह, जवाहरलाल नेहरू, जय प्रकाश नारायण, बल्लभभाई पटेल, बाल गंगाधर तिलक, मोहनदास कर्मचंद गाँधी-1 से 3 तक, राम मनोहर लोहिया, विनायक दमोदर सावरकर।

संदर्भ

1. डी.जी. करवे और डी.वी. आम्बेकर (सम्पा.) (1962), *स्पीचिज़ ऐंड राइटिंग्स ऑफ़ गोपाल कृष्ण गोखले,* तीन खण्ड, एशिया पब्लिशिंग हाउस, बम्बई.
2. मोहम्मद शब्बीर कैंट, (1992) *तिलक और गोखले : अ कम्परेटिव स्टडी,* आशीष पब्लिशिंग हाउस, नयी दिल्ली.
3. स्टेनली वोलपर्ट (1982), *तिलक ऐंड गोखले : रेवोल्यूशन ऐंड रिफ़ॉर्म इन मेकिंग ऑफ़ माडर्न इण्डिया,* युनिवर्सिटी ऑफ़ कैलिफ़ोर्निया, बर्कले.

— अभय कुमार दुबे

गोपाल बाबा वलंगकर

(Gopal Baba Valangkar)

महाराष्ट्र के ग़ैर-ब्राह्मण आंदोलन की प्रमुख हस्ती गोपाल बाबा वलंगकर (1840-1900) की गिनती उन सामाजिक क्रांतिकारियों, पत्रकारों और सामाजिक चिंतकों में होती है जिन्होंने ज्योतिबा फुले की रैडिकल विरासत को आगे बढ़ाया और डॉ. आम्बेडकर के युगप्रवर्तक काम के लिए ज़मीन तैयार की। फुले के अनन्य मित्रों में से एक वलंगकर को दलित साहित्य और संस्कृति का प्रेरक माना जाता है। *वे अनार्य दोष परिहारक मण्डल* के संस्थापक थे। इस मण्डल ने महार और चांभार जैसी दलित जातियों की संस्कृति का प्रथम बार शब्द-चित्रण किया। दरअसल, यह मण्डल महार एवं चांभार सांस्कृतिक चेतना की नुमाइंदगी करने वाला सर्वप्रथम संस्थागत प्रयास था। इसका मक़सद था दलित समाज की स्वतंत्र पहचान बनाना ताकि सामाजिक बहिर्वेशन के ख़िलाफ़ किया गया संघर्ष एक सार्थक विकल्प का रूप ले सके। समाज सुधारक के साथ-साथ वलंगकर की पहचान एक लेखक के रूप में भी थी। 1894 में उन्होंने *हिंदू धर्म दर्पण* नामक पुस्तक लिखी। वे अभंग और कविताएँ भी लिखते थे। वलंगकर आम्बेडकर के फ़ौजी सूबेदार पिता रामजी सकपाल के समकालीन होने के साथ-साथ उन्हीं की तरह धार्मिक भी थे। जीवनपर्यंत ब्रिटिश फ़ौज में सेवारत रहने वाले गोपाल बाबा का व्यक्तिगत जीवन अनुशासन और समर्पण की मिसाल था।

गोपाल कृष्ण वलंगकर का जन्म कोलाबा जिले में वलरा गाँव में एक महार परिवार में 1840 में हुआ था। उनके पिता का नाम विट्ठलनाक सालवे वलंगकर था। नॉर्मल परीक्षा पास कर उन्होंने नौकरी हेतु आवेदन दिया। वे ब्रिटिश सेना में सिपाही की हैसियत से भर्ती हुए और 1886 में हवलदार के पद से सेवानिवृत्त हो गये। सेना में भर्ती होने पर उन्हें आगे पढ़ने-लिखने का अवसर मिला। वे रामानंदी पंथ से प्रभावित थे। फ़ौज में रहते हुए वे समाज-सेवा से जुड़े और मराठी पत्र-पत्रिकाओं में लिखना शुरू किया। इस तरह से उनकी जीवन धारा आगे बढ़ी, जो सामाजिक न्याय की धारा के साथ दर्ज हुई।

वरिष्ठ मराठी साहित्यकार य.दि. फड़के ने वलंगकर के बारे में जानकारी दी है कि वे कोंकण के रावढल गाँव के निवासी थे। सेना से रिटायर थे। उन्होंने मराठी में *विटाल विध्वंसन* (अपवित्रता विध्वंसन) नामक पत्रिका निकाली जो अगस्त 1889 में छप कर अछूतों का सबसे पहला जर्नल बनी। दलित-पत्रकारिता में इस पुस्तिका को नये युग का सूत्रधार माना जाता है। वलंगकर ने इस पत्रिका में प्रतिपादित किया कि अस्पृश्य पहले क्षत्रिय थे जो कालांतर में अस्पृश्य माने गये। वलंगकर ने जाति से लड़ने के लिए 1890 में *अनार्य दोष परिहारक मण्डली* नाम से एक सामाजिक संस्था बनायी। आम्बेडकर ने *बहिष्कृत भारत* के प्रथम अंक में अस्पृश्यों की उन्नति का आंदोलन आरम्भ करने का श्रेय गोपाल बाबा वलंगकर और बम्बई प्रांत को दिया। 1892 में महारों की सेना में भरती पर रोक लगी। वलंगकर ने ब्रिटिश सरकार के इस आदेश के ख़िलाफ़ जस्टिस रानाडे की सहायता ली और मराठी में याचिका पेश की। हालाँकि सरकार ने कोई कार्रवाई नहीं की, लेकिन इससे दलित-हित में एक संदेश गया। 1895 में उन्हें कोलाबा के ज़िलाधीश ने महाड़ लोकल बोर्ड का सदस्य बनाया, लेकिन जब बैठक आयोजित हुई कोई भी सवर्ण बैठक में भाग लेने नहीं आया। जैसे कि वहाँ अछूत नहीं कोई शेर आ गया हो। 1895 में जब पुणे में कांग्रेस अधिवेशन हुआ उन्होंने नेताओं से माँग की कि वे अस्पृश्यता निवारण के लिए ठोस क़दम उठाएँ।'

कोलाबा ज़िले के महाड़ ताल्लुका से पाँच मील दूर रावढल जैसे छोटे से ग्राम के निवासी बाबा वलंगकर फ़ौज में नौकरी करते हुए ज्योतिबा फुले और उनके अनुयाइयों के सम्पर्क में आये और *सत्य शोधक समाज* के सदस्य बन गये।

वलंगकर के समकालीन एक सैनिक आर.सी. घाडगे ने अपने संस्मरणों में लिखा है कि वलंगकर रविवार के दिन पुणे कैम्प के फ़ौजियों को दिया जाने वाला फुले का भाषण सुनते थे। फुले और वलंगकर की अभिन्न मित्रता के कई प्रमाण मिलते हैं। फुले महारवाड़ा, भवानी पेठ, पुणे में वलंगकर के घर नियमित रूप से जाया करते थे। फुले के अभिन्न मित्र गोविंद गणपत काले ने विशेष रूप से उस प्रवेश-विधि को देखा जिसके अनुसार फुले और वलंगकर सत्य शोधक समाज के कार्यक्रमों में आने वाले सवर्ण जाति के हर दर्शक की परख करते थे। इसका आधार था वह खाने की पंक्ति जिसमें वलंगकर बैठते थे। सैयाजीराव गायकवाड़ महाराज के सम्मान में हुए सत्य शोधक समाज के एक उत्सव में फुले के साथ वलंगकर ने भी अपने विचार प्रकट किये थे। 1880 के मध्य तक फुले और वलंगकर की मित्रता गहरी हो चुकी थी।

लंदन विश्वविद्यालय के फ़िलिप कांस्टेबिल ने 'उन्नीसवीं सदी के अंत और बीसवीं सदी के पश्चिम भारत का प्रारम्भिक दलित साहित्य एवं संस्कृति' नामक लम्बे शोधपूर्ण लेख में गोपाल बाबा वलंगकर द्वारा दलित चेतना में दिये गये योगदान का अध्ययन प्रस्तुत किया है। यह लेख डॉ. आम्बेडकर जन्मशती (1991-92) के दौरान भारत सरकार द्वारा लंदन में आयोजित अंतर्राष्ट्रीय विचार गोष्ठी में प्रस्तुत किया गया था। वलंगकर ने 1886 में फ़ौज से रिटायर होने के बाद *दीनबंधु* और *सुधारक* जैसे मराठी अख़बारों में जातिप्रथा और छुआछूत की समस्या के ख़िलाफ़ लेखन शुरू किया। वे रत्नागिरि जिले में दपोली में रहने लगे और स्कूल मास्टर की नौकरी कर ली। वहीं महार और चांभार जाति के सेवानिवृत्त फ़ौजी अधिकारियों के साथ मिल कर 1890 में अनार्य दोष परिहारक मण्डल स्थापित किया। इन फ़ौजी अधिकारियों द्वारा अलग से संगठन बनाना, जबकि इनमें से अधिकांश सत्य शोधक समाज के सदस्य और फुले के अनुयायी थे, एक विशिष्ट लक्ष्य की ओर इंगित करता है। यदि महार-चांभार जातियों को हिंदू शास्त्रों और समाज द्वारा उन पर किये गये अत्याचारों और सामाजिक बहिष्कार के विषय में जागरूक बनाना आवश्यक था तो यह भी आवश्यक था कि उन्हें अपनी मान्यताओं और सांस्कृतिक विरासत के बारे में स्वतंत्र अस्तित्व के बारे में आश्वस्त किया जाए। ईस्ट इण्डिया कम्पनी की फ़ौज में महार, मांग और चांभारों की भर्ती की जाती थी, पर 1890-91 में इस पर रोक लग गयी। गोपाल बाबा ने रामजी सकपाल के साथ मिल कर इसके ख़िलाफ़ जुलाई, 1894 में याचिका लिखी। विचित्र बात यह थी कि ख़ुद उनकी जाति के लोगों ने इस मामले में उनका समर्थन नहीं किया। याचिका में दावा किया गया था कि जिन लोगों को अछूत कहा जाता है वे वास्तव में पहले क्षत्रिय थे। वलंगकर ने माँग की थी कि फ़ौज में से ब्राह्मण जोशियों का स्थान महार जोशियों को दिया जाए।

देखें : अनुसूचित जातियाँ, अस्मिता की भारतीय राजनीति, अन्य पिछड़े वर्ग, आयोतीदास पांडीतर, आयंकाली, आम्बेडकर-गाँधी विवाद, इरोड वेंकट रामस्वामी नायकर पेरियार, कांशी राम, गाड़गे बाबा, ज्योतिराव गोविंदराव फुले, जाति और जाति-व्यवस्था-1, 2, 3 और 4, बहुजन समाज पार्टी-1 और 2, बाबू मंगूराम, भदंत आनंद कौसल्यायन, स्वामी अछूतानंद हरिहर।

संदर्भ

1. फ़िलिप कांस्टेबिल (1991), 'अर्ली दलित लिटरेचर ऐंड कल्चर इन लेट नाइंटींथ ऐंड अर्ली ट्वेंटियथ सेंचुरी वेस्टर्न इण्डिया', लंदन विश्वविद्यालय, लंदन.
2. आर. चंद्रा और कन्हैया लाल चंचदीक, *आधुनिक भारत का दलित आंदोलन,* युनिवर्सिटी प्रकाशन, नयी दिल्ली.
3. श्यौराज सिंह बेचैन, *हिंदी की दलित पत्रकारिता पर पत्रकार आम्बेडकर का प्रभाव,* समता प्रकाशन, नयी दिल्ली।

— **मोहनदास नैमिशराय**

गोपीनाथ कविराज

(Gopinath Kaviraj)

दार्शनिक और सांस्कृतिक परम्परा के महत्त्वपूर्ण मनीषी गोपीनाथ कविराज (1887-1976) को श्रुति-आगम सहित अन्यान्य पारम्परिक शास्त्रों की मूलगामी गवेषणा के लिए जाना जाता है। उनके जीवन और कृतित्व का दूसरा छोर साधुओं-सिद्धों के सत्संग व साधनागत स्वानुभूतियों से प्रमाणित समृद्ध रहस्य-बोध से संबंधित है। गोपीनाथ कविराज ने शास्त्रगत तार्किक द्वंद्वों का समग्रता और सरसता से अवगाहन करते हुए यथार्थ जीवन से संबंधिक चैतसिक प्रकृति के द्वंद्वों व जिज्ञासाओं के समाधान को प्राथमिकता दी। साथ ही उन्होंने अखण्ड-योग की संकल्पना के अंतर्गत खण्ड-दृष्टि के स्थान पर समन्वय-दृष्टि को अनुशंसित किया। कविराज की आत्माभिमुखी साधना में शास्त्राभिमुखता और गुरुमुखता दोनों का ही आधारभूत महत्त्व रहा है। साधना से इतर क्षेत्र में भी कविराज ने विभिन्न शास्त्रों का गवेषणात्मक अध्ययन कर निहितार्थों को शुद्ध समीक्षात्मक एवं समग्रतापरक दृष्टि से परखने का प्रयास किया है। अपने जीवन के संध्याकाल में कविराज 'माँ' के प्रति समर्पण को सर्वाधिक महत्त्व देने लगे थे लेकिन स्वाध्याय के पूर्ववर्ती काल में उन्होंने अध्यात्म-जीवन में भी शास्त्रालोचन की आवश्यकता रेखांकित की थी। कविराज ने वागाधारित ज्ञान

गोपीनाथ कविराज (1887-1976)

के दो रूप निदर्शित किये हैं : बोधरूप ज्ञान, जिसे अखण्ड या अभेदपरक परावाक् या परानुभूतिजन्य माना जाता है; एवं शब्दरूप ज्ञान, जिसमें भिन्नता की अभिव्यक्ति अथवा भाषागत व वस्तुगत भेदपरकता परिलक्षित होती है। तदनुसार, आर्ष-अनुभूतिजन्य सत्य-दृष्टि का जनक 'बोधात्मक परज्ञान' ही 'वागात्मक अपर ज्ञान' या वैखरी अर्थात् हमारी भाषागत शाब्दिक विविधता पर आरूढ़ हो कर अर्थ-प्रकाशन करता है। वाक् के ये दोनों ही स्तर या क्षेत्र क्रमशः कविराज की चेतनागत व बुद्धिगत सक्रियता के अपरिहार्य आयाम रहे हैं।

कविराज का जन्म वारींद्र श्रेणी के बंगाली ब्राह्मण कुल में 7 सितम्बर, 1887 को पूर्वी बंगाल के धामराई नामक स्थान में हुआ था। कविराज के जन्म से पहले ही दिवंगत हो चुके उनके पिता बैकुंठनाथ दर्शन, अंग्रेज़ी व संस्कृत के श्रेष्ठ विद्वान माने जाते थे। उच्च अध्ययन के लिए काशी जाने पर गोपीनाथ की भेंट बनारस संस्कृत कॉलेज के प्राचार्य डॉ. वेनिस से हुई। इस मुलाक़ात ने कविराज के जीवन पर गहरा असर डाल। काशी में ही उन्होंने भारतीय इतिहास संस्कृति, पुरातत्व, पालि-प्राकृत, न्याय दर्शन इत्यादि का अध्ययन किया। 1914 में कविराज की नियुक्ति बनारस संस्कृत कॉलेज के पुस्तकालय सरस्वती भवन के अध्यक्ष के रूप में हुई। अप्रैल, 1918 में डॉ. वेनिस ने निधन से पहले कविराज को सरस्वती भवन में संरक्षित महत्त्वपूर्ण हस्तलिखित सामग्री को ग्रंथमालाओं के रूप में भूमिका सहित सम्पादित कर प्रकाशित करने का निर्देश दिया। इसी के परिणामस्वरूप *प्रिंस ऑफ़ वेल्स : सरस्वती भवन टेक्स्ट* के नाम से एक ग्रंथमाला प्रकाशित की गयी। *प्रिंस ऑफ़ वेल्स : सरस्वती भवन स्टडीज़* के रूप में दूसरी ग्रंथमाला में कविराज के अंग्रेज़ी में लिखे गये शोधपूर्ण लेखों को प्रकाशित किया गया। प्रथम ग्रंथमाला के तहत *किरणावलीभास्कर, कुसुमांजलि बोधिनी, वेदांतकल्पलतिका* एवं *अद्वैत चिंतामणि* का प्रकाशन हुआ। दूसरी ग्रंथमाला के अंतर्गत कविराज और गंगानाथ झा के सहयोग से *थीइज़्म इन एंशिएंट इण्डिया* एवं *बिब्लियोग्राफ़ी ऑफ़ न्याय-वैशेषिक लिटरेचर* का प्रकाशन किया गया। 1924 में गंगानाथ झा के कार्यमुक्त होने पर कविराज गवर्नमेंट संस्कृत कॉलेज के प्राचार्य बने। 1937 के दौरान अस्वस्थता एवं वैराग्य-भाव के कारण समय से पहले अवकाश ग्रहण करने तक कविराज ने उक्त दोनों ग्रंथमालाओं के अंतर्गत विभिन्न विषयों पर केंद्रित लगभग सत्तर ग्रंथों का प्रकाशन सम्पन्न कर लिया था। सेवामुक्त होने के पश्चात वे पूर्णतः स्वाध्याय व साधना में निरत हो गये। भारत सरकार ने गोपीनाथ कविराज को महामहोपाध्याय की उपाधि और पद्मविभूषण से अलंकृत किया। कविराज को साहित्य अकादमी पुरस्कार भी मिला। कई विश्वविद्यालयों ने उन्हें डीलिट. की उपाधि दी।

कविराज की मातृभाषा बांग्ला थी। इसलिए उनकी अनेक कृतियाँ बांग्ला में ही हैं। दूसरे क्रम में उनकी मौलिक रचनाएँ अंग्रेज़ी में हैं। उनके सम्पादित ग्रंथों में संस्कृत का प्राधान्य रहा है। निबंधों, भूमिकाओं व अनूदित कृतियों में हिंदी की प्रमुखता है। विभिन्न भाषाओं में रचित कविराज के मौलिक ग्रंथों में उल्लेखनीय हैं : *श्री विशुद्धानंद प्रसंग, अखण्ड महायोग, पूजा, साधुदर्शनओ सत्प्रसंग, तंत्र ओ आगम शास्त्रेर दिग्दर्शन, विशुद्ध वाक्यामृत, भारतीयसाधनार धारा, साहित्य चिंता, तांत्रिक सिद्धांत ओ साधना, श्रीकृष्ण प्रसंग, पत्रावली, स्वात्म-सम्वेदन, विशुद्ध वाणी* (सभी बांग्ला में); *पूजा तत्त्व, तांत्रिक वांग्मय में शाक्त दृष्टि, भारतीय संस्कृति और साधना (दो खण्ड), काशी की सारस्वत-साधना, श्रीकृष्ण प्रसंग, साधुदर्शन और सत्प्रसंग, तांत्रिक साहित्य, अमरवाणी* (सभी हिंदी में); *अ कैटलॉग ऑफ़ संस्कृत मैनुस्क्रिप्ट एक्वायर्ड फ़ॉर संस्कृत कॉलेज, बनारस ड्यूरिंग 1918-1919, डिस्क्रिप्टिव कैटलॉग ऑफ़ मीमांसा मैनुस्क्रिप्ट इन द संस्कृत कॉलेज, बनारस, बिब्लियोग्राफ़ी ऑफ़ न्याय वैशेषिक लिटरेचर, आस्पेक्ट्स ऑफ़ थाट* (अंग्रेज़ी में)।

कविराज के दार्शनिक सिद्धांतों में उनके द्वारा प्रतिपादित व प्रयुक्त अखण्ड महायोग का केंद्रीय महत्त्व है। अखण्ड योग से फलित दार्शनिक उपलब्धि है अखण्ड-दृष्टि। कविराज मानते हैं कि मानव सहज ही खण्ड-दृष्टि से ग्रस्त हो भेदपूर्वक व्यवहार करता है। वहीं समग्रतामूलक अखण्ड-

दृष्टि बोधभूमि से संदर्भित होती है। खण्ड-भाव के मूल में मन का प्राधान्य होता है, अतः अंतःकरण की उपकरणात्मकता से सत्य परिच्छिन्न रूप में ही प्रगट होता है। मत-मतांतर मानस-क्रीड़ायें हैं। अतिक्रांत मानसिकता में मत-मतान्तर विलीन हो जाते हैं। अखण्ड सत्ता का बोध अथवा महासत्ता का सिद्धांत खण्ड-सत्ता को अपने क्रोड में समाहित कर लेता है। कविराज खण्ड-सत्ता को सर्वथा निराकृत नहीं करते बल्कि उसे ही पूर्ण या अखण्ड सत्ता के रूप में स्वीकार कर लेने के त्रुटिपूर्ण व घातक मानसिक प्रयास के प्रति सावधान करते प्रतीत होते हैं। अखण्ड दृष्टि से देखने के लिए वे तृतीय नेत्र रूपी अंतर्दृष्टि का उन्मूलन आवश्यक बताते हैं। उनके अनुसार आज्ञा-चक्र से ऊपर के स्थान से सब कुछ देखा-सुना जा सकता है।

अपने महायोग के प्रसंग में कविराज मानव देहस्थ कुण्डलिनी, चक्रादि-जागरण व नासाग्र ध्यान आदि रहस्यात्मक आध्यात्मिक संसाधनों व सिद्धांतों की विशद चर्चा करते हैं। वे अन्यत्र यह भी प्रतिपादित करते हैं कि अखण्ड महायोग की साधना किसी तकनीकी आसन व ध्यान विशेष में विहित नहीं है। इसकी उपलब्धि तो माँ की गोद में शिशुवत् पड़े रहने से ही हो जाती है। इस 'माँ' तत्त्व को कविराज ने भगवती सुषुम्णा के रूप में परिभाषित किया है। उल्लेखनीय है कि कविराज ने प्रायः अखण्ड महायोग, विशुद्ध सत्ता का अवतरण, सर्वमुक्ति, अखण्ड सत्ता, विज्ञानमय सत्ता एवं स्वामी विशुद्धानंद के सूर्य-विज्ञान सदृश शब्दों का पर्याय रूप में प्रयोग किया है। उनके दर्शन में महायोग का सामान्य अर्थ लगाया गया है : अगणित प्रकार के पृथक व विक्षिप्त भावों का एक सूत्र में संयोजन और तादात्म्य स्वरूप में उनकी प्रतिष्ठा। मानसिक व जागतिक रूप में पृथक-पृथक प्रतीत होने वाले तत्त्वों व उपादानों के मध्य तादात्म्य-स्थापन अखण्ड-महायोग का मूल निहितार्थ है : जैसे, शिव व शक्ति, आत्मा व परमात्मा, एक आत्मा व अन्य आत्मा, महाशक्ति व आत्मा, लोक व लोकान्तर, लोक व लोकातीत इत्यादि के मध्य अभेद-बोध की उपलब्धता असल में अखण्डत्व या पूर्णत्व व सर्वसमावेशन का पर्याय है। कविराज के मतानुसार एक अखण्ड-महायोग के पथिक के लिए पूर्णत्व की सम्बोधि के परिप्रेक्ष्य में दिव्य-बोध एवं मायिक-बोध दोनों ही अपेक्षित हैं। एक पूर्ण योगी में जीवत्व व शिवत्व के बोध का समानाधिकरण्य अभीष्ट है, अतः उसके लिए मात्र तृतीय नेत्र ही नहीं, अपितु तीनों नेत्रों का सकल उन्मीलन व विकास अनिवार्य है।

कविराज अखण्ड-महायोग से सम्भव चरम लक्ष्य की प्राप्ति के रूप में मनुष्यत्व की उपलब्धि रेखांकित करते हैं : तदनुसार अभी मानव के लिए मनुष्यत्व प्राप्त करना शेष है। मनुष्य आकृति से मनुष्य होने पर भी प्रकृत रूप में मनुष्य नहीं है। कविराज के मतानुसार मनुष्यत्व-प्राप्ति उसका जन्मसिद्ध अधिकार है। मनुष्यत्व से उनका अभिप्राय है मानव में तात्त्विकबोध का उदय और उसमें अनुवर्ती कर्म-प्रवृत्ति।

देखें : आर्यभट्ट और *आर्यभटीय,* उपनिषद्, कपिल, *अर्थशास्त्र* और कौटिल्य, गोविंद चंद्र पाण्डे, चैतन्य महाप्रभु, जैन दर्शन, न्याय दर्शन, दया कृष्ण, नागार्जुन, पतंजलि और *योगसूत्र,* पाणिनि और *अष्टाध्यायी,* पुराण, पूर्व-मीमांसा दर्शन, बदरी नाथ शुक्ल, बादरायण, बौद्ध दर्शन, *भगवद्गीता,* भरत और *नाट्यशास्त्र,* मुकुंद लाठ, *भागवत पुराण, महाभारत,* यशदेव शल्य, योग दर्शन, रामानुजाचार्य, राम अवतार शर्मा, लोकायत, वात्स्यायन और *कामसूत्र,* वेदांत दर्शन, वैशेषिक दर्शन, शंकराचार्य, षड्-दर्शन-1 और 2, संस्कृत काव्यशास्त्र, स्मृति-साहित्य, सांख्य दर्शन-1 और 2, सिद्ध-नाथ परम्परा।

संदर्भ

1. गोपीनाथ कविराज (1990), *सेलेक्टेड राइटिंग्ज़ ऑफ़ एम.एम. गोपीनाथ कविराज,* म.म. गोपीनाथ कविराज जन्म शताब्दी समारोह समिति, वाराणसी.
2. भगवती प्रसाद सिंह (1968), *मनीषी की लोकयात्रा,* विश्वविद्यालय प्रकाशन, वाराणसी.
3. प्रियव्रत शुक्ल (2006), 'गोपीनाथ कविराज प्रणीत अखण्ड महायोग की दार्शनिक पृष्ठभूमि', अम्बिकादत्त शर्मा (सम्पा.), *स्वातंत्र्योत्तर दार्शनिक प्रकरण : भारतीय दर्शन के 50 वर्ष,* विश्वविद्यालय प्रकाशन, सागर.

— प्रियव्रत शुक्ल

गोवर्धनराम त्रिपाठी और गुजराती अस्मिता

(Govardhanram Tripathi and Gujrati Identity)

उन्नीसवीं सदी में गुजरात के साहित्यिक-सांस्कृतिक नवजागरण के प्रमुख अग्रदूत गोवर्धनराम त्रिपाठी (1855-1907) ने *सरस्वतीचंद्र* नामक बृहद उपन्यास की रचना करके गुजराती साहित्य में एक नये युग का सूत्रपात किया। उनके लिए साहित्य का उद्देश्य लोगों और राष्ट्र में परिवर्तन लाना था। अपने जीवन के इस लक्ष्य की प्राप्ति के प्रति वे बेहद आशावादी थे। उन्होंने अपनी डायरीनुमा व्यक्तिगत पुस्तिका, जिसे उनकी मृत्यु के अनेक वर्ष बाद *स्क्रैप बुक* के नाम से प्रकाशित किया गया, में लिखा था : 'मैं कुछ ऐसा बनाना या बनते देखना चाहता हूँ जो महज़ एक ऐसी-वैसी सामान्य घटना न हो, बल्कि ऐसे लोगों को बनते देखना

गोवर्धनराम त्रिपाठी (1855–1907)

चाहता हूँ जो अपने आप को बेहतर तरीक़े से व्यवस्थित कर सकें और जो हमारे आज की शिक्षित व अशिक्षित लोगों की निकम्मी पीढ़ी से ज़्यादा ताक़तवर और अधिक ओजस्वी हों। इस प्रकार का राष्ट्र कैसे बनाया जा सकता है; इस उद्देश्य के लिए चेतना जगाने वाली चिंगारी को कैसे सुलगाया जाए? यह प्रश्न मेरे दिमाग में पहले भी थे और आज भी हैं।' गोवर्धनराम त्रिपाठी को एक चिंतक-साहित्यकार के रूप में अपने उद्देश्य की महत्ता और उसे पूरा करने की अपनी क्षमता पर भरपूर विश्वास था और इसीलिए उन्होंने साहित्य के माध्यम से समाज-सुधार की वांछित चिंगारी सुलगाने का प्रयास किया। गोवर्धनराम त्रिपाठी का मूलभूत दर्शन 'उत्सर्गसिद्धि' पर आधारित था जिसका तात्पर्य था अपना सारा जीवन किसी ऐसे बड़े उद्देश्य के लिए न्योछावर कर देना जिससे मानवता की व्यापक उन्नति का मार्ग प्रशस्त किया जा सके।

गोवर्धनराम त्रिपाठी का जन्म गुजरात के नाडियाड शहर में 20 अक्टूबर, 1855 को विजयादशमी के दिन एक समृद्ध परिवार में हुआ था। बम्बई के बुद्धिवर्द्धक प्राथमिक स्कूल से पढ़ाई के पश्चात 1875 में उन्होंने एल्फ़िस्टन कॉलेज से अंग्रेज़ी, संस्कृत, अर्थशास्त्र, इतिहास, न्यायशास्त्र, नीति शास्त्र जैसे विषयों की पढ़ाई के साथ बीए की उपाधि प्राप्त की। उन्होंने अपनी स्नातक की पढ़ाई के दौरान ही आगे क़ानून पढ़ने और उसके बाद स्वतंत्र तौर पर वकालत करने का निर्णय लिया। वकालत के पढ़ायी के साथ ही उन्होंने भाषा एवं साहित्य का अध्ययन शुरु किया। एमए की उपाधि के लिये उन्होंने कॉलेज में दाख़िला तो लिया लेकिन ख़राब स्वास्थ्य के कारण उन्हें यह इरादा त्याग देना पड़ा। गोवर्धनराम का बचपन बेहद सुखमय था लेकिन उनके पिता के व्यापार में भारी नुक़सान के कारण उनके जीवन में भारी बदलाव आया। उन्नीस वर्ष की आयु में ही गोवर्धनराम त्रिपाठी पर पूरे संयुक्त परिवार की ज़िम्मेदारी आ गयी। ख़राब आर्थिक स्थिति के कारण ही गोवर्धनराम त्रिपाठी ने बड़ी अनिच्छा से सन् 1879-1883 के दौरान भावनगर में दीवान के निजी सचिव के रूप में भी काम किया। 1883 में क़ानून की पढ़ाई पूरी करके वे बम्बई में वकालत करने लगे। बचपन से अपने समाज की नि:स्वार्थ सेवा और साहित्य के प्रति स्वाभाविक अनुराग के कारण गोवर्धनराम त्रिपाठी ने निर्णय लिया कि वे चालीस साल की आयु में वकालत से सेवा-निवृत्ति लेकर समाज तथा साहित्य की सेवा करेंगे। 1898 में केवल 43 वर्ष की आयु में गोवर्धनराम त्रिपाठी अपने गृह नगर नाडियाद लौट आये और पूर्णकालिक साहित्य-रचना में रम गये।

गोवर्धनराम त्रिपाठी ने भारतीय दर्शन एवं भारतीय सांस्कृतिक धरोहर का विशद अध्ययन किया था। अपनी इस धरोहर के प्रति अनुराग उनके लेखन में परिलक्षित भी होता है। लेकिन उन्होंने सामाजिक कुरीतियाँ मिटाने के लिए सामाजिक व्यवस्था में सुधार की आवश्यकता पर ज़ोर दिया। त्रिपाठी को अंग्रेज़ी-शिक्षा मिली थी और वे पश्चिमी विचारों से भी काफ़ी प्रभावित थे। यहाँ तक कि भारत में समाज-सुधारों का पक्ष लेते हुए वे यहाँ के अति-उत्साही व त्वरित सुधार के आग्रही सुधारकों के प्रति आशंकित भी थे। वे उन सुधारों की मूल्य-परीक्षा पश्चिम की कसौटियों पर कस कर करना चाहते थे। अपने इसी रवैये के कारण उन्हें समाज-सुधारकों में पुनरुत्थानवादी और संकीर्ण पुरातनपंथियों में आधुनिकतावादी माना जाता था। गोवर्धनराम के व्यक्तित्व और कृतित्व का यह विरोधाभास स्त्रियों के प्रति उनके रवैये में दिखाई पड़ता है।

गोवर्धनराम की एक अन्य प्रमुख रचना *लीलावती जीवनकाल है* जो उन्होंने अपनी दिवंगत पुत्री के संस्मरण के तौर पर लिखी थी। लीलावती का जन्म 1881 में हुआ था। गोवर्धनराम बचपन से ही उसके लालन-पालन एवं शिक्षा के प्रति बेहद गम्भीर थे। उन्होंने लीलावती को अपने लिहाज़ से उत्तम संस्कारों, नारी के कर्त्तव्यों और 'उत्सर्गसिद्धि' के उच्चतम आदर्शों की भरपूर शिक्षा दी थी। लीलावती केवल एक बार बचपन में औपचारिक शिक्षा के लिए स्कूल भेजी गयी। लेकिन गोवर्धनराम त्रिपाठी को यह शिक्षा भारतीय लड़की के भविष्य के लिए अनुकूल नहीं प्रतीत हुई। इसके बाद से लीलावती की सारी शिक्षा घर पर ही हुई। केवल 14 वर्ष की आयु में लीलावती का विवाह हुआ। उसका वैवाहिक जीवन सुखी नहीं था। प्लेग की बीमारी में अपने ससुराल पक्ष के लोगों की देखभाल करते हुए स्वयं लीलावती बीमार पड़ गयी और केवल

20 वर्ष की आयु में उसका देहांत हो गया। गोवर्धनराम ने *लीलावती जीवनकाल* के माध्यम से भारत में स्त्री-शिक्षा के आधुनिक प्रारूप के समक्ष पारम्परिक शिक्षा का एक प्रारूप पेश किया। इसके ज़रिये वे भारत की पारम्परिक व्यवस्था में आदर्श नारी का एक ऐसा रूप पेश करना चाहते थे जिसके लिए जीवन का उद्देश्य आदर्श गृहिणी होना और उत्सर्गसिद्धि के अलावा कुछ न हो। गोवर्धनराम स्त्रियों से अपेक्षा रखते हैं कि वे विपरीत परिस्थितियों में भी मुस्कराती रहेंगी। उनका विरोधाभास तब सामने आता है जब अपनी *स्क्रैप बुक* में वे अपनी बेटी के ससुरालवालों की आलोचना करते दिखाई पड़ते हैं जिनकी बदसलूकी के कारण लीलावती को असमय ही जीवन गँवाना पड़ा। इस मक़ाम पर गोवर्धनराम ने इसके लिए कुछ हिंदू परम्पराओं को भी इसका ज़िम्मेदार ठहराया है। दिलचस्प बात यह है कि *स्क्रैप बुक* में लिखी गयी ये बातें *लीलावती जीवनकाल* में मौजूद नहीं हैं।

गोवर्धनराम त्रिपाठी ने ख़ुद अपने आप साथ किये सम्वाद का वर्णन भी लिखा है जिसके ज़रिये उनके विचारों, मान्यताओं और मानसिक उलझनों का कच्चा चिट्ठा सामने आता है। *स्क्रैप बुक* में गोवर्धनराम के दर्शन और विचारधारा के बारे में बेहद गहन और अंतर्विरोधपूर्ण जानकारी मिलती है। वे एक संयुक्त परिवार के मुखिया के रूप में अपने परिवार के रवैये की आलोचना भी करते हैं लेकिन इसके बावजूद परिवार के प्रति उनके स्नेह में कोई कमी नहीं आती। गोवर्धनराम त्रिपाठी की अन्य कृतियों में *स्नेहमुद्रा, नवलराम नू जीवन वृत्तांत, दयाराम नो अक्षरदेह* और *साक्षर जीवन* भी शामिल हैं। गुजराती साहित्य में गोवर्धनराम ने साहित्यकारों की कई पीढ़ियों को प्रभावित किया। उनके सृजनकाल और उसके अगले दो दशकों को पण्डित युग के नाम से पुकारा गया (यहाँ पण्डित का आशय विद्वान से है)।

एक सामाजिक विचारक के रूप में गोवर्धनराम अपने पाठकों के लिए मानव-जीवन के सार-तत्त्व जैसे विषयों पर दार्शनिक निबंध रचना चाहते थे। लेकिन उन्हें लगा कि यदि मानव-जीवन की सच्चाइयों को कहानियों के माध्यम से कहा जाए तो उनका प्रसार अधिक व्यापक होगा और उनमें निहित संदेश भी अधिक संख्या में लोगों को प्रभावित कर सकेगा। इसलिए उन्होंने अपने साहित्य-सृजन के लिए उपन्यास की विधा चुनी। उनका मानना था कि उपन्यास एक ऐसा माध्यम है जिसके द्वारा केवल रोचक और कलात्मक कहानी ही नहीं बल्कि आम लोगों की विचारधारा को परिवर्तित करने के संदेश भी प्रसारित किये जा सकते हैं। गोवर्धनराम की मान्यता थी कि उनके समकालीन साहित्यकार उपन्यास-विधा का समुचित उपयोग नहीं कर रहे हैं। केवल सौंदर्य साधना पर सारा ध्यान केन्द्रित कर पाठकों के सामने स्तरहीन साहित्य परोसा जा रहा है।

गोवर्धनराम त्रिपाठी ने उपन्यास को समाज-परिवर्तन हेतु संदेशवाहक के रूप में चुना। उन्होंने उपन्यास के पाठकों को तीन वर्गों में विभाजित किया। पहला वर्ग ऐसे विद्वान पाठकों का था जो मानव व्यवहार की गहरी समझ हासिल करने के लिए उपन्यास पढ़ते हैं। उन्होंने दूसरा वर्ग विवेकी पाठकों का माना जो एक विशेष उद्देश्य के लिए उपन्यास पढ़ते हैं, और तीसरा और सबसे बड़ा वर्ग सामान्य पाठकों का है जो केवल मनोरंजन और सनसनी के लिए उपन्यास पढ़ते हैं। गोवर्धनराम ने नतीजा निकाला कि सबसे ज़्यादा उपन्यास इसी वर्ग के पाठकों के लिए लिखे जा रहे हैं। गोवर्धनराम की दृढ़ मान्यता थी कि उपन्यास की धुरी में अगर केवल कल्पनाशीलता या कथावस्तु का अनूठापन होगा तो उससे काम नहीं चलेगा। उपन्यास का उद्देश्य तो पाठकों की चेतना को ऊँचे स्तर पर ले जाना चाहिये। और, यह करने के लिए उपन्यास के चरित्रों व घटना-क्रम का उपयोग किया जाना चाहिये। गोवर्धनराम त्रिपाठी के अनुसार केवल आदर्शवाद का चित्रण पाठकों में उच्च-विचारों से सज्जित जीवन की कामना प्रेरित नहीं कर सकता। इसी प्रकार बुराई का वीभत्स चित्रण भी पाठकों पर एक निवारक के रूप में प्रभावी नहीं होता। इसलिए गोवर्धन राम ने अपने उपन्यास के लिए ऐसे सजीव चरित्रों का निर्माण किया जो पूरे कथानक में अपने जीवन के उच्चतर आदर्शों को पाने और अपनी चेतना का स्तर बढ़ाने के प्रयास में निरंतर लगे दिखाई पड़ते थे।

गोवर्धनराम त्रिपाठी ने अपनी सर्वश्रेष्ठ रचना लिखने में 1885 से 1901 के बीच 17 साल का समय लगाया। चार खण्डों और 1800 पृष्ठों का उपन्यास *सरस्वतीचंद्र* गुजराती साहित्य की सर्वोत्तकृष्ट रचना मानी जाती है। इस उपन्यास का पहला खण्ड 1887 में प्रकाशित हुआ था। एक प्रकार से तो इस उपन्यास के चारों खण्ड एक दूसरे के साथ कथा प्रवाह में जुड़े हुए है लेकिन इन चारों खण्डों को एक एकल कथा नहीं माना जा सकता। एक सजग लेखक की तरह इस उपन्यास के विभिन्न खण्डों में समय के साथ बदलते सामाजिक-आर्थिक-राजनीतिक परिवर्तनों की स्पष्ट छाप है। प्रकाशित होने के बाद *सरस्वतीचंद्र* गुजरात के शिक्षित व मध्यमवर्ग की सबसे प्रिय पुस्तक बन गयी थी। गुजरात का युवा वर्ग इस उपन्यास के प्रमुख चरित्रों के आईने में ख़ुद को देखने लगा था।

देखें : ईश्वर चंद्र विद्यासागर, क़ाज़ी नज़रुल इस्लाम, कुमारन् आशान्, गजनान माधव मुक्तिबोध, गोवर्धन राम त्रिपाठी, प्रेमचंद, फ़क़ीर मोहन सेनापति, बंकिम चंद्र चट्टोपाध्याय, भारतेंदु हरिश्चंद्र, महादेव गोविंद रानाडे, महावीर प्रसाद द्विवेदी, रवींद्रनाथ ठाकुर, रामविलास शर्मा, रामचंद्र शुक्ल, सच्चिदानंद हीरानंद वात्स्यायन अज्ञेय, हजारी प्रसाद द्विवेदी।

संदर्भ

1. त्रिदीप सुहृद (2002), 'गोवर्धनराम त्रिपाठी ऐंड द फिलॉसफ़ी ऑफ़ कंज़म्पशनस्त्र : अ रीडिंग ऑफ़ सरस्वतीचंद्र', मीनाक्षी मुखर्जी (सम्पा.), *अर्ली नॉवेल्स इन इण्डिया* , साहित्य अकादमी, नयी दिल्ली.
2. सुधीर चंद्र (2003), 'टू फ़ेसेज़ ऑफ़ प्रोज़ : बेरहामजी मलबरी ऐंड गोवर्धनराम त्रिपाठी', अवतार कृष्ण मेहरोत्रा (सम्पा.), *अ हिस्ट्री ऑफ़ इण्डियन लिटरेचर*, सी. हर्स्ट 3 को.पब्लिशर्स, लंदन.
3. सोनल शुक्ल (1987), 'गोवर्धनराम्स वुमॅन', *इकॉनॉमिक ऐंड पॉलिटिकल वीकली,* खण्ड 22, अंक 44.

—रवि दत्त वाजपेयी

गोविंद चंद्र पाण्डे

(Govind Chandra Pande)

स्वातंत्र्योत्तर भारत के सर्वाधिक मान्य और प्रतिष्ठित अध्येताओं में से एक गोविंद चंद्र पाण्डे (1923–2011) ने आजीवन इतिहास, दर्शन और संस्कृति जैसे विषयों में महत्त्वपूर्ण हस्तक्षेप किया। उनकी सम्पूर्ण विचार-साधना समवेत रूप से संस्कृति-दर्शन के रूप में फलित हुई। पाण्डे के संस्कृति-दर्शन पर हीगेल के इतिहास-दर्शन, बौद्ध दर्शन के विज्ञानवाद और श्री अरविंद के मानवचक्र-सिद्धांत का प्रभाव दिखता है। लेकिन उसकी अंतिम परिणति भारतीय संस्कृति और सभ्यता के आत्मानुसंधनपरक विराट मूल्यबोध में होती है। *फ़ाउंडेशन ऑफ़ इंडियन कल्चर ऐंड सिविलाइज़ेशन, मूल्य-मीमांसा, भारतीय परम्परा के मूल स्वर* तथा *शंकराचार्य : विचार और संदर्भ* जैसी कृतियाँ उन्हें बीसवीं सदी के एक उल्लेखनीय संस्कृति-दार्शनिक के रूप में प्रतिष्ठापित करती हैं। इसके अतिरिक्त *भक्ति दर्शन विमर्श, सौंदर्य दर्शन विमर्श* तथा *दर्शन विमर्श* भी उनकी उल्लेखनीय कृतियाँ हैं।

गोविंद चंद्र पाण्डे को उनकी कई स्थापनाओं के लिए जाना जाता है। वैदिक संस्कृति और बौद्ध दर्शन समेत सम्पूर्ण भारतीय दर्शन उनके अध्ययन-क्षेत्र में शामिल रहा है, लेकिन वैदिक संस्कृति विषयक उनके अध्ययन ने विद्वानों का ध्यान विशेष रूप से अपनी ओर आकृष्ट किया है। वेदों के रचना-काल के बारे में पाण्डे का कहना है कि उपलब्ध साक्ष्यों के मुताबिक़ वेदों की रचना गंगा और सरस्वती से अफ़ग़ानिस्तान तक फैले हुए प्रदेश में वहीं के निवासियों ने आज से पाँच हज़ार वर्ष या उससे अधिक पहले की होगी। उनके अनुसार वेदों को नित्य, अभ्रांत और सम्पूर्ण ज्ञान का प्रतिपादक स्वीकार करना एक पारम्परिक वैदिक धारणा मात्र है जो इतिहासकार के लिए स्वीकार्य सत्य नहीं हो सकती। परम्परा कहती है कि शब्दरूप वेद नित्य हैं और चूँकि ऋषियों ने उन्हें सुना इसलिए वे 'श्रुति' हैं। इसके विपरीत गोविंद चंद्र पाण्डे का कहना है कि अन्य मानव-ग्रंथों के समान वेद एक विशिष्ट मानव-भाषा में निबद्ध हैं इसलिए वे मनुष्यकृत प्रतीत होते हैं। तर्क-बुद्धि से यह मानना ठीक नहीं लगता कि स्थूल शब्दात्मक वेद नित्य हो सकते हैं, न ही अपने उपलब्ध रूप में ईश्वरकृत। दूसरी ओर उन्हें वेदों को ऋषियों के साक्षात्कारात्मक अंतर्ज्ञान की अभिव्यक्ति मानने या इस माध्यम से ईश्वरीय ज्ञान का प्रकाश मानने पर कोई आपत्ति या विरोध नहीं है। दरअसल, पाण्डे ने वेद को ज्ञान-विज्ञान व्यक्त करने वाली विपुल ग्रंथ राशि क़रार दिया है। इस विचार के अनुसार वेद अंतर्ज्ञान से अनुप्राणित मनीषियों की रचनाएँ हैं जो एक सुदीर्घ युग की ज्ञान-साधना प्रकट करती हैं। क्या जिन ऋषियों में नाम मंत्र-द्रष्टाओं के रूप में उल्लिखित हैं, वे वास्तविक व्यक्ति और उन सूक्तों के प्रणेता थे? इस सवाल के उत्तर में गोविंद चंद्र पाण्डे ऋषियों को मंत्र-प्रणेता न मानकर मंत्र-द्रष्टा मान कर चलते हैं।

मूलतः उत्तराखण्ड के निवासी गोविंद चंद्र पाण्डे का जन्म इलाहाबाद में हुआ था। प्रयाग विश्वविद्यालय में शिक्षा प्राप्त करने के बाद वे प्रयाग, गोरखपुर तथा राजस्थान (जयपुर) विश्वविद्यालयों में प्राचीन इतिहास एवं भारतीय संस्कृति के प्रोफ़ेसर, इलाहाबाद संग्रहालय, प्रयाग के अध्यक्ष तथा उच्च अध्ययन संस्थान, शिमला के निदेशक रहे। उन्होंने राजस्थान इतिहास परिषद, दर्शन-परिषद, इण्डियन आर्कियॉलॅजिकल सोसाइटी तथा भारतीय इतिहास एवं संस्कृति परिषद् जैसी संस्थाओं की अध्यक्षता भी की। *परम्परा के मूल स्वर* एवं *साहित्य, शंकराचार्य : विमर्श और संदर्भ, बौद्ध धर्म के विकास का इतिहास और सौंदर्य और संस्कृति* उनकी प्रसिद्ध कृतियाँ हैं। हिंदी और अंग्रेज़ी लेखन में समान रूप से निष्णात पाण्डे ने अपने जीवन-काल में साठ से अधिक महत्त्वपूर्ण और चर्चित ग्रंथों की रचना की। आर्ष काव्य परम्परा के अंतर्गत पाण्डे द्वारा किये गये वैदिक ऋचाओं के हिंदी अनुवाद अभी तक के अनुवादों की तुलना में उच्चस्तरीय माने गये हैं। इसी तरह से बौद्ध, जैन एवं न्याय दर्शन पर केंद्रित उनके विभिन्न अध्ययन काफी विश्वसनीय और अतुल्य बताये गये हैं।

वैदिक मंत्रों के संदर्भ में गोविंद चंद्र पाण्डे की मान्यता है कि ये मंत्र ज्ञानात्मक भी हैं, शब्दात्मक भी। शब्द और ज्ञान का जो भी भेद स्थूल स्तर पर दिखता है वह मूलतः पश्यंती के स्तर पर तिरोहित हो जाता है। वेदों, उनके रचयिता और रचनाकाल के बारे में उनका मत है कि इसका निर्णय टेढ़ी खीर है। गोविंद चंद्र पाण्डे ने इस संबंध में विभिन्न प्रचलित

मतों की पड़ताल की है। वे वेदों के अनादि होने की भारतीय परम्परा से लेकर मैक्समूलर के अनुमान से प्रेरित आधुनिक मत की भी परीक्षा करते हैं। वे 1200–1000 ईसा पूर्व की रचना *अवेस्ता* के साथ ऋग्वेद के भाषा-साम्य, बोगाजकुई के अभिलेखों और सैंधव सभ्यता को अनार्य सिद्ध करने की युक्तियों आदि पर भी चर्चा के बाद इस निर्णय पर पहुँचते हैं कि ये सारे तथ्य और विचार वैदिक और सैंधव सभ्यताओं को पृथक मूल का सिद्ध नहीं कर पाते।

गोविंद चंद्र पाण्डे (1923–2011)

भाषाशास्त्रीय एवं पुरातात्विक आधार पर आर्यों की खोज के संदर्भ में वे भाषा परिवारों के विभाजन पर कुछ तथ्यात्मक बातों के आधार पर भारोपीय की कल्पना, इसकी ध्वनि-व्यवस्था आदि की चर्चा करते हुए कहते हैं कि घ, ध, भ जैसी ध्वनियाँ सिर्फ संस्कृत की मूलभूमि भारत की हैं। साथ ही वे यह भी कहते हैं कि संस्कृत को ही मूल भाषा माना जाये, यह आग्रह यहाँ अभीष्ट नहीं है। इस क्रम को आगे बढ़ाते हुए उनका कहना है कि जब आधुनिक हिंदी, गुजराती आदि के ज्ञान से संस्कृत का उद्धार किसी अ-संस्कृतज्ञ के लिए सम्भव नहीं है, तो फिर देशकाल, जाति अथवा समाज के भेद से भिन्न, ग्रीक आदि के ज्ञान से उन सबकी अविदित जननी का उद्धार किस प्रकार हो सकता है। पाण्डे ने इस बात पर बल दिया है कि भारोपीय भाषाओं में संस्कृत एक मात्र ऐसी भाषा है जिसका साढ़े तीन हज़ार वर्षों से अधिक का रूप और इतिहास ज्ञात है।

पाण्डे के मतानुसार उपलब्ध सूचनाओं एवं तथ्यों को आधार बनाकर पुरातात्विक दृष्टि से आर्यों की पहचान भाषा से ही हो सकती है। भाषारहित भौतिक संस्कृति से उनकी पहचान नहीं हो सकती। वे आर्यों के एक लड़ाकू और असभ्य जाति होने धारणा पर कहते हैं कि वेद किसी लड़ाकू, बर्बर जाति का प्रतिनिधित्व नहीं करते। दरअसल, आर्य-अनार्य, आर्य-द्रविड़ आदि प्रभेदों को उजागर करने के पीछे वैज्ञानिक वस्तुनिष्ठता पर राजनीतिक उद्देश्यों की छाया पड़ी है। वेदों का अर्थ एवं उसकी सामाजिक व्याख्या मुख्यत: भारतीय पुरातत्व और इतिहास पर निर्भर करती है। इसके साथ ही साथ आर्य जाति के विषय में प्रचलित विचारों का सार-संक्षेप प्रस्तुत करते हुए उन्होंने दावा किया है कि ईरानियों द्वारा 'ऐर्य' और 'एरानवेजन' शब्दों के प्रयोग पर आधारित कल्पनाशीलता का पता चलने पर भी यह साबित नहीं होता कि वह वैदिक जनों के लिए स्वीकार्य थी। यह भी सिद्ध नहीं होता कि आर्य जन-विशेष या प्रजाति-विशेष का नाम था, न ही इससे वैदिक आर्यों के प्रव्रजनात्मक इतिहास ही पता चलता है। पाण्डे के अनुसार कम से कम भारतीय आर्यों में जातिवाचक आर्य का असंदिग्ध प्रयोग नहीं मिलता। उनकी यह भी मान्यता है कि कि मानव-प्रजातीय स्तर पर आर्य-दास की कल्पना अ-सिद्ध है।

हड़प्पा की भाषा के द्रविड़ होने की अवधारणा के संबंध में वे कहते हैं कि जो बात निश्चित रूप से पता है वह इतनी ही है कि ऐतिहासिक युग में द्रविड़ समुदाय सुदूर दक्षिणी जनपद के थे। हड़प्पा-सभ्यता के लोगों के आर्य या अनार्य होने के संबंध में उनका कहना है कि इस तरह की युक्तियों में प्राय: सभी संदिग्ध हैं और इसलिए अग्राह्य हैं। उनके अनुसार इस प्रकार की कल्पना की जा सकती है कि एक ही सभ्यता का पौर-पक्ष सैंधव सभ्यता में परिगणित है और उसका आध्यात्मिक-आरण्य पक्ष वैदिक संस्कृति में। गोविंद चंद्र पाण्डे को यह मानने में कोई अड़चन नहीं दिखती कि प्रागैतिहासिक काल से आर्यजन एक विस्तृत प्रदेश में सजातीय बोलियाँ बोलते हुए संचरण करते थे। इस प्रदेश का विस्तार सिंधु से वंक्षु और वंक्षु से वोल्गा तक माना जा सकता है।

देखें : आर्यभट्ट और *आर्यभटीय,* उपनिषद्, कपिल, *अर्थशास्त्र* और कौटिल्य, गोपीनाथ कविराज, चैतन्य महाप्रभु, जैन दर्शन, न्याय दर्शन, दया कृष्ण, नागार्जुन, पतंजलि और *योगसूत्र,* पाणिनि और *अष्टाध्यायी,* पुराण, पूर्व-मीमांसा दर्शन, बदरी नाथ शुक्ल, बादरायण, बौद्ध दर्शन, *भगवद्गीता,* भरत और *नाट्यशास्त्र,* मुकुंद लाठ, *भागवत पुराण, महाभारत,* यशदेव शल्य, योग दर्शन, रामानुजाचार्य, राम अवतार शर्मा, लोकायत, वात्स्यायन और *कामसूत्र,* वेदांत दर्शन, वैशेषिक दर्शन, शंकराचार्य, षड्-दर्शन-1 और 2, संस्कृत काव्यशास्त्र, स्मृति-साहित्य, सांख्य दर्शन-1 और 2, सिद्ध-नाथ परम्परा।

संदर्भ

1. गोविंदचंद्र पाण्डे (1999), *इतिहास : स्वरूप एवं सिद्धांत,* राजस्थान हिंदी ग्रंथ अकादमी, जयपुर.
2. भगवान सिंह (2011), *प्राचीन भारत के इतिहासकार,* सस्ता साहित्य मण्डल, नयी दिल्ली.

— अजय कुमार पाण्डेय

गोविंद सदाशिव घुर्ये

(Govind Sadashiv Ghurye)

गोविंद सदाशिव घुर्ये (1893-1984) भारतीय समाजशास्त्र के प्रमुख संस्थापकों में से एक थे। भारत की एकता के लिए उसकी सांस्कृतिक एकरूपता पर बल देते हुए उन्होंने प्राचीन हिंदू-धर्मशास्त्रों और संस्कृत-ज्ञान के आधार पर भारतीय समाज का विश्लेषण किया। घुर्ये का समाजशास्त्र ख़ास तरह के राष्ट्रवाद की धारा का वाहक था जिसमें विविधता के बजाय देश की राजनीतिक तथा सांस्कृतिक एकता के लिए व्यापक हिंदू समाज में सभी अन्य धर्मों और स्थानीय अस्मिताओं के विलोपन का तर्क दिया गया था। किसी अन्य धर्म से हिंदू-संस्कृति के मेलजोल और स्वातंत्र्योत्तर भारत द्वारा अपनाये गये धर्मनिरपेक्षता के मूल्यों से उनकी मान्यताओं का विरोध स्पष्ट रूप से देखा जा सकता है। लेकिन इन विचारधारात्मक प्रवृत्तियों के बावजूद समाजशास्त्र में घुर्ये का योगदान बहुमुखी था। उन्होंने जातियों और जनजातियों की मानवशास्त्रीय व्याख्या की, सामाजिक तनाव के विभिन्न रूपों का संधान किया और भारतीय समाज में साधुओं के योगदान पर प्रकाश डाला। घुर्ये की इतिहास में गहरी रुचि थी जिससे उनका समाजशास्त्रीय लेखन काफ़ी प्रभावित हुआ। वे मुख्यत: पश्चिमी विद्वानों द्वारा खड़े किये गये भारत-विद्या (इण्डोलॅजी) और प्राच्यविद्या (ओरिएंटलिज़म) के ज्ञानानुशासनों से प्रभावित थे। उपनिवेशवाद के दौर में प्राचीन यूनान तथा मिस्र की सभ्यताओं से परिचित होने के बाद अंग्रेज़ और जर्मन विद्वानों ने भारत की प्राचीन सभ्यता पर अनुसंधान की शुरुआत कर दी थी। इसका प्रभाव समाजशास्त्र, इतिहास, दर्शन और साहित्य आदि की सभी शुरुआती संरचनाओं पर पड़ा। घुर्ये के शोध और विमर्श ने भी हिंदू-धर्म, रीति-रिवाज और वैदिक संस्कृति के अध्ययन में इसी सिलसिले को प्रमुखता प्रदान की। इंग्लैण्ड डब्ल्यू.एच.आर.रिवर्स जैसे प्रख्यात मानवशास्त्री से घुर्ये काफ़ी प्रभावित थे। तीस के दशक में लिखी गयी उनकी पुस्तक *कास्ट ऐंड रेस इन इण्डिया* को बड़े स्तर पर सराहा गया।

घुर्ये के साहित्य का अध्ययन करने से लगता है कि वे स्थानीय जीवन व ग्रामीण संस्कृतियों का अध्ययन करने के स्थान पर एक वृहद व समग्र सिद्धांत विकसित करना चाहते थे। अनुभव पर आधारित सूक्ष्म व स्थानीय के अध्ययन के स्थान पर वे समष्टिगत विशाल अध्ययनों में अधिक रुचि लेते थे। जनजातियों के अपने अध्ययन में भी उन्होंने समग्र एकीकृत हिंदू धर्म के प्रभाव और नज़रिये से उनके बारे में मान्यताएँ प्रस्तुत कीं। बाद में गाँवों और स्थानीय समाजों के अध्ययन की बढ़ती समाजशास्त्रीय प्रवृत्ति के असर में उन्होंने भी 1957 में महाराष्ट्र के पुणे जिले के लोनीकाण्ड गांव की सामाजिक संरचना और राजनीतिक-धार्मिक प्रवृत्तियों का अध्ययन भी किया। लेकिन सभ्यता व पुरातन संस्कृति के विशाल रूपों, सर्वसमावेशी मूल्यों और बृहद अस्मिता ही हमेशा उनके अध्ययन की कसौटी बनी रही।

कास्ट ऐंड रेस इन इण्डिया में घुर्ये ने भारतीय समाज के एकीकरण के परिप्रेक्ष्य में जातियों का तुलनात्मक अध्ययन किया है। दुनिया के अन्य समाजों को अध्ययन की परिधि में शामिल कर उन्होंने यह निष्कर्ष भी निकाला है कि भारत की जाति और नातेदारी व्यवस्था जैसी ही स्थिति अन्य देशों में भी है। नातेदारी की व्यवस्था और जाति-संरचना की परस्पर निर्भरता पर भी उन्होंने रोशनी डाली। उन्होंने जाति के धर्मशास्त्रीय पक्ष पर विशेष ज़ोर दिया और इस संदर्भ में ब्राह्मणों की उस भूमिका की सराहना की जिसके तहत जातियों के अंतर्विवाह तथा सहभोज के बारे में अनुष्ठान संबंधी कई निर्देश दिये गये हैं। घुर्ये हल्के-फुल्के संशोधनों के साथ प्राच्यविदों के इस मत से सहमत थे कि इण्डो-आर्यन प्रजाति ढाई हज़ार ईस्वी पहले आयी थी और वैदिक धर्म व ब्राह्मणों की श्रेष्ठता से इसी प्रजाति का संबंध है। गंगा के मैदानों में विकसित इसी संस्कृति से जाति-व्यवस्था का प्रादुर्भाव और ब्राह्मणों व अन्य निम्न जातियों का गठन हुआ। घुर्ये की यह भी मान्यता थी कि जाति-प्रथा तथा उससे जुड़े कई अनुष्ठानों व नियमों से समाज में अलगाव नहीं, बल्कि व्यापक स्तर पर सामूहिकता, सामाजिक एकीकरण व समष्टि-भाव उत्पन्न हुआ।

घुर्ये की इन मान्यताओं का एक सिरा विसरणवाद (डिफ़्यूज़न) के सिद्धांत से भी जुड़ता है। इस उसूल के तहत माना जाता था कि उच्चतर सभ्यताएँ विकसित होकर अन्य क्षेत्रों को प्रभावित करती हैं। इसीलिए घुर्ये निम्न-जातियों, आदिवसियों और अन्य प्रजातियों की तुलना में आर्य-प्रजाति की उत्कृष्टता के सिद्धांत के हिमायती थे। आज घुर्ये की ये मान्यताएं विवादास्पद हो चुकी हैं, क्योंकि भारत की सामाजिक-राजनीतिक व्यवस्था में जातियों की नकारात्मक भूमिका पर काफ़ी तीखे विमर्श विकसित हो चुके हैं। पर घुर्ये, जो स्वयं सारस्वत ब्राह्मण थे, के ज़माने में भारतीय व हिंदू समाज में परिवर्तन के स्थान पर परम्परा की निरंतरता पर अधिक बल था।

भारत में जाति की भूमिका का घुर्ये ने जाति-सभाओं के उदय तथा विकास के संदर्भ में भी अध्ययन किया। उनका पूर्वानुमान यही था कि जातियों की स्वैच्छिक सभाएँ शिक्षा व सुधार के कार्यों को आगे बढ़ाएँगी और अपनी जाति के सदस्यों को राजनीतिक लाभ व रियायतें दिलाने की दिशा में सक्रिय होंगी। उनका ख़याल था कि जिस क़िस्म की

गोविंद सदाशिव घुर्ये (1893–1984)

राजनीतिक व्यवस्था का भारत में विकास हो रहा है, उसमें जाति-सभाएँ ही लोगों की आकांक्षाएँ व्यक्त करने की भूमिका निभाएँगी। घुर्ये के ये पूर्वानुमान ग़लत साबित नहीं हुए। राजनीति-विज्ञानियों और समाजशास्त्रियों ने जाति-सभाओं, लोकतंत्र तथा सामाजिक सशक्तीकरण के अंतर्संबंधों को इसी धरातल पर समझने का प्रयास किया है।

हिंदू जाति व्यवस्था और वैदिक विश्वासों के प्रति विशेष आग्रह का प्रभाव घुर्ये द्वारा किये गये जनजातियों के अध्ययन पर भी दिखता है। उन्होंने जनजातियों के सांस्कृतिक तथा सामाजिक पक्ष पर शोध करते हुए ही इस निष्कर्ष को स्थापित किया कि भारतीय जनजातियाँ अगर हिंदू समाज से पूरी तरह एकीकृत हो जाएं, तो उनके पिछड़ेपन की समस्या का हल निकल सकता है। उनका स्पष्ट कहना था कि आदिवासियों को अनुसूचित जनजाति न कहकर पिछड़े हिंदू ही कहना चाहिए और हिंदू मूल्यों-प्रतिमानों के अंतर्गत उन्हें हिंदू वर्ण व्यवस्था की निम्न जातियों में सम्मिलित कर लेना चाहिए। वे दक्षिण-मध्य भारत की जनजातियों, जैसे संथाल, भील व गोंड द्वारा हिंदू आस्थाएँ और मूल्य अपनाये जाने से विशेष उत्साहित थे और पूरे देश में यही प्रक्रिया घटित होते देखना चाहते थे। इस प्रकार मुख्यधारा की संस्कृति में ब्राह्मणों व हिंदू परम्पराओं को मुख्य घटक मानने के कारण घुर्ये ने आदिवासियों को कोई स्वतंत्र अस्मिता देने का विरोध किया। उनकी दृष्टि में हर प्रकार के अलगाववाद का समाधान यही था कि सभी ग़ैर-हिंदू अस्मिताओं का हिंदूकरण हो जाए।

उत्तर-पूर्व की जनजातियों के अलगाववाद का हवाला देकर उन्होंने यह सिद्ध करने की चेष्टा की कि अगर किसी सांस्कृतिक एकरूपता की परियोजना को गम्भीरता से नहीं लिया गया तो देश की राजनीतिक एकता के लिए ख़तरा उत्पन्न हो सकता है। इस पूरे निष्कर्ष की विडम्बना यह थी कि इसके तहत जनजातियों के भीतर घटित हो रहे बहुत से धर्मनिरपेक्ष बदलावों, जैसे शराब न पीने का आग्रह, कई अंधविश्वासों का त्याग, शिक्षा में रुचि, कृषि के विकसित साधनों का इस्तेमाल आदि को भी उनके हिंदूकरण के संकेतों के रूप में पढ़ा तथा प्रस्तुत किया गया।

हिंदुओं व जनजातियों के संबंधों में हिंदू-पक्ष की वर्चस्वशाली भूमिका प्रस्तुत करने के साथ-साथ हिंदुओं और मुसलमानों के संबंधों की व्याख्या में भी घुर्ये ने इसी नज़रिये का इस्तेमाल किया। ब्राह्मण व आर्य संस्कृति की उत्कृष्टता पर केंद्रित सोच के कारण ही वे मुसलमानों को हिंदुओं से पूरी तरह पृथक ऐसा धार्मिक समुदाय मानते थे जिनके मध्य सांस्कृतिक आदान-प्रदान की सम्भावनाएँ न के बराबर हैं। राष्ट्रीय एकता में वे मुसलमानों से यही अपेक्षा करते थे कि वे हिंदुओं में पूरी तरह स्वयं को विलीन कर लें और किसी प्रकार की सुरक्षा या अधिकार का अपना दावा हमेशा के लिए त्याग दें। भारतीय कला तथा वास्तुकला संबंधी अध्ययन में भी घुर्ये ने अपने इन पूर्वग्रहों नहीं छिपाया। उन्होंने कला को मुख्यत: हिंदू विचारधारा की अभिव्यक्ति के रूप में देखा और कला के स्तर पर मुसलमानों से किसी भी मेलजोल को नकारा। मसलन, राजस्थानी कलाओं पर इस्लामी प्रभावों के स्थान पर वे राजपूती कला-आदर्शों की विशेष तौर पर सराहना करते थे। उन्होंने भारतीय कलाओं को वेदों, पुराणों तथा महाकाव्यों पर आधारित माना।

भारतीय परम्परा में साधुओं की भूमिका पर भी उन्होंने 1953 में *इण्डियन साधूज़* नामक पुस्तक लिखी थी जिसमें भारतीय समाज में साधुओं का योगदान रेखांकित किया गया। घुर्ये ने धार्मिक विवादों में मध्यस्थता, धर्मशास्त्रों के अध्ययन व संरक्षण, बाहरी हमलों से धर्म की रक्षा का तर्क दे कर साधुओं की सराहना की है। इस बहाने उन्होंने संन्यास की अवधारणा पर विचार करते हुए स्थापना दी है कि संन्यास लेने वाले शंकराचार्य तथा अन्य शैव व वैष्णवमार्गी साधुओं ने ही हिंदुओं का मार्गदर्शन किया। उन्होंने आधुनिक काल के स्वामी विवेकानंद, दयानंद सरस्वती तथा अरविंद घोष के योगदान को भी हिंदू साधु-परम्परा में स्थान दिया है। इस प्रश्न में उन्होंने लगभग कोई दिलचस्पी नहीं दिखाई है कि साधुओं के अनाचार, मठशाही, हिंसा तथा परजीविता का समाज पर कोई नकारात्मक प्रभाव पड़ा या नहीं।

घुर्ये का एक अन्य योगदान भारत में ग्रामीण-

शहरीकरण से संबंधित है। इस विषय पर इनकी पुस्तक 1962 में *एनाटमी ऑफ़ अर्बन कम्युनिटी* के नाम से प्रकाशित हुई थी। पुस्तक में उन्होंने साबित किया कि भारत में पारम्परिक शहरीकरण ग्रामीण अर्थव्यवस्था का ही विस्तार रहा है और उसका संबंध उद्योगीकरण से नहीं है। ग्रामीण कृषि व्यवस्था से पैदा अनाज के लिए बडी मण्डियों की आवश्यकता थी और इस ज़रूरत ने ही शहरों का निर्माण किया। बाद में प्रशासन, न्याय, पुलिस आदि की संस्थाएँ विकसित होती चली गयी। ब्रिटिश काल के बाद ही यह सम्भव हुआ कि भारत के छोटे-बड़े शहरों में बड़े पैमाने पर उत्पादन आरम्भ हो गया और ग्रामीण क्षेत्र कच्चा माल पैदा करने वाले क्षेत्रों में तब्दील हो गये। पहले जहाँ गांवों की अर्थव्यवस्था से शहर संचालित होते थे, वहीं धीरे-धीरे शहरीकरण प्रधान हो गया और गाँव उसकी ज़द में चले गये।

घुर्ये आज के सेकुलर, बहुभाषिक और बहुआयामी लोकतंत्र के दौर में विवादास्पद विचारक हैं। उनके दिखाये रास्ते पर अधिकांश समाजशास्त्री नहीं चलते हैं। लेकिन उनकी रचनाएँ पढ़ कर यह ज़रूर जाना जा सकता है कि हिंदू-राष्ट्रवादी समाजशास्त्र किस प्रकार परम्परा के भीतर रचनात्मकता के स्रोतों का उत्खनन करता है।

देखें : इरावती कर्वे, जातियों का राजनीतीकरण, जाति और जाति-व्यवस्था-1, 2, 3 और 4, प्रभुत्वशाली जाति, भारतीय समाजशास्त्र-1 और 2, मैसूर नरसिम्हचार श्रीनिवास, देवकी जैन, धीरूभाई शेठ, धूर्जटि प्रसाद मुखर्जी, नीरा देसाई, राधा कमल मुखर्जी, वेरियर एलविन, संस्कृतीकरण, श्यामा चरण दुबे-1 और 2.

संदर्भ

1. गोविंद सदाशिव घुर्ये (1986), *कास्ट ऐंड रेस इन इण्डिया,* पापुलर प्रकाशन, बम्बई.
2. ए.आर. मोमिन (सम्पा.) (1996), *द लीगेसी ऑफ़ जी.एस. घुर्ये : अ सेंटेनियल फ़ेस्टशिफ्ट,* पापुलर प्रकाशन, मुम्बई.
3. एस.के. प्रमाणिक (1994), *सोसियॉलॅजी ऑफ़ जी.एस. घुर्ये,* रावत पब्लिकेशन, जयपुर.
4. एस. देवदास पिल्लई (1997), *इण्डियन सोशियॉलॅजी थ्रू घुर्ये : अ डिक्शनरी,* पापुलर प्रकाशन, मुम्बई.

— वैभव सिंह

गोवा

(Goa)

भारत के दक्षिण-पश्चिम में स्थित राज्य गोवा पहले पुर्तगाली उपनिवेश था जिसका 1961 में भारतीय सेना की कार्रवाई के बाद भारत में विलय हुआ। अपने ख़ूबसूरत समुद्र तटों के कारण सारी दुनिया के पर्यटकों को आकर्षित करने वाले गोवा की राजनीति को दो चरणों में समझा जा सकता है। पहला दौर वह जब गोवा को पूर्ण राज्य का दर्जा प्राप्त नहीं हुआ था, और दूसरा दौर वह जब 1987 में पूर्ण राज्य का दर्जा मिला। 1999 के विधानसभा चुनावों के बाद से इस राज्य में स्थानीय दलों के प्रभाव में कमी आती जा रही है और राष्ट्रीय दलों का दबदबा बढ़ता जा रहा है। नब्बे के दशक में यहाँ कांग्रेस या कांग्रेस से टूट कर अलग हुए धड़ों की सरकारें रहीं। कई बार भारतीय जनता पार्टी ने भी कांग्रेस को सत्ता से बाहर रखने के लिए ऐसी सरकार को समर्थन दिया। मसलन, भाजपा ने 1999 में इसने कांग्रेस से टूट कर बनी गोवा पीपुल्स कांग्रेस के नेता फ्रैं सिस्को सारडिन्हा की सरकार बनाने में मदद की। लेकिन 2000 के बाद ऐसे दलों का प्रभाव लगातार कम होता गया। परिणामस्वरूप 2007 के चुनावों में महाराष्ट्रवादी गोमांतक पार्टी (एमजीपी) को मात्र दो सीटें ही मिलीं। इसी तरह 2009 के लोकसभा चुनावों में भी राज्य की दोनों सीटों को कांग्रेस और भाजपा ने आपस में बाँट लिया। नब्बे के दशक की राजनीतिक अस्थिरता के बाद राष्ट्रीय पार्टियों का प्रभाव बढ़ने के कारण 2000 के बाद की राजनीति में एक तरह की स्थिरता देखी जा सकती है। दूसरी उल्लेखनीय बात यह है कि नब्बे के दशक के बाद के गोवा की राजनीति में भाजपा का उभार एमजीपी के आधार-वोटों पर क़ब्ज़ा करने से हुआ, लेकिन पड़ोसी राज्य गुजरात की तरह उसने गोवा में उग्र हिंदुत्व की राजनीति का सहारा नहीं लिया।

पणजी गोवा की राजधानी है। वास्को डी गामा इसका सबसे बड़ा शहर है। इसके उत्तर में महाराष्ट्र, पूर्व और दक्षिण में कर्नाटक और पश्चिम में अरब सागर स्थित है। गोवा का क्षेत्रफल 3,702 वर्ग किमी है और इस दृष्टि से यह भारत का सबसे छोटा राज्य है। 2011 की जनगणना के अनुसार गोवा की जनसंख्या 1,457,723 है और इस आधार पर यह भारत का पच्चीसवाँ सबसे बड़ा राज्य है। यहाँ की कुल साक्षरता दर 87 प्रतिशत और एक हज़ार पुरुषों पर 968 महिलाएँ हैं। गोवा की विधायिका एकसदनीय है और यहाँ की विधानसभा में कुल चालीस सदस्य होते हैं। मुम्बई उच्च न्यायालय ही गोवा का उच्च न्यायालय है जिसकी एक पीठ पणजी में स्थित है। गोवा से लोकसभा के दो और राज्यसभा के लिए एक सदस्य

गोवा : 1961 में पुर्तगाली उपनिवेशवाद से आज़ादी

चुना जाता है। यहाँ की आधिकारिक भाषा कोंकणी है, लेकिन हर तहर के सरकारी काम के लिए मराठी के उपयोग की इजाज़त भी दी गयी है। 2001 की जनगणना के अनुसार गोवा की 65 प्रतिशत आबादी हिंदू, 26 प्रतिशत ईसाई, 6 प्रतिशत मुसलिम, 0.07 प्रतिशत सिक्ख, 0.04 प्रतिशत बौद्ध, 0.06 प्रतिशत जैन धर्मावलम्बी हैं।

पुर्तगालियों ने 1510 में बीजापुर के शासक को हराकर वेल्हा (या पुराने गोवा) को अपने अधीन कर लिया। 1843 में वेल्हा गोवा की जगह पंजिम को इसकी राजधानी बना दिया गया। अट्ठारहवीं सदी के मध्य तक पुर्तगालियों के क़ब्ज़े में वर्तमान गोवा राज्य के अधिकतर भाग आ गये थे। 1947 में भारत के स्वतंत्र होने के बाद पुर्तगाल ने गोवा को आज़ाद करने या इसे भारत को सौंपने से इनकार कर दिया। 19 दिसम्बर, 1961 को भारतीय सेना ने ऑपरेशन विजय के द्वारा गोवा तथा दमन और दीव को भारतीय संघ में मिला लिया। इसके बाद, गोवा तथा दमन और दीव को एक साथ भारतीय संघ का एक केंद्र-शासित प्रदेश बना दिया गया। 30 मई, 1967 को इस प्रदेश को विभाजित करके गोवा को भारत का इक्कीसवाँ राज्य बनाया गया तथा दमन और दीव पहले की तरह केंद्र-शासित प्रदेश रहे।

गोवा की राजनीति में पुर्तगाली उपनिवेशवाद का प्रभाव अब भी मौजूद है। इसने गोवा की राजनीति में विरोधाभासी विखण्डित पहचानों को बढ़ावा दिया है। इसने गोवा को ओल्ड कांक्वेस्ट और न्यू कांक्वेस्ट में विभाजित किया। भौगोलिक रूप से यह विभाजन पुर्तगालियों ने ही किया था। उन्होंने उन इलाक़ों को ओल्ड कांक्वेस्ट कहा जो सत्रहवीं सदी से पहले उनके अधिकार में आये थे, और जिन क्षेत्रों पर सत्रहवीं सदी के बाद उनका क़ब्ज़ा हुआ उसे उन्होंने ओल्ड कांक्वेस्ट की संज्ञा दी। पुर्तगाली उपनिवेशवाद से मुक्ति के बाद गोवा की राजनीति में दो अलग-अलग धाराएँ उभरीं हैं। एक ओर वे लोग हैं जिन्होंने गोवा की अनूठी पहचान पर ज़ोर दिया, तो दूसरी ओर वे लोग हैं जो इस तरह की बातों को निहित स्वार्थी तत्त्वों का दिखावा क़रार दिया। इन दो अलग-अलग विचारों के कारण गोवा में 1963 में हुए पहले आम चुनावों में दो क्षेत्रीय राजनीतिक दलों का उभार हुआ। पहला दल था महाराष्ट्रवादी गोमांतक पार्टी (एमजीपी) और दूसरा था यूनाइटेड गोवन्स पार्टी (यूजीपी)। एमजीपी ने गोवा को एक अलग और पूर्ण राज्य का दर्जा दिये जाने की माँग की। एमजीपी का प्रभाव न्यू कांक्वेस्ट के इलाक़ों में था और इसे हिंदुओं का समर्थन हासिल था। दूसरी ओर, यूजीपी का प्रभाव ओल्ड कांक्वेस्ट इलाक़ों में था। शुरुआत में इसे ईसाई भू-स्वामियों का समर्थन था। बाद में ऊँची जातियों के कुछ हिंदुओं ने भी इसे समर्थन देना शुरू कर दिया। पहचान का मुद्दा इतना विवादास्पद हो गया कि भारत सरकार ने जनवरी, 1967 में राज्य के भविष्य के बारे में फ़ैसला करने के लिए एक जनमत-संग्रह करवाया जिसमें लोगों ने महाराष्ट्र से विलय के प्रस्ताव को नकार दिया। इसकी जगह उन्होंने एक केंद्र-शासित प्रदेश के रूप में गोवा की अलग पहचान क़ायम रखने का समर्थन दिया।

1963-1979 के बीच गोवा की राजनीति को एक अच्छी द्वि-दलीय व्यवस्था का -उदाहरण माना जा सकता है। इस दौर में एमजीपी की सरकार रही और यूजीपी ने रचनात्मक विपक्ष की भूमिका निभायी। इस अवधि में राजनीति मुख्य रूप से पहचान, भाषा, विलय, अलग राज्य जाति और धर्म जैसे मुद्दों पर केंद्रित रही। एमजीपी के शासन के दौरान ही इस पार्टी के भीतर व्यक्तिवादी और अलोकतांत्रिक क़िस्म राजनीतिक हावी हो गयी। इसके अलावा एमजीपी और यूजीपी ने एक-दूसरे के विधायकों-नेताओं को तोड़ने की भी कोशिश की। नतीजा यह निकला कि 1979 में एमजीपी के 16 विधायकों ने पार्टी छोड़ दी। यह राज्य में क्षेत्रीय दलों के वर्चस्व के अंत की शुरुआत भी थी। इसके पहले ही 1976 में यूजीपी का एक बड़ा गुट ए.बी. नाइक के नेतृत्व में कांग्रेस (एस) से मिल गया था जो बाद में कांग्रेस (यू) से मिला जिसका बाद में कांग्रेस (आई) में विलय हो गया। 1980 के चुनावों में एमजीपी की हार हुई और कांग्रेस सत्ता में आयी जिसमें इसमें यूजीपी और एमजीपी के कई नेता शामिल हो चुके थे। कांग्रेस ने प्रताप सिंह राणे

को प्रदेश का मुख्यमंत्री बनाया। इस स्थिति से असंतुष्ट होकर यूजीपी से कांग्रेस में आये नेता विल्फ्रेड डिसूज़ा ने 1983 में कांग्रेस छोड़ दी और गोवा कांग्रेस का गठन किया। बरहाल, विपक्ष के कमज़ोर होने के कारण राज्य की राजनीति में कांग्रेस की स्थिति मज़बूत होती गयी। 30 मई, 1987 को में गोवा को पूर्ण राज्य का दर्जा दिया गया। विधानसभा के सदस्यों की संख्या 30 से बढ़ा कर 40 कर दी गयीं। नये राज्य के गठन के बाद गोवा में 'आया-राम गया राम' यानी दल या दल के भीतर गुट बदलने की राजनीति में तेज़ी आयी। राजनीतिक अस्थिरता का अंदाज़ा इसी से लगाया जा सकता है कि 1987 में पूर्ण राज्य बनने के बाद से 2011 तक गोवा में कुल 16 सरकारों का गठन हो चुका था। इनमें सात सरकारें दो साल से भी कम समय के लिए सत्ता में रहीं, जबकि एक सरकार सिर्फ़ दो दिन के लिए सत्ता में रही। विभिन्न पार्टियों के बड़े नेताओं की आपसी कलह से लोग इतने तंग आ चुके थे कि 1999 के चार महीनों के राष्ट्रपति शासन को 'प्रशासन के स्वर्णकाल' की संज्ञा मिल गयी।

बहरहाल, 2000 के बाद का दौर गोवा के लिए तुलनात्मक रूप से स्थिरता का दौर रहा है। 2000-05 के बीच भारतीय जनता पार्टी के मनोहर परिक्कर राज्य के मुख्यमंत्री रहे। इसके बाद 2005 में दो दिनों के लिए कांग्रेस के प्रताप सिंह राणे मुख्यमंत्री बने और फिर दो महीनों के लिए पारिक्कर को मौक़ा मिला। इसके बाद राज्य में जून 2005 से लेकर 2007 तक राष्ट्रपति शासन रहा। 2007 में हुए चुनावों में कांग्रेस को अपने दम पर बहुमत नहीं मिला। लेकिन वह 16 सीटों के साथ सबसे बड़े दल के रूप में उभरी। कांग्रेस ने राष्ट्रवादी कांग्रेस और अन्य छोटे दलों के सहयोग से सरकार बनायी। दिगम्बर कामत 2007 में राज्य के मुख्यमंत्री बने। इनके कार्यकाल में राजनीतिक स्थिरता रही।

नब्बे के बाद के गोवा की राजनीति में भारतीय जनता पार्टी की स्वीकार्यता और प्रभाव में भी धीरे-धीरे बढ़ोतरी हुई। 1994 में इसने एमजीपी के साथ मिलकर चुनाव लड़ा। दरअसल, एमजीपी को उम्मीद थी कि भाजपा की उग्र हिंदुत्व राजनीति से उसे फ़ायदा होगा, लेकिन दरअसल ऐसा नहीं हुआ। भाजपा ने नरम हिंदुत्व की राजनीति अपनाते हुए धीरे-धीरे अपना विस्तार किया। इसी का नतीजा हुआ कि 2000 में इसकी सरकार बनी। फिर 2002 के चुनावों के बाद भी मुख्यमंत्री पद भाजपा के हाथ ही में रहा। भाजपा को यहाँ अपने दम पर बहुमत तो नहीं मिला, लेकिन उसने राज्य की राजनीति में अपनी मज़बूत पैठ बना ली। 2007 के विधानसभा चुनावों में इसे कांग्रेस से सिर्फ़ दो सीटें कम मिलीं। कांग्रेस को 16 और भाजपा को 14 सीटों पर जीत मिली। 2012 के चुनावों में भाजपा ने 21 सीटें जीत कर पूर्ण बहुमत हासिल किया और मनोहर परिक्कर के हाथ में राज्य की बागडोर सौंपी।

देखें : अरुणाचल प्रदेश, असम, आंध्र प्रदेश, उत्तर प्रदेश, उत्तराखण्ड, ओडिशा, कर्नाटक, केरल, छत्तीसगढ़, जम्मू और कश्मीर, झाड़खण्ड, तमिलनाडु, त्रिपुरा, दिल्ली, नगालैण्ड, बिहार, पंजाब, पश्चिम बंग, मणिपुर, महाराष्ट्र, मध्य प्रदेश, मिज़ोरम, मेघालय, राजस्थान, हरियाणा।

संदर्भ

1. पीटर रॉनल्ड डिसूज़ा (1999), 'प्रैग्मेटिक पॉलिटिक्स इन गोवा', 1987-99' *इकॉनॉमिक ऐंड पॉलिटिकल वीकली,* खण्ड, अंक 34-35.
2. मारिया डू सीयू रॉड्रिग्ज़ और सोलानो डिसिल्वा, (2009), 'गोवा : अ फ्रैक्चर्ड वर्डिक्ट', संदीप शास्त्री, के.सी. सूरी और योगेंद्र यादव, *इलेक्टोरल पॉलिटिक्स इन इण्डियन स्टेट्स : लोकसभा इलेक्शंस इन 2002 ऐंड बियांड,* ऑक्सफ़र्ड युनिवर्सिटी प्रेस, नयी दिल्ली.
3. गवर्नमेंट ऑफ़ गोवा (2001), *स्टैटिस्टिकल हैंडबुक ऑफ़ गोवा,* पणजी-गोवा, डायेरेक्टोरेट ऑफ़ प्लैनिंग, स्टैटिक्स ऐंड इवेल्यूशन.

— कमल नयन चौबे

ग्योर्गी लूकाच

(Gyorgy Lukacs)

बीसवीं सदी के मार्क्सवादी चिंतकों में ग्योर्गी लूकाच (1885-1971) एक अलग मक़ाम रखते हैं। उन्होंने पश्चिमी युरोप में विकसित हुए उस मार्क्सवाद के विकास को गहराई से प्रभावित किया जिस पर हीगेल के दर्शन की गहरी छाप थी। ग्राम्शी की तरह लूकाच ने संघर्ष की राजनीति में भी शिरकत की और दर्शन, सौंदर्यशास्त्र और साहित्य-सिद्धांत जैसे रचनात्मक क्षेत्रों को अपने परिष्कृत योगदान से समृद्ध किया। मार्क्सवाद के बृहतर विमर्श में उनकी प्रतिष्ठा एक ऐसे चिंतक की है जिसने न केवल मार्क्सवाद की मूल अवधारणाओं का नयी दिशाओं में विकास किया बल्कि उनके मर्म को लेकर सोवियत ख़ेमे के जड़सूत्रवादी सिद्धांतकारों से मुठभेड़ भी की। कई विद्वानों का मानना है कि मार्क्सवाद के सोवियत व्याख्याकारों से जूझते हुए लूकाच ने जिन प्रस्थापनाओं की पेशबंदी की उन्हीं की बदौलत मार्क्सवाद का एक नया संस्करण वेस्टर्न मार्क्सिजम या पश्चिमी मार्क्सवाद के तौर पर जाना गया। लूकाच का बौद्धिक जीवन तीन चरणों से गुज़रा : शुरुआती दौर उनका परिप्रेक्ष्य आधुनिकतावादी और प्रत्यक्षतावाद विरोधी था। इस दौरान उन पर प्लेटो, कांट, कीर्केगार्द और हीगेल का मिला-जुला प्रभाव रहा। वे जॉर्ज सोरेल द्वारा प्रतिपादित अनार्को-सिंडिकलिज़म के प्रति भी आकर्षित हुए। 1911 में प्रकाशित *सोल ऐंड फ़ॉर्म* को इसी

ग्योर्गी लूकाच (1885–1971)

दौर की रचना माना जा सकता है। प्रथम विश्व-युद्ध की घटनाओं और बोल्शेविक क्रांति के प्रभाव में उन्होंने अपने विचारों को फिर से जाँचा और मार्क्सवादी बने। उनका तीसरा दौर वह है जब उन्होंने साहित्य की आलोचना के क्षेत्र में हस्तक्षेप करते हुए समाजवादी यथार्थवाद का सैद्धांतिक ढाँचा खड़ा किया। 1916 में प्रकाशित उनकी कृति द *थियरी ऑफ़ द नॉवेल* हीगेलियन सौंदर्यशास्त्र के दृष्टिकोण से रची गयी है। लेकिन 1922 में प्रकाशित *हिस्ट्री ऐंड क्लास कांशसनेस* मार्क्सवादी दर्शन के दायरों में एक महान रचना की हैसियत रखती है।

गियोर्गी लूकाच का जन्म बुडापेस्ट, हंगरी में हुआ था। उनके पिता एक इंवेस्टमेंट बैंकर थे। उन्होंने बुडापेस्ट और बर्लिन विश्वविद्यालयों से शिक्षा ग्रहण की। 1906 में उन्हें डॉक्टरेट की उपाधि मिली। लूकाच के कृतित्व को सहूलियत के लिहाज़ से राजनीतिक और साहित्यिक लेखन के ख़ानों में रखा जा सकता है। लेकिन वे राजनीतिक दर्शन, सौंदर्यशास्त्र, साहित्य के सिद्धांतों और आलोचना के बीच इस तरह आवाजाही करते हैं कि उन्हें किसी एक खित्ते या अनुशासन तक सीमित नहीं किया जा सकता। उनका समूचा कृतित्व एक तरह से क्रांति के सरोकारों का अनुषंग माना जा सकता है। लूकाच की शख़्सियत संघर्ष और रचना का उदाहरण है। आम तौर पर सोवियत कम्युनिस्ट पार्टी द्वारा आरोपित सीमाओं में काम करने के बावजूद उन्होंने मार्क्सवाद का एक ऐसा पक्ष भी रचा जो उनके सोवियत सहधर्मियों की नज़र में कुफ्र से कम नहीं था। पहले विश्व-युद्ध के बाद हंगरी की कम्युनिस्ट पार्टी की सदस्यता लेने, और वहां की अल्पजीवी कम्युनिस्ट सरकार (1918) में शिक्षा और संस्कृति का मंत्रालय सम्भालने तथा कम्यून के पतन के बाद लम्बे समय तक निर्वासन में रहे लूकाच 1945 में स्वदेश लौट सके। लेकिन चिंतन और राजनीतिक कर्म के लिहाज़ से उनका यह काल बेहद रचनात्मक रहा। इस दौरान उन्होंने *हिस्ट्री ऐंड क्लास कांशसनेस* जैसे क्लासिक ग्रंथ की रचना की और 1928 में ब्लम थीसिस पेश की जिसमें फ़ासीवाद के विरुद्ध एक लोकतांत्रिक मोर्चा गठित करने की योजना रखी गयी थी। लूकाच की इस पेशकश को तत्काल तो नकार दिया गया लेकिन नौ साल बाद की परिस्थितियों में एक ऐसे ही प्रस्ताव को अधिकारिक तौर पर स्वीकार किया गया।

मार्क्सवादी दर्शन में घोषित आस्था और उससे निर्देशित राजनीतिक सक्रियता के बावजूद उन्होंने ख़ुद को जड़सूत्रवादी आग्रहों से अलग रखा। एक राजनीतिक-सामाजिक चिंतक के रूप में उन्होंने मार्क्स की महत्त्वपूर्ण अवधारणाओं— रीफ़िकेशन (लूकाच बेगानेपन के लिए इस पद का इस्तेमाल करते थे) और वर्ग चेतना पर सुचिंतित विचार करने के अलावा साहित्य में उपन्यास की विधा तथा यथार्थ चित्रण को लेकर भी मूल्यवान प्रस्थापनाएँ की।

लूकाच के निबंधों की पुस्तक *हिस्ट्री ऐंड क्लास कांशसनेस* को कई विद्वान मार्क्सवाद का रिनेसाँ मानते हैं। इस रचना में लूकाच मार्क्सवाद के भाष्य के दौरान उग आये कई जड़सूत्रों को बीनते हुए उन सिद्धांतकारों से भिड़ते हैं जिन्होंने मार्क्स की विरासत को भौतिक विज्ञान साबित करने की हठधर्मिता में व्यक्ति की भूमिका और उसकी एजेंसी को गौण कर दिया था। उल्लेखनीय है कि पांचवें कॉमिन्टर्न के अवसर पर ज़िनोवीव और बुखारिन ने लूकाच की इस किताब की बाक़ायदा औपचारिक भर्त्सना की थी। लेकिन सोवियत ख़ेमे के बाहर इस पुस्तक ने कोर्श, बेंजामिन और मरली-पोंती से लेकर गोल्डमैन और मार्क्यूज़े जैसे चिंतकों व साठ के दशक में उभरे छात्र आंदोलनों तक पर अपनी छाप छोड़ी।

लूकाच रूढ़िवादी मार्क्सवाद की आलोचना के क्रम में मानवीय चेतना की सर्जनात्मकता पर ज़ोर देते हैं। वे प्राकृतिक भौतिकवाद के साथ-साथ ज्ञान के उस सिद्धांत को भी स्वीकार नहीं करते जिसमें यह प्रतिपादित किया गया है कि विचार एक तरह के बने बनाये और वस्तुनिष्ठ यथार्थ का दर्पण होता है और उसमें किसी तरह की मानसिक क्रिया या गतिविधि की कोई भूमिका नहीं होती। लूकाच ने एंगेल्स के इस सूत्रीकरण का भी खण्डन किया कि प्रकृति की तरह मानव व्यवहार भी ऐसे द्वंदात्मक नियमों से संचालित होता है जो काल से निरपेक्ष होते हैं। उन्हें यह विचार सिरे से ग़लत लगता था कि प्रकृति में किसी भी तरह की द्वंद्वात्मकता होती

है क्योंकि उनके मुताबिक़ द्वंद्वात्मकता के विधेयक तत्त्वों में व्यक्ति या अनुभव करने वाला तथा वस्तु दोनों शामिल रहते हैं। यानी द्वंद्वात्मकता में इन दोनों की अन्योन्यक्रिया मूल तत्त्व की तरह होती है, जबकि प्रकृति में किसी तरह के अनुभव में कर्ता की कोई भूमिका नहीं होती। लूकाच यह तो मानते हैं कि पूँजीवाद के गहराते अंतर्विरोध अंतत उसे पतन की ओर ले जाएँगे लेकिन साथ ही वे इस बात पर भी ज़ोर देते हैं कि वैचारिक संघर्ष के बिना केवल वस्तुनिष्ठ आर्थिक प्रकियाएँ ही जन चेतना का रूपांतरण नहीं कर सकती। लूकाच मानते हैं कामगारों के लिए दुनिया का अर्थ उसे गढ़ने की प्रक्रिया के दौरान ही खुलता है जबकि पुरातनपंथी मार्क्सवादियों की थोक दलील यह थी कि ज्ञान और क्रिया तथा सिद्धांत और व्यवहार एक साथ घटित होते हैं।

लूकाच रूढ़िवादी मार्क्सवाद के इस वैचारिक शॉर्टकट की इस आधार पर भी आलोचना करते हैं कि इतिहास की प्रक्रियाओं को मनुष्य के हस्तक्षेप से स्वायत्त बता कर वह मानवीय श्रम के उत्पादों का वस्तुकरण कर देता है। मार्क्स की अवधारणा पण्य-पूजा (कमोडिटी फ़ेटिशिज़्म) का विस्तार करते हुए लूकाच रीफ़िकेशन का विचार प्रतिपादित करते हैं। लूकाच की अर्थ-योजना में रीफ़िकेशन उस प्रक्रिया को इंगित करती है जिसके तहत मानवीय श्रम से सृजित होने वाले उत्पाद स्वयं एक स्वतंत्र अस्तित्व या परिघटना का रूप अख़्तियार कर लेते हैं। जिसका परिणाम यह होता है कि मनुष्य मानसिक और भौतिक स्तर पर चीज़ों का नियंता बनने के बजाय अपनी सर्जनात्मकता से च्युत होकर निर्वैयक्तिक शक्तियों से संचालित होने लगता है। लूकाच के मुताबिक़ मनुष्य का यह अमानवीकरण सबसे ज़्यादा पूँजीवादी उत्पादन व्यवस्था में होता है जो उसकी श्रम शक्ति को बाज़ार में बेचे जाने वाली वस्तुओं में तब्दील कर देती है। इस क्रम में लूकाच यह भी लक्षित करते हैं कि काम के विशेषीकरण और रैशनलाइज़ेशन के कारण फ़ैक्ट्री का अंदरूनी संगठन पूँजीवादी सामाजिक संरचना का एक छोटा प्रतिरूप बनता जाता है। यह प्रक्रिया एक ऐसे कुंठित और विखण्डित संसार को जन्म देती है जिसमें व्यक्ति समाज और इतिहास की संगति को सही परिप्रेक्ष्य में देखना भूल जाता है।

लूकाच का यह चिंतन मार्क्सवाद की उस विश्लेषण पद्धति पर आधारित है जिसमें समाज और इतिहास की एक सार्वभौम, एकल और गतिशील सम्पूर्णता के रूप में कल्पना की गयी है। और यह माना गया है कि यह सम्पूर्णता ही अपने निर्माणकारी हिस्सों की बनावट और अर्थ को निर्धारित करती है। लेकिन कई विद्वानों का कहना है कि लूकाच की इस निष्पत्ति से यह नहीं समझा जा सकता कि हमें इस सम्पूर्णता का बोध कैसे होता है। इन विद्वानों का तर्क है कि सम्पूर्णता के खण्डों का विश्लेषण करने से केवल यही उद्घाटित होता है कि उनका सम्पूर्णता से क्या संबंध है। इस प्रसंग में लूकाच केवल यह धारणा पेश करके रह जाते हैं कि अपनी विशेष सामाजिक स्थिति के कारण सर्वहारा के पास एक ख़ास अंतर्दृष्टि होती है। यानी सम्पूर्ण सत्य को जानने के लिए सर्वहारा का दृष्टिकोण अपनाना पड़ता है। विद्वानों का कहना है कि लूकाच के इस नज़रिये में एक गहरा विरोधाभास है। एक तरफ़ लूकाच यह कहते हैं कि पूँजीवाद सर्वहारा को आत्मिक और वैचारिक रूप से पंगु बना देता है तो दूसरी ओर यह मान लेते हैं कि केवल सर्वहारा का दृष्टिकोण ही इतिहास को उसकी सम्पूर्णता में आयत्त कर सकता है। यह देखना दिलचस्प है कि एक जगह लूकाच ने ख़ुद यह प्रतिपादित किया है कि मज़दूर वर्ग की चेतना को उसके सदस्यों के विचारों या अनुभव का जोड़ या औसत नहीं माना जा सकता।

साहित्य-सिद्धांत के क्षेत्र में लूकाच की ख्याति का आधार उनकी क्लासक रचना *द थियरी ऑफ़ द नॉवेल* है जिसमें उन्होंने एक विधा के रूप में उपन्यास के विकास का निरूपण किया है। इस रचना में लूकाच मनुष्य के ज़हन में बसी आदर्श दुनिया की कल्पना के लिए ट्रांसेंडेंटल होमलैसनैस नामक पद का इस्तेमाल करते हैं। लूकाच इस पद की व्याख्या मनचाही जगह लौटने की चाहत और एक ऐसे नॉस्टेल्जिया के तौर पर करते हैं जिससे घिरा व्यक्ति अपनी अनुभूति और इच्छाओं को ही सबसे प्रामाणिक यथार्थ मानता है। अपने एक प्रसिद्ध निबंध में लूकाच ने काफ़्का और टॉमस मान की तुलना करते हुए आधुनिकता के चित्रण के लिहाज़ से मान को ज़्यादा बड़ा लेखक साबित किया है। अपने साहित्य-चिंतन में लूकाच ने समाजवादी यथार्थ के पक्ष में तर्कों का एक नफ़ीस तंत्र खड़ा किया है। वे इस बात पर ज़ोर देते हैं कि यथार्थवादी चित्रण का मतलब यह नहीं होता कि रोज़मर्रा के जीवन को हूबहू रचना में उतार दिया जाए। वे प्रगतिशील कलाकार से पात्रों के निजी अनुभवों को ऐसी छवियों में ढालने की उम्मीद करते हैं जिन्हें सार्वभौमिक रूप से वैध ठहराया जा सके। इस आधार पर लूकाच बाल्ज़ाक और स्कॉट जैसे बूर्ज़्वा लेखकों की भी प्रशंसा करते हैं क्योंकि उनके अनुसार इन लेखकों ने अपनी धुँधली समझ के बावजूद अपने पात्रों के ज़रिये समय के संरचनागत द्वंद्व को अभिव्यक्त किया है।

लूकाच के साहित्य चिंतन का एक अहम पहलू यह भी है कि वे आधुनिकतावाद, अवाँगार्द, अभिव्यंजनावाद, अतियथार्थवाद आदि धाराओं को पतनशील और आत्मग्रस्त कला का नमूना मानते हैं क्योंकि उनके अनुसार कला और साहित्य की इन धाराओं के रचनाकार व्यक्तिगत अनुभवों को दुनिया के वस्तुनिष्ठ सत्य से संपृक्त नहीं कर पाते। कई विद्वानों की निगाह में लूकाच की सौंदर्यशास्त्रीय प्रस्थापनाएँ स्तालिन की सांस्कृतिक तानाशाही को जायज़ ठहराने का

जतन करती दिखती हैं। उनका कहना है कि लूकाच जब यह मानते हैं कि पार्टी कभी ग़लत नहीं हो सकती तो वह असल में असहमति का दमन होता है।

देखें : आधार और अधिरचना, आंगिक और पारम्परिक बुद्धिजीवी, एंतोनियो ग्राम्शी, कार्ल हाइनरिख़ मार्क्स-1, 2. 3 और 4, नयी सदी में मार्क्सवादी विमर्श-1, 2. 3,4 5, 6, 7, 8 और 9, निष्क्रिय क्रांति, फ्रेड्रिख़ एंगेल्स, भाषा के मार्क्सवादी सिद्धांत, भ्रांत चेतना, बोल्शेविक क्रांति, मार्क्सवाद-1, 2, 3, 4 और 5, मार्क्सवादी इतिहास-लेखन, मार्क्सवादी समाजशास्त्र, मार्क्सवाद और पारिस्थितिकी, मार्क्सवादी अर्थशास्त्र, समाजवादी वसंत-1, 2, 3, और 4, लेनिनवाद, लियोन ट्रॉट्स्की, लिबरेशन थियोलॅजी, समाजवादी वसंत-1 से 3 तक, सांस्कृतिक क्रांति, स्तालिन और स्तालिनवाद, सोवियत समाजवाद-1, 2 और 3, सोवियत सिनेमा, वर्चस्व, व्लादिमिर इलीच लेनिन।

संदर्भ

1. जी.एच.आर. पार्किंसन (1977), ग्योर्गी लूकाच, रॉटलेज एवं कीगन पॉल, लंदन.
2. एल. कोलाकोव्स्की (1978), मेन करंट्स ऑफ़ मार्क्सिज़म, खण्ड 3, क्लेरैंडन प्रेस, ऑक्सफ़र्ड.
3. अर्पद काडारके (1991), ग्योर्गी लूकाच : लाइफ़, थॉट ऐंड पॉलिटिक्स, बेसिल ब्लैकवेल, ऑक्सफ़र्ड.

—नरेश गोस्वामी

ग्योर्ग विल्हेल्म फ्रेड्रिख़ हीगेल

(Georg Wilhelm Friedrich Hegel)

ग्योर्ग विल्हेल्म फ्रेड्रिख़ हीगेल (1770-1831) आधुनिक जर्मन भाववाद के शिखर विचारक के रूप में जाने जाते हैं। वे अपनी पीढ़ी के सबसे प्रभावशाली दार्शनिक तो थे ही, दर्शनशास्त्र की दुनिया पर उनका असर आज भी बरक़रार है। हिंदुस्तान जैसे तीसरी दुनिया के देशों में हीगेल का परिचय मूलतः उनके शिष्य और कम्युनिस्ट विचारों के प्रवर्तक कार्ल मार्क्स के विचारों के ज़रिये देखने को मिलता है। इसके कारण उनके अपने दर्शन की अलग से चर्चा उतनी नहीं होती। दरअसल हीगेल की अहमियत आज भी उनके दर्शन के कुछ नायाब पहलुओं की वजह से बनी हुई है।

दर्शन की दुनिया में हीगेल का सबसे बड़ा योगदान शायद इस बात से ताल्लुक़ रखता है कि उन्होंने सिर्फ़ जर्मन दर्शन की दुनिया में ही नहीं, कुल मिलकर आधुनिक दर्शन की ज़मीन पर एक ऐसा हस्तक्षेप किया जिसने दो विरोधी प्रवृत्तियों का संश्लेषण करते हुए नये रास्ते खोल दिये। हीगेल जिस ज़माने में लिख रहे थे उस में सत्रहवीं-अट्ठारहवीं सदी के युरोपीय ज्ञानोदय के बुद्धिवाद से निकले बेलगाम व्यक्तिवाद और आदमी के बारे में उसके विचार के खिलाफ़ एक बड़ा विद्रोह खड़ा हो चुका था। इसका एक रूप रोमांटिसिज़्म में देखने को मिलता है। ज्ञानोदय की मूलधारा का यह ख़याल था कि आदमी एक नये क़िस्म के वस्तुकृत (ऑब्जेक्टिफ़ाइड) वैज्ञानिक ज्ञान का ज्ञाता-कर्ता (सब्जेक्ट) है जिसका रैशनल रूप कार्यतः प्रकृति और समाज से अलग हो कर ही सामने आ सकता है। यह ख़याल एक ऐसे अंदाज़ को बढ़ावा दे रहा था जिसमें व्यक्ति अपने सामाजिक जुड़ावों से कट कर महज़ अपनी व्यक्तिकेंदित इच्छाओं की पूर्ति करने वाला बन कर रह जाता है। ऐसे व्यक्ति के लिए समाज और प्रकृति उसकी इच्छाएँ पूरी करने का ज़रिया मात्र रह जाते हैं। इसके ख़िलाफ़ हर्डर व कुछ अन्य दार्शनिक आदमी की एक अलग ही धारणा सामने रख रहे थे जो उसे एक मुक़म्मल शै के रूप में देखती थी। इन विचारकों का मानना था कि मनुष्य को तर्क और भावना या देह और आत्मा जैसे अलग-अलग टुकड़ों में तोड़ कर देखना ग़लत है और इसी के चलते हम एक मुक़म्मल और ज़िंदा इकाई के तौर पर उसके चरित्र को नहीं समझ पाते। इन विचारकों का मानना था कि मनुष्य का यह चरित्र उसके सांस्कृतिक व सामुदायिक जीवन से अकाट्य ढंग से जुड़ा होता है। उसी के भीतर वह अपने वजूद को हासिल करता है।

ज्ञानोदय की मूलधारा के खिलाफ़ एक और सशक्त धारा थी जो इमैनुएल कांट के नाम के साथ जुड़ी है। कांट ख़ुद को मूलतः प्रबोधन से जोड़ते हुए भी विशुद्ध तार्किकता और उससे जुड़े वस्तुकरण (ऑब्जेक्टिफ़िकेशन) के रुझान के आलोचक थे। इसके बावजूद, कांट के विचारों का केंद्रीय सरोकार क्योंकि आज़ादी और ख़ुदमुख़्तार कर्ता (सब्जेक्ट) की तलाश से था इसलिए वहाँ भी वही विच्छेद देखने तो मिलता है जो ज्ञानोदय की मूलधारा के विचारकों में दिखाई देता है : प्रकृति और समाज से विच्छेद, क्योंकि ख़ुदमुख़्तारी की शर्त ही यह है कि मनुष्य तमाम बंधनों और निर्भरताओं से आज़ाद हो। और इस विच्छेद से जुड़े हैं वे अन्य विच्छेद जो तर्क और भावना आदि के आधार पर इनसान का भी विभाजन कर देते हैं।

बकौल चार्ल्स टेलर हीगेल जिस महान चुनौती के रूबरु थे वह यह थी कि ख़ुदमुख़्तारी के आदर्श का परित्याग किये बिना मनुष्य के मुकम्मल वजूद को कैसे बरक़रार रखा जाए। जब तक प्रकृति या क़ुदरत को एक अंधी, अतार्किक या तर्क-विरोधी शै के रूप में देखा जाता तब तक क़ुदरत और मनुष्य की आज़ादी की तलाश के बीच एक विरोध बना ही रहता है। इस नज़रिये से क़ुदरत के ऊपर काबू पाने और उसे

ग्योर्ग विल्हेल्म फ्रेड्रिख़ हीगेल (1770-1831)

अपने वश में करने में ही मनुष्य की आज़ादी निहित हो सकती है। समाज और व्यक्ति की आज़ादी के बीच भी इसी तरह का एक विरोध दिखाई देता है। लिहाज़ा व्यक्ति की आज़ादी की शर्त भी सामाजिक बंधनों से उसकी आज़ादी में निहित है।

कहा जा सकता है कि इन दोनों परस्पर विरोधी ख़यालों के बीच एक नया रास्ता निकालने के लिए हीगेल ने बौद्धिक शतरंज के इस खेल में दो चालें चलीं। पहली, एक ऐसी पद्धति की पेशकश की जिसे द्वंद्वात्मक चिंतन कहा जाता है, जिसके तहत हर विरोध दरअसल अंतर्विरोध बन जाता है, यानि दो दीगर चीज़ों के बीच विरोध न होकर एक ही सम्पूर्ण के आतंरिक विकास और गति का आधार बन जाता है। अंतर्विरोध अब सिर्फ़ दो विरोधी पक्षों का रिश्ता नहीं रह जाता बल्कि उसमें ये दोनों पक्ष एक साथ एकजैसेपन और अलहदगी के रूप में सामने आते हैं। इन दोनों पक्षों के बीच टकराव के पीछे उनका एकजैसापन भी मौजूद रहता है। लिहाज़ा, इन दोनों पक्षों के टकराव में कभी भी एक का दूसरे द्वारा सफ़ाया नहीं होता। हीगेल जिसे निगेशन या निषेध कहते हैं उसमें दरअसल एक जटिल प्रक्रिया (जिसे वे जर्मन में आउफ़ेबुंग कहते हैं या जिसे अंग्रेज़ी कभी कभी सबलेशन कहा जाता है) के ज़रिये एक पक्ष दूसरे को एक ही साथ ख़ारिज भी करता है और उसकी हिफ़ाज़त भी। ऐसा उस समग्र के विकास के एक नये चरण में जा कर होता है। ख़ारिज पक्ष अपने पुरानी जगह में महफ़ूज़ नहीं रहता बल्कि विजयी पक्ष के साथ संश्लेषण के ज़रिये वह एक नये मुक़ाम पर जा पहुँचता है। हालाँकि ऊपर हमने पद्धति शब्द का इस्तेमाल किया है, पर हीगेल के लिए द्वंद्वात्मकता कोई पद्धति नहीं है बल्कि इस रूह के उनके ज्ञातव्य की आत्म-गति का अनुसरण मात्र है। परिघटना (फ़िनोमेना) के ले ताल में गर्क़ हो कर बहते जाने के ज़रिये प्राप्त यह ज्ञान उस ज्ञाता/कर्ता के ज्ञान से बिलकुल अलग है जिसे दुनिया के बारे में एक बाहरी ज्ञान मात्र मिल पाता है। इसलिए हीगेल इसे घटनाक्रियाशास्त्र. (फ़ेनोमेनोलॉजी) कहते हैं।

हीगेल की दूसरी चाल समाज और प्रकृति के बीच के विरोध को ख़त्म करते हुए पूरी कायनात को एक समग्र के रूप में देखती है जो दरअसल एक सर्वशक्तिमान रूह (एब्सोल्यूट स्पिरिट) के आत्म-विकास का ही वस्तुकृत रूप है। समाज का विकास और उसके ज़रिये मनुष्य की आज़ादी का हासिल होना दरअसल इस रूह के आत्म-वस्तुकरण की ही प्रक्रिया है, उसके चरितार्थ होने की प्रक्रिया है। यह रूह अपने आप में एक वस्तुगत समग्र है जो अपने क्रम-विकास में अपने ही भीतर भेद करती चलती है जिसके फलस्वरूप हम संसार की तमाम चीज़ों को अलहदा-अलहदा देख पाते हैं। रूह सार्वभौम है और उसके ये तमाम रूप जो विशिष्ट की शक्ल में हमारे सामने आते हैं उस सार्वभौम के लम्हे मात्र हैं जिन्हें हमें समग्र-सार्वभौम के ही रूप में व्याख्यायित करना होगा।

इस तरह हीगेल मानव समाज की एक ऐसी व्याख्या पेश करते हैं जिसमें ज्ञानोदय की मूलधारा से विरासत में मिले आदमी/मनुष्य के व्यक्तिकेंद्रिक तसव्वुर की जगह कायनात की एक मुकम्मल तस्वीर उभरती है जिसमें व्यक्ति और समाज, समाज और प्रकृति, तर्क और भावना, ज्ञाता-कर्ता और ज्ञातव्य/ज्ञेय आदि के बीच के फ़र्क़ गायब हो चुके हैं और मानवीय आज़ादी ख़ुद रूह के चरितार्थ होने की प्रक्रिया में मनुष्य के तर्कवाद से लैस होने के ज़रिये अपने अंजाम तक पहुँचती है। मनुष्य ही रूह के वास्तविक रूप धारण करने का औज़ार है। अब इन दोनों के बीच कोई विरोध बाक़ी नहीं रह जाता है।

यहाँ से शुरू होता है हीगेल के दर्शन का सामाजिक व ऐतिहासिक पहलू। विश्व-रूह की यात्रा मानवीय आज़ादी के लिए चल रहे मानवीय प्रयासों के ज़रिये ही अमली शक्ल अख़्तियार करती है, हालाँकि उसके बहार इस आज़ादी के कोई अर्थ भी नहीं हैं। हीगेल उन पहले दार्शनिकों में से हैं जिनका दर्शन सिर्फ़ मेटाफ़िज़िक्स की ऊँचाइयों में ही चक्कर नहीं कटता बल्कि राज्य और समाज के धरातल पर सीधे उतरता है। बकौल हर्बर्ट मार्क्यूज़ उनके दार्शनिक विचार समाज और राज्य की ज़मीन पर ही परवान चढ़ते हैं और इन

पदों द्वारा उनके नये दार्शनिक सरोकारों में केंद्रीय भूमिका अदा की जाती है। यही वजह है कि मार्क्यूज़ की नज़र में सामाजिक सिद्धांत (सोशल थियरी) के अविर्भाव का हीगेल के वैचारिक हस्तक्षेप के साथ सीधा रिश्ता है। उनके अनुसार हीगेल के विचारों के कई महत्त्वपूर्ण रुझान मार्क्सवादी सामाजिक सिद्धांत द्वारा ग्रहण कर लिए जाते हैं और समाज-चिंतन में एक नये अध्याय का आगाज़ करते हैं.

बकौल मार्क्यूज़ हीगेल के साथ आधुनिक दर्शन के एक पूरे युग पर पर्दा गिरता है। उनका कहना है कि हीगेल आख़िरी विचारक थे जिन्होंने अमूर्त स्तर पर दुनिया को तार्किकता के रूप में व्याख्यायित किया और प्रकृति व इतिहास दोनों को विचार और आज़ादी के पैमानों पर आँका। उन्होंने यह क़बूल किया कि मनुष्यों द्वारा गढ़ी गयी समाज की ज़मीन ही तो है किस पर रीज़न (तार्किकता) को चरितार्थ होना है। इस मायने में हीगेल का दर्शन, दर्शन-मात्र को अपने अंजाम तक ले आता है, जिसके बाद दर्शन का अंत होता है और क्रिटिकल सोशल थियोरी की शुरुआत होती है।

हीगेल के विचार-तंत्र (सिस्टम) में राज्य और नागरिक समाज (सिविल सोसाइटी) में एक ज़ोरदार फ़र्क़ देखने को मिलता है। यह फ़र्क़ इस बात से भी ताल्लुक़ रखता है कि हीगेल अपने ज़माने के समाज को लगातार अपने सिद्धांतीकरण का निशाना बनाते हैं। वे अपने इर्द-गिर्द नये सम्पत्तिवान तबकों के उदय को देख रहे थे जिसके चलते आधुनिक समाज में व्यक्तिगत स्वार्थ मनुष्य की जीवन शैली को और ग़ैरों के साथ रिश्तों को निर्धारित करने लगे थे। वे देख रहे थे किस तरह इस स्थिति के चलते व्यक्तियों के बीच होड़ समाज के चरित्र को तय कर रही है। व्यक्तिगत स्वार्थ-सिद्धि के इसी रुझान को वे नागर समाज का बुनियादी चरित्र मानते हैं। इसी वजह से नागर समाज उनके लिए आपसी होड़ की जगह थी यानी विशिष्ट स्वार्थों की ज़मीन, जिसके बरअक्स उन्होंने राज्य को वे सार्वभौमिकता की ज़मीन के रूप में देखा। राज्य उनके लिए तमाम विशिष्ट स्वार्थों से ऊपर उठ कर काम कर सकता था। इसी कारण राज्य को वे रीज़न (तार्किकता) का ठोस व अमली रूप मानते थे। उसी को वे नैतिक अस्तित्व की ज़मीन मानते थे। इसी कारण वे सामाजिक समझौते के तमाम सिद्धांतों को नकारते थे क्योंकि इस थियरी के मुताबिक राज्य मुख़्तलिफ़ व्यक्तियों के बीच समझौते से बनी संस्था होती है। हीगेल के लिए राज्य बतौर सार्वभौम, विश्व-रूह के क्रमशः खुलने के फलस्वरूप वजूद में आता है। उसे अनगिनत व्यक्तिगत स्वार्थों से पैदा होने वाली शै के रूप में नहीं देखा जा सकता है।

हीगेल की प्रसिद्ध रचनाओं में *फ़िनोमिनोलॅजी ऑफ़ माइंड* (1807), *एलिमेंट्स ऑफ़ द फ़िलॉसफ़ी ऑफ़ राइट* (1821), *इनसाइक्लोपीडिया ऑफ़ फिलॉसॉफ़िकल साइंसेज़* (1816) और द *साइंस ऑफ़ लॉजिक* (तीन खंडों में, 1811-1816) शामिल हैं।

देखें : अस्तित्ववाद, आत्मनिष्ठता-वस्तुनिष्ठता, इयत्ता, इमैनुएल कांट, इंद्रियानुभववाद, ईसैया बर्लिन, उत्तर-आधुनिकतावाद, उदारतावाद, कल्पित समुदाय, घटनाक्रियाशास्त्र और एडमण्ड हसर, चेतना, जॉन लॉक, ज़ाक लकाँ, ज्याँ-फ्रांस्वा ल्योतर, ज्याँ-पॉल सार्त्र, ज़ाक देरिदा, तत्त्वमीमांसा और अस्तित्वमीमांसा, तात्त्विकतावाद, थियोडोर लुडविग वीज़ेनग्रंड एडोर्नो, द्वैतवाद, प्रत्यक्षवाद और उसका समाज-विज्ञान पर प्रभाव, फ्रेड्रिख़ नीत्शे, बुद्धिवाद, भौतिकवाद, मनोविश्लेषण, मिशेल पॉल फ़ूको-1 और 2, युरोपीय पुनर्जागरण, युरोपीय ज्ञानोदय, रेने देकार्त, लुई अलथुसे, सोरेन आबी कीर्केगार्द, संरचनावाद और उत्तर-संरचनावाद, ज्ञानमीमांसा।

संदर्भ

1. आर. प्लांट (1983), *हीगेल : ऐन इंट्रोडक्शन,* बेसिल ब्लैकवेल, ऑक्सफ़ोर्ड.
2. हरबर्ट मार्क्यूज (1960), *रीजन ऐंड रिवोल्यूशन : हीगेल ऐंड द राइज़ ऑफ़ सोशल थियरी,* बेकन प्रेस, बोस्टन.
3. ए. मेकलिंटायर (1987), *हीगेल : अ कलेक्शन ऑफ़ क्रिटिकल एसेज़,* एंकर, न्यूयॉर्क.
4. ई. केनेडी और एस. मेंडेस (1987), *वुमॅन इन वेस्टर्न पॉलिटिकल फिलॉसफ़ी,* हारवेस्टर, ब्राइटन.
5. एस हुक (1962), *फ्रॉम हीगेल टू मार्क्स : स्टडीज़ इन द इंटलेक्चुअल डिवेलपमेंट ऑफ़ कार्ल मार्क्स,* युनिवर्सिटी ऑफ़ मिशिगन प्रेस, न्यूयॉर्क.
6. जे.एन. किंडल (1958), *हीगेल : अ रिएग्ज़ामिनेशन,* एलन ऐंड अनविन, लंदन.

— आदित्य निगम

गृहविहीनता

(Homelessness)

समाजशास्त्रीय संदर्भ में गृहविहीनता को मुख्यतः सामाजिक ताने-बाने से कटाव तथा स्थायी आवास के अभाव के आधार पर परिभाषित किया जाता है। व्यक्ति या परिवार की सामाजिक असम्बद्धता के आयाम को गृहविहीनता के घटक के तौर पर पिछली सदी के पाँचवे दशक में मान्यता मिलनी शुरू हुई थी। हालाँकि बहुत से बेघर लोगों का स्थायी निवासियों की तरह समाज की सांस्थानिक संरचनाओं से कोई गहरा और स्थायी नाता नहीं होता लेकिन यह कहना ग़लत होगा कि सभी बेघर व्यक्ति सामाजिक रूप से अलग-थलग होते हैं। बेघर लोगों का अपने जैसे अन्य लोगों, सगे-

संबंधियों , विभिन्न सहायता एजेंसियों तथा राज्य और सरकार द्वारा प्रायोजित कार्यक्रमों के ज़रिये समाज से किसी न किसी तरह का संबंध होता ही है। यही नहीं, ऐसा व्यक्ति या परिवार हमेशा गृहविहीनता की स्थिति में नहीं रहता। सड़क और मुख्यधारा की एजेंसियों और संस्थाओं के बीच उसकी आवा-जाही लगी रहती है। यानी कभी वह सड़क पर होता है तो कभी उसे स्थायी ठौर मिल जाता है। गृहविहीन लोगों का समाज से कटाव बहु-परती होता है इसलिए गृहविहीनता के संदर्भ में व्यक्ति के समाज से अलगाव को स्थिर विशेषता नहीं कहा जा सकता। नतीजतन गृहविहीनता को लेकर हाल में जो अवधारणाएँ गढ़ी गयी हैं उनमें आवासीय पहलू को ज़्यादा प्रमुखता दी गयी है।

इस तरह अगर किसी व्यक्ति या परिवार के पास अपने सांस्कृतिक मानकों के हिसाब से रहने का कोई स्थायी निवास नहीं है तो उसे गृहविहीन माना जाता है। इस परिभाषा में ऐसे व्यक्ति और परिवार भी शामिल हैं जो सड़कों, पार्कों, वाहनों, और जर्जर इमारतों में रहते हैं। पीटर रोज़ी इसे निपट गृहविहीनता मानते हैं लेकिन गृहविहीनता में ऐसे लोग और परिवार भी शामिल किये जाते हैं जो वैसे तो समाज के संस्थाबद्ध ढाँचे के अंग होते हैं लेकिन उनके पास रहने के लिए अपनी कोई जगह नहीं होती और जिन्हें, नतीजतन, दूसरों के साथ जगह साझा करनी पड़ती है। इसके अलावा अपर्याप्त और घटिया आवासों में रहने वाले लोगों को भी गृहविहीन ही माना जाता है।

लेकिन गृहविहीनता की यह परिभाषा बहुत स्फ़ीत और आमफ़हम है। शोध की दृष्टि से इसे तर्कसंगत नहीं माना जा सकता क्योंकि इसमें बहुत सारे घटकों को शामिल कर लिया गया है, जिसके कारण समस्या पर फ़ोकस कर पाना मुश्किल हो जाता है। इसके साथ दूसरी समस्या यह है कि आवास को अन्य गृहविहीन लोगों के साथ साझा करने तथा आवास की सुविधाओं को स्तरहीन या घटिया मानने की दलीलें राष्ट्रीय या अंतरराष्ट्रीय स्तर पर एकसार नहीं हैं। उदाहरण के लिए ब्राज़ील में झोंपड़-पट्टी के इलाक़े फ़वेला आदि में रहने वाले लोगों को गृहविहीन नहीं माना जाता। जबकि अमेरिका में इसी तरह के अस्थायी आवासों में रहने वाले लोगों को गृहविहीनों में शुमार किया जाता है। इन जटिलताओं के कारण पिछली शताब्दी के अंतिम दौर में गृहविहीनता को लेकर जो शोध कार्य किया गया उसमें गृहविहीनता के शाब्दिक पर्याय, सड़क, पार्क आदि सार्वजनिक स्थलों पर जीवन गुज़ारने को ही प्रमुखता दी गयी।

ऐतिहासिक दृष्टि से देखें तो गृहविहीनता की परिघटना शहरों के विकास और विस्तार से जुड़ी है। इसे तभी से एक ज्वलंत सामाजिक समस्या की तरह देखा जाता रहा है। लेकिन बेघर आबादी के आकार और उसके लक्षणों से संबंधित विचार और धारणाएँ समय के साथ बदलती रही हैं।

प्राक्-औद्योगिक शहरों में भिखमंगों और बेघर लोगों की एक बड़ी जमात ऐसी थी जो वास्तव में शहर के विकास के साथ ही दृश्यमान हुई थी। यह एक चलायमान आबादी थी जिसका कोई निश्चित ठौर-ठिकाना नहीं होता था। तत्कालीन शहरों में आम रास्तों या सड़कों पर लोगों की एक भीड़ हमेशा चलती फिरती रहती थी क्योंकि उस समय घर, काम और आराम के बीच कोई किसी विभाजक रेखा की कल्पना नहीं की जाती थी। मार्टिन लूथर के *द बुक ऑफ़ बैगर्स* जैसे निंदापरक अपवादों को छोड़ दिया जाए तो उस समय समाज की आम परम्परा में भिक्षावृत्ति बुरी बात नहीं समझी जाती थी। परम्परा की एक धारा में तो ग़रीबी को बाक़ायदा आदर्श जीवन की तरह प्रतिष्ठित किया जाता था। ऐसे में प्राक्-औद्योगिक शहरों में गृहविहीनता को सामाजिक कलंक की तरह नहीं देखा जाता था। लेकिन औद्योगिक क्रांति से उपजे सामाजिक विस्थापन और खेतिहर अर्थव्यवस्था के अवसान से बेघर लोगों की संख्या में तेज़ी से इज़ाफ़ा हुआ। प्राक-पूँजीवादी काल के बरक्स इस दौर में ऐसे लोगों के प्रति धारणाएँ बदलने लगी और उन्हें आवारा व असामाजिक माना जाने लगा तथा उनकी रोकथाम के लिए इंग्लैण्ड और उसके उपनिवेशों में क़ानून बनाये जाने लगे।

इस दिशा में पहला क़ानून 1597 में इंग्लैण्ड में बनाया गया। इसके तहत इंग्लैण्ड के बेघर लोगों को अमेरिका भेजा जाने लगा। लेकिन इन विस्थापित बेघरों को वहाँ भी बसने का अधिकार नहीं दिया गया। एक तरह से इसे अमेरिका में बेघर लोगों की पहली लहर कहा जा सकता है। इसके बाद अमेरिकी गृहयुद्ध में भी लोगों का बड़े पैमाने पर विस्थापन हुआ लेकिन उन्हें अंततः पश्चिमी सीमांत क्षेत्र में खपा दिया गया। गृहविहीनता की तीसरी लहर अमेरिका के पश्चिमी क्षेत्र में बढ़ते उद्योगिकीकरण से जुड़ी है। अठारहवीं शताब्दी से शुरू हुए और 1920 तक चलने वाले इस दौर में उद्योग जगत को मज़दूरों की ज़रूरत पड़ रही थी। लेकिन उनके आवास के लिए कोई व्यवस्था नहीं की गयी थी। काम की तलाश में आये प्रवासी कामगार जिन जगहों पर रहते थे उन्हें होबोहेमिया कहा जाता था। बेघर मज़दूरों के जमावड़े और भी कई बड़े शहरों में मौजूद थे। बेघर लोगों की चौथी लहर आर्थिक महामंदी से शुरू होकर द्वितीय विश्व-युद्ध तक जारी रही। इस दौरान आश्रयहीन लोगों को या तो मज़दूरी के काम में लगाया गया या फ़ौज में भर्ती किया गया। इसके बाद पूर्व सैनिकों के पुनर्वास संबंधी कार्यक्रमों, और शहरी विकास के अन्य आशावादी कार्यक्रमों के कारण बहुत से योजनाकारों ने दावा किया भविष्य में विकसित दुनिया के शहरों में गृहविहीनता पूरी तरह ख़त्म हो जाएगी। लेकिन 1980 के

दशक मे यह समस्या फिर प्रगट हो गयी। और आज तक मौजूद है। मौजूदा समय की बात करें तो गृहविहीनता दुनिया के हर बड़े शहर (दिल्ली, मुम्बई, बर्लिन, लंदन, पेरिस, साओ पाउलो और टोक्यो) आदि में आम परिघटना बन गयी है।

गृहविहीनता से संबंधित शोध को मुख्यत: तीन रूपों में बाँटा जा सकता है। पहली श्रेणी ऐसे शोध-कार्य की है जिसमें शहर या राष्ट्रीय स्तर के सर्वेक्षणों में गृहविहीनों की संख्या का आकलन, उनकी जनसांख्यिकी, अक्षमताओं, तथा गृहविहीनता और आवास की आवृत्ति का अध्ययन किया गया है। दूसरी तरह के शोध में गृहविहीनता के विभिन्न कारणों जैसे ग़रीबी की दर, बेरोज़गारी, आवास की उपलब्धता, तथा विभिन्न शहरों में गृहविहीनता के स्तरों का अध्ययन शामिल है। शोध की तीसरी धारा गृहविहीनों की एथनॉग्राफ़ी पर केंद्रित है जिसमें मुख्यत: इस बात का जायज़ा लेने की कोशिश की गयी है कि बेघर लोग जीवनयापन के लिए क्या तरीक़े और उपाय अपनाते हैं।

गृहविहीनता की परिघटना मुख्यत: दो तरह की विस्थापनकारी प्रवृत्तियों का परिणाम मानी जाती है। सामाजिक समस्या के रूप में वह औद्योगिक क्रांति, युद्धों तथा आर्थिक मंदी की घटनाओं जैसे संरचनात्मक बदलावों की देन मानी जा सकती है। कई समाजशास्त्री इसके पीछे सस्ते आवास की कमी, वि-उद्योगीकरण तथा गिरती मज़दूरी से उत्पन्न आर्थिक संकट को ज़िम्मेदार मानते हैं। शोधकर्ताओं के विभिन्न अध्ययनों से निकले निष्कर्षों को एक साथ रखें तो गृहविहीनता को जीवन निर्वाह की न्यूनतम ज़रूरतों और आर्थिक संसाधनों के बीच बढ़ते अंतराल के रूप में समझा जा सकता है। दूसरे शब्दों में, गृहविहीन व्यक्ति या परिवार अक्सर जीवन की बुनियादी ज़रूरतें ही नहीं जुटा पाते। उनकी आय और बचत इतनी नहीं होती कि वे स्थायी आवास के बारे में सोच सकें। लेकिन शोधकर्ताओं का एक तर्क यह भी है कि केवल इन संरचनात्मक कारणों के आधार पर ही किसी व्यक्ति की गृहविहीनता को पूरी तरह नहीं समझा जा सकता। उनके अनुसार इन कारणों के आधार पर यह तो बताया जा सकता है कि कौन से समूह या व्यक्ति गृहविहीन हो जाने के कगार पर खड़े हैं परंतु इनसे यह स्पष्ट नहीं हो पाता कि असुरक्षित कहे या माने जाने वाले अंतत: लोगों में से कौन से व्यक्ति गृहविहीनता का शिकार होंगे। इस अंतर को कम करने के लिए शोधकर्ता गृहविहीन व्यक्तियों से संबंधित कुछ निजी तथ्यों जैसे उनकी जातीयता, शैक्षिक स्तर, सामाजिक पूँजी के पहलू यथा परिवार के साथ जुड़ाव आदि तथा व्यक्ति के साथ होने वाली ज़्यादतियों और मानसिक समस्याओं आदि की पड़ताल पर भी ज़ोर देते हैं। इसे एक सामान्यीकृत कथन के तौर पर कहें तो गृहविहीनता की प्राथमिकता संरचनात्मक कारकों तथा जीवनगत परिस्थितियों की संधि रेखा पर ज़्यादा सम्भव होती है।

गृहविहीन व्यक्ति या परिवार अपनी भौतिक, अंतर-वैयक्तिक तथा भावनात्मक ज़रूरतों को पूरा करने के लिए जिस तरह की रणनीति अख़्तियार करते हैं उन्हें किसी एक श्रेणी में नहीं रखा जा सकता। जीवनयापन की ये रणनीतियाँ एक तरफ़ व्यक्ति की निजी विशेषताओं और रूझानों से तय होती है तो दूसरी तरफ़ उन पर सांगठनिक, राजनीतिक और पर्यावरणीय संदर्भों का भी असर पड़ता है। विकसित देशों में गृहविहीनों के एक हिस्से को कई बार सांस्थानिक सहायता भी मुहैया करायी जाती है। गृहविहीनों के संबंध में यह धारणा प्रचलित है कि वे आमतौर पर अयोग्य होते हैं और उनका जीवन एकाकी और सामाजिकता से रिक्त होता है। लेकिन इस छवि को अंदर से देखें तो गृहविहीन लोगों के अंतर-वैयक्तिक संबंध इसलिए जटिल, भंगुर और अस्थायी होते हैं, क्योंकि अनिश्चितता के कारण वे किसी भी संबंध में सुरक्षित महसूस नहीं करते।

अंत में यह देखना ज़रूरी होगा कि गृहविहीनता को लेकर राज्य का औसत रवैया किस तरह रहा है। आमतौर पर बेघर लोगों की मुसीबतें कम करने के लिए रैनबसेरे, सहायता शिविर तथा सामुदायिक रसोई जैसी व्यवस्था की जाती है। भारत के महानगरों में उनके लिए सर्दियों के मौसम में रैनबसेरे स्थापित किये जाते हैं। कुछ छोटे नगरों में उनके लिए ज़िला प्रशासन की ओर से अलाव जलाने का प्रबंध भी किया जाता है। राज्य के लिए यह कल्याणकारी भंगिमा दिखाने का अवसर होता है और स्थानीय समाज के लिए परोपकार की भावना। अमेरिका में गृहविहीन व्यक्तियों और परिवारों के लिए 1987 में एक क़ानून पारित किया गया था जिसमें गृहविहीन और अक्षम हो चुके लोगों के लिए चिकित्सा सहायता आदि की व्यवस्था की गयी थी। गृहविहीनता से निपटने का एक तीसरा दृष्टिकोण व्यक्तिगत लक्षणों और समस्याओं पर फ़ोकस करने के बजाय आवास की अनुपलब्धता जैसे संरचनात्मक कारणों पर ज़ोर देता है। गृहविहीनता को लेकर एक आम रवैया यह भी है कि ऐसे अनौपचारिक और अनियमित कार्यों पर प्रतिबंध लगा दिया जाए जिनसे बेघर लोग जीविका अर्जित करते हैं। एक दूसरी आमफ़हम राय यह भी दी जाती है कि सरकार को ऐसे क़ानून बनाने चाहिए ताकि बेघर लोग पार्कों जैसे सार्वजनिक स्थानों का बसेरे के तौर पर इस्तेमाल न कर सकें।

सामान्य रूप से गृहविहीनता से संबंधित शोधकार्य अभी तक उसके बुनियादी और ढाँचागत कारणों, लक्षणों तथा बेघर लोगों की जीवनगत रणनीति पर केंद्रित रहा है। उसमें सरकार और राज्य की तत्संबंधी नीतियों का क्षेत्र आमतौर पर उपेक्षित रहा है। लेकिन पिछले कुछ वर्षों से इस स्थिति में एक बदलाव आया है। अब शोधकर्ताओं का ध्यान

गृहविहीनता के नीतिगत मुद्दों की ओर भी जाने लगा है। इस दिशा में उन कार्यकर्ताओं की भूमिका भी महत्त्वपूर्ण रही है जो गृहविहीनों के अधिकारों और हितों को लेकर मुहिम चलाते रहे हैं।

देखें : अर्थव्यवस्था का समाजशास्त्र, अभिजन, अभिरुचि, आत्महत्या, उन्मूलनवाद, एजेंसी, कर्मकाण्ड, कारागार, गोपनीयता, जादू, जीवन-शैली, टेलरवाद, फ़ुरसत, बचपन, बुज़ुर्गियत का समाजशास्त्र, बेगानापन, भीड़, भ्रष्टाचार का समाजशास्त्र-1 और 2, विचलन, ज्ञान का समाजशास्त्र।

संदर्भ

1. एम. बर्ट (1992), *ओवर द एज : द ग्रोथ ऑफ़ होमलैसनेस इन द नाइंटीन एट्टीज़,* रसेल सेज फ़ाउंडेशन, न्यूयॉर्क.
2. एम. ड्यूनेइअर (1999), *साइडवॉक,* फ़रार, स्ट्रॉस ऐंड जिरॉक्स, न्यूयॉर्क.

—नरेश गोस्वामी

गृह-विज्ञान

(Home Science)

भारतीय स्त्रियों को कुशल आधुनिक गृहिणी बनाने के लिए तैयार किये गये पाठ्यक्रम को गृह-विज्ञान की संज्ञा दी जाती है। इसे अमेरिका में प्रचलित घरेलू अर्थशास्त्र (होम इकॉनॉमिक्स) और ब्रिटेन में प्रचलित घरेलू विज्ञान (डोमेस्टिक साइंस) की शिक्षण सामग्री के मेल-जोल से तैयार किया गया है। इस पाठ्यक्रम में घरेलू अर्थशास्त्र, कढ़ायी-बिनायी-सिलायी, शिशुओं का लालन-पालन, नैतिक शिक्षा तथा गृह कार्यों में व्यवस्था एवं स्वच्छता जैसे विषय शामिल किये जाते हैं। गृह-विज्ञान के आलोचक इसे स्त्रियों को परिचित और सीमित घरेलू भूमिका में बाँधे रखने, पितृसत्ता क़ायम रखने और स्त्रियों को राजनीतिक रूप से निष्क्रिय बनाये रखने का षड्यंत्र मानते हैं। दूसरी तरफ़ गृह-विज्ञान को भारतीय घर के दायरे में एक शुरुआती सीमा तक आधुनिकता और राष्ट्रवाद का वाहक भी माना जाता है। अपने समय में अनेक नारीवादी संगठनों ने भारत में गृह-विज्ञान को स्त्री-अधिकारों के साथ जोड़ कर देखा है। इस विमर्श में घर को विशिष्ट रूप से एक नारीवादी इकाई माना गया है। यह विमर्श मानता है कि गृह-विज्ञान द्वारा स्त्रियों को नवीनतम वैज्ञानिक तकनीकों और आधुनिकतम जानकारी द्वारा परिवार-निर्माण का अधिकार मिलता है। इस तरह गृह-विज्ञान आधुनिकता के घरेलू पक्ष की परिभाषा के एक घटक के तौर पर उभरता है जिसके केंद्र में वह प्रशिक्षित स्त्री है जिसके हाथ में पूरे परिवार के शारीरिक, मानसिक और नैतिक विकास का दायित्व सौंपा गया है।

औपनिवेशिक काल में स्त्री-समानता और अधिकारों के लिए संघर्ष भी चल रहा था, और उसके साथ ही पितृसत्तात्मक व्यवस्था बनाये रखने के लिए धर्म, परम्परा और स्थापित सामाजिक व्यवस्था का हवाला देकर स्त्रिओं को हाशिये पर बनाये रखने की मुहिम भी जारी थी। इसी जद्दोजहद के बीच स्त्रियों को आधुनिक शिक्षा से जोड़ने के प्रयास किये गये, लेकिन उन्हें पुरुषों के समान शिक्षित करने में भारी अड़चनें थीं। इसी दौरान भारतीय स्त्रियों को उनके परिवेश के अनुरूप ही शिक्षित करने के लिए गृह-विज्ञान का पृथक अध्ययन क्षेत्र बनाया गया। गृह-विज्ञान में स्त्रियों को बेहतर गृहिणी बनाने के साथ एक शिक्षित नागरिक के रूप में विकसित करने का आदर्श भी शामिल था।

ब्रिटिश प्रशासन ने भी इस क्षेत्र में पहल ली। गृह-विज्ञान के अध्यापन के लिए स्त्री-अध्यापकों को प्रशिक्षण देने का कार्यक्रम शुरू किया गया। प्रशासन ने भारतीय समाज-सुधारकों के साथ मिल कर सबसे पहले विधवा स्त्रियों को इस प्रशिक्षण के लिए चुना। प्रशिक्षण के उपरांत ये स्त्रियाँ आर्थिक रूप से स्वावलम्बी बन सकती थीं। प्रशासन विधवाओं की स्थिति सुधारने के लिए आवश्यक समाज-सुधार (जैसे विधवा-पुनर्विवाह, बाल-विवाह का निषेध) जैसे कार्यक्रमों को पुरातनपंथी समाज के भारी विरोध के कारण स्थगित करने का इच्छुक भी था। स्त्री-अध्यापकों के प्रशिक्षण के आरम्भिक दौर में अधिकतर औरतें ईसाई समुदाय या ग़ैर-ब्राह्मण समाज से थीं। लेकिन उच्च वर्ण के कुछ प्रमुख भारतीय समाज सुधारकों ने अपने परिवार की स्त्रियों को भी इस प्रशिक्षण में भाग लेने के लिए उत्साहित किया। यूरोपियन माध्यमिक स्कूलों में गृह-विज्ञान के अध्यापन को लोकप्रिय बनाने के लिए अनेक नये शिक्षण व प्रशिक्षण संस्थान स्थापित किये गये। गृह-विज्ञान को वैज्ञानिक दृष्टिकोण प्रदान करने के लिए इसके प्रशिक्षण को प्रायोगिक एवं व्यावहारिक बनाते हुए शिक्षण-सामग्री में विज्ञान के बुनियादी सिद्धांतों का समावेश किया गया।

भारत में स्त्री-अधिकारों के लिए सार्वजनिक तौर पर अभियान चलाने का श्रेय ब्रह्म समाज के अग्रणी नेता देवेंद्र नाथ ठाकुर की पुत्री और रवींद्रनाथ ठाकुर की बहन स्वर्ण कुमारी देवी को जाता है। उन्होंने 1882 में कलकत्ता में विधवाओं और ग़रीब स्त्रियों को आर्थिक रूप से स्वावलम्बी बनाने के लिए प्रशिक्षण देने की शुरुआत की थी। इसी प्रकार पण्डिता रमाबाई सरस्वती ने पुणे में आर्य स्त्री समाज और शारदा सदन के माध्यम से स्त्रियों को रोज़गार दिलाने के लिए प्रशिक्षित करने का कार्यक्रम चलाया था। 1910 में

स्वर्ण कुमारी देवी की पुत्री सरला देवी चौधरानी ने केवल स्त्रियों के लिए भारत स्त्री मण्डल की स्थापना करके स्त्रियों को उनके घर पर ही शिक्षित करने का अभियान चलाया था।

बीसवीं सदी के आरम्भ में स्त्रियों को शिक्षा प्रदान करने में युरोपियन मिशनरी एवं भारतीय समाज-सुधारक सबसे आगे थे। लेकिन अधिकतर स्त्रियों की शिक्षा अनौपचारिक तौर पर उनके घर पर निजी शिक्षकों के द्वारा दी जाती थी। दरअसल ज़्यादातर सुधारक स्त्रियों की शिक्षा को उनके घरेलू दायित्वों से जोड़ना चाहते थे ताकि वे अपने परिवार-कुटुम्ब के लालन-पालन व जीवन शैली में गुणात्मक सुधार ला सकें। इस प्रकार की शिक्षा के लिए गृह-विज्ञान को सर्वोत्तम विषय माना गया। गृह-विज्ञान को भारतीय समाज में 'घर' की परिकल्पना के आदर्श स्वरूप को स्थापित करने और गृह-विज्ञान में प्रशिक्षित स्त्रियों को आदर्श पत्नी-माँ-गृह लक्ष्मी की भूमिका के वाहक की तरह पेश किया गया। गृह-विज्ञान ने भारतीय 'घर' को एक ऐसी प्रयोगशाला बना दिया जिसके दायरे में परिवार एवं समाज में व्यापक सुधारों के अभियान का आरम्भ हो सकता था। इसके साथ ही गृह-विज्ञान को प्रबुद्ध-सम्भ्रांत भारतीयों में स्वीकार्य बनाने के लिए इसे एक ऐसे माध्यम के रूप में प्रस्तुत किया गया जो भारतीय स्त्रियों को उनके अपने घर में सम्माननीय स्थान दिलाने और व्यापक समाज-सुधार में स्त्रियों को केंद्रस्थ करने में कारगर भूमिका निभा सकता था।

गृह-विज्ञान का विचार उपनिवेशवाद विरोधी आंदोलन में प्रचारित की जा रही आदर्श स्त्री-छवि के अनुकूल भी बैठता था। गाँधी द्वारा आंदोलन का नेतृत्व सँभालने के बाद आम भारतीय स्त्रियों ने भी बड़ी संख्या में इसमें हिस्सा लेना शुरू किया। गाँधी ने स्त्रियों को जोड़ने के लिए माँ-पत्नी-बहन की आदर्श नि:स्वार्थ छवि का दोहन किया। इसी तरह हिंदू राष्ट्रवादी व्याख्या में भी भारत भूमि को भारत माता के रूप में निरूपित किया गया। तमिलनाडु में भी तमिल भाषा के आंदोलन में तमिल भाषा व तमिल राष्ट्रीयता को माँ के रूप में दर्शाया गया। तमिल अस्मिता के पुनरुद्धार और तमिल गौरव के मातृ रूप में प्रदर्शन के प्रचारकों ने स्त्रियों को गृह स्वामिनी और मातृ शक्ति के रूप में बढ़ावा दिया। परिणामस्वरूप न केवल आत्मसम्मान आंदोलन में स्त्रियों ने बड़ी संख्या में हिस्सा लिया, बल्कि तमिलनाडु के सामान्य लोगों में भी स्त्री-शिक्षा के प्रति जागरूकता विकसित हुई। तमिल आंदोलन के शीर्ष नेतृत्व ने भी स्त्रियों के लिए ऐसे सुधारों की हिमायत की जिनके द्वारा पत्नी व माँ की भूमिका को प्रभावकारी बनाया जा सके।

गृह-विज्ञान के भारतीयकरण और इसके प्रसार में कुछ भारतीय स्त्रियों ने प्रमुख भूमिका निभायी। धोंडो केशव कर्वे के विधवा आश्रम से संबंधित पार्वती बाई आठवले 1918 में अमेरिका यात्रा पर गयीं जहाँ उन्होंने देखा कि घरेलू कार्य में वैज्ञानिक तरीकों का प्रयोग किस तरह भारत के लिए भी बेहद लाभप्रद हो सकता है। इसी प्रकार बड़ौदा के प्रधानमंत्री की पुत्री हंसा मेहता ने भी 1920-21 के दौरान अमेरिका में घरेलू अर्थशास्त्र के प्रशिक्षण का अध्ययन किया और वापस लौटकर महाराज सैयाजी राव विश्वविद्यालय में एक स्त्री महाविद्यालय की स्थापना की जिसमें गृह-विज्ञान पाठ्यक्रम का प्रारूप अमेरिकन विशेषज्ञ ऐन गिलक्रिस्ट स्ट्रांग ने तैयार किया। स्ट्रांग की 1931 में प्रकाशित पुस्तक *डोमेस्टिक साइंस .फ़ॉर हाई स्कूल इन इण्डिया* लम्बे समय तक भारतीय गृह-विज्ञान की सबसे मानक पाठ्य पुस्तक मानी जाती रही। भारतीय स्त्री संगठन ने भी गृह-विज्ञान के अनौपचारिक प्रशिक्षण का कार्यक्रम चलाया और इससे संबंधित जानकारी के प्रसार के लिए एक पत्रिका *स्त्रीधर्म* का प्रकाशन किया। इसमें अमेरिका से प्रकाशित *जर्नल ऑ.फ होम इकॉनॉमिक्स* के लेख प्रकशित किये जाते थे। तमिलनाडु के मद्रास शहर में अनेक देवदासियों को समाज में पुनर्वासित करने के उद्देश्य से गृह-विज्ञान का प्रशिक्षण दिया गया ताकि वे घरेलू कर्मचारी की तरह काम में लगाई जा सकें। 1926 में भारतीय स्त्री संगठन की कुछ सदस्यों ने राजनीतिक स्वतंत्रता के स्थान पर स्त्रियों की शिक्षा को अपना प्राथमिक उद्देश्य माना और भारतीय स्त्री संगठन छोड़ कर अखिल भारतीय स्त्री सम्मलेन स्थापित किया। इस नये समूह ने स्त्रियों को गृह-विज्ञान में प्रशिक्षित करने के लिए 1932 में दिल्ली में लेडी इरविन कॉलेज की स्थापना की।

भारतीय स्त्री संगठन की एक संस्थापक सदस्य मालती पटवर्धन ने *स्त्रीधर्म* पत्रिका में गृह-विज्ञान के प्रचार के साथ ही स्त्रियों की सामाजिक समस्याओं, जैसे रोज़गार, स्त्री-अधिकारों से संबंधित क़ानूनी-संवैधानिक परिवर्तन, पितृसत्तात्मक संयुक्त परिवार के विखंडन, ब्राह्मणवादी सामाजिक व्यवस्था के अंत जैसे विषयों को प्रमुखता से उठाया।

देखें : अरुणा आसफ़ अली, आनंदीबाई जोशी, उपनिवेशवाद विरोधी आंदोलन में स्त्री-नेतृत्व-1 और 2, कमला देवी चट्टोपाध्याय, दलित-नारीवाद, पण्डिता रमाबाई सरस्वती, महादेवी वर्मा, दुर्गाबाई देशमुख, संतोष कुमारी देवी।

संदर्भ

1. मैरी हेन्कॉक (2001), 'होम साइंस ऐंड द नैशनलाइज़ेशन ऑफ़ डोमिस्टिसिटी इन कोलोनियल इण्डिया', *मॉडर्न एशियन स्टडीज़,* खंड 35, भाग 4.
2. मालविका कार्लेकर (1994), 'वुमंस नेचर ऐंड एक्सेस टू एजुकेशन', सी. मुखोपाध्याय एवं एस. सेमोर (सम्पा.), *वुमॅन, एजुकेशन ऐंड फैमिली स्ट्रक्चर इन इण्डिया,* बोल्डर वेस्टव्यू, यूएसए.

— रवि दत्त वाजपेयी

घ

घटनाक्रियाशास्त्र और एडमण्ड हसर

(Phenomenology and Edmund Husserl)

एडमण्ड हसर (1859-1938)

बीसवीं सदी के युरोपीय दर्शन पर गहरा प्रभाव डालने वाले घटनाक्रियाशास्त्र के अनुसार वस्तुएँ अपना तात्पर्य उन्हें देखने वाले व्यक्ति की चेतना में स्थित बोध के ज़रिये प्राप्त करती हैं। यह बोध इतिहास, संस्कृति और इसी तरह के पूरी तरह से प्रमाणित न किये जा सकने वाले कारकों की देन होता है। घटनाक्रियाशास्त्र के अनुसार अगर इन कारकों को अनुभव से अलग कर दिया जाए तो ज्ञान के धरातल पर एक विशुद्ध आत्मनिष्ठता प्राप्त की जा सकती है। इस दर्शन के संस्थापक जर्मन दार्शनिक एडमण्ड हसर (1859-1938) थे। उनका कहना था कि सभी तरह की चेतना हमेशा साभिप्राय या इरादतन होती है। यानी हम केवल सचेत नहीं होते, बल्कि किसी न किसी वस्तु के प्रति सचेत होते हैं। ज़रूरी नहीं कि उस वस्तु का भौतिक वजूद हो ही। मसलन, अगर किसी को लग रहा है कि उसके सामने एक नख़लिस्तान मौजूद है तो वह एक मरीचिका भी हो सकती है। असल में वह नख़लिस्तान वास्तव में नज़र के सामने न होने के बावजूद देखने वाले के लिए उसके साथ बनाये गये सार्थक संबंध के कारण आभासित होता है। इसीलिए नख़लिस्तान हो या उसकी मरीचिका, वस्तु अपने प्रेक्षक द्वारा उसके प्रति की गयी अपेक्षाएँ पूरी कर पाती है। इससे हसर ने यह निष्कर्ष निकाला कि व्यक्ति का अनुभव वस्तु के साथ कार्य-कारण संबंध का मोहताज नहीं होता। घटनाक्रियाशास्त्र के विकास ने दर्शन के साथ-साथ समाजशास्त्रीय और कला संबंधी चिंतन को भी काफ़ी प्रभावित किया। हसर के सहायक और महान दार्शनिक मार्टिन हाइडेगर इस अवधारणा को अस्तित्व के तात्पर्य और मानवीय वजूद की संरचना को समझने की दिशा में ले गये। हाइडेगर के अलावा मॉरिस मरली-पोंती, ज्याँ-पॉल सार्त्र का चिंतन भी घटनाक्रियाशास्त्र से प्रभावित हुआ। इसी आधार पर अल्फ्रेड शुज़ द्वारा फ़िनोमिनोलॉजीकल सोसियोलॉजी का विकास किया गया।

घटनाक्रियाशास्त्र का विकास प्राकृतिक विज्ञानों के आधारभूत सिद्धांतों के साथ संवाद करते हुए हुआ है। हसर की विशेषता यह थी कि वे आलोचनाओं और आत्मालोचना

की रोशनी में अपने चिंतन और रचनाओं की लगातार समीक्षा करते रहते थे, इसलिए वे जीवन भर इस दर्शन को उत्तरोत्तर विकसित करते रहे। कहने के लिए देकार्त और हसर की बौद्धिक परियोजना एक ही थी। दोनों ही ज्ञान के मूलाधारों को अनिश्चितताओं से मुक्त करना चाहते थे। लेकिन हसर की यह विवेचना दर्शनशास्त्र को देकार्त से आगे की मंज़िल की तरफ़ ले गयी। उनका उद्देश्य अनुभवगत वस्तुओं को देखने का एक अनिवार्य और निश्चित तरीक़ा विकसित करने का था। देकार्त की मान्यता थी कि ईश्वर और स्वयं के अस्तित्व पर शक नहीं किया जा सकता, पर बाक़ी हर चीज़ पर संशय करना तार्किक रूप से सम्भव है। लेकिन हसर किसी विश्वास या आस्था पर संशय करने के बजाय उसकी प्रकृति में निहित असंदिग्ध तत्त्व की शिनाख़्त करने की तरफ़ गये। उन्होंने चेतना की प्रत्येक क्रिया को परखते हुए यह जानने का प्रयास किया कि किसी वस्तु के अनुभव का पूर्व-कल्पित घटक कौन सा है। इस पूर्व-कल्पित हिस्से को बिना उसके सही या ग़लत होने का फ़ैसला किये अगर किनारे रख दिया जाए तो उस अनुभव की सच्चाई पर कोई फ़र्क़ नहीं पड़ेगा। किनारे रखने की क्रिया को हसर ने अपनी भाषा में 'ब्रैकेटिंग' और सही या ग़लत का फ़ैसला न लेने को 'इपॉकी' क़रार दिया। उन्होंने एक वृक्ष का उदाहरण देते हुए कहा कि अगर किसी वृक्ष के होने से जुड़ी रोज़मर्रा की पूर्व-धारणा को मुल्तवी कर दिया जाए तो उससे वृक्ष-संबंधी उस अनुभव में तब्दीली नहीं आयेगी जो चेतना के माध्यम से प्राप्त किया गया है।

देकार्त की थीसिस तो उस जगह रुक जाती है जहाँ वे 'मैं' के होने को असंदिग्ध या ज्ञान का कम से कम एक निश्चित आधार मान लेते हैं। हसर ने किसी के होने के अनुभव को उसमें निहित पूर्व-कल्पनाओं से मुक्त करने की तजवीज़ की। चिंतन के क्षेत्र में यह एक रैडिकल क़दम था। वस्तु के अनुभव के साथ जुड़ी पहले से बनी समझ के आधार में ऐतिहासिक, सांस्कृतिक और भौतिक कारक होते हैं जिनकी प्रामाणिकता हमेशा संदेह के दायरे में रहती है। अगर किसी वस्तु या व्यक्ति की सच्ची समझ बनानी है तो उसे ऐतिहासिक शै के तौर पर नहीं समझना चाहिए, क्योंकि उस सूरत में वह समझ पूर्वग्रहों और पूर्व-धारणाओं के फ़िल्टरों से छन कर आयेगी। इस तरह घटनाक्रियाशास्त्र के रूप में एक विशुद्ध और अपरिवर्तनीय आत्मनिष्ठता का निश्चित ज्ञान प्राप्त करने की विधि सामने आयी।

1901 से 1913 के बीच प्रकाशित हसर की दो रचनाएँ *लॉजिकल इनवेस्टीगेशंस* और *आइडियाज़ पर्टेनिंग टू अ प्योर फ़िनॉमिनॉलॅजी ऐंड फ़िनॉमिनॉलॅजीकल फ़िलॉसफ़ी* इस दर्शन का प्रमुख ग्रंथ मानी जाती हैं। ज्ञान के इस प्रभावशाली सिद्धांत की प्रमुख समस्या यह थी कि उसे दार्शनिकों का मोहताज होने की सीमा से कैसे निकाला जाए। रोज़मर्रा के सामुदायिक जीवन और संस्कृति के जगत में ज्ञान-रचना की एक स्वाभाविक प्रवृत्ति के रूप में इसकी स्थापना मुश्किल थी। 1938 में प्रकाशित अपनी अंतिम रचना *क्राइसिस ऑफ़ युरोपियन साइंस ऐंड ट्रांसेडेंटल फ़िनॉमिनॉलॅजी* में हसर ने इस समस्या का हल खोजने की कोशिश की। उन्होंने प्राकृतिक विज्ञानों के सिद्धांतपरक रवैये की कड़ी आलोचना करते हुए उसे व्यक्तिपरक रवैये के बरक्स रखा। उनका कहना था कि प्राकृतिक विज्ञान कार्य-कारण संबंध और मात्रात्मकता पर इतना ज़ोर देते हैं कि व्यक्ति की भिन्न-भिन्न प्रेरणाओं, आस्थाओं और कामनाओं का उनके लिए कोई महत्त्व ही नहीं रह जाता। चेतना के साभिप्राय होने की थीसिस और विकसित करते हुए उन्होंने कहा कि अलग-अलग रवैयों के आधार पर लोग अपनी-अपनी दुनियाओं की समझ बनाते हैं।

सौंदर्यशास्त्र के क्षेत्र में हसर और घटनाक्रियाशास्त्र का प्रभाव रोमन इनगार्डन के सूत्रीकरणों में देखा जा सकता है। साहित्यिक रचना को एक साभिप्राय वस्तु मान कर इनगार्डन उसकी शिनाख़्त उसके किसी भौतिक तत्त्व के आधार पर करने से इनकार करते हैं। इस विचार के अनुसार साहित्यिक कृति अपनी विविध व्याख्याओं से स्वतंत्र एक टिकाऊ क़िस्म की अस्मिता से सम्पन्न होती है। कृति की समालोचना करते हुए पाठक उसके सार पर ध्यान देता है और उस प्रक्रिया में कल्पना-आधारित तत्त्वों की सामग्री से वह ठोस निष्कर्ष निकालता है जो लेखक द्वारा अनिर्धारित छोड़ दिया गया है।

घटनाक्रियाशास्त्र के बुनियादी थीसिस से प्रभावित हसर के अनुयायियों ने उनके भाववादी रवैये को स्वीकार नहीं किया। हसर का दर्शन जिस प्रेक्षक के अनुभव पर केंद्रित था उसके कमोबेश अमूर्त अस्तित्व के मुक़ाबले हाइडेगर और उनके बाद सार्त्र ने अपना चिंतन एक ऐसे प्रेक्षक पर केंद्रित किया जिसका ताल्लुक़ एक वास्तविक, भौतिक और स्पर्श्य जगत से था। हसर अनुभव के तात्पर्य को एक अनिवार्य और सार्वभौम सार के रूप में देखते थे, जबकि हाइडेगर ने उस तात्पर्य को ज़िंदगी की व्यावहारिक समस्याओं से गुज़रने के दौरान होने वाले अनुभव का नतीजा बताया। हाइडेगर ने कहा कि मनुष्य हथौड़े का जो इस्तेमाल करता है, उसी के मुताबिक़ उसकी समझ बनाता है। इसलिए घटनाक्रियाशास्त्र के मुताबिक़ रचे गये विवरण से बनी सार्वभौम समझ के बजाय विभिन्न लक्ष्यों का पीछा करते हुए साधारण इनसान अपने ज्ञान की रचना करता है।

देखें : अस्तित्ववाद, आत्मनिष्ठता-वस्तुनिष्ठता, इयत्ता, इमैनुएल कांट, इंद्रियानुभववाद, ईसैया बर्लिन, उत्तर-आधुनिकतावाद, उदारतावाद, कल्पित समुदाय, चेतना, जॉन लॉक, ज़ाक लकाँ, ज्याँ-फ्रांस्वा ल्योतर, ज्याँ-पॉल सार्त्र, ज़ाक देरिदा, तत्त्वमीमांसा और अस्तित्वमीमांसा,

तात्त्विकतावाद, द्वैतवाद, फ्रेड्रिख़ नीत्शे-1 और 2, बुद्धिवाद, भौतिकवाद, मनोविश्लेषण, मिशेल पॉल फ़ूको-1 और 2, युरोपीय पुनर्जागरण, युरोपीय ज्ञानोदय, रेने देकार्त, लुई अलथुसे, सोरेन आबी कीर्केगार्द, संरचनावाद और उत्तर-संरचनावाद, ज्ञानमीमांसा।

संदर्भ

1. डी. वेल्टन (सम्पा.) (1999), द *इसेंशियल हसर : बेसिक राइटिंग्ज़ इन ट्रांसडेंटल फ़िनॉमिनॉलॅजी,* इण्डियाना युनिवर्सिटी प्रेस, ब्लूमिंग्टन.
2. आई. मिलर (1984), *हसर, परसेप्शन, ऐंड टेम्पोरल एवेयरनेस,* एमआईटी प्रेस, केम्ब्रिज.
3. एच. स्पीलबर्ग (सम्पा.) (1982), *द फ़िनॉमिनॉलॅजीकल मूवमेंट : अ हिस्टोरिकल इंट्रोडक्शन,* मार्टिनस निजहॉफ़, द हेग, 1982
4. आर. बर्नेट, आई. कर्न और ई. मारबैक (1993), *एन इंट्रोडक्शन टू हसरियन फ़िनॉमिनॉलॅजी,* नॉर्थवेस्टर्न युनिवर्सिटी प्रेस, इवांस्टन, आईएल.

— अभय कुमार दुबे

च

चरण सिंह
(Charan Singh)

नेहरू युग के राजनीतिज्ञों की दूसरी पंक्ति की असाधारण हस्ती चरण सिंह (1902–1987) समाजवादी विचार के विरोधी लेकिन कृषि-लोकतंत्र के पक्षधर सिद्धांतकार थे। अपने नेतृत्वकारी गुणों और राजनीतिक कौशल के दम पर उन्होंने मधु लिमये और मुलायम सिंह यादव जैसे लोहियावादियों को भी अपने पीछे चलने पर विवश कर दिया। स्वतंत्रता संग्राम में सक्रिय भागीदारी करने के बाद पचास के दशक में चरण सिंह ने कांग्रेस के भीतर राज्य द्वारा सामूहिक और सहकारी खेती के समर्थन के सवाल पर नेहरू की अर्थनीति का विरोध किया। उन्हें यक़ीन था कि सामूहिक खेती मानव-स्वभाव के विरुद्ध है और इससे उत्पादन पर ख़राब असर पड़ेगा। चरण सिंह के आलोचक उन्हें कुलक या बड़े किसानों का समर्थक कहते हैं, पर असलियत यह है कि वे ज़मीन के मालिकाने के मामले में व्यापक असमानता के ख़िलाफ़ थे। वे औद्योगिक क्षेत्र में एक ऐसी विकेंद्रीकृत अर्थव्यवस्था के पक्ष में थे जिसमें बड़े पैमाने पर तकनीक का प्रयोग सिर्फ़ उन क्षेत्रों तक सीमित हो जहाँ उसकी निहायत ज़रूरत है। 1967 में ग़ैर-कांग्रेसवाद का दामन थामते हुए उत्तर प्रदेश की संयुक्त विधायक दल सरकार में मुख्यमंत्री बने। अपनी अलग पार्टी बना कर चरण सिंह ने उप्र के पिछड़े समुदायों की राजनीतिक गोलबंदी की और प्रधानमंत्री पद तक पहुँचे। चरण सिंह की ख्याति कुशल प्रशासक की भी थी। वे एक ऐसे नेता के रूप में प्रसिद्ध थे जो प्रशासन में अव्यवस्था, चाटुकारिता और बेईमानी बर्दाश्त नहीं करते थे। हालाँकि उन्होंने राजसत्ता पाने के लिए तरह-तरह के समझौते किये, पर समय आने पर ऊँचे पदों से इस्तीफ़ा देने से भी नहीं हिचके। ब्राह्मणवाद और उससे जुड़ी अवधारणाओं का विरोध करने वाले चरण सिंह पूरी तरह से सेकुलर नेता थे।

चरण सिंह (1902–1987)

प्रबुद्ध विचारक एवं लेखक के रूप में चरण सिंह ने भूमि सुधार, कृषि और भारत के आर्थिक विकास को केंद्रित कर कई किताबें लिखीं। उनकी सबसे महत्त्वपूर्ण पुस्तक *इण्डियाज़ पॉवर्टी ऐंड इट्स सोल्यूशन* 1959 में एक भिन्न शीर्षक से प्रकाशित हुई थी। उनकी रचना *द प्रॉब्लम ऐंड इट्स सोल्यूशन* कांग्रेस के नागपुर प्रस्ताव की प्रतिक्रिया में छपी।

इस प्रस्ताव में कांग्रेस ने भारत की कृषि समस्याओं के समाधान के लिए सहकारी फ़ार्मों की स्थापना पर ज़ोर दिया था। इसके अलावा *अबॉलिशन ऑफ़ ज़मींदारी, पेज़ेंट प्रोपराइटरशिप* आदि पुस्तकों में उन्होंने सम्पूर्ण भारत के लिए एक वैकल्पिक विकास-रणनीति प्रस्तुत की। चरण सिंह को मध्यवर्गीय कृषकों के मुख्य प्रवक्ता के रूप में जाना जाता है। गाँधीवाद के समर्थक चरण सिंह की वेशभूषा में गाँधी टोपी हमेशा शामिल रही। वे वक्तृत्व क्षमता के धनी थे। उन्हें सुनने के लिए जनसभाओं में अपार भीड़ जुटा करती थी। सादा जीवन-उच्च विचार के हिमायती चरण सिंह अनुशासन प्रिय एवं सिद्धांतवादी थे।

चरण सिंह का जन्म उत्तर प्रदेश की मेरठ कमिश्नरी के जिला गाज़ियाबाद की हापुड़ तहसील के नूरपुर गाँव में 23 दिसम्बर 1902 को हुआ था। चरण सिंह के पिता चौधरी मीरसिंह एक मध्यमवर्गीय किसान थे और पुत्र के जन्म के छह वर्ष बाद नूरपुर से जानी खुर्द गाँव में बस गये। चरण सिंह की प्राथमिक शिक्षा गाँव में ही पूरी हुई और आगे की पढ़ाई उन्होंने मेरठ के सरकारी उच्च विद्यालय से की। 1928 में उन्होंने आगरा विश्वविद्यालय से विधि की उपाधि प्राप्त की और गाज़ियाबाद में वकालत करनी शुरू की। इसी समय उनका जुड़ाव आर्यसमाज से हुआ। 1929 में वे गाज़ियाबाद आर्यसमाज के सभापति चुने गये और सामाजिक कुरीतियों के विरुद्ध चेतना जाग्रत की। इस समय देश में आज़ादी का आंदोलन गति पकड़ रहा था। 1929 में कांग्रेस के लाहौर अधिवेशन में पूर्ण स्वराज्य की माँग की गयी। इससे प्रभावित होकर चरण सिंह मेरठ आ कर कांग्रेस के सदस्य बन गये। 1930 में जब महात्मा गाँधी ने सविनय अवज्ञा आंदोलन के तहत नमक-क़ानून तोड़ने का आहवान किया तब चरण सिंह ने गाज़ियाबाद जिले की सीमा पर बहने वाली हिण्डन नदी पर नमक बनाया और छह महीने का कारावास झेला। ज़ेल से छूटने के बाद चरण सिंह पूरी तरह आज़ादी के आंदोलन में कूद पड़े। कांग्रेस पार्टी में उन्होंने कुशलता से कार्य किया और 1937 के उत्तर प्रदेश विधानसभा चुनाव में वे छतरौली विधानसभा क्षेत्र से निर्वाचित हुए। इसी सीट से वे 1946 में भी चुने गये।

1937 में चरण सिंह पहली बार गाज़ियाबाद क्षेत्र से प्रांतीय धारा सभा में चुने गये जहाँ उन्होंने लैण्ड यूटिलाइजेशन बिल पास कराने का प्रयास किया। अंग्रेज़ सरकार ने इस बिल को प्रस्तुत नहीं होने दिया क्योंकि यह बिल किसानों के हित में था। इसके बाद चरण सिंह ने धारा सभा में ऋण निर्मोचन विधेयक प्रस्तुत किया। उस समय कांग्रेस के ही कुछ विधायक नहीं चाहते थे कि यह विधेयक पास हो क्योंकि उन्होंने लाखों ग़रीब किसानों को ऋण के जाल में फ़ँस रखा था। चरण सिंह ने विधेयक की सतर्क पैरवी की और विधेयक पास हो गया परिणामस्वरूप लाखों किसान ऋण के जाल से मुक्त हो गये। 1939 में चरण सिंह ने नवनिर्वाचित धारा सभा में पचास प्रतिशत आरक्षण खेतिहर मज़दूर किसान के लिए आरक्षित करने की माँग की, परंतु उस पर विचार नहीं किया गया। आज़ादी के बाद 1947 में चरण सिंह ने एक बार फिर कांग्रेस विधान मण्डल में यह प्रस्ताव रखा, लेकिन उस समय कांग्रेस कृषि की अपेक्षा उद्योगीकरण के पक्ष में थी, इसलिए यह बिल पास नहीं हो सका। 1940 के व्यक्तिगत सत्याग्रह आंदोलन में भी चरण सिंह ने भाग लिया और गिरफ़्तार हुए। 1942 में अगस्त क्रांति के समय उन्होंने भूमिगत होकर गाज़ियाबाद, हापुड़, मेरठ, मवाना, सरथना, बुलंदशहर के गाँवों में गुप्त क्रांतिकारी संगठन तैयार किये। उस समय मेरठ कमिश्नरी में क्रांतिकारी साथियों के साथ मिलकर उन्होंने बार-बार अंग्रेज़ी शासन को चुनौती दी। यहाँ तक कि मेरठ प्रशासन ने चरण सिंह को देखते ही गोली मारने के आदेश जारी किये थे। गिरफ़्तार होने के बाद चरण सिंह को डेढ़ वर्ष की सजा मिली। जेल में रहते हुए उन्होंने *शिष्टाचार* शीर्षक पुस्तक लिखी।

1951 में गोविंदवल्लभ पंत की सरकार में वे संसदीय सचिव बनाये गये और न्याय एवं सूचना विभाग के स्वतंत्र प्रभार के साथ कैबिनेट मंत्री हो गये। 1952 में सम्पूर्णानंद के मुख्यमंत्रित्व काल में उन्हें राजस्व एवं कृषि विभाग का दायित्व दिया गया। इस समय उन्होंने ज़मींदारी व्यवस्था के विरुद्ध आवश्यक क़दम उठाये जिससे बाद में भूमि सुधार एक्ट लाने में मदद मिली। 1952 में उत्तर प्रदेश विधानसभा में चरण सिंह द्वारा तैयार ज़मींदारी उन्मूलन विधेयक पारित हुआ जिसके फलस्वरूप मेहनत करने वाले भूमिहीन एवं पिछड़े किसानों को अपना अधिकार मिला। 1953 में उन्होंने चकबंदी क़ानून पारित कराया और 1954 में उत्तर प्रदेश भूमि संरक्षण क़ानून पारित कराया साथ ही निर्धन किसानों की सुविधा हेतु सस्ते खाद बीज आदि के लिए कृषि आपूर्ति संस्थानों की स्थापना की। 1960 में चंद्रभानु गुप्ता की सरकार में उन्हें गृह एवं कृषि मंत्रालय दिया गया। इस समय भूमि हदबंदी क़ानून लागू कराने में उनकी महत्त्वपूर्ण भूमिका रही। 1962-63 में सुचेता कृपलानी के मंत्रिमण्डल में उन्होंने कृषि और वनमंत्री के रूप में राज्य की सेवा की।

चरण सिंह ने 1967 में कांग्रेस छोड़ दी और उत्तर प्रदेश के पहले ग़ैर-कांग्रेसी मुख्यमंत्री बने। अपने मुख्यमंत्रित्व काल में चरण सिंह ने कुटीर उद्योगों तथा कृषि उत्पादन में वृद्धि की योजनाओं को क्रियान्वित करने के उद्देश्य से सरकारी एजेंसियों द्वारा ऋण देने के तौर-तरीक़े को सरल बनाया। साढ़े छह एकड़ तक की जोत पर आधा लगान माफ़ कर दिया। किसानों को नकदी एवं अन्य फ़सलों के लाभकारी मूल्य दिलाने के संबंध में महत्त्वपूर्ण निर्णय लिये और किसानों के लिए जोतबही की व्यवस्था की। भूमि भवन कर

समाप्त किया। चरण सिंह द्वारा कृषक हितों की रक्षा के पीछे केवल आर्थिक एवं पारिस्थितिकीय कारण ही नहीं थे बल्कि एक विचारधारा एवं राजनीतिक आधार भी था। उनका मानना था कि एक कृषक समाज में प्रजातंत्र छोटे किसानों के अस्तित्व पर ही निर्भर करता है। 1970 में फिर मुख्यमंत्री बनने पर उन्होंने पुनः कृषि उत्पादन बढ़ाने की नीति को प्रोत्साहन दिया। साढ़े तीन एकड़ वाली जोतों का लगान माफ़ करते हुए उर्वरकों से बिक्री कर उठा लिया। भूमिहीन खेतिहर-मज़दूरों को कृषि भूमि दिलाने के कार्य पर ज़ोर दिया तथा भूमि विकास बैंकों की कार्य प्रणाली को और उपयोगी बनाया।

1970 में कांग्रेस का विभाजन हुआ। कांग्रेसी नेता इंदिरा कांग्रेस या सिंडिकेट कांग्रेस के साथ जुड़ गये। केंद्रीय स्तर का विभाजन राज्य स्तर पर भी लागू हुआ और उत्तर प्रदेश की राजनीति पर उसका प्रभाव भी पड़ा। चरण सिंह कांग्रेस (ओ) के पक्ष में रहे लेकिन इंदिरा गाँधी को यह स्वीकार नहीं था कि कांग्रेस (ओ) का कोई व्यक्ति उत्तर प्रदेश का मुख्यमंत्री रहे, इसलिए उन्होंने अक्टूबर 1970 में उत्तर प्रदेश में राष्ट्रपति शासन लगवा दिया जिससे चरण सिंह का मुख्यमंत्रित्व समाप्त हो गया, लेकिन चरण सिंह को उत्तर प्रदेश की ज़मीनी राजनीति से अलग करना सम्भव नहीं था। चरण सिंह ने राज्य स्तर पर विविध क्षमताओं के साथ सेवा की और हर संघर्ष में विजयी हुए।

1967 में चरण सिंह ने एक नयी पार्टी भारतीय क्रांति दल का गठन किया। उनकी पार्टी द्वारा चलाये गये राजनीतिक आंदोलन का केंद्र मध्यवित्त कृषक समुदाय एवं लक्ष्य राज्य एवं देश की आर्थिक विकास नीति को पुनर्जीवन देना था। बड़े पैमाने पर किये जा रहे उद्योगीकरण के स्थान पर उनकी पार्टी कृषि निवेश पर ज़ोर देने वाली नीतियाँ बनाना चाहती थी। वह गाँवों में कुटीर उद्योगों को बढ़ावा देना चाहती थी ताकि ग्रामीण कृषक समूहों विशेषकर भूमिहीन किसानों को लाभ मिले। कृषक कल्याण के लिए सजग चरण सिंह की निष्ठा कांग्रेस सिंडिकेट के प्रति रही। 1970 के बाद से चरण सिंह की राजनीतिक गतिविधियाँ केंद्र की तरफ़ झुकती गयीं। उस समय की महत्त्वपूर्ण घटनाओं में चरण सिंह की केंद्रीय भूमिका रही। जनता पार्टी को केंद्रीय सहारा देते हुए कांग्रेस को हटाने के लिए उन्होंने पहला राजनीतिक गठबंधन तैयार किया। आपातकाल के बाद 1977 के चुनाव में उनके राजनीतिक संगठन की बदौलत जनता पार्टी ने इंदिरा गाँधी को हराया और केंद्र में सरकार बनायी। मोरारजी देसाई प्रधानमंत्री बने और चरण सिंह को उपप्रधानमंत्री एवं गृहमंत्री बनाया गया। केंद्र में गृहमंत्री रहते हुए उन्होंने मण्डल आयोग एवं अल्पसंख्यक आयोग की स्थापना की।

जनता पार्टी सरकार में कलह के कारण जून, 1978 में चरण सिंह को मंत्रिमण्डल से त्याग पत्र देने के लिए विवश किया गया। जनवरी, 1979 में वे वित्त मंत्री बने। 1979 में वित्तमंत्री एवं उपप्रधानमंत्री के रूप में राष्ट्रीय कृषि एवं ग्रामीण विकास बैंक, नाबार्ड की स्थापना की। अंत्योदय योजना शुरू की और पहली बार कृषि बजट की आवंटित राशि में वृद्धि करवायी। उर्वरकों व डीजल के दामों में कमी की। कृषि यंत्रों पर उत्पाद शुल्क घटाया, विलासिता की सामग्री पर भारी कर लगाते हुए लाइसेंस आवंटन पर पाबंदी लगायी और लघु उद्योगों को बढ़ावा दिया। काम के बदले अनाज योजना शुरू की और मूल्यगत विषमता पर रोक लगाने के लिए कृषि जिंसों की अंतर्राज्यीय आवाजाही पर रोक लगायी।

1979 में चरण सिंह ने सोशलिस्टों की मदद से पार्टी और सरकार तोड़ दी। जनसंघ के सदस्यों द्वारा जनता पार्टी और राष्ट्रीय स्वयंसेवक संघ की दोहरी सदस्यता छोड़ने से इनकार करने के मसले पर वे जनता पार्टी और सरकार से बाहर निकल गये। अल्पमत में आ जाने के कारण मोरारजी सरकार ने 15 जुलाई को त्याग पत्र दे दिया। एक सप्ताह बाद चरण सिंह ने कांग्रेस-यू और कुछ समाजवादियों के साथ गठबंधन करके सरकार बनायी। कांग्रेस-आयी और भारतीय कम्युनिस्ट पार्टी ने बाहर से समर्थन दिया। लेकिन विश्वास मत पर मतदान से एक दिन पहले ही इंदिरा गाँधी ने चरण सिंह से अपना समर्थन वापस ले लिया क्योंकि चरण सिंह ने इंदिरा गाँधी पर मुक़दमे चलाने के लिए स्थापित विशेष अदालतों को समाप्त करने की माँग को ठुकरा दिया था। चरण सिंह प्रधानमंत्री के रूप में संसद का एक बार भी सामना नहीं कर पाये। इसी के बाद चरण सिंह की सलाह पर राष्ट्रपति ने लोकसभा भंग कर दी और मध्यावधि चुनाव घोषित कर दिये। चरण सिंह को विश्वास था कि उनके द्वारा त्यागपत्र दिये जाने के कारण जनता की सहानुभूति उनके साथ होगी और मध्यावधि चुनाव में उनकी पार्टी लोकदल और समाजवादियों को बहुमत प्राप्त हो जाएगा। मध्यावधि चुनाव के दौरान वे कार्यवाहक प्रधानमंत्री रहे और किसान राजा के चुनावी नारे के साथ चुनाव में उतरे लेकिन उन्हें पराजय का सामना करना पड़ा। 1980 के चुनावों में उनकी पार्टी लोकदल सबसे बड़ी और ग़ैर-कांग्रेसी पार्टी के रूप में उभरी और वे संसद में विपक्ष के नेता हो गये। 1984 के चुनावों में राजीव गाँधी के विजयी होने पर वे हताश हुए। उनकी पार्टी को संसद में मात्र दो सीटों पर संतोष करना पड़ा। 29 मई, 1987 को 85 वर्ष की अवस्था में देहांत होने के बाद उनकी स्मृति में नयी दिल्ली में किसान घाट का निर्माण किया गया।

देखें : अबुल क़लाम आज़ाद, उपनिवेशवाद विरोधी आंदोलन-1 से 3 तक, एलमकुलम मनक्कर शंकरन नम्बूदिरीपाद, कांशी राम, गोपाल कृष्ण गोखले, जवाहरलाल नेहरू, जय प्रकाश नारायण, दादाभाई नौरोज़ी, बल्लभभाई पटेल, बाल गंगाधर तिलक, मोहनदास कर्मचंद गाँधी-1 से 3 तक, राम मनोहर लोहिया, विनायक दामोदर सावरकर।

संदर्भ

1. अजय सिंह (सम्पा.) (1990), *चौधरी चरण सिंह : विशिष्ट रचनाएँ,* किसान ट्रस्ट, नयी दिल्ली.
2. पॉल आर. ब्रास (1993), 'चौधरी चरण सिंह : ऐन इण्डियन पॉलिटिकल लाइफ़', *इकॉनॉमिक ऐंड पॉलिटिकल वीकली,* खण्ड 28, अंक 39.
3. चरण सिंह (1978), *इण्डियाज़ इकॉनॉमिक पॉलिसी : द गाँधियन ब्लूप्रिंट,* विकास पब्लिशर्स, नयी दिल्ली.
4. चरण सिंह, 'शुड इण्डिया यूज़ फ़ॉरेन एक्सचेंज रिज़र्व्ज़ टू फ़ाइनेंस इंफ्रास्ट्रक्चर ?, *इकॉनॉमिक ऐंड पॉलिटिकल वीकली,* खण्ड 41, अंक 6.

—बीर पाल सिंह यादव

चारु मजूमदार

(Charu Majumdar)

नक्सलवादी आंदोलन के प्रमुख सिद्धांतकार और संस्थापक चारु मजूमदार (1919-1972) भारतीय कम्युनिस्ट पार्टी (मार्क्सवादी-लेनिनवादी) के पहले महासचिव थे। कम्युनिस्ट पार्टी की भीतरी बहसों में वे सोवियत रास्ते के मुक़ाबले चीन के रास्ते यानी कृषि-क्रांति के समर्थक थे। सारे जीवन किसानों के बीच राजनीतिक काम करने वाले चारु मजूमदार ने 1967 में उत्तर बंगाल की तरायी में स्थित नक्सलबाड़ी इलाके में आदिवासी किसानों के सशस्त्र विद्रोह का नेतृत्व किया। परिणामस्वरूप मार्क्सवादी कम्युनिस्ट पार्टी को सारे देश में विभाजन का शिकार होना पड़ा। उनके द्वारा किये गये क्रांति के आह्वान से आकर्षित हो कर देश के कई हिस्सों में किसान, आदिवासी और मध्यवर्गीय छात्र-युवक ग़ैरक़ानूनी क्रांतिकारी गतिविधियों में कूद पड़े। इसके कारण भारतीय राज्य की सम्प्रभुता और वैधता एक ऐसे संकट में फँस गयी जिससे पूरी तरह निकलने में वह आज तक कामयाब नहीं हो पायी है। नक्सलवादी आंदोलन से पहले कम्युनिस्ट आंदोलन में प्रचलित 'मिडिल पेज़ेंट थियरी' के तहत भूमिहीन मज़दूरों को किसान का दर्जा ही नहीं दिया जाता था। लेकिन चारु मजूमदार ने किसान आंदोलन की प्राथमिकताएँ बदल दीं और उनके मार्ग-निर्देशन में खेतिहर मज़दूरों के तबक़े को पहली बार एक क्रांतिकारी शक्ति के रूप में पहचाना गया। संसदीय प्रणाली में भागीदारी करते हुए लोकतांत्रिक जनांदोलनों के विकास के ज़रिये कम्युनिस्ट क्रांति की परिस्थितियाँ बनाने की रणनीति को ख़ारिज करते हुए मजूमदार ने ग़ैरक़ानूनी भूमिगत पार्टी बनाने, भूमिहीन और ग़रीब किसानों को सरकार के ख़िलाफ़ छापामार युद्ध में उतारने और इलाक़ावार सत्ता-दख़ल के कार्यक्रम की वकालत की। उन्होंने मार्क्सवाद-लेनिनवाद के साथ माओ विचार के समावेश के लिए रास्ता खोला। चारु मजूमदार के लेखन के कारण ही माओ के विचार और उक्तियाँ आम राजनीतिक बातचीत का अंग बनीं, और आगे चल माओवाद की सम्भावना तैयार हुई। उन्हें 'वर्ग-शत्रु के सफ़ाये' की विवादास्पद कार्यदिशा सूत्रबद्ध करने के लिए भी जाना जाता है।

चारु मजूमदार का जन्म वाराणसी (उप्र) में 1919 के बंगाली माह ज्येष्ठ (मई-जून) में हुआ था। उनका बचपन सिलीगुड़ी स्थित घर महानंद पाड़ा में गुज़रा। छात्र के रूप में अत्यंत प्रतिभाशाली चारु पढ़ाई बीच में ही छोड़ कर 1938 में कांग्रेस-सोशलिस्ट पार्टी में शामिल हो गये। उनके पिता वीरेश्वर मजूमदार दार्जीलिंग ज़िला कांग्रेस कमेटी के अध्यक्ष थे, और माँ सामाजिक आंदोलनों में भागीदारी करती थीं। विवाह के बाद कुछ पारिवारिक घटनाओं के कारण सम्पत्ति के रख-रखाव में उनकी दिलचस्पी घटती चली गयी और समाज-सेवा का रुझान बढ़ा। छात्र जीवन से ही वामपंथी साहित्य का अध्ययन करने वाले चारु 1942 में कम्युनिस्ट पार्टी के पूर्णकालिक कार्यकर्त्ता बने और किसान मोर्चे पर जम कर काम किया। उन्होंने 1945 में हुए तेभागा आंदोलन में भी हिस्सा लिया। यही वह दौर था जब उन्हें भूमिगत और हिंसक आंदोलन का तजुर्बा मिला।

भारत का कम्युनिस्ट आंदोलन 1964 में भारतीय कम्युनस्ट पार्टी (भाकपा) और मार्क्सवादी कम्युनिस्ट पार्टी (माकपा) के बीच बँट गया था। माकपा को भाकपा के मुक़ाबले अधिक रैडिकल माना जाता था, पर चारु मजूमदार इस नयी पार्टी के किसान आंदोलन संबधी रवैये से संतुष्ट नहीं थे। साल भर बाद ही उन्होंने अपने बहुचर्चित आठ दस्तावेज़ों का लेखन शुरू किया जिनका मक़सद कम्युनिस्टों को कृषि-क्रांति की दिशा में ले जाना था। इसी बुनियादी आधार पर बाद में नक्सलवादी क्रांति का शीराज़ा खड़ा हुआ। 28 फ़रवरी, 1965 को मजूमदार ने अपना पहला दस्तावेज़ 'वर्तमान स्थिति और हमारे कर्त्तव्य' लिख कर पार्टी की क़तारों में बाँटा। इसी साल चार दस्तावेज़ और आये जिनके शीर्षक इस प्रकार थे : 'संशोधनवाद से संघर्ष करके जनता की जनवादी क्रांति को सफल बनायें', 'भारत के स्वत: स्फूर्त क्रांतिकारी सैलाब का स्रोत क्या है ?', 'आधुनिक संशोधनवाद के ख़िलाफ़ संघर्ष चलाते जाएँ' और '1965 किस सम्भावना का संकेत दे रहा है'। इस दस्तावेज़ों के पीछे माकपा को ही एक क्रांतिकारी पार्टी में बदलने की मंशा थी। लेकिन इसके बाद आये तीन दस्तावेज़ माकपा से मोहभंग और एक नयी पार्टी की धारणा

चारु मजूमदार (1919–1972)

की तरफ़ जाने का संकेत दे रहे थे।

पहले दस्तावेज़ में चारु मजूमदार ने लिखा था कि मुद्रास्फीति और खाद्य-संकट के कारण होने वाले जनांदोलनों को सरकार दबायेगी। अमेरिकी मदद इस असंतोष से निबटने के लिए काफ़ी नहीं होगी। इस परिस्थिति में पार्टी की इकाई को हर जगह पाँच-पाँच लोगों के सक्रिय और गोपनीय दल तैयार करने चाहिए जिनमें पुलिस द्वारा पहचाना जा सकने वाला कोई व्यक्ति न हो। इस दल की गुप्त बैठकें हों और इसके क़ाग़ज-पत्तर छिपा कर रखे जाएँ। इन हालात में राजनीतिक प्रचार की मुख्य बात होगी कृषि-क्रांति। दूसरे दस्तावेज़ में चारु बाबू ने संशोधनवाद की परिभाषा दी और तेभागा आंदोलन के अनुभवों का निचोड़ निकाला। उनके अनुसार संशोधनवाद का मतलब था : पार्टी का काम किसान सभा और ट्रेड यूनियन चलाना समझ लेना, कुछ माँगों के लिए आंदोलन चलाने को ही राजनीतिक काम मान लेना, इलाक़ावार सत्ता-दख़ल की उपेक्षा करते हुए आंदोलन का दायरा धीरे-धीरे बढ़ाने पर निर्भर रहना, सशस्त्र क्रांति के लिए स्थानीय तौर पर हथियार न जमा करना, जन-संगठनों का काम स्थानीय लाभ की दृष्टि से करना न कि पार्टी की सम्पूर्ण देशव्यापी नीति के तहत उनका संचालन करना और पार्टी को वाद-विवाद के अड्डे में बदल देना। मजूमदार ने दावा किया कि तेभागा आंदोलन में साठ लाख किसानों ने भागीदारी की और उनके ऊपर सरकार ने जम कर जुल्म-ज़्यादतियाँ कीं, फिर भी यह आंदोलन संशोधनवादी रवैये के कारण ही राजसत्ता पर क़ब्ज़े की मुहिम में विकसित नहीं हो पाया। तीसरे दस्तावेज़ में उनका कहना था कि कम्युनिस्ट पार्टी ने चीन में क्रांति के अनुभव की उपेक्षा की है। इस समय सारी दुनिया में क्रांतिकारी परिस्थिति का उभार आ रहा है और भारत में भी जनांदोलनों का स्वत:स्फूर्त सैलाब आ रहा है। इसका लाभ उठाना चाहिए।

चौथे दस्तावेज़ में चारु मजूमदार ने भारत को मिलने वाली सोवियत सहायता के चरित्र की आलोचना करते हुए कहा कि पब्लिक सेक्टर भी इजारेदार पूँजीपतियों के हितों के लिए काम कर रहा है। उन्होंने राष्ट्रीयताओं के आत्म-निर्णय के अधिकार का समर्थन करते हुए लिखा कि ब्रिटिश साम्राज्यवाद के ख़िलाफ़ संघर्ष के दौरान राष्ट्रीय एकता बनी थी जिसे भारत के शासकों ने साम्राज्यवाद से साठगाँठ करके कमज़ोर कर दिया है। चारु बाबू ने किसान आंदोलन में वर्ग-विचार प्रतिष्ठित करने पर ज़ोर देते हुए सरकारी दमन के ख़िलाफ़ मौन जुलूस निकालने के बजाय भूमिगत एक्टिविस्ट ग्रुपों की मदद से सक्रिय प्रतिरोध संघर्ष विकसित करने पर ज़ोर दिया। पाँचवें दस्तावेज़ में उन्होंने शांतिपूर्ण जनांदोलन के बजाय संघर्ष की मुख्य पद्धति के तौर पर हथियारबंद लड़ाई के रूपों को सामने रखा। उनका कहना था कि जनता के ग़ुस्से को सुचिंतित नेतृत्व की ज़रूरत है। उसे इमारतें जलाने या तोड़-फ़ोड़ करने के लिए नहीं बल्कि सरकारी मशीनरी को नष्ट करने के लिए विद्रोह करना होगा। इस दस्तावेज़ में चारु बाबू ने भूमिगत काम करने के तरीक़े भी बताये थे।

इन पाँच दस्तावेज़ों के बाद चारु बाबू को अन्य कम्युनिस्ट नेताओं के साथ भारत रक्षा क़ानून में गिरफ़्तार कर लिया गया। वे 1966 में छूटे और बाक़ी तीन दस्तावेज़ों का लेखन किया। छठें दस्तावेज़ में उन्होंने आने वाले लोक सभा चुनाव के ठीक पहले जनांदोलन को छापामार संघर्ष में बदलने, लड़ाकू दस्ते बनाने, पुलिस-फ़ौज-वर्ग दुश्मन-नौकरशाहों पर हमले करने और हथियार जमा करने का कार्यक्रम दिया। सातवें दस्तावेज़ के ज़रिये उन्होंने देहाती इलाक़ों को मुक्तांचल में बदलने और सशस्त्र संघर्ष पर ज़ोर देते हुए एक गोपनीय क्रांतिकारी पार्टी के गठन का आह्वान किया। चीनी कम्युनिस्ट पार्टी को वे अंतर्राष्ट्रीय कम्युनिस्ट आंदोलन के केंद्र के रूप में देख रहे थे। मार्च, 1967 में माकपा की भागीदारी वाली ग़ैरकांग्रेसी संयुक्त मोर्चा सरकार ने पश्चिम बंगाल में शपथ ली। चारु मजूमदार ने अप्रैल में आठवाँ दस्तावेज़ लिख कर माकपा की संक्रमणकालीन सरकारों के सिद्धांत और व्यवहार पर आक्रमण करते हुए सवाल उठाया कि कम्युनिस्टों का काम ग़ैरकांग्रेसी सरकार की हिफ़ाज़त करना है या वर्ग-संघर्ष चलाना।

दरअसल संयुक्त मोर्चा सरकार बनने के 18 दिन बाद ही सिलीगुड़ी परगना के किसान सम्मेलन में मजूमदार, उनके साथ कानु सान्याल और जांगल संथाल ने ज़मींदारों की ज़मीन पर क़ब्ज़ा करने का कार्यक्रम लेते हुए किसानों से सरकारी दमन के ख़िलाफ़ हथियारबंद लड़ाई के लिए तैयार रहने के लिए कहा था। नतीजतन 23 मई को नक्सलबाड़ी विद्रोह

हुआ। दोनों तरफ़ से हुए खून-ख़राबे के बाद चारु बाबू समेत ज़्यादातर नेता गिरफ़्तार कर लिये गये। लेकिन नक्सलबाड़ी की ख़बर माकपा के हलकों में आग की तरह फैली। पश्चिम बंगाल ही नहीं, बल्कि आंध्र प्रदेश, केरल, पंजाब, उत्तर प्रदेश, कश्मीर और बिहार में चीन के रास्ते और कृषि-क्रांति में भरोसा रखने वाले माकपा की कॉमरेडों ने इस विद्रोह का पक्ष लिया। इनमें प्रादेशिक स्तर माकपा के नेतृत्व करने वाले तत्त्व भी शामिल थे। 28 जून को रेडियो पेकिंग ने 'भारत में वसंत का वज्रनाद' क़रार दे कर इस आंदोलन का स्वागत किया।

13 नवम्बर, 1968 को ख़ुद को कम्युनिस्ट क्रांतिकारी मानने वाले ये तमाम लोग कोलकाता में मिले और क्रांतिकारियों की अखिल भारतीय समन्वय समिति बना ली। इसके थोड़े दिनों बाद ही आंध्र प्रदेश के श्रीकाकुलम इलाक़े में आदिवासी किसानों ने सशस्त्र विद्रोह कर दिया। फ़रवरी, 1969 में दूसरी संयुक्त मोर्चा सरकार बनी जिसने नक्सलबाड़ी के नज़रबंद नेताओं को रिहा कर दिया। माकपा से निकले कई नेतृत्वकारी साथी फ़िलहाल पार्टी-गठन के पक्ष में नहीं थे। इसलिए उन्हें छोड़ कर सहमत लोगों के साथ मिल कर 1969 में मई दिवस के दिन कोलकाता में भाकपा (माले) का गठन किया गया। मार्क्सवाद-लेनिनवाद माओ विचार को अपनाने वाली नयी पार्टी को चीन की कम्युनिस्ट पार्टी ने फ़ौरन मान्यता दे दी।

लेकिन, पार्टी बनाने या न बनाने के सवाल पर कम्युनिस्ट क्रांतिकारियों के बीच हुई बहस से कई तरह के मतभेद निकले, जिनका आगे जा कर नक्सली आंदोलन पर बहुत ख़राब असर पड़ा। पार्टी के महासचिव चुने जाने के बाद चारु बाबू ने पार्टी की तरफ़ से श्रीकाकुलम का नेतृत्व सँभाला। 1969 उन्होंने दो बार श्रीकाकुलम का नेतृत्व किया। सोमपेट तालुका के एक गाँव में किसानों द्वारा की गयी ज़मींदार की हत्या से फैला उत्साह उन्हें 'वर्ग-शत्रु की हत्या वर्ग-संघर्ष की सर्वोच्च अवस्था' जैसे सूत्रीकरण की तरफ़ ले गया। इससे सफ़ाये की लाइन निकली और देश में जगह-जगह नक्सली कार्यकर्त्ताओं द्वारा ज़मींदारों की हत्याएँ होने लगीं। चारु मजूमदार मध्यवर्गीय कार्यकर्त्ताओं द्वारा बारूदी हथियारों से सफ़ाये की कार्रवायी करने के ख़िलाफ़ थे। उनका कहना था कि आदर्श सफ़ाया किसानों के हाथ से और उन्हीं के अपने हथियारों के ज़रिये होना चाहिए। तभी उनकी चेतना क्रांतिकारी बनेगी।

ये चारु मजूमदार की राजनीति में उछाल के दिन थे। उनके आह्वान पर कोलकाता में छात्रों और युवकों ने शासक वर्ग के बुद्धिजीवियों और सांस्कृतिक हस्तियों की मूर्तियाँ तोड़ने और पुस्तकें जलाने की मुहिम शुरू की। उन्होंने 'चीन के चेयरमैन हमारे भी चेयरमैन' जैसे विवादास्पद नारे भी दिये और सत्तर का दशक क्रांति का दशक बनाने का एलान भी कर दिया। लेकिन 1971 के मध्यावधि चुनाव से पहले सरकार ने देश भर में पुलिस और सुरक्षा बलों के ज़रिये नक्सली आंदोलन पर चौतरफ़ा दमनकारी हमला किया। जगह-जगह कम्युनिस्ट क्रांतिकारी या तो मुठभेड़ में मार डाले गये या गिरफ़्तार कर लिए गये। भूमिगत गतिविधियों के दौरान चारु बाबू लगातार अलगाव में पड़ते गये। उनके विश्वस्त साथी भी दमन के शिकार हो गये। 16 जुलाई, 1972 को पूर्वी कोलकाता के एक मकान पर पड़े छापे में बेहद बीमार और कमज़ोर चारु मजूमदार गिरफ़्तार कर लिए गये। लाल बाज़ार पुलिस स्टेशन की हिरासत में ही लगातार पूछताछ और इलाज न मिल पाने के कारण उनका देहांत हो गया। इसके बाद पार्टी बिखराव का शिकार हो गयी और नक्सली आंदोलन कई टुकड़ों में टूट गया।

चारु बाबू का पूरा जीवन त्याग, कठोर परिश्रम, मार्क्सवाद के निरंतर अध्ययन और भारत में किसान क्रांति की समस्याओं से जूझते हुए बीता। दिल की बीमारी, स्थायी दमा और कई और बीमारियों के बावजूद उन्होंने पूरे देश के दौरे किये और भाकपा (माले) का गठन किया। माकपा में वे महज़ एक तहसील स्तर के नेता ही थे, पर अपनी वैचारिक और सांगठनिक पहलक़दमियों के दम पर उन्होंने राष्ट्रीय महत्त्व प्राप्त किया। हालाँकि उन्होंने भारतीय राज्य को हथियारों के दम पर उखाड़ने की मुहिम चलायी, पर पुलिस हिरासत में उनके देहांत के बाद संसद में उन्हें भरपूर श्रद्धांजलियाँ दी गयीं। अटल बिहारी वाजपेयी, ए.के. गोपालन और राजनारायण ने उनकी मृत्यु के कारणों की जाँच की माँग भी की।

देखें : कार्ल हाइनरिख़ मार्क्स-1 से 4 तक, मार्क्सवाद- 1 से 5 तक, चीन की कम्युनिस्ट क्रांति, नयी सदी में मार्क्सवाद-1 से 9 तक, भारत की कम्युनिस्ट पार्टी, भारत की कम्युनिस्ट पार्टी (मार्क्सवादी), भारत में किसान आंदोलन-1 से 4 तक, माओ त्से-तुंग, लेनिनवाद, लियोन ट्रॉट्स्की, लिबरेशन थियोलॅजी, व्लादिमिर इलीच लेनिन, स्तालिन और स्तालिनवाद, सोवियत समाजवाद-1, 2 और 3.

संदर्भ

1. अभय कुमार दुबे (1989), *क्रांति का आत्म-संघर्ष : नक्सलवादी आंदोलन के बदलते चेहरे का अध्ययन*, विनय प्रकाशन, नयी दिल्ली.
2. 'लाइफ़ स्केच ऑफ़ अ रेवोल्यूशनरी' (1984), *लिबरेशन*, कोलकाता, जुलाई.
3. चारु मजूमदार (1971), *संकलित रचनाएँ*, लिबरेशन प्रकाशन, कोलकाता.
4. शंकर घोष (1975), *नक्सलाइट मूवमेंट*, फ़र्मा के.एल. मुखोपाध्याय, कोलकाता.

— अभय कुमार दुबे

चार्ल्स-लुई द सेकोंद मोंतेस्क्यू

(Charles-Louis de Secondat Montesquieu)

फ्रांसीसी नवजागरण के महत्त्वपूर्ण राजनीतिक विचारक, दार्शनिक, इतिहासकार, उपन्यास लेखक और व्यंग्यकार चार्ल्स-लुई द सेकोंद मोंतेस्क्यू (1689-1755) को समाजशास्त्र की स्थापना का श्रेय दिया जाता है। वे पहले आधुनिक चिंतक थे जिन्होंने राजनीतिक संस्थाओं पर भूगोल, पर्यावरण और अन्य बाह्य परिस्थितियों के प्रभाव को समझने का प्रयास किया। अमेरिकी संविधान के रचनाकार उनके योगदान को बहुत ऊँचे दर्जे पर रखते थे। एक सामंती भू-स्वामी, मजिस्ट्रेट और फ्रांस की एक स्थानीय संसद के अध्यक्ष के रूप में मोंतेस्क्यू तत्कालीन *आँसिएँ रेज़िम* (पुराना राज्य) के अंग थे, लेकिन उनका सापेक्षतावाद उन्हें हर क़िस्म की परिशुद्धता, निश्चितता और निरंकुशता के दावे पर संदेह करने की तरफ़ ले गया। उन्होंने न केवल चर्च द्वारा प्रवर्तित सिद्धांतों को बुद्धिवादी कसौटियों पर कसा, बल्कि नवजागरण की उस वैचारिक परम्परा की भी समीक्षा की जिसके वे ख़ुद सदस्य थे।

मोंतेस्क्यू 1748 में प्रकाशित अपनी प्रमुख रचना *द स्पिरिट ऑफ़ द लॉ* से जाने जाते हैं। यह एक विशाल ग्रंथ है जिसे पढ़ना और समझना विद्वानों के लिए भी मुश्किल माना जाता है। मोंतेस्क्यू की लेखन शैली इस ग्रंथ के पाठक को चुनौती सी देती प्रतीत होती है। यह विवाद का विषय है कि अभिव्यक्ति का यह तरीक़ा मोंतेस्कयू ने जानबूझकर अपनाया था (शायद वे उस ज़माने के सेंसर को चकमा देना चाहते रहे होंगे), या फिर यह उनके लेखन की विफलता थी। मोंतेस्क्यू अपने विचारों को सेंसर किये जाने के अंदेशे से परेशान रहते थे, इसलिए उनकी तीनों प्रमुख रचनाएँ *द स्पिरिट ऑफ़ द लॉ* के अलावा *पर्शियन लैटर्स (1721)* और 1734 में प्रकाशित *द कॉजेज़ ऑफ़ द ग्रेटनेस ऐंड डिक्लाइन ऑफ़ द रोमंस)* फ्रांस से बाहर छद्म नामों से प्रकाशित हुई थीं।

मोंतेस्क्यू की बुनियादी मान्यता थी कि यह समूचा ब्रह्माण्ड अपनी प्रकृति के अनुसार कुछ नियमों पर आधारित है। ये नियम वे अनिवार्य स्थितियाँ हैं जिनका बंधन ईश्वर तक को स्वीकार करना पड़ता है, और इन्हीं नियमों के कारण सृजनकारी गतिविधियाँ सम्भव होती हैं। मोंतेस्क्यू ने मानवीय व्यवहार से संबंधित नियमों को प्राकृतिक नियमों की संज्ञा दी और इनका संबंध मानवीय अस्तित्व के लिए आवश्यक सुरक्षा और प्रजनन जैसी अनिवार्यताओं से जोड़ा। लेकिन उन्होंने इन प्राकृतिक नियमों को नैसर्गिक वृत्ति न मानते हुए कहा कि इन्हें मानवीय बुद्धि के आधार पर लागू किया जा सकता है। चूँकि मनुष्य बुनियादी रूप से असुरक्षा की मानसिकता के कारण डरा रहता है, इसलिए उसकी बुद्धि केवल शुरुआती तौर पर ही विकसित हो पाती है। इसे सक्रिय और परिष्कृत करने के लिए या तो दबाव या किसी उत्प्रेरण की ज़रूरत पड़ती है।

मोंतेस्क्यू के मुताबिक़ अपने जैसे ही प्राणियों के संसर्ग में जीवन के आनंदों और लाभों की प्राप्ति के ज़रिये मनुष्य सामाजिकता की उपलब्धि करता है। चूँकि मनुष्य में दूसरों का शोषण करने की प्रवृत्ति है इसलिए यही सामाजिकता अपने विकास की प्रक्रिया में संघर्ष पैदा करती है। हॉब्स की भाँति मोंतेस्क्यू भी मानते हैं कि मानव 'प्रकृत अवस्था' में आदिम और अराजक है। इसी स्थिति से पैदा हुई दुर्दशा और भयावहता के दबाव में उसकी सीमित बुद्धि उसे सकारात्मक नियमों के सूत्रीकरण की तरफ़ ले जाती है ताकि शांति और व्यवस्था की उपलब्धि हो सके। इसी प्रक्रिया में सरकार का उदय होता है।

सरकार क्या रूप लेगी यह 'प्रत्येक राष्ट्र की अपनी चेतना' द्वारा निर्धारित होगा और यह चेतना जलवायु, मिट्टी, व्यवसाय, इतिहास, भौगोलिक अवस्थिति, धर्म आदि कारकों के आधार पर बनेगी। मोंतेस्क्यू का यह सूत्रीकरण राजनीति का समाजशास्त्र रचने के पहले प्रयास के रूप में देखा जाता है। मोंतेस्क्यू सरकारों के तीन प्रकार बताते हैं : निरंकुश, गणतंत्र और राजशाही। ये तीनों बाहरी प्रभावों के तहत बदल भी सकते हैं। सरकार की 'प्रकृति' इस बात पर निर्भर करेगी कि सम्प्रभु सत्ता उसमें कहाँ स्थित है, और उसका 'सिद्धांत' अनुकूल मन:स्थिति का फलितार्थ होगा जिसके बिना सरकार कामयाबी से काम नहीं कर पायेगी। अपनी इस व्याख्या के आधार पर मोंतेस्क्यू इस नतीजे पर पहुँचे कि सरकार का निरंकुश स्वरूप मुख्यत: नियम विहीन और अप्राकृतिक है। यह बड़े साम्राज्यों और गर्म जलवायु का नतीजा होता है। गणतांत्रिक स्वरूप को उन्होंने कुलीनतंत्र और लोकतंत्र का मिश्रण क़रार दिया। इसमें रहने वाले लोग नागर गुणों और जन-भावना की गहरी अनुभूति से सम्पन्न होते हैं। इन्हीं गुणों के आधार पर वे निजी हितों के ऊपर सार्वजनिक हितों को तरजीह देने में समर्थ हो पाते हैं। हालाँकि मोंतेस्क्यू गणतंत्र के प्रशंसक हैं, पर वे यह भी मानते हैं कि इस तरह की सरकार चलाने के लिए जितनी निस्वार्थ जनसेवा चाहिए उसके लिए नैतिकता के कुछ अन्य मानक स्थापित करने पड़ते हैं। इनके कारण नागरिकों का व्यक्तिवाद ओजहीन और जीवन किसी मठवासी जैसा हो जाएगा।

मोंतेस्क्यू को लगता है कि राजशाही अगर मध्यवर्ती शक्तियों (जैसे संसद, कुलीनवर्ग, पादरी आदि) द्वारा संयमित हो तो वह सरकार का सबसे अच्छा रूप मुहैया करा सकती

चार्ल्स-लुई द सेकोंद मोंतेस्क्यू (1689-1755)

है। इस लिहाज़ से वे इंग्लैण्ड की राजशाही की प्रशंसा करते हुए द *स्पिरिट ऑफ़ द लॉ* के ग्यारहवें अध्याय में अंग्रेज़ों को संविधान की विस्तार से चर्चा करते हैं। उनका कहना था कि 'सिद्धांत' के लिहाज़ से गौरव पर आधारित राजशाही में इंग्लैण्ड ने तिजारती आयाम का समावेश करके एक नयी बात पैदा कर दी है। इसके कारण स्वाधीनता के आधुनिक रूप के विकास की गुंजाइश खुल गयी है जिसके तहत जीवन का एक दायरा बन सकता है जिसमें व्यक्ति के ऊपर सामाजिक हस्तक्षेप की बंदिशें नहीं होंगी। मोंतेस्क्यू कहते हैं कि गणतंत्र के पुराने रूप में स्वाधीनता थी जिसके तहत नागरिक सत्ता में सीधी भागीदारी करते थे, पर वह स्वाधीनता के आधुनिक रूप जैसी नहीं थी। मोंतेस्क्यू ने सत्ता के कारगर बँटवारे के लिए भी इंग्लैण्ड की प्रणाली की सराहना की।

एक कुलीन परिवार में जन्मे चार्ल्स-लुई द सेकोंद ने विश्वविद्यालय में क़ानून का अध्ययन करने के बाद अपने चाचा की विरासत के रूप में मोंतेस्क्यू के बैरन का पद प्राप्त किया। इसी विरासत ने उन्हें बोर्द्दो की संसद की अध्यक्षता भी दिलवायी। *पर्शियन लैटर्स* के प्रकाशन से मोंतेस्क्यू को साहित्यिक ख्याति मिली। इस पत्र-शैली में लिखी गयी इस रचना के ज़रिये उन्होंने फ्रांसीसी जीवन, रीति-रिवाज़ों और राजनीतिक संस्थाओं पर व्यंग्यात्मक निगाह डाली। उन्होंने दो ईरानी यात्री कल्पित किये जो फ्रांस की यात्रा पर आते हैं और वहाँ के हालात को आश्चर्य और विनोद के भाव से देखते हैं। 1728 से 31 के बीच मोंतेस्क्यू ने युरोप की यात्रा की। कुछ दिनों तक इंग्लैण्ड में रहने के कारण उनकी चेतना पर वहाँ के जीवन और राजनीति का गहरा असर पड़ा। रोम के उत्थान और पतन का अध्ययन करने के दौरान वे इस निष्कर्ष पर पहुँचे कि रोमन इतिहास की रूपरेखा तय करने में रोमनों की बाह्य परिस्थितियों की निर्णायक भूमिका रही। अपने इसी सूत्रीकरण के आधार पर उन्होंने द *स्पिरिट ऑफ़ द लॉ* की रचना की।

मोंतेस्क्यू के बारे में माना जाता है कि उनके विचारों में मौलिकता के पहलू कुछ कम हैं। सरकार के उदय की परिस्थितियों के मामले में उनके सूत्रीकरण हॉब्स और रूसो की मिली-जुली याद ताज़ा कर देते हैं। ब्रह्मांड के नियम आधारित होने पर दिये गये उनके ज़ोर पर सेंट थॉमस एक्विना की छाप लगती है। मोंतेस्क्यू से पहले अरस्तू भी यह बात कह चुके थे कि किस प्रकार भिन्न परिस्थितियाँ भिन्न संवैधानिक रूपों को जन्म देती हैं। इसी तरह उनके द्वारा की गयी इंग्लैण्ड के संविधान की चर्चा जॉन लॉक और हैरिंगटन की व्याख्याओं पर आधारित प्रतीत होती है। मोंतस्क्यू द्वारा प्रवर्तित 'सत्ता के पार्थक्य' का सिद्धांत भी प्लेटो की उस तजवीज़ से प्रभावित लगता है जिसमें उन्होंने मिश्रित संविधान का उल्लेख किया है।

देखें : अस्तित्ववाद, आत्मनिष्ठता-वस्तुनिष्ठता, इयत्ता, इमैनुएल कांट, इंद्रियानुभववाद, ईसैया बर्लिन, उत्तर-आधुनिकतावाद, उदारतावाद, कल्पित समुदाय, घटनाक्रियाशास्त्र और एडमण्ड हसर, चेतना, जॉन लॉक, ज़ाक लकाँ, ज्याँ फ्रांस्वा ल्योतर, ज्याँ-पॉल सार्त्र, ज़ाक देरिदा, तत्त्वमीमांसा और अस्तित्वमीमांसा, तात्त्विकतावाद, थियोडोर लुडविग वीज़ेनग्रंड एडोर्नो, द्वैतवाद, प्रत्यक्षवाद और उसका समाज-विज्ञान पर प्रभाव, फ्रेड्रिख़ नीत्शे, बुद्धिवाद, भौतिकवाद, मनोविश्लेषण, मिशेल पॉल फ़ूको-1 और 2, युरोपीय पुनर्जागरण, युरोपीय ज्ञानोदय, रेने देकार्त, लुई अलथुसे, सोरेन आबी कीर्केगार्द, संरचनावाद और उत्तर-संरचनावाद, ज्ञानमीमांसा।

संदर्भ

1. एमाइल दुर्खाइम (1977), *मोंतेस्क्यू ऐंड रूसो : फ़ोररनर्स ऑफ़ सोसियोलॅजी,* केम्ब्रिज युनिवर्सिटी प्रेस, केम्ब्रिज.
2. टी.एल. पेंगिल (1973), *मोंतेस्क्यूज़ फिलॉसफ़ी ऑफ़ लिबरलिज़म,* युनिवर्सिटी ऑफ़ शिकागो प्रेस, शिकागो, आईएल.
3. आर. शेकिलटन ()1961), *मोंतेस्क्यू : ए क्रिटिकल बायोग्राफ़ी,* ऑक्सफ़र्ड युनिवर्सिटी प्रेस, ऑक्सफ़र्ड.
4. एम. रिचर (सम्पा.) (1977), *द पॉलिटिकल थियरी ऑफ़ मोंतेस्क्यू,* केम्ब्रिज युनिवर्सिटी प्रेस, केम्ब्रिज.

— **अभय कुमार दुबे**

चिपको आंदोलन

(Chipko Movement)

उत्तर प्रदेश के पहाड़ी इलाके (आज का उत्तराखण्ड) के चमोली जिले में जंगल कटने से बचाने के लिए चिपको आंदोलन की शुरुआत 1973 में हुई थी। पेड़ों को कटने या गिरने से बचाने के लिए आंदोलनकारी पेड़ों से चिपक जाते थे। इसी रणनीति के आधार पर पूरे आंदोलन को ही चिपको कहा जाने लगा। पहाड़ी क्षेत्र का पर्यावरण बचाने के लिए चलायी गयी यह अनूठी मुहिम पूरी तरह से अहिंसक और सत्याग्रही थी। उसका आग्रह था कि 'पेड़ नहीं, पहले हम कटेंगे'। इस नारे ने सरकार, वन मंत्रालय, मीडिया, ठेकेदार, राजनीतिक दल, ग्रामीण अनपढ़ों से लेकर विशविद्यालय के विद्यार्थियों और वैज्ञानिकों तक का ध्यान अपनी तरफ़ खींचा। जंगल से जुड़े हर वर्ग को इस आंदोलन ने किसी न किसी तरह प्रभावित किया। आंदोलन की शुरुआत 1973 की एक सुबह तब हुई जब चमोली के सुदूर पहाड़ी कस्बे गोपेश्वर में इलाहाबाद की एक खेल का सामान बनाने वाली फ़ैक्ट्री के लोग देवदार के दस वृक्ष काटने लिए पहुँचे। आरम्भ में ग्रामीणों ने अनुरोध किया कि वे वृक्ष ना काटें। परंतु जब ठेकेदार नहीं माने, तो ग्रामीणों ने कटने जा रहे वृक्षों का घेराव किया और उनसे लिपट गए। ठेकेदारों को विवश होकर वापस जाना पड़ा। इस प्रसंग से लगभग तीन सदी पहले राजस्थान के बिश्नोई समाज के 363 लोगों ने खेजरी नामक वृक्ष बचाने के लिए उनसे चिपक कर अपने जीवन का बलिदान दे दिया था। वृक्ष काटने का आदेश जोधपुर के राजा का था। चिपको आंदोलन को इसी इतिहास की निरंतरता में देखा जाता है। चिपको आंदोलन को मुख्यत: महिला आंदोलन के रूप में भी देखा जाता है, लेकिन इसमें शामिल होने वाली महिलाओं के संघर्ष एवं उनके योगदान का इतिहास अब तक अदृश्य है। अदम्य साहसी स्त्रियों की भागीदारी वाला यह पर्यावरणीय आंदोलन स्त्रियों के नैतिक सरोकार और पर्यावरणीय दृष्टि का परिचायक था। आजीविका के सवाल पर हुए चिपको आंदोलन ने बाद में वन संरक्षण आंदोलन का रूप धारण कर लिया। यह आंदोलन जिस समय शुरु हुआ उस समय विकासशील दुनिया मे पर्यावरण को लेकर कोई मुहिम शुरू नहीं हुई थी।

कुछ सप्ताह बाद ठेकेदार वापस आये और उन्होंने फिर पेड़ काटने की कोशिश की। पचास वर्षीय गौरा देवी के नेतृत्व में स्त्रियों ने इसका प्रतिरोध करते हुए जंगल जाने वाले मार्ग को रोक दिया। उनका कहना था कि 'यह जंगल हमारा मायका है और हम पूरी ताक़त से इसे बचायेंगी'। ठेकेदार एक बार फिर उनके इस संकल्प के कारण वापस जाने को विवश हो गये। नामक पुस्तक में विमला बहुगुणा ने इस आंदोलन का वर्णन करते हुए लिखा है : 'सुदूर हिमालय की पहाड़ियों में वनों की रक्षा के लिए हुए चिपको आंदोलन का समाचार जब बाहर की दुनिया में पहुँचा तो लोग आश्चर्यचकित हो गये, क्योंकि प्राय: यह माना जाता था कि नये विचारों और नये आंदोलनों का जन्म शहरों में होता है जहाँ बुद्धिजीवी रहते हैं। इसमें और भी चौंकने वाली बात यह थी कि इस आंदोलन की अग्रिम पंक्ति की सैनिक महिलाएँ थीं जिनका कार्यक्षेत्र घर के अंदर चौके -चूल्हे तक सीमित माना जाता है।'

भारत में जंगल के बारे में दो तरह के दृष्टिकोण हैं। पहला है जीवनोत्पादक और दूसरा है जीवन-विनाशक, जिसे दूसरे शब्दों में औद्योगिक भौतिकवादी दृष्टिकोण भी कहा जाता है। जीवनोत्पादक दृष्टिकोण जंगल और नारीत्व के दर्शन से बंधा हुआ जंगल के संसाधनों को निरंतरता नवीकरण की सम्भावनाओं के साथ चाहता है ताकि आहार और जल-संसाधनों का कभी न खत्म होने वाला भण्डार बना रहे। जीवन-विनाशक दृष्टिकोण कारख़ानों और बाज़ार से बँधा हुआ है जो जंगल के संसाधनों का अधिकाधिक दोहन अपने व्यावसायिक लाभ के लिए करना चाहता है। संसाधनों का यह दोहन उसके नवीकरण की सम्भावनाओं को समाप्त कर देता है। जब ब्रिटेन ने भारत को अपना उपनिवेश बनाया तो उसका सबसे पहला निशाना यहाँ के जंगल और उससे प्राप्त होने वाले बहुमूल्य संसाधन (मसाले, महँगी लकड़ी, जड़ी-बूटी और औषधीय पौधे) बने। उन्होंने यहाँ के स्थानीय निवासियों की समृद्धि और जंगलों के बारे में उनकी समृद्ध ज्ञान-परम्परा को नज़रंदाज़ किया। उनके अधिकार, उनकी आवश्यकताएँ और उनकी समझ को क्षीण करते हुए उनके जीवन के प्राथमिक आधार को जंगल से 'जंगल-खदान' में बदलना शुरू कर दिया। स्त्रियों के जीवन-निर्वाह के साधन रहे जंगलों ने ब्रिटिश उपनिवेशवाद की व्यावसायिक अर्थव्यवस्था का स्थान ले लिया। मालाबार के टीक वृक्षों, मध्य भारत के शाल वृक्षों और हिमालय के शंकु वृक्षों का उपयोग ब्रिटिश उपनिवेशकों ने अपनी सेना, छावनी और रेलमार्गों के निर्माण के लिए किया। जंगल नष्ट करने का दोष हमेशा से स्थानीय लोगों पर लगाया जाता है। लेकिन सच्चाई यह है कि व्यावसायिक आवश्यकताओं की पूर्ति के लिए ही हमेशा बड़े पैमाने पर वनों की कटाई की जाती है। हिमालय -क्षेत्र में व्यापक पैमाने पर हुई वनों की कटायी इस बात का सबूत है कि ब्रिटिश साम्राज्य की ज़रूरतों के लिए यह वनोन्मूलन किया गया था। अपनी प्राचीन भारतीय सांस्कृतिक परम्परा के तहत भारतवासी जंगलों की अहमियत समझते हुए उसके संरक्षण के लिए हमेशा प्रतिबद्ध रहे हैं। चिपको आंदोलन के दौरान महिलाओं ने इसी परम्परा के तहत जीवन

वृक्ष और जंगल बचाने के लिए संघर्षरत चिपको आंदोलन की स्त्री-कार्यकर्त्ता

विनाशक दृष्टिकोण का पुरज़ोर विरोध किया था।

1988 में भारतीय भौतिकशास्त्री और पर्यावरणीय अनुसंधानकर्त्ता वंदना शिवा ने अपनी कृति *स्टेइंग एलाइव : वुमॅन, इकोलॅजी ऐंड सरवाइवल इन इण्डिया* की रचना की। चिपको आंदोलन के इतिहास की चर्चा करते हुए उन्होंने लिखा कि स्त्री-शक्ति को उभारने और उनमें पर्यावरणीय सरोकारों को जगाने में कई घटनाओं और व्यक्तियों की महत्त्वपूर्ण भूमिका रही। मीरा बहन, सरला बहन, विमला बहन, गौरा देवी, हिमा देवी, गंगा देवी, इतवारी देवी और अन्य कई पहाड़ी स्त्रियों ने चिपको के दौरान प्रतिरोध की संस्कृति की मशाल जलायी। इसके अतिरिक्त सुंदर लाल बहुगुणा, चंडी प्रसाद भट्ट, घनश्याम सैलानी जैसे पुरुषों ने भी महत्त्वपूर्ण योगदान दिया। आंदोलन कुमाऊँ और गढ़वाल से होता हुआ उत्तराखण्ड के विभिन्न भागों में फैलने लगा। हर जगह स्थानीय महिलाओं ने इस आंदोलन का नेतृत्व किया। आंदोलन ने लगभग सभी पहाड़ी स्त्रियों को एक सूत्र में बांध दिया था। घनश्याम रतूड़ी के लोकगीतों और बहुगुणा, नेगी, भट्ट जैसे पर्यावरणीय कार्यकर्ताओं ने चिपको के संदेश और घटनाक्रम को गाँवों तक पहुँचाने में कामयाबी हासिल की।

पहाड़ी इलाक़ों में स्त्री-जीवन की सारी गतिविधियाँ जंगलों से जुड़ी होती हैं, इसलिए जंगलों का लगातार क्षय और बढ़ता हुआ जल-संकट उनके जीवन का प्रमुख मसला था। आंदोलन के परचम के तले हज़ारों की संख्या में स्त्रियों ने उन व्यावसायिक कम्पनियों के विरुद्ध आंदोलन छेड़ दिया जो जल, जंगल, ज़मीन जैसे प्राकृतिक संसाधनों के रूप में न सिर्फ़ उनका अधिकार छीन रहे थे, बल्कि अपने व्यापारिक हित के लिए उन्हें नष्ट भी कर देना चाहते थे। चिपको आंदोलन ने उत्तर प्रदेश में बढ़ रहे पर्यावरणीय दोहन पर प्रतिबंध लगाने की माँग की, क्योंकि पहाड़ी इलाक़ों में हर जगह पेड़ों के बहुतायत में काटे जाने के कारण कटाव और भूस्खलन की घटनाएँ बढ़ रही थीं। 1975 तक 300 से ज़्यादा गाँव इन पहाड़ी हादसों का शिकार हो चुके थे। उत्तरकाशी में मतली और धराली, टेहरी में पिल्खी और नांदगाँव, चमोली में चिमटोली और खिंझानी, अल्मोड़ा में बाघर और जागेश्वर जैसे कई इलाक़ों में पहाड़ों के भूस्खलन के कारण असंख्य जानें गयी थीं। महिलाओं ने इन कम्पनियों पर पूर्णतः प्रतिबंध लगाने की मांग भी की।

निश्चित रूप से स्त्रियाँ चिपको आंदोलन की प्रणेता थीं। उनके लिए यह प्राकृतिक संसाधनों और जीवन के बचाव का आंदोलन था। आंदोलन के आरम्भिक दिनों में बाहरी ठेकेदारों को भगाने में स्थानीय ठेकेदारों ने भी इनका भरपूर सहयोग किया क्योंकि उनके व्यावसायिक हित भी बाधित हो रहे थे। लेकिन बाहरी ठेकेदारों के जाने के बाद एक सरकारी निकाय (द फ़ॉरेस्ट डिवेलपमेंट कॉरपोरेशन) ने फिर वहाँ के स्थानीय ठेकेदारों की सहायता से लकड़ी कटायी शुरू कर दी। स्त्रियों ने यह देखते हुए अपना आंदोलन जारी रखा और एकबार फिर जंगल-दोहन के विरुद्ध खड़ी हो गयीं। उनके लिए यह महत्त्वपूर्ण नहीं था कि जंगल बाहरी लोग काट रहे थे या स्थानीय लोग। उनकी तकलीफ़ यह थी कि जंगल कट रहे थे, जल-स्तर लगातार नीचे जा रहा था।

वन विभाग के कई अधिकारियों ने उन्हें यह समझाने का भी प्रयास किया कि जंगल मुनाफ़ा देते है। उन्हें वे इसलिए काट रहे हैं और जो लकड़ियाँ काटी जा रही हैं उनका जंगल के लिए कोई उपयोग नहीं है। वे जर्जर और ठूँठ हैं। महिलाओं ने उन्हें समझाया कि दरअसल यह जंगल के नवीकरण की प्रक्रिया है जिसमें पुराने और जर्जर पेड़ नये पेड़ों के लिए जैविक खाद का कार्य करते हैं। जंगल के संबंध में महिलाओं की समझ ने चिपको आंदोलन को एक नयी दिशा दी। आंदोलन के दर्शन और राजनीति में महिलाओं की वन संबधी गहरी समझ और उनकी आवश्यकताओं को शामिल किया गया। एक तरफ़ जहाँ किसान महिलाएँ सामने आकर खुले तौर पर जंगलों के प्रति बाहरी विनाशकारी पूंजीवादी दृष्टिकोण को चुनौती दे रही थी, वहीं दूसरी तरफ़ अपने स्थानीय ठेकेदारों को भी, जो इस व्यवस्था के आर्थिक और राजनीतिक रुप से ग़ुलाम हो चुके थे, ललकार रही थीं।

आज भी इस इलाके में चिपको आंदोलन की अनुगूँज सुनायी देती है और यहाँ के लोग वन-संरक्षण और वृक्षारोपण जैसी गतिविधियों को लेकर अत्यंत सक्रिय रहते हैं।

देखें : चिपको आंदोलन, जैवविविधता, पर्यावरणीय नारीवाद, पारिस्थितकवाद, पारिस्थितिकीय दर्शन, पेटेंट, भारत में पेटेंट क़ानून।

संदर्भ

1. राधा कुमार, *स्त्री-संघर्ष का इतिहास,* वाणी, दिल्ली, 2002
2. वंदना शिवा, *स्टेइंग एलाइव,* काली फ़ॉर वुमॅन, नयी दिल्ली, 1988
3. बी.बी. वोहरा, *द ग्रीनिंग ऑफ़ इण्डिया,* इनटेक्ट एनवायरनमेंट सीरीज़, दिल्ली।

— सुप्रिया पाठक

चीन की कम्युनिस्ट क्रांति

(Chinese Communist Revolution)

चीन की कम्युनिस्ट क्रांति (1921-1949) बीसवीं सदी में दुनिया को सबसे ज़्यादा प्रभावित करने वाली राजनीतिक घटनाओं में से एक है। इस क्रांति ने न केवल 'सिक मैन ऑफ़ एशिया' कहे जाने वाले चीन को तेज़ी से विकसित हो कर दुनिया के सबसे ताक़तवर देशों में से एक बनने का मौक़ा दिया, बल्कि द्वितीय विश्व-युद्ध के बाद निचले औद्योगिक विकास और कृषि प्रधान अर्थव्यवस्था वाले एशियाई, अफ़्रीकी और लातीनी अमेरिकी देशों में राजनीतिक परिवर्तनों का रास्ता भी साफ़ किया। 1917 की रूसी अक्टूबर क्रांति से प्रेरित होने के बावजूद चीनी कम्युनिस्टों ने माओ त्से-तुंग के नेतृत्व में मास्को स्थित कोमिंटर्न (कम्युनिस्ट इंटरनैशनल) के निर्देशों पर चलने से इनकार करते हुए अपना स्वतंत्र रास्ता चुना। क्रांति की प्रक्रिया बेहद लम्बी और पेचीदा साबित हुई। माओ और उनके साथी एक साथ जापानी फ़ौजों और कुओमिंगतांग की फ़ौजों से तो लड़े ही, उन्हें अपनी ही पार्टी के भीतर पैदा होने वाले रणनीति और कार्यनीति संबंधी मतभेदों से भी निबटना पड़ा। जापान और कुओमिंगतांग का पक्ष लेने वाली अंतर्राष्ट्रीय ताक़तों (ब्रिटेन और अमेरिका) की साजिशों को नाकाम करना भी उनके लिए ज़रूरी था। विरोधाभास यह रहा कि यह अनूठी मार्क्सवादी-लेनिनवादी क्रांति सोवियत संघ और उसके नेता स्तालिन की तत्कालीन राजनीतिक और सैद्धांतिक समझ के अनुकूल भी नहीं थी। चीनी कम्युनिस्टों की कामयाबी के कारण चीन और चीन जैसी परिस्थितियों में राष्ट्रीय मुक्ति का क्रांतिकारी आंदोलन चलाने के लिए मार्क्सवाद-लेनिनवाद के साथ माओ विचार को जोड़ा जाने लगा। इसी प्रक्रिया में विश्व कम्युनिस्ट आंदोलन को सोवियत संघ से होड़ करने वाला उसका दूसरा केंद्र मिला। क्रांति के बाद चीन में किये गये समाजवादी समाज की रचना के प्रयोग भी न केवल सोवियत संघ से पूरी तरह अलग थे, बल्कि उनकी बुनियाद सोवियत अनुभव की सतत आलोचना पर टिकी हुई थी। इस क्रांति के गर्भ से मार्क्सवाद का एक भिन्न संस्करण निकला जो चीनी राजनीतिक विचार का सबसे ताज़ा चरण है।

ऐतिहासिक रूप से इस क्रांति की शुरुआत 1921 में चीनी कम्युनिस्ट पार्टी की स्थापना से मानी जा सकती है। इसके बाद क्रांति की दीर्घकालीन प्रक्रिया चार चरणों से गुज़री। पहला दौर 1921 से 1927 तक चला। यह चीनी कम्युनिस्टों और चीनी राष्ट्रवादियों की पार्टी कुओमिंगतांग के बीच गठजोड़ की अवधि थी। दूसरा दौर 1927 से उस समय शुरू हुआ जब महान राष्ट्रवादी लोकतांत्रिक नेता सुन यात-सेन के निधन के बाद उनके उत्तराधिकारी च्यांग काई शेक ने गठजोड़ तोड़ते हुए कम्युनिस्टों के ख़िलाफ़ ख़ूनी जंग छेड़ी। 1935 तक चला यह सिलसिला गृह युद्ध की अवधि और ऐतिहासिक लम्बी कूच के लिए भी जाना जाता है। तीसरा दौर 1937 से 1945 तक चला जब जापानी क़ब्ज़े के ख़िलाफ़ राष्ट्रवादी गठजोड़ के तहत जंग हुई। इस दौरान कम्युनिस्टों ने बाहरी दुश्मन को हराने के लिए कुओमिंगतांग की फ़ौजों के साथ मिल कर लड़ना स्वीकार किया, पर हर मौक़े पर उनके ख़िलाफ़ संघर्ष करने से भी नहीं चूके। 1945 में हिरोशिमा पर गिराये गये अमेरिकी एटम बम से जापान की कमर टूट गयी। ग्रामीण जनता के बीच तो कम्युनिस्ट पार्टी अपनी पैठ बना ही चुकी थी, पर उसने जल्दी ही शहरी मध्य वर्ग और बुद्धिजीवियों की हमदर्दी भी जीत ली। च्यांग काई शेक और उनकी पार्टी कुओमिंगतांग की राजनीतिक वैधता का तेज़ी से क्षय हुआ। उन्हें अमेरिकी समर्थन के दम पर ताइवान के छोटे से इलाक़े में सिमट जाना पड़ा। 1949 में कम्युनिस्ट पार्टी के नेतृत्व में चीन लोक गणराज्य की स्थापना हुई।

पहला दौर : चीन में मार्क्सवाद के प्रसार-प्रचार की शुरुआत का श्रेय 1919 में हुए चार मई के आंदोलन को दिया जाता है। दो साल पहले हुई अक्टूबर क्रांति के रैडिकल प्रभाव के कारण चीन के छोटे से मज़दूर वर्ग में आंदोलनकारी बेचैनियाँ पैदा होने लगी थीं। बीसवीं सदी की शुरुआत का चीन एक तरफ़ तो ब्रिटेन, जर्मनी, फ्रांस, रूस की ज़ारशाही और जापान की साम्राज्यवादी प्रतियोगिता में फँसा हुआ था, और दूसरी तरफ़ उसकी बहुसंख्यक खेतिहर जनता सामंतशाही

1935 में ऐतिहासिक लांग मार्च ख़त्म होने के बाद लाल मुक्ति सेना को सम्बोधित करते हुए माओ त्से-तुंग.

की जकड़ में थी। प्रथम विश्व-युद्ध के बाद साम्राज्यवादी होड़ में जापान ने अपनी स्थिति मज़बूत करते हुए चीन पर कठपुतली सरकार थोपने में कामयाबी हासिल कर ली। जनवरी, 1919 को वरसाई शांति समझौते के समय साम्राज्यवादियों के सामने चीन की तत्कालीन सरकार के समर्पण के ख़िलाफ़ चार मई को पेकिंग के नाराज़ छात्रों ने उन तीन मंत्रियों के इस्तीफ़ों की माँग की जिन्हें इसका ज़िम्मेदार माना जा रहा था। जून आते-आते यह आंदोलन एक तरफ़ तो जन-रोष की लहर में बदला, और दूसरी तरफ़ इसका केंद्र शंघाई हो गया जहाँ मज़दूरों ने ज़बरदस्त हड़तालें और जुझारू संघर्ष के ज़रिये आंदोलनकारियों का साथ दिया। जल्दी ही यह मुहिम पूरे देश में फैल कर मज़दूरों, छात्रों, व्यापारियों और अन्य तबक़ों के संयुक्त देशभक्तिपूर्ण ज्वार में बदल गयी।

इस आंदोलन के परिणामस्वरूप चीन में एक लोकतांत्रिक और रैडिकल संस्कृति की नींव पड़ी। इसी दौरान 'न्यू यूथ' और 'वीकली रिव्यू' जैसी कम्युनिस्ट प्रभाव वाली पत्रिकाओं ने मार्क्सवाद के प्रचार का ज़िम्मा सँभाला। इनकी बागडोर ली ता-चाओ के हाथों में थी। मार्क्सवाद के इस प्रभावशाली व्याख्याता को चीनी मार्क्सवाद का पितामह माना जाता है। देखते ही देखते हूनान, हूपेह और शानतुंग में भी मार्क्सवादी अध्ययन केंद्र बन गये। साल भर विभिन्न मोर्चों पर सक्रिय रहने के बाद इन केंद्रों को चलाने वाले समूहों ने आपस में जुड़ कर एक जुलाई, 1921 को शंघाई में कोमिंटर्न की मदद और निर्देशों के तहत कम्युनिस्ट पार्टी की पहली कांग्रेस की। इसमें 57 सदस्यों की नुमाइंदगी करने वाले 12 प्रतिनिधियों ने एक संविधान पारित करके अपने नेतृत्व का चुनाव किया। प्रतिनिधियों में नौजवान माओ त्से-तुंग भी शामिल थे। 1923 में पार्टी की तीसरी कांग्रेस हुई जिसमें सुन यात-सेन के नेतृत्व वाली राष्ट्रवादी कुओमिंगतांग के साथ गठजोड़ बनाने की कार्य दिशा अपनायी गयी। इस लाइन का सूत्रीकरण भी कोमिंटर्न के निर्देशों पर हुआ था। अगले साल जनवरी में कुओमिंगतांग ने अपनी कांग्रेस की जिसमें माओ और अन्य प्रमुख कम्युनिस्टों ने भी उल्लेखनीय भूमिका का निर्वाह किया। कांग्रेस ने सुन यात-सेन के तीन उसूलों पर मुहर लगायी : साम्राज्यवाद और सामंतवाद का विरोध, क्रांतिकारी वर्गों की लोकतांत्रिक गठबंधन सरकार की स्थापना, जनता की रोज़ी-रोटी और कल्याण की चिंता, एवं सोवियत संघ के साथ दोस्ती। मई, 1924 में सोवियत संघ की मदद से सुन ने केंटन में व्हाम्पोआ फ़ौजी अकादमी की स्थापना की जहाँ कुओमिंगतांग की सरकार का मुख्यालय था। कम्युनिस्टों ने भी इसमें हिस्सा लिया। दरअसल, सोवियत संघ को लग रहा था कि जर्मनी की विफलता के बाद युरोप में क्रांति की सम्भावनाएँ कमज़ोर हो गयी हैं। इसलिए पूर्व पर ज़ोर दिया जाना चाहिए। मुख्यतः इसी कारण से कुओमिंगतांग की फ़ौजी ताक़त बढ़ाने में मास्को ने काफ़ी संसाधन ख़र्च किये। साथ में उसने कम्युनिस्टों को उसके साथ संयुक्त मोर्चा बनाये रखने का निर्देश भी दिया। मास्को की समझ थी कि चीन को इस समय एक जनवादी (लोकतांत्रिक) क्रांति की ज़रूरत है जिसका नेतृत्व साम्राज्यवाद और सामंतवाद का विरोध करने वाले राष्ट्रवादी ही कर सकते हैं।

कम्युनिस्ट पार्टी ने अपने तत्कालीन महासचिव चेन तु-हिसुई के नेतृत्व में कुओमिंगतांग से संयुक्त मोर्चे के दौरान उसके भीतर अपना प्रभाव बढ़ाने की योजना पर अमल करने का फ़ैसला किया। जनवरी, 1925 में सुन यात-सेन का देहांत हो गया और कुओमिंगतांग की कमान च्यांग काई शेक के हाथों में आयी। अगले साल हूनान, हूपेह और कियांगसी में लाखों-लाख किसान आंदोलनों कूद पड़े। केवल हूनान की किसान सभा की सदस्यता तीन लाख थी। आत्मरक्षा के लिए बनायी गयी किसानों की सेना में एक लाख लोगों की भर्ती की गयी। 1926 में कम्युनिस्टों और कुओमिंगतांग ने मिल कर उत्तरी प्रांत के युद्ध-सरदारों और जापानी साम्राज्यवादियों की मिली-जुली ताक़त के ख़िलाफ़ फ़ौजी मुहिम चलायी। छह महीने के भीतर-भीतर राष्ट्रवादी क्रांतिकारी सेना ने जीत हासिल कर ली। किसानों के विद्रोही उभारों ने सेना का हर जगह स्वागत किया। ऐसा लगने लगा कि क्रांतिकारी युद्ध की यह प्रक्रिया पूरे चीन को एक गणराज्य में एकताबद्ध कर देगी।

कम्युनिस्टों ने 27 मार्च, 1927 को शंघाई में मज़दूरों की एक हथियारबंद बग़ावत का नेतृत्व किया, जो कामयाब रहा। नतीजतन शंघाई कम्यून की स्थापना हुई और शंघाई में जनता की सरकार के अधिकारी नागरिकों की रैली द्वारा चुने गये। इसी तरह से नानकिंग भी आज़ाद करा लिया गया। कम्युनिस्टों के प्रभाव में आये इस उछाल की प्रतिक्रिया में पहले नानकिंग में साम्राज्यवादियों ने कम्युनिस्टों के क़त्ले-आम की मुहिम चलायी, फिर शंघाई में यही काम ख़ुद च्यांग

की सेनाओं ने किया। अप्रैल तक कम्युनिस्टों का यह संहार क्वांगतुग तक पहुँच गया। व्हामपोआ फ़ौजी अकादमी में कम्युनिस्टों से हथियार रखवा लिए गये। इस तरह कुओमिंगतांग और कम्युनिस्ट पार्टी के संयुक्त मोर्चे का अंत कम्युनिस्टों की ज़बरदस्त पराजय में हुआ। साम्राज्यवादियों, ज़मींदारों, नौकरशाहों और दक्षिणपंथी राष्ट्रवादियों ने कम्युनिस्ट विरोधी मोर्चा बना लिया। 1928 में अगस्त और जनवरी के बीच क़रीब एक लाख किसानों और मज़दूरों को मार डाला गया।

दूसरा दौर : कम्युनिस्ट पार्टी की इस पराजय के गर्भ से माओ त्से-तुंग के नेतृत्व का जन्म हुआ। बची हुई पार्टी ने चेन तु-हिसुई के नेतृत्व को ही ख़ारिज नहीं किया, कोमिंटर्न की उस लाइन को भी ठुकरा दिया जिसके तहत कुओमिंगतांग के साथ मोर्चा बनाया गया था। माओ ने सूत्रीकरण किया कि चीन को जिस जनवादी क्रांति की ज़रूरत है वह नव-जनवादी क़िस्म की होगी अर्थात् उस पर पूँजीपति वर्ग के प्रतिनिधियों का नहीं बल्कि किसानों-मज़दूरों के प्रतिनिधियों का नेतृत्व स्थापित किया जाएगा।

च्यांग के फ़ौजी हमले का जवाब देने के लिए चाऊ एन लाई और चू तेह के नेतृत्व में तीस हज़ार कम्युनिस्ट योद्धाओं ने नानचांग (कियांगसी प्रांत) को आज़ाद करा लिया। यह फ़ौजी अभियान चीनी जन-मुक्ति सेना की शुरुआत साबित हुआ। कई दूसरी जगहों पर कम्युनिस्टों के नेतृत्व में किसानों ने कुओमिंगतांग के हमलों का मुक़ाबला करने के लिए फ़ौजी बंदोबस्त किया। अगस्त में हुई इमरजेंसी कांफ्रेंस में पार्टी ने अपने प्रभाव वाले इलाक़ों में किसान विद्रोहों का आह्वान किया। माओ को हूनान भेजा गया जहाँ उन्होंने न केवल किसानों की सेना गठित की, बल्कि चिंगकांग पहाड़ियों में क्रांतिकारी आधार इलाक़ा भी स्थापित किया। यहीं माओ की सेना से चू तेह की सेना भी जुड़ गयी, और उन्होंने 1928 से 1931 के बीच अपने इस आधार के ख़िलाफ़ च्यांग की सेना द्वारा की गयी तीन घेरेबंदियों को पराजित करने में सफलता प्राप्त की। चिंगकांग में युद्ध लड़ते हुए ही माओ ने लाल आधार इलाक़े की थीसिस सूत्रबद्ध की। गृह युद्ध के इस दौर में कम्युनिस्ट पार्टी ने शहरों के बजाय अपना पूरा ध्यान देहाती इलाक़े पर लगाया। लाल सेना की संख्या बढ़ कर साठ हज़ार के पार पहुँच गयी। कई आधार इलाक़े भी बन गये।

लम्बी कूच : 1931 में जापानी सेना ने उत्तर-पूर्व चीन पर हमला किया। च्यांग की सेनाओं ने प्रतिरोध करने की नाकाम कोशिश की, पर उनकी कमज़ोरियों और ग़लत रणनीति के कारण तीन महीने के भीतर जापानियों का पूरे उत्तर-पूर्व पर क़ब्ज़ा हो गया। अगले साल जापानियों ने शंघाई पर हमला किया ताकि पूरे चीन को उपनिवेश में बदला जा सके। च्यांग को उनके साथ अपमानजनक समझौता करना पड़ा। इसकी प्रतिक्रिया में चीनी समाज के भीतर च्यांग और जापान विरोधी भावनाएँ प्रबल हो गयीं। जापान विरोधी योद्धाओं ने अपने स्तर पर छापामार युद्ध शुरू कर दिया, और शंघाई में आठ लाख मज़दूरों ने जापान के हाथों से चीन को बचाने के लिए एसोसिएशन बनायी। लेकिन इन जन-भावनाओं से बेपरवाह हो कर च्यांग ने कम्युनिस्ट विरोधी फ़ौजी अभियान जारी रखा।

1933 में च्यांग ने कम्युनिस्टों की घेरेबंदी करने के लिए दस लाख की फ़ौज खड़ी की। अक्टूबर, 1934 में च्यांग की घेराबंदी तोड़ कर फ़ौजी पहलक़दमी छीनने के लिए माओ की रणनीति पर अमल करते हुए लाल सेना ने ऐतिहासिक लम्बी कूच शुरू की। एक साल तक कम्युनिस्ट सेना 11 प्रांतों, बर्फ से ढँकी पहाड़ियों और दुर्गम वनों को पार करती हुई चलती गयी। इस दौरान उसने च्यांग की सेना के साथ अनगिनत बार विजयी झड़पें कीं। तीन लाख फ़ौजियों में से बच कर कुल तीस हज़ार शेंसी प्रांत के लाल आधार इलाक़े तक पहुँचे। माओ ने दावा किया कि लम्बी कूच के कारण चीन के ग्यारह प्रांतों में क्रांति के बीज बोये जा सके, और यह साबित किया जा सका कि लाल सेना को किसी भी तरह से हराया नहीं जा सकता।

तीसरा दौर : 1937 में जापानियों ने पेकिंग के दस किमी. दूर मार्को पोलो पुल पर हमला बोला और उसके बाद फिर से शंघाई पर चढ़ाई कर दी। जापानी फ़ौजों की क्रूरता ने इस बार सारी सीमाएँ तोड़ दीं। चीनी जनता के गुस्से के मद्देनज़र च्यांग को कम्युनिस्टों के साथ गठजोड़ करना पड़ा। कुओमिंगतांग सरकार के प्रतिरोध को जापानियों ने आसानी से तोड़ दिया। अक्टूबर, 1938 तक केंटन और वूहान उनके हत्थे चढ़ चुके थे। पंद्रह महीनों के भीतर-भीतर च्यांग की फ़ौजें पेकिंग और शंघाई छोड़ने के लिए मजबूर हो चुकी थीं। लेकिन दूसरी तरफ़ अपने इलाक़ों में कम्युनिस्टों की आठवीं राह सेना ने और दक्षिण के छापामारों से बनी चौथी नयी सेना ने जापानियों पर जीतें हासिल करना जारी रखा। पार्टी ने छापामार और चलायमान यद्ध का मिश्रण अपना कर आक्रमणकारियों को कई बार शिकस्त दी। इसी दौरान माओ त्से-तुंग अपनी प्रमुख फ़ौजी रचनाएँ ले कर सामने आये जिनके परिणाम स्वरूप दीर्घकालीन लोक-युद्ध की थीसिस का सूत्रीकरण हुआ। 1940 तक कम्युनिस्ट सेनाएँ जापानियों से 150 काउंटियाँ छीन चुकी थी और चार लाख जापानी सैनिक मारे जा चुके थे। इसी समय माओ की रचना *ऑन न्यू डेमॉक्रैसी* का प्रकाशन हुआ।

कम्युनिस्टों को जीतते देख कर च्यांग ने उनकी आठवीं राह सेना के मुख्यालय पर हमला किया, पर इसका नतीजा बहुत बुरी पराजय में निकला। 1941 तक च्यांग की रणनीति के ख़िलाफ़ कुओमिंगतांग में भी असंतोष पैदा होने लगा।

राजनीतिक परिस्थिति में भी तब्दीली आयी। ब्रिटेन व अमेरिका अभी तक इस लड़ाई को दूर से देख रहे थे, लेकिन उनकी तरफ़ से जापान को फ़ौजी मदद भी दी जा रही थी। नये हालात में उन्होंने जापान की मदद से हाथ खींच लिया और गृह युद्ध ख़त्म करवाने की पहल की। अप्रैल, 1945 तक लाल सेना ने जापान से लगभग सारे देश को स्वतंत्र करा लिया। सितम्बर में जापान को हथियार डालने पड़े।

चौथा दौर : इस समय स्थिति यह थी कि अमेरिकी समर्थन के बावजूद कुओमिंगतांग के पास केवल छह फ़ीसदी चीन का नियंत्रण रह गया था। आज़ाद कराये गये क्षेत्रों में कम्युनिस्ट पार्टी ने खेतिहर सुधारों की मुहिम चलायी, युद्ध-सरदारों और ज़मींदारों के प्रभाव का उन्मूलन कर दिया। गृह युद्ध से बचने के समझौते के बावजूद च्यांग ने 13 लाख फ़ौजियों की सेना के साथ 11 प्रांतों पर धावा बोला जिसके कारण जन-मुक्ति सेना को बचाव की मुद्रा में आना पड़ा। अमेरिका ने च्यांग को कम्युनिस्टों के अंतिम सफ़ाये के लिए चार अरब डॉलर के बराबर की मदद की। जुलाई, 1947 से जुन-मुक्ति सेना ने बचाव की रणनीति छोड़ कर आक्रमण शुरू किया। 31 जनवरी, 1949 को कम्युनिस्ट सेनाओं ने पेकिंग पर क़ब्ज़ा कर लिया। सितम्बर ख़त्म होते-होते ज़्यादातर हिस्सों में कुओमिंगतांग की फ़ौजें पराजित हो चुकी थीं। एक अक्टूबर, 1949 को केंद्रीय जन-सरकार के चेयरमैन के रूप में माओ त्से-तुंग ने चीन लोक गणराज्य की स्थापना की घोषणा की।

देखें : आधार और अधिरचना, ऑस्कर लांगे, आंगिक और पारम्परिक बुद्धिजीवी, एंतोनियो ग्राम्शी, कार्ल हाइनरिख़ मार्क्स-1, 2. 3 और 4, क्रांति, क्रांति : मार्क्सवादी विमर्श, नयी सदी में मार्क्सवादी विमर्श-1, 2. 3,4 5, 6, 7, 8 और 9, निष्क्रिय क्रांति, फ्रेड्रिख़ एंगेल्स, भारत में किसान संघर्ष-2 और 4, कम्युनिस्ट पार्टियाँ-1, 2 और 3, भ्रांत चेतना, बोल्शेविक क्रांति, फ्रांस्वा-चार्ल्स मारी फ़ूरिये, क्यूबा की क्रांति, फ्रेंज़ फ़ानो, हिंसा-1 और 2, मानवेंद्र नाथ राय, माओ त्से-तुंग, माओवाद और माओ विचार, मार्क्सवाद-1, 2, 3, 4 और 5, मार्क्सवादी इतिहास-लेखन, मार्क्सवादी समाजशास्त्र, मार्क्सवाद और पारिस्थितिकी, मार्क्सवादी अर्थशास्त्र, समाजवादी वसंत-1, 2, 3, और 4, लेनिनवाद, लियोन ट्रॉट्स्की, लिबरेशन थियोलॅजी, स्तालिन और स्तालिनवाद, सोवियत समाजवाद-1, 2 और 3, वर्चस्व, व्लादिमिर इलीच लेनिन।

संदर्भ

1. माओ त्से-तुंग (1960), *द मे फ़ोर्थ मूवमेंट : इंटलेक्चुअल रेवोल्यूशन इन मॉडर्न चाइना,* हार्वर्ड युनिवर्सिटी प्रेस, केम्ब्रिज, एमए.
2. एडगर स्नो (1938), *रेड स्टार ओवर चाइना,* रैंडम हाउस, न्यूयॉर्क.
3. पिएर रूसेट (2009), 'चाइनीज़ कम्युनिस्ट रेवोल्यूशन, 1925-1949', इमैनुएल नैस (सम्पा.), *द इंटरनैशनल इनसाइक्लोपीडिया ऑफ़ रेवोल्यूशन ऐंड प्रोटेस्ट : 1500 टू प्रज़ेंट,* खण्ड-2, विली-ब्लेकवेल, ऑक्सफ़र्ड.
4. माओ त्से-तुंग (1972 : चार खण्ड), चाऊ एन लाई (1980) और चू तेह (1983) की चुनी हुई रचनाएँ, प्रकाशक : पीपुल्स पब्लिशिंग हाउस, पेइचिंग.
5. मॉरिस मीज़नर (1999), 'दि सिग्नीफ़िकेंस ऑफ़ चाइनीज़ रेवोल्यूशन इन वर्ल्ड हिस्ट्री', वर्किंग पेपर, एशिया रिसर्च सेंटर, लंदन स्कूल ऑफ़ इकॉनॉमिक्स ऐंड पॉलिटिकल साइंस, लंदन.

— अभय कुमार दुबे

चीनी इतिहास-लेखन

(Chinese History Writing)

एशियाई इतिहास-लेखन की परम्पराओं में चीनी इतिहास-लेखन का विशिष्ट स्थान है। इस परम्परा पर धर्म का प्रभाव न के बराबर है। वह पैग़म्बरों, अलौकिक प्रकरणों, जादू या चमत्कारों के बारे में चर्चा नहीं करती। उस पर कन्फ़्यूशस के चिंतन की स्पष्ट छाप है। चूँकि कन्फ़्यूशसवाद विद्वानों-नौकरशाहों की विचारधारा थी इसलिए इतिहास-लेखन का ज़्यादातर काम इन्हीं लोगों ने किया। चीनी चिंतन-परम्परा शुरू से ही व्यक्ति की तुलना में समाज को सर्वोपरि मानती है। चीनी समाज में सामाजिक नियमों का पालन और परम्पराओं का सम्मान करना प्रत्येक व्यक्ति के लिए अति-आवश्यक माना गया है। वहाँ मनुष्य की श्रेष्ठता का मानक विभिन्न सामाजिक आचारों और संबंधों का सम्यक निर्वहन है। चीनी मान्यता के अनुसार पूर्व-स्थापित नियमों और परम्पराओं का पालन करके ही समाज में शांति-व्यवस्था क़ायम की जा सकती है। इसी वजह चीन निवासी अमूर्त की अपेक्षा पूर्व-दृष्टांतों को अधिक महत्त्व देते हैं। उनके विचार में समाज और संस्कृति के प्राचीन अनुभवजन्य परिणाम किसी व्यक्ति विशेष की चिंतन-शक्ति से ज़्यादा प्रामाणिक और औचित्यपूर्ण होते हैं। जीवन के संयमन और नियमन के लिए अमूर्त और भावमय विचार उतने कारगर नहीं हो सकते जितने कि अतीत के विभिन्न पक्षों से प्राप्त अनुभव। चीनियों के लिए ज्ञान के मायने हैं अतीत के दृष्टांतों का ज्ञान। इसीलिए ज्ञान को चि-कु कहा गया है जिसका अर्थ होता है प्राचीन मार्गों का अन्वेषण।

प्राचीन काल में संकलित पाँच उत्कृष्ट ग्रंथों को चीन में जीवन का मानक समझा जाता है। इन्हीं ग्रंथों में मानव-अनुभवों के विभिन्न प्राचीन दृष्टांतों का संकलन है और यह माना जाता है कि मानव-जीवन में चाहे जितने बड़े परिवर्तन

आ जाएँ लेकिन इन ग्रंथों में सारे सत्य बने रहेंगे। कन्फ़्यूशस ने भी इन पाँच ग्रंथों को अपरिहार्य माना था। अन्य विचारकों ने भी इन्हें मान दिया। चीनी चिंतन में 'ली' की अवधारणा भी महत्त्वपूर्ण है। पहले इसका प्रयोग केवल धार्मिक आनुष्ठानिक कृत्यों में होता था पर बाद में विभिन्न सामाजिक महत्त्व के कृत्यों के लिए भी होने लगा। कन्फ़्यूशस तथा उसके अनुयायियों ने 'ली' को नैतिक अर्थ प्रदान करके इसे समाज तथा वैयक्तिक जीवन का नियामक तत्त्व माना। कहा गया कि इसके अभाव में समाज और निजी जीवन अशांति, अव्यवस्था तथा उच्छृंखलता से ग्रस्त हो जाते हैं। 'ली' विभिन्न स्वाभाविक वृत्तियों को समाज द्वारा स्वीकारणीय आकार प्रदान करता है तथा जीवन के सभी कर्मों में आत्म-नियंत्रण का अनुप्रवेश करता है। उदाहरणार्थ, यदि साहस के ऊपर 'ली' का नियंत्रण न हो तो वह अविचारी दु:साहस का स्वरूप ग्रहण कर लेता है। परस्पर विषम सामाजिक स्थितियों में रहने वाले लोगों के बीच जो सामंजस्य दिखाई पड़ता है, वह इस 'ली' के नियंत्रण के ही कारण है। सुव्यवस्थित तथा सुखी जीवन के लिए ली का ज्ञान तथा पालन परम आवश्यक है।

इन्हीं वैचारिक पृष्ठभूमियों के साथ चीन में इतिहास-लेखन की शुरुआत हुई। समाज और संस्कृति के प्राचीन अनुभवों के महत्त्वपूर्ण होने के दृष्टिबोध तथा इसकी व्यवहारिक उपयोगिता ने चीनी समाज में इतिहास-रचना को महत्त्व प्राप्त हुआ। यह अलग बात है कि कुछ प्रमुख स्रोत-ग्रंथों की तिथि की अनिश्चित होने की वजह से चीन का प्रारम्भिक इतिहास-लेखन अस्पष्ट-सा हो गया है। यही नहीं, इतिहास के लिए प्रयुक्त होने वाला 'शिह' शब्द अपने मौलिक अर्थ में भिन्न समझा जाता रहा है। इसका निराकरण काफ़ी बाद में जाकर हुआ। ऐसी मान्यता है कि शिह पढ़ने-लिखने वाला ज्ञान-सम्पन्न तथा महत्त्वपूर्ण कार्यों में राजा का प्रमुख परामर्शदाता होता होगा। प्रारम्भ में ऐतिहासिक विवरणों की सुरक्षा की ज़िम्मेदारी उसके ऊपर थी। बाद में सभी प्रकार के विवरणों का संरक्षण करना उसके कार्य क्षेत्र में आ गया तथा उसके पद की प्रतिष्ठा भी बढ़ती चली गयी।

शिह एक इतिहासकार था जो चीन के प्रारम्भिक इतिहास-लेखन के दौर में दरबारों के कार्य-कलापों, धार्मिक, अनुष्ठानों तथा महत्त्वपूर्ण राजकीय कार्यों से सम्बद्ध एक अर्ध-धार्मिक दायित्व निभाता था। कालांतर में वह प्रलेखों का संरक्षक अथवा दैनन्दिन ऐतिहासिक वृत्तों का विवरणकार बना। चीन के दो प्रसिद्ध ग्रंथ *शुचिंग* और *छुन छिंग* के ज़रिये भी इस बात का पता चलता है। *शुचिंग* में चीन के प्राचीन शासकों तथा उनके परामर्शदाताओं से संबंधित भाषणों, राजाज्ञाओं एवं उपदेशों का संग्रह है। चीनियों की स्वयं की मान्यता के अनुसार यह शब्दों का संग्रह है। *छुन छिंग* तथ्यों का संग्रह है जिसमें उपदेशात्मक प्रवृत्तियों का अभाव दिखता है। यह चीनी इतिहास लेखन का पौराणिक काल है।

लि-चि में एक अभिकथन मिलता है कि जब सम्राट किसी कार्य में प्रवृत्त होता है तो उसका लेखन दक्षिण पार्श्व के इतिहासकार द्वारा किया जाता है। जब वह कुछ कहता है तो उसके लेखन का कार्य-भार वाम पार्श्व के इतिहासकार का होता है। इतिहासकार का महत्त्व सिर्फ धार्मिक और अनुष्ठानात्मक ही नहीं था बल्कि वह प्राचीन शासकों के नैतिक गुरु और निदेशक की भूमिका में भी होता था।

चीन की इन इतिवृत्तियों के विषय में बहुत कम जानकारी मिलती है तथा इनमें से बहुत कम ही बची हुई हैं। इनमें से *बसंत एवं शरद इतिवृत्त* (छुन-छिंग) चीनी इतिहास-परम्परा पर महत्त्वपूर्ण प्रकाश डालता है तथा इतिहास लेखन के प्रतिमान स्वरूप में महत्त्वपूर्ण माना जाता है। *बसंत एवं शरद इतिवृत्त* में लु राज्य (722-481 ईसा पूर्व) के बारह सामंतों के युगों के आंतरिक मामलों, कूटनीतिक सभाओं, सामंतीय युद्धों, अन्य राज्यों के साथ संबंधों, ग्रहण, बाढ़, भूकम्प तथा अन्य प्राकृतिक प्रकोपों का विवरण उपलब्ध हैं। यह कन्फ़्यूशसवादी रचना मानी जाती है, जिसे काफ़ी लोकप्रियता हासिल है। *बसंत तथा शरद इतिवृत्त* द्वारा तथ्यों का सावधानीपूर्वक लेखन तथा उनकी निर्भीक एवं पूर्वग्रहविहीन समीक्षा चीनी इतिहास-लेखन का महत्त्वपूर्ण मानदण्ड है। इस ग्रंथ ने चीनी इतिहास लेखन को काफ़ी प्रभावित किया।

सुमा-चिएन (145-90 ईसा पूर्व) चीन के प्रमुख इतिहासकार थे। उन्होंने अपने 130 अध्याय वाले ग्रंथ *शिह-ची* में अति-प्राचीन काल से लेकर अपने समकालीन चीनी तथा अन्य विदेशी जातियों के इतिहास का विवरण दिया है। इस कृति ने दो हज़ार साल तक के काल विस्तार को समेटा है। चीन, कोरिया तथा जापान के इतिहास-लेखन पर उसका प्रभाव दिखता है। सुमा-चिएन ने अपने इस ग्रंथ में पाँच मुख्य शासक-वंशों एवं सामंत कुलों का इतिहास संकलित किया। उन्होंने अतीत के कार्य-व्यापारों एवं घटनाओं का परीक्षण एवं उनकी सफलताओं एवं विफलताओं, उनके उत्थान तथा पतन के पीछे स्थित सिद्धांतों का अनुसंधान करना अपने इतिहास-लेखन का लक्ष्य उद्घाटित किया है। सुमा-चिएन के लिए इतिहास-लेखन नैतिक और उपदेशात्मक प्रयास भी है।

सुमा-चिएन के लगभग डेढ़ सौ वर्षों बाद पान कु नामक इतिहासकार ने तृतीय शताब्दी ईसा पूर्व हान-शु वंश की स्थापना से लेकर अनाधिकार रूप से सत्ता हस्तगत कर लेने वाले वांग मिंग के पतन के बाद 23 ई. के शासक-वंश से सम्बद्ध कुल के पुन:स्थापन तक का दो शताब्दियों तक का इतिहास लिखा है। हान वंश का पान कु रचित इतिहास *शिह-ची* के स्वरूप-आधार पर लिखा गया है। सुमा-चिएन ने

शिह-ची की रचना व्यक्तिगत प्रयास से की थी। इसी तरह से पान कु ने अपने पिता पान-पिआओ द्वारा रचित *होठ चुआन* का विस्तार व्यक्तिगत हैसियत से किया। आगे चल कर इस कार्य को सम्राट मिंग का समर्थन और सहयोग प्राप्त हुआ। पान कु ने अपने इतिहास-लेखन में समीक्षात्मक दृष्टि अपनायी है।

हान युग में इतिहास-लेखन में काफ़ी प्रगति हुई। इस दौर में विद्वानों की इतिहासकार के पद पर नियुक्ति होने लगी। पहले दरबार का ज्योतिषी ही इतिवृत्तिकार का काम करता था। कालांतर में यह परम्परा समाप्त कर दी गयी और ऐतिहासिक वस्तु-सामग्री तक बाहरी लोगों की भी पहुँच हो गयी। प्रथम शताब्दी में पान कु तथा अन्य विद्वानों की राजकीय पदाधिकारी के रूप में नियुक्ति की प्रवृत्ति के परिणामस्वरूप सातवीं शताब्दी में इतिहास-लेखन के विभाग की स्थापना हुई। इसी दौर में विश्लेषणात्मक इतिहास का उद्भव हुआ। सन्-युएह ने *हान-शु* का संक्षिप्त संस्करण तैत्यार किया और विश्लेषणात्मक ढंग से वस्तु-सामग्री व्यवस्थित करके जीवनियों एवं उपलब्ध सूचनाओं को जोड़ा गया। इतिवृत्तात्मक ग्रंथों में सु-मा-कुअंग लिखित *सु-चिन्ह तुङ् चिएन* भी उल्लेखनीय है। तथ्यगत शुद्धता के लिहाज से *शिह-ची-हान-शु* एक प्रमाणिक ग्रंथ ठहरता है। चिंग वंश के अंतर्गत मान्यता प्राप्त चौबीस मानक इतिहासों में से नौ में तंग वंश से मिंग वंश तक की विषय-सामग्री है जिनमें 618 से लेकर 1644 के बीच पूरे चीन या चीन के विभिन्न भू-खण्डों में शासन करने वाले राजवंशों के राजकीय प्रलेखों का संचयन है। इनके आधार पर चीन में राज्य प्रायोजित इतिहास-लेखन के स्वरूप और संरचना को समझा जा सकता है।

चीनी इतिहास ग्रंथों की विशिष्टता इस बात में है कि सभी ग्रंथ विनष्ट शासक-वंशों के बाद लिखे गये। आने वाले राजवंशों ने अपने से पूर्व विनष्ट वंश के समय की घटनाओं एवं शासन-शासक के विषय में लिखवाया। यह परम्परा लगातार चलती रही। इतिहास लेखन का सारा काम राज्य-प्रायोजित इतिहासकारों ने किया। इतिहास-लेखन की निरंतरता के पीछे वजह यह रही कि प्रत्येक शासक अपने से पहले के राजवंशों के बारे में जानना आवश्यक समझता था। 1369 में मिंग शासन वंश के संस्थापक सम्राट ताई-त्सु ने अपने दरबार को सम्बोधित करते हुए कहा कि अभी युवान राजधानी (पीकिंग) के पतन के बाद हमें तेरह शासकों के विश्वसनीय लेख प्राप्त हुए हैं। हालाँकि उनका राज्य नष्ट हो गया है फिर भी इसकी घटनाओं का लेखन किया जाना चाहिए। इसके अतिरिक्त इतिहास सफलता एवं विफलता का वृत्तांत प्रदान करता है जिससे एक ओर प्रोत्साहन और दूसरी ओर चेतावनी मिलती है। इस कारण इसका परित्याग उचित नहीं है।

इस तरह से और भी कई उद्धरण मिलते हैं जिनसे चीनियों की इतिहास के प्रति गहरे रुझान का पता चलता है। वंगओ नामक एक विद्वान का कथन है कि राज्य नष्ट हो सकता है किंतु इतिहास कभी नष्ट नहीं होता। इतिहास-लेखन को लेकर चीन में ऐसी धारणा रही है कि इतिहासकार आकाश के नीचे के स्थित सभी लोगों एवं भावी पीढ़ियों के प्रति उत्तरदायी होता है। इतिहासकार की स्वतंत्रता तथा निष्पक्षता को बनाये रखने के लिए शासन से यह उम्मीद की जाती थी कि वह अपने शासनकाल की कार्य या विश्राम की दैनंदिनी न पढ़े। इस परम्परा का अनुपालन भी होता था लेकिन अपने शासन-काल के तथा विनष्ट वंश के संबंध में सभी लेखन शासक के अंतिम अनुमोदन के लिए लाये जाते थे। मिंग तथा चिंग शासनकाल में ऐतिहासिक इतिहासकारों को राजकीय निर्देश भी जारी होते थे और सम्भवतः इतिहासकारों को ये राजकीय निर्देश प्रभावित भी करते होंगे। चीनी इतिहास-लेखन की परम्परा में सत्यगोपन का सिद्धांत भी प्रचलन में था। *बसंत शरद् इतिवृत्त* की टीका *कुंग-यंग* के अनुसार कन्फ़्यूशस तीन तरह के लोगों की ग़लतियों के संगोपन के पक्ष में थे : जो आदरणीय हों, जो घनिष्ठ संबंधी हों तथा जो योग्य हों। इसका तात्पर्य यह है कि ऐसे लोगों की गलतियों को नैतिकता में वृद्धि के लिए यथास्थान उल्लिखित नहीं करना चाहिए।

देखें *: अनाल स्कूल, अरनॉल्ड जोसेफ़ टॉयनबी, इतिहास और आख्यान, ओसवाल्ड स्पेंगलर, फ़र्नैंद ब्रॉदेल, मार्क्सवादी इतिहास-लेखन, मार्क ब्लॉक, ल्यूसियाँ फ़ेब्र।*

संदर्भ

1. गोविंद चंद्र पाण्डेय (सम्पा.) (), *इतिहास : स्वरूप एवं सिद्धांत*, राजस्थान हिंदी ग्रंथ अकादमी, जयपुर.
२. डेविड मॉर्गन (), 'द एवोल्यूशन ऑफ़ टू एशियन हिस्टोरियोग्राफ़िकल ट्रेडिशंस', माइकिल बेंटली (सम्पा.), कम्पैनियन टू हिस्टोरियोग्राफ़ी, रॉटलेज, लंदन और न्यूयॉर्क.
2. हाजमे नाकामुरा (1961), *वेज़ ऑफ़ ईस्टर्न पीपुल्स*, न्यूयॉर्क 1961, पृ. 204-5
3. बर्टन वाटसन (1963), *सुमा-चिएन, द ग्रैंड हिस्टोरियन ऑफ़ चाइना*, न्यूयॉर्क.

—अजय कुमार पाण्डेय

चेतना

(Consciousness)

चेतना अर्थात् अपने परिवेश के प्रति जागरूकता, उसके भीतर अपनी अवस्था और उसके साथ अपने संबंध की समझ। इस विशेषता को अपने चेतन होने की चेतना के रूप में भी व्यक्त किया जाता है। मस्तिष्क अगर चेतन है तो उसमें अपना विवरण देते रहने की सामर्थ्य होगी। लेकिन चेतना की यह परिभाषा उससे जुड़ी हुई दार्शनिक उलझनों का समाधान करने के लिए पर्याप्त नहीं है। पहली उलझन तो हमेशा से यही रही है कि क्या चेतन होने का यह गुण केवल मनुष्यों के पास ही होता है? या कुछ अन्य उच्चस्तरीय स्तनपायी जीवों के पास भी यह ख़ूबी किसी न किसी मात्रा में होती है? न केवल पश्चिमी विचार-परम्परा में चेतना को तरह-तरह से समझा गया है, बल्कि भारतीय परम्परा में भी उसकी एक से अधिक व्याख्याएँ मौजूद हैं। चेतना की प्रकृति से संबंधित विवाद मुख्यत: दो ध्रुवों में बँटा हुआ है। एक तरफ़ चेतना को समझने की भौतिकवादी दृष्टि है जो जगत की वस्तुनिष्ठता पर भरोसा करती हुई मानस के दैहिक सिद्धांत के इर्द-गिर्द अपनी व्याख्याएँ बुनती है। दूसरी दृष्टि चेतना के सार को दैहिकता और वस्तुनिष्ठता में सीमित करने के बजाय उसकी संरचनाओं की खोज अपार कल्पनाशीलता और भाषिक अभिव्यक्तियों के विपुल संसार में करना चाहती है। यह दृष्टि मानती है कि चेतन अनुभव एक अनूठे आत्मनिष्ठ गुण से सम्पन्न होता है जिसका सार केवल वस्तुनिष्ठ विवरणों के ज़रिये प्राप्त नहीं किया जा सकता।

सत्रहवीं सदी में देकार्त ने सोचने की प्रक्रिया को चेतना क़रार देते हुए कहा था कि सचेत विचार मानस का सार है, और अपने सचेत मानस तक पहुँचने की ख़ूबी केवल मानवों के पास ही होती है। देकार्त ने मानस को एक अ-भौतिक पदार्थ मान कर देह के साथ उसके द्वैत की स्थापना की। परिणामस्वरूप बहस पैदा हुई कि अगर इन दोनों की प्रकृति मूलत: इतनी अलग है तो फिर इनके बीच परस्पर प्रभावित करने वाला आपसी कार्य-कारण संबंध कैसे बनता है। आधुनिक दर्शन लगातार इस प्रश्न से जूझता रहा है। भौतिकवाद के पैरोकार मानस की व्याख्या भौतिक और जैविक अर्थों में करते हैं। व्यवहारवाद के अनुयायियों का कहना है कि मानस का कार्यकलाप अपने परिवेश से मिलने वाले सूत्रों और प्रेरणाओं के प्रति की गयी अनुक्रियाओं पर निर्भर है। व्यवहारवादी किसी आंतरिक मनोवैज्ञानिक प्रक्रिया को स्वीकार नहीं करते। फ्रॉयड का विमर्श चेतना की शिनाख़्त मानसिक तंत्र की प्रमुख अभिव्यक्ति के रूप में करता है। इस विमर्श में मानसिक तंत्र के भीतर चेतना के अलावा अवचेतन और पूर्व-चेतन अवस्था की चर्चा भी है।

देकार्त द्वारा चिंतन करने वाले असंदिग्ध अस्तित्व के रूप में 'मैं' को परिकल्पित करने का रैडिकल नतीजा यह निकला कि धीरे-धीरे ब्रह्माण्ड के बजाय मनुष्य दार्शनिक ऊहापोह का केंद्र बनता चला गया। चेतना के संदर्भ में मनुष्य के बाह्यांतर और अभ्यांतर को समझने की चेष्टाएँ होने लगीं। लॉक ने 'कांशसनेस' शब्द का पहली बार प्रयोग करते हुए उसकी परिभाषा व्यक्ति के मानस में संसाधित होने वाले बोध के रूप में की। इस तरह चेतना मानवीय व्यवहार, समाज, भाषा और ज्ञान के लिए बुनियादी महत्त्व की अवधारणा बन गयी। लॉक के आधार पर चेतना की एक यह परिभाषा भी दी गयी है : चेतना की गति के माध्यम से ही मानस अपने आकार-प्रकार के प्रति जागरूक होता है और आसन्न परिवर्तनों के मुक़ाबले उसे क़ायम रखने का काम अंजाम देता है। इस प्रक्रिया में संवेदी अनुभूतियों, बोध, मन और प्रवृत्तियों की भूमिका होती है। यह सारा सिलसिला देह और मानस के एक्य के तहत चलता है अर्थात् देह के बिना कोई मानस नहीं हो सकता।

भारतीय दर्शन में अद्वैतवाद भी व्यक्ति के सार और उसकी चेतना के बीच भेद के बजाय तादात्म्य देखता है। उपनिषदों में चेतना के चार चरणों का उल्लेख है जो यथार्थ के चार बोध हैं : जाग्रत अवस्था, स्वप्नावस्था, सुसुप्तावस्था और तुरीय अवस्था। जाग्रत अवस्था में कर्त्ता चेतना के ज़रिये अपने से भिन्न अस्तित्वों का बोध करता है। स्वप्नावस्था भी कर्त्ता से भिन्न मानस-उद्भूत संसार का बोध कराती है। सुसुप्तावस्था स्वप्नरहित गहन निद्रा है जिस दौरान आत्मनिष्ठ और वस्तुनिष्ठ के बीच अंतर करने वाला कोई बोध कार्यरत नहीं होता। तुरीय अवस्था चेतना की ऐसी स्थिति है जिसमें आत्मनिष्ठ और वस्तुनिष्ठ के विभाजन के परे जाते हुए व्यक्ति लोकोत्तर स्थिति में पहुँचता है। भारतीय दर्शन में ही वेदों का प्राधिकार ख़ारिज करने वाले भौतिकवादी दर्शन लोकायत ने पश्चिम की भाँति चेतना को देह से पृथक या देह का अंग बताने के बजाय उसे कुछ तत्त्वों के विशेष संयोग का परिणाम क़रार दिया है। चूँकि मृत्यु इन भौतिक तत्त्वों का समीकरण बदल देती है, इसलिए देहांत से चेतना तिरोहित हो जाती है। बौद्ध चिंतन ने भी वेद आधारित दर्शनों द्वारा वर्णित चेतना के प्रकारों को ख़ारिज करते हुए उसकी व्याख्या विभिन्न अनुभवों के आधार पर बनने वाली प्रवृत्तियों के रूप में की है।

दुर्खाइम द्वारा डाली गयी समाजशास्त्रीय परम्परा ने समाजशास्त्रीय और मनोवैज्ञानिक के बीच विभाजन पर ज़ोर दिया है। उसके लिहाज़ से सामाजिक दायरे में केवल सामाजिक शक्तियाँ ही कार्यरत रहती हैं और यह दायरा

केवल समाज संबंधी तथ्यों से मिल कर ही बनता है। इस लिहाज़ से यह परम्परा निजी चेतना को अप्रासंगिक मानते हुए केवल सामूहिक चेतना को ही रेखांकित करती है जिसके तहत सभी लोग सामूहिक प्रतिनिधित्व के ज़रिये समाज के कार्यकलाप में भागीदारी करते हैं। क्लिफ़र्ड गीर्ट्ज़ ने यह तो माना कि मानवीय अस्तित्व की प्राथमिक शर्त जीवन पर किन्हीं तात्पर्यों का आरोपण ही है और इसी तरीक़े से मनुष्य व्यक्ति में बदलता है। लेकिन गीर्ट्ज़ के इस कथन के बावजूद समाजशास्त्र चेतना के व्यक्तिगत रूपों की शिनाख़्त मनुष्य की सामाजिक या सांस्कृतिक परिस्थितियों के संरचनागत तर्क के आधार पर करता रहा। यह मान्यता बनी रही कि अमुक समुदाय, वर्ग या भूमिका में रहने के लिए व्यक्ति को अमुक चेतना की आवश्यकता पड़ेगी। मानवशास्त्रियों ने चेतना से संबंधित समस्याओं का हल खोजने के लिए समूचे समाजों के विचारों और आस्थाओं का सामान्यीकरण करके व्यक्ति को सामूहिक विचार-सत्ताओं की मातहती में देखना शुरू कर दिया।

बीसवीं सदी के आख़िरी वर्षों में व्यक्तिगत चेतना और सामूहिक चेतना के आपसी संबंधों पर किये जाने वाले चिंतन में तब्दीलियाँ हुई हैं। समाजशास्त्री इस नतीजे पर पहुँचते जा रहे हैं कि व्यक्ति को समाज के ऊपर प्राथमिकता देने या उसे सामाजिक चेतना के अधीन बताने के बजाय सामाजिक संबंधों की अधिक परिष्कृत समझ पर पहुँचने की चेष्टा करनी चाहिए। आख़िरकार समाज अन्योन्यक्रिया करते हुए व्यक्तियों से ही मिल कर बना है। इसी तरह सामाजिक यथार्थ भी चेतनासम्पन्न व्यक्तियों की निरंतर जारी व्याख्याओं का ही नाम है।

मानवशास्त्रियों को अब लगने लगा है कि बाह्यांतर और अभ्यांतर के द्विभाजन पर आधारित पद्धति दरअसल चेतना के प्रश्न से कतराने की कोशिश ही थी। अब यह कहना काफ़ी नहीं रह गया है कि मानवशास्त्र का सरोकार तो केवल इंद्रियानुभविक तथ्यों तक सीमित है और सभी तरह के अनुभूतिजन्य तथ्यों की जाँच गल्प, दर्शन या मनोविज्ञान के अनुशासनों द्वारा की जानी चाहिए। चूँकि मानवशास्त्र अब साहित्यिक मोड़ ले चुका है, इसलिए अब विद्वानों को व्यक्तिगत, राजनीतिक और चिंतनपरक ढंग से लिखना चाहिए। युरोप और अमेरिका के मानवशास्त्री अब अन्य समाजों और संस्कृतियों को समझने के लिए उनके सचेत मानस या उनके आभ्यंतर में झाँकने के प्रयास भी करने लगे हैं। इस लिहाज़ से मानवशास्त्री की चेतना उसके अनुसंधान के विषय की चेतना के साथ अभिन्न रूप से संबंधित हो गयी है। चेतना का प्रश्न मानवशास्त्रीय संधान और उसकी पद्धति के लिए केंद्रीय हो गया है।

देखें : अस्तित्ववाद, आत्मनिष्ठता-वस्तुनिष्ठता, इयत्ता, इमैनुएल कांट, इंद्रियानुभववाद, ईसैया बर्लिन, उत्तर-आधुनिकतावाद, उदारतावाद, कल्पित समुदाय, घटनाक्रियाशास्त्र और एडमण्ड हसर, जॉन लॉक, ज़ाक लकाँ, ज्याँ-फ्रांस्वा ल्योतर, ज्याँ-पॉल सार्त्र, ज़ाक देरिदा, तत्त्वमीमांसा और अस्तित्वमीमांसा, तात्त्विकतावाद, द्वैतवाद, प्रत्यक्षवाद और उसका समाज-विज्ञान पर प्रभाव, फ्रेड्रिख़ नीत्शे, बुद्धिवाद, भौतिकवाद, मनोविश्लेषण, मिशेल पॉल फ़ूको-1 और 2, युरोपीय पुनर्जागरण, युरोपीय ज्ञानोदय, रेने देकार्त, लुई अलथुसे, सोरेन आबी कीर्केगार्द, संरचनावाद और उत्तर-संरचनावाद, ज्ञानमीमांसा।

संदर्भ

1. पी. चर्चलैण्ड (1988), *मैटर ऐंड कांशसनेस : अ कंटेम्परेरी इंट्रोडक्शन टू फिलासफ़ी ऑफ़ माइंड,* एमआईटी प्रेस, केम्ब्रिज, एमए.
2. पी. चर्चलैण्ड (1995), *द इंजिन ऑफ़ रीज़न, द सीट ऑफ़ सोल : अ फिलॉसॉफ़िकल जरनी इनटु द ब्रेन,* एमआईटी प्रेस, केम्ब्रिज, एमए.
3. डी. डेनेट (1991), *कांशसनेस एक्सप्लेंड,* पेंगुइन, लंदन, 1991
4. सी. मैकजिन (1992), *द प्रॉब्लम्स ऑफ़ कांशसनेस,* ब्लैकवेल, ऑक्सफ़र्ड.

— अभय कुमार दुबे

चेतपट वेंकटसुब्बन शेषाद्रि

(Chetpat Venkatsubban Sheshadri)

भारत के प्रमुख वैज्ञानिक चेतपट वेंकटसुब्बन शेषाद्रि (1930-1995) को वैज्ञानिक अनुसंधान और विकास के तरीक़ों को ग़रीब और शोषित जनता की उन्नति के साथ जोड़ने के प्रयासों के लिए जाना जाता है। शेषाद्रि साधारण भारतवासियों के दैनिक जीवन में भोजन व ऊर्जा की समस्याओं के प्रति बेहद जागरूक थे। इन्हीं समस्याओं के अध्ययन व उनके सार्थक समाधान तलाशने के लिए उन्होंने 1974 में अपने स्थापित अकादमिक जीवन को छोड़ कर स्वतंत्र अनुसंधानकर्ता के रूप में काम शुरू किया। उन्होंने मैसूर कस्तूरी पेपर, फूड ऐंड केमिकल कम्पनी के साथ मिल कर चारे से ख़मीर बनाने का एक संयंत्र स्थापित किया। इसके बाद 1976 में उन्होंने मद्रास में उन्होंने मरुगप्पा चेट्टियार शोध संस्थान के संस्थापक-निदेशक के रूप में काम करते हुए इस संस्था को भारत में जनोपयोगी अविष्कारों का केंद्र बनाया। विज्ञान के पाश्चात्य नमूने और उसके दूरगामी हानिकारक प्रभावों पर गहरी नज़र डालने वाले शेषाद्रि ने विज्ञान द्वारा मानव-विकास के नये अविष्कारों और इन अविष्कारों द्वारा समाज में आर्थिक-सामाजिक असंतुलन बनाये रखने की प्रक्रिया का विश्लेषण किया। शेषाद्रि को तकनीकी विकास के मूलभूत पहलुओं की बहुत अच्छी जानकारी थी और

उन्होंने अपने अधिकतर अनुसंधान अपने आस-पास के माहौल के अनुरूप लोगों के जीवन को सुविधाजनक बनाने के उद्देश्य से रोज़मर्रा की वस्तुओं पर किया था। शेषाद्रि उन बिरले लोगों में से थे जो एक बार फिर पहिये का आविष्कार करना चाहते थे ताकि उस पहिये के रख-रखाव की निर्देश-पुस्तिका उचित रूप से दोबारा बनायी जा सके।

शेषाद्रि का जन्म 14 अप्रैल, 1930 को तमिलनाडु के तूतीकोरन में हुआ था। मद्रास विश्वविद्यालय से केमिकल इंजीनियरिंग की उपाधि प्राप्त करने के बाद उन्होंने अमेरिका के कार्नेगी मेलोन विश्वविद्यालय में अध्ययन किया। एक अनुसंधानकर्ता और अध्यापक के रूप में वे भारत और विश्व के श्रेष्ठ संस्थानों में रहे। शेषाद्रि ने भारत में खाद्य पदार्थ और ऊर्जा की कमी से निपटने के लिए सस्ते तथा स्थानीय उत्पादों पर आधारित की मौलिक अन्वेषण किये जिनमें साधारण जनों के लिए पोषक भोजन के रूप में बड़े पैमाने पर शैवाल (समुद्री घास-काई) का उत्पादन, मछुआरों के लिए ऊँची सघनता वाली प्लास्टिक की नाव बनाना, मत्स्य-उत्पादन व संग्रहण के एयंत्रों का आविष्कार करना, सौर ऊर्जा संरक्षण और उस पर आधारित गृह निर्माण और कम लागत की पवनचक्की का निर्माण जैसे अभिनव प्रयोग शामिल थे। दुनिया में आय के असमान वितरण और ग़रीबी के बारे में खोजबीन करते हुए शेषाद्रि ने आधुनिक विज्ञान के आधारभूत सिद्धांतों पर सवाल उठाये। उन्होंने ऊष्मा गतिकी के नियम (लॉज़ ऑफ़ थर्मो डायनामिक्स) और समय की सरल रेखीय मापन प्रणाली के औचित्य और वैधता पर एक अलग तरह का अध्ययन प्रस्तुत किया।

चेतपट वेंकटसुब्बन शेषाद्रि (1930-1995)

शेषाद्रि समुचित प्रौद्योगिकी के पक्षधर थे। समुचित या सम्यक प्रौद्योगिकी (एप्रोप्रियेट टेक्नोलॅजी) उस तकनीक को कहते हैं जो उस परिवेश के पर्यावरण, संस्कृति और आर्थिक स्थिति के अनुकूल हो जहाँ उसका प्रयोग किया जाना है। इस अर्थ में समुचित तकनीक के लिए कम संसाधनों की ज़रूरत पड़ती है, उसे अपनाने में कम ख़र्च आता है उसका पर्यावरण पर भी कम दुष्प्रभाव पड़ता है। शेषाद्रि समुचित तकनीक के हिमायती अवश्य थे लेकिन वे समुचित तकनीक की स्थापित सीमाओं से आगे सोचने वाले वैज्ञानिक भी थे। उन्होंने आधुनिक तकनीक या आधुनिक विज्ञान की चकाचौंध के पार इस विज्ञान के हानिकारक प्रभाव को भली प्रकार से समझा था। शेषाद्रि ने विज्ञान के क्षेत्र में 'सभ्यताओं के संघर्ष' की अवधारणा को समझा और पाया कि इसके अनुसार विश्व में किसी एक स्थान पर व्यवस्था लाने के लिए किसी अन्य स्थान पर अव्यवस्था फैलानी पड़ती है। ऊष्मा गतिकी का दूसरा नियम इस प्रक्रिया की पुष्टि करता है। वे ऊष्मा गतिकी के नियमों की मूल अवधारणा के ख़िलाफ़ थे। उनका दावा था कि औपनिवेशिक शक्तियाँ संसाधन सम्पन्न किंतु सैन्य शक्ति से विपन्न राज्यों के शोषण की कुव्यवस्था सही ठहराने के लिए ऊष्मा गतिकी के इन नियमों को वैज्ञानिक आधार और सर्वमान्य सत्य के रूप में पेश करती हैं ताकि उनका दुरुपयोग किया जा सके।

1978 में भारत के युवा वैज्ञानिकों ने पेट्रियोटिक ऐंड पीपल ओरियेंटेड साइंस ऐंड टेक्नोलॅजी (पीपीएसटी) नामक एक समूह की स्थापना की। इस समूह का उद्देश्य आधुनिक विज्ञान की पाश्चात्य अवधारणा के विवेचनात्मक विश्लेषण और इसके विकासशील देशों पर हो रहे कुप्रभावों का अध्ययन करना था। शेषाद्रि के इस समूह से लम्बे समय तक जुड़े रहे और 1990 में इसके सभापति भी बने। उन्होंने प्राचीन भारतीय वैज्ञानिक व तकनीकी विद्या के गहन अध्ययन व पुनर्मूल्यांकन के अभियान की शुरुआत की और प्राचीन भारतीय विज्ञान-तकनीकों पर आधारित शोध-अनुसंधान-अविष्कारों को बढ़ावा देने के लिए एक गम्भीर बौद्धिक-वैज्ञानिक आंदोलन चलाया।

शेषाद्रि ने भारत के स्थानीय सामान, तकनीक व परिवेश को ध्यान में रखते हुए एक लोकोपकारी वैज्ञानिक के रूप में कुछ असाधारण अन्वेषण किये ताकि भारत की आर्थिक-वैज्ञानिक-तकनीकी आत्म निर्भरता को बढ़ाया जा सके। एक ओर भारत के कृषि-वैज्ञानिक पश्चिम से उधार ली गयी कृषि तकनीक पर आधारित हरित क्रांति का स्वप्न देख रहे थे वहीं शेषाद्रि ने अधिकाधिक मात्रा में रासायनिक उर्वरकों, कीटनाशकों, आयातित उन्नत बीजों, ग़ैर-ज़रूरी सिंचाई जैसे उपायों को भारत की कृषि के लिए दूरगामी तौर पर बहुत हानिकारक क़रार दिया। शेषाद्रि ने कृषि कार्य में जैविक खाद और स्थानीय उत्पादों के इस्तेमाल ज़ोर दिया। उन्होंने महिलाओं को जैविक खेती (बायोडायनामिक एग्रीकल्चर) का प्रशिक्षण भी दिया। इसी प्रयास से आगे चल कर जैविक कृषि के लिए महिलाओं का एक समूह 'सक्था सोसाइटी' की स्थापना हुई। शेषाद्रि ने भारत में कुपोषण की समस्या हल

करने के लिए 'स्पिरुलिना' नामक जैविक खाद्य पदार्थ के व्यापक उत्पादन का अभियान चलाया। स्पिरुलिनाएक शैवाल है, जिसमें 60-70 फ़ीसदी भाग प्रोटीन है। इसमें पोषक तत्त्व, आवश्यक जीवनवर्धक और रोग संरक्षण तत्त्व बहुतायत से पाये जाते हैं। शेषाद्रि ने अत्यंत ग़रीब लोगों को इस शैवाल के उत्पादन और संरक्षण की विधि सिखायी ताकि न केवल ये लोग अपने लिए उपयुक्त भोजन प्राप्त कर सकें बल्कि इसे बेच कर अतिरिक्त आमदनी भी कर सके।

शेषाद्रि ने भारत की ऊर्जा-आवश्यकताओं को आयातित पेट्रोलियम उत्पादों से हटा कर वैकल्पिक उर्जा स्रोतों पर आधारित करने का प्रयास किया और जीवाश्म ईंधन के स्थान पर जैविक स्रोतों से ईंधन प्राप्त करने के प्रयोग किये। इन्हीं प्रयोगों के अंतर्गत उन्होंने जैविक ईंधन उत्पादन के लिए बोट्रेकोकेस नामक शैवाल से ईंधन बना कर दिखाया। बोट्रेकोकेस में पेट्रोलियम पदार्थों में पाये जाने वाला हाइड्रोकार्बन बहुतायत से होता है और इसके प्रयोग से जीवाश्म ईंधन की तुलना में हानिकारक उच्छिष्ट बहुत कम मात्रा में उत्पन्न होते हैं। शेषाद्रि ने बोट्रेकोकेस शैवाल के व्यापक उत्पादन के लिए अनेक लोगों व संगठनों को पूरा प्रशिक्षण भी दिया। बिजली के औद्योगिक उत्पादन और वितरण की समस्याओं को कम करने के उद्देश्य से शेषादि ने तमिलनाडु के नीलगिरी जिले में एक आदिवासी बहुल गाँव कोल्लिमल्लाई मे सौर उर्जा से झोपड़ियों को बिजली पहुँचाने की एक योजना क्रियान्वित की। इसी प्रकार कोयले पर आधारित ताप बिजलीघर में संसाधनों के अपव्यय और इनके पर्यावरण पर बढ़ते कुप्रभावों को ध्यान में रखते हुए शेषाद्रि ने जैविक पदार्थों से बिजली उत्पादन का एक महत्त्वाकांक्षी अभियान भी चलाया जिसके तहत तमिलनाडु के पूर्वी तटीय इलाक़े की बंजर ज़मीन पर ऐसे वृक्षों को लगाया गया जिनसे कुछ वर्षों में बिजली-उत्पादन किया जा सके। रासायनिक तत्त्वों से भरपूर रंग, पेंट, कागज़ के स्थान पर शेषाद्रि ने प्राकृतिक पदार्थों से बने इनके विकल्प तलाश किये और उनका सफलतापूर्वक उत्पादन भी किया।

दरअसल, शेषाद्रि एक तकनीकी वैज्ञानिक से कहीं अधिक एक समाज-विज्ञानी थे जिन्होंने आधुनिक विज्ञान को भारत के आम लोगों के शोषण नहीं बल्कि पोषण-संरक्षण के मार्ग पर ले जाने का प्रयास किया। आधुनिक विज्ञान और भारत जैसे विकासशील देशों में इसके उपयोग पर उन्होंने 'समता ही श्रेष्ठ विज्ञान है' शीर्षक से लम्बा लेख लिखा जिसमें सभी लोगों के विकास की आवश्यकताओं के साथ-साथ भारत में आर्थिक असंतुलन बढ़ाने मे आधुनिक तकनीक और विज्ञान के योगदान का विस्तृत विश्लेषण किया गया था। शेषाद्रि ने भारत में आधुनिक विज्ञान के पाश्चात्य प्रतिमान के अंधानुकरण का विरोध किया था। उनका कहना था कि बड़े बांध, बड़े ताप बिजलीघर, परमाणु उर्जा, एलोपैथिक दवाइयाँ, औद्योगिक-व्यवसायिक पद्धति की कृषि भारत जैसे विकासशील राष्ट्र के लिए पूर्णत: अनुपयुक्त है।

शेषाद्रि राष्ट्र-राज्य की परिकल्पना, तथाकथित विकास योजनाओं के केंद्रीकरण, अंग्रेज़ी भाषा को आधुनिकता का पैमाना समझने और सामाजिक-आर्थिक विकास के नाम पर प्राकृतिक संसाधनों के अंधाधुंध शोषण के धुर-विरोधी थे। शेषाद्रि ने भारतीय लोगों को भारतीय परिवेश व वातावरण के अनुसार अपनी जीवन-शैली अपनाने का सुझाव दिया क्योंकि उनके अनुसार भारत जैसे देश के पास शोषण करने के लिए फ़ोर्थ, फ़िफ्थ या सिक्स्थ वर्ल्ड के देश उपलब्ध नहीं हैं।

देखें : आशिस नंदी-1 और 2, आनंद केंटिश कुमारस्वामी, जोसेफ़ चेल्लादुरै कुमारप्पा, धीरूभाई शेठ, मुकुंद लाठ, मेघनाद साहा, यशदेव शल्य, रजनी कोठारी, वासुदेव शरण अग्रवाल।

संदर्भ

1. सी.वी. शेषाद्रि (1993), 'इक्विटी इज़ गुड साइंस : द इक्विटी पेपर्स', ए.एम.एम. मुर्गप्पा चेट्टियार शोध संस्थान, चेन्नई.
2. शिव विश्वनाथन (2002), 'द लेबोरेटरी ऐंड द वर्ल्ड : कंवर्ज़ेशंस विद शेषाद्रि', इकॉनॉमिक ऐंड पॉलिटिकल वीकली, खण्ड 37, अंक 22.

—रवि दत्त वाजपेयी

चैतन्य महाप्रभु

(Chaitanya Mahaprabhu)

मध्यकाल में हुए जिस भक्ति आंदोलन ने नामदेव, सेना, चोखा, रैदास, कबीर, तुलसी, नानक, दादू आदि संतों और भक्तों को पैदा किया, चैतन्य महाप्रभु (1485-1533) उसी की देन थे. चैतन्य का जीवन-काल प्रमाणित है। उन्होंने अचिन्त्य भेदाभेदभाव दर्शन की स्थापना की। ऐतिहासिक दृष्टि से इसे माध्व-मत के साथ जोड़कर देखा जाता है किंतु दोनों में कुछ मूलभूत अंतर की वजह से माध्व गौड़ीय सम्प्रदाय की जगह इसे केवल गौड़ीय सम्प्रदाय ही कहा जाता है। इसका एक दूसरा नाम बंगवैष्णव सम्प्रदाय भी है। चैतन्य महाप्रभु ने लोगों को बहुत गहरे तक प्रभावित किया, ख़ास कर बंगाल के अंदर। उन्होंने मठ-मंदिरों के बाहर आ कर जनता के बीच भक्ति का सबके लिए रास्ता खोला। उस समय की दलित, उत्पीड़ित तथा श्रमजीवी जनता को उससे एक संबल मिला।

चैतन्य महाप्रभु का जन्म पश्चिम बंगाल के नदिया नामक स्थान पर हुआ था। इनके पिता का नाम जगन्नाथ मिश्र

चैतन्य महाप्रभु (1485-1533)

तथा माँ का नाम शचि देवी था। उन्हें बचपन में विश्वम्भर के नाम से बुलाया जाता था। एक मान्यता यह भी है कि चैतन्य अपने पालनहारों को नीम के पेड़ के नीचे मिले थे। इस वजह से उनका बचपन का एक नाम निमाई भी बताया जाता है। चैतन्य काफ़ी प्रतिभाशाली थे और बहुत कम अवस्था में ही न्याय और व्याकरण में पारम्गत हो गये थे। उन्होंने कुछ समय तक अपने जन्म स्थान नदिया में स्कूल स्थापित कर अध्यापन कार्य भी किया। आगे चलकर उनका विवाह लक्ष्मीप्रिया से हुआ, जिनकी सर्पदंश से मृत्यु हो गयी। उसके बाद नवद्वीप के राजपण्डित सनातन की पुत्री विष्णुप्रिया से दूसरा विवाह हुआ। चैतन्य जब किशोरवय के थे, तभी उनके पिता का देहांत हो गया था।

पिता का श्राद्ध करने गया जाने पर वहाँ संत ईश्वरपुरी के सान्निध्य में आकर उन्हें कृष्ण नाम संकीर्तन और कृष्ण भक्ति की प्रेरणा मिली। मात्र 24 वर्ष की अवस्था में श्री पाद केशव भारती से संन्यास की दीक्षा लेने के बाद उन्होंने गृहस्थ आश्रम त्याग दिया। उनका नाम विश्वम्भर से कृष्ण चैतन्य देव हुआ। बाद में वे चैतन्य महाप्रभु के नाम से विख्यात हुए। संन्यास लेने के बाद वे जगन्नाथ मंदिर गये जहाँ सार्वभौम भट्टाचार्य से उनकी मुलाक़ात हुई। चैतन्य महाप्रभु ने सार्वभौम भट्टाचार्य को ज्ञान से ऊपर भक्ति के महत्त्व का उपदेश दिया जिसके बाद भट्टाचार्य महाप्रभु के शिष्य हो गये और *चैतन्य शतक* नामक स्तुतिग्रंथ लिखा। ओडीशा के सूर्यवंशी सम्राट गजपति महाराज प्रताप रुद्रदेव चैतन्य के अनन्य भक्तों में माने जाते हैं। महाप्रभु से प्रभावित होकर अनेक लोगों ने दीक्षा ली और उनके अनुयायी हुए। नित्यानंद और अद्वैताचार्य महाराज उनके प्रथम शिष्य बताये जाते हैं जिन्होंने ढोलक, मृदंग, झाँझ, मंजीरे आदि की संगति पर गा-गाकर हरिनाम संकीर्तन को अपार सफलता दिलायी।

चैतन्य महाप्रभु का कहना था कि हरेक को ईश्वर का भजन और आराधना का अधिकार है। ईश्वर की नज़र में कोई बड़ा या छोटा नहीं है। उस समय की सरकारें इस्लाम के नाम पर उनके सामूहिक संकीर्तन-गायन पर प्रतिबंध लगाती थीं, बावजूद इसके पूरे बंगाल में उनका काफ़ी प्रभाव था और श्रमजीवी जनता तक उनका संकीर्तन पहुँचता रहता था। उनके अनुयायियों में समाज के निम्न तबक़े के लोग अधिसंख्य थे। सिर्फ़ हिंदू ही नहीं बल्कि मुसलमान अनुयायी भी उनके साथ जुड़े थे। उनके तीन प्रमुख शिष्य रुज, सनातन और हरिदास मुसलिम समाज से थे।

चैतन्य महाप्रभु रचित किसी ग्रंथ के बारे में कोई पता नहीं चलता। रूप गोस्वामी, जीव गोस्वामी और बलदेव भूषण जैसे चैतन्य के अनुयायियों ने अचिन्त्य भेदाभेदवाद को दार्शनिक सम्प्रदाय के रूप में स्थापित करके लोकप्रिय बनाया। रूप गोस्वामी रचित *उज्ज्वलनीलमणि* और *भक्तिरसामृतसिंधु* पर जीव गोस्वामी की टीकाएँ मिलती हैं। जीव गोस्वामी द्वारा *भागवत* पर लिखित *षट्संदर्भ* ग्रंथ उपलब्ध है जिसकी जीवगोस्वामी ने ही *सर्वसम्वादिनी टीका* लिखी है। इनके अलावा बादरायण के *ब्रह्मसूत्र* पर बलदेव विद्याभूषण द्वारा लिखा *गोविन्दभाष्य* भी इस सम्प्रदाय का महत्त्वपूर्ण ग्रंथ है।

यह सम्प्रदाय कृष्ण को परमब्रह्म मानता है। इसका मानना है कि वे अनन्त कल्याण गुण सम्पन्न और अनंत शक्ति सम्प्रन्न हैं। उनमें गुण और गुणी का अभेद है। भगवान के स्वरूप, विग्रह और गुणों में कोई भेद नहीं है। ये सब एक हैं। उनमें भेद भाषागत दृष्टि से है, वास्तव में वे एक हैं। अचिन्तय अपरिमेय अनंत के कारण भगवान में विरुद्ध गुणों की स्थिति भी बनी रहती है। भगवान अपनी शक्तियों द्वारा

जगत और जीवों के रूप में अभिव्यक्त होते हैं। यह अभिव्यक्ति वास्तविक और सत्य है। भगवान अपने स्वरूप से जगत के निमित्त कारण और अपनी शक्तियों से उपादानकरण हैं। इस प्रकार भगवान ही इस जगत के अभिन्ननिमित्तोपादन कारण हैं। भगवान में और उनकी शक्तियों में अचिन्त्यभेदाभेद संबंध है। इस मत के सैद्धांतिक प्रतिपादन इस प्रकार हैं :

आराध्य तत्त्व : इस मत के अनुसार श्रीकृष्ण ही आराध्य हैं। श्रीकृष्ण की तीन लीलाओं, वृंदावन-लीला, मथुरा-लीला तथा द्वारिका-लीला में से वृंदावन-लीला की ही इसमें प्रमुखता है। सभी लीलाओं में गोपीकृष्ण की माधुर्य लीला ही इसके अनुयायियों को रास आती है। धामतत्त्व : आनंद निकेतन, प्रेम-सरोवर वृंदावन ही सर्वप्रियधाम है। उपासना तत्त्व : ब्रज की वधुओं द्वारा सम्पादित उपासना ही मुख्य उपासना है। इसका बीज है रागात्मिका भक्ति, अनुरागमूलक भक्ति। वैधी भक्ति की उपासना रुक्मिणी, सत्यभामा आदि पटरानियाँ करती हैं परंतु इसमें विधि-विधान ही विशेष है, हृदय के अनुराग का संबंध बहुत ही न्यून है। परंतु गोपियों की उपासना सर्वथा स्वार्थहीन, अहैतुकी तथा सान्द्ररसमयी है। यही आदर्श है उपासना-तत्त्व का। शास्त्र तत्त्व : सबसे श्रेष्ठ शास्त्र है भागवत पुराण, जिसमें श्रीकृष्ण की ललित लीलाओं का कीर्तन किया गया है और जिसमें भक्ति के नाना रूपों का सरस विवरण है। पुरुषार्थ तत्त्व : चैतन्यमत धर्म, अर्थ, काम तथा मोक्ष के अलावा एक पाँचवा पुरुषार्थ 'प्रेमा' मानता है। और इसकी उपलब्धि ही मानव जीवन का चरम लक्ष्य है।

चैतन्य मत के अनुसार स्वरूपशक्ति, तटस्थशक्ति या जीवशक्ति और मायाशक्ति ईश्वर की ये तीन शक्तियाँ हैं। स्वरूपशक्ति अंतरंग शक्ति कहलाती है। भगवान की स्वरूपशक्ति सत्, चित् और आनंद के कारण तीन तरह के रूपों में अभिव्यक्त होती है। सत् रूप में अभिव्यक्त शक्ति संधिनी कहलाती है। चित् रूप में अभिव्यक्त शक्ति को सम्वित् कहा जाता है तथा आनंदरूप में अभिव्यक्त शक्ति हलादिनी कहलाती है। तटस्थशक्ति या जीवशक्ति के ज़रिये भगवान अणुपरिमाण जीवों के रूप में व्यक्त होते हैं। मायाशक्ति के माध्यम से भगवान अपने को जड़ जगत रूप में व्यक्त करते हैं। माया बहिरंग शक्ति है। जीवन अनेक, अणुरूप तथा नित्य है। जैसे सूर्य से किरणें निकलती हैं वैसे ही ईश्वर अपने को जीव-रूप में व्यक्त करता है। जीव सर्वदा भगवान पर आश्रित है। जगत भी भगवान की अभिव्यक्ति होने के कारण सत्य है। जगत की अपूर्णता, अज्ञान, दुःख आदि भगवान को स्पर्श नहीं करते। मोक्ष में जीव के अज्ञान का नाश हो जाता है, किन्तु जगत की सत्ता बनी रहती है।

मानव ईश्वर चालित यंत्र की तरह है किंतु वह अपना भाग्य विधाता है। अपना कल्याण चाहता है और गुरु व शास्त्रोपदेश उसे सच्ची दिशा प्रदान कर सकते हैं। *श्रीमद्भागवत* का सुंदर उपदेश है कि जब जीव की सांसारिक यात्रा समाप्त होने को होती है तो उसके साथ भगवान के किसी भक्त का समागम होता है। उस सत्संग समागम के ज़रिये वह भगवान से प्रेम करने लगता है तथा प्रेम के ज़रिये उसे सद्गति (मोक्ष) प्राप्त होती है। मोक्ष से बढ़ कर भी जीवन का साध्य प्रेमा है। यह प्रेमा ही जीवन का सार है। और प्रेमा कृष्ण का साक्षात् रूप है। और पाँचवाँ पुरुषार्थ है। रूप गोस्वामी के अनुसार प्रेम विभिन्न क्रमों को पार करता हुआ अपने विशुद्ध रूप में आर्विभूत होता है। जीव स्नेह, मान, प्रणय, राग, अनुराग, व भाव की क्रमिक दशाओं से होता हुआ महाभाव तक पहुँचता है तथा प्रेमा रूप में प्रतिष्ठित होता है।

इस अवधारणा के अनुसार प्रेमा के उदय का भी एक मनोवैज्ञानिक क्रम है। कार्य-कारण की एक श्रृंखला है, जिसके भीतर से जाने पर ही भक्त के हृदय में यथार्थ की उत्पत्ति होती है। *भक्तिरसामृतसिंधु* के अनुसार सर्वप्रथम श्रद्धा उत्पन्न होती है। तब होता है साधु समागम। भजन की क्रिया आरम्भ होती है, जिससे भक्तों के अनर्थ का निवारण हो जाता है। अनतंर उदित होती निष्ठा अर्थात् अत्यन्त उत्साह के साथ भजन का संत सेवन और अनुष्ठान। तब होती है रुचि अर्थात् भजन करने तथा लीला-श्रवण में प्रेम, जिससे उत्पन्न होती है आसक्ति अर्थात् दृढ़ गम्भीर स्नेह। इसके पीछे तथा अंत में प्रेमा का उदय होता है। यहाँ प्रेमा की समता सूर्य से दी गयी है। जिस प्रकार सूर्य का उदय होने पर निशा का अवसान हो जाता है और सर्वत्र किरणों का विस्तार होता है, प्रेमा की भी यही दशा होती है। इस महाभाव के चित्त में उदय होते ही साधक का चित्त आह्लाद से प्रफुल्लित हो उठता है। प्रेमा को महाभाव कहने का आशय यह है कि सांसारिक रति तो भावरूपा ही होती है, किन्तु श्रीकृष्ण विषय रति ही महानभाव (स्थायी भास) बनने की अधिकारिणी है। चैतन्यमत में भक्ति ही 'आभिधेयतत्त्व' है। अत: श्रीकृष्ण प्रेम 'साध्य-तत्त्व' है तथा उसकी प्राप्ति का एकमात्र उपाय होने से श्रीकृष्णभक्ति ही 'साधन तत्त्व' है।

चैतन्य महाप्रभु ने दक्षिण भारत श्रीरंग तथा सेतु बाँध आदि क्षेत्रों की यात्रा करते हुए 1515 में विजयदशमी के दिन वृंदावन के लिए प्रस्थान किया और कार्तिक पूर्णिमा के दिन वृंदावन पहुँचे। वृंदावन में इसी तिथि को गौरांग आगमनोत्सव धूमधाम से मनाया जाता है। वृंदावन में चैतन्य ने इमली तला तथा अक्रूर घाट पर कुछ दिनों तक निवास किया। वहाँ से प्रयाग, काशी, हरिद्वार, शृंगेरी, काम-कोटि, द्वारिका, मथुरा आदि स्थानों पर हरिनाम संकीर्तन का प्रचार-प्रसार करते हुए घूमते रहे। 47 साल की अल्पायु में ही जगन्नाथ रथयात्रा के दिन चैतन्य का निधन हुआ।

देखें : आर्यभट्ट और *आर्यभटीय*, उपनिषद्, कपिल, *अर्थशास्त्र* और

कौटिल्य, गोपीनाथ कविराज, गोविंद चंद्र पाण्डे, जैन दर्शन, न्याय दर्शन, दया कृष्ण, नागार्जुन, पतंजलि और *योगसूत्र,* पाणिनि और *अष्टाध्यायी,* पुराण, पूर्व-मीमांसा दर्शन, बदरी नाथ शुक्ल, बादरायण, बौद्ध दर्शन, *भगवद्गीता,* भरत और *नाट्यशास्त्र,* मुकुंद लाठ, *भागवत पुराण, महाभारत,* यशदेव शल्य, योग दर्शन, रामानुजाचार्य, राम अवतार शर्मा, लोकायत, वात्स्यायन और *कामसूत्र,* वेदांत दर्शन, वैशेषिक दर्शन, शंकराचार्य, षड्-दर्शन-1 और 2, संस्कृत काव्यशास्त्र, स्मृति-साहित्य, सांख्य दर्शन-1 और 2, सिद्ध-नाथ परम्परा।

संदर्भ

1. चंद्रधर शर्मा, *भारतीय दर्शन : आलोचन और अनुशीलन,* मोतीलाल बनारसीदास, नयी दिल्ली.
2. अजय तिवारी (सम्पा.), *तुलसीदास : एक पुनर्मूल्यांकन,*
3. भक्ति आंदोलन और तुलसीदास : रामविलास शर्मा), आधार प्रकाशन, पंचकूला.
4. आचार्य बलदेव उपाध्याय, *भारतीय दर्शन की रूपरेखा,* चौखम्भा प्रकाशन, वाराणसी.

— अजय कुमार पाण्डेय

चंद्रिका प्रसाद जिज्ञासु

(Chandrika Prasad Jigyasu)

आधुनिक हिंदी दलित साहित्य के पहले प्रवर्तकों में से एक चंद्रिका प्रसाद जिज्ञासु (1889-1974) को दलित समाज में साहित्य-संस्कृति के पुन: जिज्ञासा जगाने का श्रेय जाता है। दलित समाज को उसके इतिहास से का साक्षात्कार कराने वाले जिज्ञासु 1960 में दलित साहित्य छापने वाला पहला प्रेस लगाया और अपने लेखन और व्याख्यानों ने दलित-पिछड़ी जातियों में नयी चेतना पैदा की, नया सोच विकसित किया और उन्हें अपने अधिकारों के प्रति जागरूक बनाया। हिंदी प्रदेश में हजारों नौजवान उनकी किताबें पढ़कर बुद्ध और आम्बेडकर के प्रति आकर्षित हुए और ब्राह्मणवाद के ख़िलाफ़ सामाजिक परिवर्तन के आंदोलन में कूद पड़े। उन्होंने दलित और पिछड़ी जातियों को भारतीय राजनीति और भारतीय समाज को समझने की दृष्टि प्रदान करने वाले चंद्रिका प्रसाद जिज्ञासु ने अपनी निरंतर सक्रियता और प्रतिबद्धता से एक समूचे युग का निर्माण किया जिसमें नये लेखकों की एक पूरी पीढ़ी पैदा हुई और पनपी। वे पायी किल से गाँव-गाँव जाकर सामाजिक परिवर्तन की अलख जगाते हुए आम्बेडकर विचारधारा का प्रचार करते रहे। लखनऊ में सक्रिय उनके सहयोगियों और उनसे अनुप्राणित लेखकों में राजवैद्य बदलूराम रसिक, ख़ेमचंद सौगत, मंगलदेव विशारद, रामस्वरूप वर्मा, छेदीलाल साथी और डॉ. अंगने लाल प्रमुख थे। जिज्ञासु के व्यक्तित्व और कृतित्व ने राहुल सांकृत्यायन और अमृत लाल नागर तक को प्रभावित किया। आरम्भ में जिज्ञासु गाँधीवादी थे और 'राष्ट्रीय डंका' और 'आज़ादी' शीर्षक से उनकी राष्ट्रीय कविता ब्रिटिश शासन द्वारा ज़ब्त कर उन्हें गिरफ़्तार कर लिया गया। शीघ्र ही गाँधीवाद से उनका मोह भंग हो गया और वे डॉ. आम्बेडकर के प्रशंसक हो गये। भदंत बोधानंद के सम्पर्क में आने पर उनका बौद्ध धर्म की ओर रुझान हुआ।

जिज्ञासु का जन्म 1889 में कलवार जाति में हुआ था। उनके पिता मास्टर जियालाल अमेरिकन मिशन स्कूल, आदतगंज के हेड मास्टर थे। जब वे ग्यारह साल के थे वे तभी अनाथ हो गये, पर वे घबराये नहीं, कठोर परिश्रम किया और मुड़िया सीख कर मुनीमगीरी की। कठिन परिस्थितियों में हाई स्कूल, संस्कृत में मध्यमा और फ़ारसी में गुलिस्ताँ बोस्ताँ की पढ़ाई की। उन्होंने तमाम धर्मशास्त्रों और साहित्य का अध्ययन किया। वे निरंतर लिखते-पढ़ते रहते थे। अध्यवसाय के ज़रिये उन्हें हिंदी, उर्दू, बांग्ला, संस्कृत, अरबी, फ़ारसी, और पश्तो भाषाओं का अच्छा ज्ञान हो गया था। क़ुरान का उन्होंने (उर्दू से) हिंदी अनुवाद किया था। जब कभी वे मुसलमानों के बीच व्याख्यान देते थे तो लगता था कि सारे इस्लामिक साहित्य का उन्होंने मंथन कर डाला है।

जिज्ञासु ने उस दौर में डॉ. आम्बेडकर पर लिखना आरम्भ किया जब उत्तर भारत में शिक्षित दलित भी उनके बारे में बहुत अधिक नहीं जानते थे। इसका सबसे बड़ा कारण यह था कि आम्बेडकर की और उन पर किताबें उपलब्ध नहीं थीं। डॉ. डी.आर. जाटव की आत्मकथा *मेरा सफ़र मेरी मंज़िल* का अध्ययन करने पर पता चलता है कि उन्हें बहुत मुश्किल से ही आम्बेडकर पर दो-तीन पुस्तकें उपलब्ध हुई थीं। एक-दो पुस्तकें उन्हें उनके पीएचडी गाइड श्री तिवारी के ज़रिये मिल पायी थीं। डॉ. जाटव ने साठ के दशक में डॉ. आम्बेडकर पर पीएचडी की थी और सम्भवत: वे बाबा साहेब पर अकादमिक अध्ययन करने वाले देश के पहले शोधार्थी थे।

जिज्ञासु डॉ. आम्बेडकर की पुस्तकें (जैसे, *शूद्र कौन थे?, कांग्रेस और गाँधी ने अछूतों के लिए क्या किया?, भारत में जाति की समस्या क्या है?* और *जाति का उच्छेद* आदि) हिंदी में प्रकाशित करना चाहते थे। दो पुस्तकों को हिंदी में प्रकाशित करने के लिए तो वे ख़ास तौर से बेचैन थे। इनमें एक थी *पार्टीशन ऑफ़ इण्डिया ऐंड पाकिस्तान* और दूसरी थी *प्रॉबल्म ऑफ़ रुपी*। पहली किताब उन्हें कन्हैयालाल कमल के सौजन्य से मिली (जिसके बारे में जिज्ञासु ने लिखा है कि कमल इसे प्राण के समान पेटी में बंद करके रखे हुए थे)। इस किताब का अनुवाद दयाराम जैन ने किया और 1972 में वह हिंदी में बहुजन कल्याण माला के तहत प्रकाशित हुई। लेकिन *प्रॉबल्म ऑफ़ रुपी* शायद उन्हें उपलब्ध ही नहीं हो सकी।

जिज्ञासु के पास इतिहास की गहरी समझ थी। उन्होंने दलित इतिहास और संस्कृति का गहरा अध्ययन किया था और वे दलित नायकों के इतिहास को सामने लाना चाहते थे। छोटी-छोटी पुस्तकों के माध्यम से उन्होंने वह कर दिखाया जो मोटी-मोटी पोथियों के लेखक और विद्वान नहीं कर सके। वैदिक विचार के लेखकों की राय में रावण द्रविड़ था, लेकिन जिज्ञासु के मतानुसार रावण गोंड जाति का था। लटारी कवडू मडावी ने भी उनकी बात का समर्थन करते हुए रावण को तमाम आदिवासी गणों का गणनायक बताया है। जिज्ञासु ने अपने लेखन में रावण को अनार्य राजा सिद्ध किया है जो भगवान गौतम बुद्ध के अनुयायी थे।

जिज्ञासु की पहली पुस्तक महाराणा प्रताप पर थी जो उन्होंने आर्य समाजियों के कहने पर लिखी थी। लखनऊ से गोपाल लाल खत्री द्वारा शुरू की गयी *नागरी प्रचारणी* नाम पत्रिका का सम्पादन भी उन्होंने कुछ समय तक किया। साहित्य और इतिहास लेखन के साथ वे पत्रकारिता में भी आये। *नवजीवन* में सहायक सम्पादक बने और वहीं से सेवा-मुक्त होकर उन्होंने समाज सेवा प्रेस क़ायम किया। उन्होंने *कलवार-संदेश* और *हैहय क्षत्रिय* नामक पत्रिकाएँ निकालीं जिनका प्रकाशन काफ़ी समय तक जारी रहा। जिज्ञासु प्रकाश लखनवी के नाम से कविताएँ लिखते थे और उनके लेख *सुधा* तथा *सरस्वती* में भी छपे। हिंदी साहित्य सम्मेलन, इलाहाबाद में भाग लेने के बाद लखनऊ लौट कर जिज्ञासु ने स्वामी रामतीर्थ के शिष्य नारायण स्वामी की *गीता भाष्य* के सम्पादन और प्रकाशन में मदद की। उन्होंने रामतीर्थ पब्लिकेशन लीग के लिए उर्दू के कई ग्रंथों का हिंदी में अनुवाद भी किया। जिज्ञासु बांग्ला भी जानते थे और उन्होंने बांग्ला उपन्यासों की हिंदी में भाषांतर भी किया।

जिज्ञासु का रचना-संसार विशाल है। उनके द्वारा लिखित, सम्पादित और अनूदित पुस्तकों की संख्या सौ के लगभग है। जिज्ञासु की मृत्यु एक हृदयविदारक हादसे के कारण हुई। सर्दी के मौसम में वे काफ़ी कपड़े पहनते थे और रात को भी वही कपड़े पहन कर सोते थे। रजाई भी ओढ़ते थे और चारपायी के नीचे हीटर भी लगाते थे। एक रात हीटर ने चारपायी में आग पकड़ ली। इस दुर्घटना में गम्भीर रूप से जल जाने के कारण 12 फ़रवरी, 1974 को उनका देहांत हो गया।

देखें : अनुसूचित जातियाँ, अस्मिता की भारतीय राजनीति, अन्य पिछड़े वर्ग, आयोतीदास पांडीतर, आयंकाली, आम्बेडकर-गाँधी विवाद, इरोड वेंकट रामस्वामी नायकर पेरियार, कांशी राम, गाड़गे बाबा, गुरु घासीदास, गोपाल बाबा वलंगकर, जगजीवन राम, ज्योतिराव गोविंदराव फुले, जाति और जाति-व्यवस्था-1 से 4 तक, बहुजन समाज पार्टी-1 और 2, बाबू मंगूराम, भदंत आनंद कौसल्यायन, भीमराव रामजी आम्बेडकर, स्वामी अछूतानंद हरिहर।

संदर्भ

1. श्यौराज सिंह बेचैन (1995), *हिंदी की दलित पत्रकारिता पर पत्रकार आम्बेडकर का प्रभाव*, समता प्रकाशन, दिल्ली.
4. अंगनेलाल (2011), *उत्तर प्रदेश में दलित आंदोलन*, गौतम बुक सेंटर, नयी दिल्ली.

— मोहन दास नैमिशराय

छ

छत्तीसगढ़

(Chattisgarh)

मध्य भारत स्थित राज्य छत्तीसगढ़ का नाम इस पूरे क्षेत्र में मौजूद छत्तीस किलों या गढ़ों के आधार पर पड़ा है। दक्षिणी मध्य प्रदेश के छत्तीसगढ़ी बोलने वाले 16 ज़िलों को अलग करके इस राज्य का गठन झाड़खण्ड के साथ-साथ एक नवम्बर, 2000 को हुआ था। इन दोनों राज्यों के गठन के पीछे मुख्य रूप से इन इलाक़ों में आदिवासी समाज की बहुत बड़ी मौजूदगी थी। गठन के बाद से छत्तीसगढ़ की राजनीति मुख्य रूप से द्वि-दलीय (कांग्रेस और भारतीय जनता पार्टी) ही रही है। एक तरह से इस मामले में छत्तीसगढ़ ने पुराने राज्य मध्य प्रदेश की राजनीति का ही अनुसरण किया है। जब यह राज्य मध्य प्रदेश का भाग था, तो मध्य प्रदेश के पहले मुख्यमंत्री रविशंकर शुक्ल इसी क्षेत्र के थे। बाद में, शुक्ल बंधुओं श्यामाचरण शुक्ल और विद्याचरण शुक्ल ने भी मध्य प्रदेश और केंद्र की राजनीति में अपनी गहरी पहचान बनायी। राज्य के गठन के बाद इन शुक्ल बंधुओं में से एक यानी विद्याचरण शुक्ल ने राष्ट्रवादी कांग्रेस पार्टी के रूप में राज्य की राजनीति में एक तीसरा मोर्चा बनाने की कोशिश की, लेकिन वे नाकाम रहे। पिछले एक दशक में छत्तीसगढ़ विभिन्न कम्पनियों के साथ दिये गये खनन और कारख़ाना लगाने के समझौतों और इसके विरोध मे आदिवासियों के आंदोलन के कारण भी चर्चा में रहा है। छत्तीसगढ़ का आदिवासी क्षेत्र माओवादी हिंसा और उसके प्रतिकार के लिए भाजपा व कांग्रेस के मिले-जुले लेकिन अत्यंत विवादास्पद उद्यम सलवा जुडूम के लिए के लिए भी जाना जाता है। 2013 के मध्य में माओवादियों द्वारा एक घात लगा कर किये गये हमले में कांग्रेस के प्रदेश अध्यक्ष नंद कुमार पटेल, सलवा जुडूम का नेतृत्व करने वाले पूर्व विधायक महेंद्र करमा और पार्टी के वरिष्ठ नेता विद्याचरण शुक्ल के मारे जाने के बाद यह पार्टी प्रदेश में नेतृत्व के संकट से जूझ रही है। अगर माओवाद और उसकी प्रतिक्रिया में शुरू किये गये सलवा जुडूम को अपवाद माना जाये, तो एक नये राज्य के रूप में संसदीय राजनीति के स्तर पर छत्तीसगढ़ का प्रदर्शन ठीक-ठाक समझा जा सकता है। यहाँ सरकारें स्थायी रही हैं और उन्होंने बहुत ख़राब प्रदर्शन नहीं किया है।

रायपुर राजधानी वाला छत्तीसगढ़ क्षेत्रफल (135,194 वर्ग किमी) के हिसाब से भारत का दसवाँ राज्य है। छत्तीसगढ़ के उत्तर-पश्चिम में मध्य प्रदेश, पश्चिम में महाराष्ट्र, दक्षिण में आंध्र प्रदेश, पूर्व में ओड़ीशा, उत्तर-पूर्व में झारखण्ड और उत्तर प्रदेश है। 2011 की जनगणना के अनुसार इसकी आबादी 2,55,40,961 और इस लिहाज़ से यह भारत का सत्रहवाँ राज्य है। यहाँ जनसंख्या का घनत्व 188.9 वर्ग किलोमीटर और साक्षरता दर 64.7 प्रतिशत है। छत्तीसगढ़ में विधायिका एक सदनीय है। विधानसभा में कुल 91 सदस्य चुने जाते हैं। लोकसभा में इस राज्य से कुल 11 और राज्यसभा में 5 सदस्य चुने जाते हैं। पूर्वी हिंदी की एक बोली छत्तीसगढ़ी को हिंदी के साथ राज्य की आधिकारिक भाषा का दर्जा दिया गया है। इसी के साथ छत्तीसगढ़ के कई भागों में कई आदिवासी और द्रविड़ भाषा-परिवार की बोलियाँ या भाषाएँ भी इस्तेमाल की जाती हैं। इस राज्य के उत्तरी और दक्षिणी भाग पहाड़ी हैं, जबकि मध्य भाग मैदानी है। इसके कुल भौगोलिक क्षेत्र का 44 प्रतिशत हिस्सा जंगल है। छत्तीसगढ़ को मुख्य रूप से एक ग्रामीण राज्य कहा जा सकता है क्योंकि यहाँ की जनसंख्या का सिर्फ़ 20 प्रतिशत

छत्तीसगढ़ : एक नवम्बर, 2000 को गठित

भाग ही शहरों में रहता है। यहाँ कुल 34 प्रतिशत अनुसूचित जनजातिया और 12 प्रतिशत अनुसूचित जातियाँ हैं। यहाँ के मैदानी इलाक़ों में तेली, सतनामी और कुर्मी जैसी जातियाँ जनसंख्या के लिहाज़ से प्रभुत्वशाली स्थिति में हैं। जंगली इलाकों में गोंड, हल्बा, कमार, गुजिया और उरांव जैसी जनजातियों की जनसंख्या ज़्यादा है।

अपने गठन के समय इस राज्य की विधानसभा को इस क्षेत्र से 1998 में मध्य प्रदेश विधानसभा में चुने गये सदस्य ही मिले। इसलिए यहाँ कांग्रेस को बहुमत मिला और उसने अजीत जोगी के नेतृत्व में अपनी सरकार बनायी। 2003 में हुए विधानसभा चुनावों में कांग्रेस को हार का सामना करना पड़ा और भाजपा को ज़बरदस्त जीत मिली। इन चुनावों में भाजपा को 50, कांग्रेस को 37 तथा बहुजन समाज पार्टी या बसपा को 2 सीटें मिलीं। भाजपा ने रमन सिंह के नेतृत्व में सरकार बनायी। 2004 के संसदीय चुनावों में भी भाजपा को भारी जीत मिली। इसने कुल 11 सीटों में से 10 पर जीत हासिल की और कांग्रेस के खाते में मात्र एक सीट आयी। 2008 में राज्य में फिर से विधानसभा चुनाव हुए और इन चुनावों में भी भाजपा ने बहुमत हासिल किया। उसने अपने पुराने प्रदर्शन को दुहराते हुए कुल 50 सीटों पर जीत हासिल की, वही कांग्रेस को 38 सीटों पर जीत मिली। 2009 में हुए संसदीय चुनावों में भी भारतीय जनता पार्टी ने अपने पुराने प्रदर्शन को दुहराते हुए 10 लोकसभा सीटों पर जीत हासिल की, जबकि कांग्रेस को सिर्फ़ 1 सीट पर जीत मिली।

छत्तीसगढ़ में हुए पिछले दो विधानसभा चुनाव (2003 और 2008) तथा दो संसदीय चुनावों (2004 और 2009) से यह स्पष्ट संकेत मिलता है कि यहाँ की राजनीति में भाजपा की स्थिति कांग्रेस की तुलना में काफ़ी मज़बूत हुई है। इसका एक बड़ा कारण भाजपा की राज्य सरकार का तुलनात्मक रूप से ठीक-ठाक प्रशासन रहा है। राष्ट्रीय स्वयंसेवक संघ द्वारा वनवासी कल्याण आश्रमों के माध्यम से किये गये कामों का फ़ायदा भी भाजपा को मिला है। इसके अलावा, कांग्रेस पार्टी के भीतर मौजूद ख़ेमेबाज़ी ने भी भाजपा की राह आसान कर दी है।

छत्तीसगढ़ में विभिन्न खनिज पदार्थ प्रचुर मात्रा हैं। राज्य सरकार ने इन संसाधनों के दोहन और उसके माध्यम से राज्य के विकास के लिए बहुत सारी राष्ट्रीय और बहु-राष्ट्रीय कम्पनियों से समझौते किये। इन समझौतों के विरोध में छत्तीसगढ़ के कई इलाक़ों में जन-आंदोलन शुरू हुए। छत्तीसगढ़ के कई भागों में माओवादी आंदोलन ने भी जोर पकड़ा। ख़ासतौर पर दाँतेवाड़ा ज़िला और उसके आस-पास के इलाक़ माओवादी आंदोलन का गढ़ बन गये। माओवादियों के दमन के लिए राज्य द्वारा की कार्रवाईयों और राज्य के प्रतिरोध के लिए माओवादियों की कार्रवाईयों ने हिंसा-प्रतिहिंसा के अंतहीन दौर को जन्म दिया। इसी दौरान एक अन्य परिघटना के रूप में सलवा जुडूम का भी उभार हुआ। 2005 में छत्तीसगढ़ के कांग्रेसी नेता महेंद्र करमा के नेतृत्व में दाँतेवाड़ा ज़िले इसकी शुरुआत हुई जिसे बाद में भाजपा सरकार ने भी पूरा समर्थन दिया। मुख्यमंत्री रमन सिंह ने इसे 'गाँधीवादी शांतिपूर्ण आंदोलन' की संज्ञा दी।

विरोधाभास यह था कि शुरुआत से ही आंदोलन के कार्यकर्त्ताओं के पास ढेर सारे हथियार थे। जुडूम के कार्यकर्ता माओवादी प्रभाव के गाँवों में जा कर वहाँ लोगों को गाँव ख़ाली करके शिविरों में जाने के लिए कहते थे। लोगों द्वारा मना करने पर उन्हें जान से मारे जाने, उनके घरों को जला देने, बलात्कार करने जैसे ख़तरों का सामना करना पड़ता था। मानवाधिकार कार्यकत्ताओं की लगातार आलोचनाओं और चेतावनियों के बावजूद सलवा जुडूम चलता रहा। सरकार ने इससे जुड़े लोगों को हथियार देकर एसपीओ (या विशेष

पुलिस अफ़सर) बनाना भी शुरू कर दिया। एसपीओ के रूप में इन आदिवादी युवकों को 3000 हज़ार रुपये का मानदेय दिया जाता था। उनसे उम्मीद की जाती थी कि वे माओवादी विद्रोह के ख़िलाफ़ संघर्ष में सुरक्षा बलों की मदद करेंगे। इस तरह समाज के एक तबक़े के युवाओं को हथियार देकर दूसरे तबक़े के ख़िलाफ़ लड़ने के लिए गोलबंद किया गया। इस परिघटना ने राज्य के इस इलाक़े में हिंसा और मानवाधिकार-उल्लंघन की घटनाओं में काफ़ी बढ़ोतरी की। 5 जुलाई, 2011 को नंदिनी सुदंर और अन्य बनाम छत्तीसगढ़ राज्य केस में अपना फ़ैसला सुनाते हुए सर्वोच्च न्यायालय ने सलवा जुडूम और एसपीओ की नियुक्ति को अवैध क़रार दिया। इसके बाद औपचारिक रूप से सलवा जुडूम का अंत घोषित कर दिया गया। लेकिन समझा जाता है कि इसके बावजूद छत्तीसगढ़ सरकार की तरफ़ से यह परिघटना अनौपचारिक और अघोषित रूप से जारी है।

विकास और आदिवासियों के जल-जंगल-ज़मीन का सवाल छत्तीसगढ़ में शिद्दत से उभर कर सामने आया है। इसका एक बड़ा कारण यह भी है कि इस मुद्दे पर राज्य के सत्ताधारी दल और मुख्य विपक्षी दल के बीच अद्भुत सहमति बन गयी है। दोनों ही पूँजीपतियों के निवेश को राज्य के विकास का एकमात्र रास्ता मानते हैं। इसने न सिर्फ़ संसाधनों की लूट को बढ़ावा दिया है बल्कि इससे आदिवासियों की जीविका और जीवन-शैली ही ख़तरे में पड़ गयी है। फिर, छत्तीसगढ़ में संसदीय राजनीति करने वाले दलों (वामपंथी दलों के अलावा) ने हर तरह के विरोध को माओवाद की श्रेणी में डालकर दमन करने की नीति की हिमायत की है। इससे राज्य की स्थिति और पेचीदा हो गयी है। भविष्य में राज्य की राजनीति की दिशा सिर्फ़ इस बात पर निर्भर नहीं करती कि कांग्रेस भाजपा को चुनौती दे पाती या नहीं। दरअसल, राज्य की राजनीति की दिशा इस बात से तय होगी कि संसदीय राजनीति करने वाले आम आदिवासियों की आकांक्षाओं और जल, जंगल, ज़मीन से उनके जुड़ाव को मान्यता देने और उसके अनुरूप विकास का मॉडल बनाने के लिए तैयार होते हैं या नहीं।

देखें : असम, अरुणाचल प्रदेश, आदिवासी प्रश्न-1, 2 और 3, आंध्र प्रदेश, उत्तर प्रदेश, उत्तराखण्ड, ओडीशा, कर्नाटक, केरल, जम्मू और कश्मीर, झाड़खण्ड, तमिलनाडु, त्रिपुरा, दिल्ली, नगालैण्ड, पश्चिम बंग, पंजाब, महाराष्ट्र, मध्य प्रदेश, मिज़ोरम, मेघालय, भारतीय संघवाद, बिहार, राजस्थान, राज्यों का पुनर्गठन-1, 2 और 3, राज्यों की राजनीति, संघवाद, हरियाणा।

संदर्भ

1. बाबा मायाराम (2009), 'छत्तीसगढ़ : अब भाजपा का गढ़', अरविंद मोहन (सम्पा.), *लोकतंत्र का नया लोक : चुनावी राजनीति में राज्यों का उभार,* भाग-2, वाणी प्रकाशन-लोकनीति सीएसडीएस, नयी दिल्ली.
2. पी. छिब्बर और नूरुद्दीन (2008), 'अनस्टेबल, पॉलिटिकल-फ़िस्कल स्पेस ऐंड इलेक्टोरल वोलैटलिटी इन द इण्डियन स्टेट्स', *कम्पैरेटिव पॉलिटिकल स्टडीज़,* खण्ड 41.
3. पीपुल्स यूनियन फ़ॉर डेमोक्रेटिक राइट्स (2005), *व्हेन द स्टेट मेक्स वॉर ऑन पीपुल : वॉयलेशन ऑफ़ पीपुल्स राइट्स ड्युरिंग सलवा जुडूम,* नयी दिल्ली.

— कमल नयन चौबे

छात्र आंदोलन

(Student Movement)

क्रांतियों, क्रांतिकारी आंदोलनों और तरह-तरह के रैडिकल परिवर्तनों में राजनीतिक रूप से सचेत छात्रों और उनके संगठनों ने बीसवीं सदी के उत्तरार्ध में सजग व प्रभावशाली भूमिका निभायी है। लेकिन एक सामाजिक आंदोलन के रूप में छात्र आंदोलन की उपस्थिति का विशेष महत्त्व है। इस रूप में छात्र आंदोलन को आधुनिक समाज की एक ऐसी महत्त्वपूर्ण प्रवृत्ति की तरह देखा जा सकता है जिसमें विश्वविद्यालयों और कॉलेजों के विद्यार्थी समूह परिवर्तन की धारा में अग्रगामी भूमिका निभाते हैं। ऐसी अनगिनत घटनाएँ हो चुकी हैं जब छात्र-उर्जा ने नैतिक रुप से साख गँवा चुकी हुकूमतों के ख़िलाफ़ प्रतिरोध की मुखर अभिव्यक्ति में निर्णायक हिस्सेदारी की। छात्र आंदोलन की ऐसी मिसालें युरोप, एशिया, अफ्रीका तथा लातीनी अमेरिका के सर्वसत्तावादी देशों के साथ-साथ उदारतावादी उद्योगीकृत दुनिया में भी दिखायी पड़ती हैं, हालाँकि इसकी तीव्रता, तन्मयता व प्रभाव में क्षेत्र- दर-क्षेत्र अंतर देखा जा सकता है।

अमेरिकी महाद्वीपों के मुल्क़ों में छात्र आंदोलनों ने सामाजिक आंदोलन को गति देने वाले उत्प्रेरक की भूमिका अदा की है। जिस समय सामाजिक आंदोलन इन देशों की हुकूमतों द्वारा बुनियादी सेवाओं की उपलब्धता में नाकामी को चुनौती दे रहे थे, छात्र आंदोलनों ने अपनी ऊर्जा से राजनीतिक सक्रियता को एक नया आयाम दिया। अमेरिकी समाज-विज्ञान पहले छात्र-प्रतिरोध को मनोसामाजिक और घटाववादी नज़रिये से समझने की कोशिश करता था। लेकिन जल्दी ही इस दृष्टि की ख़ामियाँ साफ़ हो गयीं और छात्र-कार्रवायी के आईने में सामाजिक आंदोलन को पॉलिटिकल एक्शन कर सकने वाली राजनीतिक संरचना के रूप में देखने की शुरुआत हुई। युरोप में उत्तर-औद्योगिक समाज की

अवधारणा के इर्द-गिर्द नये सामाजिक आंदोलन की थीसिस सूत्रबद्ध की गयी जिसने साठ के दशक के उन छात्र-आंदोलनों को समझने में मदद की जिनके उभार ने पारम्परिक मार्क्सवादी समझ को चकरा दिया था।

साठ के दशक में विद्यार्थियों के उग्र विरोध पर विशेष रूप से ध्यान दिया गया। उस समय इसका संबंध वियतनाम में अमेरिका द्वारा किये गये फ़ौजी हस्तक्षेप से था। ख़ास बात यह है कि साठ के दशक में ही अमेरिका में छात्र आंदोलन की परिघटना मुख्य रूप से अफ़्रीकी-अमेरिकी नागरिक अधिकारों और सोशलिस्ट स्टुडेंट्स लीग फ़ॉर इंड्रस्ट्रियल डैमॉक्रैसी (जो कालांतर में स्टुडेंट्स फ़ॉर अ डैमॉक्रैटिक सोसाइटी बन गयी) के रूप में उभरी थी। छात्रों के इस संगठन ने 1964 में कैलिफ़ोर्निया विश्वविद्यालय, बर्कले में भाषण की स्वतंत्रता के मुद्दे पर रोष प्रकट किया था। इस घटना की अहमियत का अंदाज़ा इस बात से लगाया जा सकता है कि इसने अमेरिका तथा बाहरी दुनिया के बुद्धिजीवियों के मध्य छात्र आंदोलन और राजनीतिक ध्रुवीकरण के मुद्दे पर ख़ासी रुचि पैदा की। वियतनाम युद्ध का प्रतिरोध करने के कारण यह आंदोलन 1970 के वसंत तक अपनी पहचान राष्ट्रीय सीमाओं के बाहर स्थापित कर चुका था।

साठ के दशक में हुए छात्र आंदोलनों का व्यापक प्रभाव युरोपीय समाज पर भी देखा गया। इसका रैडिकल रूप मई, 1968 में देखने को मिला जब फ्रांस में विद्यार्थियों ने हुकूमत के उदारतावादी लोकतांत्रिक चरित्र में निहित उस राजनीतिक एजेंडे का विरोध किया जिसने आम लोगों के जीवन में ठहराव ला दिया था। इस आंदोलन के कारण फ्रांस का रोज़मर्रा का जन-जीवन अभूतपूर्व ढंग से प्रभावित हुआ। छात्र-ऊर्जा का राजनीतिक प्रभाव धीरे-धीरे विश्व के अन्य हिस्सों, मसलन ऑस्ट्रेलिया, एशिया तथा कम्युनिस्ट शासित पूर्वी युरोप के देशों में भी दिखा।

उल्लेखनीय है कि छात्र आंदोलन का उभार आधुनिक औद्योगिक समाज में उस वक़्त हुआ जब बहुत कम समय में उच्च शिक्षा में दाख़िलों की संख्या तिगुनी-चौगुनी हो गयी। इसके परिणामस्वरूप शिक्षण संस्थानों में विद्यार्थियों की संख्या इतनी ज़्यादा हो गयी कि उनके द्वारा किये जाने वाले आंदोलन अपने परिमाणात्मक प्रभाव में एक नयी दावेदारी की अभिव्यक्ति करने लगे। उच्च शिक्षा में बढ़ते हुए दाख़िलों के पीछे जनसंख्यामूलक दबाव प्रमुखता से काम कर रहे थे। विश्व-युद्ध के बाद आये 'बेबी बूम' के कारण चालीस से साठ के दशक में अमेरिका में जनसंख्या की अप्रत्याशित वृद्धि दर्ज की गयी थी। उच्च शिक्षा में संख्या प्रसार के पीछे कुछ राजनीतिक और बौद्धिक कारण भी थे। मानव-पूँजी की आवश्यकता पर ज़ोर देने वाले बुद्धिजीवियों का मानना था कि आर्थिक होड़ में बाज़ी मारने के लिए उच्च कार्यकुशलता से सम्पन्न कर्मचारियों की संख्या बढ़ाना ज़रूरी है। दूसरी तरफ़ अमेरिकी समाज में अभिभावक भी अपनी संतान के लिए रोज़गार-सुलभता के नज़रिये से उच्च शिक्षा की तरफ़ झुक रहे थे। इस सबके साथ-साथ उनका यह भी मानना था कि अपने जीवन के सर्वोत्तम काल में युवाओं के लिए विश्वविद्यालय एक आदर्श ज्ञान का मंदिर है। दूसरी तरफ़ आर्थिक ख़ुशहाली बढ़ने के कारण माता-पिता अपने वयस्क बच्चों को परिवार में आर्थिक योगदान से छूट देने में सक्षम होते जा रहे थे। एक युवक पहले के किसी भी समय के मुक़ाबले लम्बे अरसे तक छात्र बना रह सकता था। इन्हीं सब कारणों से विद्यार्थियों की संख्या बढ़ती चली गयी। विश्वविद्यालयों के प्रबंधन पर दबाव बढ़ा। कई देशों में विश्वविद्यालय छात्र-संख्या में हुए इस अचानक प्रसार का सामना करने के लिए तैयार नहीं थे। उनकी सुविधाएँ अपर्याप्त थीं। पाठ्यक्रम सुधारने में भी उन्हें देर लगी। इन कारणों से भी तनाव बढ़ा। विश्वविद्यालय प्रशासन और विद्यार्थी आमने-सामने आ गये। विद्यार्थियों का मानना था कि वे अब व्यस्क हो चुके हैं तथा अपने अधिकारों के प्रति अधिक सजग हैं, जबकि प्रशासन को हमेशा इस बात का ग़रूर था कि विद्यार्थियों के वे ही स्थानीय अभिभावक हैं।

छात्र आंदोलनों ने जो माँगें रखीं उन्होंने बृहद राजनीतिक संदर्भ में धरने व विरोध प्रदर्शन का रूप अख़्तियार कर लिया। छात्रों की समस्यायें नागरिक स्वतंत्रता के प्रश्न की तरह सूत्रीकृत होने लगीं। आंदोलन की तीव्रता इतनी अधिक थी इसके आगे विश्वविद्यालय प्रशासन खुद को असहाय महसूस करने लगा। फ्रांस में तो हालत यह थी कि विश्वविद्यालय के रेक्टर को विद्यार्थियों के डार्मिटरी से जुड़े क़ानून में फ़ेरबदल करने तक का अधिकार नहीं था। छात्र आंदोलनों के उभार व विकास ने राजनीतिक फलक पर भी शक्तिशाली उपस्थिति दर्ज की। विपक्षी राजनीतिक दलों ने भी सरकारी नीतियों के ख़िलाफ़ उनकी ऊर्जा का लाभ उठाने की योजना बनायी। पश्चिमी जर्मनी इसका एक महत्त्वपूर्ण उदाहरण है जहाँ सोशल डेमॉक्रैटिक पार्टी से निष्कासित समाजवादी विद्यार्थियों ने एक व्यापक गठबंधन बना कर संसद पर प्रभुत्व कर लिया। हायडलबर्ग, म्यूनिख अथवा रोम में छात्र आंदोलन की शुरुआत विश्वविद्यालय परिसर से बाहर हुई, बर्लिन, फ्रैंकफ़र्ट, टोरंटो में वामपंथी दलों की कमज़ोरी ने भी छात्र आंदोलन के उभार में भूमिका निभायी।

शुरुआत में छात्र-आंदोलनों को समाचार माध्यमों में काफ़ी जगह मिली। ख़ास तौर पर वियतनाम युद्ध के समय अमेरिकी हस्तक्षेप के ख़िलाफ़ जो उग्र छात्र आंदोलन भड़का उसे मास मीडिया ने हाथों-हाथ लिया। लेकिन कालांतर में इटली, जर्मनी तथा अमेरिका में छात्र आंदोलन ने जब हिंसक रुझान दिखाये और विद्यार्थियों के कुछ छोटे-छोटे समूह आतंकवाद में शामिल होने लगे तो मीडिया ने इसे महत्त्व देना

1968 में फ्रांस का रैडिकल छात्र आंदोलन

कम कर दिया। दूसरी तरफ़ अपनी उपेक्षा से आहत और काफ़ी रैडिकल हो चुके कुछ छात्र-समूहों ने मार्क्सवादी शैली में सर्वहारा वर्ग के क्रांतिकारीकरण की विफल कोशिशें भी कीं। इस घटनाक्रम ने छात्र आंदोलनों के सीमित चरित्र को भी रेखांकित किया।

जहाँ तक एशियाई समाजों में छात्र आंदोलन की भूमिका का सवाल है, इसकी प्रवृत्तियाँ अधिक स्पष्ट प्रतीत होती हैं। थाइलैण्ड, दक्षिण कोरिया, ताइवान तथा इंडोनेशिया में सर्वसत्तावादी शासन प्रणाली ने नागरिक अधिकारों तथा लोकतांत्रिक अधिकारों को दबाते हुए छात्र आंदोलनों को पनपने का मौक़ा ही नहीं दिया। बर्मा में तो सरकार ने आक्रामक रवैया अपनाते हुए छात्र आंदोलनों को दबा दिया। इस कड़ी में चीन का उदाहरण भी महत्त्वपूर्ण है जहाँ 1989 में पेइचिंग के त्यान-अन-मान चौराहे पर हो रहे आंदोलन को कुचल डाला गया। भारत में छात्र आंदोलन की व्यवस्थित बानगी सत्तर के दशक में जयप्रकाश नारायण आंदोलन के रूप में देखी जा सकती है जो मुख्यतः भ्रष्टाचार विरोधी आंदोलन था।

लातीनी अमेरिका के देश चिली में मई, 2011 के दौरान दोषपूर्ण शिक्षा व्यवस्था के ख़िलाफ़ आम विद्यार्थियों का ग़ुस्सा उबल पड़ा। उन्होंने शिक्षा-व्यवस्था की गुणवत्ता का सवाल उठाया और पूरी अर्थव्यवस्था में ही रद्दोबदल करने की ज़िद की। 14-19 जुलाई के बीच विद्यार्थियों ने 148 स्कूलों पर क़ब्ज़ा कर लिया।... कुछ विश्वविद्यालयों की गतिविधियाँ तो पूरी तरह से ठप्प हो गयीं। नतीजतन सरकार ने इक्कीस सूत्री प्रस्ताव पेश किया जिसमें विद्यार्थियों की कई माँगों को मान लिया गया। इनमें अच्छी शिक्षा सुलभ कराने के लिए संवैधानिक गारंटी, गर्वनेंस में विद्यार्थियों की भागीदारी, विश्वविद्यालय स्कॉलरशिप में बढ़ोतरी जैसी माँगें शामिल थीं। इसके बावजूद लगभग एक लाख विद्यार्थियों ने सेंटियागो की सड़कों पर आकर सरकारी प्रस्ताव का विरोध किया और कॉरपोरेट घरानों के दखलअंदाज़ी का विरोध करते हुए मुक्त, उच्च गुणवत्ता वाली लोक-शिक्षा की माँग की।

छात्र आंदोलनों के उभार के पीछे एक अहम कारण राजनीतिक विपक्ष और वामपंथी आंदोलन की कमज़ोरी का रहा है। युरोप में भी छात्रों के प्रतिरोध ने राजनीतिक प्रतिपक्ष द्वारा प्रदर्शित की जा रही कमज़ोरी की भरपाई ही की थी। दूसरे, विकसित उदारतावादी लोकतांत्रिक देशों में या भारत जैसे एशियायी लोकतांत्रिक छात्रों को थोड़े-बहुत दमन से ज़्यादा कुछ नहीं झेलना पड़ा। उन्हें प्रभु वर्ग के एक हिस्से ने समर्थन दिया जिसके कारण वे कुछ दिनों तक टिके रह सके। लेकिन इसके उलट पूर्वी युरोपीय देशों, चीन जैसे कम्युनिस्ट शासन वाले देशों में या अन्य सर्वसत्तावादी हुकूमतों में छात्र आंदोलन सरकारी दमन के मुक़ाबले टिकने में असमर्थ साबित हुए।

देखें : असम आंदोलन, जय प्रकाश नारायण, ज्याँ-पाल सार्त्र, भारतीय सामाजिक आंदोलन, समाजवादी वसंत-1, 2, 3, 4 और 5, सामाजिक आंदोलन।

संदर्भ

1. एम.ई. बोरेन (2001), *स्टुडेंट रज़िस्टेंस : अ हिस्ट्री ऑफ़ द अनरूली सब्जेक्ट,* रॉटलेज, न्यूयॉर्क.
2. डी.ई. बर्ग (1998), *इनसाइक्लोपीडिया ऑफ़ स्टुडेंट ऐंड यूथ मूवमेंट्स,* फ़ैक्ट्स ऑन फ़ाइल, न्यूयॉर्क.
3. एल. फ़्यूर (1969), *द कॉन्फ्लिक्ट ऑफ़ जेनरेशंस : द करेक्टर ऐंड सिग्नीफ़िकेंस ऑफ़ स्टुडेंट मूवमेंट्स,* बेसिक बुक्स, न्यूयॉर्क.
4. सी. रूट्स (1980), 'स्टुडेंट रैडिकलिज़म : पॉलिटिक्स ऑफ़ मॉरल प्रोटेस्ट ऐंड लेजिटिमेशन प्रॉब्लम्स ऑफ़ द मॉडर्न कैपिटलिस्ट स्टेट्स', *थियरी ऐंड सोसाइटी,* खण्ड 9, अंक 3.

— पंकज कुमार झा

ज

जगजीवन राम

(Jagjivan Ram)

भारत में दलित आंदोलन तथा राजनीति की दो धाराएँ आज़ादी से पूर्व से ही समानांतर चलती रही हैं। एक धारा डॉ. आम्बेडकर की थी, और दूसरी धारा के शीर्ष पर बाबू जगजीवन राम (1908-1986) थे। दरअसल, इस धारा का उद्‌गम कांग्रेस में निहित था जिसे पहले गाँधी ने मज़बूत किया फिर उन्हीं के उत्तराधिकारी के तौर पर बाबू जगजीवन राम उसे आगे तक ले गये। बकौल वियोगी हरि नेहरू युग से इंदिरा गाँधी तक कितने ही राजनीतिज्ञ उभरे और विलीन हो गये, लेकिन इस लम्बे दौर में जगजीवन राम की उपस्थिति लगातार बनी रही। जगजीवन राम एक कुशल वक्ता, लेखक और प्रभावशाली प्रशासक थे। आज़ादी के बाद अपने राजनीतिक जीवन का अधिकतम समय उन्होंने सत्ता में गुज़ारा और इस दौरान देश के सर्वाधिक महत्त्वपूर्ण मंत्रालयों की ज़िम्मेदारी कुशलता से सँभाली। 1971 के ऐतिहासिक बांग्ला देश युद्ध के समय वे ही प्रतिरक्षा मंत्री थे। 1969 से 1971 के बीच के संकटकाल में जगजीवन राम ने अपनी सांगठनिक क्षमताओं का लोहा मनवाते हुए कांग्रेस के राष्ट्रीय अध्यक्ष का पद भी सँभाला। सारे जीवन कांग्रेस में रहने के बाद 1977 में आपातकाल उठते ही जगजीवन राम ने कांग्रेस छोड़ कर कांग्रेस फ़ॉर डेमॉक्रैसी का गठन किया। उनके इस क़दम ने तत्कालीन राजनीति को एक निर्णायक मोड़ दिया। वे केंद्र में ग़ैर-कांग्रेसी जनता पार्टी के शीर्ष नेताओं में से एक बने। चुनावों में कांग्रेस की पराजय के बाद जगजीवन राम प्रधानमंत्री बनने की दौड़ में सबसे आगे थे। लेकिन उनकी दावेदारी की उपेक्षा की गयी। उन्हें प्रधानमंत्री न बनाकर उप-प्रधानमंत्री बनाया गया। जगजीवन राम ने जनता पार्टी से नाराज़ होकर कांग्रेस (जे) का गठन किया। वे 1984 में पुन: कांग्रेस के सांसद बने। उन्होंने आठ बार लगातार सांसद रहने का रिकॉर्ड बनाया।

बिहार के भोजपुर जिले के चंदवा ग्राम में 5 अप्रैल, 1908 को पैदा हुए जगजीवन राम के पिता का नाम शोभीराम और माँ का बसंती देवी था। उनका बचपन बेहद ग़रीबी में बीता। जब वे केवल पाँच वर्ष के थे तो गाँव में आयी बाढ़ के कारण उनके परिवार को बेघर हो जाना पड़ा। 1914 में उन्हें प्राथमिक स्कूल में भरती किया गया, लेकिन इसी समय पिता का देहांत हो गया। लेकिन माँ बसंती देवी ने अपने बेटे को शिक्षित करने का भागीरथ प्रयास किया। अस्पृश्यता और जाति भेद का दंश झेलते हुए जगजीवन राम ने 1926 में प्रथम श्रेणी में मैट्रिक और 1931 में कलकत्ता विश्विद्यालय से प्रथम श्रेणी में बीएससी परीक्षा पास की। साथ-साथ वे कलकत्ता में दलितों को संगठित करने का कार्य भी करते रहे। बिहार में उन्होंने अखिल भारतीय दलित वर्ग संघ के तत्वावधान में दलित जातियों को संगठित किया। यह संगठन 1937 के चुनाव में एक शक्तिशाली राजनीतिक दल के रूप में उभरा। पहले इसका कार्य क्षेत्र केवल बिहार था बाद में इसकी शाखाएँ देश भर में खुलनी शुरू हुईं। उत्तर प्रदेश में डॉ. धर्म प्रकाश ने दलित वर्ग संघ के गठन का नेतृत्व किया। दरअसल, जगजीवन राम को सत्ता में लाने तथा आगे तक सत्ता में बनाये रखने में इस संगठन की महत्त्वपूर्ण भूमिका रही। इस संगठन की सभाओं में विजय लक्ष्मी पण्डित, जवाहरलाल नेहरू, कृष्ण मेनन, मोरारजी देसाई तथा डी. संजीवैया जैसे नेता दलितों को सम्बोधित करने आते थे।

1932 में जगजीवन राम आरा नगर पालिका के सदस्य

जगजीवन राम (1908-1986)

हुए। एक तरह से यहीं से उनकी राजनीतिक यात्रा आरम्भ हुई और इसके बाद कांग्रेस में इनकी गतिविधियाँ बढ़ती गयीं। असहयोग आंदोलन में ज़ेल जाने वाले जगजीवन राम 1937 में बिहार विधान परिषद् के सदस्य बने और सरकार में संसदीय सचिव का पद सँभाला। 1939 में कांग्रेसी मंत्रिमण्डलों द्वारा अंग्रेज़ों की नीति के विरुद्ध इस्तीफ़ा देने वालों में जगजीवन राम भी शामिल थे। उन्होंने 1940 में बिहार प्रदेश कांग्रेस कमेटी के मंत्री का पद सँभाला और 1942 में मेरठ में अखिल भारतीय दलित वर्ग सम्मेलन का सभापतित्व किया। 10 सितम्बर, 1940 को व्यक्तिगत सत्याग्रह के कारण तथा 1942 में 'भारत छोड़ो' आंदोलन के समय उन्हें गिरफ़्तार किया गया। 1946 में केंद्र की अस्थायी सरकार में वे श्रम मंत्री बने। इसके बाद केंद्र में सर्वोच्च मंत्रालयों का कार्यभार सँभालने का जो सिलसिला शुरू हुआ, वह आख़िर तक नहीं थमा। 1952 के पहले आम चुनाव में जगजीवन राम सासाराम से सांसद बने और उसके बाद उन्होंने पीछे मुड़ कर नहीं देखा। उनके हाथ में आने वाला विभाग चमक उठता था। जगजीवन राम के हाथ में संचार मंत्री, परिवहन मंत्री, रेल मंत्री, खाद्य-कृषि सामुदायिक विकास मंत्री, श्रम-रोज़गार मंत्री और प्रतिरक्षा मंत्री का दायित्व रहा।

अक्सर यह पूछा जाता है कि जगजीवन राम गाँधी के दलित संबंधी विचारों से किस हद तक सहमत थे, और आम्बेडकर के विचारों से उनकी कितनी दूरी थी। इस सिलसिले में माता प्रसाद का विचार है कि जगजीवन राम गाँधी के अनुयायी ज़रूर थे पर अस्पृश्यता के सवाल पर उनसे अलग विचार रखते थे। गाँधी वर्ण-व्यवस्था बनाये रखते हुए अस्पृश्यता दूर करना चाहते थे। लेकिन जगजीवन राम का कहना था कि वर्ण-व्यवस्था और जाति-पाँति का विनाश आवश्यक है। समझा जाता है कि उन्होंने गाँधी द्वारा प्रयुक्त 'हरिजन' शब्द का प्रतिवाद करते हुए आम्बेडकर की सराहना भी की थी। पूना पैक्ट के सवाल पर भी उनकी राय आम्बेडकर के पक्ष में थी। लेकिन व्यावहारिक राजनीति में वे दलितों का नेतृत्व जीतने की कांग्रेसी परियोजना के मुख्य कर्ताधर्ता बन कर आम्बेडकर के नेतृत्व वाली राजनीतिक धारा के साथ होड़ करते रहे।

संचार मंत्री की हैसियत से जगजीवन राम ने पदोन्नतियों में भी आरक्षण लागू किया जिसे सुप्रीम कोर्ट तक ने उचित ठहराया। आरक्षण का विरोध करने वालों से उनका कहना था : आज ब्राह्मण आरक्षण का विरोध कर रहे हैं। लेकिन आरक्षण का रास्ता उन्होंने ही दिखाया है। मंदिर में पुजारी कौन होगा? ब्राह्मण के सुरक्षित रिजर्वेशन को हम भी तोड़ते हैं। फ़ैसला कर दो, मंदिर का पुजारी वही होगा जो सरकार द्वारा निर्धारित की गयी परीक्षा पास करेगा। सत्यनारायण की कथा कहने वाला ब्राह्मण ही क्यों? अगर किसी वाल्मीकि ने शास्त्री की परीक्षा पास कर ली है, तो वह सत्यनारायण की कथा क्यों नहीं कह सकता?' यह था समता और बराबरी लाने के लिए उनका दर्शन।

जगजीवन राम की संत रविदास पर असीम श्रद्धा थी। वाराणसी में राजघाट पर उन्होंने संत रविदास का विशाल मंदिर बनवाया। 1984 में भारतीय दलित साहित्य अकादमी के गठन की प्रेरणा भी उन्हीं से मिली। हिंदी साहित्य पर बाबू जगजीवन राम की अच्छी पकड़ थी। हिंदी साहित्य सम्मेलन, प्रयाग की अध्यक्षता करते समय उन्होंने जो सारगर्भित भाषण दिया था उसे आज भी लोग याद करते हैं। वे संत साहित्य के भी मर्मज्ञ थे। जगजीवन राम के भाषण विद्वत्तापूर्ण और तर्क-सम्मत होते थे। उन्होंने कई पुस्तकें लिखीं जिनमें प्रमुख हैं *भारत में जातिवाद और हरिजन समस्या* तथा *कास्ट चैलेंज इन इण्डिया*।

जगजीवन राम की गिनती भारत के सफलतम राजनेताओं में की जा सकती है। लेकिन 1977 में जनता पार्टी सरकार के पतन के बाद की राजनीति में उनके सितारे की चमक मंद होती चली गयी। 1980 के चुनाव में उनकी पार्टी कांग्रेस (जे) उन्हें प्रधानमंत्री बनाने की दावेदारी के साथ चुनाव लड़ी लेकिन वे इंदिरा गाँधी की सत्ता में वापसी नहीं रोक सके। उनकी समाधि अन्य राष्ट्रीय नेताओं की तरह ही राजघाट पर समता स्थल के रूप में बनायी गयी।

देखें : अनुसूचित जातियाँ, अस्मिता की भारतीय राजनीति, अन्य पिछड़े वर्ग, आयोतीदास पांडीतर, आयंकाली, आम्बेडकर-गाँधी विवाद, इरोड वेंकट रामस्वामी नायकर पेरियार, कांशी राम, गाड़गे बाबा, गोपाल बाबा वलंगकर, ज्योतिराव गोविंदराव फुले, जाति और जाति-व्यवस्था-1 से 4 तक, बहुजन समाज पार्टी-1 और 2, बाबू मंगूराम, भदंत आनंद कौसल्यायन, भीमराव रामजी आम्बेडकर, स्वामी अछूतानंद हरिहर।

संदर्भ

1. राजपाल सिंह राज (2007), *हृदय सम्राट बाबू जगजीवन राम,* श्री नटराज प्रकाशन, नयी दिल्ली.
2. माता प्रसाद (2006), *भारत में सामाजिक परिवर्तन के प्रेरणा-स्रोत,* सम्यक प्रकाशन, नयी दिल्ली.
3. कन्हैया लाल चंचरीक (2003), *आधुनिक भारत का दलित आंदोलन,* युनिवर्सिटी पब्लिकेशन, नयी दिल्ली.

— मोहन दास नैमिशराय

जन-हित याचिका

(Public Interest litigation)

जन-हित याचिका एक ऐसी न्यायिक परिघटना है जो साबित करती है कि भारत में न्याय का स्वरूप महज़ क़ानूनी न हो कर सामाजिक और आर्थिक भी है। आपातकाल के बाद भारतीय सर्वोच्च न्यायालय ने लोकस हिंदी शब्द भी आना चाहिए स्टेंडाई के प्रावधान को काफ़ी लचीला बनाते हुए व्यवस्था दी कि अगर कोई व्यक्ति अपने अधिकारों के हनन के बावजूद न्यायालय तक पहुँचने में सक्षम नहीं है तो कोई अन्य जागरूक व्यक्ति या संगठन (भले ही उसका मामले से संबंध न भी हो) न्यायालय को उस बारे में सूचित कर सकता है। न्यायालय इसे एक याचिका के रूप में ही विचारार्थ स्वीकार करेगा। सर्वोच्च न्यायालय के इस क़दम के बाद ग़रीबों, शोषितों एवं वंचित तबक़ों के अधिकारों के साथ-साथ पर्यावरणीय समस्याओं के प्रति कार्यपालिका की लापरवाही तथा सरकारी अधिकारियों के अवैधानिक कृत्यों को लेकर अदालत में अनेक याचिकाएँ दायर हुई तथा इसकी सुनवाई करते हुए न्यायालय ने प्रभावी दिशा-निर्देश जारी किये। इन्हीं याचिकाओं को जन-हित याचिका कहा जाता है। इससे भारतीय न्यायपालिका को काफ़ी प्रतिष्ठा मिली। ऐसा कहा जाने लगा कि भारतीय सर्वोच्च न्यायालय जन-हित याचिकाओं की शुरुआत कर भारतीयों के लिए सर्वोच्च न्यायालय में परिणत हो गया। उल्लेखनीय है कि भारत के संविधान में जन-हित याचिका का कोई लिखित प्रावधान नहीं है तथा न्यायालय ने संविधान की व्याख्या करके इस शक्ति को प्राप्त किया है। विरोधाभास यह है कि जन-हित याचिकाओं के ज़रिये न्यायालय ने कुछ इस तरह की व्याख्याएँ भी की हैं और निर्णय दिये हैं जिनसे सबसे ज़्यादा ग़रीबों एवं शोषितों के ही हित प्रभावित हुए हैं। इसलिए न्यायालय पर जन-हित याचिका को लेकर न्यायालय का दृष्टिकोण बदलने का आक्षेप भी लगाया जाने लगा है।

जन-हित याचिका के पद का प्रयोग सर्वप्रथम संयुक्त राज्य अमेरिका में किया गया, लेकिन भारत में अपनायी गयी जन-हित याचिका की पद्धति अमेरिकी परम्परा से काफ़ी अलग है। अमेरिका में जन-हित याचिकाओं के लिए धन की आपूर्ति सरकार एवं निजी प्रतिष्ठानों द्वारा की जाती है। इनमें राज्य के द्वारा होने वाले उत्पीड़न, सरकार के अवैधानिक कृत्यों एवं ग्रामीण ग़रीबों पर ज़्यादा ध्यान नहीं दिया जाता है। वहाँ किसी ख़ास वर्ग या समूह के हितों के बजाय उपभोक्तावाद एवं पर्यावरण से संबंधित 'समूह-विहीन हितों' पर और सरकारी नीति-निर्माण में नागरिकों की भागीदारी सुनिश्चित करने पर ज़्यादा ज़ोर दिया जाता हे। इसके विपरीत भारत में जन-हित याचिका के तीन मक़सद हैं। पहला, अपने अधिकारों से वंचित समाज के ग़रीब एवं उपेक्षित तबक़ों तक न्याय की पहुँच सुनिश्चित करना। दूसरा, व्यक्तियों एवं लोगों के समूहों को इस बात के लिए सक्षम बनाना कि वे भ्रष्ट एवं लचर शासन की वजह से सामान्य-जन की समस्याओं के ख़िलाफ़ आवाज़ उठा सकें और तीसरा, संवैधानिक निर्णयन की प्रक्रिया में लोगों की भागीदारी बढ़ाना। इस प्रकार से भारत में जन-हित याचिकाओं का मुख्य मक़सद ग़रीबों एवं शोषितों को न्याय दिलाने तथा राज्य की मशीनरी द्वारा होने वाले उत्पीड़न से उनकी रक्षा करना है। यही वजह है कि उपेंद्र बख़्शी इन याचिकाओं को जन-हित याचिका की जगह सार्वजनिक कार्यवाही याचिका क़रार देते हैं।

भारत में जन-हित याचिका की शुरुआत का श्रेय न्यायाधीश पी.एन. भगवती और वी.आर. कृष्ण अय्यर को जाता है। इन न्यायाधीशों ने लोकस स्टेंडाई के प्रावधान को लचीला बना कर न केवल जागरूक लोगों, सामाजिक कार्यकर्त्ताओं और संगठनों को विभिन्न क़ानूनों के उल्लंघन, ग़रीबों एवं वंचितों के शोषण, अपनी ज़िम्मेदारियों के प्रति बेपरवाह शासन एवं पर्यावरण प्रदूषण के ख़िलाफ़ न्यायालय में याचिका दायर करने में सक्षम बनाया, बल्कि यह भी व्यवस्था दी कि इस तरह के मामलों में महज़ एक पोस्टकार्ड या टेलीग्राम द्वारा भी न्यायालय को सूचित किया जा सकता है। इसे पत्र-विषयक न्यायिक क्षेत्राधिकार की संज्ञा दी जाती है। इतना ही नहीं न्यायालय ने यह भी व्यवस्था की कि यदि कोई व्यक्ति या संगठन न्यायालय को सूचित न भी करे तथा

समाचार पत्र या किसी अन्य माध्यम से भी न्यायालय को किसी घटना की जानकारी मिले तो अदालत उसका संज्ञान अपनी पहल से ले सकती है।

न्यायालय में जो भी जन-हित याचिका दायर की जाती है वह संविधान के अनुच्छेद 32 एवं 226 के अंतर्गत होती है। संविधान के अनुच्छेद 32 तथा 226 में क्रमश: सर्वोच्च न्यायालय एवं उच्च न्यायालयों को रिट जारी करने का अधिकार दिया गया है। सर्वोच्च न्यायालय को ये शक्तियाँ जहाँ मौलिक अधिकारों के संरक्षण के संदर्भ में दी गयी हैं, वहीं उच्च न्यायालयों को ये शक्तियाँ मौलिक अधिकारों के साथ-साथ अन्य दूसरे क़ानूनों के उल्लंघन के संदर्भ में भी प्राप्त हैं। जन-हित याचिका को एक व्यवस्थित स्वरूप प्रदान करने में केशवानन्द भारती बनाम केरल राज्य (1973) के मुक़दमे में न्यायालय द्वारा संविधान के मौलिक ढाँचे को लेकर दिये गये निर्णय की महत्त्वपूर्ण भूमिका रही है। मौलिक ढाँचे की अस्पष्टता की स्थिति में न्यायालय ने संविधान के भाग तीन में दिये गये मौलिक अधिकारों की विस्तृत व्याख्या करके संविधान के कई अलिखित प्रावधानों को न्यायिक निर्णय द्वारा एक लिखित स्वरूप प्रदान करने का प्रयास किया।

उदाहरण के लिए मेनका गाँधी बनाम भारत संघ के मुक़दमे में सर्वोच्च न्यायालय ने संविधान के अनुच्छेद 21 की व्याख्या करते हुए निर्णय दिया कि जीवित रहने का अधिकार केवल शारीरिक अस्तित्व तक ही सीमित नहीं है, बल्कि मानवीय गरिमा के साथ जीवित रहने का अधिकार भी उसके परिक्षेत्र में आता है। इस प्रकार विधि द्वारा स्थापित प्रक्रिया के सिद्धांत पर गठित न्यायपालिका ने प्राकृतिक न्याय की तरफ़दारी करते हुए विधि की समुचित प्रक्रिया का सिद्धांत अपना लिया। आगे चलकर न्यायालय ने इसी अनुच्छेद के आधार पर ज़ेल में बंद विचाराधीन क़ैदियों के अधिकारों को लेकर कई तरह के दिशा-निर्देश जारी किये। न्यायालय ने इसमें ज़मानत के अधिकार, तेज़ी से मुक़दमे की सुनवाई के अधिकार, हिरासत में मानवीय व्यवहार के अधिकार, निजता के अधिकार तथा ग़रीबों को विधिक सहायता उपलब्ध कराने का अधिकार भी सम्मिलित कर दिया। इसी अनुच्छेद की व्याख्या करके न्यायालय ने यह भी व्यवस्था दी कि जीने के अधिकार के तहत स्वच्छ हवा और पानी का अधिकार भी सन्निहित है और पर्यावरण की सुरक्षा के संदर्भ में कई दिशा-निर्देश दिये।

लोकस स्टेंडाई का प्रावधान उदार बना कर तथा मौलिक अधिकारों की विस्तृत व्याख्या कर न्यायालय ने मानव अधिकार, बाल अधिकार, दैनिक मजूदरों, बंधुआ मज़दूरी, महिला अधिकार, फ़ुटपाथ पर रेहड़ी लगाने वालों, झुग्गी-झोपड़ी वासियों, विचाराधीन क़ैदियों के अधिकारों से लेकर पर्यावरण संरक्षण से संबंधित अनेक याचिकाओं को स्वीकार किया तथा कार्यपालिका को दिशा-निर्देश जारी किये। प्रथम जन-हित याचिका के रूप में सर्वोच्च न्यायालय के समक्ष हुस्सैनारा ख़ातून बनाम बिहार राज्य (1979) का मामला आया। न्यायालय ने जल्द से जल्द मुक़दमे की सुनवाई के अधिकार को संविधान के अनुच्छेद 21 में सन्निहित माना तथा बिहार की ज़ेलों में बंद तक़रीबन चालीस हज़ार विचाराधीन क़ैदियों की रिहाई के आदेश जारी किये। इसी प्रकार अनिल यादव बनाम बिहार राज्य (1981) के मुक़दमे में न्यायालय ने भागलपुर ज़ेल में बंद 33 संदिग्ध अपराधियों के आँखों में पुलिस द्वारा तेज़ाब डालकर नुक़सान पहुँचाने की घटना के जाँच के आदेश दिये तथा पीड़ितों का इलाज़ राज्य के ख़र्च पर दिल्ली में करवाने के निर्देश जारी किये।

1982 में पीपुल्स यूनियन फ़ॉर डेमॉक्रैटिक राइट्स बनाम भारत संघ के मुक़दमे में मज़दूरों के हितों से संबंधित याचिका की सुनवायी करते हुए न्यायालय ने मज़दूरों को न्यूनतम मज़दूरी न दिये जाने को बेगार की संज्ञा दी तथा इसे संविधान के अनुच्छेद 23 का उल्लंघन बताया। मुख्य न्यायाधीश भगवती ने स्पष्ट मत रखा कि लोकस स्टेंडाई की पारम्परिक व्यवस्था से निकल कर ऐसे उपाय करने चाहिए कि समाज के निम्नतम लोगों तक न्याय पहुँच सके। इसी प्रकार 1983 में बंधुआ मुक्ति मोर्चा बनाम भारत संघ के मुक़दमे में सर्वोच्च न्यायालय ने हरियाणा की पत्थर-खदानों में काम कर रहे सैकड़ों बँधुआ मज़दूरों को मुक्त करवाने एवं उनकी पहचान करवा कर पुनर्वास की व्यवस्था के लिए हरियाणा सरकार को निर्देश जारी किये। वकील एम.सी. मेहता ने कई याचिकाएँ दायर कीं जिन पर न्यायालय ने कई आदेश जारी किये। इस संदर्भ में मोटर-गाड़ियों से होने वाले प्रदूषण, कारख़ाने से ओलियम गैस के रिसाव, मथुरा रिफ़ाइनरी से ताजमहल को ख़तरा, दिल्ली के रिज क्षेत्र की अवनति, चर्म-शोधन शालाओं एवं रासायनिक उद्योगों से होने वाले जल एवं वायु प्रदूषण आदि को लेकर न्यायालय ने आवश्यक दिशा-निर्देश जारी किये।

जन-हित याचिकाओं का सबसे बड़ा योगदान यह रहा कि इसने कई तरह के नवीन अधिकारों को जन्म दिया। उदाहरण के लिए इसने तेज़ी से मुक़दमे की सुनवाई का अधिकार, हिरासती यातना के विरुद्ध अधिकार, दासता के विरुद्ध अधिकार, यौन-उत्पीड़न के विरुद्ध अधिकार, आश्रय एवं आवास का अधिकार, गरिमापूर्ण जीवन जीने का अधिकार, स्वच्छ पर्यावरण का अधिकार, शिक्षा का अधिकार, क़ानूनी सहायता प्राप्त करने का अधिकार, स्वास्थ्य सुरक्षा का अधिकार तथा ऐसे ही कई अन्य अधिकारों को स्थापित किया। उपेंद्र बख़्शी जैसे विद्वानों ने न्यायपालिका के इस योगदान को पुनर्लोकतंत्रीकरण की प्रक्रिया के रूप में

देखा। लेकिन इन जन-हित याचिकाओं के कारण कुछ समस्याएँ भी उत्पन्न हुईं। इसकी वजह से न्यायालय के ऊपर काम का बोझ काफ़ी बढ़ गया। दूसरी तरफ़ न्यायालय ने कई बार ऐसे आदेश पारित कर दिये जिन्हें पूरा कर पाना कार्यपालिका के लिए काफ़ी कठिन था। इसके अलावा न्यायालय की इस भूमिका को शक्ति के पृथक्करण सिद्धांत के विरुद्ध भी बताया गया। इतना ही नहीं कुछ लोगों एवं संगठनों ने समाज में तुरंत लोकप्रियता हासिल करने के लिए जन-हित याचिका दायर करने को अपना व्यवसाय बना लिया जिससे जन-हित याचिका के निजी-हित याचिका में बदलने का ख़तरा उत्पन्न हो गया।

पिछले कुछ वर्षों से जन-हित याचिका को लेकर एक नया विवाद शुरू हो गया है। जन-हित याचिकाओं की शुरुआत अशिक्षित, शोषित एवं वंचित तबक़ों के लिए की गयी थी जो साधनहीन होने के कारण न्यायालय में स्वयं याचिका दायर करने में अक्षम थे। लेकिन पिछले कुछ सालों में न्यायालय के कई ऐसे निर्णय आये हैं जिसका ग़रीबों एवं वंचितों के जीवन एवं जीविका पर प्रतिकूल प्रभाव पड़ा है। उदाहरण के लिए 1990 के दशक में टेहरी जल विद्युत परियोजना एवं कोंकण रेलवे तथा 2000 में नर्मदा घाटी परियोजना के मुक़दमों में न्यायालय ने न्यायिक आत्मसंयम का ही प्रयोग किया। दिसम्बर 2001 में बालको इम्पलॉयी यूनियन बनाम यूनियन ऑफ़ इण्डिया के केस में न्यायालय ने लोकस स्टेंडाई के प्रावधान को संकुचित करते हुए जन-हित याचिकाओं के लिए कई शर्तें निर्धारित कर दीं तथा सरकार की आर्थिक नीतियों में हस्तक्षेप करने से मना कर दिया। 2000 में एक जन-हित याचिका की सुनवाई करते हुए न्यायालय ने दिल्ली सरकार को सरकारी ज़मीन से झुग्गी-झोपड़ियों एवं अवैध कॉलोनियों को तथा वर्ष 2006 में यमुना किनारे बसे लोगों को हटाने के निर्देश जारी कर दिये। जबकि इससे पूर्व 1986 में ओल्गा टेलिस केस में न्यायालय ने सबको आवास मुहैया कराने को सरकार की ज़िम्मेवारी बतायी थी। इन्हीं कारणों से यह भी कहा जाने लगा है कि उदारीकरण के दौर में जन-हित याचिका को लेकर न्यायालय के दर्शन में काफ़ी बदलाव आ गया है।

देखें : नागरिकता, भारतीय संविधान-1 से 8 तक, भारत में नागर समाज और ग़ैर-दलीय राजनीति-1 से 3 तक, भारत में नागरिकता विमर्श-1 से 3 तक, संविधानवाद।

संदर्भ

1. एस.पी. साठे (2002), *जुडीशिल एक्टिविज़्म इन इण्डिया : ट्रांसग्रेसिंग बॉर्डर्स ऐंड इनफ़ोर्सिंग लिमिट्स,* ऑक्स्फ़र्ड युनिवर्सिटी प्रेस, नयी दिल्ली.
2. उपेंद्र बख़्शी (1988), 'टेकिंग सफ़रिंग सीरियसली : सोशल एक्शन लिटिगेशन बिफ़ोर द सुप्रीम कोर्ट ऑफ़ इण्डिया', उपेंद्र बख़्शी (सम्पा.), *लॉ ऐंड पॉवर्टी : क्रिटीकल एसेज़,* त्रिपाठी प्रेस, बम्बई.
3. प्रशांत भूषण (2007), 'पब्लिक इन्ट्रेस्ट लिटिगेशन : सुप्रीम कोर्ट इन द ईरा ऑफ़ लिबरलाइज़ेशन', बी.डी. दुआ, एम.पी. सिंह एवं रेखा सक्सेना (सम्पा.), *इंडियन जुडिशियरी ऐंड पॉलिटिक्स : द चेंजिंग लैंडेस्केप,* मनोहर, नयी दिल्ली.
4. परमानंद सिंह (2008), 'पब्लिक इंटरेस्ट लिटिगेशन', उज्ज्वल सिंह वं कमला शंकरण (सम्पा.), *टूवर्ड्स लीगल लिटरेसी : एन इंट्रोडक्शन टू लॉ इन इण्डिया,* ऑक्सफ़र्ड युनिवर्सिटी प्रेस, नयी दिल्ली.
5. अशोक एच. देसाई एवं एस. मुरलीधर (2000), 'पब्लिक इंटरेस्ट लिटिगेशन : पोटेंशियल ऐंड प्रॉब्लम्स', (सम्पा.), बी.एन. कृपाल वग़ैरह, *सुप्रीम बट नॉट इनफ़ालेबिल : एसेज़ इन ऑनर ऑफ़ सुप्रीम कोर्ट ऑफ़ इण्डिया,* ऑक्सफ़र्ड युनिवर्सिटी प्रेस, नयी दिल्ली.

— इन्द्रजीत कुमार झा

जनता दल और उसकी विरासत-1

(कांग्रेस और भाजपा विरोध का आधार)

(Janta Dal and its Legacy-1)

भारत की राजनीति में जनता दल अपने आप में एक अनूठा प्रयोग रहा है। अपने गठन के दो साल बाद ही यह पार्टी केंद्र में अपनी सरकार बनाने में कामयाब रही। लेकिन सरकार बनाने के एक साल के भीतर ही इसमें विभाजन की शुरूआत भी हो गयी। नब्बे के दशक के आख़िरी वर्षों तक 'जनता दल' नाम के किसी एकताबद्ध दल का भारतीय रानजीति में अस्तित्व नहीं रहा। लेकिन 2009 के लोकसभा चुनावों के समय भी इस प्रयोग की विरासत के वाहक समझे जा सकने वाले जनता दल (सेकुलर), जनता दल (यूनाइटेड), राष्ट्रीय जनता दल, बीजू जनता दल आदि जैसे कई दल चुनावी मैदान में थे। इन सभी का 1988 में गठित जनता दल से कोई-न-कोई जुड़ाव रहा है। इसके अलावा भारतीय राजनीति में कई दल भी हैं जिनके नाम के साथ जनता दल नहीं जुड़ा है, लेकिन ये भी जनता दल के विभाजित होने के बाद ही एक अलग राजनीतिक दल के रूप में उभर कर सामने आये। मसलन, हरियाणा में राष्ट्रीय लोकदल, उत्तर प्रदेश में समाजवादी पार्टी और बिहार में लोक जनशक्ति पार्टी। जनता दल प्रयोग ने भारतीय संसदीय राजनीति के जातिगत स्वरूप को बदलने और पिछड़ी जातियों के उभार में ज़बरदस्त भूमिका अदा की है। जनता दल का प्रयोग बताता है कि कैसे

एक राष्ट्रीय महत्त्वाकांक्षाओं वाला दल बिखर कर राष्ट्रीय राजनीति के क्षेत्रीयकरण में योगदान कर सकता है। दरअसल, जनता दल का निर्माण और विविध दलों के रूप में इसका बिखराव भारतीय राजनीति का एक महत्त्वपूर्ण अध्याय है। कांग्रेस और भाजपा का विरोध करने वाला यह प्रयोग तीसरे मोर्चे का स्थायी विकल्प देने में नाकाम रहा है। इससे अलग होकर बने अधिकांश दल उन समाजवादी मूल्यों का पालन करने में नाकाम रहे हैं जिन्हें वे अपना बुनियादी सिद्धांत घोषित करते रहे हैं। इसके अलावा अधिकांश मामलों में ये दल व्यक्ति-केंद्रित और परिवारवादी राजनीति का भी पर्याय बन गये हैं। फिर भी जनता दल और इससे टूटकर बने दलों ने राजनीति में पिछड़ी जातियों को नेतृत्व प्रदान करने की भूमिका निभायी है। इसके कारण राज्यों में कांग्रेस का प्रभाव ख़त्म हुआ और भाजपा को आगे बढ़ने से रोका जा सका।

आपातकाल के बाद 1977 में कुछ प्रमुख ग़ैर-कांग्रेसी दलों ने जनता पार्टी का गठन किया था। 1977 के चुनावों में इसे पूर्ण बहुमत मिला और इसने सरकार भी बनायी। लेकिन 1980 आते-आते यह प्रयोग पूरी तरह विफल हो गया और जनता पार्टी कई भागों में विभाजित हो गयी। 1980 के लोकसभा चुनावों में इंदिरा गाँधी के नेतृत्व में कांग्रेस की वापसी हई। 1984 में इंदिरा गाँधी की हत्या के बाद हुए चुनावों में कांग्रेस को ऐतिहासिक बहुमत मिला और राजीव गाँधी देश के प्रधानमंत्री बने। इन चुनावों में नाकामी के बाद विपक्षी दलों के हौसले काफ़ी पस्त थे। लेकिन 1987 आते-आते कांग्रेस सरकार की स्थिति ख़राब होने लगी। बोफ़ोर्स तोप सौदे में ख़ुद प्रधानमंत्री पर दलाली ख़ाने का आरोप लगा। राजीव गाँधी सरकार के वित्त मंत्री विश्वनाथ प्रताप सिंह ने सरकार से इस्तीफ़ा दे दिया। वे धीरे-धीरे ग़ैर-कांग्रेसी राजनीति की धुरी के रूप में उभरे। वी.पी. सिंह ने शुरुआत में जनमोर्चा का गठन किया। बाद में 11 अक्टूबर, 1988 को लोकदल, कांग्रेस (एस) और जनमोर्चा के विलय से जनता दल का गठन हुआ। इसमें एक ओर वी.पी. सिंह थे, तो दूसरी ओर देवीलाल और चंद्रशेखर जैसे नेता थे, जो लम्बे समय से ग़ैर-कांग्रेसवाद की राजनीति कर रहे थे। जनता दल के गठन के कुछ महीने पहले ही सात दलों ने मिलकर राष्ट्रीय मोर्चा का गठन किया। जनता दल के गठन के बाद वह राष्ट्रीय मोर्चा का सबसे व्यापक आधार वाला दल बन गया। एन.टी. रामाराव राष्ट्रीय मोर्चा के अध्यक्ष बने और वी.पी. सिंह संयोजक। ग़ैर-कांग्रेसवाद के नाम पर वामपंथी दलों और भाजपा ने राष्ट्रीय मोर्चे से मधुर संबंध रखे। भाजपा और जनता दल के बीच एक अघोषित समझौता हुआ। इन दोनों ने एक-दूसरे के ख़िलाफ़ 85 प्रतिशत ऐसे क्षेत्रों में उम्मीदवार खड़े नहीं किये जहाँ उन्हें लगा कि एक दूसरे के ख़िलाफ़ उम्मीदवार खड़ा करने से कांग्रेस को फ़ायदा होगा। राष्ट्रीय मोर्चे की वाम मोर्चे के साथ भी इसी तरह की चुनावी समझ क़ायम हुई।

1989 के लोकसभा चुनावों के बाद कांग्रेस ही सबसे बड़े दल के रूप में उभरी। उसे कुल 197 सीटों पर जीत मिली। जनता दल दूसरे सबसे बड़े दल के रूप में सामने आया। पूर्ण बहुमत न मिलने के कारण कांग्रेस ने सरकार बनाने से इनकार कर दिया जिससे यह मौक़ा जनता दल को मिला। उसके नेतृत्व वाले राष्ट्रीय मोर्चे ने भाजपा और वाम दलों के समर्थन से केंद्र में अपनी सरकार बनायी। प्रधानमंत्री पद के लिए जनता दल के भीतर काफ़ी खींचतान हुई। आख़िरकार देवीलाल के समर्थन से वी.पी. सिंह प्रधानमंत्री और देवीलाल उप-प्रधानमंत्री बने। लेकिन चंद्रशेखर ने शुरू में ही इस फ़ैसले के ख़िलाफ़ अपनी नाराज़गी ज़ाहिर कर दी। केंद्र में सरकार के अलावा बिहार और उत्तर प्रदेश जैसे राज्यों में भी जनता दल की सरकार बनी। बहरहाल, वी.पी. सिंह की सरकार शुरू से ही कई तरह की मुश्किलों से घिरी रही। लोकसभा चुनावों में अपने प्रदर्शन से ख़ुश भाजपा एक ओर राम मंदिर के मुद्दे को और ज़्यादा प्रमुखता से उठाना चाहती थी, वहीं पार्टी के भीतर देवीलाल का दबदबा वी.पी. सिंह के लिए परेशानी का सबब था। ऐसे में अगस्त 1990 में वी.पी. सिंह ने मण्डल आयोग की सिफ़ारिशों को लागू करने का फ़ैसला किया।

ग़ौरतलब है कि बिहार के पूर्व मख्यमंत्री बिंदेश्वरी प्रसाद मण्डल की अध्यक्षता वाले आयोग का गठन 1978 में जनता पार्टी की सरकार ने किया था। इसने सरकारी नौकरियों और शैक्षिक संस्थाओं में पिछड़ी जातियों के लिए साढ़े सत्ताईस प्रतिशत आरक्षण देने की सिफ़ारिश की थी। लेकिन 1980 में सत्ता में वापस आने पर इंदिरा गाँधी सरकार ने इस आयोग की सिफ़ारिशों को ठंडे बस्ते में डाल दिया। वी.पी. सिंह सरकार द्वारा सरकारी नौकरियों में इस आयोग की सिफ़ारिशों को लागू करने के फ़ैसले का ऊँची जाति के युवाओं ने तीखा विरोध किया। इस तरह के आरक्षण विरोधी आंदोलन ने पिछड़ी जातियों में भी अपने हक़ की चेतना बढ़ायी। इस बीच राम मंदिर बनाने के मुद्दे पर रथ-यात्रा पर निकले भाजपा नेता लालकृष्ण आडवाणी को बिहार में लालू प्रसाद सरकार ने गिरफ़्तार करने का फ़ैसला किया। इस कारण भाजपा ने वी.पी. सिंह सरकार से अपना समर्थन वापस ले लिया। दूसरी ओर चंद्रशेखर और उनके समर्थक सांसदों ने जनता दल से अपना नाता तोड़कर समाजवादी जनता पार्टी का गठन किया। कई राज्यों में जनता दल के प्रमुख नेता भी इसमें शामिल हो गये। उत्तर प्रदेश में जनता दल के मुख्यमंत्री मुलायम सिंह चंद्रशेखर की पार्टी में चले गये। लोकसभा में अल्पमत में आने के कारण वी.पी. सिंह सरकार का पतन हो गया और कांग्रेस के समर्थन से चंद्रशेखर ने अपनी सरकार

बनायी। यह सरकार तक़रीबन चार महीने तक ही चली। इसके बाद कांग्रेस द्वारा समर्थन वापस लेने के कारण 1991 में मध्यावधि चुनाव हुए। 1991 के इन चुनावों में जनता दल का प्रदर्शन काफ़ी ख़राब रहा और इसे 11.77 प्रतिशत वोटों के साथ 59 सीटों पर जीत मिली। ख़ास तौर पर, बिहार, ओडीशा और कर्नाटक जैसे राज्यों में ही इसकी उपस्थिति रह गयी। उल्लेखनीय है कि चंद्रशेखर की पार्टी का इन चुनावों में कोई ख़ास प्रदर्शन नहीं रहा।

चुनावों के बाद जनता दल और समाजवादी जनता पार्टी में बिखराव की शुरूआत हो गयी। मुलायम सिंह यादव ने चंद्रशेखर की पार्टी से अलग होकर 1992 में समाजवादी पार्टी की स्थापना की। जनता दल के टूटने की प्रक्रिया पहले से ही शुरू हो चुकी थी। गुजरात में जनता दल के नेता चिमनभाई पटेल मुख्यमंत्री थे। भाजपा द्वारा समर्थन वापस लेने के बाद उन्होंने 1990 में अपनी अलग पार्टी जतना दल (गुजरात) का गठन किया और आगे चल कर अपनी पूरी सरकार के साथ कांग्रेस में शामिल हो गये। 1995 में चरण सिंह के बेटे अजीत सिंह ने कई सांसदों के साथ अलग होकर जनता दल (अजीत) का गठन किया और केंद्र सरकार में मंत्री भी रहे। बाद में वे कांग्रेस में शामिल हुए और कई बार अपनी पार्टी बदली।

हरियाणा में चौधरी देवीलाल के बेटे ओम प्रकाश चौटाला ने भी समाजवादी जनता पार्टी से अलग होकर इण्डियन नैशनल लोक दल का निर्माण किया। इस पार्टी पर चौटाला परिवार का एकाधिकार है। यह हरियाणा में ग़ैर-कांग्रेसी राजनीति करती है और केंद्र में इसने राजग सरकार को भी अपना समर्थन दिया। इसी तरह, बिहार में लालू प्रसाद यादव की राजनीति का विरोध करते हुए जॉर्ज फ़र्नांडिस और नीतीश कुमार ने 1994 में एक अलग पार्टी समता पार्टी का निर्माण किया। यह दल पूरी तरह से बिहार की राजनीति पर केंद्रित था। 1995 के बिहार विधान चुनावों में इस पार्टी ने भारतीय कम्युनिस्ट पार्टी (मार्क्सवादी-लेनिनवादी) के साथ गठजोड़ करके चुनाव लड़ा। पर इसे ख़ास सफलता नहीं मिली। इसके बाद इस पार्टी ने बिहार में भाजपा से राजनीतिक गठजोड़ कर लिया। असल में बिहार में समता पार्टी का मुख्य रूप से कुर्मी-कोयरी और अन्य पिछड़ी जातियों में आधार था और भाजपा का ऊँची जातियों में प्रभाव था। इसलिए इस गठजोड़ से बिहार की राजनीति में दोनों को फ़ायदा हुआ। असल में सेकुलर विश्वसनीयता रखने वाले दलों में समता पार्टी ऐसा पहला दल था, जिसने भाजपा के साथ गठजोड़ किया। आगे चलकर यह पार्टी राष्ट्रीय जनतांत्रिक गठजोड़ में भी शामिल हुई और राजग सरकार में इसके नेता मंत्री भी बने।

देखें : कांग्रेस 'प्रणाली', ग़ैर-कांग्रेसवाद, गठजोड़ राजनीति, जनता दल और उसकी विरासत-2, तेलुगु देशम पार्टी, पार्टी-गठजोड़ की राजनीति, भारतीय कम्युनिस्ट पार्टी, भारतीय कम्युनिस्ट पार्टी (मार्क्सवादी), भारतीय जनता पार्टी-1 और 2, भारत में मतदान-व्यवहार-1, 2, 3, 4, 5 और 6, भारतीय राष्ट्रीय कांग्रेस-1 और 2, राष्ट्रीय जनतांत्रिक गठजोड़, वाम मोर्चा, शिव सेना, समाजवादी पार्टी, बहुजन समाज पार्टी-1 और 2, शिरोमणि अकाली दल, संयुक्त प्रगतिशील गठबंधन।

संदर्भ

1. योगेंद्र यादव (2002), 'कायापलट की कहानी : नया प्रयोग, नयी सम्भावनाएँ, नये अंदेशे', अभय कुमार दुबे (सम्पा), *लोकतंत्र के सात अध्याय,* सीएसडीएस-वाणी प्रकाशन, नयी दिल्ली.
2. संजय कुमार (1999), 'न्यू फ़ेज़ इन बैकवर्ड कास्ट पॉलिटिक्स इन बिहार : जनता दल ऑन द डिक्लाइन', *इकॉनॉमिक ऐंड पॉलिटिकल वीकली,* खण्ड 34, अंक 34-35.

— कमल नयन चौबे

जनता दल और उसकी विरासत-2

(क्षेत्रीयकरण और व्यक्तिवादी राजनीति)

(Janta Dal and its Legacy-2)

इन विभाजनों के बावजूद जनता दल बिहार, ओडीशा और कर्नाटक जैसे राज्यों में मज़बूत स्थिति में था। 1996 के लोकसभा चुनावों के बाद उसे कुल 46 सीटों पर जीत मिली। बहरहाल, इन चुनावों में किसी दल को बहुमत नहीं मिला। भाजपा सबसे बड़े दल के रूप में उभरी, लेकिन उसके पास अपने बलबूते पर सरकार बनाने का समर्थन नहीं था। इसलिए अटल बिहारी वाजपेयी के नेतृत्व में बनी भाजपा सरकार सिर्फ़ 13 दिनों तक ही शासन में रह पायी। इसके बाद, तीसरे मोर्चे की सरकार बनी, जिसे संयुक्त मोर्चा का नाम दिया गया। जनता दल के नेता और कर्नाटक के मुख्यमंत्री एच.डी. देवेगौड़ा इस सरकार में प्रधानमंत्री बने। कांग्रेस और माकपा ने इस सरकार को बाहर से समर्थन दिया। नौ महीने के भीतर कांग्रेस द्वारा समर्थन वापस ले लिए जाने के कारण यह सरकार गिर गयी। बाद में, कांग्रेस ने जनता दल नेता इंद्र कुमार गुजराल के नेतृत्व वाली सरकार को अपना समर्थन दिया। यह सरकार भी सात महीने तक ही चल पायी। इस सरकार के गिरने के बाद 1998 में लोकसभा के मध्यावधि चुनाव हुए और उसके बाद भाजपा के नेतृत्व में सरकार बनी। यह सरकार 13 महीने तक ही सत्ता में रह पायी। 1999 में एक बार फिर से लोकसभा का मध्यावधि चुनाव हुआ और

इसमें भाजपा के नेतृत्व वाली राजग की जीत हुई और अटल बिहारी वाजपेयी के नेतृत्व में सरकार बनी, जिसने अपना कार्यकाल पूरा किया।

असल में 1996-2004 तक का दौर जनता दल के लिए काफ़ी महत्त्वपूर्ण है। इस दौर में यह पार्टी बहुत से नय भागों में बँट गयी। ओडीसा (उस समय ओडीशा) में बीजू पटनायक जनता दल के कद्दावर नेता थे। 1990-95 के बीच उन्होंने यहाँ जनता दल की सरकार का नेतृत्व भी किया था। 1995 के विधानसभा चुनावों में जनता दल की हार हुई। 1997 में बीजू पटनायक की मृत्यु हो गयी। उनकी जगह उनके बेटे नवीन पटनायक अपने पिता के लोकसभा क्षेत्र से चुने गये। नवीन पटनायक ओडीशा में कांग्रेस को हराने के लिए भाजपा से गठजोड़ करना चाहते थे। लेकिन जनता दल के भीतर इसकी गुंजाइश न होने की स्थिति में उन्होंने 26 दिसम्बर, 1996 को बीजू जनता दल का गठन किया। बीजू जनता दल ने लोकसभा चुनावों में भाजपा से गठजोड़ किया और इस गठबंधन को अच्छी सफलता मिली। नवीन पटनायक केंद्र में खनन मंत्री भी रहे। 2000 में हुए राज्य विधानसभा चुनावों में इस गठजोड़ को बहुमत मिला और नवीन पटनायक राज्य के मुख्यमंत्री बने। इसके बाद इन्हें 2005 और 2010 के राज्य विधानसभा चुनावों में भी सफलता मिली। 2010 के राज्य विधानसभा चुनाव इसलिए महत्त्वपूर्ण माने जा सकते हैं क्योंकि यह चुनाव बीजू जनता दल ने मुख्य रूप से अपने बूते पर जीता। इसने कंधमाल में हुए ईसाई विरोधी दंगों के कारण भाजपा से गठबंधन तोड़ लिया और वामदलों से गठजोड़ क़ायम किया। स्पष्टतः बीजू जनता दल एक सशक्त क्षेत्रीय दल के रूप में अपनी पहचान बनाने में सफल रहा है। इसकी सफलता के पीछे बीजू पटनायक की विरासत और नवीन पटनायक की स्वच्छ छवि की भी काफ़ी भूमिका रही है। यह सच है कि नवीन पटनायक के शासन काल में आदिवासी क्षेत्रों में ज़बरन खनन, भूमि अधिग्रहरण और देशी-विदेशी कम्पनियों के प्रवेश के मुद्दे को लेकर बहुत से आंदोलन भी हुए हैं। इससे नवीन पटनायक की छवि को धक्का तो ज़रूर लगा है, लेकिन शासन के दूसरे आयामों में बेहतर प्रदर्शन और कमज़ोर विपक्ष होने के कारण राज्य में उनके राजनीतिक वर्चस्व को कोई ख़ास चुनौती नहीं मिली है।

देवेगौड़ा के प्रधानमंत्री बनने के बाद कर्नाटक जनता दल के भीतर संघर्ष भी बढ़ गया। इसका कारण यह था कि देवेगौड़ा राज्य की राजनीति में रामकृष्ण हेगड़े का वर्चस्व नहीं होने देना चाहते थे। हेगड़े काफ़ी वरिष्ठ नेता थे। उन्होंने इंदिरा गाँधी के दौर में राज्य में ग़ैर-कांग्रेसवाद की राजनीति की और कांग्रेस को सत्ता से बाहर किया और राज्य के मुख्यमंत्री (1983-85) बने। 1996 में देवेगौड़ा के कहने पर जनता दल के तत्कालीन अध्यक्ष लालू प्रसाद यादव ने हेगड़े को पार्टी से बर्ख़ास्त कर दिया। हेगड़े ने पार्टी से निकाले जाने के बाद लोक-शक्ति नामक पार्टी का गठन किया और भाजपा से गठबंधन करके 1998 को लोकसभा चुनावा लड़ा जिसमें इस गठजोड़ को अच्छी सफलता मिली। लेकिन बाद में 1999 में इस पार्टी का शरद यादव के नेतृत्व वाले जनता दल में विलय हो गया। 2003 में समता पार्टी से जनता दल के इस धड़े के विलय से जनता दल (एकीकृत) का गठन हुआ। 2004 में हेगड़े की मृत्यु के बाद उनके परिजन भाजपा में शामिल हो गये और उनकी राजनीतिक विरासत किसी स्वतंत्र पार्टी के रूप में क़ायम नहीं रह पायी।

1997 में जनता दल को एक अन्य विभाजन का सामना करना पड़ा। बिहार के मुख्यमंत्री लालू प्रसाद यादव पर 1996 में हज़ारों करोड़ रूपये के चारा घोटाले का आरोप लगा। लालू पार्टी अध्यक्ष थे। लेकिन पार्टी अध्यक्ष के चुनाव में शरद यादव से हार गये। लालू को यह लगा कि वे जनता दल के भीतर रह कर अपने राजनीतिक वज़न का सही इस्तेमाल नहीं कर पोयेंगे। इसलिए उन्होंने 1997 में राष्ट्रीय जनता दल (या राजद) का गठन किया। असल में, यह मुख्य रूप से लालू की व्यक्तिगत पार्टी ही रही है। दल में कोई नेता लालू की मर्ज़ी के ख़िलाफ़ काम नहीं कर सकता। इसके गठन से लेकर अब तक लालू ही इसके अध्यक्ष रहे हैं। असल में, अपना अलग दल बनाकर लालू राज्य की राजनीति में अपना नियंत्रण क़ायम रखना चाहते थे। चारा घोटाले में ज़ेल जाने की नौबत आने पर उन्होंने अपनी पत्नी राबड़ी देवी को मुख्यमंत्री बना दिया। 2000 के विधानसभा चुनावों के बाद भी राजद बिहार में अपनी सरकार बनाने में सफल रहा। इसे 2005 में राज्य की सत्ता से बाहर होना पड़ा और 2010 के विधानसभा चुनावों में इसकी हार हुई। लेकिन 2004 के लोकसभा चुनाव इसने कांग्रेस और रामविलास पासवान की पार्टी लोक-जनशक्ति पार्टी से मिल कर लड़ा। इसमें इसे अच्छी सफलता मिली और लालू पाँच वर्ष (2004-2009) तक रेल मंत्री रहे। बहरहाल, एक व्यक्ति या परिवार केंद्रित पार्टी होने के बावजूद लालू और राजद की बिहार की राजनीति में महत्त्वपूर्ण भूमिका रही है। उन्होंने साम्प्रदायिक राजनीति का लगातार विरोध किया और पिछड़ी जातियों और ग़रीबों में राजनीतिक चेतना भरने में महत्त्वपूर्ण भूमिका निभायी। दूसरी ओर बिहार के मुख्यमंत्री के रूप में प्रदेश के विकास और सुशासन पर ध्यान न दे पाने के कारण उनकी एक नकारात्मक छवि भी बनी है, जिसका लाभ नीतीश कुमार और उनके जनता दल (एकीकृत) को हुआ है।

जनता दल में 1999 में एक और विभाजन हुआ। कर्नाटक में तत्कालीन मुख्यमंत्री और जनता दल के नेता जे. एच. पटेल ने भारतीय जनता पार्टी के नेतृत्व वाले राष्ट्रीय जनतांत्रिक गठबंधन को समर्थन देने का फ़ैसला किया। ऐसे

में एच. डी. देवेगौड़ा ने अपने समर्थकों के साथ मिलकर जनता दल (सेकुलर) पार्टी का गठन किया। यह पार्टी भी मुख्य रूप से एक परिवार-केंद्रित ही है। इसमें देवेगौड़ा के परिवार का वर्चस्व है। इसका गठन भाजपा विरोधी दल के रूप में हुआ। लेकिन इसके नेता और एच.डी. देवेगौड़ा के पुत्र एच.डी. कुमारस्वामी भाजपा की मदद से राज्य के मुख्यमंत्री बने (3 फ़रवरी, 2006-9 अक्टूबर, 2007)। यह पार्टी अब भी कर्नाटक की राजनीति में मौजूद है और 2013 के विधानसभा चुनावों में यह दूसरे सबसे बड़े दल के रूप में उभरी है। 1999 में जनता (सेकुलर) के निर्माण के बाद जनता दल के शेष बचे हिस्से ने जनता दल के विभिन्न घटकों को जोड़ने की कोशिश की। आख़िरकार, समता पार्टी, जनता दल शेष बचे भाग और कर्नाटक की लोक शक्ति पार्टी ने मिलकर जनता दल (एकीकृत) या जद (यू) का गठन किया। रामविलास पासवान ने 2000 में जद (यू) से अलग होकर अपनी पार्टी लोक जनशक्ति पार्टी (लोजपा) का निर्माण किया। असल में राजद, जद (यू) और लोजपा- तीनों ही बिहार केंद्रित पार्टियाँ रही हैं और इन तीनों में क्रमशः लालू प्रसाद, नीतीश कुमार और रामविलास पासवान नेता हैं। ये तीनों बिहार के कद्दावर नेता हैं और एक तरह से नब्बे के बाद की बिहार की राजनीति में इनकी सबसे महत्त्वपूर्ण भूमिका रही। 2004 के लोकसभा चुनावों में राजद-लोजपा और कांग्रेस के बीच चुनावी गठजोड़ था। इन चुनावों में इस गठजोड़ को ख़ासी सफलता मिली। लेकिन अक्टूबर, 2005 में हुए चुनावों में नीतीश के नेतृत्व में जद (यू) को बहुमत मिला। 2010 में नीतीश की जीत का आँकड़ा और भी ज़्यादा बढ़ गया। मुख्य बात यह है कि एक ही पार्टी के भीतर राजनीति करने वाले इन नेताओं ने बिहार की राजनीति के पक्ष और प्रतिपक्ष दोनों ही आयामों पर अपना दबदबा क़ायम कर लिया है।

जनता दल प्रयोग और उससे अलग होकर बने दलों के बारे में कुछ बातें स्पष्ट रूप से रेखांकित की जा सकती हैं: पहला, भारतीय राजनीति में जनता दल प्रयोग ग़ैर-कांग्रेसी राजनीति की बुनियाद पर तैयार हुआ। जिन दलों और व्यक्तियों ने मिलकर जनता दल का निर्माण किया था, वे पहले से ही ग़ैर-कांग्रेसी थे या उनमें से कुछ ने कांग्रेस छोड़कर ग़ैर-कांग्रेसी राजनीति शुरू की थी। वी.पी. सिंह सरकार द्वारा मण्डल आयोग की सिफ़ारिशों को लागू करने और उसके बाद हुए राजनीतिक घटनाक्रमों के भारतीय राजनीति पर बहुत गहरे प्रभाव पड़े। इसने उत्तर भारत के कई राज्यों में पिछड़ी जातियों के उभार की प्रक्रिया को आगे बढ़ाया। राजनीति में लालू प्रसाद यादव, मुलायम सिंह यादव, नीतीश कुमार, शरद यादव जैसे नेता सिर्फ़ राज्यों में ही नहीं बल्कि केंद्र की राजनीति में प्रमुख भूमिका निभाने लगे। दूसरा, ग़ैर-कांग्रेसी राजनीति के कारण जनता दल ने 1989 के चुनावों के बाद केंद्र में भाजपा की मदद से सरकार बनायी। बाद में, जनता दल से बाहर निकले कई नेताओं ने भी भाजपा से राजनीतिक सहयोग किया। इसके बहुत से उदाहरण दिये जा सकते हैं। जॉर्ज फ़र्नांडिस, शरद यादव, ओमप्रकाश चौटाला, रामकृष्ण हेगड़े जैसे नेताओं ने भाजपा से चुनावी तालमेल किया और इनके दल भाजपा के नेतृत्व वाली केंद्र सरकार में भागीदार भी हुए। तीसरा, नब्बे के दशक में साम्प्रदायिकता एक बहुत बड़े मुद्दे के रूप में उभरकर सामने आयी। इसका एक नतीजा यह हुआ कि जनता दल से बाहर निकले कुछ दलों और नेताओं ने भाजपा की राजनीति का तीखा विरोध किया। इस तरह के नेताओं में लालू प्रसाद यादव और मुलायम सिंह यादव का नाम लिया जा सकता है। चौथा, आम तौर पर, जनता दल के टूटने के बाद बने अधिकांश दल किसी विशेष नेता और उसके परिवार के आस-पास केंद्रित हो कर रह गये। मसलन, राजद (लालू यादव), समाजवादी पार्टी (मुलायम सिंह यादव), जनता दल (सेकुलर) (एच.डी. देवेगौड़ा), बीजू जनता दल (नवीन पटनायक), लोक जनशक्ति पार्टी (रामविलास पासवान), इण्डियन नैशनल लोकदल (ओम प्रकाश चौटाला) जैसे दल अपने नेता और उसके परिवार की राजनीति तक केंद्रित है। जद (यू) स्पष्ट रूप से परिवार-केन्द्रित पार्टी नहीं है, लेकिन यह भी मुख्य रूप से नीतीश कुमार पर ही निर्भर है। चौथा, जतना दल से अलग होकर निकले तमाम दल मुख्य रूप से एक राज्य तक ही सीमित है। मसलन, बीजू जनता दल ओडीशा तक सीमित है, राजद बिहार तक और इण्डियन नैशनल लोकदल हरियाणा तक। दूसरे दलों के बारे में भी यही बात कही जा सकती है। समाजवादी पार्टी जैसे दल का महाराष्ट्र जैसी जगह पर भी थोड़ा बहुत प्रभाव है, लेकिन यह मुख्य रूप से उत्तर प्रदेश तक सीमित पार्टी ही है। पाँचवा, जनता दल से अलग होकर बने अधिकांश दलों ने ख़ुद को कांग्रेस या भाजपा जैसे दलों से जोड़ लिया है। बीजू जनता दल या समाजवादी पार्टी जैसे दलों ने अपने दम पर राजनीति करने की कोशिश की है, लेकिन ये तीसरे मोर्चे की गठन की दिशा में कोई ख़ास पहल करने में नाकाम रहे हैं। दूसरे राज्यों में इनका बहुत ज़्यादा प्रभाव नहीं है।

देखें : कांग्रेस 'प्रणाली', ग़ैर-कांग्रेसवाद, गठजोड़ राजनीति, जनता दल और उसकी विरासत-1, तेलुगु देशम पार्टी, पार्टी-गठजोड़ की राजनीति, भारतीय कम्युनिस्ट पार्टी, भारतीय कम्युनिस्ट पार्टी (मार्क्सवादी), भारतीय जनता पार्टी-1 और 2, भारत में मतदान-व्यवहार-1, 2, 3, 4, 5 और 6, भारतीय राष्ट्रीय कांग्रेस-1 और 2, राष्ट्रीय जनतांत्रिक गठजोड़, वाम मोर्चा, शिव सेना, समाजवादी पार्टी, बहुजन समाज पार्टी-1 और 2, शिरोमणि अकाली दल, संयुक्त प्रगतिशील गठबंधन।

संदर्भ

1. विपिन कुमार मेहता (2013), *जनता दल : उद्भव एवं पराभव*, राज पब्लिकेशंस, नयी दिल्ली.
2. कमल नयन चौबे (2008), *जातियों का राजनीतीकरण : बिहार में पिछड़ी जातियों के उभार की दास्तान*, वाणी प्रकाशन, नयी दिल्ली.

— कमल नयन चौबे

जम्मू और कश्मीर

(Jammu and Kashmir)

भारत के सबसे उत्तरी भाग में स्थित और हिमालय की पर्वत श्रृंखलाओं से घिरा हुआ जम्मू और कश्मीर राज्य ऐतिहासिक कारणों से भारतीय राजनीति की एक अनसुलझी समस्या बना हुआ है। भारतीय संविधान में अनुच्छेद 370 के अंतर्गत कश्मीर के लिए विशेष प्रावधान हैं। इसके अनुसार रक्षा संचार और विदेश मामलों के अलावा भारतीय संसद द्वारा बनाया गया कोई भी क़ानून जम्मू और कश्मीर की विधानसभा की पुष्टि के बिना इस राज्य पर लागू नहीं होगा। देश के दूसरे भागों के लोगों को यहाँ सम्पत्ति ख़रीदने या बसने की इजाजत नहीं है। इसके अलावा यह भारत का एकमात्र ऐसा राज्य है जिसका अपना झंडा और संविधान है। स्वतंत्र भारत में जम्मू और कश्मीर का इतिहास और राजनीति काफ़ी उथल-पुथल से भरी रही है। इसे दो भागों में बाँटकर अच्छी तरह समझा जा सकता है : पहला, 1947 से 1990 तक का दौर और दूसरा 1990 के बाद का दौर। ग़ौरतलब है कि मार्च, 1965 तक कश्मीर के शासक प्रमुख के लिए वज़ीरे-आज़म (या प्रधानमंत्री) शब्द का प्रयोग किया जाता था। बाद में मुख्यमंत्री शब्द का प्रयोग होने लगा। आज़ादी के बाद के दौर में भारत और पाकिस्तान के बीच कश्मीर एक निरंतर विवाद का विषय बना रहा है। इस कारण भारत और पाकिस्तान में 1947 के अलावा 1965 और 1999 में युद्ध भी हो चुका है।

हिंदू पुराणों में कश्मीर का उल्लेख मिलता है। व्यापारिक मार्ग से जुड़े होने के कारण यह एक समृद्ध क्षेत्र था। सम्राट अशोक और कनिष्क के दौर में यहाँ बौद्ध धर्म का प्रसार हुआ। मध्य एशिया और चीन में बौद्ध धर्म के प्रसार में कश्मीरियों की महत्त्वपूर्ण भूमिका रही। चौदहवीं सदी में कश्मीर में मुसलिम शासन स्थापित हुआ और अकबर के दौर में यह मुग़लों के अधीन आ गया। 1752 में कश्मीर अफ़ग़ानों के नियंत्रण में आया। 1819 में सिक्खों ने अफ़ग़ानों से कश्मीर को छीन लिया। 1846 में जम्मू के शासक गुलाब सिंह की मदद से अंग्रेज़ों ने कश्मीर को अपने क़ब्ज़े में ले लिया। गुलाब सिंह को यहाँ के शासन की ज़िम्मेदारी दे दी गयी और इस तरह यह अंग्रेजों का रजवाड़ा बन गया। भारत की आज़ादी के संघर्ष के दौरान यहाँ भी नैशनल कांफ्रेंस के नेतृत्व में राजा और अंग्रेज़ों के ख़िलाफ़ आंदोलन चला। नैशनल कांफ्रेंस का गठन 1932 में शेख़ अब्दल्ला और उनके कुछ राजनीतिक सहयोगियों द्वारा किया गया था। उस समय इसका नाम मुसलिम कांफ्रेंस था। 1938 में इसे बदल कर नैशनल कांफ्रेंस कर दिया गया। शेख़ अब्दुल्ला के कांग्रेस के नेताओं से नजदीकी संबंध थे।

आज़ादी और बँटवारे के बाद जम्मू और कश्मीर की स्थिति अनिश्चित बन गयी। 1947 में विभाजन के साथ यह शर्त भी जोड़ी गयी कि रजवाड़ों के शासकों को भारत या पाकिस्तान में मिलने या स्वतंत्र रहने की आज़ादी होगी। 1947 में इस राज्य की जनसंख्या का 77 प्रतिशत हिस्सा मुसलमानों का था। यहाँ के शासक हरी सिंह कश्मीर को एक स्वतंत्र राज्य बनाना चाहते थे। लेकिन पाकिस्तान की तरफ़ से हुए क़बायली हमले के कारण उन्होंने 25 अक्टूबर, 1947 को इस राज्य के भारत में विलय का फ़ैसला किया। हमले के कारण पाकिस्तान को कश्मीर के एक बड़े हिस्से पर क़ब्ज़ा करने का मौक़ा मिल गया। भारतीय सेनाओं ने उन्हें यहाँ से निकालने की कोशिश की, लेकिन ठंड का मौसम शुरू हो जाने के कारण वे अपने अभियान को पूरा नहीं कर पाये और यह हिस्सा पाकिस्तान के क़ब्ज़े में बना रहा। पाकिस्तान ने इस क्षेत्र को आज़ाद कश्मीर कहता है और भारत अधिकृत कश्मीर।

भारत इस मसले को संयुक्त राष्ट्र संघ में ले गया। संयुक्त राष्ट्र संघ ने दोनों देशों द्वारा यह क्षेत्र ख़ाली करने और वहाँ जनमत संग्रह कराने का प्रस्ताव पारित किया। लेकिन भारत या पाकिस्तान किसी ने भी अपनी सेना कश्मीर से नहीं हटायी। भारत ने शुरू में जनमत संग्रह का समर्थन किया। लेकिन फिर उसने इस प्रस्ताव को निरर्थक घोषित कर दिया। इसका कारण यह था कि 1952 में जम्मू और कश्मीर की चुनी हुई संविधान सभा ने कश्मीर के भारत में विलय की पुष्टि कर दी। इसके अलावा भारत की ओर से यह तर्क भी दिया गया कि पाकिस्तानी क़ब्ज़े वाले कश्मीर में पाकिस्तान के दूसरे भागों से लोग बस चुके हैं। इस कारण यहाँ की जनसंख्या की रूपरेखा बदल गयी है। इस समय औपनिवेशिक दौर के जम्मू और कश्मीर का साठ प्रतिशत हिस्सा भारत के पास है (जम्मू, कश्मीर घाटी और लद्दाख), 30 प्रतिशत पाकिस्तान के पास (गिलगिल-बाल्टिस्तान और आज़ाद कश्मीर) तथा 10 प्रतिशत चीन के पास है (अक्साईचिन)।

दक्षिण में जम्मू और कश्मीर की सीमाएँ पंजाब और हिमाचल प्रदेश से लगी हुई हैं। इसके उत्तर और पूर्व में चीन

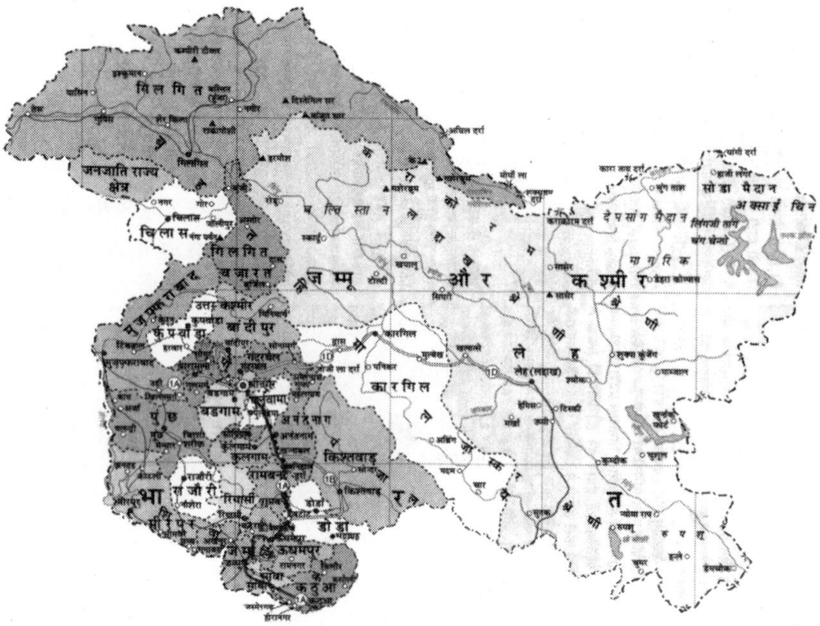

जम्मू और कश्मीर : संविधान के अनुच्छेद 370 के तहत विशेष दर्जा

स्थित है। पश्चिम और उत्तर-पश्चिम में क्रमश: पाकिस्तान प्रशासित 'आज़ाद' कश्मीर और गिलगित-बाल्टिस्तान स्थित हैं। जम्मू और कश्मीर तीन क्षेत्रों से मिलकर बना है : जम्मू, कश्मीर और लद्दाख। कश्मीर यहाँ की ग्रीष्मकालीन और जम्मू शीतकालीन राजधानी है। पहाड़ों के बीच बसी कश्मीर घाटी अपने प्राकृतिक सौंदर्य के लिए प्रसिद्ध है। जम्मू में बहुत सारे हिंदू धार्मिक स्थल है जो तीर्थ यात्रियों के लिए आकर्षण का केंद्र है। लद्दाख को 'छोटे तिब्बत' के रूप में जाना जाता है। यह बौद्ध संस्कृति के केंद्र के रूप में प्रसिद्ध है। जम्मू और कश्मीर का कुल क्षेत्रफल 2,22, 236 वर्ग किमी है। क्षेत्रफल के अनुसार यह भारत का सबसे बड़ा राज्य है। 2011 की जनगणना के अनुसार यहाँ की कुल जनसंख्या 12,548,926 है। इस हिसाब यह भारत का अठारहवाँ सबसे बड़ा राज्य है। यहाँ से लोकसभा के कुल छह और राज्यसभा के चार सदस्य चुने जाते हैं। 2011 की जनगणना के मुताबिक़ यहाँ कि साक्षरता दर 67.7 प्रतिशत है और साक्षरता के हिसाब से भारत में इसका इक्कीसवाँ स्थान है। यहाँ का उच्च न्यायालय श्रीनगर में स्थित है। उर्दू, कश्मीरी और डोगरी यहाँ की राजकीय भाषाएँ हैं।

कश्मीर के भारत में विलय के वक्त शेख़ अब्दुल्ला यहाँ सबसे लोकप्रिय नेता थे। लेकिन भारत के केंद्रीय नेताओं के साथ उनके संबंध बनते-बिगड़ते रहे। कई बार उनकी गतिविधियों को शक की निगाह से देखा गया। उन्हें लम्बे समय तक ज़ेल में या नज़रबंद भी रहना पड़ा। 1982 में अपने देहांत तक वे तीन बार राज्य के वज़ीरे-आज़म / मुख्यमंत्री रहे (मार्च, 1948-अगस्त 1953, फ़रवरी, 1975-मार्च, 1977, जुलाई, 1977-सितम्बर, 1982)। इस दौर में वे 1953-1964 तक ज़ेल में रहे, 1965-1968 तक उन्हें नज़रबंद रखा गया और फिर 1971 में 18 महीनों के उनके कश्मीर आने पर पाबंदी लगा दी गयी। दरअसल शेख़ अब्दुल्ला के विचारों में भी कई दफ़ा बदलाव आया और वे कश्मीर में जनमत संग्रह के समर्थक भी बन गये। इसी कारण उन्हें दिल्ली की कई सरकारों की नाराज़गी का सामना करना पड़ा। 1971 के भारत-पाकिस्तान युद्ध के बाद शेख़ अब्दुल्ला के नज़रिये में बदलाव आया। 1974 में उनके और इंदिरा गाँधी के बीच समझौता हुआ। इसके अनुसार अब्दुल्ला ने कश्मीर में जनमत संग्रह की माँग छोड़ दी और वे संसदीय राजनीति में शामिल हो गये। इसके बाद हुए वे दो बार राज्य के मुख्यमंत्री रहे। ग़ौरतलब है कि 1947-1982 के बीच शेख़ अब्दुल्ला के अलावा कांग्रेस के मेहरचंद महाजन (अक्टूबर, 1947-मार्च, 1948), ग़ुलाम मोहम्मद सादिक़ (मार्च, 1965-दिसम्बर, 1971) और सैयद मीर क़ासिम (दिसम्बर, 1971-फ़रवरी, 1975) तथा (नैशनल कांफ्रेंस के बख़्शी ग़ुलाम मोहम्मद) (अगस्त, 1953-अक्टूबर, 1963), ख़्वाजा शम्सुद्दीन (अक्टूबर, 1963-फ़रवरी, 1964) जम्मू और कश्मीर के प्रधानमंत्री / मुख्यमंत्री रहे।

शेख़ अब्दुल्ला की मौत के बाद उनके बेटे फ़ारूक़ अब्दुल्ला राज्य के मुख्यमंत्री बने। 1984 में अब्दुल्ला की सरकार को बर्खास्त कर कांग्रेस समर्थक ग़ुलाम मोहम्मद शाह को मुख्यमंत्री बनाया गया। 1986 में अब्दुल्ला और कांग्रेस में गठजोड़ हो गया। इसलिए शाह की जगह अब्दुल्ला फिर से मुख्यमंत्री बन गये। 1987 में राज्य विधानसभा के चुनाव हुए। इसमें कांग्रेस-नैशनल कांफ्रेंस नेतृत्व को जीत मिली। लेकिन विपक्षी दलों ने इन चुनावों में धाँधली के आरोप लगाये। इसने राज्य में व्यापक विरोध को जन्म दिया। इसी समय अलगाववादी आंदोलन की शुरुआत भी हुई। दरअसल, कांग्रेस के नेतृत्व वाली केंद्र सरकार द्वारा यहाँ की राजनीति में बार-बार ग़लत तरीक़े से हस्तक्षेप और जोड़-तोड़ से लोग तंग आ चुके थे। इसी कारण 1987 के चुनावों के बाद उन्होंने खुलकर दिल्ली के दख़ल का विरोध किया।

1990 के दशक के बाद की राजनीति जम्मू और कश्मीर में साम्प्रदायिक विभाजन, हिंसक और अहिंसक अलगाववादी आंदोलन तथा सेना की दमनकारी कार्रवाइयों की गवाह बनी। इस दौर में राज्य की राजनीति की प्रमुख

पहलुओं को इस प्रकार व्यक्त किया जा सकता है : पहला, संसदीय राजनीति में मुख्य रूप से नैशनल कांफ्रेंस, कांग्रेस और 1999 में गठित पीपुल्स डेमोक्रेटिक पार्टी का दबदबा रहा है। इस दौर में फ़ारूक़ अब्दुल्ला (अक्टूबर, 1996-अक्टूबर, 2002), मुफ़्ती मोहम्मद सईद (नवम्बर, 2002-नवम्बर, 2005) और ग़ुलाम नबी आज़ाद (नवम्बर, 2005-जुलाई, 2008) और उमर अब्दुल्ला (जनवरी, 2009) राज्य के मुख्यमंत्री रहे। इसके अलावा राज्य में अलगाववादी गतिविधियों (1990-1996) और राजनीतिक गतिरोध के कारण (18 अक्टूबर, 2002-2 नवंबर, 2002, 11 जुलाई, 2008-3 जनवरी, 2009) कई बार राष्ट्रपति शासन भी लागू रहा। दूसरा, राज्य में साम्प्रदायिक ध्रुवीकरण की राजनीति को भी बढ़ावा मिला। इसके कारण 1990 में कश्मीरी पण्डितों को श्रीनगर छोड़ना पड़ा। दूसरी ओर, भाजपा ने जम्मू में हिंदू ध्रुवीकरण की राजनीति को बढ़ावा दिया। कई बार धर्म के आधार पर राज्य को तीन भागों में बाँटने की भी माँग की गयी। तीसरा, राज्य में पाकिस्तान प्रायोजित समूहों के द्वारा हिंसक पृथकतावादी राजनीति को भी बढ़ावा दिया गया। ख़ासतौर पर 1990-96 के दौर में यह राजनीति अपने चरम पर रही। चौथा, राज्य में हुर्रियत कांफ्रेंस के नेतृत्व में ऐसी राजनीतिक शक्तियाँ एकजुट हुईं जो लोकतांत्रिक तरीक़े से भारत से अलग होने की माँग कर रही थीं। ऑल पार्टी हुर्रियत कांफ्रेंस का गठन 1992 में हुआ। बाद में, यह नरमपंथी और गरमपंथी धड़े में बँट गया। गरमपंथी धड़े का नेतृत्व सैयद अली शाह गिलानी के हाथों में है। वे इस्लामिक राष्ट्रवाद के आधार पर कश्मीर को भारत से अलग करना चाहते हैं। नरमपंथी धड़े का नेतृत्व मौलवी उमर फ़ारूक़ के हाथों में है। यह धड़ा भी स्वतंत्रता की माँग करता है लेकिन यह कई मध्यवर्ती उपायों की भूमिका को स्वीकार करता है।

कई बार यह कहा जाता है कि 1996 में लोकतांत्रिक प्रक्रिया शुरू हो जाने के बाद जम्मू और कश्मीर में आतंकवादियों की हिंसा में कमी आयी है। इस तर्क को स्वीकारने के बावजूद यह रेखांकित करने की ज़रूरत है कि अभी भी कश्मीर में अलगाववादी समूहों को बहुत ज़्यादा समर्थन प्राप्त है। सेना की ज़बरदस्त मौजूदगी, आर्म्ड फ़ोर्स स्पेशल पॉवर्स एक्ट (आफ़्सपा) लागू होने के कारण सेना द्वारा की जाने वाली ज़्यादतियों के ख़िलाफ़ लोगों का ग़ुस्सा कई मौक़ों पर सामने आ जाता है। मसलन, 2010 की गर्मियों में कश्मीर घाटी को इस तरह की हिंसा का सामना करना पड़ा था। कश्मीर की स्थिति एक ऐसे राज्य का प्रतिनिधित्व करती है जहाँ लोगों को अभी तक अपनी लोकतांत्रिक आंकक्षाओं को अभिव्यक्ति करने का मौक़ा नहीं मिला है। भारत में कश्मीर के विलय के बाद से ही दिल्ली ने यहाँ की राजनीति में लगातार दख़ल दिया है। यह दख़ल सेना को अनियंत्रित शक्ति देने से लेकर चुनावी धाँधली के रूप में सामने आया है। इसके कारण स्थानीय लोगों में अलगाव की भावना बढ़ी है, जिसे दूर करने के लिए बहुत कुछ किया जाना बाक़ी है।

देखें : अरुणाचल प्रदेश, असम, आंध्र प्रदेश, उत्तर प्रदेश, उत्तराखण्ड, ओडीशा, कर्नाटक, केरल, गोवा, छत्तीसगढ़, झाड़खण्ड, तमिलनाडु, त्रिपुरा, दिल्ली, नगालैण्ड, बिहार, पंजाब, पश्चिम बंग, मणिपुर, महाराष्ट्र, मध्य प्रदेश, मिज़ोरम, मेघालय, राजस्थान, हरियाणा।

संदर्भ

1. अरविंद मोहन (सम्पा.) (2009), *लोकतंत्र का नया लोक : चुनावी राजनीति में राज्यों का उभार*, वाणी प्रकाशन, नयी दिल्ली.
2. पृथ्वी नाथ कौल (1962), *अ हिस्ट्री ऑफ़ कश्मीर*, मेट्रोपॉलिटन, नयी दिल्ली.
3. गौतम नवलखा (2008), 'रिज़ेंटमेंट परसिस्ट इन कश्मीर', *इकॉनॉमिक ऐंड पॉलिटिकल वीकली*, खण्ड 43, अंक 6.

— कमल नयन चौबे

जय प्रकाश नारायण

(Jay Prakash Narayan)

उपनिवेशवाद विरोधी आंदोलन के प्रमुख योद्धाओं में से एक, भारत के समाजवादी आंदोलन के शीर्ष नेता और सिद्धांतकार जय प्रकाश नारायण (1902-1979) के विचारों और जीवन का अध्ययन किये बिना स्वातंत्र्योत्तर भारत का राजनीतिक-सामाजिक चित्र बनाना नामुमकिन है। जेपी अंग्रेज़ों के ख़िलाफ़ संघर्ष के दौरान कांग्रेस सोशलिस्ट पार्टी के नेताओं में से एक थे। शुरू में वे मार्क्सवाद से प्रभावित थे, और कुछ मसलों पर गाँधी की आलोचना करते थे, लेकिन बाद में उनके रुझान गाँधीवादी होते चले गये। 1942 के भारत छोड़ो आंदोलन में भूमिगत विद्रोही कार्रवाइयों के कारण जेपी अपने जीवन में ही किंवदंती बन गये। इस संघर्ष ने उन्हें जनता और कार्यकर्ताओं के बीच लोकनायक की उपाधि दिलवायी। स्वतंत्रता के बाद उन्होंने कांग्रेस छोड़ कर समाजवादी आंदोलन का नेतृत्व किया, हालाँकि वे ख़ुद कभी चुनाव नहीं लड़े। पचास के दशक में ही उन्होंने जनता की सीधी भागीदारी वाले लोकतंत्र और रैडिकल विकेंद्रीकरण के पक्ष में अपने सूत्रीकरण पेश किये जिनके ऊपर साठ के दशक में बुद्धिजीवियों के बीच बहसें हुईं। सक्रिय राजनीति से मोह-भंग हो जाने के बाद उन्होंने सर्वोदय का दामन थामा। जेपी के जुड़ाव का परिणाम यह निकला कि सर्वोदय के साथ कई

बुद्धिजीवी जुड़े। उन्होंने साठ के दशक में बनारस में गाँधी अध्ययन संस्थान की स्थापना की और 'स्माल इज़ ब्यूटीफुल' जैसा नारा देने वाले फ्रिट्ज़ शूमाकर को उसका निदेशक बनने के लिए निमंत्रित किया। हालाँकि शूमाकर भारत नहीं आ पाये, पर इस संस्थान के बहुअनुशासनीय अध्ययन कार्यक्रम पर उनकी छाप स्पष्ट रूप से देखी जा सकती थी।

बिहार के एक गाँव सिताबदियारा में 11 अक्टूबर, 1902 को पैदा हुए जय प्रकाश नारायण ने एक घटनाप्रद जीवन जिया। नौ साल की उम्र में उन्हें पटना के एक स्कूल में दाख़िल कराया गया जहाँ वे एक प्रतिभाशाली और परिश्रमी छात्र साबित हुए। 18 वर्ष की आयु में उनका विवाह प्रभावती से हुआ। उपनिवेशवादी आंदोलन के प्रभाव में उन्होंने पटना कॉलेज छोड़ कर कांग्रेस द्वारा स्थापित बिहार विद्यापीठ में पढ़ना पसंद किया। 1922 में अपनी पत्नी को गाँधीजी के आश्रम में छोड़ कर जेपी उच्च शिक्षा के लिए अमेरिका गये जहाँ उन्हें काफ़ी आर्थिक कठिनाइयों का सामना करना पड़ा। विसकोंसिन विश्वविद्यालय के प्रगतिशील माहौल में उन्होंने मार्क्स, लेनिन, ट्रॉट्स्की, प्लेखानोव और रोज़ा लक्सेमबर्ग की रचनाओं का गहन अध्ययन किया। अमेरिका में उन्हें एक स्नातकोत्तर छात्रवृत्ति भी मिली। मानवेंद्र नाथ राय का भारत संबंधी लेखन पढ़ने के बाद जेपी ख़ुद को मार्क्सवादी मानने लगे। सात साल अमेरिका में रहने के बाद जेपी 27 वर्ष की उम्र में भारत लौटे। इस बीच अपने आश्रम में रह रही प्रभावती को बापू ने ब्रह्मचर्य की शपथ दिला दी थी, जिसका भारत लौटने पर जेपी ने पूरा सम्मान किया।

गाँधी से मिलने वर्धा जाने पर जेपी की मुलाकात जवाहरलाल नेहरू से हुई। नेहरू ने उन्हें इलाहाबाद आ कर कांग्रेस के लेबर रिसर्च डिपार्टमेंट का चार्ज सँभालने के लिए कहा। हालाँकि जेपी मार्क्सवादी थे, और उस नाते गाँधी से उनकी काफ़ी असहमतियाँ थीं, लेकिन उन्हें उपनिवेशवाद विरोधी आंदोलन में कम्युनिस्टों की कांग्रेस विरोधी भूमिका पसंद नहीं आयी। उन्होंने कांग्रेस का साथ देने का निर्णय किया और राष्ट्रवादी आंदोलन में कूद पड़े। 1932 के दूसरे असहयोग आंदोलन में कांग्रेस के महामंत्री के रूप में उन्होंने उस समय सारे देश में संघर्ष का संचालन किया जब गाँधी और नेहरू समेत कई वरिष्ठ कांग्रेसी नेता ज़ेल में डाल दिये गये थे। आख़िर में जेपी भी गिरफ़तार हुए और नासिक ज़ेल में उनकी मुलाकात मीनू मसानी, अच्युत पटवर्धन, एन.सी. गोरे, अशोक मेहता, एम.एच. दाँतवाला वग़ैरह से हुई। इन नेताओं से हुए विचार-विमर्श का परिणाम कांग्रेस के भीतर कांग्रेस सोशलिस्ट पार्टी के गठन में निकला।

1942 में जब गाँधी ने अंग्रेज़ो भारत छोड़ो का नारा दिया तो उस समय जेपी हजारीबाग ज़ेल में थे। वे ज़ेल की दीवारें फाँद कर भाग निकले। गाँधी की रणनीति के विपरीत जेपी पहले भी उपनिवेशवाद विरोधी आंदोलन में हथियारों के इस्तेमाल के पूरी तरह से विरोधी नहीं थे। ज़ेल से भाग कर वे नेपाल पहुँचे और आज़ाद दस्ते का गठन किया। ब्रिटिश सरकार की मशीनरी ठप्प करने के लिए जेपी के नेतृत्व में कई क्रांतिकारी कार्रवाइयाँ की गयीं। उन्हें दोबारा सितम्बर, 1943 में पंजाब में एक चलती ट्रेन में पकड़ा गया। जेपी को लाहौर के किले में बंदी बना कर रखा गया और काफ़ी यातनाएँ दी गयीं। गाँधी ने कैबिनेट मिशन के सामने शर्त रखी कि जब तक जेपी और डॉ. लोहिया को रिहा नहीं किया जाएगा तब तक वे वार्ता शुरू नहीं करेंगे। अप्रैल, 1946 में जब ये दोनों रिहा हुए तो पराक्रमी नायकों की तरह उनका जन-अभिनंदन किया गया। आज़ादी के बाद जेपी ने सोशलिस्ट पार्टी की बागडोर सँभाली, लेकिन चुनावी राजनीति से जल्दी ही उनका मोह-भंग हो गया। इसके बाद वे कई वैचारिक मक़ामों से गुज़रे जिनका विश्लेषणात्मक वर्णन उन्होंने ख़ुद अपनी आत्मकथा *मेरी विचार-यात्रा* में किया है।

जय प्रकाश नारायण (1902-1979)

1970 की शुरुआत में जेपी ने मुसहरी (बिहार) में ग्रामदान का प्रयोग किया। रैडिकल वामपंथियों का आरोप है कि उनकी यह कार्रवायी नक्सलवादी आंदोलन का शमन करने के लिए की गयी थी। बहरहाल, उनका यही अनुभव

उन्हें सर्वोदय आंदोलन के राजनीतीकरण की तरफ़ ले गया जिससे एक तरफ़ तो सर्व सेवा संघ में विभाजन हो गया, और दूसरी तरफ़ जेपी की राजनीति में ऐतिहासिक वापिसी हुई। इसी दौरान चम्बल घाटी के दस्युओं से हथियार डलवा कर जेपी ने इतिहास बनाया। जीवन के अंतिम दौर में स्वास्थ्य ख़राब होने के बावजूद उन्होंने ग़ैर-कम्युनिस्ट व ग़ैर-कांग्रेसी राजनीतिक शक्तियों का नेतृत्व करते हुए राजनीतिक प्रणाली में आमूलचूल सुधार करने के लिए सम्पूर्ण क्रांति का नारा दिया। जेपी के नेतृत्व में चले बिहार आंदोलन के जुझारू तेवरों के कारण इंदिरा गाँधी को अपनी सरकार बचाने के लिए देश पर आपातकाल थोपना पड़ा।

सुंदर व्यक्तित्व और प्रभावशाली वक्तृता व लेखन के धनी जय प्रकाश नारायण का चिंतन हमेशा लोकतंत्र और राष्ट्रवाद से जुड़ी समस्याओं पर केंद्रित रहा। उनकी निगाह राष्ट्र और लोकतंत्र के बीच अन्योन्यक्रिया पर जमी रही। सरकार के कामकाज का मूल्यांकन उन्होंने हमेशा उसकी जन-वैधता के आईने में किया। प्रातिनिधिक लोकतंत्र का प्रचलित स्वरूप उनके लिए अपने आप में कभी पर्याप्त नहीं रहा। इसीलिए उनके राजनीतिक कार्यक्रम के केंद्र में लोकतांत्रिक जन-इच्छा साकार करने का उद्देश्य दिखाई देता है। छात्रों और नौजवानों को वे अपनी राजनीति के हरावल दस्ते की तरह देखते थे। 1977 में जेपी की देख-रेख में विपक्षी दलों ने एकताबद्ध होकर जनता पार्टी का निर्माण किया जो कांग्रेस को हरा कर दिल्ली में पहली ग़ैर-कांग्रेस सरकार बनायी। जेपी सत्ता परिवर्तन के वाहक तो बने, लेकिन उन्होंने जीवन भर ख़ुद को सत्ता और सरकार से दूर रखा। नेहरू ने उन्हें अपनी सरकार में शामिल होने का निमंत्रण दिया था, जिसे जेपी ने यह कह कर ठुकरा दिया था कि उनकी सरकार गाँधीवादी कार्यक्रम के प्रति संवेदनशीलन नहीं है।

एक समाजवादी चिंतक के रूप में जेपी के विचार न तो गाँधीवादी ख़ाने में डाले जा सकते हैं, न ही उन्हें उदारतावाद या मार्क्सवाद की श्रेणी में रखा जा सकता है। कांग्रेस सोशलिस्ट पार्टी के सिद्धांतकार के तौर पर 1936 में वे ख़ुद को कांग्रेस और गाँधी से अलग करते हुए नज़र आते हैं। चुनाव पर आधारित लोकतंत्र को वे जन-इच्छा का प्रतिबिम्ब नहीं मानते। चुने हुए प्रतिनिधियों के ज़रिये खड़े किये गये लोकतांत्रिक ढाँचे पर उन्हें यक़ीन नहीं है। वे आह्वान करते हैं कि सभी तरह की सत्ता सीधे-सीधे जनता के हाथों में होनी चाहिए। जनता से उनका तात्पर्य उन तमाम लोगों से है जो शारीरिक या बौद्धिक परिश्रम करके समाज के लिए उत्पादन की ज़िम्मेदारी निभाते हैं। इस मक़ाम पर जेपी 'कथित यूनानी लोकतंत्रों' के अनुभव को भी सही तौर पर जनोन्मुख मानने के लिए तैयार नहीं हैं। ज़ाहिर है कि प्रत्यक्ष लोकतंत्र की ये मिसालें भी जेपी को सीमित लगती हैं। उनके सामने प्रश्न यह है कि अंग्रेज़ों के जाने के बाद जनता के हाथों में सत्ता का 'वास्तविक' हस्तांतरण कैसे किया जाए। इसी मक़ाम पर वे कांग्रेसियों और तत्कालीन गाँधीवादियों से ही नहीं, मार्क्सवादियों से भी बहस करते हैं। इस दौर में जेपी के लेखन में 'बिना सामाजिक संबंधों को बदले हुए हृदय-परिवर्तन' की बात करने वाले गाँधी के ट्रस्टीशिप वाले सिद्धांत की आलोचना भी मिलती है। उनके विचार कुछ-कुछ अराजकतावादी समाजवादियों से मिलते-जुलते नज़र आते हैं। वे कम्युनिस्टों से पूछते हैं कि क्या राज्य को मेहनतकश जनता और बृहत्तर समाज का प्रतिनिधि माना जा सकता है?

1948 में समाजवादी एकता के आधारभूत सिद्धांतों की व्याख्या करते हुए जेपी ने क्रांतिकारी जन-इच्छा की धारणा सामने रखी जो उनकी लोकतंत्र संबंधी समझ का सारतत्त्व थी। अपने इन्हीं विचारों को आगे बढ़ाते हुए जेपी ने 1959 में भारतीय राज्य-व्यवस्था की पुनर्रचना की ज़रूरत पर बहस करते हुए सवाल उठाया कि क्या उत्पादन के साधनों और वितरण पर राज्य के नियोजित स्वामित्व को समाजवाद समझ लेने का आग्रह विफल नहीं हो चुका है? इस आस्था की जगह नयी आस्था की स्थापना के लिए समाजवादियों को मार्क्स-पूर्व आदर्शों और अराजकतावादियों की तरफ़ देखना होगा। उन्हें तॉल्स्तॉय, रस्किन, मोरिस, गाँधी और विनोबा के विचारों में झाँकना होगा। इस सिलसिले में जेपी ने फ्रांस और इज़रायल में हुए प्रयोगों के साथ-साथ भारत में हो रहे ग्रामदान के प्रयोगों की ओर ध्यान खींचा। अपने इस विमर्श में जेपी प्रातिनिधिक लोकतंत्र के विख्यात सिद्धांतकारों (मिल, लॉक और जेफ़र्सन वग़ैरह) से प्रभावित नज़र नहीं आते। यहाँ जेपी का आग्रह प्रतिनिधित्व के तुरंत और प्रत्यक्ष रूपों पर दिखाई देता है। वे कहते हैं कि प्रतिनिधित्व भू-क्षेत्रीय न हो कर पेशागत होना चाहिए। प्रतिनिधियों को हितों की नुमाइंदगी करनी चाहिए जो इलाक़ाई आधार पर न हो कर कामकाज और व्यवसाय के आधार पर बँटे हुए हैं।

आज़ादी के बाद जेपी ने भारतीय लोकतंत्र के लोकतांत्रिक होने की सीमाओं पर सोचना शुरू किया। इसी दौरान उन्होंने साधनों की पवित्रता और विकेंद्रीकरण के प्रश्नों पर अपना परिप्रेक्ष्य पेश किया। 1957 में लिखे अपने एक पर्चे 'फ्रॉम सोशलिज़म टू सर्वोदय' में उन्होंने समाजवादी सिद्धांत और कार्यक्रम की विस्तृत आलोचना की। इस मक़ाम पर उन्होंने लोकनीति को राजनीति से बेहतर बताया। उनका तर्क था कि स्वतंत्रता आंदोलन को लोकनीति के आईने में ही देखना चाहिए। जेपी के सामने स्पष्ट था कि आदर्श लोकतंत्र की सम्भावनाएँ भारत जैसे बड़े देश में साकार नहीं हो सकतीं, इसलिए उन्होंने विकेंद्रीकरण, सामुदायिक स्वायत्तता, ग्राम-सुधार जैसे कार्यक्रम पर ज़ोर दिया। वे इच्छाओं और

आवश्यकताओं पर स्वैच्छिक संयम लगाने, समतामूलक सामाजिक संस्थाओं की नींव डालने, और सामुदायिक जीवन को फिर से कल्पित करने के पक्ष में हो गये।

सर्वोदय आंदोलन के साथ काफ़ी दिन तक काम करने के बाद जेपी की सक्रिय राजनीति में वापिसी हुई, लेकिन उस दौरान भी प्रातिनिधिक लोकतंत्र और राज्य की संस्था के नेतृत्व में चलने वाले समाज-परिवर्तन पर उन्हें कभी विश्वास नहीं रहा। अपने ऊपर इंदिरा गाँधी द्वारा लगाये गये आरोपों के जबाव में उन्होंने तर्क दिया कि शासन करने की प्रक्रिया में ही कुछ ऐसा प्रदूषण निहित है जिससे मानवीय भाईचारे और मैत्री के मूल्यों का उल्लंघन होने लगता है। समुदाय टूट जाता है और व्यवस्था को जारी रखने का निहित-स्वार्थ भ्रष्टाचार को जन्म देता है। लोकतंत्र के नाम पर सुरक्षा-तंत्र स्थापित कर दिया जाता है। जब भी लोकतंत्र अपनी दावेदारी पेश करता है, राष्ट्र ख़तरे में है का नारा लगाया जाने लगता है।

1974 में जब जेपी ने बिहार और गुजरात में चल रहे जनांदोलनों का नेतृत्व सँभाला तो उन्होंने राजनीतिक तंत्र को सुधारने के लिए जन-कार्रवायी का आह्वान किया। इस लोकप्रिय आंदोलन के केंद्र में भ्रष्टाचार ख़त्म करने, चुनाव सुधार करने, महँगाई घटाने, शिक्षा व्यवस्था बदलने और बेरोज़गारी ख़त्म करने की माँगें थीं। हालाँकि इस आंदोलन में विपक्षी पार्टियों ने बड़े पैमाने पर भागीदारी की थी, लेकिन इसके मर्म में राजनीतिकृत छात्रों और नौजवानों का उभार था। इन युवकों ने जेपी द्वारा प्रवर्तित दलविहीन लोकतंत्र के सिद्धांत में गहरी लोकतांत्रिक सम्भावनाओं के दर्शन किये। जेपी की यह विरासत जनता पार्टी के प्रयोग के नाकाम रहने और उनके देहांत के बहुत बाद तक छात्र-युवा संघर्ष वाहिनी के रूप में देश के कई हिस्सों में ग़रीब जनता के संघर्षों का नेतृत्व करती रही।

देखें : अबुल क़लाम आज़ाद, एलमकुलम मनक्कर शंकरन नम्बूदिरीपाद, गोपाल कृष्ण गोखले, चरण सिंह, जवाहरलाल नेहरू, वल्लभभाई पटेल, बाल गंगाधर तिलक, मोहनदास कर्मचंद गाँधी-1 से 3 तक, राम मनोहर लोहिया।

संदर्भ

1. जय प्रकाश नारायण (1970), *कम्युनिटेरियन सोसाइटी ऐंड पंचायती राज,* ब्रह्मानंद (सम्पा.), वाराणसी.
2. जय प्रकाश नारायण (1980), *अ रेवोल्यूशनरीज़ क्वेस्ट— सिलेक्टिड राइटिंग्स ऑफ़ जय प्रकाश नारायण,* बिमल प्रसाद (सम्पा.), ऑक्सफ़र्ड युनिवर्सिटी प्रेस, नयी दिल्ली.
3. रणबीर समादार, 'जय प्रकाश नारायण ऐंड द प्रॉब्लम्स ऑफ़ रिप्रज़ेंटेटिव डेमॉक्रैसी', *इकॉनॉमिक ऐंड पॉलिटिकल वीकली,* खण्ड 43, अंक 31.
4. एस.सी. वर्मा (1975), 'जय प्रकाश नारायण्ज़ पॉलिटिक्स', *सोशल साइंटिस्ट,* खण्ड 3, अंक 11.

— अभय कुमार दुबे

जवाहरलाल नेहरू

(Jawaharlal Nehru)

उपनिवेशवाद विरोधी आंदोलन के शीर्ष नेताओं में से एक, इतिहासकार, वक्ता, गाँधी के घोषित उत्तराधिकारी, स्वप्न-दृष्टा, बुद्धिजीवी और करिश्माई जन-नेता जवाहरलाल नेहरू (1889-1964) स्वातंत्र्योत्तर भारत की सबसे अहम हस्ती थे। आधुनिकीकरण के प्रत्यय को राष्ट्रीय विचारधारा के मर्म में स्थापित करके उन्होंने सोलह साल तक भारत के पहले राजनीतिक केंद्र का नेतृत्व किया। प्रधानमंत्री के रूप में राष्ट्र-निर्माण की जिस परियोजना का सूत्रीकरण नेहरू ने किया उसे सात मुख्य आयामों की रोशनी में परिभाषित किया जा सकता है : राष्ट्रीय अखण्डता, संसदीय लोकतंत्र, उद्योगीकरण, समाजवाद, वैज्ञानिक मानस, सेकुलरवाद और गुट-निरपेक्षता। नेहरू का दावा था कि उनकी राष्ट्रीय विचारधारा निजी प्राथमिकताओं या विचारधारात्मक आग्रह का परिणाम न हो कर भारतीय इतिहास और संस्कृति का अभिन्न अंग समझी जानी चाहिए। नेहरू ने यह दलील भी दी कि इस विचारधारा का सूत्रीकरण सभी भारतवासियों की सहमति और स्वेच्छा पर आधारित है। इतिहास के तर्क का आसरा लेते हुए नेहरू ने कहा कि यह परियोजना एक राष्ट्र के रूप में भारत के बचे रहने के लिए अनिवार्य है, क्योंकि केवल इसी तरह से यह देश आर्थिक, राजनीतिक और अन्य समस्याएँ हल करके अपने बौद्धिक और नैतिक जीवन का जीर्णोद्धार कर सकता है। अपने 45 साल लम्बे सार्वजनिक जीवन में नेहरू ने राष्ट्रीय-जीवन को कितनी गहराई से प्रभावित किया इसका अंदाज़ा इस बात से लग सकता है कि उनके व्यक्तित्व और कृतित्व के बारे में बहस आज तक ख़त्म नहीं हुई है। न उनके प्रशंसकों की कमी है और न ही आलोचकों की।

जवाहरलाल नेहरू का जन्म 14 नवम्बर, 1889 को एक कश्मीरी पण्डित परिवार में हुआ था। उनके पिता मोतीलाल नेहरू एक स्थापित वकील और कांग्रेस के प्रभावशाली नेता थे। लंदन स्थित हैरो पब्लिक स्कूल और फिर ट्रिनिटी कॉलेज, केम्ब्रिज में अध्ययन करने के बाद 1912 में भारत लौटने पर नेहरू उपनिवेशवाद विरोधी आंदोलन में कूद पड़े। कांग्रेस में उनके पिता गोखले की नरमदली राजनीति के समर्थक थे, पर नेहरू को पूर्ण स्वराज का समर्थन करने वाले गरमदली धड़े से हमदर्दी थी। लेकिन कांग्रेस के भीतर नेहरू ने जिस पूर्ण स्वराज की वकालत की वह तिलक द्वारा प्रतिपादित सांस्कृतिक राष्ट्रवाद के धार्मिक पहलुओं पर निर्भर न हो कर पश्चिम की वामपंथी उदारतावादी विचारधाराओं से अनुप्राणित था। नेहरू के व्यक्तित्व में आम जनता को अपनी ओर खींचने की अद्भुत

जवाहरलाल नेहरू (1889-1964)

क्षमता थी। नेताओं की जिस तिकड़ी के ज़रिये कांग्रेस पर गाँधी का हुक्म चलता था, उसमें बल्लभभाई पटेल और राजेंद्र प्रसाद के साथ नेहरू भी शामिल थे। 15 जनवरी, 1941 को गाँधी ने उनके बारे में कहा था : 'कुछ लोग कहते हैं कि पण्डित नेहरू और मेरे बीच नाराज़गी है। लेकिन, हम दोनों को अलग करने के लिए केवल मतभेद काफ़ी नहीं हैं। जब से हमने साथ-साथ काम करना शुरू किया है, मतभेद तो हमारे बीच तभी से हैं। इसके बावजूद मैं पहले भी कहता रहा हूँ और अब फिर कहता हूँ कि राजाजी नहीं बल्कि जवाहरलाल ही मेरे उत्तराधिकारी होंगे।'

नेहरू को सभ्यतामूलक दृष्टि से भारत की महानता में कोई शंका नहीं थी। लेकिन अपनी विख्यात रचना *डिस्कवरी ऑफ़ इण्डिया* में उन्होंने समग्र भारत को एकसूत्र में बाँधने वाले केंद्रीय प्राधिकार की कमी को एक प्रमुख समस्या के रूप में चिह्नित किया। सत्ता की क्षेत्रीय और स्थानीय अभिव्यक्तियों के बारे में उनकी मान्यता थी कि इन लोगों ने आपसी हिसाब साफ़ करने के लिए विदेशी ताक़तों को निमंत्रित करने में भी संकोच नहीं किया। राष्ट्रीय अखण्डता के प्रति अपने सरोकारों के तहत ही प्रधानमंत्री के तौर पर उन्होंने शुरुआत में भाषाई आधार पर राज्यों के पुनर्गठन का विरोध किया। वे जातीयातावादी आधार पर नगाओं और सिक्खों के अलग राज्य से भी सहमत नहीं थे। हालाँकि नेहरू ने काफ़ी हद तक राष्ट्रीय अखण्डता को मज़बूती देने में कामयाबी हासिल की, लेकिन वे इस प्रक्रिया की धीमी गति के प्रति चिंतित बने रहे।

नेहरू के चिंतन का विरोधाभास यह था कि ऐतिहासिक स्मृति और भारतीय अवचेतन का गहरा बोध होने के बावजूद वे संस्कृति को अखण्डता के एक बुनियादी स्रोत के रूप में देखने के लिए तैयार नहीं थे। वे भारतीय संस्कृति के शास्त्रीय पहलुओं से तो परिचित थे, पर गाँधी की तरह उन्हें इस संस्कृति के लोक-रूपों पर महारत नहीं थी। एक तरह से उन्होंने भी इस प्राच्यवादी आग्रह को मान लिया था कि भारत की पारम्परिक संस्कृति आधुनिकीकृत राष्ट्र के अनुकूल नहीं बैठेगी। प्राचीन भारत की कुछ अवधियों को छोड़ कर वे परम्परा को पतन और क्षय का कारक ही मानते थे। इसलिए नेहरू ने जिस राष्ट्रीय एकजुटता को परिकल्पित किया उसमें अतीत और वर्तमान का जीवंत संयोग न होने के कारण सांस्कृतिक गहराई का अभाव लगता था। राष्ट्रीय एकजुटता को सांस्कृतिक आधार देने के लिए युरोप में प्राथमिक शिक्षा पर विशेष ज़ोर दिया गया था। लेकिन नेहरू ने एकजुट राष्ट्र बनाने के लिए तकनीकी कौशल में प्रशिक्षित लोगों की ज़रूरत पर ज़्यादा ज़ोर दिया। इसके लिए उन्होंने विश्वविद्यालयों, तकनीकी संस्थानों और उच्च शिक्षा की संस्थाओं का जाल फैलाया। लेकिन संसाधनों, सुविधाओं और नियोजन के लिहाज़ से प्राथमिक शिक्षा पर ध्यान नहीं दिया। स्कूलों में बच्चों के लिए पाठ्यक्रम तैयार करने में नेहरू की शिक्षा-नीति में इतिहास और संस्कृति की दृष्टि से किसी विशेष कल्पनाशीलता का परिचय नहीं मिलता।

एकजुटता का लक्ष्य हासिल करने के मुक़ाबले कहीं ज़्यादा सफलता नेहरू को संसदीय लोकतंत्र के विकास में मिली। उनका विचार था कि न केवल यह प्रणाली व्यक्ति की सत्ता का सम्मान करती है, बल्कि भारत जैसे विविधतामूलक और विशाल समाज को केवल इसी व्यवस्था के ज़रिये शासित किया जा सकता है। उन्हें यक़ीन था कि लोक सभा और विधान सभा के चुनावों से आम लोगों को सार्वजनिक जीवन के साथ जोड़ा जा सकता है। उन्हें उम्मीद थी कि उदारतावादी लोकतंत्र भारतीय मानस को जातिगत, ग्रामीण और अन्य संकीर्णताओं से मुक्त कर देगा। उन्होंने सारे जीवन इसी तरह के लोकतंत्र को पुष्ट करने वाली संस्थाओं की रचना और मज़बूती पर ज़ोर दिया। वे विवेकानंद, अरविंद या मानवेंद्र नाथ राय जैसे विचारकों द्वारा प्रतिपादित 'सामुदायिक' या 'सावयवी' लोकतंत्र के विचार को नज़रअंदाज़ करते रहे। उन्होंने गाँधी प्रदत्त एक ढीली-ढाली राज्यव्यवस्था के विचार को भी नहीं माना और मज़बूत केंद्र वाली संघात्मक व्यवस्था के लिए काम किया।

उन्हें पता था कि संसदीय लोकतंत्र मज़बूत विपक्ष की उपस्थिति के बिना विकसित नहीं हो सकता। उनके युग में विपक्ष बहुत कमज़ोर हालत में था, फिर भी वे उससे लगातार सलाह-मशविरा करते रहते थे। उन्होंने विपक्ष को सरकारी विभागों के कामकाज की निगरानी में शामिल करने में भी कोशिश की। वे पार्टी के भीतर बहसों को प्रोत्साहित करने, नेताओं को राष्ट्रीय परिप्रेक्ष्य में सोचने के लिए प्रेरित करने और असहमति का स्वागत करने के पक्ष में रहते थे। नेहरू ने कई मौक़ों पर विपक्ष की भूमिका निभाते हुए ख़ुद की और अपने ही साथियों की आलोचना की। प्रेस की आज़ादी का प्रबल समर्थक होने के कारण पत्रकारों की आवाज़ दबाने वाले मुख्यमंत्रियों को नेहरू की लताड़ सुननी पड़ती थी।

नेहरू की परियोजना का तीसरा पहलू था उद्योगीकरण। वे ग़रीबी और बेरोज़गारी हटाने के लिए कुटीर और छोटे उद्योगों की उपयोगिता मानते थे, पर समस्या का स्थायी हल उनकी निगाह में एक पूरी तरह से उद्योगीकृत, वैज्ञानिक और प्रौद्योगिक रूप से आगे बढ़ी हुई अर्थव्यवस्था ही थी। इस मामले में उनका गाँधी से सीधा मतभेद था। अपने युग के युरोपीय तजरुबे पर यक़ीन करते हुए नेहरू ने उद्योगीकरण को न केवल आर्थिक विकास की मुख्य चालक शक्ति के रूप में कल्पित किया, बल्कि उसे एक पारम्परिक भारतीय समाज के जीर्णोद्धार की शर्त भी माना। कृषि को वे आदिम और सांस्कृतिक रूप से कमतर गतिविधि मानते थे, एक ऐसी गतिविधि जो प्रकृति पर निर्भरता, भाग्यवाद, दकियानूसीपन को बढ़ावा दे कर मनुष्य के मानस को संकीर्णता के हवाले कर देती है। इसी विचार के अधीन पहली पंचवर्षीय योजना में उन्होंने खेती पर थोड़ा बहुत ज़ोर दिया भी, पर दूसरी पंचवर्षीय योजना में पूरा बल उद्योगीकरण पर ही रहा।

नेहरू के लिए समाज़वाद एक तरफ़ उत्तम और वांछित समाज का मानक था जिससे उन्हें वर्गविहीन, लोकतांत्रिक और मानवीय सम्भावनाओं के समग्र प्रतिनिधित्व की गारंटी होती हुई लगती थी। दूसरी तरफ़ वे मानते थे कि सामाजिक विश्लेषण की वैज्ञानिक विधि भी समाजवाद के ही पास है। यह पद्धति आर्थिक कारक को प्रधान चालक-शक्ति मानने पर निर्भर थी। लेकिन जैसे-जैसे समय बीतता गया, आर्थिक विकास की प्रक्रिया ने समाज पर धार्मिक चेतना और उसके आधार पर होने वाले टकरावों को कम नहीं किया। नेहरू को यह देख कर काफ़ी उलझन होती थी कि आर्थिक माँगें भी धार्मिक राजनीति की भाषा में व्यक्त की जा रही हैं। हालाँकि वे बीस के दशक से ही ख़ुद को समाजवादी कहने लगे थे और कांग्रेस के लखनऊ अधिवेशन में व्यक्त उनकी समाजवादी महत्त्वाकांक्षाओं से घबड़ा कर कई लोगों ने कांग्रेस कार्यसमिति से इस्तीफ़ा तक दे दिया था, लेकिन चूँकि नेहरू पूँजीपति वर्ग को हिंसक तरीक़े से उखाड़ फेंकने के ख़िलाफ़ थे और न ही उन्हें सर्वहारा की तानाशाही में यक़ीन था, इसलिए उन्हें अपने समाजवादी आग्रहों को लोकतंत्र की सीमाओं के साथ समायोजित करना पड़ा। 1954 से लेकर 1964 में अपने निधन तक नेहरू के लिए समाजवाद का मतलब मुख्यत: पब्लिक सेक्टर के प्रभुत्व वाली नियोजन आधारित मिश्रित अर्थव्यवस्था ही रही।

अक्सर कहा जाता है कि नेहरू हर भारतवासी को वैज्ञानिक मानस से सम्पन्न देखना चाहते थे। उनके लिए वैज्ञानिक मानस का मतलब सीधा था : तथ्यों पर भरोसा, अंधविश्वासों से मुक्ति, बुद्धिसंगत व्यवहार और निर्णय-क्षमता। लेकिन इसका मतलब यह नहीं था कि नेहरू को विज्ञान की सीमाओं का एहसास नहीं था और वे प्रत्यक्षवाद के शिकार थे। वे वैज्ञानिक और प्रौद्योगिकीय विकास के नाम पर यांत्रिक समाज और मानस बनाने के हक़ में नहीं थे। इसके अलावा नेहरू यह भी मानते थे कि विज्ञान से अपनी उपलब्धियों का इस्तेमाल करने के बारे में कोई हिदायत नहीं मिलती। विज्ञान के बेजा इस्तेमाल को रोकने के लिए नेहरू 'आध्यात्मिक संयम' का रास्ता अपनाने के पक्ष में थे।

नेहरू को धर्म और राज्य के रिश्तों के संदर्भ में सेकुलरवाद की एक ख़ास समझ विकसित करने और उसे पश्चिमी शिक्षा में रँगे भारतीयों के गले उतारने का श्रेय भी दिया जाता है। दरअसल नेहरू धर्म के आध्यात्मिक पहलुओं के प्रति हमदर्दी रखते हुए उसके विचारधारात्मक व संस्थागत पहलुओं के कड़ाई से ख़िलाफ़ थे। यदा-कदा उन्होंने अद्वैतवादी तत्त्वमीमांसा का पक्ष ज़रूर लिया, लेकिन आम तौर पर आध्यात्म की उनकी तरफ़दारी अपरिभाषित ही रही। इसके बावजूद गोखले और गाँधी की तरह वे राजनीतिक जीवन में आध्यात्मिकता की भूमिका को स्वीकार करते थे। दूसरी तरफ़ नेहरू ने राजनीति में धर्म की संस्थागत या विचारधारात्मक भागीदारी का स्पष्ट विरोध करते हुए भारतीय राज्य को उससे निरपेक्ष रखने का पूरा प्रयास किया। उन्होंने धार्मिक राजनीतिक दलों पर प्रतिबंध तो नहीं लगाया, पर उनकी भर्त्सना की और न ही किसी धार्मिक नेता से कभी जुड़े। नेहरू ने राष्ट्रपति राजेंद्र प्रसाद को पुनर्निर्मित सोमनाथ मंदिर के उद्घाटन से रोकने की ज़बरदस्त लेकिन विफल चेष्टा की। उन्हें धार्मिक अर्थ-छवियों का वाहक होने के कारण 'वंदे मातरम' गीत पर आपत्ति थी।

राज्य और धर्म के संबंध को पूरी तरह से भंग कर देने की मंशा के बावजूद नेहरू ऐसा नहीं कर पाये। उन्होंने हिंदू कोड बिल तो पारित कराया, पर मुसलमानों की निजी संहिता में हस्तक्षेप करने का साहस वे नहीं जुटा पाये। इस तरह वे समान नागरिक संहिता बनाने का वायदा पूरा करने में विफल रहे। उनके ज़माने में भी भारतीय राज्य धार्मिक मौक़ों पर

छुट्टियाँ मनाता रहा। मुख्यमंत्रीगण धार्मिक उत्सवों में जाते रहे। नेहरू अलीगढ़ और बनारस विश्वविद्यालयों के नाम के आगे से मुसलिम और हिंदू भी नहीं हटा पाये। नेहरू के सेकुलरवाद को उनकी सरकार के सेकुलर आचरण की इन विसंगतियों के कारण आज भी आलोचना का सामना करना पड़ता है।

नेहरू की राष्ट्रीय परियोजना का सातवाँ आयाम गुट-निरपेक्षता थी। विदेश-नीति के सूत्रीकरण में निजी तौर पर दिलचस्पी लेते हुए नेहरू ने दुनिया को कैपिटलिज़म और कम्युनिज़म के प्रतीक दो शक्ति-केंद्रों में बँटते हुए देखा। उनकी मान्यता थी कि एक समझदार पूँजीवाद उदार क़िस्म के साम्यवाद के साथ सह-अस्तित्व में रह सकता है। वे भारतीय राष्ट्र को एक ऐसे ही वजूद की सम्भावनाओं की रोशनी में देखते थे। इसलिए उन्होंने आग्रह किया कि भारत न तो पूँजीवादी ख़ेमे में रहेगा और न ही साम्यवादी ख़ेमे में। इसके लिए उन्होंने तीन तर्क दिये : केवल इसी तरीक़े से भारत की स्वतंत्रता की गारंटी हो सकती है, भारत में मौजूद दोनों विचारधाराएँ एक मंच पर आ सकती हैं, और भारत अंतर्राष्ट्रीय व्यवस्था में स्वतंत्र भूमिका निभाते हुए तीसरी दुनिया के पक्ष में खड़ा हो सकता है। गुट-निरपेक्षता के प्रवक्ता के रूप में नेहरू ने भारत को एशियाई अस्मिता के वाहक की तरह भी देखा। उनकी नीति के कारण द्वितीय विश्व-युद्ध के बाद भारत को अंतर्राष्ट्रीय मामलों में दृश्यमानता मिली और वह एक विश्व-मामलों में रचनात्मक भूमिका निभा पाया।

भारत जैसे पारम्परिक समाज का आधुनिकीकरण एक बहुत कठिन लक्ष्य था। इसमें पूर्ण सफलता केवल एक चमत्कार के रूप में ही मिल सकती थी। नेहरू को भी इसमें आंशिक सफलता ही मिली। भारत के पड़ोसियों के प्रति उनका रुख बड़े भाई जैसा था। वे न तो उनके आक्रामक इरादों के प्रति सतर्क रहते थे, और न ही उनके साथ परस्पर समझदारी निकालने में उनकी रुचि थी। इसी कारण से उन्हें भारत-चीन सीमा विवाद का धक्का झेलना पड़ा। 1962 के युद्ध में अपमानजनक पराजय उनके अन्यथा चमकदार राजनीतिक जीवन पर काले साये की तरह मानी जाती है। लेकिन यह मानना पड़ेगा कि आख़िरी वक़्त में बीमारी और चीन-युद्ध की निराशाओं से जूझते हुए भी नेहरू ने अपने राजनीतिक उत्तराधिकार की समस्या को सराहनीय कौशल से निबटाया। उनके देहांत के बाद बिना किसी राजनीतिक कलह के लालबहादुर शास्त्री का प्रधानमंत्री बन जाना उनकी ही योजना का परिणाम था।

देखें : अबुल क़लाम आज़ाद, एलमकुलम मनक्कर शंकरन नम्बूदिरीपाद, गोपाल कृष्ण गोखले, चरण सिंह, जय प्रकाश नारायण, बल्लभभाई पटेल, बाल गंगाधर तिलक, मोहनदास कर्मचंद गाँधी-1 से 3 तक, राम मनोहर लोहिया।

संदर्भ

1. माइकेल ब्रेशर (1966), *नेहरू : अ कंटेम्परेरी एस्टीमेट*, ऑक्सफ़र्ड युनिवर्सिटी प्रेस, न्यूयॉर्क.
2. बी.एन. पांडेय (1977), *नेहरू*, मैकमिलन, लंदन.
3. सर्वपल्ली गोपाल (सम्पा.) (1980), *जवाहरलाल नेहरू : एन एंथोलॅजी*, ऑक्सफ़र्ड युनिवर्सिटी प्रेस, नयी दिल्ली.
4. बलदेव सिंह (सम्पा.), *जवाहरलाल नेहरू ऑन साइंस ऐंड सोसाइटी*, नेहरू म्यूज़ियम ऐंड लाइब्रेरी, नयी दिल्ली.
5. भीखू पारिख (1991), 'नेहरू ऐंड द नैशनल फ़िलॉसफ़ी ऑफ़ इण्डिया', *इकॉनॉमिक ऐंड पॉलिटिकल वीकली, खण्ड 26, अंक 1-2.*
6. जवाहरलाल नेहरू 91985), *डिस्कवरी ऑफ़ इण्डिया*, ऑक्सफ़र्ड युनिवर्सिटी प्रेस, नयी दिल्ली.
7. जवाहरलाल नेहरू (1958), *एन ऑटोबायोग्राफ़ी*, बोडली हेड, लंदन.

— अभय कुमार दुबे

जॉर्ज ज़िमेल

(George Simmel)

प्रसिद्ध जर्मन समाजशास्त्री तथा दार्शनिक जॉर्ज ज़िमेल (1858-1918) को नव-कांटवादी दार्शनिक चिंतन और औपचारिक समाजशास्त्र के विकास के लिए जाना जाता है। उनकी गणना समाजशास्त्र के सबसे आरम्भिक संस्थापकों में भी होती है। ज़िमेल का मैक्स वेबर जैसे प्रतिष्ठित समाजशास्त्री के साथ गहरा जुड़ाव था, पर इसके बावजूद अकादमिक जगत में स्वीकृति एवं विश्वविद्यालय में प्रोफ़ेसरी प्राप्त करने के मामले में उन्हें ख़ासी जद्दोजहद करनी पड़ी। उन्होंने अपने अध्ययन में विभिन्न सामाजिक संबंधों को नियंत्रित करने वाले रूपों (जैसे त्रयी व द्वयी संबंधों या अधीनता एवं नियंत्रणकारी संबंधों) पर विशेष, बल दिया। संबंधों के विभिन्न रूपों के अध्ययन के दौरान उन्होंने अलग-अलग सामाजिक भूमिकाओं तथा प्रातिनिधिकताओं का विवेचन किया जिसके अंतर्गत मनुष्य की श्रेणियाँ निर्मित होती हैं और उनकी गतिविधियों का संयोजन किया जाता है। इनमें अजनबी होने, दुस्साहसी होने, वेश्या या कंजूस होने जैसी श्रेणियाँ भी शामिल थीं। उन्होंने सामाजिक जीवन के विभिन्न रूपों जैसे फ़ैशन, महानगरीय जीवन और सेक्शुअलिटी आदि का भी समाजशास्त्रीय अध्ययन किया। समाजशास्त्र में प्रत्यक्षवाद विरोधी चिंतन की स्थापना के लिए ज़िमेल को विशेष तौर पर याद किया जाता है। ज़िमेल की प्रमुख पुस्तकें हैं : *द प्रॉब्लम्स ऑफ़ द फ़िलॉसफ़ी ऑफ़ हिस्ट्री* (1892),

द फिलासफ़ी ऑफ़ मनी (1907), *द मेट्रोपोलिस ऐंड मेंटल लाइफ़* (1903)।

ज़िमेल का ज़्यादातर लेखन बृहद पुस्तकीय योजना के बजाय निबंधों की शक्ल में रचा गया। इसलिए अपने समकालीन मैक्स वेबर और एमील दुर्ख़ाइम जैसे समाजशास्त्रियों की तुलना में उनकी मूल स्थापनाओं पर ज़्यादा बहसें हुईं। अकादमिक जगत की स्वीकृति प्राप्त करने के लिए उन्हें अधिक संघर्ष करना पड़ा। प्रोफ़ेसर बनने के लिए उनका रास्ता अधिक चुनौतीपूर्ण साबित हुआ। जर्मनी के बर्लिन विश्वविद्यालय और स्त्रॉसबर्ग युनिवर्सिटी में उन्होंने अध्यापन किया, पर अकादमिक कॅरियर में तरह-तरह की बाधाएँ आती रहीं।

समाजशास्त्र के बारे में उनकी समस्त अवधारणाओं के मूल में मौजूद प्रश्न है : समाज कैसे सम्भव होता है? सामान्य सत्य यह है कि समाज बड़ी संख्या में व्यक्तियों के योग से बना है और उनमें से प्रत्येक अपने निजी हितों और सरोकारों से जुड़ा हुआ है। प्रत्येक व्यक्ति अपने निजी पारिवारिक जीवन, मित्रों एवं परिचितों की दुनिया के बाहर दूसरे के हितों पर बहुत कम ध्यान देता है। इसके बावजूद व्यक्तियों की निजी क्रियाएँ बहुत संगठित, स्थिर और नियंत्रित बनी रहती हैं। वे पूर्वपेक्षा के अनुसार ही संचालित होती हैं। ज़िमेल इसी सामाजिक स्थिरता के कारणों की व्याख्या करने का प्रयास कर रहे थे। इसके लिए उन्होंने इमैनुएल कांट से प्रेरणा ग्रहण की जिन्होंने प्रकृति कैसे सम्भव होती है जैसे प्रश्न का सामना करने के लिए अपनी ओर से कुछ व्याख्याएँ प्रस्तुत कीं थीं। कांट ने अपनी किताब *क्रिटीक ऑफ़ प्योर रीज़न* में बताया था कि अपनी मानवीय संवेदनाओं की विशिष्टता के कारण हमें प्रकृति के विभिन्न अंग एकजुट प्रतीत होते हैं। यानी मानव मस्तिष्क की बनावट इस प्रकार की है कि प्रकृति के अलग-अलग हिस्से भी किसी व्यवस्था के अंतर्गत संचालित प्रतीत होते हैं। ज़िमेल का कहना है कि समाज की एकता किसी बाह्य प्रेक्षक पर निर्भर नहीं रहती है, बल्कि समाज की एकता समाज के सभी सदस्यों की सक्रिय प्रतिभागिता से ही सम्भव होती है। यानी ज़िमेल का मत है कि समाज का संगठन अभिजनों के किसी समूह के योजनाबद्ध क्रियाकलापों अथवा उनके द्वारा किये जा रहे षड्यंत्रों का परिणाम नहीं होता। इसलिए नौकरशाही भी समाज का बड़ा ग़ैर-प्रातिनिधिक संगठन होता है।

ज़िमेल के अनुसार समाज के निर्माणकारी तत्त्व और कोई नहीं बल्कि सजग और सृजनात्मक मानवीय इकाइयाँ होती हैं। मानव-इकाइयाँ चाहती हैं कि ऐसा समाज, जो कि ख़ास तौर पर उनके लिए निर्मित हुआ है, वहाँ व्यवस्था तथा स्थिरता बनी रहे। यहाँ तक कि उसका भविष्य भी उनके सामने स्पष्ट रहे। इसके अतिरिक्त मनुष्य सामाजिक संबंधों की स्थापना से पूर्व स्वयं को भिन्न प्रकार के गुणों व अवधारणाओं से लैस करता है जो विभिन्न परिस्थितियों में सामंजस्य स्थापित करने तथा सामंजस्य पैदा करने में मददगार सिद्ध होती हैं। मनुष्य निरंतर कठोर श्रम करते हैं, हालाँकि वे स्वयं उसे लक्षित नहीं कर पाते, ताकि समाज में व्यवस्था पैदा कर सकें, और उसे बनाये रख सकें।

जॉर्ज ज़िमेल (1858-1918)

ज़िमेल ने समाज के बारे में मनुष्य के बोध और समाज के संचालन की स्थितियों के बीच संबंधों की विशेष तौर पर समीक्षा की। उन्होंने लिखा कि मनुष्यों में समाज का समग्र बोध नहीं होता है पर वे एक-दूसरे के संबंध में व्यवहार निर्धारित करने वाले नियमों तथा परम्पराओं के बारे में अवश्य ज्ञान रखते हैं। इसे स्पष्ट करने के लिए उन्होंने शतरंज के खेल का भी उदाहरण दिया। जो व्यक्ति शतरंज समझता नहीं, उसके लिए इस खेल के खिलाड़ियों की गतिविधियाँ बड़ी रहस्यपूर्ण होती हैं। वे संरचनाबद्ध तथा सामंजस्यपूर्ण लगती हैं, पर उनका कोई स्पष्ट अर्थ नहीं झलकता है। वह कोई रहस्यमय नृत्य हो सकता है, जिसकी नृत्य शैली का निर्धारण कोई तीसरा व्यक्ति कर रहा होता है। लेकिन, शतरंज खेल रहे खिलाड़ी के लिए खेल के दौरान उसकी क्रियाएँ न केवल सार्थक होती हैं बल्कि इसलिए भी अर्थपूर्ण होती हैं क्योंकि हर खिलाड़ी अपने प्रतिपक्षी का प्रत्युत्तर दे रहा होता है। स्पष्ट है कि ज़िमेल समाज के बारे

प्रतीकात्मक अंत:क्रियावाद और घटनाक्रियावादी नज़रिये के काफ़ी नज़दीक पहुँच गये थे।

ज़िमेल के अनुसार मनुष्य जिस समाज में रहता है और जिसे वह जन्म देता है उसमें स्वयं को पूरी तरह सहज नहीं अनुभव करता है। इसी संदर्भ में उन्होंने अत्यंत विचारोत्तेजक स्थापनाएँ प्रस्तुत कीं जिसे *सांस्कृतिक त्रासदी* (1968) के नाम से जाना गया। ज़िमेल के अनुसार संस्कृति ऐसा तंत्र है जिसमें मानव-मस्तिष्क की रचना किसी ऐसी बाहरी व्यवस्था (एजेंसी) से होती है जो इतिहास की प्रक्रिया में बहुत वस्तुगत रूप हासिल कर चुकी है। आरम्भ में सभी मनुष्यों की गतिविधियाँ नितांत व्यक्तिपरक होती हैं। वे ऐसे सभी अर्थों और इरादों से सम्पन्न होती हैं जिन्हें व्यक्ति उन गतिविधियों तथा घटनाओं पर आरोपित करता है। इस प्रकार अपने कार्यों तथा गतिविधियों को अर्थपूर्ण बनाते हुए और अन्य लोगों के साथ सामंजस्य स्थापित करते हुए व्यक्तिपरक चीज़ें किसी वस्तुपरक सत्य में रूपांतरित हो जाती हैं। विभिन्न मानवीय क्रियाओं से उत्पन्न चीज़ें (जैसे कृषि से पैदा होने वाले संस्कृति के विविध रूप) धीरे-धीरे स्वतंत्र होती चली जाती हैं और उनके विकास का अपना नया तर्क विकसित हो जाता है। मानव क्रियाओं तथा गतिविधियों से जो वस्तुएँ उत्पन्न होती हैं, वे मानव समाज की स्वतंत्रता को बाधित तथा नियंत्रित भी करने लगती हैं।

इस संबंध में ज़िमेल विभिन्न प्रकार के उदाहरण अपने प्रसिद्ध निबंध *द स्ट्रेंजर* में भी प्रस्तुत करते हैं। भावोन्माद के प्रथम चरण में कामोद्दीपक संबंध उनके बीच बनते हैं जो अपनी निजता को विशिष्ट समझते हैं और जिन्हें लगता है कि उनका अपना प्रेम तो ऐसा है जैसा पहले सृष्टि में किसी के मध्य कभी भी सम्भव नहीं हुआ होगा। पर धीरे-धीरे यह संबंध भी दैनंदिनता और नीरसता में समा जाता है। संबंधगत दूरी बढ़ने के साथ ही संबंध भी बहुत ख़ास और अनोखे प्रतीत नहीं होते और इस बिंदु पर संबंध में शामिल लोगों को अनुभव होता है कि अन्य लोग भी उनके बारे में ऐसी ही भावनाएँ रख सकते हैं। अर्थात् व्यवहार में हम सब इस विचार से भयभीत रहते हैं कि हम सभी का विकल्प है, न केवल नौकरी-कारोबार में हमारी जगह दूसरों को रखा जा सकता है, वरन् बहुत अंतरंग और भावना प्रधान संबंधों में हमारे स्थान पर अन्य लोग लाये जा सकते हैं।

इसलिए ज़िमेल के अनुसार एक सामाजिक प्राणी के रूप में मनुष्य कुछ भूमिकाओं को ग्रहण ही नहीं करता बल्कि उन्हें अर्थपूर्ण और निजता के साथ निभाता है। पर अंतत: वह विभाजित जीवन ही जी पाता है। ज़िमेल का यह कहना नहीं है कि जीवन में व्यक्ति की क्षमता केवल चंद सामाजिक भूमिकाओं के निर्वाह से ही समाप्त हो जाती है। उनका तो मानना है कि अपने को व्यक्ति मान लेने पर भी वैयक्तिकता स्वयं में एक अलग प्रवृत्ति या भूमिका में बदल जाती है। जिस संस्कृति में हम रहते हैं वह उसके द्वारा आरोपित सीमाओं के द्वारा बाधित भी होती है।

ज़िमेल ने गोपनीयता के अध्ययन में भी विशेष योगदान किया है। इस संबंध में उन्होंने विश्लेषण के जिन नये सूत्रों का प्रतिपादन किया था उनका प्रभाव आज तक बरक़रार है। उदाहरण के लिए उनका यह सूत्र आज भी उतना ही प्रासंगिक है कि जब कोई व्यक्ति दूसरे से झूठ बोलता है तो दूसरे व्यक्ति को सिर्फ़ धोखा ही नहीं दिया जाता बल्कि वह झूठ बोलने वाले की वास्तविक मंशा के बारे में भी भ्रांति का शिकार होता है। ऐसे भ्रम और मिथ्या धारणाएँ सरल समाजों में तो उतनी ख़तरनाक नहीं होती लेकिन आधुनिक अर्थव्यवस्था के लेन-देन में, जहाँ सभ्यता की पूरी संरचना ही व्यक्ति और उसकी मंशाओं की पूर्वधारणाओं पर निर्भर करने लगी हैं, वहाँ मिथ्या धारणाएँ एक अनियंत्रित खेल रच सकती हैं।

ज़िमेल ने विशिष्ट प्रकार की गतिविधियों जैसे राजनीतिक, आर्थिक और सौंदर्यगत गतिविधियों से सामाजिक अंत:क्रिया के विभिन्न रूपों को अलग करके देखा। उन्होंने प्राधिकार और आज्ञाकारिता की समस्या पर विशेष तौर पर ध्यान दिया। अपनी किताब *द फिलॉसफ़ी ऑफ़ मनी* (1978) में उन्होंने अर्थशास्त्र जैसे सामान्य विषय के आधार पर मानव व्यवहार के सामाजिक पहलुओं का अध्ययन किया। इसमें उन्होंने मुद्रा-अर्थव्यवस्था का विस्तार से विवेचन किया। इस व्यवस्था की सामाजिक गतिविधियों के विशिष्टीकरण तथा व्यक्ति व सामाजिक संबंधों के निर्वैयक्तिकरण में बड़ी भूमिका होती है। जीवन के अंतिम वर्षों में ज़िमेल ने तत्त्वमीमांसा तथा सौंदर्यशास्त्र में भी दिलचस्पी दिखाई। ज़िमेल ने अपने चिंतन से फ्रैंकफ़र्ट स्कूल के थिओडोर एडोर्नो तथा मैक्स हॉर्कहेमर आदि को भी काफ़ी प्रभावित किया।

देखें : अल्फ्रेड लुइस क्रोबर, ऑग्युस्त कॉम्त, क्लॉद लेवी-स्त्रॉस, क्लिफ़र्ड गीर्ट्ज़, गोपनीयता, टैलकॉट पार्संस, पिएर बोर्दियो, फ्रेंज़ उरी बोआस, मारग्रेट मीड, मारसेल मौज़, मार्गरेट मीड, मिल्टन सिंगर, मैक्स वेबर, रुथ बेनेडिक्ट।

संदर्भ

1. जॉर्ज ज़िमेल (1955), *द सोसियोलॅजी ऑफ़ जॉर्ज ज़िमेल,* (संकलन एवं अनुवाद : कर्ट वोल्फ़), फ्री प्रेस, ग्लैंको.
2. डेविड किम (सम्पा.) (2006), जॉर्ज *ज़िमेल इन ट्रांसलेशन : इंटरडिसिप्लिनरी बॉर्डर, क्रासिंग्ज़ इन कल्चर ऐंड मॉडर्निटी,* केम्ब्रिज स्कालर प्रेस, केम्ब्रिज.
3. जॉर्ज ज़िमेल (1955), *कॉन्फ़्लिक्ट ऐंड द वेब ऑफ़ ग्रुप एफ़िलिएशन,* फ्री प्रेस, ग्लैंको.

— वैभव सिंह

जातीयता

(Ethnicity)

समाजशास्त्र के लिहाज़ से जातीयता या एथ्निसिटी अपनी पहचान का एक ऐसा आत्म-सचेत दावा है जिसे समान उद्गम, समान देश और समान भाषा के सम्मिलित आधार या किन्हीं एक आधार पर किसी समूह के साथ जोड़ कर किया जाता है। हालाँकि यह विवादग्रस्त है, पर कहीं-कहीं धर्म और संस्कृति को भी जातीयता का आधार बनाया गया है। अंतर्राष्ट्रीय संबंधों के अनुशासन में एथ्निसिटि का अध्ययन उस समूहों के बीच के संबंधों के तौर पर किया जाता है जो अपने आप को सांस्कृतिक रूप से अलग मानते हैं। भारतीय संदर्भों में अक्सर एक सी ध्वनि देने वाले दो शब्दों, जातीयता और जाति, के बीच घालमेल हो जाता है। दरअसल, ये दोनों अलग-अलग अवधारणाएँ हैं। ब्राह्मण, क्षत्रिय, वैश्य, शूद्र और अंत्यज आदि जातियाँ हैं, पर तमिल होना, असमी होना, बंगाली होना, नगा या मिज़ो होना जातीयता का परिचायक है।

जातीयता या एथ्निसिटि शब्द की व्युत्पत्ति यूनानी भाषा के शब्द एथ्नॉस से हुई है। एथ्नॉस का स्रोत एथ्निकॉस में निहित है जिसका अर्थ होता है नेशन या राष्ट्र। इसीलिए जातीयता अक्सर राष्ट्रत्व का आधार बन जाती है। जातीयता के आधार पर सांस्कृतिक सीमाएँ तय होती हैं और उन सीमाओं को प्रतिमान मान कर 'हम' और 'वे' या अपने और पराये का फ़ैसला होता है। चौदहवीं सदी से अंग्रेज़ी में इस शब्द का इन्हीं अर्थों में प्रयोग होना शुरू हुआ। उन्नीसवीं सदी के मध्य से एथ्निसिटी का हवाला प्रजातीय या नस्ली लक्षणों के लिए दिया जाने लगा। द्वितीय विश्व-युद्ध के आसपास अमेरिका में यहूदियों, इतालवियों, आयरिशों आदि को एथ्निक ग्रुप्स के रूप में देखे जाने की शुरुआत हुई। इसके पीछे भावना यह थी कि ये लोग ग़ैर-ब्रिटिश उद्गम के होने के नाते कमतर क़िस्म के हैं।

आज भी एथ्निसिटि को अल्पसंख्यक मुद्दों और नस्लगत संबंधों से जोड़ कर देखने का चलन है। चूँकि आधुनिक जेनेटिक्स में पृथक और शुद्ध नस्लों के अस्तित्व को ख़ारिज कर दिया गया है, इसलिए युरोप के धरातल पर नस्ली संबंध जातीयता की भाषा में अभिव्यक्ति किये जाने लगे हैं। दूसरी तरफ़ उत्तरी अमेरिका में नस्ल की भाषा का इस्तेमाल जारी है। इसके पीछे मान्यता यह है कि नस्ल एक स्वीकृत सामाजिक संरचना है और नस्ली उद्गम किसी से छिपा हुआ नहीं है। जातीय समूहों को अल्पसंख्यक क़रार दे कर बहुसंख्यकवादी राजनीति उनके जातीय अनुभव को पारिवेशिक और अपने अनुभव को सार्वभौमिकता की भाषा में व्यक्त करने की कोशिश करती है।

आज दुनिया में अधिकतर हिंसक संघर्षों की प्रकृति आंतरिक है और उन्हें जातीय संघर्षों की श्रेणी में रखा जा सकता है। अहिंसक जातीय संघर्ष भी हैं, जैसे कनाडा का क्युबेक स्वतंत्रता आंदोलन। जातीय संघर्षों में किसी राष्ट्रीय संरचना को खण्ड-खण्ड कर देने की क्षमता होती है। मसलन, जो कभी सोवियत संघ था वह आज एक दर्जन से ज़्यादा जातीयता आधारित देशों में बदल चुका है। एक तरफ़ तो पश्चिमी युरोप आर्थिक, राजनीतिक और एक हद तक सांस्कृतिक एकीकरण की तरफ़ जा रहा है, लेकिन दूसरी तरफ़ राष्ट्रीय और जातीय अस्मिताएँ अहम बनी हुई हैं। बहुत से लोगों को डर है कि इस एकीकरण की प्रक्रिया के कारण वे अपनी अस्मिता खो बैठेंगे। कुछ ऐसे भी हैं जिन्हें इस सिलसिले के गर्भ से एक अखिल-युरोपीय अस्मिता के पैदा होने की उम्मीद है जो जातीय और राष्ट्रीय अस्मिताओं की जगह ले लेगी।

समाजशास्त्र में जातीयता और अस्मिता का संबंध काफ़ी पेचीदा माना जाता है। एक व्यक्ति कह सकता है कि वह वेल्श है, ब्रिटिश है या श्वेत है। इसी तरह एक व्यक्ति कह सकता है कि वह आर्य या द्रविड़ है, भारतीय है, तमिल या पंजाबी है। वह अलग-अलग परिस्थितियों में अपनी किसी एक जातीयता पर ज़ोर देना पसंद करेगा। यानी जातीयताओं का सह-अस्तित्व किसी व्यक्ति की समग्र अस्मिता की संरचना क्‌रता है। इसी कारण से किसी एक जातीयता के साथ व्यक्ति की आत्म-पहचान ज़रूरी नहीं कि स्थायी क़िस्म की ही हो। समूह के स्तर पर व्यक्तिगत जातीयता उस समूह के अन्य सदस्यों द्वारा की जाने वाली जातीय दावेदारी से जुड़ जाना पसंद करती है। इससे अलग जातीय समूह परिभाषित होता है।

यह पेचीदगी उस समय और बढ़ जाती है जब धर्म, संस्कृति, जातीयता और राष्ट्रत्व के बीच संबंधों की जाँच-पड़ताल होती है। क्या भारतीय मुसलमान अलग जातीयता का निर्माण करते हैं? अगर हाँ, तो क्या उनके बड़े-बड़े हिस्से तमिल या बंगाली जातीयता के अंग नहीं हैं? क्या धर्म जातीयता का आधार हो सकता है? अगर तमिल हिंदुओं और बंगाली हिंदुओं की जातीयता एक है तो क्या एक जातीयता में कई संस्कृतियाँ हो सकती हैं? क्या बम्बई में रहने वाले हिंदी भाषी उत्तर भारतियों को मराठी भाषी महाराष्ट्रियनों से अलग जातीयता के रूप में देखा जाना चाहिए? ये प्रश्न भारत ही नहीं, युरोप या दुनिया के अन्य देशों की ज़मीन पर भी उतने ही वैध हैं। मसलन, क्या ब्रिटेन में रहने वाले एक राष्ट्र हैं या वह कई उपराष्ट्रों से मिल कर बना हुआ एक राष्ट्र है? हालाँकि ये तमाम सवाल अभी काफ़ी हद तक अनुत्तरित पड़े हुए हैं, पर विद्वानों ने दुनिया में जातीय समूहों को मुख्य तौर

पर चार श्रेणियों में बाँटा है।

शहरी जातीय अल्पसंख्यक : श्रेणी में युरोपीय शहरों में रहने वाले ग़ैर-युरोपीय लोग, अमेरिका में रहने वाले हिस्पानी, अफ्रीका और अन्य जगहों के औद्योगिक शहरों में रहने वाले प्रवासी आते हैं। आप्रवासियों पर होने वाले अनुसंधानों में अक्सर स्थानीय संस्कृति को आत्मसात करने में होने वाली समस्याओं, स्थानीय लोगों द्वारा उनके साथ किये जाने वाले भेदभाव, नस्लवाद, अस्मिता-प्रबंधन और सांस्कृतिक परिवर्तनों से जुड़े विषयों पर ज़ोर दिया जाता है। शहरी जातीय अल्पसंख्यकों के राजनीतिक हित सुपरिभाषित होते हैं, पर इसके बावजूद वे राजनीतिक स्वतंत्रता या अलग राज्य प्राप्त करने की माँगें शायद ही कभी उठाते हों। उत्पादन और उपभोग का पूँजीवादी तंत्र इन जातीय अल्पसंख्यकों का शहरी आधुनिकता में विनियोग कर लेता है। भारत में इसका प्रमाण बम्बई में रहने वाले उत्तर प्रदेश और बिहार के कस्बाई और ग्रामीण इलाक़ों से आये लोग हैं जिनकी राजनीति महानगर के मराठीभाषियों की राजनीति से अलग है, पर वे अपने ख़िलाफ़ चलने वाली मुहिमों के बावजूद अलग राज्य की माँग कभी नहीं करते।

देशज समूह का सीधा अर्थ है जनजातीय या आदिवासी मूल के लोग जिन्हें एबोर्जिनल भी कहा जाता है। ये जिन क्षेत्रों में रहते हैं, वहाँ उनकी हैसियत कमोबेश राजनीतिक रूप से शक्तिहीन होती है। मुख्यधारा के साथ उनका एकीकरण ज़्यादा से ज़्यादा आंशिक ही हो पाता है। समझा जाता है कि देशज लोग ग़ैर-औद्योगिक उत्पादन विधियों से जुड़े होते हैं और उनकी राजनीतिक संरचनाओं के साथ प्राय: सुपरिभाषित राज्य का इतिहास नहीं जुड़ा होता।

जातीय-राष्ट्रवादी आंदोलन : प्रोटो-नैशनलिस्ट कहे जाने वाले इन समूहों की गतिविधियाँ समाचार माध्यमों में छायी रहती हैं। चाहे वे इराक़ के कुर्द हों, भारत के सिक्ख पृथकतावादी हों, अरब के फ़िलिस्तीनी हों या फिर श्रीलंका के तमिल हों, उनकी संख्या बढ़ती ही जा रही है। इनके राजनीतिक नेताओं का दावा है कि वे अलग राष्ट्र हैं और उन पर कोई और हुकूमत नहीं कर सकता। शहरी जातीय अल्पसंख्यकों या देशज समूहों से भिन्न इन आंदोलनों में ऐसे बहुत से लक्षण देखे जाते हैं जो उन्हें राष्ट्र की परिभाषा नज़दीक पहुँचा देते हैं। इनके पास परम्परागत रूप से एक भू-क्षेत्र होता है, वर्ग और शिक्षा के लिहाज़ से उनके बीच विभेदीकरण पाया जाता है, और संख्यात्मक शक्ति भी होती है। इन्हें बिना किसी राज्य के राष्ट्र की तरह भी देखा जा सकता है।

बहुलतामूलक समाजों के जातीय समूह : भारत सहस्राब्दियों से विभिन्न जातीय समूहों की बहुलता से सम्पन्न समाज है। लेकिन दुनिया में ऐसे राज्य भी हैं जिन्हें उपनिवेशवाद की डिज़ाइन के मुताबिक़ बहुलतामूलक समाज बनना पड़ा है। जैसे, केन्या, इंडोनेशिया और जमैका। कुल मिला कर आजकल तक़रीबन सभी समकालीन राज्य बहुलतामूलक ही कहे जाएँगे। हर बहुलतामूलक समाज में विभिन्न जातीय समूह एक समरूप राजनीतिक और आर्थिक प्रणाली में भागीदारी करने के लिए मजबूर हैं। आम तौर पर उन्हें पृथकता के दावे का अधिकार नहीं होता। कई बार उनकी परिस्थितियाँ भी ऐसी नहीं होतीं कि वे इस प्रकार का दावा कर सकें।

देखें : अभिजन, अभिरुचि, उन्मूलनवाद, एजेंसी, कर्मकाण्ड, कारागार, गोपनीयता, जादू, जाति और जाति-व्यवस्था-1 से 5 तक, टेलरवाद, फ़ुरसत, बचपन, बेगानगी, भीड़, विचलन।

संदर्भ

1. फ्रेड्रिख़ बार्थ (1969), *एथ्निक ग्रुप्स ऐंड बाउंडरीज़ : द सोशल ऑर्गनाइज़ेशन ऑफ़ कल्चर डिफ़रेंस,* एलन ऐंड अनविन, लंदन.
2. स्टीव फेंटन (1999), *एथ्निसिरेसिज़्म, क्लास ऐंड कल्चर,* मैकमिलन, बेसिंग्स्टोक.
3. एम. गिबरनाउ और आर. जोंस (सम्पा.) (1997), *द एथ्निसिटि रीडर : नैशनलिज़्म, मल्टीकल्चरिज़्म ऐंड माइग्रेशन,* पॉलिटी प्रेस, केम्ब्रिज.
4. जे. हचिंनसन और ए. स्मिथ (सम्पा.) (1996), *एथ्निसिटी,* ओयूपी, ऑक्सफ़र्ड

— अभय कुमार दुबे

जाति और जाति-व्यवस्था-1

(परिभाषा की कठिनाइयाँ)

(Caste and Caste System-1)

जाति एक ऐसा समूह है जो प्रजाति या नस्ल से छोटा, जातीय समूह के समान और कई तरह से आदिजाति (आदिवासी समूह या जनजाति) से मिलता-जुलता है। यह एक ऐसा सामाजिक एकक है जिसका न्यूनतम अंतर्विवाही होना अनिवार्य है। यह भी आवश्यक है कि उस एकक के सदस्य जन्मना सदस्यता में बँधे हों, वे समान व्यवसाय करते हों और उनमें एक जाति पंचायत हो। अपना अलग नाम, उसके सदस्यों के नामकरण की कोई विशेषता और विशिष्ट वेशभूषा होने से भी उस एकक को अलग जाति के रूप में पहचान मिलती है। समाजशास्त्र की ज़्यादातर पाठ्यपुस्तकों में जाति को वर्ग की विपरीत श्रेणी में रख कर इसकी पुनरुक्तिकृत

परिभाषा दी जाती है। इस परिभाषा के अनुसार वर्ग एक खुली जाति है और जाति एक बंद वर्ग है। दरअसल, इस परिभाषा का मतलब केवल यह है कि दोनों एक जैसे ही हैं। अंतर है तो केवल इतना कि वर्ग की सदस्यता ज़्यादा लचीली होती है, जब कि वर्ग जैसी गतिशीलता की जाति में कोई सम्भावना नहीं होती। जो जिस जाति में जन्म लेता है वह आजन्म उसी का सदस्य रहता है, जबकि वर्गों के सदस्य ऊपर-नीचे आ-जा सकते हैं। उल्लेखनीय यह है कि किसी भी समाज में दोनों ही सामाजिक श्रेणियों में बहुलता होती है और इसीलिए सामाजिक संरचना में उनके गठन की अपनी विशिष्टताएँ हैं। अधिकांश समाजशास्त्रीय साहित्य में जाति को एक सांस्कृतिक परिघटना के रूप में लिया जाता है। एक ऐसी परिघटना के रूप में जो केवल हिंदुओं से जुड़ी है। दरअसल, समाजशास्त्रीय विश्लेषण में जाति को एक संरचनात्मक संज्ञा मानना चाहिए जिसका एक विशिष्ट उदाहरण हिंदू समुदाय है। इसीलिए आदिजाति, जाति, और वर्ग में भेद किया जाना चाहिए। जाति-व्यवस्था की चर्चा करते समय हम एक से अधिक जातियों वाले समुदाय या समाज की चर्चा करते हैं; अन्यथा जाति, आदिजाति तथा प्रजाति में भेद नहीं किया जा सकता।

वर्ग की सीमाओं के कोई द्वारपाल नहीं होते, इसलिए वर्गों के नामकरण भी नहीं किये जाते। यही कारण है कि उन्हें पहचानना सहज नहीं होता। यह सही है कि एक शिशु का जन्म उसके जन्मदाता के चिह्नित वर्ग में होता है, पर वह अपने कृत्यों और कर्मों से ऊपर उठ सकता है या नीचे गिर सकता है, या यथावत रह सकता है। उसकी यह सामाजिक स्थिति उसके परिवार के स्तर पर निर्धारित होती है। जहाँ तक जाति का प्रश्न है वहाँ ऐसी गतिशीलता सिद्धांतरूप में वर्जित हैं। व्यक्ति की सामाजिक स्थिति जाति के स्तर के हिसाब से तय होती है न कि परिवार के स्तर के हिसाब से। इस दृष्टि से जाति कई परिवारों से मिल कर बनती है। वर्ग और जाति परस्पर जुड़ी हुई अवधारणाएँ हैं। लेकिन समझने की दृष्टि से यहाँ उन पर अलग-अलग विचार किया जाएगा। ऐसा करते हुए इस बात पर भी बल दिया जाएगा कि वर्ग एक श्रेणी है जबकि समाजशास्त्रीय दृष्टि से जाति एक समूह है।

आदिजाति या जनजाति की परिभाषा पर आम सहमति नहीं बन पायी है क्योंकि सारे विश्व में फैले आदिजाति कहे जाने वाले समूहों में सांस्कृतिक सम्पर्कों के विभिन्न आयामों के कारण भारी परिवर्तन देखने को मिलते हैं। न तो आज की सभी आदिजातियाँ निरक्षर हैं न ही सभी सर्वात्मवाद या एनिमिज़्म की अनुसर्त्ता हैं। न ही इन्हें पुरातन अर्थव्यवस्था या प्रौद्योगिकी के स्तर पर एक समान माना जा सकता है। यह अवश्य है कि छोटे-छोटे और दूरस्थ बसे आदिवासी समूह अपने मूल स्थान से ही जुड़े हुए हैं और अंतर्विवाही हैं। ऐसे मूल निवासियों में भी भारी परिवर्तन आ रहे हैं जिन्हें अंग्रेज़ी में इंडीजिनस या एब्रोजिनल कहा जाता है (जिन्हें मलय तथा इंडोनेशिया की भाषा में 'ओरांग असली' कहते हैं)। ऐसी परिवर्तनशील समाज प्रणालियों के लिए सर्वमान्य परिभाषा देना असम्भव सा है। उन्नीसवीं शताब्दी में सांस्कृतिक सम्पर्क में आये इन आदिवासी समाजों को पश्चिमी विद्वानों और उपनिवेशवादी राज्यों ने 'ट्राइब' की संज्ञा दी थी जो आज तक उन पर चस्पाँ है। पर परिभाषा की अब भी तलाश है।

यह सही है कि अंतर्वैवाहिकता या ऐंडोगैमी ही एक ऐसा लक्षण है जो एक आदिजाति को जाति-तुल्य बनाता है। अंतर्वैवाहिकता ही जन्मना स्थिति की आधारशिला है। लेकिन जाति को आदिजाति से भिन्न करने वाला यह है कि सम्पूर्ण आदिवासी समुदाय अंतर्विवाही होता है पर जाति-व्यवस्था में अंतर्विवाही जातियों का बाहुल्य होता है और अंतर-जातीय संबंध उसे आदिजाति समूह से भिन्न कर देते हैं। दूसरे शब्दों में कहें तो जाति की अवधारणा के दो पक्ष हैं : एकक के रूप में जाति और ऐसे कई एककों की प्रणाली के रूप में प्रचलित जाति-व्यवस्था। दुर्भाग्य से भारतीय संदर्भ में इस अंतर को ठीक से नहीं समझा गया है। जिसकी निंदा होती रहती है वह है जाति-व्यवस्था अर्थात् जातियों के बीच के अंतर्संबंध, ख़ास कर इन समूहों को सोपानीकृत व्यवस्था के रूप में ढालना। लेकिन इस चक्कर कई विश्लेषक और जाति के आलोचक एकक के रूप में जाति को परिभाषित ही नहीं करते।

चूँकि भारत जाति-व्यवस्था का परम विकसित गढ़ माना जाता है, इसलिए यहाँ भारतीय संदर्भ में इन सब पक्षों पर विचार करते हुए जाति की सामाजिक-संरचनात्मक परिभाषा देने की चेष्टा की जाएगी।

भारत में जाति को ग़लत ढंग से समझा जाता रहा है। इस शब्द का प्रयोग न केवल आम आदमी बल्कि वैज्ञानिकों और पत्रकारों द्वारा भी अलग-अलग अर्थों में किया जाता रहा है। भ्रांति पैदा करने वाले तीन प्रयोग मुख्य हैं :

1. वर्ण : वर्ण हिंदू-समाज को मुख्यत: चार भागों में बाँटता है (चतुर्वर्ण)। ये वर्ण हैं ब्राह्मण, क्षत्रिय, वैश्य और शूद्र। भारत में पायी जाने वाली समस्त जातियाँ सिद्धांतत: इन चार वर्णों में बँटी हैं। इस दृष्टि के मुताबिक़ वर्ण स्वयं जाति न होकर जातियों का समूह है। ऐसे ही नये समूह बन रहे हैं जैसे 'यादव' जो अखिल भारतीय संगठन बनाने में जुटे हैं पर जाति की दृष्टि से अब भी अपने-अपने प्रांतों और सांस्कृतिक उपक्षेत्रों तक ही सीमित हैं।

2. गोत्र : यह जाति के भीतर परिवारों को वर्गीकृत करता है। गोत्र एक बहिर्विवाही समूह है इसलिए एक ही गोत्र के लोग एक ही जाति के होते हुए भी आपस में विवाह नहीं

कर सकते। विवाह की दृष्टि से लोग अपनी ही जाति में किंतु अपने गोत्र से बाहर विवाह करते हैं। हरियाणा में होने वाली 'ऑनर किलिंग्ज़' के अधिकतर किस्से सजातीय विवाह के कारण न होकर सगोत्र विवाह के हैं। वहाँ एक ही गाँव में एक ही जाति के होने पर भी विभिन्न गोत्रों के लोगों में विवाह की मनाही होती है क्योंकि सामाजिक दृष्टि से, न कि जैविकीय दृष्टि से, वे भाई-बहन जैसा संबंध निभाते हैं। इसे गाँव-बहिर्विवाह कहा जाता है, जिसका उल्लेख मध्य प्रदेश और राजस्थान के ग्राम-अध्ययनों में भी मिलता है। गोत्र को जाति का पर्याय मानना ग़लत है।

3. कई बार लोगों की पारिवारिक उपाधि या जन्मस्थल से जुड़ी सम्बोधन-संज्ञा को भी जाति मान लिया जाता है। यह भ्रामक है : भंडारी, ख़ज़ांची, पडगाँवकर, मंगेशकर आदि परिवारिक संदर्भ-संज्ञाएँ हैं, जाति-सूचक नहीं। ऐसे ही पंजाबी, बंगाली, मद्रासी आदि संज्ञाएँ उन क्षेत्रों की ओर इंगित करती है जहाँ से संदर्भित व्यक्ति आया है।

समाजशास्त्रीय दृष्टि से वर्ण, गोत्र, परिवार की उपाधि या क्षेत्र अथवा पेशे से जुड़ी संज्ञाओं को 'जाति' कहना ग़लत और भ्रामक है। वर्ण के स्तर पर भी कहा जा सकता है कि ब्राह्मण की शादी ब्राह्मण से ही होती है, इसलिए ब्राह्मण अंतर्वैवाहिकता की अर्हता के अनुकूल है। पर यह ग़लत है क्योंकि कई ब्राह्मण जातियाँ हैं और अंतर्वैवाहिकता उपजातियों तक ही सीमित है। यदि यह भेद ध्यान में न रखा गया तो हम 'भारतीय' को भी एक जाति मान लेंगे क्योंकि आम तौर से एक भारतीय की शादी एक भारतीय से ही होती है। समाजशास्त्रियों को चाहिए कि अंतर्वैवाहिकता को उस समूह पर निश्चित करें जिसके नीचे के समूह पर विवाह की सम्भावना न हो। उदाहरण के तौर पर यदि किसी जाति में गोत्र के भीतर ही विवाह होने लग जाएँ तो फिर वह गोत्र की परिभाषा से हट कर एक जाति बन जाएगा और उसके भीतर नये बहिर्विवाही गोत्रों का सृजन आवश्यक हो जाएगा। यही कारण है कि बढ़ती जनसंख्या के साथ आज ऋषि-गोत्र को लोग उतनी तरजीह नहीं देते और लौकिक गोत्र को बहिर्विवाही मानते हैं।

इसी प्रकार जाति से बाहर, पर अपने ही वर्ण के भीतर, विवाह भी होने लगे हैं। यह अंतर्जातीय है, क्योंकि इनमें जाति और वर्ण दोनों की अंतर्विवाहिता बनी रहती है। यदि चार वर्णों के भीतर ही अंतर्जातीय विवाहों की संख्या बढ़ती चली जाए तो हज़ारों जातियों के स्थान पर घट कर केवल चार जातियाँ ही रह जाएँगी और तब वर्ण का स्वरूप जाति का हो जाएगा। इसी प्रकार अंतर-वर्णीय विवाहों की वृद्धि से व्यवस्था के रूप में जाति की संस्था में आमूलचूल परिवर्तन आयेंगे। और यह सिलसिला शुरू हो गया है।

जाति को परिभाषित करने में कई बाधाएँ हैं। इनमें से मुख्य इस प्रकार हैं :

1. *कई प्रकार की जातियाँ होने के कारण उत्पन्न कठिनाइयाँ* : ध्यान रखना ज़रूरी है कि सभी जातियाँ एक ही प्रतिकृति के अनुसार नहीं ढली हैं। यह प्रणाली धीरे-धीरे विकसित हुई है और विभिन्न जातियों के उद्गम की विभिन्न कहानियाँ हैं। अलग-अलग प्रदेशों में, अलग-अलग जातियों की अपनी विशिष्ट कार्य-परम्परा है और एक ही प्रदेश में भी विभिन्न जातियों में एक से रीति-रिवाज़ नहीं होते।

2. *अन्य जातियों के बारे में जानकारी का अभाव या उनके प्रति उदासीनता के कारण उत्पन्न कठिनाइयाँ* : आम लोगों द्वारा वर्ण, जाति, गोत्र, उपजाति, धार्मिक समूह या प्रादेशिक समूह में भेद न कर पाने से जाति शब्द का इन विभिन्न समूहों के लिए प्रयोग होता रहता है।

3. *'आदर्श' और 'यथार्थ' के बीच अंतर से उपजी भ्रांतियाँ* : आज के संदर्भ में चतुर्वर्ण का आदर्श चरितार्थ नहीं होता क्योंकि समस्त जातियों के बारे में यह कहना कठिन है कि कौन-सी जाति किस वर्ण से उत्पन्न हुई है। कालांतर में जो नयी जातियाँ उभरी हैं उन्हें भी चतुर्वर्ण के सोपानक्रम में अवस्थित करना कठिन है।

जाति की लोचनीयता और परिवर्तनशीलता से उत्पन्न कठिनाइयाँ भी हैं जो जाति को परिभाषित करने में बाधक हैं। इस आम धारणा के बावजूद कि जाति बड़ी कठोर और अलोचनीय है, भारतीय समाज के अध्येताओं ने ऐसी कई प्रक्रियाओं का पता लगाया है जिनके प्रभाव में जाति की सीमा-रेखाएँ बदलती गयी हैं। ऐसे उदाहरण हैं जहाँ एक जैसे दीखने वाले समूह मिलकर एक हो गये हैं। ऐसे भी उदाहरण मिलते हैं जहाँ एक जाति बँट कर दो या अधिक जातियों को जन्म दे चुकी है। जाति से बहिष्कृत परिवारों द्वारा समुचित संख्या होने पर अपनी अलग जाति बनाने की मिसालें भी हैं।

यहाँ एक जैसा नाम होने से पैदा होने वाली कठिनाइयों का ज़िक्र भी ज़रूरी है। कुछ ऐसी जातियाँ हैं जो उसके सदस्यों द्वारा किये जाने वाले व्यवसाय के नाम से जानी जाती हैं। कुछ उस स्थान के नाम पर जानी जाती हैं जहाँ से उनके पूर्वज आये थे, या उस भाषा के आधार पर जानी जाती हैं जो वे बोलते हैं। इस संबंध में उदयपुर, राजस्थान के मोचियों का उदाहरण दृष्टव्य है। ये मोची गुजराती, मालवी और मेवाड़ी मोचियों में बँटे हुए हैं। उनमें आपस में बेटी-व्यवहार नहीं होता पर तीनों ही जूता बनाने के काम में लगे हुए हैं। एक और मज़ेदार बात यह है कि नया जूता बनाने वाले और पुराने जूतों को ठीक करने वाले दोनों ही मोची होते हुए भी दो भिन्न अंतर्विवाही समूहों के सदस्य हैं। अर्थात् वे एक ही जाति के नहीं है क्योंकि उनके बीच विवाह नहीं हो पाता और

वे भी ऊँचे-नीचे में स्तरीकृत होते हैं।

गत कई वर्षों में कुछ जातियों के श्रेष्ठि वर्ग अपनी जाति की कतिपय परम्पराओं से माँस, शराब, विधवा विवाह आदि को, और यहाँ तक कि अपने परम्परागत व्यवसाय को तज कर अपने जाति-नाम को भी बदलने में सक्षम साबित हुए हैं। जैसे उत्तर प्रदेश में नाई जाति को खवास भी कहा जाता था। पर जाति के कुछ सदस्यों ने उस शब्द का तत्सम रूप श्रीवास खोज निकाला और उसका प्रयोग करने लगे। यह नया नाम श्रीवास्तव से मिलता-जुलता है। इसलिए लोग श्रीवासों को कायस्थ भी मानने लगे। एम.एन. श्रीनिवास ने परिवर्तन की इसी धारा को संस्कृतीकरण का नाम दिया था जो मूलतः स्वतःस्फूर्त थी न कि ऊँची जातियों द्वारा थोपी गयी। अवश्य ही तथाकथित ऊँची जातियाँ ऐसी जातियों के संदर्भ समूह के तुल्य थीं।

देखें : इरावती कर्वे, जातियों का राजनीतिकरण, गोविंद सदाशिव घुर्ये, प्रभुत्वशाली जाति, भारतीय समाजशास्त्र-1 और 2, मैसूर नरसिम्हचार श्रीनिवास, देवकी जैन, धीरूभाई शेठ, धूर्जटि प्रसाद मुखर्जी, नीरा देसाई, योगेश अटल, राधा कमल मुखर्जी, वेरियर एलविन, संस्कृतीकरण, श्यामा चरण दुबे-1 और 2.

संदर्भ

1. योगेश अटल (1979), *द चेंजिंग फ्रंटियर्स ऑफ़ कास्ट,* नैशनल पब्लिशिंग हाउस, नयी दिल्ली.
2. जी.एस. घुर्ये (1957), *कास्ट ऐंड क्लास इन इण्डिया,* पॉपुलर बुक डिपो, बम्बई.
3. ई.आर. लीच (सम्पा.) (1960), *आस्पेक्ट्स ऑफ़ कास्ट इन साउथ इण्डिया,* केम्ब्रिज युनिवर्सिटी प्रेस, केम्ब्रिज.

— योगेश अटल

जाति और जाति-व्यवस्था-2

(तीन लक्षण)

(Caste and Caste System-2)

इन कठिनाइयों पर नज़र डालने से साफ़ हो जाता है कि जाति की भिन्न-भिन्न परिभाषाएँ क्यों पायी जाती हैं। राजनीतिक दल इन भ्रामक धारणाओं का लाभ उठाते हुए जाति की सीमाओं के विस्तार में लगे हुए हैं क्योंकि लोकतंत्र में संख्या का महत्त्व है। समाजशास्त्री भी कभी तो जाति की एकक के रूप में और कभी एक व्यवस्था के रूप में परिभाषा देते आये हैं। कई ऐसे हैं जो इन दोनों की मिली-जुली विशेषताओं को गिना कर रह जाते हैं। जी.एस. घुर्ये की परिभाषा भी कुछ ऐसी ही है— लक्षणों की सूची। जाति और वर्ण तथा जाति और उपजाति के लिए एक ही संज्ञा का उपयोग भी भ्रांत धारणाओं को प्रश्रय देता आया है। भारतीय भाषाओं में सब कास्ट के लिए कोई शब्द ही नहीं है। वर्ण को जाति और जाति को उपजाति मानना भयंकर भूल है।

जाति की एकक के रूप में परिभाषा एम.एस.एफ़. नाडेल के सुझाये तरीक़े से देना उचित होगा। नाडेल का कहना है कि प्रत्येक चिह्नित पद-स्थिति (जिसके लिए उन्होंने भूमिका या रोल शब्द का प्रयोग किया है) में तीन प्रकार के गुणों का स्तरण होता है। ये हैं परिधीय, समुचित-प्रासंगिक, तथा मूलभूत या धुरीय। परिधीय गुण या लक्षण वे हैं जिनके होने या न होने से या उनमें बदलाव आने पर भी भूमिका की प्रभावकारिता में कोई कमी नहीं आती। समुचित या पर्याप्त प्रासंगिक लक्षण वे होते हैं जिनके बदलने या अनुपस्थित होने पर भूमिका के अवबोधन और प्रभावकारिता में अंतर आता है और भूमिका का निर्वाह अपूर्ण सा रहता है। मूलभूत या धुरीय लक्षण वे होते हैं जिनके बदलने या न होने पर भूमिका की पहचान ही समाप्त हो जाती है। प्रचलित परिभाषाओं के वस्तु-विश्लेषण के आधार पर योगेश अटल ने एकक के रूप में जाति को इस प्रकार परिभाषित किया है : मूलभूत या धुरीय लक्षण के अनुसार किसी एकक का न्यूनतम अंतर्विवाही होना; समुचित-प्रासंगिक लक्षण के अनुसार उस एकक में जन्मना सदस्यता, समान व्यवसाय और जाति पंचायत होना; परिधीय लक्षण के रूप में एकक का अपना नाम, उसके सदस्यों के नामकरण की कोई विशेषता और विशिष्ट वेशभूषा होना।

इस परिभाषा के अनुसार समाज का वही समूह जाति कहा जा सकता है जो न्यूनतम स्तर पर अंतर्विवाही हो। 'न्यूनतम' उपसर्ग का इस परिभाषा के लिए महत्त्व है। जाति के स्तर के नीचे लोग जिन समूहों में बँटे होते हैं वे बहिर्विवाही होने चाहिए। इस विशेषता के बिना जाति का कोई महत्त्व ही नहीं रह जाता, क्योंकि जाति ऊपर के अन्य समूह भी अंतर्विवाही होते हैं पर उन्हें जाति की संज्ञा नहीं दी जा सकती। एक अन्य बिंदु की ओर ध्यान आकर्षित करना भी यहाँ आवश्यक है। किसी भी समूह को जब हम अंतर्विवाही कहते हैं तो उसका अर्थ यह होता है कि वह समूह यौन-साथी देने में समर्थ है; अर्थात् उस समूह के भीतर विवाह सम्भव ही नहीं वरन अपेक्षित भी होता है। किंतु इसका अर्थ यह नहीं कि इस समूह के बाहर विवाह नहीं हो सकते। जब एक जाति किसी कारण दो हिस्सों में बँट जाती है तो भी उनमें अंतर्विवाह हो सकते हैं। इसी प्रकार हिंदू समाज में अनुलोम और प्रतिलोम विवाहों का प्रचलन रहा है। अनुलोम विवाह वे होते हैं जिनमें ऊँची जाति का वर अपने से नीची जाति में

विवाह कर वधू लाता है। प्रतिलोम इसका ठीक विपरीत है जहाँ ऊँची जाति की कन्या नीची जाति के पुरुष से विवाह करती है और अपने पति की जाति में प्रवेश करती है। जिन स्थितियों में अणुलोम या प्रतिलोम विवाह की मनाही होती है और विवाह केवल जाति के भीतर ही सम्पन्न होते हैं उसे मैंने आइसोगैमी अर्थात् कठोर अंतर्वैवाहिकता की संज्ञा दी है। यह एक आदर्श स्थिति मानी जा सकती है। पर आज के दौर में जातिगत विवाहों के साथ ऐसे अंतरजातीय विवाह भी अधिकाधिक होने लगे हैं जहाँ अन्य जातियों से लायी गयी वधुएँ पति की जाति की सदस्य बन जाती हैं और उनकी संतानें पैतृक व्यवस्था के कारण पिता की ही जाति की जन्मजात सदस्य हो जाती हैं। न्यूनतम अंतर्विवाही कहने का अभिप्राय यह है कि जाति के स्तर के नीचे उस समूह में कोई अंतर्विवाही-एकक नहीं होते।

इस प्रकार जाति-एकक का मूलभूत लक्षण अंतर्वैवाहिकता है। समूह को न्यूनतम स्तर पर अंतर्विवाही होना आवश्यक है। इस लक्षण का कठोरता से पालन करने वाले समूह आइसोगैमस यानी समयुग्मी अथवा पृथक-विवाही हो जाता है। अतंर्विवाही समूह का एक अन्य पक्ष यह है कि वह बहिर्विवाही समूहों में बँटा होता है, जिसे गोत्र या क्लैन कहा जाता है।

एक जाति की दर्शनीयता तब बढ़ जाती है जब उसके सभी सदस्य जन्मजात हों, एक ही व्यवसाय में संलग्न हों, और उस जाति की अपनी एक पंचायत हो। यदि किसी जाति का कोई विशिष्ट नाम है (जो किसी अन्य समूह का नहीं है) और यदि उस जाति के लोगों की अपनी विशिष्ट वेशभूषा है, या नामकरण की कोई ख़ास पद्धत्ति है, या कोई अन्य रीति-रिवाज़ है तो उसके आधार पर उसे अन्य जातियों से अलग पहचानने में सहूलियत होती है। इस दृष्टि से हम कह सकते हैं कि अंतर्वैवाहिकता मूलभूत लक्षण है, दूसरे लक्षण समुचित-प्रासंगिक हैं क्योंकि उनकी उपस्थिति से समूह की पहचान सहज हो जाती है। पोशाक और नाम जैसे लक्षण परिधीय हैं जिनके होने से पहचान और भी स्पष्ट हो जाती है पर जिनके न होने पर भी जाति की एक समूह के रूप में स्वायत्तता बनी रहती है। समुचित-प्रासंगिक लक्षणों में से किसी एक लक्षण का भी लोप होने पर जाति समूह की पहचान में थोड़ी कठिनाई होने लगती है, हालाँकि वह समूह तब तक जाति बना रहता है जब तक कि उसमें न्यूनतम अंतर्वैवाहिकता का नियम निभाया जाता रहता हो।

समाजशास्त्रियों को उपजाति शब्द के प्रयोग में भी सावधानी बरतानी चाहिए। जो लोग अंग्रेज़ी शब्द कास्ट का उपयोग वर्ण के लिए करते हैं वे जातियों को उपजाति की संज्ञा देने लगते हैं। वस्तुत: वर्ण के लिए कास्ट शब्द का प्रयोग ग़लत है, क्योंकि वर्ण जातियों का गुच्छा है। इसी प्रकार उपजाति शब्द का प्रयोग जाति के भीतर के सभी समूहों के लिए भी नहीं किया जाना चाहिए। केवल उस स्थिति में जब जाति स्वयं विभक्त हो जाए तो मूल से टूटे हुए उस समूह के लिए (जो अंतर्विवाही हो सकता है या है) उपजाति की संज्ञा प्रयोग में लायी जाती है। जाति में विच्छेद कई कारणों से हो सकते हैं। जैसे उसका कोई भाग किसी अन्य व्यवसाय में जुट जाए, या अपने मूलस्थान को छोड़ कर अन्यत्र बस जाए उदाहरण के लिए दक्षिण-पूर्वी पंजाब और उत्तर प्रदेश की कई जिप्सी जातियाँ अंतर्विवाही समूहों में परिणत हो गयी हैं। यद्यपि वे पहले कभी एक ही सम्मिलित अंतर्विवाही समूह का अंग थीं।

1931 की जनगणना में खटीक जाति का उल्लेख है जो बेकन वाला (सूअरमार), राज गर, सोमबट्टा, और मेवाफ़रोश उपजातियाँ बन गयीं। ये उपजातियाँ कुछ काल तक तो आपस में विवाह करती रहीं पर बाद में अंतर-विवाहकम होते गये और उनका स्वतंत्र अस्तित्व बन गया। इसका एक अच्छा उदाहरण बंगाल की कैबर्त्ता जाति का है— जो उत्तर-प्रदेश के केवट जैसी जाति ही है। इसकी अंतर्विवाही सीमाएँ बंगाल तक ही थीं। हो सकता है कि ये समुदाय मूल रूप से आदिवासी हों पर अपने व्यवसाय के कारण और हिंदू गाँवों में रहने के कारण जाति की भाँति गिने जाने लगे हों। व्यवसाय की दृष्टि से ये दो भागों में बंटे थे : मछुआरे और कृषक। जो मछुआरे का काम करते थे उन्हें जलिया कैबर्त्ता कहा जाने लगा और जो हल चलाते थे उन्हें हलिया कैबर्त्ता। कृषि को उन्नत व्यवसाय मानने के कारण हलिया कैबर्त्ता अपनी लड़कियाँ ऊँचे वधू-मूल्य लेकर जलिया कैबर्त्ता में ब्याह देते थे, पर जलिया कैबर्त्ता की लड़कियाँ हलिया कैबर्त्ता को अस्वीकार थीं। इस प्रकार ये दो भाग प्रतिलोम विवाह-संबंध से जुड़े। धीरे-धीरे ऐसे अंतर-उपजातीय विवाह बंद हो गये और हलिया कैबर्त्ता ने अपना नाम बदल कर महिष्य रख लिया।

एकक के रूप में जाति किसी भी समाज या समुदाय का एक उपसमूह है। समाज या समुदाय के आर्थिक, राजनीतिक, सामाजिक और धार्मिक कामों में ऐसी प्रत्येक जाति अन्य जातियों के साथ मिलकर भाग लेती है। उनकी यह भागीदारी नियमों से संचालित होती है। इस प्रणाली को हम जाति-व्यवस्था कह सकते हैं।

जाति-व्यवस्था को भी हम तीन लक्षणों में बांट सकते हैं। मूलभूत/धुरीय लक्षण जिसके तहत एक समाज-संस्कृति में कार्यरत अंतर्विवाही समूहों का बाहुल्य होना चाहिए; समुचित-प्रासंगिक लक्षण जिनके मुताबिक़ इन जातियों का सोपानीकरण होना चाहिए; और परिधीय लक्षण जिनके अनुसार जाति से जुड़े व्यावसायिक विशेषीकरण के कारण श्रम-विभाजन होना चाहिए। जब ये तीनों ही लक्षण किसी

समाज-व्यवस्था में हों तो उसे जाति-व्यवस्था कहा जा सकता है। जाति शब्द का इस प्रकार प्रयोग करके उसे आदिजाति (जनजाति) से आसानी से अलग करके पहचाना जा सकता है। यह सही है कि एक आदिजाति में वे सब लक्षण पाये जाते हैं जो एकक के रूप में जाति में पाये जाते हैं। किंतु एक आदिजाति एक व्यवस्था के रूप में समझी जानी चाहिए क्योंकि उसके समुदाय में अन्य कोई जाति-समान एकक नहीं होते। दूसरे अर्थों में जाति-व्यवस्था के लक्षण उसमें नहीं पाये जाते। आदिवासी समाज जातियों में बँटा हुआ नहीं होता। लेकिन जब किसी आदिजाति के लोग पास के ग्रामीण क्षेत्रों में अन्य जातियों के साथ रहने लगते हैं तो फिर वे भी उस ग्राम-व्यवस्था या क्षेत्र-व्यवस्था में एक एकक बन कर रह जाते हैं और जाति ही गिने जाते हैं। अन्य अंतर्विवाही समूहों की भाँति गाँव में रहने वाले आदिवासी परिवार भी एक अंतर्विवाही समूह बने रहते हैं और इस प्रकार जाति का रूप धारण कर लेते हैं। वे जाति-व्यवस्था का उपांग बन जाते हैं। यही कारण है कि गाँवों में रहने वाले आदिवासी परिवार जैसे राजस्थान के गाँवों में भील और मीणा एवं मध्य प्रदेश में गोंड भी एक भिन्न जाति मान लिए जाते हैं। उनका आदिवासी होना उनका अतीत है। उनका वर्तमान अपने क्षेत्र की जाति-व्यवस्था के एकक के रूप में हो जाता है। इनमें से कई तो अपने को हिंदू कहते हैं (क्योंकि हिंदू जीवन-पद्धति में धर्म परिवर्तन की प्रथा ही नहीं है)। जो धर्मांतरण कर ईसाई हो गये हैं वे भी जाति जैसा ही बरताव करते हैं। चूँकि आदिवासियों के लिए संविधान में विशेष सुविधाएँ और प्रावधान दिये गये हैं इसलिए उनका अतीत फिर से जाग रहा है या बाहरी प्रभावों से जगाया जा रहा है। हालाँकि गाँवों की व्यवस्था में वे अब भी जाति की भाँति ही हैं। ढाँचागत दृष्टि से ऐसे समूह को ही आदिजाति या ट्राइब कहना चाहिए जिसमें केवल जाति-एकक के लक्षण हों न कि जाति-व्यवस्था के।

देखें : इरावती कर्वे, जातियों का राजनीतीकरण, गोविंद सदाशिव घुर्ये, प्रभुत्वशाली जाति, भारतीय समाजशास्त्र-1 और 2, मैसूर नरसिम्हचार श्रीनिवास, देवकी जैन, धीरूभाई शेठ, धूर्जटि प्रसाद मुखर्जी, नीरा देसाई, योगेश अटल, राधा कमल मुखर्जी, वेरियर एलविन, संस्कृतीकरण, श्यामा चरण दुबे-1 और 2.

संदर्भ

1. जे.एच. हटन (1961), *कास्ट इन इण्डिया,* ऑक्सफ़र्ड युनिवर्सिटी प्रेस, नयी दिल्ली,
2. योगेश अटल (2006), *चेंजिंग इण्डियन सोसाइटी,* रावत पब्लिकेशंस, जयपुर.

— योगेश अटल

जाति और जाति-व्यवस्था-3

(ग़ैर-हिंदुओं में जाति और छुआछूत और जातियों का सोपानीकरण)

(Caste and Caste System-3)

जाति व्यवस्था ढाँचागत दृष्टि से केवल हिंदुओं तक सीमित न होकर कई समाजों में पायी जाती है। कोरिया के पाइकचोंग और जापान के इता समूह भी शूद्रों की भाँति उन देशों में निम्न कोटि के माने जाते हैं और इस दृष्टि से वहाँ भी जाति-व्यवस्था के अंकुर देखने को मिलते हैं। इसी प्रकार संयुक्त राज्य अमेरिका के दक्षिण में श्वेत-अश्वेतों के बीच के संबंध भी जाति-व्यवस्था जैसे ही हैं। भारत में भी धर्म परिवर्तन के बावजूद जाति व्यवस्था बरक़रार है। ईसाइयत या इसलाम अपनाने वाले लोग अब भी अपनी जाति के नाम से जाने जाते हैं। यही कारण है कि अब इन धर्मों को अपनाने वाले भी अपने अतीत के दलित को फिर से जाग्रत कर उन सब सुविधाओं की माँग कर रहे हैं जो अनुसूचित जातियों को मिल रही हैं। कारण कुछ भी हो, यह सब इस बात का सूचक है कि ऊँचे-नीचे का भेदभाव केवल हिंदू समाज तक ही सीमित नहीं है। सिक्ख धर्म, जैन धर्म, और बौद्ध धर्म जो हिंदू धर्म की कट्टरपंथिता के विरोध में चलाए गये आंदोलन के परिणामस्वरूप अस्तित्व में आये वे भी जाति की भाँति ही बँटे हुए हैं। यही स्थिति इसलाम और ईसाई धर्म को अपनाने वाले भारतीय समूहों की भी है। समानता की दुहाई देने वाला ईसाई धर्म भी कई सम्प्रदायों में बँटा है। उनमें भी अंतर्विवाही समूह हैं जिनके सदस्यों के भीतर की अंतर्वैवाहिकता उनके जाति-एकक होने का लक्षण है। ढाँचागत दृष्टि से सर्वत्र बहिर्विवाह और अंतर्विवाह के नियम पाये जाते हैं। इसी प्रकार विवाह संबंधों के निषेध (निकटाभिगमन निषेध या इनसेस्ट संबंधी निषेध) भी प्राय: प्रत्येक समाज में पाये जाते हैं।

श्यामाचरण दुबे का कहना है कि ईसाइयों और मुसलमानों में वर्ण विभाजन इतना स्पष्ट तो नहीं है पर उनमें भी ऊँची जाति से और नीची जाति से धर्म-परिवर्तन कर आये समूहों में भेद किया जाता है— ब्राह्मण और नायर ईसाई या फिर राजपूत या त्यागी मुसलिम के सम्बोधन इसका प्रत्यक्ष प्रमाण हैं। ईसाई धर्म अपनाने वालों के बारे में दुबे का कहना है : 'भारतीय चर्च अब यह मानने लगा है कि एक करोड़ नब्बे लाख भारतीय ईसाइयों का 60 प्रतिशत भेदभाव से पीड़ित है और उन्हें द्वितीय श्रेणी के या उससे भी ओछा ईसाई माना जाता है। दक्षिण में, अनुसूचित जातियों से बने ईसाइयों को अलग बस्तियों में रहना पड़ता है और उनका चर्च भी अलग है। उनकी चेरी या बस्ती मुख्य आबादी से थोड़ी दूर

होती है और उनमें सामान्य नागरिक सुविधाएँ भी उपलब्ध नहीं होतीं। चर्च में उन्हें दक्षिणी पंक्ति में अलग से खड़ा होना होता है और सर्विस के समय उन्हें धार्मिक ग्रंथ नहीं पढ़ने दिये जाते और न ही वे चर्च के पादरी की कोई सहायता कर सकते हैं। बपतिस्मा, कन्फ़र्मेशन और विवाह के समय उन्हें पवित्र सेक्रामेंट्स सबसे बाद में दिये जाते हैं। नीची जातियों से धर्म परिवर्तन कर बने ईसाइयों के विवाह की बारात या शवयात्रा आबादी की मुख्य सड़कों से नहीं जा सकती। ईसाई बनी अनुसूचित जातियों का कब्रिस्तान भी अलग होता है। उनके मृतकों के लिए चर्च का घंटा नहीं बजता और पादरी भी मृतक के घर प्रार्थना करने नहीं जाता। अंतिम संस्कार से पूर्व मृत शरीर को चर्च में भी नहीं ले जाने दिया जाता। ऊँची जाति और नीची जाति के ईसाइयों के बीच न तो विवाह होते है और न ही ख़ान-पान के संबंध।' ईसाई और ग़ैर-ईसाइयों के बीच विवाह करने वालों का तो एक नया समूह एंग्लो-इण्डियन ही बन गया,जो अंग्रेज़ों से गिने जाने वाले मिश्रित ईसाई थे।

मुसलमानों में भी मूल (असली) और धर्मांतरित मुसलमानों में भेद किया जाता है। लोग उन्हें शरीफ़ ज़ात और अजलाफ़ ज़ात कहते हैं। यह विभेद शादी और आपस में ख़ानपान पर भी लागू होता है। अजलाफ़ जात (अर्थात् जातियों) में जुलाहा, भिश्ती, तेली, और कलाल आते हैं; मुसलमानों में भी त्यागी और गूजर होते हैं। ऐसे ही सिक्खों में भी रमदासिया और मज़हबी नीची जाति के माने जाते हैं। यह बताना भी आवश्यक है कि शरीफ़ ज़ात मुसलमान भी चार भागों में बँटे है: सैयद, शेख़, मुग़ल और पठान। ये चारों ही अंतर्विवाही समूह हैं। एक तरह से देखा जाए तो मुसलमानों में अंतर्वैवाहिकता इतनी है कि वहाँ गोत्र जैसे बहिर्विवाही समूह होते ही नहीं। केवल नाभीय परिवार बहिर्विवाही होते हैं। चचेरे और मौसेरे भाई-बहनों में जिन्हें चचाज़ात भाई कहा जाता है, भी विवाह हो जाते हैं। फुफरे और ममेरे में विवाह तो आम है।

ग़ैर-हिंदुओं के बीच जाति और छुआछूत के बाद इस प्रविष्टि में जातियों के सोपानीकरण पर चर्चा की जाएगी। जातिगत समाज में होने वाले स्तरित विभाजन में अंतर्विवाही समूह (अर्थात् जाति) को एकक माना जाता है, किंतु यह विभाजन भी क्षेत्रीय स्तर पर होता है। भारत में भी तीन हज़ार से ऊपर गिनी जाने वाली जातियों को चतुर्वर्ण में वर्गीकृत करना आसान नहीं है।

जातियों का सोपानीकरण किसी भी समाजशास्त्री के लिए इतना सहज नहीं है। वर्णों में उनका विभाजन तो और भी कठिन है। स्थानीय स्तरों पर छुआछूत के प्रमाण ग्रामीण इलाक़ों में भले ही मिल जाएँ पर तेज़ी से शहरीकृत हो रहे भारत में यह सब कुछ तेज़ी से बदल रहा है। भारतविदों और विदेशी पर्यटकों के बरसों पहले लिखे वर्णन आज की व्यवस्था से कोसों दूर हैं। पुस्तकों के वर्णन तो प्रस्तावस्वरूप थे और शायद अतीत की वास्तविकता से भी उतने निकट नहीं थे। आज के संदर्भ में उन पर विश्वास कर भारत की समाजिक व्यवस्था का वस्तुगत परिचय नहीं दिया जा सकता।

जिन समाजशास्त्रियों ने गाँवों में जाकर वर्तमान की स्थिति का अध्ययन किया उन्होंने चतुर्वर्णी व्यवस्था का आधार लेकर धार्मिक संस्कारों के अनुरूप जातियों का सोपानीकरण करने की चेष्टा की है। ऐसा करने के लिए दो तरह के रवैये अख़्तियार किये गये। (1) श्रेणीकरण की लक्षणात्मक आधार भूमि, और (2) अंत:क्रिया आधृत श्रेणीकरण। इन दो सिद्धांतों के आधार पर मेक्किम मेरियट ने भारत और पाकिस्तान के पाँच क्षेत्रों में तुलनात्मक दृष्टि से जाति का श्रेणीकरण किया। मेरियट ने इन सिद्धांतों को परिकल्पना कहा। यह लक्षणात्मक परिकल्पना मान कर चलती है कि किसी जाति की स्थिति उसके व्यवहार या लक्षणों पर आधारित होती है। इसके अनुसार जातियों की सोपान में स्थिति इस बात पर निर्भर करती है कि उसकी भिन्न-भिन्न जातियों के साथ कैसी अत:क्रियाएँ होती हैं। उन्होंने धार्मिक क्षेत्र में दो मुख्य अंत:क्रियाओं का चयन किया। भोजन का सांस्कृतिक दृष्टि से आदान-प्रदान, और धार्मिक सेवाओं का आदान-प्रदान। मेरियट का यह मानना था कि दक्षिण भारत में जातियों का स्तरण अधिकांशत: लक्षणात्मक है, जबकि उत्तर भारत में अंत:क्रियात्मक।

राजस्थान और मध्यप्रदेश के गाँवों का अध्ययन करते समय योगेश अटल ने मेरियट द्वारा सुझायी दोनों विधियों का प्रयोग कर जातियों को सोपानीकृत करने में आंशिक सफलता प्राप्त की। किंतु यह स्तरीकरण धार्मिक क्षेत्र तक ही सीमित था। इस तरह के सोपानीकरण एकरेखीय नहीं हैं और वे वर्ण व्यवस्था के क्रम से मेल नहीं खाते। यहाँ यह बता देना भी आवश्यक है कि गाँव के संदर्भ में जातियों के स्तरीकरण की अपनी सीमाएँ हैं, क्योंकि किसी भी गाँव में, ख़ास कर छोटे गाँव में, प्रत्येक जाति के परिवारों की सीमित संख्या होती है और मुख्यतया ये परिवार एक ही वंश के होते हैं। इसी कारण गाँव के भीतर ही विवाह भी नहीं किये जा सकते। वस्तुत: एकक के रूप में जाति एक क्षैतिज समूह है जो संलग्न गाँवों तक फैला होता है। अंतर्जातीय संबंध इसी कारण गाँव और क्षेत्र तक फैले होते हैं। इसी कारण जाति का अध्ययन एक क्षेत्र के स्तर पर अधिक उपयोगी है ताकि जाति-एककों के बीच की पारस्परिक अंत: क्रियाओं को भी समझा जा सके।

वैसे सामान्य से बड़े गाँवों और क़स्बों में जाति-व्यवस्था का अध्ययन किया जा सकता है, क्योंकि उनमें बहिर्विवाही समूहों की लगभग हर जाति में बहुतायत होती है और जातियों के बीच पारस्परिक संबंध धार्मिक संस्कारों के

क्षेत्र में तथा आर्थिक संबंधों के क्षेत्र में आसानी से देखे जा सकते हैं। 1950-60 के दशक में गाँवों के अधिकांश अध्ययन एक हज़ार या उससे कम की जनसंख्या वाले गाँवों में हुए हैं इसलिए क्षेत्रीय स्तर पर जातिगत पंचायतों और अंतर्जातीय संबंधों पर अधिक जानकारी नहीं मिलती है। इसीलिए दुबे, चौहान और मजूमदार जैसे ग्राम-अध्येताओं ने यह स्वीकार किया है कि ग्राम के लघुसमुदायों में जातियों का न होकर जाति के कतिपय प्रतिनिधियों का जातिगत सोपानीकरण भी देखा जा सकता है। प्रत्येक ब्लॉक, या दायरे में कुछ जातियाँ ऊपर होती हैं तो कुछ नीचे, और कुछ समान स्तर की ही होती हैं। इसीलिए ब्राह्मण वर्ग की जातियों का क्रमांकन और नीची जातियों का क्रमांकन भी एक-सा नहीं होता। उदाहरण के लिए कई जातियाँ चमड़े के व्यवसाय से जुड़ी हैं पर सभी एक ही स्तर की नहीं है। उनमें भी ऊँच-नीच का विभेदीकरण पाया जाता है।

अस्पृश्यता भी इसी कारण एक सापेक्षिक संज्ञा है। किसी को रसोईघर में आने देना, कच्चा या पक्का भोजन किनसे लेना है या नहीं लेना है, कच्चे और पक्के भोजन की परिभाषा, जल-ग्रहण, और शारीरिक स्पर्श आदि में अस्पृश्यता के नियम चलते है। सही मायने में अपस्पृश्यता शारीरिक स्पर्श से जुड़ी है और उसका सीधा संबंध व्यवसाय से है। गाँधी जिस अस्पृश्यता निवारण की चर्चा करते थे वह अस्पृश्यता उन लोगों से जुड़ी थी जो शहर का मल-मूत्र उठाते थे। निश्चय ही इसमें स्वास्थय और सफ़ाई के विचार हावी थे। अन्य जातियों से शारीरिक स्पर्श उतना बुरा नहीं था। वहाँ अस्पृश्यता घर के भीतर प्रवेश की सीमा या भोजन के छूने तक सीमित थी। उसमें भी पक्का भोजन कम दूषित माना जाता था और उच्च जातियाँ निम्न जातियों से उसे स्वीकार करती थी। हलवायी का पेशा, जो पक्की रसोई का ही था, करने वाली जातियाँ मध्यम श्रेणी की ही हुआ करती थीं। इन सब में क्षेत्रीय भिन्नताएँ पायी जाती हैं। चरम सीमा पर ऐसे क्षेत्र भी थे जहाँ अस्पृश्यों को मार्ग में निकलने की छूट तभी दी जाती थी जब कि उनके शरीर की छाया अधिक दूर तक न पड़े। इसीलिए दोपहर का समय चुना जाता था। दक्षिण भारत में मंदिरों में प्रवेश की जातिगत सीमाएँ होती थीं जिसमें मूर्ति के सबसे निकट ब्राह्मण जाति के लोग ही जाते थे और उनकी पहचान मस्तक पर लगे तिलक और यज्ञोपवीत से होती थी।

ग्राम-शोध से पता चलता है कि समस्त नीची जातियों को 'अस्पृश्य' या 'दलित' कहना सही नहीं है, क्योंकि अस्पृश्यता और दलन (अथवा शोषण) के कई प्रकार हैं। यहाँ यह कहना भी उचित होगा कि अंग्रेज़ों ने अपनी 1921-1931 की जनगणनाओं में पहली बार 'दलित' या ऑप्रेस्ड शब्द का प्रयोग निम्न समझी जाने वाली जातियों के लिए किया था। कुछ राजनीतिक विश्लेषकों का मानना है कि यह प्रयोग उनकी 'चाल' का एक हिस्सा था। अपना वर्चस्व बनाये रखने के लिए उन्होंने निम्न जातियों को एक जुट होने के लिए प्रोत्साहित किया। जनगणना का सहारा लेकर जैनों और सिक्खों को अलग धर्म की दर्जा दिया गया पर ईसाइयों को प्रोटेस्टेंट/कैथॅलिक आदि में वर्गीकृत नहीं किया। ऐसा करना उनकी बाँटो और राज करो की कुख्यात रणनीति का एक अंग था जिसमें वे काफ़ी हद तक सफल हुए। देश छोड़ते समय न केवल उन्होंने भारत को खण्डित किया बल्कि भारतवासियों को जाति और वर्ण के सीख़चों में फिर से धकेल दिया। स्वतंत्र भारत उनकी ही नीति को आगे बढ़ाता रहा। फलस्वरूप आज भी जाति की जड़ें गहरी पैठी हुई हैं।

देखें : इरावती कर्वे, जातियों का राजनीतिकरण, गोविंद सदाशिव घुर्ये, प्रभुत्वशाली जाति, भारतीय समाजशास्त्र-1 और 2, मैसूर नरसिम्हचार श्रीनिवास, देवकी जैन, धीरूभाई शेठ, धूजटी प्रसाद मुखर्जी, नीरा देसाई, योगेश अटल, राधा कमल मुखर्जी, वेरियर एलविन, संस्कृतीकरण, श्यामा चरण दुबे-1 और 2.

संदर्भ

1. मेक्किम मेरियट (1960), 'इंटरएक्शनल ऐंड एट्रीब्युशनल थियरीज़ ऑफ़ कास्ट रैंकिंग', *मेन इन इण्डिया*, खण्ड 39, अंक 2.
2. जे.एच. हटन (1960), *कास्ट इन इण्डिया*, ऑक्सफ़र्ड युनिवर्सिटी प्रेस, नयी दिल्ली.
3. एम.एन. श्रीनिवास (2002), *सोशल चेंज इन मॉडर्न इण्डिया*, ओरियेंट लोंगमेन, नयी दिल्ली.
4. एम.एन. श्रीनिवास (1956), 'अ नोट ऑन संस्कृताइज़ेशन ऐंड वेस्टर्नाइज़ेशन', *फ़ॉर ईस्टर्न क्वार्टरली*, खण्ड 15, संख्या 4.
5. श्यामा चरण दुबे (2000), भारतीय समाज, नैशनल बुक ट्रस्ट, नयी दिल्ली.

— योगेश अटल

जाति और जाति-व्यवस्था-4

(प्रभुत्वशाली जाति और वोट बैंक)

(Caste and Caste System-4)

समाजशास्त्रियों और सामाजिक मानवशास्त्रियों द्वारा किये गये ग्राम-शोध से यह पता चला कि गाँव के संदर्भ में धार्मिक सोपानीकरण और सम्प्रभुता के स्तरण में भेद किया जाना चाहिए। जो जातियाँ धार्मिक दृष्टि से ऊँची मानी जाती हैं वे सामाजिक और राजनीतिक दृष्टि से भी ऊँची या श्रेष्ठ हों यह आवश्यक नहीं है। बरसों से हम देखते आये हैं कि किसी भी राज्य की सत्ता क्षत्रियों या राजपूतों के पास रही है जो वर्ण की दृष्टि से ब्राह्मण से एक स्तर नीचा वर्ण माना गया है। बाहर से आये आक्रांता समूह भी किसी क्षेत्र विशेष पर विजय

प्राप्त करने पर शासक बन बैठे और स्वयं को राजपूत कहने लगे। गूजरों में बड़ गूजर और प्रतिहार इसका एक उदाहरण हैं। राजस्थान के मीणा लोग, जो एक आदिजाति समुदाय थे, इसी प्रक्रिया से जागीरदार और चौकीदार मीणा में विभाजित हो गये। यह तो स्वतंत्रता के बाद की राजनीति थी जिसके प्रभाव में मीणा लोग इस विभेद को समाप्त कर आदिवासी की श्रेणी में सम्मिलित कर लिए गये। अब गूजर भी उनकी देखा-देखी फिर से पीछे मुड़ कर अपना खोया अतीत जाग्रत करने की चेष्टा कर रहे हैं। यह क्रम रुका नहीं है।

इस महत्त्वपूर्ण विभेद को समझने के लिए एम.एन. श्रीनिवास ने 1959 में प्रभुत्वशाली जाति की अवधारणा प्रस्तावित की। उनका मानना था कि 'संख्या की ताक़त, आर्थिक और राजनीतिक शक्ति, धार्मिक क्षेत्र में स्थिति और पाश्चात्य शिक्षा एवं व्यवसाय किसी जाति-समूह की सम्प्रभुता के सबसे महत्त्वपूर्ण तत्त्व हैं। इसके अतिरिक्त श्रीनिवास ने कुछ अन्य संगत कारक भी गिनाये हैं, जैसे लड़ाई-झगड़े के लिए बाहुबलियों को अपनी ओर रखना, ज़ोर-ज़बरदस्ती के ज़रिये दहशत क़ायम करना, गाली बकना, मारपीट करना , कम पैसों पर काम करवाना और छोटी और कमज़ोर जातियों की स्त्रियों के साथ कामाचार करना। श्रीनिवास का कहना था कि ऐसी जातियाँ वोट बैंक का काम करती हैं। वोट बैंक की अवधारणा भी उन्हीं द्वारा स्थापित की गयी थी।

श्रीनिवास द्वारा सुझायी गयी दबंग जाति की अवधारणा वास्तव में लक्षणों की एक सूची मात्र है और यदि ये सारे के सारे गुण किसी भी जाति में पाये जाएँ तो निश्चित ही वह जाति इस विशेषण की हक़दार होगी। लेकिन ज़मीनी हक़ीक़त यह नहीं है। जिन्होंने श्रीनिवास की इस अवधारणा को गाँव की वास्तविक परिस्थिति में प्रयोग करना चाहा उन्होंने पाया कि संख्या की दृष्टि से प्रबल जाति सदैव ही धार्मिक धरातल पर ऊँची नहीं होती। दूसरी बात यह कि किसी भी जाति की संख्या सब गाँवों में एक-सी नहीं होती। कहीं कम परिवार होते हैं तो कहीं ज़्यादा। किसी भी गाँव में हम जिसे जाति कहते हैं वह वस्तुत: एक विस्तृत परिवार या एक वंश के परिवारों का समूह ही होता है। इसलिए दैनंदिन जीवन में किसी गाँव में जो घटता है वह उस पूरे क्षेत्र (जिसमें कि वह गाँव भी स्थित है) की राजनीति से बड़ा भिन्न होता है। लोकतांत्रिक व्यवस्था में संख्या का महत्त्व होता है न कि धार्मिक स्थिति या आर्थिक बल का। यह सही है कि ज़्यादा पैसे वाले या धार्मिक दृष्टि से ऊँचे लोग नेतृत्व सम्भाल लेते हैं और चुनाव जीतने के लिए दलों के टिकट पाने के लिए सौदेबाज़ी भी करते हैं, पर कोई जाति वोट बैंक है या नहीं, यह उसकी संख्या पर निर्भर करता है। ग्राम-शोध से यह भी पता चला है कि जो समूह संख्या में जितना अधिक बड़ा होगा वह गुटों में बँटा होगा और उसके राजनीतिक लगाव भी अलग-अलग होंगे। संख्या का आधिक्य समूह की सम्बद्धता को हानि पहुँचाता है।

श्रीनिवास की इस अवधारणा पर दुबे, अटल और उम्मन ने विस्तार से लिखा है। इन विद्वानों का विचार है कि इसके दायरे में गाँवों की वस्तुस्थिति नहीं समा सकती और यह तर्कसंगत भी नहीं है। टी.के. उम्मन का कहना है कि श्रीनिवास द्वारा सुलझायी ये चारों ही मान्यताएँ विवादास्पद हैं कि दबंग जाति एक सुगठित और एकमत समूह होती है, सत्ता किसी एक जाति में केंद्रित होती है, शक्ति केवल प्रदत्त लक्षण अर्थात् जन्मजात है और गाँव की शक्ति संरचना कभी बदलती नहीं है।

दुबे और अटल की आलोचना से सहमति जताते हुए उम्मन ने लिखा कि दबंग होने के लिए अपेक्षित साधनों के होते हुए भी जातियाँ परस्पर विरोधी गुटों में बंटी होती हैं और इस प्रकार उनके प्रभुत्व पर विपरीत प्रभाव पड़ता है। जाति-व्यवस्था का विभिन्न इकाइयों में बँटना प्रत्येक जाति को कुछ सीमा तक स्वायत्तता प्रदान करता है। इससे सत्ता का छितराव होता है। यही कारण है कि ऐसे लोग जो किसी दबंग जाति के सदस्य नहीं हैं पर जिनके व्यक्तित्व में नेतृत्व करने की क्षमता है वे सत्ता हथिया लेते हैं । उम्मन मानते हैं कि सत्ता की सम्प्रभुता वाला पक्ष मानव प्रकृति के बारे में ग़लत धारणाओं को प्रश्रय देता है और सत्ता के उपादेय पक्षों को उपेक्षा करता है। यह महत्त्वपूर्ण है कि भारत का गाँव अलग-थलग नहीं है। वह अन्य गाँवों से जुड़ा है। इसलिए किसी भी जाति के दबदबे को क्षेत्रीय या उपक्षेत्रीय परिप्रेक्ष्य में देखना चाहिए। जाति के विषय में लिखे पुराने विवरण, और तथाकथित दबंग जातियों द्वारा ढाये जाने वाले अत्याचार सारे क्षेत्र की कहानी होते हैं। एक गाँव में संख्या की दृष्टि से बहुतायत वाली जाति आवश्यक नहीं कि क्षेत्र विशेष में उतनी घनी आबादी वाली हो। इसी प्रकार क्षेत्र विशेष में घनी जनसंख्या वाली जाति किसी गाँव में अल्पसंख्यक भी हो सकती है। दक्षिण में द्रविड़ मुन्नेत्र कषगम का आंदोलन पूरे क्षेत्र के ब्राह्मणों के विरुद्ध था। इस प्रकार यह एक जाति पर आक्रमण न हो कर पूरे वर्ण के लोगों पर था।

जब राजनीतिक दल वोट बैंक या जति के राजनीतिक दबदबे की बात करते हैं तो वे कई गाँवों, क़स्बों या शहर के मोहल्लों तक फैले निर्वाचन क्षेत्र को ध्यान में रख कर यह चर्चा करते हैं न कि किसी एक गाँव या मोहल्ले को। जब वे जाति की संख्या का हवाला देते हैं तो वे जाति का नहीं, बल्कि एक-दूसरे से जुड़े जाति-समूहों के पूरे वोट, जैसे अनुसूचित जाति का वोट, राजपूत वोट, ब्राह्मण वोट या फिर मुसलिम वोट की बात करते हैं। समाजशास्त्रीय दृष्टि से देखे तो इनमें से किसी को अलग से जाति नहीं कहा जा सकता। कई समूहों की कोई समान लड़ी होने से वे जाति नहीं बन

जाते। श्रीनिवास ने भी उसी सादे अंदाज़ में जाति शब्द का प्रयोग किया है जिसे अनभिज्ञ लोग अपनी बोलचाल में जाति कहते हैं। जिस समय श्रीनिवास ने इस संज्ञा का उपयोग किया था, वे जाति संदर्भों से जुड़ी हिंसा, ज़मीदारों द्वारा ग़रीब और नीचे दूों के लोगों के शोषण और पीड़ा से प्रभावित थे। इसलिए वर्गीकरण की इन बारीक़ियों को शायद उन्होंने नज़र अंदाज़ किया होगा। एक प्रतिष्ठित समाजशास्त्री की द्य]लम से निकली ये अवधारणाएँ (दबंग/प्रभुत्वशाली जाति और वोट बैंक) लोगों ने आसानी से स्वीकार कर लीं और राजनीतिक विश्लेषण में एवं पत्रकारों द्वारा इनका निर्विवाद उपयोग किया जाता रहा। आज भी भारतीय राजनीति को जातियों की राजनीति और वोट बैंक की राजनीति मानने की ग़लती दुहरायी जा रही है।

राजनीतिक रणनीतिकारों और राजनीति का विश्लेषण करने वाले पत्रकारों ने ही नहीं वरन् कई समाजशास्त्रियों ने भी भारत की जटिल राजनीतिक संस्कृति को इन सरल और भ्रामक अवधारणाओं से समझने की और विश्लेषित करने की कोशिश की है। वस्तुपरक दृष्टि से देखें तो हमें अभीष्ट के लिए अपनायी गयी रणनीति और उसके प्रतिफल में अंतर करना होगा। ग़लत आधार पर जाति द्वारा चुनाव परिणामों का विश्लेषण करना और जाति को वोट बैंक की संज्ञा देना रणनीति का अंग हो सकता है पर चुनाव परिणामों की उचित व्याख्या नहीं। राजनीतिक क्षेत्र में परिधीय लक्षणों के आधार पर जाति की पहचान होने लगी है और उसके समुचित-प्रासंगिक लक्षण और मूल लक्षणों की बलि दी जा रही है। इन प्रयासों से जाति से ऊपर की संरचना के स्तर पर जाति की एकता स्थापित करने की चेष्टा हो रही है। जाति-कुलक की एकता जाति विशेष की एकता और उसकी विशिष्टता से भिन्न है। जाट वोट, यादव वोट या ब्राह्मण वोट की बात करते समय रणनीतिकार यह भूल जाते हैं कि ये जातियाँ नहीं, जातियों के वर्ण-सम कुलक हैं।

अपना मक़सद पूरा करने के लिए किसी समूह में एकता आरोपित करना, या कई समूहों को एक साथ जोड़ना राजनेताओं का काम है क्योंकि उन्हें चुनावों में संख्या की राजनीति खेलनी होती है। लेकिन ज़रूरी नहीं कि ऐसा बड़ा आरोपित समूह किसी राजनीतिक दल की इच्छा पूरी करे ही। समूह के समाजशास्त्र को यदि हम इस परिस्थिति में प्रयुक्त करें तो लगेगा कि वोट बैंक की राजनीति भ्रामक है। समूह के अध्येताओं ने यह पाया है कि जो समूह जितना ही बड़ा होगा वह उतना ही कम एकीकृत होगा। उसमें गुटबाज़ी होगी, छोटे-छोटे उप-समूह होंगे। कुछ बातों में वे सबके साथ होंगे तो कुछ अन्य बातों में उनमें मत-विभिन्नता होगी।

एक बात और है जब सभी राजनीतिक दल वोट बैंक की राजनीति करते हैं तो सभी के सभी संख्या की दृष्टि से बलवान समूह या जाति-कुलक की ओर आशा भरी दृष्टि से देखते हुए उसे अपनी ओर मिलाने का भरसक प्रयास करते हैं। स्पष्ट है कि इस प्रकार के प्रयासों से कोई भी बड़ा समूह टूट कर विभिन्न मात्राओं में विभिन्न दलों के साथ जुड़ जाएगा और इस प्रकार उसकी वोट संख्या कई दलों में विभक्त हो जाएगी। इस प्रकार वोट-संख्या की राजनीति वोट-तोड़ की राजनीति बन जाएगी। विभिन्न राजनीतिक दल किसी एक निर्वाचन क्षेत्र में संख्या-बहुल जाति-समूह से ही अपना उम्मीदवार चुनते हैं। स्पष्ट है कि एक ही जाति-समूह से आये कई उम्मीदवार अपनी-अपनी हैसियत के अनुसार उस समूह के मतों को अपनी-अपनी ओर खींचते हैं। ऐसी स्थिति में जीतने वाला भले ही बहुसंख्यक जाति का हो, उसकी जाति अन्य जातियों से उसे मिलने वाले वोटों पर निर्भर करेगी जो अपनी जाति से होने वाले घाटे की पूर्ति करेंगे। ऐसी स्थिति में किसी एक जाति विशेष के व्यक्ति की जीत का पूरा श्रेय जाति की बहुसंख्या को देना भ्रामक होगा।

इस सब में यह तो निश्चित है कि हम जाति की शब्दावली का उपयोग जात्येतर एकता को पुष्ट करने हेतु कर रहे हैं। इस दृष्टि के अनुसार जातियाँ अपने स्तर की जातियों से या नाम-साम्य वाली अन्य प्रादेशिक जातियों से मिल कर एक नयी पहचान बना रही हैं। उस दृष्टि से वे अपनी क्षेत्रीय एकता से टूट भी रही है और अंतर्वैवाहिकता के दायरे को भी बढ़ा रही हैं।

जाति के नाम पर बनने वाले प्रादेशिक या अखिल भारतीय संगठन वस्तुत: वर्ण के स्तर पर हैं और मुख्यत: राजनीति के आंगन में उनकी महत्ता है। गाँवों में जातियाँ अपनी सीमाओं में अब-भी धार्मिक कृत्य और विवाह की दृष्टि से एकरूपता बनाये हुए हैं। राष्ट्रीय स्तर पर समान सामाजिक स्तर की जातियों का किसी संगठन में आबद्ध होना प्रांतीय और क्षेत्रीय स्तर पर जाति के कमज़ोर पड़ने का परिचायक भी है और परिवर्तन का सूचक भी। हमें यह भी स्वीकार करना होगा कि जाति के भीतर स्तरण न केवल धार्मिक दायरे में होता है वरन् धन और शक्ति के आधार पर भी। इस दृष्टि से जाति भी वर्गीकृत हो रही है और एक ही वर्ग के लोग अंतर्जातीय स्तर पर नयी अंत:क्रियाओं में जुड़ने लगे हैं।

आज की जाति की समझ के लिए शास्त्रीय मीमां पाये उपयोगी नहीं हैं। मनु ने जो भी नियम सुझाये हों, उनके पठन-पाठन से आज की जाति-व्यवस्था को नहीं समझा जा सकता। जो दल कभी तिलक, तीर, तलवार को नष्ट कर बहुजन समाज की चर्चा करता था वही आज तिलक से जुड़े ब्राह्मण वर्ण की जातियों को अपनी राजनीति में भागीदार बना रहा है। राजनीति की भाषा और आलोचना की पद्धति अतशियोक्ति की है। समाजशास्त्रीय विवेचन वस्तुस्थिति के निरपेक्ष अध्ययन की माँग करता है।

देखें : इरावती कर्वे, जातियों का राजनीतीकरण, गोविंद सदाशिव घुर्ये, प्रभुत्वशाली जाति, भारतीय समाजशास्त्र–1 और 2, मैसूर नरसिम्हचार श्रीनिवास, देवकी जैन, धीरूभाई शेठ, धूजटी प्रसाद मुखर्जी, नीरा देसाई, योगेश अटल, राधा कमल मुखर्जी, वेरियर एलविन, संस्कृतीकरण, श्यामा चरण दुबे–1 और 2.

संदर्भ

1. एम.एन. श्रीनिवास (1959), 'द डोमिनेंट कास्ट इन रामपुरा', *अमेरिकन एंथ्रोपोलॉजिस्ट*, खण्ड 61, अंक 1.
2. श्यामा चरण दुबे (1968), 'कास्ट डोमिनेशन ऐंड फ़ेक्शनलिज़म', *कांट्रीब्युशन टू इण्डियन सोसियोलॅजी*, एन.सी., खण्ड 2, अंक 2.
3. टी.के. उम्मन (1970), 'द कांसेप्ट ऑफ़ डोमिनेंट कास्ट : सम क्वैरीज़', *कांट्रीब्युशंस टू इण्डियन सोसियोलॅजी*, एन.सी., खण्ड 4.

— योगेश अटल

जातिसंहार

(Genocide)

यूनानी भाषा के शब्द जीनो (नस्ल या क़बीला) और लैटिन भाषा के शब्द साइड (हत्या करना) से मिल कर बने इस शब्द का मतलब है किसी जातीय, प्रजातीय, धार्मिक या राष्ट्रीय समुदाय के सभी या अधिकतर सदस्यों का योजनाबद्ध संहार करना। पोलिश–यहूदी विद्वान राफ़ाएल लेमकिन ने इस पद की रचना की थी। प्रथम विश्व युद्ध के दौरान तुर्की की ओटोमन हुकूमत द्वारा अपनी ईसाई आबादी के संहार को देख कर लेमकिन ने इस दिशा में सोचना शुरू किया था। 1944 में कारनेगी इण्डाउमेंट फ़ॉर इंटरनेशनल पीस ने लेमकिन की रचन 'एक्सिस रूल इन ऑक्यूपाइड युरोप' का अमेरिका में प्रकाशन किया जिसमें नाज़ियों द्वारा की गयी जातिसंहारी कार्रवाइयों को अंतर्राष्ट्रीय क़ानून के ख़िलाफ़ अपराध की तरह परिभाषित किया गया था। लेमकिन की यही परिभाषा बाद में न्यूरेमबर्ग ट्रायल्स के दौरान 24 नाज़ी नेताओं को अपराधी ठहराने का आधार बनी। मानवीय इतिहास जातिसंहार की घटनाओं से भरा पड़ा है। लेकिन बीसवीं सदी ने इस परिघटना को नया आयाम दिया है। प्रथम विश्व–युद्ध से पहले तुर्की ने कई बार में आर्मीनियायी मूल के लोगों की हत्या की थी जिसके कारण आज भी इन लोगों का अधिकतर हिस्सा अमेरिका और अन्य युरोपीय देशों में रह रहा है। दरअसल, इस सदी में हुए जातिसंहार पैमाने के लिहाज़ से तो अभूतपूर्व हैं ही, हत्याओं के लिए अपनाये गये नियोजित और वैज्ञानिक तौर–तरीक़ों की भी गुज़रे हुए ज़माने में मिसाल नहीं मिलती।

समाज–विज्ञान के अन्य पदों की तरह जीनोसाइड का इस्तेमाल भी कई बार अपनी दलील में प्रभाव पैदा करने या किसी भी तरह की संहारात्मक प्रवृत्ति की तरफ़ इशारा करने के लिए किया जाता है। जैसे, कल्चरल जीनोसाइड जैसी अभिव्यक्तियाँ भी गढ़ ली गयी हैं। लेकिन, हर तरह के हत्याकाण्डों को जातिसंहार की संज्ञा नहीं दी जा सकती। जीनोसाइड की श्रेणी में आने के लिए हत्याओं का बहुत बड़े पैमाने पर होने के साथ–साथ उसके पीछे एक ख़ास तरह का इरादा होना ज़रूरी है। जीनोसाइड तब होता है जब कोई सरकार या अन्य संगठित ताक़त या तो किसी समुदाय का सफ़ाया करने पर तुल जाती है या फिर उसके विनाश की परिस्थितियाँ पैदा कर दी जाती हैं। कौन सा हत्याकाण्ड जीनोसाइड है और कौन सा नहीं, यह एक विवादास्पद मसला है। मसलन, नाज़ियों द्वारा यहूदियों के सफ़ाये (होलोकास्ट) को जातिसंहार मानने पर शायद ही किसी को शक हो। पर, विचित्र बात यह है कि कम्बोडिया में पोल पोट द्वारा सत्रह लाख लोगों की हत्या को संयुक्त राष्ट्र तकनीकी रूप से जीनोसाइड नहीं मानता। दरअसल, यूनाइटेड नेशंस कन्वेंशन ऑफ़ द पनिशमेंट ऐंड प्रिवेंशन ऑफ़ द क्राइम ऑफ़ जीनोसाइड के अनुच्छेद 2 में दर्ज पाँच तरह की जातिसंहारी कार्रवाइयों के दायरे में वर्गीय और राजनीतिक हिंसा को जगह नहीं दी गयी है। 1948 में पारित इस कन्वेंशन में राजनीतिक समूहों द्वारा की जाने वाली हिंसा को शामिल करने का विरोध सोवियत नेता जोसेफ़ स्तालिन ने किया था। इस लिहाज़ से ख़मेर रुज द्वारा ही नहीं, सोवियत संघ में स्तालिन युग में की गयी लाखों लोगों की 'पर्जिंग' या चीन में सांस्कृतिक क्रांति और लम्बी छलाँग के दौरान मारे गये लोग भी जातिसंहार की श्रेणी में नहीं आते।

कन्वेंशन पारित होने के बाद 1951 में संयुक्त राष्ट्र के अस्सी सदस्य देशों ने इसके प्रावधानों को अपनी विधि प्रणाली में शामिल कर लिया। इसके मुताबिक़ जीनोसाइड की कार्रवायी के ख़िलाफ़ इन देशों के म्युनिसिपल लॉ के तहत भी क़ानूनी कार्रवायी की जा सकती है।

संयुक्त राष्ट्र कन्वेंशन द्वारा परिभाषित की गयी जीनोसाइड की पाँच श्रेणियाँ इस प्रकार हैं : किसी समुदाय के सदस्यों की हत्या करना, किसी समुदाय के सदस्यों को गम्भीर क़िस्म की दैहिक या मानसिक हानि पहुँचाना, किसी समुदाय को जानबूझ कर कुछ ऐसी जीवन–स्थितियों के मातहत कर देना जिनके कारण उसका पूरा या आंशिक नाश हो जाए, किसी समुदाय में नयी पीढ़ी के जन्म को रोक देना, और किसी समुदाय के बच्चों को जबरिया दूसरे समुदाय में भेज देना। इस लिहाज़ से सामूहिक बलात्कार, जबरिया नसबंदी, मानसिक और शारीरिक यातना और एक जगह से दूसरी जगह जबरिया स्थानांतरण जैसी कार्रवाइयों को जातिसंहारीय नीतियों की संज्ञा दी जा सकती है।

जर्मन यातना शिविर में क़ैद यहूदी. न्यूरेम्बर्ग मुक़द्दमे के दौरान 24 नाज़ी नेताओं को यहूदियों के जाति-संहार का दोषी पाया गया. जाति-संहार के इस भीषण प्रकरण को होलोकास्ट के नाम से भी जाना जाता है.

मानवता के ख़िलाफ़ जघन्यतम अपराध समझे जाने वाले जातिसंहार की तरफ़ द्वितीय विश्व युद्ध के बाद हुए न्यूरेमबर्ग मुक़दमों के दौरान विश्व-जनमत का ध्यान गया। आज जीनोसाइड की घटनाओं के प्रति विश्व-जनमत में अपेक्षाकृत अधिक चेतना देखी जाती है। अक्सर देखा गया है कि जातीय राष्ट्रवादी दुराग्रह, धार्मिक असहिष्णुता, विचारधारात्मक टकराव, राजसत्ता के लिए चलने वाले दीर्घकालीन संघर्ष जातिसंहार के कारण बनते हैं। कई मामलों में 'अन्य' की भीति पूरे के पूरे समुदायों के शारीरिक सफ़ाये का कारण बनी है। आर्थिक तकलीफ़ों, गृह युद्धों और राजनीतिक अस्थिरता के दौर में इस तरह की भीति राजनीतिक ताक़तों को जीनोसाइड की तरफ़ धकेल देती है। बीसवीं सदी के आख़िरी वर्षों में जीनोसाइड की परिस्थितियाँ बनाने वाली कार्रवाइयों को एक नया नाम भी मिला है 'एथ्निक क्लीनज़िंग'। युगोस्वाविया के बिखरने के बाद कोसोवो में 1991 के बाद मीडिया में 'जातीय रूप से शुद्ध भू-क्षेत्रों' का ज़िक्र होने लगा था, क्योंकि कोसोवो के अल्बानियनों ने अपने इलाक़े को सर्बियन अल्पसंख्यकों से साफ़ कर दिया था। 1992 से 1995 के बीच बोस्नियाई मुसलमानों के ख़िलाफ़ की गयी सफ़ायी की कार्रवायी में साफ़ तौर से जातिसंहारीय रुझान थे।

जीनोसाइड के ख़िलाफ़ राजनीतिक स्तर पर चेतना के अंतर्राष्ट्रीय प्रसार के बावजूद व्यावहारिक स्थिति यह है कि संयुक्त राष्ट्र कन्वेंशन पारित होने के बाद से आज तक होते हुए या हो सकने वाले जातिसंहार रोकने या उसके अपराधियों को सज़ा देने के मामले में अंतर्राष्ट्रीय समुदाय का रिकॉर्ड बहुत ख़राब है। उदाहरण के लिए 1994 में रवांडा के जातिसंहार पर संयुक्त राष्ट्र तीन महीने तक चर्चा करता रहा और उसी के बाद वह तय कर पाया कि वहाँ जीनोसाइड चल रहा है। इस बीच क़रीब आठ लाख टुट्सियों को योजनाबद्ध ढंग से क़त्ल कर दिया गया। अमेरिका के तत्कालीन राष्ट्रपति बिल क्लिंटन ने भी इस नाकामी को स्वीकार किया है। रवांडा के जातिसंहार और 1992 से 1995 के बीच हुए बोस्नियन मुसलमानों के जातिसंहार के अपराधियों में से कइयों को गिरफ़्तार किया गया है, पर उनमें से कुछ के ऊपर ही मुक़दमा चल पाया है, और बहुत कम लोगों को सज़ा मिल सकी है। विरोधाभास यह है कि अंतर्राष्ट्रीय क़ानून का एक पहलू ऐसे अपराधियों को सज़ा देने के लिए प्रतिबद्ध है, पर दूसरा पहलू उन्हीं अपराधियों को बच निकलने के रास्ते प्रदान कर देता है। राष्ट्रीय सम्प्रभुता की सर्वमान्य धारणा भी पोल पोट, सद्दाम हुसैन, रादोवान कैरादज़िक जैसे आरोपियों को कठघरे में आसानी से नहीं खड़ा होने देती। दस लाख से भी ज़्यादा अमेरिकी आर्मीनियायी आज भी तुर्की द्वारा किये गए कत्ले-आम को जीनोसाइड घोषित करवाने का संघर्ष चला रहे हैं, पर तुर्की नाटो का सदस्य है इसलिए ऐसा नहीं हो पा रहा है।

जीनोसाइड के कई अध्येताओं के अनुसार संयुक्त राष्ट्र के कन्वेंशन की भाषा स्वयं में बताती है कि वह दस्तावेज़ किस तरह से एक राजनीतिक और राजनयिक समझौते का परिणाम है। बड़े पैमाने पर संहार करने वाले राजनीतिक और सामाजिक संगठनों को जीनोसाइड की परिभाषा से बाहर रखने की भी काफ़ी आलोचना हुई है। सुझाव दिया गया है कि जातिसंहार के अपराधियों पर चलने वाले मुक़दमें अस्थायी क़िस्म के ट्रिब्युनलों में चलाने के बजाय इस काम के लिए एक स्थायी संस्था बनायी जानी चाहिए।

देखें : आदर्शवाद, आतंकवाद, अंतर्राष्ट्रीय मुद्रा कोष, इमैनुएल कांट, इतिहास का अंत, एडवर्ड हैलेट कार, तृतीय विश्व, द्वितीय विश्व-युद्ध, नस्लवाद, नव-उपनिवेशवाद, निर्भरता सिद्धांत, निरस्त्रीकरण, पेटेंट, प्रथम विश्व-युद्ध, प्रगति, बौद्धिक सम्पदा अधिकार, ब्रेटन वुड्स प्रणाली, भारत में पेटेंट क़ानून, रंगभेद, उपनिवेशवाद, यथार्थवाद, युद्ध, युरोपीय संघ, रचनात्मकतावाद, राजनय, विश्व व्यापार संगठन, विश्व बैंक, विश्व-सरकार, वि-उपनिवेशीकरण, सभ्यताओं का संघर्ष, सम्प्रभुता, संयुक्त राष्ट्र, साम्राज्यवाद, शक्ति-संतुलन, शांति, शांतिवाद, शस्त्र-नियंत्रण, हथियारों की होड़।

संदर्भ

1. जॉर्ज जे. आंद्रेपोउलस (सम्पा.) (1994), *जीनोसाइड :*

कंसेप्चुअल ऐंड हिस्टोरिकल डायमेंशंस, युनिवर्सिटी ऑफ़ पेंसिलवानिया प्रेस, कनेक्टीकट.

2. फ्रेंक चाक, कर्ट जोनासन (1990), *द हिस्ट्री ऐंड सोसियोलॅजी ऑफ़ जीनोसाइड : एनालैसिस ऐंड केस स्टडीज़,* येल युनिवर्सिटी प्रेस, 1990
3. इरविंग होरोविट्स (2001), *टेकिंग लाइव्ज़ : जीनोसाइड ऐंड स्टेट पॉवर,* ट्रांज़ेक्शन पब्लिशर्स, 2001
4. एरिक डी. वीट्ज़ (2003), *अ सेंचुरी ऑफ़ जीनोसाइड : यूटोपियाज़ ऑफ़ रेस ऐंड नेशन,* प्रिंसटन युनिवर्सिटी प्रेस, प्रिंसटन, एनजे.

— अभय कुमार दुबे

जातियों का राजनीतीकरण

(Politicisation of Castes)

जातियों की आधुनिक राजनीति में भूमिका हमेशा से विवादास्पद रही है। प्रचलित समझ यह है कि जब तक जातियाँ सार्वजनिक जीवन में पूरी तरह से प्रभावहीन नहीं होतीं, न तो भारतीय समाज का आधुनिकीकरण हो पायेगा और न ही सेकुलर राजनीति का विकास होगा। राजनीति के जातिवादीकरण की न जाने कितनी आलोचना हो चुकी है। लेकिन, रजनी कोठारी ने साठ के दशक में किये गये अपने एक संश्लिष्ट अध्ययन के ज़रिये राजनीति और जातियों की अन्योन्यक्रिया को समझने की वैकल्पिक दृष्टि का सूत्रीकरण किया है। वे कहते हैं कि 'राजनीति में जातिवाद' की परिघटना असल में 'जातियों का राजनीतीकरण' है। कोठारी का दावा है कि भारतीय जाति-प्रथा आधुनिक संसदीय राजनीति में भागीदारी करके समाज परिवर्तन की प्रक्रिया को अंजाम दे रही है। जाति और राजनीति के मेल के कारण बिना किसी भारी उथल-पुथल के समाज का सेकुलरीकरण जारी है। इसी वजह से लोकतंत्र में आम जनता सक्रिय हुई है और इस राज्य-व्यवस्था को उसकी विशिष्ट शक्ल मिल सकी है।

आधुनिकीकरण की परिघटना का भारतीय संदर्भ में अनूठा अध्ययन करने वाले रजनी कोठारी के अनुसार आधुनिकीकरण के मताग्रही बुद्धिजीवियों की दिलचस्पी यह देखने में ज़्यादा होती है कि जातियाँ विलुप्त हो रही हैं या नहीं। जबकि उन्हें देखना यह चाहिए कि आधुनिक राजनीति के दबाव में जाति क्या रूप ले रही है और जातिगत समाज में राजनीति की शक्ल कैसी बन रही है। दरअसल, राजनीति एक ऐसी स्पर्द्धात्मक कार्रवायी है जो पहले से मौजूद और नयी उभरती हुई निष्ठाओं की शिनाख़्त करके उनका अपने हक़ में इस्तेमाल करती है। जाति और राजनीति को नज़दीक लाते हुए इस प्रक्रिया ने दोनों के रूपों को बदला है। संगठन के दायरे में जाति को लाते हुए राजनीति ने उससे अपनी अभिव्यक्ति की सामग्री प्राप्त की है और उसे अपनी योजना के मुताबिक़ ढाला है। जबकि जाति-समूहों ने राजनीति को अपनी गतिविधियों का केंद्र बना कर अस्मिता का दावा पेश करने और राज्य-तंत्र में अपनी स्थिति सुधारने का मौक़ा हासिल किया है।

इस सूत्रीकरण में उन बुद्धिजीवियों की भी आलोचना की गयी है जिनकी निगाह में राजनीतिक संबंध सामाजिक संबंधों की प्रतिच्छाया से अधिक कुछ नहीं होते। अर्थात् इन लोगों की समझ यह होती है कि राजनीति के गर्भ से सामाजिक संबंधों का पुनरुत्पादन तो हो सकता है, पर राजनीति ख़ुद में समाज के मौजूदा अथवा बदलते हुए ढाँचे में कोई भूमिका नहीं निभाती। कोठारी यह भी मानने के लिए तैयार नहीं है कि भारतीय राजनीति में भागीदारी करके जाति का लोकतांत्रिक पुनर्जन्म हो गया है। वे कहते हैं कि सोचने के ये सभी तरीक़े जाति और राजनीति के प्रचलित 'अंतर्विरोध' से निकलने वाले द्विभाजन के शिकार हैं।

इस सिद्धांतीकरण में जाति के कुछ पहलुओं पर विशेष ध्यान दिया गया है। इनमें पहला है जाति द्वारा स्वयं अपनी सीमाओं को लाँघने वाला पहलू (जाति-उत्तर अथवा सेकुलर पहलू) जिसे वे समाज के जाति-निरपेक्ष विकास के लिए हर तरह से प्रासंगिक मानते हैं। इस पहलू का मतलब है सजातीय विवाह, छुआछूत और रीति-रिवाज़ से परे जा कर होने वाली जातिगत दलबंदियाँ, जातिगत विभेद, विभिन्न तबक़ों के बीच गठबंधन और सामाजिक प्रगति की लगातार कोशिशें। ये गतिविधियाँ जाति-उत्तर संगठनों के ज़रिये चलती हैं। इनका शासकीय पहलू जाति-पंचायतों, ग्रामीण पंच फ़ैसलों की प्रक्रिया के रूप में देखा जा सकता है। इसके राजनीतिक पहलू को जातिगत और अंतर्जातीय चौधराहट और सामाजिक दूरी से संबंधित विभेदों में देखा जा सकता है। राजनीतिक व्यवस्था के केंद्र के साथ स्थानीय प्रभु-वर्ग के प्राधिकारात्मक संबंधों के हिसाब से ये पहलू महत्त्वपूर्ण या महत्त्वहीन होते रहते हैं। कोठारी के अनुसार लोकतांत्रिक राजनीति न केवल वितरण और विग्रह की ओर ले जाती है, बल्कि सामूहिक कार्रवायी और सम्बद्धता को भी बढ़ावा देती है। जाति-प्रथा में भी ये दोनों पहलू हैं, पर उसके अध्ययनों में विभेदीकरण और विभाजन पर ज़्यादा ज़ोर देते हुए जुड़ाव और संघटन वाले पक्षों की उपेक्षा की जाती है। राजनीति जाति से जुड़ कर उसके दोनों पहलुओं को प्रभावित करती है। वह जाति के जोड़ने वाले आयाम को प्रभावी बनाती है और इसी प्रक्रिया

में निहित विग्रहकारी अंदेशों को भी एक व्यापक संदर्भ में उभार देती है।

कोठारी भारतीय लोकतांत्रिक राजनीति को मूलतः आवश्यकताओं की राजनीति के रूप में परिभाषित करते हैं। जाति-प्रथा ने राजनीतिक नेतृत्व को गोलबंदी के लिए संरचनात्मक आधार दिया जिससे राजनीति को विभिन्न तबक़ों के प्रतिनिधि संगठन मिले और पहचान का वह पैमाना मिला जिसके माध्यम से समर्थन को धरती पर उतारा जा सकता था। इसके बदले स्थानीय दावों के साथ नेतृत्व को रियायती सुलूक करना पड़ा। उनके बीच सत्ता की आकांक्षा को लेकर बनी सहमति को मान्यता देनी पड़ी। इस तरह जातियाँ आर्थिक और राजनीतिक उद्देश्यों के लिए संगठित हुईं। उन्होंने आधुनिक संस्थाओं के साथ एक चयनात्मक अन्योन्यक्रिया करनी शुरू की। इसने सबसे पहले जाति-प्रथा की सत्तामूलक संरचना को आधुनिकीकरण की धारा में खींचा। फ़िर आर्थिक लाभों के वितरण की बारी आयी। इन दोनों के बीच एक आंतरिक सूत्र था। इस प्रक्रिया का तीसरा कोण था जातिगत चेतना और पहचान का।

शुरू के दौर में केवल ऊँची जातियों के कुछ लोगों ने ही इस अन्योन्यक्रिया में भाग लिया। इस प्रक्रिया में पहले से जमी बैठी ऊँची जातियों का मुक़ाबला उदीयमान जातियों से हुआ। इससे जाति-राजनीति का द्विपक्षीय ढाँचा पैदा हुआ। इसके बाद आया दूसरा चरण। सत्ता की आकांक्षा और आर्थिक लाभों की माँग मौजूद संसाधनों से आगे बढ़ गयी। स्पर्धारत समूहों को अपने जनाधारों की ताक़त बढ़ानी पड़ी और सत्ताक्रम में जमे बैठे मुखर तबक़ों के भीतर भी होड़ शुरू हो गयी। इस दौर को जातियों के टूटने और दलबंदी का दौरभी कहा जा सकता है। वर्चस्ववाली जातियों के भीतर दलबंदी होते ही राजनीतिक संगठन का एक नया ढाँचा उभरा। नेतृत्व में दरारें पड़ने लगीं। बहुजातीय और बहुगुटीय गठजोड़ सामने आने लगे। उन जातियों को भी पटाया जाने लगा जो अभी तक सत्ता के ढाँचे से दूर रखी जाती थीं। इस परिघटना ने जाति-प्रथा का सत्तामूलक ढाँचा और पेचीदा बना दिया। उसमें अंतरसंबंधों का जाल पहले से कहीं बारीक़ हो गया।

उच्च स्तर पर विभिन्न वर्चस्व वाली जातियाँ आमने-सामने आ गयीं। आंध्र में कम्मा और रेड्डी, गुजरात में पट्टीदार और अन्नावल, मैसूर में लिंगायत और वोक्कलिगा, मद्रास में ज़िला और क्षेत्रीय स्तर की कई ताक़तवर जातियाँ, बिहार में रंग-रुतबे वाली जातियाँ राज्य स्तर पर एक-दूसरे के मुक़ाबले लामबंद हो गयीं। इस स्तर पर जाति को नये तरह के विखण्डन से गुज़रना पड़ा। कहीं जाति-सभाओं के रूप में, कहीं जाति-सघों के रूप में और कहीं दलबंदियों के रूप में यह गुट विभाजन हुआ। यह बँटवारा वंशानुक्रम और पूजा-पद्धतियों के आधार पर चले आ रहे बँटवारे का अक्सर इस्तेमाल करता था लेकिन वह इससे परे भी जा चुका था। इसी कारण से राजनीति में व्यक्तियों और व्यक्तिगत संबंधों का महत्त्व बढ़ा। जनाधार विस्तृत करने के लिए निष्क्रिय पड़ी जातियों के नेताओं को अपनी ओर खींचने का सिलसिला शुरू हुआ। जैसे-जैसे अधिक विविध और जनाधारित राजनीति का जमाना आया, वैसे-वैसे अधिक विस्तृत जनाधार की ज़रूरत पड़ी। उसके लिए नये तरह की प्रबंधात्मक और सांगठनिक कौशल की ज़रूरत थी। यही कारण था कि ब्राह्मणों और प्रशासनिक कामकाज वाली जातियों के साथ-साथ व्यापारिक पेशों और भूमिधर जातियों के लोग राजनीति में ज़्यादा आने लगे। इन लोगों के पास व्यक्ति-प्रबंधन का संस्कार कहीं ज़्यादा गहरा था। व्यावहारिक रवैये वाले ये लोग समस्याओं को लेन-देन के ज़रिये निबटाने में यक़ीन रखते थे। वे अपनी जातियों में नवीन एकजुटता का आह्वान भी कर सकते थे। इसके लिए उन्हें अपनी पारम्परिक हैसियत का पुनः सूत्रीकरण करने और आकर्षक ब्राह्मण विरोधी सूत्रीकरणों का सहारा लेने में भी हिचक नहीं होती थी।

ये नये तत्त्व राजनीति के नये उद्यमी और आविष्कारक थे। ये अपने पूर्ववर्ती प्रभुवर्ग के मुक़ाबले कम 'आधुनिक', कम प्रशिक्षित, ग्रामीण पृष्ठभूमि में रमे हुए, अधिक सरलीकृत और परम्परागत मुहावरे को अपनाने वाले थे। लेकिन उनमें संगठन और समस्याओं के व्यावहारिक मूल्यांकन की क्षमता थी। वे जोखिम उठाने के लिए तैयार थे और प्रौद्योगिकी व संगठन के 'आधुनिक' माध्यमों का उपयोग करते थे। भारत में राजनीतिक आधुनिकीकरण के अध्ययन के लिए यह तथ्य सर्वाधिक महत्त्वपूर्ण है।

इस थीसिस के अनुसार राजनीति को जाति की जगह लेने वाले या उसे नष्ट करने वाले सेकुलर सामाजिक कारक की तरह न देख कर विकासशील समाज-व्यवस्था पर संघटन और विभाजन लागू करने वाले योजनागत आधार के रूप में देखा जाना उचित होगा। राजनीति के संसर्ग में जाति-अस्मिताओं ने स्वयं को नये रूपों में व्यक्त किया है। जाति का कर्मकाण्डीय और पूजा-पद्धति संबंधी महत्त्व घटा है। समाज व्यवस्था के नीतिगत मूल्य बदल गये हैं।

इस प्रतिपादन की यह कहकर आलोचना की जाती है कि चुनाव प्रणाली ने जाति अस्मिताओं को नया जीवन प्रदान कर दिया है। इसके जवाब में कोठारी कहते हैं कि यह एक नयी समझ है, पर इसका मतलब ग़लत निकाला गया है। जातिगत गणित का महत्त्व इसलिए बढ़ा है कि राजनीतिक सत्ता के एकमात्र आधार के रूप में जाति की वैधता का क्षय हो गया है। जातिगत गणित की उस समय ज़रूरत नहीं थी जब उच्च जातियों के लोग ही सत्ता के दावेदार थे। जाति

अपनी सर्वशक्तिमत्ता के कारण राजनीति के लिए अप्रासंगिक थी। आज वह सत्ता के लिए व्यावहारिक होड़ में अन्य तत्त्वों की भाँति राजनीति की दुनिया को प्रभावित करने वाला एक तत्त्व मात्र रह गयी है।

देखें : आशिस नंदी-1 और 2, आधुनिकीकरण, कांग्रेस 'प्रणाली', जातियों का राजनीतीकरण, जाति और जाति-व्यवस्था- 1 से 4 तक, धीरूभाई शेठ, परम्परा की आधुनिकता, पार्थ चटर्जी, रजनी कोठारी, राजनीतिक समाज, सुदीप्त कविराज।

संदर्भ

1. रजनी कोठारी (2003), 'जातियों का राजनीतीकरण', अभय कुमार दुबे (सम्पा.), *राजनीति की किताब : रजनी कोठारी का कृतित्व,* सीएसडीएस-वाणी, नयी दिल्ली.
2. लॉयड आई. रुडोल्फ़ (1965), 'दि मॉडर्निटी ऑफ़ ट्रेडिशन : द डेमॉक्रैटिक इनकारनेशन ऑफ़ कास्ट इन इण्डिया', *द अमेरिकन पॉलिटिकल साइंस रिव्यू,* खण्ड 61, अंक 4.
3. लॉयड आई. रुडोल्फ़ और सूज़न होवर रुडोल्फ़ (1960), 'दि पॉलिटिकल रोल ऑफ़ इण्डियाज़ कास्ट एसोसिएशंस', *पेसिफ़िक एफ़ेयर्स,* खण्ड xxxiii, अंक 1.
4. गोपाल कृष्ण (1967), 'इलेक्टोरल पार्टीसिपेशन ऐंड पॉलिटिकल इंटीग्रेशन', *ईपीडब्ल्यू,* सालाना विशेषांक, खण्ड 2.

—अभय कुमार दुबे

जादू

(Magic)

प्रचलित और सामान्य अर्थ में जादू एक ऐसा अनुष्ठान या कर्मकाण्ड है जिसके पीछे यह विश्वास होता है कि वह शब्द और कर्म के ज़रिये इच्छित की पूर्ति कर सकता है। इसलिए जादू की मान्यता में अनुष्ठान के अलावा विश्वासों की व्यवस्था भी महत्त्वपूर्ण भूमिका अदा करती है। आधुनिक समाजशास्त्र और मानवशास्त्र में जादू की अवधारणा पर कई सैद्धांतिक कोणों से विचार किया गया है। अध्येताओं ने जादू को विज्ञान के आद्य तथा धर्म के एक अपभ्रंश रूप, सामाजिक प्रकार्य तथा एक सार्वभौम संरचना के स्तर पर समझने का प्रयास किया है। उन्नीसवीं और बीसवीं सदी के प्रारम्भिक मानवशास्त्रियों टेलर तथा फ्रेज़र ने जादू की बौद्धिक परिप्रेक्ष्य में पड़ताल करने की कोशिश की थी। उनकी दिलचस्पी इस बात में थी कि क्या जादू को ज्ञान का एक रूप माना जा सकता है। वे इस बात की तह में जाना चाहते थे कि जादू यथार्थ को उसके प्रदत्त रूप के अलावा किसी अन्य रूप में प्रतिस्थापित करने का दावा क्यों और किस तरह करता है। साथ ही वे उसकी सांगठनिक संरचना को भी समझना चाहते थे।

टेलर और फ्रेज़र की स्थापनाओं का सामान्यीकरण किया जाए तो उनकी दृष्टि में जादू विश्व या अस्तित्व-बोध की छलपूर्ण व्यवस्था है जिसे वे सामान्यत: प्रगति की एक आदिम अवस्था के साथ जोड़कर देखते हैं, जो अज्ञानता के कारण युरोपीय समाज के निम्न वर्गों में अभी तक मौजूद है। उनकी नज़र में युरोप मनुष्य की प्रगति का केंद्र बिंदु था लिहाज़ा वे दुनिया के शेष समाजों का मूल्यांकन इसी आधार पर करते थे। फ्रेज़र मानवीय प्रगति को तीन चरणों जादू, धर्म तथा विज्ञान में बांटकर देखते हैं। उनके अनुसार जादू मानव प्रगति का पहला और आदिम चरण है जिसमें मनुष्य को यह लगता है कि वह प्रकृति की व्यवस्था में अपने शब्दों, पराक्रम और संकेतों से हस्तक्षेप कर सकता है। लेकिन जब उसे ये सभी प्रयास निष्फल लगने लगे और उसने पाया कि जादू की विधियों का प्रकृति पर कोई प्रभाव नहीं पड़ रहा तो उसे यक़ीन होने लगा कि प्रकृति असल में कुछ शक्तियों के अधीन काम करती है। इसके बाद उसने इन शक्तियों की उपासना करने या उनके साथ समझौता करने का रास्ता चुना। प्रार्थना और बलि की व्यवस्था उसके विचारों में आये इसी बदलाव की ओर इंगित करते हैं।

फ्रेज़र का क़यास है कि धर्म की उत्पत्ति इसी प्रक्रिया के तहत हुई होगी। विज्ञान को फ्रेज़र मानवीय प्रगति का तीसरा और अंतिम चरण मानते हैं जब मनुष्य ने यह समझना शुरू किया कि प्रकृति के नियमों की सही समझ हासिल करके उसकी व्यवस्था में बदलाव किया जा सकता है। फ्रेज़र जादू के तत्त्वों की विशद व्याख्या करते हुए बताते हैं कि जादू समरूपता और सम्पर्क के सिद्धांतों पर काम करता है। समरूपता से उनका अभिप्राय यह है कि दो समरूपी चीज़ें आपस में मिलकर जो रचती या पैदा करती हैं वह भी उन जैसा ही होता है। उदाहरण के लिए शत्रु को मारने के लिए उसके पुतले या छवि को मारना, वर्षा के लिए जल छिड़कना या अच्छी पैदावार के लिए खेत में गर्भवती स्त्री से बीज डलवाना आदि। सम्पर्क के नियम इस विश्वास पर आधारित हैं कि व्यक्ति जिन चीज़ों का इस्तेमाल करता है उनमें उस व्यक्ति का अंश रह जाता है। इसलिए अगर उस व्यक्ति की वस्तुओं— नाखून, कपड़ों तथा पदछाप आदि को जादू का उपकरण बनाया जाए तो संबंधित व्यक्ति पर वैसा ही असर पड़ता है।

फ्रेज़र का मानना है कि जादू के सिद्धांत और उसके व्यावहारिक रूप हर जगह और हर काल में एक जैसे रहते हैं। वह चाहे आधुनिक युरोप हो या प्राचीन मिस्र का समाज। फ्रेज़र जादू और धर्म को पृथक अवधारणाएँ मानते हैं। जादू

और विज्ञान की तुलना करते हुए वे प्रतिपादित करते हैं कि जादू में भी कार्य-कारण की प्रक्रिया अपनायी जाती है लेकिन वह विज्ञान से इस मायने में अलग होता है कि उसमें कारणों को ग़लत ढंग से लागू करने का प्रयास किया जाता है। मसलन जादू की प्रक्रिया इस धारणा पर आधारित होती है कि एक जैसी दिखने वाली वस्तुएँ वास्तव में समान होती हैं या फिर सम्पर्क में रही हुई वस्तुओं का व्यक्ति के साथ हमेशा एक ही तरह का संबंध बना रहता है। इन संबंधों में विचार करते हुए फ्रेज़र अंत में यह घोषणा करते हैं कि जादू विज्ञान की एक अवैध बहन है।

जादू के अकादमिक अध्ययन में फ्रेज़र का स्थायी योगदान इस तरह देखा जा सकता है कि बाद के अध्येताओं ने भले ही मानवीय प्रगति के समीकरण को उसी रूप में स्वीकार न किया हो लेकिन जादू और विज्ञान के अंत:संबंधों का उनका अध्ययन परवर्ती विद्वानों के लिए एक स्थायी संदर्भ साबित हुआ है। प्रतीकवादी मानवशास्त्रियों जैसे बैटी, विक्टर टर्नर तथा क्लिफ़र्ड गीट्र्ज़ आदि का मानना है कि जादू में निहित ज्ञान की दावेदारी को सत्य या असत्य की कसौटी पर न कस कर उसे एक प्रतीक-व्यवस्था के तौर पर देखा जाना चाहिए क्योंकि वह मनुष्य के अवचेतन के स्तर पर सामूहिक मूल्यों, सामाजिक टकरावों तथा अस्तित्व की समस्याओं को ज्ञापित करता है।

मानवशास्त्री विल्हेम शिमट जादू को मानव विकास का प्रारम्भिक क्षण न मानकर उसे मनुष्यता के एकदेववाद के पतन की परिघटना मानते हैं। लेकिन बाद के अध्येताओं के अनुसार शिमट का नज़रिया धार्मिक विश्वासों से रंजित था, और वे एक तरह से बाइबल की कहानियों को वैज्ञानिक आधार प्रदान करने की इच्छा से ज़्यादा प्रेरित थे। रुडोल्फ़ ऑटो तथा मर्चिया ऐलियाडे आदि जैसे विद्वान जादू को धर्म के संदर्भ में रखकर देखते हैं। उनका मानना है कि जादू और धर्म दोनों ही पवित्र सत्ता के साथ एक अस्तित्ववादी अनुभव की बात करते हैं। लेकिन इसी धारा के अन्य विद्वान जादू को धार्मिक जीवन के उच्चतम रूपों का एक आदिम क्षण भी मानते हैं और इसी आधार पर उसे धर्म की ड्योढ़ी के तौर पर भी परिभाषित करते हैं।

मानव प्रगति की धारा के विपरीत मैलिनोव्सकी जादू, धर्म तथा विज्ञान के अध्ययन के लिए एक अलग पद्धति अपनाते हैं। वे जादू को मानव प्रगतिवाद की तार्किक त्रुटि नहीं मानते और जादू, धर्म और विज्ञान को क्रमानुगत समीकरण के रूप में नहीं देखते। उनके अनुसार सामाजिक ताने-बाने में ये तीनों ही श्रेणियाँ एक साथ मौजूद रहती हैं और अपने-अपने ढंग से व्यक्ति और समाज की ज़रूरतों का पूरा करती हैं। मैलिनोव्सकी जादू को विज्ञान के दायरे में न रख कर उसे धर्म का अनुषंग मानते है लेकिन वे इस बात को लेकर भी सजग हैं कि जादू और धर्म के बीच की भिन्नताओं को अनदेखा नहीं किया जा सकता। उनके अनुसार जादू का इस्तेमाल प्रकट और विशिष्ट समस्याओं को हल करने के लिए किया जाता है जबकि धर्म एक ज़्यादा जटिल संरचना है जिसका जीवन की सार्वभौम समस्याओं और गूढ़ अर्थों को खोलने के लिए इस्तेमाल किया जाता है। लेकिन अगर दोनों की साझी उपयोगिता पर एक साथ विचार करें तो जादू और धर्म मनुष्य की चेतना का अंग तब बनते हैं जब मनुष्य ख़ुद को यथार्थ के सामने अक्षम पाता है। इस तरह जादू और धर्म चिंता और भावनात्मक तनाव की स्थिति में पैदा होते हैं लिहाज़ा उन्हें ऐसी स्थितियों से मुक़ाबला करने के उपाय के तौर पर भी देखा जा सकता है। मैलिनोव्सकी ने ट्रोब्रायंड द्वीपसमूह के मूलनिवासियों के अध्ययन में पाया था कि ये लोग तकनीकी और जादू में फ़र्क़ करना जानते थे। अपने अध्ययन से वह इस निष्कर्ष पर पहुँचे कि मूलवासी जादू की सहायता तभी लेते थे जब वे परिणामों को लेकर आशंकित रहते थे।

दुर्ख़ाइम और मार्सेल मौज़ जैसे समाजशास्त्री जादू को एक सामाजिक परिघटना की तरह देखने का आग्रह करते हैं। उनके चिंतन में जादूगर और उसका जादू धर्म या धर्मसेवकों के समूह की तरह सामाजिक चेतना से ही पैदा होता है। धर्म की भांति जादू भी विश्वास और व्यवहार की एक ऐसी व्यवस्था है जो किसी भाव, वस्तु, विचार या सत्ता को पवित्र मानती है। मौज़ जादू के अंतर्निहित तत्वों— वैयक्तिकता, गोपनीयता, रहस्य तथा उसके मक़सद उपयोगितावाद, के आधार पर यह सम्भावना भी व्यक्त करते हैं कि विज्ञान की कई शाखाएँ जैसे औषधि विज्ञान और धातु विज्ञान आदि जादू की प्रक्रिया और व्यवहार से ही जन्मे होंगे। दुर्ख़ाइम की राय में भी धर्म और जादू दो अलग-अलग क्षेत्र हैं। उनके अनुसार धर्म का चरित्र सार्वजनिक होता है और वह अमूर्तन व तत्त्ववाद की तरफ़ झुका होता है। इन्हीं कारणों से धर्म नैतिक आदर्शों में यक़ीन करने वाले एक समुदाय का निर्माण करता है जबकि जादू का कोई पवित्र स्थान चर्च, मंदिर या मसज़िद नहीं होता।

जादू के स्वयं-भूत औचित्य को नकारते हुए रैडक्लिफ़ ब्राउन तथा इवांस प्रिचार्ड जैसे मानवशास्त्री धर्म और जादू के युग्म को एक अनुपयोगी श्रेणी मानते हैं। उनकी दलील है कि जादू को सामाजिक संरचना के संदर्भ में परखना ज़्यादा श्रेयस्कर होगा। प्रिचार्ड ने सूडान के अजांडे समुदाय के अध्ययन में यह पाया था कि उनके रहस्यवादी विचार लौकिक जीवन के लिए पूरक का काम करते हैं। प्रिचार्ड मानते हैं कि जादू-टोना जीवन के दुर्भाग्य की ओर इंगित करता है जबकि जादू ऐसे दुर्भाग्य से निजात दिलाने वाले उपाय की तरह काम करता है। उनकी राय में जादू का तंत्र

एक ऐसा उपकरण है जो व्यवहार के नियंत्रण और समाज में आदर्शों के संतुलन की रक्षा के लिए इस्तेमाल किया जाता है।

वेबर ने अपने चिंतन में जादू, धर्म और अर्थव्यवस्था के अंतर्संबंधों की भी पड़ताल की है। धर्म की उत्पत्ति और विकास की तह में जाते हुए वेबर यह प्रतिपादित करते हैं कि धर्म का आद्य रूप मुख्यत: जादू का ही विस्तार था तथा उसका स्वरूप दमनकारी कर्मकाण्डों व दुनियावी इच्छाओं से संचालित था। वेबर के अनुसार यह बाद की घटना है कि धर्म में ऐसे नैतिक मूल्यों का संचार होना शुरू हुआ जिससे व्यक्ति और सामाजिक जीवन को एक स्थायी अर्थ मिलना सम्भव हुआ। इस संबंध में वेबर की एक अन्य स्थापना को देखना भी श्रेयस्कर होगा। वेबर मानते हैं कि संन्यास पर आधारित प्रोटेस्टेंटवाद में जादू के अतिक्रमण या दुनिया से मोहभंग की एक प्रबल प्रवृत्ति थी जो बाद में जाकर धर्म के व्यवहार तथा विश्वासों को विवेकपूर्ण और नैतिक बनाने में मददगार साबित हुई। वेबर की दृष्टि में जादू आर्थिक गतिविधियों को संगठित करने में बाधक था इसलिए जादू का प्रभाव घटने लगा और व्यवसायों को धर्म की सम्मति मिलने से आधुनिक पूँजीवादी अर्थव्यवस्था के विकास का मार्ग प्रशस्त हुआ।

दुर्ख़ाइम के अनुवीक्षण को बाद के समाजशास्त्रियों ने भी पुष्ट किया है। कीथ थॉमस ने अपने शोध में बताया है कि सत्रहवीं सदी के दौरान इंग्लैंड में होने वाला तकनीकी विकास और भौतिक परिस्थितियों में आया सुधार प्रोटेस्टेंटवाद की सफलता का परिणाम था। कीथ का मानना है कि उस समय लोगों का विज्ञान में विश्वास बढ़ रहा था जिसके कारण एक ऐसा बौद्धिक माहौल बनता जा रहा था जिसमें जादू का महत्त्व और उसकी विश्वसनीयता खत्म होने लगी थी।

एक अन्य मानवशास्त्री लेवी-स्त्रॉस जादू को मिथक और अनुष्ठान के साथ रखकर विचार करते हैं। लेवी-स्त्रॉस का मानना है कि जादू और विज्ञान यथार्थ को बूझने के दो अलग अलग तरीक़े हैं। जादू प्रत्यक्ष ज्ञान और पूर्व-अनुमान पर आधारित विचार है जो विश्व के अस्तित्व को पहले से तयशुदा मानकर चलता है। इसलिए उसे विज्ञान का आद्य रूप नहीं माना जा सकता, बल्कि वह ज्ञान का एक ऐसा रूप है जो अपने आप में पूर्ण है। दुर्ख़ाइम और मौज़ भी जादू की ज्ञानात्मक भूमिका पर बल देते हुए यह मान रहे थे कि जादू वर्गीकरण की दिशा में पहला क़दम हो सकता है जबकि लेवी-स्त्रॉस के अनुसार जादू केवल आदिम समाजों तक सीमित नहीं है बल्कि वह मनुष्य की चेतना का सार्वभौमिक और स्थायी अंग है और वह आधुनिक मनुष्य के सामूहिक अवचेतन में भी विद्यमान रहता है।

इतालवी इतिहासकार अर्नेस्टो डी मार्तिनो के नज़रिये में जादू आदिम मनुष्य की उस जद्दोजहद की ओर इंगित करता है जिसके ज़रिये वह प्राकृतिक परिस्थितियों का अतिक्रमण करके अपनी मौजूदगी साबित करता है। मार्तिनो जादू को धर्म से सिर्फ़ इस अर्थ में अलग मानते हैं कि उसके द्वारा संचारित मूल्यों का दायरा संकरा होता है। मार्तिनो की दृष्टि में जादू का धर्म के साथ वैसा ही संबंध है जैसा गिनतारे का कैलकुलेटर के साथ। दोनों काम तो एक ही करते हैं लेकिन उनकी जटिलता का स्तर अलग-अलग होता है।

अंतत: यह देखना दिलचस्प है कि विज्ञानवादी दृष्टिकोण के बरक्स जादू और धर्म का प्रतीकवाद एक आंतरिक तर्क का इस्तेमाल करते हुए अपनी भूमिका को उपयोगी साबित करने की कोशिश करता है। इस तरह जादू को समझने की पहली ज़रूरत यह है कि तर्क और इतिहास के वर्चस्वादी विकल्पों के सामने आत्मसमर्पण न किया जाए। जादू अस्तित्व को जिस कोण से देखता है उसे समझते हुए उसके पेचों से सावधान रहना भी ज़रूरी है। जादू का अध्ययन करने वाले कई समाजशास्त्री इस नज़रिये को मध्यमार्गी स्थिति या क्रिटिकल एथनोसेंट्रिज़्म कहते हैं।

देखें : अभिजन, अभिरुचि, उन्मूलनवाद, एजेंसी, कर्मकाण्ड, कारागार, क्लॉद लेवी-स्त्रॉस, क्लिफ़र्ड गीट्र्ज़, जादू, जीवन-शैली, टेलरवाद, डेविड एमील दुर्ख़ाइम, फ़ुरसत, बचपन, बेगानगी, भीड़, मार्सेल मौज़, मैक्स वेबर, विचलन।

संदर्भ

1. जी. कनिंघम (1999), *रिलीजन ऐंड मैजिक : एप्रोचेज़ ऐंड थियरीज़,* एडिनबरा युनिवर्सिटी प्रेस, एडिनबरा.
2. आर. किकेफ़र (1989), *मैजिक इन द मिडल ऐज,* केम्ब्रिज युनिवर्सिटी प्रेस, केम्ब्रिज.
3. बी. मैलिनोव्सकी (1982), *मैजिक, साइंस, ऐंड रिलीजन ऐंड अदर एसेज़,* सुवेनिर प्रेस, लंदन.
4. एस.जे. तांबैया (1985), *कल्चर, थॉट ऐंड सोशल एक्शन,* हार्वर्ड युनिवर्सिटी प्रेस, केम्ब्रिज.

— नरेश गोस्वामी

ज़ाक देरिदा

(Jacques Derrida)

विख्यात दार्शनिक ज़ाक देरिदा (1930-2004) विखण्डनवाद के प्रतिपादक माने जाते हैं। साठ के दशक के आख़िरी दौर और सत्तर के दशक एक मौलिक विचारक के रूप में देरिदा की ख्याति *ऑफ़ ग्रैमैटोलॉजी* (1967), *राइटिंग ऐंड डिफ़रेंस* (1967) और *मार्जिंस ऑफ़ फिलॉसफ़ी* (1972) जैसी रचनाओं के आधार पर बननी शुरू हुई। सत्तर

के दशक के आख़िर में देरिदा ने विश्लेषणात्मक दर्शन के विद्वान जॉन सर्ल से जम कर बहस की। इस विवाद ने देरिदा को अलग तरह के परंतु विवादास्पद चिंतक के रूप में स्थापित कर दिया। देरिदा ने दार्शनिक जे.एल. ऑस्टिन की थियरी ऑफ़ स्पीच एक्ट पर लिखे गये अपने निबंध 'सिग्नेचर ईवेंट कांटेक्स्ट' में तर्क दिया था कि किसी पाठ के तात्पर्य का उद्‌भव न तो केवल रचियता के इरादे पर निर्भर होता है और न ही उसके द्वारा इस्तेमाल किये गये लफ़्ज़ों पर। जब तक पाठ में पुनरुक्ति के आयामों पर ध्यान नहीं दिया जाएगा तब तक तात्पर्य की सम्भावनाओं का पूरा उद्‌घाटन नहीं हो सकता। एक शब्द अपने होने के लिए कई बार दोहराये जाने और दोहराये जाने की सम्भावनाओं से युक्त रहने का माँग करता है। तब कहीं जाकर वह अर्थगर्भित होता है। सर्ल ने इस धारणा के विरोध में लेख लिखा, जिसका देरिदा ने जवाब दिया। इस विवाद ने एनालिटिकल फिलॉसफ़ी को कांटिनेंटल फिलॉसफ़ी के मुक़ाबले खड़ा कर दिया। इसके बाद विश्लेषणात्मक दर्शन के अनुयायियों ने देरिदा को कभी दार्शनिक नहीं माना।

लेकिन इसके बाद भी देरिदा दर्शन के क्षेत्र में स्थापित मान्यताओं को चुनौती देते रहे। सत्तर और अस्सी के दशक में देरिदा के विमर्श ने दर्शन का दायरा तोड़ कर साहित्य में दिलचस्पी रखने वाले पाठकों को बड़े पैमाने पर अपनी ओर आकर्षित किया। अमेरिका और ब्रिटेन के विश्वविद्यालयों के साहित्य-विभागों में वे लोकप्रिय होते चले गये। देरिदा ने संरचनावादी पद्धति की कथित वस्तुनिष्ठता पर हमला करते हुए 'फ़ोर्स ऐंड सिग्नीफ़िकेंस' जैसा निबंध लिखा जिसके कारण उनकी रचनाओं को अक्सर उत्तर-संरचनावाद की श्रेणी में रख कर देखा जाता है। 1960 के दशक के शुरुआती वर्षों में देरिदा ने हाइडेगर और लेविनास का गहराई से अध्ययन किया। 1964 में उन्होंने लेविनास के बारे में दो भागों में एक लंबा निबंध लिखा, जिसका शीर्षक था 'वायलेंस ऐंड मेटाफ़िजिक्स।' यह तय करना मुश्किल है कि देरिदा के शुरुआती निबंधों में कौन-सा निबंध सबसे महत्त्वपूर्ण है, लेकिन यह तय है कि 'वायलेंस ऐंड मेटाफ़िजिक्स' को इनके शुरुआती प्रभावशाली निबंधों में शामिल किया जाता है। 1967 में 37 साल की उम्र में देरिदा ने अभूतपूर्व क्षमता का प्रदर्शन करते हुए तीन रचनाओं का प्रकाशन किया। ये थीं *राइटिंग ऐंड डिफ़रेंस, स्पीच ऐंड फ़ेनोमेना* और *ऑफ़ ग्रैमैटोलॅजी*। इन तीनों में ही अपने विचारों को व्यक्त करने के लिए देरिदा ने एक ख़ास तरह की पद्धति का इस्तेमाल किया और उसे डिकंस्ट्रक्शन (या विखण्डनवाद) का नाम दिया। यह अभिव्यक्ति फौरन प्रसिद्ध हो गयी और इसका इस्तेमाल देरिदा के विचारों को सार-रूप में व्यक्त करने के लिए किया जाने लगा। ख़ास तौर पर अंग्रेज़ी-भाषी दुनिया में यह शब्द काफ़ी चर्चित रहा। इसे लेखन या चिंतन के एक ऐसे तरीक़े से जोड़ा जाता रहा है जो अतार्किक और अस्पष्ट है। यह सिर्फ़ साहित्यिक और दार्शनिक ग्रंथों की आलोचना का ही एक तरीक़ा नहीं है, बल्कि इसके द्वारा राजनीतिक संस्थाओं की भी आलोचना की जाती है।

देरिदा के लिए विखण्डनवाद दरअसल किसी पाठ को पढ़ने की एक विशिष्ट पद्धति थी जिसके तहत वे उस पाठ में मौजूद परस्पर विपरीत द्विभाजनों के परे जा कर तात्पर्य-निरूपण करने का आग्रह करते थे। उनकी इस पद्धति ने समकालीन साहित्य-सिद्धांत को गहराई से प्रभावित किया। विखण्डनवाद के बाद साहित्य-सिद्धांत परस्पर विपरीत द्विभाजन की किसी भी श्रेणी को परम मानने से इनकार करता है। देरिदा पहले तो यह दिखाते हैं कि पश्चिमी विचार के तहत द्विभाजन में जिस शब्द का पहले उल्लेख होता है उसे पदानुक्रम के ज़रिये बाद में आने वाले शब्द पर हावी कर दिया जाता है। इसके बाद देरिदा यह स्पष्ट करते हैं कि इस पदानुक्रमता के बावजूद शब्दों या पदों का कोई भी युग्म अपने अर्थ संबंधी परम मूल्यों को क़ायम रखने के बजाय किस तरह बिना रुके हुए विभिन्न अर्थों से बने हुए एक ढलान पर फिसलता चला जाता है। इस तरह दोनों श्रेणियों को बार-बार अर्थ संबंधी भिन्नताओं से दो-चार होना पड़ता है।

देरिदा ने कई बार विखण्डनवाद शब्द के मनमाने तरीक़े से प्रयोग पर अफ़सोस भी जताया। लेकिन सच्चाई यह है कि दर्शन, साहित्यिक आलोचना, साहित्यिक सिद्धांत, कला और ख़ासतौर पर स्थापत्य सिद्धांत और राजनीति सिद्धांत में उनकी इस पद्धति का व्यापक प्रभाव पड़ा है। जीवन के आख़िरी दो दशकों में तो उनकी स्थिति किसी फ़िल्म सितारे जैसी हो गयी थी। उन्हें सुनने के लिए सभागार में ज़बरदस्त भीड़ उमड़ती थी। फ़िल्म और टेलीविजन के कार्यक्रम उन्हें समर्पित किये जाते थे। इस दौर में उनके चिंतन से जुड़ी बहुत सी किताबें और लेख प्रकाशित हुए।

देरिदा का जन्म अल्जीरिया की राजधानी अल्जीयर्स के उपनगर एल-बेयर में एक यहूदी परिवार में हुआ था। उस समय अल्जीरिया एक फ्रांसीसी उपनिवेश था। देरिदा ने अपनी किताब *मोनोलिंगुअलिज़म ऐंड द अदर* (1998) में बताया है कि जब वे हाई स्कूल में थे तो तत्कालीन फ्रांसीसी हुकूमत ने अल्जीरिया की देशज भाषाओं पर पाबंदी लगा दी। इसके अलावा कई अन्य पाबंदियों के कारण भी देरिदा की हाई स्कूल की पढ़ाई में विघ्न पड़ा। द्वितीय विश्व-युद्ध के तुरंत बाद देरिदा ने दर्शन का अध्ययन करना शुरू कर दिया। 1949 में वे पेरिस चले गये जहाँ उन्होंने प्रतिष्ठित ईकोल नॉर्मले सुपीरियरे में दर्शन की पढ़ाई के लिए नामांकन परीक्षा की तैयारी की। पहली बार देरिदा को नाकामी मिली, लेकिन 1952 में की गयी दूसरी कोशिश में वे सफल हो गये। देरिदा

ज़ाक देरिदा (1930–2004)

ने ईकोल नॉर्मले में उस समय प्रवेश लिया, जब यहाँ दार्शनिकों और चिंतकों की एक प्रभावशाली पीढ़ी तैयार हो रही थी। इस विद्यालय में उस समय ज़ील डलज़, मिशेल फ़ूको, लुई अलथुसे, ज्याँ-फ्रांस्वाँ ल्योतर और रोलाँ बार्थ मौजूद थे। इसके अलावा मरली-पोंती, सार्त्र, सिमोन द बोउवार, लेवी-स्त्रॉस और लकाँ भी सक्रिय थे।

पचास के दशक के फ्रांस में विचारों की दुनिया पर घटनाक्रियाशास्त्र का वर्चस्व था। देरिदा ने इस समय एडमण्ड हसर का गहराई से अध्ययन किया। उन्होंने हसर के तब तक प्रकाशित लेखन के अलावा अभिलेखागार से निकलवा कर कुछ अप्रकाशित सामग्री का भी अध्ययन किया। इसी के आधार पर देरिदा ने 1953-54 में अपनी मास्टर थीसिस के रूप में *द प्रॉब्लम ऑफ़ जेनेसिस इन हसर्स फिलॉसफ़ी* की रचना की। यह रचना 1990 में प्रकाशित हुई। सबसे महत्त्वपूर्ण बात यह है कि यहाँ उन्होंने ज्याँ हिप्पोलाइट के साथ मिल कर हीगेल का भी अध्ययन किया। हिप्पोलाइट के साथ ही उन्हें *द आइडियलिटी ऑफ़ लिटरेरी ऑब्जेक्ट* विषय पर अपनी डॉक्टोरल थीसिस लिखनी थी। लेकिन वे कभी इसे पूरा नहीं कर पाये। उन्होंने हसर के *द ऑरिजिन ऑफ़ ज्यॉमिट्री* का फ्रेंच में अनुवाद किया और उसके साथ 150 पृष्ठों की अपनी प्रभावशाली प्रस्तावना भी प्रकाशित की।

साठ का दशक देरिदा की पीढ़ी के दार्शनिकों के लिए बड़ी उपलब्धियों का दशक था। 1961 में फ़ूको की क्लासिक कृति *मैडनेस ऐंड सिविलाइज़ेशन* प्रकाशित हुई। इसी समय देरिदा ने ऐसे सेमिनार में भागीदारी की जिसमें फ़ूको ने भी अपना वक्तव्य दिया। इसी के आधार पर देरिदा ने 1963 में 'कोजिटो ऐंड द हिस्ट्री ऑफ़ मैडनेस' लिखा, जिसमें उन्होंने फ़ूको के शुरुआती चिंतन की आलोचना की। ख़ास तौर पर उन्होंने फ़ूको द्वारा देकार्त की व्याख्या को आड़े हाथों लिया। देरिदा की इस रचना ने देरिदा और फ़ूको के बीच एक तरह के अलगाव को जन्म दिया जो पूरी तरह से कभी ख़त्म नहीं हो पाया।

देरिदा के संदर्भ में यह बात बहुत ही महत्त्वपूर्ण है कि उनकी जटिल लेखन-शैली ने उनकी लोकप्रियता में ख़ास योगदान नहीं किया, बल्कि इसके कारण बहुत से लोग उन्हें नापसंद करते थे। देरिदा ख़ुद मानते हैं कि सत्तर के दशक से उन्होंने एक ख़ास तरह की लेखन-शैली अपनानी शुरू की। इसका सबसे विख्यात या कुख्यात उदाहरण *ग्लास* (1974) है (जिसे अंग्रेजी में डेथ नेल और हिंदी में मौत का घंटा कहा जा सकता है)। इसमें देरिदा दो कॉलमों में लिखते नज़र आये। बायाँ कॉलम हीगेल के अध्ययन के प्रति समर्पित था और दायाँ फ्रेंच उपन्यासकार-नाटककार ज्याँ जेने के अध्ययन को। इसका एक अन्य उदाहरण 1980 में प्रकाशित उनकी रचना *पोस्टकार्ड फ्रॉम सोक्रेटीज़ टू फ्रॉयड ऐंड बियांड* है। इस किताब के शुरुआती दो सौ पृष्ठों में प्रेम-पत्र दर्ज हैं जो किसी व्यक्ति को सम्बोधित नहीं किये गये हैं।

समझा जाता है कि 1980 के दशक तक देरिदा काफ़ी हद तक रैखिक (लीनियर) और तार्किक (आर्ग्यूमेंटेटिव) शैली पर वापस लौट आये थे जो 1960 में उनके लेखन की मूल विशेषता थी। उनके आलोचक मानते हैं कि विखण्डनवाद या फिर पूरा उत्तर-आधुनिकतावादी स्कूल किसी तरह का राजनीतिक विकल्प नहीं देता। वह ज़्यादा-से-ज़्यादा आलोचना के रूप में होता है। लेकिन देरिदा ने अपने लेखन में एक निश्चित दिशा की ओर संकेत करने की कोशिश की। मसलन नब्बे के दशक में मार्क्सवाद पर अपने चिंतन में उन्होंने स्पष्ट किया कि विखण्डन के बाद सामने आने वाला मार्क्सवादी चिंतन ही भविष्य के लोकतंत्र की दिशा तय करेगा।

देखें : अस्तित्ववाद, आत्मनिष्ठता-वस्तुनिष्ठता, इयत्ता, इमैनुएल कांट, इंद्रियानुभववाद, ईसैया बर्लिन, उदारतावाद, कल्पित समुदाय, घटनाक्रियाशास्त्र और एडमण्ड हसर, चेतना, जॉन लॉक, ज़ाक लकाँ, ज्याँ-फ्रांस्वा ल्योतर, तत्त्वमीमांसा और अस्तित्वमीमांसा, तात्त्विकतावाद, द्वैतवाद, फ्रीड्रिख़ नीत्शे-1 और 2, बुद्धिवाद, भौतिकवाद, मनोविश्लेषण, मिशेल पॉल फ़ूको-1 और 2, युरोपीय पुनर्जागरण, युरोपीय ज्ञानोदय, रेने देकार्त, लुई अलथुसे, सोरेन आबी कीर्केगार्द, संरचनावाद और उत्तर-संरचनावाद, ज्ञानमीमांसा।

संदर्भ

1. रिचर्ड रोर्टी (1978), 'फिलॉसफ़ी एज़ अ काइंड ऑफ़ राइडिंग : एन एसे ऑन देरिदा', *न्यू लिटरेरी हिस्ट्री,* अंक 10.
2. सी. नोरिस (1987), *देरिदा,* फ़ोंटाना, लंदन.
3. जॉन डी.केप्युटो (1999) , *द प्रेयर्स ऐंड टीयर्स ऑफ़ ज़ाक देरिदा,* इण्डियाना युनिवर्सिटी प्रेस, न्यूयॉर्क.
4. फेंग चेह और सुजेन गुरलेट (सम्पा.), *देरिदा ऐंड द टाइम ऑफ़ द पॉलिटिकल,* युनवर्सिटी ऑफ़ नार्दर्न कैरोलिना प्रेस, न्यूयॉर्क.
5. वुड, डेविड (सम्पा.) (1994), *देरिदा : अ क्रिटिकल रीडर,* ब्लैकवेल, केम्ब्रिज.

— कमल नयन चौबे

ज़ाक मारी एमील लकाँ

(Jacques Marie Emile Lacan)

विख्यात फ्रांसीसी मनोविश्लेषक और संरचनावादी चिंतक ज़ाक मारी एमील लकाँ (1901–1981) के विचारों और सूत्रीकरणों ने सारी दुनिया में लेखकों, साहित्यालोचकों, सिनेमा के सिद्धांतकारों, नारीवादियों, दार्शनिकों, मानवशास्त्रियों और इतिहासकारों के सोच-विचार पर गहरा असर डाला है। लकाँ को मिरर स्टेज थियरी के लिए विशेष रूप से जाना जाता है जिसके आधार पर उन्होंने शिशु अवस्था में पड़ने वाली व्यक्ति की अस्मिता की नींव पर प्रकाश डाला है। उन्हें मनोविश्लेषण में बोली गयी भाषा के महत्त्व पर प्रकाश डालने वाले सूत्रीकरण के लिए भी जाना जाता है। ख़ुद को फ्रॉयड का अनुयायी मानने वाले (उन्होंने अपने अनुयायियों से कहा था कि अगर तुम ख़ुद को लकाँनियन मानते हो तो तुम जानो, मैं तो फ्रॉयडियन हूँ) लकाँ ने मनोविश्लेषण के सिद्धांत और आचरण-संहिता का विकास करके उसके भीतर छिपी बौद्धिक क्रांति की सम्भावनाओं को साकार किया। अपने रवैये को 'रिटर्न टू फ्रॉयड' की संज्ञा देने वाले इस विद्वान ने आधुनिक भाषाशास्त्र, चित्रकला, दर्शन और मानवशास्त्र के साथ मनोविश्लेषण को जोड़ सकने वाली शब्दावली का आविष्कार किया। दूसरे, उन्होंने अपने अत्यंत सक्रिय जीवन के एक बड़े हिस्से में मौखिक सेमिनारों की विधि अपना कर फ्रांस में मनोविश्लेषण को व्यापक मान्यता दिलायी। इसके लिए उन्होंने फ्रांस के बौद्धिक प्रतिष्ठान और अंतर्राष्ट्रीय मनोविश्लेषक एसोसिएशन से भी लोहा लिया। चूँकि वे मनोविश्लेषण के लिए प्रचलित पचास मिनट के सत्र को स्वीकार करने के बजाय कहीं छोटी अवधि के सत्र की ज़रूरत पर ज़ोर देते थे, इसलिए उन्हें अपना अलग स्कूल ही स्थापित करना पड़ा।

ज़ाक लकाँ का जन्म पेरिस में 13 अप्रैल, 1901 को हुआ था। उनकी शिक्षा-दीक्षा कॉलेज स्तानिस्लास और फ़ैकल्ती द मेदीसीन द पारिआ में हुई। 1932 में उन्होंने अपनी चिकितस्कीय डिग्री हासिल की जिसमें उन्होंने उन्माद की अवस्था में किये गये एक मशहूर अपराध के मामले पर प्रबंध लिखा। एक सिद्धांतशास्त्री और क्लिनिकल मनोविश्लेषक के तौर पर उनका कॅरियर पचास साल तक चला। द्वितीय विश्व-युद्ध के बाद फ्रांस में उनकी ख्याति एक बेहद विवादास्पद बुद्धिजीवी के तौर पर स्थापित होती चली गयी। उन्होंने अपने सतत प्रयासों से न केवल फ्रॉयड की प्रासंगिकता सिद्ध की, बल्कि मनोविश्लेषण के अनुशासन को समाज-विज्ञान और मानविकी के लिए उपयोगी साबित किया। वे लगातार दर्शन, कला और मानवशास्त्र के क्षेत्रों के साथ अन्योन्यक्रिया करके अपनी अंतदृष्टियों को समृद्ध करते रहते थे। इसलिए अक्सर उन्हें पढ़ने वालों को लगता था कि वे एक जगह नहीं ठहर रहे हैं। दूसरे, उनकी लेखन-शैली भी ख़ास तरह से जटिल थी।

विचारों के क्षेत्र में लकाँ को जिस बात के लिए हमेशा याद किया जाएगा, वह है मानवीय कर्ता की देकार्तवादी एकीकृत समझ को विखण्डित करना। रेने देकार्त ने कहा था— *कोजिटो अरगो सम* यानी मैं सोचता हूँ इसलिए मैं हूँ। दरअसल, इसके ज़रिये देकार्त ने एक ऐसे मुकम्मल मानवीय कर्ता की संकल्पना की थी जो एक देह होने के साथ-साथ ख़ुद को सचेत चिंतन के ज़रिये जान सकने की क्षमताओं से लैस भी था। आगे चल कर देकार्त का यह विचार पश्चिमी चिंतन का आधार-स्तम्भ बन गया। लेकिन फ्रॉयड ने मनोविश्लेषण के ज़रिये जैसे ही मनुष्य के अवचेतन का प्रस्ताव किया, तो कर्ता के एकीकृत अस्तित्व का सम्पूर्ण ज्ञान नामुमकिन लगने लगे। लकाँ ने फ्रॉयड की अंतर्दृष्टियों का इस्तेमाल करके दिखाया कि मनुष्य का मानसिक और सेक्शुअल जीवन जैविक प्रक्रियाओं और उसकी नैसर्गिकता द्वारा नियंत्रित-संचालित नहीं होता। वह तो उन भाषाई प्रक्रियाओं द्वारा संचालित होता है जिनके माध्यम से वह तात्पर्य-ग्रहण करता है। यानी मानवीय व्यवहार का स्रोत उसके जैविक यथार्थ में निहित न हो कर उसके सामाजिक यथार्थ में निहित है।

लकाँ की विख्यात मिरर स्टेज थियरी छह महीने से डेढ़ साल के शिशु पर अपना ध्यान केंद्रित करती है। इस उम्र में पहुँच कर शिशु ख़ुद को आईने में देख कर पहचानना शुरू करते हैं, हालाँकि उनकी देह को संचालित करने वाली क्षमताएँ इस उम्र में पूरी तरह से विकसित नहीं होतीं। लकाँ ने मिरर स्टेज को द्वंद्वात्मक प्रक्रिया की तरह पेश किया है।

ज़ाक मारी एमील लकाँ (1901-1981)

बच्चा जब दर्पण में ख़ुद को देखता है तो उसे लगता है कि वह अपने बिम्ब के रूप में किसी अन्य को देख रहा है। छवि को अन्य समझते ही उसे अपने और दूसरे के बीच फ़र्क़ करना आता है। इस तरह उसके भीतर आत्म और अन्य की समझ बनती है।

एक तरफ़ बच्चा ख़ुद को खण्डित, अ-समन्वित और अ-संगठित पाता है, दूसरी तरफ़ उसे अपना बिम्ब कहीं सम्पूर्ण लगता है। इस तरह उस शिशु को उसका आदर्श अहं हासिल होता है जिसे हासिल करने के लिए एक कर्ता के रूप में प्रयासरत रहता है। मिरर इमेज व्यक्ति के अहं को विकसित करने के लिए अनिवार्य है, पर साथ में वह एक विभाजन की नुमाइंदगी भी करती है जिसके तहत कर्ता अपनी अस्मिता के लिए हमेशा एक अन्य पर, एक दर्पण पर निर्भर हो जाता है।

मिरर स्टेज के विकास के साथ ही एक ख़ास मक़ाम पर बच्चे के भीतर भाषा का अंकुर भी फूटता है। लकाँ कहते हैं कि बच्चे के क़दम एक सांकेतिक व्यवस्था में पड़ते हैं। यहाँ मातृ-मनोग्रंथि की थियरी का अपने ढंग से इस्तेमाल करते हुए लकाँ बताते हैं कि भाषा का औज़ार मिलने का मतलब है बच्चे का अपनी माँ की दुनिया से पृथक होना और समाज की दुनिया में प्रवेश करना। समाज की यह दुनिया पितृसत्तात्मक है, यानी वह पिता का संसार है। उस पिता का जो बच्चे की उस समय तक की ज़िंदगी में जैविक नहीं बल्कि सांकेतिक उपस्थिति ही रखता है। लकाँ कहते हैं माँ बच्चे के लिए सम्पूर्ण आनंद का स्रोत है। इसे वे *जूसेंस* का नाम देते हैं, जबकि पिता सांकेतिक है जिसके सान्निध्य के कारण बच्चा *जूसेंस* से वंचित हो जाता है। यह वंचन ही उसके भीतर यौन कामना की सृष्टि करता है।

लकाँ का विचार है कि मातृ-मनोग्रंथि के तहत पैदा होने वाला बधियाकरण का भय वास्तविक न हो कर सांकेतिक होता है। यह भय उस दुश्चिंता का परिणाम है जो बच्चे द्वारा माँ की दुनिया छोड़ कर पिता की दुनिया में प्रवेश से जन्मी है। माँ की दुनिया यानी एक सम्पूर्ण जगत, और पिता की दुनिया यानी भाषा द्वारा संचालित-नियंत्रित सांकेतिक जगत जहाँ पहुँच कर कर्ता विभाजित महसूस करता है। लकाँ के मुताबिक़ मिरर इमेज और भाषा का सांकेतिक दायरा ही समाज में कर्ता के रूप में व्यक्ति की अस्मिता का आधार है। इस तरह लकाँ के विमर्श में मानवीय कर्ता सांकेतिक, वास्तविक और काल्पनिक के तीन आयामों से मिल कर परिभाषित होता है।

कुल मिला कर लकाँ का अस्मिता-विमर्श एक ऐसी अस्मिता की तरफ़ इशारा करता है जो कभी सम्पूर्ण नहीं हो सकती। यह अलग बात है कि अस्मिता आधारित राजनीतिक आंदोलन अक्सर एक सम्पूर्ण अस्मिता का आश्वासन थमाते हैं। बहुसंख्यकवादी और बहिर्वेशनवादी राजनीति हमेशा दावा करती है कि आप्रवासी, अल्पसंख्यक और समलैंगिक ने अन्य के रूप में उस *जूसेंस* को हड़प लिया है जो बहुसंख्यक कर्ता का जन्मसिद्ध अधिकार था।

फ्रॉयड पर स्त्री-द्वेषी होने का आरोप लगाने वाली नारीवादियों ने लकाँ के इस विमर्श पर भी स्त्री-द्वेषी होने का इलज़ाम लगाया। लेकिन कुछ अन्य विद्वानों ने इसका दूसरा अर्थ निकाला। लकाँ अपनी व्याख्या के दौरान जब कहते हैं कि स्त्री का वजूद नहीं है, तो वे सांकेतिक दायरे यानी पितृसत्तात्मक यथार्थ का हवाला दे रहे होते हैं। उनका मक़सद स्त्री की नामौजूदगी का समर्थन करना नहीं है। वे तो यह बताते हैं कि सांकेतिक दायरे में स्त्री का सार या उसकी प्रकृति पुरुष की कामनाओं और सांस्कृतिक निर्धारकों से तय होती है। दूसरे, लकाँ पुरुष के काम-तत्त्व के आधार की शिनाख़्त जैविक शिश्न के बजाय फ़ालस यानी लिंग में करके पुरुष की सेक्शुअलिटी को सीमित कर देते हैं। लकाँ ने दिखाया है कि लिंग के ज़रिये यौनानंद लेने का आग्रह पुरुष के आनंद उठाने की क्षमता कम कर देता है। जबकि स्त्री के पास *जूसेंस* की बेशी सप्लाई होती है जिसके कारण वह यौनानंद कहीं ज़्यादा उठाने की क्षमता से लैस होती है। दरअसल, लकाँ ने फ्रॉयड से भी एक क़दम आगे जा कर स्त्री की मातृ-मनोग्रंथि के प्रश्न पर विचार किया और अपने बाद के जीवन में उन्होंने सेक्शुअल विभेद के रहस्यों को जानने में काफ़ी वक़्त लगाया। उनके इस अनुसंधान का आधार यह

धारणा थी कि जेंडर अस्मिता से अलग स्त्रीत्व का एक मूल-तत्त्व होता है जिसके माध्यम से स्त्री सांकेतिक जगत में अपने ऊपर थोपे गये आग्रहों का प्रतिरोध कर पाती है।

लकाँ ने दुनिया के उन तमाम बड़े बुद्धिजीवियों के साथ संवाद स्थापित किया जो मनोविश्लेषण की दुनिया के नहीं थे। मसलन, उन्होंने सांकेतिक व्यवस्था की धारणा लेवी-स्त्रॉस से ली जिन्होंने मिथकों, भाषा, कुटुम्ब और किसी संस्कृति में आर्थिक आदान-प्रदान के सांगठनिक सिद्धांत के लिए यह सूत्रीकरण किया था। लकाँ ने अन्य की अवधारणा को लेकर ज्याँ-पाल सार्त्र से बहस की और मर्ली-पोंती से देह के सवाल पर विवाद किया। लकाँ ने हाइडेगर के बाद के दिनों के लेखन का फ्रेंच में अनुवाद किया और उनके भाषा, दर्शन और कविता संबंधी कई विचारों से प्रेरणा प्राप्त की। लकाँ एक तरफ़ तो मनोविश्लेषण को एक नया विज्ञान मानते थे, और दूसरी तरफ़ उनका यह भी ख़याल था कि विज्ञान के प्रभुत्व से आक्रांत संस्कृति में मनोविश्लेषण के माध्यम से कई तरह रोगों का निदान किया जा सकता है। उनके पहले विचार ने अलथुसे को प्रभावित किया, और दूसरे ने फ़ूको और देरिदा जैसे फ्रांसीसी दार्शनिकों को। लकाँ ने उस जटिल क़िस्म के भाषाई विश्लेषण की तरफ़ भी ध्यान आकर्षित किया जिसका इस्तेमाल करते हुए फ्रॉयड ने अपनी व्याख्याएँ की थीं। भाषा और मनोविश्लेषण के बीच इस सूत्र ने लकाँ को साहित्यिक सिद्धांतकारों के बीच भी ख़ासी प्रतिष्ठा दिलायी।

देखें : एरिक फ्रॉम, कार्ल गुस्ताव युंग, मनोविज्ञान-1 और 2, मनोविश्लेषण, मनोविश्लेषण और नारीवाद, ज़िंगमण्ड फ्रॉयड-1 और 2.

संदर्भ

1. डी. इवांस (1997), *ऐन इंट्रोडक्टरी डिक्शनरी ऑफ़ लकाँनियन साइकोएनालिसिस,* रॉटलेज, लंदन.
2. ई. ग्रोज़ (1990), *ज़ाक लकाँ : अ फ़ेमिनिस्ट इंट्रोडक्शन,* रॉटलेज, लंदन.
3. एस. ज़िज़ेक (1991), *लुकिंग ऑरी : ऐन इंट्रोडक्शन टू ज़ाक लकाँ थ्रू पापुलर कल्चर,* एमआईटी प्रेस, बोस्टन.
4. जॉन पी. मुलर और विलियम जे. रिचर्डसन (1982), *लकाँ ऐंड लेंग्वेज : अ रीडर्स गाइड टू एक्रिट्स,* इंटरनैशनल युनिवर्सिटी प्रेस, न्यूयॉर्क.

— अभय कुमार दुबे

ज्याँ-फ्रांस्वा ल्योतर

(Jean-francois Lyotard)

उत्तर-आधुनिकतावाद को एक प्रभावशाली वैचारिक आंदोलन में बदल देने वाले फ्रांसीसी दार्शनिक और उत्तर-संरचनावादी चिंतक ज्याँ-फ्रांस्वा ल्योतर (1925-1998) किसी भी तरह के महा-आख्यान, महा-विचार और महा-सिद्धांत को गहराई से प्रश्नांकित करने के लिए जाने जाते हैं। उन्हें यक़ीन था कि इनसान का सामाजिक जीवन इस क़दर विविध और सृजनशील है कि उसे किसी एक विचार या सिद्धांत में नहीं समेटा जा सकता। ल्योतर के मुताबिक़ ऐसे बहुलतासम्पन्न सामाजिक जीवन पर अगर कोई सोशल इंजानियरिंग आरोपित की जाएगी, या ख़ास तरह की विकास-नीति या अर्थनीति अपना कर उस पर कोई परिवर्तन थोपा जाएगा, तो उसका नतीजा लाज़मी तौर पर सर्वसत्तावाद में निकलेगा। एक विचार के तौर पर उत्तर-आधुनिकतावाद की चर्चा ल्योतर से पहले भी होती रहती थी। न केवल यह पद कला और साहित्य की दुनिया में प्रचलित था, बल्कि इसके ज़रिये किये जाने वाले आक्षेपों से आधुनिकता को बचाने के लिए डेनियल बैल ने 1973 में इसकी कड़ी आलोचना भी की थी। लेकिन 1979 में ल्योतर की रचना *पोस्टमॉडर्न कंडीशन: अ रिपोर्ट ऑन नॉलेज* का फ्रांसीसी भाषा में प्रकाशन होते ही 'महा-आख्यानों के प्रति अविश्वास' एक प्रमुख वैचारिक फ़िकरा बन गया। 1984 में यह पुस्तक अंग्रेज़ी में अनूदित हुई जिसके बाद से एक सामाजिक-सांस्कृतिक सिद्धांत के रूप में उत्तर-आधुनिकता और उत्तर-आधुनिकतावाद के पैर ग्लोबल पैमाने पर जम गये।

ज्याँ-फ्रांस्वा ल्योतर का जन्म वरसाई, फ्रांस के एक साधारण परिवार में हुआ था। स्नातक की डिग्री हासिल करने के बाद उन्होंने अल्जीरिया से शुरू करके कई स्कूलों में दर्शन का अध्यापन किया। रैडिकल राजनीति में दीक्षित होने के बाद उन्होंने पेरिस के इर्द-गिर्द कई शिक्षा-संस्थाओं में दर्शन के प्रवक्ता और फिर प्रोफ़ेसर की भूमिका निभायी। *लिबिडनल इकॉनॉमी* लिखने के बाद विट्गेंस्टाइन और उत्तर-संरचनावादी चिंतक देरिदा से प्रभावित हो कर उनकी दिलचस्पी भाषा के विश्लेषण में हो गयी। 1984 में उनकी रचना द *डिफ़रेंड* प्रकाशित हुई। 1993 में उनके निबंधों का संकलन द *ड्राइव्ज़ ऐंड देयर एपरेटसिस* का प्रकाशन हुआ।

ल्योतर ने अपनी यह युग-प्रवर्तक कृति क्युबेक विश्वविद्यालय की एक परियोजना के तहत रची थी। विश्वविद्यालय विकसित देशों में ज्ञान के तत्कालीन स्तर की जाँच-पड़ताल करना चाहता था ताकि उसके आधार पर

ज्याँ-फ्रांस्वा ल्योतर (1925-1998)

भविष्य की विश्वविद्यालयीय नीतियों का सूत्रीकरण किया जा सके। *पोस्टमॉडर्न कंडीशन* में ल्योतर ने दावा किया कि युरोपीय ज्ञानोदय से निकले प्रगति के विचार और बुद्धिवाद के नेतृत्व में बना ज्ञान का ढाँचा, उसकी प्रकृति और स्थिति में परिवर्तन आ चुका है। नये हालात को उन्होंने उत्तर-आधुनिकता का नाम दिया, जिसके तहत सूचना प्रौद्योगिकी, दक्षता और परिणामवाद का बोलबाला हो चुका है। अपने विकास की प्रक्रिया में विज्ञान के विभिन्न अंगों में पहले की तरह परस्पर अनुरूपता नहीं रह गयी है और अब वैज्ञानिक एक-दूसरे से मिलती-जुलती भाषा भी नहीं बोलते। हालाँकि विज्ञान का दावा अभी भी वस्तुनिष्ठ व्याख्या प्रदान करने का है, पर उसके वजूद को तरह-तरह के महा-आख्यानों और महा-गाथाओं के दम पर जायज़ ठहराया जा रहा है। आधुनिकता ने सुख, समृद्धि और स्वतंत्रता का आश्वासन थमाया था, वह पूरा नहीं हो सका है। परिणामस्वरूप सार्वभौम आस्थाओं, विचारधाराओं, धर्मों, पूँजीवाद के लाभों और मनोविश्लेषण की विधियों से लोगों का मोह भंग हो गया है।

ल्योतर ने स्पष्ट रूप से कहा कि प्रौद्योगिकी ज्ञान को बदल रही है और ज्ञान के जो रूप प्रौद्योगिकी की भाषा में अनूदित होने के लिए तैयार नहीं है वह किसी न किसी रूप में हाशियाग्रस्त होने के लिए अभिशप्त हैं। इसी के मुताबिक़ भविष्य के अनुसंधान की दिशा भी उसके परिणामों के कम्प्यूटर की भाषा में अनूदित होने की सम्भावनाओं पर निर्भर होगी। लेकिन अगर ऐसा हुआ तो क्या उत्तर-आधुनिक युग में कम्प्यूटरों का वर्चस्व क़ायम नहीं हो जाएगा और क्या सोचने वाले कर्त्ता की जगह आधुनिक प्रौद्योगिकी की यांत्रिक प्रवृत्तियाँ नहीं ले लेंगी? इस प्रश्न के उत्तर में ल्योतर की थीसिस कहती है कि ज्ञान प्रौद्योगिकी के हाथों बदल कर विनिमय-मूल्य और बाह्य शक्तियों के खेल के मातहत हो जाएगा। इस तरह ल्योतर उत्तर-आधुनिक स्थिति की परिभाषा प्रौद्योगिकीय और वैज्ञानिक ज्ञान-रूपों के अंतर्भूत परिणामों के साथ-साथ ज्ञान-रूपों के वैकल्पिक आख्यानों के संदर्भ में भी करते हैं।

ल्योतर पोस्टमॉडर्न कंडीशन के तहत किसी भी विचार का सत्यापन करने के लिए पागान रवैये की वकालत करते हैं। चूँकि देश-काल की सीमाओं से परे सार्वभौम पैमाने पर लागू होने वाले सिद्धांतों के आधार पर मानक नहीं बनाये जा सकते, इसलिए ईमानदार तरीक़ा यही होगा कि हर घटना, हर विचार या हर मसले की जाँच उसकी विशिष्ट शर्तों के आधार पर की जाए। आकलन और मूल्यांकन करने के इस उसूल की पुष्टि अरस्तू के हवाले से करते हुए ल्योतर ने कहा कि पागान समाज यही तरीक़ा अपनाता था। ऐसे समाजों का सार्वजनिक जीवन मार्क्सवाद, कम्युनिज़म, समाजवाद, फ़ासीवाद या पूँजीवाद जैसे महा-आख्यानों और महा-सिद्धांतों की बौद्धिक ग़ुलामी में नहीं फँस सकता था। पागान समाज राजनीतिक कार्रवायी की हर माँग और दावेदारी की जाँच पूर्व-निर्धारत मानकों के आधार पर न करके अलग-अलग तरीक़ों से करता था। इसका नतीजा अधिक न्यायपूर्ण सामाजिक संरचनाओं में निकलता। सोवियत शैली की सामाजिक-आर्थिक इंजीनियरिंग की जगर ल्योतर ने 'लघु आख्यानों' की सिफ़ारिश की। इसके उदाहरण के तौर पर उन्होंने 1968 के मज़दूर-छात्र गठजोड़ को आदर्श क़रार दिया जो पेरिस के विद्रोह के केंद्र में था। किसी दीर्घकालीन डिज़ाइन के विपरीत यह गठजोड़ एक सीमित और अल्पकालीन मक़सद हासिल करने के लिए बनाया गया था।

पोस्टमॉडर्न कंडीशन के प्रकाशन से पहले ल्योतर को उनकी रचना *लिबिडनल इकॉनॉमी* (1974) के लिए जाना जाता था जिसमें उन्होंने अवाँगार्द कला की फ़ितनागिरी का विश्लेषण किया था। लिबिडिनल इकॉनॉमी जैसे पद का इस्तेमाल उन्होंने मनुष्य के भीतर सक्रिय उन विविध प्रेरणाओं और चालक-शक्तियों के लिए किया जो तर्क और बुद्धि के मुताबिक़ चलने में रुकावट डालती हैं। फ्रॉयड की भाँति ल्योतर इन प्रवृत्तियों को केवल अवचेतन का अंग बता कर नहीं रह जाते, बल्कि उनके अराजक और सामाजिक व्यवस्था को बेतरतीब बना देने वाले प्रभाव को सकारात्मक दृष्टि से देखते हैं। इस जगह वे मार्क्सवाद की आलोचना करते हैं कि उसके सिद्धांतों में इन चालक शक्तियों के लिए कोई स्थान नहीं है। मार्क्सवाद इन शक्तियों और प्रेरणाओं को अनायास

और विवेकहीन कह कर ख़ारिज कर देता है। ल्योतर के मुताबिक़ यह मार्क्सवाद की वैचारिक तानाशाही है, क्योंकि इन प्रवृत्तियों को हमेशा के लिए नहीं दबाया जा सकता; अंत में वे किसी न किसी रूप में ख़ुद को व्यक्त करती ही हैं। ल्योतर ने उन्नीसवीं सदी की औद्योगिक क्रांति को भी मज़दूर वर्ग की लिबिडनल ऊर्जा के ज़बरदस्त विस्फोट की संज्ञा दी है। मार्क्सवादी इस क्रांतिं में महज़ मज़दूरों का शोषण देखते हैं, जबकि ल्योतर के मुताबिक़ स्वयं मज़दूर उस प्रक्रिया को उत्सुकता, विविधता और परिवर्तन के नज़रिये से देख रहे थे।

ल्योतर की यह रचना उस ज़माने में प्रकाशित हुई थी जब 1968 की घटनाओं के बाद कई फ्रांसीसी बुद्धिजीवी मार्क्सवाद से मोहभंग के दौर से गुज़र रहे थे। *लिबिडनल इकॉनॉमी* को मार्क्सवाद की दार्शनिक और सांस्कृतिक परियोजना के ऊपर सीधे हमले के रूप में देखा जाता है। अधिक सामान्य अर्थों में इसे दर्शन की बुद्धिवादी विरासत के प्रति उग्र नकार के रूप में भी ग्रहण किया जाता है। इसीलिए इस रचना को उत्तर-दार्शनिक और कभी-कभी उसके विरोधियों द्वारा दर्शन-विरोधी तक क़रार दिया जाता है।

ल्योतर ने अपने बौद्धिक जीवन की शुरुआत में फ्रॉयड और मार्क्स का संश्लेषण करने की कोशिशें की थीं। जल्दी ही उनका मनोविश्लेषण और मार्क्सवाद से मोह भंग हो गया। लेकिन इस दौरान निर्मित हुए बौद्धिक सरोकार किसी न किसी रूप में उनके साथ बने रहे। उनके ज़्यादातर राजनीतिक सिद्धांत विभिन्न प्रसंगों के इर्द-गिर्द रचे गये हैं। अल्जीरिया की आज़ादी के लिए हुए युद्ध ने उन्हें राजनीतिक चिंतन की प्रेरणा दी। उस समय वे अल्जीरिया में दर्शनशास्त्र का अध्यापन करते हुए एक रैडिकल ट्राट्स्कीवादी गुट के साथ *सोशलिज़्म ऑर बारबरिज़्म* नाम पत्रिका के साथ जुड़े हुए थे।

1968 में पेरिस की सड़कों पर हुए छात्र-मज़दूर विद्रोह के समय वे ख़ुद को मार्क्सवादी मानते थे, पर आंदोलनकारियों की पहलक़दमियों का लाभ उठाने में फ्रांसीसी कम्युनिस्ट पार्टी की विफलता से नाराज़ हो कर उन्होंने मार्क्सवादियों की निंदा की। उन्हें लगा कि उनकी आँखों के सामने ही मार्क्सवाद का महा-वृत्तांत धराशायी हो रहा है। इसी मक़ाम से उन्हें राजनीति में उत्तर-आधुनिकता का सूर्योदय होता हुआ दिखा।

ल्योतर के विचार जितने प्रभावशाली हैं, उन्हें प्रश्नांकित भी उसी शिद्दत से किया गया है। उनके आलोचकों का कहना है कि आधुनिकता की ताक़त को ख़ारिज करने भर से उसका सामाजिक कार्यक्रम ख़ारिज नहीं हो जाता। वे यह भी कहते हैं कि उत्तर-आधुनिकता किसी भी तरह से आधुनिकता का विकल्प नहीं बन पायी है। ल्योतर की उत्तर-आधुनिकता बिना किसी वैकल्पिक कार्यक्रम की तजवीज़ किये एक क़िस्म की आधुनिकता की ख़ामियों को खंगालती रहती है। इसके साथ ही उसे एक दूसरे तरह की आधुनिकता के आविष्कार की कोशिश करते हुए देखा जा सकता है। इस लिहाज़ से उत्तर-आधुनिकता अपने-आप में आधुनिकता के अंत के बजाय उसकी शुरुआत बनने के प्रयासों की तरह भी परिभाषित हो सकती है।

देखें : अस्तित्ववाद, आत्मनिष्ठता-वस्तुनिष्ठता, इयत्ता, इमैनुएल कांट, इंद्रियानुभववाद, ईसैया बर्लिन, उत्तर-आधुनिकतावाद, उदारतावाद, कल्पित समुदाय, घटनाक्रियाशास्त्र और एडमण्ड हसर, चेतना, जॉन लॉक, ज़ाक लकाँ, ज्याँ-पॉल सार्त्र, ज़ाक देरिदा, तत्त्वमीमांसा और अस्तित्वमीमांसा, तात्त्विकतावाद, द्वैतवाद, फ्रीड्रिख़ विल्हेल्म नीत्शे-1 और 2, बुद्धिवाद, भौतिकवाद, मनोविश्लेषण, मिशेल पॉल फ़ूको-1 और 2, युरोपीय पुनर्जागरण, युरोपीय ज्ञानोदय, रेने देकार्त, लुई अलथुसे, सोरेन कीर्केगार्द, संरचनावाद और उत्तर-संरचनावाद, ज्ञानमीमांसा।

संदर्भ

1. जी. बेनिंग्टन (1988), *ल्योतर : राइटिंग द ईवेंट*, कोलम्बिया युनिवर्सिटी प्रेस, न्यूयॉर्क.
2. ज्याँ-फ्रांस्वा ल्योतर (1984), *द पोस्टमॉडर्न कंडीशन : अ रिपोर्ट ऑन नॉलेज*, मैनचेस्टर युनिवर्सिटी प्रेस, मैनचेस्टर.
3. बी. रीडिंग्ज़ और के.पी. जीमैन (सम्पा.) (1993), *पॉलिटिकल राइटिंग्ज़*, यूसीएल प्रेस, लंदन.
4. जे. विलियम्स (1998), *ल्योतर : टुवर्ड्स अ पोस्टमॉडर्न फिलॉसफ़ी*, पॉलिटी प्रेस, केम्ब्रिज.

—अभय कुमार दुबे

ज्याँ-ज़ाक रूसो

(Jean-Jacques Rousseau)

फ्रांसीसी नवजागरण के प्रमुख विचारक, उपन्यासकार, संगीतशास्त्री, गीत-नाट्यकार और शिक्षाशास्त्री ज्याँ-ज़ाक रूसो (1712-1778) का कृतित्व आधुनिक राजनीतिक विचार के लिए केंद्रीय महत्त्व रखता है। यह रूसो के विमर्शों का ही प्रताप था कि अठारहवीं सदी में लोकतंत्र का सिद्धांत पहली बार आम जनता और भीड़तंत्र के भय से मुक्त हुआ। रूसो ने अपने प्रभावशाली लेखन के ज़रिये अपने युग के प्रचलित बौद्धिक रवैये के परे जाते हुए अभिजनों द्वारा अर्जित राजनीतिक, बौद्धिक और सांस्कृतिक उपलब्धियों के ऊपर साधारण व्यक्ति के गुणों, निष्ठा, देशभक्ति और सामुदायिक भावना को अहमियत दी। विषमता के ख़िलाफ़ समता का

विमर्श स्थापित करने वाले रूसो अपने युग के फ्रांसीसी बुद्धिजीवियों में सर्वाधिक लोकप्रिय थे। अपनी मृत्यु के सोलह वर्ष बाद 1789 की महान फ्रांसीसी क्रांति के मुख्य प्रणेता के तौर पर उन्हें फ्रांस के राष्ट्रीय नायक का दर्जा प्रदान किया गया।

रूसो प्रत्यक्ष लोकतंत्र के समर्थक थे, पर एथेंस के बौद्धिक रूप से चमकदार लोकतंत्र के मुक़ाबले स्पार्टा के दृढ़, जुझारू और बौद्धिकता को ख़ास महत्त्व न देने वाला लोकतंत्र उन्हें अधिक प्रिय था। उनकी लेखनी में अनूठी शक्ति थी। विचार मूलत: उनका अपना हो या अपने साथी विद्वानों से बातचीत के ज़रिये ग्रहण किया गया हो, वे हमेशा उसे मौलिक कोण से पेश करने में कामयाब रहते। रूसो के आलोचक भी मानते थे कि नवजागरण के दार्शनिकों के कई विचार रूसो के ज़रिये आम लोगों तक पहुँचने पर अधिक प्रभावी साबित हुए। समझा जाता है कि रूसो ने जिन विचारों के आधार पर अपना पूरा विमर्श खड़ा किया, उनके जनक मुख्यत: दिदेरो और बुफ़ों थे, पर आज दुनिया उन्हें रूसो की कृति मानती है।

1750 में प्रकाशित *अ डिस्कोर्स ऑन द आर्ट्स ऐंड साइंसेज़* का लेखन रूसो ने एक निबंध प्रतियोगिता जीतने के लिए किया था। उन्हें न केवल अपने फ़ौरी मक़सद में सफलता मिली, बल्कि इसके ज़रिये उन्होंने अपने ज़माने के उन प्रचलित विचारों को चुनौती भी दे डाली जिन्हें उन्हीं के मित्रों और सहयोगी दार्शनिकों से विकसित किया था। उस समय तक नवजागरण के चिंतक प्रगति के विचार का प्रतिपादन कर चुके थे। पर रूसो ने उन्हें यह कह कर भौंचक्का कर दिया कि जिन उपलब्धियों को सभ्यता का विकास समझा जा रहा है, वे बुद्धि और मानवीय सुख का प्रतिनिधित्व करने के बजाय इनसानों को भ्रष्ट, बेइमान और दुखी बना रही हैं। रूसो ने हर उस उपलब्धि को कमतर ठहराया जिसे नवजागरण के दार्शनिक कीमती मानते थे, फिर चाहे वह तर्कबुद्धि हो, विज्ञान हो, दर्शन, प्रगति या बौद्धिक परिष्कार हो। रूसो ने ईसाइयत द्वारा स्थापित 'मूल-पाप' (ओरिजिनल सिन) के सिद्धांत का खण्डन करते हुए मनुष्य की बुनियादी अच्छाई का दावा किया। उनका कहना था कि मनुष्यों को भ्रष्ट करने की ज़िम्मेदारी तो समाज की है।

अपने अन्य विमर्शों में भी रूसो ने इसी आधारभूत तर्क को और समृद्ध किया। 1755 में प्रकाशित *अ डिस्कोर्स ऑन द ओरिजिन ऑफ़ इनईक्वलिटी* में उन्होंने मनुष्य की प्रकृत अवस्था की अपनी व्याख्या करते हुए दावा किया कि अपने प्राकृतिक रूप में मनुष्य लाज़मी तौर पर बुद्धिसंगत और सामाजिक न हो कर अलग-अलग सक्रिय रहने वाला प्राणी था। उसमें कभी-कभी एक-दूसरे से अन्योन्यक्रिया करने के साथ-साथ स्व-हित को समझने और हमदर्दी महसूस करने की क्षमताएँ भी थीं। आबादी बढ़ने के दबाव में मनुष्य की यह प्राकृतिक स्वतंत्रता नष्ट हो गयी। निजी सम्पत्ति की शुरुआत के साथ ही शोषण, विषमता और सभी तरह की बुराइयों का आगमन हुआ। सामाजिक विषमता से अन्याय और नैतिक भ्रष्टाचार निकला। सतही तौर से देखने से लगता है कि रूसो के विमर्शों की निगाह में मानवता का भविष्य अंतिम रूप से अंधकारमय था। पर, रूसो यह भी साफ़ करते हैं कि मनुष्य में सुधार करते हुए सम्पूर्णता प्राप्त करने की क्षमता भी है।

इस निष्कर्ष पर पहुँचते ही रूसो दो तरह के प्रश्नों का सामना करते हैं : क्या व्यक्तिगत धरातल पर ऐसा जीवन जीना सम्भव है जिसे समाज ने भ्रष्ट न किया हो, और क्या भ्रष्ट न किया जा सकने वाला समाज बनाया जा सकता है? 1762 में दो पुस्तकों के ज़रिये रूसो ने इन प्रश्नों का उत्तर दिया। अपनी उपन्यासनुमा रचना *एमाइल* के पृष्ठों पर रूसो एमाइल नामक काल्पनिक बालक की कहानी कहते हैं कि उसे किस प्रकार समाज के दूषित प्रभाव से दूर प्राकृतिक रूप से शिक्षित किया गया। उन्होंने जिस शिक्षा संबंधी सिद्धांत का प्रतिपादन किया उसने बचपन, बच्चों के लालन-पालन और मातृत्व संबंधी युरोपियन समझ को पूरी तरह से बदल डाला। रूसो ने माताओं से आग्रह किया कि वे दाई के हवाले न करके अपने शिशु की ख़ुद देखभाल करें और उसे अपना दूध पिलाएँ। इसी प्रक्रिया में रूसो ने सार्वजनिक दायरे के बरक्स एक निजी दायरे की कल्पना की जिसमें छोटे आधुनिक बूर्ज्वा परिवार की आहटें थीं, लेकिन जिसके रख-रखाव की ज़िम्मेदारी स्त्री की अधीनता पर डाल दी गयी थी।

रूसो की दूसरी रचना *सोशल कांट्रेक्ट* भ्रष्टाचार से मुक्त समाज बनाने की तजवीज़ करती है। इसकी पहली पंक्ति जगत विख्यात हो चुकी है : 'मनुष्य स्वतंत्र पैदा होता है, पर हर जगह वह ज़ंजीरों में जकड़ा हुआ है।' दरअसल, *सोशल कांट्रेक्ट* आधुनिक राजनीतिक दर्शन को एकदम नया रूप दे देती है। उनका सामाजिक समझौता हॉब्स और लॉक के सामाजिक समझौते से अलग है। रूसो से पहले के दार्शनिकों का यक़ीन था कि मनुष्य अपनी बुद्धिगत क्षमताओं के कारण दूसरे प्राणियों से भिन्न है, जबकि रूसो मानते हैं कि इनसान नैतिक चुनाव की क्षमता के कारण अलग है। अगर उसे यह चुनाव करने की आज़ादी न दी जाए तो वह दास से अधिक कुछ नहीं रह जाएगा। चूँकि समाज तरह-तरह की अ-स्वतंत्रताओं से भरा हुआ है और मनुष्य अपनी प्राकृतिक स्वतंत्रता के शुरुआती संसार में नहीं लौट सकता, इसलिए रूसो तजवीज़ करते हैं कि उसे अपनी उस आज़ादी का विनिमय नागरिक स्वतंत्रता से करना चाहिए। इसके लिए मनुष्य को एक-दूसरे से मिल कर संगठन बनाना होगा, सामाजिक अस्तित्व रचना होगा जिसके तहत सभी लोग

अपने अधिकार त्याग देंगे और बदले में नागरिक के रूप में अधिकार प्राप्त करेंगे, एक सम्प्रभु के सदस्य के रूप में रहेंगे। अर्थात् एक संविधान बनाना पड़ेगा जिसके तहत हर व्यक्ति अधीन भी होगा और सहभागी नागरिक भी। केवल इसी तरह स्वतंत्रता की गारंटी की जा सकेगी। यह लोकतंत्र की अवधारणा थी, पर रूसो जनता के प्रतिनिधियों द्वारा चलाये जाने वाले लोकतंत्र या विधि-निर्माण से सहमत नहीं थे। प्राचीन यूनान के प्रत्यक्ष लोकतंत्र की तरह रूसो चाहते थे कि सभी नागरिक एक सार्वजनिक स्थान पर जमा हो कर विधि निर्माण करें। अल्पमत को बहुमत द्वारा लिए गये निर्णय के अधीन होने से बचाने के लिए रूसो ने सर्वसम्मति का पक्ष लिया जिसे कारगर बनाने के लिए उन्होंने अपने सबसे विख्यात सिद्धांत 'जन-इच्छा' (जनरल विल) का सूत्रीकरण किया। 'जन-इच्छा' के आधार पर रचे गये क़ानून के पालन का मतलब था स्वयं अपनी इच्छा का पालन करना।

ज्याँ-ज़ाक रूसो (1712-1778)

रूसो के ये प्रस्ताव असाधारण और विवादास्पद थे। उनकी इस असाधारणता का ताल्लुक़ उनके असाधारण जीवन से भी था। वे स्विट्ज़रलैण्ड के एक मध्यवित्त परिवार में पैदा हुए। जन्म देते हुए माँ की मृत्य हो गयी। उनके पिता एक घड़ीसाज़ होने के बावजूद पुस्तकों और अध्ययन के प्रेमी थे। पर वे अपने बेटे को कोई ख़ास औपचारिक शिक्षा नहीं दिला पाये। पिता के दूसरे विवाह के बाद रूसो किशोरवय में ही अकेले पड़ गये। इसके बाद उनके भटकने का सिलसिला शुरू हुआ। उन्हें फ्रांस और इटली के कुछ इलाक़ों में छोटी-मोटी नौकरियाँ करनी पड़ीं। स्नेह के अभाव और संकटग्रस्त जीवन ने उन्हें अति-संवेदनशील बना दिया। इसी अवधि में भाग्य ने उन्हें एक तलाक़शुदा 29 वर्षीय महिला द वारेन से मिलवाया जिन्हें कमसिन रूसो से प्रेम हो गया। द वारेन के प्रभाव में आकर रूसो ने कैल्विनवादी ईसाई आस्थाओं को छोड़ कर कैथॅलिक आस्थाओं का दामन थामा। द वारेन ने ही रूसो को संगीत की औपचारिक शिक्षा दिलवायी। उन्हीं के सान्निध्य में रूसो ने दर्शन और गणित का अध्ययन किया। 1742 में वे इटली से फ्रांस पहुँचे और संगीत के स्वरांकन की नयी प्रणाली ईज़ाद करने का दावा किया। ठुकराये जाने पर उन्होंने निष्कर्ष निकाला कि पेरिस इतालवी संगीत के प्रति दुराग्रहग्रस्त है। पेरिस में ही उनकी दोस्ती फ्रांसीसी दार्शनिक दिदेरो से हुई। दिदेरो और द'अलेम्बर्त द्वारा तैयार किये महाग्रंथ *इनसाइक्लोपीडिया* में संगीत संबंधी रचनाओं के अलावा रूसो ने 1755 में राजनीतिक अर्थशास्त्र पर एक विख्यात लेख का योगदान भी किया।

रूसो को आर्थिक दिक़्क़त रहती थी, पर इस दबाव में आ कर किसी पेशकश को मान लेना उनके स्वभाव में नहीं था। उन्होंने 1752 में लुई पंद्रहवें द्वारा दी गयी आजीवन पेंशन ठुकरा दी। लुई रूसो द्वारा रचित एक ऑपेरा देख कर अत्यंत प्रभावित हुए थे। रूसो ने ट्यूशन पढ़ाने के कई फ़ायदेमंद प्रस्ताव भी स्वीकार नहीं किये। *सोशल कांट्रेक्ट* लिखने से पहले 1961 में उन्होंने *ज्यूली ऑर द न्यू हेलोइस* शीर्षक से आठ सौ पृष्ठ का एक बृहद उपन्यास लिखा। प्रेम संबंधों पर आधारित यह एक भावनाप्रवण कहानी थी, जिसने युरोप के गल्प-साहित्य में स्वच्छंतावाद के परवर्ती विकास के लिए आधार का काम किया।

स्थापित विचारों से खुल कर असहमति व्यक्त करने के कारण रूसो को चर्च और प्रशासनिक अधिकारियों का कोप झेलना पड़ा। जिनेवा और कई जगहों पर उनकी किताबों पर पाबंदी लगायी गयी। गिरफ़्तारी से बचने के लिए वे ख़ुफ़िया तौर पर फ्रांस से निकल गये और डेविड ह्यूम की मदद से इंग्लैण्ड में शरण ली। अलग-थलग पड़ जाने के कारण रूसो की मानसिक हालत अस्थिर होती चली गयी। 1767 में वे एक दूसरा नाम रख कर फ्रांस लौटे, जहाँ उन्हें पुस्तकें प्रकाशित करने के अधिकार से वंचित कर दिया गया। इसी दौर में उन्होंने अपनी आत्मकथा *कन्फ़ेशंस* लिखी जिससे युरोप में आत्मकथा साहित्य की परम्परा शुरू हुई। *कन्फ़ेशंस* का आंशिक प्रकाशन उनकी मृत्यु के चार साल बाद 1782 में ही हो सका।

रूसो के सिद्धांतों में 'जन-इच्छा' का सिद्धांत सर्वाधिक विवादास्पद है, क्योंकि वे स्वयं भी कभी इस प्रश्न का उत्तर नहीं दे पाये कि नागरिकों की आम सभा में व्यक्त की जाने वाली इच्छाओं में से 'जनरल-विल' कैसे निकलेगी। अंत में हार कर वे यह कहते हुए नज़र आये कि अगर 'जन-इच्छा' नहीं उपलब्ध हो पा रही है तो बहुमत की इच्छा को ही उसका पर्याय मान लिया जाना चाहिए। चूँकि रूसो ने ऐसे नागरिकों के सहज समुदाय की कल्पना की थी जो ऊँच-नीच के संबंधों से परे समता और एकता के वाहक होंगे, इसलिए उन्हें विश्वास था कि उनके बीच में 'जन-इच्छा' उपलब्ध करना आसान होगा। ईसाइयत को इस तरह के लोकतंत्र के

लिए पूरी तरह उपयुक्त न मानने के कारण रूसो ने एक नागरिक धर्म की संकल्पना भी की।

विक्षिप्तता के प्रभाव के कारण मशहूरी की बुलंदियों पर होने के बावजूद रूसो के जीवन के अंतिम दिन सुखी नहीं गुज़रे। 66 वर्ष की उम्र में मस्तिष्काघात से उनकी मृत्यु हो गयी।

रूसो के विचारों की आलोचना उनके जीवन में ही होनी शुरू हो गयी थी। यह सिलसिला बाद में भी जारी रहा। एडमण्ड बर्क ने कहा कि सांस्कृतिक-बौद्धिक उपलब्धियों को ख़ारिज करने का रूसो का निर्णय उनकी अपनी बौद्धिक हेकड़ी और नैतिक विफलता का द्योतक था। शुरुआती नारीवादी मैरी वोल्स्टनक्रॉफ्ट ने रूसो की आलोचना की कि उन्होंने स्त्री को मातृत्व और परिवार के दायरे में जकड़ देने कीए वकालत की है। रूसो के राजनीतिक सिद्धांतों की व्यावहारिकता को भी प्रश्नांकित किया गया कि यूनान के नगर-राज्यों के लिए जो प्रत्यक्ष लोकतंत्र व्यावहारिक था, वह फ्रांस जैसे विशाल आधुनिक राज्य के लिए कैसे कारगर होगा?

कार्ल पॉपर ने रूसो के विचारों को राष्ट्रवाद के नाम पर किये जाने वाले अनाचारों से जोड़ा है। जे.एल. टालमन ने 'जन-इच्छा' की अस्पष्टता के हवाले से रूसो पर यह आरोप लगाया है कि वे आधुनिक लोकतंत्र के पितामह होने के बजाय आधुनिक अधिनायकवाद के पितामह हैं। टालमन के अनुसार एक सम्पूर्णतावादी व्यक्ति या किसी पार्टी द्वारा कभी भी स्वयं में 'जन-इच्छा' मूर्तिमान होने का दावा करके तानाशाही थोपी जा सकती है। अपनी आज्ञा का उल्लंघन 'जन-इच्छा' का उल्लंघन क़रार देने की जुर्रत की जा सकती है। इस आलोचना की रोशनी में देखने पर फ्रांसीसी क्रांति के बाद रॉब्सपियरे और अन्य क्रांतिकारियों द्वारा की गयी ज़्यादतियों की ज़िम्मेदारी रूसो की लगती है। भले ही रूसो ने स्वयं कभी क्रांति की वकालत न की हो, पर इसमें कोई शक नहीं कि क्रांतिकालीन फ्रांस में रूसो के विचारों के इर्द-गिर्द उनका एक अतिवादी रैडिकल संस्करण विकसित हो गया था। ये तमाम क्रांतिकारी इसी तर्ज़ पर स्वयं को रूसो का अनुयायी मानते थे।

ऐसा लगता है कि रूसो ने अपनी इन आलोचनाओं का अंदाज़ पहले ही लगा लिया था। शायद इसीलिए अपनी पहली वार्ता की भूमिका में ही उन्होंने लिखा था : 'जो दृष्टिकोण मैंने अपनाया है उसके लिए मुझे सरलता से क्षमा प्रदान नहीं की जाएगी। वर्तमान समय में जिसकी सबसे अधिक प्रशंसा है उसका विरोध करके मैं अपने विरुद्ध बहुमुखी आलोचना के अलावा और क्या आशा कर सकता हूँ।'

देखें : अफ़लातून, अरस्तू, आग्युस्त कॉम्त, इमैनुएल कांट, ईसैया बर्लिन, कार्ल हाइनरिख़ मार्क्स-1, 2, 3 और 4, कार्ल रायमुंड पॉपर, ग्योर्ग विल्हेल्म फ्रीड्रिख़ हिगेल, चार्ल्स-लुई द सेकोंद मोंतेस्क्यू, निकोलो मैकियावेली, मार्सिलियस पाडुआ के, सुकरात, संत थॉमस एक्विना।

संदर्भ

1. मोतीलाल भार्गव (अनु.) (1934), *रूसो की तीन वार्ताएँ,* हिंदी समिति, सूचना विभाग, लखनऊ (उप्र).
2. एल.डी. कूपर)1999), *रूसो, नेचर ऐंड द प्रॉब्लम्स ऑफ़ द गुड लाइफ़,* पेंसिलवानिया स्टेट युनिवर्सिटी प्रेस, युनिवर्सिटी पार्क पीए.
3. जे.सी. हाल (1972), *रूसो : ऐन इंट्रोडक्शन टू हिज पॉलिटिकल फ़िलासफ़ी,* मैकमिलन, बैसिंगस्टोक.
4. डब्ल्यू. हेंडेल (1962), *ज्याँ-ज़ाक रूसो : मॉरलिस्ट,* लाइब्रेरी ऑफ़ द लिबरल आर्ट्स, न्यूयॉर्क.
5. जे.एल. टाल्मन (1970), *द ऑरिजिन ऑफ़ टोटेलिटेरियन डेमॉक्रैसी,* स्फ़ेयर बुक्स, लंदन.
6. आर. वोल्कर (2001), *रूसो,* ऑक्सफ़र्ड युनिवर्सिटी प्रेस, ऑक्सफ़र्ड.

— अभय कुमार दुबे

ज्याँ-पॉल सार्त्र

(Jean-Paul Sartre)

विख्यात अस्तित्ववादी दार्शनिक और फ्रेंच नाटककार, उपन्यासकार और साहित्यालोचक ज्याँ-पॉल सार्त्र (1905-1980) के कृतित्व में न केवल अस्तित्ववाद और मार्क्सवाद के साथ-साथ दर्शन और रचनात्मक साहित्य का असाधारण मेल दिखता है, बल्कि उनकी शख़्सियत राजनीतिक रूप से प्रतिबद्ध आधुनिक बुद्धिजीवी का बेहतरीन नमूना भी पेश करती है। किसी भी तरह के सरकारी सम्मानों से सदा दूर रहने वाले सार्त्र ने 1964 में साहित्य का नोबेल पुरस्कार स्वीकार करने से यह कह कर इनकार कर दिया था कि यह तो सड़े हुए आलुओं का एक बोरा भर है। वामपंथी रैडिकल चिंतन और राजनीति के लिए प्रासंगिक रहे सार्त्र कितने लोकप्रिय थे, इसका अंदाज़ा इस बात से लगाया जा सकता है कि उनकी शवयात्रा में भाग लेने के लिए पचास हज़ार से ज़्यादा लोग जमा हुए थे। एक दार्शनिक के रूप में उन्होंने अपनी शुरुआत एडमण्ड हसर के घटनाक्रियाशास्त्र का अध्ययन करके की थी। विशेष रूप से उन्होंने हसर द्वारा प्रतिपादित साभिप्राय और ज्ञानकृत चेतना के सूत्र में दिलचस्पी

दिखाई। सार्त्र के लिए इसका मतलब यह था कि मनुष्य किसी अनुभव को निष्क्रिय रूप से ग्रहण नहीं करता। उनका यही रुझान उनके शुरुआती दार्शनिक चिंतन में दिखाई दिया। उन्होंने मानवीय स्वतंत्रता का संधान करके उस कल्पनाशीलता को रेखांकित करने की कोशिश की जिसके तहत वह अपने जगत का आविष्कार कर सकता है। एक अस्तित्ववादी विचारक के रूप में अपनी सबसे बेहतर कृति *बीईंग ऐंड नथिंगनेस : अ फ़िनोमेनोजिकल ऑटोलॅजी* (1943) में सार्त्र के सरोकार इसी विचार के इर्द-गिर्द व्यक्त होते हैं। सार्त्र का राजनीतिक चिंतन काफ़ी रोचक है। रूसो के बाद वे फ्रांस के पहले चिंतक थे जिन्होंने बेहिचक व्यक्तिवादी और शुद्धतावादी विचार व्यक्त किये। उनके लेखन से हमें उस राजनीति की सीमा समझने का आधार भी मिलता है जिसमें मिलनसार क़िस्म की सामाजिकता की कोई संकल्पना न हो। इसके अलावा सार्त्र ने कमरे में बंद लेखक की छवि भी तोड़ी। उन्होंने विपुल साहित्य और दर्शन का सृजन किया, लेकिन इसके साथ ही उन्होंने ख़ुद को जनता और उनके मुद्दों से भी जोड़े रखा।

इक्कीसवीं सदी के चिंतन के लिए सार्त्र के बौद्धिक योगदान को पाँच दृष्टियों से देखा जा सकता है। पहली बात तो यह है कि सार्त्र कर्ता के रूप में मनुष्य की इयत्ता को देकार्त की भाँति रेखांकित करने के बजाय उसे 'इयत्ता के लिए मौजूद कर्ता' की तरह देखते हैं। सार्त्र का यह नवाचार इयत्ता से संबंधित कई वैकल्पिक सिद्धांतों को जन्म देने की सम्भावनाएँ खोल देता है। दूसरे, सार्त्र उत्तरदायित्व, मूल्य और उसूलों के बजाय प्रामाणिकता पर बल देने वाले विचारक हैं। इससे भी विचार की नयी सम्भावनाएँ खुलती हैं जिन्हें चार्ल्स टेलर जैसे चिंतकों ने स्वीकार किया है। तीसरे, सार्त्र ने दर्शन को एक अकादमीय अनुशासन के दायरे से निकाल कर एक जीवन-शैली के रूप में पेश किया। इससे एक्टिविस्ट फिलॉसफ़र की छवि बनी। चौथी बात यह है कि सार्त्र अपनी रचनाओं और चिंतन में नस्लगत शोषण और उत्पीड़न पर विशेष ध्यान देते हैं। उनके जीवन और कृतित्व का पाँचवा और बेहद महत्त्वपूर्ण पहलू है हमेशा और हर परिस्थिति में उत्पीड़ित का पक्ष लेना। हालाँकि ख़ुद उनकी भाषा सेक्सिज़्म के आरोप से मुक्त नहीं थी, पर उन्होंने अपनी साथी सिमोन को द *सेकण्ड सेक्स* जैसी क्लासिक रचना लिखने के लिए प्रोत्साहित करना जारी रखा। आगे चल कर यह रचना नारीवाद का शाहकार साबित हुई।

सार्त्र का जन्म पेरिस में हुआ था और उन्होंने अपना अधिकतर जीवन इसी शहर में गुज़ारा। 1929 में ईकोल नॉरमले सुपीरियोरे से स्नातक बनने के बाद 1931 से 1945 तक उन्होंने विभिन्न विश्वविद्यालयों में शिक्षा प्राप्त की। कुछ समय तक वे सेना में भी रहे और उन्हें एक छोटी सी अवधि तक युद्धबंदी के रूप में भी रहना पड़ा। सार्त्र का प्रसिद्ध नारीवादी चिंतक सिमोन द बोउवार के साथ सहजीवन का रिश्ता था। 1964 में इन्हें साहित्य का नोबेल पुरस्कार दिया गया। इन्होंने यह पुरस्कार लेने से मना कर दिया। शुरू में सार्त्र मानवीय आज़ादी के विचार के इर्द-गिर्द ही लेखन और चिंतन करते थे। सिमोन और रेमण्ड अरॉन के अनुसार द्वितीय विश्व-युद्ध से पहले सार्त्र की राजनीति में कोई रुचि नहीं थी। लेकिन 1945 के बाद उन्होंने सार्वजनिक मसलों में भी सक्रिय बौद्धिक भागीदारी शुरू की। उन्होंने नाटकों और उपन्यास-पाठ जैसी गतिविधियों के ज़रिये लोगों से अपना जुड़ाव क़ायम किया। बोउवार के साथ वे जीवन भर छोटे-बड़े संघर्षों से जुड़े रहे। इस रुझान ने उनके लेखन को भी गहरायी से प्रभावित किया। सार्त्र ने अपनी एक आँख बचपन में ही खो दी थी। जीवन के आख़िरी वर्षों में वे तक़रीबन पूरी तरह अंधे हो गये थे। लेकिन फिर भी टेप रिकार्डर की मदद से उन्होंने अपना लेखन जारी रखा। 1980 में अपने देहांत के समय तक वे काफ़ी सक्रिय रहे। उनके निधन के बाद फ्रांस के एक प्रमुख अख़बार ने लिखा कि फ्रांस ने अपना अंत:करण खो दिया है।

सार्त्र के शुरुआती दार्शनिक निबंध भावनाओं तथा इयत्ता (या सेल्फ़) की कल्पना और प्रकृति से संबंधित हैं। अपने उपन्यास *नौसिया* (1938) में उन्होंने इन्हीं मुद्दों को केंद्रस्थ किया है। इस कृति में बूर्ज़्वा समाज की स्पष्ट और तीखी आलोचना सामने आती है। उपन्यास को दार्शनिक रूप में कैसे लिखा जा सकता है, यह रचना उसका एक नमूना थी। पाँच साल बाद जब *बीइंग ऐंड नथिंगनेस* का प्रकाशन हुआ तो पाठकों को समझ में आया कि इस उपन्यास का नायक किन अस्तित्ववादी विषय-वस्तुओं को सम्बोधित कर रहा था। हाइडेगर की तरह ही सार्त्र ने भी इस बात पर ज़ोर दिया कि अस्तित्व आकारहीन होता है और इसका कोई सार नहीं होता है। व्यक्ति खुद को आकस्मिकताओं की अराजकता के बीच पाता है और उसका मार्गदर्शन करने के लिए कोई वस्तुनिष्ठ नैतिक नियम नहीं होते हैं। इसी तरह पहले से अस्तित्वमान कोई मानवीय प्रकृति भी नहीं होती जो जीवन को दिशा दे सके। ऐसी स्थिति में दर्शन का काम हमें दुनिया जिस तरीक़े से महसूस होती है उसे स्पष्ट करना होता है। अस्तित्ववादी चिंतन का सबसे गहनतम पहलू आशंका, बेमतलब होने की (या नथिंगनेस) की भावना, दूसरे के डर और मौत के प्रति जागरूकता के विश्लेषण से संबंधित है। जिंदगी नथिंगनेस से जुड़ी हुई है।

1947 में सार्त्र ने अपने निबंधों का एक संकलन *व्हाट इज़ लिटरेचर* शीर्षक से तैयार किया। सार्त्र एक अनूठे जीवनी-लेखक भी थे। उन्होंने न केवल अपनी बहुचर्चित आत्मकथा *वर्डस* लिखी, बल्कि उनकी विशद रचना गुस्ताव

ज्याँ-पॉल सार्त्र (1905-1980)

फ़्लाबेयर की जीवनी द *फ़ैमिली इडियट* है। सार्त्र ने ज्याँ जेने की जीवनी भी लिखी। दरअसल, जेने और ख़ुद की जीवनी के अलावा उनकी लिखी गयी बाक़ी जीवनियाँ उन्नीसवीं सदी के साहित्यकारों की थीं। शायद इसीलिए फ़ूको ने एक बार उन्हें उन्नीसवीं सदी का एक ऐसा व्यक्ति क़रार दिया था जो बीसवीं सदी के बारे में सोचने की कोशिश करता है। उनकी विख्यात उपन्यास त्रयी (*एज ऑफ़ रीज़न, आयरन इन द सोल* और द *रिप्रीव*) में उनका एक्टिविस्ट रूप सामने आता है। इसका प्रमुख कारण द्वितीय विश्व युद्ध का प्रभाव था। इस दौर में उनके द्वारा लिखे गये नाटकों में भी उन्होंने अस्तित्ववाद से जुड़ी हुई दार्शनिक समस्याओं को उठाया।

राजनीति के बारे में उनका प्रमुख सैद्धांतिक काम द *क्रिटीक ऑफ़ डायलेक्टिकल रीज़न* है। इसके ज़रिये उन्होंने अस्तित्ववाद और मार्क्सवाद को मिलाने की कोशिश की। लेकिन इस पुस्तक को काफ़ी आलोचना का सामना करना पड़ा। यह कृति एक स्तर पर इतिहास के दर्शन के रूप में काम करती है। इसमें द्वंद्वात्मक तर्कबुद्धि की पेशकश है जिसकी मदद से हर व्यक्ति की योजना को इतिहास की पूर्णता के हिस्से के रूप में देखा जा सकता है। लेकिन सार्त्र ने इस रचना में जिस तरह से व्यक्तियों का विवरण दिया है, उससे पुस्तक का व्यापक लक्ष्य थोड़ा पीछे छूट जाता है। वे नीतिशास्त्र पर लिखी जाने वाली एक दूसरी किताब में इसका पूरा औचित्य बताना चाहते थे, लेकिन वह कृति वे पूरी नहीं कर पाये।

सार्त्र ने सीरीज़ और ग्रुप-इन-फ़्यूजन में रहने वाले व्यक्तियों के बीच अंतर किया है। सीरीज़ से सार्त्र का तात्पर्य रोज़मर्रा की ऐसी जिंदगी से है जिसमें कोई मक़सद या इच्छा शामिल नहीं होती है। इसमें लोग बुरी आस्था (बैड फ़ेथ) के शिकार होते रहते हैं। उद्देश्यों में आकस्मिक समानता होने के कारण ही लोग एक-दूसरे से जुड़े रहते हैं। इसे स्पष्ट करने के लिए सार्त्र ने ऐसे लोगों का उदाहरण दिया है जो बस में चढ़ने के लिए लाइन में खड़े होते हैं। सार्त्र ग्रुप-इन-फ़्यूजन में ऐसे क्रांतिकारी समूहों को शामिल करते हैं जिसके सदस्यों ने इतिहास बदलने की एक समान योजना में भागीदारी की, और इसके ज़रिये प्रामाणिक नैतिक आज़ादी हासिल की। रोचक बात यह है कि इस राजनीतिक सिद्धांत में ग़रीब और वंचित लोगों के लिए वास्तविक उपायों पर कम ध्यान दिया गया है। इसके बजाय उन्होंने अस्तित्व की समस्या पर ज़्यादा रोशनी डाली है। उनके इस तरह के तर्क के आधार पर हिंसा का औचित्य भी साबित किया जा सकता है।

देखें : अस्तित्ववाद, आत्मनिष्ठता-वस्तुनिष्ठता, इयत्ता, इमैनुएल कांट, इंद्रियानुभववाद, ईसैया बर्लिन, उदारतावाद, कल्पित समुदाय, ग्योर्ग विल्हेल्म फ्रीड्रिख़ हिगेल, घटनाक्रियाशास्त्र और एडमण्ड हसर, चेतना, जॉन लॉक, ज़ाक लकाँ, ज्याँ-फ्रांस्वा ल्योतर, ज़ाक देरिदा, तत्त्वमीमांसा और अस्तित्वमीमांसा, तात्त्विकतावाद, द्वैतवाद, फ्रेड्रिख़ नीत्शे, बुद्धिवाद, भौतिकवाद, मनोविश्लेषण, मिशेल पॉल फ़ूको-1 और 2, युरोपीय पुनर्जागरण, युरोपीय ज्ञानोदय, रेने देकार्त, लुई अलथुसे, सोरेन आबी कीर्केगार्द, संरचनावाद और उत्तर-संरचनावाद, ज्ञानमीमांसा।

संदर्भ

1. क्रिस्टीना हॉवेल्स (सम्पा.) (1992), *केम्ब्रिज कम्पैनियन टू सार्त्र,* केम्ब्रिज युनिवर्सिटी प्रेस, केम्ब्रिज.
2. विलियम लियन मैकब्राइड (1991), *सार्त्रज़ पॉलिटिकल थियरी,* इण्डियाना युनिवर्सिटी प्रेस, ब्लूमिंगटन.
3. एस. जूलियन मर्फ़ी (1999), *फ़ेमिनिस्ट इंटरप्रिटेशन ऑफ़ ज्याँ-पॉल सार्त्र,* पेनसिलवानिया स्टेट युनिवर्सिटी प्रेस, युनिवर्सिटी प्रेस, पीए.
4. जोनाथन वेबर (सम्पा.) (2011), *रीडिंग सार्त्र : ऑन फ़िनॉमेनॉलॅजी ऐंड एग्ज़िस्टेंशियलिज़म,* रॉटलेज, लंदन.

— कमल नयन चौबे

जिहाद

(Jehad)

जिहाद शब्द अरबी भाषा के शब्द *जुअहद* से बना है जिसका शाब्दिक अर्थ है लगातार प्रयास करना, संघर्ष करना, मेहनत करना। इस शब्दार्थ की दृष्टि से किसी लक्ष्य की प्राप्ति के लिए अपनी सम्पूर्ण शक्ति लगा देने और हर सम्भव कोशिश का नाम जिहाद है। जिहाद का सर्वाधिक उल्लेख क़ुरान शरीफ़ में हुआ है जहाँ इसे मुसलमानों का धार्मिक कर्त्तव्य बतलाया गया है। जिहाद करने वाला मुजाहिद कहलाता है। इस्लामिक धर्मशास्त्र में जिहाद को अल्लाह के मार्ग में पवित्र युद्ध एवं ग़ैर-मुसलमानों के विरुद्ध एक रक्षात्मक संघर्ष के रूप में पेश किया गया है। जिहाद का लक्ष्य है दुनिया भर में लोगों को ख़ुदा के क़ानून की अधीनता में लाना। इसलामी क़ानून संसार को दो भागों में बाँट कर देखता है। पहला है दार-उल-इसलाम यानी इसलामी राज्य एवं दूसरा दार-उल-हर्ब यानी ग़ैर-इसलामी राज्य। जिहाद के संदर्भ में विद्वानों द्वारा क़ुरान की कई आयतों की यह व्याख्या की गयी है कि प्रत्येक मुसलमान का यह कर्त्तव्य है कि वह ग़ैर-मुसलिम को इसलाम की दावत दे और उनके देश को इसलामी राज्य बनाने के लिए युद्ध करे। क़ुरान, हदीस (पैग़म्बर के क्रियाकलापों और व्यक्तिगत बयानों का लेखा-जोखा जो क़ुरान के सिद्धांतों की व्याख्या के लिए प्रयुक्त होता है) एवं इसलामी फ़िक़्ह (विधि जिसके चार प्रकार हैं-हनीफ़ी, मालिकी, शफ़ी और हमबाली) के अनुसार जिहाद एक आवश्यक धार्मिक कर्त्तव्य है जिसे विशेष रूप से इसलाम के प्रसार के लिए तथा मुसलमानों में व्याप्त बुराइयों को दूर करने के लिए निभाया जाता है।

जिहाद के अर्थ के संबंध में इसलामी फ़िरक़ों (शिया, सुन्नी, अहमदिया, वहाबी आदि) में मतभेद हैं। लेकिन इन मतभेदों के बावजूद इसलाम में जिहाद के महत्त्व को कोई नहीं नकारता। दरअसल, इसलाम के पाँच प्रमुख स्तंभों (अल्लाह, नमाज़, रोज़ा, हज और ज़कात) के बाद इसे इसलाम का छठा स्तंभ माना जाता है। जिहाद को ईश्वर पर ईमान लाने के बाद सभी मानवीय कर्मों में सबसे उच्च स्थान दिया गया है और जिहादी को ईश्वरीय अनुकम्पा एवं स्वर्ग में विशेष स्थान और सुविधाओं की प्राप्ति का आश्वासन दिया गया है।

जिहाद की अवधारणा समय-समय पर बदलती रही है। आरम्भिक दौर में जिहाद की व्याख्या आक्रामक एवं विस्तारवादी थी, पर बाद में इसकी सूफ़ी अवधारणा विकसित हुई जिसमें इसे व्यक्ति के आत्मविकास से जोड़ दिया गया। इसमें जिहाद बुराई के विरुद्ध एक आध्यात्मिक संघर्ष है। इसलाम के अधिकांश आधुनिक सम्प्रदाय आंतरिक या आध्यात्मिक जिहाद पर बल देते हैं जिसमें अपने अंदर मौजूद बुराइयों एवं समाज में प्रकट होने वाली बुराइयों से लड़ाई को जिहाद की संज्ञा दी जाती है। जिहाद की कट्टर व्याख्या इस सिद्धांत पर आधारित है कि इसलामी मत विश्व में सभी के लिए वैध है और उसे हथियारों का प्रयोग करके भी फ़ैलाना चाहिए। इस प्रकार के जिहाद का उद्देश्य सम्पूर्ण पृथ्वी पर मुसलिम आधिपत्य की स्थापना है। इस व्याख्या ने जिहाद के अहिंसक आधार को हिंसक, क्रूर एवं आक्रामक रूप में स्वीकार किया है। इसी व्याख्या के कारण जिहाद आतंकवाद के पर्याय के रूप में देखा जाने लगा है। जबकि जिहाद के लिए क़ुरान में पहले अहिंसात्मक और फिर हिंसात्मक साधनों के प्रयोग की अनुमति दी गयी है, साथ ही यह शर्त भी लगायी गयी है कि जिहाद तभी वैध है जब वह ईश्वरीय मार्ग में किया गया हो।

क़ुरान की आयतों की व्याख्या के आधार पर विद्वानों द्वारा जिहाद के दो प्रकार बताये गये हैं। पहला जिहाद-अल-अकबर या बड़ा जिहाद तथा दूसरा जिहाद-अल-असग़र या छोटा जिहाद। जिहाद-अल-अकबर स्व-सुधार से संबंधित हैं, जिसमें व्यक्ति अपने नकारात्मक सोच, इच्छाओं और क्रियाकलापों को दबाता या उन पर रोक लगाता है। जब मुसलमानों को उनके धार्मिक कर्त्तव्यों के पालन में बाधा पहुँचायी जाती है, उन पर अत्याचार किये जाते हैं तब इन ज़्यादतियों को रोकने की कोशिश करना जिहाद-अल-असगर है। यानी जिहाद-अल-असग़र का लक्ष्य इसलाम के संरक्षण के लिए संघर्ष करने से है। छोटे जिहाद की ग़लत व्याख्या के कारण ही आजकल जिहाद को आतंकवाद से जोड़ दिया जाता है। इस प्रकार जिहाद का एक प्रकार युद्धपरक है, जबकि दूसरा प्रकार नैतिक एवं आध्यात्मिक विकास से संबंधित है। इन दोनों प्रकार के जिहाद का पालन करने के चार साधन बताये गये हैं : मन, वाणी, कर्म एवं तलवार। मन द्वारा जिहाद का अर्थ मन से बुरे विचारों को निकालना एवं बुरी भावनाओं पर विजय प्राप्त करके आत्मशुद्धि करना है। वाणी द्वारा इसलाम का प्रचार करना दूसरा साधन है। उल्लेखनीय है कि इसलाम में प्रचारात्मक जिहाद का विशेष महत्त्व है। इसमें तर्क-वितर्क द्वारा विपक्ष को पराजित किया जाता है। अच्छे कर्म करते हुए बुरे कर्मों से दूर रहना कर्म द्वारा जिहाद है। जिहाद का अंतिम साधन है इसलाम की रक्षा हेतु तलवार उठाना।

ऐतिहासिक परिप्रेक्ष्य में देखा जाए तो जिस समय इसलाम एक धार्मिक विचारधारा के रूप में विकसित हो रहा था, उस समय अरब के समाज में अव्यवस्था का बोलबाला था। अन्य धर्मों की भाँति इसलाम धर्म भी सुख-शांति और

समानता स्थापित करने के मक़सद से उभरा। इसलाम स्वीकार करने से पूर्व मध्य एशिया के क़बीले बहुदेववादी थी। वे अनेक सामाजिक बुराइयों एवं परस्पर लड़ाई-झगड़े में लिप्त थे। इसलाम स्वीकार कर लेने के बाद इन क़बीलों ने आस-पास के समृद्ध इलाक़ों पर आक्रमण किया। उस समय इनका उद्देश्य लूटपाट करने के साथ विजित क्षेत्र में इसलाम का प्रचार-प्रसार करना भी होता था।

सबसे पहला जिहादी युद्ध अरब में स्थानीय लोगों, यहूदियों और ईसाइयों के विरुद्ध लड़ा गया। इसलाम के उद्भव काल में जिहाद का जो उद्देश्य इस्लामिक आस्था का विस्तार था वह कालांतर में मुसलिम सत्ता के विस्तार में बदल गया। इसी तरह प्रारम्भ में जिहाद सामाजिक अव्यवस्था को व्यवस्थित करने की एक कार्य प्रणाली थी लेकिन धीरे- धीरे उसे राज्य क्षेत्र के विस्तार के लिए प्रयोग किया जाने लगा।

देखें : अबू-अला मौदूदी, अल-किंदी, अल-ग़ज़ाली, इब्न ख़ाल्दून, प्रारम्भिक इसलाम, फलसिफ़ा और क़लाम, भारतीय इसलाम, मसजिद, मुहम्मद अली जिन्ना, मुहम्मद इक़बाल, हज़रत मुहम्मद-1 और 2, सैयद अहमद खाँ।

संदर्भ

1. नूर मुहम्मद (1985), 'द डॉक्ट्रिन ऑफ़ जिहाद : एन इंट्रोडक्शन', *जर्नल ऑफ़ लॉ ऐंड रिलीजन,* खण्ड 3, अंक 2.
2. रुडोल्फ़ पीटर्स (1996), *जिहाद इन क्लासिकल ऐंड मॉडर्न इसलाम,* मारकुस वाइनर, प्रिंसटन.

— प्रीति सागर

ज़िग्मण्ड फ्रॉयड-1

(शिशु सेक्शुअलिटी और मातृ मनोग्रंथि)

(Sigmund Freud-1)

मनोविश्लेषण के पितामह और आस्ट्रिया के तंत्रिकाविज्ञानी ज़िग्मण्ड स्कोमो फ्रॉयड (1856-1939) के विचारों और सूत्रीकरणों ने बीसवीं सदी में मनोविज्ञान, मानवशास्त्र, अर्थ-विज्ञान, सेक्शुअलिटी-अध्ययन, नारीवाद और कला संबंधी चिंतन को गहराई से प्रभावित किया है। समझा जाता है कि कार्ल मार्क्स के बाद सम्भवत: फ्रॉयड के सिद्धांतों को ही चिंतन-जगत में सर्वाधिक परिवर्तकारी हस्तक्षेप करने का श्रेय है। जिस तरह मार्क्स के सदंर्भ में विचारों की दुनिया को उनके पक्ष और विपक्ष में बाँटा माना जाता है, वही स्थिति फ्रॉयड के संबंध में भी है। डॉक्टर ऑफ़ मेडिसिन और न्युरोपैथोलॅजी के प्रोफ़ेसर फ्रॉयड द्वारा ईज़ाद मनोविश्लेषण न सिर्फ़ मनोवैज्ञानिक समस्याओं के समाधान की एक नैदानिक पद्धति साबित हुई, बल्कि उसने इनसान के व्यक्तित्व और व्यवहार को उसकी गहनतम प्रेरणाओं की रोशनी में देखने रास्ता खोला। इस सिद्धांत ने व्यक्ति के मन और समाज के संबंध में जो विचार दिये उसने व्यक्ति के मानस की तितरफ़ा संरचना का उद्घाटन किया। फ्रॉयड ने सेक्शुअलिटी को नये सिरे से परिभाषित करते हुए उसे मनोविश्लेषण के केंद्र में स्थापित किया। उन्होंने सेक्शुअलिटी को शैशवकाल से जोड़ा और इस संदर्भ में विकसित ईडिस ग्रंथि (इडिपस कॉम्प्लेक्स) का सूत्रीकरण किया। मनोविश्लेषण की पद्धति में मानसिक रोग को पहचानने के लिए दमित इच्छाओं के रूप में सपनों की व्याख्या की जाती है। इनके अनुसार चेतन के स्तर पर मूलभूत इच्छाओं के दमन (रिप्रेशन) से अवचेतन (अनकांशस) बनता है। फ्रॉयड के मुताबिक़ यौनेच्छा (लिबिडो) वह मूलभूत कारक है जो सभी प्रकार की संलिप्तताओं (एटैचमेंट्स), जीवन, मृत्यु-बोध और मनोभावों का मूल है। फ्रॉयड के मनोविश्लेषण के गर्भ से धर्म और संस्कृति की नयी व्याख्याएँ सामने आयी हैं।

फ्रॉयड जर्मन भाषा के प्रचुर लेखक थे। उनकी रचनाओं का अंग्रेज़ी अनुवाद बेहद लोकप्रिय ढंग से सारे विश्व में पढ़ा जाता है। उनकी पुस्तकें फ़ुटपाथों पर भी आसानी से उपलब्ध हो जाती हैं। लेकिन उनके विचार अत्यंत जटिल हैं। उन्हें समझने के लिए उनकी पृष्ठभूमि समझना ज़रूरी है। उनकी शाहकार रचना *इंटरप्रिटेशन ऑफ़ ड्रीम्स* (1900) उस मानसिक संकट का फलितार्थ थी जो फ्रॉयड को अपने पिता की मृत्यु के कारण झेलना पड़ा था। इस दौरान फ्रॉयड को तरह-तरह के सपने आते थे जिनके ज़रिये उन्हें एहसास हुआ कि उन्हें अपने पिता से प्रेम भी था और एक तरह की नफ़रत भी। अपने इसी मिले-जुले लेकिन परस्पर विरोधी एहसास को फ्रॉयड ने एम्बिवलेंस या द्वैध क़रार दिया है। अपनी द्वैधवृत्ति का विश्लेषण करने पर उनके सामने अपनी उस स्वैर-कल्पना का उद्घाटन हुआ जिसके तहत उन्होंने कई बार चाहा था कि उनके पिता की मृत्यु हो जाए ताकि उनकी माँ के स्नेह का कोई दूसरा पात्र न हो। यानी वे माँ के प्यार के संदर्भ में अपने पिता को अपने प्रतियोगी के तौर पर देखते थे। अपनी इन अनुभूतियों को उन्होंने कई लक्षणों की कसौटी पर कस कर देखा और पाया कि इसकी व्याख्या एक ग्रंथि के तौर पर की जा सकती है। फ्रॉयड के इस तजरुबे ने आगे चल कर मातृ मनोग्रंथि के विख्यात सूत्रीकरण में उनकी मदद की।

1901 में फ्रॉयड की रचना *साइकोपैथी ऑफ़ एवरीडे लाइफ़* प्रकाशित हुई। 1905 में *थ्री एसेज़ ऑन द थियरी ऑफ़ सेक्शुअलिटी* सामने आयी। 1916 में *फ़ाइव लेक्चर्स*

ऑन साइकोएनालैसिस का प्रकाशन हुआ। 1923 में फ्रॉयड ने *द ईगो ऐंड द इड* की रचना की।

शिशु-सेक्शुअलिटी और मातृ मनोग्रंथि : शिशु-सेक्शुअलिटी का सूत्रीकरण करते समय फ्रॉयड अपने मित्र जोसेफ़ ब्रुअर की इस खोज से प्रभावित थे कि बचपन की तकलीफ़देह घटनाओं की याद वयस्क व्यक्ति के निर्माण में नकारात्मक भूमिका का निर्वाह करती हैं। इसी खोज के आधार पर यह सिद्धांत काम करता है कि बचपन के यौन-अनुभव बाद में शख़्सियत की रचना करते हैं। फ्रॉयड की मान्यता थी कि शिशु माँ के स्तनों को चूस कर जो सेक्शुअल आनंद प्राप्त करता है, उससे उनकी मानसिक ऊर्जा मुक्त होती है। इसे वे विकास के 'ओरल' चरण की संज्ञा देते हैं। विकास का दूसरा चरण 'एनल' है जो शिशुओं द्वारा शौच क्रिया के दौरान माँ द्वारा उनके मल-द्वार की सफ़ाई के समय उन्हें मिलने वाले सेक्शुअल आनंद से जुड़ा होता है। इसके बाद आता है 'फ़ैलिक' चरण जब शिशु अपने से विपरीत यौनिकता के प्रति गहरा आकर्षण महसूस करने लगता है।

ज़िग्मंड स्कोमो फ्रॉयड (1856-1939)

इसी मक़ाम पर मातृ मनोग्रंथि का सिद्धांत उभरता है जिसके अनुसार बालक-शिशु में माँ के प्रति एक यौनेच्छा (सेक्सुअल फ़ीलिंग) पैदा होती है जिसकी वजह से पिता के प्रति इर्ष्या का भाव होता है। बढ़ती हुई उम्र के साथ इस अनुभूति के दमन के क्रम में सेक्शुअल परिपक्वता के विभिन्न चरणों का विकास होता है। बालिका-शिशु में भी इसी प्रकार की भावना होती है जिसके तहत पिता के प्रति आकर्षण और माँ से प्रतियोगिता हो जाती है। इसे फ्रॉयड के समर्थक अन्य विद्वानों ने इलेक्ट्रा ग्रंथि (इलेक्ट्रा कॉम्प्लेक्स) का नाम दिया। यह ग्रंथि साइकोसोशल डिवेलपमेंट के एक चरण (फ़ैलिक स्टेज) में होती है जो तीन से पाँच वर्ष की उम्र में पनपता है। यह ग्रंथि इद का रूप है। एक स्वस्थ वयस्क के रूप में विकास के लिए बच्चे को अपने पिता या माता के साथ अपनी पहचान जोड़नी पड़ती है। इसी बिंदु पर अहम (ईगो) का विकास होता है। ईगो यथार्थवादी रूप से यह समझता है कि पिता/माता बहुत मज़बूत हैं। उन्हें समाप्त नहीं किया जा सकता। इसी बिंदु पर फ्रॉयड ने बधियाकरण संबंधी दुश्चिंता (कैस्ट्रेशन एंग्ज़ाइटी) की अवधारणा दी। इस द्वंद्व के समाधान के लिए अंततः लड़का पिता से और लड़की माँ से अपनी पहचान जोड़ने लगती है, जिससे सुपर ईगो का विकास होता है। सुपर ईगो पिता / माता की छवि के रूप में वह नैतिक सत्ता है जो इद का दमन करता है और ईगो जिसकी प्रेरणाओं के आधार पर काम करता है। फ्रॉयड ने टोटेम का मानवशास्त्रीय अध्ययन भी किया था। टोटेम जनजाति में इडिपस द्वंद्व को कर्मकाण्डीय तरीक़े से सुलझाने की विधि है। व्यक्ति का वयस्क-विकास सामान्य होगा या असामान्य—यह इस बात पर निर्भर है कि इडिपस द्वंद्व को वह कैसे सुलझाता है। फ्रॉयड के कुछ अनुयायियों की मान्यता है कि जब व्यक्ति माता-पिता में से अपनी ही लैंगिकता के साथ जुड़ने में अक्षम हो जाता है तो उसके भीतर समलैंगिकता के विकास की सम्भावनाएँ बनती हैं।

साइकिक एनर्जी : फ्रॉयड के ऊपर दूसरा सबसे बड़ा प्रभाव उन्नीसवीं सदी के उत्तरार्ध में विकसित हेमहोल्ज़ द्वारा प्रतिपादित उन सिद्धांतों का पड़ा जो यह साबित करते थे कि प्रत्येक शारीरिक प्रणाली दरअसल अपने भीतर मौजूद ऊर्जा की कुल मात्रा का पर्याय है। यह मात्रा आम तौर पर स्थिर रहती है और इसे बदला जा सकता है पर नष्ट नहीं किया जा सकता। इसी सिद्धांत के सहारे आगे चल कर थर्मोडायनामिक्स, इलेक्ट्रोमैग्नेटिज़म और आणुविक भौतिकी के क्षेत्र में युगांतरकारी खोजें हुईं। फ्रॉयड ने 17 वर्ष की उम्र में वियना विश्वविद्यालय की मेडिकल फ़ैकल्टी में प्रवेश लिया। वहाँ उन्हें अंर्स्ट ब्रुक के साथ काम करने का मौक़ा मिला। ब्रुक 1874 में एक किताब लिख कर मनुष्य के ऊर्जा-प्रणाली होने के सिद्धांत का प्रतिपादन कर चुके थे। इसी सिद्धांत के सहारे फ्रॉयड अपनी इस बुनियादी प्रपत्ति पर पहुँचे कि मानव मस्तिष्क मूलतः एक जटिल क़िस्म की ऊर्जा-प्रणाली है। यही था वह रास्ता जिसने फ्रॉयड को साइकिक एनर्जी जैसी अवधारणा के सूत्रीकरण में मदद की।

वियना विश्वविद्यालय में उन्होंने उन्होंने दर्शन, शरीर-क्रिया विज्ञान और प्राणि-विज्ञान का अध्ययन किया और 1881 में एमडी की डिग्री ली। अगले साल उन्होंने वियना जनरल हॉस्पिटल के मनोचिकित्सा क्लिनिक में अपनी प्रैक्टिस शुरू की और 1886 में तंत्रिका-दोष (नर्वस डिसऑर्डर) के उपचार की विशेषज्ञता के साथ निजी प्रैक्टिस प्रारम्भ की। इसी साल उनका विवाह हुआ। फ्रॉयड पर ब्रेनटनो द्वारा प्रतिपादित संज्ञान (परसेप्शन) और अंतर्ज्ञान (इंट्रॉस्पेक्शन) संबंधी सिद्धांतों का; और थियोडोर लिप्स के अचेतन मस्तिष्क (अनकांशस माइंड) और अनुभूति (इम्पैथी) की अवधारणाओं का प्रभाव पड़ा।

फ्रॉयड के चिंतन पर चार्ल्स डार्विन की अवधारणाओं का भी ज़बरदस्त असर था। दरअसल डार्विन की रचना *ओरिजिंस ऑफ़ स्पीशीज़* से पहले मनुष्य को एक नश्वर आत्मा के स्वामी के तौर पर देखा जाता था। यह बौद्धिक रवैया मनुष्य की जाँच-पड़ताल में बाधक था। डार्विन ने जब मनुष्य के क्रम-विकास का उद्घाटन किया तो उसे प्राकृतिक जगत के एक ऐसे सदस्य के रूप में देखने का चलन बढ़ा जो अन्य जीवों से केवल संरचनात्मक रूप से ही भिन्न था। इस विचार ने मनुष्य को वैज्ञानिक खोजबीन का विषय बना दिया। फ्रॉयड को इस बात का एहसास था कि अगर डार्विन न होते तो शायद वे मनुष्य के मस्तिष्क में झाँक कर भीतर की थाह लेने की जुर्रत भी न कर पाते।

फ्रॉयड ने साइकोपैथोलॉजी की प्रैक्टिस में अपने प्रशिक्षणों के अनुसार सम्मोहन की पद्धति का उपयोग किया। 1896 तक वे अपनी उन अवधारणाओं, सिद्धांतों और पद्धतियों का विकास कर चुके थे जिन्हें उन्होंने मनोविश्लेषण (साइकोएनालिसिस) का नाम दिया। इस समय तक इन्होंने थियरी ऑफ़ फ्री एसोसिएशन का विकास भी कर लिया था और मानसिक समस्याओं के लक्षणों को देखकर और सपनों की व्याख्या के आधार पर संबंधित दमन की शिनाख़्त करने की शुरुआत भी कर दी थी। 1897 तक फ्रॉयड ने शैशवकालीन यौनेच्छा की अवधारणा विकसित कर ली जिसका विकास इडिपस ग्रंथि की अवधारणा में हुआ।

देखें : मनोविज्ञान-1 और 2, सामाजिक मनोविज्ञान, मनोविश्लेषण, कार्ल गुस्ताव युंग, ज़ाक लकाँ, एरिक फ्रॉम, एरिक एरिकसन, चेतना, इयत्ता, मनोविश्लेषण और नारीवाद।

संदर्भ

1. जे.बी. एब्रैम्सन (1984), *लिबरेशन ऐंड इट्स लिमिट्स : द मॉरल ऐंड पॉलिटिकल थॉट्स ऑफ़ फ्रॉयड,* फ्री प्रेस, न्यूयॉर्क.
2. एम. कैवेल (1993), *द साइकोएनालिटिक माइंड : फ्रॉम फ्रॉयड टू फ़िलॉसफ़ी,* हार्वर्ड युनिवर्सिटी प्रेस.

— राकेश श्रीवास्तव

ज़िग्मण्ड फ्रॉयड-2

(अवचेतन और सपने)

(Sigmund Freud-2)

फ्रॉयड द्वारा प्रतिपादितत अवचेतन की धारणा का चरित्र बेहद निर्धारणवादी था। वे पहले चिंतक थे जिसने दावा किया कि मानवीय व्यवहार को उसकी सभी क़िस्मों में व्याख्यायित करने के लिए उन मानसिक प्रक्रियाओं का उद्घाटन करना होगा जो आम तौर पर छिपी होती हैं। मानस की इसी गतिविधि से मानवीय व्यवहार निर्धारित होता है। इस सूत्रीकरण से पहले सदियों से यही मान्यता चली आ रही थी कि मस्तिष्क में जो कुछ घटित होता है उसकी व्याख्या नहीं हो सकती। लेकिन फ्रॉयड ने किसी बात पर जुबान फ़िसलने या किसी तरह के सनकी व्यवहार या किसी क़िस्म के सपने जैसी परिघटनाओं के कारणों को व्यक्ति के मानस में निहित होने पर ज़ोर दिया। अवचेतन की इस धारणा का एक फलितार्थ तो यह हुआ कि मानवीय इच्छा या संकल्प की स्वतंत्रता का विचार पुष्ट हुआ। समझा गया कि अगर व्यक्ति द्वारा किया गया चयन उसके मानस में छिपी बैठी उसकी इच्छाओं से स्वतंत्र प्रक्रियाओं में निहित है, तो मनुष्य को बंधनमुक्त इच्छा या संकल्प का स्वामी माना जा सकता है। फ्रॉयड ने यह भी कहा कि अवचेतन का क्षेत्र चेतन मस्तिष्क के बाहर नहीं होता, बल्कि उसे मनोविश्लेषण की दीर्घकालीन प्रक्रिया के ज़रिये ही बाहर लाया जा सकता है। उन्होंने इसके लिए उस हिम-खण्ड की उपमा का इस्तेमाल किया जिसके मामूली से भाग को छोड़ कर ज़्यादातर हिस्सा पानी के नीचे ही रहता है।

फ्रॉयड ने पहले-पहल अवचेतन की चर्चा दमन (रिप्रेशन) की अवधारणा के संदर्भ में की थी। वे सम्मोहन के ज़रिये हिस्टिरिया के मरीज के मस्तिष्क में उन भावों को डालकर उनका इलाज करते थे जिनके प्रति मरीज़ चेतन रूप जागरूक नहीं होता है। दरअसल, अवचेतन की अवधारणा दमन के सिद्धांत पर ही आधारित है। मान्यता यह है कि विचार अपने दमन के उपरांत भी मस्तिष्क में बने रहते हैं। भले ही जागरूक रूप से उनके बारे में ध्यान न रह जाता हो, पर फिर विचार और भाव मस्तिष्क में जगह बनाये रखते हैं और अनुकूल परिस्थिति में फिर से उभर कर चेतन मस्तिष्क में आ सकते हैं। चेतन मस्तिष्क के बारे में हमें पता रहता है और उन विचारों के बारे में हम तर्कसंगत ढंग से सोचते और काम करते हैं। स्मृति की ऊपरी बातें आसानी से पुन: याद करके होशोहवास में उपयोग में लायी जा सकती हैं। साधारण स्मृति को फ्रॉयड ने प्री-कांशस क़रार दिया। अवचेतन में वे

सभी भावनाएँ, विचार, उद्वेग और स्मृतियाँ शामिल हैं जो दबी पड़ी हैं। अवचेतन के अधिकांश विचार दुखद होते हैं जैसे दुश्चिंता, द्वंद्व आदि। सपने और चुटकुले अवचेतन की मानसिक गतिविधियाँ हैं क्योंकि अवचेतन विचारों को घनीभूत कर या अन्योक्ति के माध्यम से प्रतीक बनाता है। इसलिए फ्रॉयड ने माना कि सुनिश्चित पद्धतियों के माध्यम से सपनों की व्याख्या की जा सकती है। प्रत्येक सपने का संबंध दैनंदिन के जीवन के किसी-न-किसी दमित भाव से है। सपनों के बारे में फ्रॉयड का कहना था कि ये पूरी तरह प्रतीकात्मक होते हैं जिनमें कोई ज़ाहिर अर्थ भी हो सकता है और अवचेतन में दबे पड़े विचारों की प्रतीकात्मकता भी हो सकती है। सपने हमारी आकांक्षाएँ का पता देते हैं जो पूरी नहीं हुईं और जिन्होंने अवचेतन में जगह घेर रखी है।

फ्रॉयड के मुताबिक़ मानसिक उर्जा (साइकिक एनर्जी) का मूल यौनेच्छा (लिबिडो) होती है। साइकोसोशल विकास के अलग- अलग चरणों में लिबिडो की आनंद चाहने वाली उर्जा शरीर के अलग-अलग भागों में केंद्रित रहती है और बाहर भी उसके ध्यान के केंद्र अलग-अलग होते हैं। बच्चा जब जन्म लेता है तो बाहर की कोई भी वस्तु उसके लिए आनंद का कारण हो सकती है। मौखिक-चरण (ओरल स्टेज), गुदा-चरण (एनल स्टेज), फ़ैलिक स्टेज, इडिपस स्टेज, लैटेंसी स्टेज, जेनाईटल स्टेज विकास के विभिन्न चरण होते हैं। व्यक्तित्व के स्वस्थ विकास के लिए प्रत्येक चरण की उर्जा को आनंद के अपने केंद्र पर मुक्त होना चाहिए। किसी भी चरण में जो द्वंद्व बचा रह जाता है वह संबंधित विशेष बिंदु पर अटका रह कर यह सनक (ऑब्सेशन) के रूप में जमा रह जाता है।

फ्रॉयड के मुताबिक़ मानस (साइक) के तीन भाग होते हैं : इड, ईगो और सुपर-ईगो। इड अवचेतन का संवेग है और यह विशुद्ध रूप से आनंद के सिद्धांत (प्लैज़र प्रिंसिपल) पर काम करता है। ईगो, इड के सामाजिक रूप से अस्वीकार्य व्यवहार को रोकता है और संवेगों और इच्छाओं को दबाता है। यह मानस का तार्किक भाग है जिसका संबंध वास्तविकता से है और जो सामाजिक रूप से स्वीकार्य तरीक़े से इड की इच्छाओं को पूरा करता है। सुपर-ईगो का तात्पर्य सामाजिक नैतिक और मान्यताओं से है जो मानस का अंग बन चुकी हैं। जब इड की आकांक्षाओं और सुपर-ईगो के निर्देशों के बीच द्वंद्व गहरा होता है और अहम का काम सामान्य तर्कों से नहीं चलता तो जो तरीक़े अपनाये जाते हैं उन्हें मानसिक प्रतिरक्षा के उपाय (डिफेंस मेकैनिज़्म) कहते हैं, जैसे नकार (डिनायल), दबाना (रिप्रेशन) और अतीतोन्मुखता (रिग्रेशन) आदि।

फ्रॉयड ने अवचेतन की चालक शक्तियों की शिनाख़्त संवेगों के रूप में की और उनकी दो क़िस्में बतायीं : पहले क़िस्म के संवेगों को उन्होंने इरोज़ या जीवन-वृत्ति की संज्ञा दी (जिनके ज़रिये व्यक्ति ख़ुद का संरक्षण करता है और जो व्यक्ति को यौनानंद और श्रांगारिकता की तरफ़ ले जाती हैं), और दूसरे क़िस्म के संवेगों को उन्होंने थानाटोज़ या मृत्य-वृत्ति क़रार दिया (जो उसकी आक्रामकता, विध्वंस और क्रूरता की नुमाइंदगी करती हैं)। स्वयं को हानि पहुँचाने वाले व्यवहार (सेल्फ़ डिस्ट्रक्टिव बिहेवियर) मृत्यु-वृत्ति की ही अभिव्यक्ति हैं। यही उर्जा जब बाहर की ओर होती है तो क्रोध (एग्रेशन) का रूप ले लेती है और जब अंदर की ओर तो अवसाद (डिप्रेशन) का।

फ्रॉयड ने अपना अधिकांश जीवन वियना में बिताया। 1880 के दशक के मध्य से उन्होंने वियना विश्वविद्यालय में व्याख्याता के तौर पर प्रति शनिवार एक छोटे से समूह के सामने व्याख्यान देना शुरू किया जो सिलसिला 1919 तक चलता रहा। 1902 से उन्होंने अपने घर पर ही वेडनस डे साइकोलॅजिकल सासाइटी की शुरुआत की। इसे ही वैश्विक मनोविश्लेषण आंदोलन का आरम्भ माना जाता है। इस समूह के एक महत्त्वपूर्ण सदस्य अल्फ्रेड एडलर थे जो मनोचिकित्सा में सामाजिक प्रभाव के अध्ययन के लिए जाने जाते हैं। 1906 तक चिकित्सा और मनोचिकित्सा जगत के सोलह अहम व्यक्ति वेडनस डे सासाइटी के सदस्य बन चुके थे। 1907 में फ्रॉयड से प्रभावित हो स्विट्ज़रलैण्ड के मनोचिकित्सक कार्ल युंग ने ज़ूरिख़ में एक छोटा सा मनोविश्लेषण समूह आरम्भ किया।

1908 में वेडनस डे समूह का नाम वियना साइकोएनालिटिकल सासाइटी हो गया। इसी साल फ्रॉयड के अनुयायियों की एक औपचारिक बैठक साल्ज़बर्ग में आरम्भ हुई जिसे प्रथम अंतर्राष्ट्रीय मनोविश्लेषण कांग्रेस का नाम दिया गया। 1910 की न्यूरेमबर्ग कांग्रेस में इंटरनैशनल एसोसिएशन ऑफ़ साइकोएनालिस्ट्स की शुरुआत हुई जिसके प्रथम अध्यक्ष युंग बनाये गये। फ्रॉयड ने अंग्रेज़ी-भाषी मेडिकल और अकादमिक संसार में मनोविश्लेषण आंदोलन को फैलाने के लिए ब्रिल और जोंस की मदद ली। फ्रॉयड ने 1909 में अमेरिका की यात्रा की जहां उन्होंने क्लार्क विश्वविद्यालय में भाषण दिये। यहीं फ्रॉयड को मानद डॉक्टरेट की उपाधि दी गयी और प्रेस ने इस कार्यक्रम को बहुत महत्त्व दिया। जल्द ही अमेरिका में फ्रॉयड के कार्यों को अत्यधिक मान्यता मिलने लगी। 1911 में अमेरिकन साइकोएनालिटिकल एसोसिएशन की स्थापना हुई। 1909 से ही फ्रॉयड के लेखन के बारे में ब्रिल द्वारा किये गये अंग्रेज़ी अनुवाद सामने आने लगे। जब न्युरोसिस (तंत्रिका रोग) जैसे विषय पर एडलर के विचार फ्रॉयड से बहुत अलग होने लगे तो एडलर ने फ्रॉयड के गुट से अलग होकर 1911 में

सासाइटी फ़ॉर इण्डिविजुअल सासाइटी की स्थापना की और इन्हें वैयक्तिक मनोविज्ञान (इनडिविजुअल साइकोलॅजी) का पुरोधा माना गया। 1912 से युंग का रास्ता भी फ्रॉयड से अलग हो गया और उन्होंने फ्रॉयड के मनोविश्लेषण से अलग विश्लेषणात्मक मनोविज्ञान (एनालिटिकल साइकोलॅजी) की नींव डाली।

बौद्धिक जगत में फ्रॉयड के जीनियस पर कभी किसी ने संदेह नहीं किया। उनके सूत्रीकरणों और सिद्धांतों के महत्त्व पर भी उँगली नहीं उठायी गयी। लेकिन, उनकी उपलब्धियों की प्रकृति विवादग्रस्त रही है। दिलचस्प बात यह है कि फ्रॉयड की सबसे मुखर आलोचना स्त्रीवादियों की तरफ़ से हुई। उन्होंने मनोविश्लेषण के पितामह पर पितृसत्तात्मक होने का आरोप लगाया जो पहली नज़र में सही जान पड़ता है। लेकिन दूसरी तरफ़ यह भी एक तथ्य है कि फ्रॉयड की कृतियों से सुराग ले कर कई नारीवादियों ने अपने विमर्श को और समृद्ध किया। नारीवादियों के अलावा अस्तित्ववादी आलोचकों ने भी कहा कि फ्रॉयड की पूरी विचार-पद्धति में पुरुष-केंद्रीयता अंतर्निहित है। उन्होंने मानवीय अस्तित्व के प्रश्न सेक्सुअलिटी के इर्द-गिर्द बुने पर उसके सामाजिक-सांस्कृतिक कारणों को अधिक गहराई से नहीं देख पाये। फ्रॉयड की आलोचना में यह भी कहा गया उनकी बातों में अति-व्याख्या (ओवरसाइट) होने के साथ-साथ तमाम दावों के बावजूद वैज्ञानिक अन्विति का अभाव है।

देखें : मनोविज्ञान-1 और 2, सामाजिक मनोविज्ञान, मनोविश्लेषण, कार्ल गुस्ताव युंग, ज़ाक लकाँ, एरिक फ्रॉम, एरिक एरिकसन, चेतना, इयत्ता, मनोविश्लेषण और नारीवाद।

संदर्भ

1. ई. जोंस (1953-1957), *ज़िग्मण्ड फ्रॉयड : लाइफ़ ऐंड वर्क्स* (तीन खण्ड), बेसिक बुक्स. लंदन.
2. एस. फ्रॉश (1987), *द पॉलिटिक्स ऑफ़ साइकोएनालिसिस : ऐन इंट्रोडक्शन टू फ्रॉयडियन ऐंड पोस्ट-फ्रॉयडियन थियरी,* येल युनिवर्सिटी प्रेस. कनेक्टीकट.

— राकेश श्रीवास्तव

जीवन-शैली

(Life-style)

जीवन-शैली का सहज अर्थ उन तौर-तरीक़ों से लिया जाता है जिनके तहत लोग समाज में उपलब्ध सेवाओं तथा वस्तुओं का उपयोग अपनी ज़िंदगी गुज़ारने के लिए करते हैं। गाँव तथा शहरों के बीच जीवन-शैली से संबंधित अंतर मुख्यत: सामाजिक एवं सांस्कृतिक क्षेत्र में रेखांकित किया जाता है। जीवन-शैली व्यक्ति की समाज में अवस्थिति को भी दर्शाती है, और उसके आईने में उसकी वर्गीय स्थिति को भी देखा जा सकता है। लेकिन, व्यक्तिगत धरातल पर जीवन-शैली का व्यापक तात्पर्य किसी व्यक्ति विशेष द्वारा शेष विश्व को देखने के उसके दृष्टिकोण तथा उससे संबंधित मूल्यों से भी लगाया जाता है। जीवन-शैली का एक अन्य अर्थ स्वयं की खोज और उसके मुताबिक़ सांस्कृतिक लक्षण पैदा करना भी होता है ताकि व्यक्तिगत स्तर पर अस्मिता की स्थापना की जा सके। अधिकांशत: असमानता जैसे विषयों के अध्ययन में जीवन-शैली की अवधारणा का प्रयोग होता है। विद्वानों की मान्यता है कि आपेक्षिक तौर पर जीवन-शैली का प्रारूप स्थायी होता है जिसका संबंध दिन-प्रति-दिन की जीवन-स्थितियों और उपलब्ध संसाधनों का उपभोग करने से जुड़ा होता है।

साठ और सत्तर के दशक में ब्रिटिश समाजशास्त्र ने सामाजिक स्तरीकरण के अंतर्गत सामाजिक समूहों, सामाजिक संबंधों के प्रारूपों, वस्तुओं की खपत तथा संस्कृति के अंतर को जीवन-शैली के तौर पर देखा था। मार्क्सवाद के अनुसार जीवन-शैली के ये प्रकार व्यक्ति के बूर्ज़्वाकरण होने के दौरान और बाद में अपनाये जाते हैं। आय में बढ़ोतरी होने से व्यक्ति जीवन-शैली के मानकों पर वर्गांतरण करता हुआ दिख सकता है। निम्नवर्ग से मध्यमवर्ग में जाने की प्रक्रिया जीवन-शैली के स्तर पर घटित होती है। अमेरिकन समाजशास्त्र में जीवन-शैली की अवधारणा को ग्रामीण तथा नगरीय, नगरीय तथा उपनगरीय जैसे सामाजिक जीवन के प्रकारों के तौर पर विभाजित किया गया है। जॉर्ज ज़िमेल तथा लुईस वर्थ ने इस प्रकार की जीवन-शैली का अध्ययन करके प्रतिपादित किया कि नगरों में रहना भी एक प्रकार की जीवन-शैली का अंग है। इसे नगरीयता कहा जाता है। इसके अलावा नगरीय जीवन-शैली के दायरे में विभिन्न प्रकार के लोगों, जैसे युवा, बेरोज़गार, विचलित मानसिकता वाले व्यक्तियों आदि की अपनी अलग जीवन-शैली होती है। साधारणत: इस प्रकार की जीवन-शैली में मूल्यों तथा खपत के आधार पर जीवन जीने के तरीक़े का निर्धारण किया जाता है जिसे उन्नत पूँजीवादी

समाज के बढ़ते हुए मानकों के तौर पर समझा जा सकता है। व्यक्ति के जीवन में इसके आधार पर पड़ने वाले अंतरों के कुछ पहलुओं को काफ़ी पहले मैक्स वेबर ने प्रस्थिति समूहों की अवधारणा में विश्लेषित किया था। इसे सामाजिक-आर्थिक वर्ग-विभेद के सिद्धांत के तौर पर देखा जा सकता है। इसी तरह यह भी पाया गया है कि कुछ हद तक वर्ग के आधार पर भी जीवन-शैली का निर्धारण होता है। अध्ययन का यह तरीक़ा मैक्स वेबर, जॉर्ज ज़िमेल तथा थोर्स्टाइन वेबलन द्वारा किये गये जीवन-शैली संबंधी अध्ययन को ही आगे बढ़ाता है। इन विद्वानों ने जीवन-शैली की अवधारणा में सामाजिक वर्ग तथा सामाजिक क्रिया के बीच संबंध स्थापित किया और यह बताया कि लोग किस तरह छुट्टियाँ मनाते हैं और उस दौरान अपनी आय से अधिक व्यय करते हैं।

जीवन-शैली दो प्रकार के वातावरण में संचालित होती है यथा प्राकृतिक तथा सामाजिक। अपने घरों के पीछे खुले स्थान पर फूलों, सब्जियों या अन्य प्रकार के पेड़-पौधे लगाने वाले प्रकृति के अधिक से अधिक निकट रहने की जीवन-शैली अपनाने वाले माने जाते हैं। वहीं सामाजिक वातावरण की जीवन-शैली में व्यक्ति के जीवन जीने तथा कार्यस्थल की स्थितियों, आय का स्तर, शैक्षणिक योग्यता, सामुदायिक तथा धार्मिक विश्वास आदि को शामिल किया जाता है। सामाजिक वातावरण के अंतर्गत किसी व्यक्ति से तथा उसके आस-पास के लोगों से कुछ निश्चित अपेक्षाएँ होती हैं। यहाँ अपेक्षाओं से तात्पर्य है सफलता तथा बेहतर परिणाम देने की इच्छा। सफलता के साथ कुछ परेशानियाँ भी जुड़ी होती हैं। विफलता व्यक्ति को खिन्न बना देती है। इस तरह की कोई घटना न होने देने और व्यक्ति को विफलता तथा निराशा से बचाने के उद्देश्य से भी जीवन-शैली को नियोजित किया जाता है।

जीवन-शैली के सभी पहलू स्वैच्छिक नहीं होते। व्यक्ति के आस-पास का सामाजिक तथा सांस्कृतिक वातावरण जीवन-शैली को काफ़ी प्रभावित करता है। इन कारकों के आधार पर ही व्यक्ति किसी अन्य के सम्मुख अपनी पहचान प्रदर्शित करता है। किसी की व्यक्तिगत पहचान तथा उसके दिन-प्रति-दिन सम्पादित किये जाने वाले कार्य के बीच एक बारीक रेखा होती है जिसके उसकी विशेष जीवन-शैली का इशारा मिलता है। आधुनिकता और आधुनिकीकरण की प्रक्रिया का अध्ययन करने वाले विद्वानों ने जीवन-शैली के निर्माण की आधारशिला खाद्य पदार्थों की खपत के तौर पर निरूपित की है। यह खपत जीवन में विभिन्न अवसरों को पैदा करती है और पुन: व्यक्तिगत स्तर पर विभिन्न उत्पादों या सेवाओं के उपयोग के लिए जीवन के विभिन्न तरीक़ों का निर्माण करती है। संचार माध्यमों तथा पत्र-पत्रिकाओं ने भी जीवन-शैली को कई स्तरों पर प्रभावित किया है।

प्रौद्योगिकी जीवन-शैली को बड़ी हद तक परिवर्तित करती है। प्रौद्योगिकी का असर हमारे जीवन के प्रत्येक क्षेत्र में व्याप्त है। शुरू में प्रौद्योगिकी के कारण कृषि, उत्पादन, युद्ध, यातायात, सूचना, चिकित्सा, संचार जैसे क्षेत्रों में ही परिवर्तन दृष्टिगत होते थे, लेकिन आजकल जीवन का हर क्षेत्र इससे प्रभावित हो रहा है। एक तरफ़ प्रौद्योगिकी ने जीवन-शैली को आरामदेह बनाया है, और दूसरी तरफ़ इसका असर हमारे स्वास्थ्य पर नकारात्मक पड़ा है। प्रौद्योगिकी का अंधाधुंध उपयोग जहाँ पर्यावरण को प्रदूषित कर रहा है, वहीं यह लोगों की जीवन-शैली पर नकारात्मक असर भी डाल रहे हैं। इसे नगरीय और ग्रामीण जीवन-शैली के बीच अंतर के आधार पर आसानी से समझा जा सकता है। मीडिया द्वारा परोसी गयी छवियाँ और थमायी गयी सूचनाएँ जीवन-शैली को न केवल फ़ौरी तौर पर प्रभावित करती हैं, बल्कि धीरे-धीरे वे मानस का अंग बन जाती हैं और जीवन में उनकी स्थायी अभिव्यक्तियाँ देखी जा सकती हैं।

वैकल्पिक जीवन-शैली की अवधारणा मुख्यत: सांस्कृतिक नियमों के बाहर परिभाषित है। प्राय : यह किसी न किसी उप-संस्कृति (जैसे हिप्पी) से संबंधित होती है। कुछ लोगों की वैकल्पिक जीवन-शैली में विभिन्न उपसंस्कृतियों के तत्त्व शामिल होते हैं। वैकल्पिक जीवन-शैली का उद्गम बीस के दशक के फ़्लैपर आंदोलन से मना जा सकता है जब महिलाओं ने अपने बालों को कटवाया और छोटे प्रकार के स्कर्ट पहनने की शुरुआत की थी। इसी के बाद से स्त्रियों के विवाह पूर्व संबंधों और नृत्य आदि का चलन होने लगा। आधुनिकीकरण के अधिक बोलबाले वाले पश्चिमी देशों में यह नयी फ़्लैपर जीवन-शैली अधिक लोकप्रिय हुई है। आवश्यक नहीं है कि सभी वैकल्पिक जीवन-शैली स्थायी जीवन-शैली में परिवर्तित हो जाएँ। यह उस समाज के सांस्कृतिक परिवेश पर निर्भर करता है कि किसी वैकल्पिक जीवन-शैली को वह पूरी तरह से अपना ले या आंशिक रूप से अपनाये। भूमण्डलीकरण के दौर में जब विश्व-ग्राम की अवधारणा पर विचार किया जा रहा है, तो मानवीय भविष्य कई प्रकार की जीवन-शैली के सम्मिश्रण की सम्भावना से ओतप्रोत लगने लगा है।

देखें : अर्थव्यवस्था का समाजशास्त्र, अभिजन, अभिरुचि, आत्महत्या, उन्मूलनवाद, एजेंसी, कर्मकाण्ड, कारागार, जादू, टेलरवाद, फ़ुरसत, बचपन, बुजुर्गियत का समाजशास्त्र, बेगानगी, भीड़, भ्रष्टाचार का समाजशास्त्र-1 और 2, विचलन, ज्ञान का समाजशास्त्र।

संदर्भ

1. निकोलस एबरक्रोम्बिक, स्टीफ़न हिल और ब्रेयान एस. टर्नर (1994), *डिक्शनरी ऑफ़ सोसियोलॅजी*, पेंगुइन बुक्स, लंदन.
2. जे. कासकेला आइनो, ए. लहटी, एल. सारीकोसकी, एन. सुविनेन और ए. स्टोगार्ड (2009), 'फ़्यूचर ऑफ़ लिविंग', व. नियोवो

तथा स. यलोनिन (सम्पा.), *बिट बैंग— रेस टू द फ़्यूचर,* हेलसिंकी विश्वविद्यालय, फ़िनलैण्ड.

3. बोगेनहोल्ड डायटर (2001): 'सोशल इनईक्वालिटी ऐंड द सोसियोलॅजी ऑफ़ लाइफ़ स्टाइल : मैटेरियल ऐंड कल्चरल ऑसपेक्ट ऑफ़ स्ट्रैटटिफ़िकेशन', *अमेरिकन जर्नल ऑफ़ इकॉनॉमिक्स ऐंड सोसियोलॅजी,* खण्ड 60, अंक 4.
4. मार्शल गॉर्डन (सम्पा.) (1994), द *कन्साइज़ ऑक्सफ़र्ड डिक्शनरी ऑफ़ सोसियोलॅजी,* ऑक्सफ़र्ड युनिवर्सिटी प्रेस, ऑक्सफ़र्ड.

—मनीष मिश्रा

जेरेमी बेंथम

(Jeremy Bentham)

ब्रिटिश उपयोगितावादी दार्शनिक, न्यायविद् और सुधारक जेरेमी बेंथम (1748-1832) का आधुनिक राजनीतिक चिंतन के विकास में बेहद महत्त्वपूर्ण स्थान है। उनके लेखन को दर्शन, सरकार, क़ानून, समाजिक प्रशासन और अर्थशास्त्र के क्षेत्रों में बहुत ऊँचा दर्जा प्राप्त है। बेंथम की अपरिहार्यता का अंदाज़ा इस बात से लगाया जा सकता है कि उनके बाद के विचारकों में बहुत कम लोग उनके सिद्धांतों और तर्कों को नज़रअंदाज़ कर पाने में सफल हुए हैं। उन्होंने अपनी अध्ययन-प्रणाली में तार्किक विश्लेषण की व्यवस्थित शुरुआत की। सम्भवत: अरस्तू के बाद वे सबसे पहले चिंतक थे जिन्होंने अधिकतम विस्तार से अध्ययन करने पर ज़ोर दिया और विषयों के अध्ययन के तरीक़े में बदलाव करने में सफल भी रहे। उन्होंने अपने विचारों को व्यवहार के धरातल पर भी परखा। उन्होंने न सिर्फ़ बहुत सी परियोजनाओं में अपने विचारों को लागू करने की कोशिश की, बल्कि बेहद रैडिकल सुधारों की भी वकालत की। उनके सूत्रीकरणों ने दार्शनिक रैडिकलिज़्म के आधार का काम किया। इस बात से शायद ही कोई इनकार करेगा कि विक्टोरियन दौर में हुए सुधारों पर बेंथम के विचारों की छाप थी। बेंथम ने पनोप्टिकॉन योजना के माध्यम से कारागार का एक मॉडल भी पेश किया। बेंथम के पिता ने बचपन में ही उनकी प्रतिभा को पहचान कर उन्हें सात वर्ष की उम्र में ही उन्हें वेस्टमिनस्टर स्कूल में पढ़ने के लिए भेज दिया था। 12 साल की उम्र में वे क्वींस कॉलेज, ऑक्सफ़र्ड में पहुँच गये। पिता उन्हें वकील बनाना चाहते थे इसलिए उनका बार में नामांकन भी करा दिया गया। लेकिन बेंथम ने वकालत न करके अपने पिता के सपनों को चूर-चूर कर दिया।

बेंथम ने जिस उपयोगितावादी दर्शन की स्थापना की उसे क्लासिकल उपयोगितावाद भी कहा जाता है। इस दर्शन को उसके तीन मुख्य पहलुओं की रोशनी में समझा जा सकता है। पहला, थॉमस हॉब्स की ही तरह बेंथम भी मनुष्य की इस मनोवैज्ञानिक इच्छा को अहमियत देते थे जिसके तहत हर व्यक्ति अपने आनंद को अधिकतम उपलब्ध करना चाहता है। बेंथम आनंद और ख़ुशी जैसे शब्दों को एक-दूसरे के पर्याय की तरह इस्तेमाल करते थे। दूसरा, बेंथम के लिए आनंद अपने आप में एक लक्ष्य था न कि कुछ और पाने का साधन। वे तरह-तरह के सुखों में अंतर करने के लिए तैयार नहीं थे। न ही उनका विचार ऊँचे और नीचे सुख में फ़र्क़ करता था। उनकी दिलचस्पी सुख की गुणवत्ता में नहीं बल्कि मात्रा में थी। तीसरा, चूँकि आनंद प्राप्त करने योग्य है इसलिए वह क्रिया सही है जो आनंद उपलब्ध कराती हो और दु:ख या कष्ट को कम से कम करती हो। इस तीसरे आयाम में बेंथम का उपयोगितावाद एक क्रियात्मक उसूल के रूप में सामने आता है।

इन व्यावहारिक सुधारों के अलावा बेंथम की मुख्य सफलता यह थी कि वे दार्शनिक और राजनीतिक विचारों की कल्पना करने और उन्हें व्यक्त करने के तरीक़े में बदलाव लाने में सफल हुए। अभी हाल तक बेंथम के योगदान को दूसरे माध्यमों से पढ़ा जाता रहा है : जॉन ऑस्टिन के माध्यम से न्याय-शास्त्र के दायरे में, जेम्स मिल के माध्यम से लोकतांत्रिक सिद्धांत में और जॉन स्टुअर्ट मिल के माध्यम से उपयोगितावादी सिद्धांत में। इस प्रवृत्ति का एक कारण यह भी रहा है कि बेंथम की अपनी शैली बहुत ही मुश्किल रही है, जिसके कारण उनके चिंतन के प्रति समर्पित विद्वानों के अलावा हर कोई उनसे दूर ही रहता रहा है। यह भी एक उल्लेखनीय तथ्य है कि उन्होंने शायद ही अपने किसी लेख को प्रकाशन के मक़सद से तैयार किया हो।

बेंथम ने अपने राजनीतिक चिंतन द्वारा उदारतावाद के विकास में तीन मुख्य योगदान दिये। पहला, उन्होंने लॉक, ह्यूम, मांतेस्क्यू और हेल्वेसियस से मिले विचारों का उपयोग प्रचलित लॉकवादी विचार पर हमला करने के लिए किया। बेंथम के बाद उदारतावादी चिंतन की सबसे जीवंत धारा उपयोगितावादी सिद्धांतों पर आधारित रही। दूसरा, 1820 के दशक में उन्होंने संवैधानिक सिद्धांत का एक नया दृष्टिकोण उपलब्ध कराया। इसने अमेरिकी और फ्रांसीसी क्रांतियों के समय के संवैधानिक चिंतन और व्यवहार को बढ़ावा दिया। बेंथम ने प्रशासनिक और न्यायिक संगठन और सत्ता के जवाबदेह प्रयोग पर भी नये सिरे से ज़ोर दिया। तीसरा, बेंथम ने कल्पना की कि क़ानून के लक्ष्यों में सुरक्षा, जीविका, पर्याप्तता और समानता शामिल होनी चाहिए। उन्होंने ऐसी राजनीतिक व्यवस्था की कल्पना की जो इन लक्ष्यों को बढ़ावा

दे। ऐसा करके बेंथम ने आधुनिक लोकतांत्रिक राज्य की ज़रूरत और आकांक्षाओं को अभिव्यक्त किया।

अट्ठारहवीं सदी में सत्तर के दशक के मध्य तक बेंथम दो मुख्य योजनाओं पर काम कर रहे थे। उनकी पहली प्राथमिकता थी दण्ड-विधि, ख़ासतौर पर अपराध और सज़ा का विश्लेषण करना। इस अध्ययन के फलस्वरूप उनकी सबसे प्रसिद्ध किताब *ऐन इंट्रोडक्शन टू द प्रिंसिपल्स ऑफ़ मॉरल्स ऐंड लेजिस्लेशन* (1780 में मुद्रित पर 1789 में प्रकाशित) सामने आयी। इस किताब का मक़सद एक व्यापक दण्ड संहिता की पेशकश करना था। इसी रचना की कड़ियों के रूप में उन्होंने दो अन्य किताबें भी लिखीं : *ऑन द लॉज़ इन जनरल* जो पहली बार 1945 में *द लिमिट्स ऑफ़ जुरिसप्रूडेंस डिफ़ाइंड* शीर्षक से प्रकाशित हुई; और दूसरी *इनडायरेक्ट लेजिस्लेशन* जिसे सबसे पहले 1802 में प्रकाशित किया गया। ये तीनों किताबें बेंथम के शुरुआती न्याय-विमर्श के मुख्य भाग का प्रतिनिधित्व करती हैं।

जेरेमी बेंथम (1748–1832)

बेंथम ने अपने दूसरे प्रोजेक्ट में ब्लैकस्टोन की रचना *कॉमेंटरीज ऑन द लॉज़ ऑफ़ इंग्लैण्ड* की विशद समीक्षा की। इसका प्रकाशन पहली बार 1928 में जा कर हो पाया। लेकिन अपने इस शोध से पहले उन्होंने अपनी पहली प्रमुख कृति *द फ्रैग्मेंट ऑन गवर्नमेंट* (1776) प्रकाशित की। इस किताब में ब्लैकस्टोन के संविधान संबंधी विचारों का आलोचनात्मक परीक्षण किया गया है। ब्लैकस्टोन ने लॉक के विचारों का अनुसरण करते हुए प्रकृत अवस्था, सामाजिक समझौता, सहमति, प्रभुसत्ता और मिश्रित संविधान जैसे लॉकवादी पदों का प्रयोग करते हुए इंग्लैण्ड के संविधान की समीक्षा की थी। यद्यपि बेंथम ने ब्लैकस्टोन के विचारों का कोई विकल्प पेश नहीं किया, लेकिन उन्होंने लॉकवादी अवधारणाओं की आलोचना की जिन्हें उन दिनों व्यापक स्वीकृति मिल चुकी थी। इन मुद्दों के अलावा उन्होंने आर्थिक प्रश्नों पर भी विचार करना शुरू किया। इस विषय पर उन्होंने सबसे पहले *डिफेंस ऑफ़ यूज़री* (1787) की रचना की। इसमें ऐडम स्मिथ द्वारा *वेल्थ ऑफ़ नेशंस* में सूदख़ोरी की विवेचना की गयी थी।

फ्रांसीसी क्रांति के दौर में बेंथम एक उदार छवि के विचारक की तरह स्थापित होने लगे थे। लॉर्ड लैंसडाउन से अपनी दोस्ती के कारण उन्होंने स्विस लेखक और सुधारक एटीनी दूमो से सम्पर्क किया और बाद में दोनों की बहुत गहरी दोस्ती भी हो गयी। दूमो ने बेंथम की कई किताबों का फ्रांसीसी में अनुवाद किया जिससे बेंथम को विश्व-प्रसिद्धि मिली। बेंथम ने फ्रांस की लोकतांत्रिक संस्थाओं के समर्थन में कई लेख लिखे। उन्होंने फ्रांस की न्यायिक व्यवस्था में सुधार प्रस्तावित करने वाली एक पुस्तक *ड्राफ़्ट ऑफ़ अ न्यू प्लैन फ़ॉर द ऑर्गनाइज़ेशन ऑफ़ द जुडिशियल इस्टैब्लिशमेंट ऑफ़ फ्रांस* भी रची जिसके कारण 1792 में उन्हें फ्रांस की मानद नागरिकता दी गयी। बेंथम भी शुरुआत में फ्रांसीसी क्राँति से हमदर्दी रखते थे, लेकिन बाद इसकी हिंसक और दमनकारी प्रवृत्ति को देख कर उनका इससे मोहभंग हो गया। उन्होंने डिक्लेरेशन ऑफ़ राइट्स (या अधिकारों के घोषणा-पत्र) में निहित अवधारणाओं का भी विरोध भी किया। उन्होंने अपनी रचना *अनार्कीकल फ़ैलेसीज़* में यह लिखा कि प्राकृतिक अधिकार की परिकल्पना पूरी तरह से बकवास है।। बेंथम मानते थे कि स्वतंत्रता केवल वहीं सुरक्षित रह सकती है जहाँ अधिकारों को क़ानूनी व्यवस्था द्वारा स्थापित किया गया हो।

1809-10 के दौरान बेंथम के विचारों में 'बदलाव' हुआ। उन्होंने 1817 में *प्लान फ़ॉर पार्लियामेंटरी रिफ़ॉर्म* के प्रकाशन के बाद सार्वभौम मताधिकार, गुप्त मतदान और वार्षिक संसद जैसे सुधारों के बारे में खुल कर चर्चा करनी शुरू की। 1809 के पहले बेंथम ने सिर्फ़ फ्रांसीसी क्राँति से संबंधित कुछ राजनीतिक और संवैधानिक मुद्दों पर विचार किया था। इसके अलावा अमूमन वे इन विषयों पर उदासीन रहते थे। लेकिन ऐसा लगता है कि जेम्स मिल के प्रभाव और सुधारों से संबंधित अपनी पनोप्टिकॉन सरीखी कल्पना की नाकामी से उनका यह विश्वास पुख़्ता हुआ कि विभिन्न सुधारों के बीच एक तरह का संबंध बनाने की ज़रूरत है। इसके अलावा स्पेन में दारवादी शासन की स्थापना ने भी उनके राजनीतिक चिंतन में बुनियादी बदलाव किये। इस बदलाव का नतीजा *कांस्टीट्यूशनल कोड* (1822-) के रूप में सामने आया जिसे वे पूरा नहीं कर पाये। अपनी इस कृति में उन्होंने विस्तार से संवैधानिक लोकतंत्र की अपनी यूटोपियन दृष्टि और वर्तमान राजनीतिक व्यवस्थाओं की तीखी समीक्षा पेश की। इसके बावजूद कभी भी ऐसा नहीं हुआ कि वे संवैधानिक या राजनीतिक मुद्दों में ही पूरी तरह से डूबे रहे हों। इस दौर में उन्होंने शिक्षा, तर्कशास्त्र, भाषा, साहित्यशास्त्र, अर्थव्यवस्था जैसे विविध विषयों पर भी अपने विचार व्यक्त किये।

1820 के दशक तक उनकी कई किताबें प्रकाशित हो चुकी थीं। दूमो के सम्पादन में उनकी कई किताबें फ्रेंच में भी छप चुकी थीं। इन सबने यूरोप, ब्रिटेन और लातीनी अमेरिका में उनकी प्रतिष्ठा स्थापित कर दी। बेंथम का बहुत से लोगों से पत्र-व्यवहार होता था। कई राजनीतिज्ञ और विद्वान क्वींस स्क्वायर प्लेस स्थित उनके घर आते-जाते रहते थे। बेंथम के बहुत से लेखन को दूसरों ने सम्पादित किया : जॉर्न स्टुअर्ट मिल ने *रैशनेल ऑफ़ ज्यूडिशियल एविडेंस* (1827), पेरेग्रीन बिंघम ने *बुक ऑफ़ फ़ैलेसीज़* (1824), फ्रैंसीस प्लेस ने *नॉट पॉल बट जीसस* (1823) और जॉर्ज ग्रोट ने एनालिसिस ऑफ़ द इंफ्लूएंस ऑफ़ नेचुरल रिलीजन (1822) का सम्पादन किया था। इन रचनाओं ने *एडिनबरा रिव्यू* द्वारा प्रतिपादित किये गये विग सिद्धांतों के विकल्प के रूप में दार्शनिक रैडिकलवाद की स्थापना की। 1820 के दशक में उन्होंने मुख्य रूप से क़ानून की पूर्ण संहिता तैयार करने में अपनी अधिकांश ऊर्जा लगायी। इसमें नागरिक, दण्डात्मक, प्रक्रियात्मक और संवैधानिक संहिताओं को शामिल किया जाना था। क़ानून को संहिताबद्ध करने की पहले की कोशिशों के बजाय इस बार कांस्टीट्यूशनल कोड (संवैधानिक संहिता) को मुख्य स्थान दिया गया। इसी मक़ाम पर बेंथम के प्रौढ़ राजनीतिक चिंतन का विकास हुआ। यह काम दार्शनिक से ज़्यादा क़ानूनी था, लेकिन स्वतंत्रता समानता, अधिकार, दायित्व और प्रभुसत्ता जैसे विषयों पर इस समय उनके द्वारा लिखी कई दूसरी रचनाओं से गहन अंतर्दृष्टियाँ हासिल की जा सकती हैं।

देखें : अधिकार, अधिकार : सैद्धांतिक यात्रा, अरस्तू, अफलातून, अनुदारतावाद, अराजकतावाद, अन्य-अन्यीकरण, उदारतावाद, उपयोगितावाद, एडमण्ड बर्क, क्रांति, ज्याँ-ज़ाक रूसो, जॉन लॉक, जॉन स्टुअर्ट मिल, जॉन रॉल्स, थॉमस हॉब्स, नागरिकता, नागरिकता : अन्य परिप्रेक्ष्य-1 और 2, नागर समाज, पनोप्टिकॉन, फ्रीड्रिख़ हायक, बुद्धिवाद, माइकेल जोसेफ़ ओकशॉट, मिशेल पॉल फ़ूको-1 और 2, यूटोपिया, राजनीतिक दर्शन के नारीवादी आयाम, रॉबर्ट नॉज़िक, राज्य-1 और 2, स्वतंत्रतावाद, सर्वसत्तावाद, सम्प्रभुता, समाजवाद, सरकारियत.

संदर्भ

1. आर. हैरिसन (1983), *बेंथम,* लंदन : रॉटलेज ऐंड कीगन पॉल, लंदन.
2. एच.एल.ए. हार्ट (1982), *एसेज़ ऑन बेंथम, जुरिसप्रुडेंस ऐंड पॉलिटिकल थियरी,* क्लेरेण्डन प्रेस, ऑक्सफ़र्ड.
3. एफ़. रोज़ेन (1983), *जेरेमी बेंथम ऐंड रिप्रेज़ेंटेटिव डेमोक्रेसी : अ स्टडी ऑफ़ कांस्टीट्यूशनल कोड,* क्लेरेण्डन प्रेस, ऑक्सफ़र्ड.

— कमल नयन चौबे

जेंडर

(Gender)

नारीवाद द्वारा सत्तर के दशक में प्रवर्तित जेंडर की अवधारणा इस निष्कर्ष पर आधारित है कि स्त्री-पुरुष की सामाजिक असमानता का कारण केवल उनकी जैविक भिन्नता में ही नहीं देखा जाना चाहिए। इसीलिए नारीवाद सेक्स और जेंडर को अलग-अलग करके समझता है। उसकी मान्यता है कि जैविक भिन्नता के दैहिक और मानसिक प्रभावों को बढ़ा-चढ़ा कर पेश करना एक हथकण्डा है जिसके सहारे पितृसत्ता क़ायम रखी जाती है और स्त्रियों को समझा दिया जाता है कि उन्हें प्रकृति ने घरेलू भूमिकाओं के लिए ही बनाया है। उत्तर-औद्योगिक समाजों में तो स्त्री की सेक्स संबंधी दैहिक भिन्नता के फलितार्थ और भी कम प्रभावी रह गये हैं। गर्भ-निरोधकों, दर्द-निवारक औषधियों के कारण प्रजनन में होने वाली तकलीफ़ के लगातार घटते जाने और प्रजनन क्षमता ख़त्म हो जाने के बावजूद एक लम्बी और व्यक्तिगत-सामाजिक रूप से उपयोगी ज़िंदगी गुज़ारने की परिघटना ने स्त्री की परिस्थिति को पूरी तरह से बदल दिया है। 1972 में प्रकाशित एन. ओकली की विख्यात रचना *सेक्स, जेंडर ऐंड सोसाइटी* ने नारीवाद के लिए जेंडर को एक सामाजिक गढ़ंत के तौर पर देखने की बौद्धिक शुरुआत की। सिमोन द बोउवार ने 1949 में ही 'स्त्री जन्म नहीं लेती, बल्कि बनती या बना दी जाती है' की स्थापना देकर जेंडर के सिद्धांतीकरण की पूर्वपीठिका तैयार कर दी थी। यह बात अलग है कि स्त्री या पुरुष के 'सामाजिक' आयाम को 'जैविक' आयाम से अलग दिखाने के लिए उन्होंने जेंडर जैसे पद का प्रयोग नहीं किया था।

जेंडर का विचार नारीवाद की दूसरी लहर के केंद्र था। दरअसल, इस प्रश्न पर नारीवादी विदुषियों ने काफ़ी बारीक और बहुआयामी चिंतन किया है। सुलामिथ फ़ायर्स्टोन ने ओकली से भी दो साल पहले प्रकाशित अपनी पुस्तक *डायलेक्टिक ऑफ़ सेक्स* में दावा था किया कि स्त्री को अगर आधुनिक प्रौद्योगिकी की मदद से प्रजनन की ज़िम्मेदारी से छुटकारा मिल जाए और बच्चों के लालन-पालन का दायित्व ऐसे कम्यूनों को सौंप दिया जाए जहाँ एकनिष्ठ विवाह और छोटे परिवार के मानक का पालन न किया जाता हो, तो स्त्री-मुक्ति का रास्ता खुल सकता है। फ़ायरस्टोन के विचारों की आलोचना संस्कृति पर ज़ोर देने वाले नारीवादियों ने इस आधार पर की कि स्त्री-पुरुष की भिन्नता एक ऐसी मूल्यवत्ता को जन्म देती है जिसके तहत स्त्री के लिए बच्चों का लालन-पालन और परिवार की देखभाल करना एक विशिष्ट

सांस्कृतिक गुण का रूप ले लेता है जिसे ख़ारिज करने के बजाय सराहनापूर्वक स्वीकार किया जाना चाहिए। आगे चल कर मोरिया गैटेंस ने कुछ जीव-वैज्ञानिक अनुसंधानों के हवाले से यह दिखाया कि पुरुष और स्त्री की भिन्न-भिन्न जैविकताएँ दोनों की चेतना पर अलग-अलग असर भी डालती हैं। स्त्री की देह में कुछ ऐसी घटनाएँ और प्रक्रियाएँ चलती हैं जो पुरुष-देह के साथ कभी घटित होती ही नहीं : जैसे मासिक धर्म। इसलिए जेंडर की संरचना को पूरी तरह जैविकता से मुक्त भी नहीं माना जा सकता।

दरअसल, जेंडर की सामाजिक गढ़ंत और जैविक तात्त्विकतावाद के बीच बहस से नारीवादी शास्त्र भरा पड़ा है। स्त्री-पराधीनता को जैविक तात्त्विकतावाद के तार्किक घेरे से बाहर निकालने के लिए ही सत्तर के दशक के आरम्भ में दूसरी लहर के नारीवादियों ने जैविक भिन्नता के लिए सेक्स का और सामाजिक भिन्नता के लिए जेंडर का प्रयोग करना शुरू किया। उससे पहले जेंडर का प्रयोग संज्ञा-शब्दों को पुरुषवाचक और स्त्रीवाचक कोटियों में वर्गीकृत करने के लिए होता था। नारीवादियों ने जेंडर का प्रयोग यह ज़ाहिर करने के लिए अपनाया कि जिस तरह शब्दों का पुरुष और स्त्री की कोटियों में बाँटा जाना सामाजिक चलन का परिणाम है, उसी तरह व्यवहारों, मूल्यों आदि का पुरुष और स्त्री के लिए अलग-अलग आबंटन भी सामाजिक चलन का परिणाम है। ग़ौरतलब है कि इस आशय के साथ जेंडर का प्रयोग चिकित्सा विज्ञान के क्षेत्र में रॉबर्ट स्टॉलर नामक मनोविज्ञानी द्वारा अस्पष्ट जननांगों के साथ जन्मे शिशु के संदर्भ में पहले से किया जा चुका था। एन. ओकली ने स्टॉलर से ही प्रेरणा प्राप्त की थी। 1975 में गेल रूबिन अपने क्लासिक आलेख में सेक्स (जैविक) को प्राकृतिक और इसलिए अपरिवर्तनीय और जेंडर (सामाजिक) और इसलिए परिवर्तनीय के रूप में व्याख्यायित करते हुए 'सेक्स-जेंडर व्यवस्था' की धारणा प्रस्तुत की। इस प्रकार नारीवादियों के बीच इस धारणा ने ज़ोर पकड़ा कि जिस जैविक संरचना के साथ हम जन्म लेते हैं वह प्राकृतिक होने के कारण समाज और संस्कृति से निरपेक्ष है। यह वह आधार है जिस पर विभिन्न संस्कृतियाँ स्त्रीत्व और पुरुषत्व के जेंडर-ढाँचे खड़े करती हैं। लिंडा निकालसन ने इस धारणा को 'जैविक आधारवाद' कहा है।

अस्सी के दशक के शुरू होते-होते कुछ नारीवादियों ने 'जैविक आधारवाद' पर सवाल उठाने शुरू कर दिये। सेक्स अथवा शरीर को जेंडर से पृथक और अपरिवर्तनीय मान कर चलना उन्हें दिक़्क़ततलब लगा। एलिसन जैगर के मुताबिक़ शरीर संबंधी सामाजिक मान्यताएँ बदलती हैं तो शरीर की संरचना में भी उसी के मुताबिक़ बदलाव आते हैं। मसलन, स्त्रियों के शरीरिक तौर पर ताक़तवर होने को सामाजिक स्वीकृति मिलनी शुरू हुई, तो उनके एथलेटिक रिकॉर्डों में भी बढ़ोतरी होने लगी। नारीवादी मानवशास्त्रियों ने भी कुछ नृजातीय समूहों में स्त्री और पुरुषों की देह-रचना के बीच बेहद मामूली भेद पाया है। इसके अलावा, कई नारीवादी इस राय के साथ सामने आयीं कि सभी भिन्नताएँ, भले ही वे जैविक या प्राकृतिक ही क्यों न हों, किसी-न-किसी सैद्धांतिक नज़रिये की ही उपज होती हैं। इसकी पुष्टि थॉमस लैकर जैसे इतिहासकार के अनुसंधान ने भी की। लैकर ने यह दिखाया है कि स्त्री और पुरुष के शरीरों का दो भिन्न प्रकारों में वर्गीकरण 18 वीं सदी की परिघटना है। उससे पहले स्त्री का शरीर पुरुष के शरीर का अल्पविकसित रूप माना जाता था। सेक्शुअलिटी के इतिहास पर कार्य करने वाले मिशेल फ़ूको ने 18 वीं सदी के दौरान उभयलैंगिकता की धारणा के परिदृश्य से ही गायब होने की चर्चा की है। प्राक-आधुनिक भारतीय संस्कृति में भी विभिन्न यौन पहचानों के लिए कहीं ज़्यादा गुंजाइशें मौजूद रही हैं। उस ज़माने में हिजड़ों को जो सामाजिक स्वीकार्यता प्राप्त थी वह समकालीन समाज में नहीं है। सूफ़ी और भक्ति परम्पराएँ उभयलैंगिकता पर आधारित मानी जाती हैं।

जुडिथ बटलर का जेंडर संबंधी चिंतन बेहद चर्चित और परिष्कृत माना जाता है। बटलर ने जेंडर की भाँति सेक्स यानी देह को सामाजिक निर्मिति ही माना है। वे कहती हैं कि जेंडर की समझ से ही शरीर की समझ निर्धारित होती है। कुछ ऐसी भी नारीवादी चिंतक भी हैं जो सेक्स-जेंडर विभेद को स्त्री-मुक्ति के लिहाज़ से नकारात्मक मानती हैं। उनका मानना है कि यह विभेद मन/शरीर, संस्कृति/प्रकृति और तर्क/भावना जैसे द्विभाजनों जैसा ही प्रतीत होता है। इन्हीं द्विभाजनों का दोहन स्त्री-पराधीनता के लिए किया गया है। इन परस्पर-विरोधी जोड़ियों में एक का श्रेष्ठ तथा दूसरे का हीन के रूप में मूल्यांकन कर हीन को स्त्री के साथ चस्पाँ किया जाता रहा है। सेक्स/जेंडर का द्विभाजन ख़ासकर शरीर/मन के नज़दीक ठहरता है। निर्मिति होने के कारण जेंडर मन के दायरे में आ जाता है, और सेक्स तो शरीर के लिए ही प्रयुक्त होता ही है। शरीर/मन द्विभाजन में शरीर पक्ष के साथ स्त्री और मन के पक्ष के साथ पुरुष का तादात्म्य बैठाया जाता रहा है। नतीजतन, सेक्स/जेंडर में सेक्स स्त्री के हिस्से में चला जाता है, और जेंडर पुरुष के हिस्से में। यही वजह है ये नारीवादी इस विभेद को न केवल अनुपयोगी बल्कि अन्य द्विभाजनों की तरह स्त्री-मुक्ति की राह के रोड़े के रूप में देखती हैं।

एलिजाबेथ स्पीलमैन की दलील है कि जेंडर को सामाजिक निर्मिति मानने की धारणा के पैरोकार जाति, नस्ल, वर्ग, क्षेत्र आदि के तहत चलने वाली समाजीकरण की प्रक्रिया और उससे उपजने वाली अहम भूमिकाओं को नज़रअंदाज़ कर जाते हैं। यदि स्त्रीत्व और पुरुषत्व के निर्माण में इन कारकों की भूमिका न होती, तो सभी स्त्रियों का स्त्री होने और

सभी पुरुषों का पुरुष होने का अनुभव एक-सा होता। जब पश्चिम में अश्वेत महिलाओं और भारत में दलित-आदिवासी महिलाओं ने सभी स्त्रियों के एक ही धरातल पर स्थित होने की धारणा को चुनौती दी, तो नारीवादियों ने स्त्रियों के बीच विद्यमान भिन्नताओं पर गम्भीरता से विचार करना शुरू किया। भारतीय संदर्भ में ही दलित स्त्रियों की सेक्शुअलिटी और ऊँची जातियों की स्त्रियों की सेक्शुअलिटी में भेद रहा है। पितृसत्तात्मक निज़ाम के तहत दलित स्त्रियाँ ऊँची जातियों के पुरुषों के लिए उपलब्ध-सी मानी जाती रही है। पश्चिम की अश्वेत स्त्रियों का अनुभव भी दलित स्त्रियों जैसा ही है।

देखें : अश्वेत नारीवाद, आनंदीबाई जोशी, इस्लामिक नारीवाद, गायत्री चक्रवर्ती स्पिवाक, चिपको आंदोलन, जूडिथ बटलर, दलित नारीवाद, देवदासी, देवकी जैन, नारीवाद, नारीवाद की पहली लहर, नारीवाद की दूसरी लहर, नारीवाद की तीसरी लहर, नारीवादी दर्शन, नारीवाद और अर्थशास्त्र, नारीवादी फ़िल्म-सिद्धांत, नारीवादी इतिहास-लेखन, नारीवाद और अर्थशास्त्र, नारीवाद और साम्प्रदायिकता, नैंसी शोदॅरौ, पर्यावरणीय नारीवाद, पब्लिक-प्रायवेट, पण्डिता रमाबाई सरस्वती, पितृसत्ता, प्रेम, प्रेम-अध्ययन और नारीवादी दर्शन, भारत में स्त्री-आरक्षण-1 और 2, महादेवी वर्मा, मैरी वोल्सक्राफ़्ट, राजनीतिक दर्शन के नारीवादी आयाम, रमाबाई रानाडे, ल्यूस इरिगरे, स्त्री और साम्प्रदायिकता, स्त्री-श्रम, सम्पत्ति : नारीवादी परिप्रेक्ष्य, सिमोन द बोउवार, स्त्री-आरक्षण, हेलन सिचू।

संदर्भ

1. लिंडा निकालसन (1994), 'इंटरप्रिटिंग जेंडर', साइंस, खण्ड 20 अंक-1.
2. गेल रूबिन (1975), 'द ट्रैफ़िक इन वुमॅन : नोटस ऑन दी पॉलिटिकल इकॉनॉमी ऑफ़ सेक्स', संकलित : आर. टेटर (सम्पा.), *टुवर्ड्स एन एंथ्रोपॅलॅजी ऑफ़ वुमॅन,* मंथली रिव्यू प्रेस, न्यूयॉर्क.
3. थॉमस लैकर (1978), *मेकिंग सेक्स : बॉडी ऐंड जेंडर फ्रॉम द ग्रीक्स टू फ्रॉयड,* हार्वर्ड युनिवर्सिटी प्रेस, केम्ब्रिज, मैसाचुसेट्स.
4. एलिसन जैगर (1983), *फ़ेमिनिस्ट पॉलिटिक्स ऐंड ह्यूमन नेचर,* रोमन ऐंड एलेनहेल्ड, ससेक्स.
5. जुडिथ बटलर (1990), *जेंडर ट्रबुल,* राडलेन, लंदन, द्वितीय संस्करण.

— विजय कुमार झा

जैन दर्शन

(Jain Philosophy)

ईसा से छह सौ साल पहले ब्राह्मण-परम्परा और श्रमण-परम्परा भारतीय संस्कृति की दो प्रमुख धाराएँ थीं। पहली धारा यज्ञ तथा भौतिक सुखों की पक्षधर थी, तो दूसरी धारा निवृत्ति एवं मोक्ष की प्रबल समर्थक थी। जैन धर्म का संबंध श्रमण-परम्परा से है। जैन दर्शन प्राचीनता की दृष्टि से भारत की प्राचीनतम दार्शनिक प्रणालियों में से एक है। जैन शब्द की उत्पत्ति 'जिन' से हुई है। इसका अर्थ होता है जिसने राग-द्वेष पर विजय प्राप्त कर ली हो। ऐसे विजयी लोगों के अनुयाइयों को जैन कहा जाता है और ऐसे विजय प्राप्त मुक्त पुरुषों को वीतरागी माना जाता है। जैन धर्म को पूजनीय कहे जाने की वजह से इसे 'आहंदुर्भ' की संज्ञा दी जाती है और जैन धर्म को 'निग्रंथ' कहे जाने के पीछे कारण यह है कि जैन साधु कोई सम्पत्ति नहीं रखते कि वे गाँठ बाँध सकें। जैन-दर्शन वस्तुवादी है क्योंकि वह वाह्य-जगत के अस्तित्व को मानता है। वह बहुसत्तावादी है क्योंकि वह अनेक तत्त्वों को मानता है। वह अनीश्वरवादी है, क्योंकि वह ईश्वर के अस्तित्व को नहीं मानता। जैन धर्म ने वेद की प्रमाणिकता, पुरोहितवाद तथा कर्मकाण्ड का घोर विरोध किया। उसने घोषित किया कि ईश्वर विषयक अवधारणा त्याग करके भी ब्राह्मण के रहस्यों को जाना जा सकता है और पूर्णता हासिल की जा सकती है।

विरोधाभास यह है कि जैनियों ने ईश्वर की अवधारणा को तो ख़ारिज किया, लेकिन दूसरी ओर उन्होंने अपने आचार्यों यानी तीर्थंकरों को उसी स्थान पर पहुँचा दिया। जैन धर्म में तीर्थंकरों को वही स्थान प्राप्त है, जो दूसरी जगहों पर भगवान को। अंतर इस बात का है कि ब्राह्मण धर्म की तरह ईश्वर यहाँ स्वतंत्र और सर्वशक्तिमान नहीं है, बल्कि अनेक ईश्वर हैं। जैन धर्म में अर्हन्तपद और सिद्ध पद प्राप्त जीव ही 'ईश्वर' पद से अभिहित होता है। जैन धर्म के प्रथम तीर्थकर ऋषभदेव तथा अंतिम व चौबीसवें तीर्थंकर होने का श्रेय महावीर को है जो गौतम बुद्ध के समकालीन माने जाते हैं। जैन धर्म को मौजूदा स्वरूप देने और उसके प्रवर्तन का श्रेय भी उन्हीं को जाता है। उनका जीवन-काल छठी शताब्दी ईसा पूर्व माना गया है।

कालांतर में जैन धर्म सम्प्रदायों श्वेताम्बर और दिगम्बर में बँट गया। दिगम्बर आचार पालन में कुछ कठोर तथा श्वेताम्बर उदार हैं। दिगम्बर सम्प्रदाय में मुनि निर्वस्त्र रहते हैं तथा श्वेताम्बर सफ़ेद वस्त्र पहने रहते हैं, किंतु ये सिद्धांत सिर्फ़ जैन मुनियों तक ही सीमित हैं, गृहस्थ तथा श्रावकों के लिए नहीं। एक फ़र्क़ यह भी है कि दिगम्बर सम्प्रदाय स्त्री-

शरीर से मुक्ति सम्भव नहीं मानता, पर श्वेताम्बर सम्प्रदाय की यह मान्यता नहीं है।

चार्वाक दर्शन की तरह जैन दर्शन सिर्फ़ प्रत्यक्ष को प्रमाण मान कर अनुमान तथा शब्द को प्रमाण मानने से इनकार नहीं करता। चार्वाकों का तर्क हैं कि कभी-कभी अनुमान और शब्द यथार्थ ज्ञान का रूप नहीं ले पाते। जैन दार्शनिकों का कहना है कि इस आधार पर कहा जाए तो प्रत्यक्ष भी हमेशा प्रमाणिक नहीं होता। कभी-कभी प्रत्यक्ष भी भ्रमपूर्ण होता है। अगर ऐसा है तो उन्हें भी अनुमान और शब्द की तरह प्रमाण नहीं माना जा सकता। जैनियों का तर्क है कि चार्वाक विपक्षियों से वाद-विवाद के दौरान उनके शब्दों के ज़रिये ही उनके विचारों का अनुमान करते हैं, अन्यथा वाद-विवाद में वे समर्थ नहीं हो पाते। अत: चार्वाक का यह कहना कि 'प्रत्यक्ष ही एक मात्र प्रमाण है' युक्तियुक्त नहीं हैं। जैन दर्शन प्रत्यक्ष के साथ ही साथ अनुमान और शब्द को भी प्रामाणिक मानता है। विश्वसनीय पुरुषों के वाक्य-शब्द अपने आप में प्रमाण होते हैं। जैनों के अनुसार आध्यात्मिक विषयों का यथार्थ ज्ञान प्रारम्भ में प्रत्यक्ष तथा अनुमान द्वारा नहीं प्राप्त हो सकता। इनके लिए सर्वज्ञ तथा मुक्त जिनों या तीर्थंकरों के उपदेश ही प्रमाण हैं।

प्रत्यक्ष प्रमाण से द्रव्यों के बारे में ज्ञान मिलता है। जैन दर्शन भी चार्वाकों की तरह मानता है कि द्रव्य वायु, अग्नि, जल तथा पृथ्वी इन चार प्रकार के तत्त्वों से मिल कर बना हैं। अनुमान आकाश, काल, धर्म तथा अधर्म का ज्ञान कराता है। भौतिक द्रव्यों की स्थिति के लिए स्थान आवश्यक है। इससे आकाश का अस्तित्व साबित होता है। द्रव्यों की अवस्थाओं का क्रमिक परिवर्तन काल के बिना नहीं हो सकता। इस युक्ति से काल का अस्तित्व सिद्ध होता है। धर्म और अधर्म गति और स्थिति के कारण हैं। इनका अस्तित्व भी निर्विवाद है, क्योंकि किसी अनुकूल कारण के बिना द्रव्यों में गति या स्थिति नहीं आ सकती। भौतिक द्रव्य (पुद्गल) आकाश, काल, धर्म तथा अधर्म के अतिरिक्त और भी एक प्रकार का द्रव्य हैं। पुद्गल का प्रयोग सामान्यत: पृथ्वी आदि भूत द्रव्यों के अर्थों में किया जाता है। उन द्रव्यों को हम देखते है, छूते हैं, सुनते हैं तथा खाते हैं और पीते हैं। इनमें रूप, रस, गंध और स्पर्श चार प्रकार के गुण पाये जाते हैं। ये गुण परमाणुओं में भी देखे जा सकते हैं, किंतु कोई गुण पदार्थ के बिना मौजूद नहीं रह सकता।

जैन मतावलम्बी यह मानते थे कि वस्तुएँ मस्तिष्क से इतर यथार्थ हैं। वे इस तत्त्ववादी सिद्धांत का विरोध करते थे कि पदार्थ से स्वतंत्र रह कर भी गुणों के अस्तित्व की सम्भावना है। इस हद तक जैन मतावलम्बी भौतिकवादी थे। उनका मत था कि कोई भी वस्तु इंद्रिय-संवेदनों द्वारा, जो जीव अर्थात् चेतन के अवयव हैं, जानी जा सकती है। लेकिन वस्तु और इंद्रियों के बीच सम्पर्क हुए बिना इंद्रिय प्रत्यक्ष होना असम्भव है। जैन धर्म मस्तिष्क और पदार्थ की पारस्परिक सापेक्षता स्वीकार करता है। साथ ही वह ज्ञाता और ज्ञेय पदार्थ के बीच संबंध भी स्वीकार करता है।

जब व्यक्ति अपने सुख-दु:ख आदि का अनुभव करता है तो उसे जीव या आत्मा के प्रत्यक्ष ज्ञान का पता चलता है। चैतन्य पदार्थ की उत्पत्ति जड़ पदार्थ से नहीं होती। ऐसा एक भी प्रमाण नहीं है कि जड़ के संयोग से चैतन्य पदार्थ का प्रादुर्भाव हुआ हो। जैनियों का यह विचार चर्वाक दर्शन के विरुद्ध है। जैन-दर्शन की प्रस्थापना है कि जितने सजीव शरीर हैं उतने ही जीव हैं। मनुष्य, पशु-पक्षियों में ही नहीं बल्कि पेड़-पौधों व धूल-कणों में भी जीव हैं। सभी जीव चेतन है, पर समान प्रकार से नहीं। वनस्पतियों तथा मिट्टी के टुकड़ों में पाये जाने वाले जीव एकेंद्रिय होते हैं। उनका बोध स्पर्शेंद्रिय से ही सम्भव हो पाता है। कुछ जीव दो इंद्रिय, कुछ तीन या चार इंद्रिय वाले होते हैं तथा मनुष्य तथा उच्च वर्ग के जीव पाँच इंद्रिय वाले होते हैं। इन इंद्रियों के माध्यम से वस्तुज्ञान होता है। किंतु जीव की इंद्रिय चाहे जैसी हो उसका ज्ञान एक सीमा तक ही सीमित होता है। अत: वह विभिन्न दुखों से दुखी रहता है। लेकिन इसके साथ ही प्रत्येक जीव में अनंत दर्शन, अनंत ज्ञान, अनंत वीर्य और अनंत सुख प्राप्त करने की शक्ति निहित होती है। हर जीव के ये स्वाभाविक गुण होते हैं। जिस प्रकार बादलों से सूर्य ढँक जाता है उसी तरह से कर्मों के कारण जीव का आंतरिक स्वरूप छिप जाता है। जीव के कर्म तथा उसकी इच्छाएँ पुद्गल को अपनी ओर आकर्षित करती हैं। परिणामस्वरुप धूल-कणों से आच्छादित दीपक या सूर्य के प्रकाश की तरह जीव का स्वरूप पुद्गल के सम्पर्क में आने पर छिप जाता है। पुद्गल की वजह से जीव-बंधन में पड़ा होता है और कर्मों को हटा देने पर वह बंधन मुक्त हो कर अपने स्वाभाविक गुणों को प्रकाशित कर सकता है।

जैन दर्शन के मुताबिक़ तीर्थंकरों के जीवन तथा उनके उपदेश के ज़रिये मोक्ष-प्राप्त करना सम्भव है। जीव सम्यक दर्शन, सम्यक ज्ञान तथा सम्यक चरित्र अर्थात् अहिंसा, सत्य, अस्तेय, ब्रह्मचर्य तथा अपरिग्रह का पालन करते हुए बंधन मुक्त हो सकता है। इनके द्वारा वासनाओं पर नियंत्रण तथा कर्मों का नाश हो जाता है तथा इन विघ्नों के हटने पर जीवन के अनंत चतुष्ट अर्थात् अनंत दर्शन, अनंत ज्ञान, अनंत शक्ति तथा अनंत आनंद का प्रस्फुटन होता है। यही मोक्ष की अवस्था होती है।

जैन दर्शन अनेकांतवाद के सिद्धांत के लिए काफ़ी प्रशंसित रहा है। इसका तात्पर्य है कि किसी वस्तु का हमेशा एक ही रूप नहीं होता। दृष्टि-भेद से वही वस्तु किसी अन्य रूप में दीख सकती है। जैन दर्शन सत् और असत् जैसा कोई

भेद नहीं मानता। एक वस्तु सत् भी हो सकती है और वही किसी अन्य दृष्टि-भेद के कारण असत् भी हो सकती है। स्वरूप की अपेक्षा से वस्तु 'सत्' कही जाती है, वही प्रारूप की अपेक्षा से असत् भी कही जा सकती है। कहने का तात्पर्य यह है कि प्रत्येक वस्तु अलग-अलग स्वभाव की होती है और वह स्वभाव उसी वस्तु में रहता है, दूसरी वस्तु में नहीं। इसे एक दृष्टांत के ज़रिये कहा जाए तो घट में घटत्व रहता है और इसीलिए घट-स्वभाव दृष्टि में रख कर हम कहते हैं कि सामने दृष्टिगोचर होने वाला पदार्थ 'घट' है। परंतु घटत्व को दृष्टि में रखकर क्या हम कह सकते हैं कि यह घट है? यानी एक ही वस्तु सत् भी हुई और असत् भी हुई। अंतर महज़ वाक्यों, कल्पनाओं और दृष्टि-भेद का है। संसार की हर वस्तु 'है' भी और 'नहीं भी' है। कोई वस्तु सर्वथा सत् या असत् नहीं होती। इसे ही जैन-दर्शन में अनेकांतवाद कहा गया है।

इसे ही स्यादवाद सिद्धान्त भी कहा गया है। सामान्त: स्यादवाद को संदेहवाद का पर्याय समझा जाता है, क्योंकि स्याद शायद के अर्थ में लिया जाता है। जैन दार्शनिकों की दृष्टि से 'स्यात्' का तात्पर्य 'कथंचित' अर्थात् 'किसी अपेक्षा से है। इसी अपेक्षावाद का सूचक 'स्यादवाद' है जो अनेकांतवाद को समझने में सहायक है। इसकी तार्किक अभिव्यक्ति 'सप्तभंगी' नय के द्वारा की जाती है। सप्तभंगी नय का अर्थ है, किसी वस्तु के रूप को प्रकट करने के लिए सात प्रकार से कहने का ढंग : स्याद अस्ति, स्यान्नास्ति, स्यादस्ति च स्यान्नास्ति, स्याद् अव्यक्तम्, स्यादस्ति च स्याद् अव्यक्तव्यं च, स्यान्नास्ति च स्याद् अव्यक्तव्यं च और स्यादस्ति च स्यान्नास्ति च स्याद् अव्यक्तव्यं च।

अब यहाँ एक स्वाभाविक सवाल उठ खड़ा होता है कि कथन भी किया जाए और अवक्तव्य भी कहा जाए— ये तो दोनों परस्पर विरोधी बातें हुईं। दरअसल जैन दर्शन वस्तु को अवक्तव्य नहीं मानता। वह अपेक्षा की दृष्टि से ही ऐसा मानता है। इसी बात को सूचित करने के लिए 'अवक्तव्यं' के पहले 'स्यात्' शब्द का प्रयोग किया गया है। अर्थात् वस्तु हमेशा अवक्तव्य नहीं बल्कि किसी दृष्टिकोण विशेष से ही वह अवक्तव्य है।

जैन दर्शन अन्य मतों के प्रति भी आदर भाव रखता है। वह कहता है कि प्रत्येक वस्तु अनंत धर्मक है। एक ही वस्तु एक दृष्टि से सत् है दूसरी दृष्टि से असत् है। दृष्टिगत आधार वस्तु बहुधर्मी है। उसकी सत्यता दृष्टि-विशेष पर निर्भर करती है। प्रत्येक व्यक्ति के ज्ञान और विचार सीमित होते हैं, उसकी एक सीमा होती है। अत: किसी व्यक्ति का किसी विषय के बारे में ज्ञान उस सीमा तक ही सत्य हो सकता है। उसके सिर्फ़ एक पक्ष को ही जाना जा सकता है। किसी वस्तु के बारे में कोई विचार देने के पहले 'स्याद' शब्द के इस्तेमाल कर लेने से यह स्पष्ट हो जाता है कि वह विचार सिर्फ़ एक पक्ष से ही सत्य है, दूसरे पक्ष से कुछ दूसरा ही सत्य हो सकता है। इस तरह से एक विरोधी मत को भी सम्मान प्राप्त हो जाता है। अत: विरोधी विचारों को भरपूर सम्मान देना जैन धर्म की विशेषता है।

जैन धर्म किसी भी धर्म से न तो विरोध रखता है और न किसी दार्शनिक दृष्टि का अलाप करता है। स्यादवाद समग्र सिद्धांतों में सामंजस्य का पक्षपाती है। उसमें त्याग तथा तपस्या के आचरण एवं अहिंसा पर ज़ोर दिया गया है। अहिंसा के अंतर्गत सिर्फ़ किसी का उत्पीड़न या प्राणनाश ही हिंसा नहीं माना गया है। बल्कि मनसा, वाचा और कर्मणा द्वारा हिंसा-निवृति का आग्रह व अनुपालन है। महावीर का स्पष्ट संदेश है— जब तक बुढ़ापा नहीं सताता, जब तक व्याधियाँ नहीं बढ़तीं, जब तक इंद्रियाँ हीन-अशक्त नहीं बनतीं, तब तक धर्म का आचरण कर लेना चाहिए। उसके बाद होता ही क्या है? यह संदेश व्यवहार्य रूप में सार्थक किया जा सकता है, क्योंकि बिना क्रिया के ज्ञान बोझ ही है।

देखें : आर्यभट्ट और *आर्यभटीय,* उपनिषद्, कपिल, *अर्थशास्त्र* और कौटिल्य, गोपीनाथ कविराज, गोविंद चंद्र पाण्डे, चैतन्य महाप्रभु, न्याय दर्शन, दया कृष्ण, नागार्जुन, पतंजलि और *योगसूत्र,* पाणिनि और *अष्टाध्यायी,* पुराण, पूर्व-मीमांसा दर्शन, बदरी नाथ शुक्ल, बादरायण, बौद्ध दर्शन, *भगवद्गीता,* भरत और *नाट्यशास्त्र,* मुकुंद लाठ, *भागवत पुराण, महाभारत,* यशदेव शल्य, योग दर्शन, रामानुजाचार्य, राम अवतार शर्मा, लोकायत, वात्स्यायन और *कामसूत्र,* वेदांत दर्शन, वैशेषिक दर्शन, शंकराचार्य, षड्-दर्शन-1 और 2, संस्कृत काव्यशास्त्र, स्मृति-साहित्य, सांख्य दर्शन-1 और 2, सिद्ध-नाथ परम्परा।

संदर्भ

1. वियोगी हरि (सम्पा.) (2011), *हमारी परम्परा .,* सस्ता साहित्य मण्डल, नयी दिल्ली.
2. चटर्जी एवं दत्त, *भारतीय दर्शन,* अनु. हरिमोहन झा एवं नित्यानंद मिश्र, पुस्तक भण्डार, पटना.
3. के. दमोदरन (2001), *भारतीय चिंतन परम्परा,* अनु. श्रीधरन, पीपुल्स पब्लिशिंग हाउस नयी दिल्ली.
4. बलदेव उपाध्याय (1999), *भारतीय दर्शन की रूपरेखा,* चौखम्भा पब्लिशर्स, वाराणसी.

—अजय कुमार पाण्डेय

जैवविविधता
(Biodiversity)

अगर हम पृथ्वी के भविष्य की रक्षा करना चाहते हैं तो उसके पर्यावरण और पारिस्थितिकी को बचाना ज़रूरी है। इसके लिए अपने ग्रह की जैवविविधता और लाखों वर्ष के दौरान विकसित हुए जीवन-रूपों का संरक्षण अनिवार्य है। प्रजातियों के नष्ट होने का मतलब होगा पृथ्वी की जैव-विरासत का क्षय जिसके परिणामस्वरूप भविष्य की पीढ़ियों को अपूरणीय नैतिक, व्यावहारिक और वैज्ञानिक क्षति का सामना करना होगा। पिछले दो दशकों से अंतर्राष्ट्रीय समुदाय ने अपनी यह ज़िम्मेदारी कुछ-कुछ समझी है, पर अब भी इस मोर्चे पर प्रगति की रफ़्तार धीमी ही कही जाएगी। जैवविविधता का संरक्षण करने वाले उष्णकटिबंधीय जंगलों को नष्ट करने की प्रक्रिया पूरी बीसवीं सदी में जारी रही है, पर उसके प्रति सरोकारों के तहत अंतर्राष्ट्रीय संस्थागत अनुक्रिया बहुत देर से हुई है। 1992 में हुई ऐतिहासिक रियो कांफ्रेंस के बाद अगले साल 155 देशों ने जैवविविधता बचाने के लिए की गयी संधि पर हस्ताक्षर किये हैं। इस कन्वेंशन के ज़रिये कुछ ऐसे नियमों की स्थापना की गयी है जिनके तहत जेनेटिक संसाधनों और जैव-प्रौद्योगिकियों के इस्तेमाल को विनियमित किया जाएगा। कन्वेंशन के सदस्य देशों ने शपथ ली है कि वे जैवविविधता को बचाने की योजनाएँ बनायेंगे और उनकी संबंधित रपटों की अंतर्राष्ट्रीय स्तर पर समीक्षा की जाएगी। लेकिन, दुर्भाग्य से जैवविविधता के संरक्षण के लिए उठाये गये ये क़दम भी अपर्याप्त हैं क्योंकि जो भी नियम-क़ानून बनाये गये हैं वे अस्पष्ट होने के साथ-साथ कई तरह की शर्तों के मातहत भी हैं।

ज़्यादातर लोग जैवविविधता को प्रजाति विविधता का पर्याय मान कर चलते हैं। लेकिन प्रजाति विविधता तो जैवविविधता की एक श्रेणी मात्र है। संरक्षण की दृष्टि से जैवविविधता को मुख्य तौर से तीन श्रेणियों में बाँट कर देखा जाता है : प्राकृतिक वास संबंधी विविधता यानी हैबिटेट डायवर्सिटी, आनुवंशिक विविधता यानी जेनेटिक डायवर्सिटी और प्रजातीय विविधता यानी स्पीशीज़ डायवर्सिटी।

हैबिटेट डायवर्सिटी : जैविविधिता की यह धारणा उन स्थानों से ताल्लुक़ रखती है जहाँ विभिन्न जीवन-रूपों का वास है। जैसे, मूँगे के द्वीप, अमेरिका के उत्तर-पश्चिम प्रशांत इलाक़े का वन-क्षेत्र, ऊँची घास से आच्छादित मैदान, नमी से समृद्ध तटीय इलाक़े, और ऐसे ही कई और स्थान। इस तरह के सभी क्षेत्रों में असंख्य प्रजातियाँ रहती हैं और उनका जीवन उनके इस प्राकृतिक वास पर पूरी तरह से निर्भर है। अगर ये इलाक़े नहीं रहे तो इनके साथ वे प्रजातियाँ भी ख़त्म हो जाएँगी। पारिस्थितिकी के प्रति गम्भीर सरोकारों की कमी होने के कारण होता यह है कि ये विशाल क्षेत्र पूरी तरह से तो नष्ट नहीं होते, पर उनका आकार घटता चला जाता है और अंत में उनके छोटे-छोटे टुकड़े भर रह जाते हैं। अमेरिका के पुराने वन-क्षेत्रों और नमी से समृद्ध तटीय धरती के साथ यही दुर्घटना घटी है। इसी तरह के क्षय का सामना दुनिया भर के उष्णकटिबंधीय वनों को करना पड़ रहा है। भारत में भी वन-क्षेत्र का काफ़ी क्षरण हो चुका है। इसका नतीजा यह हुआ है कि न केवल बहुत सी स्थानीय प्रजातियाँ लुप्त हो गयी हैं, बल्कि उन प्रजातियों के नष्ट होने का ख़तरा बढ़ गया है जिनकी उत्तरजीविता के लिए इन प्राकृतिक आवास क्षेत्रों की विशालता हमेशा से एक शर्त की तरह काम करती रही है।

जेनेटिक डायवर्सिटी : यह विशेष तरह का पद है जिसे तकनीकी तौर पर समझना आवश्यक है। जीव वैज्ञानिक जब प्रजातियों की आबादी का ज़िक्र करते हैं तो उसका मतलब होता है किसी एक ख़ास इलाक़े में रहने वाली वे प्रजातियाँ जो मोटे तौर पर आपस में ही सहवास करती हैं। उदाहरण के लिए अगर एक क्षेत्र में कौवों की आबादी है तो वे किसी दूसरे क्षेत्र के कौवों के बजाय अपने जोड़ों को अपने ही क्षेत्र और अपने ही समूह से चुनते हैं। इस तरह उनके बीच जींस की सहभागिता विकसित होती रहती है। जीव वैज्ञानिकों के लिए एक इलाक़े के पक्षियों की आबादी का अर्थ है उनकी आनुवंशिकी की अनूठी जानकारी। उस ख़ास इलाक़े में रहने वाली कौवों की आबादी साझे तौर पर एक ऐसी जेनेटिक इनफ़ॉर्मेशन की वाहक है जो कहीं और नहीं मिल सकती। सिद्धांत के तौर पर एक इलाक़े में रहने वाले कौवों को किसी दूसरे इलाक़े में रहने वाले कौवों के साथ समागम करना चाहिए। आख़िरकार हैं तो दोनों कौवे ही। पर, व्यवहार में ऐसा नहीं होता। उनके आवासों के भौगोलिक क्षेत्रों के बीच इतनी दूरी होती है कि वे ऐसा नहीं कर पाते।

दरअसल, प्रजातियों की विभिन्न आबादियाँ मिल कर जेनेटिनक डायवर्सिटी की रचना करती हैं। जिन प्रजातियों की केवल एक ही आबादी रह गयी है, उनकी आनुवंशिक विविधता भी बहुत घटी हुई मानी जाती है। मसलन, कैलिफ़ोर्निया के इलाक़े में रहने वाले गिद्धों की अब कोई और आबादी नहीं मिलती। इसका मतलब हुआ कि वैसे गिद्धों की आनुवंशिक विविधता का क्षय हो चुका है। भारत में भी गिद्धों की आबादियाँ लगातार कम होती जा रही हैं। इसके विपरीत उत्तरी अमेरिका के ज़्यादातर इलाक़ों में पायी जाने वाली गौरैयों की आबादियाँ अपनी आनुवंशिक विविधताओं को क़ायम रख पायी हैं। जीव वैज्ञानिकों की कोशिश होती है कि न केवल प्रजातियों की संख्या सुरक्षित रहे और बढ़े, बल्कि उनकी अलग-अलग आबादियाँ भी

क़ायम रहें। वैसे भी किसी प्रजाति का बचना उसका आबादी के बचने पर निर्भर करता है। अगर आबादी घटेगी या ख़त्म होगी तो प्रजातियों के पास विपरीत परिस्थितियों (जैसे ग्लोबल वार्मिंग) में बचे रहने के उपाय भी घटते चले जाएँगे। हर आबादी धीरे-धीरे कुछ ऐसी आनुवंशिकीय ख़ूबियों से सम्पन्न होती जाती है जिनके ज़रिये प्रजातियाँ नयी परिस्थितियों के साथ तालमेल बैठाने का प्रयास करती हैं।

स्पीशीज़ डायवर्सिटी : कहने के लिए दुनिया में क़रीब पंद्रह लाख प्रजातियाँ सूचीबद्ध हैं, लेकिन समझा जाता है कि पृथ्वी पर इनके अलावा भी असंख्य अनाम प्रजातियाँ पायी जाती हैं। एक अंदाज़े के मुताबिक़ हमारे ग्रह पर पचास लाख से डेढ़ करोड़ तक प्रजातियाँ होंगी। उष्णकटिबंधीय जगंलों में विभिन्न कीटों के बारे में किये गये अध्ययनों के ज़रिये इन अनाम प्रजातियों का पता चला है। उनके बचे रहने के लिए उष्णकटिबंधीय वनों का बने रहना ज़रूरी है। पृथ्वी के केवल दो फ़ीसदी हिस्से पर ही इस तरह के वन हैं, पर नब्बे फ़ीसदी से ज़्यादा प्रजातियों का निवास इन्हीं में है। इन जंगलों के नष्ट होने के कारण प्रजाति विविधता पर बहुत बड़ा संकट आ गया है। प्रजातियों के अन्य सम्भव प्राकृतिक वासों का अभी अध्ययन किया जाना बाक़ी है। सम्भावना यह है कि जैसे-जैसे हमारा जैव-ज्ञान आगे बढ़ेगा, ज्ञात प्रजातियों की संख्या बढ़ती चली जाएगी।

मुश्किल यह है कि पिछले कई दशकों से प्रत्येक वर्ष जैवविविधता को बनाये रखने के लिए अनिवार्य इन जंगलों का विस्तार कुछ न कुछ कम हो जाता है। मध्य और दक्षिण अमेरिका में मवेशी चराने के लिए या खेती के लिए इन जंगलों को जलाया गया। एशिया में इमारती लकड़ी के लिए ये जंगल काटे गये। अफ्रीका में जलावन की लकड़ी जमा करने की लम्बी प्रक्रिया के तहत वनों का क्षय हुआ। पिछली सदी में क़रीब एक चौथाई से लेकर आधे बरसाती वन नष्ट हो चुके हैं। अगर यह तबाही इसी तरह चलती रही तो इक्कीसवीं सदी के मध्य तक इन वनों के कुछ टुकड़े ही पृथ्वी पर शेष रह जाएँगे। जीव वैज्ञानिकों की मान्यता है कि 75 वर्ष में पृथ्वी क़रीब आधी या उससे ज़्यादा प्रजातियों को खो देगी। मनुष्य अपनी सर्वग्रासी जीवन-शैली के कारण इससे अगले पचास से सौ साल के बीच उतनी प्रजातियों को नष्ट कर देगा जितनी प्राकृतिक कारणों से दस करोड़ वर्षों में नष्ट होती हैं। कबूतर की एक नस्ल को नष्ट होने में केवल दस वर्ष लगते हैं, जबकि प्राकृतिक क्रम-विकास के तहत उसके विकसित होने के लिए एक सहस्राब्दी भी कम है।

देखें : *चिपको आंदोलन, जैवविविधता, पर्यावरणीय नारीवाद, पारिस्थितिकवाद, पारिस्थितिकीय दर्शन, पेटेंट, भारत में पेटेंट क़ानून।*

संदर्भ

1. ओ. ग्रीन (1999), 'एनवायरनमेंटल इशूज़', संकलित : जे. बायलिस और एस. स्मिथ (सम्पा.), *द ग्लोबलाइज़ेशन ऑफ़ वर्ल्ड पॉलिटिक्स,* ओयूपी, ऑक्सफ़र्ड
2. के. लिटफ़िन (1999), 'एनवायरनमेंटल सिक्यूरिटी इन द कमिंग सेंचुरी', संकलित : टी. पॉल और जे. हाल (सम्पा.), *इंटरनेशनल ऑर्डर ऐंड द फ़्यूचर ऑफ़ वर्ल्ड पॉलिटिक्स,* केम्ब्रिज युनिवर्सिटी प्रेस, केम्ब्रिज.
3. डी. पर्लमैन वग़ैरह (सम्पा.) (1997), *एक्सप्लोरिंग वेल्यूज़ ऐंड प्रायरिटीज़ इन कंज़रवेशन,* ब्लैकवेल साइंस, ऑक्सफ़र्ड
4. ओ. यंग (1995), *इंटरनेशनल गवर्नेंस : प्रोटेक्टिंग द एनवायरनमेंट इन अ स्टेटलैस सोसाइटी,* कॉरनेल युनिवर्सिटी प्रेस, इथाका, न्यूयॉर्क.

— अभय कुमार दुबे

जोआन रॉबिंसन

(Joan Robinson)

जोआन रॉबिंसन (1903-1983) उत्तर-कींसियन अर्थशास्त्र के संस्थापकों में से एक मानी जाती हैं। उन्होंने हमेशा यथार्थपरक आर्थिक गतिविधियों के अध्ययन पर ज़ोर दिया और ऐसे तमाम आर्थिक सिद्धांतों को आड़े हाथों लिया जिन पर अमल करना उनकी निगाह में मुमकिन नहीं था। रॉबिंसन का ज़िक्र होने पर यह चर्चा ज़रूर होती है कि अर्थशास्त्र की दुनिया में स्त्रियों की संख्या इतनी नगण्य क्यों है। दरअसल इस अनुशासन की गणितीय प्रकृति पर इसकी ज़िम्मेदारी नहीं डाली जा सकती, क्योंकि गणित और प्राकृतिक विज्ञानों में पीएचडी करने वाली स्त्रियों के मुक़ाबले भी अर्थशास्त्र में क़दम रखने वाली महिलाओं की संख्या बहुत कम होती है। समाज-विज्ञान के सर्वाधिक पुरुष प्रधान अनुशासन में अपनी चमकदार प्रतिभा के दम पर अंतर्राष्ट्रीय मान्यता प्राप्त करने वाली रॉबिंसन ने अपना कॅरियर आदर्श प्रतियोगिता और एकाधिकार के बीच स्थित बाज़ार के रूपों की गहरी पड़ताल करने से शुरू किया। उन्होंने बाज़ार में अपूर्ण प्रतियोगिता की स्थिति का अध्ययन करते हुए पता लगाया कि बड़ी-बड़ी कम्पनियाँ दामों, उत्पादन और रोज़गार संबंधी फ़ैसलों पर कैसे पहुँचती हैं। बाद में वे जान मेनार्ड कींस के सिद्धांतों की पैरोकार और विस्तार करने वाली विद्वान के रूप में उभरीं। रॉबिंसन द्वारा किये गये अंतर्राष्ट्रीय व्यापार के सूत्रीकरणों ने अर्थशास्त्रियों को यह समझने में मदद की कि अर्थव्यवस्थाओं का वास्तविक कामकाज कैसे चलता है। रॉबिंसन केम्ब्रिज

विश्वविद्यालय के अर्थशास्त्रियों के उस समूह की सदस्य भी थीं जिनके साथ होने वाले विचार-विमर्श के ज़रिये ही कींस ने अपनी क्लासिक रचना *जनरल थियरी* का विकास किया था।

जोआन रॉबिंसन का जन्म सरे, इंग्लैण्ड के एक उच्च-मध्यवर्गीय परिवार में हुआ था। उनके पिता एक फ़ौजी जनरल, लेखक और शिक्षाविद् थे। उनकी माँ केम्ब्रिज विश्वविद्यालय के एक प्रोफ़ेसर की बेटी थीं। उन दोनों ने अपनी बेटी जोआन मॉरिस को बेहतरीन शिक्षा दिलाई। केम्ब्रिज के जिरटन कॉलेज में उन्होंने अर्थशास्त्र का अध्ययन किया, क्योंकि वे ग़रीबी और बेरोज़गारी की समस्याओं का समाधान खोजना चाहती थीं। अर्थशास्त्री ऑस्टिन रॉबिंसन से विवाह के बाद वे मॉरिस से रॉबिंसन हो गयीं। रॉबिंसन ने अर्थशास्त्री के रूप में कुछ वर्ष अपने पति के साथ भारत में भी गुज़ारे। लेकिन, उनके ज़्यादातर वर्ष केम्ब्रिज में अर्थशास्त्र का अध्यापन और शोध करते हुए ही गुज़रे।

बीए की पढ़ाई के दौरान रॉबिंसन जब मार्शल की रचना *प्रिंसिपल्स ऑफ़ इकॉनॉमिक्स* का अध्ययन कर रही थीं तो उन्होंने पाया कि इस पाठ्य पुस्तक के निष्कर्ष बीस के दशक की ब्रिटिश अर्थव्यवस्था से मेल नहीं खाते। यह पुस्तक बता रही थी कि उत्पादक और उपभोक्ता दोनों मिल-जुल कर अपनी समृद्धि को ज़्यादा से ज़्यादा बढ़ाने की कोशिश करते हैं, जबकि उस ज़माने की अर्थव्यवस्था बेरोज़गारी से आक्रांत थी और कारख़ानों की उत्पादक क्षमता काफ़ी गिर चुकी थी। मार्शल को पढ़ते हुए रॉबिंसन इस बात से भी कुछ असंतुष्ट हुईं कि उन्होंने केवल आदर्श प्रतियोगिता और एकाधिकार की स्थितियों पर ही ग़ौर किया है। रॉबिंसन का ख़याल था कि अर्थव्यवस्थाओं की हक़ीक़त इन दो सिरों के बीच कहीं स्थित है। अपनी रचना *द इकॉनॉमिक्स ऑफ़ इम्परफ़ेक्ट कम्पटीशन* (1933) में रॉबिंसन ने दिखाया कि छोटी-छोटी फ़र्मों के बीच होने वाली प्रतियोगिता और केवल एक फ़र्म के एकाधिकार के बीच के अंतराल में कम्पनियों का वजूद किस तरह बिखरता रहता है।

कम्पनियों की निर्णय-प्रक्रिया समझने के लिए रॉबिंसन ने *सीमांत आमदनी* (मार्जिनल रेवेन्यू) की थियरी का इस्तेमाल किया। कोई फ़र्म सीमांत आमदनी तब कमाती है जब वह अपने सामान्य उत्पादन के अलावा अतिरिक्त उत्पादन करके बेचती है, और इसके लिए उसे न दाम गिराने पड़ते हैं और न ही माल की सेल लगानी पड़ती है। यह सीमांत आमदनी हमेशा उत्पादित वस्तु के दाम के बराबर ही बैठती है। चूँकि बाज़ार में आदर्श प्रतियोगिता की स्थिति नहीं होती इसलिए फ़र्में इस अतिरिक्त माल को कम दाम पर बेचने के लिए या उनकी सेल लगाने के लिए मजबूर होती हैं। इसी

जोआन रॉबिंसन (1903-1983)

अपूर्ण प्रतियोगिता के कारण सीमांत आमदनी शून्य से भी नीचे गिर कर ऋणात्मक तक हो सकती है। अब यह फ़र्म के अपने निर्णय पर निर्भर करता है कि वह सीमांत आमदनी न होने पर भी ज़्यादा उत्पादन करना पसंद करेगी या नहीं। या वह कम उत्पादन करेगी, कम बेचेगी पर दाम नहीं गिरायेगी।

रॉबिंसन ने दिखाया कि एक बड़ी फ़र्म कैसे कम उत्पादन करके और दाम बढ़ा कर अधिक आमदनी करने में कामयाब रहती है। चूँकि अर्थव्यवस्था को अपूर्ण प्रतियोगिता की स्थिति में काम करना पड़ता है इसलिए उत्पादन भी नाकाफ़ी होता है और क्षमता का भी पूरा दोहन नहीं हो पाता। अपूर्ण प्रतियोगिता के कारण ही मज़दूरों को उत्पादित वस्तु के मूल्य से कम मेहनताना मिलता है। सीमांत उत्पादकता की अहमियत घट जाती है। अपूर्ण प्रतियोगिता के कारण ही ताक़तवर फ़र्में श्रम का शोषण करने में कामयाब हो पाती हैं। अपनी दलील को समझाने के लिए रॉबिंसन ने *मोनोसोनी* के विचार का विकास किया। इसका मतलब हुआ : एक सेवायोजक के सामने रोज़गार चाहने वाले यानी मज़दूरों की सौदेबाज़ी की ताक़त का घट जाना। रॉबिंसन ने कहा कि आदर्श प्रतियोगिता की थियरी द्वारा नहीं बल्कि अपूर्ण प्रतियोगिता की थियरी द्वारा ही यह पता लगाया जा सकता है

कि बीस के दशक के इंग्लैण्ड में इस क़दर बेरोज़गारी क्यों थी और तीस के दशक की महामंदी का कारण क्या हो सकता है। अपूर्ण प्रतियोगिता के अर्थशास्त्र के ज़रिये रॉबिंसन ने पहली बार यह भी दिखाया कि बड़ी एकाधिकारी फ़र्में एक ही माल के दाम अलग-अलग लोगों से अलग-अलग क्यों और कैसे वसूल करती हैं। वे बाज़ार को दो हिस्सों में बाँट कर देखती हैं : एक हिस्से में ऐसे उपभोक्ता आते हैं जो ऊँचे दाम देने के लिए तैयार हैं, और दूसरे हिस्से में वे उपभोक्ता आते हैं जो दाम बढ़ने के प्रति संवेदनशील हैं। इसके बाद फ़र्में ऐसे तरीक़े तलाशती हैं जिनके तहत वे पहले क़िस्म के उपभोक्ताओं की जेब से पैसा निकाल सकें। वे एक बिक्री दिवस की विभिन्न अवधियों में अलग-अलग दाम पर अपना माल बेचती हैं। मसलन, टेलिफ़ोन कम्पनी अपनी सेवा रात के वक़्त सस्ती रख सकती है। दिन में व्यापारी लोग उसी सेवा को ऊँचे दामों पर ख़रीदते हैं, क्योंकि उन पर महँगाई का ज़्यादा असर नहीं होता और उन्हें उस सेवा की बहुत ज़रूरत भी होती है। नया माल बन कर जब बाज़ार में आता है तो उसे ऊँची कीमत देने के लिए तैयार उपभोक्ता ख़रीदते हैं, और उसी माल को बाद में सेल पर वे ख़रीदते हैं जो कम दाम अदा करना चाहते हैं। इस तरह रॉबिंसन को बाज़ार में कीमतों के विभेदीकरण के सिद्धांत का सुराग खोजने का श्रेय जाता है। आगे चल कर उत्तर-कींसियन अर्थशास्त्रियों ने इस सिद्धांत का विकास किया।

रॉबिंसन का विचार था कि आपूर्ति और माँग के विश्लेषण में संतुलनावस्था का विचार असंतोषजनक है। एक विकसित होती हुई और बदलती हुई अर्थव्यवस्था को इस सिद्धांत के तहत नहीं समझा जा सकता। उपभोक्ता और व्यापारी दामों के प्रति अर्थशास्त्र के मानक सिद्धांतों के तहत अनुक्रिया नहीं करते, बल्कि वे यह सोच कर अनुक्रिया करते हैं कि भविष्य में दामों की स्थिति क्या होगी। रॉबिंसन ने पूँजी की प्रकृति पर भी नये सिरे से विचार किया। अर्थशास्त्र की दुनिया में उस बहस की शुरुआत का श्रेय उन्हीं को जाता है जिसे *केम्ब्रिज विवाद* की संज्ञा दी जाती है। रॉबिंसन ने वितरण के उस सीमांत सिद्धांत की आलोचना की जिसके तहत माना जाता था कि मुनाफ़े की दर पूँजी की सीमांत उत्पादकता पर निर्भर करती है। रॉबिंसन ने एक सीधा सा लगने वाला सवाल उठाया कि सीमांत उत्पाद का पता लगाने के लिए पूँजी को कैसे मापा जाए? यानी अगर मुनाफ़े की दर का पता नहीं है तो फिर पूँजी को मापने की सम्भावना क्या होगी? रॉबिंसन को कींस के अर्थशास्त्र को अंतर्राष्ट्रीय व्यापार के क्षेत्र तक विकसित करने का श्रेय भी जाता है।

देखें : अर्थ-विज्ञान का समाजशास्त्र, आर्थिक जनसांख्यिकी, अल्फ्रेड मार्शल, अमर्त्य कुमार सेन, अंतर्राष्ट्रीय मुद्रा कोष, आधार और अधिरचना, ऑस्कर लांगे, ऐडम स्मिथ, करारोपण, कल्याणकारी अर्थशास्त्र, क्लासिकल अर्थशास्त्र, कार्ल हाइनरिख़ मार्क्स-3, कार्ल मेंगर, कींसियन अर्थशास्त्र, गुन्नार मिर्डाल, जॉन कैनेथ गालब्रेथ, जॉन मेनार्ड कींस, जॉन स्टुअर्ट मिल, जोसेफ़ शुमपीटर, जैव विविधता, ट्रस्टीशिप, डेविड रिकार्डो, ढाँचागत समायोजन कार्यक्रम, थॉमस मन और वणिकवाद, थॉमस रॉबर्ट माल्थस, दक्षता, धन, नियोक्लासिकल अर्थशास्त्र, नीतिशास्त्र और अर्थशास्त्र, निकोलस काल्दोर, नियोजन, नियोजन : मार्क्सवादी विमर्श, पण्य, पण्य-पूजा, पेटेंट, पॉल सेमुअलसन, पियरो स्राफ़ा, पूँजी, प्रतियोगिता, फ्रांस्वा केस्ने और प्रकृतिवाद, फ्रेड्रिख़ वॉन हायक, बहुराष्ट्रीय निगम, बाज़ार, बाज़ार की विफलताएँ, बाज़ार-समाजवाद, बौद्धिक सम्पदा अधिकार, ब्रेटन वुड्स प्रणाली, भारत में बहुराष्ट्रीय निगम, भारत में नियोजन, भारत में पेटेंट क़ानून, भारत में शेयर संस्कृति, भूमण्डलीकरण और पूँजी बाज़ार, भूमण्डलीकरण और वित्तीय पूँजी, भूमण्डलीकरण और वित्तीय उपकरण, मार्क्सवादी अर्थशास्त्र, मिल्टन फ्रीडमेन, मूल्य, राजकोषीय नीति और मौद्रिक नीति, रॉबर्ट ओवेन, विलफ्रेडो परेटो, विश्व व्यापार संगठन, विश्व बैंक, विलियम पेटी, विलियम स्टेनली जेवंस, वैकासिक अर्थशास्त्र, शोषण, साइमन कुज़्नेत्स।

संदर्भ

1. हार्वी ग्रैम और विवियन वाल्श (1983), 'जोआन रॉबिंसंस इकॉनॉमिक्स इन रिट्रोस्पेक्ट', *जर्नल ऑफ़ इकॉनॉमिक लिटरेचर,* खण्ड 21, अंक 2.
2. इनग्रिड रिमा (सम्पा.) (1991), *द जोआन रॉबिंसन लीगेसी,* एम.ई. शार्प, आरमोंक, न्यूयॉर्क.
3. मरज़ोरी टर्नर (1989), *जोआन रॉबिंसन ऐंड द अमेरिकंस,* एम.ई. शार्प, आरमोंक, न्यूयॉर्क.
4. शुलामित कान (1995), 'वुमॅन इन द इकॉनॉमिक्स प्रोफ़ेशन', *जर्नल ऑफ़ इकॉनॉमिक पर्सपेक्टिव्ज़,* खण्ड 9, अंक 4.

— अभय कुमार दुबे

जोसेफ़ चेल्लादुरै कुमारप्पा

(Joseph Chelladurai Kumarappa)

जोसेफ़ चेल्लादुरै कुमारप्पा (1892-1960) को भारत में गाँधीवादी अर्थशास्त्र का प्रथम गुरु माना जाता है। अपने जीवनकाल में कुमारप्पा ने गाँधीवादी अर्थशास्त्र से जुड़े विषयों पर न केवल विशद लेखन किया बल्कि एक पूर्णकालिक कार्यकर्ता के रूप में भारत के दूरस्थ स्थानों में अनेक आर्थिक सर्वेक्षण करके ग्रामीण अर्थव्यवस्था के कायाकल्प के लिए सार्थक कार्यनीति का प्रतिपादन भी किया। कुमारप्पा का अर्थशास्त्र स्वतंत्र भारत के हर व्यक्ति के लिए आर्थिक स्वायत्तता एवं सर्वांगीण विकास के अवसर देने के उसूल पर आधारित था। भारत की ग्रामीण अर्थव्यवस्था

और इसके प्राकृतिक स्वरूप को उन्नत करने के हिमायती कुमारप्पा ऐसे बिरले अर्थशास्त्री थे जो पर्यावरण संरक्षण को औद्योगिक-वाणिज्यिक उन्नति से कहीं अधिक लाभप्रद मानते थे। गाँधी के आर्थिक दर्शन से कांग्रेस पार्टी में उनके अपने सहयोगी भी पूर्णतः सहमत नहीं थे। इसीलिए स्वतंत्र भारत की आर्थिक नीतियों और गाँधीवादी आर्थिक नीतियों के बीच कोई समानता नहीं रही। परिणास्वरूप स्वतंत्र भारत ने पाश्चात्य अर्थव्यस्था के नमूने के अंधानुकरण की होड़ में कुमारप्पा को जल्दी ही विस्मृत कर दिया।

कुमारप्पा का बचपन का नाम जोसफ़ चेल्लादुरै कॉर्नेलियस था। उनका जन्म तमिलनाडु के तंजावुर शहर में 4 जनवरी, 1892 में एक ईसाई परिवार में हुआ था। उन्होंने मद्रास से अपनी स्कूली शिक्षा पूरी करने के बाद लंदन जाकर लेखा-विधि (एकाउंटेंसी) में प्रशिक्षण प्राप्त किया और फिर वहीं लंदन में एकाउंटेंट के रूप में कुछ वर्षों तक काम भी किया। प्रथम विश्व-युद्ध की समाप्ति पर और अपनी माता के बुलाने पर वे भारत लौटे और बम्बई में कुछ समय तक एक ब्रिटिश कम्पनी में काम करने के बाद 1924 में अपना व्यवसाय शुरू किया। 1927 में वे उच्च अध्ययन के लिए अमेरिका गये और सायराक्रुज़ विश्वविद्यालय से वाणिज्य एवं व्यापार प्रबंधन में स्नातक की उपाधि प्राप्त की। इसके बाद उन्होंने कोलम्बिया विश्वविद्यालय में सार्वजनिक वित्त का अध्ययन करके अपने समय के प्रख्यात अर्थशास्त्री एडविन सेलिग्मन के मार्गदर्शन में 'सार्वजनिकवित्त एवं भारत की निर्धनता' पर शोध पत्र लिखा जिसमें भारत की आर्थिक दुर्दशा में ब्रिटिश औपनिवेशिक शासन की नीतियों से हुए नुक़सान का अध्ययन किया गया था। इस अध्ययन के दौरान ही कुमारप्पा ने पाया कि भारत की दयनीय आर्थिक स्थिति का मुख्य कारण ब्रिटिश औपनिवेशिक शासन की अनैतिक और शोषक नीतियाँ हैं। इसी बीच उन्होंने अपने मूल पारिवारिक नाम कुमारप्पा को अपने नाम के साथ जोड़ने का फ़ैसला किया।

स्वतंत्रता आंदोलन से जुड़े लोगों में भी अंग्रेज़ों द्वारा भारत के आर्थिक शोषण को लेकर बेचैनी थी। इस बेचैनी के केंद्र में था ब्रिटिश साम्राज्य पर चढ़ा वह सार्वजनिक ऋण जिसे वह भारत में शासन चलाने के नाम पर औपनिवेशक भारतीयों के मत्थे मढ़ना चाहती थी। कांग्रेस के 1922 के गया अधिवेशन और इसके बाद 1929 के लाहौर अधिवेशन में इस विषय पर चर्चा भी हुई थी। इसी बीच 1929 में अमेरिका से भारत लौटने के बाद कुमारप्पा भारतीय आर्थिक शोषण पर लिखे अपने लेख को प्रकाशित करने के संदर्भ में गाँधी से मिलने साबरमती आश्रम गये। गाँधी ने अपने पत्र *यंग इण्डिया* में इस लेख को प्रकाशित करने में रुचि भी दिखायी और कुमारप्पा से गुजरात के ग्रामीण क्षेत्रों में आर्थिक सर्वेक्षण करने

जोसेफ़ चेल्लादुरै कुमारप्पा (1892-1960)

का आग्रह किया। गाँधी के कहने पर कुमारप्पा गुजरात के खेड़ा जिले के मातर ताल्लुका में सर्वेक्षण करने गये। गुजरात का यह इलाक़ा पिछले कई सालों से कम वर्षा के कारण भीषण जल संकट से गुज़र रहा था लेकिन इसके बावजूद राजस्व वसूली के लिए सरकारी अमला बेहद सख़्ती दिखा रहा था। कुमारप्पा ने मातर ताल्लुका के 45 गाँवों के निवासियों का आर्थिक सर्वेक्षण करके लगान वसूली की दर और कृषि आधारित अर्थव्यवस्था के बीच जटिल संबंध को पहली बार सांख्यिकीय आँकड़ों के माध्यम से प्रदर्शित किया।

इसी दौरान *यंग इण्डिया* में कुमारप्पा के लेख 'सार्वजनिक वित्त और हमारी निर्धनता' का सिलसिलेवार प्रकाशन भी शुरू हो गया। साथ ही मातर ताल्लुका के आर्थिक सर्वेक्षण का प्रकाशन भी हो रहा था। इन प्रकाशनों के बीच गाँधी ने नमक सत्याग्रह के लिए दांडी यात्रा भी शुरू कर दी। नमक सत्याग्रह में भाग लेने के कारण जब ब्रिटिश प्रशासन ने गाँधी को गिरफ़्तार कर लिया तो *यंग इण्डिया* के संचालन की ज़िम्मेदारी कुमारप्पा पर आ गयी। इस पत्र में लेखन के कारण कुमारप्पा को भी गिरफ़्तार करके डेढ़ साल के लिए ज़ेल भेज दिया गया। 1931 में गाँधी-इरविन समझौते के बाद कुमारप्पा रिहा हुए और उन्हें लाहौर कांग्रेस अधिवेशन में ब्रिटिश सरकार और भारत के बीच के वित्तीय

लेन देन की समुचित पड़ताल करने के लिए गठित समिति का अध्यक्ष बनाया गया। इस कांग्रेस अधिवेशन के बाद गाँधी गोलमेज़ कांफ्रेंस में भाग लेने के लिए इंग्लैण्ड चले गये। गाँधी की अनुपस्थिति में कुमारप्पा ने *यंग इण्डिया* के सम्पादन की ज़िम्मेदारी फिर से उठायी और उनके आक्रामक लेखन के कारण ब्रिटिश सरकार ने उन्हें पुन: गिरफ़्तार करके ढाई साल के लिए ज़ेल भेज दिया।

1933 में ज़ेल से छूटने के बाद कुमारप्पा ने बिहार में विनाशकारी भूकम्प के राहत-कार्य के पैसे के लेन-देन का काम देखा। अत्यंत ईमानदार व समर्पित स्वयंसेवक की तरह कुमारप्पा ने इस राहत कार्य में हाथ बँटाने आये गाँधी को भी उनके आने-जाने का ख़र्चा देने से इनकार कर दिया। गाँधी ने 1934 में वर्धा आश्रम में कुमारप्पा के नेतृत्व में अखिल भारतीय ग्राम उद्योग संघ की स्थापना की जिसमें ग्रामीण अर्थव्यवस्था के अनुकूल उत्पादों के निर्माण, संरक्षण एवं प्रसार का अभियान चलाया गया। कुमारप्पा भारतीय अर्थव्यवस्था की मज़बूती में ग्रामीण आर्थिक स्थिति के योगदान को अच्छी तरह पहचानते थे और इसलिए उन्होंने इस ग्राम उद्योग संघ को कारगर बनाने में पूरा समय लगाया। अखिल भारतीय ग्राम उद्योग संघ में अपने इस अनुभव के आधार पर सन् 1936 में कुमारप्पा ने *ग्राम आंदोलन क्यों?* शीर्षक से एक पुस्तक प्रकाशित की जो गाँवों की आर्थिक उन्नति पर केंद्रित गाँधीवादी अर्थशास्त्र के सिद्धांतों के घोषणा पत्र के समान है।

1939-40 के दौरान कुमारप्पा ने मध्य प्रदेश और उत्तर पश्चिम सीमांत प्रदेश में व्यापक आर्थिक सर्वेक्षण किये। 1942 में जब ब्रिटिश सरकार द्वितीय विश्व-युद्ध का अधिकतर ख़र्च भारत पर डालना चाहती थी तोकुमारप्पा ने इसके विरोध में एक लेख 'स्टोन फ़ॉर ब्रेड' लिखा और जिसके प्रकाशन के बाद उन्हें एक बार फिर ज़ेल भेज दिया गया। कुमारप्पा ने अपने इस ज़ेल-प्रवास का सदुपयोग करते हुए *प्रैक्टिस ऐंड परसेप्ट्स ऑफ़ जीसस* एवं *इकॉनॉमी ऑफ़ पेरमानेंस* शीर्षक से दो पुस्तकें लिखीं। पहली पुस्तक *ईसा मसीह का अनुशीलन व ज्ञानबोध* में ईसाइयत के सच्चे आदर्शों के बारे में विवेचना थी। *निरंतरता का अर्थशास्त्र* में पर्यावरण संरक्षण के साथ मानव के आर्थिक विकास की परिकल्पना का प्रतिपादन किया गया है। इस पुस्तक को कुमारप्पा की सर्वश्रेष्ठ कृति माना जाता है।

30 जनवरी, 1960 को कुमारप्पा का निधन हुआ। उनकी स्मृति में कुमारप्पा इंस्टीट्यूट ऑफ़ ग्राम स्वराज की स्थापना की गयी।

देखें : अहिंसा-1 और 2, आशिस नंदी-1 और 2, आनंद केंटिश कुमारस्वामी, चेटपट वेंकटसुब्बन शेषाद्रि, ट्रस्टीशिप, धीरूभाई शेठ, मोहनदास कर्मचंद गाँधी-1 से 3 तक, रजनी कोठारी, सविनय अवज्ञा, हिंसा।

संदर्भ

1. मार्क लिंडली (2007), *जे.सी. कुमारप्पा : महात्मा गाँधीज़ इकॉनॉमिस्ट*, पॉपुलर प्रकाशन, मुम्बई.
2. बी. ज़करिया (1999), 'इंटरप्रेटिंग गाँधी : जे.सी. कुमारप्पा, मॉडर्निटी ऐंड द ईस्ट', टी. गुहाठाकुरता (सम्पा.), *कल्चर ऐंड डेमॉक्रैसी : पेपर्स फ़्रॉम द कल्चरल स्टडीज़ वर्कशॉप*, सेंटर फ़ॉर स्टडीज़ इन सोशल साइंसेज़, कलकत्ता.
3. जे.सी. कुमारप्पा (1945/1997), *इकॉनॉमी ऑफ़ परमानेंस*, सर्वसेव संघ प्रकाशन, वाराणसी.
4. जे.सी. कुमारप्पा (1949/1960), *व्हाई द विलेज मूवमेंट : अ प्ली फ़ॉर अ विलेज सेंटर्ड इकॉनॉमिक ऑर्डर फ़ॉर इण्डिया*, सर्वसेवा संघ, वर्धा.

— रवि दत्त वाजपेयी

जोगेंद्र नाथ मण्डल

(Jogendra Nath Mandal)

स्वतंत्रता संग्राम सेनानी, विधिवेत्ता और प्रशासक जोगेंद्र नाथ मण्डल (1904-1968) का अनूठा कृतित्व दो बातों के लिए हमेशा याद किया जाता रहेगा। पहली, उन्होंने आज़ादी से पहले की अवधि में अविभाजित बंगाल में दलितों के साथ होने वाले भेदभाव और शोषण के ख़िलाफ़ संघर्ष किया, और दूसरी उन्होंने बंगाल की राजनीति में मुसलिम लीग के साथ मिल कर पाकिस्तान की माँग ही नहीं उठायी बल्कि पाकिस्तान के पहले क़ानून मंत्री भी रहे। उन्होंने नवगठित पाकिस्तान की सरकार में श्रम मंत्रालय, राष्ट्रमण्डल और कश्मीरी मामलों के विभाग भी सँभाले। मण्डल को मुहम्मद अली जिन्ना के साथ पाकिस्तानी राज्य के संस्थापकों में से एक माना जाता है। 1947 से 1950 के बीच में मण्डल पाकिस्तानी संविधान सभा के अस्थायी अध्यक्ष भी थे। दरअसल, मण्डल का विचार था कि भारत का विभाजन होने से दलितों को लाभ होगा। लेकिन जब पाकिस्तानी शासकों के असली इरादे उनके सामने स्पष्ट हुए, उन्होंने तत्कालीन प्रधानमंत्री लियाक़त अली खाँ को इस्तीफ़ा दे दिया और भारत लौट आये। उन्होंने आरोप लगाया कि पाकिस्तान में अल्पसंख्यकों के अधिकारों का हनन किया जा रहा है। वे मानते थे कि पाकिस्तानी नेताओं ने उन राजनीतिक मूल्यों को त्याग दिया है जिनकी पैरोकारी मुहम्मद अली जिन्ना करते थे। मण्डल की राजनीतिक गतिविधियाँ कुछ इस क़िस्म की थीं कि उनका असर सीमा के दोनों तरफ़ पड़ता था। 1946 में अविभाजित भारत की संविधान सभा के लिए डॉ. आम्बेडकर

को बंगाल से चुनवाने में उनकी प्रमुख भूमिका थी।

जोगेंद्र नाथ मण्डल का जन्म 29 जनवरी, 1904 को बारिसाल जिले के मैस्तरकण्डी खेड़े में नमोशूद्र जाति में हुआ था। उनकी माता संध्या देवी तथा पिता रामदयाल धार्मिक स्वभाव के थे। आर्थिक स्थिति अच्छी न होने के कारण उन्हें पढ़ाई के साथ ट्यूशन भी करनी पड़ती थी। ढाका विश्वविद्यालय से एमए करने के बाद वे कलकत्ता विश्वविद्यालय से 1934 में विधि स्नातक हुए। मण्डल जी की आरम्भ से ही यह लालसा थी कि वे अपनी पढ़ाई पूरी कर सामाजिक क्रांति के लिए जीवन भर कार्य करेंगे। प्रशासकीय नौकरी स्वीकार करने के स्थान पर उन्होंने वकील के रूप में कार्य करना पसंद किया। जिला न्यायालय में वकालत करने के दौरान न सिर्फ़ क़ानूनविद् के रूप में उनकी प्रतिभा जागी बल्कि सामाजिक सरोकारों में दिलचस्पी भी बढ़ी। उन्होंने इसी दौरान वे कलकत्ता के अन्य प्रभावशाली लोगों से सम्पर्क में आये। यह वही दौर था, जब उनकी मुलाक़ात सुभाष चंद्र बोस से हुई। कलकत्ता नगर पालिका में वे सुभाषबाबू की की मदद से चुने गये। राजनीति में यह उनका पहला क़दम था। इसी दौरान पूरे देश में कम्युनल अवॉर्ड की चर्चा ज़ोरों पर थी। आम्बेडकर और गाँधी के बीच सहमति और असहमति के कुछ बिंदुओं के कारण हिंदू समाज में ज़बरदस्त मंथन था। ऐसे वातावरण में मण्डल की मुलाकात डॉ. आम्बेडकर से भी हुई। राजनीतिक उथल-पुथल के इस दौर में पूरे देश में पहली बार लोकतांत्रिक आधार पर चुनाव कराने की योजना को 1935 के इण्डिया एक्ट के अनुसार अमली जामा पहनाने के शुरुआत हुई। 1937 में उन्होंने बंगाल विधानसभा के लिए चुनाव लड़ा और कांग्रेस के ज़मींदार उम्मीदवार को हरा कर विजयी हुए। दलितोद्धार के प्रश्न पर मण्डल का डॉ. आम्बेडकर से संवाद हुआ। जैसे-जैसे उनकी मुलाकातें हुईं, वैसे-वैसे बंगाल में उनके द्वारा आरम्भ किये गये कार्यक्रमों का विस्तार हुआ।

जुलाई, 1942 में जब डॉ. आम्बेडकर के नेतृत्व में नागपुर में अखिल भारतीय दलित वर्ग का सम्मेलन हुआ। उसमें बंगाल के प्रतिनिधि मण्डल मण्डल का नेतृत्व जोगेंद्रनाथ मण्डल ने किया था। इसी सम्मेलन में शेडयूल्ड कास्ट्स फ़ेडरेशन की स्थापना हुई थी। 1943 में वे बंगाल में ख़्वाजा नज़ीमुद्दीन सरकार में सहकारिता और अनुदान मंत्री बने। अपने कार्यकाल में उन्होंने शासकीय सेवा में दलितों के प्रवेश हेतु ज़मीन बनायी। इसी समय उन्होंने बैगयी हालदार पब्लिक अकादमी के माध्यम से एमए स्कूल आरम्भ किया ताकि दलितों में शिक्षा का प्रचार-प्रसार हो सके। मण्डल ने *जागरण* नामक साप्ताहिक अख़बार भी निकाला। अगस्त, 1944 में आम्बेडकर कलकत्ता गये जहाँ फ़ेडरेशन की तरफ़ से सियालदह रेलवे मेंशन में उनका भव्य स्वागत हुआ जिसमें मण्डल ने भी भागीदारी की। इसी के बाद वे फ़ेडरेशन के सदस्य बन गये। मार्च, 1945 में नज़ीमुद्दीन सरकार गिर गयी। अगले साथ फिर से विधानसभा के लिए चुनाव हुए। मण्डल आरक्षित के बजाय सामान्य निर्वाचन क्षेत्र बाकरगंज से खड़े हुए और जीते। अप्रैल, 1946 में एच.एस. सुहरावर्दी की मुसलिम लीग सरकार में मण्डल को मंत्री बनाया गया।

19 जुलाई, 1946 में संविधान सभा के चुनाव हुए। डॉ. आम्बेडकर का महाराष्ट्र के साथ अन्य हिंदी राज्यों से चुनाव जीतना लगभग असम्भव था। तब मण्डल ने ही उन्हें कलकत्ता से चुनाव लड़ने के लिए आमंत्रित किया था। इस जोखिम में वे सफल हुए। उस समय मण्डल विधायक थे। अन्य विधायकों की मदद से आम्बेडकर बंगाल विधि मण्डल से संविधान समिति के लिए चयनित हुए।

पाकिस्तान के संविधान-निर्माता और क़ानून मंत्री के रूप में उन्होंने देखा कि जिन्ना की सेकुलर दृष्टि के विपरीत किस तरह लियाक़त अली खाँ की सरकार इसलाम को नये राष्ट्र का आधिकारिक धर्म घोषित करने का जुगाड़ कर रही है। मण्डल ने उस प्रस्ताव का विरोध किया जो पाकिस्तान को एक राष्ट्र के रूप में इसलाम से जोड़ता था और जिसके कारण वहाँ के धार्मिक और जातीय अल्पसंख्यकों के अधिकारों का हनन होता था। 8 अक्टूबर, 1950 में प्रधानमंत्री को लिखे गये त्यागपत्र में उन्होंने विस्तार से व्याख्या की है कि पाकिस्तान किस तरह अल्पसंख्यक विरोधी राह पर जा रहा है। इसके बाद वे कलकत्ता चले आये। पश्चिम बंगाल के दलितों की समस्या के बारे में उन्होंने साठ के दशक में प्रधानमंत्री लाल बहादुर शास्त्री से संवाद स्थापित किया, और 1967 में बारासात निर्वाचन क्षेत्र से रिपब्लिकन पार्टी के टिकट पर चुनाव भी लड़े, लेकिन जीत नहीं सके।

देखें : अनुसूचित जातियाँ, अस्मिता की भारतीय राजनीति, अन्य पिछड़े वर्ग, आयोतीदास पांडीतर, आयंकाली, आम्बेडकर-गाँधी विवाद, इरोड वेंकट रामस्वामी नायकर पेरियार, कांशी राम, गाड़गे बाबा, गुरु घासीदास, गोपाल बाबा वलंगकर, जगजीवन राम, ज्योतिराव गोविंदराव फुले, जाति और जाति-व्यवस्था-1, 2, 3 और 4, बहुजन समाज पार्टी-1 और 2, बाबू मंगूराम, भदंत आनंद कौसल्यायन, भीमराव रामजी आम्बेडकर, भारतीय संविधान-1 से 8 तक, स्वामी अछूतानंद हरिहर।

संदर्भ

1. जुगल किशोर (2002), *भारत के अग्रणी समाज सुधारक,* सेंचुरी पब्लिकेशंस, नयी दिल्ली.
2. जेम्स हेवर्थ-डन (1952), *पाकिस्तान : द बर्थ ऑफ़ अ न्यू मुसलिम स्टेट,* रिनेसाँ बुकशॉप, युनिवर्सिटी ऑफ़ मिशिगन.
3. सलाहुद्दीन अहमद (2004), *बांग्लादेश : पास्ट ऐंड प्रज़ेंट,* एपीएच पब्लिशिंग कम्पनी, नयी दिल्ली.

— मोहन दास नैमिशराय

जोहान गॉटफ्रीड हर्डर

(Johann Gottfried Herder)

अपने युग के सर्वाधिक प्रभावशाली और सृजनशील चिंतकों में अग्रणी जर्मन दार्शनिक जोहान गॉटफ्रीड हर्डर (1744-1803) को राष्ट्रवाद का आदि-सिद्धांतकार माना जाता है। संस्कृतियों को एक विशिष्ट आंगिक इकाई के रूप में देखने के उनके आग्रह ने ही सांस्कृतिक इतिहास लेखन के अनुशासन को जन्म दिया। राष्ट्रवाद का प्रचलित संस्करण हर्डर द्वारा स्थापित सांस्कृतिक राष्ट्र के विचार और सम्प्रभुता की अवधारणा के संयोग का ही परिणाम है। विरोधाभास यह है कि उन्होंने जिस तरह के राष्ट्र की वकालत की, उसके केंद्र में न तो राज्य की संस्था थी और न ही सम्प्रभुता का विचार। दरअसल, हर्डर मानव समाज में राज्य की केंद्रीय भूमिका से असहमत थे। उनके राष्ट्रवाद को रोमांटिक नैशनलिज़्म की संज्ञा दी जाती है। उन्होंने युरोपीय ज्ञानोदय द्वारा प्रतिपादित ज्ञान, क्रिया और सौंदर्य के कालातीत, सार्वभौम और बुद्धिवादी मानकों के प्रति-विचार की स्थापना करते हुए देश-काल के दायरे में विशिष्ट और पारिवेशिक के महत्त्व को रेखांकित किया। हर्डर के चिंतन से स्वच्छंदतावाद ने गहरी प्रेरणाएँ प्राप्त कीं और कला-साहित्य के संसार को एक नया दिगंत प्राप्त हुआ। उनके विमर्श में भाषा का केंद्रीय स्थान था। वे मानते थे कि विचार और भाषा अविभाज्य हैं। भाषा विचारों को व्यक्त ही नहीं करती, बल्कि विचारों की रचना भी करती है। सभी भाषाओं के साझा उद्गम को लिखित इतिहास में तलाशते हुए उन्होंने भाषा के महत्त्व की उपेक्षा करने के लिए अपने गुरु इमैनुएल कांट की आलोचना की। उनका दावा था कि भाषा ऐंद्रिक भी होती है और बौद्धिक भी। वह कविता के साथ मिल कर मानवीय सामूहिकता और सांस्कृतिक समुदाय की रचना करती है। हर्डर को लोक-गीतों के अध्ययन की परम्परा डालने का श्रेय भी दिया जाता है। युरोपीय चिंतन और सृजनशीलता पर हर्डर के क्रांतिकारी असर का अंदाज़ा इस बात से भी लगाया जा सकता है कि उन्होंने हीगेल जैसे दार्शनिक को भी प्रभावित किया और कवि गेटे को भी।

जोहान गॉटफ्रीड हर्डर (1744-1803)

पूर्वी जर्मनी के एक पिछड़े इलाक़े में पैदा हुए हर्डर के पिता एक स्कूल में पढ़ाते थे। एक छात्र के रूप में उन्होंने कोनिग्सबर्ग विश्वविद्यालय में कांट के शैक्षणिक मार्गदर्शन में ज्ञानोदय के विमर्श का दार्शनिक अध्ययन किया। वहीं उनकी मुलाक़ात बुद्धिवाद विरोधी चिंतक जे.जी. हैमैन से हुई। दोनों के बीच जीवन-पर्यंत गहरी मित्रता रही। 1764 में हर्डर ने रिगा में अध्यापक की नौकरी की और अगले साल लूथर के उसूलों को मानने वाले पादरी का बाना धारण किया। चार साल बाद हर्डर ने यात्राओं का लम्बा सिलसिला शुरू किया। वे फ्रांस, हॉलैण्ड और जर्मनी में जम कर घूमे। वहीं उनकी मुलाक़ात गेटे से हुई। दोनों ने मिल कर जर्मन चरित्र और कला के ऊपर एक किताब भी रची। इसी मित्रता के कारण हर्डर को तत्कालीन वाइमर शासन में दरबार के पुरोहित का पद मिला जिस पर वे आजीवन आसीन रहे।

अपने बौद्धिक जीवन की शुरुआत में हर्डर युरोपीय ज्ञानोदय और उसके जर्मन अनुयायियों से प्रभावित थे। कोनिग्सबर्ग विश्वविद्यालय में कांट की देख-रेख में अध्ययन करते हुए उनका परिचय रूसो, ह्यूम और मोंतेस्क्यू के विचारों से हुआ। लेकिन जल्दी ही उनके चिंतन की दिशा बदल गयी। ज्ञानोदय के गर्भ से निकली ज्ञानमीमांसा को चुनौती देते हुए उन्होंने भौतिक प्रकृति के विज्ञान आधारित अध्ययन और स्वयं अपना विकास करने में सक्षम मनुष्य की प्रकृति के अध्ययन की पद्धतियों के बीच अंतर स्थापित किया। उनका तर्क था कि केवल विज्ञान की शरण में जाने से यथार्थ के सभी आयामों का अध्ययन नहीं किया जा सकता। मानवीय विचार और क्रिया की समझ हासिल करने के लिए विज्ञान का अध्ययन करने के बजाय इतिहास, साहित्य, कला और ख़ास तौर से भाषा का अध्ययन करना पड़ेगा। हर्डर के मुताबिक़ प्रत्येक मानवीय गतिविधि, दृष्टिकोण और संस्कृति का अध्ययन उसके अपने विशिष्ट उद्देश्यों और लक्ष्यों के अनुरूप ही होना चाहिए। हर्डर के इन विचारों ने युरोप में दर्शन, इतिहास, भाषाशास्त्र और राजनीतिक चिंतन के तौर-तरीक़ों पर निर्णायक असर डाला। स्वच्छंदतावाद के रूप में ज्ञानोदय का प्रति-विचार विकसित करने में उनकी भूमिका को नज़रअंदाज़ नहीं किया जा सकता।

हर्डर के राजनीतिक विचारों का आत्यंतिक संबंध उनके भाषा और संस्कृति संबंधी विमर्श से है। उनका कहना था कि मनुष्य का सामूहिक जीवन भाषा और कविता के हाथों रचा जाता है। इस संबंध में उनके कई कथन मशहूर हैं : 'भाषा किसी समूह का साझा अनुभव व्यक्त करती है', 'कवि राष्ट्र की रचना करता है' और 'हम उस दुनिया में रहते हैं जिसकी रचना हमने ख़ुद की है'। 1772 में प्रकाशित उनकी रचना *ट्रीटाइज़ ऑन द ओरिजिन ऑफ़ द लेंग्वेज* को उसकी

मौलिकता के लिए बर्लिन अकादमी द्वारा पुरस्कृत भी किया गया था। ज्ञानोदय की आलोचना करने वाले उनके विचार इसी ग्रंथ में दर्ज हैं। दो साल बाद उनकी एक और रचना यट *अनदर फ़िलॉसफ़ी ऑफ़ हिस्ट्री* का प्रकाशन हुआ जिसने ज्ञानोदय के आधारभूत दर्शन से उनकी दूरी और बढ़ा दी। 1784 से 1791 के बीच रचे गये विशद अध्ययन *आइडियाज़ फ़ॉर द फ़िलॉसफ़ी ऑफ़ द मैनकाइंड* को उनकी सबसे महान रचना माना जाता है।

हर्डर की राष्ट्र संबंधी प्रस्थापनाओं को सदुपयोग ही नहीं, बल्कि दुरुपयोग से भी गुज़रना पड़ा है। कालांतर में उनके विचारों का ऐसी दिशाओं में विकास किया गया, जिनसे वे कभी सहमत नहीं हो सकते थे। उनका कहना था कि राजनीतिक समुदाय और राजनीतिक अस्मिता का सच्चा आधार सांस्कृतिक राष्ट्र ही हो सकता है। उनका यह दावा ज्ञानोदय द्वारा प्रतिपादित इस विचार के विपरीत था कि राजनीतिक समुदाय की रचना सामाजिक समझौते के ज़रिये मिलने वाली सम्प्रभुता के आधार पर ही हो सकती है। ज्ञानोदय द्वारा रचे गये विमर्श के केंद्र में राज्य की संस्था थी। फ्रांसीसी क्रांति ने भी इसी राज्य-केंद्रीयता के आधार पर राष्ट्र के विचार का विकास किया था। हर्डर की मान्यता थी कि राज्य का एकात्मक चरित्र स्थानीय विभेदों को ख़त्म करके समाज पर समरूपता थोप देगा। दरअसल, उन्होंने नौकरशाही द्वारा नियंत्रित शासन-तंत्र और इनसान को प्रशासनिक मशीन का महज़ पुर्ज़ा भर बना देने से जुड़े बीसवीं सदी के कई अहम सरोकारों के बारे में पहले से ही अंदाज़ा लगा दिया था। हर्डर की निगाह में राज्य एक गढ़ी हुई कृत्रिम संरचना थी, और राष्ट्र के विचार का आधार आंगिक (ऑर्गनिक) इकाई पर विकसित हुए समाज पर टिका था। हर्डर को उम्मीद थी कि संस्कृति आधारित राष्ट्र की उनकी अवधारणा सामाजिक समझौते और सम्प्रभुता के विचारों को प्रतिस्थापित कर देगी। वे राजनीतिक प्राधिकार को प्रभावी तो बनाना चाहते थे, पर उनकी शर्त थी कि उसके बुनियादी चरित्र पर किसी क़िस्म की तरतमता और दमनकारी प्रवृत्तियाँ हावी न हों। हर्डर सामाजिक सत्ता को एक वृहत्तर राष्ट्र के तहत अलग-अलग लेकिन परस्पर निर्भर समुदायों के माध्यम से व्यक्त होते देखना चाहते थे। अभिव्यक्ति की स्वतंत्रता के प्रबल प्रवक्ता के रूप में उन्होंने बोलने-लिखने की आज़ादी के लिए अपने सांस्कृतिक राष्ट्र में शिक्षात्मक भूमिका निर्धारित की थी। उन्होंने परम्परा के महत्त्व को रेखांकित किया लेकिन उसे प्रगति की एंटी-थीसिस मानने से इनकार कर दिया। उनका विचार था कि ज्ञानोदय की प्रगति संबंधी अवधारणा सतही और सरलीकृत है, इसलिए प्रगति के विचार को उसकी जकड़ से मुक्त करना ज़रूरी है।

हर्डर के इस मुक्तिकामी विमर्श को अगर राष्ट्रवाद की परवर्ती संरचनाओं से मिलाया जाए तो आश्चर्य होता है कि उनके सिद्धांत को बहिर्वेशनकारी राष्ट्र के विचार का स्रोत कैसे बना लिया गया। फ़ासीवाद और नाज़ीवाद ने राज्य की संस्था को पूजा की वस्तु बना कर हर्डर द्वारा सांस्कृतिक राष्ट्र से जोड़ दिया। लेकिन सच्चाई तो यह है कि चाहे व्यक्ति हो या समुदाय, हर्डर सभी के अधिकारों के महान चैम्पियन थे। उन्होंने सारे जीवन किसी भी क़िस्म की बंदिशों और बौद्धिक बेड़ियों का विरोध किया।

देखें : अधिकार, अधिकार : सैद्धांतिक यात्रा, अरस्तू, अफलातून, अनुदारतावाद, अराजकतावाद, अन्य-अन्यीकरण, उदारतावाद, उपयोगितावाद, एडमण्ड बर्क, क्रांति, ज्याँ-ज़ाक रूसो, जॉन लॉक, जेरेमी बेंथम, जॉन स्टुअर्ट मिल, जॉन रॉल्स, , थॉमस हॉब्स, थॉमस पेन, न्याय, न्याय : नारीवादी आलोचना, न्याय : रॉल्स का सिद्धांत, नागरिकता, नागरिकता : अन्य परिप्रेक्ष्य-1 और 2, नागर समाज, पनोप्टिकॉन, फ्रेड्रिख़ वॉन हायक, बुद्धिवाद, माइकेल जोसेफ़ ओकशॉट, माइकिल वाल्ज़र, मिशेल पॉल फ़ूको-1 और 2, यूटोपिया, राजनीतिक दर्शन के नारीवादी आयाम, रॉबर्ट नॉज़िक, राज्य-1 और 2, विल किमलिका, स्वतंत्रतावाद, सर्वसत्तावाद, सम्प्रभुता, समाजवाद, सरकारियत.

संदर्भ

1. एच.एस. निस्बेत (1970), *हर्डर ऐंड द फ़िलॉसफ़ी ऐंड हिस्ट्री ऑफ़ साइंस,* मॉडर्न ह्यूमैनिटीज़ रिसर्च एसोसिएशन, केम्ब्रिज.
2. जी.ए. वेल्स (1959), *हर्डर ऐंड आफ़्टर,* द हेग, मौटन .
3. एफ़.एम. बर्नार्ड, *हर्डर्स सोशल ऐंड पॉलिटिकल थॉट : फ़्रॉम एनलाइटेनमेंट टू नैशनलिज़्म,* ऑक्सफ़र्ड युनिवर्सिटी प्रेस, ऑक्सफ़र्ड.
4. आर.ई. नॉर्टन (1991), *हर्डर्स एस्थेटिक्स ऐंड द युरोपियन एनलाइटेनमेंट,* कॉर्नेल युनिवर्सिटी प्रेस, इथाका, एनवाई.

— अभय कुमार दुबे

जॉन कैनेथ गालब्रेथ

(John Kenneth Galbraith)

अमेरिकी अर्थशास्त्री जॉन कैनेथ गालब्रेथ (1908-2005) अर्थशास्त्रियों द्वारा केवल भौतिक उत्पादन पर ज़ोर देने के ख़िलाफ़ थे। उनका विचार था कि उत्पादन उद्देश्य नहीं हो सकता, बल्कि उपभोग के लिए उत्पादन किया जाता है। केवल उत्पादन पर ज़ोर देने से प्रतियोगिता की तीव्रता बढ़ती है जिससे बड़ी फ़र्मों का बाज़ार पर नियंत्रण बहुत बढ़ जाता है। नतीजतन आर्थिक असमानताएँ बढ़ती हैं। उनकी मान्यता थी कि विशाल फ़र्में अपनी ज़बरदस्त ताक़त के कारण

जॉन कैनेथ गालब्रेथ (1908-2005)

आधुनिक अर्थव्यवस्थाओं पर बोलबाला क़ायम कर लेती हैं, उनकी इस शक्ति से प्रौद्योगिकीय विकास को बल मिलता है और आर्थिक ख़ुशहाली में बढ़ोतरी भी होती है। इसलिए, इस शक्ति को खण्डित करने के बजाय ट्रेड यूनियनों और छोटी-छोटी प्रतियोगी फ़र्मों को प्रोत्साहित किया जाना चाहिए ताकि निजी क्षेत्र में बड़ी फ़र्मों की कारगुज़ारियों को संयमित किया जा सके। गालब्रेथ का विचार था कि बड़े निगमों का मुक़ाबला करने के लिए सरकार को जनता के इस्तेमाल की चीज़ें सप्लाई करने की ज़िम्मेदारी उठानी चाहिए, पर्यावरण की रक्षा करने का प्रयास करना चाहिए, हथियारों की होड़ को थामना चाहिए, रोज़गार का आश्वासन देते हुए सभी मज़दूरों को ठीक-ठाक आमदनी मुहैया कराने और दामों को नियंत्रित करने के उपाय करने चाहिए। अर्थशास्त्र के हलकों में गालब्रेथ पारम्परिक आर्थिक सिद्धांत के आलोचक की तरह देखे जाते हैं। उन्होंने आदर्श प्रतियोगिता के सिद्धांत को कभी सही नहीं माना और राजनेताओं को आड़े हाथों लिया कि वे जन-हित में काम करने के बजाय बड़े कॉरपोरेशनों के सामने झुक जाते हैं। गालब्रेथ ने अपने आर्थिक विश्लेषण में सत्ता और सत्ता संबंधों के पहलू का समावेश किया और उन अर्थशास्त्रियों को 'बोदे विद्वानों' की संज्ञा दी जो पेचीदा गणितीय समीकरणों को तो समझ लेते हैं लेकिन अर्थव्यवस्थाओं की वास्तविक गतिविधियों को समझने में नाकाम रहते हैं।

जॉन कैनेथ गालब्रेथ का जन्म लेक एरी के उत्तरी तट पर स्थित एक छोटे से क़स्बे में हुआ था। उनका लालन-पालन सदर्न ओंटारियो, कनाडा में हुआ। खेतों में काम करने के कारण उनकी पढ़ाई-लिखाई में कई बार बाधा पड़ी। अर्थशास्त्र में उनकी शुरुआत बर्कले में कृषि आर्थिकी का अध्ययन करने से हुई। उनका ज़्यादातर अकादमीय जीवन हार्वर्ड विश्वविद्यालय में अध्यापन करते हुए बीता। बीच-बीच में वे राजनीति में भी भाग लेते रहे। पचास और साठ के दशक में वे अडलाई स्टीवेंसन और जॉन एफ़. कैनेडी की चुनावी मुहिमों के सलाहकार और भाषण-लेखक भी रहे। 1961 में उन्हें भारत का राजदूत बना कर भेजा गया। उनकी रचनाएँ *द एफ़्लुएंट सोसाइटी* (1958)और *द न्यू इंडस्ट्रियल स्टेट* (1967) अर्थशास्त्र से बाहर के हलकों में भी दिलचस्पी से पढ़ी जाती है। उन्होंने 1981 में अपनी आत्मकथा *अ लाइफ़ ऑफ़ अवर टाइम्स* भी लिखी।

गालब्रेथ ने 1967 में दलील दी थी कि अमेरिकी अर्थव्यवस्था का औद्योगिक क्षेत्र उस तरह काम नहीं करता जैसा पाठ्य पुस्तकों में वर्णित है। इस बाज़ार में न प्रतियोगिता है औरं न ही फ़र्में जन-इच्छा के अधीन सक्रिय हैं। दरअसल इस क्षेत्र पर बड़ी इजारेदाराना फ़र्मों का क़ब्ज़ा है जो शेयरधारकों का मुनाफ़ा बढ़ाने की कोशिश करने के बजाय अपने जोखिमों को कम से कम करने की कोशिश करने में लगी रहती हैं। चूँकि बाज़ार की प्रकृति अनिश्चित होती है इसलिए बड़ी फ़र्मों को नयी प्रौद्योगिकियों में किये जाने वाले अपने भारी निवेश से फ़ायदे की गारंटी करने के लिए बाज़ार की लगाम अपने हाथ में लेने का उपक्रम करना पड़ता है।

गालब्रेथ के मुताबिक़ बड़ी फ़र्मों की कोशिश रहती है कि वे सप्लाई के सभी स्रोतों को अपने क़ाबू में रखें और इतने तरह के उत्पाद बनायें कि उपभोक्ताओं की बदलती हुई रुचियों या किसी ख़ास उत्पाद में दिलचस्पी न रह जाने से भी उनकी बिक्री को कोई झटका न लगे। ये फ़र्में विज्ञापन मुहिमों के ज़रिये उपभोक्ताओं की अभिरुचियों को नियंत्रित भी करती हैं। उत्पादकों और सप्लायरों के बीच दीर्घकालीन क़रारों के ज़रिये बाज़ार में आने वाले अल्पावधि उतार-चढ़ावों को ये फ़र्में निष्प्रभावी कर देती हैं।

गालब्रेथ ने स्पष्ट किया कि फ़र्में मालिकों द्वारा नहीं बल्कि पेशेवर मैनेजरों द्वारा चलायी जाती हैं। मैनेजरों का 'टेक्नोस्ट्रक्चर' ही सारे फ़ैसले लेता है, और वही कॉरपोरेट सत्ता का केंद्र होता है। चूँकि एक आधुनिक और बड़ी फ़र्म का मालिक इंजीनियरिंग, गुणवत्ता नियंत्रण, श्रम-संबंधों और विपणन संबंधी विशेषज्ञताओं से लैस नहीं हो सकता, इसलिए आर्थिक सत्ता प्रशिक्षित मैनेजरों के हाथों में चली जाती है। लेकिन, मालिक की तरह इन मैनेजरों को मुनाफ़े में होने वाली बढ़ोतरी से सीधा फ़ायदा नहीं होता। इसलिए टेक्नोस्ट्रक्चर के सदस्यों की कोशिश रहती है कि वे अपनी

तकनीकी प्रवीणता बढ़ाते रहें, उनकी फ़र्म वृद्धि के ग्राफ़ पर ऊपर चढ़ती रहे, एक मैनेजर के रूप में वे बाज़ार में टिके रहें, उन्हें पदोन्नति मिले और उनकी प्रतिष्ठा बनी रहे।

1958 में गालब्रेथ ने उपभोक्ता-सम्प्रभुता की प्रचलित धारणा पर आक्रमण करते हुए दावा किया कि बड़ी फ़र्में अपनी ताक़त के दम पर उपभोक्ताओं के बीच अपने उत्पादों की माँग पैदा करती हैं। निजी क्षेत्र ऐसी बहुत सी अनावश्यक वस्तुएँ पैदा करता है जिन्हें सार्वजनिक इस्तेमाल के लिहाज़ से प्राथमिकता नहीं मिलनी चाहिए। स्थिति यह बनती है कि निजी क्षेत्र द्वारा उत्पादित जितनी ज़्यादा वस्तुओं का उपभोक्ता इस्तेमाल करते हैं, उतनी ही कम संतुष्टि उन्हें मिलती है। गालब्रेथ ने कहा कि निजी क्षेत्र द्वारा सार्वजनिक इस्तेमाल की आवश्यक चीज़ों के उत्पादन पर ज़ोर न देने के कारण ही समृद्धि के निजी दायरों के बरक्स सार्वजनिक गंदगी का विस्तार पनपता जाता है। चूँकि निजी क्षेत्र सार्वजनिक इस्तेमाल की आवश्यक वस्तुओं के निर्माण के लिए तैयार नहीं है इसलिए सरकार को यह काम अपने हाथ में लेना चाहिए, भले ही इसके लिए ज़्यादा टैक्स क्यों न लगाने पड़ें।

गालब्रेथ ने अमेरिकी इकॉनॉमिक एसोसिएशन के सामने अध्यक्षीय भाषण देते हुए कहा कि युद्ध, ग़ैर-बराबरी और पर्यावरणीय क्षय का स्रोत वह सत्ता संघर्ष है जो मुनाफ़ाखोरी में लगे हुए कारोपोरेशनों और सार्वजनिक सरोकारों के बीच होता है। इस सत्ता संघर्षों को नज़रअंदाज़ करके अर्थशास्त्र अपनी प्रासंगिकता खोता जा रहा है।

अपनी रचना *इकॉनॉमिक्स ऐंड पब्लिक परपज़* (1973) में गालब्रेथ ने तर्क दिया कि आर्थिक-सामाजिक मुद्दों पर दो शक्तियों के बीच होने वाली इस जद्दोजहद में राज्य की संस्था को सार्वजनिक सरोकारों का पक्ष लेना ही होगा। बड़ी फ़र्में दामों को अपने हिसाब से चलाती हैं, विज्ञापनों के ज़रिये साबित कर देती हैं कि लोगों की ख़ुशी उनके उत्पादों की पर्याय है और पर्यावरण की क्षति महज़ एक कपोलकल्पना है। इसके उलट छोटी फ़र्मों को बाज़ार के कहने पर चलना पड़ता है। वे जनमत और राजनीतिक प्रक्रियाओं को अपने हिसाब से तोड़ने-मरोड़ने की न तो हैसियत रखती हैं और न ही संसाधन। गालब्रेथ ने बड़ी फ़र्मों की कारगुज़ारियों को 'प्लानिंग सिस्टम' के रूप में श्रेणीबद्ध किया और छोटी फ़र्मों को 'बाज़ार' की तरह देखा। उन्होंने इन दोनों मक़ामों के बीच आमदनी के पुनर्वितरण का आग्रह किया।

गालब्रेथ मुद्रास्फ़ीति को क़ाबू में रखने के लिए वेतन और दामों पर नियंत्रण लगाने के पक्ष में थे। उनकी रचना *अ थियरी ऑफ़ प्राइस कंट्रोल* (1952)उनके इस सिद्धांत की विशद व्याख्या करती है। लेकिन, अर्थशास्त्रियों की जमात में गालब्रेथ को तकनीकी रूप से बहुत ऊँचा दर्जा प्राप्त नहीं है। उन्हें 'अर्थशास्त्रियों का अर्थशास्त्री' नहीं माना जाता। लेकिन, इसके बावजूद आर्थिक सत्ता का जैसा विश्लेषण उनकी रचनाओं में मिलता है, वह अन्यत्र दुर्लभ है।

देखें : अर्थ-विज्ञान का समाजशास्त्र, आर्थिक जनसांख्यिकी, अल्फ्रेड मार्शल, अमर्त्य कुमार सेन, अंतर्राष्ट्रीय मुद्रा कोष, आधार और अधिरचना, ऑस्कर रायज़ार्ड लांगे, ऐडम स्मिथ, करारोपण, कल्याणकारी अर्थशास्त्र, क्लासिकल अर्थशास्त्र, कार्ल हाइनरिख़ मार्क्स-3, कार्ल मेंगर, कींसियन अर्थशास्त्र, गुन्नार मिर्डाल, जोआन रोबिंसन, जॉन मेनार्ड कींस, जॉन स्टुअर्ट मिल, जोसेफ़ शुमपीटर, जैव विविधता, ट्रस्टीशिप, डेविड रिकार्डो, ढाँचागत समायोजन कार्यक्रम, थॉमस मन और वणिकवाद, थॉमस रॉबर्ट माल्थस, दक्षता, धन, नियोक्लासिकल अर्थशास्त्र, नीतिशास्त्र और अर्थशास्त्र, निकोलस काल्दोर, नियोजन, नियोजन : मार्क्सवादी विमर्श, पण्य, पण्य-पूजा, पेटेंट, पॉल सेमुअलसन, पियरो स्राफ़ा, पूँजी, प्रतियोगिता, फ्रांस्वा केस्ने और प्रकृतिवाद, फ्रीडिश वॉन हायक, बहुराष्ट्रीय निगम, बाज़ार, बाज़ार की विफलताएँ, बाज़ार-समाजवाद, बौद्धिक सम्पदा अधिकार, ब्रेटन वुड्स प्रणाली, भारत में बहुराष्ट्रीय निगम, भारत में नियोजन, भारत में पेटेंट क़ानून, भारत में शेयर संस्कृति, भूमण्डलीकरण और पूँजी बाज़ार, भूमण्डलीकरण और वित्तीय पूँजी, भूमण्डलीकरण और वित्तीय उपकरण, मार्क्सवादी अर्थशास्त्र, मिल्टन फ्रीडमेन, मूल्य, राजकोषीय नीति और मौद्रिक नीति, रॉबर्ट ओवेन, विलफ्रेडो परेटो, विश्व व्यापार संगठन, विश्व बैंक, विलियम पेटी, विलियम स्टेनली जेवंस, वैकासिक अर्थशास्त्र, शोषण, साइमन कुज़्नेत्स।

संदर्भ

1. चार्ल्स हेसियन (1972), *जॉन कैनेथ गालब्रेथ ऐंड हिज़ क्रिटिक्स,* न्यू अमेरिकन लाइब्रेरी, न्यूयॉर्क.
2. डेविड रीज़मेन (1980), *गालब्रेथ ऐंड मार्केट कैपिटलिज़म,* न्यूयॉर्क युनिवर्सिटी प्रेस, न्यूयॉर्क.
3. एम.ई. शार्प (1973), *जॉन कैनेथ गालब्रेथ ऐंड लोअर इकॉनॉमिक्स,* इंटरनेशनल आर्ट्स ऐंड साइंस प्रेस, व्हाइट प्लेंस.
4. जेम्स आर. स्टैनफ़ील्ड (1996), *जॉन कैनेथ गालब्रेथ,* सेंट मार्टिंस प्रेस, न्यूयॉर्क.

— अभय कुमार दुबे

जॉन लॉक

(John Locke)

ब्रिटिश अनुभववादी परम्परा के पहले हस्ताक्षर और युरोपीय नवजागरण के सर्वाधिक प्रभावशाली चिंतक जॉन लॉक (1632-1704) राजनीति विज्ञान और ज्ञानमीमांसा के क्षेत्र में अपने अप्रतिम योगदान के लिए पिछले तीन सौ साल से जाने जाते हैं। अमेरिकी संविधान और फ्रांसीसी क्रांतिकारियों की उद्घोषणाओं पर उनके विचारों की छाप स्पष्ट देखी जाती

जॉन लॉक (1632–1704)

सकती है। उनका सम्पत्ति संबंधी सिद्धांत आज तक राजनीतिक विचारकों के लिए प्रेरक बना हुआ है। लॉक ने आधुनिक राजनीतिक सिद्धांत को एक तरफ़ तो राजशाही समर्थकों द्वारा आरोपित दैवी इच्छा के आग्रह से, और दूसरी तरफ़ थॉमस हॉब्स द्वारा प्रवर्तित राज्य के प्रति सम्पूर्ण आज्ञापालन के आग्रह से मुक्त किया। लॉक के चिंतन में राज्य और चर्च की शक्तियों में पृथक्करण दिखाई देता है। वे अन्यायी और अक्षम शासक के ख़िलाफ़ नागरिकों को प्रतिरोध और क्रांति तक का संदेश देने से नहीं हिचकते। लॉक पहले दार्शनिक थे जिन्होंने देकार्तवादी या ईसाई दर्शन के विपरीत मस्तिष्क को एक 'कोरी स्लेट' बताते हुए कहा कि सहजात विचारों के बिना पैदा हो कर मनुष्य संवेदी बोध से ग्रहण किये गये अनुभवों के ज़रिये ज्ञान प्राप्त करता है। चेतना की निरंतरता के माध्यम से मनुष्य की इयत्ता या उसके आत्म को परिभाषित करने का श्रेय भी लॉक को जाता है।

राजनीतिक सिद्धांतकार के रूप में लॉक की प्रमुख रचना *टू ट्रीटाइज़ ऑन सिविल गवर्नमेंट* (1690) है। *फ़र्स्ट ट्रीटाइज़* में लॉक राजशाही समर्थक विद्वान सर रॉबर्ट फ़िल्मर के *ओल्ड टेस्टामेंट* आधारित इस सिद्धांत की धज्जियाँ उड़ा देते हैं कि ईश्वर-प्रदत्त होने के कारण राजा के प्राधिकार का विरोध नहीं किया जा सकता। वे कहते हैं कि ईश्वर ने किसी को शासन करने के लिए नियुक्त नहीं किया है। *सेकण्ड ट्रीटाइज़* राजनीतिशास्त्रियों के लिए कहीं ज़्यादा अहम है। इसमें लॉक 'एन एसे कंसर्निंग द ट्रू ओरिजिनल, एक्सटेंट ऐंड द ऐंड ऑफ़ द सिविल गवर्नमेंट' शीर्षक के तहत *फ़र्स्ट ट्रीटाइज़* के इस दावे से अपनी बात शुरू करते हैं कि प्राकृतिक या दैवी आदेश किसी को किसी का अधीनस्थ नहीं बनाता, सभी व्यक्ति समान पैदा होते हैं और हर कोई अपनी निजता में अपना सम्प्रभु शासक है। लॉक के मुताबिक़ हर व्यक्ति अपनी शख़्सियत के तहत एक 'सम्पत्ति' का धारक है। समाज में उसकी स्वाधीनता केवल लोगों द्वारा सामूहिक सहमति के आधार पर बनाये गये क़ानून के अलावा किसी और की अधीन नहीं हो सकती।

हॉब्स की तरह प्रकृत-अवस्था का हवाला देते हुए लॉक का दावा है कि प्रकृति ने मनुष्य को जीवन, स्वाधीनता और सम्पत्ति का अधिकार दिया है। निजी सम्पत्ति से उनका मतलब है भू-सम्पत्ति जो प्रकृति प्रदत्त है और जिसमें व्यक्ति अपने श्रम का योगदान करके मूल्य पैदा करता है। इस प्रक्रिया में सम्पत्ति व्यक्ति का अभिन्न हिस्सा बन जाती है। लेकिन, लॉक की निगाह में सम्पत्ति का बेहिसाब संचय भी प्रकृति के ख़िलाफ़ अपराध है क्योंकि उस सूरत में बहुत सी सम्पत्ति बेकार पड़ी रहेगी। इसी जगह धन (जिसमें लॉक सोने-चाँदी को भी शामिल करते हैं जिसका संचय करने वाले के हाथ में क्षय नहीं होता) की भूमिका सामने आती है जिसके ज़रिये असीमित संचय सम्भव होता है। लॉक की मान्यता है कि विषमता धन के प्रयोग के बारे में प्रच्छन्न समझौते का परिणाम है, न कि नागर समाज की स्थापना करने वाला सामाजिक समझौता या सम्पत्ति को विनियमित करने वाले क़ानून का।

लॉक का राजनीतिक सिद्धांत उस समय प्रतिरोध और क्रांति की गुंजाइशों की तरफ़ स्पष्ट इशारा करने लगता है जब वे कहते हैं कि सरकार तो मनुष्य के प्राकृतिक अधिकारों की रक्षा के लिए होती है। हम उसमें अपना विश्वास आरोपित करते हैं, पर उसके पक्ष में अपने अधिकार नहीं छोड़ते। अगर सरकार उन प्राकृतिक अधिकारों का हनन करती है तो उसे विश्वासघात का दोषी समझा जाना चाहिए। ऐसी सरकार का विरोध करना जायज़ है, भले ही उसके लिए हिंसा का सहारा लेना पड़े। क्रांति के जरिए लोग सरकार से वह अधिकार ले सकते हैं जो उन्होंने उसे दिया है। लॉक यह भी मानते हैं कि उनकी इस सिफ़ारिश का मतलब यह नहीं है कि मामूली सी बातों पर सरकारों को पलटा जाने लगे। दरअसल, लोग तब तक प्राधिकार का उल्लंघन करने के लिए तैयार नहीं होंगे जब तक सरकारी कार्रवाइयों के कारण उन्हें बड़े पैमाने पर नुक़सान नहीं होगा। 1667 में *एसे ऑन टोलरेशन* लिख कर लॉक ने निजी स्तर पर धार्मिक स्वतंत्रता की वकालत की और राज्य या क़ानून द्वारा उसमें दख़ल देने का विरोध किया। इस तरह उनके दर्शन से राज्य और धर्म के पार्थक्य का विचार निकला।

ज्ञानमीमांसा के क्षेत्र में लॉक ने मानवीय इयत्ता का सिद्धांत पेश किया। उनके अनुसार मानवीय इयत्ता आत्म-सचेत और आत्म-चिंतन करने वाली चेतना है जो देह में स्थित है। अर्थात् वे इयत्ता की रचना में देह की भूमिका को भी स्वीकार करते हैं। 1693 में लिखित *एन एसे कंसर्निंग ह्यूमन अंडरस्टैंडिंग* में लॉक चेतन मस्तिष्क के क्रमशः उद्घाटन की व्याख्या करते हैं। वे संत ऑगस्तीन के इस विचार से सहमत नहीं दिखते कि मनुष्य मूलतः पापमय है। न ही वे देकार्तवादी चिंतन के इस आग्रह के पक्ष में हैं कि मनुष्य बुनियादी तार्किक प्रस्तावों को सहजात रूप से समझता है। उनके विचार से मानव मस्तिष्क ख़ाली या कोरी स्लेट की तरह है। वह अनुभव के हाथों रचा जाता है। लॉक की यह थीसिस बारहवीं सदी के इस्लामिक दार्शनिक इब्न तुफ़ैल द्वारा रचित अरबी उपन्यास के लैटिन अनुवाद 'फिलोसफ़स ऑटोडिडेक्टस' से प्रभावित थी। इस रचना में इब्न तुफ़ैल समाज से अलग एक द्वीप पर एक बच्चे के वयस्क में विकसित होने का वर्णन करते हैं। बच्चा एक खाली स्लेट के समान है जिस पर अनुभव अपनी इबारतें लिख रहा है।

मानव मस्तिष्क की खाली स्लेट भरने हेतु शिक्षा की भूमिका पर ज़ोर देते हुए लॉक ने *सम थॉट्स ऑन कंसर्निंग एजुकेशन* की रचना की जिसने अठारहवीं सदी के शिक्षा सिद्धांत को 'एसोसिएशनिज़्म' की थियरी दी। इसके मुताबिक़ बचपन में नकारात्मक क़िस्म के विचारों के 'एसोसिएशन' से बच्चे को बचाना ज़रूरी समझा जाने लगा। लॉक के मुताबिक़ विचारों का यही एसोसिएशन व्यक्ति की इयत्ता की बुनियाद डालता है।

जॉन लॉक का जन्म समरसेट, इंग्लैण्ड के एक प्यूरिटन परिवार में हुआ था। उनके पिता वकील थे और गृह युद्ध के दौरान घुड़सवार सेना के नायक के तौर पर संसद के पक्षधरों की तरफ़ से लड़ चुके थे। लॉक भी ऑक्सफ़र्ड के क्राइस्ट चर्च कॉलेज में पढ़ने गये, पर उन्हें तत्कालीन मध्ययुगीन वितण्डावादी पाठ्यक्रम पसंद नहीं आया। लेकिन हॉब्स की तरह उन्होंने पढ़ाई बीच में नहीं छोड़ी, न केवल एमए पूरा किया बल्कि औषधि विज्ञान की डिग्री भी प्राप्त की। हालाँकि उन्होंने डॉक्टरी कभी नहीं की, पर वे एक बार रॉयल सोसाइटी के सदस्य अवश्य चुने गये। शैफ़्ट्सबरी के पहले अर्ल के चिकित्सा सलाहकार के रूप में वे राजनीति के सम्पर्क में आये। शैफ़्ट्सबरी ने जेम्स द्वितीय की ताज़पोशी का कैथॅलिक होने के कारण विरोध किया जिसके नाकाम होने पर लॉक इंग्लैण्ड छोड़ कर हालैण्ड चले गये। उन्हें डर था कि जेम्स की हुकूमत में उन्हें सताया जा सकता है। उनकी स्वदेश वापसी तभी हुई जब हालैण्ड के शासक विलियम ऑफ़ ओरेंज की फ़ौजों ने जेम्स को अपदस्थ करके उस रक्तहीन क्रांति को अंजाम दिया जिसे इतिहास 'ग्लोरियस रेवोल्यूशन' के नाम से जानता है। नवजागरण के दो अन्य विख्यात चिंतकों डेविड ह्यूम और ऐडम स्मिथ की तरह लॉक भी आजीवन अविवाहित रहे, न ही उन्होंने किसी स्त्री से कोई संतान पैदा की।

लॉक के ऊपर सबसे बड़ा आरोप यह लगाया जाता है कि निजी जीवन में वे पाखण्डी थे। बताया जाता है कि मनुष्य की स्वतंत्रता की इस महान हिमायती ने रॉयल अफ्रीका कम्पनी के ज़रिये अंग्रेज़ों द्वारा की जाने वाली ग़ुलामों की तिजारत में जम कर निवेश किया। शैफ़्ट्सबरी के सचिव के तौर पर उन्होंने *फ़ंडामेंटल कांस्टीट्यूशन ऑफ़ कैरोलिना* की रचना में भागीदारी की जिसके आधार पर दास प्रथा को स्वीकार करने वाले सामंती शासन की स्थापना हुई। अपने लेखन के ज़रिये कुलीन शासन और दासता का विरोध करने वाले लॉक पर आरोप है कि कौंसिल ऑफ़ ट्रेड ऐंड प्लांटेशन के सचिव और बोर्ड ऑफ़ ट्रेड के सदस्य के तौर पर लॉक उन आधे दर्जन लोगों में एक थे जिनके कंधों पर उपनिवेशों और उनकी अन्यायपूर्ण प्रणाली के रख-रखाव की ज़िम्मेदारी थी।

देखें : अधिकार, अधिकार : सैद्धांतिक यात्रा, अरस्तू, अफ़लातून, अनुदारतावाद, अराजकतावाद, अन्य-अन्यीकरण, उदारतावाद, उपयोगितावाद, एडमण्ड बर्क, क्रांति, ज्याँ-ज़ाक रूसो, जेरेमी बेंथम, जॉन स्टुअर्ट मिल, जॉन रॉल्स, जोहान गॉटफ्रीड हर्डर, थॉमस हॉब्स, थॉमस पेन, न्याय, न्याय : नारीवादी आलोचना, न्याय : रॉल्स का सिद्धांत, नागरिकता, नागरिकता : अन्य परिप्रेक्ष्य-1 और 2, नागर समाज, पनोप्टिकॉन, फ्रेड्रिख़ वॉन हायक, बुद्धिवाद, माइकेल जोसेफ़ ओकशॉट, माइकिल वाल्ज़र, मिशेल पॉल फ़ूको-1 और 2, यूटोपिया, राजनीतिक दर्शन के नारीवादी आयाम, रॉबर्ट नॉज़िक, राज्य-1 और 2, विल किमलिका, स्वतंत्रतावाद, सर्वसत्तावाद, सम्प्रभुता, समाजवाद, सरकारियत.

संदर्भ

1. एम. क्रेंसटन (1957), *जॉन लॉक : अ बायोग्राफ़ी,* लोंगमेन, लंदन,
2. जॉन डन (1969), *द पॉलिटिकल थॉट ऑफ़ जॉन लॉक,* केम्ब्रिज युनिवर्सिटी प्रेस, केम्ब्रिज.
3. सी.बी. मेकफ़र्सन (1962), *द पॉलिटिकल थियरी ऑफ़ पज़ेसिव इनडिविजुअलिज़्म,* ऑक्सफ़र्ड युनिवर्सिटी प्रेस, ऑक्सफ़र्ड.
4. जे.डब्ल्यू. गफ़ (1973), *जॉन लॉक्स पॉलिटिकल फिलॉसफ़ी,* क्लैरेंडन प्रेस, ऑक्सफ़र्ड.
5. रिचर्ड एशक्रॉफ्ट (1986), *रेवोल्यूशनरी पॉलिटिक्स ऐंड लॉक्स टू ट्रीटाइज़ ऑफ़ गवर्नमेंट,* प्रिंसटन युनिवर्सिटी प्रेस, प्रिंसटन.

— अभय कुमार दुबे

जॉन मेनार्ड कींस

(John Maynard Keynes)

आर्थिक विज्ञान को ही नहीं, बल्कि विश्व अर्थव्यवस्था को स्थायी रूप से प्रभावित करने के मामले में ऐडम स्मिथ और कार्ल मार्क्स के बाद जॉन मेनार्ड कींस (1883-1946) का नाम लिया जाता है। स्मिथ श्रम विभाजन, पूँजी निवेश और मुक्त बाज़ार के ज़रिये पूँजीवाद की स्थापना का मार्ग प्रशस्त करते हैं। मार्क्स ने पूँजीवाद की आलोचना करते हुए उसके आत्म-विनाश की भविष्यवाणी की है। पर, कींस पूँजीवाद के लाभों और हानियों पर एक साथ ग़ौर करते हैं और आर्थिक नीति के औज़ारों का इस्तेमाल करते हुए सलाह देते हैं कि सरकारें अगर बुद्धिमानी दिखाएँ तो पूँजीवाद के हानिकारक पक्षों से बचते हुए उसके सकारात्मक पक्षों का लाभ उठाया जा सकता है। उन्होंने सैद्धांतिक स्तर पर मैक्रोइकॉनॉमिक (समष्टिगत) विश्लेषण को नयी दिशा दी। दुनिया भर के कॉलेजों और विश्वविद्यालयों में आज भी कींस की मदद के बिना समष्टिगत अर्थशास्त्र नहीं पढ़ाया जाता। कींस का महत्त्व इससे भी स्पष्ट होता है कि मिल्टन फ्रीडमेन जैसे उनके सिद्धांतों के आलोचक भी कींस का हवाला दिये बिना अपनी बात शुरू नहीं कर पाते। नीतिगत स्तर पर दुनिया में कई सरकारें और उनके केंद्रीय बैंक (जैसे भारत का रिज़र्व बैंक) व्यापार चक्रों को नियंत्रण में रखने के लिए कींस के बताये उपायों का सहारा लेते हैं। व्यापार असंतुलन से निबटने के लिए अपनाये जाने वाले अंतर्राष्ट्रीय उपाय भी कींस की देन हैं। कींस द्वारा प्रतिपादित नीतियों के आधार पर ही ब्रेटन वुड्स प्रणाली की रचना हुई जिसने कम से कम पच्चीस साल तक विश्व की अर्थव्यवस्था को प्रभावित किया। कींस के प्रमुख आर्थिक सुझाव हैं : घाटे की वित्त-व्यवस्था, उपभोग में वृद्धि, मज़दूरी में कटौती का विरोध और तरलता पसंदगी। कींस के अनुयायियों ने बाद में उनके सिद्धांतों की स्वतंत्र व्याख्या करके आर्थिक विज्ञान में एक अलग कींसियन अर्थशास्त्र का प्रवर्तन किया है।

कींस का जन्म केम्ब्रिज में हुआ। उनके पिता केम्ब्रिज विश्वविद्यालय के रजिस्ट्रार, अर्थशास्त्री और प्रतिष्ठित दार्शनिक थे। उन्होंने इंग्लैण्ड के सर्वश्रेष्ठ स्कूलों में शिक्षा प्राप्त की। बताया जाता है कि कींस ने क्लासिक रचनाएँ और दर्शन का अध्ययन जी.ई. मूर के साथ, गणित का अध्ययन अल्फ्रेड नॉर्थ व्हाइटहेड के साथ और अर्थशास्त्र का अध्ययन अल्फ्रेड मार्शल के साथ किया। वे केम्ब्रिज के बुद्धिजीवियों के समूह ब्लूम्सबरी ग्रुप के सदस्य भी बने। इस समूह में वर्जीनिया वुल्फ़, ई.एम. फ़ोर्स्टर और लिटन स्ट्रैची जैसी हस्तियाँ भी शामिल थीं। सिविल सर्विस के इम्तहान में सबसे ज़्यादा अंक पाने वाले वे दूसरे नम्बर के परीक्षार्थी थे। दिलचस्प बात यह है कि वे पहले नम्बर पर आने से सिर्फ़ इसलिए चूक गये क्योंकि उनके अंक तर्कशास्त्र, राजनीतिशास्त्र, मनोविज्ञान और निबंध में तो सबसे अधिक थे, पर अर्थशास्त्र में कुछ कम रह गये थे। कींस ने इण्डिया ऑफ़िस में नौकरी शुरू की और ब्रिटेन के भारतीय हितों की देखरेख करने लगे। जल्दी ही वे इस काम से उकता गये और केम्ब्रिज लौट कर अर्थशास्त्र का अध्यापन करने लगे। तीन साल बाद उन्हें *इकॉनॉमिक जर्नल* का सम्पादन कार्य मिला जो अपने जमाने में आर्थिक विज्ञान की सबसे ज़्यादा प्रतिष्ठित पत्रिका थी।

कींस को पहली ख्याति प्रथम विश्व युद्ध के बाद लिखी गयी उनकी रचना द *इकॉनॉमिक कांसीक्वेंसिज़ ऑफ़ पीस* के ज़रिये मिली। युद्ध में पराजय के बाद जर्मनी पर लादी गयी ब्रिटिश और फ्रांसीसी माँगों का विश्लेषण करते हुए कींस ने भविष्यवाणी की कि इन माँगों को पूरा करने के चक्कर में जर्मनी आर्थिक रूप से तबाह हो जाएगा जिसके कारण जर्मन राष्ट्र में फ्रांस और ब्रिटेन के प्रति और शत्रुता पनपेगी। इसके परिणामस्वरूप भविष्य में जर्मनी और अधिक आक्रोशित और उग्र हो सकता है। कींस की यह भविष्यवाणी कितनी सही निकली, इसका अंदाज़ा द्वितीय विश्वयुद्ध की घटनाओं से लगाया जा सकता है।

अपनी एक अन्य रचना *ट्रैक्ट ऑन मोनेटरी रिफ़ॉर्म्स* में कींस ने मुद्रास्फ़ीति के ख़तरों की तरफ़ ध्यान खींचा। कींस ने केंद्रीय बैंक पर ज़िम्मेदारी डाली कि उसे बाज़ार में मुद्रा सप्लाई नियंत्रित करनी चाहिए जिससे दाम स्थिर रहें और मुद्रास्फ़ीति क़ाबू में रहे। यहाँ कींस उन अर्थशास्त्रियों की आलोचना करते नज़र आते हैं जो मानते थे कि मुद्रास्फ़ीति बिना किसी सरकारी हस्तक्षेप के अपने आप ठीक हो जाती है। कींस का मानना था कि अनिश्चित भविष्य के लिए इंतज़ार करने के बजाय नीतिगत हस्तक्षेप करके आर्थिक प्रगति की प्रक्रिया को मुद्रास्फ़ीति से बचाया जाना चाहिए।

बीस के दशक में जब ब्रिटेन की अर्थव्यवस्था आर्थिक ज्वार-भाटे और बेरोज़गारी की ऊँची दर से गुज़र रही थी, कींस ने *अ ट्रीटाइज़ ऑन मनी* में बचत और निवेश के संबंध को इस उतार-चढ़ाव का ज़िम्मेदार क़रार दिया। उन्होंने धन, क़ीमतों और बेरोज़गारी के बीच रिश्ते का गहन विश्लेषण किया। कींस के अनुसार जब लोगों द्वारा की जाने वाली बचत पूँजीपतियों द्वारा किये जाने वाले निवेश से आगे बढ़ जाती है तो उद्योगपति ज़्यादा माल बनाते हैं पर उसे ख़रीदने वाले बाज़ार में नहीं होते। जब निवेश बचत से ज़्यादा होता है तो उपभोक्ता बाज़ार में ख़र्च करता है। उद्योगपतियों को अधिक माल बनाने और नयी मशीनरी लगाने के लिए मज़दूरों की ज़रूरत पड़ती है। ख़र्चा बढ़ने पर वेतन भी बढ़ता है, और उत्पादन की लागत भी बढ़ती है और चीज़ों के दाम भी। परिणास्वरूप इस स्थिति से मुद्रास्फ़ीति बढ़ती है। असल में

जॉन मेनार्ड कींस (1883–1946)

बचत करने का फ़ैसला करने वाले और निवेश करने का फ़ैसला करने वाले अलग-अलग लोग होते हैं। दोनों का मक़सद एक हो, इसकी कोई गारंटी नहीं होती। यह सरकार के केंद्रीय बैंक की ज़िम्मेदारी है कि वह दोनों पक्षों को एक-दूसरे के ख़िलाफ़ न होने दे ताकि स्फ़ीति या मंदी से बचा जा सके। अगर बचत निवेश से बढ़ती है तो बैंक को ब्याज दरें कम कर देना चाहिए ताकि बचत हतोत्साहित हो सके और निवेश हेतु क़र्ज़ लेने की प्रवृति प्रोत्साहित की जा सके। अगर निवेश बचत से आगे जाता है तो बैंक को ब्याज दरें बढ़ाना चाहिए ताकि उद्योगपति कम उधार लें और लोगों की दिलचस्पी बचत में बढ़ सके।

कींस की सबसे महान रचना द *जनरल थियरी ऑफ़ एम्प्लायमेंट, इंटरेस्ट ऐंड मनी* (1936) मानी जाती है। बीसवीं सदी में अर्थशास्त्रियों के बीच सबसे ज़्यादा बहसें इसी किताब पर हुईं हैं, और इसे ही मैक्रोइकॉनॉमिक्स का जन्मदाता माना जाता है। इस रचना में कींस अपने से पहले के अर्थशास्त्रियों की आलोचना करते हुए किसी अर्थव्यवस्था में उत्पादन और रोज़गार की उचित मात्रा तय करते नज़र आते हैं। यह पुस्तक कोई नीतिगत सिफ़ारिश नहीं करती, पर इसके ज़रिये सरकारों को उन नीतियों का सैद्धांतिक आधार मिला जिन्हें अपना कर वे तीस के दशक में चल रही महामंदी की जकड़ से निकल पायीं।

कींस के पहले फ़्रांसीसी अर्थशास्त्री ज्याँ बापतीस्त से द्वारा प्रवर्तित नियम का बोलबाला था जिसे 'से का नियम' कहा जाता है। से का कहना था कि अर्थव्यवस्था में उत्पादन की अधिकता कभी हो ही नहीं सकती, क्योंकि ख़रीदारी बिके हुए माल से होने वाली आमदनी से होती है। इस तरह से इस निष्कर्ष पर पहुँचे थे कि आपूर्ति अपनी माँग ख़ुद पैदा करती है। से का दावा यह भी था कि अर्थव्यवस्था अपना संतुलन ख़ुद प्राप्त करती है और इस प्रक्रिया में पूर्ण रोज़गार की स्थिति सम्भव है। से के इस सिद्धांत का खण्डन करने वाले कींस के विचार माँग की कमी, उत्पादन की अधिकता और बेरोज़गारी के प्रकोप से पैदा हुए महामंदी के दौर में काफ़ी उपयोगी साबित हुए। कींसियन अर्थशास्त्र के एक शुरुआती व्याख्याता लारेंस क्लीन कींस द्वारा प्रतिपादित प्रभावी माँग के सिद्धांत को आर्थिक विज्ञान में क्रांति का वाहक मानते हैं, क्योंकि इसके ज़रिये उत्पाद के सकल स्तर का निर्धारण किया जा सकता है। दरअसल, कींस के पहले अर्थव्यवस्था परिवारों और फ़र्मों के अध्ययन पर केंद्रित रहती थी, जबकि कींस के बाद समग्र राष्ट्रीय अर्थव्यवस्था के सकल आकलन पर ज़ोर दिया जाने लगा। कींस के बाद से यह भी माना जाने लगा कि रोज़गार के क्षेत्र में अर्थव्यवस्थाएँ लाज़मी तौर पर एक अस्थायी बेरोज़गारी का शिकार रहेंगी। कींस ने आर्थिक विज्ञान में समय के महत्त्व पर विशेष ज़ोर देते हुए व्यक्ति के उपभोग की प्रवृत्तियों का विश्लेषण किया और पता लगाने की कोशिश की कि वह किन आधारों पर भविष्य में उपभोग करने का निर्णय लेता है : व्यक्ति आगे चल कर अपनी चालू आमदनी में से ख़र्च करना चाहेगा या अपनी बचत में से।

कींस ज़ोर दे कर कहते हैं कि सरकारों को अधिक घरों, सड़कों, स्कूलों और अस्पतालों वग़ैरह का निर्माण करवाना चाहिए। उनकी निगाह में ख़ज़ाने में मुद्रा को सड़ाने से बेहतर था कि निवेश का सामाजिकीकरण कर दिया जाए। कींस पर आरोप लगाया जाता है कि वे व्यापारिक निवेश संबंधी फ़ैसलों को सरकारों द्वारा नियंत्रित करने के पक्षधर थे। दरअसल, उनकी तजवीज़ यह थी कि राष्ट्रीय अर्थव्यवस्था में सकल निवेश का स्तर नियंत्रित रहे। उनकी मान्यता थी कि उपभोक्ता का ख़र्च कमोबेश स्थिर रहता है, पर पूँजीपति अधिक मुनाफ़े की आशा में निवेश संबंधी फ़ैसले अनियंत्रित ढंग से कर सकते हैं। उनके ऐसे क़दमों का असर प्रत्याशा और विस्तार के ऐसे चक्र को जन्म दे सकता है जो अर्थव्यवस्था के संतुलन के लिए घातक होगा।

द्वितीय विश्व युद्ध ख़त्म होने पर कींस ने नये अंतर्राष्ट्रीय मौद्रिक बंदोबस्त पर काम करना शुरू किया और मुद्राओं के बीच अपेक्षाकृत स्थायी विनिमय दरों की तजवीज़ की। विश्व युद्ध जीतने वाली ताक़तें 1944 में इस प्रस्ताव पर राज़ी हो गयीं। उन्होंने न्यू हैमशायर की सैरगाह ब्रेटन वुड्स में हुई कांफ्रेंस में समझौता करके विश्व अर्थव्यवस्था का आधार तैयार किया। कींस की योजना के अनुसार ही इस

समझौते ने विश्व बैंक और अंतर्राष्ट्रीय मुद्रा कोष जैसी संस्थाओं को जन्म दिया। लेकिन, अमेरिका कींस की सभी सलाहों को मानने के लिए तैयार नहीं हुआ। कींस का विचार था कि 1930 की महामंदी व्यापार अधिशेष बढ़ाते चले जाने की अंतर्राष्ट्रीय होड़ का नतीजा है। इसलिए वे चाहते थे कि लगातार अधिशेष में रहने वाले देशों को दण्डित करने का प्रावधान भी समझौते में रखा जाए। पर अमेरिका को यक़ीन था कि युद्ध ने उसकी मैन्यूफ़ेक्चरिंग क्षमताओं को नष्ट नहीं किया है, इसलिए वह व्यापार के मामले में अपना बोलबाला क़ायम रख सकता है। कींस आख़िरी दम तक अमेरिकी प्रभाव के ख़िलाफ़ संघर्ष करते रहे। इसी तनाव में उन्हें दिल का दौरा पड़ा जिसके कारण उनका देहांत हो गया।

कींस और उनके अर्थशास्त्र की ज़्यादातर आलोचना मौद्रिकवादियों (मोनेटरिस्ट) स्कूल के अर्थशास्त्रियों ने की है। दरअसल, कींस के प्रभाव से पहले मुद्रा नीति के ज़रिये अर्थव्यवस्था को संचालित करने का चलन था। कींस ने राजकोषीय नीति के विवेकसम्मत इस्तेमाल से अर्थव्यवस्था को संचालित करने की विधि प्रचलित की। सत्तर के दशक में ब्रेटन वुड्स प्रणाली ख़त्म होने पर पश्चिमी देशों में मौद्रिकवाद की वापसी हुई, लोकोपकारी राज्य का बोलबाला ख़त्म हुआ और समष्टित आर्थिक (मैक्रोइकॉनॉमिक) विश्लेषण में कींस की नीतियों की आलोचना मुखर होने लगी। बदली हुई सामाजिक-आर्थिक परिस्थितियों में दक्षिणपंथियों ने ही नहीं बल्कि वामपंथियों ने भी इसकी आलोचना शुरू कर दी। दक्षिणपंथियों का कहना था कि आमदनी के पुनर्वितरण के लिए बनायी जाने वाली नीतियों ने व्यक्ति की स्वयं की उद्यमशीलता की प्रवृत्ति को नुक़सान पहुँचाया है जिससे राज्य का मुख़ापेक्षी होने की प्रवृत्ति पैदा हुई है। वामपंथियों ने कहा कि पूँजीवाद कल्याणकारी अर्थशास्त्र पर आधारित लोकोपकारी राज्य वर्ग, जेंडर और नस्लगत असमानताओं को ख़त्म करने में नाकाम रहा है।

देखें : अर्थ-विज्ञान का समाजशास्त्र, आर्थिक जनसांख्यिकी, अल्फ्रेड मार्शल, अमर्त्य कुमार सेन, अंतर्राष्ट्रीय मुद्रा कोष, आधार और अधिरचना, ऑस्कर रायज़ार्ड लांगे, ऐडम स्मिथ, करारोपण, कल्याणकारी अर्थशास्त्र, क्लासिकल अर्थशास्त्र, कार्ल हाइनरिख़ मार्क्स-3, कार्ल मेंगर, कींसियन अर्थशास्त्र, गुन्नार मिर्डाल, जोआन रोबिंसन, जॉन कैनेथ गालब्रेथ, जॉन स्टुअर्ट मिल, जोसेफ़ शुमपीटर, जैव विविधता, ट्रस्टीशिप, डेविड रिकार्डो, ढाँचागत समायोजन कार्यक्रम, थॉमस मन और वणिकवाद, थॉमस रॉबर्ट माल्थस, दक्षता, धन, नियोक्लासिकल अर्थशास्त्र, नीतिशास्त्र और अर्थशास्त्र, निकोलस काल्दोर, नियोजन, नियोजन : मार्क्सवादी विमर्श, पण्य, पण्य-पूजा, पेटेंट, पॉल सेमुअलसन, पियरो स्राफ़ा, पूँजी, प्रतियोगिता, फ्रांस्वा केस्ने और प्रकृतिवाद, फ्रीडिश वॉन हायक, बहुराष्ट्रीय निगम, बाज़ार, बाज़ार की विफलताएँ, बाज़ार-समाजवाद, बौद्धिक सम्पदा अधिकार, ब्रेटन वुड्स प्रणाली, भारत में बहुराष्ट्रीय निगम, भारत में नियोजन, भारत में पेटेंट क़ानून, भारत में शेयर संस्कृति, भूमण्डलीकरण और पूँजी बाज़ार, भूमण्डलीकरण और वित्तीय पूँजी, भूमण्डलीकरण और वित्तीय उपकरण, मार्क्सवादी अर्थशास्त्र, मिल्टन फ्रीडमेन, मूल्य, राजकोषीय नीति और मौद्रिक नीति, रॉबर्ट ओवेन, विलफ्रेडो परेटो, विश्व व्यापार संगठन, विश्व बैंक, विलियम पेटी, विलियम स्टेनली जेवंस, वैकासिक अर्थशास्त्र, शोषण, साइमन कुज़्नेत्स।

संदर्भ

1. डडले डिलार्ड (1948), *द इकॉनॉमिक्स ऑफ़ जे.एम. कींस*, प्रेंटिस हाल, न्यूयॉर्क.
2. एल्विन हैंसन (1953), *अ गाइड टू कींस*, मैकग्रा हिल, न्यूयॉर्क.
3. रॉय हैरड (1950), *द लाइफ़ ऑफ़ जॉन मेनार्ड कींस*, नॉर्टन, न्यूयॉर्क.
4. रॉबर्ट लेकाचमन (1966), *द एज ऑफ़ कींस*, रैंडम हाउस, न्यूयॉर्क.
5. रॉबर्ट स्किडेल्स्की (1983–1992), *जॉन मेनार्ड कींस*, दो खण्ड, वाइकिंग, न्यूयॉर्क.

—अभय कुमार दुबे

जॉन रॉल्स

(John Rawls)

अमेरिकी राजनीतिक विचारक जॉन रॉल्स (1921–2002) का शुमार नीतिशास्त्रीय तथा राजनीतिक दर्शन की प्रमुख हस्तियों में किया जाता है। 1971 में प्रकाशित रॉल्स की रचना *अ थियरी ऑफ़ जस्टिस* ने पिछले चालीस सालों में आंग्ल-अमेरिकी राजनीतिक दर्शन पर सबसे ज़्यादा प्रभाव डाला है। माना जाता है कि इस पुस्तक के प्रकाशन के पहले बौद्धिक हलकों में राजनीतिक दर्शन फ़ैशन से बाहर हो गया था। पर रॉल्स ने उसे उबार लिया। रॉल्स का मुख्य योगदान उपयोगितावाद के नैतिक सिद्धांत का विकल्प प्रस्तुत करने का है। राजनीतिक दृष्टि से रॉल्स द्वारा किये गये न्याय संबंधी सूत्रीकरण को अमेरिकी अर्थ में उदारतावाद की और यूरोपीय अर्थ में सामाजिक लोकतंत्र की तरफ़दारी के रूप में देखा जाता है। कई बार रॉल्स के सिद्धांत की व्याख्या राजनीतिक चिंतन में सामाजिक समझौते की परम्परा के पुन: उभार के रूप में की जाती है। लेकिन सच्चाई यह है कि उनकी दिलचस्पी और अपने चिंतन को आगे बढ़ाने की प्रणाली इस परम्परा की मुख्यधारा से अलग है। वे सीधे तौर पर राजनीतिक प्राधिकार का औचित्य सिद्ध नहीं करते। इसके बजाय उनका मुख्य मक़सद सामाजिक न्याय के सिद्धांतों को स्थापित करना है।

ऐसा करने के लिए रॉल्स एक प्रदत्त स्थिति की कल्पना करते हैं कि व्यक्ति 'मूल स्थिति' में और 'अज्ञान के पर्दे' के पीछे रह रहे हैं। इस पूरी तरह से काल्पनिक स्थिति में व्यक्तियों को अपनी प्रतिभा, क्षमता और समाज में स्थान के बारे में कोई जानकारी नहीं है। ऐसे लोगों से कहा जाता है कि वे अपने लिए वितरण का एक ऐसा सिद्धांत तैयार करें जिसके अनुसार उन्हें सामान्य समाज में शासित होना होगा। रॉल्स की काल्पनिक दुनिया के लोग यह तो नहीं जानते हैं कि जीवन में उनके विशिष्ट उद्देश्य क्या हैं, लेकिन वे यह जानते हैं कि अगर उनकी पास कई तरह की प्राथमिक वस्तुएँ होंगी तो यह उनके लिए बेहतर होगा। रॉल्स इन वस्तुओं में अधिकार और स्वतंत्रता, अवसर और शक्ति, आय और सम्पत्ति तथा आत्म-सम्मान के विभिन्न आधारों को शामिल करते हैं। उनकी कल्पना यह है कि हर व्यक्ति अपने लिए इन वस्तुओं को ज़्यादा-से-ज़्यादा चाहता है। रॉल्स के न्याय के सिद्धांत के दो भाग हैं। पहला सिद्धांत हर व्यक्ति के लिए विस्तृत स्वतंत्रता का प्रावधान करता है। दूसरे सिद्धांत को 'भेदमूलक सिद्धांत' भी कहा जाता है। इसमें यह प्रावधान किया गया है कि सामाजिक और आर्थिक विषमताओं को इस ढंग से व्यवस्थित किया जाएगा कि इससे हीनतम स्थिति वाले व्यक्ति को लाभ हो। इसके अलावा ये विषमताएँ उन पदों और स्थितियों से जुड़ी होनी चाहिए, जो अवसर के सिद्धांत के अंतर्गत हर किसी के लिए खुली हों। रॉल्स ने इन सिद्धांतों को विशेष पूर्वता-क्रम के अनुसार भी व्यवस्थित किया है। न्याय के सिद्धांत से संबंधित इस विख्यात रचना के प्रकाशन के पहले कई प्रसिद्ध जर्नलों में लिख कर रॉल्स ने इसकी विषयवस्तु पर प्रकाश डाला था। इसी सामग्री को ज़्यादा विस्तृत और संशोधित रूप से उन्होंने अपनी किताब में पेश किया।

रॉल्स का जन्म बॉल्टीमोर में हुआ था। उनकी स्कूली शिक्षा बॉल्टीमोर और केंट स्कूल में हुई। उन्होंने प्रिंसटन युनिवर्सिटी से ग्रेजुएशन किया। द्वितीय विश्व युद्ध के दौरान वे अमेरिकी सेना में थे। युद्ध ख़त्म होने के बाद ज़्यादा ऊँचे ओहदे का प्रस्ताव मिलने के बावजूद उन्होंने 1946 में सेना की नौकरी छोड़ दी। इसके फ़ौरन बाद वे नीतिशास्त्र में डॉक्टरेट करने के लिए प्रिंसटन चले गये। 1950 में पीएचडी करने के बाद उन्होंने 1952 तक वहीं पर पढ़ाया। फिर फुलब्राइट फ़ेलोशिप मिलने पर वे ऑक्सफ़र्ड चले गये जहाँ राजनीतिक सिद्धांतकार ईसैया बर्लिन और विधिक सिद्धांतकार एच.एल.ए. हार्ट ने उन्हें बहुत प्रभावित किया। 1962 मे वे कॉरनेल विश्वविद्यालय में ही राजनीतिक दर्शन के प्रोफ़ेसर बने और इसी वर्ष उनका हार्वर्ड युनिवर्सिटी में पदार्पण हुआ जहाँ उन्होंने चालीस साल तक पढ़ाया। रॉल्स ने शायद ही कभी इंटरव्यू दिया हो। वे सार्वजनिक सभाओं आदि में जाने से भी बचते थे। वे मुख्य रूप से अपने अकादमिक और पारिवारिक जीवन के प्रति ही समर्पित रहे।

रॉल्स की मान्यता है कि उनके समय में समाज में उपयोगितावाद का वर्चस्व था। इस दर्शन में कमी यह है कि वह सभी लोगों के पूरे कल्याण के लिए कुछ ख़ास व्यक्तियों या उनके हितों की क़ुर्बानी दे सकता है। उनका दावा था कि उनका न्याय-सिद्धांत उपयोगितावाद की कमियों से बचा सकता है। इसके साथ ही वे इस बात पर भी ज़ोर देते हैं कि 'निष्पक्षता के रूप में न्याय' का उनका सिद्धांत सिर्फ़ उन्हीं विश्वासों को व्यक्त करता जिन्हें हम गहनता से स्वीकार करते हैं। रॉल्स के दोनों दावों से कोई भी अविवादित नहीं है।

कुछ आलोचकों का तर्क है कि दरअसल उनकी कल्पित 'मूल स्थिति' के ज़रिये सामने आने वाला सिद्धांत एक तरह का उपयोगितावाद ही है। कुछ आलोचक यह मानते हैं कि रॉल्स मूल स्थिति से जिन सिद्धांतों के उत्पन्न होने का दावा करते हैं उनका हमारे कुछ बद्धमूल विश्वासों के साथ टकराव है। रॉल्स के न्याय के सिद्धांत की नारीवादियों ने भी आलोचना की। इनमें से समुदायवादियों द्वारा की गयी आलोचना महत्त्वपूर्ण है। रॉल्स ने 1993 में प्रकाशित अपनी दूसरी किताब *पॉलिटिकल लिबरलिज़्म* में समुदायवादियों की आलोचनाओं का जवाब देने की कोशिश की। माइकल सैंडल, एलस्डेयर मैकेंटायर, चार्ल्स टेलर और माइकल वॉल्ज़र जैसे समुदायवादियों ने उदारतावाद द्वारा व्यक्ति की अणुवादी परिकल्पना को आड़े हाथों लिया है। इनका मानना है कि रॉल्स समेत सभी उदारतावादियों के लेखन में व्यक्ति की इस तरह चर्चा की जाती है मानो इसका अपने परिवेश या समुदाय के मूल्यों से कोई लेना-देना न हो। इन विद्वानों ने इस बात पर ज़ोर दिया कि व्यक्तियों को पहले से क़ायम सामाजिक संगठनों के सदस्यों के रूप में ही देखा जा सकता है। इसका अर्थ यह है कि पुरुष और महिला जिस समाज या समुदाय के सदस्य होते है उन्हें उसी से अपने सभी विचार मिलते हैं। इन विद्वानों ने रॉल्स की 'मूल स्थिति' और 'अज्ञान के पर्दे' की आलोचना करते हुए कहा कि यह सोचना बेतुका है कि अपने सामाजिक, आर्थिक और सांस्कृतिक संदर्भों से पूरी तरह अनजान रहने वाले व्यक्ति अपने विकल्पों का चुनाव कर सकते हैं। इस आलोचना के अनुसार व्यक्तियों की सोच समुदायवादी संदर्भ से तय होती है।

रॉल्स ने समुदायवादियों की आलोचना स्वीकार करते हुए परस्परव्यापी आम-सहमति या ओवरलैपिंग कंसेसंस का सिद्धांत प्रस्तुत किया। उन्होंने अस्सी के दशक में समुदायवादियों की आलोचनाओं का जवाब देते हुए लिखे कई लेखों में इन विचारों का विकास किया। रॉल्स ने स्वीकार किया कि उदारतावादी समाज में समुदायों का अस्तित्व होता है, और उदारवादी राज्य इन समुदायों के अस्तित्व को न केवल मान्यता देता है बल्कि इनके आंतरिक मामलों में दख़ल

जॉन रॉल्स (1921-2002)

नहीं देता। बदले में, समाज के विभिन्न समुदाय उदारतावादी मूल्यों को स्वीकार करते हैं। इस तरह, एक ओवरलैपिंग कंसेंसस की स्थिति सामने आती है।

रॉल्स का कहना था कि उनकी रचना *पॉलिटिकल लिबरलिज़्म* में उनके मूल सिद्धांत के बुनियादी निष्कर्षों में कोई परिवर्तन नहीं हुआ है। इस कृति में भी वे न्याय के उन्हीं दो सिद्धांतों को अपनाते हैं। लेकिन रॉल्स ने इन दो सिद्धांतों, ख़ास तौर पर स्वतंत्रता के सिद्धांत के लिए अपने तर्क में तब्दीली की है। वे दिखाने की कोशिश करते हैं कि समाज के भीतर बुनियादी अधिकारों की हिफ़ाज़त के लिए बहुत सी अलग-अलग दलीलें हैं। इनमें से कुछ व्यक्ति की स्वायत्तता के मूल्य का आह्वान करते हैं, और कुछ ऐसा नहीं करते। इसका आख़िरी नतीजा एक परस्परव्यापी आमसहमति ही है।

इसका अर्थ यह निकलता है कि सभी व्यक्ति अलग-अलग कारणों से बुनियादी स्वतंत्रताओं की सुरक्षा के लिए सहमत होते हैं। इसे स्पष्ट करने के लिए रॉल्स अंत:करण की स्वतंत्रता के विचार का उदाहरण देते हैं। पहला, और सामान्य उदारतावादी तर्क यह है कि हर व्यक्ति के पास अपने विवेक के अनुसार अपने धार्मिक विश्वासों को चुनने या उसमें संशोधन करने के लिए अंत:करण की आज़ादी होनी चाहिए। दूसरे तर्क में यह कहा जाता है कि हमें धार्मिक विश्वास पहले से ही मिले हुए हैं और इसलिए वे गहराई से जड़ जमाये हुए हैं। इसमें यह माना जाता है कि हमें अंत:करण की आज़ादी की ज़रूरत इसलिए है क्योंकि समाज में विभिन्न तरह के संकल्पनाओं की बहुलता है। ये सभी संकल्पनाएँ हमारे धार्मिक विश्वासों की तरह ही ग़ैर-समझौताकारी हैं। यह दूसरा तर्क व्यक्ति के समुदायवादी दृष्टिकोण को स्वीकार करता है। लेकिन यह भी कहता है कि हम सभी अलग-अलग तरह के होड़रत धार्मिक समूहों के साथ पूरी तरह से जुड़े हुए हैं। इसलिए हमें अंत:करण की आज़ादी के रूप में धार्मिक स्वतंत्रता के सिद्धांत को स्वीकार करने की ज़रूरत है। रॉल्स मानते हैं कि परस्परव्यापी आम सहमति एक सैद्धांतिक सहमति होनी चाहिए न कि एक रणनीतिक समझौता। बहरहाल, विल किमलिका जैसे चिंतकों का मानना है कि परस्परव्यापी आम सहमति का सिद्धांत बहुत आगे तक नहीं जा सकता क्योंकि व्यक्तिगत स्वतंत्रताओं और समुदाय की स्वतंत्रता में टकराव होने का अंदेशा काफ़ी होता है।

रॉल्स की तीसरी रचना *द लॉ ऑफ़ पीपुल* (1999) में न्याय के सिद्धांतों को अंतर्राष्ट्रीय स्तर पर लागू करने के बारे में विचार व्यक्त किया है। इस किताब के प्रकाशन के पहले चार्ल्स बिट्ज (1979) और थॉमस पोगे (1989) जैसे सिद्धांतकारों ने रॉल्स के भेदमूलक सिद्धांत को भी अंतर्राष्ट्रीय स्तर पर लागू करने की बात की थी। लेकिन रॉल्स ने इसे नकार दिया। रॉल्स मानते थे कि नागरिकों के विपरीत राज्य अपने-आप में पर्याप्त सहयोगी उद्यम की तरह होते हैं। वे घरेलू समाज का निर्माण करते हैं। इसलिए यहाँ व्यक्तियों की तरह भेदमूलक सिद्धांत लागू करने की ज़रूरत नहीं है। इस कृति में उन्होंने दावा किया कि 'सुव्यवस्थित' पीपुल या लोग 'उदारतावादी' या 'मर्यादित' होते हैं। रॉल्स ने तर्क दिया कि एक उदारतावादी अंतर्राष्ट्रीय व्यवस्था की स्थिरता के लिए अनिवार्य है कि वह मर्यादित लोगों के प्रति सहनशीलता की नीति अपनाए। मर्यादित लोग उदारतावादी लोगों से इस अर्थ में अलग होते हैं कि ये एक राज्य के धर्म को स्वीकार कर सकते हैं। इसके अलावा वे अल्पसंख्यक धर्मों को मानने वाले लोगों को राज्य में कोई महत्त्वपूर्ण पद देने से मना कर सकते हैं और चुनावों की बजाय पदानुक्रम पर आधारित विचार-विमर्श द्वारा राजनीतिक भागीदारी को संगठित कर सकते हैं। जो लोग 'उदारतावादी' या 'मर्यादित' होने की कसौटी पर खरा उतरने में नाकाम रहते हैं, वे 'ग़ैर क़ानूनी राज्य', 'प्रतिकूल स्थितियों के बोझ से दबे समाज' या 'परोपकारी निरंकुशतावाद' के रूप में जाने जाते हैं। इन लोगों के पास उदारतावादी और मर्यादित लोगों की तरह परस्पर सम्मान या सहिष्णुता की भावना नहीं होती।

बहरहाल, रॉल्स ने तरफ़दारी की कि जो सरकारें आर्थिक कारणों से मानवाधिकारों की सुरक्षा नहीं कर पा रही

हैं उन्हें आर्थिक सहायता दी जानी चाहिए। लेकिन उन्होंने यह दावा किया कि इस तरह की आर्थिक सहायता का उद्देश्य यह नहीं होता कि आगे चलकर किसी तरत की वैश्विक समानता हासिल की जाए। इसकी बजाय इसका उद्देश्य यह सुनिश्चित करना होता है कि ये समाज उदारतावादी या मर्यादित क़िस्म की सामाजिक संस्थाएँ क़ायम कर पायें। अन्य बातों के अलावा रॉल्स ने इस बात पर भी ज़ोर दिया कि मेहनती जनसंख्या वाले लोगों के राष्ट्र द्वारा कम मेहनत करने वाले लोगों के राष्ट्र को मदद करने से एक नैतिक समस्या उत्पन्न हो सकती है। ऐसी मदद आसानी से मिल जाने के कारण कई सरकारें ग़ैर-जवाबदेह तरीक़े से काम करेंगी, क्योंकि उन्हें लगेगा कि ज़्यादा जवाबदेह तरीक़े से काम करने वाले राष्ट्रों द्वारा उन्हें इस समस्या से उबार लिया जाएगा।

देखें : अधिकार, अधिकार : सैद्धांतिक यात्रा, अरस्तू, अफ़लातून, अनुदारतावाद, अराजकतावाद, अन्य-अन्यीकरण, उदारतावाद, उपयोगितावाद, एडमण्ड बर्क, क्रांति, ज्याँ-ज़ाक रूसो, जॉन लॉक, जेरेमी बेंथम, जॉन स्टुअर्ट मिल, थॉमस हॉब्स, न्याय, न्याय : नारीवादी आलोचना, न्याय : रॉल्स का सिद्धांत, नागरिकता, नागरिकता : अन्य परिप्रेक्ष्य-1 और 2, नागर समाज, पनोप्टिकॉन, फ्रीड्रिश वॉन हायक, बुद्धिवाद, माइकेल जोसेफ़ ओकशॉट, मिशेल पॉल फ़ूको-1 और 2, यूटोपिया, राजनीतिक दर्शन के नारीवादी आयाम, रॉबर्ट नॉज़िक, राज्य-1 और 2, स्वतंत्रतावाद, सर्वसत्तावाद, सम्प्रभुता, समाजवाद, सरकारियत.

संदर्भ

1. जॉन रॉल्स (1971), *अ थियरी ऑफ़ जस्टिस,* हार्वर्ड युनिवर्सिटी प्रेस, केम्ब्रिज, मास.
2. एन. डेनियल्स, (सम्पा.) (1975), *रीडिंग रॉल्स,* ब्लैकवेल, ऑक्सफ़र्ड.
3. बी. बैरी (1973), *द लिबरल थियरी ऑफ़ जस्टिस,* क्लेरेण्डन प्रेस, ऑक्सफ़र्ड.
4. विल किमलिका (2008), *समकालीन राजनीति-दर्शन : एक परिचय,* अनुवाद : कमल नयन चौबे, पियर्सन, नयी दिल्ली.

— कमल नयन चौबे

झ

झाड़खण्ड

(Jharkhand)

भारत के पूर्वी भाग में स्थित आदिवासी बहुल झाड़खण्ड राज्य का गठन 15 नवम्बर, 2000 को बिहार के दक्षिणी भाग को अलग करके किया गया था। झाड़खण्ड की राजनीति को बहु-दलीय व्यवस्था का उदाहरण माना जा सकता है। यहाँ तीन दलों यानी कांग्रेस, भारतीय जनता पार्टी और झाड़खण्ड मुक्ति मोर्चा की स्थिति तुलनात्मक रूप से बेहतर है। लेकिन राज्य में आल झाड़खण्ड स्टूडेंड यूनियन, बाबूलाल मरांडी द्वारा 2006 में गठित झाड़खण्ड विकास मोर्चा की राजनीतिक स्थिति भी बहुत मज़बूत है। इसके अलावा, राष्ट्रीय जनता दल और जनता दल (एकीकृत) जैसे दलों का भी कुछ क्षेत्रों में प्रभाव है। दरअसल, इन दलों की मौजूदगी और विचारधारा या कार्यक्रम आधारित गठजोड़ न बन पाना ही राज्य की राजनीतिक अस्थिरता का मुख्य कारण है। प्राकृतिक संसाधनों से भरपूर होने के कारण झाड़खण्ड बहुराष्ट्रीय कम्पनियों के लिए आकर्षण का केंद्र रहा है। गठन के बाद यहाँ के अधिकतर मुख्यमंत्रियों ने इन कम्पनियों को राज्य में निवेश करने के लिए प्रोत्साहित किया। ऐसी कम्पनियों के साथ सौ से भी ज़्यादा समझौते किये गये। इससे दो तरह के नतीजे सामने आये हैं : पहला, राज्य की राजनीति में भ्रष्टाचार का बोलबाला हो गया। राज्य के पूर्व मुख्यमंत्री मधु कोडा द्वारा चार हज़ार करोड़ रुपये से भी ज्यादा की सम्पत्ति अर्जित करना इसी का एक उदाहरण है। दूसरा, राज्य में विस्थापन जैसे मुद्दों पर जनांदोलन में बढ़ोतरी हुई। झाड़खण्ड के कई ज़िलों में माओवादियों का भी प्रभाव है। राजनीतिक दलों द्वारा अपनी ज़िम्मेदारी सही तरीक़े से न निभाने के कारण ही माओवादियों को अपना प्रभाव बढ़ाने का मौक़ा मिला है। इसने कई जगहों पर विस्थापन के लिए संघर्ष कर रहे समूहों के लिए मददगार की भूमिका निभायी है, तो कई दूसरे जगहों पर इसके कारण लोगों को सरकार द्वारा चलायी जाने वाली ऑपरेशन ग्रीन हंट जैसी मुहिमों का सामना करना पड़ा है।

राँची झाड़खण्ड की राजधानी है। इसके उत्तर में बिहार, पश्चिम में उत्तर प्रदेश और छत्तीसगढ़, दक्षिण में ओडीशा और पूर्व में पश्चिम बंगाल स्थिति है। झाड़खण्ड का कुल भौगोलिक क्षेत्रफल 79,714 वर्ग किमी है। क्षेत्रफल के लिहाज़ से यह भारत का पंद्रहवाँ सबसे बड़ा राज्य है। 2011 की जनगणना के अनुसार यहाँ की जनसंख्या 3,29,66,238 है। इस लिहाज़ यह भारत का तेरहवाँ सबसे बड़ा राज्य है। यहाँ का जनसंख्या घनत्व 413.6 व्यक्ति प्रति वर्ग किमी है। झारखण्ड में कुल साक्षरता 67.63 प्रतिशत है और एक हज़ार पुरुषों पर 947 महिलाएँ हैं। यहाँ की विधानसभा में कुल 81 सदस्य होते हैं। यहाँ से लोकसभा के 14 और राज्यसभा के छह सदस्य चुने जाते हैं।

2001 की जनगणना के अनुसार, यहाँ 68.5 प्रतिशत हिंदू, 13.8 प्रतिशत मुसलमान, 13 प्रतिशत एनिमिस्टिक सरना धर्म को मानने वाले समुदाय रहते हैं। इसके अलावा, यहाँ की 4.1 प्रतिशत आबादी ईसाई धर्म की अनुयायी है। यहाँ 28 प्रतिशत अनुसूचित जनजाति, 12 प्रतिशत अनुसूचित जाति और 60 प्रतिशत अन्य लोग हैं। 1981 से जनसंख्या के आँकड़ों पर नज़र डालने से यह पता चलता है कि राज्य में आदिवासियों के जनसंख्या अनुपात में कमी आयी है और ग़ैर-आदिवासियों की जनसंख्या बढ़ी है। अमूमन यह माना जाता है कि आदिवासियों में जन्म-दर कम और मृत्यु-दर ज़्यादा होना, उद्योगीकरण और शहरीकरण के कारण इस क्षेत्र

झाड़खंड : 15 नवम्बर, 2000 को गठित

में ग़ैर-आदिवासी लोगों का बसने, आदिवासियों का दूसरे इलाक़ों में चले जाना आदि इसके प्रमुख कारण हैं। लेकिन बेशक अब भी जनसंख्या और राजनीतिक प्रभुत्व के लिहाज़ से आदिवासी इस क्षेत्र में मज़बूत स्थिति में हैं और झाड़खण्ड की पहचान आदिवासी क्षेत्र के रूप में ही है।

1765 में यह क्षेत्र अंग्रेज़ों के अधिकार में आ चुका था। इसी समय इसे उसके औपचारिक नाम झाड़खण्ड अर्थात् जंगल या वृक्ष-आच्छादित क्षेत्र के रूप में जाना गया। औपनिवेशिक दौर में अंग्रेज़ों ने अपने साम्राज्यवादी हित साधने के लिए यहाँ के संसाधनों का भरपूर दोहन किया। अंग्रेजों के ख़िलाफ़ इस क्षेत्र में आदिवासियों ने कई विद्रोह किये। दरअसल 1857 में भारत के पहले स्वतंत्रता संग्राम के तक़रीबन सौ साल पहले से ही ब्रिटिश शासन के ख़िलाफ़ बगावत की शुरूआत हो गयी थी। ये विद्रोह लगातार होते रहे। इस तरह का पहला विद्रोह संथाल नेता तिलका मांझी के नेतृत्व में हुआ था। इसी तरह के अन्य विद्रोहों में 1832 में हुआ कोल विद्रोह, 1855 में सिदो मूर्मू और कान्हू मुर्मू के नेतृत्व में हुआ संथाल विद्रोह और 1895 से लेकर 1900 तक चला बिरसा मुंडा का उलगुलान विद्रोह बहुत ही प्रसिद्ध है। बिरसा मुंडा के विद्रोह के बाद ही अंग्रेजों ने 1908 में छोटा-नागपुर टेनेंसी एक्ट (सीएनटीए) बनाया, जिसमें स्थानीय आदिवासियों के भूमि पर प्रथागत अधिकार को स्वीकार किया गया। आज़ादी के आंदोलन के समय में कांग्रेस और गाँधी का प्रभाव भी इस इलाक़े में था, लेकिन इसके साथ दूसरी कई धाराएँ भी मौजूद रहीं।

अलग झाड़खण्ड राज्य की माँग बहुत पुरानी है। 1928 में जब साइमन कमीशन पटना आया, तो छोटानागपुर उन्नति समाज ने अपना एक प्रतिनिधिमण्डल भेजकर झाड़खण्ड को एक अलग राज्य बनाने की माँग रखी थी। आज़ादी के बाद भी अलग झारखण्ड राज्य बनाने की माँग की जाती रही। इस संदर्भ में झाड़खण्ड पार्टी ने उल्लेखनीय भूमिका निभायी। इस पार्टी का गठन 5 मार्च, 1949 को राँची में किया गया। जयपाल सिंह इसके अध्यक्ष थे। दरअसल यह जयपाल सिंह द्वारा 1938 में गठित आदिवासी महासभा का ही नया रूप था। इस दौर में गठित कई आयोगों ने एक अलग आदिवासी राज्य की माँग को नकार दिया। मसलन 1947 में ठक्कर आयोग, 1948 में डार आयोग और 1955 में राज्य पुनर्गठन आयोग ने भी एक अलग झाड़खण्ड राज्य की माँग को नकारा।

झारखण्ड पार्टी बिहार में एक मज़बूत दल के रूप में उभरी। यहाँ दो विधानसभा चुनावों (1952 और 1957) में इसे 32 सीटों पर जीत मिली और वह विधानसभा में मुख्य विपक्षी दल भी रही। लेकिन 1963 में जयपाल सिंह कांग्रेस में शामिल हो गये। इसके बाद झाड़खण्ड पार्टी भी काफ़ी कमज़ोर हो गयी। तक़रीबन एक दशक तक झाड़खण्ड राज्य का मसला ठंडे बस्ते में पड़ा रहा। झाड़खण्ड पार्टी भी कई भागों में टूट गयी। इनमें से ही एक भाग बिहार झाड़खण्ड हूल प्रोग्रेसिव पार्टी के रूप में गठित हुआ। इसके नेता के रूप में शिबू सोरेन का उभार हुआ। 1972 में सोरेन ने झाड़खण्ड मुक्ति मोर्चा (जेएमएम) नामक नयी पार्टी का गठन किया। इस पार्टी और इससे अलग होकर बने ऑल झाड़खण्ड स्टूडेंट यूनियन (आजसू) जैसे संगठनों ने अलग झाड़खण्ड राज्य के मुद्दे पर रैडिकल आंदोलन की शुरूआत की। 1987 में राम

दयाल मुंडा के प्रयासों से झाड़खण्ड कोआर्डिनेशन कमेटी का गठन हुआ जिसमें 48 संगठन शामिल थे। नब्बे का दशक आते-आते झाड़खण्ड आंदोलन ने बहुत ज़ोर पकड़ लिया।

बिहार सरकार ने इस मुद्दे का तीख़ापन कम करने के लिए 1995 में झाड़खण्ड क्षेत्र स्वायत्तशासी परिषद् का गठन किया। इसमें केंद्र सरकार, बिहार सरकार और शिबू सोरेन की मुख्य भूमिका थी। लेकिन राज्य के दूसरे संगठनों ने इसका विरोध किया और वे अलग झाड़खण्ड राज्य की अपनी माँग पर डटे रहे। आख़िरकार, 15 नवम्बर 2000 को झाड़खण्ड राज्य का गठन हुआ।

झाड़खण्ड राज्य के गठन के बाद यह उम्मीद की गयी थी कि राज्य आदिवासियों की अपेक्षाओं को पूरा करेगा और उनका राजनीतिक और आर्थिक सशक्तीकरण होगा। लेकिन आम तौर से स्थिति इसके उलट ही रही है। अपने गठन के बाद से ही झाड़खण्ड राजनीतिक अस्थिरता, भ्रष्टाचार और हिंसक राजनीति का शिकार रहा है। नवम्बर, 2000 में राज्य का गठन होने के बाद यहाँ की विधानसभा में भारतीय जनता पार्टी की स्थिति मज़बूत होने के कारण इसके नेता बाबूलाल मरांडी राज्य के पहले मुख्यमंत्री बने। लेकिन भाजपा की आंतरिक उठा-पटक के कारण इन्हें 18 मार्च, 2003 को इस पद से इस्तीफ़ा देना पड़ा। इसके बाद भाजपा के ही अर्जुन मुंडा राज्य के मुख्यमंत्री बने और मार्च, 2005 में अगले विधानसभा चुनावों तक मुख्यमंत्री रहे। 2005 के विधानसभा चुनावों में किसी भी राजनीतिक दल को बहुमत नहीं मिला। भाजपा को 30 सीटें मिली और वह सबसे बड़े राजनीतिक दल के रूप में सामने आयी। इसके अलावा, कांग्रेस को नौ, झामुमो को 17, राजद को सात, जद (एकीकृत) को छह और अन्य छोटे दलों को 13 सीटों पर जीत मिली। चुनावों के बाद दस दिनों के लिए शिबू सोरेन मुख्यमंत्री बने लेकिन अपना बहुमत साबित न कर पाने के कारण उन्हें इस्तीफ़ा देना पड़ा। इसके बाद 12 मार्च, 2005 से 18 मार्च, 2006 तक अर्जुन मुंडा राज्य के मुख्यमंत्री रहे।

फिर कांग्रेस, राजद, झामुमो और राष्ट्रवादी कांग्रेस ने मिलकर एक निर्दलीय विधायक मधु कोडा को राज्य का मुख्यमंत्री बनवाया। 26 अगस्त, 2008 को मधु कोडा की जगह शिबू सोरेन राज्य के मुख्यमंत्री बने। सोरेन ने भाजपा के समर्थन से सरकार बनायी। लेकिन यह सरकार भी स्थिरता देने में नाकाम रही और 13 जनवरी, 2009 को उनकी सरकार गिर गयी। दिसम्बर 2009 में हुए विधानसभा चुनावों में भी किसी राजनीतिक दल को बहुमत नहीं मिला। कांग्रेस और उसके सहयोगियों को 25 तथा भाजपा और उसके सहयोगियों को 20 सीटों पर जीत मिली। झामुमो को 18 सीटें मिलीं और 18 सीटों पर छोटी पार्टियाँ और निर्दलीय विधायक जीते। चुनावों के बाद 30 दिसम्बर, 2009 को शिबू सोरेन राज्य के मुख्यमंत्री बने। लेकिन विधानसभा चुनाव जीतने में नाकाम रहने के कारण उन्हें 30 मई, 2010 को इस्तीफ़ा देना पड़ा। 10 सितम्बर तक राज्य में राष्ट्रपति शासन रहा। इसके बाद अर्जुन मुंडा के नेतृत्व में भाजपा की सरकार बनी। झामुमो और आजसू के नेता इस सरकार में उपमुख्यमंत्री हैं। झाड़खण्ड राज्य बनने के बाद के इस इतिहास पर सरसरी निगाह डालने से यह स्पष्ट है कि झाड़खण्ड अपने गठन के बाद से ही राजनीतिक अस्थिरता का शिकार रहा है।

झाड़खण्ड राज्य आदिवासियों के एक लम्बे संघर्ष का नतीजा है। प्राकृतिक संसाधनों का सही तरीक़े से उपयोग करने पर राज्य का भरपूर विकास किया जा सकता है। लेकिन अपने गठन के बाद से ही झाड़खण्ड राजनीतिक अस्थिरता और भ्रष्टाचार की जकड़बंदी में फँसा हुआ है। इसे ख़त्म किये बिना उन सपनों को पूरा नहीं किया जा सकता है जो झाड़खण्ड-संघर्ष के मूल प्रेरणा स्रोत थे।

देखें : असम, अरुणाचल प्रदेश, आदिवासी प्रश्न-1, 2 और 3, आंध्र प्रदेश, उत्तर प्रदेश, उत्तराखण्ड, ओडीशा, कर्नाटक, केरल, छत्तीसगढ़, जम्मू और कश्मीर, तमिलनाडु, त्रिपुरा, दिल्ली, नगालैण्ड, पश्चिम बंग, पंजाब, महाराष्ट्र, मध्य प्रदेश, मिज़ोरम, मेघालय, भारतीय संघवाद, बिहार, राजस्थान, राज्यों का पुनर्गठन-1, 2 और 3, राज्यों की राजनीति, संघवाद, हरियाणा।

संदर्भ

1. सजल बसु (1994), *झाड़खण्ड मूवमेंट : एथ्निसिटी ऐंड कल्चर ऑफ़ साइलेंस,* इंस्टीट्यूट ऑफ़ एडवांस्ड स्टडीज़, शिमला.
2. संजय कुमार और हरिश्वर दयाल (2002) 'झाड़खण्ड : रिवर्सल ऑफ़ पास्ट ट्रेंडस', *इकॉनॉमिक ऐंड पॉलिटिकल वीकली,* खण्ड 39, अंक 51
3. संदीप शास्त्री, के.सी. सूरी और योगेंद्र यादव (सम्पा.) *इलेक्टोरल पॉलिटिक्स इन इंडियन स्टेट्स : लोकसभा इलेक्शंस इन 2004 ऐंड बियॉन्ड,* दिल्ली : ऑक्सफ़र्ड युनिवर्सिटी प्रेस, नयी दिल्ली.

—कमल नयन चौबे

ट

टीवी और सेक्शुअलिटी

(TV and Sexuality)

टेलिविज़न और सेक्स से संबंधित सार्वजनिक बहस का दायरा सामान्यत: टीवी पर 'क्या दिखाया जा सकता है और क्या नहीं' तक सीमित रहता है। राजनीतिक दल, कट्टरपंथी धार्मिक संगठन, सेंसरशिप विरोधी समूह और अश्लीलता के ख़िलाफ़ झंडा बुलंद करने वाले समूह टीवी कार्यक्रमों और विज्ञापनों में प्रसारित होने वाली सेक्शुअल छवियों के विषय में अपनी-अपनी विचारधारा और राजनीतिक आवश्यकताओं के मुताबिक़ मुद्राएँ ग्रहण करते या छोड़ते हैं जिस पर मीडिया और टीवी-अध्ययनों की अकादमीय दुनिया ज़्यादा ध्यान नहीं देती। वह इस प्रश्न पर अधिकतर दो दृष्टिकोणों से ग़ौर करती है : टीवी पर सेक्शुअलिटी किस तरह निरूपित (रिप्रज़ेंटिड) और संकेतित (सिग्नीफ़ाइड) है। वह अपनी ज़्यादातर सामग्री मनोविश्लेषण, नारीवाद और क्वीयर थियरी के विमर्श से लेती है। जहाँ तक पुरुष और स्त्री की सेक्शुअलिटी का प्रश्न है, इस विमर्श में स्त्री से संबंधित प्रश्नों पर अधिक ग़ौर किया गया है। पुरुष सेक्शुअलिटी पर विचार करने की परम्पराएँ कुछ देर से विकसित होनी शुरू हुई हैं। मीडिया ने आम तौर पर और टीवी ने ख़ास तौर से दोनों तरह की यौनिकताओं का विन्यास अलग-अलग ढंग से किया है। पर हर हालत में उनकी संरचनाओं पर इतरलैंगिक मानक हावी रहते हैं। टीवी वैकल्पिक यौनिकताओं को गुमराह सेक्शुअलिटी की तरह पेश करता है। इस लिहाज़ से टीवी अल्पसंख्यक सेक्शुअलिटी की 'प्रतीकात्मक हत्या' की नुमाइंदगी करता है। एक नया विकास यह हुआ है कि लोगों के अंतरंग जीवन में झाँकने वाले कार्यक्रम रियलिटी टीवी के उभार के बाद बनने लगे हैं। हालाँकि इन्हें प्राइम टाइम पर नहीं दिखाया जाता, पर देर रात का टीवी इस तरह के कार्यक्रमों को परोसता है। इनकी शुरुआत अमेरिका के प्लेबॉय और पेंटहाउस चैनलों ने की थी, पर अब भारत जैसे ग़ैर-पश्चिमी टीवी उद्योगों ने इनका स्थानीय तौर से निर्माण प्रारम्भ कर दिया है।

नारीवादी आलोचकों ने शुरुआती दौर से ही टीवी उद्योग पर इलज़ाम लगाया है कि वह स्त्री किरदारों को आम तौर पर औरतों के इतरलैंगिक (हेटरोसेक्शुअल) आकर्षण के आधार पर कल्पित करता है। इससे निकलने वाली छवि स्त्री को पुरुषों की 'चीज़' में घटा देती है। स्त्रियों का यौनिक वस्तुकरण मीडिया के सभी संस्करणों में पाया जाता है, पर टीवी स्क्रीन पर आकर उसकी चाक्षुषता एक दैनंदिन रूप ग्रहण कर लेती है। दूसरे, टीवी इस यौनिक वस्तुकरण को लोगों के अंतरंग और घरेलू जीवन में ले आता है, जबकि फ़िल्म के पर्दे पर चलने वाली यही प्रक्रिया इस तरह की भूमिका अदा नहीं कर पाती। नारीवादियों को सेक्शुअल तौर पर खुली हुई छवियों के निरूपण पर ज़्यादा ऐतराज नहीं है, बल्कि उन्हें आपत्ति इस बात पर है कि यह पूरी कारीगरी पुरुष प्रभुत्व में चलने वाले संस्थागत विन्यास के तहत होती है। स्त्रियों का इन छवियों के प्रक्षेपण पर किसी तरह का नियंत्रण नहीं होता। नारीवादियों की यह आलोचना उस समय काफ़ी हद तक सही लगने लगती है जब समाचार पढ़ने वाली स्त्रियों का चयन करते समय भी पारम्परिक सेक्शुअल आकर्षण का मानक बनाया जाता है। दूसरे, बहुतेरे टीवी कथानकों में स्त्री की यौनिकता कुछ इस अंदाज़ में चित्रित की जाती है जैसे कि वह किसी ख़तरे, जोखिम या रहस्य का प्रतिनिधित्व करती हो। स्त्री की सेक्शुअलिटी का यह दोहन वैसे तो

मीडिया के अन्य रूपों के लिए भी सही है, पर टीवी स्क्रीन की करामात उसे अधिक प्रभावी बना देने में निहित है।

दिलचस्प बात यह है कि टीवी धारावाहिकों (सोप ओपेरा) का विश्लेषण करने वाले विद्वान इस नारीवादी आलोचना से भिन्न नतीजों पर पहुँचे हैं। इन लोकप्रिय धारावाहिकों में स्त्री-पात्रों की स्थिति केंद्रीय होती है। उन्हें कमज़ोर दिखाने के बजाय मज़बूत शख़्सियत का मालिक दिखाया जाता है। धारावाहिक की नायिका या खलनायिका एक ही परिवार में रहते हुए कई-कई शादियाँ कर सकती है। चूँकि वह आर्थिक रूप से ताक़तवर दिखाई जाती है, इसलिए वह सेक्शुअली दबी हुई स्थिति में नहीं होती। धारावाहिकों के स्त्री-पात्र अपनी गतिविधियों से 'सक्रिय यौनिकता' की छवि प्रक्षेपित करती हैं। मँझोली उम्र के स्त्री-पात्रों का चित्रण भी यौनिक रूप से सक्रिय व्यक्ति के रूप में होता है। उनकी यौनिकता केवल पुरुष-कामना की वस्तु नहीं होती, बल्कि ख़ुद उनकी अपनी कामना उसका स्रोत होती है।

पुरुष सेक्शुअलिटी आम तौर पर मीडिया के पाठों से 'हवा की तरह अदृश्य' रही है। पुरुष यौनिकता के चित्रण के लिए सामान्यत: प्रतीकों का सहारा लिया जाता रहा है। पर्दे को चीरती हुई ट्रेन, भाप के इंजिन का आगे-पीछे चलता हुआ पिस्टन, बंदूकें, तलवारें और सिगार के माध्यम से पुरुष सेक्शुअलिटी की शिश्न-केंद्रित अभिव्यक्तियाँ रची जाती रही हैं। हाल के कुछ वर्षों में यह परम्परा टूटी है और पुरुष की देह का नियोजित यौनीकरण (सेक्शुअलाइज़ेशन) किया जाने लगा है। पहले केवल स्त्री को देखने वाली 'पुरुष की निगाह' ही चर्चा के केंद्र में रहती थी, पर पुरुष शरीर के यौनीकरण के बाद 'स्त्री की निगाह' भी शिनाख़्त के दायरे में आ गयी है जिसके सिद्धांतीकरण की विचारोत्तजक सम्भावनाएँ खुली हैं। जिमनेज़ियम में तराशी गयी पुरुष-देह के टीवी स्क्रीन पर प्रदर्शन ने समाज में पुरुषों के बीच अपनी देह को लेकरनयेसरोकारों को जन्म दिया है। पुरुषों की अपनी साज-सज्जा, दैहिक प्रस्तुतीकरण और अपने श्रृंगारिक निरूपण के आग्रहों में इसकी वजह से परिवर्तन आना शुरू हो गया है। भारतीय समाचार पत्रों के पेज-थ्री परिशिष्टों और रंगीन पत्रिकाओं के पृष्ठों पर होने वाली 'मेट्रोसेक्शुअल मैन' की चर्चा इसका प्रमाण है।

युरोप और अमेरिका में सामाजिक मर्यादाओं पर ईसाइयत के प्रभाव के कारण समलैंगिकता को पाप की संज्ञा दी जाती रही है। ऐसी ही सामाजिक और धार्मिक मर्यादाओं के प्रभाव में गढ़ी गयी 'सेक्शुअल करेक्टनेस' का पालन करने के लिए टीवी प्रोड्यूसर कम से कम साठ के दशक तक ऐसे किसी भी पाठ का चित्रांकन करने से कतराते रहे जो हेटरेसेक्शुअल मानकों का ज़रा सा भी उल्लंघन करता हो। जीवन के दूसरे क्षेत्रों में अदृश्यता के शिकार पुरुष और स्त्री समलैंगिकों को इस प्रक्रिया में निरूपण के लिहाज़ से भी हाशिए पर रहने के लिए मजबूर होना पड़ा। उनसे संबंधित किसी भी विषयवस्तु की प्रस्तुति हमेशा एक ऐसी कूट भाषा में की जाती रही जिसे समझना कभी-कभी तो समलैंगिकों के बस में भी नहीं होता था। वैकल्पिक सेक्शुअलिटी के आंदोलनों और विमर्श ने इस स्थिति को एक हद तक बदला। सेंसरशिप के नियम पहले के मुक़ाबले ढीले हुए, टीवी प्रसारण से सरकारों की जकड़ कमज़ोर हुई और लोगों की सोच में भी तब्दीली आयी। परिवर्तन के पहले दौर में पुरुष समलैंगिकों को आम तौर पर हास्य कार्यक्रमों में उपहास की वस्तु बना कर पेश किया गया। समलैंगिक स्त्रियाँ इस दौर में या तो पूरी तरह से अनुपस्थित रहीं, या फिर उन्हें बच/फ़ेमे द्विभाजन की रूढ़ छवियों के रूप में निरूपित होना पड़ा। लेकिन दूसरे चरण में पश्चिमी देशों में हुए क़ानूनी परिवर्तनों और जन-रुचि में आये परिवर्तनों के संयोग ने मीडिया (और टीवी) के रवैये को भी बदला। समलैंगिक-भीति से बचते हुए होमो-किरदारों को हमदर्दी से पेश किया जाने लगा। यह अलग बात है कि इस बदले हुए निरूपण का परिप्रेक्ष्य पूरी तरह से इतरलैंगिक ही बना रहा। आज यह परिप्रेक्ष्य भी परिवर्तित हो रहा है। टीवी व्यवसाय अपने कार्यक्रमों की लोकप्रियता के लिए 'गे-ऑडिएंस' का भी ध्यान रखता है। उसने 'दोहरी मार्केटिंग रणनीति' अपनायी है जिसके तहत कुछ ऐसी छवियाँ प्रसारित की जाती हैं जिन्हें इतरलैंगिक अपने तरीक़े से और समलैंगिक अपने तरीक़े से पढ़ सकते हैं। आज प्राइम टाइम टीवी पर पहले से कहीं ज़्यादा लेस्बियन किरदार दिखाई देते हैं, लेकिन उनका रवैया कुछ इस तरह का रखा जाता है कि वे इतरलैंगिक स्त्रियाँ भी न केवल उनके प्रति अरुचि महसूस नहीं कर पातीं, बल्कि उन्हें इतरलैंगिकों की ही तरह ही स्वीकार कर लेती हैं।

सेक्शुअलिटी और टीवी के संबंधों में एक नया आयाम पिछले डेढ़ दशक में यह आया है कि देर रात के प्रसारण में खुली सेक्शुअल विषयवस्तुएँ पेश की जाने लगी हैं। प्लेबॉय चैनल द्वारा 1998 से प्रसारित 'सेक्सटरा' एक टीवी न्यूज़मैग़ज़ीन थी जिसकी 80 कड़ियाँ दिखाई गयीं। इसमें काम-विषयक घटनाओं और प्रसंगों की रिपोर्टिंग होती थी और इसकी महिला एंकर अपनी प्रस्तुति करते हुए स्ट्रिपटीज़ तक कर डालती थीं। 1995 से 2007 तक प्लेबॉय टीवी ने ही 'नाइट काल्स' नामक कार्यक्रम प्रसारित किया जिसमें फ़ोन के ज़रिये दर्शकगण अपने सेक्शुअल मुद्दों के बारे में संवाद करते थे। इनमें ज़्यादातर बातें सेक्शुअल स्वैर-कल्पनाओं के बारे में होती थीं, और इस शो के प्रस्तुतिकर्ताओं को पोर्न फ़िल्मों के अभिनेता और अभिनेत्रियों में से छाँटा जाता था।

इस तरह के लेटनाइट शो की बारम्बारता धीरे-धीरे ग़ैर-पश्चिमी टीवी उद्योगों में बढ़ रही है। डिजिटल, केबल

और सेटेलाइट प्रोग्रामिंग के युग में भारत के ज़ूम टीवी ने 'सेक्शुअल एगॉनी आंट' कार्यक्रमों की शुरुआत करके इसकी बानगी कर दी है। इन कार्यक्रमों में दर्शकगण फ़ोन करके किसी कथित विशेषज्ञ से अपनी यौनिक समस्याओं के समाधान पूछते हैं। इसके अलावा सेक्शुअल कार्यक्रम प्रसारित करने वाले रूसी चैनलों को भी कई केबल टीवी ऑपरेटर देर रात में प्रसारित करने लगे हैं।

देखें : टीवी और टीवी अध्ययन, टीवी और समाचार, बाज़ारू संस्कृति, बहुसंस्कृतिवाद, युरोकेंद्रीयता, संस्कृति, संस्कृति-अध्ययन, संस्कृति : मार्क्सवादी परिप्रेक्ष्य, संस्कृति-उद्योग, सांस्कृतिक साम्राज्यवाद, सोप ओपेरा।

संदर्भ

1. जे. आर्थर्स (2004), *टेलिविज़न ऐंड सेक्शुअलिटी : रेगुलेशंस ऐंड द पॉलिटिक्स ऑफ़ टेस्ट,* ओपिन युनिवर्सिटी प्रेस, मेडिनहेड और न्यूयॉर्क.

— **अभय कुमार दुबे**

टीवी और टीवी-अध्ययन

(TV and TV Studies)

टेलिविज़न के आने से पहले मनोरंजन की दुनिया पर रेडियो और सिनेमा का दबदबा था। लेकिन बीस के दशक में इलेक्ट्रॉनिक स्कैनिंग की प्रौद्योगिकी विकसित होने के केवल दस साल बाद ही छवियों के सार्वजनिक प्रसारण के प्रयोग किये जाने लगे। इसके बाद टीवी ने प्रगति की छलाँगें मारते हुए जन-मानस को अपने मोहपाश में बाँध लिया। टीवी के साथ सबसे ज़्यादा अलग बात यह थी कि लोगों को उसके पास नहीं आना पड़ता था, बल्कि वह लोगों के पास जाता था। आज सिनेमा और रेडियो मनोरंजन के स्रोत के तौर पर टीवी से बहुत पीछे छूट चुके हैं। टीवी ने सूचना और विश्लेषण के स्रोत के तौर पर समाचार पत्रों और पत्रिकाओं के साथ भी होड़ की। इसका नतीजा यह हुआ कि अख़बारों को हरदम आगे रहने वाले टीवी के मुक़ाबले ख़ुद को आकर्षक और उपयोगी दिखाने के लिए मुद्रित पत्रकारिता में कई नये आयामों का समावेश करना पड़ा। आज घर-घर में तीन-तीन सौ चैनलों वाले टीवी हैं। डिजिटल, केबल और सैटेलाइट टीवी के प्रसारणों से जीवन के हर क्षेत्र को स्पर्श करने वाले चैनल प्राप्त किये जा सकते हैं। टीवी चैनल न केवल धारावाहिक सीरियल और फ़ीचर फ़िल्में दिखाते हैं, खेल-कूद का आँखों देखा हाल सुनाते हैं, चौबीसों घंटे समाचार प्रसारित करते हैं, बल्कि वे ख़ाना बनाने, घर को सजाने, कपड़े पहनने, निजी रिश्तों की समस्याएँ सुलझाने और यौन-क्रिया तक से संबंधित सुझाव भी देते हैं। चूँकि टीवी का इतिहास अभी ठीक से सौ साल पुराना भी नहीं हुआ है (भारत में ही नहीं अमेरिका और ब्रिटेन में भी पुरानी पीढ़ी के लोग एक चैनल वाले श्वेत-श्याम टीवी को याद करते हैं), इसलिए सांस्कृतिक जगत पर टीवी के प्रभुत्व की यह हक़ीक़त कभी-कभी यक़ीन से परे लगने लगती है। टीवी का प्रसार और पहुँच पश्चिमी जगत की सीमाओं को पार करके एशिया और अफ़्रीका के अभी तक अछूते पड़े हुए इलाक़ों तक हो रही है।

आधुनिक समाज को गहराई से प्रभावित करने वाले इस माध्यम को समझने की कोशिश समाज वैज्ञानिक साठ के दशक से ही कर रहे हैं। शुरुआत में यह विमर्श मीडिया और संस्कृति-अध्ययनों के अंग के तौर पर चला, क्योंकि पश्चिम में अकादमीय क्षेत्रों में टीवी का अलग से अध्ययन करने और उसकी डिग्री देने को लेकर शुरू में कुछ ऊहापोह था। सत्तर और अस्सी के दशक में सांस्कृतिक, आर्थिक और समाजशास्त्रीय आख्यानों के रूप में टीवी-अध्ययन का एक परिपक्व अनुशासन उभरा।

टीवी पर पहली उल्लेखनीय समाजवैज्ञानिक निगाह डालने का श्रेय रेमण्ड विलियम्स को है। मार्क्सवादी संस्कृति-सिद्धांत के दायरे में काम करते हुए विलियम्स ने आधार-अधिरचना आधारित विश्लेषण के ढर्रे पर चलने के बजाय नया दृष्टिकोण अपनाया। उन्होंने देखा कि टीवी की लोकप्रियता का कारण 'मोबाइल प्राइवेटिज़्म' है। टीवी का प्रसारण सार्वजनिक है, पर उसका उपभोग घर के एकांत में किया जाता है। बाहर की दुनिया टीवी के ज़रिये घर में प्रवेश करके उसे नया रूप देती है। विलियम्स टीवी में संचार के लोकतांत्रिक रूपों की बढ़ती हुई सम्भावनाएँ देख रहे थे। इसी के साथ उन्होंने टीवी के अनुभव और विषय-वस्तु को भी अपना सरोकार बनाया। उनका ख़याल था कि टीवी कार्यक्रमों का विन्यास एक क्रमिक प्रवाह जैसा होता है। यह संरचना उसके दर्शकों पर सतही और क्षणिक प्रभाव डालती है जिसका नतीजा उनके मानस को निष्क्रिय करने में निकलता है। विलियम्स का तीसरा योगदान दर्शकों पर किये जाने वाले अनुसंधानों को प्रश्नांकित करना था। उनका ख़याल था कि हिंसा में बढ़ोतरी के एक कारण की तरह टीवी की शिनाख़्त करने से काम नहीं चलेगा। देखना यह होगा कि किन पेचीदा संस्थागत संरचनाओं के तहत टीवी का उत्पादन और उपभोग होता है।

संस्कृति-अध्ययन के प्रणेता स्टुअर्ट हाल ने विलियम्स की विरासत को और विकसित किया। उन्होंने कहा कि टीवी

कार्यक्रमों के निर्माण की प्रक्रिया बड़ी जटिल होती है। इसे उन्होंने इनकोडिंग की संज्ञा दी। इनकोडिंग करने वाले प्रोड्यूसर निर्माण के दौरान अपनी विचारधारा, उपलब्ध ज्ञान और सांस्कृतिक रुझानों का इस्तेमाल तो कर सकते हैं, पर वे यह तय नहीं कर सकते कि उनकी परोसी गयी सामग्री की डिकोडिंग दर्शकों द्वारा कैसे की जाएगी। दर्शक की पृष्ठभूमि भिन्न विचार, भिन्न संस्कृति और भिन्न अनुभव के आधार पर बने मानस की हो सकती है। हाल ने अंदाज़ा लगाया कि दर्शक तीन सम्भावित तरीक़ों से डिकोडिंग कर सकते हैं। समाचार से संबंधित कार्यक्रमों में ज़्यादा सम्भावना यही रहती है कि वे उसी विचारधारात्मक ढाँचे के तहत डिकोडिंग करे जिसके तहत उसकी इनकोडिंग की गयी है। दूसरी तरह के कार्यक्रमों में दर्शकों द्वारा कार्यक्रम के विचारधारात्मक संदेश की अपने तात्कालिक अनुभव के प्रभाव में आंशिक रूप से भिन्न पुनर्व्याख्या करने की सम्भावना रहती है। दर्शक द्वारा डिकोडिंग के तीसरे रूप को हाल ने 'प्रतिपक्षी' क़रार दिया जिसके तहत वह प्रस्तुत कार्यक्रम के आर-पार देख कर समझ जाता है कि इससे राष्ट्रीय हित सध रहा है या कोई ख़ास वर्गीय हित साधा जा रहा है।

टीवी-अध्ययन का दूसरा प्रयोग ग्लासगो विश्वविद्यालय के मीडिया ग्रुप द्वारा किया गया। उसने ब्रिटिश टेलिविज़न पर प्रसारित होने वाले समाचार-कार्यक्रमों के आनुभविक और लक्षण-वैज्ञानिक अध्ययन की परियोजना चलायी। कार्यक्रमों की वीडियोटेपिंग का विश्लेषण करके इस ग्रुप ने तथ्यात्मक प्रमाण प्रस्तुत किये कि किस तरह से समाचारों का प्रसारण पूँजीवाद और मध्यवर्ग के हितों को ध्यान में रख कर नियोजित किया जाता है।

स्टुअर्ट हाल और ग्लासगो ग्रुप के प्रयासों से टीवी कार्यक्रमों को एक पाठ की तरह विश्लेषित करने की परम्परा शुरू हुई। इसके तहत मनोरंजन के धारावाहिक कार्यक्रमों (सोप ओपेरा) का पाठालोचन हुआ। अमेरिकी सीरियल 'डलास' के अध्ययन से नतीजा निकाला गया कि इसमें दिखाई गयी परिस्थितियाँ तो दर्शकों की जीवन-स्थितियों से भिन्न होती हैं, पर उसमें व्यक्त किये जाने वाले मनोभाव उनसे मेल खाते हैं। एक निष्कर्ष यह भी निकला कि इस तरह के सीरियलों का दर्शकों पर प्रभाव समरूप नहीं होता। वे अपनी-अपनी परिस्थितियों के मुताबिक़ मनोरंजन के इन कार्यक्रमों का तात्पर्य ग्रहण करते हैं। इस अध्ययन को आधार बना कर नारीवादी सिद्धांतकारों ने मनोवैश्लेषिक सिद्धांत का इस्तेमाल करते हुए टीवी के उपभोग और जेंडरीकृत अस्मिता की रचना के बीच संबंधों पर सवालिया निशान लगाये। बाज़ारू संस्कृति के अंग के रूप में टीवी पर विचार करते हुए कुछ विद्वानों ने कार्यक्रम के व्यावसायिक उत्पादन और उसके सांस्कृतिक उत्पादन (व्याख्या) को अलग करके समझने पर ज़ोर दिया। टीवी-अध्ययन की इन उपलब्धियों का परिणाम बाज़ारू संस्कृति को समझने के दो परस्पर विपरीत नज़रियों में निकला। एक दृष्टिकोण का कहना था कि बाज़ारू संस्कृति का उपभोग समाज पर हावी सत्ता की प्रधान संरचनाओं को मौज-मज़े के भाव से देखते हुए अ-श्रद्धा के रवैये को जन्म देता है। इसके विपरीत दूसरा दृष्टिकोण बाज़ारू संस्कृति को सत्ता की संरचनाओं की पुष्टि का गुनहगार मानता है।

टीवी से संबंधित उत्तर-आधुनिक सिद्धांत के केंद्र में ज्याँ बौद्रीआ का विमर्श है। उन्होंने यथार्थ और कल्पना को एक-दूसरे के बरक्स समझने के बजाय अतियथार्थता (हायपर रियलिटी) और साइमुलेशन (अनुरूपण) की अवधारणाओं के ज़रिये टीवी की सर्वथा नयी व्याख्या पेश की। उनका कहना है कि मीडिया प्रौद्योगिकी अपने मौजूदा चरण में पहले से मौजूद यथार्थ का निरूपण न करके अपना अलग यथार्थ रचती है। हम जिस अनुभव का साक्षात्कार करते हैं उसकी रचना सिनेमा, टीवी, वीडियो, बाज़ारू संगीत आदि विभिन्न सांस्कृतिक माध्यमों की अंत:क्रिया के चलते होती है। साइमुलेशन की प्रक्रिया के यथार्थमूलक फलितार्थ होते हैं। अपने इसी विमर्श को आगे बढ़ाते हुए बौद्रीया ने यह विचारोत्तेजक दावा भी किया कि खाड़ी युद्ध दरअसल एक हायपर रियलिटी और साइमुलेशन था। वे कहना यह चाहते थे कि यह युद्ध न केवल कैमरों की निगाह के तले लड़ा गया, बल्कि असल में यह कैमरों के लिए भी किया गया था। गाइडिड मिसाइलों में लगे हुए कैमरों के माध्यम से युद्ध को मृत्यु और विनाश दिखाने वाले एक प्रदर्शनीय नज़ारे का रूप दे दिया गया। इस तरह टीवी ने युद्ध की प्रकृति को ही बदल डाला।

देखें : टीवी और सेक्शुअलिटी, टीवी और समाचार, बाज़ारू संस्कृति, बहुसंस्कृतिवाद, युरोकेंद्रीयता, संस्कृति, संस्कृति-अध्ययन, संस्कृति : मार्क्सवादी परिप्रेक्ष्य, संस्कृति-उद्योग, सांस्कृतिक साम्राज्यवाद, सोप ओपेरा।

संदर्भ

1. रॉबर्ट एलन और एनेट हिल (सम्पा.) (2004), *द टेलिविज़न स्टडी रीडर*, रॉटलेज, न्यूयॉर्क.

2. जॉन कॉर्नर (1999), *क्रिटिकल आइडियाज़ इन टेलिविज़न स्टडीज़*, क्लैरंडन प्रेस, ऑक्सफ़र्ड.

3. स्टुअर्ट हाल (1997), *अर्ली राइटिंग ऑन टेलिविज़न*, रॉटलेज, लंदन.

4. रेमण्ड विलियम्स (1974), *टेलिविज़न, टेक्नॉलॉजी ऐंड कल्चरल फ़ॉर्म*, फ़ोंटाना, लंदन.

— अभय कुमार दुबे

टीवी समाचार

(TV News)

टीवी पर प्रसारित होने वाले समाचार बुलेटिनों और सार्वजनिक मुद्दों के विश्लेषण का सूचना समाज की रचना-प्रक्रिया में अहम योगदान है। सरकार के नियंत्रण में चलने वाले टीवी के समाचारों की प्रकृति काफ़ी-कुछ प्रोपेगंडे जैसी मानी जाती थी। डिजिटल, केबल और सैटेलाइट टीवी पर समाचार चैनलों द्वारा दी जाने वाली जानकारियों की साख जनमानस में कहीं बेहतर है। सबसे पहले ब्रिटिश ब्राडकास्टिंग कॉरपोरेशन (बीबीसी) और अमेरिकी चैनल सीएनएन ने चौबीसों घंटे चलने वाले न्यूज़ चैनल का प्रयोग किया था। आज न्यूज़ चैनलों की दुनिया कहीं अधिक विस्तृत और विविध हो चुकी है। व्यावसायिक जगत के समाचार देने वाले चैनल अलग से हैं। स्पोर्ट्स और मनोरंजन की दुनिया की जानकारी देने वाले चैनलों ने भी अपनी लोकप्रियता अलग से क़ायम की है। भारत के उपग्रहीय टीवी पर तो पिछले दस साल में तरह-तरह के न्यूज़ चैनलों की भरमार हो गयी है। मीडिया-अध्ययन के दायरे में टीवी न्यूज़ का मूल्यांकन उनकी प्रामाणिकता, सटीकता और निष्पक्षता के आधार पर तो किया ही जाता है, साथ ही यह भी देखा जाता है कि न्यूज़ बुलेटिनों द्वारा रचा जा रहा संसार किस तरह के राजनीतिक फलितार्थों की तरफ़ इशारा कर रहा है। टीवी के आने से पहले ख़बरों के सार्वजनिक प्रसारण का मुख्य ज़रिया रेडियो था। आज रेडियो की खबरें रंगीन टीवी स्क्रीन की जीवंतता के सामने फीकी पड़ चुकी हैं। यहाँ तक कि समाचार पत्रों की लोकप्रियता पर भी टीवी न्यूज़ चैनलों का असर हुआ है। टीवी के मुक़ाबले अपनी विशिष्टता बनाये रखना मुद्रित समाचारों के लिए बहुत बड़ी चुनौती है।

न्यूज़ चैनल भले ही दावा करते रहें कि उनके द्वारा प्रसारित समाचार वस्तुनिष्ठता की कसौटी पर खरे उतरते हैं, पर मीडिया-अध्ययन मान कर चलता है कि 'ऑब्जेक्टिविटी' हासिल करना नामुमकिन है। कोई भी समाचार यथार्थ के ठोस रूपों का सीधा और सहज प्रतिनिधित्व नहीं करता। वह यथार्थ को एक ख़ास निगाह से निरूपित करता है। एक समाचार के कई संस्करण हो सकते हैं जिनके पीछे अलग-अलग प्राथमिकताएँ हो सकती हैं। हर नज़रिये के निर्माण के पीछे ज्ञान और विचारधारा के थमाये हुए रूप तो होते ही हैं, समाचार के प्रोडक्शन के बँधे-बँधाये तौर-तरीक़ों की भी उनके उत्पादन में निर्णायक भूमिका होती है। समाचार तो हर रोज़ अनगितन होते हैं, पर किसी समाचार का सार्वजनिक जीवन चैनल के सम्पादकीय विभाग के इस फ़ैसले पर निर्भर करता है कि कौन सी ख़बर बुलेटिन में डाली जाएगी, उसकी जगह क्या होगी, उसे कितनी देर तक प्रसारित किया जाएगा और क्या अगले दिन भी उस ख़बर का हवाला देते हुए घटनाक्रम का अगला विकास (फ़ॉलोअप स्टोरी) प्रसारित किया जाएगा?

टीवी न्यूज़ के कुछ विश्लेषकों की राय है कि सरकारी क़ब्ज़े से छूटने के बाद भी सूचनाओं के इस स्रोत पर सत्तारूढ़ अभिजनों की जकड़ ढीली नहीं हुई है। उन्होंने कॉरपोरेट जगत से मिल कर यह सुनिश्चित किया है कि न्यूज़ रिपोर्टिंग एक ख़ास तरह के वैचारिक रवैये के मुताबिक़ ही की जाए। विज्ञापन जगत (जिसका सीधा संबंध कॉरपोरेट जगत से है) की तरफ़ से पड़ने वाले दबावों की इसमें काफ़ी भूमिका रहती है। अमेरिकी साम्राज्यवाद के प्रमुख आलोचक नोआम चोमस्की ने इस प्रक्रिया को 'मैन्यूफ़ैक्चरिंग कंसेंट' की संज्ञा दी है। ब्रिटेन में ग्लासगो विश्वविद्यालय के मीडिया ग्रुप ने सत्तर के दशक में किये गये अध्ययनों के ज़रिये बताया था कि ख़बरों के चयन और प्रस्तुतीकरण में सत्तारूढ़ सामाजिक और आर्थिक हितों की प्रधानता रहती है। मसलन, किसी औद्योगिक विवाद को कवर करते समय टीवी वाले यूनियन के वक्तव्य को प्रबंधन की दावेदारियों के बीच में कहीं डाल देंगे, सड़क पर हो रहे विरोध प्रदर्शन का दृश्यांकन बैरिकेड के पुलिस-पक्ष की तरफ़ से किया जाएगा, घटना के वर्णन के लिए ऐसी भाषा का इस्तेमाल किया जाएगा जो सरकार और प्रबंधन का पक्ष लेती हो।

मीडिया-अध्ययन की एक उल्लेखनीय प्रवृत्ति उन विद्वानों से ताल्लुक़ रखती है जिनकी दृष्टि बहुलतावादी है। ये विश्लेषक 'मैन्यूफ़ैक्चरिंग कंसेंट' के विचार को बहुत हमदर्दी से नहीं देखते। बहुलतावादियों का दावा है कि न्यूज़ चैनल अभिजन और सत्तारूढ़ परिप्रेक्ष्य से बँधे रहने के लिए अभिशप्त नहीं हैं। बहुलतावादी विचार सत्ता को किसी केंद्र पर स्थित नहीं मानता, बल्कि उसकी निगाह में कई तरह के गुट सत्ता के लिए जद्दोजहद करते रहते हैं। टीवी न्यूज़ इस बहुलता की अभिव्यक्ति होते हैं। उन्हें दर्शकों की रुचि और दिलचस्पी का भी ध्यान रखना पड़ता है। साथ ही यह भी नहीं माना जा सकता कि उन पर लोकतांत्रिक आदर्शों और स्थापित पत्रकारीय मर्यादाओं का कोई असर होता ही नहीं है। बहुलतावादी न्यूज़ प्रसारित करने वाले संगठनों को विविधतापूर्ण संस्कृतियों के रूप में देखते हैं।

टीवी न्यूज़ के अध्येताओं के अनुसार न्यूज़ चैनलों के प्रबंधकों की लगातार कोशिश होती है कि समाचार हासिल करने और उनका प्रोडक्शन करने की लागत कैसे कम की जाए। इसके लिए वे स्वतंत्र रूप से जानकारियाँ जमा करने में होने वाले ज़बरदस्त ख़र्च से बचने के लिए एजेंसियों और 'अधिकारिक' (सरकारी) स्रोतों पर निर्भर रहना पसंद करते हैं। चूँकि उन्हें अपना चैनल चौबीस घंटे और साल में 365

दिन चलाना है इसलिए स्क्रीन को लगातार जिलाये रखने के लिए उनकी प्राथमिकता 'सर्वाधिक महत्त्वपूर्ण घटना' के बजाय विभिन्न स्रोतों से आसानी से उपलब्ध हो जाने वाली सामग्री के प्रसारण की रहती है। अक्सर जिस समाचार के लिए 'विज़ुअल फ़ुटेज' उपलब्ध है, वह बुलेटिन में जगह पा जाती है। मसलन, अगर किसी दूर-दराज़ देश में विमान दुर्घटना हुई है और उसका फ़ुटेज मिल गया है, तो वह कितनी भी ग़ैर-महत्त्वपूर्ण क्यों न हो, उसे ज़रूर प्रसारित किया जाएगा।

मीडिया सिद्धांतकारों ने 1981 में 'न्यूज़ वैल्यू' के विचार का सूत्रीकरण किया था। कौन सी ख़बर 'गुड स्टोरी' है और कौन सी नहीं, यह उसकी न्यूज़ वैल्यू पर निर्भर करता है। न्यूज़ वैल्यू की अवधारणा के विकास में कई विद्वानों ने योगदान किया है। मसलन, एक न्यूज़ बुलेटिन किसी फ़िल्म स्टार या जानी-मानी हस्ती की सनसनीखेज गतिविधियों की ख़बर को ज़्यादा प्राथमिकता देना पसंद करेगा बनिस्पत रक्षा बजट के तुलनात्मक अध्ययन से निकाले गये निष्कर्षों को। ये निष्कर्ष अगले दिन या देर से भी प्रसारित किये जा सकते हैं। इसी तरह किसी दीर्घकालीन प्रवृत्ति से जुड़े समाचार के मुक़ाबले किसी एक घटना के इर्द-गिर्द बनने वाली ख़बर पहले प्रसारित की जाएगी। अगर कोई दुर्घटना हुई है तो उसकी भीषणता और उसमें होने वाली मौतों की संख्या तय करेगी कि न्यूज़ बुलेटिन में उसकी जगह क्या होगी। इसी तरह न्यूज़ वैल्यू के लिए ज़रूरी है कि ख़बर किसी क्षेत्र या किसी राष्ट्र के वासियों के लिए सुपरिचित और प्रासंगिक भी होनी चाहिए। यह मानक ख़बर के चयन पर स्वजातिवादी (एथनोसेंट्रिक) आग्रह हावी कर देता है।

न्यूज़ वैल्यू की अवधारणा बताती है कि स्पर्धात्मक प्रकृति की खबरें काफ़ी प्राथमिकता पाती हैं। राजनीतिक या किसी भी तरह के चुनाव की ख़बरें या फिर युद्ध के समाचारों को इसीलिए पहले नम्बर पर रखा जाता है। नकारात्मकता पैदा करने वाले समाचारों को भी आकर्षक माना जाता है। इसके लिए एक कहावत भी गढ़ ली गयी है 'बैड न्यूज़ इज़ ऑफ़न गुड न्यूज़'। एक 'बैड न्यूज़' दिखाने के बाद ज़रूरी है कि उसे संतुलित करने के लिए कोई ख़ुशदिल ख़बर प्रसारित की जाए। समाज में अभिजनों (अमीर और ऊँचे लोग) की गतिविधियों को भी 'समाचार योग्य' समझा जाता है। इसी तरह 'ह्यूमन इंटरेस्ट' की भी एक कोटि है जिसमें आने वाली ख़बरें अक्सर बुलेटिनों में जगह प्राप्त करने में सफल हो जाती हैं। इन ख़बरों में निरूपित की जाने वाली सामाजिक समस्याओं में कैमरा संबंधित व्यक्तियों को स्क्रीन पर पेश करके वस्तुनिष्ठता और प्रामाणिकता उपलब्ध करने की कोशिश करता है।

जहाँ तक दर्शकों का संबंध है, न्यूज़ चैनलों के दर्शकों में पुरुषों की संख्या हमेशा ज़्यादा होती है। इसलिए टीवी के इस हिस्से को आम तौर पर पुरुष-केंद्रित माना जाता है। इसका मतलब यह नहीं है कि टीवी चैनलों में स्त्रियाँ काम नहीं करतीं। लेकिन, खबरें पढ़ने की ज़िम्मेदारी देते समय ध्यान रखा जाता है कि अधिकतर इतरलैंगिक दृष्टि से सुंदर, आकर्षक और युवा स्त्रियों को ही चुना जाए। शायद ही कभी किसी अधेड़ या वृद्ध महिला को यह काम दिया जाता हो।

देखें : टीवी और टीवी अध्ययन, टीवी और सेक्शुअलिटी, बाज़ारू संस्कृति, बहुसंस्कृतिवाद, युरोकेंद्रीयता, संस्कृति, संस्कृति-अध्ययन, संस्कृति : मार्क्सवादी परिप्रेक्ष्य, संस्कृति-उद्योग, सांस्कृतिक साम्राज्यवाद, सोप ओपेरा।

संदर्भ

1. जोहान गालटुंग और एम. रुज (1981), 'स्ट्रक्चरिंग ऐंड सिलेक्टिंग न्यूज़', एस. कोहेन और जे. यंग (सम्पा.), *द मैन्युफ़ैक्चरिंग ऑफ़ न्यूज़, सोशल प्रॉब्लम्स, डेविएंस ऐंड द मास मीडिया,* कांस्टेबिल, लंदन.
2. ए. बेल (1991), *लेंग्वेज ऑफ़ न्यूज़ मीडिया,* ब्लैकवेल, ऑक्सफ़र्ड.
2. जे. कुरन और जे. सीटिंग (2003), *पॉवर विदआउट रिस्पांसिबिलिटी : द प्रेस ऐंड ब्रॉडकास्टिंग इन ब्रिटेन,* रॉटलेज, लंदन और न्यूयॉर्क.
4. जे. एल्ड्रिज (सम्पा.) (1995), *न्यूज़ कंटेंट, लेंग्वेज ऐंड विज़ुअल्स, ग्लासगो युनिवर्सिटी मीडिया रीडर,* खण्ड 1, रॉटलेज, लंदन.

— अभय कुमार दुबे

टेलरवाद

(Taylorism)

टेलरवाद आधुनिक औद्योगिक प्रबंधन की एक ऐसी विचारधारा है जो श्रमिक की उत्पादन क्षमता को महत्तम स्तर पर ले जाने के लिए गढ़ी गयी थी। उत्पादन प्रबंधन के इस मॉडल के प्रणेता के फ़्रेडरिक विनस्लो टेलर थे जिनका जन्म अमेरिका के एक सम्पन्न परिवार में हुआ था। उनके माता-पिता उन्हें उच्च शिक्षा के लिए हार्वर्ड भेजना चाहते थे लेकिन टेलर ने धातु के एक कारख़ाने में प्रशिक्षु बनने का फ़ैसला किया। यह अलग बात है कि अपनी सामाजिक हैसियत के ख़िलाफ़ जाकर ज़मीनी स्तर पर काम करने, सीखने और समझने के बावजूद टेलर का चिंतन मूलतः उच्चवर्गीय

आग्रहों से ग्रस्त रहा। प्रबंधन के मॉडल और तकनीक के तौर पर टेलरवाद उन्नीसवीं सदी के आठवें दशक में विकसित हुआ और बीसवीं सदी के दूसरे दशक तक वह अमेरिका सहित दुनिया के बाक़ी औद्योगिक देशों में वैज्ञानिक प्रबंधन के अन्य रूपों में प्रचलित और स्वीकृत हो गया। टेलरवाद की सफलता का सबसे बड़ा प्रमाण यह है कि सोवियत संघ में अक्टूबर क्रांति के बाद कारख़ानों के प्रबंधन को लेकर बोल्शेविकों के बीच होने वाली बहस में भी यह मुद्दा उठा था कि फ़ैक्ट्रियों के मज़दूर-प्रबंधन और टेलरवाद के बीच किसे चुना जाए इस बहस में लेनिन ने टेलरवाद का पक्ष लिया था। इसीलिए सोवियत कारख़ानों में टेलरिज़्म के मुताबिक़ 'वन मैन मैनेजमेंट सिस्टम' लागू किया गया। लेनिन ने उत्पादन वृद्धि को प्राथमिकता देते हुए शॉप फ़्लॉर पर मज़दूर-प्रबंधन पर आधारित लोकतंत्र के विचार को इसीलिए ख़ारिज कर दिया था।

हालाँकि आमतौर पर टेलरवाद को वैज्ञानिक प्रबंधन का समानार्थी माना जाता है। परंतु कई विद्वानों का मानना है कि टेलरवाद को वैज्ञानिक प्रबंधन की विचारधारा के एक शुरुआती चरण के रूप में ही देखा जाना चाहिए। शुरू में ख़ुद टेलर अपने काम के लिए शॉप मैनेजमेंट और प्रोसेस मैनेजमेंट जैसे पदों का इस्तेमाल करते थे। असल में वैज्ञानिक प्रबंधन की अवधारणा 1910 में जाकर स्थिर हुई जिसका श्रेय लुई ब्रैंडेई को जाता है। बाद में टेलर भी इसी पद का उपयोग करने लगे।

टेलरवाद का बुनियादी लक्ष्य आर्थिक दक्षता- ख़ास तौर पर श्रम की उत्पादकता में सुधार लाना था। इस अर्थ में टेलरवाद को आर्थिक दक्षता के उस वृहत्तर विमर्श के एक अनुषंग के तौर पर भी देखा जा सकता है जिसका मूल सरोकार मनुष्य की दक्षता बढ़ाना, अपव्यय कम करना तथा उत्पादन के पारम्परिक तरीक़ों की जगह ज़्यादा कारगर विधियों को प्रतिष्ठित करना था। इस तरह अपने आप में टेलरवाद प्रबंधन के क्षेत्र में वैज्ञानिक तथा इंजीनियरिंग के नियमों को लागू करने का पहला प्रयास था। हालाँकि तीस के दशक में प्रबंधन की तकनीक या मॉडल के तौर पर टेलरवाद का प्रभाव घटने लगा था परंतु कार्य की नीति संहिता तय करने, दक्षता को प्रोत्साहन देने, किसी भी तरह के अपव्यय को न्यूनतम स्तर पर लाने, उत्पादन की महत्तम विधि के निर्धारण तथा उत्पादन को विशाल स्तर पर संगठित करके उसे जन-सुलभ बनाने आदि जैसे पहलू आज भी औद्योगिक इंजीनियरिंग तथा प्रबंधकीय ढाँचे के अहम तत्त्व माने जाते हैं।

टेलरवाद की बुनियादी प्रस्थापनाओं के केंद्र में जन-कल्याण के बजाय पूँजी के हितों की चिंता प्रधान थी। टेलरवाद की वैचारिक निर्मिति सामाजिक डार्विनवाद तथा उपयोगितावाद पर टिकी है। टेलर जिस वैज्ञानिक प्रबंधन की बात करते हैं उसका विचारधारात्मक परिप्रेक्ष्य सामाजिक डार्विनवाद और उपयोगितावाद में मिलता है। इस तरह टेलरवाद का मूल विचार इस बात को महत्त्व देता है कि आर्थिक सफलता के पीछे उच्चतर योग्यताओं की भूमिका निर्णायक होती है। इसके अनुसार ऐसी योग्यताओं को अर्जित किया जा सकता है।

टेलरवाद की व्यावहारिकता बीसवीं सदी के दूसरे दशक में विकसित हुए राजनीतिक-क़ानूनी ढाँचे से जुड़ी है। इस समय व्यावसायिक उद्यमों के क्षेत्र में आधुनिक कॉरपोरेशन स्थापित हो चुके थे। 1880 तथा 1890 के दौर में अमेरिका के न्यू जर्सी तथा अन्य प्रांतो में औद्योगिक प्रतिष्ठानों के हक़ में व्यापक स्तर पर संस्थागत बदलाव किये गये थे। इन बदलावों के पेशे-नज़र किसी भी उद्यम को ज्वाइंट स्टॉक कम्पनी का रूप दिया जा सकता था। इन क़ानूनों के कारण छोटे और मँझोले उद्यमों का विलय करके विशालकाय कॉरपोरेशन बनाना आसान हो गया था। इस प्रक्रिया के कारण उद्योग जगत में केंद्रीकरण और एकीकरण की प्रवृत्ति मज़बूत होने लगी थी। जिसका परिणाम यह हुआ कि पूँजीपति वर्ग श्रम की प्रक्रिया को पूरी तरह अपने नियंत्रण में लेने लगा। इससे श्रमिकों के बीच व्यापक स्तर पर अशांति फैलने लगी। प्रबंधन के इन दमनकारी पैंतरों का प्रतिकार करने के लिए श्रमिक काम पर न जाने और हड़ताल करने जैसे उपाय आज़माने लगे। नतीजतन व्यावसायिक समूहों को औद्योगिक अशांति और अस्थिरता के इस दौर में टेलर की यह बात असामान्य रूप से लगने लगा कि अमेरिका को ज़्यादा दक्षता से काम करना चाहिए।

टेलर का दावा था कि अगर उनकी प्रबंधन तकनीक पर सही ढंग से अमल किया जाए तो उत्पादन की लागत में व्यापक कमी लाकर दक्षता का स्तर बढ़ाया जा सकता है। टेलर का यह भी मानना था कि उसका मॉडल श्रमिकों के लिए भी लाभप्रद होगा क्योंकि इसे अपनाने से श्रमिकों की कार्यकुशलता और दक्षता का स्तर बढ़ेगा जिससे लाभ की दर में भी इज़ाफ़ा होगा। लाभांश बढ़ने से पूँजीपति श्रमिकों को बेहतर वेतन दे पायेंगे और इस तरह श्रमिक अशांति को दूर किया जा सकेगा।

टेलरवाद का सरोकार इस बात से था कि किसी काम को करने का सबसे बेहतर ढंग क्या हो सकता है। टेलर ने इस दिशा में श्रमिकों के काम करने के तौर-तरीक़ों और दक्षता का लम्बे समय तक अवलोकन किया था और इस नतीजे पर पहुँचे थे कि अगर काम के दौरान श्रमिकों को एक निश्चित समय के बाद आराम करने का मौक़ा दिया जाए तो उत्पादन पर सकारात्मक असर पड़ता है। लेकिन टेलर के ये सूत्र उस दौर के पूँजीपतियों और फ़ोरमैन के लिए अबूझ साबित हुए।

श्रम की प्रक्रिया पर नियंत्रण बढ़ाने के लिए टेलर ने श्रमिकों के कार्य-व्यवहार का विशद अध्ययन करते हुए उनके बारे में विस्तृत सूचनाएँ जुटायीं। उनकी इस प्रबंधन योजना में श्रमिकों की कार्य-प्रणाली और उत्पादन की दक्षता से संबंधित सूचनाएँ एक केंद्रीकृत विभाग के पास रहती थी। जहाँ इंजीनियर इन सूचनाओं के आधार पर हर कार्य के निष्पादन में लगने वाले समय और उसके तरीक़े के संबंध में नियम बनाकर उत्पादन की प्रक्रिया को नियंत्रित कर सकते थे। इससे इंजीनियरों को इस बात का अंदाज़ा लगाने में सहूलियत मिलती थी कि किसी काम को करने का सबसे सही तरीक़ा क्या हो सकता है तथा किसी काम को करने में श्रमिक को कितना समय लगता है। ज़ाहिर है कि ऐसी सूचनाओं के आधार पर प्रबंधन श्रम और उत्पादन की प्रक्रिया पर निर्णायक नियंत्रण स्थापित कर सकता था।

टेलर की प्रबंधकीय अंतर्दृष्टि का प्रभाव एक समय इतना व्यापक था कि उससे सोवियत संघ जैसे समाजवादी देश भी अछूते नहीं रह सके। कई इतिहासकारों का कहना है कि लेनिन और ट्रॉट्स्की टेलरवाद के उत्पादन और दक्षता संबंधी पहलुओं से सहमत थे। नतीजतन सोवियत संघ में बीसवीं सदी के दूसरे और तीसरे दशकों में फ़ोर्डवाद और टेलरवाद के प्रति उत्साह और अनुमोदन का माहौल उभरा। जब सोवियत संघ में उद्योग का आधारभूत ढाँचा क़ायम किया जा रहा था तो सोवियत नेतृत्व अमेरिकी इंजीनियरों और परामर्शदाताओं को अपने यहाँ बुलाने में कोई हिचक महसूस नहीं कर रहा था। इतिहासकार थॉमस पी. ह्यूज ने स्तालिन को उद्धृत करते हुए कहा है कि स्तालिन रूसी क्रांतिकारी आदर्श और अमेरिका की प्रबंधकीय दक्षता के मेल को लेनिनवाद का सारतत्त्व कहने में भी गुरेज़ नहीं करते थे।

टेलरवाद में निहित बेगानेपन की अवधारणा पर ध्यान देते हुए कई विद्वानों ने कहा है कि प्रबंधन के एक दर्शन के तौर पर वह विचार और उसके क्रियान्वयन को अनावश्यक और अप्राकृतिक रूप से अलग करने का प्रयास करता है। वह श्रमिकों की सृजनात्मक क्षमताओं को अनुपयोगी मानकर उनकी मनुष्यता छीन लेता है। विचार और उसके क्रियान्वयन की इस पृथकता की विकटता तब प्रकट होती है जब इंजीनियर के रूप में उद्योग की नौकरशाही श्रमिक के ज्ञान को काम करने के नियम और मशीनों में बदल देती है। इस मॉडल में कौशल, हुनर या ज्ञान का केंद्रीकरण कर दिया जाता है। श्रमिकों की तरह उत्पादन की प्रक्रिया पर नज़र रखने वाले प्रबंधक भी अंततः केंद्रीकृत नियंत्रण से संचालित होने लगते हैं। लेकिन टेलरवाद के चलन के दौर में ऐसे प्रबंधकों का प्रबंधकीय प्रक्रिया पर अच्छा ख़ासा नियंत्रण रहता था। टेलर का यह प्रबंधन मॉडल पदानुक्रम पर आधारित था जिसमें प्रबंधकों का वेतन कम्पनी के कर्मचारी-तंत्र में उनके पद व अनुक्रम के आधार पर निर्धारित किया जाता था।

विद्वानों के अनुसार टेलरवाद का वर्ग संबंधों पर व्यापक और दीर्घकालिक असर पड़ा है। टेलरवाद का विचार श्रमिकों को प्रबंधकों से कमतर मानता है। यह धारणा श्रमिकों और प्रबंधकों के बीच स्थायी विवाद का स्रोत बनती गयी। दूसरे, संगठन के अंदर पदानुक्रम की व्यवस्था के विकास तथा टेलरवाद का असर यह हुआ कि प्रबंधक और इंजीनियर में श्रमिकों के हुनर और उनकी प्रतिभा को महत्त्वहीन मानने लगे। इसका मज़दूरों के काम की दक्षता पर नकारात्मक असर पड़ा है। तीसरे, टेलर द्वारा प्रतिपादित वेतन की व्यवस्था ने प्रबंधकों और श्रमिकों के बीच वेतन की विकट असमानता को बढ़ावा दिया की है। बीसवीं सदी के आख़िरी और इक्कीसवीं सदी के शुरुआती वर्षों में वेतन की यह असमानता अभूतपूर्व स्तर पर पहुँच चुकी है। कई देशों में तो यह श्रमिक और मुख्य कार्यकारी अधिकारी के वेतन का अंतर पांच सौ गुना तक पहुँच चुका है।

देखें : अभिजन, अभिरुचि, उन्मूलनवाद, एजेंसी, कर्मकाण्ड, कारागार, गोपनीयता, जादू, जीवन-शैली, पूँजीवाद, फ़ुरसत, बचपन, बेगानगी, भीड़, विचलन, सोवियत समाजवाद-1 और 2, व्लादिमिर इलीच लेनिन, स्तालिन और स्तालिनवाद।

संदर्भ

1. एच. ब्रेवरमैन (1974), *लेबर ऐंड मोनोपोली कैपिटल,* मंथली रिव्यू प्रेस, न्यूयॉर्क.
2. आर. एडरवर्ड (1979), *कंटेस्टेड टरेन,* बेसिक बुक्स, न्यूयॉर्क.
3. एच. प्रिचेल (2000), *बिग बिज़नेस ऐंड द स्टेट,* स्टेट युनिवर्सिटी ऑफ़ न्यूयॉर्क प्रेस, अलबनी.
4. एफ़.डब्ल्यू. टेलर (1967/1911), *द प्रिंसिपल ऑफ़ साइंटिफ़िक मैनेजमेंट,* डब्ल्यू.डब्ल्यू. नॉर्टन, न्यूयॉर्क.

— नरेश गोस्वामी

टैलकॉट पार्संस

(Talcott Parsons)

यहूदी मूल के अमेरिकी समाजशास्त्री टैलकॉट पार्संस (1902-1979) सामाजिक प्रकार्यवाद के सिद्धांत का प्रतिपादन करने के लिए विख्यात हैं। 1951 में प्रकाशित *द सोशल सिस्टम* में उन्होंने प्रकार्यवाद के सिद्धांत पर विस्तार से प्रकाश डाला। पार्संस सामाजिक प्रणाली और सामाजिक क्रिया संबंधी सिद्धांतों के प्रयोग के लिए भी जाने जाते हैं। पार्संस ने सामाजिक प्रकार्यवाद को मैलिनॉस्की और

रेडक्लिफ़ ब्राउन के मानवशास्त्र की सीमाओं से निकाल कर उसका प्रयोग आधुनिक व परम्परागत समाजों के संरचनागत अध्ययन के लिए किया। इससे पहले हरबर्ट स्पेंसर और दुर्ख़ाइम इसका आधुनिक पश्चिमी समाजों के विश्लेषण के लिए कर चुके थे, लेकिन बाद में इसका प्रयोग आदिम जातियों की समाज-संरचना के अध्ययन तक सीमित रह गया था। पार्सन्स ने समाजशास्त्र में सामान्य और सार्वजनिक रूप से लागू हो सकने वाले ऐसे सिद्धांतों के बारे में विचार किया जिन्हें किसी भी समाज पर लागू किया जा सके। इसके लिए उन्होंने संरचनात्मक-प्रकार्यवाद की विशेष सहायता ली। उन्हें महावृत्तांत या मैटानैरेटिव का ऐसा समर्थक माना जाता है जिसने प्रकार्यवाद व विकास के सार्वभौम तत्त्वों को सभी समाजों पर लागू होते देखा और उसी आधार पर उनके मूल्यांकन के प्रतिमान बनाये। 1937 में प्रकाशित अपनी पुस्तक *द स्ट्रक्चर ऑफ़ सोशल एक्शन* के कारण उन्हें काफ़ी प्रसिद्ध हासिल हुई थी। पार्संस ने लम्बे समय तक अमेरिका के हार्वर्ड विश्वविद्यालय में अध्यापन किया और वहाँ समाजशास्त्र के विभाग की स्थापना भी की।

टैलकॉट पार्संस (1902–1979)

प्रकार्यवाद के तहत माना जाता है कि व्यवस्था का एक भाग अन्य भागों से जुड़ा रहता है और इस प्रकार व्यवस्था के विभिन्न अंगों में परस्पर अंतर्निभरता आ जाती है। ये अंग विभिन्न कार्यों के माध्यम से व्यवस्था की आवश्यकताएँ पूरी करते रहते हैं और इस प्रकार उसका सुचारु संचालन-नियमन होता रहता है। पार्संस संरचनात्मक-प्रकार्यात्मक दृष्टिकोण के आधार पर मानते थे कि समाज-व्यवस्था को तब तक भली भाँति नहीं समझा जा सकता है जब तक उसका गठन करने वाली इकाइयों के प्रकार्यों को अच्छी तरह नहीं समझा जाता। पार्संस की इस आधार पर आलोचना भी की गयी है कि प्रकार्यवाद में मान कर चला जाता है कि समाज में व्यवस्था के सभी अंग सकारात्मक योगदान ही देते हैं। बाद में इन्हीं आलोचनाओं के निराकरण के लिए एक अन्य समाजशास्त्री राबर्ट के. मर्टन ने दुष्प्रकार्य की आवधारणा का प्रकार्यवाद के संबंध में विकास किया। पार्सन्स की अवधारणाओं पर मैक्स वेबर, एमील दुर्ख़ाइम, मैलिनास्की और परेटो के विमर्श का काफ़ी असर दिखता है।

पार्संस ने अपने समय में सामाजिक व्यवस्था की व्याख्या के लिए प्रचलित उपयोगितावादी और आदर्शवादी दृष्टिकोणों का खण्डन किया क्योंकि उनके अनुसार दोनों ही दृष्टिकोण पहले से मानकर चलते हैं कि समाज का गठन किन्हीं ख़ास मानवीय प्रेरणाओं के आधार पर हुआ है। उपयोगितावाद जहाँ मानवीय आवश्यकता पर अधिक बल देता है, वहीं आदर्शवाद कुछ नैतिक अंत:प्रेरणाओं व मूल्यों पर। पार्संस के अनुसार इस तरह के दृष्टिकोण सामाजिक अध्ययन को पूर्वग्रहग्रस्त बनाते हैं। पार्संस का मत है कि सामाजिक व्यवस्था या संरचना के बने रहने के लिए कुछ प्रकार्यात्मक पूर्वापेक्षाएँ ज़िम्मेदार होती हैं। व्यवस्था अपने आत्म-नियमन के लिए मनुष्यों के समाजीकरण पर निर्भर करती हैं। व्यवस्था में स्थिरता भी समाज द्वारा अपने सदस्यों पर नियम-मर्यादा लागू करने या सरकार द्वारा लागू किये गये सामाजिक नियंत्रण के उपायों से ही नहीं, बल्कि समाजीकरण की प्रक्रिया के माध्यम से क़ायम की जाती है। इसके अलावा उसके लिए ऐसे विभिन्न प्रकार के प्रकार्य भी अनिवार्य होते हैं जिसके बिना सामाजिक प्रणाली जीवित नहीं रह सकती है। पार्संस ने चार क़िस्म की प्रकार्यात्मक पूर्वापेक्षाओं का उल्लेख किया है : अनुकूलन, लक्ष्य-प्राप्ति, एकीकरण, विन्यास-अनुरक्षण।

अनुकूलन के अंतर्गत सामाजिक प्रणाली के बाहर के तत्त्वों जैसे उत्पादन, आर्थिक संसाधनों का इस्तेमाल, वितरण को शामिल किया जाता है। लक्ष्य-प्राप्ति में तीन चीज़ों पर बल होता है। पहला, लक्ष्य का निर्धारण। दूसरा, लक्ष्य के लिए सामाजिक प्रणाली से सम्बंद्ध लोगों को प्रेरित करना। तीसरा, इन लक्ष्यों को प्राप्त करने के लिए सामाजिक प्रणाली के विभिन्न अंगों व सदस्यों की शक्तियाँ जुटाना। एकीकरण ऐसी प्रकार्यात्मक पूर्वापेक्षा है जिससे किसी प्रणाली के अंगों

को परस्पर जोड़ने और उनके बीच समन्वय में सहायता मिलती है। इसके लिए मुख्यत: विचारधारा, धर्म तथा सांस्कृतिक और नैतिक मूल्यों का प्रयोग किया जाता है। इस प्रकार्यात्मक पूर्वापेक्षा की प्रकृति व्यवस्था के लिए आंतरिक और प्रयोजनात्मक होती है। अंत में विन्यास-अनुरक्षण में परिवार, शिक्षा और समाजीकरण इत्यादि के ज़रिये सामाजिक प्रणाली का अनुरक्षण व संगठन सुनिश्चित किया जाता है। समाजीकरण और शिक्षा से विशिष्ट रुचियों, मूल्यों, प्रतीकों और मूल्यों का व्यक्तित्व में आभ्यंतरीकरण होता है।

प्रकार्यवाद का अनिवार्य तत्त्व सोद्देश्यवाद भी पार्संस की अवधारणा में मौजूद है जिसमें परिणाम को ही कारण के रूप में समझा जाता है। मसलन, नैतिक मूल्यों को धर्म जैसे कारण का परिणाम बताया जाता है, पर वास्तव में धर्म स्वयं नैतिक व्यवस्था की खोज का परिणाम हो सकता है।

पार्संस की समाजशास्त्रीय अवधारणाओं में सामाजिक क्रिया की धारणा का काफ़ी महत्त्व है। किसी गतिविधि को सामाजिक क्रिया का दर्ज़ा तब प्रदान किया जाता है उसके निष्पादन में ऊर्जा ख़र्च हो, वह एक विशिष्ट स्थिति में घटित हो और उसका मक़सद सामाजिक प्रतिमानों का पालन करते हुए कोई निर्धारित लक्ष्य प्राप्त करना हो। सामाजिक प्रणाली की धारणा और प्रकार्यवाद से प्रतीत होता है कि पार्संस समाज-परिवर्तन के विरोधी रूढ़िवादी विचारक थे। दरअसल, प्रकार्यात्मक समाजशास्त्रियों की मान्यता रही है कि समाज मौलिक मूल्यों, विश्वासों व सामाजिक कसौटियों के स्तर पर व्यापक सहमति की अवस्था में रहता है। लेकिन पार्संस ने अपने प्रकार्यवादी समाजशास्त्र में सामाजिक परिवर्तन के विषय को अलग से विवेचित किया है। पार्संस के अनुसार उद्देश्यों एवं मूल्यों का अभिविन्यास समाज में सामंजस्य एवं तनाव दोनों को जन्म देता है। सामंजस्य से व्यवस्था में स्थिरता आती है, और तनाव से परिवर्तन की स्थिति पैदा होती है। सामाजिक व्यवस्था की भीतरी प्रक्रियाओं से उभरने वाले परिवर्तन और सामाजिक व्यवस्था में आमूल परिवर्तन की प्रक्रियाएँ साथ-साथ चलती रहती हैं।

पार्संस ने सामूहिक प्रव्रजन, जन्म-मृत्यु दर में परिवर्तन, प्रकृति तथा जलवायु-परिवर्तन, जनसंख्या-परिवर्तन वनयेधार्मिक-राजनीतिक विचारों के उदय को परिवर्तन के मुख्य कारकों के रूप में देखा है। अपनी बाद की रचनाओं *द इवोल्यूशन ऑफ़ सासाइटीज़* (1977) और *सोसाइटीज़ : एवोल्यूशनरी ऐंड कम्परेटिव पर्सपैक्टिव* (1966) में उन्होंने सामाजिक प्रणाली में परिवर्तन के विषय पर विचार किया है। उन्होंने कोशिश की है कि परिवर्तन की भी प्रकार्यवादी व्याख्या प्रस्तुत करें। परिवर्तन चाहे क्रमिक व धीमी गति के हों या क्रांतिकारी, दोनों के विषय में उनकी मान्यता यही है कि परिवर्तन की सभी प्रक्रियाएँ लम्बे समय तक प्रणाली को बनाये रखने के लिए विभेदीकरण और अनुकूलन के प्रति दबावों से उत्पन्न होती हैं।

क्रांतिकारी आंदोलनों के संदर्भ में उनका आकलन था कि ये भी अंतत: सामाजिक स्थिरता के उद्देश्य से अनुकूलन की प्रक्रिया को अपनाते हैं और इनका आरम्भ भले ही परम्परा के विरोध से होता हो, पर उनका अंत रूढ़िवाद में ही होता है। पार्संस ने परिवर्तन के महत्त्वपूर्ण कारक के रूप में विकासात्मक सार्विकीय तत्वों की अवधारणा विकसित की है। इसका अर्थ है कि हर समाज विकसित होने के लिए सामान्य चरणों से ग़ुज़रता है। इसमें विकासात्मक चरणों के विश्व-स्तर पर ऐतिहासिक तथा तुलनात्मक विश्लेषण पर बल दिया जाता है। पार्संस ने ऐतिहासिक अध्ययन के आधार पर समाजों का विकासात्मक वर्गीकरण इस प्रकार किया है : आदिम तथा प्राचीन समाज, मध्यवर्ती समाज और आधुनिक समाज। पार्संस के अनुसार विकासात्मक प्रक्रिया यह सिद्ध करती है कि समाज प्रणालीगत आधुनिकता का लक्ष्य प्राप्त करने की दिशा में बढ़ता है। सभी समाजों को विकासात्मक सार्विकीय तत्वों के संस्थागत होने की प्रक्रिया से गुज़रना होता है और समय के साथ इन समाजों में सार्विकीय वैधानिक प्रतिमानों, धन एवं बैंकिंग प्रणाली, तर्कसंगत नौकरशाही और अंतत: लोकतंत्र की स्थापना होती है।

परिवर्तन के इन सिद्धांतों के बावजूद पार्संस को रूढ़िवादी विचारक माना जाता है जो समाज की वर्तमान व्यवस्था को अच्छा या बुरा बताने संबंधी मूल्य-निर्णय देने के स्थान पर उसे अवश्यम्भावी मानते हैं और प्राय: सामाजिक ग़ैरबराबरी को ग़लत नहीं मानते। उनकी मुख्य सैद्धांतिक प्रस्थापनाओं में परिवर्तन का मुद्दा गौण है, पर जहाँ भी उन्हें परिवर्तन का सिद्धांतीकरण करना होता है, वे कहते हैं कि समाजशास्त्रियों के लिए सम्पूर्ण सामाजिक व्यवस्था में परिवर्तन की प्रक्रियाओं की तुलना में सामाजिक व्यवस्था के भीतरी परिवर्तन का अध्ययन आसान है। पार्संस की एक आलोचना यह भी है कि उनके सिद्धांतों में असहमति व संघर्ष के पहलुओं की उपेक्षा और सामाजिक संस्थाओं तथा प्रणालियों पर सत्ता व प्रभुत्व की भूमिका को नज़रअंदाज़ किया गया है।

देखें : अल्फ्रेड लुइस क्रोबर, ऑग्युस्त कॉम्त, क्लॉद लेवी-स्त्रॉस, क्लिफ़र्ड गीर्ट्ज़, जॉर्ज ज़िमेल, पिएर बोर्दियो, फ्रेंज़ उरी बोआस, मारग्रेट मीड, मारसेल मौज़, मार्गरेट मीड, मिल्टन सिंगर, मैक्स वेबर, रुथ बेनेडिक्ट।

संदर्भ

1. टैलकॉट पार्संस (1937), द *स्ट्रक्चर ऑफ़ सोशल एक्शन,* मैकग्रा-हिल्स, न्यूयॉर्क.
2. टैलकॉट पार्संस (1951), द *सोशल सिस्टम,* द फ्री प्रेस, न्यूयॉर्क.

3. टैलकॉट पार्संस (1977), द *एवोल्यूशन ऑफ़ सासाइटीज* (प्रस्तावना और सम्पादन : जैक्सन टॉबी), प्रेंटिस हाल, इंगलवुड क्लिफ़.
4. पीटर हैमिल्टन (1983), *टैलकॉट पार्संस,* रॉटलेज, लंदन और न्यूयॉर्क.

— वैभव सिंह

ट्रस्टीशिप

(Trusteeship)

ट्रस्टीशिप गाँधीवादी अर्थशास्त्र का केंद्रीय सिद्धांत है। यह अर्थशास्त्र का अहिंसक विकल्प है जो नैतिकता की धुरी पर घूमता है। इस सूत्रीकरण के माध्यम से गाँधी ने भारत की आध्यात्मिक-सांस्कृतिक विरासत और समतामूलकता के आधुनिक विचार के बीच एक पुल बनाने की चेष्टा की है। गाँधी के अनुसार सम्पूर्ण सम्पत्ति समाज की धरोहर है जिस पर सबका समान अधिकार है। यह ठीक है कि सभी समान रूप से जन्म लेते हैं किंतु सबकी प्रतिभा, शक्ति और कार्यक्षमता अलग-अलग होती है। इसलिए सबके लिए अलग-अलग अभिक्रम एवं अवसर होते हैं। इस दृष्टि से ट्रस्टीशिप-सिद्धांत के अनुसार सम्पत्ति पर हमारा असीमित एवं निरपेक्ष अधिकार नहीं बनता। सारी सम्पत्ति अंततोगत्वा समाज की है। व्यक्ति उसका मात्र ट्रस्टीशिप या संरक्षक मात्र है। गाँधी की सामाजिक अर्थव्यवस्था में अपरिग्रह, संयम, त्याग, विकेंद्रीकरण, सर्वोदय, सत्याग्रह, स्वदेशी, स्वराज तथा ट्रस्टीशिप के उसूल व्यवहारिक रूप में सामने आते हैं। स्वतंत्र भारत में ट्रस्टीशिप की अवधारणा स्पष्ट करते हुए गाँधी का कहना था कि सभी उद्योगपतियों एवं धनपतियों को अपनी सम्पत्ति ट्रस्ट को दे देनी होगी। गाँधी निजी सम्पत्ति को ख़त्म करने और समानता आरोपित करने के समाजवादी विचार से सहमत नहीं थे। लेकिन वे यह ज़रूर चाहते थे कि धनपति किसी न किसी ट्रस्ट से जुड़ें। किसी कारण ऐसा न होने पर गाँधी राज्य से यह दरख़्वास्त करने को भी तैयार थे कि भले ज़बरदस्ती करनी पड़े राज्य यह काम ज़रूर अंजाम दे।

गाँधीवादी अर्थशास्त्री जे.डी. सेठी ने ट्रस्टीशिप की व्याख्या आर्थिक शक्ति के केंद्रीकरण को रोकने के लिहाज़ से की है। उन्होंने इस प्रक्रिया को तीन चरणों में चलाने का सुझाव दिया है : पहले चरण में बड़े औद्योगिक घरानों की सम्पत्तियों (कम्पनियों) का एक निश्चित प्रतिशत ट्रस्ट को हस्तांतरित किया जाए। इससे उन सम्पत्तियों पर उनका नियंत्रण समाप्त हो जाएगा लेकिन वे उसके मालिकाने में श्रमिकों, उपभोक्ताओं और सरकार के प्रतिनिधियों के साथ संयुक्त भागीदार हो सकेंगे। इन सभी चारों हितों की भूमिका ट्रस्टी की होगी। श्रमिक इन कम्पनियों द्वारा कमाये गये मुनाफ़े में हिस्सा बँटा सकेंगे, लेकिन बोनस जैसी राशियों को शेयर पूँजी में बदल कर पूँजी संचय बढ़ाया जा सकेगा। दूसरे चरण में छोटे और मँझोले उद्योगों को छोड़ कर बाक़ी सभी उद्योगों को ट्रस्टीशिप के दायरे में लाया जाना चाहिए। तीसरे, ट्रस्टीशिप के तहत चल रही फ़र्मों के लिए दाम तय करने, वितरण, वेतन, मुनाफ़े आदि के बुनियादी उसूल अलग से तय किये जाने चाहिए।

राजनीति का अध्यात्मीकरण करने के साथ-साथ गाँधी अर्थनीति के क्षेत्र में भी नैतिकता को अनिवार्यत: लागू करना चाहते थे। गाँधी जिस ट्रस्टीशिप की बात करते हैं वह पश्चिम प्रदत्त ट्रस्टीशिप से भिन्न है। पश्चिमी क़ानून के दृष्टिकोण से ट्रस्टीशिप में मुख्य तौर पर पाँच बातें आती हैं : सम्पत्ति का अस्तित्व, सम्पत्ति का क़ानूनी स्वामित्व, सम्पत्ति का उद्देश्य, सम्पत्ति का उपयोग, ट्रस्टियों की नियुक्ति एवं उनके अधिकारों एवं कर्त्तव्यों का निर्धारण। लेकिन गाँधी के लिए ट्रस्टीशिप एक नवीन समाज-व्यवस्था की जीवन शैली का अनिवार्य अंग है। गाँधी मानते हैं कि सारी सम्पत्ति ईश्वर या समाज की है और हम पर उसकी सुरक्षा, विनिमय और उपयोग का नैतिक दायित्व है। यानी हम सब उस सम्पत्ति के ट्रस्टी भर हैं। यदि इस तत्त्व को मानवीय व्यवहार में जगह मिल जाए तो सामाजिक असंतोष एवं कलह का ख़ात्मा हो सकता है। समाज का मूल प्रश्न है मानवीय संबंधों का निर्माण। इस लिहाज़ से ट्रस्टीशिप न केवल आर्थिक पक्ष बल्कि समग्र मानवीय जीवन को सफल बनाने का कारगर साधन हो सकता है।

गाँधी के लिए ट्रस्टीशिप की अवधारणा आध्यात्मिक और सामाजिक परिप्रेक्ष्य में है। उनका सम्पत्ति संबंधी विचार समाजवादी आग्रहों से भिन्न था। गाँधी जब अपरिग्रह की बात करते हैं तो उसका तात्पर्य स्वेच्छापूर्वक त्याग से है, ग़रीबी के जीवन से नहीं। ग़रीबी को गाँधी ने कभी अच्छा नहीं माना। उनके लिए असली महत्त्व संयम और त्याग का है। गाँधी ने ट्रस्टीशिप के विचार को चार आयाम दिये : सम-वितरण की अहिंसक प्रक्रिया, व्यावहारिक मनोविज्ञान पर आधारित अहिंसक सम-वितरण की श्रेष्ठता, ट्रस्टीशिप का प्रयोग अहिंसा के द्वारा ही सम्भव, अहिंसक समाजवादी परिवर्तन एवं सम्पत्ति के सम-वितरण का उपयोग।

गाँधी ने ट्रस्टीशिप की साधना का प्रारम्भ दक्षिण अफ़्रीका में कर दिया था। उनके फ़ीनिक्स और तॉल्स्तॉय आश्रम इन सिद्धांतों के व्यावहारिक रूप थे जहाँ किसी की

कोई निजी सम्पत्ति नहीं होती थी। इससे पहले ही गाँधी ट्रस्टीशिप के सिद्धांत को अपने निजी जीवन में व्यावहारिक रूप दे चुके थे। 1901 में दक्षिण अफ़्रीका से सपरिवार लौटने पर उन्हें वहाँ के भारतीयों ने कई अमूल्य उपहार दिये थे। गाँधी उपहार लेना नहीं चाहते थे, और कस्तूरबा उन्हें छोड़ना नहीं चाहती थी। इस बात को लेकर दोनों में झगड़ा हुआ। यह विवाद गाँधी के इस आग्रह के साथ ख़त्म हुआ कि इन सब उपहारों से लोक-कल्याण के लिए एक ट्रस्ट बनेगा जिसमें इस सम्पत्ति का उपयोग ट्रस्टियों की इच्छा के अनुसार होगा।

हालाँकि गाँधी का कहना था कि उनके ट्रस्टीशिप के विचार के पीछे गीता का अध्ययन है, लेकिन इस विचार के सूत्रीकरण के लिए उन्होंने अंग्रेज़ी क़ानून का अध्ययन भी किया था। इंग्लिश क़ानून में कोर्ट ऑफ़ इक्विटी और कोर्ट ऑफ़ जस्टिस दो धाराएँ हैं। पहली में तो क़ानून का औचित्य ध्यान में रखा जाता है और दूसरे में क़ानून की व्याख्या का महत्त्व है। ट्रस्टीशिप कोर्ट ऑफ़ इक्विटी की परम्परा में आता है। स्नेल ने अपनी प्रसिद्ध पुस्तक *प्रिंसिपल्स ऑफ़ इक्विटी* में ट्रस्टीशिप की अच्छी तरह से व्याख्या की है। इसके अनुसार जब किसी सम्पत्ति के मालिक की अंतरात्मा यह कहे कि वह किसी सम्पत्ति को अपने पास नहीं रख सकता तब कोर्ट ऑफ़ चांसरी उसे क़ानूनन इस बात के लिए मजबूर कर सकता है कि वह दूसरे व्यक्ति के हित में वह सम्पत्ति अपने पास रखे।

गाँधी ने अर्थशास्त्र का क्रमबद्ध और व्यवस्थित अध्ययन नहीं किया था, लेकिन उनके विचारों में आर्थिक पक्ष के प्रति जागरूकता दिखाई देती है। गाँधी मनुष्य को एक नैतिक प्राणी मानते हैं और उपभोग में भी उससे नैतिक मूल्यों के निर्वहन की उपेक्षा करते हैं। जब वे कहते हैं कि शोषित श्रम द्वारा तैयार की गयी वस्तुओं को ख़रीदना और उनका इस्तेमाल करना पापयुक्त है, तब वे उपभोक्ता को भी एक सत्याग्रही बनने का आमंत्रण देते हैं क्योंकि शोषित श्रम से तैयार वस्तुओं का बहिष्कार भी शोषण के विरुद्ध एक कारगर अस्त्र प्रमाणित हो सकता है। जब वे उपभोक्ता को अपरिहग्रह का परामर्श देते हैं तब यह अपरिग्रह न केवल स्वयं उसे उपभोक्तावाद के विचारों से बचाता है बल्कि अनावश्यक उत्पादन और उपभोग के कारण हो रही प्राकृतिक संसाधनों की हिंसक बर्बादी और समाज में बढ़ रही विलासिता के कारण बढ़ रही अनावश्यक आर्थिक होड़ को भी नियंत्रित करता है। यदि मनुष्य एक नैतिक प्राणी है तो उसे उपभोग की वस्तुओं के परिगृह और सम्पत्ति के नैतिक प्रयोजन पर भी विचार करना चाहिए। इसीलिए गाँधी मानते हैं कि जो वस्तु अधिकांश लोगों को उपलब्ध नहीं है, उसका भोग करने से हमें दृढ़तापूर्वक इनकार कर देना चाहिए। ज़रूरत से अधिक संग्रह एक प्रकार की चोरी है क्योंकि वह किसी अन्य को उस वस्तु से वंचित रखना है।

देखें : अहिंसा-1 और 2, आशिस नंदी-1 और 2, चेटपट वेंकटसुब्बन शेषाद्रि, जय प्रकाश नारायण, जोसेफ़ चेल्लादुरै कुमारप्पा, धीरूभाई शेठ, रजनी कोठारी, राम मनोहर लोहिया, विनोबा भावे, सविनय अवज्ञा, सर्वोदय, हिंसा।

संदर्भ

1. आर.बी. उपाध्याय (1976), *सोशल रिस्पांसिबिलिटी ऑफ़ बिज़नेस ऐंड ट्रस्टीशिप थियरी ऑफ़ महात्मा गाँधी,* स्टर्लिंग पब्लिकेशंस, नयी दिल्ली.
2. नरेंद्र दुबे (1973), *ट्रस्टीशिप : सिद्धांत एवं व्यवहार,* सर्वसेवा संघ, वाराणसी.
3. तत्त्वमसि (2003), *महात्मा गाँधी का ट्रस्टीशिप का सिद्धांत,* राधा पब्लिकेशंस, नयी दिल्ली.
4. जे.डी. सेठी (1978), *गाँधी टुडे,* विकास पब्लिशिंग हाउस, नयी दिल्ली.

— मनहर चरण

ड

डायग्लॉसिया

(Diglossia)

डायग्लॉसिया का मतलब है भाषा-द्वैत। आम तौर पर किसी एक स्पीच कम्युनिटी में एक से अधिक भाषाएँ या किसी एक भाषा की अलग-अलग लगने वाली क़िस्में इस्तेमाल होती हैं। जब उस स्पीच कम्युनिटी के भीतर इन भाषाओं द्वारा सम्पन्न किये जाने वाले कार्य अलग-अलग निर्धारित कर दिये जाते हैं तो उसे डायग्लॉसिया की स्थिति कहा जाता है। मसलन, किसी एक भाषा का एक रूप साहित्यिक क़रार दे दिया जाता है, और दूसरे रूप को वह दर्जा नहीं मिलता तो वहाँ भाषा-द्वैत की स्थिति बन जाती है। उदाहरण के तौर पर उन्नीसवीं सदी में खड़ी बोली हिंदी को कविता लिखने लायक भाषा नहीं समझा जाता था। वह केवल गद्य की भाषा थी। ख़ुद भारतेंदु हरिश्चंद्र गद्य तो हिंदी में लिखते थे, पर उनकी कविताएँ ब्रज में होती थीं। आम तौर पर मान्यता थी कि ब्रज में जो काव्यात्मक लास्य है वह हिंदी में नहीं मिलता। हिंदी में कविता लिखना तो काफ़ी बाद में शुरू हुआ जब अयोध्या प्रसाद खत्री ने खड़ी बोली में पद्य रचने का आंदोलन चलाया। यह भाषा-द्वैत किसी भाषा या उसके रूप को श्रेष्ठतर और किसी दूसरे रूप को निम्नतर क़रार देने की हद तक भी जा सकता है। ऐसी स्थिति में डायग्लॉसिया प्रभु भाषा द्वारा मातहत भाषा के सांस्कृतिक उत्पीड़न का ज़रिया हो सकता है। अगर हिंदी, हिंदुस्तानी, उर्दू और पंजाबी बोलने वाले क्षेत्र को एक विशालकाय स्पीच कम्युनिटी माना लिया जाए तो कहा जा सकता है कि इस क्षेत्र में अंग्रेज़ी की उपस्थिति एक प्रभु भाषा के तौर पर है जिसमे बाक़ी सभी भाषाओं का लगातार सांस्कृतिक उत्पीड़न होता रहता है। इसी तरह जब एक ही भाषा के दो या दो से अधिक रूप कुछ व्यक्तियों द्वारा भिन्न-भिन्न परिस्थितियों में इस्तेमाल किये जाते हैं तो भी डायग्लॉसिया की परिस्थिति पैदा होती है। लिखित व्याकरण सम्मत भाषा को बेहतर और बोली को कमतर मानना भी एक डायग्लॉसिकल रवैया है।

डायग्लॉसिया शब्द फ्रांसीसी भाषा के 'डियग्लोसी' शब्द से बना है। सबसे पहले 1959 में चार्ल्स फ़र्ग्युसन ने इस शब्द का प्रयोग बोली-विज्ञान से संबंधित अपने लेख में किया था। फ़र्ग्युसन के अनुसार 'डायग्लॉसिया किसी भाषा के किसी ख़ास स्तर पर विकसित नहीं होता। यह कई स्रोतों से एवं कई भाषागत परिस्थितियों के कारण विकसित हो जाता है''। डायग्लॉसिया एक ऐसा भाषागत रवैया है जो शीघ्र परिवर्तित नहीं होता। कभी-कभी तो वह कई शताब्दियों तक ज़िंदा रहता है। डायग्लॉसिया का जन्म मुख्य तौर से तीन परिस्थितियों में होता है। पहला, विपुल साहित्य से जुड़ी हुई एक भाषा जो समुदाय की प्राकृतिक भाषा के अत्यधिक निकट हो और स्रोत के रूप में या समुदाय के कुछ मौलिक मूल्यों को सुदृढ़ करने के लिए विकसित हो जाये। इस परिस्थिति में भाषा-द्वैत पैदा हो सकता है। दूसरा, अगर किसी समुदाय में साक्षरता केवल विशिष्टजन तक ही सीमित होगी और अधिकांश लोग निरक्षर होंगे, तो वहाँ भी भाषा-द्वैत पैदा होगा। तीसरे, पहली एवं दूसरी स्थिति प्राप्त करने में बीतने वाली अवधि जो कई शताब्दियों की भी हो सकती है। डायग्लॉसिया की स्थिति तभी तक विद्यमान रहती है जब तक विभिन्न क्षेत्रीय एवं सामाजिक वर्गों में साक्षरता एवं सम्प्रेषण-क्षमता की कमी होती है और जब तक उस समाज के लोगों की इच्छा भाषा से संबंधित स्वायत्तता तथा स्वतंत्रता प्राप्त करके किसी राष्ट्रीय भाषा के निर्माण की नहीं हो जाती।

फ़र्ग्युसन ने डायग्लॉसिया की परिभाषा इस प्रकार दी है : 'डायग्लॉसिया भाषा की अपेक्षाकृत वह स्थायी स्थिति है जिसमें भाषा अपनी प्रारम्भिक बोली के अतिरिक्त विभिन्नता, सुव्यवस्था (प्रायः व्याकरणिक दृष्टि से अधिक संक्षिप्त) एवं विविधतायुक्त होती है तथा लिखित भाषा के सम्मानित स्वरूप की प्रारम्भिक अवधि किसी दूसरे भाषा-समुदाय का माध्यम होती है जो विधिवत (औपचारिक) शिक्षा द्वारा सीखी जाती है। यह अधिकांशतः लिखने व बोलने के उद्देश्य से प्रयुक्त की जाती है। लेकिन यह भाषा किसी समुदाय के विशेष वर्ग द्वारा साधारण बातचीत में प्रयुक्त नहीं होती। जैसे इतालवी या फ़ारसी में बहुत से लोग घर, परिवार या मित्रों के बीच में स्थानीय बोली का प्रयोग करते हैं।' हिंदी में यह स्थिति इसकी सभी बोलियों में मिलती है। जैसे मथुरा का ब्रजवासी किसी दूसरे ब्रजवासी से ब्रज में बोलना पसन्द करता है, जब कि अवधी या भोजपुरीभाषी से वह मानक हिन्दी में ही बोलेगा।

एक साथ एक ही भाषा के दो उपरूपों का प्रयोग किसी भी पूरी जनजाति में चलता है। मानक भाषा के रूप भी इसके साथ-साथ चलते हैं। फ़र्ग्युसन ने इसके लिए अरबी, आधुनिक ग्रीक, जर्मन, हैतियन क्रिओल आदि भाषाओं का उदाहरण दिया। चूँकि यह प्रवृत्ति पृथक-पृथक परिस्थितियों में विकसित होती है इसीलिए इसे किसी एक सर्वमान्य सिद्धांत के अंतर्गत सीमाबद्ध नहीं किया जा सकता।

भाषा विज्ञान परिभाषा कोश के अनुसार, 'किसी भाषायी समाज में जब विभिन्न परिस्थितियों में एक ही भाषा के दो भिन्न रूपों का प्रयोग होता है तो ऐसी स्थिति भाषा-द्वैत (डायग्लॉसिया) कहलाती है। दोनों रूपों का भिन्न-भिन्न सामाजिक कार्य होता है। यहाँ एक रूप (उच्च कोड) शिक्षा, राजनीति, साहित्यिक परिचर्चा इत्यादि में प्रयुक्त होता है, वहीं दूसरा रूप (निम्न कोड) अनौपचारिक बोलचाल की परिस्थितियों तक ही सीमित रहता है, किंतु दोनों ही रूप एक सीमा तक मानक रूप होते हैं। वक्ता प्रायः दोनों को विशिष्ट मान देता है उच्चबोली और निम्नबोली के रूप में। भाषा-द्वैत की यह स्थिति संसार के कई भाषा-परिवारों में पायी जाती है— जैसे अरबी, ग्रीक, जर्मनी इत्यादि विदेशी भाषाओं में तथा तमिल, तेलगू और बंगला इत्यादि भारतीय भाषाओं में। तमिल भाषा में भी दो रूप प्रचलित हैं : ग्रंथिका और व्यवहारिका। बांग्ला भाषा में भी दो रूप मिलते हैं : साधु भाषा और चलित भाषा।'

इस परिभाषा के मुताबिक़ भाषा के ये दोनों रूप प्रयोग की दृष्टि से परस्पर परिपूरक हैं। यानी एक ही व्यक्ति जीवन के कुछ संदर्भों में एक रूप का प्रयोग करता है और अन्य संदर्भों में दूसरे रूप का। इसे उच्च कोड और निम्न कोड की संज्ञा दी गयी है। उच्च कोड का प्रयोग सामान्य परिस्थितियों में किया जाता है। चर्च, व्यक्तिगत पत्र, संसद में राजनीतिक भाषण, विश्वविद्यालयों में पठन-पाठन के माध्यम, रेडियो से प्रसारण, समाचार पत्रों में विशेष रूप से सम्पादकीय, काव्य के माध्यम तथा अन्य रूपों में उच्च कोड का तथा कार्यालयों में कर्मचारियों, होटलों में बेयरों, परिवार के सदस्यों, मित्रों, साथियों के मध्य बातचीत में निम्न कोड का प्रयोग होता है।

ज़ाहिर है कि उच्च कोड सुसंस्कारित माना जाता है जिसका प्रयोग समाज का उच्च शिक्षित वर्ग प्रतिष्ठामूलक संदर्भों में करता है। उच्च कोड का ज्ञान व्यक्ति की प्रतिष्ठा में वृद्धि करता है जब कि निम्न कोड को कम प्रतिष्ठित माना जाता है। किसी भाषा के उच्च कोटि के साहित्य का लेखन प्रायः उच्च कोड में किया जाता है। निम्न कोड में प्रायः उसके लोक-साहित्य की ही रचनायें मिलती हैं। निम्न कोड प्रायः मातृभाषा होती है। इसलिए निम्न कोड को मातृभाषा के रूप में सीखा जाता है जब कि उच्च कोड को बाद में अर्जित किया जाता है। मानकीकरण प्रायः उच्च कोड का ही किया जाता है। उच्च कोड के व्याकरण लिखे जाते हैं। शब्दकोश आदि का निर्माण होता है। पाठ्य-पुस्तकें प्रायः उच्च कोड में ही मिलती हैं जब कि निम्न कोड में लेखन का अभाव होता है। उच्च कोड में लिखित साहित्य होने से स्थायित्व होता है, जब कि निम्न कोड में अलिखित होने के कारण भाषा परिवर्तित होती रहती है।

देखें : अर्थ-विज्ञान, नोआम चोमस्की, परस्पर विपरीत द्विभाजन, फर्दिनैंद द सॅस्यूर, भाषा के मार्क्सवादी सिद्धांत, राष्ट्र-भाषा और राज-भाषा, लक्षण-विज्ञान, संरचनावाद और उत्तर-संरचनावाद, सम्पर्क-भाषा : हिंदी/अंग्रेज़ी-1 से 4 तक।

संदर्भ

1. चार्ल्स ए. फ़र्ग्युसन (1959), 'डायग्लॉसिया', *वर्ड*, अंक 15, पुनर्मुद्रित पिएक पाउलो गिग्लियोली (सम्पा.) (1972), *लेंग्वेज ऐंड सोशल कांटेक्स्ट*, पेंगुइन, लंदन.
2. जेनेट होम्स (1992), *एन इंट्रोडक्शन टू सोसियोलिंगुइस्टिक्स*, लोंगमेन, लंदन.
3. पीटर स्टॉकवेल (2002), *सोसियोलिंगुइस्टिक्स : अ रिसोर्सबुक फ़ॉर स्टुडेंट्स*, रॉटलेज, लंदन.

— **श्यामा सिंह**

डायसपोरा

(Diaspora)

यूनानी भाषा में डायसपोरा का मतलब है छितरा हुआ। किसी एक राष्ट्रीय या जातीय अस्मिता से सम्पन्न लोगों का समूह जब अपनी मूल ज़मीन से दूर किसी दूसरे भूगोल का स्थायी रूप से वासी बनता है तो उसके लिए डायसपोरा की संज्ञा का प्रयोग किया जाता है। सबसे पहले इस अभिव्यक्ति का इस्तेमाल ईसा से 607 साल पहले बेबीलोनियनों द्वारा फ़िलिस्तीन से और रोमनों द्वारा जूडिया से यहूदियों के निष्कासन के लिए किया गया था। इसके बाद काफ़ी समय तक डायसपोरा का व्यावहारिक मतलब यहूदी समाज से संबंधित अध्ययनों तक ही सीमित रहा। ज़्यादा से ज़्यादा इसका विस्तार अगर कभी होता था तो अमेरिकी समाज में आ बसने वाले आप्रवासियों की चर्चा भी इसमें शामिल हो जाती थी। लेकिन, आजकल समाज-विज्ञान में इसका प्रयोग चीनियों, कोरियाइयों, लातीनियों और भारतीयों की विशाल आबादियों के लिए किया जाता है जो अपने गृह-देशों से दूर दूसरी संस्कृतियों और सभ्यताओं के बीच रह रही हैं। डायसपोरा अध्ययनों में विद्वानों का ज़ोर यह पता लगाने पर रहता है कि अपनी ज़मीन से लम्बी अवधि तक दूर रहने के बावजूद इन आबादियों में सांस्कृतिक निरंतरता के कौन-कौन से तत्त्व मौजूद हैं, और उन्होंने अपनी रिहाइश वाली धरती के साथ कैसा रिश्ता क़ायम किया है। इस प्रक्रिया में डायसपोरा समाज काफ़ी-कुछ खोता और पाता है। चूँकि उनके हितों की संरचना स्थानीय मूल वासियों के हितों से अलग होती है, इसलिए उनकी राजनीति भी अध्येताओं के लिए विशेष आकर्षण का केंद्र है। ख़ास बात यह है कि डायसपोरा की राजनीति दोनों तरफ़ अपना असर छोड़ती है। वह न केवल अपनी रिहाइश वाले देश को प्रभावित करती है, बल्कि अपने गृह-देश की राजनीति में भी अलग-अलग ढंग से हस्तक्षेप करती है।

बड़े-बड़े जातीय समूहों द्वारा अपना वतन छोड़ कर हज़ारों मील दूर अजनबी प्रदेशों में बसने के पीछे या तो मजबूरियों की भूमिका रही है या तिजारत और उपनिवेश बसाने की गतिविधियाँ रही हैं। युरोपियन डायसपोरा की शुरुआत यूनानियों द्वारा क़रीब चार सौ उपनिवेश बसाने के साथ जोड़ कर देखी जाती है। समझा जाता है कि यूनानी लोग कुछ-कुछ स्वेच्छा से और कुछ-कुछ वक़्त के प्रवाह में बह कर इन उपनिवेशों में रहने के लिए आये होंगे जिससे यूनानी सभ्यता और संस्कृति का दूर-दूर तक प्रसार हुआ। पंद्रहवीं से उन्नीसवीं सदी के बीच लाखों-लाख युरोपीय लोग अमेरिकी महाद्वीप में रहने के लिए गये ताकि उन क्षेत्रों की प्राकृतिक सम्पदा, सस्ते श्रम और उर्वर धरती का ज़्यादा से ज़्यादा दोहन किया जा सके। दूसरी तरफ़ उन्नीसवीं सदी में आयरलैण्ड के भीषण अकाल के कारण वहाँ की 45 से 85 फ़ीसदी के बीच आबादी ब्रिटेन, अमेरिका, कनाडा, अर्जेंटीना, ऑस्ट्रेलिया और न्यूज़ीलैण्ड में बसने के लिए चली गयी थी। अंग्रेज़ी भाषा में डायसपोरा शब्द का चलन इसी परिघटना का परिणाम है।

आधुनिकता से पहले की अवधि का सबसे बड़ा डायसपोरा अफ़्रीकियों को माना जाता है। इसकी शुरुआत सोलहवीं सदी से हुई जब अटलांटिक के आर-पार होने वाले दास-व्यापार के माध्यम से क़रीब सवा करोड़ अफ़्रीकी पश्चिमी दुनिया में पहुँचाए गये। आधुनिकता के दौर में चीनी डायसपोरा उस समय बना जब उन्नीसवीं सदी से 1949 के बीच चीन में बार-बार होने वाले युद्धों और भुखमरी के कारण चीनियों की बहुत बड़ी आबादी अपनी मातृभूमि छोड़ कर अमेरिका, ऑस्ट्रेलिया, दक्षिण अफ़्रीका, दक्षिण-पूर्व एशिया, मलाया जैसे इलाक़ों में रहने के लिए गयी। इस डायसपोरा के ज़्यादातर सदस्य कम शिक्षित किसान और शारीरिक श्रम करके गुज़र-बसर करने वाले कुली थे।

दक्षिण-पूर्व एशिया के बाहर सबसे बड़ा डायसपोरा भारतवंशियों का है। सारी दुनिया में फैले हुए इस डायसपोरा की संख्या क़रीब ढाई करोड़ कूती जाती है। इसके सदस्य विभिन्न धर्मों, भाषाओं, संस्कृतियों और जातीयताओं से आते हैं, पर उन्हें एक सूत्र में जोड़ने वाले मूल्यों को इनके बीच देसी या भारतीय की संज्ञा दी जाती है। उन्नीसवीं सदी के दौरान और ब्रिटिश राज के ख़ात्मे तक मॉरीशस, गुयाना, कैरिबिन द्वीपों और फ़ीजी में गिरमिटिया मज़दूरों के तौर पर ग़रीब भारतीय मज़दूरों को रबड़ और तम्बाकू के बागानों में कठोर परिश्रम करने के लिए ले जाया जाता रहा। आगे चल कर इन बँधुआ मज़दूरों ने मुक्त होने के बाद आधुनिक भारतीय डायसपोरा का आधार बनाया। यह मानना ग़लत होगा कि भारतवंशी लोग केवल इसी तरह की मजबूरियों के कारण ही डायसपोरा बने। बहुत से पढ़े-लिखे और प्रशिक्षित भारतीय ही नहीं, बेहतर आमदनी की खोज में मेहनतकश भारतीय लोग भी विदेशों में रहने गये हैं। युरोप, अमेरिका और खाड़ी के देशों में मिलने वाले ज़्यादातर भारतवंशी इसी क़िस्म के हैं। दुनिया के कई चर्चित डायसपोरा समाजों में जिप्सियों को भी गिना जाता है।

डायसपोरिक समाज कोई एक क़िस्म के नहीं होते। इसलिए उनकी कोई एक परिभाषा का सूत्रीकरण सम्भव नहीं है। दुनिया भर में कई तरह के डायसपोरा हैं जिनके बीच में फ़र्क़ करना ज़रूरी है। मोटे तौर पर डायसपोरा समाजों को तीन श्रेणियों में बाँट कर समझा जा सकता है। पहली श्रेणी उत्पीड़ित डायसपोरा की है जिसमें यहूदी, आर्मीनियायी, और

अफ़्रीकी आते हैं। इन डायसपोरिक समाजों का इतिहास बताता है कि उन्हें या तो भीषण उत्पीड़न के कारण अपनी धरती छोड़नी पड़ी या उन्हें ज़बरन अपने गृह-देश से विस्थापित किया गया। डायसपोरा की दूसरी श्रेणी मज़दूर और साम्राज्यवादी डायसपोरा की है। इनके उदाहरण भारतीय और ब्रिटिश डायसपोरा के रूप में देखे जा सकते हैं। साम्राज्यवाद और उपनिवेशवाद के कारण स्वेच्छा से या जबरिया आबादियों का एक जगह से दूसरी जगह पर स्थानांतरण होता रहा है। तीसरी श्रेणी तिजारती डायसपोरा की है। इस श्रेणी पर कुछ विवाद भी हो सकता है। मसलन, भारत पर मुसलमान आक्रमण होने से पहले मालाबार के तट पर व्यापार के इरादे से आये अरब व्यापारियों का एक बड़ा हिस्सा वहीं बस गया। ये मोपला मुसलमान भी डायसपोरा माने जा सकते हैं या नहीं, यह अभी तय नहीं है। लेकिन, चीनी और लेबनानी डायसपोरा का एक हिस्सा निश्चित रूप से तिजारती श्रेणी में आता है।

डायसपोरा किसी भी श्रेणी के हों, वे एक समान दुविधा में रहते हैं और वह है सांस्कृतिक अस्मिता की दुविधा। डायसपोरिक समाजों में ऐसे सदस्यों की संख्या बहुत है जिन्होंने अपने गृह-देश का मुँह कभी नहीं देखा है। वह गृह-देश उनकी कल्पनाओं में बसता है और इसीलिए उनके मानस और अस्मिता पर उस काल्पनिक चित्र की छाप किसी धार्मिक मिथक के असर जैसी होती है। दूसरी तरफ़ उन्हें अपनी रिहाइश वाले समाजों के साथ अपना सांस्कृतिक समायोजन करना पड़ता है जिससे अक्सर उनकी अस्मिता के कल्पित तत्त्व उसके यथार्थपरक तत्त्वों के अंतर्विरोध में चले जाते हैं। उनकी स्थिति त्रिशंकु जैसी हो जाती है, और वे किसी निर्धारित और निश्चित राष्ट्रीयता से वंचित हो कर सताये हुए मानस के शिकार हो जाते हैं।

देखें : उत्तर-औपनिवेशिकता, राष्ट्र-राज्य, संस्कृति।

संदर्भ

1. रोबिन कोहेन (1997), *ग्लोबल डायसपोराज़ : ऐन इंट्रोडक्शन,* युनिवर्सिटी ऑफ़ वाशिंगटन प्रेस, सिएटल.
2. योसी शाइन (2007), *किनशिप ऐंड डायसपोरा इन इंटरनेशनल पॉलिटिक्स,* मिशिगन युनिवर्सिटी प्रेस.
3. जी. ओंक (2007), *ग्लोबल इण्डियन डायसपोरा : ट्रैजेक्टरीज़ ऑफ़ माइग्रेशन ऐंड थियरी,* एमस्टर्डम युनिवर्सिटी प्रेस.
4. जाना इवांस ब्राज़ील (2008), *डायसपोरा : ऐन इंट्रोडक्शन,* ब्लैकवेल, माल्डेन, एमए.

— अभय कुमार दुबे

डार्विनवाद और चार्ल्स रॉबर्ट डार्विन

(Darwinism and Charles Robert Darwin)

डार्विनवाद ब्रिटेन के विख्यात प्रकृति-वैज्ञानिक चार्ल्स राबर्ट डार्विन (1809-1882) की खोजों पर आधारित है। मानव इतिहास के सबसे प्रभावशाली विचारकों में से एक डार्विन द्वारा प्रतिपादित जैविक विकासवाद, योग्यतम के जीवित रहने, प्राकृतिक वरण और साझे पूर्वज होने के सिद्धांतों ने सामाजिक विचारधाराओं, जीव-विज्ञान तथा धर्म के क्षेत्रों में खलबली मचा दी थी। इसके बावजूद विरोधाभास यह है कि डार्विनवाद की स्थापना डार्विन द्वारा नहीं की गयी, क्योंकि उन्हें अपने अनुसंधानों के आधार पर किसी विचारधारा या वाद का शीराज़ा खड़ा करने में कोई दिलचस्पी नहीं थी। डार्विन अपने निष्कर्षों के सामाजिक प्रभाव पर भी कोई टिप्पणी करने से बचते थे। दरअसल, डार्विनवाद ऐसा पद है जो स्वयं डार्विन की स्थापनाओं से भिन्न राजनीतिक-सामाजिक अर्थों में इस्तेमाल होता रहा है। कई ढीले-ढाले वक्तव्यों, राजनीतिक पुस्तकों और लेखनों में इसका प्रयोग पूरी तरह तात्कालिक उद्देश्यों की पूर्ति के लिए भी होता है।

डार्विन ने पहली बार विस्तार से अपनी विश्व-विख्यात स्थापनाएँ 1859 में प्रकाशित कृति *ऑन द ओरिजिन ऑफ़ स्पीशीज* में पेश की थीं। उन्होंने बड़े पैमाने पर की गयी विभिन्न द्वीपों और सुदूर स्थलों की यात्राओं, कीड़ों व वनस्पतियों, जीवाश्म और वन्यजीवन के सूक्ष्म अध्ययन के बाद अपने निष्कर्ष निकाले थे। ख़ासतौर पर 1831-1836 के दौरान एच.एम.एस. बीगल नामक जहाज़ पर की गयी सुदूर यात्राओं, ख़ास कर दक्षिण अमेरिका के प्रशांत महासागरीय तट और उसके नज़दीकी सागर-द्वीपों की यात्रा ने उनके शोध और नतीजों को गहराई से प्रभावित किया। यात्रा के दौरान जीवाश्म के रूप में मिले कुछ स्तनधारी प्राणियों के संग्रह व उनके अध्ययन और इसी प्रजाति के आधुनिक प्राणियों से उनकी समानता के आधार पर उन्होंने देखा कि समय के साथ उनकी जैविक विशेषताओं और संरचना में अंतर आ गया है। डार्विन इस निष्कर्ष पर पहुँचे कि प्रकृति में ऊपर से स्थिरता और सामंजस्य प्रतीत होता है, पर उसके पीछे सतत संघर्ष और विकास की प्रक्रिया चलती रहती है। यात्रा के दौरान उन्होंने गालापगोज द्वीप जाकर भी बहुत सारी शोध-सामग्री एकत्र की। फिंच जैसी बड़ी चिड़ियों व विशाल कछुओं का अध्ययन के लिए ख़ासतौर पर संग्रहण किया।

डार्विन से पहले प्रकृति और समाज-रचना के पीछे दैवी योजना के सिद्धांत का दबदबा था जिसे डार्विन की

चार्ल्स राबर्ट डार्विन (1809-1882)

खोजों ने पूरी तरह ख़ारिज कर दिया। डार्विन ने यह दिखाया कि प्रकृति और जीवन कितने भी जटिल क्यों न हों, उनके कारणों की खोज करके उनकी वैज्ञानिक व्याख्या प्रस्तुत की जा सकती है। उन्होंने क्रम-विकास के सिद्धांत का प्रतिपादन किया जिसमें माना जाता है कि प्रकृति के सभी जीव-जंतुओं तथा वनस्पतियों में निरंतर परिवर्तन की धीमी प्रक्रिया चलती रहती है। अचानक किसी भिन्न प्रकार के प्राणी की उत्पत्ति नहीं होती, बल्कि यह बदलाव लाखों-करोड़ों वर्षों में सम्पन्न होता है। विकास के पीछे मुख्यत: प्राकृतिक वरण कार्य करता है। प्रकृति में उपस्थित करोड़ों वनस्पतियों और जीवों की प्रजातियाँ अपने समूह के अनुसार अत्यंत प्राचीन काल में एक ही जीव से विकसित हुई हैं जिसे स्पेसिएशेन कहा गया है। विभिन्न प्रजातियाँ व जीव परस्पर एक जैसे नहीं होते, बल्कि उनकी जैविक विशेषताओं में अंतर पाये जाते हैं। डार्विन के अनुसार प्राकृतिक चुनाव और प्रजातियों का विकास इस पर निर्भर करता है कि उसने पर्यावरण के अनुकूल ख़ुद को किस प्रकार ढाला है। जो जीव पर्यावरण के अनुकूल स्वयं को ढाल नहीं पाते, वे धीमी गति से चलने वाली लम्बी प्रक्रिया में नष्ट हो जाते हैं।

डार्विन के अनुसार जीव-जंतुओं में अपने पुनरुत्पादन की क्षमता संततियों के जीवित रहने योग्य सम्भावनाओं की तुलना में कई गुना अधिक होती है। क्रम-विकासवाद के सिद्धांत को स्पष्ट करने के लिए डार्विन ने विकास को दो हिस्सों में बाँट कर देखा : भिन्नताकारी विकास और समानताकारी विकास। भिन्नताकारी विकास वह होता है जिसमें पर्यावरण तथा आत्मरक्षा के दबाव में एक प्रजाति के जीवों में अलग-अलग जैविक लक्षण पैदा होते हैं, और समानताकारी विकास वह होता है जिसमें भिन्न प्रजाति के प्राणियों में एक जैसे लक्षण व गुण पाये जाने लगते हैं।

डार्विन ने इस दावे का खण्डन किया कि जैव-विकास किसी पूर्वनिर्धारित दिशा में होता है या इसका कोई पूर्वनिर्धारित लक्ष्य होता है। उनका मत था कि यह मात्र किसी प्रजाति से जुड़ा संयोग ही है कि उसके भीतर ख़ुद को पर्यावरण के मुताबिक़ ढाल पाने का गुण है या नहीं। डार्विन द्वारा प्रतिपादित योग्यतम के जीवित रहने के सिद्धांत की कई असंगत व्याख्याएं हुई हैं। इसे सर्वाधिक बलशाली, समर्थ, चतुर लोगों की अंततः विजय के रूप में प्रस्तुत किया गया है। पर डार्विन की प्रस्थापना इस व्याख्या से भिन्न थी। डार्विन की विकासवादी धारणा केवल इतना कहती है कि सबसे योग्य वे होते हैं जिनकी जैव-संरचना में परिवर्तन के ऐसे पूर्व लक्षण मौजूद होते हैं जो उन्हें स्वयं को अनुकूलित करने व संतति उत्पादन में सहायक होते हैं। ऐसी प्रजातियाँ व जीव सम्भव है कि ऊपरी तौर पर शक्तिशाली प्रतीत होने वाले प्राणियों के मुक़ाबले कम समर्थ, कमज़ोर व छोटे हों। यानी संयोग का तत्त्व भी अनुकूलन व प्राकृतिक वरण में बड़ी भूमिका अदा करता है।

यह भी व्यापक भ्रम है कि *ऑन द ओरिजिन ऑफ़ स्पीशीज* में डार्विन ने मनुष्य के विकास पर लिखा है। सच यह है कि पुस्तक मुख्य रूप से ग़ैर-मानवीय प्रजातियों और उनके विकास के नियमों पर केंद्रित है। मानव-विकास पर डार्विन ने अपनी 1871 की पुस्तक *डिसेंट ऑफ़ मैन ऐंड सेलेक्शन इन रिलेशन टू सेक्स* में रोशनी डाली है। यहाँ यह भी स्पष्ट कर देना ज़रूरी है कि 'सरवाइवल ऑफ़ द फ़िटेस्ट' की पदावली का प्रयोग डार्विन ने नहीं बल्कि विकासवादी ब्रिटिश दार्शनिक हरबर्ट स्पेंसर ने किया था। स्पेंसर ने इसका प्रयोग पूरी दुनिया में युरोपीय साम्राज्यवाद को उपयोगी तथा तर्कसंगत ठहराने के लिए किया।

डार्विन ने *ओरिजिन ऑफ़ स्पीशीज* के पांचवें संस्करण में इसका इस्तेमाल प्राकृतिक वरण के पर्याय के रूप में करना आरम्भ कर दिया था। डार्विन के विचारों पर ब्रिटिश अर्थशास्त्री थॉमस माल्थस की पुस्तक *एसेज़ ऑन द प्रिंसिपल ऑफ़ पॉपुलेशन* का असर था। माल्थस की प्रस्थापना थी कि मानव-जाति में वृद्धि की रफ़्तार जीवन के संसाधनों जैसे भोजन, पानी की वृद्धि की तुलना में अधिक होती है और इसीलिए मनुष्य लगातार अस्तित्व की जद्दोजहद में लगा रहता है। डार्विन के क्रम-विकासवादी सिद्धांतों पर इसका प्रभाव दिखा।

डार्विन के विचारों ने सृष्टि-रचना की धार्मिक-योजना को हिला दिया। प्राचीन ग्रंथ इस बात पर ज़ोर देते रहे हैं कि

हर चर-अचर जीव की रचना के पीछे इश्वर का हाथ है और सृष्टि के आरम्भ से ही मनुष्य योग्य, सुंदर और बुद्धिमान रहा है। पर डार्विन के क्रम-विकासीय सिद्धांत ने इसके विपरीत साबित किया कि जैविक संरचना निरंतर विकासमान है और वर्तमान प्रजातियाँ लाखों-करोड़ों साल पहले आज जैसी न थीं। इसी तरह डार्विन द्वारा किये गये इस दावे ने भी चर्च की आस्थाओं पर आघात किया कि मनुष्य के पूर्वज वानरों जैसे थे। इसके जवाब में चर्च की ओर से भी क्रम-विकासीय धर्मशास्त्र गढ़ने की चेष्टा भी हुई जिसमें कहा गया कि ईश्वर ने ही क्रम-विकास और प्राकृतिक वरण संबंधी नियमों के माध्यम से मनुष्य-जाति का कल्याण किया है।

डार्विन के सिद्धांतों और डार्विनवाद को पिछले कुछ दशकों में नारीवादियों तथा अश्वेतों की ओर से आलोचना का सामना करना पड़ा है। नारीवादियों का आरोप है कि डार्विन ने प्राकृतिक चुनाव और क्रम-विकास के मामले में पुरुषों की जैविक-शारीरिक क्षमताओं को अधिक विकसित होते दिखाया है, जबकि स्त्रियों को उनकी तुलना में कमतर प्रदर्शित किया। 1875 यानी डार्विन के जीवनकाल में ही एंतोयनेत ब्लैकवेल नामक महिला ने *द सेक्सिज़ थ्रूआउट नेचर* नामक पुस्तक में डार्विन के पुरुषोन्मुखी क्रम-विकासवाद की तुलना में स्त्री-पुरुष की प्राकृतिक समानता के बारे में तर्क दिये थे। अश्वेतों की आलोचना यह है कि डार्विन के सिद्धांतों में बीज रूप में नस्लवाद छिपा है। ख़ासतौर पर पुरानी जनजातियों के प्रति उनका नज़रिया तिरस्कारपूर्ण है। डार्विन ने हालाँकि दास-प्रथा का पूरी तरह खण्डन किया पर बर्बर नस्लों और सभ्य नस्लों के मध्य अंतरों को उन्होंने ख़ास तौर पर स्थापित किया। अश्वेतों का आरोप है कि क्रम-विकासवाद बेहतर नस्ल व बेहतर मनुष्य के सिद्धांत की वकालत करता है जिसका परिणाम श्वेत नस्लों की तुलना में अश्वेतों के साथ ग़ैर-बराबरी व घृणा में व्यक्त होता है। इसने यूजेनिक्स को भी बढ़ावा दिया, जिसमें वैज्ञानिक तकनीक से जीन संबंधी दोषों वाले प्राणियों के जन्म को हतोत्साहित करने व उच्च गुणों से सम्पन्न जातियों के प्रजनन को बढ़ावा देने के दावे किये जाते हैं। ये आलोचनाएँ डार्विन के बाद विकसित विभिन्न सिद्धांतों, ख़ासतौर पर सामाजिक डार्विनवाद, पर विशेष रूप से हमला करती हैं।

देखें : अर्थव्यवस्था का समाजशास्त्र, अभिजन, अभिरुचि, आत्महत्या, उन्मूलनवाद, एजेंसी, कर्मकाण्ड, क़ानून, कारागार, गोपनीयता, गृहविहीनता, जाति और जाति-व्यवस्था-1 से 4 तक, जादू, जीवन-शैली, टेलरवाद, फ़ुरसत, बचपन, बुज़ुर्गियत का समाजशास्त्र, बेगानगी, भीड़, भ्रष्टाचार का समाजशास्त्र-1 और 2, विचलन, ज्ञान का समाजशास्त्र।

संदर्भ

1. चार्ल्स डार्विन, *ऑन द ओरिजिन ऑफ़ स्पीशीज़,* जान मुरे, लंदन, 1859
2. चार्ल्स डार्विन, *ऑटोबायोग्राफ़ी ऑफ़ चार्ल्स डार्विन,* (सम्पा. फ्रांसिस डार्विन), 1887
3. जी. रेडिक और जे. हौज (सम्पा.), *द केम्ब्रिज कम्पेनियन टू डार्विन,* केम्ब्रिज युनिवर्सिटी प्रेस, 2003
4. जे. मूर और ए. डेसमण्ड, *डार्विन : द लाइफ़ ऑफ़ अ टॉरमेंटेड इवोल्यूशनिस्ट,* नार्टन, न्यूयॉर्क, 1992
5. डी. डेनेट, *डार्विन्स डेंजरस आइडिया : इवोल्यूशन ऐंड द मीनिंग ऑफ़ लाइफ़,* सिम्पसन ऐंड शस्टर, न्यूयॉर्क, 1995

— वैभव सिंह

डिजिटल डिवाइड

(Digital divide)

डिजिटल डिवाइड का मतलब है कम्प्यूटर और इंटरनेट इस्तेमाल करने और संसाधनों की कमी के कारण न कर सकने वालों के बीच का वह अंतर जिसके कारण एक व्यक्ति, समुदाय या राष्ट्र सूचना-समृद्ध हो जाता है और दूसरा सूचना-दरिद्र रह जाता है। ग्लोबल पैमाने पर दुनिया को एक तरह के लोकतांत्रिक प्रौद्योगिकीय यूटोपिया की तरफ़ ले जाने वाली परिघटना डिजिटल डिवाइड की हक़ीक़त से सवालिया निशानों में घिर जाती है। अगर यह मान लिया जाए कि कम्प्यूटर और इंटरनेट में हाशियाग्रस्त लोगों की रोज़ाना की ज़िंदगी बेहतर बनाते हुए अधिक सामाजिक समानता और सबलीकरण की सम्भावनाएँ हैं, तो आज के सूचना-युग में डिजिटल डिवाइड एक चिंताजनक स्थिति है। इसीलिए सूचना प्रौद्योगिकी से लाभांवित हो रहे और वंचित रह जाने वालों के बीच संख्यात्मक अंतराल का मतलब केवल यह नहीं रह गया है कि लोग नेटवर्क सोसाइटी में भागीदारी कर पा रहे हैं या नहीं, बल्कि डिजिटल डिवाइड को ग़रीबी और विषमता की निरंतरता जैसी व्यापक और जटिल समस्या के लक्षण के रूप में भी देखा जाने लगा है। इस लिहाज़ से डिजिटल डिवाइड के आईने में आर्थिक-सामाजिक हैसियत, आमदनी और शिक्षा के स्तर और नस्ली मूल के आधार पर बँटी हुई दुनिया को भी देखा जा सकता है। इस डिवाइड की शिनाख़्त किसी एक समुदाय और देश के भीतर भी की जा सकती है, और इसे एक ग्लोबल परिघटना के तौर पर भी देखा जा सकता है। जब तक डिजिटल डिवाइड रहेगा, तब तक इंटरनेट को ग्लोबल, लोकतांत्रिक और डिजिटल

डिवाइड की अवधारणा अमेरिकी में पारित किये गये 1991 के हाई परफ़ॉरमेंस कम्प्यूटिंग एक्ट के बाद प्रकाश में आयी। इसी क़ानून के तहत हाई-फ़ाइबर ऑप्टिक नेटवर्क में बड़े पैमाने पर धन का निवेश किया गया जिसका परिणाम इंटरनेट की परिघटना के विकास के रूप में सामने आया। इसके बाद व्यक्ति और कम्प्यूटर का संबंध पहले जैसा नहीं रह गया। अगर डिजिटल कनेक्टिविटी न होती तो कम्प्यूटरों से ज़्यादा से ज़्यादा टायपरायटरों, वर्डप्रोसेसरों या केलकुलेटरों का काम ही लिया जा सकता था। लेकिन इन कनेक्टिविटी ने कम्प्यूटर को व्यक्ति के जीवन के साथ अंतरंग रूप से जोड़ दिया। 1990 में अमेरिका में केवल तीन लाख लोगों के पास पर्सनल कम्प्यूटर थे जिनकी संख्या महज़ छह साल में एक करोड़ के पार चली गयी। मोज़ाइक और नेटस्केप जैसे इंटरनेट ब्राउज़र्स का इस्तेमाल होने लगा और 'नेटिज़ंस' 'साइबरस्पेस' में विचरण करने लगे। इसी के साथ ई-मेल का चलन तेज़ी से बढ़ा और उसने व्यावसायिक से लेकर व्यक्तिगत जीवन तक सम्पर्क के अन्य माध्यमों को पीछे धकेलना शुरू कर दिया।

इसी दौरान क्लिंटन प्रशासन ने इस प्रश्न पर ग़ौर करना शुरू किया कि सभी तरह के अमेरिकी नागरिकों को यह प्रौद्योगिकी समान रूप से उपलब्ध है या नहीं। पहले दौर में यह जाँच-पड़ताल केवल कुछ जातीय अल्पसंख्यक समूहों में कम लोगों के पास कम्प्यूटर होने या न होने तक ही सीमित थी। राष्ट्रपति बिल क्लिंटन और उपराष्ट्रपति अल गोर अपने भाषणों में डिजिटल डिवाइड का उल्लेख किया करते थे। अख़बारी विश्लेषणों में भी इसका प्रयोग किया जाने लगा। नैशनल टेलिकम्युनिकेशंस इनफ्रास्ट्रक्चर एडमिनिस्ट्रेशन (एनटीआईए) ने कई सर्वेक्षण किये जिनके आधार पर निकाले गये परिणामों के आधार पर इस डिवाइड को अधिक व्यापक नज़रिये से समझा जाने लगा। इन सर्वेक्षणों के बाद इस अवधारणा का मतलब हार्डवेयर के दायरे से निकल कर इंटरनेट (ख़ासकर ब्रॉडबेंड) की उपलब्धता में कमी के रूप में ग्रहण किया जाने लगा।

डिजिटल डिवाइड का संबंध शिक्षा के स्तर से भी जोड़ा जाता है। प्रौद्योगिकी के ज़रिये छात्रों के लिए कक्षा में होने वाले पठन-पाठन की सीमाओं से परे जा कर सीखने की सम्भावनाएँ पैदा होती हैं। इस लिहाज़ से शिक्षा का शुरुआती चरण भी दो भागों में बँट जाता है। एक तरफ़ वे स्कूल हैं जो अपने छात्रों को कम्प्यूटर और इंटरनेट की सुविधा प्रदान कर सकते हैं, और दूसरी तरफ़ यह सुविधा मुहैया न करा पाने वाले स्कूल हैं। समृद्ध और दरिद्र स्कूलों के बीच का यह अंतराल पाटने के लिए ही 1997 में अमेरिका में ई-रेट नामक कार्यक्रम चलाया गया था। हालाँकि इस कार्यक्रम के कुछ पहलुओं को सार्वजनिक आलोचना का सामना करना पड़ा, पर इसकी वजह से ही 2005 तक वहाँ 95 फ़ीसदी स्कूलों की कक्षाओं में इंटरनेट पहुँच चुका था, जबकि 1996 में यह प्रतिशत केवल 14 था।

डिजिटल डिवाइड को अलग-अलग नज़रियों से देखा जाता है। नियो-लिबरल ख़ेमे की निगाह में कम्प्यूटर और इंटरनेट से वंचित समुदाय बाज़ार आधारित नयी आर्थिक नीतियों का विरोधी साबित हो सकता है। वह तेज़ी से बढ़ते हुए ई-बिज़नेस के दायरे और मीडिया-मनोरंजन की इंटरएक्टिव दुनिया से अलग रहने के लिए मजबूर है। यह दृष्टिकोण डिजिटल डिवाइड की शिनाख्त आधुनिक हो चुके और आधुनिकीकरण की प्रक्रिया में संलग्न समाजों में 'डेमौक्रेटिक डेफ़िसिट' के रूप में करता है। डिजिटल डिवाइड के कारण ऐसे लोग भूमण्डलीकरण विरोधी राजनीतिक ताक़तों के पक्ष में मतदान कर सकते हैं। दूसरी ओर मैनुएल कैसेल्स जैसे विद्वानों की मान्यता है कि दुनिया में प्रौद्योगिकी के प्रसार और छितराव की प्रक्रिया एक सोची-समझी रणनीति के तहत चलायी जाती है। सूचना और संचार प्रौद्योगिकी तक लोगों की कम या ज़्यादा पहुँच का सवाल मुख्य तौर पर राजनीतिक है। मसलन, अंतर्राष्ट्रीय एजेंसियाँ अपने मक़सदों के लिहाज़ से तय करती हैं कि वे किसी ख़ास क्षेत्र में सूचना-प्रसार का काम सिर्फ़ एचआईवी/एड्स की रोकथाम करने के लिए करेंगी या फिर लोगों को मौक़ा दिया जाएगा कि वे प्रौद्योगिकी का इस्तेमाल करने के ज़रिये अपना दैनंदिन जीवन बेहतर कर सकें। एक सवाल यह भी उठाया जाता है कि जिन लोगों के पास आहार और पानी जैसे बुनियादी संसाधनों की कमी है, उन्हें ऑन लाइन कनेक्टिविटी की क्या ज़रूरत है।

डिजिटल डिवाइड ऑर्गनाइज़ेशन का विचार है कि ग़रीबी के शिकार किसी क्षेत्र में इस प्रौद्योगिकी को लाने का मतलब केवल वहाँ हार्डवेयर और इंटरनेट कनेक्शन उपलब्ध करवा देना ही नहीं है। यह भी देखना पड़ेगा कि वहाँ के लोग इस प्रौद्योगिकी को सार्थक ढंग से इस्तेमाल करके अपनी तात्कालिक समस्याएँ कैसे सुलझाएँगे। जब तक डिजिटल डिवाइड रहेगा, ई-डेमक्रेसी और ई-गवर्नेंस की अवधारणाओं को धरती पर नहीं उतारा जा सकता। अगर नेट आधारित लोकतंत्र की सम्भवनाओं को उज्ज्वल बनाना है तो ग़रीबों तक यह प्रौद्योगिकी पहुँचाने की लागत काफ़ी हद तक घटानी पड़ेगी। एक अनुमान के मुताबिक़ 2007 में कम्प्यूटर और नेट कनेक्शन मुहैया कराने के लिए प्रति व्यक्ति 244 डॉलर यक्ति ख़र्च करने पड़ते थे, जबकि मैक्सिको की सबसे ग़रीब 20 फ़ीसदी आबादी को नेटसम्पन्न करने के लिए यह लागत घटा कर 35 डॉलर प्रति वर्ष लाने की ज़रूरत थी। ब्राज़ील के संदर्भ में यह आँकड़ा नौ डॉलर प्रति वर्ष था। इस लिहाज़ से देखा जा सकता है कि दुनिया के हर बच्चे को एक लैपटॉप

कम्प्यूटर देने की मुहिम में किस पैमाने के निवेश की ज़रूरत है। लातीनी अमेरिका की परिस्थितियों में कम्प्यूटर और नेट आज भी रोज़ाना की ज़रूरत के बजाय विलासिता की चीज़ माना जाता है।

कुछ ऐसे विद्वान भी हैं जो डिजिटल डिवाइड और उससे पैदा होने वाली दिक़्क़तों की गम्भीरता से सहमत नहीं हैं। बेंजामिन कम्पेन का विचार है कि डिजिटल डिवाइड को एक संकट के रूप में पेश करना एक मिथक को बढ़ावा देना है। प्रौद्योगिकी तक पहुँच का फ़र्क़ किसी भी तरह से स्थायी नहीं है। दुनिया के कम सम्पन्न हिस्सों में भी प्रौद्योगिकी का प्रसार बहुत कम समय में हुआ है। विकासशील देशों में मोबाइल फ़ोन की नेट कनेक्टिविटी के ज़रिये डिजिटल डिवाइड में तेज़ी से कमी आयी है। कम्पेन के मुताबिक़ धीरे-धीरे नेट कनेक्टिविटी के लिए कम्प्यूटर होना या कम्प्यूटर चलाने का प्रशिक्षण होना आवश्यक नहीं रह जाएगा।

देखें : अभिलेखागार, आख्यान, इंटरएक्टिविटी-प्रौद्योगिकीय विमर्श, इंटरएक्टिविटी-सामाजिक विमर्श, इंटरफ़ेस, एक्टर-नेटवर्क थियरी, दिन-प्रति दिन के अभिलेखागार, नया मीडिया, नेटवर्क, नेटवर्क सोसाइटी, बाज़ारू संस्कृति, भारत में संचार-क्रांति, भारतीय मीडिया-1, 2 और 3, भारतीय मीडिया स्फ़ेयर, मास मीडिया, मीडिया और सरकार, मीडिया-पक्षधरता, मीडिया-स्टडीज़, संचार, संचार-क्रांति, स्मृति और अभिलेखागार, सोशल नेटवर्क विश्लेषण, सूचना, सूचना-समाज, वैकल्पिक मीडिया।

संदर्भ

1. लिज़ा सरवन (2002), *ब्रिजिंग द डिजिटल डिवाइड : टेक्नॉलॅजी, कम्युनिटी, ऐंड पब्लिक पॉलिसी*, ब्लैकवेल, माल्डेन, एमए.
2. बेंजामिल एम. कंपेन (सम्पा.) (2001), *द डिजिटल डिवाइड : फ़ेसिंग अ क्राइसिस ऑर क्रिएटिंग अ मिथ?*, एमआईटी प्रेस, केम्ब्रिज, मेसाचुसेट्स.
3. ई. डेविसन और एस.आर. कॉटन (2003), 'कनेक्शन डिस्क्रिपेंसीज़ : अनमास्किंग फ़रदर लेयर्स ऑफ़ द डिजिटल डिवाइड', *फ़र्स्ट मनडे*, खण्ड 8, अंक 3.
4. एम. वारशौर (2004), *टेक्नॉलॅजी ऐंड सोशल इनक्ल्यूज़न : रिथिंकिंग द डिजिटल डिवाइड*, एमआईटी प्रेस, केम्ब्रिज, एमए.

— अभय कुमार दुबे

डेविड एमील दुर्ख़ाइम

(David Emile Durkheim)

डेविड एमील दुर्ख़ाइम (1858-1917) को आधुनिक समाजशास्त्र का संस्थापक और समाज-वैज्ञानिक शब्दावली में दुनिया का पहला अधिकारिक समाजशास्त्री माना जाता है। अध्ययन की विश्वविद्यालयी व्यवस्था में वे समाजशास्त्र के पहले प्रोफ़ेसर भी थे। अपने अकादमिक जीवन के तीन दशकों में उन्होंने समाजशास्त्र को न केवल एक विशिष्ट अनुशासन के रूप में स्थापित किया, बल्कि इस अनुशासन की सैद्धांतिक और पद्धतिगत ज़मीन भी तैयार की। दुर्ख़ाइम की समाजशास्त्रीय संकल्पना का विधेयक तत्त्व मनुष्य को सामाजिक संबंधों का परिणाम मानता है। इस कारण दुर्ख़ाइम का समाजशास्त्र अपने बुनियादी ढाँचे में व्यक्तिवाद के किसी भी रूप को मान्यता देने से इनकार करता है। मनुष्य की इयत्ता को समाज की उपज मानने के संदर्भ में दुर्ख़ाइम कॉम्त, मार्क्स, वेबर आदि सामाजिक चिंतकों के नज़दीक बैठते हैं। ग़ौरतलब है कि व्यक्ति को समाज का उत्पाद मानना और सामाजिक परिघटना को केंद्रीय महत्त्व देना ही समाजशास्त्र को अन्य अनुशासनों की तुलना में एक विशिष्ट स्वरूप प्रदान करता है। समाजशास्त्र की यह विशिष्टता दुर्ख़ाइम के बिना सम्भव नहीं थी। हालाँकि दुर्ख़ाइम ने मोंतेस्क्यू और रूसो जैसे विचारकों से लेकर व्यवहारवाद, समाजवाद तथा नैतिक शिक्षा जैसे मसलों पर भी सघन चिंतन किया है, परंतु समाजशास्त्र के क्षेत्र में उनकी चार रचनाओं— *द डिवीज़न ऑफ़ लेबर, द रूल्स ऑफ़ सोसिओलॅजिकल मैथड, सुइसाइड* तथा *द ऐलिमेंटरी फ़ॉर्म्स ऑफ़ द रिलीजस लाइफ़* को सबसे ज़्यादा महत्त्वपूर्ण माना जाता है।

डेविड एमील दुर्ख़ाइम का जन्म एपीनाल, लोरेन के एक फ्रांसीसी यहूदी परिवार में हुआ था। उनके पिता और दादा दोनों ही रब्बी (यहूदी पुरोहित) थे। उनकी शुरुआती शिक्षा भी एक धार्मिक स्कूल में हुई, लेकिन जीवन के शुरू में ही उन्होंने पूरी तरह से सेकुलर जीवन गुज़ारने का निश्चय किया। एक अध्यवसायी छात्र के रूप में उन्होंने विख्यात ईकोल नॉरमेल सुपीरियरे में दाखिला लिया और 1886 में अपनी डॉक्टरेट के अंश के रूप में उन्होंने *द डिवीज़न ऑफ़ लेबर इन सोसाइटी* की रचना की।

इस रचना में दुर्ख़ाइम आधुनिक और पारम्परिक समाजों का फ़र्क़ दिखाते हुए यह प्रतिपादित करते हैं कि आधुनिक समाज जहाँ श्रम के विशेषीकरण पर आधारित होता है वहीं पारम्परिक समाज साझे विश्वासों पर चलता है। उनके मुताबिक़ समाज के रूपों का यह अंतर नियमों की व्यवस्था

डेविड एमील दुर्ख़ाइम (1858-1917)

के अंतर को भी दर्शाता है। इस तरह आधुनिक समाज स्व-नियमन से संचालित होता है जबकि पारम्परिक समाज के नियम बाहरी विश्वासों और अनुमोदन पर टिके होते हैं। दुर्ख़ाइम के अनुसार चूँकि साझे विश्वास सर्वमान्य नैतिकता के प्राधिकार पर टिके होते हैं इसलिए इन विश्वासों पर आधारित व्यवस्था शक्ति और दबाव के जरिए ही क़ायम रह सकता है। जबकि स्वनियमकारी या आधुनिक समाज स्वतंत्रता, समानता तथा न्याय जैसे तत्त्वों के बिना संतुलित नहीं रह सकता। विद्वानों का मानना है कि सामाजिक रूपों की विविधता को नियमों के विशिष्ट ढाँचे से जोड़ कर देखने का यह सूत्रीकरण अपराध और क़ानून के समाजशास्त्रीय अध्ययनों के लिए बुनियादी प्रेरक तत्त्व रहा है। दुर्ख़ाइम मानते थे कि समाज के पारम्परिक और आधुनिक रूपों में विभ्रम के कारण तथा आधुनिक समाजों पर पारम्परिक क़ानून या नियम थोपने की प्रवृत्ति ही कई सामाजिक समस्याओं के लिए जिम्मेदार रही है। आधुनिक समाजों की यह व्याख्या दुर्ख़ाइम के कृतित्व की विशिष्ट उपलब्धि मानी जाती है। इस रचना में दुर्ख़ाइम व्यक्ति के सामाजिक साहचर्य या जुड़ाव का विश्लेषण करते हुए यह विचार भी रखते हैं कि व्यक्ति को ख़ास तरह की सामाजिक साहचर्य की ज़रूरत पड़ती है। दुर्ख़ाइम दिखाते हैं कि सामाजिक संस्थाओं के अंदर स्वत: ही एक संसक्ति का तत्त्व होता है जो अपने सहभागियों से एक निश्चित व्यवहार की मांग करता है। दुर्ख़ाइम इसीलिए इस बात पर ज़ोर देते थे कि व्यक्ति के बजाय सामाजिक प्रक्रियाओं का अध्ययन किया जाना चाहिए। उनके अनुसार इन सामाजिक प्रक्रियाओं का ठोस रूप संस्थाओं और व्यवहार में अभिव्यक्त होता है जिनका अनुवीक्षण के आधार पर भी अध्ययन किया जा सकता है। दुर्ख़ाइम इन प्रक्रियाओं को सोशल फ़ैक्ट्स या सामाजिक तथ्यों की संज्ञा देते हैं।

दुर्ख़ाइम को समाजशास्त्रीय अध्ययन में सांख्यिकी के सर्जनात्मक उपयोग करने का श्रेय भी जाता है। इस संबंध में उनकी रचना *सुइसाइड* एक मानक की तरह स्थापित है। इस कृति में दुर्ख़ाइम ने यह प्रतिपादित किया था कि आत्महत्या की अलग-अलग दरों की व्याख्या व्यक्ति के सामाजिक सम्बद्धता के स्तरों में प्रगट अंतर के आधार पर की जा सकती है। मसलन, उन्होंने दिखाया कि व्यक्ति की निजी प्रवृत्तियों के आधार पर इस बात का अंदाज़ा नहीं लगाया जा सकता कि उम्रदराज़ पुरुष ही क्यों आत्महत्या करते हैं। लेकिन अगर व्यक्ति की सामाजिक स्थिति के कारकों जैसे उसके अविवाहित होने या समाज से उसके अलगाव आदि पर ध्यान दिया जाए तो आत्महत्या के कारणों की शिनाख़्त की जा सकती है। दुर्ख़ाइम अपने अध्ययन में सांख्यिकी का इस्तेमाल सामाजिक तथ्यों जैसे किसी समूह के सदस्यों के आपसी साहचर्य के रूपों की ताक़त या चरित्र उजागर करने के लिए करते हैं। मसलन, अगर किसी समूह में आपसी साहचर्य की भावना कमज़ोर है तो उसके सदस्यों में नैतिक या मनोवैज्ञानिक समस्याएँ पाये जाने की सम्भावना ज़्यादा होगी। इसके उलट अगर किसी समूह में साहचर्य की भावना बहुत गहरी हो तो उसके सदस्य अपने समूह के लिए त्याग करने के लिए ज़्यादा तत्पर पाये जाएंगे।

दुर्ख़ाइम की अन्य कृति *द रूल्स ऑफ़ सोसियोलॉजिकल मैथड* समाजशास्त्र में प्रयुक्त की जाने वाली पद्धतियों की आधारभूमि मानी जाती है। इस रचना में दुर्ख़ाइम स्पष्ट करते हैं कि समाजशास्त्र की केंद्रीय विषय-वस्तु सामाजिक व्यवस्था है, लिहाज़ा उसमें व्यक्ति के बजाय समाज के सांस्थानिक और व्यवस्थागत रूपों को प्रमुखता दी जानी चाहिए। इस रचना में दुर्ख़ाइम समाजशास्त्र को ऐसे ही सामाजिक तथ्यों का अध्ययन बताते हैं। उनके अनुसार इन सामाजिक तथ्यों के बीच एक ख़ास तरह की संगति होती है जिसे केवल उनके निर्माणकारी अंशों का संचित परिणाम नहीं कहा जा सकता। अपनी रचना *सुइसाइड* में दुर्ख़ाइम इसी बिंदु को स्पष्ट करना चाहते थे कि आत्महत्या जैसी निजी परिघटना को भी लोगों के साहचर्य-संबंधों तथा सामाजिक

बांडिंग के आधार पर व्याख्यायित किया जा सकता है। उनकी दलील थी कि व्यकितगत भावनाएं, मूल्य या विचार जैसी चीजें वास्तव में सामाजिक सहभागिता से ही उपजती हैं।

दुर्ख़ाइम की दो रचनाएँ *द डिवीजन ऑफ़ लेबर* तथा *द ऐलिमेंटरी फ़ॉर्म्स ऑफ़ द रिलीजस लाइफ़* तत्कालीन सामाजिक व्यवस्था की पड़ताल में आधुनिक उपागमों का इस्तेमाल करने के लिए जानी जाती है। आधुनिकता के समाजशास्त्रीय विमर्श में ये दोनों रचनाएँ अपने बारीक और सघन अध्ययन के कारण आज भी एक अनिवार्य संदर्भ बनी हुई हैं। दुर्ख़ाइम का चिंतन गहरे अर्थ में आधुनिक था। फ्रॉयड जैसे मनोविश्लेषक भी अपने समय के पूर्वाग्रहों से मुक्त नहीं हो पाये थे और अपनी कृति *टोटम ऐंड टैबू* में आदिम दिमाग़ की तुलना मानसिक रोगी से कर बैठे थे, जबकि दुर्ख़ाइम ने अपनी रचना *ऐलिमेंटरी फ़ॉर्म्स ऑफ़ द रिलीजस लाइफ़* में यह प्रतिपादित किया कि तर्कबुद्धि के लिहाज़ से आदिम क़बीलों की सामाजिक संरचनाएँ और विश्वास आधुनिक मनुष्य की तर्कबुद्धि से कमतर नहीं ठहराये जा सकते। दुर्ख़ाइम के समय में व्याप्त राजनीतिक दुराग्रहों को देखते हुए यह एक साहसिक विचार था। चूँकि दुर्ख़ाइम तर्कबुद्धि को सामाजिक उत्पाद मानते हैं इसीलिए मनुष्य को कमतर या श्रेष्ठतर साबित करने वाले विचार को वे सिरे से ख़ारिज कर देते हैं। दुर्ख़ाइम के इस हस्तक्षेप ने समाजशास्त्र को एक बुनियादी समतावाद से लैस किया है। उक्त रचना में धर्म की सामाजिक उपयोगिता पर विचार करते हुए दुर्ख़ाइम यह दलील पेश करते हैं कि मनुष्य धार्मिक रीति-रिवाज़ों तथा कर्मकाण्डों में भागीदारी के ज़रिये ही मानवीय तर्कबुद्धि के बुनियादी रूपों- स्पेस, समय, वर्गीकरण, शक्ति, कार्य-कारण की समझ तथा सम्पूर्णता का बोध अर्जित करता है। इस रचना में दुर्ख़ाइम यह विचार भी पेश करते हैं कि पवित्रता का सामाजिक अनुभव सामाजिक अंत:संबंधों को जन्म देता है। उनके मुताबिक़ सामाजिक व्यक्ति का जन्म तथा तर्कबुद्धि का विकास भी इसी प्रक्रिया से निरस्त होता है।

इस रचना में दुर्ख़ाइम यह भी कहते हैं कि समस्त अवधारणाओं की उत्पत्ति समाज से ही होती है। इसलिए तर्क, भाषा और अर्थ की समझ विकसित करने के लिए इस बात का अध्ययन किया जाना चाहिए कि शब्दों और अवधारणाओं का किन सामाजिक रूपों और संदर्भों में इस्तेमाल किया गया है। यहाँ दुर्ख़ाइम धर्म को समाज का प्रकार्य बताते हुए एक और अहम सूत्रीकरण करते हैं कि धर्म सामाजिक व्यवस्था को क़ायम रखने का माध्यम है। दुर्ख़ाइम धार्मिक विश्वासों की सत्यता को सीधे तो नहीं नकारते लेकिन उनके लिए धर्म का सत्य उसकी इस क्षमता से तय होता है कि वह कर्मकाण्डों को प्रोत्साहित कर सकता है या नहीं। उनके अनुसार संगठित धर्मों को केवल विश्वासों के आधार पर नहीं समझा जा सकता क्योंकि इस तरह के धर्म अक्सर समाज के पारम्परिक रूपों को अक्षुण्ण रखने के लिए व्यक्तिगत आस्था का दमन करते हुए भी पाये जाते हैं। आधुनिक और पारम्परिक समाजों में धर्म की भूमिका को लेकर दुर्ख़ाइम का यह सूत्र भी काबिले ग़ौर है कि समाज की इन दो अलग क़िस्मों में धर्म के प्रकार्य एक जैसे नहीं होते। पारम्परिक समाजों में तो धर्म सामाजिक नियंत्रण का औजार होता है जबकि आधुनिक समाजों में उसका यह प्रकार्य ग़ैर-ज़रूरी हो जाता है क्योंकि आधुनिक समाजों में वह ज्ञान-मीमांसा का प्रकार्य निभाने लगता है। इसीलिए सामाजिक व्यवस्था में उसकी भूमिका पहले जैसी नहीं रह जाती।

दुर्ख़ाइम की यह निष्पत्ति समाजशास्त्रीय चिंतन के लिहाज़ से एक उपलब्धि कही जाएगी कि मनुष्य के एक जैविक प्राणी से सामाजिक प्राणी में रूपांतरित होने की परिघटना को व्यक्ति की जैविक क्षमताओं या मनोविज्ञान के आधार पर व्याख्यायित नहीं किया जा सकता। उनकी दलील है कि जैविक का सामाजिक में रूपांतरण सामाजिक प्रक्रियाओं के माध्यम से सम्पन्न होता है। इसलिए दुर्ख़ाइम को लगता है कि मन और शरीर को दो अलग इयत्ता क़रार देने वाला मत केवल समाज की प्रक्रिया से बाहर खड़े जैविक अस्तित्व और सामाजिक प्राणी का अंतर दर्शाता है। उनके अनुसार पहली अवस्था के प्राणी को रैशनल मनुष्य नहीं कहा जा सकता। वे इस बात पर भी ज़ोर देते हैं कि मनुष्य में तर्कबुद्धि या व्यक्तित्व जैसी चीज़ें समाज की प्रक्रिया से ही पैदा होती हैं। दुर्ख़ाइम का मत था कि मनुष्य को एक सामाजिक प्राणी के रूप में बनाये रखने के लिए सामाजिक प्रक्रियाओं और साहचर्य के ख़ास रूपों की दरकार होती है। यानी सामाजिक मनुष्य को उसके निश्चित सामाजिक विन्यास और संदर्भ से अलग हटाकर नहीं देखा जा सकता। इसलिए दुर्ख़ाइम आगाह भी करते हैं कि अगर मनोविज्ञान, अर्थशास्त्र या दर्शनशास्त्र के अध्ययन की कोई पद्धति सामाजिक परिघटना को केवल व्यक्तियों की संचित गतिविधियों के आधार पर समझने का उपक्रम करती है तो उसे समाज जैसे सबसे महत्त्वपूर्ण पक्ष को दरकिनार करने का दोषी समझा जाना चाहिए।

दुर्ख़ाइम के चिंतन और कृतित्व में समतावाद की स्पष्ट प्रतिष्ठा के बावजूद नारीवादी विश्लेषकों का कहना है कि उन्होंने स्त्रियों के मुद्दे पर पर्याप्त ध्यान नहीं दिया है। एक हद तक यह बात सही है कि समाजशास्त्री के तौर पर दुर्ख़ाइम की कोई भी रचना स्त्री-पक्ष पर एकाग्र नहीं है। लेकिन उन्नीसवीं सदी के जिस दौर में दुर्ख़ाइम समाजशास्त्र को व्यवस्थित कर रहे थे उस समय स्त्रियों के प्रश्नों पर बहुत कम सामाजिक चिंतक विचार कर रहे थे। *सुइसाइड* में उन्होंने आत्महत्या की एक भाग्यवादी क़िस्म का ज़िक्र किया है जिसे

वे मुख्यत: स्त्रियों के साथ जोड़ कर देखते हैं। दुर्ख़ाइम का ख़याल यह भी था कि विवाह पुरूषों के लिए तो लाभकारी होता है लेकिन स्त्रियों के जीवन पर उसका नकारात्मक प्रभाव पड़ता है। द *डिवीज़न ऑफ़ लेबर* में दुर्ख़ाइम मूलवासियों के हवाले से बताते हैं कि ऐसे समुदायों में स्त्रियों की सामाजिक स्थिति पुरुषों के मुक़ाबले कमतर नहीं थीं जबकि इसके उलट आधुनिक समाजों में स्त्री की हैसियत कमज़ोर होती गयी है। तत्कालीन समाज की औसत प्रवृत्ति स्त्री को कोमल और कमज़ोर के रूप में चित्रित करती थी। इसे देखते हुए दुर्ख़ाइम की दृष्टि निश्चय ही अग्रगामी कही जाएगी।

दुर्ख़ाइम का अवदान समाजशास्त्रियों की कई पीढ़ियों के लिए प्रेरणा, प्रश्नांकन, समावेशन और जिरह का विषय रहा है। तीस के दशक में टैलकॉट पार्संस ने दुर्ख़ाइम के कृतित्व को संरचनात्मक प्रकार्यवाद में समेटने का प्रयास किया। इसका परिणाम यह हुआ कि अमेरिका में दुर्ख़ाइम के अवदान को प्रकार्यवाद और प्रत्यक्षतावाद के नजारिये से देखा जाने लगा। जबकि फ्रांस में उनकी दृष्टि का लेवी-स्त्रॉस जैसे मानवशास्त्रियों ने उपयोग किया जिनकी दिलचस्पी दुर्ख़ाइम द्वारा प्रतिपादित संकल्पनाओं, विचारों और समाज के अंतर्संबंधों के आधार पर एक प्रतीकवादी मानवशास्त्र रचने में थी। लेकिन दुर्ख़ाइम के विचारों को आधार बनाकर नयी व्याख्या करने का यह उपक्रम इस मायने में एकांगी साबित हुआ कि उसने दुर्ख़ाइम की मूल प्रस्तावनाओं के कुछ निश्चित हिस्सों का ही इस्तेमाल किया। मार्क्सवादी धारा के समाजशास्त्रियों ने अपने लेखन में दुर्ख़ाइम के चिंतन में निहित रैडिकल स्वरूप को महत्त्व देते हुए पार्संस के दृष्टिकोण को प्रतिसंतुलित करने का प्रयास किया है जो दुर्ख़ाइम को राजनीतिक रूप से रूढ़िवादी साबित करने पर ज़ोर देता है।

समाजशास्त्रियों के एक समूह का मानना है कि दुर्ख़ाइम का समाजशास्त्र व्यक्ति को गौण कर देता है। लेकिन ध्यान से देखें तो दुर्ख़ाइम ऐसा इरादतन करते हैं। उनकी दृष्टि समाज को मूलत: सामूहिकता में समझने का आग्रह करती है तथा इस बात पर ज़ोर देती है कि अगर सामाजिक सिद्धांतों की पड़ताल और समाजशास्त्र के व्यवहार में अंतर्विरोधों के अध्ययन को तवज्जो न देकर उसे व्यक्तिवाद का पर्याय बना दिया जाता है तो समाजशास्त्र का बुनियादी उद्देश्य निरस्त हो जाता है। दुर्ख़ाइम के तईं समाजशास्त्र का काम यह नहीं है कि वह दर्शनशास्त्रीय संधान के लिए कच्ची सामग्री मुहैया कराये और फिर इस बात का इंतज़ार करे कि दार्शनिकों का ख़ेमा अपने मूल्यांकन में क्या कहता है। इसके बरक्स, दुर्ख़ाइम यह इसरार करते हैं कि समाजशास्त्र को सामाजिक तथ्यों के अध्ययन संबंधी कसौटियों का निर्माण ख़ुद करना चाहिए। उन्होंने दर्शनशास्त्रियों की इस दलील को ख़ारिज कर दिया कि सामाजिक तथ्यों में आकस्मिकता का तत्त्व होता है। इस आलोचना का सुचिंतित जवाब देते हुए दुर्ख़ाइम ने कहा कि समाज की निरंतरता बनाये रखने के लिए कुछ ख़ास तरह के और स्थायी रूप ज़रूरी होते हैं।

देखें : अल्फ्रेड लुइस क्रोबर, ऑग्युस्त कॉम्त, क्लॉद लेवी-स्त्रॉस, क्लिफ़र्ड गीर्ट्ज़, जार्ज ज़िमेल, टैलकॉट पार्संस, पिएर बोर्दियो, फ्रेंज़ उरी बोआस, मारग्रेट मीड, मारसेल मौज़, मार्गरेट मीड, मिल्टन सिंगर, मैक्स वेबर, रुथ बेनेडिक्ट।

संदर्भ

1. आर. ए. जोंस (1986), *एमीली दुर्ख़ाइम : ऐन इंट्रोडक्शन टू फ़ोर मेजर वर्क्स,* सेज, बेवर्ली हिल्स.
2. एस. ल्यूक्स (1973), *एमील दुर्ख़ाइम, हिज़ लाइफ़ ऐंड वर्क्स : अ हिस्टोरिकल ऐंड क्रिटिकल स्टडी,* स्टैनफ़र्ड युनिवर्सिटी प्रेस, स्टैनफ़र्ड.
3. एस. मेस्त्रोविक (1988), *एमील दुर्ख़ाइम ऐंड द रिफ़ॉर्म ऑफ़ सोसिओलॅजी,* रॉमैन ऐंड लिटिलफ़ील्ड, लैनहम, एमडी.
4. जी. पोग्गी (2000), *दुर्ख़ाइम,* ऑक्सफ़र्ड युनिवर्सिटी प्रेस, ऑक्सफ़र्ड.

— नरेश गोस्वामी

डेविड रिकार्डो

(David Ricardo)

ऐडम स्मिथ और कार्ल मार्क्स के साथ मिल कर डेविड रिकार्डो (1772-1823) अट्ठारहवीं सदी के आख़िरी वर्षों से लेकर उन्नीसवीं सदी के आख़िरी वर्षों के बीच क्लासिकल अर्थशास्त्र की सर्वोच्च त्रयी की रचना करते हैं। रिकार्डो ने आर्थिक विज्ञान में कई महत्त्वपूर्ण और अविस्मरणीय योगदान किये जिनकी प्रासंगिकता आज तक बरक़रार है। मूल्य का श्रम सिद्धांत और तुलनात्मक लाभ का सिद्धांत प्रतिपादित करने के साथ रिकार्डो ने पहली बार वितरण के आर्थिक सिद्धांत का सूत्रीकरण किया और उसके फलितार्थों का अनुमान लगाया। रिकार्डो ने यह समझने का प्रयास किया कि आमदनी लगान, मज़दूरी और मुनाफ़े के बीच कैसे बँटती है। रिकार्डो की दिलचस्पी यह जानने में भी थी कि अर्थव्यवस्थाओं के उत्थान और पतन के प्रमुख कारण कौन-कौन से होते हैं। रिकार्डो ने मुक्त अंतर्राष्ट्रीय व्यापार को और अधिक समृद्धि की तरफ़ ले जाने वाला क़रार दिया। दूसरी तरफ़ उन्होंने पाया कि खेतिहर उत्पादन में लाभ का स्तर लगातार गिरता है जिससे आर्थिक वृद्धि की रफ़्तार धीमी हो जाती है। उन्होंने एक ऐसी आर्थिक प्रणाली कल्पित की

डेविड रिकार्डो (1772-1823)

जिसमें सापेक्षिक दाम केवल उत्पादन की लागत के आधार पर तय किये जा सकते हों और जिसमें माँग और उपयोगिता कम से कम भूमिका अदा करती हो। रिकार्डो की यही कल्पना आगे चल कर पियरो स्राफ़ा ने अपनायी और जो आर्थिक विचार के नव-रिकार्डोवादी स्कूल का आधार बनी।

लंदन के एक अमीर यहूदी परिवार में पैदा हुए डेविड रिकार्डो ने चौदह साल की उम्र में ही अपने पिता की दलाल-फ़र्म के कामकाज में भाग लेना शुरू कर दिया था। व्यापार में उनकी प्रतिभा का लोहा लोग शुरू से मानते थे। लेकिन विवाह के बाद ईसाई बन जाने के बाद पिता ने उनसे किसी भी तरह का नाता तोड़ दिया जिसके कारण उन्हें अपनी अलग दलाली-फ़र्म चलाने के लिए ऋण लेना पड़ा। लेकिन रिकार्डो ने धंधे में तेज़ी से कामयाबी हासिल की और 26 साल की उम्र में ही अमीरी हासिल कर ली। 1799 में ऐडम स्मिथ की रचना *वेल्थ ऑफ़ नेशंस* पढ़ने के बाद उनकी दिलचस्पी अर्थशास्त्र के अध्ययन में बढ़ी और वे जेम्स मिल, बेंथम और माल्थस जैसे अर्थशास्त्रियों के साथ नियमित सलाह-मशविरा करने लगे। 1819 में हाउस ऑफ़ कामंस की सदस्यता शुल्क के बदले प्राप्त करने के बाद उनका सांसद जीवन शुरू हुआ और उन्होंने वित्तीय मामलों के विशेषज्ञ की ख्याति प्राप्त की। अपनी धन-समृद्धि के कारण रिकार्डो को अर्थशास्त्र के इतिहास के सबसे अमीर अर्थशास्त्री की संज्ञा दी जाती है।

ऐडम स्मिथ ने अंतर्राष्ट्रीय व्यापार के संदर्भ में 'परम लाभ' का सिद्धांत प्रतिपादित किया था। इसका मतलब यह था कि अगर कोई देश कोई जिंस दूसरों से अधिक बनाता है तो वह उसके निर्यात के मामले में परम लाभ की स्थिति में चला जाता है। मसलन, अगर जापान अमेरिका के मुक़ाबले कारों और कम्प्यूटरों का अधिक उत्पादन करेगा तो उनका निर्यात करके अमेरिका जापान के मुक़ाबले व्यापार के घाटे का शिकार हो जाएगा। यह जापान का उस व्यापार के संदर्भ में परम लाभ होगा। लेकिन रिकार्डो ने कहा कि अगर कोई देश किसी जिंस के उत्पादन में कम दक्ष है तो भी दिक़्क़त की कोई बात नहीं, क्योंकि अंतर्राष्ट्रीय व्यापार परम लाभ के नहीं बल्कि 'तुलनात्मक लाभ' के सिद्धांत पर काम करता है। वह उन जिंसों का भी व्यापार करता है जिन्हें बनाने में उसे कम दक्षता प्राप्त है, और उनका भी जिनके निर्माण में वह सबसे आगे है। रिकार्डो का कहना है कि किसी एक निर्माण में अपनी सापेक्षिक रूप से बेहतर दक्षता के आधार पर विशेषज्ञता हासिल करके प्रत्येक देश विदेश व्यापार से अपनी समृद्धि में योगदान कर सकता है।

अगर जापान कार उत्पादन में विशेषज्ञता हासिल कर ले और अमेरिका चावल उत्पादन में तो कारों और चावल का कुल विश्व उत्पादन अतिरिक्त रूप से बढ़ जाएगा। रिकार्डो ने इस सवाल का भी जवाब दिया कि यह बढ़ा हुआ उत्पादन किसे मिलेगा। मान लीजिये कि जापान ने तीन सौ कारें उत्पादित की हैं और वह सौ टन चावल के बदले सौ कारें अमेरिका को बेच देता है तो उसके पास दो सौ कारें और सौ टन चावल बचते हैं। अमेरिका ने दो सौ टन चावल पैदा किये है और सौ टन के बदले उसने सौ कारें ले ली हैं, इसलिए उसके पास सौ टन चावल और सौ कारें रह जाती हैं। इस सूरत में विशेषज्ञीकरण और व्यापार का सारा लाभ जापान को जाएगा। लेकिन, अगर अमेरिका सौ टन चावल के बदले जापान से 150 कारें ख़रीदने में कामयाब हो जाए तो अमेरिका पचास कारों का अतिरिक्त लाभ प्राप्त कर सकता है। इस उदाहरण में रिकार्डो यह बताते नज़र आते हैं कि तुलनात्मक लाभ का सिद्धांत विदेश व्यापार में विशेषज्ञीकरण के साथ-साथ विनिमय दर पर भी आधारित है। अगर व्यापार एक टन चावल के बदले एक कार और एक टन चावल के बदले डेढ़ कार के दायरे में होता है तो कुल मिला कर दोनों देश लाभ मे रहेंगे। इसलिए दोनों का स्वार्थ विनियम दर इसी सीमा के भीतर रखने में होगा। रिकार्डो ने यह नहीं बताया कि विनिमय दर को इसी सीमा में बनाये रखने से होने वाले लाभ का बँटवारा दोनों देशों के बीच किस प्रकार होगा। यह व्याख्या बाद में जॉन स्टुअर्ट मिल ने की।

राष्ट्रीय आमदनी को लगान, मज़दूरी और मुनाफ़े के बीच बाँटने के सिद्धांत का प्रतिपादन रिकार्डो की दूसरी महत्त्वपूर्ण उपलब्धि थी। उन्होंने लगाने की एक सी दर के बजाय भू-खण्डों से होने वाली पैदावार के आधार पर लगान

की कम या ज़्यादा दर रखने का सुझाव दिया। उनकी मान्यता थी कि अच्छी पैदावार वाली ज़मीन का इस्तेमाल हो चुकने के बाद अपेक्षाकृत कम पैदावार वाली ज़मीनों पर खेती होगी जिन पर लगान कम से कम दिया जाएगा।

मज़दूरी निर्धारित करने के सवाल पर रिकार्डो ने जीवन-यापन की ज़रूरतों के आधार पर न्यूनतम मज़दूरी निर्धारित करने का सुझाव दिया। जीवन-यापन के प्रश्न पर भी रिकार्डो का रवैया स्मिथ के रवैये से भिन्न था। वे किसी एक भौतिक मानक के आधार पर नहीं बल्कि मज़दूरों की आदतों, अभ्यास और परम्परा के आधार पर उसके निर्धारण के पक्ष में थे। रिकार्डो के इस आग्रह से यह सिद्धांत निकला कि अगर मज़दूर किसी बदले हुए युग में बेहतर जीवन-शैली के अभ्यस्त हैं तो उनका न्यूनतम वेतन बढ़ा दिया जाना चाहिए। मसलन, उन्नीसवीं सदी का मज़दूर अपने घर में बाथरूम की ज़रूरत महसूस नहीं करता था, पर बीसवीं सदी के आख़िरी सालों में हर मज़दूर को घर में बाथरूम चाहिए। उसका वेतन उसी लिहाज़ से तय किया जाना चाहिए। इसी तरह रिकार्डो का यह भी आग्रह था कि अगर बाज़ार में खाद्य के दाम बढ़ गये हैं तो उसी के मुताबिक़ न्यूनतम वेतन भी बढ़ा दिया जाना चाहिए।

मुनाफ़े के मामले में रिकार्डो की मान्यता थी कि उसका स्तर हर उद्योग के लिए समान होना चाहिए। अगर किसी एक उद्योग में मुनाफ़े की दर ज़्यादा होगी तो अधिक पूँजीपति वही धंधा करना चाहेंगे और नतीजतन दाम और मुनाफ़े में गिरावट आयेगी। कम मुनाफ़े वाले उद्योगों से पूँजीपति बाहर निकल जाएँगे जिससे उस क्षेत्र में दाम और मुनाफ़ा बढ़ जाएगा।

रिकार्डो रोज़गार के संदर्भ में माल्थस जैसे ही निष्कर्षों पर पहुँचे कि बेहतर मशीनों से उत्पादकता और मुनाफ़े में वृद्धि होगी, पर प्रौद्योगिकीय बेरोज़गारी की परिघटना भी पैदा होगी। उन्होंने माना कि अर्थव्यवस्था लगातार ऊँची बेरोज़गारी की समस्या का शिकार रह सकती है।

श्रम का मूल्य सिद्धांत प्रतिपादित करते हुए रिकार्डो ने लागत के रूप में केवल श्रम को ही देखने का आग्रह किया। रिकार्डो का तर्क था कि उपयोगिता को किसी जिंस के विनिमय-मूल्य की अनिवार्य शर्त के रूप में देखा जाना चाहिए। दुर्लभ मूर्तियों या चित्रों के अपवादों को छोड़ कर रिकार्डो किसी चीज़ की अपेक्षाकृत दुर्लभता को उसके विनिमय-मूल्य का आधार बनाने के लिए तैयार नहीं थे। वे मानते थे कि अन्य सभी चीज़ों के मामले में उन्हें बनाने में किये गये श्रम के आधार पर उनका मूल्य तय किया जाना चाहिए। कौशल और श्रम की सघनता की अहमियत मानने से इनकार करते हुए रिकार्डो का आग्रह था कि जिंसों को बाज़ार में लाने में लगे वक़्त का फ़र्क़ उनके मूल्य पर छह से सात फ़ीसदी तक असर डाल सकता है। इसी वजह से रिकार्डो के मूल्य सिद्धांत को 'श्रम का 93 फ़ीसदी मूल्य सिद्धांत' भी कहा जा सकता है।

समझा जाता है कि कार्ल मार्क्स ने रिकार्डो के आर्थिक सिद्धांतों के आधार पर ही अपना अर्थशास्त्र खड़ा किया है। पर, स्वयं मार्क्स ने और फिर मार्क्सवादियों ने रिकार्डो की मिश्रित आलोचना की है। इस आलोचना की प्रकृति इस प्रकार की है कि रिकार्डो ने अपने वक़्त में क्या सोचा और क्या नहीं सोच पाया। लेकिन रिकार्डो की सबसे बड़ी आलोचना उनके अर्थशास्त्र की प्रकृति के बारे में की गयी है। कहा जाता है कि वे स्वयं भी भावनाओं से रहित व्यक्ति थे और उन्होंने वैसा ही अर्थशास्त्र रचा। वे अर्थव्यवस्था के अमूर्त मॉडल की खोज में रहते थे। उनका राजनीतिक अर्थशास्त्र भी निर्मम था। दरअसल, उन्होंने जिस संसार का वर्णन किया है, वह संसार भी आर्थिक लिहाज़ से बेरहम क़िस्म का था। पूँजीपतियों के लिए मज़दूर इनसानी मशीनों की तरह थे, और मशीनें उत्पादन करने वाले इनसानों की जगह ले सकती थीं। इस परिस्थिति में रचे गये रिकार्डो के अर्थशास्त्र को थॉमस कार्लाइल ने मनहूसियत के अर्थशास्त्र की संज्ञा दी थी। लेकिन, एक दूसरे नज़रिये से रिकार्डो के इस रवैये को उनकी वैज्ञानिकता और वस्तुनिष्ठता भी कहा जा सकता है।

देखें : अर्थ-विज्ञान का समाजशास्त्र, आर्थिक जनसांख्यिकी, अल्फ्रेड मार्शल, अमर्त्य कुमार सेन, अंतर्राष्ट्रीय मुद्रा कोष, आधार और अधिरचना, ऑस्कर रायज़ार्ड लांगे, ऐडम स्मिथ, करारोपण, कल्याणकारी अर्थशास्त्र, क्लासिकल अर्थशास्त्र, कार्ल हाइनरिख़ मार्क्स-3, कार्ल मेंगर, कींसियन अर्थशास्त्र, गुन्नार मिर्डाल, जोआन रोबिंसन, जॉन कैनेथ गालब्रेथ, जॉन मेनार्ड कींस, जॉन स्टुअर्ट मिल, जोसेफ़ शुमपीटर, जैव विविधता, ट्रस्टीशिप, ढाँचागत समायोजन कार्यक्रम, थॉमस मन और वणिकवाद, थॉमस रॉबर्ट माल्थस, दक्षता, धन, नियोक्लासिकल अर्थशास्त्र, नीतिशास्त्र और अर्थशास्त्र, निकोलस काल्दोर, नियोजन, नियोजन : मार्क्सवादी विमर्श, पण्य, पण्य-पूजा, पेटेंट, पॉल सेमुअलसन, पियरो स्राफ़ा, पूँजी, प्रतियोगिता, फ्रांस्वा केस्ने और प्रकृतिवाद, फ्रेड्रिख़ वॉन हायक, बहुराष्ट्रीय निगम, बाज़ार, बाज़ार की विफलताएँ, बाज़ार-समाजवाद, बौद्धिक सम्पदा अधिकार, ब्रेटन वुड्स प्रणाली, भारत में बहुराष्ट्रीय निगम, भारत में नियोजन, भारत में पेटेंट क़ानून, भारत में शेयर संस्कृति, भूमण्डलीकरण और पूँजी बाज़ार, भूमण्डलीकरण और वित्तीय पूँजी, भूमण्डलीकरण और वित्तीय उपकरण, मार्क्सवादी अर्थशास्त्र, मिल्टन फ्रीडमेन, मूल्य, राजकोषीय नीति और मौद्रिक नीति, रॉबर्ट ओवेन, विलफ्रेडो परेटो, विश्व व्यापार संगठन, विश्व बैंक, विलियम पेटी, विलियम स्टेनली जेवंस, वैकासिक अर्थशास्त्र, शोषण, साइमन कुज़्नेत्स।

संदर्भ

1. ए.वी. एनीकिन (1983), *आर्थिक विज्ञान का युवा काल : मार्क्स-पूर्व का अर्थशास्त्र,* अनुवाद : गिरीश मिश्र, पीपुल्स पब्लिशिंग

हाउस, नयी दिल्ली.
2. मार्क ब्लॉग (1958), *रिकार्डियन इकॉनॉमिक्स,* येल युनिवर्सिटी प्रेस, न्यू हैवन, कनेक्टीकट.
3. सेमुअल होलेंडर (1979), *द इकॉनॉमिक्स ऑफ़ डेविड रिकार्डो,* युनिवर्सिटी ऑफ़ टोरंटो प्रेस, टोरंटो.
4. पियरे स्राफ़ा (सम्पा.) (1950-51), *वर्क्स ऑफ़ डेविड रिकार्डो,* दस खण्ड, रॉयल इकॉनॉमिक सोसाइटी, केम्ब्रिज युनिवर्सिटी प्रेस, केम्ब्रिज.

— अभय कुमार दुबे

डेविड ह्यूम

(David Hume)

इतिहासकार, दार्शनिक और अर्थशास्त्री डेविड ह्यूम (1711-1776) स्काटिश नवजागरण की केंद्रीय हस्ती होने के साथ-साथ पश्चिमी राजनीतिक दर्शन की उदारतावादी परम्परा के सबसे महत्त्वपूर्ण इंद्रियानुभववादी चिंतकों में से एक हैं। ब्रिटेन के इतिहास पर एक महाग्रंथ की रचना के लिए ख्याति प्राप्त ह्यूम ने निबंध-शैली को मान्यता दिलाने में उल्लेखनीय योगदान किया। कहा जाता है कि अगर ऐडम स्मिथ ने ह्यूम द्वारा लिखित एक निबंध का अध्ययन न किया होता तो राजनीतिक अर्थशास्त्र के महाग्रंथ *वेल्थ ऑफ़ नेशंस* की रचना का रास्ता न खुलता। 1752 में प्रकाशित हुआ यह निबंध वणिकवाद के ख़िलाफ़ संघर्ष में क्लासिकी धारा की उपलब्धियों को सटीक ढंग से पेश करता था। कांट की भाषा में कहें तो ह्यूम की रचनाओं ने उन्हें 'जड़सूत्रवादी उनींदेपन' से जगाने की भूमिका निभायी। शॉपेनहॉवर मानते थे कि ह्यूम द्वारा लिखित प्रत्येक पृष्ठ से हीगेल, हरबर्ट और श्लीरमाकर के समग्र दार्शनिक वांगमय के मुक़ाबले अधिक सीखा जा सकता है। जेरेमी बेंथम, कार्ल पॉपर और नोआम चोमस्की ने भी स्वीकार किया है कि ह्यूम के दर्शन से उन्होंने काफ़ी-कुछ ग्रहण किया है।

एडिनबरा में एक कुलीन लेकिन आर्थिक रूप से उजड़ चुके परिवार के सबसे छोटे पुत्र के रूप में जन्मे डेविड ह्यूम को सारे जीवन अपने बेहतरीन लेखन पर निर्भर रहना पड़ा। अध्यवसाय और मितव्यता जैसे परम्परागत स्काटिश गुण उनमें कूट-कूट कर भरे हुए थे। उन्होंने क़ानून के अध्ययन से पढ़ाई शुरू की, पर जल्दी ही उनका रुझान साहित्य और दर्शन की तरफ़ हो गया। 26 साल की उम्र तक वे अपना सबसे महत्त्वपूर्ण ग्रंथ *ट्रीटाइज़ ऑफ़ ह्यूमन नेचर* लिख चुके थे। आज यह दर्शन की एक महान रचना मानी जाती है, पर शुरू में यह पुस्तक कामयाब नहीं हुई। विद्वानों को भी उनकी बातें जटिल और उलझी हुई लगीं। ह्यूम को मजबूरन इसका संक्षिप्त भाष्य लिखना पड़ा। 1744 में उनकी रचना *एसेज़, मॉरल ऐंड पॉलिटिकल* का प्रकाशन हुआ जिसके बाद उन्होंने एडिनबरा विश्वविद्यालय में नीतिशास्त्र के प्रोफ़ेसर की नौकरी का आवेदन किया। अपनी नास्तिक छवि के कारण ह्यूम को यह पद नहीं मिल सका। इसके बाद उन्होंने लाइब्रेरियन की नौकरी स्वीकार कर ली जिसमें वेतन तो बहुत कम था, पर उनके पढ़ने के लिए ढेर सारी पुस्तकें उपलब्ध थीं। इस अवसर का लाभ ह्यूम ने ब्रिटेन का इतिहास रचने के लिए किया। छह खण्डों में फैला हुआ महाग्रंथ द *हिस्ट्री ऑफ़ ग्रेट ब्रिटेन* लिखने में उन्होंने पंद्रह साल का समय लगाया। 1754 से 1762 के बीच प्रकाशित हुआ यह इतिहास अत्यंत सफल और लोकप्रिय साबित हुआ। जीवन के आख़िरी दौर में ह्यूम ने अपनी आत्मकथा *माई ओन लाइफ़* भी लिखी।

ह्यूम का दर्शन आगे चल कर अज्ञेयवाद के नाम से मशहूर हुआ। उनका दावा था कि मनुष्य की रचना मुख्यत: बुद्धि से न हो कर अनुभूति और संवेदना से हुई है। उनकी विख्यात कृति *ट्रीटाइज़ ऑफ़ ह्यूमन नेचर* का यह कथन दृष्टव्य है : 'बुद्धि को संवेदनाओं का आज्ञापालन करना ही होगा। वह किसी और अधिकारी की सेवा और अनुपालन का दिखावा तक नहीं कर सकती।' दरअसल, यह कह कर ह्यूम उस मान्यता को चुनौती देना चाहते थे जो मनुष्य की नैतिक आस्थाओं को बुद्धि आधारित या बुद्धि द्वारा प्रदर्शनीय मान कर चलती थी। जान लॉक को यह मान्यता प्रिय थी क्योंकि वे राजनीतिक प्राधिकार को स्वीकार करने से पहले उसे बुद्धिसंगत कसौटियों पर कसने का आग्रह करते थे। लॉक से प्रभावित होने के बावजूद ह्यूम का तर्क था कि बुद्धि और संवेदना के बीच कार्य-कारण संबंध ग़लत समझा जाता है। संवेदनाएँ एक ख़ास तरह के बुद्धिसंगत व्यवहार के कारण नहीं होतीं, बल्कि हमारा बुद्धिसंगत व्यवहार हमारी ख़ास तरह की संवेदनाओं के कारण होता है।

ह्यूम के इन विचारों के आधार पर शासन और राजनीति संबंधी दायित्वों की एक विशेष समझ बनती है। सामाजिक समझौता या प्राकृतिक नियम सरीखी किसी अमूर्त अवधारणा से बाँधने के बजाय वे शासन और राजनीति को उन व्यावहारिक मानवीय अनुक्रियाओं पर आधारित करने के पक्षधर हैं जिनका स्रोत मनुष्य की आवश्यकताएँ और कामनाएँ हैं। ह्यूम मान कर चलते हैं कि मनुष्य नैसर्गिक रूप से सामाजिक प्राणी तो है, लेकिन दूसरे के प्रति उसकी परोपकार-भावना एक लिहाज़ से सीमित है। वह पहले अपने और अपने परिवार का हित सोचेगा, फिर दूसरे के हित पर

विचार करेगा। चूँकि वह ऐसा करता है और इस जगत में संसाधन भी सीमित ही हैं, इसीलिए विवादों और टकरावों का जन्म होता है जिन्हें न्यूनतम रखने के लिए मनुष्य ने धीरे-धीरे 'न्याय के नियम' खोज निकाले हैं ताकि स्वामित्वों को सुरक्षित और अनुबंधों को क़ायम रखा जा सके। ये नियम किसी विधिकर्त्ता द्वारा पहले से सोच कर नहीं बनाये गये हैं, बल्कि इन्हें तो मानवीय विनिमय की प्रक्रिया में स्वत:स्फूर्त ढंग से विकसित किया गया है। न तो ये नियम प्राकृतिक हैं और न ही किसी अमूर्त बुद्धि की देन हैं। सोच और एहसास में मनुष्य कमोबेश एक सा ही है, इसलिए ये नियम भी काफ़ी-कुछ एक से होते हैं। इस विश्लेषण के बाद ह्यूम इस निष्कर्ष पर पहुँचते हैं कि पहले मनुष्य की व्यवहार-बुद्धि से ये नियम निकले, फिर उन्हें लागू करने के लिए सरकार का वजूद हुआ। इसका कारण था मनुष्य द्वारा अपने दूरगामी हितों को न समझ पाना, और केवल फ़ौरी हितों पर ज़ोर देते रहना। इसलिए जब मनुष्य ने ठंडे दिमाग़ से सोचा तो उसे लगा कि अपने सच्चे हित की ख़ातिर एक ऐसे राजनीतिक प्राधिकार को मान लेना चाहिए जो न्याय के नियमों को लागू कर सके।

डेविड ह्यूम (1711-1776)

सरकार और उसके प्राधिकार की मौजूदगी की वजह खोज लेने के बाद ह्यूम उसके उद्गम की ठीक-ठीक परिस्थितियाँ खोजने की चिंता में दुबेले नहीं होते। वे कहते हैं कि यह एक बेकार की क़वायद है। यह जान लेना ही काफ़ी है कि सरकार का धीरे-धीरे विकास हुआ है और जिस काम के लिए वह बनी है उसे कामयाबी से अंजाम दे रही है। इन्हीं विचारों के आधार पर ह्यूम ऐसी सरकार को सबसे अच्छा और सबको ख़ुश रखने वाली मानते थे जो समरूप और सामान्य क़ानूनों के आधार पर काम करती हो। हालाँकि उनकी अपनी प्राथमिकता थी ब्रिटिश क़िस्म की सरकार जिसमें राजशाही और गणराज्य का मिश्रण हो और दोनों एक-दूसरे को संयमित करते रहें, पर सरकार के स्वरूप पर उनका इतना ज़ोर नहीं था। उनकी शर्त केवल यह थी कि सरकार परम्परा, रिवाज़ों और प्राधिकार पर आधारित होनी चाहिए। ह्यूम की मान्यता यह भी थी कि मनुष्य आदतन राजनीतिक होता है और अगर परिस्थितियाँ अनायास प्रभावित न करें तो उसे स्थापित सरकार और प्राधिकार का शांतिपूर्वक अनुपालन करने में कोई मुश्किल नहीं होती।

ह्यूम के आर्थिक विचारों ने क्लासिकी अर्थशास्त्र की बुनियाद डालने की भूमिका निभायी। उन्होंने उन समस्याओं की ओर ध्यान आकर्षित किया जो आज भी राजनीतिक अर्थशास्त्र के लिए अहम बनी हुई हैं। आज का अर्थशास्त्री भी इस बात पर ग़ौर करता है कि परिचालन के लिए आवश्यक मुद्रा के परिमाण का निर्धारण कैसे किया जाए या मुद्रा का परिमाण कीमतों को कैसे प्रभावित करता है या मुद्रा जब अपना मूल्य खो बैठती है तो कीमत-संरचना के लक्षण कौन से होते हैं। अठारहवीं सदी में ह्यूम ने ही यह पता लगाया था कि माल की तमाम क़ीमतों में श्रम की क़ीमत यानी मज़दूर की मज़दूरी सबसे बाद में बढ़ती है। इस केंद्रीय नियम ने उन सामाजिक और आर्थिक प्रक्रियाओं को समझने में सहायता दी जो क़ाग़जी मुद्रा की बाढ़ होने के बाद उभरती हैं।

हालाँकि नास्तिक होने के आरोप में ह्यूम को प्रोफ़ेसरी से वंचित किया गया, पर उन्होंने ख़ुद को बाकायदा नास्तिक कभी घोषित नहीं किया। यह ज़रूर है कि वे धार्मिक विचारों को 'किसी रोगी के स्वप्न' से ज़्यादा अहमियत देने के लिए तैयार नहीं थे। उन्होंने भौतिकवाद और भाववाद के बीच कहीं स्थान बनाने का प्रयास किया। मार्क्सवादियों की मान्यता है कि धर्म संबंधी उनकी आलोचना ने एक ओर तो रूढ़िवाद के ख़िलाफ़ संघर्ष में महत्त्वपूर्ण योगदान किया, और दूसरी ओर विज्ञान और धर्म के बीच मेलमिलाप के लिए गुंजाइशें भी छोड़ दीं। ह्यूम के दर्शन को इंद्रियानुभववाद की श्रेणी में भी रखा जाता है। हाल ही तक उन्हें प्रत्यक्षतावाद के तर्क-बुद्धिवादी संस्करण के पुरोगामी के तौर पर भी देखा जाता था। लेकिन, अब कुछ विद्वान उनके विचारों को अर्थवैज्ञानिक (सीमेंटिक) नज़रिये के बजाय ज्ञानमीमांसक दृष्टिकोण से समझने पर ज़ोर देने लगे हैं।

देखें : अधिकार, अधिकार : सैद्धांतिक यात्रा, अरस्तू, अफ़लातून, अनुदारतावाद, अराजकतावाद, अन्य-अन्यीकरण, उदारतावाद, उपयोगितावाद, एडमण्ड बर्क, क्रांति, ज्याँ-ज़ाक रूसो, जॉन लॉक, जेरेमी बेंथम, जॉन स्टुअर्ट मिल, जॉन रॉल्स, जोहान गॉटफ्रीड हर्डर, थॉमस हॉब्स, थॉमस पेन, न्याय, न्याय : नारीवादी आलोचना, न्याय : रॉल्स का सिद्धांत, नागरिकता, नागरिकता : अन्य परिप्रेक्ष्य-1 और 2, नागर समाज, पनोप्टिकॉन, फ़्रेड्रिख़ वॉन हायक, बुद्धिवाद, माइकिल ओकशॉट, माइकिल वाल्ज़र, मिशेल पॉल फ़ूको-1 और 2, यूटोपिया, राजनीतिक दर्शन के नारीवादी आयाम, रॉबर्ट नॉज़िक, राज्य-1 और 2, विल किमलिका, स्वतंत्रतावाद, सर्वसत्तावाद, सम्प्रभुता, समाजवाद, सरकारियत।

संदर्भ

1. ए.वी. एनिकिन (1983), *आर्थिक विज्ञान का युवा काल : मार्क्स-पूर्व का राजनीतिक अर्थशास्त्र,* अनु, गिरीश मिश्र, पीपुल्स पब्लिशिंग हाउस, नयी दिल्ली.
2. डी. फ़ोर्ब्स (1975), *ह्यूम्स फिलॉसॉफ़िकल पॉलिटिक्स,* केम्ब्रिज युनिवर्सिटी प्रेस, केम्ब्रिज.
3. डी. मिलर (1981), *फिलॉसफ़ी ऐंड आइडियोलॅजी इन ह्यूम्स पॉलिटिकल थॉट,* क्लैरंडन प्रेस, ऑक्सफ़र्ड.
4. एफ़.जी. व्हेलन (1985), *ऑर्डर ऐंड आर्टीफ़ाइस इन ह्यूम्स पॉलिटिकल फिलॉसफ़ी,* प्रिंसटन युनिवर्सिटी प्रेस, प्रिंसटन.
5. अर्नेस्ट कैम्पबेल मोसनर (1980), द *लाइफ़ ऑफ़ डेविड ह्यूम,* ऑक्सफ़र्ड युनिवर्सिटी प्रेस, ऑक्सफ़र्ड.

— अभय कुमार दुबे

ढ

ढाँचागत समायोजन कार्यक्रम

(Structural Adjustment Programme)

विकासशील देशों की अर्थव्यवस्थाओं को बाज़ारवादी रास्ते पर चलाने के लिए ब्रेटन वुड्स संस्थाओं (अंतर्राष्ट्रीय मुद्रा कोष और विश्व बैंक) द्वारा तजवीज़ की जाने वाली नीतियाँ ढाँचागत समायोजन कार्यक्रम (एसएपी) के नाम से जानी जाती हैं। जैसे ही कोई विकासशील देश भुगतान अधिशेष के संकट में फँस कर इन संस्थाओं के पास क़र्ज़ लेने के लिए जाता है, उसके सामने अपनी अर्थव्यवस्था में समायोजन करने की शर्त रखी जाती है। यह संकट विदेशी मुद्रा कोष में आयी कमी से लेकर और भी कई तरह का हो सकता है। मुद्रा कोष इस ढाँचागत समायोजन को बचाव कार्यक्रम की संज्ञा देता है। अलग-अलग देशों के हिसाब से ये नीतियाँ कुछ अलग-अलग भी हो सकती हैं, पर आम तौर पर उनके कुछ पहलू समान होते हैं। मसलन, तक़रीबन सभी देशों से कहा जाता है कि वे सरकारी ख़र्चे में कमी लायें, स्थानीय उद्योगों को दी जाने वाली सबसिडी ख़त्म करें, सरकारी क्षेत्र के उद्योगों और अन्य संस्थाओं का निजीकरण करें, अपनी मुद्रा का मूल्य घटाएँ, लोक-कल्याण पर ख़र्च करने वाली रक़म को काफ़ी कम करें, विदेशी निवेश पर लगी पाबंदियाँ उठा लें, इस तरह के सुधार करें कि उत्पादकता-दक्षता-स्पर्धा में बढ़ोतरी हो।

आईएमएफ़ का दावा है कि अगर कोई देश उसके कहने पर ये सभी क़दम उठायेगा तो उसे विदेशी निवेश पाने में आसानी होगी, उपलब्ध वित्तीय संसाधनों के अनुपात में ही माँग संयोजित हो जाएगी और इस प्रकार दीर्घकालीन परिप्रेक्ष्य में आर्थिक वृद्धि हासिल की जा सकेगी। ढाँचागत समायोजन कार्यक्रमों का इतिहास बताता है कि उनका संबंध विश्व अर्थव्यवस्था में समय-समय पर आने वाले संकटों से है। सत्तर के दशक के बाद कभी तेल संकट, कभी ऋण संकट, कभी आर्थिक मंदी और कभी उत्पादन में जड़ता और मुद्रास्फीति के मिले-जुले असर के कारण विभिन्न देशों की अर्थव्यवस्थाओं में गहरे हस्तक्षेप की आवश्यकता महसूस की जाती रही है।

अस्सी के दशक के बाद से भारत, मैक्सिको, अर्जेंटीना, ब्राज़ील, नाइजीरिया, इंडोनेशिया जैसे देशों को विभिन्न कारणों और विभिन्न परिस्थितियों में समायोजन कार्यक्रम अपनाने पड़े हैं। दक्षिण कोरिया और थाईलैंड जैसे नवविकसित समझे जाने वाले देशों को भी नब्बे के दशक में आये मुद्रा संकट से बचने के लिए मुद्रा कोष की शरण में जाना पड़ा है। 1980 से पहले विश्व बैंक ने अपने कर्ज़े का बहुत कम प्रतिशत इन कार्यक्रमों के आधार पर आम्बटित किया था, लेकिन उसके बाद बैंक के आधे से ज़्यादा कर्ज़े इसी आधार पर दिये गये हैं।

भारतीय अर्थव्यवस्था के सामने भी मुद्रा कोष दो बार ढाँचागत समायोजन कार्यक्रम की शर्तें रख चुका है जिनके कारण भारतीय अर्थशास्त्रियों के बीच इस मुद्दे पर काफ़ी बहस हुई है। दरअसल, ये कार्यक्रम ख़ासे विवादास्पद हैं। न केवल वामपंथियों ने इनकी आलोचना की है, बल्कि इनकी प्रभावकारिता को नियोक्लासिकल अर्थशास्त्रियों ने भी आड़े हाथों लिया है। इसके मुख्य तौर से तीन कारण हैं : पहला, इन कार्यक्रमों की संरचना काफ़ी कड़े और ग़ैर-लचीले ढंग से की जाती है। भुगतान अधिशेष की समस्याओं से जूझते देशों की अलग-अलग परिस्थितियों और राजनीतिक आवश्यकताओं को पूरी तरह से नज़रअंदाज़ करके इन्हें

बनाया जाता है। कुछ विशेषज्ञों की राय है कि नब्बे के दशक के आख़िरी वर्षों में पैदा हुए एशियाई वित्तीय संकट को कम करने के बजाय मुद्रा कोष के बचाव कार्यक्रम ने और गहरा कर दिया था। दूसरा, फ़ौरी आर्थिक राहत मिलने की स्थिति में भी ये कार्यक्रम विकास के जिस रास्ते पर विकासशील देशों को डालते हैं, वे टिकाऊ विकास की कसौटियों पर खरे नहीं उतरते। विदेशी मुद्रा कमाने के लिए इन देशों से अपना हर सम्भव उत्पाद निर्यात करने के लिए कहा जाता है, भले ही इस निर्यातोन्मुख नीति का पर आगे चल कर पर्यावरण पर कितना भी नुक़सानदेह असर क्यों न पड़े। निर्यात की होड़ में जब एक से ज़्यादा देश एक ही क़िस्म का उत्पादन अंतर्राष्ट्रीय बाज़ार में बेच रहे हों, तो अक्सर उसके दाम गिर जाते हैं और इस चक्कर में कर्ज़दार देश को उत्तरोत्तर अपना माल अधिक से अधिक मात्रा में सस्ती दर पर बेचना पड़ता है। तीसरा, विदेशी मुद्रा कमाने के लिए बनायी गयी निर्यातोन्मुख नीतियों को कामयाब करने के लिए ये देश अपने अधिकांश संसाधन सामाजिक क्षेत्र से निकाल कर बिकाऊ माल के उत्पादन पर लगाने के लिए मजबूर हो जाते हैं। नतीजे के तौर पर स्वास्थ्य, शिक्षा, साफ़-सफ़ाई और स्थानीय उद्योग को दी जाने वाली आर्थिक सहायता में भारी कटौती करनी पड़ती है। इसका परिणाम स्थानीय समुदायों के और दरिद्रीकरण में निकलता है।

इसी तरह की आलोचनाओं के मद्देनज़र 2002 के बाद विश्व बैंक ने समायोजन कार्यक्रमों में एक नये पहलू का समावेश किया गया है। इसे पॉवर्टी रिडक्शन स्ट्रैटजी पेपर्स (पीआरएसपी) के नाम से जाना जाता है। बैंक का विचार था कि कई देश बहुत अनमने भाव से समायोजन कार्यक्रम चलाते हैं जिससे कई बार वह प्रभावी साबित नहीं हो पाता और राजकोषीय नीति में वांछित परिवर्तन नहीं हो पाते। अगर इन कार्यक्रमों को ग़रीबी उन्मूलन की नीतियों के रूप में पेश किया जाएगा तो इस कार्यक्रम की वैधता और लोकप्रियता में बढ़ोतरी होगी। ग़रीबी उन्मूलन की नीतियों के कारण कार्यक्रम पर अमल करने वाले देश निर्णय प्रक्रिया में ज़्यादा गहराई से शामिल महसूस करेंगे। दिलचस्प बात यह है कि पीआरएसपी और एसएपी के सार में विशेषज्ञों ने किसी ख़ास फ़र्क़ की शिनाख़्त नहीं की है। चाहे एसएपी हो या पीआरएसपी, निर्णय के सूत्र मोटे तौर पर उन्हीं देशों और संस्थाओं के हाथ में रहते हैं जिनके धन से क़र्ज़ का बंदोबस्त होता है।

ढाँचागत समायोजन कार्यक्रमों की आलोचना यहीं ख़त्म नहीं होती। विश्लेषकों ने कुछ बेहद संगीन और व्यापक मुद्दों की तरफ़ इशारा किया है जिनका ताल्लुक़ ग़रीब देशों की राजनीतिक सम्प्रभुता से है। सवाल यह है कि उस देश की सम्प्रभुता कितनी सुरक्षित मानी जाएगी जिसकी आर्थिक नीतियाँ किसी बाहरी संगठन के निर्देशों के तहत बनायी जाती हों, और उनका कार्यान्वयन भी उसी की देखरेख में होता हो? क्या यह एक हक़ीक़त नहीं है कि समायोजन कार्यक्रमों के प्रचलन के बाद ही विकासशील देशों में स्थानीय प्रशासन की अवहेलना करके आगे बढ़ोत्तरी वाले ग़ैर-सरकारी संगठनों की गतिविधियाँ बढ़ी हैं?

मुद्रा कोष और विश्व बैंक के दबाव में आ कर सरकारी क्षेत्र का निजीकरण करने के दुष्परिणाम कई देशों में सामने आ चुके हैं। बोलीविया में पानी सप्लाई और सब-सहारा अफ्रीका में स्वास्थ्य प्रणाली के निजीकरण ने जल और स्वास्थ्य जैसी आवश्यकताओं को इतना महँगा कर दिया है कि ग़रीबों की उन तक पहुँच नहीं रह गयी है। दूसरी तरफ़ एसएपी द्वारा लादी गयी कृषि नीतियों और खाद्यान्न के व्यापारीकरण की नीतियों के कारण ग़रीब देशों में असंतुलित शहरीकरण को बढ़ावा मिला है। देहातों से बहुत बड़े पैमाने पर ग्रामीणों का शहरों की तरफ़ पलायन हो रहा है जिससे शहरी ग़रीबी और झुग्गी क्षेत्रों में अनाप-शनाप बढ़ोतरी हुई है। कुल घरेलू उत्पाद में बढ़ने के बावजूद विकासशील देशों के खेतिहर क्षेत्रों को समायोजन कार्यक्रमों से लाभ नहीं हुआ है।

देखें : अंतर्राष्ट्रीय मुद्रा कोष, ढाँचागत समायोजन कार्यक्रम, पेटेंट, ब्रेटन वुड्स प्रणाली, भारत का भूमण्डलीकरण, भारत में पेटेंट क़ानून, भारत में बहुराष्ट्रीय निगम, भारत में शेयर संस्कृति, भूमण्डलीकरण, भूमण्डलीकरण का इतिहास-1 और 2, भूमण्डलीकरण और बेरोज़गारी, भूमण्डलीकरण और ग़रीबी, भूमण्डलीकरण और पूँजी बाज़ार, भूमण्डलीकरण और लोकतंत्र, भूमण्डलीकरण और राज्य, भूमण्डलीकरण और राष्ट्रीय सम्प्रभुता, भूमण्डलीकरण और वित्तीय पूँजी, भूमण्डलीकरण और वित्तीय उपकरण, भूमण्डलीकरण के आलोचक, भूमण्डलीकरण के ख़िलाफ़ प्रतिरोध, विश्व बैंक, विश्व व्यापार संगठन।

संदर्भ

1. जी. मोहन ब्राउन (2000), बी. मिलवार्ड और ए.बी. ज़ैक-विलियम्स, *स्ट्रक्चरल एडजस्टमेंट : थियरी, प्रैक्टिस ऐंड इम्पैक्ट्स,* रॉटलेज, लंदन.
2. जयराज कार वग़ैरह (1995), *द सोशल इम्पेक्ट ऑफ़ एडजस्टमेंट ऑपरेशंस,* ऑपरेशंस इवैलुएशन प्रोग्राम, विश्व बैंक, वाशिंगटन, डीसी.
3. फ्रांसिस स्टीवर्ड (1995), *एडजस्टमेंट ऐंड पॉवर्टी : ऑप्शंस ऐंड चॉइसेज़,* रौटलेज, न्यूयॉर्क.
4. पॉल स्ट्रीटेन (1987), 'स्ट्रक्चरल एडजस्टमेंट : अ सर्वे ऑफ़ द इशूज़ ऐंड ओपीनियंस', *वर्ल्ड डिवेलपमेंट,* खण्ड 1, अंक 12.

— अभय कुमार दुबे

त

तात्त्विकतावाद

(Essentialism)

तात्त्विकतावाद के अनुसार वस्तुओं, व्यक्तियों, समूहों और समुदायों में कुछ ऐसे अनिवार्य तत्त्व निहित होते हैं जिनके आधार पर ही हर सम्भव परिस्थिति और देशकाल में उनके अस्तित्व के सार की रचना होती है। इन अनिवार्य तत्त्वों की अनायास तत्त्वों के मुक़ाबले वस्तुगत पहचान की जा सकती है। सत्रहवीं सदी में जॉन लॉक ने कहा था कि वस्तुओं के भीतर छिपा हुआ, ठोस और असली तत्त्व होता है जिससे बने 'न्यूनतम सार' के आधार पर हम उन्हें पहचानते और समझते हैं। लेकिन आगे चल कर तात्त्विकतावादियों की निगाह में अनिवार्यता का पहलू इतना प्रबल होता चला गया कि वे उस आधार पर बनायी गयी परिभाषा को अस्तित्त्व की पूर्व-शर्त मानने लगे। मसलन, अगर उन्होंने एक बार यह तय कर लिया कि एक ख़ास रंग, वज़न, कठोरता और द्रवणांक जैसे अनिवार्य तत्त्वों के आधार पर स्वर्ण नामक धातु की रचना होती है, तो उन अनिवार्य विशेषताओं से होने वाले ज़रा से भी विचलन के आधार पर वे किसी धातु को सोना मानने से इनकार कर सकते हैं। इस अवधारणा का इतिहास बताता है कि वस्तुओं में तात्त्विकता देखने का आग्रह शुरू में काफ़ी-कुछ सीमित क़िस्म का था। तात्त्विकतावाद की अवधारणा ने उत्तर-औपनिवेशिक विमर्श, नारीवादी विमर्श, साहित्य-सिद्धांत और संस्कृति-विमर्श में विचारोत्तेजक बहसों को जन्म दिया है।

उत्तर-औपनिवेशिक विमर्श तात्त्विकतावाद के आधार पर अस्मिता-निर्धारण का विरोध करता है। देरिदा, लकाँ और फ़ूको जैसे उत्तर-संरचनावादियों द्वारा प्रवर्तित सिद्धांतों का सहारा लेकर इस विमर्श ने दिखाया कि किस तरह तात्त्विकतावाद का सहारा ले कर उपनिवेशितों का अन्यीकरण किया गया ताकि उनके मुक़ाबले औपनिवेशिक संस्कृति की श्रेष्ठता साबित की जा सके। यह विमर्श केवल यहीं तक सीमित नहीं रहा, बल्कि उसने राष्ट्रवाद और नस्लवाद में तात्त्विकतावादी पहलुओं की आलोचना तक अपने तर्कों का विस्तार किया। साठ और सत्तर के दशक में राष्ट्रीय मुक्ति संग्रामों ने साम्राज्यवादी और औपनिवेशिक विमर्श द्वारा क्षतिग्रस्त की गयी स्थानीय अस्मिताओं की पुनर्स्थापना के लिए तात्त्विकतावाद का सहारा लिया। इन संघर्षों की कोशिश यह थी कि उपनिवेशित होने से पहले की संस्कृतियों की श्रेष्ठता प्रमाणित करके खोयी हुयी गरिमा और आत्म-सम्मान को फिर से प्राप्ति की जाए।

गायत्री चक्रवर्ती स्पिवाक ने इस प्रक्रिया को अपने विख्यात लेख 'कैन द सबाल्टर्न स्पीक ?' में प्रश्नांकित किया है। वे कहती हैं कि सबाल्टर्न यानी उत्पीड़ित का अपने उत्पीड़क के ख़िलाफ़ बोलना अपने-आप में इतनी सीधी-सादी प्रक्रिया नहीं है। उत्पीड़ित अपनी जिस अनिवार्य प्राक्-औपनिवेशिक अस्मिता का दावा करता है, उसकी रचना पर भी औपनिवेशिक विमर्शों का असर होता है। स्पिवाक के इस विश्लेषण का यह नतीजा भी निकाला गया कि अंतिम विश्लेषण में सबाल्टर्न के पास अपनी स्वतंत्र और सम्प्रभु वाणी प्राप्त करने का कोई तरीक़ा नहीं है। इस नकारात्मक व्याख्या की प्रतिक्रिया में स्पिवाक ने एक तरह के 'रणनीतिक तात्त्विकतावाद' की वकालत की ताकि औपनिवेशिक और नव-औपनिवेशिक उत्पीड़न के प्रभावों से छुटकारा पाने के एक अस्थायी तरीक़े के रूप में तात्त्विकतावाद का लाभ उठाया जा सके।

सिद्धांतकारों का ख़याल था कि उपनिवेशवादी वर्चस्व से छुटकारे का यह प्रयास उत्पीड़क और उत्पीड़ित की श्रेणियों के महज़ उलट-फ़ेर तक सीमित नहीं रहना चाहिए। इस द्विभाजन के बुनियादी तर्क को आलोचना का निशाना बनाना ज़रूरी है वरना ज़्यादा से ज़्यादा होगा यह कि औपनिवेशिक प्रभुओं की जगह नये देशज प्रभु बैठ जाएँगे जिनकी भूमिका नव-औपनिवेशिक कठपुतलियों जैसी होगी। उत्तर-औपनिवेशिक राज्यों के उदय पर टिप्पणी करते हुए एडवर्ड सईद ने दावा किया है कि फ्रांज़ फ़ानो जैसे उपनिवेशवाद विरोधी सिद्धांतकार कहीं न कहीं तात्त्विकतावादी श्रेणियों का प्रयोग करने में निहित ख़तरों से वाकि.फ थे इसलिए उनके विमर्श में राष्ट्रवादी और नस्लवादी तात्त्विकतावाद की आलोचना भी मिलती है।

तात्त्विकतावाद के प्रश्न पर नारीवादी विमर्श के दायरे में भी जम कर विचार हुआ है। नारीवाद की दूसरी लहर के दौरान कई विद्वानों ने स्त्री और पुरुष के बीच लिंग-भेद की जीववैज्ञानिक व्याख्याओं को रेखांकित किया था। तात्त्विकतावाद नारीवाद के दो प्रमुख ध्रुवों में से एक है। दूसरा ध्रुव है सोशल कंस्ट्रक्टिविज़म या सामाजिक रचनावाद। तात्त्विकतावाद स्त्री को उसके अनिवार्य गुणों की रोशनी में ही देखना चाहता है। ज़ाहिर है कि इन अनिवार्य गुणों में से बहुत से गुण स्त्री की उस विशिष्ट जैविकता की देन हैं, जो पुरुष को नसीब नहीं हो सकती। इसलिए अक्सर इस तात्त्विकतावाद को बॉयलॅजीकल इसेंशियलिज़्म भी कहा जाता है। सुलामिथ फ़ायरस्टोन ने सत्तर के दशक में दावा किया कि अगर स्त्रियाँ प्रजनन क्षमता के कारण अपने ऊपर थोपे गये उत्पीड़नों से बचना चाहती हैं तो उन्हें प्रजनन प्रौद्योगिकियों का सहारा लेकर मातृत्व की जंजीरों से ख़ुद को मुक्त करना चाहिए। दूसरी ओर मैरी डाली का कहना था कि जैविक स्त्रीत्व जैविक पुरुषत्व से अनिवार्यत: श्रेष्ठ है। इसलिए स्त्री के जैविक गुणों को ही उसके लैंगिक सार के रूप में ग्रहण किया जाना चाहिए। फ़ायरस्टोन और डाली के विमर्शों से ज़ाहिर है कि तात्त्विकतावाद का नारीवादी विमर्श पर काफ़ी अलग-अलग तरह का असर पड़ा है।

तात्त्विकतावाद कहता है कि स्त्री होती है। सामाजिक रचनावाद कहता है कि स्त्री होती नहीं समाज और परिस्थितियाँ उसे बनाते हैं। नारीवाद के इन दो ध्रुवों में आसान सा लगने वाला यह विभाजन काफ़ी नफ़ीस क़िस्म का और बड़ी हद तक परस्परव्यापी है। इसे सरलीकृत ढंग से लेने पर समझ की समस्याएँ पैदा हो सकती हैं। सामाजिक रचनावादी कभी भी तात्त्विकतावादी लग सकते हैं और तात्त्विकतावादी उनसे भी ज़्यादा बुलंद स्वर में कह सकते हैं कि औरत औरत होने के साथ बहुत कुछ और भी है।

इसमें कोई शक नहीं कि केवल स्त्री ही माँ बन सकती है। पुरुष सब कुछ हो सकता है, पर माँ नहीं बन सकता। मातृत्व दोनों लिंगों के बीच अंतिम और अनुलंघनीय जैविक विभाजन है। स्त्री की प्रजननकारी क्षमता ही वह मक़ाम है जहाँ पर पुरुष स्त्री की श्रेष्ठता स्वीकारने के लिए बाध्य है। लेकिन क्या स्त्री की ऐसी प्रकृतिप्रदत्त और निर्विवाद ख़ूबी उसे एक सत्तामूलक हस्ती बना सकती है? क्या माँ की सत्ता के नेतृत्व में पितृसत्ता के ख़िलाफ़ संघर्ष चलाया जा सकता है? इस सवाल का जवाब नारीवाद के दोनों ध्रुव अलग-अलग तरह से देते हैं। चूँकि मातृत्व के साथ लालन-पालन की ज़िम्मेदारियाँ भी अनिवार्य रूप से जुड़ी हैं (जिनके कारण स्त्री घर की चारदीवारी में, प्राइवेट दायरे में क़ैद हो जाती है), इसलिए नारीवादियों ने औरत की सबसे बड़ी जैविक विशेषता यानी मातृत्व को उसके उत्पीड़न का एक स्रोत भी बताया है। आख़िरकार पुरुषत्व और स्त्रीत्व की मौजूदा सामाजिक संरचनाएँ मातृत्व की सक्रिय हिस्सेदारी और उसके इर्द-गिर्द ही बनती हैं। इसीलिए सामाजिक रचनावादी विदुषियाँ स्त्री होने और माँ होने को अलग-अलग करके देखना पसंद करती हैं। हालाँकि तात्त्विकतावादी विदुषियों को 'मातृमूलक नैसर्गिकता' बहुत प्रिय है, पर ख़ासे अंदरूनी बहस-मुबाहिसे के बाद नारीवादी विद्वत्ता अब इस निष्कर्ष पर पहुँच गयी लगती है कि गर्भ धारण करने और बच्चा पैदा करने को अलग करके समझना चाहिए। लालन-पालन, उसके सामाजिक-सांस्कृतिक संदर्भ और अन्य संबंधित पारिवारिक गतिविधियों का आकलन अलग से किया जाना चाहिए। ऐसा करते ही मातृत्व का अनुभव उसके जैविक दायरे से निकल कर ऐतिहासिक, सांस्कृतिक और सामाजिक विविधता में प्रकट होने लगता है। वेश्या का मातृत्व, गृहिणी का मातृत्व, एक परम्परानिष्ठ स्त्री का मातृत्व, एक आधुनिक कामकाजी स्त्री का मातृत्व, समलैंगिक स्त्री का मातृत्व और गोद से बच्चा छिन जाने वाली स्त्री का मातृत्व एक ही श्रेणी में डाले जाने वाली चीज़ नहीं रह जाता। मातृत्व के महा-आख्यान का यह विखण्डन नारीवादी तात्त्विकतावाद की प्रभावकारिता को कमज़ोर कर देता है।

एद्रियाने रिच ने नारीवाद की इसी समस्या का सूत्रीकरण करते हुए कहा था कि 'पालक' की भूमिका स्त्री पर उसकी एक विशेष ख़ूबी के तौर पर सरलीकृत ढंग से चस्पाँ कर देना ख़तरनाक है। रिच कहती हैं कि पुरुष की बलात्कारी और योद्धा मानसिकता का प्रतिकार करने के लिए मातृमूलक ख़ूबियों पर ज़ोर देना अलग बात है, लेकिन यह तुलना उस समय तक बोझ बनी रहगी जब तक स्त्री के इस सर्वाधिक उदार और संवेदनशील आयाम को ही एक लीवर की तरह इस्तेमाल करके उसे नियंत्रित किया जाता रहेगा।

देखें : गायत्री चक्रवर्ती स्पिवाक, उत्तर-औपनिवेशिकता, ज़ाक देरिदा, ज़ाक लकाँ, नारीवाद, नारीवाद की पहली लहर, नारीवाद की दूसरी लहर, नारीवाद की तीसरी लहर, मिशले पॉल फ़ूको-1 और 2.

संदर्भ

1. डी. फुस (1989), *इसेंशियली स्पीकिंग : फ़ेमिनिज़्म, नेचर ऐंड डिफ़रेंस,* रॉटलेज, लंदन.
2. गायत्री चक्रवर्ती स्पिवाक (1988), *इन अदर वर्ल्ड्स : एसेज़ इन कल्चरल पॉलिटिक्स,* रॉटलेज, न्यूयॉर्क.
3. एस. क्रिप्के (1972), नेमिंग ऐंड नेसेसिटी, केम्ब्रिज यूविर्सिटी प्रेस, मैसाचुसेट्स.
4. एडवर्ड सईद (1993), *कल्चर ऐंड इम्पीरियलिज़्म,* विंटेज, न्यूयॉर्क.

— अभय कुमार दुबे

तमिलनाडु

(Tamilnadu)

भारत के दक्षिणी भाग में स्थित राज्य तमिलनाडु को स्वतंत्रता से पहले मद्रास प्रेसीडेंसी के रूप में जाना जाता था। 1950 में मद्रास प्रेसीडेंसी भारतीय गणराज्य का मद्रास राज्य बन गयी और अपने वर्तमान रूप में इसका गठन 1956 में हुआ। उस समय भी इसका नाम मद्रास ही रखा गया जो 1969 में बदल कर तमिलनाडु हुआ। स्वतंत्रता प्राप्ति के बाद के दौर की तमिलनाडु की राजनीति को तीन भागों में बाँटकर समझा जा सकता है। पहला, 1952-1967 तक का दौर जिसमें कांग्रेस का वर्चस्व रहा। दूसरा, 1967-1987 तक का दौर जिसमें कांग्रेस के वर्चस्व की विदाई हुई और राज्य की राजनीति मुख्य रूप से के. करुणानिधि और एम.जी. रामचंद्रन के व्यक्तित्वों पर सिमटी रही। तीसरा, 1988 से आज तक की राजनीति जिसे मुख्य रूप से के. करुणानिधि बनाम जे. जयललिता की संज्ञा दी जा सकती है। दिलचस्प बात यह है कि तमिलनाडु की राजनीति में शुरू से लेकर अब तक फ़िल्मी हस्तियों का बोलबाला रहा है। राजनीति और फ़िल्मों की ऐसी अन्योन्यक्रिया कहीं और मिलनी मुश्किल है। तमिलनाडु एक ऐसा राज्य है जहाँ भारत में सबसे पहले और सबसे मज़बूती से 'ब्राह्मण विरोध' की राजनीति स्थापित हुई। यहाँ पिछड़ी जातियों को उत्तर के मुक़ाबले बहुत पहले ही आरक्षण दे दिया गया था। तमिलनाडु का महत्त्व इसलिए भी है क्योंकि शुरुआत में यहाँ भारत से अलग एक द्रविड़ राष्ट्र की माँग की गयी लेकिन लोकतांत्रिक राजनीति की प्रक्रिया में वह माँग धीरे-धीरे शांत हो गयी। 1980 और 1990 के दशक में श्रीलंका के तमिल आंदोलन के प्रति तमिलनाडु के कुछ दलों की सहानुभूति रही, लेकिन ये दल भी पृथकतावादी राजनीति को हवा नहीं दे पाये। सबसे पहले इसी राज्य में कांग्रेस का वर्चस्व तक़रीबन स्थायी रूप से ख़त्म हुआ। नब्बे के बाद के दौर में तमिलनाडु ने राष्ट्रीय स्तर की राजनीति में काफ़ी अहम भूमिका निभायी है।

चेन्नई राजधानी वाले इस राज्य के पश्चिम में केरल, उत्तर-पश्चिम में कर्नाटक, उत्तर में आंध्र प्रदेश, पूर्व में बंगाल की खाड़ी और केंद्र-शासित प्रदेश पांडिचेरी है। भारतीय प्रायद्वीप का सबसे दक्षिणी हिस्सा तमिलनाडु में ही स्थित है। इस बिंदु पर कन्याकुमारी शहर बसा हुआ है। यहाँ बंगाल की खाड़ी, अरब सागर और हिंद महासागर मिलते हैं। राज्य का कुल क्षेत्रफल 1,30,058 वर्ग किमी है। भारत के ग्यारहवें सबसे बड़े राज्य की 2011 की जनगणना के अनुसार कुल जनसंख्या 7,21,38,958 है और इस लिहाज़ से यह भारत का सातवाँ सबसे बड़ा राज्य है। यहाँ का जनसंख्या घनत्व 554.7 व्यक्ति प्रति किमी है। तमिलनाडु की साक्षरता दर 80.3 प्रतिशत है और इस हिसाब से भारत में इसका स्थान ग्यारहवाँ है। 1986 तक तमिलनाडु की विधायिका द्वि-सदनीय हुआ करती थी। लेकिन 1986 में यहाँ विधान परिषद ख़त्म कर दी गयी, और अब भारत के अधिकांश राज्यों की तरह तमिलनाडु की विधायिका भी एक-सदनीय ही है। विधानसभा में सदस्यों की कुल संख्या 235 है। यहाँ से लोकसभा के 39 और राज्यसभा के 18 सदस्य चुने जाते हैं। चेन्नई में तमिलनाडु का उच्च न्यायालय स्थित है। तमिलनाडु की सरकारी भाषा तमिल है। यहाँ के तक़रीबन नब्बे प्रतिशत लोग तमिलभाषी ही हैं। 2001 की जनगणना के अनुसार तमिलनाडु के 88.1 प्रतिशत लोग हिंदू हैं। यहाँ की जनसंख्या में ईसाई धर्म के लोगों का अनुपात 6.1 प्रतिशत और मुसलमामों को अनुपात 5.6 प्रतिशत है। यहाँ की जनसंख्या में अनुसूचित जातियों और अनुसूचित जनजातियों का अनुपात क्रमशः 19 प्रतिशत और एक प्रतिशत है।

आज़ादी से पहले तमिलनाडु ब्रिटिश औपनिवेशिक शासन के अंतर्गत मद्रास प्रेसीडेंसी का एक भाग था। उस समय कांग्रेस ही इस क्षेत्र का मुख्य राजनीतिक दल थी। लेकिन बीसवीं सदी के दूसरे दशक से ही राज्य में क्षेत्रीय दलों की दावेदारी की शुरुआत हो गयी थी। शुरुआती द्रविड़ पार्टियों में से एक साउथ एशियन वेलफ़ेयर एसोसिएशन का गठन 1916 में हुआ। बाद में इसे जस्टिस पार्टी के नाम से जाना गया। स्वतंत्रता आंदोलन के दौरान तमिलनाडु से कई प्रसिद्ध कांग्रेसी नेता हुए। इसमें चक्रवर्ती राजगोपालाचारी और नाडर कामराज के नाम मशहूर है। प्रसिद्ध कवि सुब्रह्मण्य भारती को

तमिलनाडु : द्रविड़ आंदोलन का केंद्र

भारतीय राष्ट्रवाद का तमिल गायक माना जाता है। आज़दी से पहले मद्रास प्रेसीडेंसी के तमिलभाषी इलाक़ों में ई.वी. रामस्वामी नायकर पेरियार के नेतृत्व में जातिगत भेदभाव और ब्राह्मणों के ख़िलाफ़ जुझारू आत्मसम्मान आंदोलन चलाया गया। 1937 में बनी राजगोपालाचारी के नेतृत्व वाली कांग्रेस की प्रांतीय सरकार द्वारा हिंदी को बाध्यकारी बनाये जाने के फ़ैसले का भी पेरियार और जस्टिस पार्टी ने जबर्दस्त विरोध किया। दरअसल 'ब्राह्मण विरोध' और 'हिंदी विरोध' ने स्वतंत्रता प्राप्ति के बाद के दौर में तमिलनाडु की राजनीति में महत्त्वपूर्ण भूमिका निभायी। 1944 में पेरियार ने इस पार्टी का नाम बदलकर द्रविड़ कजगम कर लिया। द्रविड़ कजगम ने द्रविड़ों के लिए एक स्वतंत्र राष्ट्र द्रविड़नाडु की माँग की और मद्रास प्रेसीडेंसी के अंतर्गत आने वाले सभी क्षेत्रों को इसमें शामिल करने पर ज़ोर दिया। लेकिन पेरियार के साथ मतभेद हो जाने के कारण पार्टी के दूसरे महत्त्वपूर्ण नेता सी.एन. अन्नादुरै ने विभाजन करके द्रविड़ मुनेत्र कजगम (डीएमके) की स्थापना की।

1950 में जब भारत का संविधान लागू हुआ तो वर्तमान तमिलनाडु राज्य को मद्रास स्टेट के नाम से जाना जाता था। उस समय इसमें वर्तमान आंध्र प्रदेश, केरल और कर्नाटक के कुछ भाग भी शामिल थे। चूँकि इन राज्यों का गठन भाषाई आधार पर हुआ था इसलिए मद्रास राज्य के उन भागों को इन राज्यों को दे दिया गया जिनमें इनकी भाषा बोलने वालों की बहुतायत थी। मद्रास में सार्वभौम मताधिकार पर आधारित पहला विधानसभा चुनाव मार्च, 1952 में हुआ। इसमें कांग्रेस को जीत मिली। शुरुआती तीन विधानसभा चुनावों में कांग्रेस का ही वर्चस्व रहा। इस दौरान सी. राजगोपालाचारी (10 अप्रैल, 1952–13 अप्रैल, 1954), के. कामराज (13 अप्रैल, 1954–2 अक्टूबर, 1963) और एम. भक्तवत्सलम (2 अक्टूबर, 1963–6 मार्च, 1967) राज्य के मुख्यमंत्री रहे। ये तीनों ही नेता स्वतंत्रता आंदोलन से जुड़े हुए थे और राजनीति में इनकी काफ़ी प्रतिष्ठा थी। राजगोपालाचारी तो स्वतंत्र भारत के पहले भारतीय गवर्नर जनरल थे। कामराज ने 1963 में 'कामराज योजना' पेश करके कांग्रेस का पुनर्संस्कार किया था। इस योजना के मुताबिक़ मुख्यमंत्री और अन्य सरकारी पदों पर बैठे कांग्रेसी नेताओं को अपने पद छोड़ कर पार्टी के लिए लोगों के बीच काम करना पड़ा। इसी योजना के आधार पर ख़ुद कामराज ने अपना मुख्यमंत्री पद भी छोड़ा। कामराज 1964 में कांग्रेस के राष्ट्रीय अध्यक्ष बने और उन्होंने लाल बहादुर शास्त्री और इंदिरा गाँधी को प्रधानमंत्री बनवाने में महत्त्वपूर्ण भूमिका निभायी। लेकिन साठ के दशक के शुरुआती वर्षों से ही द्रमुक (या डीएमके) की राजनीति से कांग्रेस के वर्चस्व को चुनौती मिलनी शुरू हो गयी थी। द्रमुक की ब्राह्मण-विरोधी नीतियों ने पिछड़ी जातियों को राजनीतिक रूप से गोलबंद किया। एम.जी. रामचंद्रन जैसे लोकप्रिय अभिनेता का समर्थन मिलने से भी इसकी स्थिति मज़बूत हुई। आज़ादी के बाद एक दशक तक द्रमुक स्वतंत्र द्रविड़नाडु की माँग पर ज़ोर देती रही। लेकिन 1962 में चीन के हमले के समय राष्ट्रवादी भावनाओं का उफ़ान होने के कारण इसने पहले इस माँग को स्थगित किया और बाद में पूरी तरह से छोड़ दिया। इस कारण तमिलनाडु की राजनीति में इसकी स्वीकार्यता बढ़ी। 1965 में हुए हिंदी विरोधी आंदोलन में द्रमुक नेताओं ने काफ़ी नेतृत्वकारी भूमिका निभायी। 1959 में राजगोपालाचारी द्वारा कांग्रेस से अलग होकर स्वतंत्रत पार्टी बनाने का फ़ायदा भी द्रमुक को मिला क्योंकि इससे राज्य में कांग्रेस की स्थिति कमज़ोर हो गयी।

1967 में हुए विधानसभा चुनावों के बाद द्रमुक सत्ता में आयी और सी.एन. अन्नादुरै राज्य के पहले ग़ैर-कांग्रेसी मुख्यमंत्री बने। उन्होंने 14 जनवरी, 1969 को मद्रास राज्य का नाम बदलकर तमिलनाडु कर लिया। अन्नादुरै अपने निधन तक राज्य के मुख्यमंत्री रहे। इसके बाद द्रमुक में नेतृत्व के लिए संघर्ष शुरू हुआ और सात दिन के लिए वी.आर. नेंदुंचेज़ियन राज्य के कार्यवाहक मुख्यमंत्री रहे। इसके बाद सरकार की बागडोर करुणानिधि को मिली। लेकिन पार्टी के भीतर करुणानिधि और एम.जी. रामचंद्रन के बीच संघर्ष

चलता रहा। 1972 में रामचंद्रन ने अपनी अलग पार्टी ऑल इण्डिया अन्ना द्रविड़ मुनेत्र कजगम (अन्नाद्रमुक) का गठन किया। जब तक रामचंद्रन जीवित रहे तब तक वे और करुणानिधि ही यहाँ की राजनीति की धुरी बने रहे। इस तरह राज्य की राजनीति से कांग्रेस के वर्चस्व की विदाई हो गयी। 24 दिसम्बर, 1987 को एम.जी. रामचंद्रन के देहांत के बाद अन्नाद्रमुक में भी कुछ समय के लिए सत्ता-संघर्ष हुआ। एक बार फिर कुछ समय के लिए वी.आर. नेंदुंचेज़ियन कार्यवाहक मुख्यमंत्री रहे। फिर बहुत ही कम समय के लिए एम.जी. रामचंद्रन की पत्नी जानकी रामचंद्रन मुख्यमंत्री बनी। राजीव गाँधी सरकार द्वारा राज्य में राष्ट्रपति शासन लागू कर दिये जाने के कारण उनकी सरकार का पतन हो गया। धीरे-धीरे वे नेपथ्य में चली गयीं और अन्नाद्रमुक पूरी तरह से जे. जयललिता की पार्टी बन गयी। इसके बाद से लेकर अब तक की तमिलनाडु की राजनीति मुख्य रूप से दो व्यक्तित्वों अर्थात् करुणानिधि और जयललिता के आस-पास केंद्रित रही है। तमिलनाडु की राजनीति के इन दो सशक्त नेताओं ने इस दौर में केंद्र की राजनीति को भी बहुत गहराई से प्रभावित किया। करुणानिधि और उनकी पार्टी ने अस्सी के दशक के आख़िरी वर्षों और नब्बे के दशक में राष्ट्रीय स्तर की ग़ैर-कांग्रेसी राजनीति में महत्त्वपूर्ण भूमिका निभायी। वी.पी. सिंह के नेतृत्व में बनी राष्ट्रीय मोर्चे की सरकार और एच.डी. देवेगौड़ा और इंद्र कुमार गुज़राल के नेतृत्व में बनी संयुक्त मोर्चा सरकारों के गठन में द्रमुक ने महत्त्वपूर्ण भूमिका निभायी और वह इन सरकारों में शामिल भी रही। बाद में लोकसभा के मध्यावधि चुनावों के पहले गठित राष्ट्रीय जनतांत्रिक गठबंधन में भी द्रमुक शामिल रही। 2004 के लोकसभा चुनावों में इसने कांग्रेस से गठबंधन किया और यह गठबंधन 2009 के लोकसभा चुनावों के दौरान भी क़ायम रहा। इन चुनावों के बाद गठित संयुक्त प्रगतिशील मोर्चे (यूपीए) की सरकारों के संचालन में द्रमुक की प्रमुख भूमिका रही। द्रमुक की तरह ही जयललिता की अन्नाद्रमुक ने भी राष्ट्रीय राजनीति में दख़ल दिया। 1991 में इसने कांग्रेस से मिलकर चुनाव लड़ा और चुनावों के बाद उसकी सरकार को समर्थन दिया। 1998 के लोकसभा के मध्यावधि चुनावों के बाद जयललिता 'किंग मेकर' की भूमिका में आ गयीं और उनके समर्थन वापस लेने के कारण ही वाजपेयी सरकार का पतन हुआ।

लेकिन, इन दो नेताओं के वर्चस्व का अर्थ यह नहीं है कि यहाँ दूसरे राजनीतिक दलों या नेताओं की प्रभावशाली मौजूदगी नहीं रही है। नब्बे के बाद के दौर में राज्य स्तर पर तमिल मनीला कांग्रेस (टीएमसी), पट्टालि मक्कल काच्ची (पीएमके) और मल्लुमाराची द्रविड़ मुनेत्र कजगम (एमडीएमके) का उल्लेख प्रभावशाली राज्य स्तरीय दलों के रूप में किया जा सकता है। टीएमसी का गठन जी.के. मूपनार ने कांग्रेस से अलग होकर किया था। 1996 के लोकसभा चुनावों के बाद संयुक्त मोर्चे की सरकारों में इसने महत्त्वपूर्ण भूमिका निभायी। लेकिन बाद में इसका कांग्रेस में विलय हो गया। पीएमके और एमडीएमके अभी राज्य की राजनीति में सक्रिय हैं। तमिलनाडु में राष्ट्रीय दलों की स्थिति मज़बूत नहीं रही है। 1967 के बाद कांग्रेस कभी भी राज्य में अपनी सरकार नहीं बना पायी। 1991 में तमिलनाडु के श्रीपेरम्बदुर में राजीव गाँधी की हत्या हो जाने के कारण उसके बाद हुए चुनावों कांग्रेस को जबर्दस्त फ़ायदा हुआ था, लेकिन इसके बावजूद कांग्रेस राज्य में कभी भी अपने पैरों पर खडी नहीं हो पायी है। मुख्य तौर पर वह द्रमुक या अन्नाद्रमुक से गठजोड़ बनाकर राजनीति करती रही है। कांग्रेस के अलावा अन्य राष्ट्रीय राजनीतिक दलों मसलन भाजपा या वामपंथी दलों की स्थिति कांग्रेस की तुलना में और भी ज़्यादा ख़राब है।

मुख्य रूप से दो व्यक्तित्वों के आस-पास राजनीति केंद्रित होने के कारण राज्य की राजनीति में चाटुकारिता, भ्रष्टाचार और परिवारवाद का वर्चस्व बहुत ज़्यादा बढ़ गया है। करुणानिधि का परिवार द्रमुक की राजनीति पर हावी है। नब्बे के दौर में जयललिता और करुणानिधि, दोनों ही की सरकारों पर भ्रष्टाचार के गम्भीर आरोप लगे थे। लेकिन तमिलनाडु की राजनीति में कोई सशक्त विकल्प उभरकर सामने नहीं आया और इन्हीं दोनों के बीच सत्ता की अदला-बदली होती रही। 2011 के चुनावों में अन्नाद्रमुक की जीत हुई और जयललिता एक बार फिर मुख्यमंत्री बनीं।

देखें : अरुणाचल प्रदेश, असम, आत्मसम्मान आंदोलन, आंध्र प्रदेश, इरोड वेंकट रामस्वामी नायकर पेरियार, उत्तर प्रदेश, उत्तराखण्ड, ओडीशा, कर्नाटक, केरल, गोवा, छत्तीसगढ़, जम्मू और कश्मीर, झाड़खण्ड, तमिलनाडु, त्रिपुरा, दक्षिण भारतीय सिनेमा और राजनीति, दिल्ली, नगालैण्ड, बिहार, पंजाब, पश्चिम बंग, मणिपुर, महाराष्ट्र, मध्य प्रदेश, मिज़ोरम, मेघालय, राजस्थान, हरियाणा।

संदर्भ

1. नरेंद्र सुब्रह्मण्यम (2003), 'बियांड एथ्निसिटी ऐंड पॉपुलिज़्म? चेंजेंज़ ऐंड कॉन्टिनुइटी इन तमिलनाडु इलेक्टोरल मैप', बॉब वैलेस और रामाश्रय रॉय (सम्पा.), *इण्डियाज़ 1999 इलेक्शंस ऐंड ट्वेंटिएथ सेंचुरी पॉलिटिक्स*, सेज, नयी दिल्ली.
2. डेविड वॉशरब्रुक (1989), 'कास्ट, क्लास ऐंड डॉमिनेंस इन मॉडर्न तमिलनाडु : नॉन ब्राह्मणिज़्म, द्रविड़िज़्म ऐंड तमिल नैशनलिज़्म', फ्रैंसीन फ्रैंकेल और एम.एस.ए. राव (सम्पा.), *डॉमिनेंस ऐंड स्टेट पावर इन मॉडर्न इण्डिया*, ऑक्सफ़र्ड युनिवर्सिटी प्रेस, दिल्ली और न्यूयॉर्क.
3. रॉबर्ट हार्डग्रेव, जूनियर (1973), 'पॉलिटिक्स ऐंड द फ़िल्म्स इन तमिलनाडु', *एशियन सर्वे*, खण्ड 13, अंक 3.

— कमल नयन चौबे

तीसरा सिनेमा

(Third Cinema)

साठ के दशक से शुरू हुआ यह सिनेमा आंदोलन मुख्यत: तीसरी दुनिया के देशों में सक्रिय फ़िल्मकारों की देन था। ये निर्देशक 'संस्कृति के वि-उपनिवेशीकरण' में यक़ीन करते थे। इसीलिए उन्होंने अपनी कृतियों को पहले सिनेमा (हॉलीवुड) और दूसरे सिनेमा (युरोपीय कला सिनेमा) से अलग एक तीसरे ध्रुव पर स्थित किया। अपनी स्वतंत्रता और स्वायत्तता के लिहाज़ से तीसरा सिनेमा सोवियत ख़ेमे के सिनेमा से भी अलग था, हालाँकि उसके सिद्धांतकार घोषित रूप से समाजवादी विचारधारा के साथ जुड़े हुए थे। यहाँ तीसरे सिनेमा और तीसरी दुनिया के सिनेमा के बीच अंतर स्पष्ट करना ज़रूरी है। तीसरी दुनिया के सिनेमा का एक बहुत बड़ा हिस्सा फ़िल्म-निर्माण के मामले में या तो हॉलीवुड के प्रारूप का पालन करता है, या फिर कला सिनेमा आंदोलन की विभिन्न प्रवृत्तियों को अपनाता है। तीसरी दुनिया के सिनेमा का मुख्य उद्देश्य मनोरंजन है, जबकि तीसरा सिनेमा अपने चरित्र में खुले तौर पर राजनीतिक था और फ़िल्म-निर्माण के ग़ैर-राजनीतिक रवैये और तौर-तरीक़ों को नापसंद करता था।

1969 में अर्जेंटीना के दो विमर्शकारों फ़र्नांडो सोलानास और ऑक्टावियो गेटिनो ने 'टुवर्ड्स अ थर्ड सिनेमा' शीर्षक से एक घोषणा पत्र तैयार किया जिससे इस आंदोलन की शुरुआत हुई। साठ के दशक के दौरान तीसरी दुनिया के आर्थिक रूप से पिछड़े हुए देशों में होने वाले राजनीतिक संघर्षों और क्रांतियों के आख्यान का इस घोषणा पत्र पर गहरा असर था। यही वह दौर था जब सामाजिक और राजनीतिक रूप से सजग फ़िल्मकारों ने वामपंथी विचारधारात्मक रुझानों की मदद ले कर तीसरी दुनिया में हो रहे परिवर्तनों की या तो खुली पैरोकारी की या विपक्षी भूमिका निभाते हुए उन्हें प्रश्नांकित किया। यह सिनेमा शैलीगत रूप से अमेरिका के प्रति-सिनेमा की तरह था। जिस तरह प्रति-सिनेमा फ़िल्म निर्माण के हॉलीवुडीय तौर-तरीकों की कड़ी आलोचना करते हुए विकसित हुआ था, उसी तरह से तीसरे सिनेमा के फ़िल्मकारों ने अपने-अपने देशों के संदर्भ में यही भूमिका निभायी। इन कलाकारों ने तीसरी दुनिया के दर्शकों के सामने अमेरिकी व्यावसायिक फ़िल्में और युरोपीय कला सिनेमा परोसने का भी विरोध किया।

ज़ाहिर है कि तीसरा सिनेमा आंदोलन के फ़िल्मकारों की भावभूमि पर उनके अपने देश के यथार्थ की गहरी छाप थी। इस लिहाज़ से ये फ़िल्मकार एक-दूसरे से उल्लेखनीय ढंग से अलग भी थे। लेकिन उनके बीच पाये जाने वाले समानता के बिंदु उन्हें सरोकारगत रूप से एक ख़ेमे में रख देते थे। मसलन, अफ़्रीका और भारत के फ़िल्मकारों का मक़सद उपनिवेशवाद के प्रभावों पर रोशनी डालना था। लातीनी अमेरिका के फ़िल्मकारों की रुचि नव-उपनिवेशवादी संरचनाओं को अनावृत्त करने की थी। कुल मिला कर अफ़्रीकी, एशियायी और दक्षिण अमेरिकी देशों के फ़िल्मकार इस आंदोलन के तहत बहिर्वेशन और उत्पीड़न के मक़ामों की शिनाख़्त करते हुए फ़िल्मों के ज़रिये राजनीतिक वक्तव्य देने के इच्छुक थे। इस प्रक्रिया में उन्होंने नयी सिनेमाई संहिताओं और परम्पराओं की रचना का दावा किया। वर्ग, नस्ल, संस्कृति, धर्म, सेक्स और राष्ट्रीय अखण्डता से जुड़े मुद्दों को सम्बोधित करते हुए इन नयी संहिताओं के मर्म में ग़रीब और अमीर का अंतर्विरोध था। लोकप्रिय स्वदेशी संस्कृतियों और उनके निरूपण के ज़रिये इन फ़िल्मकारों ने औपनिवेशिक और साम्राज्यवादी मूल्यों का समर्थन करने वाले शासक वर्गों का विरोध करने का फ़ैसला किया।

तीसरा सिनेमा : 'द बैटिल ऑफ़ अल्जियर्स' (2003)

दिलचस्प बात यह है कि अपने व्यवस्था विरोधी तेवर

को बुलंद करने के बावजूद तीसरे सिनेमा के बहुत से फ़िल्मकार अपने वित्त-पोषण के लिए सरकार पर निर्भर थे। भारत और क्यूबा में सरकारी पैसा इन फ़िल्मों के निर्माण में ख़र्च हुआ और अफ़्रीका के कुछ देशों (सेनेगल, ट्यूनीशिया, अल्जीरिया और मोरोक्को) के फ़िल्मकारों ने तो अपने पूर्व औपनिवेशिक प्रभुओं द्वारा दिया गया धन तक स्वीकार कर लिया। इस विरोधाभास के बावजूद यह संयोग विचारणीय है कि तीसरी दुनिया के अलग-अलग देशों में सक्रिय फ़िल्मकार अपने सामाजिक और राजनीतिक दायित्वों के बारे में एक ही निष्कर्ष तक कैसे पहुँचे। अफ़्रीकी फ़िल्मकारों ने 1969 में ही अल्जीयर्स में अपना अखिल अफ़्रीकी संगठन बना लिया था ताकि वे फ़िल्म-माध्यम का क्रांतिकारी इस्तेमाल करते हुए उपनिवेशवाद से मुक्त हो कर अफ़्रीकी एकता के लिए काम कर सकें। इसी साल से बरकिना फ़ासो में व्यवस्था विरोधी फ़िल्मों का एक द्वि-वर्षीय फ़िल्मोत्सव शुरू किया गया।

भारत में *तीसरे सिनेमा* की संहिताओं की अभिव्यक्ति मृणाल सेन ('भुवन शोम') और मणि कौल ('उसकी रोटी') की फ़िल्मों में हुई। इसकी पृष्ठभूमि में चालीस के दशक में चले भारतीय जननाट्य संघ (इप्टा) का रंगमंच और फ़िल्म आंदोलन था जिसने 1946 में ख़्वाज़ा अहमद अब्बास के निर्देशन में 'धरती के लाल' जैसी चर्चित फ़िल्म बनायी थी। इसके साथ ही तीसरे सिनेमा पर पचास और साठ के दशक की शुरुआत में बनायी गयी सत्यजीत राय ('पाथेर पांचाली', 'अपूर संसार', 'महानगर', 'चारुलता') और ऋत्विक घटक की फ़िल्मों का भी असर था। घटक ने 1952 में 'नागरिक' और 'अजांत्रिक' से शुरुआत की, पर इसके बाद उन्होंने 1943 में पड़े बंगाल के अकाल और 1947 में हुए भारत-विभाजन की त्रासदी के अपने आँखों देखे अनुभव के आधार पर गहरे राजनीतिक अर्थों से सम्पन्न फ़िल्म-त्रयी 'मेघे ढाके तारा' (1960), 'कोमल गांधार' (1961) और 'सुबर्णरेखा' (1962) का निर्माण किया।

लातीनी अमेरिका के तीसरे सिनेमा के केंद्र में सशस्त्र संघर्ष की विषयवस्तु थी। इस दौरान उभरे ब्राज़ीली सिनेमा की शिनाख़्त 'भूख अथवा हिंसा के सौंदर्यशास्त्र' के तौर पर की जाती है। अर्जेंटीना के क्रांतिकारी सिनेमा ने अवाँगार्द क़िस्म के जुझारू वृत्त-चित्रों का रूप ग्रहण किया। क्यूबाई सिनेमा के लिए भी यह अवधि उत्पादक साबित हुई। वहाँ एक ऐसा राजनीतिक सिनेमा सामने आया जिसके केंद्र में क्रांति को धरती पर उतारने में पैदा होने वाली कठिनाइयाँ थीं।

तीसरे सिनेमा के इर्द-गिर्द नब्बे के दशक तक जम कर बहस-मुबाहिसा जारी रहा। इसमें भाग लेने वालों ने एक अवधारणा के रूप में तृतीय विश्व और इस प्रकार के सिनेमा के बीच व्यावहारिक और सैद्धांतिक संबंधों का सूत्रीकरण करने का प्रयास किया। 1986 में यह सिनेमा विभिन्न देशों में रह रहे हाशियाकृत समूहों की समस्याओं पर रोशनी डालने वाली फ़िल्मों के रूप में सामने आया। अस्सी के दशक के अंत में ब्रिटेन में ब्लैक सिनेमा उभरा जिसके तत्त्वावधान में एडिनबरा (1986) और बरमिंघम (1988) में दो सम्मेलन आयोजित किये गये जिन्होंने इस बहस को अधिक व्यापक रूप दिया।

इन सम्मेलन में हुए विचार-विमर्श से तीसरे सिनेमा के कुछ पहलू ठोस रूप से सूत्रीकृत हुए। जैसे, तीसरा सिनेमा एक राष्ट्रीय सिनेमा है जिसकी जड़ें अपने देश की संस्कृति, राजनीति और सामाजिक अनुभव से जुड़ी हुई हैं। यह कई तरह का हो सकता है और इसकी प्रकृति निजी स्मृति पर आधारित है न कि इतिहास के आधिकारिक निरूपण पर। तीसरा सिनेमा फ़िल्मकार पर यह समझने की ज़िम्मेदारी डालता है कि शूटिंग करते समय वह किस मक़ाम पर खड़ा है और शूटिंग करते समय वह 'क्या' और 'क्यों' है। इन दोनों प्रश्नों के उत्तर पाने की प्रक्रिया में तीसरे सिनेमा की कृतियों की बेहतर समझ हासिल करने की सम्भावना बढ़ी। मसलन, इसके बाद यह देखना मुमकिन हो गया कि शुरुआती दौर में बने तीसरे सिनेमा से जेंडर का प्रश्न क्यों ग़ैरहाज़िर था।

देखें : अतिनाटकीयता, अनुपस्थिति-उपस्थिति, कला सिनेमा, अवाँगार्द और प्रति-सिनेमा, टीवी और समाचार, टीवी और सेक्शुअलिटी, टीवी और टीवी-अध्ययन, तीसरी दुनिया का सिनेमा, दक्षिण भारतीय सिनेमा और राजनीति, नारीवादी फ़िल्म-सिद्धांत, फ़िल्म और सेक्शुअलिटी, फ़िल्मांतरण, फ़िल्म-सिद्धांत, फ़्लैश-बैक, भारतीय सिनेमा-1, 2 और 3, भारतीय फ़िल्म-अध्ययन, भारतीय स्टार सिस्टम, रियलिटी टीवी, विचारधारा और हिंदी सिनेमा, वृत्त-चित्र, सेलेब्रिटी, सोप ओपेरा, सिनेमाई यथार्थवाद, नव-यथार्थवाद, सोवियत सिनेमा, स्टार, हिंदी सिनेमा का समाजशास्त्र।

संदर्भ

1. फ़र्नांडो सोलानास और ऑक्टावियो गेटिनो (1983), 'टुवर्ड्स अ थर्ड सिनेमा', संकलित : एम. चानन (सम्पा.), *ट्वेंटी फ़ाइव ईयर्स ऑफ़ न्यू लैटिन अमेरिकन सिनेमा,* ब्रिटिश फ़िल्म इंस्टीट्यूट पब्लिशिंग, लंदन.
2. टी. गैब्रियल (1989), 'थर्ड सिनेमा एज़ गार्जियन ऑफ़ पॉप्युलर मैमोरी : टुवर्ड्स अ थर्ड एस्थेटिक्स', संकलित : जे. पाइंस और पी. विलमेन (सम्पा.), *क्वेश्चंस ऑफ़ थर्ड सिनेमा,* ब्रिटिश फ़िल्म इंस्टीट्यूट पब्लिशिंग, लंदन.
3. सी. फुस्को (1989), 'एबाउट लोकेटिंग अवरसेल्व्ज़ ऐंड अवर रिप्रेज़ेंटेशंस, बरमिंघम थर्ड स्पेस सेक्शन ऑफ़ द 1988 बरमिंघम फ़िल्म ऐंड टेलिविज़न फ़िल्म फ़ेस्टिवल', *फ़्रेमवर्क,* खण्ड 36.

— अभय कुमार दुबे

तीसरी दुनिया का सिनेमा

(Third World Cinema)

तीसरी दुनिया के सिनेमा का सीधा मतलब माना जाता है अफ्रीका, मध्य-पूर्व, भारतीय उपमहाद्वीप, चीन, एशियाई देशों और लातीनी अमेरिका का सिनेमा। विविध सांस्कृतिक जड़ों और तरह-तरह की शैलियों के बावजूद इस सिनेमा का एक समान लक्षण यह है कि यह युरोकेंद्रित नहीं है। युरोप और अमेरिका के फ़िल्म बाज़ार में इन देशों के सिनेमा-उत्पादों के लिए कोई उत्सुकता नहीं पायी जाती, लेकिन अपने देशों की जनता के बीच असाधारण रूप से लोकप्रिय यह सिनेमा एक सांस्कृतिक शक्ति के रूप में ख़ुद को स्थापित कर चुका है। तीसरी दुनिया के समाज और राजनीति के साथ इस सिनेमा के संबंधों की व्याख्या के लिए युरोकेंद्रीय सिद्धांतों का उपयोगी नाकाफ़ी है। तीसरी दुनिया के सिनेमा के पास अपनी विमर्श-परम्पराएँ और अपने सिद्धांत हैं। भारतीय सिनेमा ने इस विमर्श में विशिष्ट योगदान किया है। 1948 में ही सत्यजीत राय और चिदानंद दासगुप्ता के लेखन ने सिनेमा-सिद्धांत से जूझते हुए स्वातंत्र्योत्तर भारतीय सिनेमा की राष्ट्र के संदर्भ में एकताकारी भूमिका पर ज़ोर देना शुरू कर दिया था। इसके बाद साठ और सत्तर के दशक में ऋत्विक घटक और कविता सरकार का लेखन सामने आया जिसके केंद्र में यथार्थवाद बनाम आधुनिकतावाद, आधुनिकतावाद बनाम अवाँगार्द और राष्ट्रीय सिनेमा बनाम क्षेत्रीय सिनेमा जैसी बहसें थीं। आज भारतीय सिनेमा अपने प्रसार, विविधता और संस्थागत मज़बूती में हुई ज़बरदस्त बढ़ोतरी के कारण एक भूमण्डलीय ताक़त में विकसित हो चुका है। इसलिए इस प्रविष्टि में केवल अफ्रीकी, चीनी, लातीनी अमेरिकी और मध्य-पूर्व के सिनेमा की चर्चा की गयी है। भारतीय सिनेमा पर अलग से दो विस्तृत प्रविष्टियाँ दी गयी हैं।

अफ्रीकी महाद्वीप में रचे गये अधिकतर सिनेमा को राष्ट्रीय चेतना के वाहक के तौर पर चिह्नित किया जा सकता है। इन फ़िल्मों ने या तो उपनिवेशवाद के प्रभावों की भर्त्सना की या परम्परा बनाम आधुनिकता के द्विभाजन को सम्बोधित किया। यह सिनेमा एक तरफ़ तो परम्परा के कुछ रूपों को स्थापित करता नज़र आया, तो दूसरी तरफ़ उसने परम्परा के अन्य रूपों की कठोर आलोचना की। इसी तरह उसने आधुनिकता के सकारात्मक और नकारात्मक रूपों की भी शिनाख़्त की। साठ और सत्तर के दशक में अफ्रीकी फ़िल्म-रचना पर फ्रेंज़ फ़ानो के रैडिकल लेखन के गहरे प्रभाव के फलस्वरूप अफ्रीकी सिनेमा अपने क्रांतिकारी और प्रतिरोधमूलक पक्ष के लिए भी जाना जाता है। इस सिनेमा ने लुई अलथूसे के विचारधारा संबंधी मार्क्सवादी विमर्श से भी प्रेरणा प्राप्त की। दरअसल, साठ के दशक में कई अफ्रीकी फ़िल्मकार पेरिस में सक्रिय थे। जब वे स्वदेश लौटे तो अपने साथ वहाँ के रैडिकल चिंतन की सौगात भी साथ लाए।

अफ्रीकन फ़िल्मकारों ने बरकिना फ़ासो में एक द्विवार्षिक फ़िल्मोत्सव भी शुरू किया। अखिल-अफ्रीकी फ़िल्मों की नुमाइंदगी करने वाले इस कार्यक्रम को दुनिया का सबसे बड़ा फ़िल्म महोत्सव माना जाता है। अफ्रीका में कुल मिला कर तीन महोत्सव होते हैं जिनके केंद्र में पैन-अफ्रीकनिज़म है जिसकी रोशनी में यह सिनेमा अपने तीन उद्देश्य प्राप्त करता है : राष्ट्रों के इतिहास और संस्कृतियों का आख्यान प्रस्तुत करना, समकालीन अफ्रीका के सामाजिक-राजनीतिक अंतर्विरोधों को उजागर करना और शैलीगत धरातल पर युरोकेंद्रीयता से कतराते हुए वि-उपनिवेशीकरण के सौंदर्यशास्त्र की रचना करना। ये तीनों उद्देश्य परस्परव्यापी ढंग से अपनी अभिव्यक्ति करते हैं। अफ्रीकी सिनेमा के लिए इतिहास का आख्यान बहुत महत्त्वपूर्ण है क्योंकि इस महाद्वीप के इतिहास की परम्परा अधिकांशत: वाचिक है जो फ़िल्म-माध्यम के अनुकूल है। उपनिवेशवाद की भर्त्सना करते हुए यह सिनेमा अफ्रीका की खोयी हुयी विरासत और अस्मिता को सामने लाता है ताकि भविष्य निर्माण की क्रांतिकारी चेतना उभर सके। इन दोनों उद्देश्यों को पूरा करने में जिन फ़िल्मकारों की रचनाएँ सफल मानी जाती हैं उनमें जिब्रिल दियोप मैम्बेती प्रमुख हैं।

चीनी सिनेमा : चीन में सिनेमा के इतिहास को 1896 में हुई शुरुआत से 1949 तक और 1949 से आज तक के दो चरणों में बाँट कर समझा जा सकता है। पहला दौर चीनी ओपेरा के फ़िल्मांकन से लेकर अतिनाटकीय और कॉमेडी फ़िल्मों के निर्माण तक फैला हुआ है। इस अवधि में चीनी सिनेमा ने पश्चिमी साम्राज्यवाद का प्रतिरोध करने की प्रवृत्ति दिखाई देती है, पर संस्थागत रूप कमज़ोर होने के कारण उसे अमेरिकी और पश्चिमी सिनेमा के मुक़ाबले मुँह की ख़ानी पड़ती थी। 1931 में जापानी आक्रमण के ख़िलाफ़ राष्ट्रवादी और कम्युनिस्ट गठजोड़ से बने माहौल में वामपंथी बुद्धिजीवियों ने फ़िल्म उद्योग में पदार्पण किया और कम्युनिस्ट प्रकोष्ठों की स्थापना की। इसका नतीजा वामपंथी रुझान की फ़िल्मों के निर्माण में निकला। 1919 के चार मई आंदोलन से प्रभावित इस दौर को चीनी सिनेमा का पहला स्वर्ण युग कहा जाता है। राष्ट्रवादी और देशभक्त प्रवृत्तियों को अभिव्यक्त करने वाले इस सिनेमा का सिलसिला 1949 तक चलता रहा। 1946 से 49 के बीच कई वामपंथी फ़िल्मकारों ने शंघाई में कार्यरत फ़िल्म कम्पनियों को केंद्र बना कर जिस सिनेमा की रचना की उसे चीनी सिनेमा का दूसरा स्वर्ण युग

ईरानी सिनेमा : मोहसिन मख़म्बाफ़ (1957–)

कहा जाता है।

1949 में क्रांति के बाद सिनेमा का केंद्र पेइचिंग और चांगचुंग की तरफ़ खिसकना शुरू हुआ। माओ ने सत्तारूढ़ होने के कुछ समय बाद ही शंघाई में बनने वाले सिनेमा को ख़ारिज कर दिया और कहा कि इसकी शैली पर पश्चिमी प्रभाव कुछ ज़्यादा ही है। 1953 तक शंघाई के स्टूडियो राष्ट्रीयकृत कर दिये गये। इसके बाद हर तरह की फ़िल्मों के लिए माओ की कार्यदिशा अपनाना अनिवार्य हो गया। क्रांति के बाद 1966 तक बनने वाली फ़िल्में समाजवादी यथार्थवाद के सिद्धांत के तहत मज़दूर-किसानों के जीवन की विषयवस्तु पर केंद्रित थीं। इस दौर पर सोवियत सिनेमा का असर साफ़ देखा जा सकता था।

1956 के बाद चीनी सिनेमा ने नयी करवट ली। अब माओ की लाइन क्रांतिकारी यथार्थवाद और क्रांतिकारी स्वच्छंदतावाद पर ज़ोर देने की थी। यह एक दिलचस्प तथ्य है कि इस परिवर्तन का फ़ायदा उठा कर फ़िल्मकार चार मई आंदोलन की साहित्यिक परम्परा की तरफ़ लौटने लगे। 'सौ फूलों को खिलने दो' की नीति के तहत फ़िल्म-निर्माण पर लगी पाबंदियाँ उठा ली गयीं। फ़िल्मकारों को युरोपीय फ़िल्म महोत्सवों में जाने की इजाज़त मिलने लगी। नौकरशाही की आलोचना करने वाली फ़िल्मों को भी प्रदर्शित किया जाने लगा। यह खुलापन 1964 तक विभिन्न डिग्रियों में चला। कभी-कभी बूर्ज़्वा प्रवृत्तियों की रोकथाम के नाम पर इन फ़िल्मों को सेंसर भी किया जाता था।

1966 से 1972 के बीच हुई सांस्कृतिक क्रांति के दौरान क्रांतिकारी अभिरुचि को नये सिरे से परिभाषित किया गया। इस दौरान सीमित क़िस्म की क्रांतिकारी ओपेरा शैली में केवल दस फ़िल्में बनीं, क्योंकि मादाम माओ द्वारा जारी की गयी कड़ी हिदायतों के मुताबिक़ हर फ़िल्म में आदर्श सर्वहारा नायक और नायिका का केंद्र में होना ज़रूरी था। सांस्कृतिक क्रांति ने पेइचिंग स्थित फ़िल्म अकादमी पर ताला डाल दिया और कई फ़िल्मकारों को ज़ेल की हवा ख़ानी पड़ी या उन्हें श्रम-शिविरों में भेज दिया गया। 1977-84 के बीच राजनीतिक परिवर्तनों का लाभ उठा कर चीनी फ़िल्मों ने सांस्कृतिक क्रांति के दौरान हुई ज़्यादतियों की आलोचना की। अस्सी के दशक के मध्य से चीनी सिनेमा में नयी लहर आयी जो आज तक जारी है। आज की फ़िल्में चीनी ऑपेरा के सांस्कृतिक दायरे और कम्युनिस्ट प्रोपेगंडे से बाहर रह कर सिनेमाई सौंदर्यशास्त्र के साथ अन्योन्यक्रिया के तहत बन रही हैं। पेइचिंग फ़िल्म अकादमी से निकले युवा फ़िल्मकारों ने ताइवान, हांगकांग और ब्रिटेन/जर्मनी से प्राप्त धन का इस्तेमाल करके 'रेड सोरगुम', 'दि स्टोरी ऑफ़ क्युई जू', 'रेज़ द रेड लैंटर्न', 'शंघाई ट्रियाड', 'यलो अर्थ' और 'फ़ेयरवैल माई कोंक्यूबाइन' जैसी बेहतरीन फ़िल्में बनायी हैं जिन्हें अंतर्राष्ट्रीय मंचों पर पुरस्कृत किया गया है। झान यिमू और चेन केगी जैसे चीनी फ़िल्मकार इस समय सारी दुनिया में प्रतिष्ठित हैं।

लातीनी अमेरिकी सिनेमा : बीस के दशक में मध्य और दक्षिण अमेरिकी देशों के तक़रीबन अस्सी फ़ीसदी फ़िल्म बाज़ार पर अमेरिका का क़ब्ज़ा था। तीस के दशक तक केवल मेक्सिको, अर्जेंटीना और ब्राज़ील के पास ही फ़िल्म-निर्माण का स्वदेशी ढाँचा मौजूद था। ब्राज़ील प्रति वर्ष सौ फ़िल्में बनाता था जिनमें से ज़्यादातर ग्रामीण काऊबॉय पृष्ठभूमि की रोमानी फ़िल्में हुआ करती थीं। यह फ़िल्म शैली अर्जेंटीना में भी काफ़ी लोकप्रिय थी। मेक्सिको में ज़रूर कुछ ऐसी फ़िल्में बनती थीं जिनमें उत्तरी अमेरिकी में मेक्सिन मज़दूरों की दुर्दशा का चित्रण किया जाता था। ध्वनि के आगमन के बाद लातीनी अमेरिकी सिनेमा ने राष्ट्रीय संस्कृतियों को प्रोत्साहन देना शुरू किया और म्यूज़िकल फ़िल्म शैली की शुरुआत हुई।

तीस के दशक के मध्य में सबसे पहले मेक्सिन फ़िल्म उद्योग ने अपने क़दम जमाये। पचास के दशक तक की अवधि इस सिनेमा के लिए स्वर्णकाल मानी जाती है। इस दौर में हॉलीवुड से प्रशिक्षण और अनुभव प्राप्त करके आये निर्देशकों और तकनीशियनों का योगदान रहा। 1930-32 में सोवियत फ़िल्मकार सेर्गेई आइज़ेंस्टीन मेक्सिको की यात्रा पर आये जहाँ उन्होंने अपनी विख्यात फ़िल्म 'को वीवा मेक्सिको!' की शूटिंग की। स्थानीय फ़िल्मकारों ने आइज़ेंस्टीन से भी बहुत कुछ सीखा। लेकिन जिस समय मेक्सिको फ़िल्म-निर्माण के क्षेत्र में मज़बूत क़दम बढ़ा रहा था, अर्जेंटीना की सरकार के फ़ासीवादी समर्थक रुख के कारण वहाँ फ़िल्म-निर्माण को ज़बरदस्त धक्का लगा। अमेरिका ने वहाँ कच्ची फ़िल्म भेजने पर पाबंदी लगा दी। 1946 में पेरों सरकार के तत्त्वाधान में अर्जेंटीना में फिर से

फ़िल्म-निर्माण शुरू हुआ, पर सेंसर की पाबंदियों के कारण बूर्ज़्वा मेलोड्रामा से भरी हुई 'सुरक्षित' फ़िल्में ही बनीं। इस दौरान बनी केवल एक फ़िल्म ही उल्लेखनीय कही जा सकती है जिसने पेरों की सर्वसत्तावादी हुकूमत के ख़िलाफ़ आवाज़ उठायी। यह थी लियोपोल्डो तोरे निल्सन की फ़िल्म 'द हैंड इन द ट्रैप' जिसे कान फ़िल्म महोत्सव में इंटरनेशनल प्रेस प्राइज़ से नवाज़ा गया।

लातीनी अमेरिकी सिनेमा की शैलीगत संरचनाओं पर मुख्यत: वाचिक आख्यान की परम्पराओं और स्थानीय संगीत का गहरा असर रहा है। चालीस और पचास के दशक का सिनेमा एक देश से दूसरे देश में सिनेमाई प्रतिभाओं के आवागमन से भी काफ़ी प्रभावित हुआ। युरोपीय और अमेरिकी फ़िल्मकारों ने लातीनी अमेरिका में आ कर काम किया, क्यूबाई फ़िल्मकारों ने मेक्सिकन और अर्जेंटीनियन फ़िल्मों में योगदान किया, अर्जेंटीना के फ़िल्मकार ब्राज़ील और वेनेज़ुएला गये। इस लिहाज़ से लातीनी अमेरिका सिनेमा को राष्ट्रेतर सिनेमा भी कहा जा सकता है। पचास से सत्तर के दशक के बीच में यह सिनेमा अपनी जुझारू और क्रांतिकारी फ़िल्मों के लिए जाना गया जिन्हें प्रति-सिनेमा की श्रेणी में रखा जाता है। इस सिनेमा का मुख्य विरोधाभास यह था कि इसमें सरकारी धन लगा हुआ था, पर शैली और विषयवस्तु के लिहाज़ से वह व्यवस्था विरोधी तेवर का वाहक था।

क्यूबा में होने वाले फ़िल्म-निर्माण की लगाम 1960 से अस्सी के दशक तक क्यूबन इंस्टीट्यूट ऑफ़ फ़िल्म आर्ट के हाथ में रही। इसने हर साल छह से दस के बीच में समाजावादी विषयवस्तुओं को लेकर प्रयोगधर्मी फ़िल्में बनायीं। इस दौरान वृत्त-चित्र शैली के लिए सांटियागो अल्वारेज़ का नाम उभरा और कथा-चित्र के लिए टॉमस गुइटरेज़ का। इन फ़िल्मकारों ने जानबूझ कर एक 'इम्परफ़ेक्ट' सिनेमा बनाने की कोशिश की जो अपने स्वभाव में प्रति-सिनेमा के शैलीगत विद्रोह से सम्पन्न था। कुल मिला कर सत्तर के दशक तक लातीनी अमेरिकी सिनेमा अपनी अलग प्रकृति के कारण विश्व भर में धाक जमा चुका था। अस्सी के दशक के बाद से लातीनी अमेरिका में भी टेलिविज़न एक सांस्कृतिक शक्ति के रूप में उभरा जिसके कारण दुनिया के अन्य देशों की तरह यहाँ भी फ़िल्म-निर्माण को तौर-तरीक़ों पर असर पड़ा। आज का ब्राज़ीली सिनेमा अंतर्राष्ट्रीय दर्शकों को अपनी ओर खींचने की कोशिश करता नज़र आता है। अस्सी और नब्बे के दशक में स्त्रियों का सिनेमा और समलैंगिकों का सिनेमा भी सामने आया है।

मध्यपूर्व के सिनेमा का व्यावहारिक मतलब है ईरानी, इज़रायली, फ़िलिस्तीनी और तुर्की के फ़िल्मकारों द्वारा बनाया गया सिनेमा। 1967 में सात-दिन के युद्ध में इज़रायल के हाथों मिस्र, जॉर्डन और सीरिया की पराजय फ़िलिस्तीनी डायस्पोरा के प्रयासों से इस राज्य-विहीन राष्ट्र का सिनेमा उभरा। फ़िलिस्तीन-इज़रायल संघर्ष का इस सिनेमा पर गहरा प्रभाव पड़ना लाज़मी था। इन फ़िल्मकारों ने वृत्त-चित्र और कथा-चित्र की मिश्रित शैली अपनायी। इज़रायली सिनेमा पर वैसे तो अरब राष्ट्रवादियों पर यहूदी राष्ट्र की श्रेष्ठता स्थापित करने के आग्रह छाये रहे, पर अस्सी के दशक के बाद वहाँ ऐसी फ़िल्में भी बनीं जो फ़िलिस्तीनी राष्ट्र की दावेदारियों पर हमदर्द निगाह डालती थीं। इज़रायल के दक्षिणपंथी ऐसी कोशिशों पर वामपंथी सिनेमा की श्रेणी चस्पाँ करते हैं, और दूसरी तरफ़ फ़िलिस्तीनियों द्वारा भी इन फ़िल्मों को संदेह की दृष्टि से देखा जाता है।

तुर्की मध्य-पूर्व का पहला ऐसा देश था जिसने बीसवीं सदी के दूसरे दशक से ही अपने स्वदेशी सिनेमा की शुरुआत कर दी थी। युरोपीय प्रभाव के कारण इस सिनेमा पर पश्चिमी शैली की छाप स्पष्ट दिखाई देती थी। पचास के दशक तक तुर्की में प्रति वर्ष डेढ़ से दो सौ फ़िल्में बननी शुरू हो चुकी थीं। इनमें मेलोड्रामा, ग्रामीण और शहर आधारित नाटकीय फ़िल्में, मारधाड़ वाली फ़िल्में और शहरी कामेडी फ़िल्में शामिल थीं। साठ के दशक में हुए फ़ौजी तख़्तापलट के बाद तुर्की सिनेमा कुछ अंतर्मुखी हुआ। इसके बाद राष्ट्रीय सिनेमा की दो धाराएँ उभरीं। पहली धारा आधुनिक पश्चिमी मूल्यों और इसलामी पारम्परिक मूल्यों के बीच अंतर्विरोध को संबोधित करती थी, और दूसरी के केंद्र में केवल इस्लामिक विचारधारा थी। सत्ता परिवर्तन, राजनीतिक अस्थिरता और सेंसरशिप की समस्याओं से जूझता हुआ तुर्की सिनेमा नब्बे के दशक तक फ़िल्मकारों की नयी पीढ़ी से सम्पन्न हो चुका था। विशेष बात यह है कि इस पीढ़ी में महिला फ़िल्मकारों का ख़ासा अनुपात है।

ईरानी सिनेमा का पहला कथा-चित्र तीस के दशक में बना। उसकी पहली बोलती हुई फ़िल्म 'खोयी हुई लड़की' का फ़िल्मांकन भारत में आर्देशिर ईरानी के निर्देशन में हुआ। चालीस के दशक आख़िरी वर्षों में वहाँ पहला फ़िल्म स्टूडियो खुला। साठ के दशक में ईरानी फ़िल्म उद्योग को सरकार ने अपने हाथों में ले लिया। अमेरिका का ख़याल था कि इस तरीक़े से वह ईरान को बढ़ते हुए कम्युनिस्ट प्रभाव से बचा सकेगा। शाह की हुकूमत ईरान ने में पश्चिमोन्मुख सिनेमा को प्रोत्साहन दिया। 1969 में मसूद किमाई की फ़िल्म 'क़ैसर' और दरयुश मेहरजुई की फ़िल्म 'गाय' से ईरानी न्यू वेव की शुरुआत हुई जो 1978 की क्रांति तक चली।

क्रांति के पहले साल के दौरान तो सिनेमा पर प्रतिबंध लगा रहा। कई सिनेमा थिएटर जला दिये गये। कड़े इसलामी क़ानून के कारण स्त्रियों की फ़िल्मों में भागीदारी असम्भव हो गयी। कई फ़िल्मकारों ने ख़ुद को निष्कासित कर लिया और इस तरह ईरान का डायस्पोरिक सिनेमा सामने आया। 1983

में संस्कृति मंत्रालय ने फ़राबी सिनेमा फ़ाउंडेशन स्थापित किया। 1987 तक स्त्रियों को सिनेमा में भाग लेने की इजाज़त मिलने लगी। महिलाएँ फ़िल्म निर्देशन के क्षेत्र में भी आयीं। लेकिन जो भी फ़िल्में बनीं उन्हें इस्लामिक सेंसरशिप के पाँच स्तरों से गुज़रना पड़ता था। कड़ाई इतनी थी कि इस्लामिक विचारधारा में यक़ीन करने वाले फ़िल्मकारों की फ़िल्में भी प्रतिबंधित कर दी जाती थीं। सेंसरशिप के कारण स्थिति यह है कि आज ईरानी फ़िल्मकारों की कृतियाँ अंतर्राष्ट्रीय मंचों पर ज़्यादा सराही जाती हैं।

देखें : अतिनाटकीयता, अनुपस्थिति-उपस्थिति, कला सिनेमा, अवाँगार्द और प्रति-सिनेमा, टीवी और समाचार, टीवी और सेक्शुअलिटी, टीवी और टीवी-अध्ययन, तीसरी दुनिया का सिनेमा, दक्षिण भारतीय सिनेमा और राजनीति, नारीवादी फ़िल्म-सिद्धांत, फ़िल्म और सेक्शुअलिटी, फ़िल्मांतरण, फ़िल्म-सिद्धांत, फ़्लैश-बैक, भारतीय सिनेमा-1, 2 और 3, भारतीय फ़िल्म-अध्ययन, भारतीय स्टार सिस्टम, रियलिटी टीवी, विचारधारा और हिंदी सिनेमा, वृत्त-चित्र, सेलेब्रिटी, सोप ओपेरा, सिनेमाई यथार्थवाद, नव-यथार्थवाद, सोवियत सिनेमा, स्टार, हिंदी सिनेमा का समाजशास्त्र।

संदर्भ

1. डी. ऐंड्रू (1984), *कंसेप्ट्स इन फ़िल्म थियरी,* ऑक्सफ़र्ड युनिवर्सिटी प्रेस, न्यूयॉर्क और ऑक्सफ़र्ड.
2. जी. मास्ट, एम, कोहेन और एल. ब्रादी (सम्पा.) (1992), *फ़िल्म थियरी ऐंड क्रिटिसिज़म,* ऑक्सफ़र्ड युनिवर्सिटी प्रेस, न्यूयॉर्क और ऑक्सफ़र्ड.
3. जे. कॉगी (सम्पा.) (1981), *थियरीज़ ऑफ़ ऑथरशिप,* रॉटलेज ऐंड कीगन पॉल, लंदन.
4. एस. हीथ (1981), *क्वेश्चंस ऑफ़ सिनेमा,* मैकमिलन, लंदन.

— अभय कुमार दुबे

तेलुगु देशम पार्टी

(Telgu Desham Party)

तेलुगु देशम पार्टी (तेदेपा) दक्षिण भारतीय राज्य आंध्र प्रदेश का प्रमुख राजनीतिक दल है। इस पार्टी और इसके संस्थापक विख्यात सिने अभिनेता नंदमूरि तारक रामराव (1923-1996) ने अस्सी के दशक में न केवल आंध्र प्रदेश में कांग्रेस के वर्चस्व को ज़बरदस्त चुनौती दी, बल्कि लोकसभा में भी मुख्य विपक्षी दले के रूप में उभरी। बाद में, इस दशक के आख़िर में केंद्रीय स्तर पर ग़ैर-कांग्रेसवाद की राजनीति में भी देशम की महत्त्वपूर्ण भूमिका रही। नब्बे के दशक में गठित ग़ैर-कांग्रेसी सरकारों में उसने भागीदारी की। रामराव के जीवन में ही पार्टी में विभाजन करके उनके दामाद चंद्रबाबू नायडू पार्टी के नेता बने। नायडू आंध्र के मुख्यमंत्री के रूप में आर्थिक सुधारों के ज़ोरदार पैरोकार के रूप में सामने आये और इसके कारण उन्हें राष्ट्रीय और अंतर्राष्ट्रीय स्तर पर ख्याति भी मिली। उन्होंने सीईओ शैली में सरकार चला कर प्रशासन का एक नया मॉडल स्थापित करने की कोशिश की। यद्यपि 2004 के विधानसभा चुनावों के बाद यह पार्टी राज्य में सत्ता से बाहर है, लेकिन अब भी यह मुख्य विपक्षी दल के रूप में सत्ता की सबसे बड़ी दावेदार है। राष्ट्रीय स्तर पर ग़ैर-कांग्रेसवाद की राजनीति में इसकी उपेक्षा नहीं की जा सकती है। देशम के जनाधार की विशेषता यह है कि इसे प्रदेश के एक प्रमुख पिछड़े समुदाय कम्मा बिरादरी का एकनिष्ठ समर्थन हासिल है। मोटे तौर पर कांग्रेस को आंध्र प्रदेश में रेड्डियों की पहली पसंद माना जाता रहा है, और रेड्डियों से सामाजिक प्रगति की होड़ में संलग्न कम्मा रामराव की परम्परा में नायडू और देशम को अपने राजनीतिक प्रतिनिधि के तौर पर देखते हैं।

रामराव द्वारा 29 मार्च, 1982 को हैदराबाद में तेलुगु देशम पार्टी की स्थापना की गयी थी। रामराव तेलुगु फ़िल्मों के सबसे मशहूर और लोकप्रिय अभिनेता थे। उनकी पार्टी ने भारत के तेलुगुभाषी लोगों के राजनीतिक, सामाजिक, आर्थिक और सांस्कृतिक हितों की सुरक्षा को अपना लक्ष्य घोषित किया। आम तेलुगुभाषी लोगों को जीवन की बुनियादी सुविधाएँ उपलब्ध कराने, महिलाओं, युवकों ओर पिछड़े समूहों के लोगों का सशक्तीकरण करने का वायदा भी किया गया। रामराव ने ज़ोर दिया कि वे राजनीति में इसलिए आये ताकि आंध्र प्रदेश की जनता को कांग्रेस के भ्रष्ट और अक्षम शासन से मुक्ति दिला सकें।

1956 में आंध्र प्रदेश का गठन होने के बाद से लेकर राज्य में लगातार कांग्रेस की ही सरकार थी। यह एक दिलचस्प तथ्य है कि रामराव अपनी स्वतंत्र पार्टी बनाने से पहले कांग्रेस से राज्यसभा का टिकट माँग रहे थे। लेकिन, तत्कालीन कांग्रेस के महामंत्री के रूप में राजीव गाँधी ने उन्हें यह टिकट देने से मना कर दिया। दूसरी तरफ़, राज्य के कांग्रेसी नेताओं के बारे में यह बात भी प्रचलित थी कि कांग्रेस हाईकमान के सामने वे अपनी स्वतंत्र और स्वायत्त हैसियत बनाने में नाकाम रहे हैं। असल में कांग्रेस हाईकमान अपनी मनमर्ज़ी के हिसाब से राज्य के मुख्यमंत्री बदलता था। टिकट न पाने से आहत एन.टी. रामराव ने इसे आंध्र प्रदेश के स्वाभिमान से जोड़ा और 'तेलुगु बिड्डा' के रूप में उभरा। कम-से-कम आंध्र प्रदेश में तो रामराव का करिश्माई व्यक्तित्व प्रधानमंत्री इंदिरा गाँधी के व्यक्तित्व और लोकप्रियता को सीधी चुनौती देता ही था।

नंदमूरि तारक रामराव (1923–1996)

रामराव की बढ़ती राजनीतिक सक्रियता से सचेत होकर ही कांग्रेस ने राज्य में जल्द विधानसभा चुनाव कराने का फ़ैसला किया। राज्य में अगस्त, 1983 में चुनाव होने थे, लेकिन कांग्रेस सरकार ने जनवरी ,1983 में ही चुनाव करवाये। इसके पीछे रणनीति यह थी कि ऐसा करने से रामराव की नयी पार्टी को ज़मीनी स्तर पर अपना संगठन मज़बूत करने का मौक़ा नहीं मिलेगा। लेकिन रामराव ने जनता से सम्पर्क करने और अपने पार्टी का आधार मज़बूत करने के लिए नये तरीक़ों का प्रयोग किया। वे देश के पहले नेता थे जिन्होंने जनता से सम्पर्क करने के लिए रथ यात्रा का सहारा लिया। अपने चैतन्य रथम द्वारा उन्होंने राज्य में 75,000 किलोमीटर की यात्रा की। उनके स्वागत में जगह-जगह भीड़ उमड़ी और उन्होंने जनता के बीच अनगिनत भाषण दिये। रामराव ने तेलुगु लोगों के स्वाभिमान और आम लोगों तथा सरकार के बीच नज़दीकी संबंध क़ायम करने पर ज़ोर दिया। इन चुनावों में देशम ने राज्य के एक छोटे दल संजय विचार मंच से गठजोड़ क़ायम किया। चुनावों में देशम गठजोड़ को पूर्ण बहुमत मिला। 294 सदस्यी विधानसभा में देशम को 199 और इसके सहयोगी दल को तीन सीटें मिली। इस तरह, जनवरी 1983 में रामराव राज्य के पहले ग़ैर कांग्रेसी मुख्यमंत्री बने।

बहरहाल, 15 अगस्त 1984 को आंध्र प्रदेश के राज्यपाल रामलाल ने रामराव को मुख्यमंत्री पद से हटा दिया। उस समय रामराव अपने दिल की सर्जरी करवाने अमेरिका गये थे। राज्यपाल ने उनकी जगह देशम के असंतुष्ट नेता भास्कर राव को मुख्यमंत्री बनवा दिया जिनका दावा था कि उनके पास देशम के अधिकांश सदस्यों का समर्थन है। राव का यह दावा ग़लत था। वापस लौटने पर रामराव ने राज्यपाल के सामने अपने समर्थक विधायकों की परेड करवा दी। लेकिन राज्यपाल अपने निर्णय पर क़ायम रहे। राज्यपाल के निर्णय के ख़िलाफ़ रामराव ने एक बार फिर से चैतन्य रथम से अभियान शुरू कर दिया, उनके इस अभियान को ज़बरदस्त जन-समर्थन मिला। इसके साथ ही राष्ट्रीय स्तर पर अधिकतर ग़ैर-कांग्रेसी पार्टियों ने भी रामराव का समर्थन किया। जनता पार्टी, भारतीय जनता पार्टी, वाम मोर्चे और नैशनल कांफ्रेंस जैसे दलों ने राज्यपाल का विरोध करते हुए रामराव का समर्थन किया। आख़िरकार व्यापक विरोध के आगे झुकते हुए इंदिरा गाँधी ने रामलाल को हटा कर उनकी जगह शंकर दयाल शर्मा को आंध्र प्रदेश का राज्यपाल बनाया। शंकर दयाल शर्मा ने भास्कर राव को मुख्यमंत्री पद से हटाकर फिर से रामराव को मुख्यमंत्री बनाया।

अक्टूबर, 1984 में इंदिरा गाँधी की हत्या के बाद हुए चुनावों में पूरे देश में कांग्रेस को सहानुभूति लहर का फ़ायदा मिला और ज़बरदस्त जीत हासिल हुई। लेकिन आंध्र प्रदेश में कांग्रेस को बहुत ज़्यादा सफलता नहीं मिली। यहाँ तेलुगु देशम पार्टी ही जीती। 1984 के लोकसभा चुनावों के बाद तेलुगु देशम पार्टी लोकसभा में मुख्य विपक्षी दल बनी। यह भारत के संसदीय लोकतंत्र के इतिहास में एक अनूठी घटना थी, जब एक क्षेत्रीय दल मुख्य विपक्षी दल बना। लोकसभा चुनावों की जीत से उत्साहित होकर एन.टी. रामराव ने विधान सभा भंग कराकर नये चुनाव कराने का फ़ैसला किया। इन चुनावों में भी देशम को अच्छी-ख़ासी सफलता मिली। 294 सदस्यीय विधानसभा में इसे 208 सीटों पर जीत मिली। इस बार रामराव ने मुख्यमंत्री के रूप में पाँच साल का अपना कार्यकाल पूरा किया। लेकिन दिसम्बर, 1989 में हुए चुनावों में सत्ता विरोधी रुझान के कारण देशम को हार का सामना करना पड़ा। ख़ुद रामराव एक जगह से विधानसभा चुनाव हार गये। लेकिन इस दौर में रामराव ने राष्ट्रीय राजनीति में ग़ैर-कांग्रेसी दलों को एक मंच पर लाने की पुरज़ोर कोशिश की। वे विपक्षी दलों की गोष्ठियों के मुख्य प्रायोजक के तौर पर उभरे। इसी राजनीति के परिणामस्वरूप राष्ट्रीय मोर्चा गठित हुआ जिसने 1989 के लोकसभा चुनावों के बाद केंद्र में सरकार भी बनायी। यद्यपि राष्ट्रीय मोर्चे का प्रयोग सफल नहीं हुआ और विश्वनाथ प्रताप सिंह सिंह के नेतृत्व वाली राष्ट्रीय मोर्चे की सरकार एक साल के भीतर ही गिर गयी, लेकिन राष्ट्रीय मोर्चे की सरकार के पतन के बावजूद रामराव ग़ैर-कांग्रेसी विकल्प के लिए काम करते रहे।

दिसम्बर, 1994 में आंध्र प्रदेश विधानसभा के चुनावों में देशम ने वाम दलों के साथ गठजोड़ क़ायम किया। इन

चुनावों में रामराव ने जनता की बुनियादी ज़रूरतों से जुड़े मद्दों पर ज़ोर दिया। उन्होंने दो रुपये किलो चावल देने और शराबबंदी का वायदा किया। इन चुनावों में देशम और वाम दलों के गठजोड़ को ज़बरदस्त जीत मिली। उन्हें 294 सदस्यीय विधानसभा में कुल 250 सीटों पर जीत मिली। रामराव फिर से मुख्यमंत्री बने। लेकिन सिर्फ़ नौ महीने बाद ही उनके दामाद एन. चंद्रबाबू नायडू ने सरकार और पार्टी में उनका तख़्ता पलट दिया। नायडू ख़ुद पार्टी अध्यक्ष और मुख्यमंत्री बन गये। अधिकांश देशम विधायकों ने नायडू का समर्थन किया। नायडू ने तर्क दिया कि उन्हें यह क़दम उठाने पर इसलिए मजबूर होना पड़ा क्योंकि रामराव की दूसरी पत्नी लक्ष्मी पार्वती का पार्टी में हस्तक्षेप बहुत ज़्यादा बढ़ गया था। रामराव ने इस तख़्ता पलट का प्रतिरोध करने की कोशिश की पर वक़्त ने उनका साथ नहीं दिया। 18 जनवरी, 1996 को दिल का दौरा पड़ने से उनकी मौत हो गयी। इस तरह नायडू तेलुगु देशम के अविवादित नेता बन गये और रामराव की पूरी विरासत उन्हीं के हाथ लगी।

मुख्यमंत्री के रूप में नायडू ने नव-उदारतावादी नीतियों को आगे बढ़ाया। उन्होंने राज्य में पूँजी निवेश बढ़ाने और सब्सिडी हटाने पर जोर दिया। सीएनएन और टाइम जैसे अमेरिका मीडिया ने नायडू की कार्यशैली की ज़बरदस्त सराहना की और उन्हें आर्थिक सुधारों के आदर्श चेहरे के रूप में पेश किया। जहाँ मुख्यमंत्री के रूप में नायडू की कार्यशैली को अंतर्राष्ट्रीय स्तर पर सराहना मिली, वहीं 1996 के लोकसभा चुनावों के बाद राष्ट्रीय राजनीति में भी उनकी साख और सक्रियता बढ़ी। संयुक्त मोर्चे की सरकारों में देशम शामिल हुई और नायडू संयुक्त मोर्चे के समन्वयक बने। लेकिन 1999 आते-आते नायडू ने भाजपा के नेतृत्व वाले राष्ट्रीय जनतांत्रिक गठबंधन का दामन थाम लिया। 1999 के राज्य विधानसभा चुनावों में देशम को 185 सीटों के साथ पूर्ण बहुमत मिला। वहीं लोकसभा चुनावों में कुल 42 सीटों में से इसे 29 सीटों पर जीत मिली, जबकि उसकी सहयोगी भाजपा को आठ सीटें मिलीं।

नायडू की इन कामयाबियों के बावजूद उनके राज्य में ग़रीब जनता की स्थिति लगातार ख़राब होती गयी। नव-उदारतावादी नीतियों और प्राकृतिक संसाधनों को बड़ी कम्पनियों के हाथों में सौंपे जाने की नीति के कारण राज्य के एजेंसी एरिया (जंगवी और पहाड़ी क्षेत्र) में सक्रिय माओवादियों ने भी नायडू का ज़बरदस्त विरोध किया। उन्होंने 2003 में नायडू पर जानलेवा हमाला भी किया गया, जिसमें वे बाल-बाल बच गये। दूसरी ओर, कांग्रेस नेता वाई.एस. राजशेखर रेड्डी ने पूरे राज्य का दौरा कर किसानों और ग़रीबों के मुद्दों को उठाया। उन्होंने नायडू पर यह आरोप लगाया कि वे सिर्फ़ बड़े उद्यमियों और कुछ शहरों के विकास की ओर ही ध्यान दे रहे हैं। असल में, विपक्ष के तीखे अभियान और नायडू द्वारा ग्रामीण आंध्र प्रदेश की उपेक्षा के कारण तेलुगु देशम पार्टी को 2004 के विधानसभा चुनावों में करारी हार का सामना करना पड़ा। इसे सिर्फ़ 49 सीटों पर ही जीत मिली। इसके बाद तेलुगु देशम पार्टी ने फिर से ख़ुद को ग़रीबों के मुद्दों से जोड़ने की कोशिश की। इसने केंद्र की राष्ट्रीय जनतांत्रिक गठबंधन और भाजपा से नाता तोड़कर राज्य के मुसलिम मतदाताओं को अपनी ओर आकर्षित करने की कोशिश भी की। इस कारण 2009 के विधानसभा चुनावों में इसकी स्थिति में सुधार हुआ। इसे कुल 90 सीटों पर जीत मिली, लेकिन वह कांग्रेस को सत्ता से बाहर नहीं कर पायी।

तेलुगु देशम पार्टी एक ऐसे क्षेत्रीय दल का प्रतिनिधित्व करती है, जिसने राष्ट्रीय स्तर पर एक वैकल्पिक राजनीति बनाने की पुरज़ोर कोशिश की। लेकिन एन. टी. रामराव से चंद्रबाबू नायडू के दौर तक देशम की राजनीति में कुछ बदलावों को रेखांकित किया जा सकता है। मसलन, रामराव ने ग़रीब समर्थक लोकलुभावनवादी राजनीति को बढ़ावा दिया, वहीं नायडू ने आर्थिक सुधारों और नव-उदारतावादी नीतियों का सहारा लिया। सत्ता से बाहर होने के बाद नायडू ने फिर से ग़रीबों के मुद्दों से ख़ुद को जोड़ने का प्रयास किया है, लेकिन उन्हें इसका पर्याप्त फ़ायदा नहीं हुआ है। दूसरे, रामराव ने भाजपा को समर्थन देने से परहेज़ किया। कांग्रेस का विरोध करने के बावजूद उनका मुख्य ज़ोर तीसरे मोर्चे की राजनीति पर रहा। लेकिन चंद्रबाबू नायडू ने भाजपा की सरकार का समर्थन किया। 2004 में राजग की पराजय के बाद ही उन्होंने उससे अपना नाता तोड़ा। तीसरे, अधिकांश क्षेत्रीय दलों की तरह ही देशम भी परिवारवाद से ग्रस्त रही है। लेकिन यह ज़रूर है कि इसका परिवारवाद द्रमुक या शिवसेना जितना संकुचित नहीं है। इस पार्टी में ज़मीनी स्तर से जुड़े कार्यकर्ताओं को भी महत्त्व दिया गया है।

आजकल तेलुगु देशम पार्टी आंध्र प्रदेश में मुख्य विपक्षी दल है। लेकिन इसे तेलगांना क्षेत्र में तेलंगाना क्षेत्रीय समिति और राज्य के दूसरे भागों में राजशेखर रेड्डी के परिजनों द्वारा गठित पार्टी वाईएसआर कांग्रेस से ज़बरदस्त चुनौती का सामना करना पड़ रहा है। अर्थात् अब गारंटी से नहीं का जा सकता है कि आंध्र की राजनीति में कांग्रेस और तेलुगु देशम पार्टी ही दो मुख्य खिलाड़ी हैं।

देखें : कांग्रेस 'प्रणाली', ग़ैर-कांग्रेसवाद, गठजोड़ राजनीति, जनता दल और उसकी विरासत-1 और 2, पार्टी-गठजोड़ की राजनीति, बहुजन समाज पार्टी-1 और 2, भारत में गठजोड़ राजनीति, भारतीय जनता पार्टी-1 और 2, भारत में मतदान-व्यवहार-1, 2, 3, 4, 5 और 6, भारतीय राष्ट्रीय कांग्रेस-1 और 2, भारतीय कम्युनिस्ट पार्टी, भारतीय कम्युनिस्ट पार्टी (मार्क्सवादी), राष्ट्रीय जनतांत्रिक गठजोड़, वाम मोर्चा, शिरोमणि अकाली दल, शिव सेना, समाजवादी पार्टी, संयुक्त प्रगतिशील गठजोड़।

संदर्भ

1. कांचा आयलैया (1992), 'आंध्र प्रदेशेज़ एंटी-लिकर मूवमेंट', *इकॉनॉमिक ऐंड पॉलिटिकल वीकली,* खण्ड 27, अंक 45.
2. के. श्रीवांशुलु और प्रकाश सारंगी (1999), 'पॉलिटिकल रिअलाइंनमेंट्स इन पोस्ट-एनटीआर आंध्र प्रदेश', *इकॉनॉमिक ऐंड पॉलिटिकल वीकली,* खण्ड 34, अंक 34/35.
3. अतुल कोहली (1988), 'द एनटीआर फ़ेनोमेना ऑफ़ आंध्र प्रदेश : पॉलिटिकल चेंज इन अ साउथ एशियन स्टेट', *एशियन सर्वे,* खण्ड 28, अंक 10.
4. के. सी. सूरी (2004), 'आंध्र प्रदेश : फ़ॉल ऑफ़ द सीईओ इन ऐरीना ऑफ़ डेमॉक्रैसी', *इकॉनॉमिक ऐंड पॉलिटिकल वीकली,* खण्ड 39, अंक 51.

— कमल नयन चौबे

तृतीय विश्व

(Third World)

तृतीय विश्व या तीसरी दुनिया की अवधारणा शीतयुद्धीन राजनीति की देन है। इसके मुताबिक़ अमेरिकी केंद्र वाली पहली दुनिया अर्थात् पूँजीवादी विकसित देश और सोवियत केंद्र वाली दूसरी दुनिया यानी समाजवादी ख़ेमे से ख़ुद को अलग पेश करने वाले एशिया, अफ़्रीका और लीतीनी अमेरिका के विकासशील, अल्पविकसित और ग़रीब देशों की शिनाख़्त तीसरी दुनिया के रूप में की गयी थी। फ्रांसीसी जनसंख्याविद्, मानवशास्त्री और इतिहासकार अल्फ्रेड सॉवी ने 14 अगस्त, 1952 में एक पत्रिका में प्रकाशित अपने लेख में पहली बार 'थर्ड वर्ल्ड' अभिव्यक्ति का प्रयोग फ्रांसीसी क्रांति के दौरान उभरे थर्ड एस्तात के तर्ज़ पर किया था। थर्ड एस्तात का मतलब था जनसाधारण और उसी लिहाज़ से सॉवी ने लिखा था कि थर्ड एस्तात की तरह थर्ड वर्ल्ड की हस्ती भी नाकुछ है पर वह कुछ होना ज़रूर चाहती है। सॉवी का इशारा मध्य-पूर्व, दक्षिण एशिया, मध्य और दक्षिणी अमेरिका, अफ़्रीका और ओसियानिया के देशों की तरफ़ था। इसके बाद 1955 में हुए बांदुंग सम्मेलन में गुटनिरपेक्षता सूत्रबद्ध हुई और तृतीय विश्व जल्दी ही नव-वामपंथियों का प्रिय विचार बन गया। इस अवधारणा के रैडिकल वामपंथी पहलुओं को उस समय और उछाल मिला जब माओ त्से-तुंग ने 22 फ़रवरी, 1974 को ज़ाम्बिया के राष्ट्रपति कैनेथ कोंडा की मौजूदगी में 'तीन दुनिया का सिद्धांत' सूत्रबद्ध करके चीन को तीसरी दुनिया का देश घोषित कर दिया, हालाँकि चीन ने ख़ुद को गुटनिरपेक्ष देशों के दायरे से अलग रखा हुआ था। माओ ने कहा कि 'अमेरिका और सोवियत संघ पहले विश्व की श्रेणी में आता है। जापान, युरोप के विकसित देश, ऑस्ट्रेलिया और कनाडा दूसरे विश्व हैं। और, हम तीसरी दुनिया हैं।'

बांदुंग कार्फ्रेंस के बाद ही तृतीय विश्व के विचारधारात्मक आयाम विकसित होने लगे थे। फ्रेंज़ फ़ानो, अहमद बेन बेला, गमाल अब्दल नासिर, आंद्रे गुंदर फ्रेंक, समीर अमीन और साइमन मैली तृतीय विश्व आंदोलन की आवाज़ बन कर उभरे। इस राजनीति ने पैन-अफ्रीकनिज़्म, पैन-अरबिज़्म, माओवाद, पैन-स्लाविज़्म, अफ़्रीकी समाजवाद, अरब समाजवाद और कम्युनिज़्म के साथ अपने रिश्ते बनाये। 1968 के पेरिस में छात्रों और युवाओं के विद्रोह के विफल होने के बाद नव-वामपंथी समूहों ने ख़ुद को तृतीय विश्ववाद के साथ जोड़ लिया। *मंथली रिव्यू* जैसी पत्रिका उसकी प्रमुख प्रवक्ता के रूप में उभरी। माओ की उद्घोषणा के अलावा फिलस्तीनी मुक्ति संग्राम और अफ़्रीकी नैशनल कांग्रेस का रंगभेद विरोधी संघर्ष तृतीय विश्ववाद की प्रमुख अभिव्यक्तियों को रूप में देखा गया। भूमण्डलीकरण की परिघटना के बाद उसके प्रतिरोध में गठित हुए वर्ल्ड सोशल फ़ोरम को भी तृतीय विश्ववाद की ही एक अभिव्यक्ति माना जाता है।

बांदुग सम्मेलन में बनी सहमति के फलस्वरूप 1961 में गुटनिरपेक्ष देशों के आंदोलन की स्थापना हुई। इस आंदोलन के ज़्यादातर सदस्य देशों को द्वितीय विश्व-युद्ध के बाद चली विनिवेशीकरण की प्रक्रिया के परिणामस्वरूप राजनीतिक स्वतंत्रता और सम्प्रभुता मिली थी। इसके पीछे भारत के प्रधानमंत्री जवाहरलाल नेहरू, इंडोनेशिया के राष्ट्रपति सुकर्णो, मिस्र के राष्ट्रपति नासिर और अफ़्रीका के नव-स्वतंत्र देशों के नेता थे। इन नेताओं की मान्यता थी कि उनके और उन जैसे देशों का हित साधन तत्कालीन अंतर्राष्ट्रीय व्यवस्था में तभी हो सकता है जब वे अमेरिकी और सोवियत ख़ेमे में से किसी से न जुड़ें। उपनिवेशवाद से छुटकारा पाने के बाद ये राष्ट्र नव-उपनिवेशवाद के फेर में नहीं फँसना चाहते थे। यह दूसरी बात है कि ऐसा लक्ष्य बनाना आसान था, पर विश्व-प्रभुत्व की होड़ से बचते हुए उसे धरती पर उतारना बहुत मुश्किल। ख़ास तौर से तब जब ऐसा सोचने वाले देशों की अंतर्राष्ट्रीय मंच पर कोई साझा आवाज़ न हो। गुटनिरपेक्ष आंदोलन ने यही कमी पूरी की।

तृतीय विश्व के विचार ने अकादमीशियनों, ख़ास कर वैकासिक अर्थशास्त्र के विशेषज्ञों को आर्थिक विकास और अल्पविकास के मुद्दों पर सैद्धांतिक और नीतिगत काम करने के लिए प्रोत्साहित किया। इससे एक तरह के वैकल्पिक चिंतन की सम्भावना बनी, वरना उस समय ग़रीब देशों के विकास की समस्याओं के हल को अमेरिका और पश्चिमी

युरोप के देशों की ख़ुशहाली के आईने में तलाश करने का चलन था।

गुटनिरपेक्ष आंदोलन के कारण जिस तृतीय विश्ववाद का उभार हुआ, उसने दोनों महाशक्तियों की विश्व-प्रभुत्व की राजनीति के सामने एक नया कार्यभार प्रस्तुत कर दिया। उनकी विदेश नीतियों को अब निर्गुट देशों की विश्वास जीतने की कोशिश भी करनी थी। उन्हें दिखाना था कि वे विकासशील विश्व के लिए अपने प्रतिद्वंद्वी से ज़्यादा लाभकारी तजवीज़ें पेश कर सकते हैं। सोवियत शब्दावली अपने वामपंथी आडम्बर के कारण इस मक़सद में अमेरिका के मुक़ाबले ज़्यादा कामयाब हुई। इसका एक कारण यह भी था कि सोवियत प्रौद्योगिकी सहायता और अन्य आर्थिक सहायता का चरित्र पूँजीवादी देशों के विपरीत कहीं कम दोहनकारी प्रतीत होता था। कुल मिला कर तृतीय विश्ववाद जल्दी ही सोवियत रुझान दिखाने लगा। गुटनिरपेक्ष देशों के प्रमुख सदस्यों ने सोवियत सहायता लेने और उसके साथ संधियाँ वग़ैरह करने में अमेरिकी प्रस्तावों को मानने की तुलना में कम हिचक का प्रदर्शन किया। सोवियत संघ की इस कामयाबी को सत्तर के दशक में करारा झटका लगा जब चीन के अलग हो जाने से कम्युनिस्ट ख़ेमे में फूट पड़ गयी। इस घटनाक्रम में अमेरिकी विदेश मंत्री हेनरी किसिंजर की चीन जा कर माओ से मुलाक़ात की ख़ास भूमिका थी। इसी के बाद माओ ने न केवल तीन दुनिया के सिद्धांत का सूत्रीकरण किया बल्कि सोवियत संघ को विश्व-शांति के लिए अमेरिका से ज़्यादा बड़ा ख़तरा क़रार दिया। माओ ने अपने पूर्व-मित्र सोवियत संघ की सामाजिक साम्राज्यवादी कह कर भर्त्सना की। इसी के बाद तृतीय विश्ववाद व्यावहारिक रूप से एक पेचीदा क़िस्म की राजनीति में फँस गया। सोवियत संघ चाहता था कि अमेरिका के ख़िलाफ़ द्वितीय विश्व और तीसरे विश्व का मोर्चा बनाया जाए। चीन की कोशिश थी कि पेइचिंग को केंद्र बना कर तीसरी दुनिया की राजनीति चले। उसे अपने प्रयासों को अमेरिकी और पूँजीवादी द्वितीय विश्व के देशों का समर्थन मिलने की उम्मीद थी।

अस्सी के दशक में इस स्थिति में एक गुणात्मक परिवर्तन तब आता दिखा जब संयुक्त राष्ट्र की सदस्य संख्या 51 से बढ़ते-बढ़ते 156 तक पहुँच गयी। यह विनिवेशीकरण की जारी प्रक्रिया का संचित परिणाम था। नतीजा यह निकला कि संयुक्त राष्ट्र में तीसरी दुनिया का पलड़ा भारी हो गया। अमेरिका ने इस परिस्थिति को भाँपते हुए दो क़दम उठाए। उसने संयुक्त राष्ट्र और उसके संगठनों के प्रभाव को घटाने वाली नीतियाँ अख़्तियार कीं, और दूसरी तरफ़ सोवियत महाशक्ति के ख़िलाफ़ शीत युद्ध में तेज़ी लाते हुए 'स्टार वार' (अंतरिक्ष युद्ध) की सामरिक प्रौद्योगिकी लाने का नजारा पेश किया। अस्सी के दशक में चली हथियारों की भीषण होड़ ने सोवियत कम्युनिज़्म के कमज़ोर आर्थिक आधार को इंगित किया। नब्बे के दशक की शुरुआत में हुआ सोवियत संघ का बिखराव और शीत-युद्ध का अचानक ख़ात्मा इसी प्रतियोगिता का अनपेक्षित परिणाम था।

सवाल यह है कि शीत-युद्ध ख़त्म होने, भूमण्डलीकरण की परिघटना के उभार और एकध्रुवीय विश्व के यथार्थ की रोशनी में तृतीय विश्ववाद की अब क्या उपयोगिता बची है ? इस सिलसिले में अर्थशास्त्री पीटर बाउर का एक प्रेक्षण उल्लेखनीय है। उन्होंने पूछा है कि जब किसी देश को तीसरे विश्व का सदस्य कहा जाता है, तो उसके पीछे कौन से राजनीतिक और आर्थिक मानक होते हैं ? ज़ाहिर है कि इन मानकों को परिभाषित करने के लिए ज़रूरी शीत-युद्ध की परिस्थिति इस समय मौजूद नहीं है। बाउर का कहना है कि इंडोनेशिया से अफ़ग़ानिस्तान तक ख़ुद को तीसरी दुनिया कहने वाले देशों में बेहद पिछड़ी से लेकर अत्याधुनिक तक तरह-तरह की अर्थव्यवस्थाएँ काम कर रही हैं। इसी तरह अंतर्राष्ट्रीय संबंधों के क्षेत्र में भी ये देश विकसित विश्व से भी जुड़े हुए हैं, विश्व व्यापार संगठन जैसे बाज़ारवादी समझे जाने वाले संगठनों के भी सदस्य हैं और साथ में समाजवादी शब्दाडम्बर का भी प्रयोग करते हैं। बाउर ने यह भी कहा कि इन देशों में एक ही समानता है कि उन्हें बिना किसी अपवाद के पश्चिमी आर्थिक सहायता मिलती है।

देखें : आदर्शवाद, आतंकवाद, अंतर्राष्ट्रीय मुद्रा कोष, इमैनुएल कांट, इतिहास का अंत, एडवर्ड हैलेट कार, जाति-संहार, द्वितीय विश्व-युद्ध, नस्लवाद, नव-उपनिवेशवाद, निर्भरता सिद्धांत, निरस्त्रीकरण, पेटेंट, प्रथम विश्व-युद्ध, प्रगति, बौद्धिक सम्पदा अधिकार, ब्रेटन वुड्स प्रणाली, भारत में पेटेंट क़ानून, रंगभेद, उपनिवेशवाद, यथार्थवाद, युद्ध, युरोपीय यूनियन, रचनात्मकतावाद, राजनय, विश्व व्यापार संगठन, विश्व बैंक, विश्व-सरकार, वि-उपनिवेशीकरण, सभ्यताओं का संघर्ष, सम्प्रभुता, संयुक्त राष्ट्र, साम्राज्यवाद, शक्ति-संतुलन, शांति, शांतिवाद, शस्त्र-नियंत्रण, हथियारों की होड़।

संदर्भ

1. आश नारायण राय (2000), *द थर्ड वर्ल्ड इन द एज ऑफ़ ग्लोबलाइज़ेशन : रेक्विम ऑर न्यू एजेंडा ?*, ज़ेड प्रेस, लंदन.
2. आरुतरो एस्कोबार (1995), *एनकरेजिंग डिवेलपमेंट : मेकिंग ऐंड अनमेकिंग ऑफ़ थर्ड वर्ल्ड*, प्रिंसटन युनिवर्सिटी प्रेस, प्रिंसटन, एनजे.
3. गैब्रियल कोल्को (1997), *कनफ्रंटिंग द थर्ड वर्ल्ड : यूनाइटिड स्टेट्स फ़ारेन पॉलिसी, 1945-1980*, वेस्टव्यू प्रेस, बोल्डर, सीओ.
4. आरिफ़ डिरलिक (1997), *द पोस्टकोलोनियल ऑरा : थर्ड वर्ल्ड क्रिटीसिज़्म इन द एज ऑफ़ ग्लोबल कैपिटलिज़्म*, वेस्टव्यू प्रेस, बोल्डर, सीओ.

— अभय कुमार दुबे

थ

थॉमस हॉब्स

(Thomas Hobbes)

भौतिकवाद के दार्शनिक संस्थापकों में से एक थॉमस हॉब्स (1588–1679) को उनकी शाहकार रचना *लेवायथन* के कारण पश्चिमी राजनीतिक दर्शन की आधारशिला रखने का श्रेय दिया जाता है। पिछली तीन सदियों से राजनीति विज्ञान के छात्रों के लिए हॉब्स का अध्ययन अनिवार्य रहा है। मनुष्य की प्रकृति से संबंधित उनके सिद्धांत दार्शनिक मानवशास्त्र के क्षेत्र में आज तक प्रभावी माने जाते हैं। उनकी बुनियादी मान्यता यह थी कि मनुष्य अपनी विनाशकारी प्रवृत्तियों का दास है, इसलिए वह लम्बे समय तक और बड़ी संख्या में सामूहिक रूप से तभी रह सकता है जब उसकी इन प्रवृत्तियों को नियंत्रित कर सकने वाली मज़बूत सरकार का उस पर शासन हो। हॉब्स कहते हैं कि मनुष्य की मुक्ति इसी हक़ीक़त को समझ लेने में निहित है। *लेवायथन* के ज़रिये जैसे ही हॉब्स की यह थीसिस सामने आयी, उनकी प्रशंसा और निंदा का ताँता लग गया। दरअसल, वे बेहद साहसी चिंतक और अत्यंत प्रभावशाली लेखक थे। उन्होंने अपने विचारों के लिए कई बार अपनी जान पर आये ख़तरे की भी चिंता नहीं की। राजनीति और राजनीतिक व्यवहार से संबंधित दर्शन के सभी परवर्ती अध्ययन उनके ऋणी हैं।

विल्टशायर, इंग्लैंड में जन्मे हॉब्स की माँ का बचपन में ही देहांत हो गया। उनके पिता उन्हें अपने छोटे भाई के हवाले करके अपनी ज़िंदगी जीने में मशगूल हो गये। हॉब्स की प्रतिभा को उनके एक स्कूलमास्टर ने पहचाना। उन दिनों ऑक्सफ़र्ड जैसे विश्वविद्यालय में भी पाठ्यक्रम पर मध्यकालीन वितण्डावादी दर्शन छाया हुआ था। हॉब्स ने उसमें कोई दिलचस्पी नहीं दिखाई। उन्होंने बीए की डिग्री भी पूरी नहीं की, और कैवेंडिश परिवार के बेटे विलियम को ट्यूशन पढ़ाने की नौकरी करने लगे। विलियम के साथ ही उन्हें 1610 में युरोप का दौरा करने का मौक़ा मिला। इसी दौरान उन्होंने गैलीलियो से मुलाकात की। बेकन और देकार्त के सम्पर्क में आये। वैज्ञानिक और आलोचनात्मक पद्धतियों पर महारत हासिल की। क्लासिक ग्रीक और लैटिन लेखकों का अध्ययन किया। इसी के परिणामस्वरूप हॉब्स थ्युसिडाइडिस द्वारा रचित *हिस्ट्री ऑफ़ द पेलोपोनेशियन वार* का सीधे यूनानी पांडुलिपि से अंग्रेज़ी में अनुवाद कर पाये जो बहुत मशहूर हुआ। इसी दौरान हॉब्स ने द *एलीमेंट्स ऑफ़ लॉ नेचुरल ऐंड पॉलिटिक* की रचना की, और देकार्त के प्रोजेक्ट *मेडिटेशंस द प्रीमा फिलोसोफ़ीया* की आलोचना लिखी जो देकार्त के उत्तर के साथ 1637 में देकार्त की महान रचना *डिस्कोर्स द ला मैथड* में प्रकाशित हुई। अपनी ख़ास तरह की जीवन स्थितियों के कारण बौद्धिक विकास की डगर पर कुछ देर से अग्रसर हुए हॉब्स को इस समय तक विश्वास हो गया था कि वे अब ख़ुद को दार्शनिक और विद्वान कह सकते हैं। उन्होंने मानव समाज (द *साइव*), मानव देह (द *कोरपोर*) और मानव प्रकृति (द *होमाइन*) पर तीन पुस्तकें लिखीं जो एक ही रचना के तीन खण्ड थे।

हालाँकि हॉब्स ने कई पुस्तकें लिखीं, पर उनके विचार सर्वाधिक स्पष्टता और सम्पूर्णता में *लेवायथन* के ज़रिये ही सामने आये। इस रचना में व्यक्त राज्य और वैध शासन से संबंधित अवधारणाएँ सामाजिक समझौते के विचार पर आधारित हैं। यह समझना ज़रूरी है कि हॉब्स इंग्लैण्ड के गृह युद्ध और सत्रहवीं सदी की वैज्ञानिक क्रांति के युग में सक्रिय थे। इन दोनों बातों का उनके विचारों पर गहरा प्रभाव पड़ा।

थॉमस हॉब्स (1588–1679)

उन्होंने गैलीलियो, फ्रांसिस बेकन और रेने देकार्त से वैज्ञानिक पद्धति प्राप्त की। वे यूनानी ज्यामितिविद् युक्लिड की रचना *एलीमेंट्स* से भी बेहद प्रभावित थे। इंग्लिश गृह युद्ध ने उनके सामने राजनीतिक स्थिरता और शांति-व्यवस्था की चुनौती पेश की। हॉब्स का ख़याल था कि गणितीय और ज्यामितीय विधियों के आधार पर किया गया चिंतन एक स्थिर राज्य और शांतिपूर्ण समाज की गारंटी कर सकता है।

बेकन के प्रभाव में आकर हॉब्स 1630 तक मान चुके थे कि समग्र प्राकृतिक व्यवस्था को मस्तिष्क या चेतना जैसे हवालों के बिना केवल 'बॉडी' या देह के रूप में समझा जा सकता है। हर मनुष्य का शरीर एक घड़ी से मिलता-जुलता जटिल मैकेनिज़्म भर है जिसमें हृदय स्प्रिंग की और स्नायु तारों की भूमिका निभाते हैं। शरीर के जोड़ वे पहिये हैं जिनसे इस देह को गति मिलती है। संवेदी तत्रों के ज़रिये इस देह को बाह्य जगत के उद्दीपन प्राप्त होते हैं जिसके आधार पर उसका व्यवहार निर्धारित होता है। आनंददायक उद्दीपन कामनाएँ पैदा करते हैं और देह को प्राणदायक गति मिलती है। हॉब्स इसे 'फ़ेलिसिटी' (परमानंद) क़रार देते हैं जिसे और प्राप्त करने की इच्छा होती है। प्राणदायक गति को रोकने वाले उद्दीपन पीड़ाजनक होते हैं जिन्हें मनुष्य ग्रहण करने से बचता है। अच्छे और बुरे में यही अंतर है। बुद्धि का काम है अच्छे उद्दीपन को प्राप्त करने और बुरे उद्दीपन से बचने की युक्तियाँ करना। मृत्यु का अर्थ है 'फ़ेलिसिटी' का अंत।

इस समझ के आधार पर हॉब्स ने यह भौतिकवादी और आनंदवादी निष्कर्ष निकाला कि मनुष्य का उद्देश्य अधिकतम आनंद और कम से कम पीड़ा भोगना है। अगर दूसरे के आनंद में मनुष्य को सुख मिल सकता है, तो हॉब्स के अनुसार वह परोपकार के लिए भी सक्षम है। लेकिन, अगर संसाधन कम हुए या किसी क़िस्म का भय हुआ, तो मनुष्य आत्मकेंद्रित और तात्कालिक आग्रहों के अधीन हो कर परोपकार को मुल्तवी कर देगा। ऐसी स्थिति में उसे सरकार का नियंत्रण चाहिए, वरना वह अपने सुख को अधिकतम और दुःख को न्यूनतम करने के अबाध प्रयास करते हुए सभ्यता और संस्कृति से हीन प्राकृतिक अवस्था में पहुँच जाएगा। जो कुछ उसके पास है, उसे खोने के डर से मनुष्य शक्ति के एक मक़ाम से दूसरे मक़ाम तक पहुँचने की कोशिशों में लगा रहेगा जिसका अंत केवल उसकी मृत्यु से ही हो सकेगा। अगर मज़बूत राज्य ने उसकी इन कोशिशों को संयमित न किया तो मानव जाति प्राकृतिक अवस्था में पहुँच जाएगी जहाँ हर व्यक्ति दूसरे के दुश्मन के रूप में परस्पर विनाशकारी गतिविधियों में लगा होगा। मनुष्य को नियंत्रित करने वाला यही परम शक्तिशाली और सर्वव्यापी राज्य हॉब्स के शब्दों में *लेवायथन* है। इस पुस्तक के पहले संस्करण के आवरण पर एक दैत्याकार मुकुटधारी व्यक्ति का चित्र उकेरा गया था जिसकी आकृति छोटी-छोटी मानवीय उँगलियों से बनी थी। इस दैत्याकार व्यक्ति के एक हाथ में तलवार थी, और दूसरे में राजदण्ड।

हॉब्स को कोई शक नहीं था कि अगर यह दैत्याकार हस्ती लेवायथन मनुष्य को शासित नहीं करेगा तो वह शांति और व्यवस्था हासिल करने के तर्कसंगत निर्णय पर नहीं पहुँच सकता। उस सूरत में मनुष्य एक-दूसरे को हानि न पहुँचाने के परस्पर अनुबंध पर भी नहीं पहुँच पायेगा। तर्कों की यह श्रृंखला हॉब्स को दिखाती है कि मनुष्य एक आपसी समझौते के तहत एक समाज रचता है जिसमें हर कोई अपना हित साधना चाहता है और इसीलिए दूसरों से क़रार करता है कि वह किसी दूसरे के हित पर चोट नहीं करेगा बशर्ते बदले में उसके हित पर चोट न की जाए।

हॉब्स का विचार था कि इस समझौते का उल्लंघन न हो, इसलिए एक सम्प्रभु सत्ता की ज़रूरत पड़ेगी ताकि सार्वजनिक शांति और सुरक्षा की गारंटी की जा सके। यह सम्प्रभु केवल ताक़त के डर से ही अपनी सत्ता लागू नहीं करेगा। हॉब्स ने *लेवायथन* के दूसरे अध्याय 'ऑफ़ द कॉमनवेल्थ' में कई तरह के सम्भव संवैधानिक रूपों की चर्चा की है। लेकिन, सिद्धांततः हॉब्स अविभाजित सत्ता के पक्ष में नज़र आते हैं। इसके लिए उन्हें राजशाहीनुमा सत्ता की वकालत करने में भी कोई हर्ज नहीं लगता।

हॉब्स की निगाह में यह सम्प्रभु निरंकुश नहीं होगा क्योंकि स्वयं को क़ायम रखने लायक परिस्थितियाँ सुनिश्चित

करने के लिए उसे अपनी प्रजा को एक हद तक (आंतरिक ख़तरे और बाह्य अशांति से उसे सुरक्षित रखने के उद्देश्यों के मुताबिक़) आज़ादी भी देनी होगी। भौतिक जिंसों और समृद्धि का वितरण इस तरह सुनिश्चित करना होगा जिससे उस टकराव के अंदेशे हमेशा ठंडे होते रहें जो परस्पर लेन-देन की प्रक्रिया से अक्सर पैदा होते रहते है। हॉब्स का ख़याल था कि धर्म निजी मामला है, पर उसके सार्वजनिक पहलुओं को पूरी तरह राज्य के मुखिया के फ़ैसले पर छोड़ देना चाहिए। राज्य का मुखिया ही चर्च का मुखिया होना चाहिए। बाइबिल जिन मामलों में स्पष्ट निर्देश नहीं देती, वहाँ राज्य के मुखिया का निर्देश अंतिम समझा जाना चाहिए। अपने इन्हीं विचारों के कारण हॉब्स ने कैथॅलिक चर्च को अंधकार के साम्राज्य की संज्ञा दी, क्योंकि वह अपने अनुयायियों से राज्य के प्रति वफ़ादारी से भी परे जाने वाली वफ़ादारियों की माँग करता है। उन्होंने शुद्धतावादियों के ख़िलाफ़ आवाज़ उठायी जो अंत:करण के आधार पर राज्य के ख़िलाफ़ खड़े होने की अपील करते थे।

हॉब्स का मतलब साफ़ था कि अगर शांति-व्यवस्था के साथ रहना है तो राजकीय प्राधिकार के उल्लंघन से बाज़ आना होगा। ज़रूरी नहीं कि राज्य की सम्प्रभुता का प्रतीक कोई व्यक्ति ही हो। वह किसी सभा और किसी संसद की सम्प्रभुता भी हो सकती है। इस लिहाज़ से हॉब्स के सिद्धांत में संसदीय सम्प्रभुता के लिए भी गुंजाइश है।

1666 में हाउस ऑफ़ कामंस में नास्तिकता के ख़िलाफ़ विधेयक लाया गया जिस पर विचार करने के लिए बनी समिति को *लेवायथन* से संबंधित सूचनाएँ जमा करने का अधिकार देने पर चर्चा हुई। कुल मिला कर नतीजा यह हुआ कि उसके बाद हॉब्स का कोई ऐसा लेखन प्रकाशित नहीं हो पाया जिसका विषय मानवीय आचरण हो। लेकिन, एक दार्शनिक के रूप में उनकी प्रतिष्ठा फैलती चली गयी। पक्षाघात से हुई मृत्यु तक ज्ञान के देशी-विदेशी साधक उनके प्रति सम्मान व्यक्त करने के लिए उनसे भेंट करने आते रहे।

हॉब्स के विचार समाज-विज्ञान की दुनिया में हुई कई बहसों के केंद्र में हैं। उनके द्वारा वर्णित मनुष्य की 'प्रकृत अवस्था' को अक्सर आलोचना का निशाना बनाया जाता है। तर्क दिया जाता है कि अगर मनुष्य वास्तव में इसी अवस्था में होने के कारण 'सामाजिक समझौता' क़ायम करने की तरफ़ जाता है, तो ऐसे सामाजिक समझौते के विफल होने के अंदेशे ही अधिक हैं। और अगर प्रकृत अवस्था हॉब्स द्वारा किये गये वर्णन के मुताबिक़ नहीं है तो फिर सामाजिक समझौते की ज़रूरत ही क्या है। कई विद्वानों ने हॉब्स के विचारों को 'रैशनल चॉयस' या 'बुद्धिसंगत चयन' पर आधारित राजनीतिक समझ का मुख्य पुरोगामी क़रार दिया है। कुछ ने लेवायथन के मुख्य तर्कों को 'गेम थियरी' के आईने में देखने की कोशिश की है। हॉब्स द्वारा प्रवर्तित प्रजा और सम्प्रभु के संबंध (सम्प्रभु प्रजा के एजेंट है और वह जो कुछ करता है वह प्रजा के कहने और ज़रूरत पर करता है) की भी आलोचना हुई है। इस दावे के पहले हिस्से को स्वीकार करने में विद्वानों को दिक़्क़त नहीं है, पर दूसरे पर उन्हें शक है। हॉब्स यह सवाल तो उठाते हैं कि नागरिक अपने एजेंट की तरह काम करने वाली सरकार को कैसे नियंत्रित करेंगे, पर इस प्रश्न का संतोषजनक उत्तर मुहैया नहीं कराते।

देखें : अधिकार, अधिकार : सैद्धांतिक यात्रा, अरस्तू, अफलातून, अनुदारतावाद, अराजकतावाद, अन्य-अन्यीकरण, उदारतावाद, उपयोगितावाद, एडमण्ड बर्क, क्रांति, ज्याँ-ज़ाक रूसो, जॉन लॉक, जेरेमी बेंथम, जॉन स्टुअर्ट मिल, जॉन रॉल्स, जोहान गॉटफ्रीड हर्डर, डेविड ह्यूम, थॉमस पेन, न्याय, न्याय : नारीवादी आलोचना, न्याय : रॉल्स का सिद्धांत, नागरिकता, नागरिकता : अन्य परिप्रेक्ष्य-1 और 2, नागर समाज, पनोप्टिकॉन, फ्रेड्रिख़ वॉन हायक, बुद्धिवाद, माइकेल जोसेफ़ ओकशॉट, माइकिल वाल्ज़र, मिशेल पॉल फ़ूको-1 और 2, यूटोपिया, राजनीतिक दर्शन के नारीवादी आयाम, रॉबर्ट नॉज़िक, राज्य-1 और 2, विल किमलिका, स्वतंत्रतावाद, सर्वसत्तावाद, सम्प्रभुता, समाजवाद, सरकार और सरकारियत-1 और 2.

संदर्भ

1. डी.डी. राफ़ाएल (1977), *हॉब्स,* एलेन ऐंड अनविन, लंदन.
2. क्वेंटिन स्किनर (2002), *विज़ंस ऑफ़ पॉलिटिक्स,* खण्ड 3, *हॉब्स ऐंड सिविल साइंस,* केम्ब्रिज युनिवर्सिटी प्रेस, केम्ब्रिज.
3. क्वेंटिन स्किनर (1996), *रीज़न ऐंड रेटरिक इन द फिलॉसफ़ी ऑफ़ हॉब्स,* केम्ब्रिज युनिवर्सिटी प्रेस, केम्ब्रिज.
4. नोएल मैलकम (2002), *ऑस्पेक्स्ट्स ऑफ़ हॉब्स,* ओयूपी, न्यूयॉर्क.

— अभय कुमार दुबे

थॉमस पेन

(Thomas Paine)

रैडिकल-उदारतावादी राजनीतिक चिंतक और प्रचारक थॉमस पेन (1737-1809) *द राइट्स ऑफ़ मैन* और *कॉमन सेंस* जैसी महान कृतियों के रचियता थे। वे एक लोकप्रिय लेखक थे और उनकी पुस्तकें लाखों की संख्या में बिका करती थीं। गहन या मौलिक राजनीतिक चिंतक न होने के बावजूद उन्होंने अपने पसंदीदा विचारकों के सूत्रों की उदारतापूर्वक व्याख्या करते हुए उन्हें स्थापित किया। पेन ने अमेरिका में

थॉमस पेन (1737-1809)

उस समय स्वतंत्रता की वकालत की जब ख़ुद अमेरिकनों के बीच यह विचार लोकप्रिय नहीं हुआ था। वे लोकोपकारी राज्य की अवधारणा का सूत्रीकरण करने वाले पहले चिंतकों में से एक थे। लॉक के विचारों का अनुसरण करते हुए उन्होंने इस बात पर ज़ोर दिया कि मनुष्य के प्राकृतिक अधिकारों से सम्पन्न होता है और इन्हीं अधिकारों की सुरक्षा के लिए वह समाज में भागीदारी करता है। इसलिए सरकार को इन प्राकृतिक अधिकारों का उल्लंघन करने का कोई अधिकार नहीं है। सरकार का काम तो सिर्फ़ यह सुनिश्चित करना है कि लोग अपने जीवन, स्वतंत्रता और सम्पत्ति की सुरक्षा करने में समर्थ हो सकें। पेन का विचार था कि लोग समाज की रचना करने के लिए आपस में समझौता करते हैं और वे सामाजिक व्यवस्था क़ायम रखने के लिए सरकार को कुछ शक्तियाँ देते हैं। लेकिन प्रभुसत्ता हमेशा लोगों के पास ही रहनी चाहिए।

पेन का विचार था कि लोगों को सामूहिक रूप से यह फ़ैसला करने का अधिकार होना चाहिए कि वे जब चाहें शासन की की वर्तमान व्यवस्था हटा कर एक नयी व्यवस्था स्थापित कर सकें। पेन ने ऐडम स्मिथ की ही तरह इस बात पर भी ज़ोर दिया कि लोगों की आवश्यकताएँ उनमें टकराव उत्पन्न नहीं करती हैं, बल्कि उनकी आवश्यकताएँ स्वाभाविक रूप से उन्हें एक समाज के दायरे में ला कर उन्हें एक-दूसरे पर निर्भर बनाती हैं। वाणिज्य और 'अदृश्य हाथ' लोगों के हितों में सामंजस्य क़ायम करने का काम करते हैं। यह इस बात का प्रमाण है कि समाज व्यक्ति के लिए स्वाभाविक है। इस बात की पुष्टि इससे भी होती है कि प्रकृति ने व्यक्ति में सामाजिक जुड़ाव की ऐसी भावना भर दी है कि लोग सिर्फ़ समाज में ही ख़ुशी पा सकते हैं। दरअसल, पेन ने इस बात पर भी ज़ोर दिया कि समाज व्यक्ति के लिए इतना स्वाभाविक है कि उसके लिए सरकार की कोई ख़ास ज़रूरत नहीं है।

थॉमस पेन का जन्म ब्रिटेन में एक साधारण क्वेकर परिवार में हुआ था। उन्होंने कई तरह के पेशों में अपना हाथ आज़माया। उन्होंने नाविक, आबकारी विभाग के कर्मचारी के रूप में और दूकानदार के रूप में काम किया। एक आम उपदेशक और वाद-विवाद करने वाले व्यक्ति के रूप में उन्होंने बहुत सी दक्षताएँ विकसित कीं। उन्होंने पैंतीस साल की उम्र में अपना पहली पुस्तिका लिखी। यह आबकारी विभाग के कर्मचारियों का वेतन बढ़ाने से संबंधित थी। उन्होंने लंदन में इन कर्मचारियों के पक्ष में ये याचिकाएँ दायर करने में कई महीने बिताये। इस कारण उनका अपनी पत्नी से वैवाहिक संबंध टूट गया। उनकी नौकरी और दूकान भी उनके हाथ से चली गयी। 1775 में वे अमेरिका गये जहाँ उन्हें *पेंसिलवेनिया जर्नल* में नौकरी मिली। 1776 में उन्होंने *कॉमन सेंस* शीर्षक से एक पुस्तिका प्रकाशित की जिसमें उन्होंने उस समय अमेरिका की स्वतंत्रता की तरफ़दारी की जब बहुत कम अमेरिकी लोग खुल कर यह नीति को अपनाने के लिए तैयार थे। यह पुस्तिका बहुत सफल रही और इसके प्रकाशन वर्ष में ही इसके पच्चीस संस्करण छपे। बाद में, पेन पेनसिल्वेनिया के लिए उदारतावादी राज्य संविधान बनाने की प्रक्रिया में भी शामिल हुए। इस संविधान में सार्वभौम मताधिकार, वार्षिक चुनाव, लोकतांत्रिक प्रतिनिधित्व, एक-सदनीय विधायिका और पूर्ण धार्मिक स्वतंत्रता को शामिल किया गया था। इसके अलावा उन्होंने जॉर्ज वाशिंगटन की रेवोल्यूशनरी आर्मी में भी काम किया।

1787 में पेन ने युरोप की यात्रा की। दरअसल, वे फ्रांस और इंग्लैण्ड, दोनों ही देशों की राजनीतिक गतिविधियों में भाग लेते थे। जब एडमण्ड बर्क ने अपनी रचना *रिफ़्लेक्शंस इन द रेवोल्यूशन इन फ्रांस* में फ्रांस की क्रांति की आलोचना की, तो पेन फ्रांस के अपने रैडिकल दोस्तों की तरफ़दारी करते नज़र आये। पेन ने अपने *द राइट्स ऑफ़ मैन* (1791 और 1792) लिख कर वंशानुगत और राजतंत्रीय व्यवस्थाओं पर हमला किया। उन्होंने लोकप्रिय प्रभुसत्ता और व्यक्तिगत अधिकारों पर ज़ोर देते हुए बर्क के तर्कों की तीखी आलोचना की। इसीलिए जहाँ एक ओर ब्रिटिश सरकार ने पेन पर राजद्रोही विचार फैलाने के लिए मुक़दमा चलाया, वहीं फ्रांस में उन्हें नैशनल एसेम्बली का सदस्य चुना गया। पेन ने गणतंत्रवाद का ज़ोरदार समर्थन किया, लेकिन उन्होंने राजा को फाँसी दिये जाने की जैकोबिंस की माँग का विरोध भी किया। बाद में उन्हें भी गिरफ़्तार कर लिया गया और वे फाँसी

की सजा पाने से बाल-बाल बचे।

फ्रांस में अपने प्रवास के दौरान पेन ने अपनी प्रसिद्ध किताब द *ऐज ऑफ़ रीजन* (1784) का प्रकाशन करके धर्म की संस्था पर हमला किया। इसके कारण उन्हें सार्वजनिक रूप से निंदा का सामना करना पड़ा। अट्ठारहवीं सदी में व्यक्ति उनके इन विचारों को बीसवीं सदी में मान्यता मिलनी शुरू हुई। फ्रांस प्रवास के दौरान ही उन्होंने अपनी रैडिकल पुस्तिका *एग्रेरियन जस्टिस* (1796) की रचना की। आख़िरकार 1802 में पेन अमेरिका लौट गये जहाँ फ़ेडरलिस्ट प्रेस द्वारा अपनी झूठी निंदा का उन्हें सामना करना पड़ा। 1809 में अपनी मृत्यु तक वे सार्वजनिक जीवन में बिल्कुल अलग-थलग पड़ गये थे।

अट्ठारहवीं सदी के युरोप में क़ायम राजतंत्रीय और कुलीनतंत्रीय व्यवस्थाओं के पेन ज़बरदस्त आलोचक थे। उन्होंने इस बात पर ज़ोर दिया कि वंशानुगत शासन धोखाधड़ी से किया जाने वाला शासन है। यह लोगों की अज्ञानता और अंध-विश्वासों पर आधारित होता है : उनका कहना था कि 'वंशानुगत विधिकर्त्ता का विचार उतना ही बेतुका है ... जितना कि वंशानुगत गणितज्ञ या वंशानुगत बुद्धिमान व्यक्ति का विचार।' पेन का दावा था कि यह सिद्धांत अतार्किक है और इस तरह की सरकार के शासन में युद्ध और भ्रष्टाचार आदि का बोलबाला होता है। सिर्फ़ प्रतिनिधिमूलक लोकतांत्रिक व्यवस्था की सरकार ही इस तरह की बुराइयों से मुक्त होती है। यह व्यवस्था एक संविधान पर आधारित होती है जिसमें सभी लोगों की परम्पराओं को शामिल किया जाता है और वे लोग ही इस संविधान का अनुमोदन करते हैं। पेन ने अपने अमेरिकी अनुभवों के आधार पर इस तरह की सरकार की वकालत की। अपने बाद के लेखन में उन्होंने इंग्लैण्ड और फ्रांस के लोगों से यह अपील की कि वे अपने यहाँ की भ्रष्ट वंशानुगत व्यवस्थाओं को ख़त्म करें और इसकी जगह अमेरिका की भाँति गणतंत्रवादी सरकार की स्थापना करें। पेन मानते थे कि इस तरह की सरकार उनके अधिकारों की हिफ़ाज़त करेगी। यह सरकार जवाबदेह होगी और शांति तथा व्यवस्था क़ायम रखेगी। इस तरह की सरकार को अपने हर कदम व्याख्या लोगों के सामने करनी होगी। इसी कारण इसमें सबसे अच्छे और सबसे बुद्धिमान लोगों के चुने जाने की सम्भावना होगी।

द राइट्स ऑफ़ मैन के दूसरे भाग और *एग्रेरियन जस्टिस* को पेन का सबसे मौलिक लेखन माना जा सकता है। इन दोनों में ही वे न्यूनतम राज्य के स्वतंत्रतावादी विचार से आगे जाते हैं और एक कल्याणकारी राज्य की रूपरेखा और उसका औचित्य पेश करते हैं। *द राइट्स ऑफ़ मैन* के दूसरे भाग में वे ब्रिटेन में ग़रीबों को राहत देने, ग़रीबों की शिक्षा के लिए राज्य द्वारा वित्तीय सहायता देने, वृद्धावस्था पेंशन, मृत्यु और मातृत्व की स्थिति में मदद करने और ग़रीब लोगों के लिए आवास मुहैया कराने के बारे में एक राष्ट्रीय व्यवस्था बनाने का प्रस्ताव पेश करते हैं। वे इस बात पर ज़ोर देते हैं कि राजतंत्रीय सरकार को हटा कर गणतंत्रवादी सरकार स्थापित करने से पैसे की जो बचत होगी उसी से इस तरह की व्यवस्था स्थापित हो सकती है। इस व्यवस्था से ग़रीबों का बोझ कम होगा और अमीरों को इस बात के लिए प्रोत्साहन मिलेगा कि वे अपने बच्चों में अपनी सम्पत्ति का ज्यादा समान तरीक़े बँटवारा करें, जिससे ज्येष्ठाधिकार की अप्राकृतिक व्यवस्था ख़त्म हो सके।

एग्रेरियन जस्टिस में पेन ने पुनर्वितरण टैक्स लगाने और कल्याणकारी राज्य की सैद्धांतिक तरफ़दारी पेश की है। वे यह तर्क देते हैं कि हर व्यक्ति का जन्म इस प्राकृतिक अधिकार के साथ होता है कि वह धरती और इसके उत्पादों का प्रयोग करे। निश्चित रूप से अपने प्रयास से उत्पन्न की गयी वस्तुओं पर लोगों का अधिकार होता है; लेकिन वे अपने इस अधिकार का विस्तार उस ज़मीन पर नहीं कर सकते हैं, जिस पर वे काम करते हैं। यह ज़मीन सामान्य सम्पत्ति ही रहती है। इसके अलावा, व्यक्ति अपनी अधिकांश व्यक्तिगत सम्पत्ति अपने हाथों से नहीं कमाता, बल्कि समाज के माध्यम से अर्जित करता है। इसलिए हमें समाज को एक बुनियादी लागत और अपने संग्रहण का एक भाग देना चाहिए क्योंकि 'सारी चीज़ें वहीं से आती हैं'। पेन यह प्रस्तावित करते हैं कि मृत्यु-कर के रूप में एक सम्पत्ति कर लगाया जाना चाहिए। इसका उपयोग इक्कीस साल से ज्यादा उम्र के हर व्यक्ति को एकमुश्त राशि देने और पचास साल से ज्यादा उम्र के व्यक्तियों या अंधे और असहाय लोगों को एक सालाना पेमेंट लेने के लिए किया जाना चाहिए। इस तरह की व्यवस्था से किसी भी व्यक्ति को शुरुआत से ही नुक़सान का सामना नहीं करना पड़ेगा और जो लोग किसी कारण से वंचित स्थिति में हैं, उन्हें मदद मिलेगी।

देखें : अधिकार, अधिकार : सैद्धांतिक यात्रा, अरस्तू, अफलातून, अनुदारतावाद, अराजकतावाद, अन्य-अन्यीकरण, उदारतावाद, उपयोगितावाद, एडमण्ड बर्क, क्रांति, ज्याँ-ज़ाक रूसो, जॉन लॉक, जेरेमी बेंथम, जॉन स्टुअर्ट मिल, जॉन रॉल्स, थॉमस हॉब्स, न्याय, न्याय : नारीवादी आलोचना, न्याय : रॉल्स का सिद्धांत, नागरिकता, नागरिकता : अन्य परिप्रेक्ष्य-1 और 2, नागर समाज, पनोप्टिकॉन, फ्रेड्रिख़ वॉन हायक, बुद्धिवाद, माइकेल जोसेफ़ ओकशॉट, माइकिल वाल्ज़र, मिशेल पॉल फ़ूको-1 और 2, यूटोपिया, राजनीतिक दर्शन के नारीवादी आयाम, रॉबर्ट नॉज़िक, राज्य-1 और 2, विल किमलिका, स्वतंत्रतावाद, सर्वसत्तावाद, सम्प्रभुता, समाजवाद, सरकारियत।

संदर्भ

1. ए. विलियम्सन (1973), थॉमस पेन : हिज़ लाइफ़, वर्क ऐंड

टाइम, एलन ऐंड अनविन, लंदन.

2. थॉमस पेन (1948), *द लाइफ़ ऐंड मेजर राइटिंग्स ऑफ़ थॉमस पेन,* सम्पा. पी.एस. फ़ोनर, दो खण्ड, सिटेडल, सीकॉक्स, एनज.
3. इ. फ़ोनर (1976), टॉम पेन ऐंड रेवोल्यूशनरी अमेरिका. ऑक्सफ़र्ड युनिवर्सिटी प्रेस, न्यूयॉर्क.

— कमल नयन चौबे

थॉमस मन और वणिकवाद

(Thomas Mun and Mercantilism)

वणिकवाद आधुनिक अर्थशास्त्र की एक शुरुआती विचारधारा रही है। थॉमस मन (1571-1641) उसके सर्वाधिक प्रतिभाशाली और विख्यात पैरोकार थे। वणिकवाद उस ज़माने का विचार है जब मानवीय श्रम को हर तरह की समृद्धि का स्रोत समझने के विचार का सूत्रीकरण नहीं हुआ था। वणिकवाद का आग्रह था कि राष्ट्रों की समृद्धि वाणिज्य से होने वाली आमदनी पर निर्भर होती है, इसलिए हर देश को विदेश व्यापार के ज़रिये अपनी सम्पत्ति और ख़जाने में बढ़ोतरी करनी चाहिए। उसे चाहिए कि क़ीमतों की दृष्टि से वह दूसरों को अपनी चीज़ें ज़्यादा बेचे और उनकी चीज़ों का कम उपभोग करे। समझा जाता था कि ज़्यादा निर्यात और कम आयात के ज़रिये धनात्मक व्यापार-अधिशेष की स्थिति प्राप्त करना ही किसी देश की अमीरी का मुख्य कारण हो सकता है। थॉमस मन का कहना था कि जिस कारण से परिवारों की सम्पत्ति में वृद्धि होती है या उसका क्षय होता है, वही कारण राष्ट्रों की समृद्धि या दरिद्रता के होते हैं : अर्थात् किफ़ायत से रहो, कम ख़र्च करो और ज़्यादा कमाओ। मन के वणिकवादी सुझावों का मुख्य आधार इंग्लैण्ड और ईस्ट इण्डिया कम्पनी द्वारा किये जाने वाला व्यापार था। ईस्ट इण्डिया कम्पनी सुदूर-पूर्व में तिजारत करने वाली एक सनद-प्राप्त ज्वायंट स्टॉक फ़र्म थी जिसकी भारतीय गतिविधियों का मन ने ख़ास तौर से अध्ययन किया था। अन्य वणिकवादी अर्थशस्त्रियों की तरह मन स्वयं व्यापारी और ईस्ट इण्डिया कम्पनी के एक पदाधिकारी भी थे। वणिकवादी विचारों को अट्ठारहवीं सदी में पहले प्रकृतिवादियों द्वारा और फिर ऐडम स्मिथ और डेविड ह्यूम द्वारा कड़ी आलोचना का सामना करना पड़ा। बीसवीं सदी में वणिकवाद को एक बार फिर सकारात्मक निगाह से देखा गया जब जॉन मेनार्ड कींस ने व्यापार-अधिशेष के ज़रिये माँग बढ़ने के सिलसिले में उसकी प्रशंसा की। जापानी अर्थव्यवस्था द्वारा व्यापार-अधिशेष के ज़रिये लाभ उठाने के संबंध में भी वणिकवादी प्रस्थापनाओं की प्रासंगिकता का ज़िक्र किया जाता है। यह अलग बात है कि सभी राष्ट्र एक ही समय में धनात्मक व्यापार-अधिशेष हासिल नहीं कर सकते।

थॉमस मन के निजी जीवन के बारे में बहुत कम जानकारी उपलब्ध है। उनके दादा शाही टकसाल में काम करते थे और उनके पिता कपड़ा व्यापारी थे। बचपन में पिता का देहांत हो जाने के कारण मन का लालन-पालन सौतेले पिता की देखरेख में हुआ। सौतेले पिता की दुकान और दफ़्तर में प्रशिक्षण प्राप्त करने के बाद मन ने अपना कॅरियर तिजारत से शुरू किया, कई साल तक इटली में रहे, तुर्की और भूमध्यसागरीय देशों की यात्राएँ कीं और काफ़ी तेज़ी से मालदार होते चले गये। बाद में मन का संबंध ईस्ट इण्डिया कम्पनी से हुआ। 1615 में वे इस कम्पनी के निदेशक चुने गये और फिर बाक़ी जीवन इसी पद पर रहे। अमीरी और हैसियत हासिल कर लेने के बाद मन की कई ब्रिटिश कमेटियों और आयोगों में नियुक्ति हुई। वे वेस्टमिंस्टर और लंदन शहर के अत्यंत सम्माननीय व्यक्ति बन गये। उस ज़माने के कई आयोगों द्वारा जारी की गयी रपटों में कमेटी के सदस्य के रूप में मन का नाम दर्ज मिलता है। अर्थशास्त्र के इतिहास में मन की मुख्यतः दो रचनाएँ चर्चित हैं : *अ डिस्कोर्स ऑफ़ ट्रेड अनटू द ईस्ट-इंडीज़* (1621) जिसमें उनका मक़सद ईस्ट इण्डिया कम्पनी पर लगने वाले आरोपों का खण्डन करते हुए वणिकवाद की पैरोकारी करना है। दूसरी रचना *इंग्लैंड्स ट्रैज़र बाइ फ़ारेन ट्रेड* (1664) उनके देहांत के बाद प्रकाशित हुई जिसमें उन्होंने ईस्ट इण्डिया कम्पनी के बजाय समग्र राष्ट्र को अपने विचार के दायरे में लिया है।

अर्थशास्त्री के रूप में मन की भूमिका तब उभरी जब सत्रहवीं सदी में ईस्ट इण्डिया कम्पनी के भारत के साथ व्यापार को इंग्लैण्ड में कई तरह के आरोपों का सामना करना पड़ा। सोने और चाँदी के बदले भारत से मसाले ख़रीदने के कारण यह समझा जा रहा है कि इंग्लैण्ड का आर्थिक नुक़सान हो रहा है। मन ने कम्पनी के पक्ष में तर्क दिया कि वह वस्त्र, खाद्य और युद्ध-सामग्री का आयात कर रही है जिससे इंग्लैण्ड में लोगों की बेहतरी हो रही है। मन ने कम्पनी की तारीफ़ की कि वह विलासितापूर्ण वस्तुएँ आयात करने के बजाय केवल ज़रूरत की चीज़ें ही मँगा रही है। दूसरे, भारत के साथ व्यापार करने के ज़रिये कम्पनी इंग्लैण्ड का माल बेचने के लिए बाज़ार भी तैयार कर रही है। मन ने दिखाया कि अगर इन्हीं चीज़ों की तिजारत तुर्की से की जाए तो इंग्लैण्ड को ज़्यादा धन ख़र्च करना पड़ सकता है। अंत में मन ने दलील दी कि ऐसी विलासितापूर्ण चीज़ों का आयात भी किया जा सकता है जिनके पुनः निर्यात से मुनाफ़ा कमाया जा सके।

एक आर्थिक चिंतक के रूप में मन की ख्याति उनकी दूसरी रचना पर टिकी है। इसमें मन ने उन कारणों और

परिस्थितियों की जाँच की है जिनके कारण किसी देश को व्यापार-अधिशेष प्राप्त हो सकता है। मन का पहला फ़ार्मूला यह था कि व्यापार से होने वाली अतिरिक्त आमदनी का मतलब यह नहीं होना चाहिए कि इंग्लैण्ड के लोग घरेलू बाज़ार से अपने लिए ज़्यादा चीज़ें ख़रीदना शुरू कर दें। बजाय इसके इस अधिशेष का निवेश के लिए प्रयोग किया जाना चाहिए ताकि निर्यात के लिए अधिक से अधिक माल का उत्पादन हो सके। इस प्रकार मन व्यापार-अधिशेष के रूप में उत्पादक पूँजी के संचय की धारणा ले कर सामने आये। मन ने निर्यात किये जाने वाले माल के लिए मूल्य नीति बनाने का सुझाव भी दिया। इसका मतलब था कि अगर किसी माल के बाज़ार पर इंग्लैण्ड की इजारेदारी या तक़रीबन इजारेदारी है तो उसे ऊँची से ऊँची कीमत पर बेचा जाना चाहिए। लेकिन, अगर विदेश व्यापार में उसे प्रतियोगिता का सामना करना पड़ रहा है तो वह नीचे से नीचे दामों पर बेच सकता है। इस रवैये से विदेशी प्रतियोगियों को पछाड़ा जा सकेगा। मन का कहना था कि एक बार जीत हासिल करने पर दाम बढ़ाये जा सकते हैं, पर इतने नहीं कि उसके कारण प्रतियोगियों को एक बार फिर बाज़ार में कूद पड़ने का प्रलोभन दिखने लगे।

थॉमस मन (1571-1641)

मन ने यह सिफ़ारिश भी की कि ब्रिटेन द्वारा बनाये गये माल की गुणवत्ता बहुत ऊँची होनी चाहिए ताकि दुनिया के पैमाने पर उसकी माँग बनी रहे और निर्यात लगातार बढ़ता रहे। उन्हें आयात घटाना समृद्धिकारक लगता था। इसके लिए उन्होंने ब्रिटिश सरकार को कारख़ानेदारों को विनियमित करने का सुझाव दिया। उन्होंने कहा कि सरकार को एक व्यापार परिषद् बनानी चाहिए (यही काम अमेरिका में वाणिज्य विभाग करता है) जो सरकार को वाणिज्य और औद्योगिक गतिविधियाँ विनियमित करने के लिए सुझाव देगी। मन गुणवत्ता के मामले में कारख़ानेदारों पर बहुत कड़ी पाबंदियाँ लगाने के पक्ष में थे।

मन ने व्यापार-अधिशेष बढ़ाने के लिए राष्ट्रीय कर नीति का इस्तेमाल करने का भी सुझाव दिया। अगर राष्ट्रीय हितों के विपरीत कोई फ़र्म विलासितापूर्ण चीज़ें आयात करना चाहती है तो करारोपण के ज़रिये निजी और राष्ट्रीय हितों को समरस किया जाना चाहिए। मन ने निर्यात शुल्क कम से कम रखने का सुझाव दिया ताकि ब्रिटिश माल विदेशों में महँगा न बेचना पड़े। उन्होंने कहा कि आयात शुल्क भी कम रखा जाए ताकि आयातित माल का फिर से निर्यात ऊँचे दामों पर न करना पड़े। मन की निगाह में उत्पाद शुल्क और बिक्री कर हानि रहित था।

अट्ठारहवीं और नौवीं सदी में मन के विचारों और वणिकवाद को ज़बरदस्त आलोचना का सामना करना पड़ा। डेविड ह्यूम ने दिखाया कि किस तरह व्यापार-अधिशेष में अपने-आप संशोधन हो जाता है। प्रकृतिवादी विद्वान फ्रांस्वा केस्ने और ऐडम स्मिथ ने तर्क दिया कि वणिकवादी सरकार द्वारा लगायी गयी पाबंदियों का नुक़सान समझ पाने में मन असमर्थ रहे हैं। सरकार काम-धंधे में जितना कम हस्तक्षेप करेगी, घरेलू उत्पादन उतनी ही तेज़ी से बढ़ेगा। डेविड रिकार्डो ने मुक्त व्यापार के पक्ष में मज़बूत तर्क पेश किये। इन आलोचनाओं के कारण आर्थिक चिंतन पर से वणिकवाद के प्रभाव का तेज़ी से क्षय हुआ। लेकिन, बीसवीं सदी मे कींस ने अपनी 1936 में प्रकाशित रचना *जनरल थियरी ऑफ़ एम्पलायमेंट, इंटरेस्ट ऐंड मनी* के 23वें अध्याय 'नोट्स ऑन मर्केंटलिज़म' में कहा कि व्यापार-अधिशेष की मदद से रोज़गार और माँग में बढ़ोतरी की जा सकती है। द्वितीय विश्व युद्ध के बाद जापानी अर्थव्यवस्था ने भी वणिकवादी फ़ार्मूलों का इस्तेमाल करके विश्व व्यापार में अपनी हैसियत बनायी। जापान ने अपने कारख़ानों में माल बनाया और दुनिया के बाज़ार में बेचा। आयात-निर्यात के इस विनिमय में जापान कई क्षेत्रों में अपनी तक़रीबन इजारेदारी क़ायम की और अपना अधिशेष बढ़ाने में कामयाबी हासिल की। आज आर्थिक हलकों में भले ही मन के सिद्धांतों की चर्चा न हो, पर इस हक़ीक़त से इनकार नहीं किया जा सकता कि निर्यातोन्मुख विकास की लोकप्रिय थीसिस की जड़ें उन्हीं के चिंतन में निहित हैं। निर्यात बढ़ा कर विदेश व्यापार के ज़रिये अधिशेष जमा करने के सूत्र को आर्थिक वृद्धि का केंद्रीय पहलू बनाना मन की ही सूझ-बूझ का परिणाम था।

देखें : फ्रांस्वा केस्ने और प्रकृतिवाद, डेविड ह्यूम, ऐडम स्मिथ, जॉन मेनार्ड कींस।

संदर्भ

1. ए.वी. एनीकिन (1983), *आर्थिक विज्ञान का युवा काल : मार्क्स-पूर्व का अर्थशास्त्र*, अनुवाद : गिरीश मिश्र, पीपुल्स पब्लिशिंग हाउस, नयी दिल्ली.
2. फ़िलिप डब्ल्यू. बक (1964), *द पॉलिटिक्स ऑफ़ मर्केंटलिज़म*, ऑक्टागन बुक्स, न्यूयॉर्क.
3. लार्स मैगनुसन (1994), *मर्केंटलिज़म : द शेपिंग ऑफ़ ऐन इकॉनॉमिक लेंग्वेज*, रॉटलेज, न्यूयॉर्क और लंदन.
4. चैल्मर्स जॉनसन (1982), *एमआईटीआई ऐंड द जापानीज़*

मिरैकिल : द ग्रोथ ऑफ़ इंडस्ट्रियल पॉलिसी, स्टैनफ़र्ड युनिवर्सिटी प्रेस.

5. ई.ए.जे. जॉनसन (1965), *प्रेडेसर्स ऑफ़ ऐडम स्मिथ : द ग्रोथ ऑफ़ ब्रिटिश इकॉनॉमिक थॉट*, ऑगस्ट एम. केली, न्यूयॉर्क.

—अभय कुमार दुबे

थॉमस रॉबर्ट माल्थस

(Thomas Robert Malthus)

जनसंख्या संबंधी सिद्धांत के प्रतिपादन के लिए मशहूर थॉमस रॉबर्ट माल्थस (1766-1834) अपने समकालीन अर्थशास्त्रियों के बीच सर्वाधिक विवादास्पद हस्ती थे। उन्होंने हमेशा अपने समय की प्रचलित धारणाओं से अलग हट कर चिंतन किया। एक अर्थशास्त्री के रूप में माल्थस को कई सैद्धांतिक योगदानों का श्रेय है। उन्हें कींसियन अर्थशास्त्र के पुरोगामी की संज्ञा भी दी जाती है। वे अर्थशास्त्र को निगमनात्मक के बजाय आनुभविक विज्ञान बनाने के पक्ष में थे। उनकी मान्यता थी कि अर्थव्यवस्थाएँ हमेशा ही ऊँची बेरोज़गारी के लम्बे दौरों में फँसने के अंदेशों की शिकार रहती हैं। नीतिगत लिहाज़ से वे मुक्त व्यापार के विरोधी होने के साथ-साथ सरकार द्वारा ग़रीबों की कोई भी मदद करने के तरफ़दार भी नहीं थे। दरअसल, अपने जनसंख्या संबंधी अध्ययनों के ज़रिये वे इस निष्कर्ष पर पहुँच चुके थे कि समाज में आम लोगों को आर्थिक रूप ख़ुशहाल बनाना या उनके जीवन-स्तर को उठाना नामुमकिन है। अगर लोगों का जीवन-स्तर बेहतर बनाया जाएगा तो परिणामस्वरूप वे और बच्चे पैदा करेंगे, जनसंख्या और बढ़ जाएगी जिसका आर्थिक वृद्धि पर विपरीत असर पड़ेगा। माल्थस का दृढ़ मत था कि नीतियाँ कोई भी हों और उनके पीछे कितना भी नेक इरादा क्यों न हो, उनका परिणाम लोगों के हालात ख़राब होने में ही निकलेगा। माल्थस का सिद्धांत स्पष्ट संदेश देता है कि समाज व्यवस्था कैसी भी हो, जनसंख्या वृद्धि की समस्या के कारण मानवता एक बंद गली में फँस चुकी है। न किसी क्रांति से काम चलेगा, और न ही किसी सुधार से। वे आर्थिक विकास और जनसंख्या वृद्धि के मामले में निराशाजनक दृष्टिकोण रखते थे।

माल्थस का जन्म सरे (इंग्लैण्ड) के एक ख़ुशहाल परिवार में हुआ था। बचपन में उन्हें घरेलू ट्यूशन और बेहतरीन प्राइवेट स्कूलों के ज़रिये अच्छी शिक्षा मिली। 18 वर्ष की आयु में उन्होंने केम्ब्रिज के जीसस कॉलेज में गणित और प्राकृतिक दर्शन का अध्ययन किया। माल्थस के पिता एक उत्साही और आशावादी व्यक्ति थे। पर, माल्थस की प्रवृत्तियाँ उनके विपरीत थीं। उनकी अपने पिता के साथ अक्सर दार्शनिक और सामाजिक विषयों पर तल्ख़ बहस होती रहती थी। अपने पिता की इच्छा के विपरीत माल्थस ने पादरी बनने का निर्णय लिया और 1788 में रिवरेंड माल्थस बन गये। जनसंख्या संबंधी सिद्धांत के प्रवर्तन के बाद वे लंदन के पास स्थित न्यू ईस्ट इण्डिया कॉलेज़ में इतिहास, राजनीति, वाणिज्य और वित्त के प्रोफ़ेसर नियुक्त हुए। अध्यापन से मिलने वाले काफ़ी समय का इस्तेमाल माल्थस ने अपने बुद्धिजीवी दोस्तों से मेल-मुलाक़ात में बिताया जिनमें डेविड रिकार्डो भी शामिल थे।

अट्ठारहवीं सदी के उत्तरार्ध में कई अर्थशास्त्रियों और विचारकों, ख़ास कर समाजवादी रुझान वाले चिंतकों, का विचार था कि औद्योगिक क्रांति के दौरान दरिद्रता और बदहाली के शिकार मज़दूरों और अन्य ग़रीब जनता को विभिन्न सुधार कार्यक्रम चला कर ग़रीबी के गर्त से निकाला जा सकता है। माल्थस के पिता भी इसी तर्ज़ पर सोचते थे, इसलिए एक दिन उनकी अपने बेटे के साथ इस मुद्दे पर गरमा-गर्म बहस हो गयी। इस विवाद ने माल्थस को संबंधित अध्ययन के लिए प्रेरित किया जिसका नतीजा 1798 में प्रकाशित उनकी रचना *एसे ऑन पॉपुलेशन* के रूप में सामने आया। इसकी वजह से माल्थस को ज़बरदस्त ख्याति और मान्यता मिली। जिस ज़माने में माल्थस अपने जनसंख्या सिद्धांत के ज़रिये लोगों के हालात में सुधार को नामुमकिन क़रार देने में लगे हुए थे, मार्क्विस द कोंदोर्स, रॉबर्ट ओवेन और विलियम गॉडविन जैसे विचारक मज़दूरों के लिए अधिक समानता और सुरक्षा की वकालत कर रहे थे। कोंदोर्स एक ऐसे सरकारी क़ानूनों के पक्ष में थे जिनसे ज़रूरतमंद परिवारों को निचली ब्याज दरों पर कर्ज़ मिल सके। ओवेन औद्योगिक शहरों में मज़दूरों के यूटोपियन समुदाय गठित करने की सलाह दे रहे थे ताकि उनके सामाजिक हालात बेहतर किये जा सकें। गॉडविन का तो और भी ज़ोरदार तरीके से प्रस्ताव यह था कि पूँजीपतियों की सम्पत्ति ज़ब्त करके दरिद्रों में वितरित की जानी चाहिए। माल्थस ने इसी तरह के विचारों के ख़िलाफ़ प्रतिक्रिया करते हुए अपना सिद्धांत दिया।

उनका मुख्य तर्क इस प्रकार था : स्त्री और पुरुष भोजन और सम्भोग के बिना नहीं रह सकते। अपनी इन्हीं कामनाओं को पूरा करने के लिए वे बच्चे भी पैदा करते हैं और खाद्य भी। लेकिन समस्या यह है कि आबादी में वृद्धि ज्यामितीय गति से (जैसे 1, 2, 4, 8, 16) होती है, जबकि खाद्य उत्पादन केवल अंकगणितीय रफ़्तार (जैसे 1, 2, 3, 4, 5) से बढ़ता है। खेती में पैदावार पहले के मुक़ाबले लगातार घटती रहती है। खेती के लिए ज़मीन का क्षेत्रफल बढ़ाने से

यह क्रम नहीं बदलता। नये भू-खण्ड पुराने भू-खण्डों के मुक़ाबले कम पैदावार देते हैं। चूँकि आबादी खाद्य की अपेक्षा तेज़ रफ़्तार से बढ़ेगी इसलिए एक समय ऐसा आयेगा जब उसका पेट भरने के लिए पर्याप्त भोजन उपलब्ध नहीं हो पायेगा। अगर आबादी की वृद्धि पर कोई और रोक नहीं लगायी गयी तो भुखमरी फैलेगी। *एसे ऑन पॉपुलेशन* के पहले संस्करण में माल्थस ने आबादी की वृद्धि रोकने के 'सकारात्मक कारणों' का ज़िक्र किया। यानी इस समय तक उनकी दिलचस्पी केवल मृत्यु दर बढ़ाने वाले कारकों में थी। उनका विचार था कि अकाल, कुदरती आफ़तों, प्लेग और युद्ध जैसे कारक आबादी को अपने आप कम करते रहते हैं। लेकिन, अपनी इसी रचना के अगले संस्करण में उन्होंने जन्म दर घटाने संबंधी उपायों पर ध्यान दिया जिनमें यौन संयम, जन्म नियंत्रण और देर से विवाह करने के सुझाव शामिल थे। इन सुझावों ने माल्थस की आर्थिक भविष्यवाणी के निराशाजनक पहलुओं को कुछ नर्म किया।

समाजवादी रुझानों से निकली दलीलों और सुझावों के ख़िलाफ़ माल्थस ने कहा कि अगर आमदनी का वितरण अधिक समतामूलक कर दिया गया और अगर सामाजिक सुधारों के ज़रिये मज़दूर वर्ग की हालत सुधार दी गयी तो मज़दूर और ज़्यादा बच्चे पैदा करना शुरू कर देंगे। नतीजतन उनकी ग़रीबी वैसी की वैसी ही बनी रहेगी। इसी तर्क के आधार पर माल्थस ने ग़रीबों को राहत देने के लिए क़ानून बनाने का विरोध किया। वे ग़रीबों को किसी भी तरह का अनुदान देने के विरोधी थे। कई साल बाद माल्थस ने *एन इनवेस्टीगेशन ऑफ़ द कॉज़ ऑफ़ द प्रज़ेंट हाई प्राइस ऑफ़ प्रॉवीज़न* शीर्षक से लेख लिख कर दावा किया कि ग़रीबों को दी जाने वाली राहत के कारण ही इंग्लैण्ड में मक्का के दाम बढ़ गये हैं। परिणामस्वरूप न केवल ग़रीबों की दिक़्क़तें बढ़ी हैं, बल्कि सभी ब्रिटिश नागरिक परेशानी में फँस गये हैं।

हालाँकि माल्थस की ख्याति (या बदनामी?) मुख्यत: उनके जनसंख्या सिद्धांत के कारण है, पर उन्होंने क्लासिकल अर्थशास्त्र में कुछ सैद्धांतिक योगदान भी किये हैं। मसलन, उन्होंने मुनाफ़े का सिद्धांत विकसित करके उस कमी को भरा है जिस पर ऐडम स्मिथ ने ध्यान नहीं दिया था। माल्थस का एक अन्य योगदान खेतिहर ज़मीन से होने वाली लगान की आमदनी से संबंधित भी है। कुल मिला कर उनका तर्क था कि पूँजीपति कारख़ाने में मशीनें और प्रौद्योगिकी उपलब्ध कराने के ज़रिये मज़दूरों की उत्पादकता बढ़ाता है जिसका बदला उसे मुनाफ़े के रूप में मिलना चाहिए। इसी तरह भू-स्वामी खेती योग्य ज़मीन की उत्पादकता में बढ़ोतरी करते हैं जिसका पुरस्कार उन्हें लगान के रूप में मिलना ज़रूरी है।

नीतिगत रूप से माल्थस ने चेतावनी दी कि अर्थव्यवस्था बीच-बीच में मंदी या आधिक्य की शिकार होती

थॉमस रॉबर्ट माल्थस (1766-1834)

रहेगी। कींस ने माना है कि माल्थस का यह प्रेक्षण व्यापार चक्रों के उनके सिद्धांत का पुरोगामी है।

अपनी जनसंख्या संबंधी प्रस्थापनाओं और निराशाजनक भविष्यवाणियों के लिए माल्थस को ज़बरदस्त आलोचना का सामना करना पड़ा। थॉमस कार्लाइल ने माल्थस जैसी भविष्यवाणियों के कारण ही अर्थशास्त्र को 'एक मनहूस विज्ञान' क़रार दिया। कार्लाइल की यह टिप्पणी आज तक अर्थशास्त्र के अनुशासन के साथ किसी न किसी रूप में चिपकी हुई है। मार्क्स ने भी मज़दूर वर्ग विरोधी विचारों और निराशाजनक रवैये के कारण उन्हें 'राजनीतिक अर्थशास्त्र के क्षमायाचक' की संज्ञा दी। ईसाई भी माल्थस के काफ़ी नाराज़ हुए। उनका तर्क था कि अगर भुखमरी की नौबत आयेगी तो ईश्वर अपने आप बच्चों की पैदाइश रोक देगा। कुछ विद्वानों ने यह तर्क भी दिया कि तकनीकी प्रगति जीवनयापन के साधनों को बहुत बढ़ा देगी। यह भी कहा गया कि जीवन-शैली में सुधार के लोभ के कारण होने वाले माता-पिता ख़ुद ही कम बच्चे पैदा करना पसंद करेंगे। कालांतर में माल्थस के अनुयायियों द्वारा जन्मदर घटाने संबंधी उपायों पर ज़ोर दिया जाने लगा।

देखें : अर्थ-विज्ञान का समाजशास्त्र, आर्थिक जनसांख्यिकी, अल्फ्रेड मार्शल, अमर्त्य कुमार सेन, अंतर्राष्ट्रीय मुद्रा कोष, आधार और अधिरचना, ऑस्कर रायज़ार्ड लांगे, ऐडम स्मिथ, क़रारोपण, कल्याणकारी अर्थशास्त्र, क्लासिकल अर्थशास्त्र, कार्ल हाइनरिख़ मार्क्स-3, कार्ल मेंगर, कींसियन अर्थशास्त्र, गुन्नार मिर्डाल, जोआन

रोबिंसन, जॉन कैनेथ गालब्रेथ, जॉन मेनार्ड कींस, जॉन स्टुअर्ट मिल, जोसेफ़ शुमपीटर, जैव विविधता, ट्रस्टीशिप, डेविड रिकार्डो, ढाँचागत समायोजन कार्यक्रम, थॉमस मन और वणिकवाद, दक्षता, धन, नियोक्लासिकल अर्थशास्त्र, नीतिशास्त्र और अर्थशास्त्र, निकोलस काल्दोर, नियोजन, नियोजन : मार्क्सवादी विमर्श, पण्य, पण्य-पूजा, पेटेंट, पॉल सेमुअलसन, पियरो स्राफ़ा, पूँजी, प्रतियोगिता, फ्रांस्वा केस्ने और प्रकृतिवाद, फ्रेड्रिख़ वॉन हायक, बहुराष्ट्रीय निगम, बाज़ार, बाज़ार की विफलताएँ, बाज़ार-समाजवाद, बौद्धिक सम्पदा अधिकार, ब्रेटन वुड्स प्रणाली, भारत में बहुराष्ट्रीय निगम, भारत में नियोजन, भारत में पेटेंट क़ानून, भारत में शेयर संस्कृति, भूमण्डलीकरण और पूँजी बाज़ार, भूमण्डलीकरण और वित्तीय पूँजी, भूमण्डलीकरण और वित्तीय उपकरण, मार्क्सवादी अर्थशास्त्र, मिल्टन फ्रीडमेन, मूल्य, राजकोषीय नीति और मौद्रिक नीति, रॉबर्ट ओवेन, विलफ्रेडो परेटो, विश्व व्यापार संगठन, विश्व बैंक, विलियम पेटी, विलियम स्टेनली जेवंस, वैकासिक अर्थशास्त्र, शोषण, साइमन कुज़्नेत्स।

संदर्भ

1. ए.वी. एनीकिन (1983), *आर्थिक विज्ञान का युवा काल : मार्क्स-पूर्व का अर्थशास्त्र,* अनुवाद : गिरीश मिश्र, पीपुल्स पब्लिशिंग हाउस, नयी दिल्ली.
2. जे.आर. बोनर (1966), *माल्थस ऐंड हिज़ वर्क,* ऑगस्त एम. केली, न्यूयॉर्क.
3. विलियम डी. ग्रैम्प (1974), 'माल्थस ऐंड हिज़ कंटेम्परेरीज़', *हिस्ट्री ऑफ़ पॉलिटिकल इकॉनॉमी,* खण्ड 6, अंक 3.
4. जॉन मेनार्ड कींस (1951), 'माल्थस', *एसेज़ इन बायोग्राफ़ी,* नॉर्टन, न्यूयॉर्क.

—अभय कुमार दुबे

थॉमस हिल ग्रीन

(Thomas Hill Green)

ब्रिटिश भाववादी दार्शनिक और सामाजिक-राजनीतिक सिद्धांतकार थॉमस हिल ग्रीन (1836-1882) ने उदारतावाद के शुरुआती संस्करण की सीमाएँ स्पष्ट करते हुए इस विचार को लोकोपकारी राज्य की सम्भावनाओं की तरफ़ मोड़ने की भूमिका निभायी। इस प्रक्रिया में उन्हें अ-हस्तक्षेपकारी राज्य के सिद्धांत, इंद्रियानुभववाद, उपयोगितावाद और सामाजिक डार्विनवाद से वैचारिक लोहा लेना पड़ा। स्वतंत्रता की अवधारणा को सकारात्मक और नकारात्मक स्वतंत्रताओं में बाँट कर समझने की शुरुआत ग्रीन ने ही की थी। ईसैया बर्लिन ने आगे चल कर इसी विमर्श को एक भिन्न नज़रिये से नयी ऊँचाइयों तक पहुँचाया। ग्रीन राजनीतिक दायित्व के सिद्धांतकार भी थे। उनके सूत्रीकरणों ने ब्रिटेन के विश्वविद्यालयों में राजनीतिशास्त्र के अध्ययन पर गहरा असर डाला। दरअसल उनके विचारों को उदारतावादी चिंतन के एक अलग स्कूल के रूप में भी देखा जाता है। राजनीतिक विचार के क्षेत्र में बीसवीं सदी के मध्य तक कई उल्लेखनीय विद्वान ख़ुद को उनसे प्रभावित बताते रहे जिनमें बरनार्ड बोसेनक्वेट, एल.टी. हॉबहाउस और जे.ए. हॉब्सन के नाम प्रमुख हैं। केवल 46 वर्ष तक जीवित रहने वाले ग्रीन की ज़्यादातर रचनाएँ उनके देहांत के बाद प्रकाशित हुईं। 1882 में प्रकाशित *लैक्चर्स ऑन द प्रिंसिपल्स ऑफ़ पॉलिटिकल ऑब्लिगेशन* और 1883 में प्रकाशित *प्रोलेगोमेना टू एथिक्स* उनकी प्रमुख कृतियाँ हैं।

थॉमस हिल ग्रीन का जन्म बरकिन, यॉर्कशायर में हुआ था। वे ख़ुद को ओलिवर क्रामवेल का वंशज मानते थे। ऑक्सफ़र्ड के बैलियल कॉलेज में उन्होंने शिक्षा प्राप्त की। ईसाई धर्म में गहरी आस्था रखने वाले ग्रीन ने बेउर द्वारा रचित *हिस्ट्री ऑफ़ द क्रिश्चियन चर्च* का अनुवाद भी किया, लेकिन इसी के साथ छात्रों के चर्च जाने की अनिवार्यता भी उन्होंने ही ख़त्म करायी। उदारतावादी राजनेता जॉन ब्राइट के प्रशंसक ग्रीन पर जर्मन दार्शनिकों कांट और हीगेल का प्रभाव था। चुनाव सुधारों के समर्थक ग्रीन को 1874 में नगर परिषद के चुनाव में हार का मुँह देखना पड़ा। उनकी पुस्तक लिबरल लेजिस्लेशन ऐंड फ्रीडम ऑफ़ कांट्रेक्ट में उन्होंने श्रम, स्वास्थ्य और शिक्षा के क्षेत्र में राज्य की भूमिका की वकालत की।

ग्रीन का ख़याल था कि अंतर्राष्ट्रीय राजनीति और घरेलू सार्वजनिक नीति के लिए दार्शनिक रूप से सक्षम ऐसे सिद्धांतों का प्रतिपादन किया जाना चाहिए जिनके आधार पर मतदान के अधिकार ज़्यादा से ज़्यादा लोगों को दिया जा सके, एवं शिक्षा और सामाजिक विधि-निर्माण का और विस्तार हो सके। लेकिन साथ में वे यह भी मानते थे कि उन्नीसवीं सदी के मध्य में दार्शनिक और राजनीतिक संकटों का एक साथ सामना कर रहे उदारतावाद के बस में यह नहीं है। दार्शनिक समस्याओं की जड़ में इंद्रियानुभववाद और उपयोगितावाद का दिवालियापन है। इंद्रियानुभववाद की परम्परा बुद्धिसंगत मानवीय आचरण का कोई विश्वस्त ब्योरा पेश करने में नाकाम रही है, इसलिए उससे ज्ञान का कोई सक्षम सिद्धांत नहीं निकलता। उपयोगितावाद का विरोध करते हुए ग्रीन ने कहा कि नागर समाज की संकल्पना केवल ऐसे लोगों के जमावड़े के तौर पर नहीं की जा सकती जिनकी दिलचस्पी केवल स्व-हित में हो और जो केवल अपने सुख की प्राप्ति में लगे हों। कांट और हीगेल से प्रभावित भाववादी नज़रिये के आधार पर ग्रीन ने मानवीय जीवन और उसके उद्देश्यों को नैतिक आवेश से सम्पन्न क़रार दिया। वे इस दावे को तथ्यात्मक रूप से ग़लत मानते थे कि मनुष्य उत्तम जीवन

थॉमस हिल ग्रीन (1836-1882)

की किसी निजी कसौटी के तहत सक्रिय रहते हुए संतोषजनक जीवन बिता सकता है। उनकी निगाह में यह प्रश्न निरर्थक था कि पहले व्यक्ति आता है या समाज? उनकी मान्यता थी कि व्यक्ति और समाज का संबंध काफ़ी पेचीदा है और जिस तरह व्यक्तियों के बिना समाज का अस्तित्व नहीं हो सकता, उसी तरह समाज के बिना व्यक्तियों का वजूद सम्भव नहीं है। ग्रीन ने दावा किया कि मनुष्य की इयत्ता एक सामाजिक इयत्ता है। मनुष्य अपनी पूर्णता और ख़ुशी समुदाय के अंग के तौर पर प्राप्त करता है, इसीलिए नागरिकता के समुचित सिद्धांत का स्रोत सदस्यता का विचार होना चाहिए, न कि समझौतापरक संस्थात्मकता। ग्रीन चाहते थे कि राजनीति में सहभागिता एक नागरिक-दायित्व की तरह होना चाहिए।

ग्रीन मानते थे कि राजनीति और नीतिशास्त्र का उद्देश्य एक ही है : नैतिक चरित्र से लैस व्यक्तियों का विकास। यही है वह कसौटी है जिस पर विभिन्न क़ानूनों और संस्थाओं का आकलन किया जाना चाहिए। अगर कोई बंदोबस्त नागरिकों के किसी भी हिस्से के नैतिक विकास में बाधा डाल रहा है तो व्यवस्था में सुधार करके उस रुकावट को दूर करना ज़रूरी है। अपनी पुस्तक *लैक्चर्स ऑन द प्रिंसिपल्स ऑफ़ पॉलिटिकल ऑब्लीगेशन* में भी ग्रीन ने स्पष्ट रूप से कहा कि क़ानून के ज़रिए व्यक्ति को कुछ ज़िम्मेदारियाँ पूरी करने के लिए मजबूर किया जा सकता है, लेकिन कोई भी क़ानून लोगों को नैतिक नहीं बना सकता। नैतिकता स्वेच्छा का ही परिणाम हो सकती है, इसलिए क़ानून का इस्तेमाल ऐसी परिस्थितियाँ बनाने के लिए किया जाना चाहिए जिनके तहत व्यक्ति अपनी उसी स्वेच्छा पर अमल कर सके। ऐसे क़ानून कम से कम होने चाहिए जो लोगों को कुछ करने से प्रतिबंधित करते हों। हाँ, उन कामों को क़ानून के ज़रिये ज़रूर रोका जाना चाहिए जो समाज के वजूद के लिए ही हानिकारक हों।

इसी मक़ाम पर ग्रीन स्वतंत्रता के नकारात्मक संस्करण से अलग हटते हुए सकारात्मक संस्करण पर ज़ोर देते नज़र आते हैं। उपयोगितावादी दार्शनिक जेरेमी बेंथम की मान्यता थी कि जो नियम व्यक्ति को अपनी मर्ज़ी पर चलने से रोकता है, वह अनिवार्यतः बुरा क़ानून है। ग्रीन का कहना था कि क़ानून की ऐसी समझ तो सरकार को उसके इच्छित उद्देश्य की सिद्धि ही नहीं करने देगी और नैतिक जीवन को प्रोत्साहित करने वाले सभी तरह के सकारात्मक सुधारों पर विराम लग जाएगा। ज़ाहिर है कि ग्रीन उदारतावादियों के इस यक़ीन से सहमत थे कि सरकार का मुख्य काम स्वतंत्रता के दायरे को अधिकतम करना है। इसका मतलब होगा बंदिशों को कम से कम करना। लेकिन क़ानून का काम केवल निषेधात्मक ही नहीं हो सकता। इस लिहाज़ से ग्रीन की स्वतंत्रता संबंधी धारणा ईसैया बर्लिन द्वारा की गयी नकारात्मक स्वतंत्रता की पैरोकारी से भिन्न है।

ग्रीन उपयोगितावाद के इस आग्रह से भी सहमत नहीं थे कि स्वतंत्र केवल वही व्यक्ति है जो बेपरवाह हो कर अपने सुखों की प्राप्ति में जुटा हुआ है। उनका कहना था कि ऐसा करने वाला देखने में स्वतंत्र लग सकता है, पर वह असल में अपने ही रुझानों और कामनाओं की दया पर निर्भर रहता है। स्वतंत्रता विवेकसम्मत ही हो सकती है। उन्होंने स्वतंत्रता की परिभाषा भी दी : 'उत्तम जीवन के साझा लक्ष्य के लिए सभी व्यक्तियों की शक्तियों को बंधन-रहित करना'।

ग्रीन अ-हस्तक्षेपकारी राज्य के उसूल को नापसंद करते थे, लेकिन इसका मतलब हस्तक्षेपकारी राज्य की पैरोकारी नहीं था। वे राज्य को सीमित हस्तक्षेप का अधिकार देने के पक्ष में थे, बशर्ते वह सकारात्मक हो। ग्रीन ने शराब पीने पर सीमाएँ आरोपित करने की तरफ़दारी की। वे शिक्षा और जन-स्वास्थ्य में सरकार की दख़लअंदाज़ी चाहते थे। ग्रीन ने राज्य के हस्तक्षेप का विस्तृत कार्यक्रम देने से परहेज़ किया जिसके कारण उनके विचारों में एक धुँधलापन बना रहा। लेकिन उन्होंने अपने विमर्श के ज़रिये दिखाया कि उदारतावाद का दायरा कितना विस्तृत हो सकता है और उसमें किस हद तक सामाजिक सरोकारों का समावेश सम्भव है। ग्रीन के कारण ही उदारतावाद को आगे चल कर संकीर्ण व्यक्तिवाद और स्वतंत्रता के नकारात्मक संस्करण से छुटकारा मिल सका। उन्होंने एक तरफ़ तो निजी अधिकारों और स्वतंत्रताओं का बचाव किया, और दूसरी तरफ़ उन्हें समानता और सामुदायिकता के साथ जोड़ा।

देखें : अधिकार, अधिकार : सैद्धांतिक यात्रा, अरस्तू, अफलातून, अनुदारतावाद, अराजकतावाद, अन्य-अन्यीकरण, उदारतावाद, उपयोगितावाद, एडमण्ड बर्क, क्रांति, ज्याँ-ज़ाक रूसो, जॉन लॉक, जेरेमी बेंथम, जॉन स्टुअर्ट मिल, जॉन रॉल्स, जोहान गॉटफ्रीड हर्डर, डेविड ह्यूम, थॉमस हॉब्स, थॉमस पेन, न्याय, न्याय : नारीवादी आलोचना, न्याय : रॉल्स का सिद्धांत, नागरिकता, नागरिकता : अन्य परिप्रेक्ष्य-1 और 2, नागर समाज, पनोप्टिकॉन, फ्रेड्रिख़ वॉन हायक, बुद्धिवाद, माइकेल जोसेफ़ ओकशॉट, माइकिल वाल्ज़र, मिशेल पॉल फ़ूको-1 और 2, यूटोपिया, राजनीतिक दर्शन के नारीवादी आयाम, रॉबर्ट नॉज़िक, राज्य-1 और 2, विल किमलिका, स्वतंत्रतावाद, सर्वसत्तावाद, सम्प्रभुता, समाजवाद, सरकार और सरकारियत-1 और 2.

संदर्भ

1. एम. रिचर (1983), *द पॉलिटिक्स ऑफ़ कांशेंस : टी.एच. ग्रीन ऐंड हिज़ एज,* युनिवर्सिटी प्रेस ऑफ़ अमेरिका, लैनहैम, एमडी.
2. आर.एल. नेटिलशिप (सम्पा.) (1985-88), *द वर्क्स ऑफ़ थॉमस हिल ग्रीन,* तीन खण्ड, लोंगमेंस, लंदन.
3. पी. निकल्सन (1989), *द पॉलिटिकल फ़िलॉसफ़ी ऑफ़ ब्रिटिश आइडियलिस्ट्स,* केम्ब्रिज युनिवर्सिटी प्रेस, केम्ब्रिज.

— अभय कुमार दुबे

थियोडोर लुडविग वीज़ेनग्रंड एडोर्नो

(Theodor Ludwig Wiessengrund Adorno)

दार्शनिक, समाजविज्ञानी और संगीत के प्रखर अध्येता थियोडोर लुडविग वीज़ेनग्रंड एडोर्नो (1903-1969) मार्क्सवादी विद्वत्ता और समाज-विज्ञान की अध्ययन पीठ फ्रैंकफ़र्ट स्कूल के विद्वान थे। अनुवाद के अभाव में एक समय तक उनका कृतित्व बाक़ी दुनिया भर के लिए अपरिचित बना रहा। लेकिन कार्ल पॉपर और मार्टिन हाइडेगर की दार्शनिक निष्पत्तियों की मर्मभेदी आलोचना के ज़रिये एडोर्नो साठ के दशक में ही पश्चिम के बौद्धिक जंगत के लिए एक ज़रूरी संदर्भ बन चुके थे। एडोर्नो का विशद, बहुस्तरीय और विषयों की पारम्परिक चौहद्दी के आर-पार जाने वाला कृतित्व पश्चिम की दार्शनिक परम्पराओं, ज्ञान मीमांसा, पूँजीवाद की सामाजिक गतिकी तथा उसके सांस्कृतिक निहितार्थों को नये सिरे से देखने और उनके मूल प्रस्तावों को दुबारा खँगालने की तजवीज़ करता है। एडोर्नो अपने कृतित्व में एक अंतरविषयकता गढ़ते हुए प्रतिपाद्य के अनचीन्हे रेशों को अनावृत्त करते हैं। उनके अध्येताओं के अनुसार इस अर्थ में एडोर्नो महज़ समाज, संस्कृति के टीकाकार न रहकर विचार के ठीक उस धरातल तक पहुँचते हैं जहाँ उनके विषय की मूल अंतर्वस्तु स्थित होती है।

जर्मन-यहूदी घर में पैदा हुए थियोडोर एडोर्नो के पिता एक अमीर शराब व्यापारी थे। उन्होंने फ्रैंकफ़र्ट विश्वविद्यालय दर्शन, समाजशास्त्र और मनोविज्ञान की शिक्षा प्राप्त की। नाज़ी शासन के यहूदी-विद्वेष के कारण एडोर्नो को 1934 में देश छोड़ना पड़ा। विस्थापन के उस दौर में उन्होंने ऑक्सफ़र्ड और न्यूयॉर्क में प्रवास किया। इन्हीं जगहों पर रहते हुए उन्होंने ज्ञानमीमांसा और तत्त्वदर्शन के क्षेत्र में कालजयी योगदान करने वाली *डायलेक्टिक ऑफ़ एनलाइटनमेंट, फिलॉसफ़ी ऑफ़ न्यू म्यूजिक,* द *अथोरिटेरिअन पर्सनॅलिटी* तथा *मिनिमा मॉरैलिया* जैसी यशस्वी कृतियों की रचना की। इन्हीं वर्षों के दौरान उन्होंने बाजारू संस्कृति (मास कल्चर) और संस्कृति उद्योग का धारदार आलोचना शास्त्र विकसित किया। 1949 में जर्मनी लौटने के बाद एडोर्नो ने हसर के घटना-क्रियाशास्त्र से संवाद करते हुए *अगेंस्ट एपिस्टमोलॅजी* और साहित्य सिद्धांत के क्षेत्र में *नोट्स टू लिटरेचर* जैसी कृतियों की रचना की। जीवन के अंतिम दशक में उन्होंने संगीत की समीक्षा, साहित्य, हीगेल और अस्तित्ववादी दर्शन, समाजशास्त्र और सौंदर्यशास्त्र आदि पर सुगठित लेखन किया।

एडोर्नो के कृतित्व में *डायलेक्टिक ऑफ़ एनलाइटनमेंट* विशिष्ट स्थान रखती है। फ्रैंकफ़र्ट स्कूल के एक अन्य महत्त्वपूर्ण विद्वान मैक्स होर्ख़ाइमर के साथ संयुक्त परियोजना के रूप में लिखी गयी यह कृति उत्तर-आधुनिकतावाद के मुहावरे की प्राण-प्रतिष्ठा से बहुत पहले आधुनिक विज्ञान, चिकित्सा और उद्योग की संरचनाओं पर गहरे सवाल उठा चुकी थी। निर्वासन के दौरान लिखी गयी यह किताब दूसरे विश्व-युद्ध में भस्मीभूत हुए आधुनिक पश्चिम की नियति पर विचार करते हुए ज्ञानोदय की समूची परियोजना को प्रश्नांकित करती है।

एडोर्नो कहते हैं कि ज्ञानोदय के बारे में हमेशा यह माना जाता रहा कि वह मनुष्य को भय से मुक्ति दिलाकर उसे अपनी नियति का नियंता बना देगा, लेकिन ज्ञान के उदय से आभासित यह दुनिया विनाशलीला का पर्याय बन गयी है। होर्ख़ाइमर के साथ एडोर्नो इस बात की तह में जाते हैं कि लोगों को अज्ञान, बीमारियों और मशीनी काम से मुक्ति दिलाने का वादा करते-करते यह परियोजना आख़िर किस तरह एक ऐसी दुनिया के निर्माण में सहभागी बनती गयी जिसमें जनता अपनी मर्ज़ी से फ़ासीवाद, जनसंहार के तर्क और व्यापक विध्वंस करने वाले हथियारों के निर्माण में

थियोडोर लुडविग वीज़ेनग्रंड एडोर्नो (1903–1969)

शामिल होती चली गयी। एडोर्नो के मुताबिक़ यह सब तर्क की पराजय मात्र नहीं बल्कि उसका इर्रैशनल हो जाना है।

लेकिन एडोर्नो इसके लिए केवल आधुनिक विज्ञान या विज्ञानवाद को ज़िम्मेदार नहीं मानते। उनके मुताबिक़ तर्कबुद्धि पर आश्रित प्रगति का तर्कहीन अवनति या पश्च-प्रवाह में बदल जाना एक पुराना मर्ज़ है। एडोर्नो और होर्खाइमर हिब्रू और यूनानी दार्शनिकों के हवाले से बताते हैं कि यह प्रवृत्ति बहुत पहले से मौजूद रही है। इसलिए यह देखना दिलचस्प है कि एडोर्नो जब आधुनिकता की आलोचना करते हैं तो वह प्राक्-आधुनिकता की भी आलोचना होती है। लिहाज़ा उत्तर-आधुनिकता का मतलब प्राक्-आधुनिकता के तौर-तरीक़ों की ओर लौटना नहीं हो सकता, क्योंकि इससे आधुनिकता की विकृतियाँ ख़त्म न हो कर कोई अलग शक्ल अख़्तियार कर लेती हैं। इसलिए एडोर्नो का ज़ोर इस बात पर है कि जब तक समूचे समाज का रूपांतरण नहीं होता तब तक ऐसी विकृतियाँ किसी न किसी रूप में मौजूद रहेंगी।

ज्ञानोदय की इस पीठिका पर विहंगम दृष्टि डालते हुए एडोर्नो यह सूत्रीकरण भी करते हैं कि समाज और संस्कृति आपस में मिलकर एक ऐतिहासिक सम्पूर्णता का निर्माण करती हैं। उनका समीकरण कुछ ऐसा है कि समाज में स्वतंत्रता का संधान संस्कृति में ज्ञानोदय की खोज से अलग नहीं किया जा सकता। इसे उल्टी तरफ़ से देखें तो यह भी कहा जा सकता है कि समाज, राजनीति, अर्थव्यवस्था और क़ानून की जिन संरचनाओं में मनुष्य जीता है उनमें स्वतंत्रता की अनुपस्थिति दर्शन, कलाओं, धर्म आदि के क्षेत्रों में भी व्यतिक्रम पैदा करती है। इस संदर्भ में एडोर्नो नाज़ियों के यातना-शिविरों को अचानक पैदा हो जाने वाली घटना न मानकर आधुनिक पश्चिम में घटित विपर्यय का प्रतीक मानते हैं।

आधुनिक पश्चिम के इस संकट के पीछे एडोर्नो आधिपत्य की उस संरचना को ज़िम्मेदार मानते हैं जिसमें मनुष्य एक तरफ़ प्रकृति के उपर हावी हो गया है, तो दूसरी तरफ़ मनुष्य की अपनी प्रकृति पर दूसरों का वर्चस्व क़ायम हो गया है। आधिपत्य की इस प्रक्रिया का अंतिम परिणाम यह हुआ है कि मनुष्यों के ही एक समूह ने समाज पर वर्चस्व क़ायम कर लिया है। एडोर्नो के मुताबिक़ आधिपत्य की यह त्रिआयामी संरचना इसलिए आसन्न हुई क्योंकि मनुष्य अज्ञात से उत्पन्न एक विवेकहीन भय में जीता है। वह इस भय से तभी मुक्त हो पाता है जब उसके लिए अज्ञात पूरी तरह निशेष हो जाए। इस तरह एडोर्नो एक चमत्कृत कर देने वाली निष्पत्ति पर पहुँचते हैं और ज्ञानोदय को मिथकीय भय का एक रैडिकल रूप साबित करते हैं। उनके अनुसार आधुनिक पश्चिम में विध्वंस के औज़ार पहले के मुक़ाबले चाहे कितने भी महीन और सटीक हो गये हों या कि शोषण के रूप दासता के नग्न रूपों से ज़्यादा बारीक़ हो गये हों, लेकिन सत्य यह है कि उनके पीछे भय से प्रेरित और उस पर टिकी आधिपत्य की यही संरचना काम करती है।

आधुनिकता की इस सर्वांग आलोचना को देखकर कई विद्वानों को यह लगा था कि जैसे एडोर्नो ज्ञानोदय की समूची परिघटना को सिरे से ख़ारिज कर रहे हैं। लेकिन आधुनिकता की इस नकारात्मक व्याख्या का लक्ष्य इतिहास के सार्वभौम पतन का महावृत्तांत पेश करना नहीं था। अपनी इस पड़ताल में एडोर्नो असल में दार्शनिक तर्कों, समाजशास्त्रीय चिंतन, साहित्य की समीक्षा तथा सांस्कृतिक टीकाओं को अनूठे ढंग से संयोजित करके पश्चिम के इतिहास का एक दोहरा परिप्रेक्ष्य रच रहे थे। दोहरे परिप्रेक्ष्य की मूल थीसिस यह है कि पहले जिसे मिथक मानकर ख़ारिज कर दिया गया था वह ज्ञानोदय की शक्ल में लगातार मौजूद था और ज्ञानोदय स्वयं मिथकशास्त्र की ओर क़दमताल कर था। पहली थीसिस के आधार पर एडोर्नो यह तजवीज़ करते हैं कि सेकुलरीकरण की ताक़तों द्वारा पुराने कर्मकाण्डों, धार्मिक रीतियों और दार्शनिक सूत्रों को ग़ैर-ज़रूरी तथा अवांछित क़रार देने के बावजूद ज्ञानोदय की प्रक्रिया में उनका एक निश्चित योगदान रहा है। उनकी दूसरी थीसिस उन्हें सेकुलरीकरण की आधुनिक शक्तियों में निहित वैचारिक व विध्वंसक प्रवृत्तियों की शिनाख़्त करने की गुंजाइश देती है। ग़ौरतलब है कि

एडोर्नो का यह दोहरा परिप्रेक्ष्य न तो उन्हें यह कहने की तरफ़ ले जाता है कि ये आधुनिक शक्तियाँ प्रगतिशील या ज्ञानमूलक नहीं है और न ही वह उन्हें यह कहने के लिए मजबूर करता है कि आधुनिकता की शक्तियों ने जिन पुरानी संकल्पनाओं को अपदस्थ किया है वे ख़ुद अनिवार्य रूप से वैचारिक और विध्वंसक नहीं थीं।

एडोर्नो परवर्ती पूँजीवाद (लेट-कैपिटलिज़्म) की सामाजिक सैद्धांतिकी के निर्माण में मार्क्स की बुनियादी निष्पत्तियों को प्रस्थान बिंदु बनाते हैं। हालाँकि एडोर्नो मार्क्स के पण्य-पूजा के सिद्धांत का समर्थन करते हैं लेकिन साथ ही उनका यह भी मानना है कि मार्क्स की यह आलोचना अपूर्ण रह जाती है। उनका कहना है कि पूँजीवाद की संरचना में मार्क्स के बाद कई महत्त्वपूर्ण बदलाव आये हैं जिन्हें उत्पादन-शक्तियों और उत्पादन-संबंधों, राज्य और अर्थव्यवस्था के आपसी संबंधों, वर्ग और वर्गीय चेतना के समाजशास्त्र, विचारधारा की प्रकृति तथा उसके प्रकार्यों आदि में लक्षित किया जा सकता है। लूकाच के चिंतन की अनुक्रिया और तीसरे व चौथे दशक में फ्रैंकफ़र्ट स्कूल से शुरू होने वाली अंतरविषयक परियोजनाओं व बहसों से प्रेरित एडोर्नो का यह विश्लेषण दरअसल इस बात की ओर संकेत करता है कि मनुष्य द्वारा निर्मित वस्तुओं और उसके द्वारा निर्धारित प्रक्रियाओं के एक स्वायत्त और स्वतंत्र शक्ति में बदल जाने की परिघटना पूँजीवाद के परवर्ती चरण में पहले से ज़्यादा गुम्फ़ित और ग्रंथित हो गयी है।

यहाँ बीसवीं सदी के दूसरे दशक में लूकाच के उस सूत्रीकरण पर दुबारा नज़र डालना मुनासिब होगा कि पूँजीवाद समाज के कई घटकों में सिर्फ़ एक घटक होने की स्थिति से बढ़ कर उसका सांगठनिक केंद्र बन गया है। यही पहलू वस्तुओं को समाज की सभी संस्थाओं में एक स्वतंत्र शक्ति के रूप में पैठने की सहूलियत प्रदान करता है। ग़ौरतलब है कि शुरुआती दौर में ख़ुद एडोर्नो इस प्रतिपादन को स्वीकार करते थे लेकिन वे लूकाच के इस आत्मविश्वास में सहभागी नहीं बने कि अंततः क्रांतिकारी मज़दूर वर्ग रीफ़िकेशन की इस नकारात्मक परिघटना का अतिक्रमण करने में सफल रहेगा।

एडोर्नो अपने समकालीन अर्थशास्त्री फ्रेड्रिख़ पोलॉक के इस सिद्धांत से सहमति जताते हैं कि राज्य ने आर्थिक सत्ता को अपने हाथों में लेकर राजकीय पूँजीवाद का एक नया रूप गढ़ दिया है जिसमें राजनीतिक और आर्थिक शक्ति पहले से ज़्यादा एकमेक हो गयी हैं। लेकिन एडोर्नो तमाम सहमति के बावजूद इस बात पर ज़ोर देते हैं कि राजसत्ता और अर्थसत्ता की इस निकटता से पूँजीवादी शोषण का आर्थिक चरित्र नहीं बदल जाता। उनके मुताबिक़ शोषण की यह प्रक्रिया मार्क्स के जमाने से कहीं ज़्यादा अमूर्त, व्यापक और तीक्ष्ण हो गयी है।

समाज-विज्ञानों के दायरे में एडोर्नो का संस्कृति-अध्ययन एक नयी प्रस्थापना की तरह देखा जाता है। उनका सांस्कृतिक अध्ययन इस बात की पड़ताल करता है कि परवर्ती पूँजीवाद ने संस्कृति के विभिन्न रूपों को किस तरह प्रभावित किया है। इस संबंध में *डायलेक्टिक ऑफ़ एनलाइटनमेंट* में संकलित उनका एक अध्याय *द कल्चर इंडस्ट्री* समाज-विज्ञानों के क्षेत्र में एक परिघटना की हैसियत हासिल कर चुका है। अपने इस अध्ययन में एडोर्नो प्रतिपादित करते हैं कि संस्कृति का उद्योग कला को कुछ इस तरह नियोजित करता है कि उसे पण्य का रूप दिया जा सके। एडोर्नो के अनुसार इस प्रक्रिया में कला की स्वायत्तता नष्ट हो जाती है। कला को बाज़ार के नज़रिये से देखने के कारण संस्कृति उद्योग उसे प्रयोजनमूलक बना देता है, जबकि कला की स्वायत्तता का केंद्रीय तत्त्व उसकी उन्मुक्तता है। एडोर्नो कहते हैं कि सांस्कृतिक वस्तुओं पर बाज़ार की माँग हावी होने से उनकी आंतरिक आर्थिक संरचना पूरी तरह बदल जाती है। ऐसे में कला समाज के हस्तक्षेप से मुक्त न रहकर अपनी नैसर्गिक उपयोगिता से हीन हो जाती है। इस तरह संस्कृति का उद्योग कला के विभिन्न रूपों को उनमें निहित उपयोगिता के मूल्य से रिक्त करके उन पर विनिमय मूल्य थोप देता है। उल्लेखनीय है कि कला के बाज़ारू रूपों और लोकप्रिय संस्कृति के अनेक पैरोकार एडोर्नो के इस विश्लेषण को शंका की दृष्टि से देखते रहे हैं। लेकिन एडोर्नो की मुख्य दलील यह है कि संस्कृति के क्षेत्र में पण्यीकरण की यह विराट प्रक्रिया महज़ वस्तुओं की संरचना में आये बदलावों को ही व्यक्त नहीं करती बल्कि पूँजीवाद की संरचना में उभर रहे बदलावों को भी ज़ाहिर करती है।

देखें : अस्तित्ववाद, आत्मनिष्ठता-वस्तुनिष्ठता, इयत्ता, इमैनुएल कांट, इंद्रियानुभववाद, ईसैया बर्लिन, उत्तर-आधुनिकतावाद, उदारतावाद, कल्पित समुदाय, घटनाक्रियाशास्त्र और एडमण्ड हसर, चेतना, जॉन लॉक, ज़ाक लकाँ, ज्याँ-फ्रांस्वा ल्योतर, ज्याँ-पॉल सार्त्र, ज़ाक देरिदा, तत्त्वमीमांसा और अस्तित्वमीमांसा, तात्त्विकतावाद, द्वैतवाद, फ्रेड्रिख़ नीत्शे-1 और 2, बुद्धिवाद, भौतिकवाद, मनोविश्लेषण, मिशेल पॉल फ़ूको-1 और 2, युरोपीय पुनर्जागरण, युरोपीय ज्ञानोदय, रेने देकार्त, लुई अलथुसे, सोरेन आबी कीर्केगार्द, संरचनावाद और उत्तर-संरचनावाद, ज्ञानमीमांसा।

संदर्भ

1. बी. ओकॉनर (सम्पा.), *द एडोर्नो रीडर*, ब्लैकवेल, ऑक्सफ़र्ड, 2000
2. एस. जारविस (1998), *एडोर्नो : अ क्रिटिकल इंट्रोडक्शन*, रॉटलेज, न्यूयॉर्क.
3. डी. कुक (सम्पा.) (1998), *थियोडोर एडोर्नो : की कंसेप्ट्स*, एक्यूमेन, डरहम.
4. ई. लन (1998), *मार्क्सिज़म ऐंड मॉडर्ननिटी : एन हिस्टोरिकल स्टडी ऑफ़ लूकाच,* ***ब्रेख़्त****, बेंजामिन ऐंड एडोर्नो*, युनिवर्सिटी ऑफ़ कैलिफ़ोर्निया प्रेस, बर्कले, 1998

— नरेश गोस्वामी

द

दक्षिण भारतीय सिनेमा और राजनीति

(South Indian Cinema and Politics)

सिनेमा और मनोरंजन के क्षेत्र की हस्तियों द्वारा राजनीति में हस्तक्षेप करके उसके शिखर पर पहुँचने की परिघटना नयी नहीं है। अमेरिकी राष्ट्रपति के रूप में रोनाल्ड रेगन, कैलिफ़ोर्नियाई गवर्नर के रूप में अर्नोल्ड श्वार्ज़नेगर और श्रीलंका के राष्ट्रपति के रूप में राजपक्षे की शीर्ष भूमिका इसका प्रमाण है। भारतीय राजनीति में भी फ़िल्म स्टार अपनी लोकप्रियता का लाभ उठा कर स्वयं चुनाव जीतते हैं या किसी अन्य उम्मीदवार का प्रचार करके उसे चुनाव जिताने में मदद करते हैं। दक्षिण भारत में उन्होंने स्थापित पार्टियों की सदस्यता तो ग्रहण की ही है, साथ में अपने अलग दलों के गठन का रवैया भी अख़्तियार किया है ताकि सत्ता के समीकरणों को सीधे-सीधे प्रभावित किया जा सके। लेकिन सिनेमा और राजनीति का जैसा परस्पर-निर्भर संबंध तमिलनाडु में विकसित हुआ है वैसा दुनिया में और कहीं नहीं दिखता। तमिलनाडु के पिछले पाँच मुख्यमंत्री फ़िल्मों के एक्टर या लेखक रह चुके हैं। क़िसी भी समाज में सांस्कृतिक परिवर्तन के विचारधारात्मक एजेंट के रूप में सिनेमा की प्रभावशाली क्षमता पहले से ही जानी-मानी है, पर तमिलनाडु के द्रविड़ आंदोलन ने पिछले पचास साल में इस माध्यम का नियोजित प्रचारात्मक इस्तेमाल करके उसे एक प्रबल राजनीतिक-सामाजिक शक्ति का रूप दे दिया है। इस फ़िल्मी राजनीति से केंद्रीय और क्षेत्रीय राजनीति के समीकरण का एक प्रारूप भी निकला है जिसे तमिलनाडु मॉडल के नाम से जाना जाता है।

1931 में 'कालिदास' के निर्माण के साथ तमिल सवाक् फ़िल्मों की शुरुआत हुई। इससे पहले ही 1925 में पेरियार ई.वी. रामस्वामी नायकर द्रविड़ आंदोलन की स्थापना कर चुके थे। जाति आधारित सामाजिक कोटिक्रम के ख़िलाफ़ उनका आत्मसम्मान आंदोलन तेज़ी से लोकप्रियता प्राप्त कर रहा था। मूक सिनेमा की समाप्ति ने तमिल रंगमंच के एक्टरों के लिए फ़िल्मों में प्रवेश के लिए रास्ता साफ़ किया। तमिल सिनेमा पर पड़ा पहला राजनीतिक असर गाँधीवाद का था। के.बी. सुंदरम्बल जैसे फ़िल्मी सितारे कांग्रेस द्वारा अपनी सभाओं में यदा-कदा पेश किये जाते थे। लेकिन कांग्रेस की राजनीति और फ़िल्मों का रिश्ता इस मक़ाम से आगे नहीं बढ़ा। उसके प्रमुख नेताओं में इस माध्यम की उपयोगिता के बारे में संशय था जिसकी अभिव्यक्ति आगे चल कर चक्रवर्ती राजगोपालाचारी द्वारा फ़िल्मों को नैतिक भ्रष्टाचार का स्रोत बताने में हुई। यही वह समय था जब नाटकों द्वारा अपनी राजनीतिक-सामाजिक विचारधारा का प्रोपेगंडा करने में कुशल हो चुके द्रविड़ आंदोलन के नेताओं ने सेल्यूलाइड की प्रचारात्मक सम्भावनाओं की शिनाख़्त की (द्रविड़ आंदोलन का पहला दफ़्तर नाटकों के प्रदर्शन से जमा किये गये धन से ही ख़रीदा गया था)। आज़ादी के बाद कांग्रेस के राष्ट्रीय अध्यक्ष नाडर कामराज तो यह मानने के लिए तैयार ही नहीं हुए कि फ़िल्म एक्टर सरकार भी बना सकते हैं। लेकिन द्रविड़ मुनेत्र कषगम (द्रमुक) के संस्थापक सी.एन. अन्नादुरै का इरादा कुछ और था। जल्दी ही पेरियार की विचारधारा से प्रभावित गुरिल्ला-थिएटर के अभिनेता और लेखक सेल्यूलाइड पर तमिल-राष्ट्रवाद और ब्राह्मणवाद विरोध की विषयवस्तुओं का चित्रण करने लगे। इन फ़िल्मों में पार्टी का चिह्न दिखाते हुए स्वतंत्र द्रविणनाडु की दावेदारी खुल कर की

मदरूर गोपाल रामचंद्रन (1917–1987)

जाती थी। अन्नादुरै और उनके शिष्य एम. करुणानिधि ने अपनी पटकथाओं और संवाद लेखन के ज़रिये न केवल समाज सुधार के द्रविड़ आंदोलन से जुड़े विचारधारात्मक उद्देश्यों को रेखांकित किया, बल्कि तमिल भाषा को संस्कृत के शब्दों से मुक्त करने का नियोजित प्रयास भी किया ताकि उसे आर्य परिवार के बजाय द्रविड़ परिवार की भाषा के रूप में स्थापित किया जा सके। 1948 से 1957 के बीच बनी द्रविड़ फ़िल्में ज़मींदारी उन्मूलन और समाज सुधार के अन्य प्रश्नों को सम्बोधित करती थीं। 1951 में करुणानिधि के लेखन के आधार पर बनी फ़िल्म 'पराशक्ति' तमिल सिनेमा के लिए मील का पत्थर साबित हुई। क़ानून और संविधान की कई स्थापनाओं को कांग्रेस विरोधी तेवर के साथ चुनौती देने वाली इस फ़िल्म को शुरू में प्रतिबंधित कर दिया गया, पर 1952 में प्रदर्शित होते ही इसने लोकप्रियता के झंडे गाड़ दिये। 'पराशक्ति' की शुरुआत द्रविड़ संस्कृति की सराहना करने वाले गीत के साथ होती है। इसमें नायक की भूमिका शिवाजी गणेशन ने की थी जो तमिल मूल के थे। उनसे पहले तमिल फ़िल्मों में ज़्यादातर तेलुगु मूल के अभिनेता काम करते थे। 'पराशक्ति' के बाद बनायी गयी फ़िल्मों 'पनम' और 'थंगरत्नम' ने विधवा पुनर्विवाह, छुआछूत और धार्मिक पाखण्ड के ख़िलाफ़ आवाज़ बुलंद की।

समाज-वैज्ञानिकों ने सामाजिक समता के विचार के प्रबल पैरोकार द्रविड़ आंदोलन और फ़िल्म थिएटर में दर्शकों के बैठने के विन्यास के बीच अनुकूलता की शिनाख़्त की है। के. शिवथम्बी का अवलोकन है, 'सिनेमा हाल एक ऐसा पहला प्रदर्शन-केंद्र था जिसमें सभी तमिल एक ही छत के नीचे बैठते थे। बैठने का विन्यास किसी कोटिक्रम के मुताबिक़ नहीं था, बल्कि वह क्रय-शक्ति के आधार पर तय होता था। अगर कोई ऊँची दर का टिकट नहीं ख़रीद सकता था तो या तो उसे सिनेमा देखने से वंचित रहना होगा या फिर साधारण लोगों के साथ बैठना होगा।' द्रविड़ आंदोलन द्वारा प्रायोजित फ़िल्मों ने एक ऐसे विशाल दर्शक वर्ग को राजनीतिक आधार बनाने के लिए प्रस्तुत किया जो द्रमुक को अन्यथा नहीं मिल सकता था। शुरू में कांग्रेस सरकार ने पार्टी और फ़िल्मों के इस संयोग पर ध्यान नहीं दिया, पर द्रमुक की लोकप्रियता बढ़ने के साथ ही इन फ़िल्मों पर सेंसर की कड़ी निगाह पड़ने लगी। सेंसर करने वाले अधिकार इन फ़िल्मों की बेतहाशा कटाई-छँटाई करने लगे। ड्रैमैटिक लाइसेंसिंग एक्ट जैसे क़ानून का सहारा ले कर द्रमुक नेताओं द्वारा लिखे गये नाटकों पर भी पाबंदी लगायी जाने लगी। करुणानिधि द्वारा लिखे गये दो नाटक प्रतिबंधित कर दिये गये। सरकारी प्रकोप से बचने के लिए पटकथा लेखकों ने द्विअर्थी और राजनीतिक निहितार्थों वाले संवादों का सहारा लेना शुरू किया। इन्हें सेंसर नहीं किया जा सकता था और दर्शकों तक इच्छित मतलब आसानी से पहुँच जाता था।

लोकप्रिय फ़िल्म अभिनेताओं द्वारा द्रविड़ विचारधारा अपनाये जाने ने भी तमिल फ़िल्मों और राजनीति के अभूतपूर्व समीकरण को बल प्रदान किया। चालीस और पचास के दशक में प्रतिभाशाली अभिनेता और गायक के.आर. रामस्वामी न केवल द्रमुक के संस्थापक नेता थे, बल्कि उन्होंने आंदोलन को आर्थिक मदद देने में भी संकोच नहीं किया। हालाँकि तमिल फ़िल्म उद्योग पर ब्राह्मणों का वर्चस्व था, लेकिन ग़ैर-ब्राह्मण हास्य अभिनेता एन.एस. कृष्णन द्रमुक विचारधारा का प्रचार करने के लिए फ़िल्मों में नियमित रूप से एक मूर्ख ब्राह्मण की भूमिका करने के बाद इन्हीं भूमिकाओं को द्रमुक की जनसभाओं में भी मंच पर दोहराते थे। अन्नादुरै और करुणानिधि रंगमंच के स्थापित अभिनेता एम.आर. राधा के नाटक दल के सदस्य थे और समय-समय पर उनके नाटकों में अभिनय भी करते थे। द्रविड़ आंदोलन में विभाजन होने से पहले एम.आर. राधा की इन दोनों की राजनीति में प्रमुख भूमिका थी। एक अन्य अभिनेता एस.एस. राजेंद्रन भी द्रविड़ आंदोलन को ज़बरदस्त आर्थिक मदद देने के लिए जाने जाते हैं।

तमिल फ़िल्मों के आकाश पर शिवाजी गणेशन और मदरूर गोपाल रामचंद्रन (एमजीआर) के उदय का द्रविड़ आंदोलन के भविष्य से गहरा संबंध है। 'पराशक्ति' के हिट होते ही गणेशन द्रविड़ कषगम और द्रविड़ मुनेत्र कषगम से

जुड़ गये और सांगठनिक जिम्मेदारियाँ भी निभाने लगे। लेकिन गणेशन को जल्दी ही लगने लगा कि राजनीतिक व्यस्तता और उसके आधार पर बनी विचारधारात्मक छवि एक अभिनेता के रूप में उनके कॅरियर पर विपरीत असर डाल रही है। द्रविड़ आंदोलन के सदस्य के रूप में शिनाख़्त हो जाने के कारण धार्मिक आस्थाओं वाले दर्शक भी उनकी सिनेमाई शख़्सियत से दूर होते जा रहे थे। गणेशन द्वारा तिरुमला वेंकटेश्वर मंदिर में जा कर पूजा-अर्चना करने पर नास्तिकवाद का समर्थन करने वाली द्रमुक ने कड़ा रुख अपनाया। गणेशन ने पार्टी छोड़ दी और ई.वी.के. सम्पत की तमिल नैशनलिस्ट पार्टी में शामिल हो गये जिसके भंग हो जाने के बाद उन्होंने कांग्रेस की सदस्यता ग्रहण कर ली। 1967 में कांग्रेस की पराजय के बाद शिवाजी गणेशन के प्रशंसकों ने पार्टी को टिकाये रखने की भूमिका निभायी। 1989 में शिवाजी ने अपनी पार्टी तमिषगा मुनेत्र मुन्नानी का गठन किया जिसे 1991 के चुनाव में करारी हार का मुँह देखना पड़ा।

एमजीआर शिवाजी की तरह तमिल मूल के न हो कर केरल के रहने वाले थे। इसलिए द्रविड़ गौरव का तर्क स्वीकार करने में उन्हें थोड़ा समय लगा। शुरू में उनकी राजनीतिक महत्त्वाकांक्षाएँ उन्हें कांग्रेस के साथ ले गयीं। वे खादी के कपड़े पहनते और रुद्राक्ष की माला धारण करते। दर्शकों में उनकी लोकप्रियता का आधार केवल फ़िल्में ही न हो कर उनकी सामाजिक गतिविधियाँ भी थीं। नेता बनने से पहले ही एमजीआर ग़रीबों की उदारता से मदद करने वाली फ़िल्मी हस्ती के रूप में जम चुके थे। इसी लोकप्रियता का फ़ायदा उठाने के लिए अन्नादुरै ने पचास के दशक में उन्हें द्रमुक की फ़िल्मों में काम करने का आमंत्रण दिया। जल्दी ही एमजीआर का सितारा द्रमुक में चढ़ने लगा। गणेशन जैसे-जैसे पार्टी से दूर गये, एमजीआर नज़दीक आये। वे अपनी फ़िल्मों में एक ऐसे परोपकारी, पराक्रमी, ग़रीबों के दोस्त और फ़क्कड़ हीरो की भूमिका करते थे जिसे अंत में राजगद्दी मिल जाती थी। उन्हें अक्सर लाल और काली पोशाक पहनायी जाती थी जो द्रमुक के झंडे का रंग भी था। अन्नादुरै का मानना था कि एमजीआर का केवल चेहरा ही द्रमुक को चालीस हज़ार वोट दिलवाने की हैसियत रखता है, और अगर वे कुछ शब्द भी बोल दें तो वोटों की संख्या चार लाख तक हो जाती है।

1967 के चुनाव में द्रमुक की जीत के बाद अन्नादुरै मुख्यमंत्री बने। दो साल बाद हुई मृत्यु के बाद उनकी गद्दी करुणानिधि ने सँभाली। उन्होंने अपने बेटे एम.के. मुत्तु को फ़िल्मों और प्रकारांतर से पार्टी में जमाने के लिए एमजीआर की जगह बैठाने की कोशिश की। एमजीआर के प्रशंसकों के क्लबों को मुत्तु के प्रशंसकों के क्लबों में बदलने का प्रयास किया गया। इस विवाद का परिणाम यह हुआ कि 1975 में एमजीआर ने द्रमुक छोड़ कर अपनी पार्टी अन्नाद्रमुक बना ली जिसे करुणानिधि ने महज़ 'सौ दिन चलने वाली फ़िल्म' क़रार दिया। लेकिन उनका यह फ़िकरा ग़लत साबित हुआ। एमजीआर ने निचले तबक़े से आने वाले अपने प्रशंसकों और समर्थकों की मदद से 1977 का चुनाव जीत कर अपनी मृत्यु तक मुख्यमंत्री की गद्दी पर से क़ब्ज़ा नहीं छोड़ा। भारतीय राजनीति में एमजीआर का योगदान 'तमिलनाडु मॉडल' के नाम से जाना जाता है। करुणानिधि की तरह उन्होंने ग़ैर-कांग्रेसवाद की राजनीति नहीं की, और इंदिरा गाँधी से समझौता करके केंद्र में उन्हें समर्थन देना जारी रखा। बदले में कांग्रेस तमिलनाडु में उन्हें सीनियर पार्टनर मानती रही।

एमजीआर के निधन के बाद उनके राजनीतिक उत्तराधिकार पर हुए विवाद में उनकी पत्नी एस. जानकी को जयललिता जयराम से पराजित होना पड़ा। ये दोनों ही तमिल फ़िल्मों की अभिनेत्रियाँ थीं। जयललिता 1991-96 और 2001-06 के बीच राज्य की मुख्यमंत्री रह चुकी हैं।

इस समय तमिलनाडु के दो सबसे लोकप्रिय फ़िल्म कलाकार रजनीकांत और कमल हासन हैं। कमल हासन पेरियार की विचारधारा से तो सहमत हैं,पर सक्रिय राजनीति में उनकी कोई रुचि नहीं है। पर रजनीकांत द्रमुक और उनसे गठजोड़ करने वाली पार्टी तमिल मनीला कांग्रेस (टीएमसी) का समर्थन करते रहे हैं। 2004 के लोकसभा चुनाव में उन्होंने भाजपा का समर्थन किया था। हाल ही में एक और लोकप्रिय तमिल अभिनेता कांग्रेस समर्थक परिवार में पैदा हुए विजयकांत ने देसीय मुरपोक्कुम द्रविड़ कषगम (डीएमडीके) बना कर राजनीति को प्रभावित करने की कोशिश की है।

देखें : आत्म सम्मान आंदोलन, इरोड वेंकट रामस्वामी नायकर पेरियार, द्रविड़ आंदोलन, भारतीय सिनेमा-1, 2 और 3, भारतीय फ़िल्म-अध्ययन, भारतीय स्टार सिस्टम।

संदर्भ

1. एम. माधव प्रसाद (1999), 'सिने-पॉलिटिक्स : ऑन द पॉलिटिकल सिग्नीफ़िकेंस ऑफ़ सिनेमा इन साउथ इण्डिया', *जर्नल ऑफ़ मूविंग इमेज.*
2. सारा डिकी (1993), 'पॉलिटिक्स ऑफ़ एडुलेशन : सिनेमा ऐंड द प्रोडक्शन ऑफ़ पॉलिटीशियंस इन साउथ इण्डिया', द *जर्नल ऑफ़ एशियन स्टडीज़,* खण्ड 52, अंक 2.
3. रॉबर्ट एल. हार्डग्रेव (1993), जूनियर, 'पॉलिटिक्स ऐंड द फ़िल्म इन तमिलनाडु : द स्टार्स ऐंड द डीएमके', *एशियन सर्वे,* खण्ड 13, अंक 3.
4. एम. माधव प्रसाद (2006), 'फ़्रॉम वर्चुअल टू रियल पॉलिटिकल पॉवर : फ़िल्म स्टार एंटर इलेक्टोरल पॉलिटिक्स', वर्किंग पेपर : एशिया रिसर्च इंस्टीट्यूट, नैशनल युनिवर्सिटी ऑफ़ सिंगापुर.

— अभय कुमार दुबे

द्रविड़ आंदोलन

(Dravid Movement)

प्रथम विश्व-युद्ध के बाद से ही द्रविड़ आंदोलन और उसके गर्भ से उत्पन्न हुए राजनीतिक दलों ने तमिलभाषी क्षेत्र की राजनीति में महत्त्वपूर्ण भूमिका अदा की है। इस आंदोलन ने जाति और भाषा के सवाल को राजनीति में केंद्रस्थ किया और कुछ द्रविड़वादी संगठनों ने धर्म या उसके कुछ पहलुओं की तीखी आलोचना भी की। उपनिवेशवाद विरोधी आंदोलन के आख़िरी दौर में द्रविड़ आंदोलन ने दक्षिण भारतीयों, ख़ासतौर पर तमिलों के बीच हिंदी और उत्तर भारतीयों के वर्चस्व के ख़िलाफ़ आवाज़ उठायी। हालाँकि शुरुआत में इसका समर्थन समाज के कुछ तबक़ों तक की सीमित था, पर 1967 के बाद से तमिलनाडु पर इस आंदोलन के कारण सामने आये राजनीतिक दलों का ही शासन है। द्रविड़ पार्टियों का समर्थन आधार समाज के पिछड़े तबक़ों से बनता है। इसीलिए उन्होंने राज्य की सामाजिक नीतियों में इस तरह बदलाव किया कि मध्यम और निचले सामाजिक समूहों को ज़्यादा प्रतिनिधित्व और शक्ति मिली। द्रविड़ राजनीति ने जातीयता को जिस तरह से व्यक्त किया उससे अंतत: लोकतंत्र को मज़बूती मिली, यद्यपि शुरू में ऐसा लगता था कि यह आंदोलन भारत में एक तरह के पृथकतावाद को जन्म देने जा रहा है।

उन्नीसवीं सदी के आख़िरी और बीसवीं सदी की शुरुआत में कुछ बौद्धिक और सांस्कृतिक धाराओं ने शुरुआती द्रविड़-विचारधारा पर असर डाला। कुछ युरोपीय प्राच्यवादी बुद्धिजीवियों ने, जो औपनिवेशिक नौकरशाही और मिशनरियों से जुड़े हुए थे, दक्षिण भारतीय भाषाओं को एक द्रविड़-परिवार के रूप में समूहबद्ध किया। इन लोगों ने दावा किया कि ब्राह्मणों के अलावा सभी दक्षिण भारतीय एक अलग द्रविड़ नस्ल के वंशज हैं। इसी के साथ तमिल पुनरुत्थानवादियों द्वारा तमिल भाषा के दो हज़ार साल पुराने इतिहास का दावा किया गया। इन लोगों ने तमिल की पुरानी साहित्यिक कृतियों को सामने लाने की मुहिम चलायी। द्रविड़ आंदोलन के बीसवीं सदी के शुरुआती चिंतकों ने इन प्राच्यवादी बुद्धिजीवियों और तमिल पुनरुत्थानवादियों के विचारों से प्रेरणा हासिल की।

इन प्रेरणाओं के आधार पर इन चिंतकों ने एक द्रविड़ समुदाय का विचार पेश किया जिसमें संस्कृत-रहित तमिल भाषा बोलने वाले दक्षिण भारतीयों को शामिल किया गया। इस बात पर भी ज़ोर दिया गया कि पहली सहस्राब्दी में ब्राह्मणों और हिंदू धर्म के आगमन से पहले इस समुदाय में किसी तरह का जातिगत विभेद मौजूद नहीं था। उन्होंने ब्राह्मणों, उत्तर भारतीयों और उनके ब्राह्मण-राष्ट्रवाद के ख़िलाफ़ एक समुदाय गठित करने की प्रक्रिया का सूत्रपात किया। पहले द्रविड़ संगठन द्रविड़ियन एसोसियशन ऐंड साउथ एशियन लिबरल फ़ेडेरेशन (यह संगठन जस्टिस पार्टी के नाम से प्रसिद्ध हुआ) का गठन 1917 में हुआ था। इसका मुख्य मक़सद पश्चिमी शिक्षा और नौकरियों में ग़ैर-ब्राह्मणों की हिस्सेदारी बढ़ाना था। इसके अलावा, इसने सीमित मताधिकार पर आधारित प्रांतीय चुनावों में भागीदारी भी की। इस पार्टी को उच्च ग़ैर-ब्राह्मण रजवाड़ों, ज़मींदारों और व्यापरियों ने अपना समर्थन प्रदान किया। 1920 के दशक के कुछ वर्षों में प्रांतीय विधायिका में इस पार्टी का वर्चस्व रहा। उस समय इसने जाति आधारित वरीयता-नीतियों को अपना समर्थन दिया।

1925 में कांग्रेस से अलग होकर सेल्फ़ रिस्पेक्ट एसोसिएशन (या आत्म-सम्मान संगठन) का उदय हुआ। यह ऐसा पहला द्रविड़ संगठन था जिसकी जनता में पैठ थी। इसकी स्थापना ई.वी. रामास्वामी नायकर पेरियार (1880-1974) ने की। पेरियार ने ब्राह्मणों और उत्तर भारतीयों के वर्चस्व की तीखी आलोचना की। उन्हें मध्यम और निम्न जातियों से समर्थन मिला। बहरहाल, धार्मिक आस्थाओं और व्यवहारों की निंदा पर अड़े रहने और राष्ट्रीय आंदोलन की लोकप्रियता के कारण आत्म-सम्मान आंदोलन का विस्तार तुलनात्मक रूप से सीमित ही रहा। जातिगत भेदभाव से रहित समाज बनाने का लक्ष्य पेश करने और वर्ग-जेंडर -आधारित भेदभाव -दूर करने पर भी ज़ोर देने के बावजूद पेरियार के आंदोलन से मुख्य रूप से मध्यम जातियों के लोग ही जुड़े। इस शुरुआती सीमित सफलता के बावजूद आगे चल कर उभरे निम्न जातियों के बहुत से संगठनों ने पेरियार को अपनी प्रेरणा के रूप में स्वीकार किया है।

1930 और 1940 के दशक में आत्म-सम्मान आंदोलन के बहुत से युवा कार्यकर्त्ताओं ने पेरियार के विचारों और रणनीति से अलग हटते हुए एक नये तरीक़े से आंदोलन के गठन का प्रस्ताव किया। इनमें पेरियार की छत्रछाया में ही पनपे अन्ना दुरै और करुणानिधि जैसे नेता शामिल थे। इन लोगों ने तमिल भाषा को ज़्यादा महत्त्व दिया, पॉपुलर कल्चर (जिसमें धर्म भी शामिल था) को स्वीकार किया और अपने राजनीतिक विचारों को लोगों तक पहुँचाने के लिए फ़िल्म और नाटक जैसे सांस्कृतिक माध्यमों का उपयोग किया। 1938 में कांग्रेस की प्रांतीय सरकार ने स्कूलों में हिंदी की पढ़ाई को अनिवार्य बनाने के कोशिश की तो इसके ख़िलाफ़ ज़बरदस्त आंदोलन छेड़ दिया गया। इस आंदोलन के दौरान पहली बार एक अलग द्रविड़नाडु या द्रविड़ राज्य की माँग सामने आयी। सी.एन. अन्नादुरै के नेतृत्व में एक गुट ने संगठन का नाम बदलकर द्रविड़ेर कजगम कर दिया। पेरियार

कांजीवरम नटराजन अन्नादुरै (1909–1969)

के विपरीत इस दल ने भारत की स्वतंत्रता का स्वागत किया। इस दल का मानना था कि भारत की आज़ादी के बाद स्थापित हुए संघीय लोकतंत्र ने उनके लिए नये अवसर पैदा किये हैं। ये लोग इस अवसर का फ़ायदा उठाना चाहते थे। इन लोगों ने 1949 में एक अलग पार्टी द्रविड़ मुनेत्र कषगम (द्रमुक) का गठन किया। 1950 और 1960 के दशक में द्रमुक का तेज़ी से विस्तार हुआ। 1967 के चुनावों के बाद राज्य में इसकी सरकार बनी। इसे मुख्य रूप से मध्यवर्ती और निम्न तमिल जातियों और वर्गों का समर्थन मिला।

द्रमुक ने अपने विस्तार के साथ कांग्रेस पार्टी से जुड़े अभिजनों की तीखी आलोचना की। कई मौक़ों पर इसने ब्राह्मणों और ग़ैर-तमिल भाषियों का भी विरोध किया। पचास के दशक में यह संगठन कई वर्षों तक पृथकतावादी रवैया अपनाये रहा। लेकिन जब इसके नेताओं को महसूस हुआ कि यह रवैया उनके जन-समर्थन बढ़ने की राह में एक बड़ी बाधा है, तो उन्होंने 1959 में यह माँग छोड़ दी। 1963 में उन्होंने अपने इस फ़ैसले को सार्वजनिक किया। 1960 के दशक में हुए भाषाई आंदोलन से भी इसका ज़बरदस्त जुड़ाव रहा। इसके अलावा इसने तमिल और मध्य जातियों की सांस्कृतिक पहचान को जम कर भुनाया जिससे इसकी राजनीतिक पकड़ बहुत मज़बूत हुई। फ़िल्म स्टार एम.जी. रामचंद्रन के साथ इस पार्टी के जुड़ाव ने भी बहुत से ऐसे लोगों को पार्टी की ओर खींचा जो आमतौर पर इसके सिद्धांतों का समर्थन नहीं करते थे।

द्रमुक की सरकार ने राज्य में आरक्षण का कोटा बढ़ा कर 41 प्रतिशत से 49 प्रतिशत कर दिया। इससे पिछड़ी जातियों में तुलनात्मक रूप से अच्छी स्थिति वाले लोगों को फ़ायदा हुआ। उल्लेखनीय है कि 1970 के दशक के शुरुआती वर्षों में द्रमुक सरकार ने बहुत सी ऐसी नीतियों को छोड़ दिया या उनमें कटौती की, जो ग़रीबों के लिए फ़ायदेमंद थीं। इसके अलावा बहुत से द्रमुक नेताओं के भ्रष्टाचार के मामले भी सामने आये। इस कारण एम.जी. रामचंद्रन ने द्रमुक नेतृत्व की आलोचना करनी शुरू कर दी। वे पार्टी में अपनी कमतर स्थिति को लेकर भी नाराज़ थे। 1972 में उन्होंने पार्टी में विभाजन करके अन्नाद्रमुक का गठन किया। इसमें 'अन्ना' शब्द उन्होंने द्रमुक के संस्थापक अन्ना दुरै के नाम से लिया। तमिलों के बीच रामचंद्रन बहुत लोकप्रिय थे। अपने गठन के तुरंत बाद यह पार्टी पूरे तमिलनाडु में फैल गयी। अन्नाद्रमुक ने मुख्यत: ग़रीबों और सबसे निचली जातियों से ख़ुद को जोड़ा। दूसरी ओर द्रमुक ने मध्यवर्ती जातियों में अपने पुराने आधार को क़ायम रखने की कोशिश की। अन्नाद्रमुक के उभार का ख़ामियाजा कांग्रेस को भुगतना पड़ा। वह राज्य की राजनीति में हाशिये पर चली गयी। 1976 में अन्नाद्रमुक ने अपने नाम के साथ 'अखिल भारतीय' शब्द भी जोड़ा। 1977 में तमिलनाडु में इस पार्टी की सरकार बनी। 1987 में रामचंद्रन का देहांत होने तक यह पार्टी सत्ता में बनी रही। इसने आरक्षण को 49 प्रतिशत से भी आगे बढ़ा कर 69 प्रतिशत कर दिया और ग़रीबों को फ़ायदा पहुँचाने वाले कई कार्यक्रम चलाये। स्कूलों में मुफ़्त भोजन देने का कार्यक्रम बेहद लोकप्रिय हुआ। रामचंद्रन के बाद उनके साथ फ़िल्मों में नायिका की भूमिका निभाने वाली जयललिता ने अन्नाद्रमुक पार्टी की कमान सँभाली।

1990 के बाद के दौर में भी तमिलनाडु की राजनीति मुख्यत: द्रमुक और अन्नाद्रमुक के आस-पास ही केंद्रित रही। राज्य स्तर पर कांग्रेस एक छोटी पार्टी के रूप में सिमट गयी। 1994 में द्रमुक के कुछ नेताओं ने अलग होकर मालुमराच्ची द्रविड़ मुनेत्र कषगम (एमडीएमके) का गठन किया। इसके पीछे तमिल जातीयता की भावना प्रमुख थी। श्रीलंका में तमिलों के साथ हो रहा बरताव इस पार्टी का मुख्य मुद्दा रहा है, लेकिन इसे सीमित सफलता ही मिली है। अभी राज्य की राजनीति में द्रविड़ आंदोलन से निकले दलों के बीच ही रस्साकशी चल रही है।

मौजूदा हालात में द्रविड़ पार्टियाँ अतीत के आंदोलन और मुद्दों से कट चुकी हैं। दोनों मुख्य दल द्रमुक और अन्नाद्रमुक भ्रष्टाचार और वंशवाद से ग्रस्त हैं। राष्ट्रीय स्तर

की राजनीति में ये दल मुद्दों या विचारधारा के बजाय व्यक्तिगत फ़ायदे के आधार पर किसी सरकार को समर्थन देते रहे हैं। इसके बावजूद हर एक या दो चुनावों के बाद इन्हीं के बीच सत्ता बदलती रहती है। यह दिखाता है कि तमिलनाडु की राजनीति में द्रविड़ राजनीति की प्रासंगिकता अभी तक किसी न किसी रूप में मौजूद है, हालाँकि समाज के पिछड़े तबक़ों में जागरूकता लाने और ग़रीबों की भलाई जैसे मुद्दे बहुत पीछे छूट चुके हैं। दूसरे शब्दों में, अपने शुरुआती दौर में जो द्रविड़ आंदोलन रैडिकल बदलाव की राजनीति का प्रतिनिधित्व करता था, वह अब जड़ता, भ्रष्टाचार, परिवारवाद और जातिवाद की राजनीति तक सिमट कर रह गया है।

देखें : आत्म-सम्मान आंदोलन, इरोड वेंकट रामस्वामी नायकर पेरियार, कांग्रेस 'प्रणाली', ग़ैर-कांग्रेसवाद, गठजोड़ राजनीति, जनता दल प्रयोग-1 और 2, तमिलनाडु, तेलुगु देशम पार्टी, पार्टी-गठजोड़ की राजनीति, भारतीय कम्युनिस्ट पार्टी, भारतीय कम्युनिस्ट पार्टी (मार्क्सवादी), भारतीय जनता पार्टी-1 और 2, भारत में मतदान-व्यवहार-1, 2, 3, 4, 5 और 6, भारतीय राष्ट्रीय कांग्रेस-1 और 2, राष्ट्रीय जनतांत्रिक गठजोड़, वाम मोर्चा, शिव सेना, समाजवादी पार्टी, बहुजन समाज पार्टी-1 और 2, शिरोमणि अकाली दल, संयुक्त प्रगतिशील गठबंधन, हिंदी विरोधी आंदोलन।

संदर्भ

1. के. नंबीअरूरन (1992), *तमिल रेनेसाँ ऐंड द्रविड़ियन नैशनलिज़म, 1905-1944,* सेज, नयी दिल्ली.
2. नरेंद्र सुब्रह्मण्यम (1999), *एथ्निसिटी ऐंड पॉपुलिस्ट मोबिलाइज़ेशन : पॉलिटिकल पार्टीज़, सिटिजंस ऐंड डेमॉक्रैसी इन साउथ एशिया,* ऑक्सफ़र्ड युनिवर्सिटी प्रेस, नयी दिल्ली.
3. डेविड एल. वॉशरब्रुक, 'कास्ट, क्लास ऐंड डॉमिनेंस इन मॉडर्न तमिलनाडु : नॉन ब्राह्मनिज़म, द्रविडियनिज़म ऐंड तमिल नैशनलिज़म', संकलित, फ्रैंसिन फ्रैंकेल और एम.एस.ए. राव (सम्पा.), *डॉमिनेंस ऐंड स्टेट पावर इन मॉर्डर्न इण्डिया,* खण्ड 2, ऑक्सफ़र्ड युनिवर्सिटी प्रेस, दिल्ली और न्यूयॉर्क.

— कमल नयन चौबे

दया कृष्ण

(Daya Krishna)

समकालीन भारतीय दर्शन के क्षेत्र में दया कृष्ण (1924-2007) की गणना प्रथम कोटि के थोड़े से विचारकों में की जाती है, जिन्होंने अपनी प्रतिभा से अपने समय के दार्शनिक वातावरण को सर्वाधिक प्रभावित किया। दया कृष्ण ने सम्प्रदाय केंद्रित भारतीय दर्शनों की उपस्थापनाओं का खण्डन-मण्डन करने के बजाय भारतीय दर्शन के इतिहास की विचार-केंद्रित और विचारक-केंद्रित पुनर्रचना की। इससे ओरिएंटलिस्ट विद्वानों द्वारा भारतीय दर्शन की अन्यायपूर्ण छवि का पुरज़ोर प्रतिकार हुआ। साथ ही भारतीय दर्शन की ऐसी तस्वीर बनी जो स्थावर होने के बजाय उत्तरोत्तर विकासमान दिखाई देती है। दया कृष्ण का अध्यवसाय साज़िश भरे ऐतिहासिक एवं संरचनात्मक पूर्व-पक्ष और उसके प्रति हमारे स्मृति-भ्रंश के प्रत्युत्तर में एक बड़ी शुरुआत है। वे भारतीय दार्शनिक परम्परा को पुनर्गठित करने हेतु एक भाष्यधर्मी अभियान का आह्वान भी करते हैं। दया कृष्ण के दार्शनिक उद्यम ने इस भाष्यधर्मी अभियान की यथासम्भव रूपरेखा भी प्रस्तुत की है ताकि भारतीय बौद्धिक परम्पराओं के बहुलवादी स्वरूप को उसकी समग्रता में न केवल उद्घाटित किया जा सके बल्कि वर्तमान के आलोक में उसका वैश्विक औचित्य प्रमाणित भी हो सके। उनके इस दार्शनिक अभियान को यदि कोई नाम देना आवश्यक हो तो उसे वैकल्पिकता के तर्कशास्त्र पर आधारित 'बहुलवादी समग्रता का दर्शन' कहा जाना उचित होगा।

दया कृष्ण ने यह भी रेखांकित करने का प्रयास किया है कि हम अपनी दार्शनिक थाती को पूरे तौर से देख पाने और उसका समुचित रूप से आकलन कर पाने में असमर्थ क्यों हुए। उनके अनुसार पिछले डेढ़ सौ वर्षों में कुछ ऐसा घटित हुआ है कि हम इस भारतीय सभ्यता के ज्ञानात्मक अतीत की जातीय स्मृति से कट गये हैं। उस स्मृति से, जो आत्मचेतना के स्तर पर इस सभ्यता के होने की और उसके अस्तित्व की बुनियादी शर्त रही है। उपनिवेशवाद की योजना के अनुसार हिंदुस्तानियों के भीतर एक नया वर्ग पनपाया गया जो अपने मुल्क और अपने लम्बे अतीत से कहीं ज़्यादा पश्चिम के बारे में जानने में रुचि रखता है। ज्ञान के हर क्षेत्र में केवल वही जानने योग्य समझा जाता है जो पश्चिम ने उपजाया है— यूनानियों के वक़्त से आज तक। स्कूल, कॉलेज और विश्वविद्यालयों में भी हमारे दिमाग़ की की ढलाई इसी प्रकार होती है।

दया कृष्ण कहते हैं कि इस प्रकार एक ऐसी मानसिकता का निर्माण हुआ जो सारे ज्ञान की जड़ें पश्चिम में मानती है। उसके लिए भारतीय सभ्यता अथवा किसी भी अन्य पश्चिमेतर सभ्यता का अतीत विश्व-सभ्यता में योगदान की दृष्टि से शून्य है। समझा यह जाता है कि हमारे यहाँ उम्मीद के क़ाबिल केवल अध्यात्म या धर्म ही रह गया है। दया कृष्ण के अनुसार हमारी सभ्यता का यह सर्वग्रासी स्मृति-भ्रंश इतना गहरे जड़ पकड़ चुका है कि हम उन ज्ञानात्मक अभियानों से पूरी तरह अपरिचित हैं जिनसे गुज़र कर ही हम यहाँ पहुँच सके हैं। दया कृष्ण इस स्मृति-भ्रष्ट बदहाली को उस शिक्षा पद्धति की देन मानते हैं जो अंग्रेजों ने इस देश में रोपी और जिसकी परिणति एक तरह के रंगभेद

दया कृष्ण (1924–2007)

में हुई है। इसके तहत एक तरफ़ वे लोग हैं जो अब भी ज्ञान की परम्परागत पद्धतियों से चिपके हुए हैं, और दूसरी तरफ़ वे हैं जो उन विषयों का उस पद्धति से अध्ययन करते हैं जिसे 'आधुनिक' कहा जाता है। इन दो वर्गों के बीच किसी तरह के संवाद की गुंजाइश नहीं है। देश के सत्ताधारी 'अभिजन' के रूप में प्रतिष्ठित ये 'आधुनिक' अपने को इस सभ्यता का एकमात्र प्रतिनिधि समझते हैं। इससे सम्पूर्ण आत्म-विस्मृति और पूरी तरह से उजड़ जाने का ख़तरा पैदा हो गया है।

दया कृष्ण की प्रारम्भिक शिक्षा दिल्ली के एक सनातन धर्म स्कूल से शुरू हुई। उन्होंने हिंदू कॉलेज और दिल्ली विश्वविद्यालय से दर्शनशास्त्र में उच्च-अध्ययन किया। 1966 से 1984 तक राजस्थान विश्वविद्यालय, जयपुर से सम्बद्ध होकर उन्होंने न केवल अपनी प्रतिभा को अंतर्राष्ट्रीय स्तर पर विख्यात किया बल्कि उस विश्वविद्यालय के दर्शनशास्त्र विभाग को एक महत्त्वपूर्ण केंद्र के रूप में स्थापित भी किया। जयपुर में रहते हुए उन्होंने देश भर के सम्भावनावान आधुनिक एवं परम्परागत मनोवृत्ति के अध्येताओं को साथ ले कर भारतीय दर्शन की उन्नति का जो उपक्रम संचालित किया है उसे 'जयपुर प्रयोग' की संज्ञा भी दी जा सकती है। देशी-विदेशी विश्वविद्यालयों में अध्यापन-शोध करने वाले दया कृष्ण के चिंतन एवं विचार इतने बहुआयामी रहे हैं कि उन्हें किसी वाद या विशेष विचार-परम्परा की सीमा में बाँध कर नहीं देखा जा सकता। उन्होंने भारतीय एवं पाश्चात्य दर्शन के साथ-साथ समाजशास्त्र, अर्थशास्त्र, राजनीतिशास्त्र एवं भारत-विद्या पर भी बहुत कुछ लिखा है।

अपने दार्शनिक अध्यवसाय के प्रारम्भिक चरण में दया कृष्ण पाश्चात्य दर्शन के बड़े हिमायती थे। बाद में उनकी रुचि भारतीय दर्शन की ओर हुई। भारतीय दार्शनिक परम्पराओं को उनमें निहित तर्कणा की सरणियों की दृष्टि से समझने के प्रयास में उन्होंने भारतीय दर्शन की स्थापित मान्यताओं के संदर्भ में आधारभूत प्रश्न उठाये जिनसे उन पर नये ढंग से विचार करने की एक नयी दृष्टि प्राप्त हुई। *द नेचर ऑफ़ फ़िलॉसफ़ी* (1956) और *द आर्ट ऑफ़ कांसेप्चुअल* (1989) नामक दो कृतियों से पता चलता कि दर्शन उनके लिए विमर्शात्मक चेतना के धरातल पर जीवन और जगत् की सम्प्रत्ययात्मक समझ के लिए बुद्धि द्वारा स्वयं से किया गया संघर्ष है। उनकी निगाह में एक दार्शनिक का कर्म प्रकृति-वैज्ञानिक, गणितज्ञ एवं तर्कशास्त्री से भिन्न होता है। *सोशल फिलॉसफ़ी : पास्ट ऐंड फ़्यूचर* (1969), *कंसीडरेशंस टुवर्ड्स ए थियरी ऑफ़ सोशल चेंज* (1965) और *पॉलिटिकल डिवेलपमेंट : ए क्रिटिकल पर्सपेक्टिव* (1979) नामक कृतियाँ उनके सामाजिक, आर्थिक एवं राजनीतिक दर्शन से संबंधित हैं। *प्रोलेगोमेना टू ऐनी फ़्यूचर हिस्टोरियोग्राफ़ी ऑफ़ कल्चर ऐंड सिविलाइज़ेशन* (1997) में दया कृष्ण एक सभ्यता-विज्ञानी के रूप में सामने आते हैं।

दया कृष्ण की कई कृतियों में भारतीय दर्शन को पुन:संगठित और पुनर्रचित करने की कामना दिखाई पड़ती है। ऐसी कृतियाँ हैं *इण्डियाज़ इंटेलेक्चुअल ट्रैडिशन* (सम्पा. 1987), *संवाद : ए डायलॉग बिटवीन टु फ़िलॉसॅफ़िकल ट्रैडीशंस* (सम्पा. 1991), *इण्डियन फ़िलॉसफ़ी : अ काउंटर पर्सपेक्टिव* (1991), *न्यू पर्सपेक्टिव इन इण्डियन फ़िलॉसफ़ी* (2001), *भारतीय दर्शन : एक नवीन दृष्टि* (2000) तथा *डिस्कशन ऐंड डिबेट इन इण्डियन फ़िलॉसफ़ी* (2005)।

दया कृष्ण की भूमिका का समारम्भ उपनिवेशोत्तर भारत के ऐसे वातावरण में हुआ जब भारतीय विश्वविद्यालयों में पाश्चात्य दर्शन का प्रभुत्व था और भारतीय दर्शन परम्परा को 'दर्शन' पद से अभिहित होने योग्य ही नहीं माना जाता था। हीगेल से लेकर हसर तक यही प्रचारित किया जाता था कि भारतीय दर्शन में 'दर्शन' जैसी कोई चीज़ ही नहीं है। अधिक से अधिक इसे 'थियोलॅजी' के अंतर्गत रखा जा सकता है। दया कृष्ण ने भी अपने आरम्भिक दिनों में पाश्चात्य दर्शन के क्षेत्र में ही हस्तक्षेप दर्ज किये। उन्होंने अध्यास एवं सत् की समस्या पर, विरोध के नियम पर, संश्लेषणात्मक प्रागनुभविक ज्ञान की समस्या पर, भाषायी विश्लेषण, धार्मिक अनुभव एवं रहस्यवाद जैसे विषयों पर महत्त्वपूर्ण लेखन किया।

द्रष्टव्य है कि भारत के अध्येताओं ने पाश्चात्य दर्शन की चाहे जितनी सेवा की हो, और पाश्चात्य दर्शन के प्रभाव

में वे भारतीय दर्शन की आधुनिक व्याख्या करने का चाहे जितना भी दावा करें, उनके इस कृत्य को न तो पश्चिम में मान्यता मिली और न ही उन्हें भारतीय दर्शन के क्षेत्र में प्रतिष्ठापक आचार्य का स्वीकरण प्राप्त हुआ। अपवाद के तौर पर भारत के जिन कुछ एक अध्येताओं को यूरोप में मान्यता मिल सकी उनमें से जड़ावलाल मेहता, जितेंद्र नात मोहंती, बिमल कृष्ण मतिलाल, रिचर्ड सोराबजी, अकील बिलग्रामी और दया कृष्ण का नाम प्रमुखता से लिया जा सकता है। इनमें दया कृष्ण ने किसी दर्शन या दार्शनिक प्रवृत्ति-विशेष के व्याख्याकार के रूप में अपनी पहचान अर्जित नहीं की, बल्कि उन्हें अपनी स्वतंत्र दार्शनिक सृजनशीलता के कारण पहचान मिली। उनके लेखन को उस समय के स्थापित दार्शनिकों ने गम्भीरता से लिया और आलोचना-प्रत्यालोचना का दौर सा शुरू हो गया। डेले रीप ने अपनी पुस्तक *इण्डियन फिलॉसफ़ी सिंस इंडिपेंडेंस* (1978) में, तथा फ्रेड डलमायर ने अपनी दो प्रसिद्ध पुस्तकों *बियांड ओरिएंटलिज़्म* (1994) तथा *इंटीग्रल प्लूरलिज़्म : बियांड कल्चर वार* (2010) में दया कृष्ण के दर्शन और दार्शनिक हस्तक्षेप को संदर्भित करने का महत्त्वपूर्ण प्रयास किया है। डलमायर द्वारा दया कृष्ण को 'इंडियन ऑफ़ इंटीग्रल प्लूरलिज़्म' की कोटि में संदर्भित करना उनके सम्पूर्ण दार्शनिक अध्यवसाय को समवेत रूप से एक शीर्षक के अंतर्गत समेट लेता है। विचारों की विविधता और दृष्टिकोणों की वैकल्पिकता दया कृष्ण के लिए मानो सौंदर्यबोध जैसी वस्तु थी।

पाश्चात्य दार्शनिक परम्परा में गहरी पैठ रखने वाले दया कृष्ण का भारतीय दर्शन की ओर मुड़ना किसी रागात्मक वृत्ति अथवा सांस्कृतिक निष्ठा के कारण नहीं बल्कि भारतीय दर्शन के उस स्वरूप के प्रति व्याख्यात्मक असंतोष के कारण हुआ जो अंग्रेजी माध्यम के द्वैतीयक लेखन द्वारा सामने आया था। इस असंतोष को उग्रता प्रदान करने का एक और हेतु बना भारतीय दर्शन के स्वरूप को मध्य युगीन पाश्चात्य दर्शन की तरह एक रेखीय प्रारूप में प्रस्तुत किया जाना। दया कृष्ण अपनी भारतीय दर्शन को बहुरेखीय कार्य-योजना के रूप में देखना चाहते थे। भारतीय दर्शन के प्रति निस्संदेह यह एक भिन्न नज़रिया था जिसके लिए भारतीय दर्शन परम्परा में पर्याप्त अवकाश भी है। इसीलिए भारतीय दर्शन पर उनका प्रारम्भिक लेखन उन सभी अवधारणाओं को विखण्डित करता है जो भारतीय दर्शन को एकरेखीय स्वरूप प्रदान करने में सहायक होते हैं। *इण्डियन फिलॉसफ़ी : ए काउंटर पर्सपेक्टिव* (1991) के सभी आलेख दया कृष्ण की इस दृष्टि के ही प्रस्तावक हैं।

अपने एक प्रसिद्ध आलेख 'थ्री कंसेप्शंस ऑफ़ इण्डियन फिलॉसफ़ी' के उपसंहारात्मक कथन में भारतीय दर्शन को केवल और केवल मोक्षशास्त्र मानने के रवैये को विरोध करते हुए दया कृष्ण कहते हैं कि भारतीय दर्शन की एकमात्र मोक्ष में ही रुचि नहीं है, और न यह उसका प्रमुखतम प्रश्न ही है। अनेक दार्शनिकों और सम्प्रदायों का इससे दूर का भी संबंध नहीं है। अनेक इससे केवल बाहरी वृत्त पर ही संबंधित हैं। बहुत कम दार्शनिकों के लिए यह एक प्रमुख प्रश्न है और यदि है भी तो उनकी रुचि इसमें विशुद्धत: दार्शनिक प्रकार की है। प्राचीन दार्शनिकों की केवल प्रचारात्मक अभ्युक्तियों ने, और यह देख पाने की असमर्थता ने कि मोक्ष का प्रश्न भी दार्शनिक समस्याओं को जन्म दे सकता है, इस भ्रांत धारणा को जन्म दिया कि भारतीय दर्शन आध्यात्मिक मुक्ति से आंतरिक और अभिन्न रूप से सम्बद्ध है और 'दार्शनिक' कही जाने वाली समस्याओं से नहीं। अब समय आ गया है कि हम इस सम्मोहन को त्याग दें और भारतीय दर्शन को मूलत: 'दर्शन' के रूप में देखें।

देखें : आर्यभट्ट और *आर्यभटीय,* उपनिषद्, कपिल, *अर्थशास्त्र* और कौटिल्य, गोपीनाथ कविराज, गोविंद चंद्र पाण्डे, चैतन्य महाप्रभु, जैन दर्शन, न्याय दर्शन, नागार्जुन, पतंजलि और *योगसूत्र,* पाणिनि और *अष्टाध्यायी,* पुराण, पूर्व-मीमांसा दर्शन, बदरी नाथ शुक्ल, बादरायण, बौद्ध दर्शन, *भगवद्गीता,* भरत और *नाट्यशास्त्र,* मुकुंद लाठ, *भागवत पुराण, महाभारत,* यशदेव शल्य, योग दर्शन, रामानुजाचार्य, राम अवतार शर्मा, लोकायत, वात्स्यायन और *कामसूत्र,* वेदांत दर्शन, वैशेषिक दर्शन, शंकराचार्य, षड्-दर्शन-1 और 2, संस्कृत काव्यशास्त्र, स्मृति-साहित्य, सांख्य दर्शन-1 और 2, सिद्ध-नाथ परम्परा।

संदर्भ

1. दया कृष्ण (2000), *भारतीय दर्शन : एक नयी दृष्टि,* रावत पब्लिकेशन, जयपुर.
2. भुवन चंदेल एवं के.एल. शर्मा (सम्पा.) (1996), द *फिलॉसफ़ी ऑफ़ दया कृष्ण,* भारतीय दार्शनिक अनुसंधान परिषद्, नयी दिल्ली.
3. फ्रीड डलमायर (1994), *बियॉन्ड ओरिएंटलिज़्म,* स्टेट युनिवर्सिटी ऑफ़ न्यूयार्क प्रेस, न्यूयॉर्क.
4. योगेश गुप्त (सम्पा.) (2006), *भारतीय एवं पाश्चात्य दार्शनिक परम्पराएँ,* राजस्थान विश्वविद्यालय, जयपुर.

— अम्बिकादत्त शर्मा

दायित्व

(Obligation)

अगर किसी के पास कोई अधिकार है, तो वह तब तक उसका उपभोग नहीं कर सकता जब तक दूसरा एक दायित्व के रूप में उस अधिकार का आदर न करे। इस लिहाज़ से अधिकार और दायित्व एक ही सिक्के के दो पहलू हैं। व्यक्तिगत अधिकारों को तभी तक जारी रखा जा सकता है जब तक राज्य की संस्था उनकी सुरक्षा करने के गुरुतर दायित्व का पालन करने के लिए तैयार न हो। लेकिन अगर यह मान लिया जाए कि नागरिकों के हिस्से में केवल अधिकार आयेंगे और राज्य के हिस्से में केवल दायित्व, तो व्यवस्थित और शिष्ट नागरिक जीवन असम्भव हो जाएगा। इसीलिए नागरिकता की अवधारणा में दायित्वों और अधिकारों के मिश्रण की तजवीज़ की गयी है। इनमें सबसे ज़्यादा बुनियादी अवधारणा 'राजनीतिक दायित्व' की है जिसका संबंध नागरिक द्वारा राज्य के प्राधिकार को मानना और उसके क़ानूनों का पालन करने से है। अराजकतावादी चिंतक व्यक्ति की स्वायत्तता को किसी भी तरह के दायित्व के बंधन में नहीं बाँधना चाहते, पर उन्हें छोड़ कर बाक़ी सभी तरह के चिंतकों ने यह समझने में काफ़ी दिमाग़ खपाया है कि क्या व्यक्ति के राजनीतिक दायित्व होते हैं और अगर होते हैं तो उनका समुचित आधार क्या है। कुछ विद्वानों के मुताबिक़ 'सामाजिक समझौते' के तहत व्यक्ति को बुद्धिसंगत और नैतिक आधार पर राज्य के प्राधिकार का आदर करना चाहिए। कुछ अन्य विद्वान इससे भी आगे जा कर कहते हैं कि दायित्व, जिम्मेदारियाँ और कर्त्तव्य केवल किसी अनुबंध की देन न हो कर किसी भी स्थिर समाज के आत्यंतिक लक्षण होते हैं। विद्वानों में इस बात पर ख़ासा मतभेद है कि राजनीतिक दायित्वों की हद क्या होनी चाहिए। आख़िर किस बिंदु पर एक कर्त्तव्यनिष्ठ नागरिक राज्य के प्राधिकार का आदर करने के दायित्व से मुक्त महसूस कर सकता है? क्या ऐसा भी कोई बिंदु है जब वह सभी तरह के राजनीतिक दायित्वों को नज़रअंदाज़ करके विद्रोह करने के अधिकार का दावा कर सके?

राजनीतिक सिद्धांत के इतिहास में झाँकने पर प्लेटो की क़लम से उनके शिक्षक और मित्र सुकरात का प्रकरण सामने आता है। एथेंस के युवकों को भ्रष्ट करने का मुक़दमा चलने के बाद लगभग निश्चित मृत्यु-दण्ड की प्रतीक्षा कर रहे सुकरात अपने पुराने दोस्त क्रिटो को बताते हैं कि वे कारागार से भागने के लिए तैयार क्यों नहीं हैं। सुकरात की दलील है कि उन्होंने एथेंस में रहने का चुनाव किया और उसके नागरिक होने के नाते उपलब्ध विशेष सुविधाएँ भोगीं। इसी लिहाज़ से वे एथेंस के क़ानून के प्रति निष्ठावान होने से भी बँधे हुए हैं, और अपने इस आश्वासन को वे अपने प्राणों की क़ीमत पर भी पूरा करना चाहते हैं। सुकरात का प्रकरण बताता है कि किसी संगठित समुदाय में रहने के लाभों को भोगने के बदले राजनीतिक दायित्वों को निभाना पड़ता है। यहाँ सुकरात की राजनीतिक दायित्व संबंधी समझ उसके बिना शर्त पालन की है। यानी सुकरात संबंधित राज्य के चरित्र या उसकी प्रकृति की कोई जाँच नहीं करते। वे यह भी मान कर चलते हैं कि अगर कोई निवासी राज्य से असंतुष्ट है तो वह अपनी मर्ज़ी के मुताबिक़ किसी दूसरे राज्य में रहने के लिए जा सकता है। सुकरात का यह दृष्टिकोण कई तरह से समस्याग्रस्त है। मसलन, व्यावहारिक रूप से यह नागरिकों की इच्छा पर निर्भर नहीं होता कि वे किस राज्य में रहना पसंद करते हैं। पहली बात तो यह कि आर्थिक फँसाव उन्हें अपने राज्य को छोड़ने से रोकता है, दूसरे अगर राज्य न चाहे तो भी वे उसकी सीमा छोड़ कर नहीं जा सकते। दूसरे, जन्मना नागरिक राज्य से ऐसा कोई वायदा नहीं करता कि वह अमुक दायित्वों का पालन करेगा। हाँ, इस तरह का लिखित आश्वासन नागरिकता प्राप्त करने वाले को ज़रूर देना पड़ता है।

हॉब्स और लॉक जैसे चिंतकों ने अपने-अपने तरीक़े से राज्य द्वारा शासन करने के अधिकार को शासितों की सहमति पर आधारित बताया है। चूँकि बुद्धिसंगत व्यक्ति 'प्रकृत अवस्था' की बर्बर स्थिति में नहीं रहना चाहेगा, इसलिए वह स्वेच्छा से सामाजिक समझौते जैसे अनुबंध में उतरता है और शांति-व्यवस्था के तहत जीने के लिए राज्य के प्राधिकार का अनुपालन करने के लिए तैयार होता है। इन दोनों विद्वानों में हॉब्स के मुक़ाबले लॉक का विचार अधिक संतुलित प्रतीत होता है। हॉब्स के मुताबिक़ व्यक्ति के सामने कोई चारा ही नहीं है : उसे या तो राज्य के सर्वसत्तावादी प्राधिकार की मातहती स्वीकार करनी होगी, या फिर व्यक्तिगत हितों की निरंतर चलने वाली गलाकाटू होड़ में फँस कर नष्ट हो जाना होगा। लॉक राजनीतिक दायित्व की अवधारणा को एक नहीं, बल्कि दो समझौतों के साथ जोड़ते हैं। पहला अनुबंध सामाजिक समझौता है जिसके तहत समाज की रचना करने का परस्पर समझौता करना अनिवार्य है। इसके लिए वे अपनी-अपनी स्वतंत्रता का एक-एक हिस्सा तक क़ुर्बान करने के लिए तैयार रहेंगे ताकि एक राजनीतिक समुदाय की अधीनता में मिल सकने वाली स्थिरता और सुरक्षा प्राप्त कर सकें। दूसरा अनुबंध समाज और सरकार के बीच एक 'भरोसे' के रूप में होगा जिसके तहत सरकार नागरिकों को उनके प्राकृतिक अधिकारों की सुरक्षा का भरोसा थमायेगी। लॉक कहते हैं कि अगर राज्य निरंकुश या सर्वसत्तावादी हो जाता है तो व्यक्ति को उसके क़ानूनों के पालन के दायित्व को नज़रअंदाज़ करके उसके ख़िलाफ़ बग़ावत करने का अधिकार है। यहाँ लॉक स्पष्ट करते हैं कि

विद्रोह का मतलब सरकार को ख़त्म करके 'प्रकृत अवस्था' की तरफ़ लौटना नहीं हो सकता, बल्कि बेहतर सरकार की स्थापना ही हो सकता है।

सामाजिक समझौते के सिद्धांत की भिन्न व्याख्या करते हुए रूसो उसे अपने विख्यात सूत्रीकरण 'जन-इच्छा' के आईने में दिखाते हैं। अगर कोई नागरिक स्वेच्छा से किसी समाज का सदस्य है और वह उस समाज द्वारा प्रतिपादित जन-इच्छा का भी हिस्सा है तो उसके आधार पर उसे राजनीतिक दायित्व का पालन करना होगा। यहाँ जन-इच्छा का तात्पर्य है समाज के प्रत्येक सदस्य के वास्तविक हित का प्रतिनिधित्व। ज़ाहिर है कि रूसो की स्थापना दायित्व के सिद्धांत को सहमति आधारित शासन के आग्रह से दूर ले जाती है।

राजनीतिक दायित्व के सामाजिक समझौते संबंधी सिद्धांत के दो विकल्प भी सुझाये गये हैं। पहला विकल्प राजनीतिक दायित्व की प्रयोजनमूलक समझ पर टिका हुआ है। इसके मुताबिक़ नागरिक द्वारा राज्य के आदेशों का अनुपालन केवल उसी अनुपात में किया जा सकता है जिस अनुपात में राज्य उसे लाभ पहुँचा सकता हो या उसके प्रयोजन पूरे कर सकता हो। उपयोगितावाद एक ऐसी ही प्रयोजनमूलक थियरी है जिसके अनुसार नागरिकों को सरकार का आज्ञापालन इसलिए करना चाहिए कि वह लोगों की 'सर्वाधिक संख्या' को 'सर्वाधिक सुख' प्रदान करने का प्रयास करती है। दूसरा विकल्प यह मान कर चलता है कि व्यक्ति किसी समाज का 'स्वाभाविक' सदस्य होता है, इसलिए उसके राजनीतिक दायित्वों को भी 'स्वाभाविक' समझा जाना चाहिए। यह विचार कुछ-कुछ सुकरात की समझ से मिलता-जुलता है। अनुदारवादी चिंतकों ने इस विकल्प को ख़ास तौर पर पसंद किया है। अनुदारवादियों के अनुसार परिवार, चर्च और सरकार जैसी संस्थाएँ किसी व्यक्ति की इच्छा के आधार पर नहीं बल्कि समाज को नैरंतर्य देने की आवश्यकता के तहत रची गयी हैं। ये संस्थाएँ व्यक्ति को पालती-पोसती, शिक्षित करती और उसकी शख़्सियत का निर्माण करती हैं। इसलिए व्यक्ति को उनके प्रति दायित्व, कर्त्तव्य और जिम्मेदारियाँ महसूस करनी चाहिए। इसके लिए केवल क़ानून का पालन करना और दूसरों की स्वतंत्रता का आदर करना ही काफ़ी नहीं है, बल्कि व्यक्ति को प्राधिकार का सम्मान करते हुए ज़रूरत के मुताबिक़ सार्वजनिक पदों का जिम्मा भी उठाना चाहिए। इस तरह अनुदारपंथी चिंतक व्यक्ति के राजनीतिक दायित्वों को माता-पिता के प्रति उनकी संतानों के दायित्व का दर्जा दे देते हैं।

समाजवादियों और सामाजिक-जनवादियों ने दायित्वों के सामाजिक पहलू पर ज़ोर दिया है। इस लिहाज़ से वे उदारतावादियों के मुक़ाबले नागरिक पर गुरुतर दायित्व डालना चाहते हैं। वे चाहते हैं कि व्यक्ति समुदाय के लिए तो काम करे ही, उन लोगों के लिए भी काम करे जो ख़ुद किसी वजह से काम नहीं कर सकते। केवल अधिकारसम्पन्न और दायित्वहीन व्यक्तियों के समाज में मत्स्य-न्याय की स्थितियाँ हावी हो जाएँगी। समुदायवादी अराजकतावादी चिंतकों को इस तरह की दलील काफ़ी पसंद है। प्रूधों, बकूनिन और क्रोपाटकिन जैसे क्लासिकल अराजकतावादी राजनीतिक प्राधिकार को तो ख़ारिज करते हैं, पर उम्मीद करते हैं कि एक स्वस्थ समाज में लोग सामाजिकता, परस्पर सहयोग और शिष्ट व्यवहार की ख़ूबियों लैस होंगे।

मार्क्सवादियों ने राजनीतिक दायित्व की अवधारणा को पूरी तरह से ठुकरा दिया है, क्योंकि उनकी निगाह में राज्य की व्यक्ति के अधिकारों की सुरक्षा में कोई दिलचस्पी नहीं होती। वह तो वर्गीय शासन का औज़ार होता है। मार्क्सवादी सामाजिक समझौते के सिद्धांत को 'विचारधारात्मक' क़रार देते हैं। यानी उनके अनुसार इस सिद्धांत का मक़सद नागरिकों को शासक वर्ग की मातहती में लाना है।

लॉक की स्थापनाओं से स्पष्ट है कि राजनीतिक दायित्व की उनकी समझ से क्रांति का सिद्धांत भी निकलता है। 1776 की अमेरिकी क्रांति के दौरान 13 पूर्व ब्रिटिश उपनिवेशों द्वारा की गयी बग़ावत में शामिल क्रांतिकारियों ने लॉक की 1690 में प्रकाशित रचना *टू ट्रीटाइज़ ऑन सिविल गवर्नमेंट* में व्यक्त विचारों का काफ़ी इस्तेमाल किया था। इसी आधार पर लॉक ने स्टुअर्ट राजाओं के शासन के ख़िलाफ़ इंग्लैण्ड की 'ग्लोरियस रिवोल्यूशन' का समर्थन किया जिसके परिणामस्वरूप संवैधानिक राजतंत्र की स्थापना हुई और संसदीय लोकतंत्र के विकास का रास्ता खुला।

देखें : अधिकार, अधिकार : सैद्धांतिक यात्रा, अरस्तू, अफलातून, अनुदारतावाद, अराजकतावाद, अन्य-अन्यीकरण, उदारतावाद, उपयोगितावाद, एडमण्ड बर्क, क्रांति, ज्याँ-ज़ाक रूसो, जॉन लॉक, जेरेमी बेंथम, जॉन स्टुअर्ट मिल, जॉन रॉल्स, जोहान गॉटफ्रीड हर्डर, डेविड ह्यूम, थॉमस हॉब्स, थॉमस पेन, थॉमस हिल ग्रीन, न्याय, न्याय : नारीवादी आलोचना, न्याय : रॉल्स का सिद्धांत, नागरिकता, नागरिकता : अन्य परिप्रेक्ष्य-1 और 2, नागर समाज, पनोप्टिकॉन, फ्रेड्रिख़ वॉन हायक, बुद्धिवाद, माइकेल जोसेफ़ ओकशॉट, माइकिल वाल्ज़र, मिशेल पॉल फ़ूको-1 और 2, यूटोपिया, राजनीतिक दर्शन के नारीवादी आयाम, रॉबर्ट नॉज़िक, राज्य-1 और 2, विल किमलिका, स्वतंत्रतावाद, सर्वसत्तावाद, सम्प्रभुता, समाजवाद, सरकारियत।

संदर्भ

1. ऐंड्रू हेवुड, 'राइट्स, ऑब्लीगेशंस ऐंड सिटीज़नशिप', *पॉलिटिकल थियरी : ऐन इंट्रोडक्शन*, पालग्रेव मैकमिलन, न्यूयॉर्क, 2004, पृष्ठ 184-219
2. जे. होर्टन, *पॉलिटिकल ऑब्लीगेशन*, पालग्रेव मैकमिलन, बेसिंग्स्टोक, 1986

2. रिचर्ड एशक्रॉफ़्ट, *रेवोल्यूशनरी पॉलिटिक्स ऐंड लॉक्स टू ट्रीटाइज़ ऑफ़ गवर्नमेंट,* प्रिंसटन युनिवर्सिटी प्रेस, 1986
3. सी. पैटमैन, *द प्रॉब्लम ऑफ़ पॉलिटिकल ऑब्लीगेशन,* जॉन विली, न्यूयॉर्क, 1989

— अभय कुमार दुबे

दास प्रथा

(Slavery)

आज एक संस्था के रूप में दास प्रथा का अंत हो चुका है, पर मनुष्य द्वारा मनुष्य को अपना दास बनाने का इतिहास बहुत पुराना है। दरअसल, दास प्रथा को मानवीय उत्पीड़न का सबसे पुराना रूप माना जा सकता है। भारत समेत तक़रीबन सभी सभ्यताओं के प्राचीन ग्रंथों में दासों, सम्पत्ति की तरह उनके विनिमय और इस प्रथा के विभिन्न रूपों का उल्लेख मिलता है। युद्ध में पराजित हुए समुदायों को दास बना लेना आम बात थी। एक राजा किसी बड़े सम्राट को खिराज देते समय उसमें दास स्त्री-पुरुषों की बड़ी संख्या भी शामिल करता था। दास प्रथा का अर्थ है उत्पादन के अन्य साधनों की भाँति मनुष्य को भी ख़रीद-फ़रोख़्त के ज़रिये हासिल करना। एक बार दास के रूप में बिक जाने के बाद किसी व्यक्ति की अपनी इच्छा या अनिच्छा का कोई महत्त्व नहीं रह जाता। उसका जीवन-मरण उसके मालिक के हाथ में चला जाता है। दास प्रथा के अलग-अलग रूपों, जैसे बँधुआ मज़दूरी, भू-दास और ग़ुलाम, से जुड़ी हुई स्वामित्व की संरचनाएँ भी अलग-अलग होती हैं।

आधुनिक युग में दास प्रथा को नागरिक स्वतंत्रता के विलोम के रूप में देखा जाता है, लेकिन इस ऐतिहासिक हक़ीक़त से इनकार नहीं किया जा सकता। प्राचीन युरोपीय दर्शन दास और दास-मालिक के बीच के संबंधों का औचित्य प्रतिपादन करता है। प्लेटो के दर्शन में तीसरा वर्ग उत्पादकों का है जिनके लिए उन्होंने संयम रखते हुए पहले दोनों शासक वर्गों की मर्ज़ी के मुताबिक़ उत्पादक श्रम करने का उपदेश दिया है। युरोप को आधुनिक बनाने में भी दास प्रथा और ग़ुलामों की तिजारत की उल्लेखनीय भूमिका रही है। अमेरिकी स्थित युरोपीय उपनिवेशों में दासों द्वारा बनाये गये उत्पादों के आधार पर अर्थव्यवस्थाओं का विकास हुआ और मुनाफ़ा कमाया गया। इसी से मिलती-जुलती परिस्थितियाँ एशिया में भी एक हद तक दोहरायी गयीं। दास प्रथा की सबसे ज़्यादा मार अफ़्रीका को झेलनी पड़ी। अफ़्रीकी दास सारी दुनिया में ख़रीदे-बेचे गये। मार और मुनाफ़े के लालची उपनिवेशवादियों ने अफ़्रीकी दास श्रमिकों को चाय, काफ़ी, रबड़ और कपास के बाग़ानों में प्राणांतकश्रम करने को मजबूर किया। सदियों तक ग़ुलामी का जीवन व्यतीत करने की प्रक्रिया में अफ़्रीकियों की अपनी सांस्कृतिक पहचान कहीं गुम हो गयी। इसलिए उन्हें अपनी नयी संस्कृति, नया धर्म और सामुदायिकता की रचना करनी पड़ी। उनकी इन संरचनाओं को लगातार परिवर्तन के दौर से गुज़रना पड़ता था, क्योंकि हर बार ग़ुलामों की नयी खेप नये प्रभाव ले कर आती थी और उनके गोरे मालिकों की संस्कृति भी उन्हें अपने तरीक़े से गढ़ने की कोशिश करती थी।

यूनानी और रोमन ज़माने में ही दास प्रथा औपनिवेशिक विस्तार का अंग बन चुकी थी। लेकिन, ग़ुलामों का व्यापार अपने चरम पर पंद्रहवीं सदी में पहुँचा। 1492 में क्रिस्टोफ़र कोलम्बस द्वारा नयी दुनिया की खोज करते ही बहुत से युरोपीय दलों (जैसे स्पैनी कोंक्विस्टाडोर) ने ख़ज़ानों और लूट के लालच में इन इलाक़ों का रुख किया। जल्दी ही इस क्षेत्र में अंग्रेज़, फ्रांसीसी, स्पेनी, पुर्तगाली और डच उपनिवेश दिखने लगे। युरोपियनों को लगा कि अमेरिका का महाद्वीप उनके लिए समृद्धि की नयी सम्भावनाओं से भरा हुआ है। उन्होंने स्थानीय अमेर इण्डियनों को दास बनाने की कोशिश की। कई ने प्रतिरोध किया और पहाड़ों और जंगलों में शरण ली। ग़ुलाम बने बहुत से लोग युरोपीय बीमारियों के शिकार हो कर मारे गये, क्योंकि उनके शरीर में उन बीमारियों की प्रतिरोधक क्षमता नहीं थी। नयी दुनिया की धरती के दोहन के लिए कठोर श्रम की ज़रूरत थी और युरोपियनों की इसमें कोई दिलचस्पी नहीं थी। स्थानीय अमेरइण्डियन आबादी महामारियों की वजह से घटती जा रही थी, इसलिए भरपाई के लिए अफ़्रीकी श्रमिकों की ज़रूरत पड़ी। कोंकिस्टाडोर अपने साथ अफ़्रीकियों को भी श्रमिक के रूप में ले गये थे। इन काले दासों से उन्होंने चर्च बनवाये, ख़ानों और अंगूर के बाग़ानों में काम लिया और कैरेबियन द्वीपों में खेतिहर श्रम करवाया।

कैरेबिनय द्वीपों में डच उपनिवेशवादियों ने गन्ने की खेती शुरू की। इसी के बाद से इस क्षेत्र में अफ़्रीकी ग़ुलामों का माँग बढ़ गयी। तम्बाकू और चावल की खेती ने इसे और बढ़ाया। शुरू में अफ़्रीकी ग़ुलामों की सप्लाई मुख्यत: पुर्तगालियों के हाथों में थी। 1441 में ही पुर्तगाली कैप्टन अनातो गोंज़ाल्विस मॉरितानिया से लाये गये बारह अफ़्रीकी ग़ुलामों को प्रिंस हेनरी के सामने पेश करके दावा किया था कि अब पुर्तगाल किसी बाहरी एजेंसी से ख़रीदने के बजाय ख़ुद पश्चिमी अफ़्रीका से ग़ुलामों को हासिल कर सकता है। साल भर के भीतर ही पोप द्वारा पुर्तगाल को अफ़्रीकी महाद्वीप के अधिकार देने में कोई दिक़्क़त नहीं हुई, क्योंकि बाक़ी युरोप को उस समय तक ग़ुलामों के इस व्यापार में कोई दिलचस्पी नहीं थी। लेकिन धीरे-धीरे अटलांटिक के आर-

पार होने वाली इस तिजारत में दूसरे युरोपीय देशों ने भी हिस्सा बँटाना शुरू कर दिया।

ग़ुलामों की तिजारत के लिए उपनिवेशवादियों ने पूर्वी और पश्चिमी अफ़्रीकी तटों पर पहराबंद चौकियाँ बनायीं और अफ़्रीकी दलालों की मदद से सेनेगल से अंगोला तक फैली हुई तीन हज़ार मील लम्बी तटरेखा पर ग़ुलामों के क़रीब बीस मुख्य और बहुत से छोटे-छोटे बाज़ार विकसित किये। अफ़्रीकी रियासतों में होने वाले युद्धों के कारण उन्हें ग़ुलामों की कमी नहीं पड़ी। हारे हुए लोग विजेताओं द्वारा ग़ुलामों की तरह बेच दिये जाते थे। क़र्ज़दारों को ग़ुलाम बना लेना, अपहरितों और बंदियों को दासता की बेड़ियों में जकड़ देना आम बात थी। अकाल और सूखे की स्थितियाँ भी ग़ुलामों की सप्लाई आसान कर देती थीं। धीरे-धीरे ग़ुलामों की बिक्री युरोपीय किलों के भीतर भी होने लगी।

ट्रेडिंग कम्पनियाँ ग़ुलामों को अपने व्यापारिक चिह्नों से दागने के बाद पानी के जहाज़ों में अटलांटिक पार जाने के लिए चढ़ा देती थीं। ऐसी ही एक यात्रा मिडिल पैसेज के नाम से कुख्यात है जिसके ज़रिये क़रीब एक से डेढ़ करोड़ ग़ुलामों को ढोया गया। इन यात्राओं के दौरान बेहद ख़राब क़िस्म के जहाज़ों में निचले डेक के नीचे ग़ुलामों को निहायत अमानवीय स्थितियों में रखा जाता था जिसके कारण मंजिल पर पहुँचते-पहुँचते बहुतों की मृत्यु हो जाती थी। अटलांटिक ग़ुलाम व्यापार सोलहवीं से उन्नीसवीं सदी तक जारी रहा और इसकी निर्ममता ने लाखों-लाख दासों की जान ले ली। मिडिल पैसेज का अंत अमेरिका में होता था जहाँ दासों को सीधे उन व्यापारियों के पास ले जाया जाता था जो उनकी सप्लाई के लिए अग्रिम धनराशि का भुगतान कर चुके होते थे। इसके बात उनसे हफ़्ते में छह दिन दस से बारह की छोटी-छोटी टोलियों में मशक्कत करवायी जाती थी। कुछ मुट्ठी भर ग़ुलामों को कुशल मज़दूरों, दस्तकारों और घरेलू नौकरों की तरह काम करने का मौक़ा भी मिलता था। अट्ठारहवीं सदी तक आते-आते चीनी, चाय, काफ़ी, रबड़ और तम्बाकू के बाग़ानों में ग़ुलामों द्वारा किये जाने वाले श्रम की बदौलत अमेरिका के साधारण मध्यवर्गीय व्यापारी धन-कुबेरों में बदल चुके थे और अमेरिकी उपनिवेश विश्व वाणिज्य के सबसे ज़्यादा आकर्षक मक़ाम बन गये थे।

अट्ठारहवीं सदी के मध्य में ये हालात बदलने शुरू हुए। उभरते हुए पूँजीवाद को उजरती श्रम अधिक फ़ायदेमंद लगने लगा। दासों की तिजारत की अमानवीय कह कर निंदा की जाने लगी। विलियम विल्बरफ़ोर्स, लॉर्ड ग्रेनविले और चार्ल्स डि फ़ॉक्स जैसे लोगों ने ब्रिटिश हाउस ऑफ़ कामंस में दास प्रथा के विरोध का झण्डा उठाया और दास-श्रम द्वारा बनाये जाने वाले किसी भी उत्पाद के बहिष्कार की अपील की। औद्योगिक क्रांति के बाद ब्रिटिश उद्योगपतियों और निवेशकों को लग रहा था कि मुक्त श्रमिकों द्वारा ज़्यादा आसानी से सस्ते उत्पाद बना कर मुनाफ़ा खींचा जा सकता है। परिणामस्वरूप इंग्लैण्ड दास प्रथा के उन्मूलन आंदोलन का केंद्र बन गया जिसमें मानवतावादियों और व्यापारियों की समान भागीदारी थी। 25 मार्च, 1807 को ब्रिटिश संसद ने नये ग़ुलामों को ख़रीदने पर पाबंदी लगाने का क़ानून पारित किया। इस तरह जो ग़ुलाम बन चुके थे, उनकी स्थिति में कोई अंतर नहीं पड़ा। 1808 में अमेरिका में दास व्यापार प्रतिबंधित हो जाने का भी दास प्रथा पर कोई ख़ास विपरीत असर नहीं पड़ा। 1815 की वियना कांग्रेस में ब्रिटेन ने ग़ुलामों की तिजारत रोकने के लिए एक विशेष पुलिस फ़ोर्स बनाने का प्रस्ताव रखा जो पारित नहीं हो सका। इसके बाद ब्रिटिश नेवी ने अमेरिकी नेवी के सीमित समर्थन से ग़ुलामों को ग़ैरक़ानूनी रूप से ढोने वाले जहाज़ों को पकड़ना शुरू किया।

ब्रिटेन में ग्रैनविले शार्प, थॉमस क्लार्कसन और थॉमस फ़ॉवेल बक्सटन ने अपने क़ानूनी और आंदोलनकारी प्रयासों से ग़ुलामों के व्यापार की क्रूरता को स्पष्ट करने वाले प्रमाण जमा किये। दास प्रथा ख़त्म करने के लिए चली शांतिपूर्ण मुहिम आधुनिक युग का अपने क़िस्म का पहला आंदोलन था। दास प्रथा विरोधी ये सभी नेता गोरे थे। उन्होंने दास प्रथा के काले विरोधियों और पूर्व ग़ुलामों के साथ मिल कर काम किया और पूरे युरोप में इस मुहिम को फैलाने में कामयाबी हासिल की। 1834 में ब्रिटेन ने अपने सभी क्षेत्रों में दास प्रथा को ग़ैरक़ानूनी घोषित कर दिया। 1865 में संयुक्त राज्य अमेरिका ने दासों को मुक्त करने का संवैधानिक क़दम उठाया। स्पेन इस प्रथा को क्यूबा और प्यूर्टो रिको में 1873 और 1886 तक खींचता रहा। 1888 में दास प्रथा का उन्मूलन करने वाला आख़िरी देश ब्राज़ील था।

देखें : अफ़लातून, अमेरिकी क्रांति, उपनिवेशवाद।

संदर्भ

1. जे.एच. फ्रेंकलिन और ए.ए. मॉस जू. (2000), *फ्रॉम स्लैवरी टू फ्रीडम : अ हिस्ट्री ऑफ़ अफ्रीकन अमेरिकंस,* मैकग्रा हिल, न्यूयॉर्क.
2. आई. बर्लिन (1998), *मैनी थाउज़ेंड्स गॉन : द फ़र्स्ट टू सेंचुरीज़ इन नॉर्थ अमेरिका,* बेलनैप प्रेस, केम्ब्रिज, एमए.
3. आर.डब्ल्यू. फ़ोगेल (1994), *विदआउट कंसेंट ऑर कांट्रेक्ट : द राइज़ ऐंड फ़ॉल ऑफ़ अमेरिकन स्लैवरी,* नॉर्टन, न्यूयॉर्क.
4. ई.डी. जेनोवेज़ (1976), *रोल, जॉर्डन, रोल : द वर्ल्ड द स्लेव्ज़ मेड,* रैंडम हाउस, न्यूयॉर्क.

— अभय कुमार दुबे

दिन-प्रतिदिन के अभिलेखागार

(Archives of Everyday)

इंटरनेट पर वेब 2.0 प्रौद्योगिकी का चलन हो जाने के बाद समाज-वैज्ञानिकों के बीच इस बात पर ज़बरदस्त बहस है कि यू ट्यूब, फ़्लिकर, फ़ेस बुक और ऐसी ही कई साइट्स पर उनके यूज़र्स द्वारा नित्य-प्रति बनाये-बिगाड़े जा रहे रोज़ाना की जिंदगी के अभिलेखागारों का क्या मतलब है। वर्चुअल जगत में हो रही इन गतिविधियों के कारण दैनंदिन जीवन की परिभाषाओं पर परिवर्तनकारी असर पड़ रहा है। लोग इन साइट्स पर अपनी तस्वीरें, वीडियो-क्लिप्स और टिप्पणियाँ पोस्ट करते हैं जिन्हें कीवर्ड्स या मेटा-टैग्स के हायपरलिंक सिस्टम के ज़रिये खोजना, अपनाना या ख़ारिज करना हर किसी के लिए मुमकिन हो गया है। मोबाइल फ़ोन से बनाये गये वीडियो, वेब-कैम के ब्लॉग्स, ध्वनि की रिकॉर्डिंग, डिजिटल फ़ोटोग्राफ़ों और होम वीडियो की मदद से रोज़मर्रा के जीवन की बातों, घटनाओं और अन्य गतिविधियों का दूर-दराज़ बैठे या अनजान लोगों से भी साझा किया जा सकता है। लोगों की अपनी निजी दिलचस्पियाँ, अभिरुचियाँ, राजनीतिक-सांस्कृतिक और धार्मिक टिप्पणियाँ या अन्य सोच-विचार भी इन अभिलेखागारीय व्यवहार के ज़रिये सार्वजनिक दायरे का अंग बन रहे हैं।

इंटरनेट को समकालीन दुनिया का सर्वाधिक अभूतपूर्व महा-अभिलेखागार माना जाता है। उसके जटिल स्थापत्य में कई तरह की पेचीदा अभिलेखागारीय प्रौद्योगिकियों का इस्तेमाल हुआ है। इन सभी तक तकनीकी रूप से अप्रशिक्षित साधारण नेट यूज़र्स की पहुँच नहीं है। लेकिन वेब 2.0 के आ जाने के बाद इस इंटरनेट यूज़र को कम से कम प्रौद्योगिकी की इतनी क़िस्में तो उपलब्ध हो ही गयी हैं कि वह किसी भी ऑन लाइन अभिलेखागार में जा कर उसके किसी हिस्से को अपनी मर्ज़ी से सम्पादित कर सकता है। इसी सुविधा का लाभ उठा कर ज्ञान के ऑन लाइन स्रोत के रूप में विकसित हुए विकीपीडिया जैसे आरकाइव में भी लोग अपनी मर्ज़ी से हस्तक्षेप करते हैं। ख़ास बात यह है कि ये प्रौद्योगिकियाँ उत्तरोत्तर परिष्कृत होती जा रही हैं और इनके प्रभाव के तहत ज्ञान और सूचनाओं के भंडारण का चरित्र केंद्रीकृत नहीं रह गया है। इन अभिलेखागारों की प्रकृति और उनका विस्तार उन्हें बनाने और रखरखाव करने वालों के हाथ से निकल कर उनका इस्तेमाल करने वालों के हाथ में पहुँच गया है।

समाज-वैज्ञानिकों का एक हिस्सा नये मीडिया की प्रौद्योगिकी पर आधारित इस क्रम-विकास को चिंता की निगाहों से देखता है। ज़िग्मंट बाउमन कहते हैं कि रोज़ाना के अभिलेखागारों का परिणाम वैयक्तिकीकरण की प्रक्रिया में निकला है। घर-बार के निजी सरोकार सार्वजनिक स्पेस और उन क्लासिकल दायरों में आ रहे हैं जिनका निजी और सार्वजनिक मुद्दों पर विचार करने के लिए इस्तेमाल होता रहा है। इसका ख़राब असर यह पड़ा है कि सार्वजनिक स्पेस और राजनीति का छुद्रीकरण होने लगा है। नागरिक (जिसका मानस सामूहिकता के प्रभाव से बनता है) सिमट कर उपभोक्ता (जो सिर्फ़ अपनी निजी ज़रूरतों और कामनाओं के बारे में सोचता है) रह गया है। बाउमन का यह विश्लेषण नेटवर्क सोसाइटी के प्रमुख सिद्धांतकार मैनुएल कैसेल्स की इस प्रस्थापना से मेल खाता है जिसमें वे सूचना-समाज को नज़दीकी बंधनों में बँधी हुई सामुदायिकता से हट कर 'मी-सेंटर्ड' नेटवर्कों की परिघटना क़रार देते हैं। एक अन्य विद्वान ऐंड्रू कीन और भी आक्रामक लहजे में कहते हैं कि वेब 2.0 प्रौद्योगिकी के कारण डिजिटल संसार में नाजानकारी, अज्ञान, अहंकार, भदेस रुचि और भीड़ की हुकूमत का मिश्रण तैयार हो गया है। इस दुनिया में 'सुचिंतित नागरिकता' अपने अंत की तरफ़ जा रही है। गली-मुहल्ले के लोगों और विशेषज्ञों के बीच का परम्परागत फ़र्क़ ख़त्म हो गया है। कीन यू ट्यूब से ख़ास तौर से नाराज़ हैं। उनका कहना है कि उसकी स्तरहीनता और बेहूदगी के सामने तो ब्लॉगिंग का घटियापन भी शर्मा जाता है। इस तरह की वेबसाइटें कीन के अनुसार 'हमारी संस्कृति को ख़त्म किये डाल रही हैं'। कोई भी माउस के एक क्लिक से किसी भी इबारत को कट-पेस्ट करके अपना बना सकता है जिसके नतीजे के तौर पर 'नैतिक अव्यवस्था' फैल रही है। रोज़ाना के अभिलेखागारों की यह आलोचना बीसवीं सदी के मध्य और आख़िरी सालों के संस्कृति-उद्योग (विशेषज्ञ, रिपोर्टर, टीवी-प्रोड्यूसर, न्यूज़ एंकर, सम्पादक, संगीत-कंपनियाँ, फ़िल्म-उद्योग, आदि) को 'नये और शौकिया वीडियोग्राफ़र बंदरों' के बोलबाले से बचाने की कोशिश लगती है।

इस आलोचना के विपरीत दूसरे क़िस्म के विद्वान रोज़ाना के अभिलेखागारों को केवल आत्म-प्रकाशन के लिए बेचैन लोगों के खेल-कूद का मैदान ही नहीं मानते। उनका कहना है कि इस ज़रिये इंटरनेट पर नये वर्चुअल समुदायों के उदय के साथ-साथ प्राइवेट-पब्लिक के मिलन और चर्चाओं का नया इलेक्ट्रॉनिक दायरा तैयार हो रहा है। इंटरनेट पर सार्वजनिक सरोकारों से प्रतिबद्ध व्यक्तियों और समूहों के सामूहिक सहयोग के बेहतरीन उदाहरण भी दिखाई देते हैं। इनमें मेडिकल सपोर्ट ग्रुप, मीडिया-एक्टिविज़म, भूमण्डलीकरण की आलोचना करने वाले समूह और न जाने कितनी ऐसी ही गतिविधियों की आसानी से शिनाख़्त की जा सकती है।

ज्ञान की राजनीति के संदर्भ में विकीपीडिया एक ऐसी ही बहुचर्चित साइट है जिसमें कोई भी यूज़र कुछ भी जोड़ सकता है और कुछ भी सम्पादित कर सकता है। इसे 'सामूहिक बुद्धि' की संज्ञा दी गयी है (ऐंड्रू कीन की मान्यता है कि इस तरह के दोनों सिरों पर खुले हुए अभिलेखागारों का मतिभ्रष्ट लोगों द्वारा कबाड़ा कर दिया जाता है, क्योंकि उनकी लगाम ज्ञान के विशेषज्ञ पहरेदारों के हाथ में नहीं होती)। दरअसल, कीन की यह आलोचना उन अनगिनत 'विकीज़ंस' के प्रयासों का अवमूल्यन लगती है जो न केवल बिना किसी स्वार्थ के सूचनाएँ और ज्ञान सार्वजनिक स्पेस के लिए मुहैया करा रहे हैं, बल्कि प्रविष्टियों में मनगढ़ंत जोड़-घटाव के ख़िलाफ़ सतर्क भी रहते हैं।

विकीपीडिया और रोज़ाना के अभिलेखागार एक ऐसी परिघटना का विधेयक आधार बनते जा रहे हैं जो पारम्परिक क़िस्म के समाजशास्त्रीय ज्ञान और विश्लेषण की सीमाओं को लाँघ कर ज्ञान की एक नयी राजनीति रचने की तरफ़ जा रही है। यूज़र्स ही इस तरह के इनसाइक्लोपीडिया को रचते हैं और उसका उपभोग करते हैं। जॉर्ज रिट्ज़र ने इसे कंज़्यूमर की जगह 'प्रोज़्यूमर' संस्कृति का नाम दिया है। रोज़ाना के अभिलेखागार राजसत्ता द्वारा ज्ञान के स्रोतों पर तैनात किये गये मजिस्ट्रेटों या संचालकों (देरिदा की भाषा में आरकंस) की निगरानी से सूचना को मुक्त करने की ज़िम्मेदारी निभा रहे हैं। बिटटोरेंट जैसी इंटरनेट का विकेंद्रीकरण कर देने वाली फ़ाइल-शेयरिंग प्रौद्योगिकी ने केंद्रीकृत नियंत्रण के हिसाब से चलने वाले परम्परागत सरकारी निज़ाम को एकदम निष्प्रभावी बना दिया है।

अर्जुन अप्पादुरै की मान्यता है कि निजी वेबसाइटों, तरह-तरह के समूहों द्वारा चलाये जा रहे सशुल्क और मुफ़्त डिजिटल आरकाइवों, साइबरस्पेस में विशाल मात्रा में सूचना-सामग्री का भंडारण कर पाने के प्रावधानों, तस्वीरों-ध्वनियों-इबारतों को तेज़ रफ्तार से कहीं भी भेज पाने की प्रौद्योगिकीय सुविधाओं ने अभिलेखागार को राज्य और उसके अधिकारियों की कक्षा से बाहर निकालने की सम्भावनाएँ पैदा की हैं। दूसरे, इस नयी परिघटना ने निजी, व्यावसायिक और बौद्धिक के बीच की सीमाओं को धुँधला कर दिया है।

देखें : अभिलेखागार, आख्यान, इंटरएक्टिविटी-प्रौद्योगिकीय विमर्श, इंटरएक्टिविटी-सामाजिक विमर्श, इंटरफ़ेस, एक्टर-नेटवर्क थियरी, डिजिटल डिवायड, नया मीडिया, नेटवर्क, नेटवर्क सोसाइटी, बाज़ारू संस्कृति, भारत में संचार-क्रांति, भारतीय मीडिया-1, 2 और 3, भारतीय मीडिया स्फ़ेयर, मास मीडिया, मीडिया और सरकार, मीडिया-पक्षधरता, मीडिया-स्टडीज़, संचार, संचार-क्रांति, स्मृति और अभिलेखागार, सोशल नेटवर्क विश्लेषण, सूचना, सूचना-समाज, वैकल्पिक मीडिया।

संदर्भ

1. अर्जुन अप्पादुरै (2003), 'आरकाइव ऐंड इंस्पिरेशन', जे. ब्रौवर और ए. मुल्डर (सम्पा.), *इंफ़ॉर्मेशन इज़ एलाइव*, वी2/एनयेआई, रोटरडम.
2. ज़िग्मंट बाउमन (2000), *लिक्विड मॉडर्निटी*, पॉलिटी, केम्ब्रिज.
3. ऐंड्रू कीन (2007), *द कल्ट ऑफ़ द एमेच्यौर : हाउ टुडेज़ इंटरनेट इज़ किलिंग अवर कल्चर ऐंड एसाल्टिंग अवर इकॉनॉमी*, निकोलस ब्रियली, बोस्टन और लंदन.
4. जॉर्ज रिट्ज़र (2007), 'थियराइज़िंग वेब 2.0', *युनिवर्सिटी ऑफ़ यॉर्क्स में हुए सेमिनार में प्रस्तुत आलेख*, 6 सितंबर.

— अभय कुमार दुबे

दिल्ली

(Delhi)

दिल्ली को राष्ट्रीय राजधानी परिक्षेत्र (एनसीटी) के रूप में भी जाना जाता है। देश की राजधानी नयी दिल्ली का विशाल महानगर इस क्षेत्र का सबसे बड़ा और महत्त्वपूर्ण अंग है। अभी तक दिल्ली की राजनीति मुख्य रूप से द्वि-ध्रुवीय रही है। कांग्रेस और भाजपा शुरू से ही इस राजनीति के केंद्र में रहे हैं। दिल्ली की राजनीति इसलिए भी रोचक है क्योंकि यहाँ देश के दूसरे भागों से आये लोगों की आबादी की संख्या ज़्यादा है। बहुजन समाज पार्टी (बसपा) और आम आदमी पार्टी (आआपा) दिल्ली की राजनीति में तीसरे कोण की नुमाइंदगी करती हैं। बसपा पहले से सक्रिय है और आआपा का गठन इस राज्य के लिए एक ताज़ा घटना है। इसलिए सम्भावना है कि आने वाले समय में यहाँ की राजनीति द्वि-दलीय के बजाय बहुध्रुवीय हो जाए। दिल्ली का भौगोलिक आकार-प्रकार इतना बड़ा नहीं है कि यह मुल्क की राजनीति या लोकसभा के स्वरूप को ज़्यादा प्रभावित कर सके। पर दिल्ली की आबादी का गठन, उनके वोट डालने का रुझान, यहाँ की राजनीति का दो दलीय स्वरूप और यहाँ उठने वाले मुद्दे पूरे देश की राजनीति का पूर्वाभास देते हैं। यह भी सच है कि दिल्ली के एक छोटा प्रदेश होने के बावजूद यहाँ की राजनीति मे सक्रिय लोगों को केंद्र की राजनीति में काफ़ी महत्त्व मिलता रहता है। उल्लेखनीय है कि संविधान के 69वें संशोधन द्वारा दिल्ली को कुछ स्वायत्तता दी गयी और इसे सीमित अर्थों में राज्य का दर्जा दिया गया। यह प्रावधान किया गया कि दिल्ली की अपनी विधानसभा और मुख्यमंत्री होंगे। लेकिन दिल्ली सरकार को पुलिस और सुरक्षा व्यवस्था जैसे महत्त्वपूर्ण काम नहीं दिये गये। स्पष्टत: भारत के राज्यों में

दिल्ली : विधानसभा, लेकिन पूर्ण राज्य नहीं

इसकी कुल जनसंख्या 12,565,901 है। दिल्ली का अपना उच्च न्यायालय है। इसके अलावा देश की राजधानी होने के कारण यहाँ सर्वोच्च न्यायालय, संसद, विभिन्न देशों के दूतावास, विभिन्न राज्यों के भवन आदि हैं। राजनीतिक रूप से दिल्ली के अंतर्गत जो क्षेत्र आते हैं, उन्हें सात लोकसभा क्षेत्रों में विभाजित किया गया है। दिल्ली का विधानमण्डल एकसदनीय है और यहाँ की विधानसभा में कुल 70 सदस्य चुने जाते हैं।

दिल्ली का इतिहास काफ़ी पुराना है। पांडवों से लेकर मुगलों के आने तक कई दिल्लियाँ बनती और उजड़ती रही हैं। मुगल शासन के दौर में भी यह राजधानी थी और राजनीति का केंद्र थी। अंग्रेजों ने शुरू में कलकत्ता को अपनी राजधानी बनाया था, लेकिन 1911 में उन्होंने भी दिल्ली को ही राजधानी घोषित किया। 1945-47 के दौर में बहुत सारे लोग पाकिस्तान से उजड़ कर दिल्ली आये। इससे शहर का चरित्र, संस्कृति और आबादी में काफ़ी बदलाव हुआ।

दिल्ली की विशिष्ट स्थिति है, क्योंकि राजनीतिक रूप से काफ़ी सक्रिय होने के बावजूद इसे बाक़ी राज्यों की तरह अधिकार नहीं मिले हैं।

दिल्ली का राज्य उत्तर, पश्चिम और दक्षिण में हरियाणा से और पूर्व में उत्तर प्रदेश से घिरा हुआ है। भौगोलिक विस्तार के आधार पर नयी दिल्ली भारत का सबसे बड़ा और जनसंख्या के लिहाज से मुम्बई के बाद भारत का दूसरा सबसे बड़ा शहर है। 1991 में संविधान के उनहत्तरवें संशोधन द्वारा एनसीटी और इसके शहरी क्षेत्रों में राष्ट्रीय राजधानी क्षेत्र (एनसीआर) का विशेष दर्जा दिया गया है। इसमें दिल्ली से लगे उत्तर प्रदेश और हरियाणा के कुछ शहरों को शामिल किया गया है। समय-समय पर इसमें नये क्षेत्रों को शामिल किया जाता रहा है। इसका मकसद दिल्ली के नजदीक बसे ऐसे क्षेत्रों का विकास करना है, जिससे दिल्ली पर जनसंख्या का बोझ ज़्यादा न बढ़े। इन संदर्भ में उल्लेखनीय है कि एनसीआर में शामिल किये गये उत्तर प्रदेश और हरियाणा के क्षेत्र राजनीतिक और प्रशासनिक रूप से अपने राज्य का ही भाग हैं। एनसीटी का कुल भौगोलिक क्षेत्र 1, 448 वर्ग किमी है और 2011 की जनगणना के अनुसार

1941-1951 के बीच दिल्ली की आबादी तकरीबन दोगुनी हो गयी। 1990 तक दिल्ली में मुख्यत: दो समूहों का ही वर्चस्व था—पंजाबी और पुरानी दिल्ली के ब्राह्मण और बनिया। इसमें स्थानीय गाँवों के लोग ख़ासकर जात तीसरा कोण बनाने की कोशिश करते थे जिसमें कई मर्तबा उन्हें सफलता भी मिली। यहाँ के स्थानीय समाज में गूजरों की आबादी काफ़ी है, लेकिन संगठित न होने के कारण वे यहाँ राजनीति में कोई ख़ास दबदबा नहीं दिखा पाये। दिल्ली में दलितों और मुसलमानों की आबादी में ख़ासी है, लेकिन नब्बे के दशक के पहले ये दोनों ही समूह कांग्रेस समर्थक माने जाते थे। नब्बे के बाद दिल्ली की जनसंख्या में प्रवासियों के अनुपात में ख़ासी बढ़ोतरी हुई। आज दिल्ली की जनसंख्या में 40 फ़ीसदी से ज़्यादा लोग प्रवासी हैं। दूसरे शब्दों में उत्तर प्रदेश, बिहार और उत्तराखण्ड के लोग दिल्ली के चुनावों में प्रभाव डालने की स्थिति में आ गये हैं।

गौरतलब है कि आजादी के बाद के कुछ समय तक दिल्ली के पास अपनी विधानसभा और मुख्यमंत्री होते थे। इस दौर में चौधरी ब्रह्म प्रकाश (1952-1955) और जी. एन. सिंह (1955-56) राज्य के मुख्यमंत्री बने। लेकिन 1956 में

इस व्यवस्था को ख़त्म करके दिल्ली को एक केंद्रशासित प्रदेश के रूप में उप-राज्यपाल के अधीन कर दिया गया। इसका एक सबसे बड़ा यह मानना था कि देश की राजधानी होने के कारण इसे सीधे तौर पर केंद्र सरकार के अधीन ही रखा जाना चाहिए।

राज्य का दर्जा मिलने के यहाँ अभी तक चार बार विधानसभा चुनाव हुए हैं। 1993 में हुए लोकसभा चुनावों में भारतीय जनता पार्टी को पूर्ण बहुमत मिला और इसे कुल 49 सीटों पर जीत मिली। इसके नेता मदनलाल खुराना राज्य के मुख्यमंत्री बने। लेकिन 1996 में भ्रष्टाचार का आरोप लगने के कारण मदनलाल खुराना को इस्तीफ़ा देना पड़ा और इनकी जगह साहिब सिंह वर्मा राज्य के मुख्यमंत्री बने। लेकिन 1998 के विधानसभा चुनावों के ठीक पहले भाजपा ने वर्मा को हटाकर सुषमा स्वराज को राज्य का मुख्यमंत्री बनाया। ऐसा करने के पीछे एक महत्त्वपूर्ण कारण यह था कि राज्य में महँगाई में बेतहाशा वृद्धि होने के कारण भाजपा सरकार काफ़ी अलोकप्रिय हो गयी थी। सुषमा स्वराज को मुख्यमंत्री बनाकर भाजपा ने अगले चुनावों में एक नये चेहरे के साथ जाना चाहती थी। लेकिन 1998 के दिल्ली विधानसभा चुनावों में भाजपा को हार का सामना करना पड़ा। इन चुनावों में कांग्रेस 52 सीटों पर जीत के साथ कांग्रेस को बहुमत मिला और शीला दीक्षित राज्य की मुख्यमंत्री बनी। इसके बाद हुए दो विधानसभा चुनावों (अर्थात् 2003 और 2008) में भी शीला दीक्षित के नेतृत्व में कांग्रेस पार्टी को जीत मिली। 2003 में इसे 43 सीटों पर जीत मिली और 2008 में 41 सीटों पर जीत मिली। 1998 अब तक (2013 में होने वाले के चुनावों के पहले तक) शीला दीक्षित ही राज्य की मुख्यमंत्री हैं।

कांग्रेस की इन लगातार जीतों के पीछे कुछ कारणों को रेखांकित किया जा सकता है : पहला, इस बात से इनकार नहीं किया जा सकता है कि दिल्ली में लोगों के सामान्य जीवन से जुड़ी जरूरतों को पूरा करने में कांग्रेस सरकार का प्रदर्शन तुलनात्मक रूप से अच्छा रहा है। इसमें बहुत सारी चीजें इसलिए भी हुईं क्योंकि दिल्ली देश की राजधानी है, लेकिन चूँकि कांग्रेस सरकार में थी, इसलिए उसे इसका फ़ायदा मिला। दूसरा, दिल्ली की राजनीति के द्वि-ध्रुवीय होने का फ़ायदा भी कांग्रेस को मिला। बहुत सारे समूह जो भाजपा और कांग्रेस- दोनों को पसंद नहीं करते हैं, उनके लिए कांग्रेस एक छोटी बुराई के रूप में सामने आती है। मसलन, कोई तीसरा विकल्प न होने की स्थिति में दिल्ली का मुसलमान मतदाता कांग्रेस को ही वरीयता देता है, क्योंकि भाजपा के प्रति उसका संदेह बहुत गहरा है। तीसरा, भाजपा ने इन वर्षों में कभी भी आंदोलनकारी राजनीति अपना कर कांग्रेस को घेरने की कोशिश नहीं की। इसका फ़ायदा भी कांग्रेस को मिला।

दूसरी तरफ़ यह भी सच है कि 2008 के बाद कांग्रेस सरकार की मुश्किलें लगातार बढ़ती गयी हैं। इस संदर्भ में कुछ बातें उल्लेखनीय हैं : पहला, 2010 में हुए कॉमनवेल्थ खेलों के दौरान हुए घोटालों में दिल्ली की मुख्यमंत्री शीला दीक्षित का नाम आने से उनकी छवि को गहरा धक्का लगा। दूसरा, दिल्ली में बिजली की दरों के लगातार और मनमाने तरीक़े से होने वाली बढ़ोतरी न भी कांग्रेस सरकार को कटघरे में खड़ा किया है। तीसरा, यद्यपि दिल्ली की पुलिस-व्यवस्था राज्य सरकार के पास नहीं है। फिर भी, केंद्र और राज्य दोनों ही जगहों पर कांग्रेस की सरकार होने के कारण कांग्रेस इसकी जिम्मेदारी से पल्ला नहीं झाड़ सकती है। राजधानी लगातार बढ़ते अपराधों के कारण लोगों में सरकार के प्रति गुस्सा बढ़ा है। चौथा, ऊपर इस बात का उल्लेख किया जा चुका है कि राज्य की राजनीति में प्रवासी, ख़ासतौर पर पूर्वांचल के लोगों का महत्त्व काफ़ी बढ़ा है। ऐसे में, कई बार ख़ुद शीला दीक्षित के द्वारा इन क्षेत्रों से आये लोगों के ख़िलाफ़ नकारात्मक टिप्पणी ने भी उनकी छवि प्रवासी विरोधी की बना दी है। पाँचवा, ख़ास बात यह है कि नवम्बर, 2012 में अरविंद केजरीवाल के नेतृत्व में आम आदमी पार्टी के गठन ने दिल्ली की राजनीति में एक गैर-कांग्रेस, गैर-भाजपा दल के उभार की सम्भावना जाग्रत की है। इस पार्टी ने भ्रष्टाचार पर ध्यान केंद्रित करके बिजली बिलों आदि को लेकर आंदोलनकारी रुख अख़्तियार किया है। अभी यह कहना जल्दबाजी होगी कि चुनावों में इस पार्टी को कितनी सफलता मिलेगी या इसके चुनावी प्रदर्शन से कांग्रेस या भाजपा में से किसे ज़्यादा नुक़सान होगा।

देखें : अरुणाचल प्रदेश, असम, आंध्र प्रदेश, उत्तर प्रदेश, उत्तराखण्ड, ओडीशा, कर्नाटक, केरल, गोवा, छत्तीसगढ़, जम्मू और कश्मीर, झाड़खण्ड, तमिलनाडु, त्रिपुरा, दिल्ली, नगालैण्ड, पंजाब, पश्चिम बंग, बिहार, मणिपुर, महाराष्ट्र, मध्य प्रदेश, मिज़ोरम, मेघालय, राजस्थान, सिक्किम, हरियाणा।

संदर्भ

1. अरविंद मोहन (2009). 'दिल्ली : क़द से बड़ी राजनीति', अरविंद मोहन (सम्पा.), *लोकतंत्र का नया लोक : चुनावी राजनीति में राज्यों का उभार,*वाणी प्रकाशन-लोकनीति-सीएसडीएस, नयी दिल्ली.
2. संजय कुमार (2004), 'अ टेल ऑफ़ थ्री सिटीज़', सेमिनार 534, नयी दिल्ली.
3. संजय कुमार (2009). 'चेंजिंग फ़ेस ऑफ़ दिल्लीज पॉलिटिक्स', क्रिस्टॉफे जैफ्रेलॉ और संजय कुमार (सम्पा.), *राइज़ ऑफ़ प्लेबियंस,* रॉटलेज, नयी दिल्ली.

— कमल नयन चौबे

द्वितीय विश्व-युद्ध

(Second World War)

द्वितीय विश्व-युद्ध (1939-1945) बीसवीं सदी की एक ऐसी घटना थी जिसके परिणास्वरूप युरोपीय उपनिवेशवाद का अंत हो गया और वि-उपनिवेशीकरण की प्रक्रिया निर्णायक चरण में पहुँच गयी। द्वितीय विश्व-युद्ध के कारण ही विश्व की राजनीति पर अगले पैंतालीस साल के लिए दो महाशक्तियों का प्रभुत्व छा गया। संयुक्त राज्य अमेरिका और सोवियत संघ के बीच हुई होड़ से शीत-युद्ध का जन्म हुआ। भविष्य में इस प्रकार के ख़ूनी युद्धों से बचने के लिए संयुक्त राष्ट्र संघ की स्थापना की गयी। द्वितीय विश्व-युद्ध के फ़ौरी परिणामों से प्रभावित घटनाक्रम में चीन की कम्युनिस्ट क्रांति और गुटनिरपेक्ष आंदोलन के उभार को भी शुमार किया जा सकता है। विचारधारात्मक रूप से द्वितीय विश्व-युद्ध के परिणामों ने फ़ासीवादी विचारधारा को हाशिए पर धकेल दिया। 1945 के बाद राष्ट्रीय विकास के मॉडल के रूप में एक तरह का ध्रुवीकरण देखा गया। एक तरफ़ उदारतावादी लोकतंत्र और बाज़ारोन्मुख अर्थव्यवस्था का मॉडल रहा, और दूसरी तरफ़ ग़रीब और अविकसित देशों में विकास का सोवियत मॉडल कहीं पूरी तरह तो कहीं आंशिक रूप से अपनाया जाने लगा। फ़ासीवाद की पराजय में सोवियत संघ की उल्लेखनीय फ़ौजी भूमिका के कारण युद्ध के बाद सारी दुनिया में समाजवादी विचार और राजनीति को नये सिरे से वैधता प्राप्त हुई।

क़रीब छह करोड़ लोगों को मौत के घाट उतार देने वाला मानव इतिहास का यह सबसे ख़ौफ़नाक युद्ध दो फ़ौजी गठजोड़ों के बीच लड़ा गया था। एक तरफ़ मित्र राष्ट्र (ब्रिटेन, फ्रांस, संयुक्त राज्य अमेरिका, सोवियत संघ, पोलैण्ड, कनाडा, ऑस्ट्रेलिया, न्यूज़ीलैण्ड, दक्षिण अफ्रीका, बेल्जियम, नीदरलैंड्स, यूनान, युगोस्लाविया और नार्वे) थे, और दूसरी तरफ़ धुरी राष्ट्र (जर्मनी, जापान, इटली, हंगरी, रोमानिया, फ़िनलैण्ड, थाईलैण्ड, बल्गारिया, क्रोशिया और स्लोवाकिया) थे। युद्ध की शुरुआत 1 सितम्बर, 1939 को हुई जब नाज़ी जर्मनी ने पोलैण्ड पर हमला किया। इसी के फ़ौरन बाद फ्रांस और ब्रिटिश साम्राज्य से जुड़े सभी देशों ने जर्मनी के ख़िलाफ़ युद्ध का एलान कर दिया। बाद में जर्मनों द्वारा सोवियत संघ पर किये गये हमले और जापानियों द्वारा प्रशांत महासागर में पर्ल हारबर पर तैनात अमेरिकी बेड़े पर बमबारी किये जाने पर अमेरिका और सोवियत संघ भी युद्ध में कूद पड़े। इस युद्ध में ग़ैर-फ़ौजी आबादी को बड़े पैमाने पर निशाना बनाया गया, होलोकास्ट के रूप में यहूदियों के जातिसंहार की भीषण परिघटना सामने आयी और आणुविक अस्त्रों का पहली (अभी तक अंतिम) बार इस्तेमाल किया गया। युद्ध का अंत 14 अगस्त, 1945 को धुरी राष्ट्रों की पराजय के साथ हुआ। इसी के अट्ठारह दिन बाद दो सितम्बर को अंतिम धुरी राष्ट्र जापान ने अमेरिकी एटम बमों की मार से कराहते हुए हथियार डाल दिये।

द्वितीय विश्व-युद्ध का प्रचलित इतिहास प्रमुख मित्र राष्ट्रों सोवियत संघ, अमेरिका और ब्रिटेन के बीच बनी सहमति और साझा हितों के आख्यान पर ज़्यादा ज़ोर देता है। पर असलियत यह थी कि इन ताक़तों के बीच शुरू से ही गहरे मतभेद थे जो युद्ध ख़त्म होते ही उभर कर सामने आ गये। दिलचस्प तथ्य यह है कि उन्नीसवीं सदी के दौरान अमेरिका और रूस ने अपने औपनिवेशिक साम्राज्य का काफ़ी विस्तार कर लिया था, पर बीसवीं सदी में ये दोनों ताक़तें बदले हुए रूप में उपनिवेशवाद विरोधी विचारधारा से लैस हो कर सामने आयी। इसका प्रभाव युरोपीय उपनिवेशवाद पर पड़ा। अमेरिकी नेतृत्व आत्मनिर्णय के सिद्धांत का प्रतिपादन प्रथम विश्व-युद्ध के बाद कर चुका था। सोवियत संघ ने भी इसका समर्थन किया। युरोप में फ़ासीवाद विरोधी राष्ट्रवाद के उभार और एशिया-अफ्रीका में राष्ट्रीय मुक्ति आंदोलनों की दावेदारियों ने युद्ध के बाद विश्व की राजनीति को पूरी तरह से बदल डाला।

प्रथम विश्व-युद्ध की तरह द्वितीय विश्व-युद्ध में भी उपनिवेशों के संसाधनों और फ़ौजों की गोलबंदी निर्णायक साबित हुई। धुरी राष्ट्रों का प्रमुख सदस्य जर्मनी पहली बड़ी लड़ाई के परिणामस्वरूप पूर्वी और दक्षिण-पश्चिमी अफ्रीका में अपने उपनिवेश खो चुका था। दूसरी बड़ी लड़ाई छेड़ कर वह अपने लिए 'लिविंग स्पेस' हासिल करना चाहता था। उधर जापान अपने सतत औद्योगिक विकास के लिए पूर्वी और दक्षिण-पूर्वी एशिया के संसाधनों पर निर्भर था। जर्मनी और जापान की ये मत्त्वाकांक्षाएँ युरोपीय उपनिवेशवाद के साथ सीधे टकराव में खड़ी थीं।

मई, 1940 में नाज़ी जर्मनी की फ़ौजों ने एक ही हल्ले में हालैण्ड और बेल्जियम पर क़ब्ज़ा किया और फिर जल्दी ही फ्रांस ने उसकी ताक़त के सामने घुटने टेक दिये। ब्रिटेन समुद्र से घिरा द्वीप होने के कारण जून से लेकर सितम्बर तक किसी न किसी प्रकार जर्मनों का प्रतिरोध करने में कामयाब रहा। इस दौरान उसे अपने विशाल औपनिवेशिक साम्राज्य के संसाधनों को अपने पक्ष में लामबंद करने का वह मौक़ा मिला जो अन्य युरोपीय औपनिवेशिक ताक़तों को अचानक पराजय के कारण नहीं मिल पाया था। जर्मन वायु सेना लुतवाफ़े इस ब्रिटिश रणनीति को कामयाब होने से नहीं रोक सकी।

एशिया में जब जापान ने ब्रिटिश मलय क्षेत्र और फिर सिंगापुर को हस्तगत किया तो ब्रिटिश भारत पर उसके हमले के अंदेशे मँडराने लगे। इससे स्पष्ट हो गया कि इस क्षेत्र में

युरोपीय ताक़तें बहुत मज़बूत स्थिति में नहीं हैं। ब्रिटेन के लिए लाज़मी हो गया कि वह अपनी रक्षा के लिए भारतीय सेना की मदद ले, पर इसके लिए उसे भारतीय स्वतंत्रता आंदोलन के नेताओं के साथ सौदेबाज़ी की राजनीति में उतरना पड़ा। दूसरी तरफ़ दक्षिण-पूर्व एशिया के संसाधनों के हाथ से निकल जाने के कारण अंग्रेज़ों ने अपने पश्चिम अफ़्रीकी उपनिवेशों से रबड़ और खाद्यान्न का अधिक दोहन करना शुरू कर दिया। नतीजतन अफ़्रीका में भी राष्ट्रवादी भावनाओं को नया उछाल मिला।

अमेरिका शुरू में युरोपीय उपनिवेशवादियों के युद्ध में हाथ डालने के लिए तैयार नहीं था। वह अलग-थलग रहने की 'आइसोलेशनिस्ट' नीति पर चल रहा था। हालाँकि उसके अपने इतिहास पर उपनिवेशवाद के दाग़ लगे हुए थे, लेकिन स्वतंत्रता के घोषणापत्र (1776), मुनरो डॉक्ट्रिन (1823) और फिर वुड्रो विल्सन के चौदह सूत्रों (1918) के कारण बीसवीं सदी के इस दौर में अमेरिकी राजनीति में उपनिवेशवाद विरोधी रुझान अहमियत हासिल कर चुके थे। 1941 में जापान द्वारा अपनी साम्राज्यिक महत्त्वाकांक्षाओं से प्रेरित पर्ल हार्बर पर हमला करने और अमेरिकी उपनिवेश फिलीपीन पर भी क़ब्ज़ा कर लेने के बाद अमेरिका को अपनी यह नीति त्यागनी पड़ी। ब्रिटेन को अमेरिकी मदद की ज़रूरत थी, और अमेरिका को लग रहा था कि ब्रिटेन द्वारा औपनिवेशिक संसाधनों की गोलबंदी के बिना यह युद्ध नहीं जीता जा सकता। युद्ध के बाद और शीत-युद्ध के दौरान सोवियत संघ से होड़ के ख़ातिर अमेरिका को औपनिवेशिक प्रणाली की अपनी आलोचना को नरम करना पड़ा।

द्वितीय विश्व-युद्ध ने सारी दुनिया में तरह-तरह की सामाजिक और राजनीतिक अपेक्षाओं को जन्म दिया जिनकी अभिव्यक्तियाँ युद्ध के दौरान और युद्ध के बाद देखने में आयीं। एरिक हॉब्सबॉम मानते हैं कि विंस्टन चर्चिल की चुनाव में युद्धोपरांत पराजय भी परिवर्तन की इन्हीं आकांक्षाओं का नतीजा थी। युद्ध के दौरान ही एशियायी राष्ट्रवादियों को जर्मनी और जापान के हाथों युरोपीय ताक़तों की पराजय देख कर विश्वास हो गया कि वे इस परिस्थिति का लाभ अपने पक्ष में उठा सकते हैं। भारत में सुभाष चंद्र बोस द्वारा जापानियों की मदद से आज़ाद हिंद फ़ौज का गठन, गाँधी द्वारा अंग्रेज़ों के ख़िलाफ़ भारत छोड़ो आंदोलन की शुरुआत, इंडो-चीन में हो ची मिन्ह द्वारा 1941 में वियतमिन्ह की स्थापना इसके सबूत के तौर पर देखी जा सकती है। एशियायी राष्ट्रवादी और उपनिवेशवाद विरोधी ताक़तों का विचार था कि अंग्रेज़ों की जगह जापानी क़ब्ज़ा उन्हें अपेक्षाकृत छूट दे सकता है। जापानी युद्ध प्रयास ज़्यादातर शहरों में केंद्रित थे, इसलिए राष्ट्रवादियों को लगा कि उनके आंदोलन गाँवों में अपना आधार अधिक सहजता के साथ विकसित कर सकते हैं।

युद्ध के बाद अमेरिका ने एक तरफ़ तो ध्वस्त पड़े युरोप के पुनर्निर्माण के लिए मार्शल प्लान जैसे कार्यक्रम चलाये, और दूसरी तरफ़ वि-उपनिवेशीकरण की रफ़्तार थामने के लिए संयुक्त राष्ट्र के तहत ट्रस्टीशिप प्रणाली की तजवीज़ के साथ सामने आया। दरअसल, पूँजीवादी देशों में सिर्फ़ अमेरिका ही ऐसा था जिसने युद्ध के दौरान सबसे कम नुक़सान उठाया था। अपनी फ़ौजी और औद्योगिक ताक़त के दम पर वह पश्चिमी युरोप के रक्षक की हैसियत प्राप्त करने में कामयाब रहा। विश्व-अर्थव्यवस्था का प्रबंधन करने के मक़सद से आयोजित किये गये ब्रेटन वुड्स सम्मेलन में अमेरिका ने कई ब्रिटिश प्रस्तावों को नकार कर दिखा दिया कि ब्रिटिश साम्राज्यवाद का सूरज वास्तव में ढल गया है। सोवियत संघ ने हर जगह अमेरिकी प्रभुत्व को प्रतिस्थापित करने के लिए रियायती आर्थिक और प्रौद्योगिकीय मदद देने में तत्परता दिखाई। अमेरिकी प्रभुत्व को शुरुआती चुनौती देने में मिली उसकी सफलताओं का सिलसिला सत्तर के दशक में टूटा जब माओ त्से-तुंग और निक्सन की जुगलबंदी के कारण चीन समाजवादी ख़ेमे से टूट कर अलग हो गया।

देखें : आदर्शवाद, आतंकवाद, अंतर्राष्ट्रीय मुद्रा कोष, इमैनुएल कांट, इतिहास का अंत, एडवर्ड हैलेट कार, जाति-संहार, तृतीय विश्व, नस्लवाद, नव-उपनिवेशवाद, निर्भरता सिद्धांत, निरस्त्रीकरण, पेटेंट, प्रथम विश्व-युद्ध, प्रगति, बौद्धिक सम्पदा अधिकार, ब्रेटन वुड्स प्रणाली, भारत में पेटेंट क़ानून, रंगभेद, उपनिवेशवाद, यथार्थवाद, युद्ध, युरोपीय यूनियन, रचनात्मकतावाद, राजनय, विश्व व्यापार संगठन, विश्व बैंक, विश्व-सरकार, वि-उपनिवेशीकरण, सभ्यताओं का संघर्ष, सम्प्रभुता, संयुक्त राष्ट्र, साम्राज्यवाद, शक्ति-संतुलन, शांति, शांतिवाद, शस्त्र-नियंत्रण, हथियारों की होड़।

संदर्भ

1. नॉर्मन डेवीस (2004), *युरोप एट वार 1939-1945 : नो सिम्पल विक्ट्री,* मैकमिलन, लंदन.
2. मार्क हैरिसन (2000), *द इकॉनॉमिक्स ऑफ़ वर्ल्ड वार सेकण्ड : सिक्स ग्रेट पावर्स इन इंटरनेशनल कम्पटीशन,* केम्ब्रिज युनिवर्सिटी प्रेस, केम्ब्रिज.
3. एंथनी पी. ऐडमथ्वाइट (1992), *द मेकिंग ऑफ़ द सेकण्ड वर्ल्ड वार,* रॉटलेज, न्यूयॉर्क.
4. एल. जेरहार्ड वाइनबर्ग (1995), *अ वर्ल्ड एट आर्म्स : अ ग्लोबल हिस्ट्री ऑफ़ वर्ल्ड वार सेकण्ड,* केम्ब्रिज युनिवर्सिटी प्रेस, केम्ब्रिज.

— अभय कुमार दुबे

दुर्गाबाई देशमुख

(Durgabai Deshmukh)

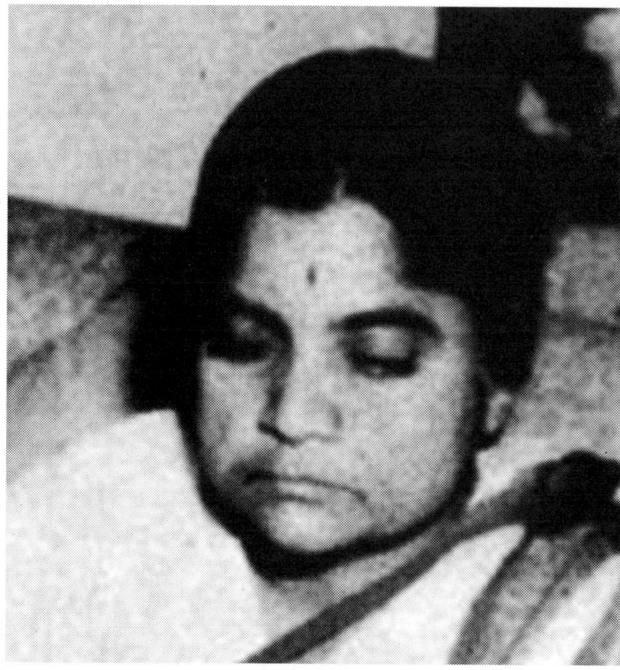

दुर्गाबाई देशमुख (1909–1981)

आंध्र महिला सभा की संस्थापक, स्वतंत्रता सेनानी और संविधान सभा की सक्रिय सदस्य दुर्गाबाई देशमुख (1909–1981) का संघर्षपूर्ण जीवन स्त्री-कल्याण के लिए समर्पित था। दुर्गाबाई उन स्त्रियों में से थीं जिनकी पृष्ठभूमि धनी-मानी राजनीतिकृत परिवारों की नहीं थी। स्वतंत्रता आंदोलन में अधिकतर कांग्रेस नेताओं और समाज के धनी-कुलीन प्रभावशाली परिवार की स्त्रियाँ ही हिस्सा लेती थीं। मध्यम या सामान्य वर्ग की स्त्रियाँ हिस्सा लेने के बावजूद भी प्रमुख भूमिका निभाने में असमर्थ रह जाती थीं। दुर्गाबाई इस नियम की अपवाद साबित हुईं। 1946 में दुर्गाबाई संविधान सभा की सदस्य चुनी गयीं। वे सभा की एक भी बैठक में अनुपस्थित नहीं हुईं। संविधान सभा में दुर्गाबाई ने 750 संशोधन पेश किये। डॉ. आम्बेडकर उन्हें अत्यधिक विचारशील स्त्री के लक़ब से पुकारते थे। हिंदू कोड बिल के निर्माण में भी दुर्गाबाई ने उल्लेखनीय योगदान दिया।

अपनी राष्ट्रव्यापी मुहिम के दौरान 1921 में गाँधी ने मद्रास प्रेसीडेंसी के गोदावरी जिले का दौरा किया। वहाँ दुव्वुरि सुब्बामम वे स्वतंत्रता आंदोलन के लिए स्थानीय स्त्रियों को साथ लेकर देवसेविका समूह बनाने का संकल्प लिया। इसके बाद गाँधी पास के शहर काकीनाडा जाने वाले थे। काकीनाडा की एक दृढ़संकल्पी लड़की दुर्गाबाई ने स्थानीय देवदासियों को गाँधी के शहर में आने के बारे में बताया। बाद में दुर्गाबाई ने कांग्रेस के स्थानीय नेताओं से पूछा क्या गाँधी की इन देवदासियों अलग से एक मुलाक़ात हो सकती है। कांग्रेस नेताओं ने मुलाक़ात को टालने के लिए कहा कि यदि गाँधी के अभियान के लिए दुर्गाबाई 5,000 रुपये का चंदा दे सकें तो गाँधी की देवदासियों से दस मिनट की संक्षिप्त मुलाक़ात सम्भव है। देवदासियों ने 5,000 रुपये की यह राशि इकट्ठा की और अगले दिन सुबह स्थानीय स्कूल के अहाते में गाँधी ने एक हज़ार स्त्रियों से एक घंटे तक बातें की जिसमें दुभाषिये का काम दुर्गाबाई ने किया। अपनी इस मुलाक़ात की समाप्ति पर देवदासियों ने अपने गहने भी उतार कर गाँधी को दे दिये। देवदासियों के इन गहनों का मूल्य उन दिनों करीब 20,000 रुपये था। दुर्गाबाई की संगठन-शैली, अनुवाद क्षमता और उद्‌बोधन से गाँधी इतने प्रभावित हुए कि पूरे क्षेत्र में अपने भाषणों के अनुवाद का काम उन्होंने दुर्गाबाई को ही सौंप दिया।

दुर्गाबाई का जन्म आंध्र प्रदेश के पूर्वी गोदावरी जिले के एक मध्यम वर्गीय परिवार में 15 जुलाई, 1909 को हुआ था। मात्र आठ वर्ष की आयु में उनका विवाह स्थानीय ज़मींदार के दत्तक पुत्र से कर दिया गया। चार साल बाद जब दुर्गाबाई ने अपने वैवाहिक जीवन की वास्तविक शुरुआत हुई तो उन्होंने इस संबंध में न रहने का निर्णय लिया। 12 वर्ष की अवस्था में ही दुर्गाबाई ने दक्षिण भारतीय हिंदी प्रचारिणी सभा की काकीनाडा शाखा में स्वयं हिंदी सीखने के दौरान ही अन्य लोगों को पढ़ाना शुरू कर दिया। इसके बाद उन्होंने अपने माता-पिता को अपने घर का एक भाग हिंदी स्कूल चलाने के लिए दान देने को तैयार किया। शहर में एक शराबी द्वारा अपनी पत्नी की पिटायी के विरोध में दुर्गाबाई ने ऐसे पतियों के ख़िलाफ़ एक जुलूस निकाला और ऐसे पुरुषों के सामाजिक बहिष्कार की माँग उठायी। गाँधी की देवदासियों से मुलाक़ात कराने के बाद दुर्गाबाई ने कांग्रेस सेविका के रूप में स्वतंत्रता आंदोलन में बढ़-चढ़ कर हिस्सा लिया। 1923 के काकीनाडा कांग्रेस अधिवेशन में दुर्गाबाई और उनके हिंदी पाठशाला के विद्यार्थियों ने स्वयं सेवकों के रूप में बेहद अहम भूमिका निभायी। इसी अधिवेशन के साथ आयोजित खादी प्रदर्शनी में दुर्गाबाई ने जवाहरलाल नेहरू को बिना टिकट प्रवेश करने से रोक दिया जिसके परिणामस्वरूप दुर्गाबाई को डाँट तो खानी पड़ी, लेकिन नेहरू उनकी कर्त्तव्य परायणता के कायल हो गये।

पिता की मृत्यु के बाद दुर्गाबाई का परिवार मद्रास चला आया। वहाँ नमक सत्याग्रह में भाग लेने के दौरान उन्हें गिरफ़्तार करके वेल्लोर जेल भेज दिया गया। अपनी तीन साल की ज़ेल यात्राओं में दुर्गाबाई ने अन्य स्त्रियों की दुर्दशा और उनकी अज्ञानता को बेहद पास से देखा-समझा। एक साल के मदुरै ज़ेल प्रवास के दौरान दुर्गाबाई को मृत्यु दण्ड की प्रतीक्षा कर रहे क़ैदियों के बगल में रखा गया था। यहाँ से रिहा होते-होते दुर्गाबाई बेहद अस्वस्थ हो गयीं। दुर्गाबाई गाँधी और

कस्तूरबा के साथ उनके आश्रम में कई बार रह चुकी थी लेकिन अब उन्होंने सक्रिय आंदोलन के स्थान पर अध्ययन करने का निर्णय लिया। मदन मोहन मालवीय की सलाह पर बनारस हिंदी विश्वविद्यालय से मैट्रिक की परीक्षा में सम्मिलित होने के लिए एक द्रुतगामी पाठ्यक्रम में नाम लिखाया। केवल नौ महीनों में दुर्गाबाई ने अपनी परीक्षा विशेष योग्यता के साथ उत्तीर्ण की। दुर्गाबाई ने बनारस हिंदू विश्वविद्यालय से राजनीतिशास्त्र में स्नातक की पढ़ाई करना चाहती थीं लेकिन मालवीय इसके पक्ष में नहीं थे। उनके अनुसार राजनीति शास्त्र की पढ़ाई लड़कियों के लिए उपयुक्त नहीं थी। दुर्गाबाई ने आंध्र विश्वविद्यालय से 1939 में राजनीति शास्त्र में बीए ऑनर्स किया जो उस समय एमए के समतुल्य था। वे उच्च अध्ययन के लिए लंदन स्कूल ऑफ़ इकॉनॉमिक्स जाना चाहती थीं लेकिन द्वितीय विश्व-युद्ध के कारण यह सम्भव नहीं हुआ और उन्होंने मद्रास विश्वविद्यालय में क़ानून की पढ़ाई शुरू कर दी।

क़ानून की पढ़ाई के पहले साल में ही दुर्गाबाई ने आंध्र स्त्री सभा के नाम से एक संस्था स्थापित की। दुर्गाबाई ने स्वयं एक संक्षिप्त पाठ्यक्रम से अपनी पढ़ाई की थी इसलिए उन्होंने अन्य वयस्क स्त्रियों को मैट्रिक की परीक्षा की तैयारी के लिए तीन साल का द्रुतगामी पाठ्यक्रम बनाया जिसके माध्यम से हजारों स्त्रियों को स्कूल तक की पढ़ाई की सुविधा प्राप्त हुई। इसी प्रकार उन्होंने सहायक परिचारिकाओं और दाइयों के प्रशिक्षण का भी एक पाठ्यक्रम चलाया और नर्सरी स्कूल तथा कामकाजी स्त्रियों के बच्चों की देखभाल केंद्र जैसी सुविधाएँ भी उपलब्ध करायीं। आंध्र स्त्री सभा ने औपचारिक व अनौचारिक शिक्षा द्वारा शहरी एवं ग्रामीण क्षेत्रों में स्त्री साक्षरता के लिए भारी योगदान दिया। भारत में परिवार कल्याण के क्षेत्र में भी आंध्र स्त्री सभा द्वारा प्रशिक्षित सहायक परिचारिकाओं ने बड़ी भूमिका निभायी थी। 1942 में दुर्गाबाई को वकील की उपाधि मिली। इसके बाद उन्होंने फ़ौजदारी की वकालत की जो उस समय के हिसाब से स्त्रियों के लिए बिल्कुल अनुपयुक्त समझी जाती थी।

1952 के आम चुनाव में दुर्गाबाई ने राजमुंदरी लोकसभा क्षेत्र से कांग्रेस प्रत्याशी के रूप में चुनाव लड़ा लेकिन वे हार गयीं। इसके बाद प्रधानमंत्री जवाहरलाल नेहरू ने उन्हें योजना आयोग के सदस्य के रूप में मनोनीत किया। आयोग में दुर्गाबाई को समाज कल्याण से संबंधित विषयों पर ध्यान केंद्रित करने के लिए कहा गया। अपने कार्यकाल के दौरान दुर्गाबाई का तत्कालीन वित्त मंत्री सी.डी. देशमुख से परिचय बढ़ा और दोनों ने विवाह करने का निर्णय लिया। इसी साल 1953 में दुर्गाबाई देशमुख को केंद्रीय समाज कल्याण बोर्ड का अध्यक्ष बनाया गया। इस संगठन का उद्देश्य स्वयंसेवक संगठनों और सरकारी विभागों के बीच में एक सेतु का काम करना था। दुर्गाबाई इस बोर्ड के अध्यक्ष पद पर दस सालों तक रहीं। राष्ट्रीय स्त्री शिक्षा समिति के अध्यक्ष के रूप में दुर्गाबाई देशमुख ने स्त्री-शिक्षा के प्रसार के लिए अनेकों महत्त्वपूर्ण नीतिगत सुझाव दिये।

इसी दौरान आंध्र स्त्री सभा की गतिविधियों में भी बहुत विस्तार हुआ। इसकी नयी शाखाएँ स्थापित हुईं और अस्पताल, नर्सिंग होम तथा स्त्रियों के लिए शैक्षणिक संस्थाएँ भी स्थापित की गयीं। दुर्गाबाई ने आंध्र स्त्री सभा के तत्वावधान में आंध्र एजुकेशनल सोसाइटी की स्थापना की। नयी दिल्ली का प्रसिद्ध श्रीवेंकटेश्वर कॉलेज इसी आंध्र एजुकेशनल सोसाइटी की देन है। साठ के दशक के आख़िरी सालों में दुर्गाबाई ने दिल्ली में नेत्रहीनों के कल्याण के लिए नेत्रहीन कल्याण संघ की स्थापना की। केंद्रीय समाज कल्याण बोर्ड के अध्यक्ष के तौर पर दुर्गाबाई ने जनसंख्या नियंत्रण पर क्षेत्रीय सम्मलेन आयोजित किये ताकि जनसंख्या नीति को समग्र आर्थिक विकास और जन-कल्याण के अभियान से जोड़ा जा सके। 1975-76 में दुर्गाबाई ने मधुमेह की बीमारी के कारण अपनी दृष्टि खो दी। 9 मई, 1981 को हैदराबाद में उनका देहांत हो गया।

देखें : अरुणा आसफ़ अली, आनंदीबाई जोशी, उपनिवेशवाद विरोधी आंदोलन में स्त्री-नेतृत्व-1 और 2, कमला देवी चट्टोपाध्याय, गृह-विज्ञान, दलित-नारीवाद, पण्डिता रमाबाई सरस्वती, महादेवी वर्मा, संतोष कुमारी देवी।

संदर्भ

1. दुर्गाबाई देशमुख (1980), *चिंतामन ऐंड आई,* अलाइड पब्लिशर्स, नयी दिल्ली.
2. सी.डी. देशमुख (1974), *कोर्स ऑफ़ माय लाइफ़,* ओरिएंट लांगमैन, बम्बई.
3. बी.एन. गांगुली (सम्पा.) (1977), *डेवलपमेंट एसेज़ इन द ऑनर ऑफ़ श्रीमती दुर्गाबाई देशमुख,* स्टर्लिंग पब्लिशर्स, नयी दिल्ली.

— रवि दत्त वाजपेयी

देवकी जैन

(Devaki Jain)

विकासशील देशों की प्रमुख नारीवादी अर्थशास्त्री देवकी जैन ने विकास की वैकल्पिक स्त्रियोन्मुख अवधारणा के विकास में न केवल उल्लेखनीय योगदान किया है, बल्कि संबंधित संस्थान-रचना के लिए भी पहलक़दमियाँ ली हैं। संयुक्त राष्ट्र संघ के दिशा-निर्देशों के तहत विकासशील और अविकसित देशों (ग्लोबल साउथ) की स्त्री संबंधी नीतियों की आलोचना प्रस्तुत करने वाली देवकी जैन के अनुसार यह

देवकी जैन (1933-)

परिपाटी नकारात्मक साबित होती है क्योंकि ग्लोबल साउथ के लिए विकसित देशों के नुस्खे प्रतिकूल सिद्ध होते हैं। आम आदमी के प्रचलित मुहावरे के स्थान पर आम औरत के मुहावरे की स्थापना करने वाली देवकी जैन ने 1984 में विकासशील देशों के प्रमुख विचारकों के साथ डॉन (डिवेलपमेंट ऑल्टरनेटिव्ज़ विद वुमॅन फ़ॉर अ न्यू ऐरा) की स्थापना की। यह ऐसे नारीवादी विद्वानों और शोधकर्ताओं का नेटवर्क है जो आर्थिक समानता, लैंगिक न्याय के साथ दीर्घकालिक लोकतांत्रिक विकास के क्षेत्र में काम कर रहा है। यह तीसरी दुनिया के विद्वानों को नारीवादी अनुसंधान और विश्लेषण के लिए एक मंच प्रदान करता है। इस मंच द्वारा वैश्विक आर्थिक, सामाजिक और राजनीतिक मुद्दों का, ग़रीब और हाशिये पर रह रही स्त्रियों की आजीविका, जीवन स्तर, उनके विकास की सम्भावनाओं पर प्रभाव आदि का अध्ययन किया जाता है। इसी तरह देवकी जैन ने अफ़्रीका-दक्षिण अमेरिका-प्रशांत महासागरीय देशों के साथ मिलकर कासाब्लांका ड्रीम्स नाम से एक अंतर्राष्ट्रीय संस्था गठित की है जो तीसरी दुनिया की बहुत तेज़ी से ग़रीब हो रही स्त्रियों के सशक्तीकरण के संस्थागत विकल्प तलाशने का काम करती है।

मैसूर राज्य के दीवान रहे एक बंगलुरु स्थित परिवार में जन्मी देवकी जैन अपनी स्नातक की पढ़ाई पूरी करने के बाद उच्च अध्ययन के लिए ऑक्सफ़र्ड विश्वविद्यालय के रस्किन कॉलेज गयीं। किशोरावस्था में देवकी जैन न्युरो सर्जन बनना चाहती थीं, पर इंग्लैण्ड में अपनी पढ़ाई के दौरान देवकी जैन श्रमिक वर्ग के पुरुषों और स्त्रियों के साथ रहीं। इस सान्निध्य ने उनके अर्थशास्त्रीय दर्शन को बहुत प्रभावित किया। भारत लौट कर देवकी जैन ने भारतीय सहकारी आंदोलन के लिए काम करना शुरू किया। वे विनोबा भावे के भूदान आंदोलन में शामिल हो गयीं और पदयात्रा में भी भाग लिया। 1966 में देवकी ने प्रसिद्ध गाँधीवादी अर्थशास्त्री लक्ष्मी चंद जैन से विवाह किया।

अपने नारीवाद का स्पष्टीकरण देते हुए देवकी जैन का कहना है कि एक नारीवादी होने का अर्थ है स्त्रियों और उनके संघर्ष के साथ अपनी पहचान करना। 'मैं स्वयं को एक औरत के रूप में पहचानती हूँ; मैं हर उस स्थिति में जहाँ स्त्रियाँ उपेक्षित हो रही है, अपनी राजनीतिक सक्रियता देखती हूँ।' गाँधीवादी अर्थशास्त्र से प्रभावित देवकी जैन के अनुसार जहाँ समाजवाद उत्पादन के साधन के स्वामित्व में असमानता की बात करता है, वहीं गाँधी खपत में असमानता की बात कहते हैं। यदि लोगों में अतिशय उपभोग और अपव्यय के प्रति जागरूकता आये तो विश्व के विकास का ढाँचा ही बदल सकता है। 1968 में इतिहासकार रोमिला थापर ने दिल्ली स्कूल ऑफ़ इकॉनॉमिक्स में कार्यरत युवा प्राध्यापिका देवकी जैन से *सेमिनार* पत्रिका के लिए स्त्रियों की अवस्था पर एक लेख लिखने का आग्रह किया। इस लेख को पढ़ कर भारत सरकार के प्रकाशन विभाग की निदेशक ने देवकी जैन को अंतर्राष्ट्रीय स्त्री वर्ष के उपलक्ष्य में संयुक्त राष्ट्र सम्मेलन के लिए भारतीय स्त्रियों की स्थिति पर एक किताब लिखने का सुझाव दिया। किताब-लेखन के लिए किये गये शोध के दौरान उनका इस तथ्य से सामना हुआ कि पुरुष और स्त्रियों के बीच आर्थिक असमानता बनाये रखने के लिए क्या-क्या तरीक़े अपनाये जाते है। स्त्रियों को आर्थिक रूप से ग़रीब बनाये रखने के लिए समाज में रूढ़िवादी परम्पराओं का सहारा लिया जाता है। कार्यस्थल में कम मज़दूरी दी जाती है। उन पर घर, बच्चों और परिवार की ज़िम्मेदारी तो डाल दी जाती है। सरकारी आँकड़ों में झूठी जानकारी देने का व्यापक षड्यंत्र भी चलता रहता है।

यह जानकारी देवकी जैन को विचलित करने के लिए काफ़ी थी। इसी से प्रेरित होकर उन्होंने 1974 में इंस्टीट्यूट ऑफ़ सोशल स्टडीज़ ट्रस्ट स्थापित किया। यह एक ऐसा संस्थान है जो आर्थिक विपन्नता के दुष्चक्र में फँसी स्त्रियों के बारे में तथ्य एवं आँकड़ों पर आधारित शोध-कार्य करता है ताकि नीति-निर्धारण के लिए प्रभावकारी सुझाव दिये जा सकें। अपने सर्वेक्षणों के माध्यम से इस संस्थान ने भारत में पहली बार बीस से अधिक ऐसी व्यावसायिक गतिविधियों की सूची तैयार की जिसमें उत्पादन-चक्र में सबसे मुख्य भूमिका निभाने के बावजूद भी स्त्रियाँ बिल्कुल अदृश्य थीं। इस शोध के द्वारा इन अदृश्य भूमिकाओं में स्त्रियों के वेतन, कौशल-विकास और काम के दौरान होने वाले ख़तरों की रोकथाम के लिए कारगर उपाय ढूँढ़ना था। इसी वर्ष देवकी जैन इला भट्ट के संगठन सेवा (सेल्फ़ एम्प्लॉयड वुमॅन एसोसिएशन) से जुड़ीं।

1981 में देवकी जैन व प्रमुख स्त्री-विचारकों ने मिल कर भारत में स्त्रियों से संबंधित अध्ययन पर पहली बार एक राष्ट्रीय अधिवेशन आयोजित किया। इसमें स्त्री-अध्ययन को विश्वविद्यालयों के विषयों में समाहित करने तथा स्त्रियों की समस्याओं पर विश्वविद्यालयों में शोध, अनुसंधान, शिक्षण और संबंधित गतिविधियों में भागीदारी पर ज़ोर दिया गया। 1982 में इन्हीं उद्देश्यों की प्राप्ति के लिए इण्डियन एसोसिएशन ऑफ़ वुमंस स्टडीज़ या स्त्रियों से संबंधित अध्ययन का भारतीय संगठन) स्थापित हुआ। देवकी जैन 1984 में बंगलुरु में स्थापित सिंगाम्मा श्रीनिवास फ़ाउंडेशन की न्यासी हैं। इस फ़ाउंडेशन का उद्देश्य आर्थिक रूप से कमज़ोर स्त्रियों के सशक्तीकरण का प्रयास करना और इन स्त्रियों को विकासात्मक गतिविधियों से जोड़ना है। इसी तरह देवकी जैन ने 1991 में इंजीनियरों और वैज्ञानिकों का अंतर्राष्ट्रीय नेटवर्क स्थापित किया जो निरस्त्रीकरण और अंतरराष्ट्रीय शांति, विज्ञान में नैतिकता, तथा विज्ञान और प्रौद्योगिकी द्वारा न्याय और टिकाऊ विकास पर ध्यान केंद्रित करने का अभियान चलाता है।

संयुक्त राष्ट्र संघ की कई समितियों में देवकी ने अग्रणी भूमिका निभायी है लेकिन साथ में उन्होंने इस संगठन की कमियों को भी उजागर किया है। देवकी जैन का विचार है कि सम्प्रभुता के अभिभावक और महान उद्देश्यों की उर्वर भूमि होने के स्थान पर संयुक्त राष्ट्रसंघ केवल एक सामाजिक सेवा का संगठन बन कर रह गया है जिसका एकमात्र कार्य मानवीय सहायता बाँटना है। देवकी जैन संयुक्त राष्ट्र में कॉरपोरेट हितों के दबदबे की भी बड़ी आलोचक हैं। अमेरिका द्वारा इराक पर आक्रमण किये जाने पर इस संगठन की निष्क्रियता के ख़िलाफ़ उन्होंने अपना मुखर असंतोष व्यक्त किया। देवकी जैन का कहना था कि संयुक्त राष्ट्र संघ के महासचिव को इस आक्रमण के विरोध में इस्तीफ़ा दे देना चाहिए था।

देवकी जैन निर्धनता का नारीकरण करने की पक्षधर हैं। उनके अनुसार ग़रीब लोगों में स्त्रियों की संख्या पुरुषों से अधिक है। ग़रीबी का दंश पुरुषों के मुक़ाबले स्त्रियों को अधिक विकल करता है। स्त्रियों में निर्धनता बढ़ने का एक कारण दुनिया में ऐसे घरों की संख्या बढ़ना है जिनमें स्त्रियाँ मुखिया हैं। देवकी के अनुसार दुनिया में ग़रीबी घटाने के लिए दुनिया की सारी स्त्रियों को एक साथ जुटाना होगा। देवकी जैन आम आदमी की अवधारणा के समक्ष आम औरत को खड़ा करती हैं। देवकी के अनुसार व्यक्तिगत गरिमा व्यक्तिगत अर्थव्यवस्था पर निर्भर करती है। यह आम औरत हर जगह है लेकिन कहीं भी एक मज़बूत राजनीतिक शक्ति नहीं है। आम औरत की आर्थिक स्थिति स्थानीय सामाजिक रीति-रिवाज़, स्थानीय मौसम के बदलते मिज़ाज, और स्थानीय ज़मीन में पैदा होने वाले अनाज पर टिकी हुई है। देवकी जैन को यक़ीन है कि यह ज़िम्मेदार आम औरत विभाजित और असमान भारत को एक न्यायसंगत और प्रगतिशील समाज में बदल सकती है। वे सेवा का उदाहरण देती हैं जहाँ दस लाख असंगठित क्षेत्र की स्व-रोज़गार करने वाली स्त्रियों की अपनी यूनियन है। लिज्जत (पापड़ बेलने वाली औरतों की विभिन्न सहकारी समिति) में 42,000 स्त्रियाँ हैं। अमूल डेरी सहकारी समिति में स्त्रियों की संख्या 24.7 लाख है।

देवकी जैन का मानना है कि पुरुषों के लिए स्वयं को इस तरह संगठित कर पाना और रख पाना असम्भव है, क्योंकि स्त्रियों में अपने घरों को बनाये रखने की इच्छा और घर-परिवार के प्रति अपनी ज़िम्मेदारी समझने का सहज स्वभाव है जो उन्हें परस्पर सहयोग की संगठनात्मक श्रृंखला तोड़ने से रोकता है। उनके अनुसार यदि एक बार इस आम औरत को आज़मा कर देखा जाये तो वे महान परिवर्तन का शुभारम्भ कर सकती है। देवकी जैन इस आम औरत की ख़ास अर्थशास्त्री हैं।

देखें : संयुक्त राष्ट्र, इला भट्ट, ट्रस्टीशिप।

संदर्भ

1. देवकी जैन (2006), *वुमॅन, डिवेलपमेंट ऐंड द यू एन : अ सिक्सटी इयर क्वेस्ट फ़ॉर ईक्वलिटी ऐंड जस्टिस,* ओरिएंट लोंगमन, नयी दिल्ली.
2. देवकी जैन (2011), *हार्वेस्टिंग फ़ेमिनिस्ट नॉलेज फ़ॉर पब्लिक पॉलिसी,* सेज पब्लिकेशनस, नयी दिल्ली.
3. देवकी जैन और पैम राजपूत (सम्पा.)(2005) , *नैरेटिव्ज़ फ़्रॉम द वुमंस स्टडीज़, फ़ैमिली : रिक्रियेटिंग नॉलेज,* सेज पब्लिकेशंस, नयी दिल्ली.

— रवि दत्त वाजपेयी

देवदासी

(Devdasi)

देवदासी प्रथा के मर्म में धार्मिक वेश्यावृत्ति है। इसके पीछे सेक्स को आध्यात्मिक मिलन और सम्भोग को मोक्ष का मार्ग मानने की धारणाएँ हैं। इस प्रथा को जारी रखने में धार्मिक विश्वासों, जातिगत ऊँच-नीच, पुरुष-प्रभुत्व और ग़रीबी के मिले-जुले पहलुओं की भूमिका रही है। दक्षिण भारत, महाराष्ट्र और ओडीशा के कई क्षेत्रों में प्रचलित इस प्रथा के तहत निचली जातियों के परिवारों द्वारा अपनी बेटियों का विवाह उनके रजस्वला होने से पहले मंदिर में स्थापित मूर्ति

के साथ कर दिया जाता है। रजस्वला होने तक ये लड़कियाँ अपने माँ-बाप के पास रहती हैं और फिर उन्हें मंदिर के पुजारी को सौंप दिया जाता है। इसके बाद इनका जीवन मंदिर में नृत्य-संगीत करते हुए और पुरोहितों समेत ऊँची जाति के पुरुषों की अंकशायिनी बनते हुए गुज़रता है। दिलचस्प बात यह है कि प्राचीन और मध्यकाल की साहित्यिक और पुरालेखीय सामग्रियों में इन मंदिर-स्त्रियों के लिये सुले, सानी, भोगम और पात्रा जैसे शब्दों का प्रयोग हुआ है। कन्नड़ और तेलुगु में इनका अर्थ है वेश्या। इन दोनों ही भाषा-क्षेत्रों में इस प्रथा की पुष्टि करने वाले आरम्भिक स्रोतों में इन अभिव्यक्तियों का प्रयोग होते देखा जा सकता है। इस सिलसिले में अक्सर यह तथ्य भी नज़र से ओझल हो जाता है कि इन मंदिर-स्त्रियों के लिए प्रयुक्त होने वाला संस्कृतनिष्ठ शब्द देवदासी औपनिवेशिक काल की ही देन है। दरअसल, इसका इस्तेमाल धार्मिक वेश्यावृत्ति की पर्दापोशी करने के लिए किया जाता है। यह शब्द उन बुद्धिजीवियों ने गढ़ा और लोकप्रिय किया है जो अपने सचेत सुधारवादी कार्यक्रम के तहत मंदिर की वेश्याओं की अस्मिता की पुनर्रचना करने की परियोजना चला रहे थे।

शहरी भारत को थमायी गयी सांस्कृतिक छवि देख कर ऐसा लगता है कि देवदासी वह स्त्री है जो मंदिर में भरतनाट्यम और ओडिसी जैसे शास्त्रीय नृत्यों की साधना करके अपने आराध्य देव को प्रसन्न करती है। कुछ विख्यात नृत्यांगनाओं के इस प्रकार के वक्तव्यों से भी इस छवि को बल मिला है। लेकिन, देवदासियों या मंदिर-वेश्याओं का इतिहास इतना मनोरम नहीं है। उत्तरी कर्नाटक के बेलगाँव ज़िले के सौदत्ती (जो धारवाड़ के समीप है) और शिमोगा के चंद्रगुट्टी स्थलों पर हर साल बसंत की प्रथम पूर्णिमा के दिन अनेक लड़कियों का देवी येल्लम्मा के साथ विवाह कराया जाता था। विवाह के पश्चात रजस्वला होने तक वे अपने परिवार के साथ रहतीं थीं फिर मंदिर के पुजारी को सौंप दी जातीं थीं जो इनका प्रथम यौनिक उपभोग करता था। फिर इन लड़कियों को समाज के रंग-रुतबे वाले पुरुषों की काम पिपासा की पूर्ति के लिए भेजा जाता था या वेश्यावृत्ति के बाजार में बेच दिया जाता था। इन दलित/अछूत लड़कियों और उनके माता-पिता द्वारा सहजता से इस घृणित परम्परा को अपनाने के पीछे था देव/देवियों की मिथकीय संरचना का पुनर्सृजन। देवी येल्लम्मा का मिथक ऋषि जमदग्नि की पत्नी रेणुका के पुनर्जन्म से जुड़ता है जिसमें बताया गया है कि परशुराम द्वारा उनका सर काट लेने पर एक दलित मातंगी स्त्री का सर रेणुका के सर पर लगा कर ऋषि जमदग्नि ने उन्हें पुनर्जीवित कर दिया था। यहीं से येलम्मा दलितों और अछूतों की स्थानीय देवी के रूप में प्रकट होती हैं। उच्च जातीय पुरोहितों ने जातीय वर्चस्व की स्थापना के लिए इन्हीं स्थानीय मिथकों का हिंदूकरण कर उसे अपने पक्ष में पुनर्परिभाषित कर लिया है। कहा जाता है कि यदि कोई दलित स्त्री अपना जीवन येल्लम्मा को समर्पित कर देती है तो अगले जन्म में वह स्वयं तो ब्राह्मण जाति में जन्म लेगी लेकिन अपने परिवार के लिए वह इसी जन्म में सौभाग्यदात्री बनेगी। येल्लम्माके समान ही रेनुकाम्बा और खंडोबा (विशेषकर बाँझ स्त्री के सन्दर्भ में) के मिथकों का भी समाज पर व्यापक प्रभाव पड़ा है। नतीजा, देवदासी प्रथा का प्रसार समाज के हर वर्ग/जाति में हुआ, विशेषकर आंध्र प्रदेश और कर्नाटक में। तमिलनाडु में तो औपनिवेशिक सुधार प्रक्रिया के बाद भी यह प्रथा प्रचलन में रही है।

देवदासी को नित्यसुमंगली कहा जाता है क्योंकि वे कभी वैधव्य को प्राप्त नहीं होतीं और सुमंगली होने से वे समाज के लिए पूज्य और विशिष्ट हो जाती हैं। सौभाग्यदात्री विशिष्टता की इस प्रच्छन्न अवधारणा से भी देवदासी प्रथा को व्यापक स्वीकृति मिली है। राबर्ट बिफ्रो, जेम्स फ्रेज़र, जानकी नायर, ए. एसमैन, सस्किया केरसेनबुम स्टोरी, ए.बी.ए.जे. दुबोइ जैसे अनेक मानवशास्त्रियों और इतिहासकारों ने देवदासियों की सामाजिक, सांस्कृतिक और धार्मिक स्थितियों का विश्लेषण कर उनमें निहित छद्म, क्रूर और घृणित यौनाचार के वीभत्स रूपों का पर्दाफ़ाश किया है। दुबोइ ने 1792 से 1823 के बीच भारत-भ्रमण के संस्मरणों में लिखा है कि मंदिरों में संलग्न नृत्यांगनाएँ / वेश्याएँ मुख्य रूप से ब्राह्मण पुजारियों के उपभोग के लिए थीं जो वेश्यादर्शनम् पुण्यं पाप नाशनम् जैसे निकृष्ट श्लोकों का पाठ करते थे। इनका अर्थ है वेश्या के साथ समागम पुण्य कर्म है जो पाप का नाश करता है। देवदासी प्रथा का यह रूप धर्म के नाम पर की जाने वाली वेश्यावृत्ति की ओर इंगित करता है जिसे स्वयं विष्णु के विभिन्न रूपों (पुरी के जगन्नाथ, तिरुपति के बालाजी) और येल्लम्मा (रेणुका), दाईमव्वा या दुर्गाश्वा जैसे देव/देवी मिथकों के माध्यम से संरक्षित किया हुआ था।

देवदासी प्रथा प्रचलन के प्रथम साक्ष्य के रूप में छठी शताब्दी में बने ब्रह्मेश्वर मंदिर के निर्माण के समय केशरी राजवंश की रानी कोलावती द्वारा मंदिर को अनेक देवदासियाँ भेंट करने के अभिलेखों को देखा जा सकता है। जिस समय सुल्तान महमूद ने सोमनाथ के प्रसिद्ध मंदिर को तोड़ा था, उस समय मंदिर की सेवा में तीन सौ पचास नृत्यांगनाएँ संलग्न थीं। 1360 में सुल्तान शाह द्वारा पुरी के जगन्नाथ मंदिर पर आक्रमण के पश्चात मंदिर में देवदासियों के वेश्यावृत्ति में संलग्न होने के प्रमाण मिले थे। ज़ब इस मंदिर का निर्माण करवाया गया था तब जगन्नाथ स्वामी की सेवा के लिए 36 कोटियों के सेवक नियुक्त किये गये थे। देवदासियाँ उनमें से एक थीं।

मार्गलिन फ्रेदरीक़ ने इन देवदासियों की स्थिति पर विचार करते हुए लिखा है कि ये देवदासियाँ जातिगत या अन्य विभाजनों के ताने बाने से मुक्त थीं। आरम्भ में देवदासियाँ नृत्य-संगीत से ही संबंधित थीं और देवालयों से लेकर राजदरबारों और कुलीनों के सम्मुख अपनी कला (देवदासियों द्वारा विकसित और संरक्षित नृत्य दासीआट्टम-भरतनाट्यम का पूर्वरूप एवं पूर्वनाम) का प्रदर्शन करतीं थीं। पर शीघ्र ही पितृसत्ता और जातीय पदानुक्रमता के वर्चस्व को बनाये रखने के ख़ातिर उनकी स्थिति में गिरावट आयी। इस आधार पर देवदासियों की भी दो कोटियाँ बनीं। एक तो गणिका और दूसरी वेश्या। देवदासियों को ज़बरन बल प्रयोग करके या धर्म का डर दिखाकर या बचपन से ही वेश्यावृत्ति के लिए मजबूर किया जाता रहा है। जिस लड़की ने वेश्यावृत्ति से इनकार किया उसे बेहद कठोर सज़ा दी जाती थी ताकि वह बाक़ी लड़कियों के वेश्यावृत्ति करते रहने का कारण बन जाए। जोगन शंकर ने अलग-अलग स्थानों पर प्रचलित देवदासियों के अनेक नामों की चर्चा की है। आंध्र प्रदेश में इन्हें विलासिनी, कलावंत भोगम पात्रा, नर्तकी और जोगिनी नामों से जाना जाता था। महाराष्ट्र के जेजुरी में मुराली, केरल में मराली, असम में नाटिस, कर्णाटक में जोगती (अधिक वयस्क देवदासी के लिए) और बैसवी (कम वयस्क देवदासी के लिए), गोवा में भवानी और कुदिकार, पश्चिमी इलाकों में भोगम बंधी, तमिलनाडु में देवरादियाल, कालांतर में देवरादिआल अर्थात् वेश्या। सम्भवत: देवदासी शब्द देवरादियाल शब्द का ही तत्सम रूपांतर है।

भारत के अतिरिक्त अन्य देशों में भी देवालयों में लड़कियों को अर्पित किये जाने और उनसे वेश्यावृत्ति करवाने के प्रमाण मिलते हैं। क़रीब ढाई हज़ार साल पहले प्राचीन यूनान, आर्मीनिया, ईरान, इस्फ़हान, फ़ोयेनीशिया में लोग अपनी लड़कियों को देवालयों में दे देते थे जो दर्शनार्थियों की वासना भी तृप्त करतीं थीं। कुछ समय पश्चात वे घर वापस आकर विवाह कर गृहिणी बन जाती थीं। यूनान की देवी अफ़्रोडाइट के मंदिर में एक समय एक हज़ार वेश्याएँ/देवदासी/देवदास नौकर थे।

अंग्रेज़ों के आने और शिक्षित मध्य वर्ग के उदय के फलस्वरूप देवदासी प्रथा की आड़ में पनपी वेश्यावृत्ति के उन्मूलन के प्रयास हुए। यह सुधार आंदोलन हमें कंदूकुरी विरसालिंगम से लेकर मुथुलक्ष्मी रेड्डी तक के प्रयासों में दिखता है। देवदासियों द्वारा राजदरबारों, कुलीनों और अंग्रेज़ अधिकारियों के सम्मुख प्रस्तुत नृत्य को नाच की संज्ञा दी गयी जो मंदिरों में प्रस्तुत नृत्य से किंचित् भिन्न अधिक कामुक या अश्लील होता था। सुधारवादियों ने इसी नाच की प्रतिक्रिया में एंटी-नाच आंदोलन चलाया इसमें विरसालिंगम की मुख्य भूमिका थी। इन आंदोलनों के कारण देवदासियों प्रथा को चलाये रखने के लिए मंदिरों/कुलीन जनों द्वारा प्रदत्त आर्थिक सहायता और सामाजिक स्वीकार्यता में कमी आयी। देवदासी निवारण क़ानून भी बने।

देवदासियों का एक रूप धार्मिक अनुष्ठानों की ज्ञाता के रूप में भी है। विवाह के समय नित्यसुमंगली समझी जाने का कारण उनकी स्थिति अतिविशिष्ट हो जाती थी। वे कई वैवाहिक कर्मकाण्डों को भी सम्पन्न करवातीं थीं। एंटी-नाच आंदोलन से धार्मिक वेश्यावृत्ति नहीं रोकी जा सकी। आज भी प्रतिवर्ष देवदासी उन्मूलन के अनेक क़ानूनों की धज्जियाँ उड़ाते हुए लड़कियों का विवाह येल्लम्मा, रेनुकाम्बा या खंडोबा से कराया जाता है। 1929 का मद्रास हिंदू धर्मादा एक्ट, 1934 का बम्बई देवदासी अधिनियम तथा 1947 का देवदासी उन्मूलन अधिनियम भी देवदासियों की वास्तविक स्थिति को सुधारने में मददगार नहीं हो सका। मंदिरों में वेश्यावृत्ति की सारी तोहमत देवदासियों पर आयी और आरोपी पुजारी या उच्च वर्ग के लोग बेदाग़ छूट गये।

देवदासी प्रथा पर चर्चा करते समय उसके एक और पहलू को सामने लाना आवश्यक है। यौन-शोषण की इस जघन्य कथा में उनके सांस्कृतिक अवदान के सकारात्मक आयाम भी शामिल हैं। एक समय ऐसा था जब कुछ उच्च जातीय/वर्गीय स्त्रियों के अतिरिक्त मात्र देवदासियाँ ही शिक्षित होतीं थीं। देवदासी मुड्डुपलानी (1739-1763) रचित तेलुगु भाषा कृति राधिका सांत्वनम एवं उन्हीं द्वारा सप्तपदी छंद में आंडाल केतिरुप्पावे की तेलुगु रूपांतरित कृति की वर्षों तक उपेक्षा सिर्फ़ इसलिए की गयी कि उन्हें एक वेश्या द्वारा रचा गया था। बंगलोर नागरत्नम्मा (1878-1952), जो स्वयं एक देवदासी थीं, ने इस पुस्तक को सम्पादित कर 10 मार्च, 1910 को प्रकाशित कराया जिस पर नैतिकतावादी सुधारकों, विशेष रूप से विरसालिंगम की तीव्र प्रतिक्रिया के कारण 1911 में रोक लगा दी गयी। नागरत्नम्मा के जुझारू प्रतिवाद के बाद 1952 में रोक हटा ली गयी और इसे अविकल पुनर्प्रकाशित कर दिया गया।

देखें : अश्वेत नारीवाद, आनंदीबाई जोशी, इस्लामिक नारीवाद, क़ानून और स्त्री, गायत्री चक्रवर्ती स्पिवाक, चिपको आंदोलन, जूडिथ बटलर, जेंडर, दलित नारीवाद, देवकी जैन, नारीवाद, नारीवादी दर्शन, नारीवाद की पहली लहर, नारीवाद की दूसरी लहर, नारीवाद की तीसरी लहर, नारीवादी दर्शन, नारीवाद और अर्थशास्त्र, नारीवादी फ़िल्म-सिद्धांत, नारीवादी इतिहास-लेखन, नारीवाद और अर्थशास्त्र, नारीवाद और साम्प्रदायिकता, नैंसी शोदॅरौ, पर्यावरणीय नारीवाद, पब्लिक-प्रायवेट, पण्डिता रमाबाई सरस्वती, पितृसत्ता, प्रेम, प्रेम-अध्ययन और नारीवादी दर्शन, भारत में स्त्री-आरक्षण-1 और 2, महादेवी वर्मा, मैरी वोल्सनक्रॉफ़्ट, राजनीतिक दर्शन के नारीवादी आयाम, रमाबाई रानाडे, ल्यूस इरिगरे, स्त्री और साम्प्रदायिकता, स्त्री-श्रम, सम्पत्ति : नारीवादी परिप्रेक्ष्य, सावित्रीबाई फुले, सिमोन द बोउवार, स्त्री-आरक्षण, हेलन सिचू।

संदर्भ

1. कल्पना कन्नाबिरन (1995), 'जुडिशियरी, सोशल रिफ़ॉर्म ऐंड डिबेट ऑन रिलीजस प्रॉस्टीट्यूशन इन कोलोनियल इण्डिया', *इकॉनॉमिक ऐंड पॉलिटिकल वीकली*, खण्ड 30, अंक 43.
2. प्रियदर्शिनी विजयश्री (2009), *देवदासी या धार्मिक वेश्या? : एक पुनर्विचार*, अनु. विजय कुमार झा, वाणी प्रकाशन, नयी दिल्ली.
3. अनघा ताम्बे (2009), 'रीडिंग देवदासी प्रैक्टिस थ्रू पॉपुलर मराठी लिट्रेचर', *इकॉनॉमिक ऐंड पॉलिटिकल वीकली*, खण्ड 44, अंक 17.
4. ए. फ्रेदरीक़ मार्गलिन (1985), *वाइव्ज़ ऑफ़ गॉड-किंग : द रिचुअल्स ऑफ़ द देवदासीज़ ऑफ़ पुरी*, ऑक्सफ़र्ड युनिवर्सिटी प्रेस, नयी दिल्ली.

— **श्रुति**

द्वैतवाद

(Dualism)

द्वैतवाद का दर्शन भारतीय और पश्चिमी संदर्भों में अलग-अलग तात्पर्य रखता है। पश्चिम में द्वैतवाद की स्थापना देकार्त ने सत्रहवीं सदी में की थी। उनसे चार सौ साल पहले तेरहवीं सदी में दक्षिण भारत में ब्रह्म सम्प्रदाय के संस्थापक मध्वाचार्य को द्वैतवाद की स्थापना का श्रेय जाता है। देकार्त और मध्वाचार्य के बीच केवल दो समानताएँ हैं। दोनों ही अपने-अपने युग में ज्ञान की स्थिति से असंतुष्ट थे और उसके विश्वसनीय आधार की खोज का प्रयास कर रहे थे। दूसरे, दोनों ही स्थापित मान्यताओं से संघर्ष करते हुए ईश्वर के अस्तित्व को प्रमाणित करने की चेष्टा में थे। लेकिन पश्चिमी द्वैतवाद की केंद्रीय समस्या मस्तिष्क और काया का अलग-अलग अस्तित्व और उनके बीच के संबंध की व्याख्या करना था। भारत में यह दर्शन अद्वैतवाद के साथ वैचारिक संघर्ष के दौरान विकसित हुआ। इसके तहत मुख्य तौर पर पाँच भेदों को रेखांकित किया गया : ईश्वर और जीव के बीच भेद, प्रकृति और ईश्वर के बीच भेद, जीव और जीव के बीच भेद, जीव और जड़ के बीच भेद एवं एक जड़ वस्तु और दूसरी जड़ वस्तु के बीच भेद।

देकार्त से पहले पश्चिम में काया और मस्तिष्क का आपसी संबंध आम तौर से एकतरफ़ा ही बताया जाता था। लेकिन देकार्त ने तर्क दिया कि सचेत विचार और अनुभव करने वाले कर्त्ता के रूप में वे महज़ एक पदार्थ नहीं हो सकते। उनकी प्रकृति में ऐसा कुछ ज़रूर होना चाहिए जो अ-भौतिक है। इसलिए देकार्त ने दावा किया कि उनकी काया से एक आत्मा जुड़ी हुई है। इस तरह उनकी दलील यह बनी कि चूँकि मस्तिष्क और काया के पृथक अस्तित्वों को कल्पित किया जा सकता है, तो यह भी माना जा सकता है कि ये दोनों एक जैसे नहीं हैं और एक-दूसरे के बिना भी रह सकते हैं। मृत्योपरांत प्रकाशित देकार्त की रचना *द डिस्क्रिप्शन ऑफ़ द ह्यूमन बॉडी* (1647) में दिखाया गया है कि शरीर मशीन की तरह काम करता है। भौतिकी के नियमों के अनुसार उसमें विस्तार और गति है। दूसरी तरफ़ मस्तिष्क भौतिकी के नियम नहीं मानता और पाइनियल ग्रंथि के स्तर पर काया के साथ उसकी अन्योन्यक्रिया होती है। यह एक द्वैत है जिसमें मस्तिष्क काया का नियंत्रक है, पर काया भी उस मस्तिष्क को प्रभावित कर सकती है जो बुद्धिसंगत होते हुए भी भावावेग के अधीन हो जाता है। चूँकि देकार्त पशुओं को मस्तिष्कविहीन और पाइनियल ग्रंथि से वंचित मानते थे इसलिए वे इस निष्कर्ष पर पहुँच गये कि मनुष्य के अलावा अन्य जीव पीड़ा की अनुभूति नहीं कर सकते। यह धारणा उन्हें जीवित पशुओं के अंगोच्छेदन पर आधारित प्रयोगों की तरफ़ ले गयी।

पश्चिमी दर्शन का जैसे-जैसे विकास हुआ, देकार्तियन द्वैतवाद द्वारा खड़ी की गयी इस समस्या का समाधान खोजने के कई प्रयास किये गये। वैज्ञानिक भौतिकवाद ने मस्तिष्क और मानस के बीच संबंध को पानी और एच-टु-ओ के बीच संबंध जैसा बताया। इसी के साथ द्विआयामी सिद्धांत प्रचलित हुआ जिसके अनुसार आत्मा भिन्न होते हुए भी काया से अलग नहीं है। अर्थात् एक व्यक्ति के भीतर दो आयाम होते हैं : मानसिक और कायिक। द्वैतवाद की एक क़िस्म तात्त्विक द्वैतवाद मानस को आत्मा का पर्याय बताते हुए उसे अपदार्थीय क़रार देता रहा। उसने दावा करना जारी रखा कि काया के अंत के बाद भी आत्मा का अस्तित्व रह सकता है। पश्चिमी व्यवहारवाद और भौतिकवाद की विभिन्न क़िस्मों ने अपने-अपने ढंग से यह साबित करने की कोशिश की है कि एक विशुद्ध भौतिक संसार में विचार, संवेदन, अनुभूतियाँ और मानस संबंधी अन्य परिघटनाओं के लिए गुंजाइश तलाशी जा सकती है। लेकिन ये तमाम प्रयास चेतना और उसकी आत्मनिष्ठताओं की पूरी तरह से विश्वसनीय व्याख्या नहीं कर सके हैं।

भारतीय द्वैत-दर्शन यथार्थवादी विचार परम्परा की श्रेणी में आता है और बहुलवाद की वकालत करता है। मध्वाचार्य की स्पष्ट मान्यता थी कि दिक् और काल में स्थित वस्तु के संदर्भ के बिना कोई ज्ञान नहीं हो सकता। यहाँ तक कि विभ्रम भी किसी न किसी यथार्थ का द्योतक होता है। रस्सी को साँप समझने वाला प्रेक्षक वास्तव में साँप को ही देखने की अनुभूति से ही गुज़र रहा होता है। उसके लिए वही उसका तत्कालीन यथार्थ है। भारतीय दर्शन की यह शाखा चूँकि वेदों को अपौरुषेय मान कर चलती है, इसलिए उसे

द्वैत-वेदांत की संज्ञा भी दी जाती है। यह दर्शन पश्चिम की तरह काया और मस्तिष्क के भेद में नहीं फँसता। ऊपर बताये गये पाँच भेदों का निर्धारण करते हुए भी वह स्पष्ट करता है कि भेद होते हुए भी उनके अस्तित्व पूरी तरह से स्वतंत्र नहीं हैं। परस्पर भिन्न होते हुए भी काया आत्मा पर निर्भर है और जगत ईश्वर पर। मध्वाचार्य ने यह मानने से इनकार कर दिया कि ईश्वर जगत का पार्थिव कारण है। उनका तर्क था कि जगत का पार्थिव कारण पदार्थ है और ऐसा न मानने से ईश्वर की लोकोत्तर सत्ता अक्षुण्ण नहीं रह पायेगी। सांख्य दर्शन की निगाह में भी सृष्टि-रचना इसी तरह हुई है। अंतर केवल यह है कि सांख्य दर्शन सत्त्व, रजस् और तमस् के तीन गुणों को पदार्थ का अंग न मान कर उनके पहले प्रभाव की तरह पेश करता है। इसके मुताबिक़ पार्थिव जगत के तीन मूलभूत गुण हैं : विशुद्ध, गतिज और स्थिर। वह प्रकृति अथवा पदार्थ को माया नहीं मानता। उसकी निगाह में प्रकृति यथार्थ और चिरंतन है जिसके माध्यम से ईश्वर की रचनात्मकता सक्रिय होती है।

मध्वाचार्य का संदेश था : जगत मिथ्या नहीं है, जीव को ब्रह्म का केवल आभास नहीं मानना चाहिए और ब्रह्म ही एक मात्र सत् नहीं है। यह प्रमाणित करने के लिए उन्होंने श्रुति और तर्क का सहारा लिया। उन्होंने पदार्थ के दस रूप बताने के साथ-साथ स्वतंत्र और अस्वतंत्र नामक दो तत्त्वों की पेशकश की। वे विष्णु के उपासक थे इसलिए उन्होंने इस देवता को दोषरहित और सम्पूर्ण क़रार दिया। जीव उनकी निगाह में अस्वतंत्र तत्त्व था। जीव और ईश्वर के भेद की व्याख्या करते हुए मध्वाचार्य ने अद्वैतवादियों के इस मत का खण्डन किया कि भगवान निर्गुण है। उन्होंने कहा कि ईश्वर सत्य, ज्ञान, आनंद और अनंत गुणों से परिपूर्ण है। वह एक हो कर भी अनेक रूप धारण करता है। मध्वाचार्य के इस मत में निहित एक और बहुल के समीकरण के कारण बहुदेववाद को बल मिला जिसके मुताबिक़ हर व्यक्ति के लिए अपना निजी इष्ट देव रखने की सम्भावनाएँ खुल गयीं।

मध्वाचार्य के मत का प्रसार कन्नड़भाषी जनता में काफ़ी देखा जा सकता है। इसके अलावा महाराष्ट्र, कर्नाटक, मैसूर और गोवा में भी उनके बहुत से अनुयायी मिलते हैं। हिंदी-क्षेत्र में मध्वाचार्य और द्वैतवाद का प्रभाव कम है।

देखें : अस्तित्ववाद, आत्मनिष्ठता-वस्तुनिष्ठता, इयत्ता, इमैनुएल कांट, इंद्रियानुभववाद, ईसैया बर्लिन, उत्तर-आधुनिकतावाद, उत्तर-औपनिवेशिकता, उदारतावाद, घटनाक्रियाशास्त्र और एडमण्ड हसर, चेतना, चार्ल्स-लुई द सेकोंद मोंतेस्क्यू, जॉन लॉक, ज़ाक लकाँ, ज्याँ-फ्रांस्वा ल्योतर, ज्याँ-पॉल सार्त्र, ज़ाक देरिदा, तत्त्वमीमांसा और अस्तित्वमीमांसा, तात्त्विकतावाद, थियोडोर लुडविग वीज़ेनग्रंड एडोर्नो, द्वैतवाद, फ्रेड्रिख़ नीत्शे-1 और 2,, बुद्धिवाद, भौतिकवाद, मनोविश्लेषण, मिशेल पॉल फ़ूको-1 और 2, युरोपीय पुनर्जागरण, युरोपीय ज्ञानोदय, रेने देकार्त, लुई अलथुसे, सोरेन आबी कीर्केगार्द, संरचनावाद और उत्तर-संरचनावाद, ज्ञानमीमांसा।

संदर्भ

1. बी. कार और आई. महालिंगम (सम्पा.) (1997), *कम्पैनियन इनसाइक्लोपीडिया ऑफ़ एशियन फिलॉसफ़ी,* रॉटलेज, लंदन.
2. ए. चक्रवर्ती (1996), *माइंड-बॉडी डुअलिज़म,* डी.के. प्रिंटवर्ल्ड, नयी दिल्ली.
3. रेने देकार्त (1985), *द फ़िलॉसफ़िकल राइटिंग्ज़ ऑफ़ देकार्त,* दो खण्ड, (सम्पादित और अनूदित : जे. कोटिंघम, जे.आर. स्टूथॉफ़ और डी. मुरडोक़, केम्ब्रिज युनिवर्सिटी प्रेस, केम्ब्रिज.

— अभय कुमार दुबे

ध

धन

(Money)

अर्थशास्त्र की पुरानी पाठ्य पुस्तकों में धन यानी मनी के बारे में एक तुकबंद कहावत मिलती है : मनी इज़ अ मैटर ऑफ़ फ़ंक्शन फ़ोर / अ मीडियम, अ मेज़र, अ स्टैंडर्ड, अ स्टोर। इसका मतलब है कि धन लेन-देन का माध्यम है, हिसाब-किताब की इकाई है, आगे किये जाने वाले भुगतान का मानक और मूल्य का आगार है। लेकिन, आजकल की पाठ्य पुस्तकें धन के केवल तीन उपयोग ही बताती हैं। उन्होंने आगे किये जाने वाले भुगतान के मानक के तौर पर धन के उपयोग को बाक़ी तीन उपयोगों में निहित मान लिया है। अरस्तू की रचना *निकोमेकियन इथिक्स* के पाँचवें अध्याय में भी धन के यही तीन उपयोग दर्ज हैं। समकालीन विश्व में धन के सभी रूप क़ाग़जी मुद्रा (फ़िएट मनी) के रूप में हैं। कीमती धातुओं से बनी अशर्फ़ियों और गिन्नियों के विपरीत इसका अपने-आप में कोई मूल्य नहीं होता। सरकार एक लीगल टेंडर के ज़रिये उसके भीतर मूल्य का निवेश करती है। उसी के बाद क़ाग़जी मुद्रा उस देश की सीमा के भीतर सभी तरह के निजी अथवा सरकारी कर्ज़ों की अदायगी का ज़रिया बनती है।

अर्थशास्त्री धन के मायने और परिभाषा पर बहस करते रहे हैं। कुछ का कहना है कि लेन-देन के माध्यम के रूप में धन की परिभाषा मूल्य के आगार के रूप में उसकी भूमिका के ख़िलाफ़ चली जाती है। धन मूल्य का आगार तभी रह सकता है जब उसे ख़र्च करने के बजाय एक अवधि तक जमा किया जाए, जबकि विनिमय के माध्यम के रूप में उसकी भूमिका तभी क़ायम रह सकती है जब उसे लगातार ख़रीद-फ़रोख़्त के ज़रिये परिसंचरण में रखा जाए। कुछ दूसरे अर्थशास्त्रियों का तर्क है कि धन के मूल्य का आगार बनाने से विनिमय के माध्यम के रूप में उसकी उपयोगिता ख़त्म नहीं होती, केवल टल जाती है। हर हालत में धन दिक् और काल के आर-पार लेन-देन के मक़सद से भेजा और पाया जा सकता है। धन की हैसियत सर्वव्यापी करने में चेक, इलैक्ट्रॉनिक हस्तांतरण और प्लास्टिक के डेबिट, क्रेडिट और स्मार्ट कार्ड्स की महत्त्वपूर्ण भूमिका है।

विद्वानों के बीच इस बात पर भी विवाद है कि धन जारी करने का अधिकार केवल सरकार के पास होना चाहिए। फ्रेड्रिख़ हायक ऐसे चुनिंदा अर्थशास्त्रियों में से एक थे। हायक का विचार था कि सरकार की नोट छापने और उनके परिसंचरण पर इजारेदारी होती है इसलिए मुख्यतः सरकार ही मुद्रास्फीति की ज़िम्मेदार साबित होती है। अपने खर्चों और कर्ज़ों के भुगतान के लिए सरकार हमेशा नोट छापने के प्रलोभन में फँसती है। सरकार की इस प्रवृत्ति को रोकने के लिए हायक ने बड़ी निजी फ़र्मों और बड़े बैंकों को अपनी मुद्रा छापने का अधिकार देने का सुझाव दिया। वे मानते थे कि नोट जारी करने वाली निजी कम्पनियाँ अपनी मुद्रा की प्रतिष्ठा की फ़िक्र करेंगी और उनमें कम से कम धन जारी करने की प्रवृत्ति होगी।

वस्तुएँ धन से ख़रीदी जाती हैं, लेकिन वस्तुओं से धन नहीं ख़रीदा जा सकता। इस लिहाज़ से धन वस्तुओं से स्वतंत्र हो चुका है। धन से ख़रीदे गये बांड्स अगर बाज़ार में ले जाए जाएँ तो उनसे उनके मूल्य के बराबर वस्तुएँ नहीं ख़रीदी जा सकतीं। इसमें कोई शक नहीं कि धन के प्रयोग ने लेन-देन की प्रक्रिया को क्रांतिकारी रूप से प्रभावित किया है। लेकिन, मूल्य के आगार के रूप में उसकी कामयाबी उतनी चमकदार नहीं है। मसलन, बदलती हुई राजनीतिक-आर्थिक

परिस्थितियों के कारण नोटों की क़ीमत में ज़बरदस्त उछाल या गिरावट आती रहती है। 1923 में प्रथम विश्व-युद्ध के कारण हुई आर्थिक उथल-पुथल ने जर्मन मार्क की कीमत इतनी गिरा दी थी कि गृहिणियाँ घर में जलावन की जगह नोटों को जलाने लगी थीं। 1918 में जितना सामान एक मार्क से ख़रीदा जाता था, 1923 में उसी के लिए 726,000,000 मार्क देने पड़ते थे।

समझा जाता है कि धन के पहले लेन-देन वस्तुओं के बदले वस्तुओं के आदान-प्रदान से होता था। लेकिन आर्थिक जीवन के इतिहासकार यहाँ भी एकमत नहीं हैं। कइयों का ख़याल है कि मुख्य तौर से वस्तु-विनिमय पर आधारित समाजों या अर्थव्यवस्थाओं का ज़िक्र लिखित इतिहास में नहीं मिलता। धन के बोलबाले से पहले के समाज आम तौर से उपहारों की अर्थव्यवस्था से काम चलाते थे। वस्तु-विनिमय की नौबत या तो अजनबियों के बीच आती थी, या दुश्मनों के बीच। जो भी हो, चीन में नमक, सोलोमन आइलैण्ड में तम्बाकू और अफ्रीका में हाथी के बालों को विनिमय के माध्यम की हैसियत प्राप्त थी। ईसा से ढाई हज़ार साल पहले मिस्र में सोने और चाँदी जैसी धातुओं को धन के रूप में इस्तेमाल किया जाता था। बाद में धातु के सिक्कों को धन की तरह प्रयोग किया जाने लगा। धातु जितनी क़ीमती होती थी, सिक्के का मूल्य उतना ही अधिक होता था।

क़ाग़ज के रुपए के चलन में आने के बाद धातु की कीमत से धन की अवधारणा अलग हुई। कागज़ की मुद्रा सम्भवत: 1282 में पहली बार इस्तेमाल हुई। कुबलई ख़ान ने शहतूत की छाल से बने क़ाग़ज के नोटों को जारी किया था। उन पर उसकी मुहर लगी थी और ख़ज़ांची के दस्तखत थे। 1368 और 1399 के बीच चीन के मिंग राजवंश द्वारा जारी मुद्रा कुआन सबसे पुराना क़ाग़ज का नोट माना जाता है। वियतनाम ने 1396 में पहली बार साओ के रूप में नोट जारी किये। पश्चिमी जगत में सबसे पहले नोटों का प्रयोग अट्‌ठारहवीं सदी के दौरान फ्रांस ने करना शुरू किया। 1518 में बोहीमिया की सेंट जोचिम घाटी की एक टकसाल में चाँदी का एक सिक्का ढाला गया था। इसे जोचिमस्थेलर का नाम दिया गया। इसी सिक्के को हालैण्ड में डॉलडर, स्कैंडेनेविया में डॉलेर और इंग्लैण्ड में डॉलर कहा गया। आज कल संयुक्त राज्य अमेरिका समेत दुनिया के 24 देश अपनी मुद्रा को डॉलर कहते हैं।

सवाल यह है कि धन ने उपहार-विनिमय या वस्तु-विनिमय की जगह क्यों ली? दरअसल, वस्तु-विनिमय के माध्यम से विभिन्न चीज़ों के मूल्य का पता लगाना मुश्किल था। धन के माध्यम से ही यह सम्भव हुआ कि इस्पात और सेव जैसी दो एकदम अलग-अलग चीज़ों का मूल्य एक ही मानक का प्रयोग करके प्राप्त किया जाने लगा। मौद्रिक इकाइयों के प्रचलन के बाद ही व्यापार का हिसाब-किताब रखना सम्भव हुआ। धन और पण्य का संबंध भी यहाँ उल्लेखनीय है। धन से जुड़ा हुआ पण्य और धन से अलग पण्य के बीच फ़र्क़ करने से ही मौद्रिक सिद्धांत का सूत्रीकरण सम्भव हुआ है। हिसाब-किताब की इकाई होने के कारण धन के माध्यम से व्यापारी आपस में अनुबंध कर पाये और इसी की वजह से राष्ट्रीय आय का नापजोख सम्भव हो पाया। वस्तु-विनिमय के मुक़ाबले धन के कारण अधिक पेचीदा क़िस्म की तिजारत मुमकिन हुई। धन के कारण वस्तुओं का व्यापार वर्तमान के साथ-साथ किसी भिन्न तारीख़ में किया जाने लगा।

धन अर्थव्यवस्था में कई तरह की भूमिकाएँ निभाता है। एक स्थिति में वह तटस्थ रहता है यानी उसकी मात्रा से वास्तविक अर्थव्यवस्था पर कोई असर नहीं पड़ता। लेकिन, दूसरी स्थिति में वह कभी एक विभ्रम की तरह तो कभी एक आड़ की तरह काम करता है। धन अपने कृत्रिम मूल्यांकन के कारण उपभोग में ख़र्च होने के बजाय निवेश की तरफ़ जाने लगता है, दूसरी तरफ़ उसकी सप्लाई में बढ़ोतरी होने से माल के दाम में तब्दीली आ जाती है जबकि उसका उत्पादन पहले जैसा ही रहता है। धन को एक लिहाज़ से निष्क्रिय भी समझा जाता है, यानी उसकी अपनी कोई गति नहीं होती और वह व्यापार की ज़रूरतों के लिहाज़ से फैलता या सिकुड़ता है।

धन को वास्तविक अर्थव्यवस्था से काट कर अलग से नहीं देखा जा सकता। उसके ऊपर होने वाली ज़्यादातर बहस उसकी माँग और आपूर्ति के इर्द-गिर्द चलती है। डेविड ह्यूम ने अपने लेख 'ऑफ़ इंटरेस्ट' में लिखा है कि धन की सप्लाई में होने वाली अल्पावधि वृद्धि एक कम रोज़गार वाली अर्थव्यवस्था के भीतर उत्पादन और रोज़गार में बढ़ोतरी कर सकती है। धन की मात्रा ब्याज की दर पर भी असर डालती है जिसका असर प्रकारांतर से निवेश के स्तर पर होता है। कींस ने धन की माँग को तीन श्रेणियों में बाँटा है : लेन-देन के लिए होने वाली धन की माँग, एहतियात के तौर पर की जाने वाली माँग, और सट्‌टेबाज़ी के लिए धन की माँग। ज़ाहिर है कि ये तीनों श्रेणियाँ धन के तीन विभिन्न उपयोगों से जुड़ी हैं।

देखें : अर्थ-विज्ञान का समाजशास्त्र, आर्थिक जनसांख्यिकी, अल्फ्रेड मार्शल, अमर्त्य कुमार सेन, अंतर्राष्ट्रीय मुद्रा कोष, आधार और अधिरचना, ऑस्कर रायज़ार्ड लांगे, ऐडम स्मिथ, करारोपण, कल्याणकारी अर्थशास्त्र, क्लासिकल अर्थशास्त्र, कार्ल हाइनरिख़ मार्क्स-3, कार्ल मेंगर, कींसियन अर्थशास्त्र, गुन्नार मिर्डाल, जोआन रोबिंसन, जान कैनेथ गालब्रेथ, जान मेनार्ड कींस, जान स्टुअर्ट मिल, जोसेफ़ शुमपीटर, जैव विविधता, ट्रस्टीशिप, डेविड रिकार्डो, ढाँचागत समायोजन कार्यक्रम, थॉमस मन और वणिकवाद, थॉमस रॉबर्ट माल्थस,

दक्षता, नियोक्लासिकल अर्थशास्त्र, नीतिशास्त्र और अर्थशास्त्र, निकोलस काल्दोर, नियोजन, नियोजन : मार्क्सवादी विमर्श, पण्य, पण्य-पूजा, पेटेंट, पॉल सेमुअलसन, पियरो स्राफ़ा, पूँजी, प्रतियोगिता, फ्रांस्वा केस्ने और प्रकृतिवाद, फ्रेड्रिख़ वॉन हायक, बहुराष्ट्रीय निगम, बाज़ार, बाज़ार की विफलताएँ, बाज़ार-समाजवाद, बौद्धिक सम्पदा अधिकार, ब्रेटन वुड्स प्रणाली, भारत में बहुराष्ट्रीय निगम, भारत में नियोजन, भारत में पेटेंट क़ानून, भारत में शेयर संस्कृति, भूमण्डलीकरण और पूँजी बाज़ार, भूमण्डलीकरण और वित्तीय पूँजी, भूमण्डलीकरण और वित्तीय उपकरण, मार्क्सवादी अर्थशास्त्र, मिल्टन फ्रीडमेन, मूल्य, राजकोषीय नीति और मौद्रिक नीति, रॉबर्ट ओवेन, विलफ्रेडो परेटो, विश्व व्यापार संगठन, विश्व बैंक, विलियम पेटी, विलियम स्टेनली जेवंस, वैकासिक अर्थशास्त्र, शोषण, साइमन कुज़्नेत्स।

संदर्भ

1. फ्रेड्रिख़ एस. मिश्किन (2007), *द इकॉनॉमिक्स ऑफ़ मनी, बैंकिंग ऐंड फ़ाइनेंशियल मार्केट्स,* एडिसन वेज़ली, बोस्टन.
2. टी.एच. ग्रेसो (2001), *मनी : अंडरस्टेंडिंग ऐंड क्रिएटिंग आल्टरनेटिव्ज़ टू द लीगल टेंडर,* चेलसी ग्रीन पब्लिशिंग, व्हाइट रिवर जंक्शन.
3. 'ऑन टू मनी / अ हिस्ट्री ऑफ़ मनी', एचटीटीपी://डब्ल्यूडब्ल्यूडब्ल्यू.पीबीएस.ऑर्ग/न्यूज़ऑफ़र/ऑन2/मनी/हिस्ट्री.एचटीएमएल
4. लुडविग वॉन माइज़िज़ (1981), *द थियरी ऑफ़ मनी ऐंड क्रेडिट,* लिबर्टी फ़ंड इंक., इण्डियानापोलिस, आईएन.

— अभय कुमार दुबे

ध्यान

(Attention)

हमारी ज्ञानेंद्रियाँ अपने चारों ओर के सभी उद्दीपकों या उत्प्रेरकों पर एक साथ अनुक्रिया नहीं करती। यह कुछ उद्दीपकों को चुन लेती हैं और उन पर ही अनुक्रिया करती हैं। ध्यान ख़ास उद्दीपकों के प्रति चयनित अनुक्रिया है। ध्यान के माध्यम से ख़ास उद्दीपकों का चयन होता है और फिर मानसिक रूप से उन्हें व्यक्ति की चेतना (फ़ोकस ऑफ़ कांशसनेस) में लाया जाता है। ध्यान के चयनात्मक होने की विशेषता की कई प्रकार से व्याख्या की गयी है। ध्यान के चयनात्मक सिद्धांत के अनुसार विभिन्न उपस्थित उद्दीपकों में से मस्तिष्क कुछ निश्चित भौतिक विशेषताओं के आधार पर किसी उद्दीपक का चयन करता है। इस चयन के लिए मस्तिष्क के पास एक सेलेक्टिव फ़िल्टर होता है। चूँकि मस्तिष्क में सूचनाओं का संसाधन करने की क्षमता सीमित होती है, इसलिए वह सभी प्रकार के उद्दीपकों पर एक साथ ध्यान न देकर उन्हीं पर ध्यान देता है जो प्रोसेस होकर मस्तिष्क के संज्ञानात्मक फ्रेम के लिए तैयार होते हैं। मनोविज्ञान में ध्यान के अनेक प्रकार बताये गये हैं। ध्यान की ऐच्छिक क़िस्म में व्यक्ति अपनी इच्छा, आवश्यकता या लक्ष्य से अनुप्रेरित होकर कुछ उद्दीपकों पर चयनित रूप से अपना सायास मानसिक प्रयास लगा देता है। अनैच्छिक ध्यान वह होता है जहाँ व्यक्ति की इच्छा या प्रयास के कारण नहीं बल्कि उद्दीपक के गुणों के आधार पर उसकी ओर ध्यान चला जाता है। जैसे, ज़ोर का धमाका। ध्यान का एक प्रकार आदतन ध्यान (हैबिचुअल एटेंशन) भी है जिसमें आदत या अभ्यास की वजह से उद्दीपक की ओर ध्यान चला जाता है। उदाहरणस्वरूप, सिगरेट पीने वाले व्यक्ति का सिगरेट की दुकान की ओर ध्यान चला जाना।

ध्यान के मनोवैज्ञानिक अध्ययन के संदर्भ में मनोवैज्ञानिकों ने चयनात्मक ध्यान (सेलेक्टिव एटेंशन) का अध्ययन किया है। चयनात्मक ध्यान वह विधि है जिसमें व्यक्ति आवश्यकता से संबंधित उद्दीपक को छोड़ कर अन्य उद्दीपकों की ओर ध्यान नहीं देता। इसे ही व्यावहारिक संदर्भ में एकाग्रता कहते हैं। चयनात्मक ध्यान से कार्य का निष्पादन बढ़ जाता है। एकाग्रता के मनोवैज्ञानिक अध्ययन में यह देखा गया है कि किस प्रकार लक्ष्य उद्दीपक की ओर से ध्यान बनाये रखकर निष्पादन बढ़ाया जाए। इसके साथ ही यह भी अध्ययन किया गया है कि किस प्रकार जब एक से अधिक उद्दीपकों पर ध्यान देना आवश्यक हो तो गौण उद्दीपकों में विशेष विशेषताएँ उत्पन्न कर ली जाएँ या गौण उद्दीपकों के प्रति भी किस प्रकार मानसिक अभिरुचि पैदा की जाए। ध्यान के मनोवैज्ञानिक अध्ययन में एक और महत्त्वपूर्ण क्षेत्र सतत ध्यान (सस्टेंड एटेंशन) का अध्ययन है। सतत ध्यान वह स्थिति है जिसमें व्यक्ति अपने प्रत्यक्षण (परसेप्शन्स) को लम्बे समय तक लक्ष्य उद्दीपक की तरफ़ बनाये रखता है। मनोविज्ञान में सतत ध्यान का अध्ययन निगरानी (विजिलेंस) का कौशल बढ़ाने के संदर्भ में हुआ है।

ध्यान की क्रिया में शारीरिक सांमजस्य की क्रिया शामिल होती है। इसमें ज्ञानेंद्रियों और शारीरिक मुद्रा में अभियोजन शामिल है। ध्यान के साथ ही जुड़ी हुई अवधारणा है ध्यान का विस्तार। किसी दिये हुए समय में एक साथ जितने उद्दीपकों पर ध्यान दिया जा सकता है उसे स्पैन ऑफ़ एटेंशन या ध्यान का विस्तार कहते हैं। ध्यान के विस्तार को प्रभावित करने के कई कारक उद्दीपकों से संबंधित होते हैं, तो कई कारक व्यक्ति की जैविकता के किसी न किसी पहलू से संबंधित होते हैं। जैसे, उद्दीपक की तीव्रता अधिक होने से और उद्दीपक के व्यवस्थित होने से ध्यान का विस्तार अधिक होता है। ध्यान के विस्तार के संबंध में व्यक्ति से जुड़े कारकों में व्यक्ति की आवश्यकता, अभिरुचि, अभ्यास, प्रेरणा, थकान

जैसे कारक काम करते हैं। अर्थात् ध्यान को प्रभावित करने में बाह्य वातावरण से संबंधित कारकों के अलावा वैयक्तिक भिन्नता के कारक महत्त्वपूर्ण होते हैं।

ध्यान में विपर्यय या उतार-चढ़ाव होता है, जिसमें ध्यान, एक वस्तु के एक पहलू से दूसरे पहलू की ओर शिफ़्ट कर सकता है। ध्यान में परिवर्तन की क्रिया भी होती है जिसमें ध्यान एक वस्तु से दूसरी वस्तु की ओर भी शिफ़्ट करता है। ध्यान से संबंधित मनोवैज्ञानिक अध्ययन में ध्यान में विभाजन (डिवीज़न आफ़ एटेंशन) का भी महत्त्व है। दो अलग-अलग क्रियाओं पर एक ही साथ ध्यान केंद्रित करने की प्रक्रिया को ध्यान में विभाजन कहा जाता है। मनोवैज्ञानिकों ने ध्यान-विभाजन संबंधी अध्ययन में दिखाया है कि व्यक्ति दो या अधिक प्रकार के कार्यों पर ध्यान का विभाजन कर सकता है पर इससे कार्यों के परिणाम में परिशुद्धता (एकुरेसी) घटती है।

ध्यान से संबंधित मनोवैज्ञानिक अध्ययन में ध्यान में व्यवधान (डिस्ट्रैक्शन ऑफ़ एटेंशन) का महत्त्व है। ध्यान-भंग की स्थिति तब होती है जब व्यक्ति का ध्यान एक वस्तु पर लगा होता है पर उस दौरान ही दूसरा उद्दीपक अपनी विशेषताओं के कारण मानसिक अनुक्रिया को उत्तेजित कर ध्यान अपनी ओर खींच लेता है। ध्यान-भंग का मूल ध्यान पर कितना प्रभाव पड़ता है इस बारे में अनेक अध्ययन किये गये हैं। कुछ प्रयोगों में ध्यान-भंग से निष्पादन (परफ़ॉरमेंस) में कमी होती पायी गयी जबकि कुछ प्रयोगों में देखा गया कि निष्पादन पर निर्णायक असर नहीं पड़ता। मनोवैज्ञानिकों ने कई अध्ययनों में दिखाया है कि ध्यान में व्यवधान सिर्फ़ बाह्य उद्दीपकों (डिस्ट्रैक्शन) के कारण नहीं होता है, बल्कि आवश्यकता, आशा और प्रेरणा जैसे व्यक्तिगत कारकों की वजह से भी होता है।

व्यवधान कम करने से संबंधित अनेक अध्ययन किये गये हैं। व्यवधान कम करने से संबंधित क्रियाओं को दो भागों में बाँटा जाता है : मांसपेशीय प्रयास और अनुकूलन। मॉर्गन ने दिखलाया कि ध्यान में व्यवधान को कम करने के लिए व्यक्ति कुछ अतिरिक्त पेशीय ऊर्जा लगाता है। अनुकूलन वह क्रिया है जिसमें व्यक्ति इस प्रकार के व्यवधान के प्रति मानसिक स्वीकार विकसित कर उसके प्रति मानसिक अनुक्रिया को सायास रेगुलेट करने लगता है।

किसी वस्तु की ओर ध्यान जाने के वस्तुनिष्ठ कारक उद्दीपक से जुड़े होते हैं। दृश्य वस्तु सुनी गयी या लिखित की तुलना में अधिक ध्यान खींचती है। उद्दीपक के स्वरूप में अचानक परिवर्तन आ जाने से भी वह ध्यान खींचता है। जैसे चलती हुई ट्रेन का अचानक रुक जाना। इसी प्रकार, उद्दीपक एकाएक हमारे संज्ञान में नया कुछ जोड़ता है तो वह हमारा ध्यान खींचता है। कुछ उद्दीपक अपने भीतर विरोधी स्थितियों के संयोग की वजह से ध्यान खींचते हैं। किसी वस्तु की ओर ध्यान जाने के वैयक्तिक कारण होते हैं। इनमें आवश्यकता प्रधान कारक है। जैसे, व्यक्ति को अगर भूख लगी हो तो भोजन की ओर ध्यान जाना। इसी प्रकार, आदत और अभिरुचि भी प्रमुख वैयक्तिक कारक हैं। जैसे, क्रिकेट में दिलचस्पी रखने वाले व्यक्ति का ध्यान सड़क के किनारे दूकान में टेलिविज़न पर चल रहे क्रिकेट मैच पर बहुत जल्दी जाता है। उम्मीद भी ध्यान का प्रमुख कारक है। जैसे, किसी का इंतज़ार हो तो गेट से प्रवेश कर रहे हर व्यक्ति की ओर ध्यान चला जाना। उत्सुकता और मनोवृत्ति भी ध्यान के प्रमुख कारक हैं। जैसे, पहले दिन कॉलेज जाने वाले छात्र का कॉलेज की हर बात की ओर ध्यान जाना। जिस व्यक्ति या वस्तु की ओर हमारी प्रवृत्ति सकारात्मक होती है वह तेज़ी से ध्यान खींचता है और जिनके प्रति नकारात्मक रुझान होता है उस ओर ध्यान नहीं जाता है। ध्यान का एक वैयक्तिक आधार उद्दीपक में छिपा अर्थ भी होता है। बाज़ार से गुजरते हुए व्यक्ति का ध्यान उस भाषा की होर्डिंगों की ओर ही जाता है जिसकी उसे जानकारी है।

देखें : एरिक फ्रॉम, कार्ल गुस्ताव युंग, ज़ाक लकाँ, मनोविज्ञान-1 और 2, ज़िग्मण्ड फ्रॉयड-1 और 2, मनोविश्लेषण, मनोविश्लेषण और नारीवाद।

संदर्भ

1. आर. जॉन ऐंडरसन (2004). *कॉग्नेटिव साइकोलॅजी ऐंड इट्स इम्प्लीकेशंस,* वर्थ पब्लिशर्स, लंदन.
2. एडी ऑनसन (2004). *एटेंशन : थियरी ऐंड प्रेक्टिस, यूनाइटेड स्टेट्स ऑफ़ अमेरिका,* सेज, न्यूयॉर्क.
3. डी. डैगोबर्ट रयून्स (सम्पा.) (1972), *डिक्शनरी ऑफ़ फ़िलॉसफ़ी,* लिटलफ़ील्ड , ऐडम्स ऐंड कम्पनी, टोटोवा, एनजे.
4. आर. डी. राइट और एल. एम. वार्ड (2008). *ओरियेंटिंग ऑफ़ एटेंशन,* ऑक्सफ़र्ड युनिवर्सिटी प्रेस, लंदन.

— राकेश श्रीवास्तव

धार्मिक राष्ट्रवाद

(Religious Nationalism)

अट्ठारहवीं सदी के युरोप में उदित हुए राष्ट्रवाद के इतिहास पर नज़र डालने से साफ़ हो जाता है कि उसके पीछे धर्म के गिरते हुए प्रभाव की अहम भूमिका थी। दरअसल, वह राष्ट्रवाद पादरी वर्ग का विरोधी और लौकिक सत्ता का

पैरोकार था। लेकिन उसके बाद का घटनाक्रम बताता है कि पश्चिम की ज़मीन पर ही सेकुलर राष्ट्रवाद में क्रमश: धार्मिक आयामों का प्रवेश होता चला गया। बीसवीं सदी में द्वितीय विश्व-युद्ध के बाद पश्चिमी आधुनिकता के सेकुलर रूपों से प्रभावित राष्ट्रवाद अपने शिखर पर पहुँचा जिसके प्रमाण हमें भारत और मिस्र के सेकुलर राष्ट्रवाद के रूप में मिलते हैं। लेकिन, बाद के वर्षों में विकासशील विश्व की राजनीति में धर्म और धार्मिक विचारधाराओं ने सेकुलर राष्ट्रवाद की संकल्पना को चुनौती देनी शुरू कर दी। आज राष्ट्र-राज्य द्वारा अपनी सत्ता मज़बूत करने के लिए धार्मिक छवियों और अस्मिताओं का दोहन करना आम बात हो चुकी है। भूमण्डलीकृत और उत्तर-आधुनिक विश्व में धार्मिक विचारधाराएँ राष्ट्रवाद के उग्र रूपों का आधार बन चुकी हैं। कहीं जातीय-धार्मिक गोलबंदी ने प्रमुख रूप धारण किया है (जैसे श्रीलंका का सिंहली-बौद्ध राष्ट्रवाद) और कहीं विचारधारात्मक पहलू प्रधान हैं (जैसे भारत का हिंदुत्ववादी आंदोलन)। उग्र ज़ियनवाद पर आधारित इज़रायल का यहूदी राष्ट्रवाद धार्मिक, जातीय और विचारधारात्मक संयोग का सबूत है।

धर्मिक राष्ट्रवाद कई तरह से सेकुलर राष्ट्रवाद की आलोचना करता है। उसके एशियायी पैरोकारों का पहला आरोप यह है कि यह एक आयातित विचार है जिसे कृत्रिम रूप से पश्चिम से लाकर पूर्वी ज़मीन पर रोप दिया गया है। 1979 की सफल ईरानी क्रांति के शिया नेता अयातुल्ला खुमैनी ने अमेरिका समर्थित रज़ा शाह पहलवी की हुकूमत पर यही आरोप लगाया था। खुमैनी अमेरिका और पश्चिम के आर्थिक और सांस्कृतिक प्रभाव और उपनिवेशवाद के बीच कोई फ़र्क़ देखने के लिए तैयार नहीं थे। अल्जीरिया के इस्लामिक साल्वेशन फ्रंट ने 1991 के चुनाव में फ़ौजी शासकों द्वारा समर्थित सेकुलर नैशनलिज़्म को फ्रांस के औपनिवेशिक शासन का विस्तार क़रार दिया था। बीसवीं सदी के आख़िरी दो दशकों में इसी विचार की अनुगूँजें मिस्र, भारत, श्रीलंका के साथ-साथ अफ़्रीका, एशिया और मध्य-पूर्व के देशों में सुनी गयीं।

पश्चिम की ज़मीन पर धार्मिक राष्ट्रवाद के पैरोकारों का मुख्य तर्क यह है कि सेकुलर राष्ट्रवाद धर्म के प्रति असहिष्णु है। अमेरिका, इज़रायल, ताजिकिस्तान, उज़्बेकिस्तान, अज़रबैजान और चेचेन्या के ईसाई और मुसलमान राष्ट्रवादियों ने आरोप लगाया कि सेकुलरिस्ट किसी भी धर्म आधारित राजनीतिक अस्मिता को बर्दाश्त नहीं करते। धार्मिक राष्ट्रवादियों के मुताबिक़ सेकुलरवादी भूमण्डलीय पैमाने पर सार्वभौम विश्व-व्यवस्था बनाने की कोशिश कर रहे हैं जिसका मक़सद अकेले केंद्रीय प्राधिकार वाले राजनीतिक केंद्र के तहत समरूप समाज और संस्कृति थोपना है। इस तरह धार्मिक राष्ट्रवाद ख़ुद को विविधता के पैरोकार की तरह पेश करता है। अखिल-इसलामवाद के गर्भ से निकले उग्रवादी अल क़ायदा आंदोलन ने इसी तर्क के आधार पर अपनी अमेरिका विरोधी गोलबंदी की है जिसका विस्तार राष्ट्रेतर है। अमेरिका के भीतर क्रिश्चियन आइडेंटिटी ऐंड क्रिश्चियन रिकंस्ट्रक्शन मूवमेंट भी अमेरिकी नेतृत्व के ख़िलाफ़ इसी तरह के अंदेशे व्यक्त कर चुका है। अंतर्राष्ट्रवाद और भूमण्डलीकरण के ख़िलाफ़ राष्ट्रीय अस्मिता की रक्षा करने करने के मामले में धार्मिक राष्ट्रवाद ख़ुद को सेकुलर राष्ट्रवाद से बेहतर मानता है।

हालाँकि धार्मिक राष्ट्रवाद राजनीतिक धरातल पर अपना एलान बीसवीं सदी के आख़िरी दशकों में ही दिखा पाया, पर उसका इतिहास पुराना है। आधुनिक इस्लामिक राष्ट्रवाद की शुरुआत मिस्र के हसन अल-बाना (जिन्होंने 1928 में इख़वान अल-मुसलमीन की स्थापना की थी) और पाकिस्तान के मौलाना मौदूदी (जिन्होंने 1941 में जमात-ए-इसलामी की स्थापना की थी) की रचनाओं से मानी जाती है। इन दोनों चिंतकों ने पश्चिमी साम्राज्यवाद को इस्लामिक समाज का दुश्मन क़रार देते हुए कहा कि इस्लामिक व्यवस्था तब तक क़ायम नहीं की जा सकती जब तक पश्चिमी प्रभाव का (ज़रूरी हो तो ताक़त का सहारा लेकर) अंत न कर दिया जाए। मिस्र की सरकार ने अल-बाना के उत्तराधिकारियों सैयद क़ुत्ब को 1965 में और अब्द अल-सलाम फ़राज़ को 1982 में मौत की सज़ा दी। फ़राज़ पर मिस्री राष्ट्रपति अनवर सादत की हत्या का इलज़ाम था। ईरान में अली शरियाती ने समाजवादी धारणाओं का इस्तेमाल करके शिया इस्लामिक राजनीतिक दर्शन का प्रतिपादन किया जिसके आधार पर खुमैनी ने शाह विरोधी क्रांति की। इराक में सद्दाम हुसैन के ख़िलाफ़ अमेरिकी युद्ध के बाद से शिया और सुन्नी राष्ट्रवाद को एक नया उछाल प्राप्त हुआ है। पाकिस्तान, इंडोनेशिया, मलेशिया, अल्जीरिया, मोरक्को, सूडान, क्रोशिया, बोस्निया-हरज़ेगोविना और चीन के सिक्यांग प्रांत में मुसलिम राष्ट्रवादियों की सक्रियता का राजनीतिक असर साफ़ तौर से देखा जा सकता है।

यहूदी राष्ट्रवाद का उद्गम 1948 में स्वतंत्र और सम्प्रभु इज़रायल की स्थापना से जोड़ा जाता है। इज़रायल-पूर्व फ़िलिस्तीन के मुख्य रब्बी अब्राहम यिज़्ताक हा-कोहेन कुक का कहना था कि इज़रायल का सेकुलर राज्य धार्मिक रूप से उपयोगी है। अगर इसका शुद्धीकरण कर दिया जाए तो मसीहा की वापसी हो सकती है और बाइबिल में उद्धृत राष्ट्र की रचना की जा सकती है।

ईसाई राष्ट्रवाद का इतिहास तो सबसे ज़्यादा पुराना है। ईसाइयत का राजनीतीकरण चौथी सदी में रोम के सम्राट

कांस्टेटाइन द्वारा ईसाइयत अपना लेने के बाद से शुरू हो गया था। सोलहवीं सदी में प्रोटेस्टेंट सुधारक जॉन कैल्विन द्वारा जिनेवा की ईसाई शहर-राज्य की स्थापना से ईसाई राष्ट्रवाद को नया उछाल मिला। अस्सी के दशक में अमेरिका के क्रिश्चियन रिकंस्ट्रक्शन मूवमेंट ने कैल्विन की शिक्षाओं को ही अपना आधार बनाया है।

भारत के राष्ट्रवादी आंदोलन में धार्मिक आयामों का समावेश उन्नीसवीं और बीसवीं सदी की सांस्कृतिक राजनीति के हाथों हुआ। विवेकानंद, बंकिम चंद्र चट्टोपाध्याय और अरविंद घोष ने भारतीय राष्ट्रवाद के साथ आध्यात्मिक पहलुओं को जोड़ा। विनायक दामोदर सावरकर द्वारा प्रतिपादित हिंदुत्व की राजनीतिक धारणा के आधार पर इन पहलुओं ने राजनीतिक करवट ली। 1925 में राष्ट्रीय स्वयंसेवक संघ की स्थापना हुई जिसके आधार में सावरकर की थीसिस के साथ वर्णाश्रमी मुहावरा भी था। सावरकर ने हिंदू धर्म के बजाय हिंदू संस्कृति को राष्ट्रीय अस्मिता का आधार बनाने की वकालत की थी। लेकिन, संघ ने अस्सी के दशक में रामजन्मभूमि आंदोलन चला कर हिंदुत्व की अवधारणा का धार्मिकीकरण कर दिया, हालाँकि संघ के पैरोकार इसे सांस्कृतिक राष्ट्रवाद का नाम देते हैं। 1992 में अयोध्या में बाबरी मसजिद का ध्वंस करने के बाद संघ के मार्गदर्शन और कोशिशों से 1998 में दिल्ली में जो गठजोड़ सरकार बनी उसकी बागडोर संघ द्वारा स्थापित भारतीय जनता पार्टी के ही हाथों में थी। भारत में धार्मिक राष्ट्रवाद के आधार पर पृथकतावाद के दो उदाहरण भी हैं : कश्मीर का संघर्ष और अलग सिक्ख राष्ट्र का खालिस्तानी आंदोलन। धार्मिक पृथकतावाद की इन दोनों धाराओं ने भारतीय राजनीति को गहराई से प्रभावित किया है।

थेरावादी बौद्ध परम्परा का राजनीति और धार्मिक युद्धों से पुराना ताल्लुक़ रहा है। थाइलैण्ड में बीसवीं सदी में हुए राजनीतिक सुधारों के पीछे यह परम्परा चालक शक्ति के रूप में विद्यमान रही है। श्रीलंका में बौद्ध राजवंश तीसरी सदी से ही हुकूमत करते रहे हैं। श्रीलंका की आज़ादी के आंदोलन में बौद्ध भिक्षुओं ने अगाऊ भूमिका निभायी। 1953 में प्रकाशित रचना *रिवोल्ट इन द टेम्पल* में सेकुलर राष्ट्रवाद पर आरोप लगाया गया कि उसके नेताओं ने बौद्ध धर्म के साथ धोखा किया है। बौद्ध पुजारी वर्ग और बौद्ध राजनीतिक विचारधारा के प्रभाव के कारण श्रीलंका का नेतृत्व तमिल पृथकतावाद की समस्या का समाधान कर पाने में नाकाम रहा है। चीन में महायान बौद्ध विचारधारा ने पारम्परिक चीनी विचारों और प्रोटेस्टेंट उग्रवाद के साथ घालमेल करके ताइपिंग विद्रोह का नेतृत्व किया। इसका मक़सद धर्म आधारित राजवंश स्थापित करना था। जापान में बौद्ध धर्म और शिंटो धर्म ने वहाँ के राष्ट्रवाद का न केवल द्वितीय विश्व-युद्ध के दौरान समर्थन किया, बल्कि अस्सी और नब्बे के दशक के दौरान नव-राष्ट्रवाद की मुहिमों को भी मज़बूती प्रदान की। तिब्बती बौद्ध धर्म के प्रमुख दलाई लामा को परम्परागत रूप से तिब्बती राज्य का प्रमुख भी माना जाता है। मंगोलिया में कम्युनिस्ट शासन ख़त्म होने के बाद तिब्बती बौद्ध संस्कृति का पुनरुत्थान हुआ है। मंगोलियन बुद्धिस्ट पार्टी का मक़सद बौद्ध धर्म को वहाँ की प्रमुख राजनीतिक विचारधारा के रूप में वैधता दिलाना है।

धार्मिक राष्ट्रवाद अपने उल्लेखनीय प्रसार के बावजूद कई बार राष्ट्रीय एकता और विकास का आधार बनने में विफल रहा है। इसलाम पाकिस्तान की एकता की बुनियाद नहीं बन पाया और 1971 में उसके दो टुकड़े हो गये। भारत और तुर्की में धार्मिक गोलबंदी करने वाली पार्टियों को राजनीतिक लाभ हुआ, पर वे उनकी निरंतरता क़ायम नहीं रख पाईं। धार्मिक समुदायों के भीतर इस प्रश्न पर भी ग़ौर हो रहा है कि क्या राजनीति में खुली भागीदारी से आध्यात्मिकता के पहलुओं को नुक़सान तो नहीं होता? कई यहूदी धार्मिक नेताओं ने इसी तरह की उलझनों के मद्देनज़र इज़रायली राजनीति में भाग लेने से इनकार कर दिया है। ईरान के प्रमुख धर्मशास्त्री अब्दुल करीम सौरूश ने नब्बे के दशक के मध्य में दावा किया कि इसलाम के राजनीतीकरण ने उसकी शुद्धता को भ्रष्ट कर दिया है। दूसरी तरफ़ अपने-अपने धर्मों को विश्वव्यापी बनाने की चाह रखने वाले विचारकों को राष्ट्रवाद अपने आप में एक सीमित विचार भी लगता है। अखिल-इसलामवाद के पैरोकार इसलाम को राष्ट्रीय सीमाओं में देखने के लिए तैयार नहीं हैं।

देखें : अधिकार, अधिकार : सैद्धांतिक यात्रा, अरस्तू, अफलातून, अनुदारतावाद, अराजकतावाद, अन्य-अन्यीकरण, उदारतावाद, उपयोगितावाद, एडमण्ड बर्क, क्रांति, ज्याँ-ज़ाक रूसो, जॉन लॉक, जेरेमी बेंथम, जॉन स्टुअर्ट मिल, जॉन रॉल्स, जोहान गॉटफ्रीड हर्डर, डेविड ह्यूम, थॉमस हॉब्स, थॉमस पेन, थॉमस हिल ग्रीन, दायित्व, न्याय, न्याय : नारीवादी आलोचना, न्याय : रॉल्स का सिद्धांत, नागरिकता, नागरिकता : अन्य परिप्रेक्ष्य-1 और 2, नागर समाज, पनोप्टिकॉन, फ्रेड्रिख़ वॉन हायक, बुद्धिवाद, माइकिल ओकशॉट, माइकिल वाल्ज़र, मिशेल पॉल फ़ूको-1 और 2, यूटोपिया, राजनीतिक दर्शन के नारीवादी आयाम, रॉबर्ट नॉज़िक, राज्य-1 और 2, राष्ट्रवाद, राष्ट्रवाद का इतिहास, राष्ट्र : सांस्कृतिक या राजनीतिक, राष्ट्रवाद और नारीवाद, विल किमलिका, स्वतंत्रतावाद, सर्वसत्तावाद, सम्प्रभुता, समाजवाद, सरकारियत.

संदर्भ

1. जे. कासानोवा (1994), *पब्लिक रिलीजंस इन द मॉडर्न वर्ल्ड*, युनिवर्सिटी ऑफ़ शिकागो प्रेस, शिकागो.
2. मार्क जुरगेंसमेयर (1993), *द न्यू कोल्ड वार : द रिलीजस नैशनलिज़्म कंफ्रंट्स द सेकुलर स्टेट*, युनिवर्सिटी ऑफ़

कैलिफ़ोर्निया प्रेस, बर्कले, सीए.
3. पीटर वान डर वीर (1994), *रिलीजस नैशनलिज़म : हिंदूज़ ऐंड मुस्लिम्स इन इण्डिया,* युनिवर्सिटी ऑफ़ कैलिफ़ोर्निया प्रेस, बर्कले, सीए.
4. डी. वेस्टरलुंड (सम्पा.) (1996), *क्वेश्चनिंग ऑफ़ सेकुलर स्टेट : द वर्ल्डवाइड रिसर्जेंस ऑफ़ रिलीजन इन पॉलिटिक्स,* हर्स्ट ऐंड कम्पनी, लंदन.

— अभय कुमार दुबे

धीरूभाई शेठ

(Dheerubhai Sheth)

भारत के प्रमुख राजनीतिक-समाजशास्त्री धीरूभाई शेठ (1936-) ने मुख्य तौर पर तीन धरातलों पर अपने विमर्श की रचना की है : सत्ता और समाज के बीच रिश्तों का अध्ययन करना, ज्ञान के स्रोतों और उसके सूत्रीकरण पर बहस चलाना, और समाज-विज्ञान को समाज के अनुभवों से जोड़ने का प्रयास करना। विकासशील समाज अध्ययन पीठ (सीएसडीएस) से आजीवन जुड़े रहे धीरूभाई ने समाज-विज्ञान और उसकी पद्धति की जो रचनात्मक आलोचना पेश की है उसका दायरा बहुत विस्तृत है। इसके एक सिरे पर भारत की राजनीतिक आधुनिकता और जाति-प्रथा के बीच लेन-देन का जायज़ा है, तो दूसरे सिरे पर उदारतावादी लोकतंत्र और भूमण्डलीकरण के बीच अंत:संबंधों की निष्पत्तियों का खुलासा है। इन दोनों सिरों के बीच धीरूभाई का प्रयास भारतीय राजनीति की वर्तमान संरचनाओं के विकल्पों को रेखांकित करने का रहा है। इसके लिए वे राष्ट्र-निर्माण की प्रक्रिया की विवेचना और सेकुलरवाद की व्यावहारिक राजनीति का सूत्रीकरण करने का प्रयास करते हैं। राष्ट्र-निर्माण के एक सिद्धांत के रूप में आरक्षण-नीति की अनिवार्यता और उसमें आयी विकृतियों की व्याख्या पर भी उन्होंने विशेष ध्यान दिया है। ग़ैर-पार्टी राजनीति, मानवाधिकार और भाषा के सवाल पर अपने विमर्श के लिए सुपरिचित प्रोफ़ेसर शेठ ने छुआछूत और दलित-प्रश्न पर भी चिंतन किया है। वे देश के कुछ गिने-चुने समाज-वैज्ञानिकों में से एक हैं जिन्होंने ज़मीनी स्तर पर काम कर रहे सामाजिक-राजनीतिक कार्यकर्ताओं को समाज-विज्ञान की दुनिया से जोड़ने के संस्थागत प्रयास किये। इस प्रक्रिया में उन्होंने समाज-विज्ञान की स्थापित विधियों में एक नयी विधि का समावेश किया। यह थी डायलॉग यानी संवाद की विधि।

धीरूभाई का जन्म 17 मार्च, 1936 को बड़ोदरा के बहादरपुर गाँव में एक वैश्य परिवार में हुआ था। बचपन से ही उनकी दिलचस्पी साहित्य में थी, और साहित्यिक भाषा बरतना उन्हें पसंद था। बड़ोदरा में उच्च-शिक्षा प्राप्त करते हुए धीरूभाई ने एम.एन. श्रीनिवासन और आई.पी. देसाई जैसे विद्वानों से समाजशास्त्र के सबक सीखे। बड़ोदा विश्वविद्यालय में सक्रिय रिनेसाँ क्लब में उन्हें रजनी कोठारी, भीखू पारिख और रावजीभाई पटेल जैसे लोगों का सान्निध्य मिला। इस माहौल का उनकी बौद्धिकता और व्यक्तित्व पर सकारात्मक असर पड़ा। धीरूभाई मानते हैं कि रिनेसाँ क्लब की सदस्यता ने उन्हें अपनी बौद्धिकता खोजने में मदद की। इसी दौरान उनका परिचय उदारतावादी दर्शन, गाँधीवाद और मानवेंद्र नाथ राय के रैडिकल मानवतावाद से हुआ। साठ के दशक के मध्य में वे रजनी कोठारी के निमंत्रण पर बड़ोदरा की नौकरी छोड़ कर विकासशील समाज अध्ययन पीठ चले आये।

धीरूभाई मानते हैं कि समाज-विज्ञानों पर ज्ञान का प्रत्यक्षवादी नज़रिया हावी है। इस दृष्टिकोण के तहत मान लिया जाता है कि यथार्थ एक ऐसी चीज़ है जिसका अवलोकन करके भौतिक जगत में उसका एक 'वस्तु' के तौर पर उसका वर्णन किया जा सकता है। इसके तहत यथार्थ अवलोकित तथ्यों के एक सिलसिले के रूप में सामने आता है। यानी जिसका अवलोकन सम्भव नहीं है, वह या तो ग़ैर-मौजूद मान लिया जाता है या फिर उसे केवल अवलोकित संदर्भ में जाना जा सकता है। धीरूभाई के अनुसार समाज-विज्ञान अपनी इस वैज्ञानिक-पद्धति पर इतना ज़ोर देता है कि उसकी यह पद्धति ही यथार्थ की वास्तविकता का प्रमाण बन जाती है। बजाय इसके कि ज्ञान की प्रक्रिया यथार्थ की सेवा करे, यथार्थ ज्ञान की इस प्रक्रिया की सेवा करते हुए नज़र आता है। 'वस्तुनिष्ठता' का आग्रह इतना प्रबल है कि अनुसंधानकर्ता से एक व्यक्ति या समूह के सदस्य के रूप में स्वयं को हितों, विचारधाराओं और मूल्यों के असर से पूरी तरह मुक्त रखने की अपेक्षा की जाती है। वैज्ञानिक पद्धति के दायरे में फ़िट न होने वाली कोई भी कार्रवायी यथार्थ के अवलोकन में बाधा क़रार दे दी जाती है। कार्रवायी या एक्शन के सामाजिक धरातल से आने वाली हर आवाज़ को शोरगुल के ख़ाने में डाल दिया जाता है। इस व्यर्थ के अराजक कोलाहल से छुटकारा पाना भी वैज्ञानिक पद्धति का अंग माना जाता है। इस तरह यथार्थ का एक रेडीमेड संस्करण तैयार होता है जिसके आईने में समाज को देख कर विद्वान समझते हैं कि उन्होंने अपनी समाज-विज्ञान संबंधी ज़िम्मेदारी पूरी कर ली है, जबकि वे यह नहीं जान पाते कि उनकी वैज्ञानिक पद्धति दरअसल अनुसंधानकर्ता और उसके 'विषय' की भूमिका निभा रहे लोगों के बीच संबंध का अमानवीकरण करती चली जा रही है।

धीरूभाई शेठ (1936-)

धीरूभाई कहते हैं कि समाज-विज्ञान में यथार्थ तब तक अपनी आवाज़ प्राप्त नहीं करता जब तक वैज्ञानिक पद्धति उसे ज़ुबान न दे। प्रोफ़ेसर शेठ के मुताबिक़ अंतिम विश्लेषण में ज्ञान की ताक़त का इस्तेमाल अनुसंधान के विषय बनाये गये मनुष्यों, समुदायों और समाजों के लिए न हो कर दमन, नियंत्रण और गोलबंदी के उन औज़ारों के लिए होता है जिनका मक़सद ज्ञान-प्रणाली के दायरे से बाहर सत्ता और व्यवस्था को टिकाये रखना है। धीरूभाई को इसमें कोई शक नहीं है कि समाज-विज्ञान की वर्तमान सैद्धांतिकी और पश्चिमी इतिहास और बौद्धिकता की उपज है, इसलिए वे इसके मुक़ाबले एक्सपीरियेंशल नॉलेज की धारणा पेश करते हैं। वे इसे अनुभवसिद्ध ज्ञान कहने के लिए तैयार नहीं हैं, क्योंकि अनुभव एक व्यक्ति का होता है जिसके आधार पर वह अपने परिप्रेक्ष्य की रचना करता है। धीरूभाई की दृष्टि समाज और समुदाय के अनुभव और इतिहास पर है। उनका कहना है भारत के जिस समाज-वैज्ञानिक ने थमाये गये सिद्धांतों के दायरे से निकल कर भारतीय समाज के अनुभवों और इतिहास पर ध्यान दिया है, वे उपयोगी सिद्धांतीकरण कर पाये हैं। फिर चाहे वह एम.एन. श्रीनिवासन द्वारा किया गया संस्कृतीकरण और प्रभुत्वशाली जाति का सूत्रीकरण हो, या फिर रजनी कोठारी द्वारा किया गया कांग्रेस सिस्टम का।

जीवन, समाज और राजनीति के तक़रीबन हर आयाम पर अपने विचार व्यक्त करने वाले धीरूभाई शेठ ने साठ के दशक में विकासशील समाज अध्ययन पीठ में क़दम रखा। यह दौर अध्ययन पीठ में पार्टी-पॉलिटिक्स और चुनावी अध्ययनों की आधारशिला रखने का था। भारतीय मतदाता मण्डल के राजनीतिक विकास ('पॉलिटिकल डिवेलपमेंट ऑफ़ इण्डियन इलेक्टोरेट') से लेकर धीरूभाई ने इस दशक में चुनावी राजनीति, राजनीतिक संकट और पार्टियों के सामाजिक आधार की गवेषणा की। 1975 में वे भारतीय रैडिकलिज़म की संरचनाओं का विश्लेषण लेकर सामने आये। 'स्ट्रक्चर ऑफ़ इंडियन रैडिकलिज़म' शीर्षक से लिखी गयी यह अनूठी कृति अध्ययन पीठ द्वारा 1971 के आम चुनाव के बाद किये गये एक राष्ट्रव्यापी सर्वेक्षण पर आधारित थी। इस अध्ययन में जो रैडिकलिज़म सामने आया वह न तो विचारधारात्मक क़िस्म का था और न ही किन्हीं रैडिकल अभिजनों की देन था। रैडिकलिज़म की यह खोज भारतीय जनता के मानस के आधार पर की गयी थी। इसी सिलसिले में धीरूभाई की एक और रचना 'पॉवर्टी, सोशल कांशसनेस ऐंड रैडिकलिज़म' भी शामिल की जा सकती है।

अस्सी के दशक में धीरूभाई ने अध्ययन पीठ के लिए लोकायन नाम के प्रोजेक्ट की शुरुआत की। इसके पीछे एक ख़ास तरह की समझ थी। आपातकाल के बाद उभरी जन-राजनीति की पृष्ठभूमि में धीरूभाई को लग रहा था कि दुनिया के स्तर पर विकास संबंधी राजनीति और उसका समाज-विज्ञानी सिद्धांतीकरण काफ़ी समस्याग्रस्त हो गया है। जिन समाजों को अविकसित या अल्पविकसित कहा जाता है, उनकी गतिशीलता को समझना विकास के सिद्धांत के बस की बात नहीं रह गयी है। वे इस नतीजे पर पहुँचे कि राज्य की संस्था को विकास के मुख्य एजेंट की तरह ग्रहण करने वाले प्रतिमान पर सवालिया निशान लगाने का वक़्त आ गया है। लोकायन के तहत उन्होंने समाज-वैज्ञानिकों और सामाजिक-राजनीतिक कार्यकर्ताओं के बीच कई संवाद आयोजित किये। अध्ययन पीठ पहले ही सर्वेक्षण की पद्धति का इस्तेमाल कर रही थी, अब इसके साथ संवाद की पद्धति भी जुड़ गयी। एक अलग तरह की अनुसंधान-शैली उभरी जिससे अध्ययन पीठ के विद्वान मुद्दों और समस्याओं के नज़दीक पहुँच पाये। इसके आधार पर सिद्धांत रचने की कोशिशें की गयीं जिनके केंद्र में सत्ता की प्रकृति समझने का सरोकार था। अध्ययन पीठ के विद्वानों ने आगे चल कर पब्लिक इंटलेक्चुअल की भूमिका जिस प्रकार निभानी शुरू की, उसकी पृष्ठभूमि में लोकायन का प्रयोग ही था। धीरूभाई के नेतृत्व में लोकायन ने संवाद के ज़रिये यह सम्भव बनाया कि लोग अपनी परिस्थितियों को स्वयं परिभाषित करें, न कि दूसरों द्वारा बनायी गयी परिभाषाएँ उन्हें थमा दी जाएँ।

लोकायन के प्रयोग से हुए अनुभवों के आधार पर

धीरूभाई ने 'आल्टरनेटिव डिवेलपमेंट एज़ प्रेक्टिस', 'ग्रासरूट्स इनीशेटिव इन इण्डिया' और 'ग्रासरूट्स स्टरिंग्ज़ ऐंड फ़्यूचर ऑफ़ पॉलिटिक्स इन इण्डिया' जैसे बहुचर्चित लेख लिखे। इसी दौरान धीरूभाई ने मानवाधिकार विमर्श में भी योगदान किया। अस्सी के दशक में ही धीरूभाई ने भाषा के प्रश्न पर अपना विख्यात लेख 'द ग्रेट लेंग्वेज डिबेट : पॉलिटिक्स ऑफ़ मैट्रोपोलिटन वर्सिस वर्नाकुलर इण्डिया' लिखा। उन्होंने सुझाव दिया कि हिंदी को राष्ट्र-भाषा बनाने की कोशिशें छोड़ कर उसका एक समृद्ध क्षेत्रीय भाषा के रूप में विकास करने की कोशिशों पर ज़ोर दिया जाना चाहिए।

जाति और राजनीति के अंत:संबंधों पर धीरूभाई ने अपनी विख्यात रचना 'नये मध्यवर्ग का उदय' में प्रकाश डाला। उन्होंने कहा कि शहरीकरण, उद्योगीकरण और आधुनिक शिक्षा के प्रसार ने धीरे-धीरे जातियों को उनके कर्मकाण्ड आधारित ऊँच-नीच की जकड़ से मुक्त कर दिया है। आधुनिक राजनीति के क्षैतिज धरातल पर जातियाँ सत्ता के लिए आपस में होड़ कर रही हैं। अब उनका अस्तित्व केवल कौटुम्बिक समुदाय के रूप में रह गया है। इसमें आरक्षण की नीति ने उल्लेखनीय भूमिका निभायी है। दरअसल, जाति और राजनीति के संबंधों पर धीरूभाई की महारत उन्हें राष्ट्रीय पिछड़ा वर्ग आयोग की सदस्यता तक ले गयी। वहाँ उनकी भूमिका समाज-वैज्ञानिक सदस्य की थी। आयोग में गुज़ारे गये समय के कारण वे आरक्षण पर चलने वाली बहस में सकारात्मक हस्तक्षेप कर सके। उन्होंने राष्ट्र-निर्माण की एक थीसिस के तौर पर आरक्षण की नीति का तर्कपूर्ण समर्थन किया और साथ-साथ उसकी विकृतियों की तरफ़ भी बेबाक़ी से ध्यान खींचा। 'इनेबिलिंग ईक्वल कम्पटीशन' में उन्होंने आरक्षण विरोधी तर्कों की बखिया उधेड़ी और सामाजिक न्याय की नीतियों के भारतीय परिप्रेक्ष्य की समग्र व्याख्या की। उन्होंने मुसलमानों को धर्म के आधार पर आरक्षण देने का विरोध करते हुए सेकुलर नीति के साम्प्रदायिकीकरण के अंदेशों के प्रति आगाह किया।

दलित आंदोलन के प्रश्न पर धीरूभाई ने दो उल्लेखनीय सूत्रीकरण किये। पहला, उन्होंने दलित समस्या को पश्चिम में प्रचलित नस्लवाद के समकक्ष ठहराने की बौद्धिक कोशिशों की आलोचना की और कहा कि ऐसा करने से दलित आंदोलन अपनी अभी तक की उपलब्धियों को खो देगा। साथ ही उन्होंने दिखाया कि ग़ैर-दलित समाज का रवैया भारतीय समाज की इस व्याधि का समग्र उपचार पेश नहीं करता। दूसरे, उन्होंने दलित राजनीति के भीतर चल रही प्रतिमान-परिवर्तन की उस प्रक्रिया की व्याख्या की जिसके तहत ब्राह्मणवाद विरोध मनुवाद विरोध में विकसित हो रहा था, और बहुजन का प्रतिमान सर्वजन में बदल रहा था।

भूमण्डलीकरण के संदर्भ में धीरूभाई ने उदारतावादी लोकतंत्र को लोकतंत्र के एकमात्र रूप की तरह सभी समाजों को थमाये जाने की आलोचना विकसित की। उनका कहना था कि पहले तो पश्चिमी विमर्श ने लोकतंत्र को केवल लिबरल डेमॉक्रैसी तक सीमित किया, और अब उसे बाज़ार आधारित व्यवस्था और राष्ट्रीय सुरक्षा तक सीमित रहने वाले राज्य की सीमाओं में क़ैद कर दिया गया है। लोकतंत्र का सिद्धांत अपनी विविधता खो कर आम लोगों के राजनीतीकरण का पहले की तरह वाहक नहीं रह गया है।

भूमण्डलीकरण के ज़माने में पनपी उपभोक्ता क्रांति के मौजूदा दौर के धीरूभाई आत्मनाशी तो नहीं, लेकिन ऐसी गतिविधि ज़रूर मानते हैं जिसका क्षरण अपने-आप होता रहता है। वे कहते हैं कि मनुष्य का उपभोक्ता होना किसी संतोषजनक अस्तित्व का प्रमाण नहीं है, क्योंकि मनुष्य अस्तित्वगत रूप से अपनी भौतिकता से परे भी कुछ है।

देखें : आशिस नंदी-1 और 2, इरावती कर्वे, जातियों का राजनीतीकरण, जाति और जाति-व्यवस्था-1, 2, 3 और 4, गोविंद सदाशिव घुर्ये, प्रभुत्वशाली जाति, भारतीय समाजशास्त्र-1 और 2, मैसूर नरसिम्हचार श्रीनिवास, देवकी जैन, धूर्जटि प्रसाद मुखर्जी, नीरा देसाई, योगेश अटल, रजनी कोठारी, राधा कमल मुखर्जी, वेरियर एलविन, संस्कृतीकरण, श्यामा चरण दुबे-1 और 2.

संदर्भ

1. अभय कुमार दुबे (सम्पा.), *सत्ता और समाज (धीरूभाई शेठ का कृतित्व)*, सीएसडीएस-वाणी, दिल्ली, 2009
2. धीरूभाई शेठ और गुरप्रीत महाजन (सम्पा.) (1999), *माइनॉरिटी आइडेंटिटीज़ ऐंड द नेशन-स्टेट*, ऑक्सफ़र्ड युनिवर्सिटी प्रेस, नयी दिल्ली.
3. डी.एल. शेठ और आशिस नंदी (सम्पा.) (1996), *द मल्टीवर्स ऑफ़ डेमॉक्रैसी*, ऑक्सफ़र्ड युनिवर्सिटी प्रेस, नयी दिल्ली.
4. डी.एल. शेठ (सम्पा.) (1975), *सिटीज़ंस ऐंड पार्टीज़ : आस्पेक्ट्स ऑफ़ कम्पटीटिव पॉलिटिक्स इन इण्डिया*, एलाइड, नयी दिल्ली.

— अभय कुमार दुबे

धूर्जटि प्रसाद मुखर्जी

(Dhoorjati Prasad Mukerji)

भारतीय समाजशास्त्र का विकास करने वाले आरम्भिक स्तंभों में से एक धूर्जटि प्रसाद मुखर्जी (1894-1968) की गणना उन मार्क्सवादी समाज-वैज्ञानिकों में की जाती है जिन्होंने भारतीय अतीत के अध्ययन के लिए द्वंद्वात्मक भौतिकवाद के सिद्धांत का इस्तेमाल किया। स्वयं को मार्क्सशास्त्री कहने वाले धूर्जटि प्रसाद ने परायेपन और उत्पादन-संबंध जैसी

अवधारणाओं को भारतीय समाज पर लागू किया, लेकिन वर्ग-संघर्ष को मान्यता प्रदान नहीं की। इरावती कर्वे और एम. एन. श्रीनिवास ने हिंदू धर्मशास्त्रों की व्याख्या के माध्यम से भारतीय समाज ख़ास कर वर्ण-व्यवस्था और जाति की बनावट का विश्लेषण किया है, लेकिन मुखर्जी ने भौतिकवाद का व्याख्या के मुख्य उपकरण के तौर पर इस्तेमाल किया। समाजशास्त्र के सैद्धांतिक पक्षों के साथ-साथ मुखर्जी ने विभिन्न विषयों पर फुटकर निबंध भी लिखे हैं। मार्क्स के विचारों को अत्यंत उपयोगी मानते हुए वे उन्हें भारतीय इतिहास व संस्कृति के अनुरूप ढालने के पक्ष में थे। भारतीय धर्म-संस्कृति के कई पहलुओं को यांत्रिक ढंग से ख़ारिज करने के स्थान पर मुखर्जी ने उनका उपयोग करते हुए अपनी समन्वयवादी दृष्टि विकसित करने की चेष्टा की। मुखर्जी ने इतिहास और अर्थशास्त्र की औपचारिक शिक्षा ग्रहण करने के बाद समाजशास्त्र में क़दम रखा था। उन्होंने कलकत्ता में शिक्षा प्राप्त की और बाद में लखनऊ विश्वविद्यालय में अध्यापन किया। उनकी प्रमुख कृतियाँ हैं : *पर्सनैलिटी ऐंड द सोशल साइंसेज़* (1924), *बेसिक कंसेप्ट्स* (1932), *मॉडर्न इण्डियन कल्चर* (1942), *प्रॉब्लम्स ऑफ़ इण्डियन यूथ* (1946)। मुखर्जी की गहरी रुचि कला-संगीत और साहित्य में भी थी। उन्होंने सगीत पर *इंट्रोडक्शन टू इण्डियन म्यूजिक* (1946) और रवींद्रनाथ ठाकुर पर *टैगोर, अ स्टडी* (1943) जैसी पुस्तकें भी रची है। मुखर्जी का चिंतन और लेखन बहुआयामी था। उन्होंने ऐसे बुद्धिजीवी का आदर्श प्रस्तुत किया जो पूर्वग्रहों को कभी अपने बौद्धिक कर्म के आड़े नहीं आने देता।

मुखर्जी के समय का समाज मूलत: परम्पराचालित था, साथ ही उसमें आधुनिकता का भी प्रवेश हो रहा था। इसीलिए उनके लेखन में परम्परा व आधुनिकता के संबंधों पर काफ़ी विचार किया गया है। वे देख रहे थे समाज में गाँव-गाँव तक में परम्परा का गहरा प्रभाव है, इसीलिए उनकी मान्यता थी परम्पराओं से हटकर प्रगति का दावा भारतीय संदर्भों में उपयुक्त नहीं कहलायेगा। उन्होंने संश्लेषण का रवैया अपनाते हुए कहा कि भारत न तो पूरी तरह परम्पराओं को छोड़ सकता है और न पश्चिमीकरण, आधुनिकता तथा उद्योगीकरण को त्याग सकता है। उन्होंने पश्चिमी देशों द्वारा परिभाषित प्रगति के विचार की आलोचना भी की। विख्यात समाजशास्त्री त्रिलोकी नाथ मदन ने मुखर्जी पर टिप्पणी करते हुए लिखा है : मुखर्जी मार्क्सवाद, वेदान्त और पश्चिमी उदारतावाद का समन्वय करना चाहते थे। मार्क्सवाद से सहमति के बावजूद उन्होंने भारतीय अतीत में संस्कृति की भूमिका पर बल दिया और इतिहास को केवल वर्ग-संघर्ष के नज़रिये से नहीं बल्कि संस्कृति के नज़रिये से देखे जाने की वकालत भी की। भारतीय इतिहास को मुखर्जी सांस्कृतिक समन्वय का इतिहास बताते हैं।

परम्परा के विवेचन में मुखर्जी ने कहा कि परम्परा कोई स्थिर, ठहरी हुई और जड़ चीज़ नहीं है, बल्कि इसमें बदलाव की सतत प्रक्रिया चलती रहती है। व्यक्ति सामाजिक परम्पराओं के अनुसार अपने को ढालता और अनुकूलित करता है और इससे परम्परा का अस्तित्व बचा रहता है। उनका यह भी मत था कि कोई भी नयी संस्कृति या आधुनिकता नये सिरे से नहीं बनायी जा सकती। इसलिए परम्परा के साथ आधुनिकता का सामंजस्य करना ही पड़ेगा। मुखर्जी ने बदलाव दो कारणों से आते हैं। पहला, परम्परा के भीतर से ही बदलाव की आवाज़ उठना यानी जनमानस के दबाव से होने वाला परिवर्तन। दूसरा, परम्परा के बाहर से बदलाव के दबाव पैदा होना। जैसे, अग्रेजों के प्रभाव के कारण पुरानी भारतीय परम्परा और उसे बचाए रखने वाले वर्गों के चरित्र में हुआ परिवर्तन।

भारतीय परम्परा व समाज के संबंध में मुखर्जी का आकलन था कि परम्परा से व्यक्ति को दिशा-निर्देश मिलता है, लेकिन दूसरी ओर यह व्यक्ति के लिए भार स्वरूप भी बन जाती है। परम्परा के कारण व्यक्तिवाद का विकास नहीं होता है और लोगों में आलोचनात्मक दृष्टि का अभाव भी हो जाता है। इससे समाज में ठहराव आ जाता है। इन्हीं कारणों से मुखर्जी का प्रस्ताव ऐसी सामाजिक संस्कृति के विकास का था जिसमें वैयक्तिकता का विकास हो और साथ ही समाज के साथ उसका समंजन भी बना रहे। उन्होंने प्रत्यक्षवाद के सिद्धांत का विरोध किया क्योंकि वह सामाजिक परिवर्तन के मध्य व्यक्ति को जैविक इकाई के रूप में देख कर यांत्रिक भौतिकवाद संबंधी मूल्यों को महत्त्व देता था।

मुखर्जी व्यक्ति की स्वतंत्रता को परम्परा की सृजनात्मक अभिव्यक्ति से भी जोड़ते थे। वे पश्चिमी व्यक्तिवाद और संस्कृति, उसकी आक्रामकता और मानवतावाद के आलोचक थे। इसीलिए वे व्यक्तित्व व समाज के विकास के बारे में पश्चिमी मॉडल अपनाने के ख़िलाफ़ थे। पश्चिमी रवैये का आलोचक होने के कारण मुखर्जी ने भारतीय मध्यवर्ग का भी नकारात्मक चित्रण किया जो पश्चिमी मूल्यों को अपनाने के लिए अधिक आतुर था। वे उसे मूल्यों, राजनीतिक निर्णयों व जीवन-शैली के मामले में अवसरवादी तथा शरारती -मानते थे। उनका निष्कर्ष था कि मध्यवर्ग सामान्य जनता से अलग और अपनी परम्पराओं से उखड़ा हुआ है। ऐसे वर्ग पर भारत में वास्तविक आधुनिकता लाने की ज़िम्मेदारी डालना विवेकसंगत नहीं होगा। भारत के विभाजन के लिए भी मध्य वर्ग को ज़िम्मेदार बताया। उनका सुझाव था कि इससे पहले यह वर्ग देश को आधुनिक बनाये, इसमें सुधार लाना चाहिए।

डी.पी. मुखर्जी स्वतंत्रता से पूर्व तथा पश्चात कई महत्त्वपूर्ण संस्थाओं से जुड़े और उनके माध्यम से अपनी

बौद्धिक सक्रियता का परिचय दिया। 1937 के चुनावों में जब कांग्रेस की उत्तर प्रदेश में सरकार बनी तो उन्होंने सूचना निदेशक का पद सँभाला। वे आर्थिक और सांख्यिकी ब्युरो के संस्थापकों में से भी थे। 1947 में उन्हें उत्तर प्रदेश श्रमिक जाँच समिति का सदस्य भी बनाया गया। लखनऊ विश्वविद्यालय से सेवानिवृत्त होने के बाद 1953 में उन्हें अलीगढ़ में अर्थशास्त्र विभाग के अध्यक्ष पद के लिए आमंत्रित किया गया जहाँ वे पाँच वर्ष तक रहे। मुखर्जी पर राष्ट्रीय आंदोलन का गहरा असर था और वे जवाहरलाल नेहरू के विचारों से प्रेरित थे। 1961 में उनकी गले के कैंसर से मृत्यु हुयी।

अपनी किताब *मॉडर्न इण्डियन कल्चर* में उन्होंने भारत को बहुसांस्कृतिक देश बताया और उसमें सक्रिय समन्वय की प्रवृत्तियों तथा परम्पराओं का उल्लेख किया। उन्होंने मध्यकाल के दौरान हिंदू और मुसलिम संस्कृतियों के संबंधों पर भी विचार किया है। यह मानने के बावजूद कि हिंदू धर्म तथा इसलाम की विश्व-दृष्टियों में अंतर है, मुखर्जी ने दोनों के मध्य सांस्कृतिक अंतःक्रिया को ख़ासतौर पर रेखांकित किया। वे मानते थे इस्लामिक राज में दोनों धर्मों के शासक वर्गों में काफ़ी निकटता थी और उनके कई साझे हित विकसित हो गये थे। इसके बरक्स अंग्रेज़ों का भारतीय समाज में आगमन ज़्यादा मूलगामी बदलाव लाने वाला सिद्ध हुआ।

आधुनिक व मध्यकाल में हुए आर्थिक परिवर्तनों की व्याख्या मुखर्जी ने किसी परिपक्व अर्थशास्त्री की भाँति की है। मुखर्जी का कहना था कि अंग्रेज़ों ने कृषि, उद्योग-धंधों, दस्तकारी आदि सभी क्षेत्रों के परम्परागत ढाँचे को तहस-नहस कर दिया, भूमि-व्यवस्था की सामुदायिकता को तोड़ा और उसे लाभ और सम्पत्ति-उत्पादन के औज़ार में बदल दिया। मार्क्स ने भी भारत में ब्रिटिश शासन की इसी भूमिका का उल्लेख किया था। मुखर्जी पर इस विवेचन का असर दिखता है। उन्होंने भारत की अर्थव्यवस्था को सामाजिक मूल्यों से नियंत्रित बताया और भारतीय जाति-प्रथा तथा पुरानी अर्थव्यवस्था के रिश्तों का भी विश्लेषण किया। उन्होंने बताया कि पुराने नातेदारी समूहों तथा जाति समूहों द्वारा व्यापार के अंतर्गत शहरी व ग्रामीण क्षेत्रों में सम्पर्क बनाये जाते थे, किंतु अंग्रेज़ों के राज में व्यापार व उद्योग में भारी बदलाव के कारण ये पुराने व्यापारिक समूह लोगों से ख़ुद को अलग मानने लगे और उनमें अपने ही लोगों के शोषण की प्रवृत्तियों का जन्म हुआ।

देखें : इरावती कर्वे, जातियों का राजनीतीकरण, जाति और जाति-व्यवस्था-1, 2, 3 और 4, गोविंद सदाशिव घुर्ये, प्रभुत्वशाली जाति, भारतीय समाजशास्त्र-1 और 2, मैसूर नरसिम्हचार श्रीनिवास, देवकी जैन, धीरूभाई शेठ, नीरा देसाई, योगेश अटल, राधा कमल मुखर्जी, वेरियर एलविन, संस्कृतीकरण, श्यामा चरण दुबे-1 और 2.

संदर्भ

1. धूर्जटि प्रसाद मुखर्जी (1948), *इण्डियन कल्चर : अ सोसियॉलॅजीकल स्टडी,* रूपा ऐंड कम्पनी, नयी दिल्ली.
2. टी.एन. मदन (1994), *पाथवेज़,* आक्सफ़र्ड युनिवर्सिटी प्रेस, दिल्ली,1994
3. एस.एल. दोषी (2009), *भारतीय सामाजिक विचारक,* रावत पब्लिकेशंस, नयी दिल्ली.
4. धूर्जटि प्रसाद मुखर्जी (1986), *डाइवर्सिटीज़,* पापुलर प्रकाशन, बम्बई, 1986
5. ए.के. सरन, 'डी.पी. मुखर्जी 1894-1961, एन ओबीचुअरी', *द ईस्टर्न एंथ्रोपलॉजिस्ट,* ऐन ओबीचुअरी, अंक 15.

— वैभव सिंह

धोंडो केशव कर्वे

(Dhondo Keshav Karve)

विधवा-विवाह और स्त्री-शिक्षा के लिए प्रयास करने वाले समाज-सुधारकों में महाराष्ट्र के धोंडो केशव कर्वे (1858-1962) का नाम अग्रणी है। समाज-सुधार का आजीवन प्रण लेने के कारण उन्हें महर्षि कर्वे की उपाधि से भी याद दिया जाता है। कर्वे की मान्यता थी कि स्त्रियों को सबल बनाने के लिए उनकी शिक्षा और व्यावहारिक प्रशिक्षण बेहद आवश्यक है। इस उद्देश्य के लिए धोंडो केशव कर्वे ने केवल स्त्रियों के लिए अनेक शैक्षणिक संस्थानों की स्थापना की, जिनमें भारत में स्त्रियों को उच्च शिक्षा प्रदान करने के लिए स्थापित एक स्त्री विश्वविद्यालय भी है। अपने समाज सेवा और संस्थानीकरण के इस अभियान के कारण ही उन्हें अण्णासाहब अर्थात् बड़े भाई के रूप में सम्बोधित किया गया। भारतीय समाज में विधवाओं की दुर्दशा से व्यथित कर्वे ने अपने पुनर्विवाह के लिए विधवा-विवाह करने का निर्णय लिया जो उस समय के दकियानूसीपन के संदर्भ में एक साहसिक क़दम था। कर्वे की दूसरी जीवन संगिनी भी उन्हीं की तरह सामाजिक रूढ़िवाद से जूझने को तैयार थीं। आठ वर्ष की आयु में बाल विधवा हुई गोपुबाई जोशी बीस वर्ष की आयु में पण्डिता रमाबाई के शारदा सदन में पढ़ने वाली पहली विधवा छात्रा थी। विवाहोपरांत उनका नाम बदल कर आनंदीबाई रखा गया। 1893 में हुए इस विवाह से नाराज़ हो कर कर्वे की जाति-बिरादरी के लोगों ने उनका सामाजिक बहिष्कार किया। लेकिन रूढ़िवादियों की इस प्रतिक्रिया ने कर्वे को सामाजिक कुरीतियों से और अधिक लड़ने की प्रेरणा दी। इसी साल कर्वे ने विधवा विवाह को प्रोत्साहन देने के

धोंडो केशव कर्वे (1858–1962)

लिए विधवाविवाहोत्तेजक मण्डली की स्थापना की। 1895 में इस संस्था का नाम बदल कर विधवा विवाह प्रतिबंध निवारक मण्डली कर दिया गया।

1896 में कर्वे ने हिंदू विधवा संगठन की स्थापना की और पुणे से बाहर स्थित एक गाँव हिंगने में विधवा स्त्रियों की आश्रय स्थली स्त्री-आश्रम बनायी। विधवा विवाह के प्रति तत्कालीन समाज का कठोर रुख देखते हुए कर्वे ने विधवा-विवाह से ज़्यादा इन स्त्रियों को रोज़गार के योग्य और स्वावलम्बी बनाने पर ध्यान केंद्रित किया। हिंगने स्थित इस स्त्री-आश्रम में उन्होंने एक ऐसा विद्यालय शुरू किया जिससे विधवाओं को रोज़गारोन्मुख शिक्षण-प्रशिक्षण दिया जा सके। पुणे के पुरातनपंथी लोगों को कर्वे बिलकुल नापसंद थे और इसी कारण उन्हें इस स्त्री-आश्रम को पुणे से दूर बनाना पड़ा। पैसों की कमी के कारण कर्वे अध्यापन कार्य करने इस गाँव से फ़र्ग्युसन कॉलेज तक पैदल ही जाते थे और बचे समय में वे पुणे के प्रगतिशील लोगों से सहयोग के लिए प्रयत्न भी करते थे। कर्वे अपनी सारी आमदनी इस स्त्री-आश्रम को चलाने में लगा देते थे। उन्होंने अपनी बीमा पॉलिसी के पाँच हज़ार रुपये भी इसी कार्य में लगा दिये थे। कर्वे की पत्नी आनंदीबाई ने अपना घर चलाने के लिए कर्वे के इसी स्कूल से मिडवाइफ़ का प्रशिक्षण लिया और अपनी कमाई से परिवार का भरण-पोषण किया।

आनंदीबाई की बड़ी बहन और स्वयं बाल विधवा पार्वतीबाई आठवले ने कर्वे के इस स्कूल में अध्यापन का काम किया। पार्वतीबाई एक परम्परानिष्ठ विधवा थीं। वे अपना सर मुँडा कर रखती थीं। वे विधवा-विवाह से अधिक विधवाओं के रोज़गार-नियोजन की समर्थक थी। ऐसा माना जाता है कि पार्वतीबाई के कारण ही कट्टरपंथी समाज ने बाद में कर्वे को भी स्वीकृति दे दी। हिंगने स्थित इस स्कूल की सफलता के बाद 1907 में सामान्य लड़कियों के लिए कर्वे ने एक स्त्री-विद्यालय भी आरम्भ किया। कर्वे के स्त्री-विद्यालय में लड़कियों को उनके सफल वैवाहिक जीवन के लिए प्रशिक्षित किया जाता था। उन्हें गृह कार्य और बच्चों के लालन-पालन जैसे विषय पढ़ाये जाते थे और विधवा स्त्रियों को रोज़गार दिलाने वाला प्रशिक्षण दिया जाता था। शायद समाज सुधारक कर्वे यह भी जानते थे कि भारतीय समाज में बदलाव की प्रक्रिया दीर्घकालीन है। 1908 में कर्वे ने निष्काम कर्म मठ की स्थापना की ताकि स्त्री विद्यालय और स्त्री-आश्रम के लिए उपयुक्त लोगों को प्रशिक्षण दिया जा सके।

स्त्री-शिक्षा के प्रति कर्वे का समर्पण असीमित था। उन्होंने पश्चिम में प्रचलित सह-शिक्षा विश्वविद्यालय के स्थान पर जापान में स्थापित स्त्री विश्वविद्यालय को भारतीय परिवेश के लिए अधिक उपयुक्त पाया। 1916 में कर्वे ने भारत में पहला स्त्री-विश्वविद्यालय स्थापित किया। 1920 में उद्योगपति विट्ठलदास ठाकरसी ने इसे चलाने के लिए कर्वे को 15 लाख रुपये का अनुदान दिया। तभी से इसे श्रीमती नाथीबाई दामोदर ठाकरसी (एस एन डी टी) विश्वविद्यालय के नाम से जाना जाता है। पाँच विद्यार्थियों से शुरू किया गया यह विश्वविद्यालय आज 36 विभिन्न कॉलेजों और 70,000 छात्राओं के साथ भारत में स्त्री-शिक्षा का प्रकाश-स्तम्भ है। यह दुनिया के ऐसे चुनिंदा उच्च शिक्षा संस्थानों में से है जिन्हें विरासत में स्कूल भी मिला और उन्होंने उस स्कूल को आज तक सहेज कर चालू हालत में रखा है। सन 1936 में कर्वे ने महाराष्ट्र के सुदूर गाँवों में प्राथमिक शिक्षा-व्यवस्था के लिए अपने ख़र्च पर पचास स्कूलों का निर्माण किया। समाज में व्याप्त जातिभेद और छुआछूत निवारण के लिए उन्होंने सन् 1944 में समता संघ की स्थापना की।

आधुनिक दृष्टिकोण के तहत कर्वे द्वारा बालिकाओं और विधवाओं की शिक्षा में अंतर करने को उनके पुरातनपंथी होने का प्रमाण माना जाता है। कर्वे का पहला सामाजिक कार्य अपने गाँव में लड़कों के लिए अंग्रेज़ी भाषा पढ़ाने की व्यवस्था करना था जबकि कर्वे अपने हिंगने स्थित स्त्री-आश्रम में विधवाओं और स्त्री-विद्यालय में लड़कियों को अंग्रेज़ी शिक्षा देने के ख़िलाफ़ थे। इस बात पर बहस है कि

कर्वे स्त्री की रोज़गारपरक शिक्षा के पक्षधर तो थे, लेकिन क्या वे उनके सशक्तीकरण के प्रति उदासीन थे?

धोंडो केशव कर्वे का जन्म 18 फ़रवरी, 1858 को महाराष्ट्र के रत्नागिरि जिले के मुरुदगाँव में एक परम्परानिष्ठ पर कठिन आर्थिक स्थिति से गुज़र रहे चितपावन ब्राह्मण परिवार में हुआ था। कर्वे की प्रारम्भिक शिक्षा अपने घर के पास ही हुई थी लेकिन आर्थिक मुश्किलों के कारण उन्होंने सरकारी नौकरी करने का निर्णय लिया। एक नौकरी की परीक्षा में शामिल होने के लिए मानसून की भारी बारिश में चार दिन तक पैदल चल कर वे 110 किमी. दूर सतारा पहुँचे, लेकिन अधिकारियों ने कम आयु होने के कारण कर्वे को इस परीक्षा में सम्मिलित होने से रोक दिया। कर्वे ने इसके बाद अपना घर छोड़ दिया और बम्बई के एक मिशनरी विद्यालय रॉबर्ट मनी स्कूल में प्रवेश लिया। वहाँ कर्वे ने अंग्रेज़ी सीखने में भारी परिश्रम किया, अपनी स्कूली पढ़ाई के दौरान ही कर्वे ने अन्य छात्रों को गणित व अंग्रेज़ी की ट्यूशन पढ़ा कर अपना ख़र्च चलाया। कर्वे ने बम्बई में विल्सन कॉलेज और बाद में बम्बई के ही एल्फ़िंस्टन कॉलेज से गणित में स्नातक व स्नोतकोत्तर उपाधि प्राप्त की। 1887 में कर्वे ने कैथेड्रल बालिका उच्च विद्यालय में पढ़ाना शुरू किया और 1891 में वे गणित विभाग के एक अध्यापक के रूप में पुणे में डेक्कन शैक्षणिक संस्था (फ़र्ग्युसन कॉलेज) में पढ़ाने लगे। बम्बई में अपने विद्यार्थी जीवन और फिर अध्यापक जीवन में वे गोपाल गणेश आगरकर, हर्बर्ट स्पेंसर व इमैनुएल कांट के लेखन से प्रभावित हुए। कर्वे को विधवाओं की सामाजिक स्थिति में सुधार, स्त्री-शिक्षा और स्त्री-कल्याण के प्रति अपना जीवन समर्पित करने की दिशा में पण्डिता रमाबाई, ईश्वरचंद्र विद्यासागर एवं पण्डित विष्णु शास्त्री चिपलूणकर के काम ने प्रेरित किया।

जब कर्वे की आयु केवल चौदह वर्ष की थी तभी उनका विवाह एक आठ वर्षीय बालिका राधाबाई के साथ कर दिया गया था। 1891 में प्रसव की जटिलताओं के कारण सत्ताइस वर्ष की उम्र में पत्नी का निधन हो गया, हालाँकि उनके बेटे रघुनाथ कर्वे के प्राण बच गये। रघुनाथ बाद में एक प्रसिद्ध समाज सुधारक हुए। 1928 में कर्वे ने मराठी भाषा में अपनी आत्मकथा *आत्मवृत्तत्व* लिखी और फिर 1936 में एक और आत्मकथात्मक किताब *लुकिंग बैक* की रचना की। अपनी पहली पत्नी की मृत्यु के बाद उन्होंने एक बाल-विधवा से विवाह किया जो तत्कालीन समाज में एक क्रांतिकारी क़दम था। इसके लिए उन्हें काफ़ी विरोध का सामना करना पड़ा। 1958 में उनके जीवन की शताब्दी वर्ष में उन्हें मानव-सेवा, स्त्री-शिक्षा, समाज-सुधार के लिए भारत रत्न से भी सम्मानित किया गया।

देखें : औपनिवेशिक शिक्षा, गिजूभाई बधेका, वर्धा शिक्षा योजना।

संदर्भ

1. गणेश एल. चंदावरकर, *महर्षि कर्वे*, पॉपुलर प्रकाशन, बम्बई.
2. हिंगने स्त्री शिक्षा समिति (1963), *महर्षि कर्वे–हिज़ 105 इयर्स*, हिंगने स्त्री शिक्षा समिति, पुणे.

— रवि दत्त वाजपेयी

अनुक्रमणिका

अनुक्रमणिका में उल्लिखित रचनाओं (पुस्तकें, लेख, कविताएँ, नाटक और फ़िल्में) के शीर्षकों में ए, ऐन और द का प्रयोग मुख्य शीर्षक के बाद किया गया है। अभिनव गुप्त और मण्डन मिश्र जैसे क्लासिकल नाम प्रथम नाम में दिये गये हैं। चीनी नाम भी प्रथम नाम के रूप में ही हैं। जिन प्रविष्टियों के साथ भारतीय लगा है,उनकी स्वतंत्र प्रविष्टि बनायी गयी है, न कि मुख्य प्रविष्टि की उप-प्रविष्टि के रूप में। प्रविष्टियों के शीर्षक और उनकी पृष्ठ-संख्या विशेष रूप से उभारी गयी है।

अ

आ

इ

ई

उ

ऋ

ए

ऐ

ओ

औ

अं

क

ख

ग

घ

च

छ

ज

झ

ट

ठ

ड

ढ

त

थ

द

ध

न

प

फ

ब

भ

म

य

र

ल

व

श

ष

स

ह

क्ष

त्र

ज्ञ